서기	2026年
단기	4359年
불기	2570年

天機秘傳

丙午年

병오년

핵심택일력

핵심래정택일지

백초스님 편저

상상신화북스

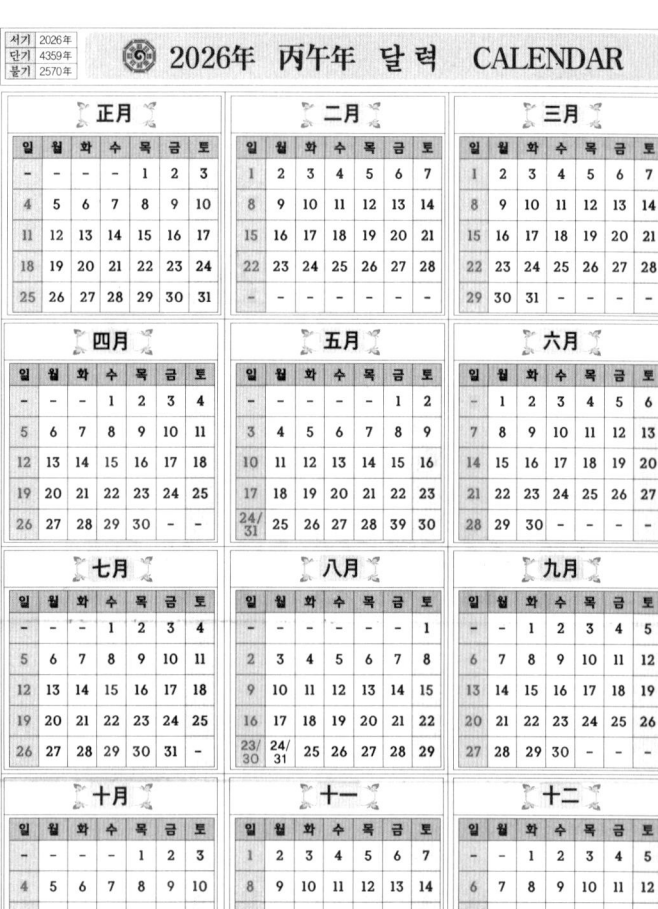

서기	2026年
단기	4359年
불기	2570年

2026年 丙午年 달력 CALENDAR

正月

일	월	화	수	목	금	토
-	-	-	-	1	2	3
4	5	6	7	8	9	10
11	12	13	14	15	16	17
18	19	20	21	22	23	24
25	26	27	28	29	30	31

二月

일	월	화	수	목	금	토
1	2	3	4	5	6	7
8	9	10	11	12	13	14
15	16	17	18	19	20	21
22	23	24	25	26	27	28
-	-	-	-	-	-	-

三月

일	월	화	수	목	금	토
1	2	3	4	5	6	7
8	9	10	11	12	13	14
15	16	17	18	19	20	21
22	23	24	25	26	27	28
29	30	31	-	-	-	-

四月

일	월	화	수	목	금	토
-	-	-	1	2	3	4
5	6	7	8	9	10	11
12	13	14	15	16	17	18
19	20	21	22	23	24	25
26	27	28	29	30	-	-

五月

일	월	화	수	목	금	토
-	-	-	-	-	1	2
3	4	5	6	7	8	9
10	11	12	13	14	15	16
17	18	19	20	21	22	23
24/31	25	26	27	28	39	30

六月

일	월	화	수	목	금	토
-	1	2	3	4	5	6
7	8	9	10	11	12	13
14	15	16	17	18	19	20
21	22	23	24	25	26	27
28	29	30	-	-	-	-

七月

일	월	화	수	목	금	토
-	-	-	1	2	3	4
5	6	7	8	9	10	11
12	13	14	15	16	17	18
19	20	21	22	23	24	25
26	27	28	29	30	31	-

八月

일	월	화	수	목	금	토
-	-	-	-	-	-	1
2	3	4	5	6	7	8
9	10	11	12	13	14	15
16	17	18	19	20	21	22
23/30	24/31	25	26	27	28	29

九月

일	월	화	수	목	금	토
-	-	1	2	3	4	5
6	7	8	9	10	11	12
13	14	15	16	17	18	19
20	21	22	23	24	25	26
27	28	29	30	-	-	-

十月

일	월	화	수	목	금	토
-	-	-	-	1	2	3
4	5	6	7	8	9	10
11	12	13	14	15	16	17
18	19	20	21	22	23	24
25	26	27	28	29	30	31

十一

일	월	화	수	목	금	토
1	2	3	4	5	6	7
8	9	10	11	12	13	14
15	16	17	18	19	20	21
22	23	24	25	26	27	28
29	30	-	-	-	-	-

十二

일	월	화	수	목	금	토
-	-	1	2	3	4	5
6	7	8	9	10	11	12
13	14	15	16	17	18	19
20	21	22	23	24	25	26
27	28	29	30	31	-	-

서기	2026年
단기	4359年
불기	2570年

2026年 丙午年 경축일과 기념일람표

경 축 일

날 명	요일	음력	양력
신 정 일	木	前11월 13일	1월 01일
설 날	火	정월 01일	2월 17일
삼 일 절	日	1월 13일	3월 01일
석가탄신일	日	4월 08일	5월 24일
어린이날	火	3월 19일	5월 05일
현 충 일	土	4월 21일	6월 06일
제 헌 절	金	6월 04일	7월 17일
광 복 절	土	7월 03일	8월 15일
추 석	金	8월 15일	9월 25일
개 천 절	土	8월 23일	10월 03일
한 글 날	金	8월 29일	10월 09일
기독탄신일	金	11월17일	12월 25일

세시 풍속 절과 잡절 일

날명	양력	음력	날명	양력	음력
토왕용사	1월 17일	前12월 29일	중 복	7월 25일	6월 12일
납 향	1월 21일	前12월 03일	유 두 일	7월 28일	6월 15일
제 석	2월 16일	前12월 29일	말 복	8월 14일	7월 02일
대 보 름	3월 03일	정월 15일	칠 석	8월 19일	7월 07일
춘 사	3월 25일	2월 07일	백 중 일	8월 27일	7월 15일
삼 짇 날	4월 19일	3월 03일	추 사	9월 21일	8월 11일
한 식	4월 06일	2월 19일	토왕용사	10월 20일	9월 10일
토왕용사	4월 17일	3월 01일	중 양 절	10월 19일	9월 09일
단 오 절	6월 19일	5월 05일	이율곡탄일	명2월02일	12월 26일
초 복	7월 15일	6월 02일	공자 탄일	9월 28일	8월 18일
토왕용사	7월 20일	6월 07일	이퇴계탄일	명1월02일	11월 25일

연 중 기 념 일

날명	양력	날명	양력	날명	양력
납세자의 날	3월 03일	어버이 날	5월 8일	체육 의 날	10월 15일
상공 의 날	3월 18일	스승 의 날	5월 15일	문화 의 날	10월 17일
의용소방대의 날	3월 19일	5.18 민주화운동기념일	5월 18일	경찰 의 날	10월 21일
기상 의 날	3월 23일	성년 의 날	5월 18일	국제연합일	10월 24일
식 목 일	4월 05일	발명 의 날	5월 19일	금융의 날	10월 27일
향토예비군의날	4월 03일	부부 의 날	5월 21일	지방자치 의 날	10월29일
보건 의 날	4월 07일	우주항공의 날	5월 27일	교정의 날	10월 28일
임정수립기념일	4월 11일	바다 의 날	5월 31일	학생독립기념일	11월 3일
4.19혁명기념일	4월 19일	환경 의 날	6월 05일	소방 의 날	11월 09일
장애인 의 날	4월 20일	6.25사변일	6월 25일	농업인 의 날	11월 11일
과학 의 날	4월 21일	철도 의 날	6월 28일	순국선열 의 날	11월 17일
정보통신의 날	4월 22일	사회복지의 날	9월 07일	소비자보호 의 날	12월 03일
법 의 날	4월 25일	청년 의 날	9월 19일	무역 의 날	12월 05일
충무공탄신일	4월 28일	노인 의 날	10월 2일	세계인권선언일	12월 10일
근로자 의 날	5월 01일	재향군인의 날	10월 8일		

十日得辛[십일득신]	七龍治水[칠룡치수]	四牛耕田[사우경전]	九馬佗負[구마타부]
오곡백과, 벼가 꽃피는 시기가 충분하므로 수확량이 넉넉하겠다.	일곱 마리의 용이 비를 내리니 강우량이 충분하며 비가 넉넉하게 오겠다.	열두 마리 소 가운데 네 마리의 소가 밭을 경작하니 농사 일손이 부족하겠다.	열두 마리 말 가운데 아홉 마리가 짐을 실으니 노동 인원 일손은 전반적으로 넉넉하다.

서기	2026年
단기	4359年
불기	2570年

丙午年 월건표와 절기표 [평년 355일]

陽曆月	正月		二月		三月		四月		五月		六月		七月		八月		九月		十月		十一月		十二月	
月兩	大		小		大		小		小		大		小		大		小		大		大		大	
月建	庚寅		辛卯		壬辰		癸巳		甲午		乙未		丙申		丁酉		戊戌		己亥		庚子		辛丑	
紫白	八白		七赤		六白		五黃		四綠		三碧		二黑		一白		九紫		八白		七赤		六白	
절기	입춘	우수	경칩	춘분	청명	곡우	입하	소만	망종	하지	소서	대서	입추	처서	백로	추분	한로	상강	입동	소설	대설	동지	소한	대한
절입일자	己酉	甲子	戊寅	癸巳	己酉	甲子	己卯	乙未	辛亥	丙寅	壬午	戊戌	癸丑	己巳	甲申	庚子	乙卯	庚午	乙酉	庚子	乙卯	庚午	甲申	己亥
(양력)	2월 04일	2월 19일	3월 05일	3월 20일	4월 05일	4월 20일	5월 05일	5월 21일	6월 06일	6월 21일	7월 07일	7월 23일	8월 07일	8월 23일	9월 07일	9월 23일	10월 08일	10월 23일	11월 07일	11월 22일	12월 07일	12월 22일	1월 05일	1월 20일
절입시간	05시 02분	00시 52분	22시 59분	23시 46분	03시 40분	10시 39분	20시 48분	09시 36분	00시 48분	17시 24분	10시 57분	04시 13분	20시 42분	11시 18분	23시 41분	09시 05분	15시 29분	18시 38분	18시 52분	16시 23분	11시 52분	05시 50분	23시 10분	16시 29분
절기해석풀이	24절기의 첫째 절기로 새해가 시작되는 시기 봄의 시작.	눈이 녹고 추위가 물러가기 시작하고 봄비가 오는 시기.	겨울잠을 자는 개구리, 벌레들이 깨어 꿈틀거리는 시기.	낮과 밤의 길이 같고 다음날부터 낮이 밤보다 길어짐.	맑고 깨끗하고 화창, 상쾌한 봄날씨의 절정에 시기.	산천초목의 새싹에 생장을 돕는 중요한 봄비가 온다.	이날부터 여름의 절기가 시작되는 시기.	산야가 온통 푸르고 녹음이 무성해지는 시기.	모내기가 시작되고, 보리베기가 한창인 시기.	태양고도가 가장 높아 년중 낮의 길이가 가장 긴날.	본격적으로 무더위가 시작되는 시기.	24절기의 12번째 절기로써 년중 가장 무더운 시기.	벼가 한층 여무는 시기이며 가을이 시작되는 시기.	풀도 자라기를 멈추고 오곡이 성숙하는 시기.	밤 기온이 떨어지고 완연한 가을로 접어드는 시기.	밤의 길이가 길어지며, 백곡이 풍성해 추수하기 시작.	단풍이 짙어지고 이슬이 찬 서리로 교체되는 시기.	된서리가 내리기 시작, 가을걷이가 한창인 수확의 시기.	물과 땅이 얼기 시작, 찬바람 불고 겨울이 시작됨.	기온이 뚝 떨어지고 겨우살이 준비 첫눈이 내리기 시작되는 때.	추위가 강해지고 눈이 많이 내리는 시기.	밤이 가장 긴날. 겨울의 중기. 새해가 시작되는 절기.	추위가 더욱 강해지는 시기. 년중 가장 추운 시기.	한해의 가장 극심한 추위가 오는 시기.

2026年 丙午年 당해 연령 대조견표

나이	干支	띠	年度	納音
1세	丙午	말	2026	천하수
2세	乙巳	뱀	2025	복등화
3세	甲辰	용	2024	복등화
4세	癸卯	토끼	2023	금박금
5세	壬寅	호랑이	2022	금박금
6세	辛丑	소	2021	벽상토
7세	庚子	쥐	2020	벽상토
8세	己亥	돼지	2019	평지목
9세	戊戌	개	2018	평지목
10	丁酉	닭	2017	산하화
11	丙申	원숭	2016	산하화
12	乙未	양	2015	사중금
13	甲午	말	2014	사중금
14	癸巳	뱀	2013	장류수
15	壬辰	용	2012	장류수
16	辛卯	토끼	2011	송백목
17	庚寅	호랑이	2010	송백목
18	己丑	소	2009	벽력화
19	戊子	쥐	2008	벽력화
20	丁亥	돼지	2007	옥상토
21	丙戌	개	2006	옥상토
22	乙酉	닭	2005	천중수
23	甲申	원숭	2004	천중수
24	癸未	양	2003	양류목
25	壬午	말	2002	양류목
26	辛巳	뱀	2001	백랍금
27	庚辰	용	2000	백랍금
28	己卯	토끼	1999	성두토
29	戊寅	호랑이	1998	성두토
30	丁丑	소	1997	간하수
31	丙子	쥐	1996	간하수
32	乙亥	돼지	1995	산두화
33	甲戌	개	1994	산두화
34	癸酉	닭	1993	검봉금
35	壬申	원숭	1992	검봉금
36	辛未	양	1991	노방토
37	庚午	말	1990	노방토
38	己巳	뱀	1989	대림목
39	戊辰	용	1988	대림목
40	丁卯	토끼	1987	노중화
41	丙寅	호랑이	1986	노중화
42	乙丑	소	1985	해중금
43	甲子	쥐	1984	해중금
44	癸亥	돼지	1983	대해수
45	壬戌	개	1982	대해수
46	辛酉	닭	1981	석류목
47	庚申	원숭	1980	석류목
48	己未	양	1979	천상화
49	戊午	말	1978	천상화
50	丁巳	뱀	1977	사중토
51	丙辰	용	1976	사중토
52	乙卯	토끼	1975	대계수
53	甲寅	호랑이	1974	대계수
54	癸丑	소	1973	상자목
55	壬子	쥐	1972	상자목
56	辛亥	돼지	1971	차천금
57	庚戌	개	1970	차천금
58	己酉	닭	1969	대역토
59	戊申	원숭	1968	대역토
60	丁未	양	1967	천하수
61	丙午	말	1966	천하수
62	乙巳	뱀	1965	복등화
63	甲辰	용	1964	복등화
64	癸卯	토끼	1963	금박금
65	壬寅	호랑이	1962	금박금
66	辛丑	소	1961	벽상토
67	庚子	쥐	1960	벽상토
68	己亥	돼지	1959	평지목
69	戊戌	개	1958	평지목
70	丁酉	닭	1957	산하화
71	丙申	원숭	1956	산하화
72	乙未	양	1955	사중금
73	甲午	말	1954	사중금
74	癸巳	뱀	1953	장류수
75	壬辰	용	1952	장류수
76	辛卯	토끼	1951	송백목
77	庚寅	호랑이	1950	송백목
78	己丑	소	1949	벽력화
79	戊子	쥐	1948	벽력화
80	丁亥	돼지	1947	옥상토
81	丙戌	개	1946	옥상토
82	乙酉	닭	1945	천중수
83	甲申	원숭	1944	천중수
84	癸未	양	1943	양류목
85	壬午	말	1942	양류목
86	辛巳	뱀	1941	백납금
87	庚辰	용	1940	백납금
88	己卯	토끼	1939	성두토
89	戊寅	호랑이	1938	성두토
90	丁丑	소	1937	간하수
91	丙子	쥐	1936	간하수
92	乙亥	돼지	1935	산두화
93	甲戌	개	1934	산두화
94	癸酉	닭	1933	검봉금
95	壬申	원숭	1932	검봉금
96	辛未	양	1931	노방토
97	庚午	말	1930	노방토
98	己巳	뱀	1929	대림목
99	戊辰	용	1928	대림목
100	丁卯	토끼	1927	노중화
101	丙寅	호랑이	1926	노중화

서기	2026年
단기	4359年
불기	2570年

丙午年 태세 神방위 吉凶表

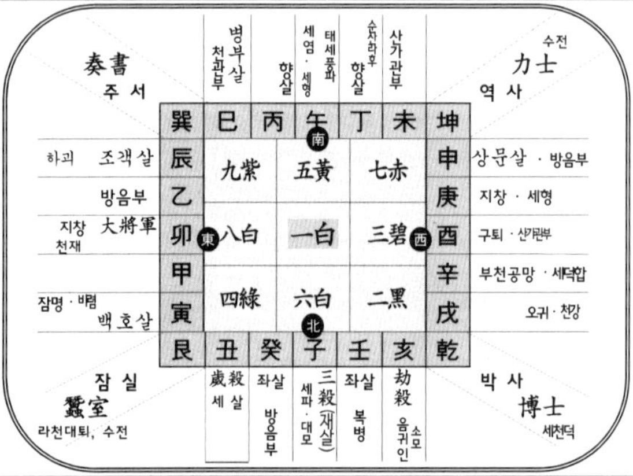

방위名	방위向	해 설
대장군방	正東 (卯)方	금년은 卯方에 대장군의 흉한 위치로써, 정동쪽인 이곳으로는 건축물을 신축하거나 증개축하거나 리모델링이나 달아 내면 대흉하다.
삼 살 방 암검, 세파	正北 (子)方	이 방위는 삼살방으로써, (겁살, 재살, 세살)세살을 三殺이라 부르는데 음양택을 막론하고 건물의 좌향을 쓰던가, 이사를 하면 상복을 입던가, 재운불길, 대흉하다. 또한 卯年과 冲되는 방위를 세파방이라 하는데 이 방위를 건드리던가 침범하면 뜻밖의 불행이 따르고, 가족 내에 이별수나 사고수가 발생하는 손재가 발생할 수있다.
조 객 방 하괴	東南쪽(辰)方	이 방향을 좌향으로 쓰면 대흉하다. 동토가 나니, 헐거나 고치거나 파거나 세우거나 일체의 충격이나 구멍을 뚫던가 연못을 파는 것을 꺼린다. 또한 **풍파와 양인은 정남쪽에서 동토를 조작**하니, 집수리나 승선이나 어로작업, 낚시 등 강 건너기나 물에 드는 일은 관재 시비가 발생하고 사고가 따르게 된다.
병부살 금신살	南東쪽 (巳)方	금년은 남동쪽에 병부살이 들어온다. 이 방향은 맹독한 음귀가 머물러 건축 방향을 쓰거나, 이 방향을 건물수리나 집수리를 파고 자르거나 뚫고 고치거나 이사하면 우환질병, 손재가 따르고, 소송 액운이 발생한다.
백호살방 비렴, 잠명	北東쪽 (寅)方	북동쪽은 백호살이 머무는 방향으로 음귀가 따르는데 매사에 꺼리는 방위이다. 이 방향으로 건축을 짓거나 고치거나 이사를 가면 동토가 나고 질병과 구설이 생긴다. 또 이 방향에서 사람이 들어오면 우환이 발생하고 흉하다.
상문방, 비렴	南西쪽 (申)方	이 방위로는 이사를 피하고, 집 수리를 하던가, 이 방향으로 여행을 가던가, 하면 손재와 질병이 따르기 때문에 꺼린다. 특히 상갓집 문상은 더욱 피해야 한다. 피로몸살이나 유행성질환에 노출되니 주의요, 음택에서 묘쓰는 일과 영안설치도 피한다.
세마, 소모, 오귀살	北西쪽(亥)方	금년은 북서쪽에 태세, 세파, 소모살로 음양택을 막론하고, 좌향을 놓거나 수리하는 걸 꺼리며, 음택에 있어서도 묘의 좌향을 놓지 못하며, 오귀살은 양택에만 해당하는데 사는 집이나 건물의 북서쪽을 건드리면 오귀가 발동한다.

丙午年 구성년반도

	巳	午	未	
辰	九紫9자	五黃5황	七赤7적	申
卯	八白8백	一白1백	三碧3벽	酉
寅	四綠4록	六白6백	二黑2흑	戌
	丑	子	亥	

➢ 삼재 보는법

태어난 해 띠	들어오는 年 해	묵는 年 해	나가는 年 해
신자진 生	寅年 호랑이해	卯年 토끼해	辰年 용해
사유축 生	亥年 돼지해	子年 쥐해	丑年 소해
인오술 生	申年 원숭이해	酉年 닭해	戌年 개해
해묘미 生	巳年 뱀해	午年 말해	未年 양해

➢ 나이별 吉凶 보는법

방위		해당하는 나이	길흉	뜻 풀이
東	대장군	8 17 26 35 44 53 62 71 80 89 특히 이 나이 사람은 대장군 방을 조심하여야 한다.	흉 ✖	건축물 달아내거나 고치는 일, 흙 다루는 일은 금물, 또는 집 짓는 일과 묘지 이장 등은 흉하다. 집수리는 재앙과 불행을 일으킨다.
西	음귀인	12 21 30 39 48 57 66 75 84 93	대길 ◉	서쪽 먼곳에서 기쁜소식이 오고 대인관계나 신용거래에 길하고, 학업진로나 직장향방도 吉
南	태세 풍파	5 14 23 32 41 50 59 68 77 86	대길 ◉	대체로 흉하지 않고, 무난한 방위이다.
北	삼살방 암검살	6 15 24 33 42 51 60 69 78 87 특히 이 나이 사람은 삼살 방과 암검살이 겹치니 더욱 조심하여야 한다.	대흉 ✖	집 짓는 일과 묘지 이장 등은 흉하다.이 방위에 여행과 왕래는 사고, 재앙이 따르니 피하여야 한다
東南	조객살	9 18 27 36 45 54 63 72 81 90	흉 ✖	양택에서 집 짓고 수리하는 일을 건물의 이 방위를 침범하면 가족에게 우환질병이 따른다.
西南	상문방 세마	7 16 25 34 43 52 61 70 79 88 특히 이 나이 사람은 상문살이 서남쪽이나 남서쪽으로 상갓집 방문을 더욱 조심하여야 한다.	흉 ✖	서남, 남서쪽으로 여행이나 이동하는 것을 꺼린다. 사고와 병고가 따르니 절대 피하여야 한다. 특히 상갓집 문상은 더욱 피해야 한다. 피로몸살이나 유행성질환에 노출되어있으니 주의요.
北西	오귀살 겁살	11 20 29 38 47 56 65 74 83 92	흉 ✖	서북, 북서쪽 방위의 집이나 건물 수리를 하면 우환과 훼방꾼이 방해를 하니 주변, 특히 남자를 조심해야 하고, 개조심을 해야한다.
北東	백호살	13 22 31 40 49 58 67 76 85 94	소흉 ✖	이 방위는 여행 금물, 구설이 생긴다. 또 이 방향에서 사람이 들어오면 우환이 발생하고 흉하다.
중앙	본명방	10 19 28 37 46 55 64 73 82 91 특히 이 나이사람은 중앙방을 더욱 조심하여야 한다. [현재 살고 있는 집주변 방향]	불길	무엇이든 시작하려하나 분수에 맞게 움직이면 좋고 귀인의 도움도 있다. 욕심을 부리면 실패와 사면초가 반복한다. 분수를 지키고 자중함.

* 여기에 나타난 방위들은 누구나 모두에게 해당하고, 지켜야 하며 조심해야 할 사항이다.
* 상문방에서 초상이 나면 살귀가 작용하니 삼가는 것이 좋다. 만약 그 방향으로 갔다 하면 상문살이 침투하여 집안에 우환 병고가 발생한다. 특히 상문 띠이면 더더욱 피해야 한다.

丙午年구성년월반

9	5	7
8	1	3
4	6AP	2

2025년 子月

9	5P	7
8	1	3
4	6A	2

2026년 丑月

8	4A	6P
7	9	2
3	5	1

寅月 양 2월4일 ~ 3월4일

7	3	5P
6	8	1
2A	4	9

卯月 양 3월5일 ~ 4월3일

6	2	4
5	7	9AP
1	3	8

辰月 양 4월4일 ~ 5월4일

5	1	3
4	6	8
9	2	7AP

巳月 양 5월4일 ~ 6월4일

4	9	2
3	5	7
8	1	6P

午月 양 6월5일 ~ 7월6일

3A	8	1
2	4	6
7	9P	5

未月 양 7월7일 ~ 8월6일

2	7	9
1A	3	5
6P	8	4

申月 양 8월7일 ~ 9월6일

1	6	8A
9	2	4
5P	7	3

酉月 양 9월7일 ~ 10월7일

9	5	7
8P	1	3
4	6A	2

戌月 양 10월8일 ~ 11월6일

8P	4A	6
7	9	2
3	5	1

亥月 양 11월7일 ~ 12월6일

7P	3	5
6	8	1
2A	4	9

子月 양 12월7일 ~ 1월4일

6	2P	4
5	7	9A
1	3	8

丑月 양 1월5일 ~ 2월2일

5	1	3P
4	6	8
9	2	7A

각 방위별 丙午年 운세보는법

東南 사방이 막히어 답답하고 시끄럽고 외롭고 사면초가인 상태. 시비, 투쟁, 다툼, 이별, 관재구설, 파산파직, 휴업, 부패 등으로 재앙이 도사리고 있는 흉한 운으로 실물수, 손재수 등이 발생하는 도적수가 걱정되는 방위이니 매사 섬세히 잘 살피며 행동해야 한다. 무리한 투자나 건축증개축, 이장, 안장, 여행 등은 다음해로 미루는 것이 좋고, 특히 원행을 조심해야하며, 교통사고나 관재구설을 조심해야 하고 휴양하는 마음으로 여유있게 기다리며 재충전하는 기회로 삼으라.	**南** 동기간, 친구나 특히 남녀관계에 화합이 잘 되는 운으로서 현금유통 금전운이 좋다. 금은보석, 악세사리나 화려한 직업은 더욱 빛이 돋보이는 방위이다. 매사 계획한 일들은 술술 잘 풀릴 것이고, 남녀 상합이 잘 되어 만남이 순조로우며 순산의 기회가 주어진다. 그러나 과잉으로 향락에 빠지거나 방탕, 낭비 등으로 좋은 기회를 놓칠까 염려되니 무리한 도전은 금물이다. 성급하게 맹진하면 뜻밖의 좌절과 실패를 초래한다. 적절히 중간을 유지하면 이득이 생기고 명성이 따른다.	**南西** 매사 계획한 일들은 술술 잘 풀릴 것이고, 기쁜 일도 많고, 풍요로운 희열운이다. 하지만 방심은 금물! 뜻밖의 손재수가 노리고 있음, 수확이 많아지는 반면 후에 복병이나 장애물이 도사리고 있어 애를 먹을 수도 있다. 대인관계는 인맥이 넓어져서 표면적으로는 복잡다난하고 피해도 입겠다. 싫은 인간은 과감히 정리. 경솔한 발언, 무리한 투자나 확장, 허영과 사치는 치명적 신용하락을 부른다. 관재구설이 늘 따라다니니 선견지명으로 행동하고, 소송은 불리하다.
東 인간관계, 인간과의 사이 교제에서는 성취할 수 있으니 욕심, 낭비를 삼가며 언젠가는 다시 찾아오는 각오로 변화를 추구해야 하는 전환의 중대한 시기이다. 그러나 전진 의욕만 앞서고 순탄한 진행이 어려워 곤란한 해이기도 하다. 충분한 준비를 하면서 일을 추진해야만 실패가 없고, 윗사람이나 지도자의 충고와 조언을 받아들이는 자세가 필요한 때이다. 비밀스런 일들 때문에 고민이 많아지고, 외롭고 고독하고 집안이 시끄럽고 고통이 따르니 매사주의, 깜짝 놀랄 일 대비요	길운이나 서로간의 협력과 노력여하에 따라서 승승장구 발전이 거듭될 수 있다. 지금까지 꼬이고 고민 속에 묶여있던 고민 건들이 술술 해결되는 좋은 방위로써 가정 내에도 화평과 무사건강으로 길해진다. 또한 이 방위로 거래를 하거나 여행을 하면 귀인을 만나고 미래를 개척하게 되고, 유리하게 운이 상승하게 되니 이 방위를 잘 활용하면 현명한 삶을 영유할 수 있다. 감언이설에 속고 도난, 사기 실직, 배신 등으로 깜짝 놀랄일이 있다.	**西** 동기간, 친구나 특히 남녀관계에 화합이 잘 되는 운으로서 현금유통 금전운이 좋다. 금은보석, 악세사리나 화려한 직업은 더욱 빛이 돋보이는 방위이다. 매사 계획한 일들은 술술 잘 풀릴 것이고, 남녀 상합이 잘 되어 만남이 순조로우며 기회가 많아진다. 주색잡기나 게임오락이나 향락에 빠지거나 방탕, 낭비, 사치 등으로 좋은 기회를 놓칠까 염려되니 무리한 도전은 금물이다. 한탕주의, 다단계 특히 피해야함. 감언이설이나 이성의 구설주의.
東北 최상의 운으로 희망이 보이니 목표를 높이 세워라! 새로운 프로그램, 신제품개발, 새 사업투자등이 활기있게 성장할 수 있는 좋은 방위이다. 신상품이나 응모도전은 진취적이고 효과적으로 결과가 예상된다. 하지만 무리하게 욕심을 내면 모든 것을 잃을 수 있다. 주거지 변화, 부동산 거래는 성취할 수 있으니 욕심, 낭비를 신중히 해야만 진퇴양난을 피할 수 있다. 재산을 축적하고 싶은 욕심이 산처럼 높아지니 과욕금물 주의	**北** 백세시대 노인들의 애정행각이나 불륜관계가 매우 활발하게 진행되겠다. 지나친 나머지 들통나서 명예가 실추되고 출세에 영향이 미치고, 집안이 시끄러울 고통이 수반되니 만사 이성 교제주의, 또 비밀스런 애정행각이나 비밀리 추진했던 일이 발각되어 관재구설수로 곤란을 겪게 되니 요주의. 술자리는 특히 조심할 것. 자녀로 인한 고민거리가 생겨 우울증까지 예상된다. 외롭고 고독한 시기이니 집안에서 내실을 다지면서 은둔함도 권장할 만하고 공부나 취미생활이 괜찮고 좋다.	**西北** 대운과 새 운세가 강한 흐름 위치이다. 정치가나 사업가는 전략과 역량은 지지자들의 상승운을 타긴 했지만 가까운 측근으로부터 배신을 당해 쓴 고배를 마시게 되고, 관재수가 도사리고 있다. 지나치게 무리한 확장방법은 도리어 좋은 때를 놓치고 좌절하게 된다. 대인관계를 부드럽게하고, 편파됨이 없이 소신껏 조화와 균형을 맞추어 독단적 행동을 삼가야만 무난할 수 있다. 일은 과중하게 많고, 노력한 만큼 수확을 거둘 수 있으니 단합과 신뢰를 중요시 한다.

띠	신살	출생년 (띠별 丙午년 일년 운세)
쥐띠 子年生	재난운	자존심이 강하여 인간을 직접적 상대하는 사업을 하는 것보다 사무직, 기술직, 교육직, 문학, 예술계의 직업이 보편적으로 잘 맞는다. 재수는 좋으나 남의 말을 듣다가 실패하던지 관재구설이 생길 운이니 모든 일에 신중해야 한다. 남쪽으로 움직이면 열 받는 일만 생긴다.
		화재위험, 수재난, 낙상, 상해, 관재, 횡액, 급질병, 실물, 손재, 손실, 사고로 인한 재앙이 도사리고 있다. 밤낮으로 시비구설수가 따르니 매사 남과 대화 중엔 신중해야 하고 남을 배려하여야 한다. 이동 변동수도 있으니 움직이는 것이 좋다. 새로운 일 시작하던가, 사업확장이나 변경을 하면 모두 깨질 운이다. 기다려야 한다.
소띠 丑年生	천문운	겉보다 속이 밝고 연구궁리가 깊으며 물려받은 유산이 있더라도 소소한 것이나 자수성가하는 운. 몸은 비록 바삐 고달프지만 노력하면 할수록 보람되고 결실이 있다. 이기적으로 이간질, 배신 행위가 발생하여 주위사람에게 억울한 오명을 남기게 되어 관재구설이나 형옥이 따른다. 하는 일마다 진행이 잘 안되어 심기가 불편해지고 친인척이 마가 되고 복병이다.
		천상운과 조상이 돕는 자리로 다른 일로는 좋은 해는 아니다. 특히 사업을 새로 시작하는 것은 금물이다. 하지만 학업운, 공부, 명예, 출세, 교육, 학원, 연구, 연수, 발명, 예체능, 예술 쪽으로는 조상의 도움으로 효과적이다.
범띠 寅年生	장생운	남에게 굽히기를 싫어하여 미움을 받는 경우도 종종 있으나 의협심도 많아 남을 도와주겠다고 마음 한번 먹으면 자신이 손해를 보더라도 불사한다. 너무 일을 서두르는 경향이 있는데 차분히 순리대로 하면 모두 해결된다. 섣불리 착수하다가는 실패하는 경우도 많다. 금년은 건강에 적신호이니 미리 건강검진을 받는 것이 좋고, 배를 타거나 물을 건너는 것은 나쁘다.
		자신을 잘 알릴 수 있는 홍보의 해이다. 소질 있거나 갈고 닦은 부분에 응모하면 좋은 결과를 얻을 수 있다. 성장과 발달, 지속적 성취, 총명과 온후, 상속 원만, 합격과 자격증 획득 등 발전과 화합하는 영달하는 보람된 해이다.
토끼띠 卯年生	화류운	왕이 되었다가 말단으로 좌천까지 하게 되는 희비가 엇갈리는 극과 극을 겪게 되는 한해이다. 좋았다 나빴다를 연속하며 새로운 일에 도전해 보지만 지금은 자중하고 앞으로의 일을 관망하는 것이 유리하다. 큰 갑부는 기대하기 어려우나 돈은 많이 쓰고 산다. 금년에 이사는 하지 않는 것이 좋은데 특히 서쪽으로의 이동은 더욱 나쁘다. 여행도 나쁘고 집수리도 나쁘다.
		모든 이에게 예뻐 보이는 해가 되어 인기가 있게 되고 사람들이 잘 따른다. 따라서 주색 즉 색정사를 주의해야 하고, 도박이나 유흥, 경마, 마약, 방탕, 낭비로 인하여 파산이 염려된다. 하지만 연예인이나 인기직업, 화려한 직업에 종사하는 사람은 아주 좋은 해이다.
용띠 辰年生	고독운	교재가 활발하며 좌절하지 않고 확고한 신념으로 밀고 나가는 끈기가 있으며, 모아놓은 재산은 없어도 남보다 잘 먹고 잘 입고 잘 쓰는 경향이 있다. 금년에는 금전재수가 좋아서 뜻밖에 큰 돈을 만지게 된다. 저축할 돈으로 미련하게 확장 투자하면 오히려 손해만 가져올 수 있다.
		은은하게 달빛이 창가에 젖어 들어 평온은 하나 고독과 적막의 외로움도 면하기 어렵다. 보이지 않는 곳에서 도와주는 후원자가 있겠다. 하지만 이별수, 작별, 요양, 수양으로 고립된 환경에 처할 운이니, 공부하던지 단단히 대비해야 한다. 필히 서북쪽 상갓집은 피해야 좋다.
뱀띠 巳年生	망신운	부지런하고 외교수단도 좋으나 인덕이 없어 실패를 당하는 경우가 있으며, 외화내빈격이라서 남 모르는 근심으로 속을 끓고 산다. 병마가 접근하니 건강을 미리 챙겨야 질병으로 겪을 큰 고통을 대비할 수 있다. 금전재수는 대체로 좋은 편이나 그렇다고 경고망동을 하면 안 되고 성실하게 꾸준히 인내심을 가지고 정진하면 좋은 결실을 얻게 되는 행운의 해로 만들 수 있는 기회의 해이기도 하다.
		금전운은 있지만 주색잡기, 구설수, 이별수, 도난수, 실물수, 사기수, 실패수, 질병액, 수술할 수 등으로 망신을 당할 수이니, 부부간에 상부상처가 심히 염려되기도 한다. 때로는 노력해도 그 댓가 결과가 없는 수도 있으니 신중히 처세하여야 할 운이다.

띠	신살	출생년 (띠별 丙午년 일년 운세)
말띠 午年生	장성운	운이 좋을 때는 승승장구하고, 나쁠 때는 손재나 우환, 관재구설 등 재앙이 잘 닥치는 운이나 저절로 처리가 되는 운이기도 하다. 초년 호강하면 말년 곤궁하고, 초년 고생하면 말년에는 영화를 누린다. 금년운은 사람을 너무 믿고 상대하다가는 마음에 상처만 받고, 내 고집대로 우기다가 후회하는 운이므로 사람과의 교제, 연계 관계에 있어서 조심해야 한다. 방해자가 있다.
		공직, 직장, 법관, 군인, 경찰 등은 승진 영전되는 최고의 운이다. 사업, 상업가들은 확장성업이 따르며 정성과 덕을 쌓으면 더욱 좋은 운이 된다. 하지만 여자에게는 남편을 갈아치우는 경우가 있고, 여자가 칼을 찬 격이니 남을 극하고 고집, 독행으로 밀어붙이는 바람에 결국 고독을 자초하지만 사회 진출은 영달하고 神기운이 있어 생각지 않은 일이 발생하고 이유없이 몸이 아프기도 하다.
양띠 未年生	출세운	드디어 꽃피는 봄이 왔구나~ 인덕이 없어 잘한 일에도 공이 없고 남 좋은 일만 했으나 이젠 귀인을 만났으니 복을 받아 보상을 받게 되고, 꿈꿔왔던 것을 가질 수 있겠다. 직장운도 좋고 성공할 수 있겠다. 동서남북 사방 어디에 가더라도 재수가 따르지만 경솔하게 남의 말만 듣고 믿으면 실망하고 실패하고 사기당하기 쉬우니 매사 신중하게 행동해야 한다.
		말 타고 금의환향하는 성공의 대길 운이라 학문, 공부, 재능, 예술, 직장, 사업 등 각 분야에 입신양명하는, 명예가 높아지고 발전 통달하는 승승장구의 행운이 따르는 해이다.
원숭띠 申年生	역마운	부모덕이 없어 초년에 풍파를 많이 겪기도 하나 불쌍한 사람을 보면 아낌없이 동정을 베푼다. 금년운은 관청구설과 송사문제가 발생하여 손해만 보게 되고 이득은 없으니 실속을 챙기고 그 누구하고도 다투지 마라. 일 년 내내 마음이 불안하고 좌불안석이고, 안정이 안 된다. 가정사 부부관계에서도 마찬가지이다. 한발 물러서는 것이 이기는 것이다. 이동은 괜찮다.
		살고있는 터에 이동운이 들었으니 이사 원행, 이동, 해외여행, 왕래, 거래, 관광, 무역, 운수, 통신, 광고, 선전의 변화를 할 수 있는 해이다. 가정에는 무관심하고, 외부지출이 심하여 방랑, 객사하는 수도 종종 발생한다. 여자는 일찍 부모를 떠나고 조산하기 쉽다.
닭띠 酉年生	고행운	맡은 일에 대하여 세밀하고 재주가 엿보이며, 명예를 중히 여기고 의를 지키면 길한 운이지만 허황된 욕심을 부리다가 일을 그르치는 경우가 많으니 성공하였을 때를 염두에 두어 모든 일에 성실히 근면하면 무난하다. 금년 운은 부모님이 생존해 계시면 성심껏 효도하라. 황천 간 뒤에 후회하면 무슨 소용인가! 집안에 우환, 병자, 즉 환자가 발생할 운이다. 돌아가셨다면 제사를 성심껏 지내고, 조상 해원을 해드리면 큰 음덕을 볼 수 있다.
		남모르게 고생이 심하고 해로운 일이 뒤따르니 따라서 건강상 고초와 어려움을 많이 겪게 되고 열심히 노력해도 인덕이 없고 풍파가 심하고 고력이 많다. 가까운 친족에게 상처를 받게 된다.
개띠 戌年生	부귀운	청렴정직하나 과격한 성격으로 구설을 많이 듣지만 너그럽게 이해하는 사람은 크게 성공한다. 금년운은 집안에 운기가 좋아서 금은보화가 창고에 쌓이는 격이니 재물운이 최상이다. 하지만 너무 경거망동하면 손실을 보는 수도 있으니 무리하지 마라. 미리 주의해야 한다.
		예전처럼 부유한 영화가 다시 복귀할 수 있는 재도전의 해이다. 육친의 덕이 있고, 재복신이 따르며, 뜻하는 바가 순조로이 풀린다. 가정이나 직업, 사업 등 매사 하는 일과 건강상에 기쁘 고 행운이 따른다. 적절한 투자는 보탬이 되고, 날로 번창과 영달이 보장되어 부귀하고 평안락 한 태평성대의 길조 운이다.
돼지띠 亥年生	겁탈운	금년운은 횡재만 기대하고 노력을 게을리 하면 후회하게 되며 크게 후회하게 되는 운이다. 특히 부동산에 투자하여 한몫 잡으려는 생각을 가지고 있다면 미리 아예 기대조차 하지 마라. 원래는 재물이 따르는 명이나 금년에는 빼앗길 운이다. 이사하면 손해 본다
		갑작스럽게 발생하는 사고 재난 횡액 재액을 당할 운이 도래하였다. 겁탈, 강탈, 폭행, 폭력, 난투, 관재, 질병, 불화, 방황, 돌발사고, 교통사고, 해상사고로 인하여 비명횡사 주의 수이니 매사 주의요망이다, 사기 당하고, 손재수가 있다.

서기	2026年
단기	4359年
불기	2570年

丙午年 핵심래정택일지의 용어 해설표

1	오늘 吉方	당일에 해당되는 방향에 그날만의 運이 좋게 작용하므로 해당방향을 택함이 유리함
2	오늘 凶方	당일에 해당되는 방향에 그날만의 運이 흉하게 작용하므로 해당방향을 피함이 좋다.
3	오늘 吉色	당일에 해당되는 색의 옷을 입거나 색을 선택하면 吉하다.
4	황도 길흉	모든 택일에 황도일은 吉하고, 흑도일은 흉하니 피하는 것이 좋다. (448p 참조)
5	28수성, 건제12신	모든 택일의 길흉을 조견표를 참조하여 대입 응용 사용한다. (449p~450p 참조)
6	결혼주당	결혼, 약혼, 재혼 등할 때 보는 법이다. 당일에 해당되는 사람이 불리
7	이사주당	이사주당은 이사, 입주할 때 보는 법이다.
8	안장주당	이장, 매장, 안장, 개토, 가토를 할 때 보는 법, 당일에 해당되는 사람이 불리
9	천구하식일	천상의 개가 내려와 기복, 고사나 제사 음식에 먼저 입을 대니 피하는 것이 좋다.
10	대공망일	모든 神이 쉬는 날. (흙, 나무, 돌, 쇠 등에 아무 탈이 없는 날)
11	복 단 일	福이 끊어지는 날. 결혼, 출행, 승선 등 좋은 일은 피하는 것이 좋다.
12	오늘 神殺	오늘 일진에 해당하는 神殺로 해당 귀신(殺鬼)들이 작용하는 날. (452p~453p 참조)
13	육도환생처	당일일진과 같은 사람의 前生인연처, 이날 출생자도 해당 처에서 환생함.
14	축원인도불	당일일진에 활약하시는 부처님의 원력, 해당 佛의 정근하면 吉. 오늘기도 德도 동일
15	칠성하강일	칠성님 하강하시는 날(수명장수, 자손창성, 자손점지, 액운소멸기도에 吉日)
16	산신하강일	팔도명산 산신님 하강하시는 날(산제, 산신기도, 신가림, 재수치성에 吉日)
17	용왕축원일	사해용왕님 활동하시는 날(용왕제, 용신기도, 배풍어제, 水神께 정성 吉日)
18	조왕하강일	조왕님 하강하시는 날(조왕신은 부엌, 주방, 그 집의 먹을 식량을 담당하신다)
19	나한하강일	나한하강일에 불공드리면 다른 날보다 기도 德이 두배하다. (천도재, 각 불공)
20	길흉 불공제식행사	◎표가 되어 있는 날은 吉한 날이니 택일하여 사용한다. ×표는 흉한 날.
21	길흉 일반행사	◎표가 되어 있는 날은 吉한 날이니 택일하여 사용한다. -표는 그저 그런 날.
22	기복(祈福)	각종 고사나 제를 드리는 吉日. 神들의 활약이 큰 날.
23	상장(上章)	소장, 민원신청, 논문 의견서, 창작품출품, 청원서, 진정서등 제출에 吉日
24	신축, 상량	건축, 집 지을 때 ◎표시가 있는 날이 길한 날이다. (-)표시는 좋지도 나쁘지도 않다는 뜻.
25	개업 준공	사업이든 영업이든 준공식이든 개업식할 때 ◎표시가 있는 날이 길한 날이다.
26	점 안 식	불상을 모시거나 神佛을 모시고자 점안식을 할 때 ×표는 흉한 날.
27	수술, 침	질병치료, 입원, 수술, 침, 복약 등에 ◎표시가 있는 날이 길한 날이다.
28	합 방	머리 좋고, 훌륭한 자식을 잉태하기 위해 합방하면 좋은 날이다. 필히 ◎표시
29	여행, 등산, 승선	원행, 여행, 출장 등 길흉일을 판단 사용할 것(등산, 승선×표는 흉한 날.)
30	동 토	신축, 개축, 증축, 개옥, 수리 등에 길흉일을 판단 사용할 것. ×표는 흉한 날.
31	이사, 수리	이사, 새집입주, 집수리, 기계수리, 전자제품수리에 ◎표시가 있는 날이 吉한 날
32	이 장	이장, 매장, 안장, 개토, 가토를 할 때 吉凶일을 판단 사용할 것. ×표는 흉한 날.
33	사주단자채단	결혼식 前에 사주단자를 보내기 좋은 날로 골라 사용한다. ×표는 흉한 날.
34	이력서제출일	취업이력서, 구직, 논문작성, 원고출품에 ◎표시가 있는 날이 길한 날이다.

차 례

부 록

丙午年

1월

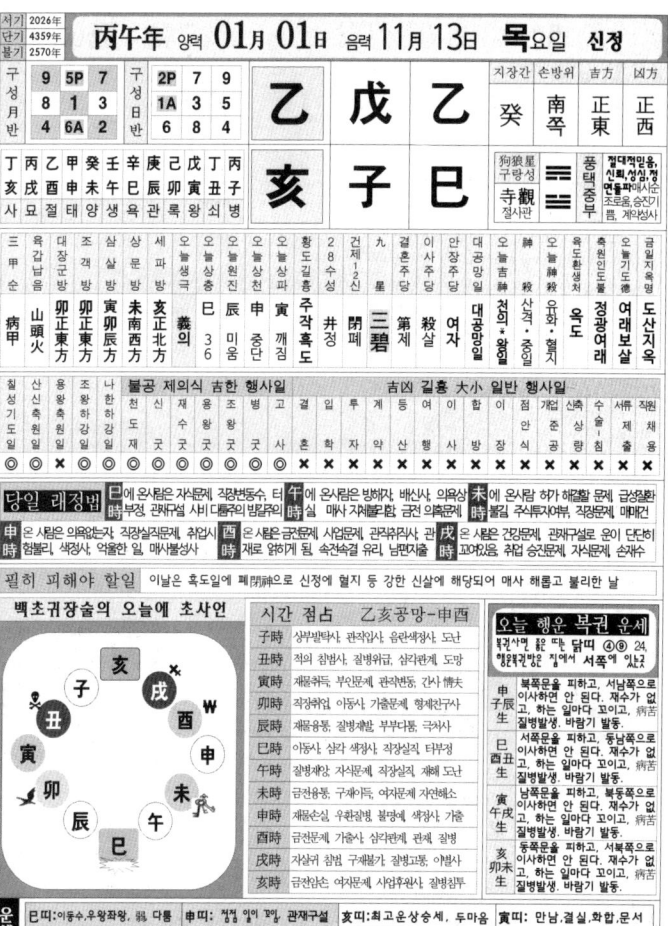

서기	2026年
단기	4359年
불기	2570年

丙午年 양력 01月 01日 음력 11月 13日 목요일 신정

구성月반			
	9	5P	7
	8	1	3
	4	6A	2

구성日반			
	2P	7	9
	1A	3	5
	6	8	4

乙	戊	乙
亥	子	巳

지장간	손방위	吉方	凶方
癸	南쪽	正東	正西

狗狼星 구랑성: 寺觀 절사관

풍택중부: 절대적믿음, 신뢰,성심,정면돌파 매사순조로움,승진기쁨, 계약성사

丁	丙	乙	甲	癸	壬	辛	庚	己	戊	丁	丙
亥	戌	酉	申	未	午	巳	辰	卯	寅	丑	子
사	묘	절	태	양	생	욕	관	록	왕	쇠	병

三甲순	육갑납음	대장군방	조객방	삼살방	상문방	세파방	오늘생극	오늘상충	오늘원진	오늘상천	오늘상파	황도길흉	28수성	건제12신	九星	결혼주당	이사주당	안장주당	대공망일	오늘吉神	神殺	오늘神殺	육도환생처	축원인도불	오늘기도德	금일지옥명
病甲	山頭火	卯正東方	卯正東方	寅卯辰方	未南西方	亥正北方	義의	巳 36	辰 미움	申 중단	寅 깨짐	주작흑도	井정	閉폐	三碧	第제	殺살	여자	대공망일	천의*왕일	산격·중일	유화·혈지	옥도	정광여래	여래보살	도산지옥

칠성기도일	산신축원일	용왕축원일	조왕하강일	나한하강일	불공 제의식 吉한 행사일							吉凶 길흉 大小 일반 행사일														
					천도재	신굿	재수굿	용왕굿	조왕굿	병굿	고사	결혼	입학	투자	계약	등산	여행	이사	합방	이장	점안식	개업준공	신축상량	수술·침	서류제출	직원채용
◎	◎	×	◎	◎	◎	◎	◎	◎	◎	◎	◎	×	×	×	×	×	×	×	×	×	×	×	×	×	×	×

당일 래정법

巳時 에 온사람은 자식문제, 직장변동수, 터부정, 관재구설 시비 다툼주의 범칠주의

午時 에 온사람은 방해자, 배신사, 의욕상실 매사 지체불리함, 금전 의혹문제

未時 에 온사람 허가 해결할 문제, 급성질환 불길 주식투자여부, 직장문제, 매매건

申時 온 사람은 의욕없는자, 직장실직문제, 취업시험불리, 색정사, 억울한 일, 매사불성사

酉時 온 사람은 금전문제, 사업문제, 관직취직사, 관재로 얽히게 됨, 속전속결 유리, 남편지출

戌時 온 사람은 건강문제, 관재구설로 운이 단단히 꼬여있음, 취업 승진문제, 자식문제, 손재수

필히 피해야 할일

이날은 흑도일에 폐閉神으로 신정에 혈지 등 강한 신살에 해당되어 매사 해롭고 불리한 날

백초귀장술의 오늘에 초사언

시간 점占 乙亥공망-申酉

子時	상부발탁사, 관직입사, 음란색정사, 도난
丑時	적의 침범사, 질병위급, 삼각관계, 도망
寅時	재물취득, 부인문제, 관직변동, 간사 情夫
卯時	직장취업, 이동사, 가출문제, 형제친구사
辰時	재물융통, 질병재발, 부부다툼, 극처사
巳時	이동사, 삼각 색정사, 직장실직, 터부정
午時	질병재앙, 자식문제, 직장실직, 재해 도난
未時	금전융통, 구재이득, 여자문제 자연해소
申時	재물손실, 우환질병, 불명예, 색정사, 가출
酉時	금전문제, 가출사, 삼각관계, 관재, 질병
戌時	자살귀 침범, 구재불가, 질병고통, 이별사
亥時	금전암손, 여자문제, 사업후원사, 질병침투

오늘 행운 복권 운세

복권사면 좋은 띠는 **닭띠** ④⑨ 24,
행운복권방은 집에서 **서쪽**에 있는곳

申子辰生	북쪽문을 피하고, 서남쪽으로 이사하면 안 된다. 재수가 없고, 하는 일마다 꼬이고, 病苦 질병발생. 바람기 발동.
巳酉丑生	서쪽문을 피하고, 동남쪽으로 이사하면 안 된다. 재수가 없고, 하는 일마다 꼬이고, 病苦 질병발생. 바람기 발동.
寅午戌生	남쪽문을 피하고, 북동쪽으로 이사하면 안 된다. 재수가 없고, 하는 일마다 꼬이고, 病苦 질병발생. 바람기 발동.
亥卯未生	동쪽문을 피하고, 서북쪽으로 이사하면 안 된다. 재수가 없고, 하는 일마다 꼬이고, 病苦 질병발생. 바람기 발동.

운세풀이

巳띠:이동수,우왕좌왕, 弱, 다툼	申띠: 점점 일이 꼬임, 관재구설	亥띠:최고운상승세, 두마음	寅띠: 만남,결실,화합,문서
午띠:매사불편, 방해자,배신	酉띠: 귀인상봉, 금전이득, 현금	子띠: 의욕과다, 스트레스큼	卯띠:이동수,이별수,변동 움직임
未띠:해결신,시험합격, 풀림	戌띠: 매사꼬임,과거고생, 질병	丑띠: 시급한 일, 뜻대로 안됨	辰띠: 빈주머니,걱정근심,사기

서기	2026年
단기	4359年
불기	2570年

丙午年 양력 01月 02日 음력 11月 14日 금요일

구성월반				구성일반			
	9	5P	7		3A	8P	1
	8	1	3		2	4	6
	4	6A	2		7	9	5

丙	戊	乙
子	子	巳

지장간	손방위	吉方	凶方
癸	남서	正北	正南

狗狼星 구랑성 / 中庭廳 관청마당	☳☵	수뢰둔	난관 어려움 봉착 지금은 시기상조 위험수방비

己	戊	丁	丙	乙	甲	癸	壬	辛	庚	己	戊
亥	戌	酉	申	未	午	巳	辰	卯	寅	丑	子
절	묘	사	병	쇠	왕	록	관	욕	생	양	태

三甲순	육갑납음	대장군방	조객방	삼살방	상문방	세파방	오늘생극	오늘상충	오늘원진	오늘상천	오늘상파	황도길흉	28수성	건제12신	九星	결혼주당	이사주당	안장주당	오늘吉神	오늘吉神	神殺일	오늘神殺	육도환생처	축원인도불	오늘기도德	금일지옥명
病甲	澗下水	卯正東方	卯正東方	寅卯辰方	未南西方	亥正北方	伐벌	午 36	未 미움	未 중단	酉 깨짐	금궤황도	鬼귀	建건	四綠	竈조	富부	어머니	월기일	월공*관일	월형·지화	토부·월염	천도	지장보살	아미보살	발설지옥

칠성기도일	산신축원일	용왕축원일	조왕하강일	나한하강일	불공 제의식 吉한 행사일							吉凶 길흉 大小 일반 행사일														
					천도재	신굿	재수굿	용왕굿	조왕굿	병굿	고사	결혼	입학	투자	계약	등산	여행	이사	합방	이장	점안식	개업준공	신축상량	수술-침	서류제출	직원채용
◎	◎	×	×	×	×	×	×	×	×	×	×	◎	◎	×	×	◎	◎	×	×	×	×	×	×	×	◎	×

당일 래정법
巳時에 온사람은 직장실직건, 친구나 형제문제, 관송사, 실업자, 빈주머니
午時에 온사람은 이동변동수, 터부정, 하극상모함사건, 자식문제, 차사고
未時에 온사람은 방해자, 배신사, 가족간시비, 매사 지체불리함, 도전 창업은 불리
申時 온 사람은 관직 취직문제, 결혼 경조사, 한가지씩 해결됨, 시험은 합격됨, 허가건도 승인남, 귀인도움
酉時 온 사람은 외정색정사, 불륜사, 관재로 발전, 딸 문제발생, 여자로인해 돈도난, 창업불리
戌時 온 사람은 남자문제, 부동산매매, 금전문제, 주식투자문제, 재물구재사, 여자화합건, 건강질병과 빚때문 괴로움

필히 피해야 할일 취임식・질병치료・제품제작・친구초대・문 만들기・성형수술・출산준비・흙 파는일.

백초귀장술의 오늘에 초사언

시간 점占	丙子공망-申酉
子時	돈이나 처를 극, 자식病 흉, 태아령천도
丑時	금전융통, 새일시작, 우환질병, 가출문제
寅時	사업곤란, 병재 재난, 도난 원한 喪服
卯時	사업후원사, 부부화합사, 여자 가출사
辰時	자식문제, 직장실직, 질병침투, 가출사
巳時	관직 명예사, 가정불안, 도난, 손재수
午時	남녀투쟁 다툼, 처를 극, 질병위급, 수술
未時	집안잡귀침투, 자식문제, 직장실직, 질병
申時	선거자유리, 금전융통, 여자문제, 도망
酉時	금전융통, 관청근심, 삼각관계, 가출문제
戌時	자식문제, 직장실직, 질병침투, 가출사
亥時	파재, 극처사, 관송사 분쟁, 가출문제

오늘 행운 복권 운세
복권사면 좋은 띠는 개띠 ⑩⑳ 30
행운복권방은 집에서 서북쪽에 있는곳

申子辰生	북쪽문을 피하고, 서남쪽으로 이사하면 안 된다. 재수가 없고, 하는 일마다 꼬이고, 病苦 질병발생. 바람기 발동.
巳酉丑生	서쪽문을 피하고, 동남쪽으로 이사하면 안 된다. 재수가 없고, 하는 일마다 꼬이고, 病苦 질병발생. 바람기 발동.
寅午戌生	남쪽문을 피하고, 북동쪽으로 이사하면 안 된다. 재수가 없고, 하는 일마다 꼬이고, 病苦 질병발생. 바람기 발동.
亥卯未生	동쪽문을 피하고, 서북쪽으로 이사하면 안 된다. 재수가 없고, 하는 일마다 꼬이고, 病苦 질병발생. 바람기 발동.

운세풀이

午띠:이동수,우왕좌왕, 弱, 다툼	酉띠: 점점 일이 꼬임, 관재구설	子띠:최고운상승세, 두마음	卯띠: 만남,결실,화합,문서
未띠:매사불편, 방해자,배신	戌띠:귀인상봉, 금전이득, 현금	丑띠: 의욕과다, 스트레스큼	辰띠:이동수,이별수,변동 움직임
申띠:해결신,시험합격, 풀림	亥띠: 매사꼬임,과거고생, 질병	寅띠: 시급한 일, 뜻대로 안됨	巳띠: 빈주머니,걱정근심,사기

서기	2026年
단기	4359年
불기	2570年

丙午年 양력 01月 03日 음력 11月 15日 토요일

1월

구성월반				구성일반			
	9	5P	7		4	9	2P
	8	1	3		3	5	7
	4	6A	2		8	1	6

丁	戊	乙
丑	子	巳

지장간	손방위	吉方	凶方
癸	서쪽	正西	正東

狗狼星 구랑성		수뢰둔	난관 어려움 봉착 지금은 시기상조 위험수방비
寅方 廚井			

辛	庚	己	戊	丁	丙	乙	甲	癸	壬	辛	庚
亥	戌	酉	申	未	午	巳	辰	卯	寅	丑	子
태	양	생	욕	관	록	왕	쇠	병	사	묘	절

三甲순	육갑납음	대장군방	조객방	삼살방	상문방	세파방	오늘생극	오늘상충	오늘원진	오늘상천	오늘상파	황도길흉	28수성	건제12신	九星	결혼주당	이사주당	안장주당	천구하식	복단일	神殺일	오늘神殺	육도환생처	축원인도불	오늘기도德	금일지옥명
病甲	澗下水	卯正東方	卯正東方	寅卯辰方	未南西方	亥正北方	寶보	未 36	午 미움	午 중단	辰 깨짐	대덕황도	柳유	除제	五黃	婦부	師사	며느리	월덕합	-	음덕*수일	오황·귀곡	천도	지장보살	보현보살	발설지옥

칠성기도일	산신축원일	용왕축원일	조왕하강일	나한하강일	천도재	신굿	재수굿	용왕굿	조왕굿	병굿	고사	결혼	입학	투자	계약	등산	여행	이사	합방	이장	점안식	개업준공	신축상량	수술·침	서류제출	직원채용
					불공 제의식 吉한 행사일						吉凶 길흉 大小 일반 행사일															
×	×	×	◎	◎	◎	◎	◎	◎	◎	◎	◎	◎	◎	◎	◎	◎	◎	×	◎	×	◎	◎	×	◎	◎	◎

당일 래정법

巳時 에 온사람은 이동수 있는자 이사 직장변동, 사업체 변동수, 창업불리

午時 에 온사람은 취업문제, 창업문제, 빈주머니, 헛 공사, 부부불화 원망 이별

未時 에 온사람은 남녀간다툼 이동변동수, 터부정, 관재구설, 배신, 교통사고주의

申時 온 사람은 방해자, 배신사, 의욕상실, 취업 승진 매사지체불리함, 창업손실, 손해손재수

酉時 온 사람은 새 일 자식문제 급처리문제, 처음엔 해결되는 듯하나 후 불리함 시험합격됨

戌時 온 사람은 의욕없는 자, 하극상 배신사, 억울한일, 외정색정사, 불륜사 문제, 관재로 발전, 취직문제

필히 피해야 할일 출판출고 · 책만들기 · 지출 · 취임식 · 출항 · 조선 배 제조 · 승선 · 바다낚시 · 머리자르기

백초귀장술의 오늘에 초사언

시간 점占 丁丑공망-申酉

子時	자식문제, 관재구설, 급질병, 도난 원수
丑時	금전 암손, 사업문제, 여자문제, 가출사
寅時	사업시작, 후원사, 화합사, 불륜색정사
卯時	질병침투, 적 침범사, 여자 삼각관계
辰時	사업 후원사, 자식문제, 귀농유리, 취업
巳時	금전손실, 여자문제, 관송사, 가출사
午時	매사 불성, 골육이별, 가출사, 사기도난
未時	직장실직, 우환질병 가출사 자손사 하극상
申時	재물손실, 극처사, 가출사, 재해, 도난
酉時	금전융통, 여자문제, 색정사, 금전손실
戌時	관청근심, 불륜색정사, 가출, 도난 상해
亥時	금전문제, 입상 명예문제, 원행 이동수

오늘 행운 복권 운세

복권사면 좋은 띠는 **돼지띠** ⑪⑯31

행운복권방은 집에서 **북서쪽**에 있음

申子辰生	북쪽문을 피하고, 서남쪽으로 이사하면 안 된다. 재수가 없고, 하는 일마다 꼬이고, 病苦 질병발생. 바람기 발동.
巳酉丑生	서쪽문을 피하고, 동남쪽으로 이사하면 안 된다. 재수가 없고, 하는 일마다 꼬이고, 病苦 질병발생. 바람기 발동.
寅午戌生	남쪽문을 피하고, 북동쪽으로 이사하면 안 된다. 재수가 없고, 하는 일마다 꼬이고, 病苦 질병발생. 바람기 발동.
亥卯未生	동쪽문을 피하고, 서북쪽으로 이사하면 안 된다. 재수가 없고, 하는 일마다 꼬이고, 病苦 질병발생. 바람기 발동.

운세풀이

未띠:이동수,우왕좌왕, 弱 다툼	戌띠: 점점 일이 꼬임 관재구설	丑띠:최고운상승세, 두마음	辰띠: 만남,결실,화합,문서
申띠:매사불편, 방해자,배신	亥띠:귀인상봉, 금전이득, 현금	寅띠: 의욕과다, 스트레스큼	巳띠:이동수,이별수,변동 움직임
酉띠:해결신,시험합격, 풀림	子띠: 매사꼬임,과거고생, 질병	卯띠: 시급한 일, 뜻대로 안됨	午띠: 빈주머니,걱정근심,사기

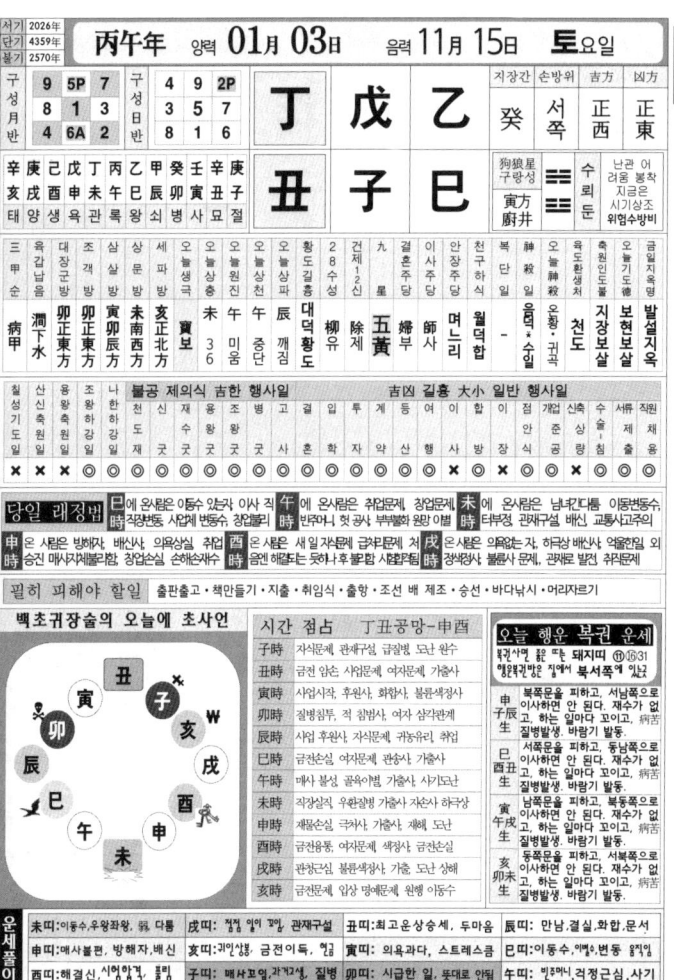

서기	2026年
단기	4359年
불기	2570年

丙午年 양력 01月 04日 음력 11月 16日 일요일

구성月반				구성日반			
	9	5P	7		5	1	3P
	8	1	3		4	6	8
	4	6A	2		9	2	7A

戊	戊	乙
寅	子	巳

지장간	손방위	吉方	凶方
癸	서북	正南	正北

狗狼星 구랑성	東北方

수뢰둔 — 난관 어려움 봉착 지금은 시기상조 위험수방비

癸	壬	辛	庚	己	戊	丁	丙	乙	甲	癸	壬
亥	戌	酉	申	未	午	巳	辰	卯	寅	丑	子
절	묘	사	병	쇠	왕	록	관	욕	생	양	태

三甲순	육갑납음	대장군방	조객방	삼살방	상문방	세파방	오늘생극	오늘상충	오늘원진	오늘상천	오늘상파	황도길흉	28수성
病甲	城頭土	卯正東方	卯正東方	寅卯辰方	未南西方	亥正北方	伐벌	申 36	酉 미움	巳 중단	亥 깨짐	백호흑도	星성

건제12신	九星	결혼주당	이사주당	안장주당	복단일	오늘吉神	神殺	오늘神殺	육도환생처	축원인도불	오늘기도德	금일지옥명
滿만	六白	廚주	災재	손님	천마*역마	천후*상일	오허·육해	귀기·수격	인도	지장보살	약사보살	발설지옥

칠성기도일	산신축원일	용왕축원일	조왕하강일	나한하강일	천도재	신굿	재수굿	용왕굿	조왕굿	병굿	고사
					불공 제의식 吉한 행사일						
×	◎	×	×	×	×	×	×	×	×	×	×

결혼	입학	투자	계약	등산	여행	이사	합방	이장	점안식	개업준공	신축상량	수술-침	서류제출	직원채용
吉凶 길흉 大小 일반 행사일														
×	◎	×	×	◎	◎	×	×	×	×	×	◎	◎	–	×

당일 래정법

巳時에 온사람은 문서구입 화합사 결혼, 재혼 경조사 애정사 궁합 후원 개업

午時에 온사람은 이동수 있는자 이사나 직장변동, 친구나 형제 사업체변동수

未時에 온사람은 금전사기, 실업자 색정사 들통 빈주머니 헛수고, 문서모난사 매사불성

申時 온 사람은 매매 이동변동수, 직장변동수, 터 부정, 사기 하유문서 다툼주의 차사고 주의

酉時 온 사람은 질병과 자식문제 방해자, 배신사, 관송사, 취업 승진 매사 지체불리함

戌時 온 사람은 자식문제, 하극상으로 배신사 해결되는 듯 하나 후 불리함 사험 합격됨 허가건 승인됨 관재

필히 피해야 할일 주식투자 • 사행성코인사입 • 명품구입 • 교역 • 물건구입 • 부동산매매 • 새집들이 • 창고수리

백초귀장술의 오늘에 초사언

시간 점占 戊寅공망-申酉

子時	금전융통, 부인문제 자식질병 관재구설
丑時	재물파산 권리박탈 부인문제 가출건
寅時	금전 암손 여자문제 가출사 여행 凶
卯時	남편문제 직장취업 색정사 가출사
辰時	매사불성 금전손실 사업파산 속 중단
巳時	입상 명예사 직장승진 금전기쁨 관청
午時	금전손실 다툼, 사업이동, 가출, 차를 극
未時	집안잡귀침투, 처첩 색정사 가출문제
申時	침범사 질병재앙, 가출사 직장실직
酉時	금전손실 직장실직 가출사 배신음모
戌時	사업후원사 취업문제 육친문제 수술유의
亥時	금전손실 도난 상해 이별사 가출사

오늘 행운 복권 운세

복권사면 좋은 띠는 쥐띠 ①⑥⑯
행운복권방은 집에서 북쪽에 있는곳

申子辰生	북쪽문을 피하고, 서남쪽으로 이사하면 안 된다. 재수가 없고, 하는 일마다 꼬이고, 病苦 질병발생. 바람기 발동.
巳酉丑生	서쪽문을 피하고, 동남쪽으로 이사하면 안 된다. 재수가 없고, 하는 일마다 꼬이고, 病苦 질병발생. 바람기 발동.
寅午戌生	남쪽문을 피하고, 북동쪽으로 이사하면 안 된다. 재수가 없고, 하는 일마다 꼬이고, 病苦 질병발생. 바람기 발동.
亥卯未生	동쪽문을 피하고, 서북쪽으로 이사하면 안 된다. 재수가 없고, 하는 일마다 꼬이고, 病苦 질병발생. 바람기 발동.

운세풀이

申띠:이동수,우왕좌왕, 弱體, 다툼	亥띠: 점점 일이 꼬임, 관재구설	寅띠:최고운상승세, 두마음	巳띠: 만남,결실,화합,문서
酉띠:매사불편, 방해자,배신	子띠:귀인상봉, 금전이득, 현금	卯띠: 의욕과다, 스트레스큼	午띠:이동수,이별수,변동 움직임
戌띠:해결신,시험합격, 풀림	丑띠: 매사꼬임,과거고생, 질병	辰띠: 시급한 일, 뜻대로 안됨	未띠: 빈주머니,걱정근심,사기

서기	2026年
단기	4359年
불기	2570年

丙午年 양력 01月 05日 음력 11月 17日 월요일

소한 小寒 17時 23分 入

구성月반			구성日반		
8	4A	6P	6	2	4
7	9	2	5	7	9AP
3	5	1	1	3	8

己	己	乙
卯	丑	巳

지장간	손방위	吉方	凶方
癸	북쪽	正東	正西

乙亥	甲戌	癸酉	壬申	辛未	庚午	己巳	戊辰	丁卯	丙寅	乙丑	甲子
태	양	생	욕	관	록	왕	쇠	병	사	묘	절

狗狼星 구랑성: 僧尼寺觀 後門

수뢰둔: 난관 어려움 봉착 지금은 시기상조 위험수방비

三甲순	육갑납음	대장군방	조객방	삼살방	상문방	세파방	오늘생극	오늘상충	오늘원진	오늘상천	오늘상파	황도길흉	28수성	건제12신	九星	결혼주당	이사주당	안장주당	복단일	오늘吉神	神殺	오늘神殺	육도환생처	축원인도불	오늘기도德	금일지옥명
病甲	城頭土	卯正東方	辰東南方	子正北方	申西南方	子正北方	伐벌	酉 36	申 미움	辰 중단	午 깨짐	대덕황도	張장	滿만	七赤	夫부	安안	아버지	복덕*보광	천은*민일	수사·천강	천화·재살	귀도	지장보살	문수보살	발설지옥

칠성기도일	산신축원일	용왕축원일	조왕하강일	나한하강일	천도재	신굿	재수굿	용왕굿	조왕굿	병굿	고사	결혼	입학	투자	계약	등산	여행	이사	합방	이장	점안식	개업준공	신축상량	수술-침	서류제출	직원채용
×	◎	×	◎	◎	◎	◎	◎	◎	◎	◎	◎	×	◎	×	×	◎	◎	×	×	×	◎	◎	×	◎	◎	×

(불공 제의식 吉한 행사일: 천도재 ~ 고사 / 吉凶 길흉 大小 일반 행사일: 결혼 ~ 직원채용)

당일 래정법

巳時에 온사람은 모함과 구설로 골치 아픔 가내환자, 바람기, 직장해고위험
午時에 온사람은 문서 화합운, 결혼, 재혼 경조사, 궁합, 문서이동, 부모문제, 질병
未時에 온사람은 이동수 있는자, 이사나 직장변동, 자식문제 변동수, 여행, 이별
申時 온 사람은 허위문서, 실업자, 쉬고있는자, 빈주머니, 헛 공사, 사기모함·도난사, 매사불성
酉時 온 사람은 매매 이동변동수, 터부정, 관재구설, 사기, 허위문서, 우환질병, 차사고주의
戌時 온 사람은 색정사 배신문제 방해자, 배신사, 의욕상실, 관재구설, 취업 승진 매사 지체불리함

필히 피해야 할일 입주·새집들이·친목회·문서파기·창고수리·건축수리·기둥세우기·장담그기

백초귀장술의 오늘에 초사언

시간 점占 己卯공망-申酉

子時	재물근심, 음란색정사, 여자 삼각관계
丑時	유산상속건, 형제친구문제, 가출, 이별사
寅時	직장실직, 가출, 처를극, 불명예, 취업불가
卯時	여자로부터 금전손실, 질병재앙, 불륜사
辰時	만사상쟁, 신규사업 손실, 질병침투, 가출
巳時	매사 불성사, 사업금전손실 다툼, 색정사
午時	직장승진문제, 불륜색정사, 가출문제
未時	이동 이별수, 직업변동, 가출사, 수술불리
申時	자식문제, 극처사, 질병침투, 직업실직
酉時	적의 침범사, 질병재앙, 색정사, 가출사
戌時	놀랄 일발생, 금전융통, 배신 도망 가출
亥時	금전문제, 부인문제, 가출사, 도난, 惡意

오늘 행운 복권 운세

복권사면 좋은 띠는 소띠 ②⑤⑩
행운복권방은 집에서 북동쪽에 있는곳

申子辰生	북쪽문을 피하고, 서남쪽으로 이사하면 안 된다. 재수가 없고, 하는 일마다 꼬이고, 病苦 질병발생. 바람기 발동.
巳酉丑生	서쪽문을 피하고, 동남쪽으로 이사하면 안 된다. 재수가 없고, 하는 일마다 꼬이고, 病苦 질병발생. 바람기 발동.
寅午戌生	남쪽문을 피하고, 북동쪽으로 이사하면 안 된다. 재수가 없고, 하는 일마다 꼬이고, 病苦 질병발생. 바람기 발동.
亥卯未生	동쪽문을 피하고, 서북쪽으로 이사하면 안 된다. 재수가 없고, 하는 일마다 꼬이고, 病苦 질병발생. 바람기 발동.

운세풀이

酉띠:이동수,우왕좌왕, 弱, 다툼	子띠: 점점 일이 꼬임, 관재구설	卯띠:최고운상승세, 두마음	午띠: 만남,결실,화합,문서
戌띠:매사불편, 방해자,배신	丑띠:귀인상봉, 금전이득, 현금	辰띠: 의욕과다, 스트레스큼	未띠:이동수,이별수,변동 움직임
亥띠:해결신,시험합격, 풀림	寅띠: 매사꼬임,과거고생, 질병	巳띠: 시급한 일, 뜻대로 안됨	申띠: 빈주머니,걱정근심,사기

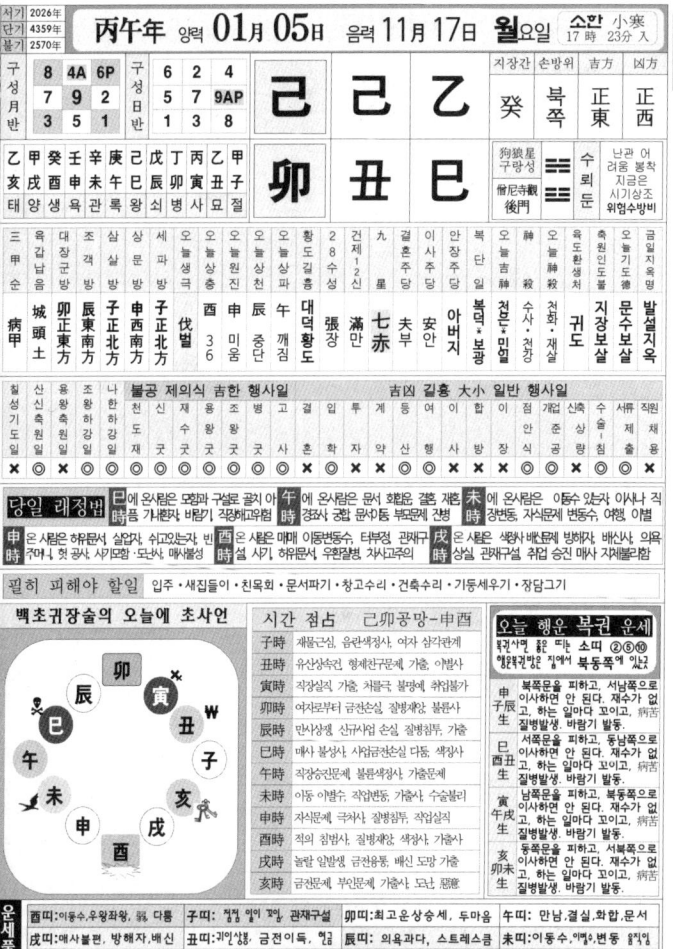

서기 2026年	丙午年	양력 01月 06日	음력 11月 18日	화요일
단기 4359年				
불기 2570年				

구성月반			구성日반		
8	4A	6P	7	3	5
7	9	2	6	8	1
3	5	1	2A	4	9P

	時	日	月
천간	庚	己	乙
지지	辰	丑	巳

지장간	손방위	吉方	凶方
癸	북동	正北	正南

丁	丙	乙	甲	癸	壬	辛	庚	己	戊	丁	丙
亥	戌	酉	申	未	午	巳	辰	卯	寅	丑	子
병	쇠	왕	록	관	욕	생	양	태	절	묘	사

狗狼星 구랑성	寺觀 절사관	☵☳	수뢰둔	난관 어려움 봉착 지금은 시기상조 **위험수방비**

三甲순	육갑납음	대장군방	조객방	삼살방	상문방	세파방	오늘생극	오늘상충	오늘원진	오늘상천	오늘상파	황도길흉	28수성	건제12신	九星	결혼주당	이사주당	안장주당	복단일	오늘吉神	神殺	오늘神殺	육도환생처	축원인도불	오늘기도德	금일지옥명
病甲	白蠟金	卯正東方	辰東南方	子正北方	申西南方	子正北方	義의	戌 36	亥 미움	卯 중단	丑 깨짐	백호흑도	翼익	平평	八白	姑고	利이	남자	-	천덕*월덕	하괴일	천격·월살	축도	지장보살	지장보살	발설지옥

칠성기도일	산신축원일	용왕축원일	조왕하강일	나한하강일	불공 제의식 吉한 행사일: 천도재	신굿	재수굿	용왕굿	조왕굿	병굿	고사	吉凶 길흉 大小 일반 행사일: 결혼	입학	투자	계약	등산	여행	이사	합방	이장	점안식	개업준공	신축상량	수술-침	서류제출	직원채용
×	◎	×	◎	◎	◎	◎	◎	◎	◎	◎	◎	×	◎	×	×	◎	-	×	×	×	◎	×	×	◎	-	×

당일 래정법

巳時에 온사람은 의욕과다. 뭐가 하고싶어서 왔다. 직장취업문제, 소송사건여부

午時에 온사람은 부모형제와 골치 아픈일 암투, 가내환자, 바람기, 불륜

未時에 온사람은 화합운, 결혼, 재혼, 경조사 애정사, 궁합, 만남, 후원, 개업, 매매건

申時온 사람은 이동수 있는자, 이사나 직장변동, 사업체 변동수, 여행, 이별수, 창업불리

酉時온 사람은 색정사문제, 금전손재수, 쉬고있는 자, 빈주머니, 헛 공사, 사기모함 , 매사불성

戌時온 사람은 매매 이동변동수, 터부정, 관재구설, 사기, 허유문서, 동업자 시비 다툼주의, 차사고주의

필히 피해야 할일 출품·새집들이·인수인계·해외여행·항공주의·코인투자·벌초·질병치료·흙파기.

백초귀장술의 오늘에 초사언

시간 점占	庚辰공망-申酉
子時	자식질병사, 사업후원사, 도난, 태아령천도
丑時	파산위태, 금전손실, 상속문제, 산소탈
寅時	질병재앙, 취업문제, 금전융통, 사업확장
卯時	파재, 극처사, 관송사 분쟁, 가출문제
辰時	금전암손, 여자문제, 사업문제, 금전다툼
巳時	신규사업, 구재, 도난, 상해, 관재, 손실
午時	관재구설, 직장박탈, 도적손실, 가출문제
未時	사업후원사, 선거당선사, 화합사, 가출사
申時	재물손실, 적의 침범사, 변동 이사, 가출
酉時	남녀색정사, 사기 도난, 도주, 상부상처
戌時	질병침투, 적의침범사, 가출문제, 부하도주
亥時	자식문제, 방해자, 금전손실, 우환질병

오늘 행운 복권 운세

복권사면 좋은 띠는 **범띠** ③⑧⑱
행운복권방은 집에서 **동북쪽**에 있는곳

申子辰生	북쪽문을 피하고, 서남쪽으로 이사하면 안 된다. 재수가 없고, 하는 일마다 꼬이고, 病苦 질병발생. 바람기 발동.
巳酉丑生	서쪽문을 피하고, 동남쪽으로 이사하면 안 된다. 재수가 없고, 하는 일마다 꼬이고, 病苦 질병발생. 바람기 발동.
寅午戌生	남쪽문을 피하고, 북동쪽으로 이사하면 안 된다. 재수가 없고, 하는 일마다 꼬이고, 病苦 질병발생. 바람기 발동.
亥卯未生	동쪽문을 피하고, 서북쪽으로 이사하면 안 된다. 재수가 없고, 하는 일마다 꼬이고, 病苦 질병발생. 바람기 발동.

운세풀이

戌띠:이동수,우왕좌왕, 弱, 다툼	丑띠: 점점 일이 꼬임, 관재구설	辰띠:최고운상승세, 두마음	未띠: 만남,결실,화합,문서
亥띠:매사불편, 방해자,배신	寅띠:귀인상봉, 금전이득, 현금	巳띠: 의욕과다, 스트레스큼	申띠:이동수,이별수,변동 움직임
子띠:해결신,시험합격, 풀림	卯띠: 매사꼬임,과거고생, 질병	午띠: 시급한 일, 뜻대로 안됨	酉띠: 빈주머니,걱정근심,사기

서기 2026年	단기 4359年	불기 2570年

丙午年 양력 01月 07日 음력 11月 19日 수요일

구성月반			구성日반		
8	4A	6P	8	4A	6
7	9	2	7	9	2
3	5	1	3	5	1P

	時	日	月
天干	辛	己	乙
地支	巳	丑	巳

지장간	손방위	吉方	凶方
癸	無	正西	正東

狗狼星 구랑성	卦	수뢰둔	난관 어려움 봉착 지금은 시기상조 위험수방비
天	☵☳		

己亥	戊戌	丁酉	丙申	乙未	甲午	癸巳	壬辰	辛卯	庚寅	己丑	戊子
욕	관	록	왕	쇠	병	사	묘	절	태	양	생

三甲순	육갑납음	대장군방	조객방	삼살방	상문방	세파방	오늘생극	오늘상충	오늘원진	오늘상천	오늘상파	황도길흉	28수성	건제12신	九星	결혼주당	이사주당	안장주당	복단일	오늘吉神	神殺	오늘神殺	육도환생처	축원인도불	오늘기도德	금일지옥명
病甲	白蠟金	卯正東方	辰東南方	子正北方	申西南方	子正北方	伐벌	亥 36	戌 미움	寅 중단	申 깨짐	옥당황도	軫진	定정	九紫	堂당	天천	손자	삼합일	천은*육의	태세·구감	고초·염대	옥도	지장보살	문수보살	발설지옥

칠성기도일	산신축원일	용왕축원일	조왕하강일	나한하강일	천도재	신굿	재수굿	용왕굿	조왕굿	병굿	고사	결혼	입학	투자	계약	등산	여행	이사	합방	이장	점안식	개업준공	신축상량	수술-침	서류제출	직원채용
×	×	×	×	×	×	◎	◎	◎	◎	◎	◎	◎	◎	×	◎	◎	◎	◎	◎	×	◎	◎	×	◎	◎	◎

(천도재–고사: 불공 제의식 吉한 행사일 / 결혼–직원채용: 吉凶 길흉 大小 일반 행사일)

당일 래정법

- **巳時** 에 온사람은 의욕충만, 두가지문제로 갈등사, 갖고싶은 욕구, 자식문제, 사업문제
- **午時** 에 온사람은 의욕과다, 뭐가 하고싶어서 왔다. 금전문제, 여자문제, 시험합격
- **未時** 에 온사람은 골치 아픈일, 형제동업 죽음 바람기, 불륜, 시비투쟁, 속정리
- **申時** 온 사람은 형제, 문서 화합운, 결혼, 재혼, 경조사, 애정사, 궁합, 만남, 개업, 하극상 배신, 구설수
- **酉時** 온 사람은 이동수 있는자, 가출, 이사나 직장변동, 사업체 변동수, 여행, 이별수, 관재구설
- **戌時** 온 사람은 색정사문제, 금전손재수, 쉬고있는자, 빈주머니, 헛 공사, 사기모함 , 매사불성

필히 피해야 할일 홍보광고 • 소장제출 • 인허가신청 • 정보유출 • 질병치료 • 출항 • 조선 배 제조 • 승선 • 장담그기

백초귀장술의 오늘에 초사언

시간 점占 辛巳공망-申酉

子時	자식문제, 질병침투, 직장실직, 배신주의
丑時	자선사업 봉사, 후원사, 질병침투, 가출
寅時	금전융통, 부인문제, 색정사, 관재구설
卯時	금전문제, 사업관련, 형제도움, 가출사
辰時	질병재앙, 타인과 다툼, 가출사, 사업불리
巳時	금전암손, 여자문제, 취직 실직문제, 포상
午時	신규사업불리, 관재구설, 남녀색정사, 우환
未時	자선 봉사활동, 금전문제, 가출방황, 불리
申時	사업후원사 발탁, 직장취업, 당선입상
酉時	급병자발생, 금전손실, 도난 가출도주
戌時	봉사 자선사업, 질병재앙, 사업문제, 가출
亥時	적침범사, 질병침투, 부부이별, 원행 이사

오늘 행운 복권 운세

복권사면 좋은 띠는 **토끼띠** ②⑧
행운복권방은 집에서 **동쪽**에 있는곳

申子辰生	북쪽문을 피하고, 서남쪽으로 이사하면 안 된다. 재수가 없고, 하는 일마다 꼬이고, 病苦질병발생. 바람기 발동.
巳酉丑生	서쪽문을 피하고, 동남쪽으로 이사하면 안 된다. 재수가 없고, 하는 일마다 꼬이고, 病苦질병발생. 바람기 발동.
寅午戌生	남쪽문을 피하고, 북동쪽으로 이사하면 안 된다. 재수가 없고, 하는 일마다 꼬이고, 病苦질병발생. 바람기 발동.
亥卯未生	동쪽문을 피하고, 서북쪽으로 이사하면 안 된다. 재수가 없고, 하는 일마다 꼬이고, 病苦질병발생. 바람기 발동.

운세풀이

亥띠:이동수,우왕좌왕, 弱, 다툼	寅띠: 점점 일이 꼬임, 관재구설	巳띠:최고운상승세, 두마음	申띠: 만남,결실,화합,문서
子띠:매사불편, 방해자,배신	卯띠:귀인상봉, 금전이득, 현금	午띠: 의욕과다, 스트레스큼	酉띠:이동수,이별수,변동 움직임
丑띠:해결신,시험합격, 풀림	辰띠: 매사꼬임,과거고생, 질병	未띠: 시급한 일, 뜻대로 안됨	戌띠: 빈주머니,걱정근심,사기

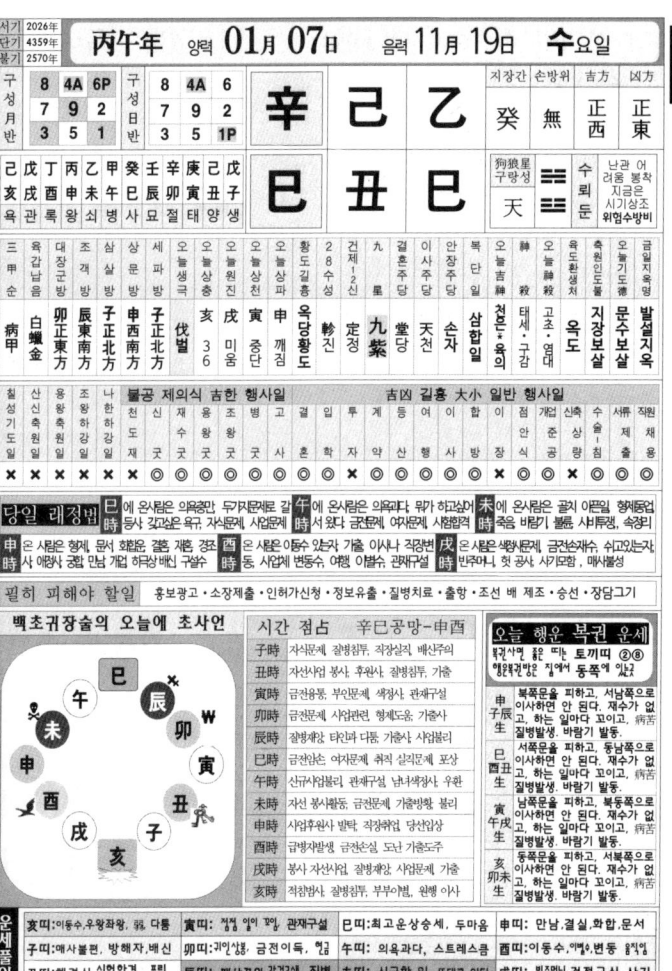

서기	2026年
단기	4359年
불기	2570年

丙午年 양력 01月 08日 음력 11月 20日 목요일

구성월반			구성일반		
8	4A	6P	9	5	7
7	9	2	8	1	3
3	5	1	4	6AP	2

壬	己	乙
午	丑	巳

지장간	손방위	吉方	凶方
癸	無	正南	正北

辛	庚	己	戊	丁	丙	乙	甲	癸	壬	辛	庚
亥	戌	酉	申	未	午	巳	辰	卯	寅	丑	子
록	관	욕	생	양	태	절	묘	사	병	쇠	왕

狗狼星 구랑성: 神廟 신사묘

지산겸: 남에게 양보하고 매사 겸손 포용이 吉 복잡케얽힘

三甲순	육갑납음	대장군방	조객방	삼살방	상문방	세파방	오늘생극	오늘상충	오늘원진	오늘상천	오늘상파	황도길흉	28수성	건제12신	九星	결혼주당	이사주당	안장주당	복단일	오늘吉神	神殺	오늘神殺	육도환생처	축원인도불	오늘기도德	금일지옥명
病甲	楊柳木	卯正東方	辰東南方	子正北方	申西南方	子正北方	制 제	子 36	丑 미움	丑 중단	卯 깨짐	천뇌흑도	角 각	執 집	一白	翁 옹	害 해	死	복단일	경안*해신	천적일	월해·지격	불도	헌겁천불	약사보살	한빙지옥

					불공 제의식 吉한 행사일							吉凶 길흉 大小 일반 행사일														
칠성기도일	산신축원일	용왕축원일	조왕하강일	나한하강일	천도재	신굿	재수굿	용왕굿	조왕굿	병굿	고사	결혼	입학	투자	계약	등산	여행	이사	합방	이장	점안식	개업준공	신축상량	수술-침	서류제출	직원채용
×	×	×	×	◎	◎	×	×	×	×	×	◎	×	◎	×	×	◎	◎	×	×	×	◎	×	◎	×	◎	×

당일 래정법

- **巳時**에 온사람은 건강문제, 관재, 금전고통으로 운이 단단히 꼬여있음, 동업파탄
- **午時**에 온사람은 금전구재, 화병, 갈등사 갖고싶은 욕구, 자식문제, 취업문제
- **未時**에 온사람은 의욕과다, 뭐가 하고싶어서 왔다, 직장취업문제, 결혼문제
- **申時** 온 사람은 골치 아픈일, 친구나 형제동업, 죽음 배우자바람기, 차사고 시비투쟁, 속 정리해야함
- **酉時** 온 사람은 형제, 문서, 화합운, 결혼, 관직취업 애정사, 궁합 만남, 개업 하극상 배신 경쟁사로 몰변
- **戌時** 온 사람은 이동수 있는자, 가출, 이사나 직장변동, 사업체 변동수, 여행, 이별수, 부동산매매

필히 피해야 할일

작품출품 · 납품 · 정보유출 · 교역 · 화재주의 · 출장 · 항공주의 · 흙파기 · 지붕 · 옥상보수

백초귀장술의 오늘에 초사언

시간 점占	壬午공망-申酉
子時	남녀쟁투 처를 극, 病, 이동 소송은 흉
丑時	질병은 흉, 이사 구직안됨, 순리대로
寅時	선거자유리, 불륜사, 急病者, 喪服 운
卯時	매사 선흉후길, 소송은 화해가 길
辰時	관재 병재로 불길, 가출사 색정사 하극상
巳時	사업, 구재, 구설 이별, 여자삼각관계, ⊗
午時	금전손실 다툼, 이사 여행 투자 시험불리
未時	집안잡귀침투, 친족불화, 삼각관계, 불리
申時	매사 불성사, 도망은 吉, 도적손실, 재액
酉時	사업사, 후원사, 불륜사, 화합사, 무력함
戌時	가출건, 급병자, 관재구설, 하자발생 ⊗
亥時	남자는 해롭고, 임신은 안됨, 구직 안됨

오늘 행운 복권 운세

복권사면 좋은 띠는 **용띠** ⑤⑩⑳
행운복권방은 집에서 **동남쪽**에 있는곳

申子辰生	북쪽문을 피하고, 서남쪽으로 이사하면 안 된다. 재수가 없고, 하는 일마다 꼬이고, 病苦 질병발생. 바람기 발동.
巳酉丑生	서쪽문을 피하고, 동남쪽으로 이사하면 안 된다. 재수가 없고, 하는 일마다 꼬이고, 病苦 질병발생. 바람기 발동.
寅午戌生	남쪽문을 피하고, 북동쪽으로 이사하면 안 된다. 재수가 없고, 하는 일마다 꼬이고, 病苦 질병발생. 바람기 발동.
亥卯未生	동쪽문을 피하고, 서북쪽으로 이사하면 안 된다. 재수가 없고, 하는 일마다 꼬이고, 病苦 질병발생. 바람기 발동.

운세풀이

子띠:이동수,우왕좌왕, 弱體, 다툼	卯띠: 점점 일이 꼬임, 관재구설	午띠:최고운상승세, 두마음	酉띠: 만남,결실,화합,문서
丑띠:매사불편, 방해자,배신	辰띠:귀인상봉, 금전이득, 현금	未띠: 의욕과다, 스트레스큼	戌띠:이동수,이별수,변동 움직임
寅띠:해결신,시험합격, 풀림	巳띠: 매사꼬임,과거고생, 질병	申띠: 시급한 일, 뜻대로 안됨	亥띠: 빈주머니,걱정근심,사기

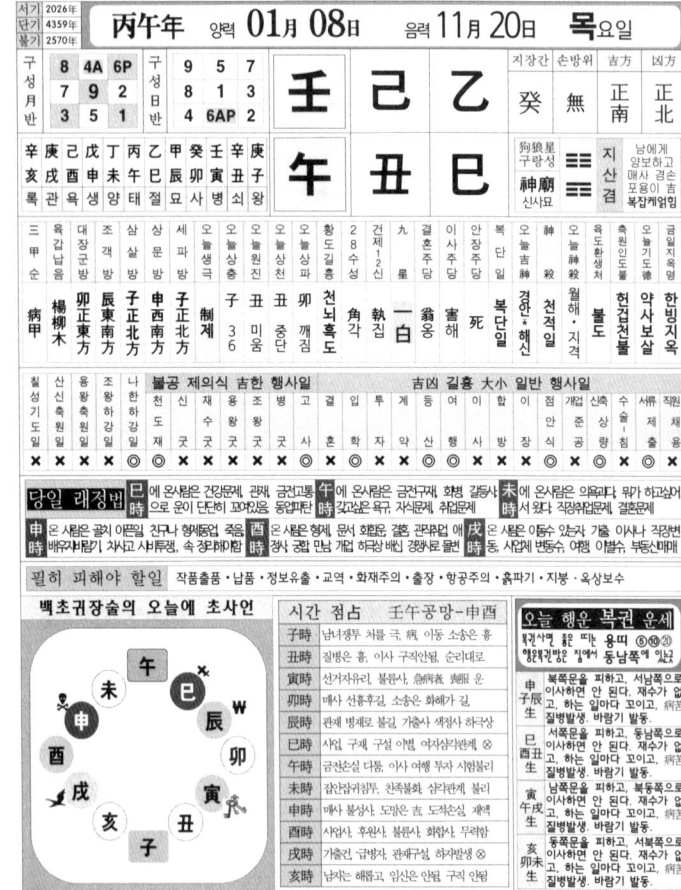

서기	2026年
단기	4359年
불기	2570年

丙午年 양력 01月 09日 음력 11月 21日 금요일

구성월반				구성일반		
	8	4A	6P	1	6	8A
	7	9	2	9	2	4
	3	5	1	5P	7	3

癸	己	乙
未	丑	巳

지장간	손방위	吉方	凶方
癸	동쪽	正東	正西

狗狼星 구랑성	水步井	지산겸	남에게 양보하고 매사 겸손 포용이 吉 복잡케얽힘

癸	壬	辛	庚	己	戊	丁	丙	乙	甲	癸	壬
亥	戌	酉	申	未	午	巳	辰	卯	寅	丑	子
왕	쇠	병	사	묘	절	태	양	생	욕	관	록

三甲순	육갑납음	대장군방	조객방	삼살방	상문방	세파방	오늘생극	오늘상충	오늘원진	오늘상천	오늘상파	황도길흉	28수성	건제12신	九星	결혼주당	이사주당	안장주당	복단일	대공망일	오늘吉神	오늘神殺	육도환생처	축원인도불	오늘기도德	금일지옥명
病甲	楊柳木	卯正東方	辰東南方	子正北方	申西南方	子正北方	伐벌	丑 36	子 미움	子 중단	戌 깨짐	현무흑도	亢항	破파	二黑	第제	殺살	여자	-	대공망일	월파일	구공·대모	불도	헌겁천불	대세지보살	한빙지옥

칠성기도일	산신축원일	용왕축원일	조왕하강일	나한하강일	불공 제의식 吉한 행사일: 천도재	신굿	재수굿	용왕굿	조왕굿	병굿	고사	吉凶 길흉 大小 일반 행사일: 결혼	입학	투자	계약	등산	여행	이사	합방	이장	점안식	개업준공	신축상량	수술·침	서류제출	직원채용
×	×	×	×	×	×	×	×	×	×	×	×	×	×	×	×	×	×	×	×	×	×	×	×	×	×	×

당일 래정법

巳時 에 온사람은 금전문제, 사업문제, 금전 구재건, 관직취직사, 속전속결이 유리

午時 에 온사람 건강문제, 금전문제로 운이 단단히 꼬여있음, 동업파탄 손재수

未時 에 온사람 문서합의, 부모자식간 문제, 교합사는 불성사, 이동수도 있음

申時 온 사람은 의욕과다, 뭔가 하고싶어서 왔다. 직장취업문제, 친구형제간 배신과 암해, 관재수

酉時 온 사람은 골치 아픈일, 형제동업, 죽음, 바람기, 불륜, 시비투쟁, 급속정리하야함, 청춘귀작해

戌時 온 사람은 형제, 화합운, 결혼, 재혼, 경조사, 애정사, 궁합, 만남, 개업, 하극상 배신, 움직이면 재앙

필히 피해야 할일 이날은 흑도와 월파일에 대공망일, 구공, 대모 등 신살에 해당되어 매사 해롭고 불리한 날

백초귀장술의 오늘에 초사언

시간 점占 癸未공망-申酉

시간	점
子時	관귀발동, 남녀색정사, 금전손해 실물수
丑時	적의 침범사, 불길하고 원수됨, 가출사
寅時	자손문제, 실직문제, 연애배신사, 모함
卯時	질병위급, 여행조심, 관직승진 결혼 吉
辰時	남편문제, 가출사, 색정사, 부부이별, 소송흉
巳時	사업, 구재이득, 귀인상봉, 수상기쁨
午時	화합, 애정사불리, 금전손실, 매사 불성사
未時	유명무실, 가출건, 동료나 골육배반 구설
申時	사업사 손재수, 후원사무리, 여행은 불리
酉時	병자사망, 매사 불성사, 가출도주, 外情
戌時	직업문제, 남편문제, 집안불화, 불합격
亥時	금전배신, 처 가출사, 도망 분실, 이동 흉

오늘 행운 복권 운세

복권사면 좋은 띠는 **뱀띠** ⑦⑰27
행운복권방은 집에서 **남동쪽**에 있는곳

申子辰生	북쪽문을 피하고, 서남쪽으로 이사하면 안 된다. 재수가 없고, 하는 일마다 꼬이고, 病苦 질병발생. 바람기 발동.
巳酉丑生	서쪽문을 피하고, 동남쪽으로 이사하면 안 된다. 재수가 없고, 하는 일마다 꼬이고, 病苦 질병발생. 바람기 발동.
寅午戌生	남쪽문을 피하고, 북동쪽으로 이사하면 안 된다. 재수가 없고, 하는 일마다 꼬이고, 病苦 질병발생. 바람기 발동.
亥卯未生	동쪽문을 피하고, 서북쪽으로 이사하면 안 된다. 재수가 없고, 하는 일마다 꼬이고, 病苦 질병발생. 바람기 발동.

운세풀이

丑띠:이동수,우왕좌왕, 弱, 다툼	辰띠: 점점 일이 꼬임, 관재구설	未띠:최고운상승세, 두마음	戌띠: 만남,결실,화합,문서
寅띠:매사불편, 방해자,배신	巳띠:귀인상봉, 금전이득, 현금	申띠: 의욕과다, 스트레스큼	亥띠:이동수,이별수,변동 움직임
卯띠:해결신,시험합격, 풀림	午띠: 매사꼬임,과거고생, 질병	酉띠: 시급한 일, 뜻대로 안됨	子띠: 빈주머니,걱정근심,사기

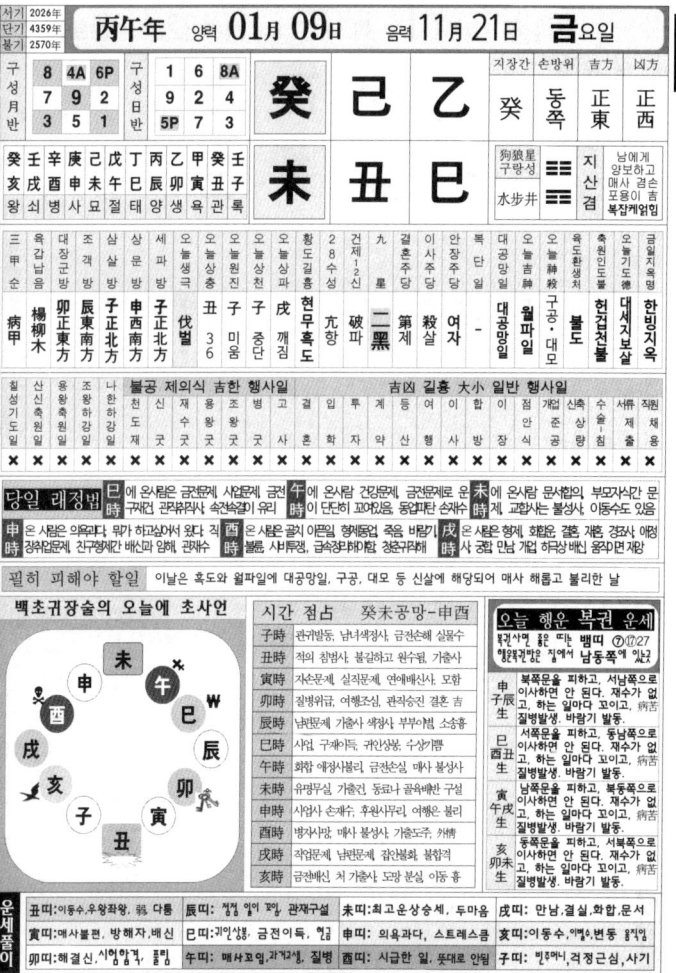

서기	2026年
단기	4359年
불기	2570年

丙午年 양력 01月 10日 음력 11月 22日 토요일

구성月반				구성日반			
	8	4A	6P		2	7	9
	7	9	2		1A	3	5
	3	5	1		6P	8	4

甲	己	乙
申	丑	巳

지장간	손방위	吉方	凶方
癸	동남	正北	正南

乙	甲	癸	壬	辛	庚	己	戊	丁	丙	乙	甲
亥	戌	酉	申	未	午	巳	辰	卯	寅	丑	子
생	양	태	절	묘	사	병	쇠	왕	록	관	욕

狗狼星 구랑성 / 正廳中庭 정청 — 지산겸 — 남에게 양보하고 매사 겸손 포용이 吉 **복잡케얽힘**

三甲순	육갑납음	대장군방	조객방	삼살방	상문방	세파방	오늘생극	오늘상충	오늘원진	오늘상천	오늘상파	황도길흉	28수성	건제12신	九星	결혼주당	이사주당	안장주당	대공망일	오늘吉神	오늘吉神	오늘神殺	육도환생처	축원인도불	오늘기도德	금일지옥명
生甲	泉中水	卯正東方	辰東南方	子正北方	申西南方	子正北方	伐벌	寅 36	卯 미움	亥 중단	巳 깨짐	사명황도	氐저	危위	三碧	竈조	富부	어머니	대공망일	모창*양덕	월공*사상	유화·토금	인도	헌겁천불	아미보살	한빙지옥

칠성기도일	산신축원일	용왕축원일	조왕하강일	나한하강일	불공 제의식 吉한 행사일							吉凶 길흉 大小 일반 행사일														
					천도재	신굿	재수굿	용왕굿	조왕굿	병굿	고사	결혼	입학	투자	계약	등산	여행	이사	합방	이장	점안식	개업준공	신축상량	수술·침	서류제출	직원채용
×	◎	×	◎	◎	◎	×	×	×	×	×	×	×	◎	×	×	◎	◎	×	×	×	◎	◎	×	◎	◎	×

당일 래정법

- **巳時** 에 온사람은 의욕없는자, 금전구재건 색정사로 다툼, 억울한 일 매사불성사
- **午時** 에 온사람은 금전문제, 자식문제, 친정식구도움, 관직취직사, 우환질병
- **未時** 에 온사람 건강문제, 남편문제로 운이 단단히 꼬여있음, 직장은 불리, 손재수
- **申時** 온 사람은 새사업은 방해자로 인해 망신수, 관재수 발생, 후원사불리, 수술문제, 사고조심
- **酉時** 온 사람은 의욕과다, 새로운 일 하고싶어서 왔다. 직장취업문제, 친구형제간 배신, 색정사
- **戌時** 온 사람은 골치 아픈일, 삼각관계, 죽음, 바람기 불륜, 사비투쟁, 급속정리해야함, 청춘구직해

필히 피해야 할일 질병치료 • 사냥 • 승선 • 낚시 • 어로작업 • 요트타기 • 위험놀이기구 • 벌목 • 수렵 • 침대 가구들이기

백초귀장술의 오늘에 초사언

시간 점占	甲申공망-午未
子時	사업사 후원문제, 가출사, 이동사, 질병
丑時	사기도난조짐, 가출건, 여행불리, 질병
寅時	이동사, 육친이별, 부동산다툼, 터부정
卯時	움직이면 혈광재앙, 병환자발생, 순리
辰時	사업건 금전융통 가능, 시험합격, 불륜사
巳時	도난, 파재, 상해, 관재, 자손문제, 女일
午時	관직 승전가능, 놀날일발생, 변화사 불리
未時	病환자, 관재, 금전손실, 여행 모두 불리
申時	관작승전기쁨, 사업성공, 취업 가능, 음란
酉時	남녀색정사 변심, 남편문제, 삼각관계
戌時	금전문제, 여자문제, 가출사, 집안 시체
亥時	임신가능, 결혼기쁨, 여행재앙, 망동주의

오늘 행운 복권 운세

복권사면 좋은 띠는 **말띠** ⑤⑦22
행운복권방은 집에서 **남쪽에 있는곳**

申子辰生	북쪽문을 피하고, 서남쪽으로 이사하면 안 된다. 재수가 없고, 하는 일마다 꼬이고, 病苦 질병발생. 바람기 발동.
巳酉丑生	서쪽문을 피하고, 동남쪽으로 이사하면 안 된다. 재수가 없고, 하는 일마다 꼬이고, 病苦 질병발생. 바람기 발동.
寅午戌生	남쪽문을 피하고, 북동쪽으로 이사하면 안 된다. 재수가 없고, 하는 일마다 꼬이고, 病苦 질병발생. 바람기 발동.
亥卯未生	동쪽문을 피하고, 서북쪽으로 이사하면 안 된다. 재수가 없고, 하는 일마다 꼬이고, 病苦 질병발생. 바람기 발동.

운세풀이

寅띠:이동수,우왕좌왕, 재물 다툼	巳띠: 점점 일이 꼬임, 관재구설	申띠:최고운상승세, 두마음	亥띠: 만남,결실,화합,문서
卯띠:매사불편, 방해자,배신	午띠: 귀인상봉, 금전이득, 현금	酉띠: 의욕과다, 스트레스큼	子띠:이동수,이별수,변동 움직임
辰띠:해결신,시험합격, 풀림	未띠: 매사꼬임,과거고생, 질병	戌띠: 시급한 일, 뜻대로 안됨	丑띠: 빈주머니,걱정근심,사기

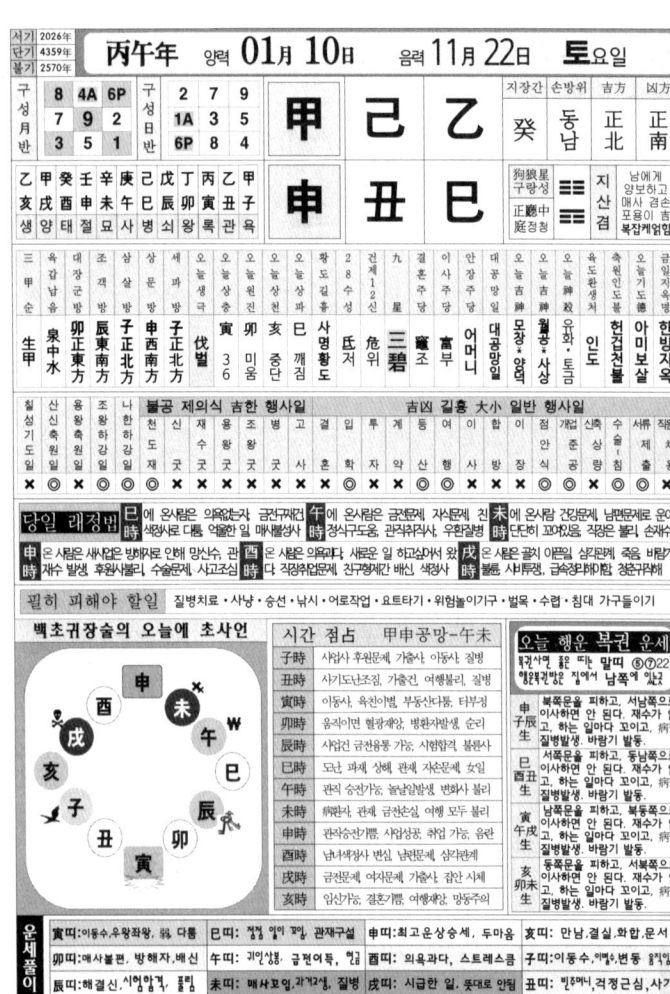

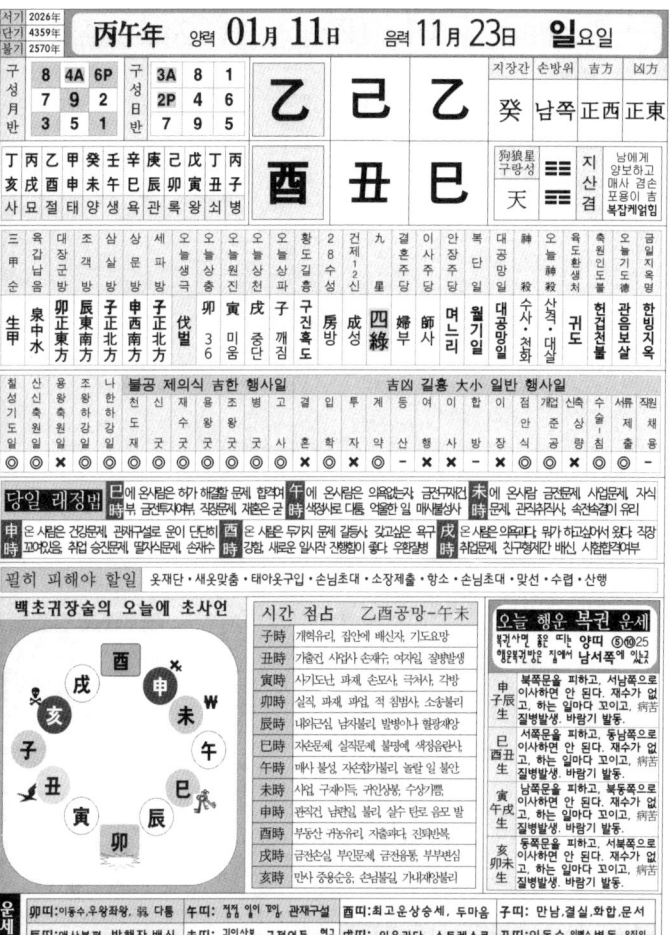

서기 2026年	丙午年	양력 01月 11日	음력 11月 23日 일요일
단기 4359年			
불기 2570年			

구성월반			구성일반		
8	4A	6P	3A	8	1
7	9	2	2P	4	6
3	5	1	7	9	5

乙	己	乙
酉	丑	巳

지장간	손방위	吉方	凶方
癸	남쪽	正西	正東

狗狼星 구랑성	괘		
天	☷☶	지산겸	남에게 양보하고 매사 겸손 포용이 吉 복잡케얽힘

丁	丙	乙	甲	癸	壬	辛	庚	己	戊	丁	丙
亥	戌	酉	申	未	午	巳	辰	卯	寅	丑	子
사	묘	절	태	양	생	욕	관	록	왕	쇠	병

三甲순	육갑납음	대장군방	조객방	삼살방	상문방	세파방	오늘생극	오늘상충	오늘원진	오늘상천	오늘상파	황도길흉	28수성	건제12신	九星	결혼주당	이사주당	안장주당	복단일	대공망일	神殺	오늘神殺	육도환생처	축원인도불	오늘기도德	금일지옥명
生甲	泉中水	卯正東方	辰東南方	子正北方	申西南方	子正北方	伐벌	卯 36	寅 미움	戌 중단	子 깨짐	구진흑도	房방	成성	四綠	婦부	師사	며느리	월기일	대공망일	수사·천화	살격·대살	귀도	헌겁천불	관음보살	한빙지옥

칠성기도일	산신축원일	용왕축원일	조왕하강일	나한하강일	불공 제의식 吉한 행사일							吉凶 길흉 大小 일반 행사일														
					천도재	신굿	재수굿	용왕굿	조왕굿	병굿	고사	결혼	입학	투자	계약	등산	여행	이사	합방	이장	점안식	개업준공	신축상량	수술-침	서류제출	직원채용
◎	◎	×	◎	◎	◎	◎	◎	◎	◎	◎	◎	×	◎	×	◎	-	×	×	-	×	◎	◎	×	◎	◎	-

당일 래정법

巳時 에 온사람은 허가 해결할 문제, 합격여부, 금전투자여부, 직장문제, 재혼은 굳

午時 에 온사람은 의욕없는자, 금전구재건 색정사로 다툼, 억울한 일 매사불성사

未時 에 온사람 금전문제, 사업문제, 자식문제, 관직취직사, 속전속결이 유리

申時 온 사람은 건강문제, 관재구설로 운이 단단히 꼬여있음, 취업 승진문제, 딸자식문제, 손재수

酉時 온 사람은 두가지 문제 갈등사, 갖고싶은 욕구강함, 새로운 일시작 진행함이 좋다. 우환질병

戌時 온 사람은 의욕과다, 뭐가 하고싶어서 왔다. 직장 취업문제, 친구형제간 배신, 시험합격여부

필히 피해야 할일 옷재단 • 새옷맞춤 • 태아옷구입 • 손님초대 • 소장제출 • 항소 • 손님초대 • 맞선 • 수렵 • 산행

백초귀장술의 오늘에 초사언

시간 점占	乙酉공망-午未
子時	개혁유리, 집안에 배신자, 기도요망
丑時	가출건, 사업사 손재수, 여자일, 질병발생
寅時	사기도난, 파재, 손모사, 극처사, 각방
卯時	실직, 파재, 파업, 적 침범사, 소송불리
辰時	내외근심, 남자불리, 발병이나 혈광재앙
巳時	자손문제, 실직문제, 불명예, 색정음란사,
午時	매사 불성, 자손합가불리, 놀랄 일 불안
未時	사업, 구재이득, 귀인상봉, 수상기쁨,
申時	관직건, 남편일, 불리, 실수 탄로 음모 발
酉時	부동산 귀농유리, 지출과다, 진퇴반복,
戌時	금전손실, 부인문제, 금전융통, 부부변심
亥時	만사 중용순응, 손님불길, 가내재앙불리

오늘 행운 복권 운세

복권사면 좋은 띠는 양띠 ⑤⑩25
행운복권방은 집에서 남서쪽에 있는곳

申子辰生	북쪽문을 피하고, 서남쪽으로 이사하면 안 된다. 재수가 없고, 하는 일마다 꼬이고, 病苦 질병발생. 바람기 발동.
巳酉丑生	서쪽문을 피하고, 동남쪽으로 이사하면 안 된다. 재수가 없고, 하는 일마다 꼬이고, 病苦 질병발생. 바람기 발동.
寅午戌生	남쪽문을 피하고, 북동쪽으로 이사하면 안 된다. 재수가 없고, 하는 일마다 꼬이고, 病苦 질병발생. 바람기 발동.
亥卯未生	동쪽문을 피하고, 서북쪽으로 이사하면 안 된다. 재수가 없고, 하는 일마다 꼬이고, 病苦 질병발생. 바람기 발동.

운세풀이

卯띠:이동수,우왕좌왕, 弱 다툼	午띠: 점점 일이 꼬임, 관재구설	酉띠:최고운상승세, 두마음	子띠: 만남,결실,화합,문서
辰띠:매사불편, 방해자,배신	未띠: 귀인상봉, 금전이득, 현금	戌띠: 의욕과다, 스트레스큼	丑띠:이동수,이별수,변동 움직임
巳띠:해결신,시험합격, 풀림	申띠: 매사꼬임,과거고생, 질병	亥띠: 시급한 일, 뜻대로 안됨	寅띠: 빈주머니,걱정근심,사기

서기	2026年
단기	4359年
불기	2570年

丙午年 양력 01月 12日 음력 11月 24日 월요일

구성月반				구성日반			
	8	4A	6P		4P	9	2
	7	9	2		3	5	7
	3	5	1		8	1	6

丙	己	乙
戌	丑	巳

지장간	손방위	吉方	凶方
癸	남서	正南	正北

狗狼星 구랑성	괘	지산겸	남에게 양보하고 매사 겸손 포용이 吉 복잡케얽힘
天	☷ ☶		

己	戊	丁	丙	乙	甲	癸	壬	辛	庚	己	戊
亥	戌	酉	申	未	午	巳	辰	卯	寅	丑	子
절	묘	사	병	쇠	왕	록	관	욕	생	양	태

三甲순	육갑납음	대장군방	조객방	삼살방	상문방	세파방	오늘생극	오늘상충	오늘원진	오늘상천	오늘상파	황도길흉	28수성	건제12신	九星	결혼주당	이사주당	안장주당	복단일	대공망일	神殺일	오늘神殺	육도환생처	축원인도불	오늘기도德	금일지옥명
生甲	屋上土	卯正東方	辰東南方	子正北方	申西南方	子正北方	寶보	辰 36	巳 미움	酉 중단	未 깨짐	청룡황도	心심	收수	五黃	廚주	災재	손님	-	청룡*지덕	월형일	천강·지파	축도	헌겁천불	미륵보살	한빙지옥

칠성기도일	산신축원일	용왕축원일	조왕하강일	나한하강일	불공 제의식 吉한 행사일: 천도재	신굿	재수굿	용왕굿	조왕굿	병굿	고사	吉凶 길흉 大小 일반 행사일: 결혼	입학	투자	계약	등산	여행	이사	합방	이장	점안식	개업준공	신축상량	수술·침	서류제출	직원채용
×	◎	×	×	◎	◎	◎	◎	◎	◎	◎	◎	×	◎	×	×	◎	◎	×	×	×	◎	◎	×	×	-	×

당일 래정법

巳時에 온사람은 새사업에 방해자, 배신사, 의욕상실, 색정사, 창업은 불리함

午時에 온사람은 취직 해결할 문제, 합격여부, 금전투자여부, 직장문제, 재혼

未時에 온사람 의욕없는자, 금전구재건, 관재구설로 다툼, 억울한 일, 매사불성사

申時 온 사람은 금전문제, 사업문제, 관직취직사, 관재로 얽히게 됨, 자식으로 인해 큰 지출.

酉時 온 사람은 건강문제, 관재구설로 운이 단단히 꼬여있음, 취업 승진문제, 남자문제, 손재수

戌時 온 사람은 두가지 문제 갈등사, 갖고싶은 욕구 강함, 자식문제, 새로운 일시작 진행함이 좋다.

필히 피해야 할일 제품제작 • 친구초대 • 수혈 • 싱크대교체 • 주방고치기 • 애완동물들이기 • 흙 파는일

백초귀장술의 오늘에 초사언

시간 점占	丙戌공망-午未
子時	관청쟁투, 남편 극, 직업궁핍, 객 惡意
丑時	사업, 구재이득, 귀인상봉, 수상기쁨,
寅時	적의 침범사, 불길하고 원수됨, 가출사
卯時	골육 동업건, 남녀색정사, 방심면 도난
辰時	관재 병재로 불길, 가출사 자손사 하극상
巳時	직업 명예사, 여자삼각관계, 망신실수탄로
午時	금전손실 진퇴양난, 이사 여행 불리,
未時	집안잡귀침투, 삼각관계, 낙선근심 질병
申時	선흉후길, 새출발 도망은 吉, 금전융통吉
酉時	가내 괴이사발생, 신부정, 물조심 하극상
戌時	가출건, 급병자, 매사 지체, 여자관련손해
亥時	과욕불성사, 이별사, 타인의 침해 다툼

오늘 행운 복권 운세

복권사면 좋은 때는 **원숭띠** ⑨19, 29
행운복권방은 집에서 **서남쪽**에 있는곳

申子辰生	북쪽문을 피하고, 서남쪽으로 이사하면 안 된다. 재수가 없고, 하는 일마다 꼬이고, 病苦 질병발생. 바람기 발동.
巳酉丑生	서쪽문을 피하고, 동남쪽으로 이사하면 안 된다. 재수가 없고, 하는 일마다 꼬이고, 病苦 질병발생. 바람기 발동.
寅午戌生	남쪽문을 피하고, 북동쪽으로 이사하면 안 된다. 재수가 없고, 하는 일마다 꼬이고, 病苦 질병발생. 바람기 발동.
亥卯未生	동쪽문을 피하고, 서북쪽으로 이사하면 안 된다. 재수가 없고, 하는 일마다 꼬이고, 病苦 질병발생. 바람기 발동.

운세풀이

辰띠:이동수,우왕좌왕, 弱弱 다툼	未띠: 점점 일이 꼬임, 관재구설	戌띠:최고운상승세, 두마음	丑띠: 만남,결실,화합,문서
巳띠:매사불편, 방해자,배신	申띠: 귀인상봉, 금전이득, 현금	亥띠: 의욕과다, 스트레스큼	寅띠:이동수,이별수,변동 움직임
午띠:해결신,시험합격, 풀림	酉띠: 매사꼬임,과거고생, 질병	子띠: 시급한 일, 뜻대로 안됨	卯띠: 빈주머니,걱정근심,사기

서기	2026年
단기	4359年
불기	2570年

丙午年 양력 01月 15日 음력 11月 27日 목요일

구성월반				구성일반			
	8	4A	6P		7	3	5P
	7	9	2		6	8	1
	3	5	1		2A	4	9

			지장간	손방위	吉方	凶方
己	己	乙	辛	북쪽	正西	正東
丑	丑	巳				

乙	甲	癸	壬	辛	庚	己	戊	丁	丙	乙	甲
亥	戌	酉	申	未	午	巳	辰	卯	寅	丑	子
태	양	생	욕	관	록	왕	쇠	병	사	묘	절

狗狼星 구랑성	괘	화택규	의견충돌 대립 불화 관재구설수 이별배신자 이득배분갈등
寅方 廚舍	☲☱		

三甲순	육갑납음	대장군방	조객방	삼살방	상문방	세파방	오늘생극	오늘상충	오늘원진	오늘상천	오늘상파	황도길흉	28수성	건제12신	九星	결혼주당	이사주당	안장수당	천구하식	복단일	神殺	오늘神殺	육도한생처	축원인도불	오늘기도德	금일지옥명
生甲	霹靂火	卯正東方	辰東南方	子正北方	申西南方	子正北方	專전	未 36	午 미움	午 중단	辰 깨짐	주작흑도	斗두	建건	八白	堂당	天천	손자	복단일	요안*수일	토부·월건	홍사·왕망	천도	약사여래	아미보살	화탕지옥

칠성기도일	산신축원일	용왕축원일	조왕하강일	나한하강일	불공 제의식 吉한 행사일: 천도재	신굿	재수굿	용왕굿	조왕굿	병굿	고사	결혼	입학	투자	계약	吉凶 길흉 大小 일반 행사일: 등산	여행	이사	합방	이장	점안식	개업준공	신축상량	수술-침	서류제출	직원채용
◎	×	×	◎	◎	◎	×	×	×	×	×	×	×	◎	-	-	◎	◎	×	×	×	◎	×	×	×	◎	×

당일 래정법

巳時	에 온사람은 이동수 있는자, 직장변동, 사업체변동수, 해외진출 유리, 이별
午時	에 온사람은 실업자, 지금은 소모전, 빈주머니, 헛 공사, 사기·모난사, 안됨
未時	에 온사람은 매매 이동변동수, 터부정, 웃사람과 시비 다툼주의, 교통사고주의
申時	온 사람은 방해자, 배신사, 금전과 여자문제 매사 지체불리함, 차사고로 손해손재수
酉時	온 사람은 급처리 문제, 투자는 속결 유리 시험합격됨, 허가건은 승인
戌時	온 사람은 의욕없는 자, 하극상배신 억울한일 외정색정사, 불륜사 문제, 관재로 발전 딸 문제, 취직문제

필히 피해야 할일 회의개최 • 건축증개축 • 문서파기 • 항공주의 • 승선 • 동토 • 벌초 • 관정, 우물파기

백초귀장술의 오늘에 초사언

시간 점占	己丑공망-午未
子時	사업, 구재, 금전다툼, 구설 여자문제, ⊗
丑時	유명무실, 도난위험, 질병위태, 가출건
寅時	망신수, 매사 불성사, 탄로조심.
卯時	관재 병재로 불길, 적의 침범사, 喪服운
辰時	옛것을 정비하고 새것을 얻음, 선흉후길
巳時	산후질병 발병, 이별수, 이사는 가능
午時	구직하나 불성사, 골육이별, 색정사
未時	집안잡귀침투, 친족배신불화, 가출건
申時	자손 실직사, 망신 탄로조심, 금전손실
酉時	사업사, 후원사, 자손화합사 기쁨, 근신
戌時	금전손실, 가출건, 가선제압, 시험불길
亥時	선거자유리, 사업흥성, 친족불화, 喪服

오늘 행운 복권 운세

복권사면 좋은 띠는 **돼지띠** ⑪⑯31
행운복권방은 집에서 **북서쪽**에 있는곳

申子辰生	북쪽문을 피하고, 서남쪽으로 이사하면 안 된다. 재수가 없고, 하는 일마다 꼬이고, 病苦 질병발생. 바람기 발동.
巳酉丑生	서쪽문을 피하고, 동남쪽으로 이사하면 안 된다. 재수가 없고, 하는 일마다 꼬이고, 病苦 질병발생. 바람기 발동.
寅午戌生	남쪽문을 피하고, 북동쪽으로 이사하면 안 된다. 재수가 없고, 하는 일마다 꼬이고, 病苦 질병발생. 바람기 발동.
亥卯未生	동쪽문을 피하고, 서북쪽으로 이사하면 안 된다. 재수가 없고, 하는 일마다 꼬이고, 病苦 질병발생. 바람기 발동.

운세풀이

未띠:이동수,우왕좌왕, 弱, 다툼	戌띠: 점점 일이 꼬임, 관재구설	丑띠:최고운상승세, 두마음	辰띠: 만남,결실,화합,문서
申띠:매사불편, 방해자,배신	亥띠:귀인상봉, 금전이득, 현금	寅띠: 의욕과다, 스트레스큼	巳띠:이동수,이별수,변동 움직임
酉띠:해결신,시험합격, 풀림	子띠: 매사꼬임,과거고생, 질병	卯띠: 시급한 일, 뜻대로 안됨	午띠: 빈주머니,걱정근심,사기

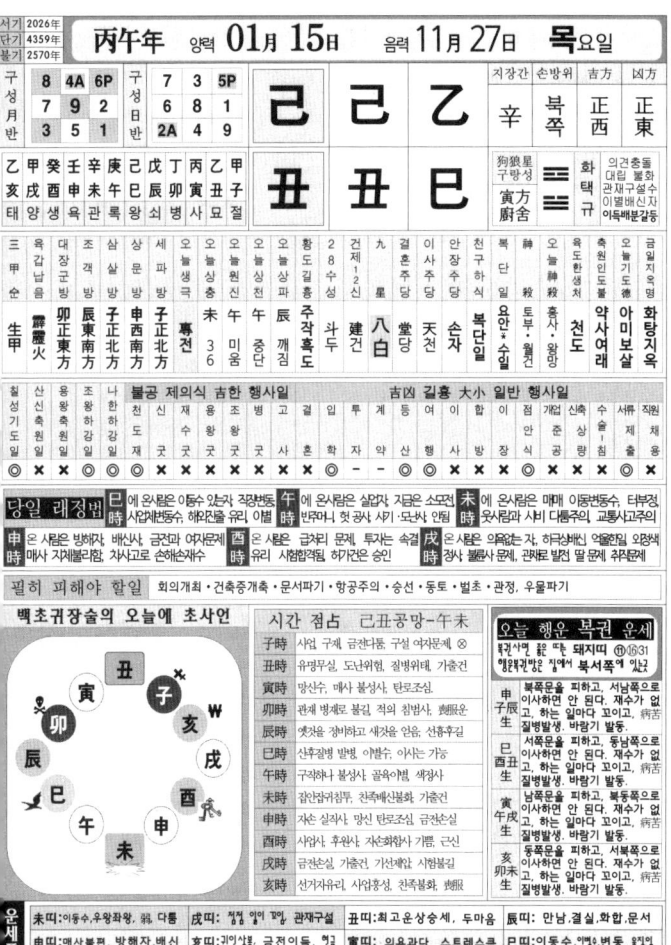

서기	2026年
단기	4359年
불기	2570年

丙午年 양력 01月 16日 음력 11月 28日 금요일

구성月반			구성日반		
8	4A	6P	8	4A	6P
7	9	2	7	9	2
3	5	1	3	5	1

庚	己	乙
寅	丑	巳

지장간	손방위	吉方	凶方
辛	북동	正南	正北

狗狼星 구랑성	午方 남쪽	화택규	의견충돌 대립 불화 관재구설수 이별배신자 이득배분갈등

丁	丙	乙	甲	癸	壬	辛	庚	己	戊	丁	丙
亥	戌	酉	申	未	午	巳	辰	卯	寅	丑	子
병	쇠	왕	록	관	욕	생	양	태	절	묘	사

三甲순	육갑납음	대장군방	조객방	삼살방	상문방	세파방	오늘생극	오늘상충	오늘원진	오늘상천	오늘상파	황도길흉	28수성	건제12신	九星
生甲	松柏木	卯正東方	辰東南方	子正北方	申西南方	子正北方	制제	申 36	酉 미움	巳 중단	亥 깨짐	금궤황도	牛우	除제	九紫

결혼주당	이사주당	안장주당	오늘吉神	오늘吉神	神殺	오늘神殺	육도환생처	축원인도불	오늘기도德	금일지옥명
翁옹	害해	死	-	월덕*상일	-	멸몰·겁살	인도	약사여래	약사보살	화탕지옥

칠성기도일	산신축원일	용왕축원일	조왕하강일	나한하강일	불공 제의식 吉한 행사일							吉凶 길흉 大小 일반 행사일														
					천도재	신굿	재수굿	용왕굿	조왕굿	병굿	고사	결혼	입학	투자	계약	등산	여행	이사	합방	이장	점안식	개업준공	신축상량	수술-침	서류제출	직원채용
◎	×	×	×	×	×	◎	◎	◎	◎	◎	◎	◎	◎	◎	◎	◎	◎	×	×	◎	◎	◎	×	◎	◎	×

당일 래정법

巳時 에 온사람은 문서 화합운, 결혼 재혼 경조사, 문서구입 좋다 궁합 후원 개업

午時 에 온사람은 이동수 있음 이사나 직장변동 하는게 좋음 여행 이별 질병

未時 에 온사람은 금전사기, 허위문서, 실업자, 모난사고, 빈주머니 헛공사, 윗사람스트레스

申時 온 사람은 매매 이동변동수, 가정불화문제, 터부정, 관재구설, 직장변동수, 차사고주의

酉時 온 사람은 방해자, 친구동료 배신사, 취업승진 매사 자체불리함, 질병액, 손해수

戌時 온 사람은 급처리문제, 묘지탈로 고이사발생 우환질병, 색정사로 구설수, 시험 합격됨, 허가건 승인됨

필히 피해야 할일 주식투자 • 사행성코인사업 • 명품구입 • 질병치료 • 투석 • 물건구입 • 새집들이 • 건축증개축

백초귀장술의 오늘에 초사언

시간 점占 庚寅공망-午未

子時	만사길조, 운기발복, 이사가 吉, 신중
丑時	매사 막히고 퇴보, 사업 구재는 불길
寅時	타인이나 여자로부터 금전손실, 함정
卯時	금전문제, 부인문제, 색정사, 도난위험
辰時	매사마비, 병재로 불길, 가출사, 색정사
巳時	사업금전운 吉, 임신가능, 결혼기쁨, 화해
午時	금전손실 다툼, 가내불안 가출, 시험불리
未時	[illegible]
申時	부부이심, 이사가 길, 사귀발동, 가출사
酉時	파산파재, 부인흉극, 배신음모로 함정
戌時	사업사, 후원사, 직장승진 이사가 吉
亥時	금전손실, 도난, 자식문제, 화류계 관련

오늘 행운 복권 운세

복권사면 좋은 띠는 쥐띠 ①⑥⑯
행운복권방은 집에서 북쪽에 있는곳

申子辰生	북쪽문을 피하고, 서남쪽으로 이사하면 안 된다. 재수가 없고, 하는 일마다 꼬이고, 病苦 질병발생. 바람기 발동.
巳酉丑生	서쪽문을 피하고, 동남쪽으로 이사하면 안 된다. 재수가 없고, 하는 일마다 꼬이고, 病苦 질병발생. 바람기 발동.
寅午戌生	[illegible] 이사하면 안 된다. 재수가 없고, 하는 일마다 꼬이고, 病苦 질병발생. 바람기 발동.
亥卯未生	동쪽문을 피하고, 서북쪽으로 이사하면 안 된다. 재수가 없고, 하는 일마다 꼬이고, 病苦 질병발생. 바람기 발동.

운세풀이

申띠:이동수,우왕좌왕, 弱, 다툼	亥띠: 점점 일이 꼬임, 관재구설	寅띠:최고운상승세, 두마음	巳띠: 만남,결실,화합,문서
酉띠:매사불편, 방해자,배신	子띠:귀인상봉, 금전이득, 현금	卯띠: 의욕과다, 스트레스큼	午띠:이동수,이별수,변동 움직임
戌띠:해결신,시험합격, 풀림	丑띠: 매사꼬임,과거고생, 질병	辰띠: 시급한 일, 뜻대로 안됨	未띠: 빈주머니,걱정근심,사기

서기	2026年
단기	4359年
불기	2570年

丙午年 양력 01月 17日 음력 11月 29日 토요일 토왕용사

구성月반			구성日반			
8	4A	6P		9	5	7
7	9	2		8	1	3P
3	5	1		4	6A	2

辛	己	乙
卯	丑	巳

지장간	손방위	吉方	凶方
己	無	正東	正西

狗狼星 구랑성	괘	화택규	
天	☲ ☱	화택규	의견충돌 대립 불화 관재구설수 이별배신자 이득배분갈등

己	戊	丁	丙	乙	甲	癸	壬	辛	庚	己	戊
亥	戌	酉	申	未	午	巳	辰	卯	寅	丑	子
욕	관	록	왕	쇠	병	사	묘	절	태	양	생

三甲순	육갑납음	대장군방	조객방	삼살방	상문방	세파방	오늘생극	오늘상충	오늘원진	오늘상천	오늘상파	황도길흉	28수성	건제12신	九星	결혼주당	이사주당	안장주당	복단일	오늘吉神	오늘神殺	오늘神殺	육도환생처	축원인도불	오늘기도德	금일지옥명
生甲	松柏木	卯正東方	辰東南方	子正北方	申西南方	子正北方	制제	酉 36	申 미움	辰 중단	午 깨짐	대덕황도	女여	滿만	一白	第제	殺살	여자	복단일	복덕*민일	삼살·천화	온황·귀곡	귀도	약사여래	문수보살	화탕지옥

칠성기도일	산신축원일	용왕축원일	조왕하강일	나한하강일	천도재	신굿	재수굿	용왕굿	조왕굿	병굿	고사	결혼	입학	투자	계약	등산	여행	이사	합방	이장	점안식	개업준공	신축상량	수술-침	서류제출	직원채용
					불공 제의식 吉한 행사일							吉凶 길흉 大小 일반 행사일														
◎	◎	-	◎	◎	◎	◎	◎	◎	◎	◎	◎	◎	◎	×	◎	◎	◎	◎	×	×	×	◎	×	×	◎	×

당일 래정법

巳時에 온사람은 자식문제, 가내환자, 죽음 바람기, 불륜, 시비투쟁, 이동수

午時에 온사람은 문서, 화합운, 결혼, 재혼, 경조사, 애정사, 궁합, 부모문제, 개업

未時에 온사람은 이동수 있는자, 이사나 직장변동, 해외진출, 부모자식문제, 여행,

申時 온 사람은 허위문서 문제, 실업자, 색정사, 빈주머니, 헛 공사, 사기모함·모난사, 일이 지체

酉時 온 사람은 매매 이동변동수, 터부정, 관재구설, 사기, 허위문서, 가내우환질병, 차사고주의

戌時 온 사람은 방해자, 배신사, 원망 암투, 취업 승진 매사 지체불리함, 차사고로 손재수, 암투

필히 피해야 할일 새집들이 · 친목회 · 금전수금 · 창고수리 · 건축수리 · 동토 · 우물파기 · 장담그기

백초귀장술의 오늘에 초사언

시간 점占 辛卯공망-午未

子時	직장근심, 처를 극, 질병위급, 神부정
丑時	사업사, 후원사, 직장변동, 자식질병 급
寅時	관재 병재로 불길, 가출사 색정사 하극상
卯時	가내우환 도적흉, 여자로부터 금전손실
辰時	매사 지체, 사업상 다툼, 불륜색정사
巳時	매사 불성사, 도망은 吉, 삼각관계, 재액
午時	관직 승전문제, 금전 작은이득, 화해 吉
未時	삼각관계, 직업변동, 친족불화, 여자질병
申時	만사불길, 육친이별, 이민유리, 질병재앙
酉時	적의 침범사, 관재 병재로 불길, 감옥行
戌時	놀랄 일발생, 불륜색정사, 공중분해
亥時	자식문제, 직장문제, 손님 惡意 불화초래

오늘 행운 복권 운세

복권사면 좋은 띠는 소띠 ②⑤⑩
행운복권방은 집에서 북동쪽에 있는곳

申子辰生	북쪽문을 피하고, 서남쪽으로 이사하면 안 된다. 재수가 없고, 하는 일마다 꼬이고, 病苦 질병발생. 바람기 발동.
巳酉丑生	서쪽문을 피하고, 동남쪽으로 이사하면 안 된다. 재수가 없고, 하는 일마다 꼬이고, 病苦 질병발생. 바람기 발동.
寅午戌生	남쪽문을 피하고, 북동쪽으로 이사하면 안 된다. 재수가 없고, 하는 일마다 꼬이고, 病苦 질병발생. 바람기 발동.
亥卯未生	동쪽문을 피하고, 서북쪽으로 이사하면 안 된다. 재수가 없고, 하는 일마다 꼬이고, 病苦 질병발생. 바람기 발동.

운세풀이

酉띠:이동수,우왕좌왕, 親 다툼	子띠: 점점 일이 꼬임, 관재구설	卯띠:최고운상승세, 두마음	午띠: 만남,결실,화합,문서
戌띠:매사불편, 방해자,배신	丑띠:귀인상봉, 금전이득, 현금	辰띠: 의욕과다, 스트레스큼	未띠:이동수,이별수,변동 움직임
亥띠:해결신,시험합격, 풀림	寅띠: 매사꼬임,과거고생, 질병	巳띠: 시급한 일, 뜻대로 안됨	申띠: 빈주머니,걱정근심,사기

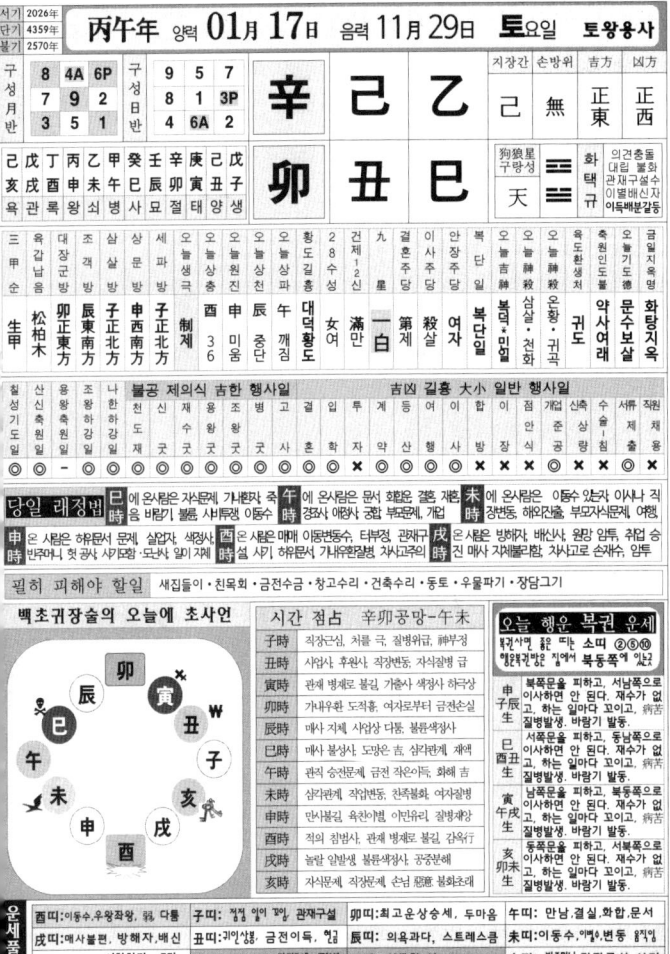

서기	2026年
단기	4359年
불기	2570年

丙午年 양력 01月 18日 음력 11月 30日 일요일

구성월반			구성일반		
8	4A	6P	1	6	8A
7	9	2	9	2	4
3	5	1	5	7	3P

壬	己	乙
辰	丑	巳

지장간	손방위	吉方	凶方
己	無	正北	正南

狗狼星 구랑성	괘	화택규	
天	☲☱	화택규	의견충돌 대립 불화 관재구설수 이별배신자 이득배분갈등

辛	庚	己	戊	丁	丙	乙	甲	癸	壬	辛	庚
亥	戌	酉	申	未	午	巳	辰	卯	寅	丑	子
록	관	욕	생	양	태	절	묘	사	병	쇠	왕

三甲순	육갑납음	대장군방	조객방	삼살방	상문방	세파방	오늘생극	오늘상충	오늘원진	오늘상천	오늘상파	황도길흉	28수성	건제12신	九星	결혼주당	이사주당	안장주당	대공망일	오늘吉神	神殺	오늘神殺	육도환생처	축원인도불	오늘기도德	금일지옥명
生甲	長流水	卯正東方	辰東南方	子正北方	申西南方	子正北方	伐벌	戌 36	亥 미움	卯 중단	丑 깨짐	백호흑도	虛허	平평	二黑	竈조	富부	어머니	대공망일	회가제성	하괴일	천격·월살	축도	약사여래	지장보살	화탕지옥

칠성기도일	산신축원일	용왕축원일	조왕하강일	나한하강일	불공 제의식 吉한 행사일: 천도재	신굿	재수굿	용왕굿	조왕굿	병굿	고사	吉凶 길흉 大小 일반 행사일: 결혼	입학	투자	계약	등산	여행	이사	합방	이장	점안식	개업준공	신축상량	수술·침	서류제출	직원채용
×	×	×	×	×	×	×	×	×	×	×	×	×	–	×	×	◎	×	–	×	×	×	×	×	◎	◎	×

당일 래정법

巳時에 온사람은 의욕과다, 뭐가 하고싶어서 왔다. 자식과 금전문제, 직장취업문제

午時에 온사람은 금전문제로 골치 아픔, 상사와 암투, 여자바람기, 불륜, 화병

未時에 온사람은 문서 남녀화합운, 결혼, 재혼, 경조사, 문서구입 궁합 만남, 부모님 불리

申時 온 사람은 이동수 있는자, 이사나 직장변동, 관송사, 여행, 이별수, 취업불가능, 질병

酉時 온 사람은 허위문서, 금전손재수, 자식문제, 빈주머니, 헛고생 사기모함 , 매사불성, 일은 지체

戌時 온 사람은 허위문서 이동변동수, 터부정, 관재구설, 자식가출, 동업자 시비 다툼주의, 차사고주의

필히 피해야 할일 회사창업 • 개업개점 • 개장식 • 새작품제작 • 출품 • 새집들이 • 인수인계 • 후임자간택 • 항공주의

백초귀장술의 오늘에 초사언

시간 점占 壬辰공망-午未

子時	만사개혁 유리, 남녀쟁투 처를 극, 破
丑時	남편문제, 직장문제, 가출사, 출산나쁨, 病
寅時	적의 침범사, 불길하고 원수됨, 육친이별
卯時	병상파재, 관송사 분쟁, 음란색정사,⊗
辰時	금전손실 다툼, 불륜문제, 직장변동,
巳時	사업, 구재, 상해, 도난, 여자삼각관계
午時	매사 불성사, 도망은 吉, 도적손실, 재액
未時	사업사, 후원사, 불륜사, 화합사, 금전 凶
申時	집안잡귀침투, 친족불화, 육친무력, 도난
酉時	남녀색정사, 금전손해 실물수, 가출사
戌時	육친무력, 가출건, 관재구설, 우환질병
亥時	관록 당선에 방해자, 실수 탄로, 가출사

오늘 행운 복권 운세

복권사면 좋은 띠는 범띠 ③⑧⑱
행운복권방은 집에서 동북쪽에 있는곳

申子辰生	북쪽문을 피하고, 서남쪽으로 이사하면 안 된다. 재수가 없고, 하는 일마다 꼬이고, 病苦 질병발생. 바람기 발동.
巳酉丑生	서쪽문을 피하고, 동남쪽으로 이사하면 안 된다. 재수가 없고, 하는 일마다 꼬이고, 病苦 질병발생. 바람기 발동.
寅午戌生	남쪽문을 피하고, 북동쪽으로 이사하면 안 된다. 재수가 없고, 하는 일마다 꼬이고, 病苦 질병발생. 바람기 발동.
亥卯未生	동쪽문을 피하고, 서북쪽으로 이사하면 안 된다. 재수가 없고, 하는 일마다 꼬이고, 病苦 질병발생. 바람기 발동.

운세풀이

戌띠:이동수,우왕좌왕, 弱, 다툼	丑띠: 점점 일이 꼬임, 관재구설	辰띠:최고운상승세, 두마음	未띠: 만남,결실,화합,문서
亥띠:매사불편, 방해자,배신	寅띠:귀인상봉, 금전이득, 현금	巳띠: 의욕과다, 스트레스큼	申띠:이동수,이별수,변동 움직임
子띠:해결신,시험합격, 풀림	卯띠: 매사꼬임,과거고생, 질병	午띠: 시급한 일, 뜻대로 안됨	酉띠: 빈주머니,걱정근심,사기

서기	2026年
단기	4359年
불기	2570年

丙午年 양력 01月 19日 음력 12月 01日 월요일

구성월반				구성일반			
	8	4A	6P		2	7	9
	7	9	2		1A	3	5
	3	5	1		6	8	4P

癸	己	乙
巳	丑	巳

지장간	손방위	吉方	凶方
己	동쪽	正西	正東

狗狼星 구랑성	괘	화택규	
大門 僧寺	☲☱	화택규	의견충돌 대립 불화 관재구설수 이별배신자 이득배분갈등

癸	壬	辛	庚	己	戊	丁	丙	乙	甲	癸	壬
亥	戌	酉	申	未	午	巳	辰	卯	寅	丑	子
왕	쇠	병	사	묘	절	태	양	생	욕	관	록

三甲순	육갑납음	대장군방	조객방	삼살방	상문방	세파방	오늘생극	오늘상충	오늘원진	오늘상천	오늘상파	황도길흉	28수성	건제12신	九星	결혼주당	이사주당	안장주당	대공망일	오늘吉神	神殺	오늘神殺	육도환생처	축원인도불	오늘기도德	금일지옥명
生甲	長流水	卯正東方	辰東南方	子正北方	申西南方	子正北方	制제	亥 36	戌 미움	寅 중단	申 깨짐	옥당황도	危위	定정	三碧	婦부	天천	어머니	대공망일	음덕*육의	삼합일	구감·고초	옥도	약사여래	문수보살	화탕지옥

칠성기도일	산신축원일	용왕축원일	조왕하강일	나한하강일	천도재	신굿	재수굿	용왕굿	조왕굿	병굿	고사	결혼	입학	투자	계약	등산	여행	이사	합방	이장	점안식	개업준공	신축상량	수술-침	서류제출	직원채용
×	×	×	×	×	◎	◎	◎	×	◎	◎	◎	◎	◎	×	◎	◎	◎	×	◎	◎	◎	◎	×	◎	◎	◎

(불공 제의식 吉한 행사일: 천도재 ~ 병굿 / 吉凶 길흉 大小 일반 행사일: 고사 ~ 직원채용)

당일 래정법

巳時 에 온사람은 원망과 다툼 두 문제로 갈등사. 직장문제, 여자상업문제, 시비다툼
午時 에 온사람은 금전문제, 여자문제, 뭐가 하고 싶어서 왔다. 직장취업문제
未時 에 온사람은 골치 아픈일 친구나 형제간 다툼, 바람기, 불륜, 관재, 속정리
申時 온 사람은 화합운, 결혼사, 재혼, 경조사, 애정사, 궁합, 만남, 개업, 윗사람 우환질병, 허위문서 매매건
酉時 온 사람은 이동수 있는자, 이사나 직장변동수, 사업체 변동수, 여행, 이별수, 관재구설
戌時 온 사람은 색정사문제, 금전손재수, 쉬어야할때, 빈주머니, 헛고생, 허위문서, 사기, 매사불성

필히 피해야 할일

홍보광고 • 소장제출 • 인허가신청 • 정보유출 • 질병치료 • 출항 • 조선 배 제조 • 승선 • 바다낚시

백초귀장술의 오늘에 초사언

시간 점占 癸巳공망-午未

子時	형제친구 배신주의, 색정사, 관재구설
丑時	적의 침범사, 음란색정사, 부부이별, 이사
寅時	직장근심, 처를 극, 색정사, 음귀침투
卯時	자식문제, 직장문제, 색정사, 결혼기쁨
辰時	남편문제, 직장문제, 부부이별, 우환질병
巳時	귀인상봉, 구재이득, 발탁 수상기쁨, 취직
午時	금전손실, 매사 불성사, 색정사, 부부문제
未時	금전실패, 가출건, 관송사, 육친무력 이동
申時	사업사, 후원사, 색정사, 다툼 탄로조심
酉時	어른 병자사망, 매사 불성사, 가출도주
戌時	직업문제, 남편문제, 음란색정사, 이사吉
亥時	관귀발동, 금전손해 실물수, 음란색정사

오늘 행운 복권 운세

복권사면 좋은 띠는 **토끼띠** ②⑧
행운복권방은 집에서 **동쪽에** 있다

申子辰生	북쪽문을 피하고, 서남쪽으로 이사하면 안 된다. 재수가 없고, 하는 일마다 꼬이고, 病苦 질병발생. 바람기 발동.
巳酉丑生	서쪽문을 피하고, 동남쪽으로 이사하면 안 된다. 재수가 없고, 하는 일마다 꼬이고, 病苦 질병발생. 바람기 발동.
寅午戌生	남쪽문을 피하고, 북동쪽으로 이사하면 안 된다. 재수가 없고, 하는 일마다 꼬이고, 病苦 질병발생. 바람기 발동.
亥卯未生	동쪽문을 피하고, 서북쪽으로 이사하면 안 된다. 재수가 없고, 하는 일마다 꼬이고, 病苦 질병발생. 바람기 발동.

운세풀이

亥띠:이동수,우왕좌왕, 弱弱 다툼	寅띠: 점점 일이 꼬임, 관재구설	巳띠:최고운상승세, 두마음	申띠: 만남,결실,화합,문서
子띠:매사불편, 방해자,배신	卯띠:귀인상봉, 금전이득, 현금	午띠: 의욕과다, 스트레스큼	酉띠:이동수,이별수,변동 움직임
丑띠:해결신,시험합격, 풀림	辰띠: 매사꼬임,가거고생, 질병	未띠: 시급한 일, 뜻대로 안됨	戌띠: 빈주머니,걱정근심,사기

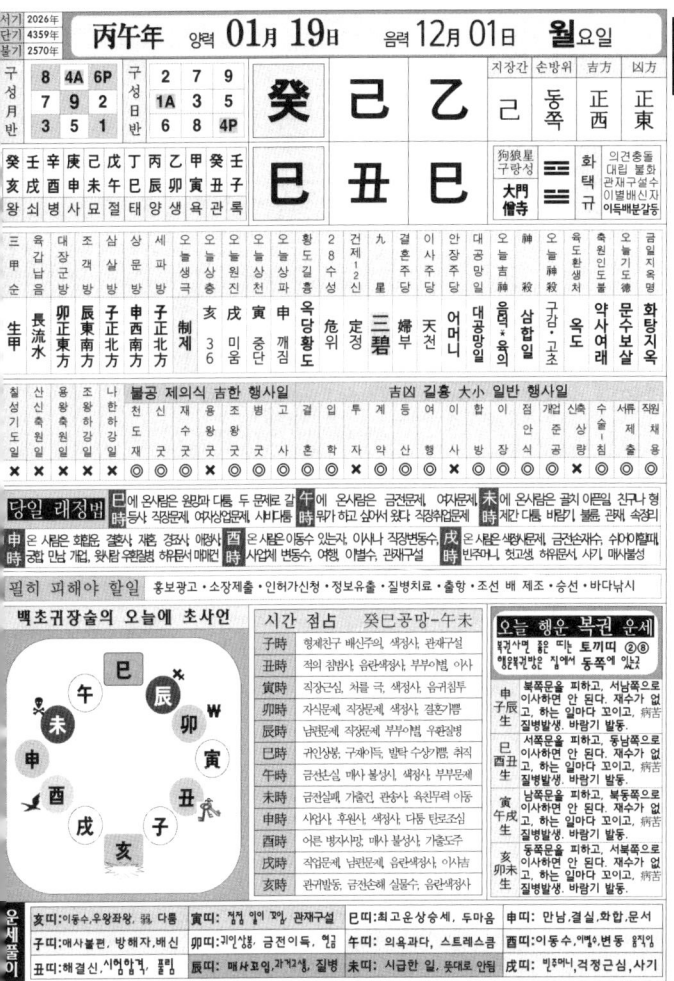

서기	2026年
단기	4359年
불기	2570年

丙午年 양력 01月 20日 음력 12月 02日 화요일

대한 大寒 10時 45分 入

구성月반				구성日반			
	8	4A	6P		3A	8	1
	7	9	2		2	4	6
	3	5	1		7	9P	5

甲	己	乙
午	丑	巳

지장간	손방위	吉方	凶方
己	동남	正南	正北

狗狼星 구랑성		지풍승	소원성취됨 幸運이 따름 귀인상봉 위로 상승운
戊亥方	☴ ☷		

乙	甲	癸	壬	辛	庚	己	戊	丁	丙	乙	甲
亥	戌	酉	申	未	午	巳	辰	卯	寅	丑	子
생	양	태	절	묘	사	병	쇠	왕	록	관	욕

三甲순	육갑납음	대장군방	조객방	삼살방	상문방	세파방	오늘생극	오늘상충	오늘원진	오늘상천	오늘상파	황도길흉	28수성	건제12신	九星	결혼주당	이사주당	안장주당	대공망일	오늘吉神	神殺	오늘神殺	육도환생처	축원인도불	오늘기도德	금일지옥명
死甲	砂中金	卯正東方	辰東南方	子正北方	申西南方	子正北方	寶보	子 36	丑 미움	丑 중단	卯 깨짐	천뇌흑도	室실	執집	四綠	竈조	利이	여자	대공망일	경안*해신	월해·대패	지격·독화	불도	관세음보살	약사보살	좌마지옥

칠성기도일	산신축원일	용왕축원일	조왕하강일	나한하강일	불공 제의식 吉한 행사일: 천도재	신굿	재수굿	용왕굿	조왕굿	병굿	고사	吉凶 길흉 大小 일반 행사일: 결혼	입학	투자	계약	등산	여행	이사	합방	이장	점안식	개업준공	신축상량	수술-침	서류제출	직원채용
◎	◎	×	◎	◎	◎	◎	◎	◎	◎	◎	◎	×	◎	×	×	◎	◎	×	×	×	◎	◎	◎	◎	-	×

당일 래정법

巳時 에 온사람은 건강문제, 재수가 없고 운이 단단히 꼬여있음, 동업파탄 손재수

午時 에 온사람은 의욕충만, 두문제로 갈등사. 갖고싶은 욕구, 직장문제, 상업문제

未時 에 온사람은 의욕과다, 뭔가 하고싶어서 왔다. 직장상사괴롭힘 사표문제

申時 온 사람은 골치 아픈일, 친구나 형제동업, 죽음, 배우자바람기, 불륜, 관재구설 속 정리해야함

酉時 온 사람은 문서구입, 화합운, 결혼, 경조사, 관직취업건, 개업 때 아님, 하극상 배신, 경쟁사로 몰변

戌時 온 사람은 이동수 있는자, 가출, 이사나 직장변동, 점포 변동수, 투자문서는 위험, 이별수

필히 피해야 할일 작품출품 · 납품 · 정보유출 · 창고개방 · 새집들이 · 출장 · 항공주의 · 화재주의 · 지붕 · 옥상보수

백초귀장술의 오늘에 초사언

시간 점占	甲午공망-辰巳
子時	자식 질병재앙, 처를 극, 방심 도난
丑時	처의 돈문제, 우환질병, 동료배신, 후퇴
寅時	선거자유리, 직장 명예사, 질병재앙
卯時	매사불길, 질병재앙, 수술, 처를 극, 가출
辰時	사업, 금전구재, 도난, 여자 색정삼각관계
巳時	집안잡귀침투, 친족불화, 삼각관계, 불리
午時	관재 병재로 불길, 가출사 색정사 하극상
未時	회합사, 금전문제, 처 문제, 이동 여행시
申時	매사 불성사, 우환질병, 음란 색정사
酉時	관청권리문제, 남편문제, 우환질병피해
戌時	가출건, 급병자발생 색정사 발생 ⊗
亥時	파재, 상해, 도난, 사업문제, 질병재앙

오늘 행운 복권 운세

복권사면 좋은 띠는 용띠 ⑤⑩⑳
행운복권방은 집에서 동남쪽에 있는곳

申子辰生	북쪽문을 피하고, 서남쪽으로 이사하면 안 된다. 재수가 없고, 하는 일마다 꼬이고, 病苦 질병발생. 바람기 발동.
巳酉丑生	서쪽문을 피하고, 동남쪽으로 이사하면 안 된다. 재수가 없고, 하는 일마다 꼬이고, 病苦 질병발생. 바람기 발동.
寅午戌生	남쪽문을 피하고, 북동쪽으로 이사하면 안 된다. 재수가 없고, 하는 일마다 꼬이고, 病苦 질병발생. 바람기 발동.
亥卯未生	동쪽문을 피하고, 서북쪽으로 이사하면 안 된다. 재수가 없고, 하는 일마다 꼬이고, 病苦 질병발생. 바람기 발동.

운세풀이

子띠:이동수,우왕좌왕, 말로 다툼	卯띠: 점점 일이 꼬임, 관재구설	午띠:최고운상승세, 두마음	酉띠: 만남,결실,화합,문서
丑띠:매사불편, 방해자,배신	辰띠:귀인상봉, 금전이득, 현금	未띠: 의욕과다, 스트레스큼	戌띠:이동수,이별수,변동 움직임
寅띠:해결신,시험합격, 풀림	巳띠: 매사꼬임,과거고생, 질병	申띠: 시급한 일, 뜻대로 안됨	亥띠: 빈주머니,걱정근심,사기

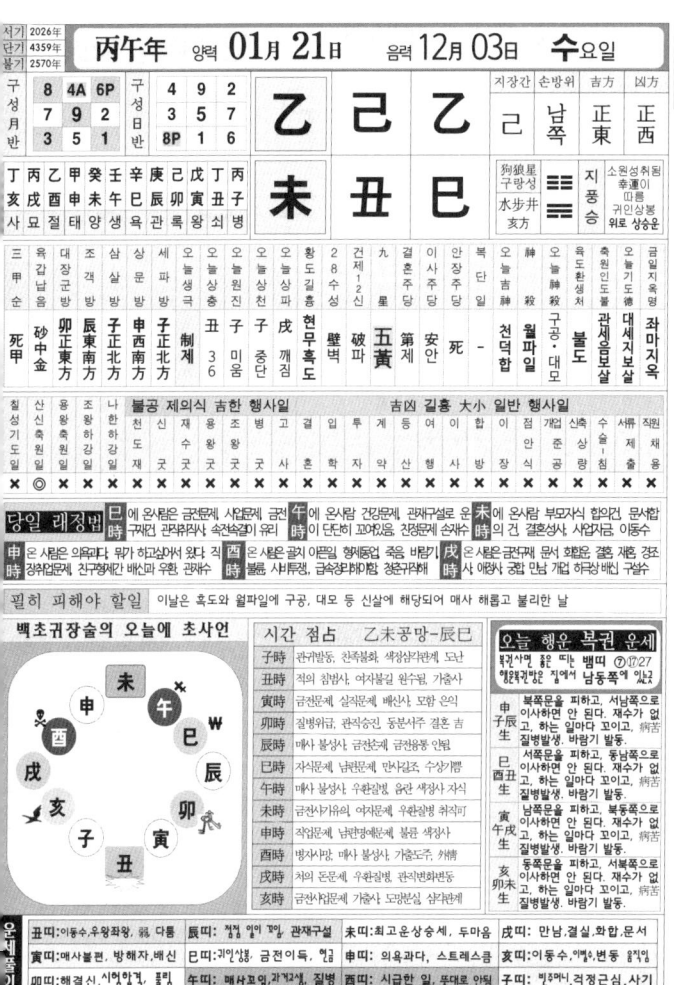

서기 2026年	丙午年	양력 01月 21日	음력 12月 03日	수요일
단기 4359年				
불기 2570年				

1월

구성月반			구성日반								지장간	손방위	吉方	凶方
8	4A	6P	4	9	2	乙	己	乙			己	남쪽	正東	正西
7	9	2	3	5	7									
3	5	1	8P	1	6									

丁	丙	乙	甲	癸	壬	辛	庚	己	戊	丁	丙			
亥	戌	酉	申	未	午	巳	辰	卯	寅	丑	子	未	丑	巳
사	묘	절	태	양	생	욕	관	록	왕	쇠	병			

狗狼星 구랑성	☷	지풍승	소원성취됨 幸運이 따름 귀인상봉 위로 상승운
水步井 亥方	☴		

三甲순	육갑납음	대장군방	조객방	삼살방	상문방	세파방	오늘생극	오늘상충	오늘원진	오늘상천	오늘상파	황도길흉	28수성	건제12신	九星	결혼주당	이사주당	안장주당	복단일	오늘吉神	神殺	오늘神殺	육도환생처	축원인도불	오늘기도德	금일지옥명
死甲	砂中金	卯正東方	辰東南方	子正北方	申西南方	子正北方	制제	丑 36	子 미움	子 중단	戌 깨짐	현무흑도	壁벽	破파	五黃	第제	安안	死	-	천덕합	월파일	구공·대모	불도	관세음보살	대세지보살	좌마지옥

칠성기도일	산신축원일	용왕축원일	조왕하강일	나한하강일	불공 제의식 吉한 행사일: 천도재	신굿	재수굿	용왕굿	조왕굿	병굿	고사	吉凶 길흉 大小 일반 행사일: 결혼	입학	투자	계약	등산	여행	이사	합방	이장	점안식	개업준공	신축상량	수술-침	서류제출	직원채용
×	◎	×	×	×	×	×	×	×	×	×	×	×	×	×	×	×	×	×	×	×	×	×	×	×	×	×

당일 래정법

巳時 에 온사람은 금전문제, 사업문제, 금전구재건, 관직취직사, 속전속결이 유리

午時 에 온사람 건강문제, 관재구설로 운이 단단히 꼬여있음, 친정문제 손재수

未時 에 온사람 부모자식 합의건, 문서합의 건, 결혼성사, 사업자금, 이동수

申時 온 사람은 의욕과다, 뭐가 하고싶어서 왔다. 직장취업문제, 친구형제간 배신과 우환, 관재수

酉時 온 사람은 골치 아픈일, 형제동업, 죽음, 바람기, 불륜, 시비투쟁, 급속정리해야함, 청춘구직해

戌時 온 사람은 금전구재, 문서, 화합운, 결혼, 재혼, 경조사, 애정사, 궁합, 만남, 개업, 하극상 배신, 구설수

필히 피해야 할일 이날은 흑도와 월파일에 구공, 대모 등 신살에 해당되어 매사 해롭고 불리한 날

백초귀장술의 오늘에 초사언

시간 점占 乙未공망-辰巳

子時	관귀발동, 친족불화, 색정삼각관계, 도난
丑時	적의 침범사, 여자불길 원수됨, 가출사
寅時	금전문제, 실직문제, 배신사, 모함 은익
卯時	질병위급, 관직승진, 동분서주 결혼 吉
辰時	매사 불성사, 금전손재, 금전융통 안됨
巳時	자식문제, 남편문제, 만사길조, 수상기쁨
午時	매사 불성사, 우환질병, 음란 색정사 자식
未時	금전사기유의, 여자문제, 우환질병 취직可
申時	직업문제, 남편명예문제, 불륜 색정사
酉時	병자사망, 매사 불성사, 가출도주, 外情
戌時	처의 돈문제, 우환질병, 관직변화변동
亥時	금전사업문제, 가출사, 도망분실, 삼각관계

오늘 행운 복권 운세

복권사면 좋은 띠는 뱀띠 ⑦⑰27
행운복권방은 집에서 남동쪽에 있는곳

申子辰生	북쪽문을 피하고, 서남쪽으로 이사하면 안 된다. 재수가 없고, 하는 일마다 꼬이고, 病苦 질병발생. 바람기 발동.
巳酉丑生	서쪽문을 피하고, 동남쪽으로 이사하면 안 된다. 재수가 없고, 하는 일마다 꼬이고, 病苦 질병발생. 바람기 발동.
寅午戌生	남쪽문을 피하고, 북동쪽으로 이사하면 안 된다. 재수가 없고, 하는 일마다 꼬이고, 病苦 질병발생. 바람기 발동.
亥卯未生	동쪽문을 피하고, 서북쪽으로 이사하면 안 된다. 재수가 없고, 하는 일마다 꼬이고, 病苦 질병발생. 바람기 발동.

운세풀기

丑띠: 이동수, 우왕좌왕, 弱, 다툼	辰띠: 점점 일이 꼬임, 관재구설	未띠: 최고운상승세, 두마음	戌띠: 만남, 결실, 화합, 문서
寅띠: 매사불편, 방해자, 배신	巳띠: 귀인상봉, 금전이득, 현금	申띠: 의욕과다, 스트레스큼	亥띠: 이동수, 이별수, 변동 움직임
卯띠: 해결신, 시험합격, 풀림	午띠: 매사꼬임, 과거고생, 질병	酉띠: 시급한 일, 뜻대로 안됨	子띠: 빈주머니, 걱정근심, 사기

서기	2026年
단기	4359年
불기	2570年

丙午年 양력 01月 22日 음력 12月 04日 목요일

구성월반				구성일반			
	8	4A	6P		5	1	3
	7	9	2		4	6	8
	3	5	1		9P	2	7A

丙	己	乙
申	丑	巳

지장간	손방위	吉方	凶方
己	남서	正北	正南

狗狼星 구랑성	괘	지풍승	소원성취됨 幸運이 따름 귀인상봉 위로 상승운
天	☷ ☴		

己	戊	丁	丙	乙	甲	癸	壬	辛	庚	己	戊
亥	戌	酉	申	未	午	巳	辰	卯	寅	丑	子
절	묘	사	병	쇠	왕	록	관	욕	생	양	태

三甲순	육갑납음	대장군방	조객방	삼살방	상문방	세파방	오늘생극	오늘상충	오늘원진	오늘상천	오늘상파	황도길흉	28수성	건제12신	九星	결혼주당	이사주당	안장주당	복단일	대공망일	神殺	오늘神殺	육도환생처	축원인도불	오늘기도德	금일지옥명
死甲	山下火	卯正東方	辰東南方	子正北方	申西南方	子正北方	制제	寅 36	卯 미움	亥 중단	巳 깨짐	사명황도	奎규	危위	六白	翁옹	災재	손자	오부길일	양덕*복생	-	유화·토금	인도	관세음보살	아미보살	좌마지옥

칠성기도일	산신축원일	용왕축원일	조왕하강일	나한하강일	불공 제의식 吉한 행사일							吉凶 길흉 大小 일반 행사일														
					천도재	신굿	재수굿	용왕굿	조왕굿	병굿	고사	결혼	입학	투자	계약	등산	여행	이사	합방	이장	점안식	개업준공	신축상량	수술-침	서류제출	직원채용
×	×	×	◎	◎	◎	◎	◎	◎	◎	◎	◎	◎	◎	×	×	◎	◎	×	×	×	◎	◎	×	◎	◎	×

당일 래정법

巳時에 온사람은 여자로 인해 손재수, 직장문제, 상업문제, 색정사, 관재구설

午時에 온사람은 금전문제, 사업문제, 친정부모문제, 관직취직사, 속전속결이 유리

未時에 온사람 남편문제, 직장문제, 헛수고로 완전힘듬, 지금은 불리, 손재수

申時온 사람은 금전구재, 취직문제, 종교문제, 새로운일 계획무산, 친정식구 후원사, 망신수

酉時온 사람은 의욕과다, 뭐가 하고싶어서 왔다. 직장취업문제, 친구형제간 배신, 금전차용가능여부

戌時온 사람은 자식 골치 아픈일, 형제동업, 죽음, 바람기, 불륜, 시비투쟁, 급속장리해야함, 청춘귀

필히 피해야 할일 승선·낚시·어로작업·요트타기·벌목·사냥·수렵·수혈·주방고치기·흙 다루고 땅 파는 일.

백초귀장술의 오늘에 초사언

시간 점占 丙申공망-辰巳

子時	관송사 직업문제, 이동사, 자식질병
丑時	자식문제, 남편문제, 사기도난, 가출건
寅時	직업이동사, 색정사, 우환질병, 터부정
卯時	육친무력 이민, 병환자발생, 가출문제
辰時	사업건 직업변동, 자손 시험합격, 불륜사
巳時	관직 승진문제, 남편명예문제, 불륜색정사
午時	환질병, 금전문제, 인연단절, 수술유의
未時	病환자, 관재, 자손문제, 실직사, 배신사
申時	금전손실, 부인문제, 금전융통, 우환질병
酉時	금전문제, 구재이득, 발탁 수상기쁨, 합정
戌時	자식문제, 가출사, 신소문제, 기도발원
亥時	실직문제, 질병발생, 적 침범사, 서행

오늘 행운 복권 운세

복권사면 좋은 띠는 말띠 ⑤⑦22
행운복권방은 집에서 남쪽에 있는곳

申子辰生	북쪽문을 피하고, 서남쪽으로 이사하면 안 된다. 재수가 없고, 하는 일마다 꼬이고, 病苦 질병발생. 바람기 발동.
巳酉丑生	서쪽문을 피하고, 동남쪽으로 이사하면 안 된다. 재수가 없고, 하는 일마다 꼬이고, 病苦 질병발생. 바람기 발동.
寅午戌生	남쪽문을 피하고, 북동쪽으로 이사하면 안 된다. 재수가 없고, 하는 일마다 꼬이고, 病苦 질병발생. 바람기 발동.
亥卯未生	동쪽문을 피하고, 서북쪽으로 이사하면 안 된다. 재수가 없고, 하는 일마다 꼬이고, 病苦 질병발생. 바람기 발동.

운세풀이

寅띠: 이동수,우왕좌왕, 弱, 다툼	巳띠: 점점 일이 꼬임, 관재구설	申띠: 최고운상승세, 두마음	亥띠: 만남,결실,화합,문서
卯띠: 매사불편, 방해자,배신	午띠: 귀인상봉, 금전이득, 현금	酉띠: 의욕과다, 스트레스큼	子띠: 이동수,이별수,변동 움직임
辰띠: 해결신,시험합격, 풀림	未띠: 매사꼬임,과거고생, 질병	戌띠: 시급한 일, 뜻대로 안됨	丑띠: 빈주머니,걱정근심,사기

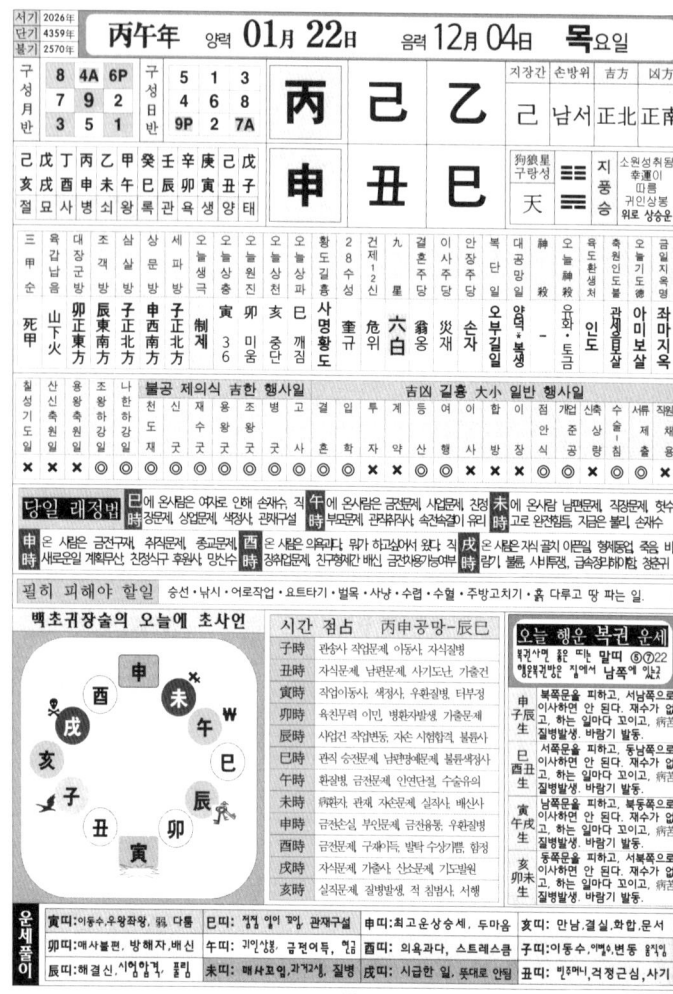

서기	2026年
단기	4359年
불기	2570年

丙午年 양력 01月 23日 음력 12月 05日 금요일

구성月반				구성日반			
	8	4A	6P		6	2	4
	7	9	2		5P	7	9A
	3	5	1		1	3	8

時	日	月	지장간	손방위	吉方	凶方
丁	己	乙	己	서쪽	正西	正東
酉	丑	巳				

辛	庚	己	戊	丁	丙	乙	甲	癸	壬	辛	庚
亥	戌	酉	申	未	午	巳	辰	卯	寅	丑	子
태	양	생	욕	관	록	왕	쇠	병	사	묘	절

狗狼星 구랑성	☰☰ / ☷	지풍승	소원성취됨 幸運이 따름 귀인상봉 위로 상승운
寺觀 절사관			

三甲순	육갑납음	대장군방	조객방	삼살방	상문방	세파방	오늘생극	오늘상충	오늘원진	오늘상천	오늘상파	황도길흉	28수성	건제12신	九星	결혼주당	이사주당	안장주당	복단일	오늘吉神	神殺	오늘神殺	육도환생처	축원인도불	오늘기도德	금일지옥명
死甲	山下火	卯正東方	辰東南方	子正北方	申西南方	子正北方	制제	卯 36	寅 미움	戌 중단	子 깨짐	구진흑도	婁루	成성	七赤	堂당	師사	남자	월기일	모창*천의	삼합일	수사·천화	귀도	관세음보살	관음보살	좌마지옥

칠성기도일	산신축원일	용왕축원일	조왕하강일	나한하강일	불공 제의식 吉한 행사일							吉凶 길흉 大小 일반 행사일														
					천도재	신굿	재수굿	용왕굿	조왕굿	병굿	고사	결혼	입학	투자	계약	등산	여행	이사	합방	이장	점안식	개업준공	신축상량	수술-침	서류제출	직원채용
×	×	×	◎	◎	◎	◎	◎	◎	◎	◎	◎	◎	◎	×	◎	◎	◎	×	×	◎	×	◎	×	◎	◎	◎

당일 래정법

巳時에 온사람은 허가 해결할 문제, 합격여부, 금전투자여부, 직장문제, 재혼은 굳

午時에 온사람은 의욕없는자, 금전구재건 색정사로 다툼, 친정문제, 매사불성사

未時에 온사람 금전문제, 사업문제, 자식문제, 관직취직사, 속전속결이 유리

申時 온 사람은 건강문제, 관재구설로 운이 단단히 꼬여있음, 취업 승진문제, 남자문제, 손재수

酉時 온 사람은 두가지 문제 갈등사, 갖고싶은 욕구, 자식으로인해 손상사 발생 합심 안됨 우환질병

戌時 온 사람은 의욕과다, 뭔가 하고싶어서 왔다. 직장 취업문제, 친구형제간 배신, 묘지이장문제

필히 피해야 할일

친목회 • 소장제출 • 항소 • 옷재단 • 새옷맞춤 • 태아옷구입 • 머리자르기 • 출산준비 • 수의제작

백초귀장술의 오늘에 초사언

시간 점占 丁酉공망-辰巳

子時	질병발생, 적 침범사, 개혁유리, 도난
丑時	자식 가출건, 손재수, 다툼, 괴이사 발생
寅時	사기도난, 파재, 손실사, 색정사, 각방
卯時	실직, 파재, 관재, 적 침범사, 간사은익
辰時	자손문제 남편 직장실직, 부부이별
巳時	자손문제, 가출사, 재물손실, 취직가능
午時	매사 불성, 남녀 색정사, 놀랄 일 불안
未時	자식문제, 구재이득, 귀인상봉, 수술유의
申時	재물손실, 부인일, 불리, 실수 탄로 음모
酉時	금전 암손, 부인문제, 우환질병, 색정사
戌時	자식문제, 남편 실직박탈, 도망유리
亥時	가내재앙불리, 명예상해, 이동여행 금물

오늘 행운 복권 운세

복권사면 좋은 띠는 양띠 ⑤⑩25
행운복권방은 집에서 남서쪽에 있는곳

申子辰生	북쪽문을 피하고, 서남쪽으로 이사하면 안 된다. 재수가 없고, 하는 일마다 꼬이고, 病苦 질병발생. 바람기 발동.
巳酉丑生	서쪽문을 피하고, 동남쪽으로 이사하면 안 된다. 재수가 없고, 하는 일마다 꼬이고, 病苦 질병발생. 바람기 발동.
寅午戌生	남쪽문을 피하고, 북동쪽으로 이사하면 안 된다. 재수가 없고, 하는 일마다 꼬이고, 病苦 질병발생. 바람기 발동.
亥卯未生	동쪽문을 피하고, 서북쪽으로 이사하면 안 된다. 재수가 없고, 하는 일마다 꼬이고, 病苦 질병발생. 바람기 발동.

운세풀이

卯띠:이동수,우왕좌왕, 弱 다툼	午띠: 점점 일이 꼬임, 관재구설	酉띠:최고운상승세, 두마음	子띠: 만남,결실,화합,문서
辰띠:매사불편, 방해자,배신	未띠: 귀인상봉, 금전어득, 현금	戌띠: 의욕과다, 스트레스큼	丑띠:이동수,이별수,변동 움직임
巳띠:해결신,시험합격, 풀림	申띠: 매사꼬임,과거고생, 질병	亥띠: 시급한 일, 뜻대로 안됨	寅띠: 빈주머니,걱정근심,사기

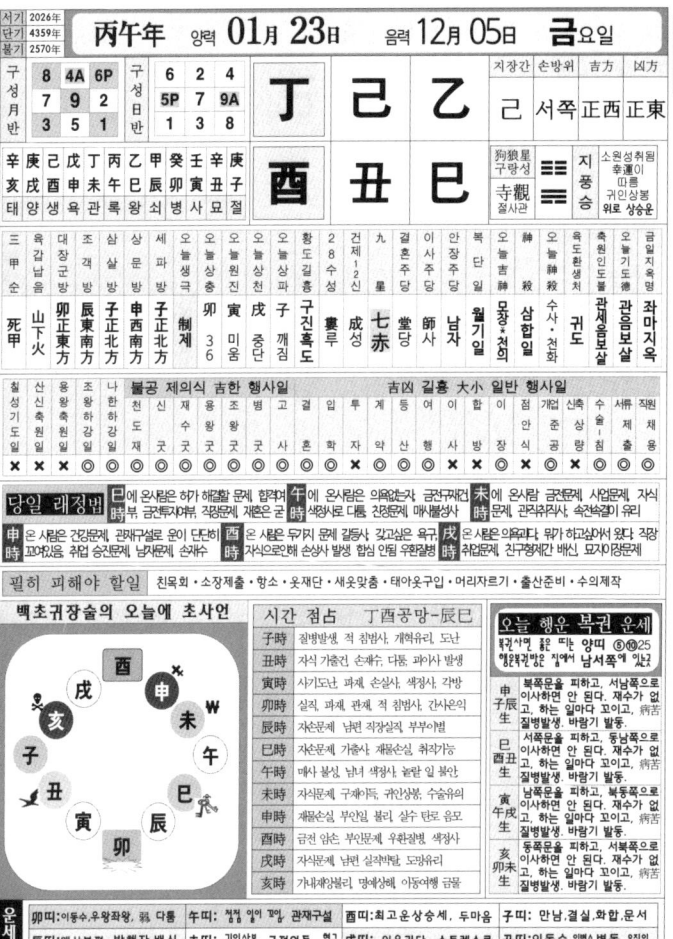

서기	2026年
단기	4359年
불기	2570年

丙午年 양력 01月 24日 음력 12月 06日 토요일

구성月반				구성日반							지장간	손방위	吉方	凶方
	8	4A	6P		7P	3	5	戊	己	乙	己	서북	正南	正北
	7	9	2		6	8	1	戊	丑	巳				
	3	5	1		2A	4	9							

癸	壬	辛	庚	己	戊	丁	丙	乙	甲	癸	壬
亥	戌	酉	申	未	午	巳	辰	卯	寅	丑	子
절	묘	사	병	쇠	왕	록	관	욕	생	양	태

狗狼星 구랑성	州縣廳堂 城隍社廟	☴☷	지풍승	소원성취됨 幸運이 따름 귀인상봉 위로 상승운

三甲순	육갑납음	대장군방	조객방	삼살방	상문방	세파방	오늘생극	오늘상충	오늘원진	오늘상천	오늘상파	황도길흉	28수성	건제12신	九星	결혼주당	이사주당	안장주당	오늘吉神	神神	神殺	오늘神殺	육도환생처	축원인도불	오늘기도德	금일지옥명
死甲	平地木	卯正東方	辰東南方	子正北方	申西南方	子正北方	專전	辰 36	巳 미움	酉 중단	未 깨짐	청룡황도	胃위	收수	八白	姑고	富부	아버지	복단일	–	월형·오허	천강·지파	축도	관세음보살	미륵보살	좌마지옥

칠성기도일	산신축원일	용왕축원일	조왕하강일	나한하강일	불공 제의식 吉한 행사일: 천도재	신굿	재수굿	용왕굿	조왕굿	병굿	고사	吉凶 길흉 大小 일반 행사일: 결혼	입학	투자	계약	등산	여행	이사	합방	이장	점안식	개업준공	신축상량	수술·침	서류제출	직원채용
◎	×	◎	◎	×	×	×	×	×	×	×	×	×	×	×	×	◎	◎	×	×	×	◎	◎	×	×	◎	×

당일 래정법

巳時 에 온사람은 직장취직건, 방해자, 배신사, 매사 지체불리함, 색정사 환란

午時 에 온사람은 허가 해결할 문제, 합격여부, 금전투자여부, 직장문제, 재혼

未時 에 온사람 관재구설로 손해, 금전구재건, 색정사, 억울한 일, 매사불성사

申時 온 사람은 금전문제, 사업문제, 관직취직사, 자식의 사업문제 지출, 자동차관련, 속전속결

酉時 온 사람은 건강우환문제, 관송사로 운이 단단히 꼬여있음, 취업 승진문제, 자식문제, 손재

戌時 온 사람은 재물구재 자식문제 두가지 문제 갈등사, 갖고싶은 욕구 강함, 새로운 일시작, 우환질병

필히 피해야 할일 제품제작 • 친구초대 • 부동산매매 • 승선 • 낚시 • 어로작업 • 애완동물들이기 • 주방고치기 • 지붕덮기

백초귀장술의 오늘에 초사언

시간 점占	戊戌공망-辰巳
子時	금전 암손, 부인문제, 우환질병, 객 惡意
丑時	사업, 구재이득, 부부화합사, 종업원음모
寅時	적의 침범사, 질병위급, 가출사, 색정사
卯時	직업변동건, 남녀색정사, 연애불화, 음모
辰時	관재 병재로 불길, 골육 친구배신사
巳時	직업 명예사, 재물손실, 망신살수탄로 病
午時	사업문제, 금전융통, 수술위험, 가출사
未時	가출문제, 잡귀침투, 삼각관계, 형옥살이
申時	자식문제, 가출건, 급병자, 원행 이동배신
酉時	과이사발생, 신부정, 재물손실, 함정피해
戌時	여자관련손해, 부부배신, 육친이별
亥時	도난, 파재, 상해, 이별사, 처를 극함

오늘 행운 복권 운세

복권사면 좋은 띠는 **원숭띠** ⑨19, 29
행운복권방은 집에서 **서남쪽**에 있는곳

申子辰生	북쪽문을 피하고, 서남쪽으로 이사하면 안 된다. 재수가 없고, 하는 일마다 꼬이고, 病苦 질병발생. 바람기 발동.
巳酉丑生	서쪽문을 피하고, 동남쪽으로 이사하면 안 된다. 재수가 없고, 하는 일마다 꼬이고, 病苦 질병발생. 바람기 발동.
寅午戌生	남쪽문을 피하고, 북동쪽으로 이사하면 안 된다. 재수가 없고, 하는 일마다 꼬이고, 病苦 질병발생. 바람기 발동.
亥卯未生	동쪽문을 피하고, 서북쪽으로 이사하면 안 된다. 재수가 없고, 하는 일마다 꼬이고, 病苦 질병발생. 바람기 발동.

운세풀이

卯띠: 이동수,우왕좌왕, 弱, 다툼	午띠: 점점 일이 꼬임, 관재구설	酉띠: 최고운상승세, 두마음	子띠: 만남,결실,화합,문서
辰띠: 매사불편, 방해자,배신	未띠: 귀인상봉, 금전이득, 현금	戌띠: 의욕과다, 스트레스큼	丑띠: 이동수,이별수,변동 움직임
巳띠: 해결신,시험합격, 풀림	申띠: 매사꼬임,과거고생, 질병	亥띠: 시급한 일, 뜻대로 안됨	寅띠: 빈주머니,걱정근심,사기

서기	2026年
단기	4359年
불기	2570年

丙午年 양력 01月 25日 음력 12月 07日 일요일

구성월반				구성일반			
	8	4A	6P		8P	4A	6
	7	9	2		7	9	2
	3	5	1		3	5	1

己	己	乙
亥	丑	巳

지장간	손방위	吉方	凶方
己	북쪽	正東	正西

狗狼星 구랑성	寺觀 절사관	☰ ☴	지풍승	소원성취됨 幸運이 따름 귀인상봉 위로 상승운

乙	甲	癸	壬	辛	庚	己	戊	丁	丙	乙	甲
亥	戌	酉	申	未	午	巳	辰	卯	寅	丑	子
태	양	생	욕	관	록	왕	쇠	병	사	묘	절

三甲순	육갑납음	대장군방	조객방	삼살방	상문방	세파방	오늘생극	오늘상충	오늘원진	오늘상천	오늘상파	황도길흉	28수성	건제12신	九星	결혼주당	이사주당	안장주당	복단일	오늘吉神	神殺	오늘神殺	육도환생처	축원인도불	오늘기도德	금일지옥명
死甲	平地木	卯正東方	辰東南方	子正北方	申西南方	子正北方	制제	巳 36	辰 미움	申 중단	寅 깨짐	명당황도	昴묘	開개	九紫	夫부	殺살	손님	-	음덕*왕일	천적일	지화·오귀	옥도	관세음보살	여래보살	좌마지옥

칠성기도일	산신축원일	용왕축원일	조왕하강일	나한하강일	불공 제의식 吉한 행사일: 천도재	신굿	재수굿	용왕굿	조왕굿	병굿	고사	吉凶 길흉 大小 일반 행사일: 결혼	입학	투자	계약	등산	여행	이사	합방	이장	점안식	개업준공	신축상량	수술-침	서류제출	직원채용
×	×	×	×	×	◎	◎	◎	◎	◎	◎	◎	◎	◎	×	×	◎	◎	×	×	×	◎	◎	◎	◎	◎	◎

당일 래정법

- **巳時** 에 온사람은 금전사기문제, 허위문서, 동업배신문제, 터부정 관송사, 이동수
- **午時** 에 온사람은 자식문제, 취업 승진문제, 방해자, 배신사, 회합사, 재혼 문제
- **未時** 에 온사람 허가 해결할 문제, 금전구재, 남녀결합문제, 주식투자여부, 매매건 속결
- **申時** 온 사람은 자식문제, 상업금전문제, 직장실직문제, 취업시험불리, 색정사, 매사불성사
- **酉時** 온 사람은 금전문제, 사업문제, 여자문제, 계약성사는 이득발생, 속전속결 유리, 남편자출
- **戌時** 온 사람은 건강문제, 관재구설로 운이 단단히 꼬여있음, 취업 승진문제, 자식문제, 침몰상태

필히 피해야 할일 신상출고・제품제작・친구초대・문서파기・벌초・씨뿌리기・건축증개축・장담그기・흙파기

백초귀장술의 오늘에 초사언

시간 점占 己亥공망-辰巳

子時	여자문제, 구재, 남녀색정사, 매사불성사
丑時	적의 침범사, 질병위급, 이별사, 다툼
寅時	직업변동 명예사, 가출문제, 자손문제
卯時	질병위급, 여행조심, 관재불길, 직장변동
辰時	재물손실, 남편문제, 재해 도난, 하극상
巳時	이동사, 색정사, 우환질병, 터부정 구설수
午時	가출문제, 직업문제, 사업문제, 금전융통
未時	질병재앙, 구재이득, 수술유의, 여행은凶
申時	재물손실, 우환질병, 가출사, 색정사, 불성
酉時	금전 암손, 남편문제, 임신가능, 가출사
戌時	금전손실문제, 극처사, 질병고통, 관재刑
亥時	금전배신, 처 가출사, 도망 분실, 이동 흉

오늘 행운 복권 운세

복권사면 좋은 띠는 닭띠 ④⑨ 24, 행운복권방은 집에서 서쪽에 있는곳

申子辰生	북쪽문을 피하고, 서남쪽으로 이사하면 안 된다. 재수가 없고, 하는 일마다 꼬이고, 病苦 질병발생. 바람기 발동.
巳酉丑生	서쪽문을 피하고, 동남쪽으로 이사하면 안 된다. 재수가 없고, 하는 일마다 꼬이고, 病苦 질병발생. 바람기 발동.
寅午戌生	남쪽문을 피하고, 북동쪽으로 이사하면 안 된다. 재수가 없고, 하는 일마다 꼬이고, 病苦 질병발생. 바람기 발동.
亥卯未生	동쪽문을 피하고, 서북쪽으로 이사하면 안 된다. 재수가 없고, 하는 일마다 꼬이고, 病苦 질병발생. 바람기 발동.

운세풀이

巳띠:이동수,우왕좌왕, 弱, 다툼	申띠: 점점 일이 꼬임, 관재구설	亥띠:최고운상승세, 두마음	寅띠: 만남,결실,화합,문서
午띠:매사불편, 방해자,배신	酉띠: 귀인상봉, 금전이득, 현금	子띠: 의욕과다, 스트레스큼	卯띠:이동수,이별수,변동 움직임
未띠:해결신,시험합격, 풀림	戌띠: 매사꼬임,과거고생, 질병	丑띠: 시급한 일, 뜻대로 안됨	辰띠: 빈주머니,걱정근심,사기

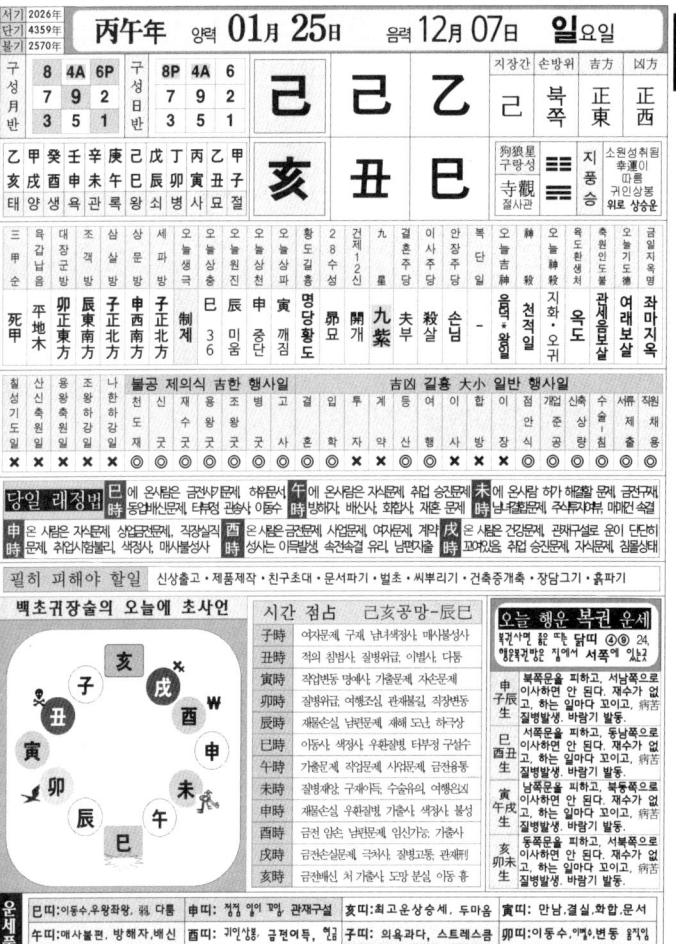

서기	2026年
단기	4359年
불기	2570年

丙午年 양력 01月 26日 음력 12月 08日 월요일

구성月반			구성日반		
8	4A	6P	9	5P	7
7	9	2	8	1	3
3	5	1	4	6A	2

時	日	月
庚	己	乙
子	丑	巳

지장간	손방위	吉方	凶方
己	북동	正北	正南

狗狼星 구랑성 / 中庭廳 관청마당	☱ ☷	지택림	솔선수범 행동하라! 주인의식 가지고상부 상조하면吉

丁	丙	乙	甲	癸	壬	辛	庚	己	戊	丁	丙
亥	戌	酉	申	未	午	巳	辰	卯	寅	丑	子
병	쇠	왕	록	관	욕	생	양	태	절	묘	사

三甲순	육갑납음	대장군방	조객방	삼살방	상문방	세파방	오늘생극	오늘상충	오늘원진	오늘상천	오늘상파	황도길흉	28수성	건제12신	九星	결혼주당	이사주당	안장주당	복단일	천구하식	오늘吉神	오늘神殺	육도환생처	축원인도불	오늘기도德	금일지옥명
死甲	壁上土	卯正東方	辰東南方	子正北方	申西南方	子正北方	寶보	午 36	未 미움	未 중단	酉 깨짐	천형흑도	畢필	閉폐	一白	廚주	害해	며느리	-	천덕*월덕	육합*관일	천형·혈지	천도	대세지보살	아미보살	독사지옥

칠성기도일	산신축원일	용왕축원일	조왕하강일	나한하강일	천도재	신굿	재수굿	용왕굿	조왕굿	병굿	고사	결혼	입학	투자	계약	등산	여행	이사	합방	이장	점안식	개업준공	신축상량	수술-침	서류제출	직원채용
					불공 제의식 吉한 행사일							吉凶 길흉 大小 일반 행사일														
◎	×	◎	×	×	×	×	×	×	×	×	×	×	×	×	×	×	×	×	×	×	×	×	×	×	×	×

당일 래정법

巳時에 온사람은 직장실직건, 친구나 형제문제, 관송사, 실업자, 빈주머니

午時에 온사람은 이동변동수, 터부정, 하극상모함사건, 자식문제, 차사고

未時에 온사람은 방해자, 배신사, 가족간시비, 매사 지체불리함, 도전 창업은 불리

申時 온 사람은 관직 취직문제, 결혼 경조사, 한가지씩 해결됨 시험은 합격됨 허가건도 승인남 귀인도움

酉時 온 사람은 외정색정사, 불륜사, 관재로 발전 딸 문제발생, 여자로인해 돈도난, 창업불리

戌時 온 사람은 남자문제, 부동산거래, 금전문제, 주식투자문제, 재물구재사, 여자회합건, 건강질병과 빚때문 괴로움

필히 피해야 할일 이날은 흑도일에 폐閉神으로 천형, 혈지 등 강한 신살에 해당되어 매사 해롭고 불리한 날

백초귀장술의 오늘에 초사언

시간 점占 庚子공망-辰巳

子時	자식문제, 여자일, 질병발생, 도난 가출사
丑時	결혼은 吉, 금전융통, 사업계획 후퇴吉
寅時	여자일, 금전고통, 이동재난, 원한 喪
卯時	관직 승진문제, 만사대길, 금전 부인문제
辰時	매사 불성사, 가출사, 금전손실, 도망이吉
巳時	관송사발생 후 刑, 매사불성, 사기 도난
午時	적 침범사, 병재로 불길, 가출사, 남녀투쟁
未時	사업손실, 관재구설, 가출문제, 우환질병
申時	선거자유리, 직장승진 사업흥성, 화합
酉時	금전갈취 도주, 색정사, 가출 함정 은닉
戌時	금전문제, 상업문제, 가출문제, 도망 吉
亥時	남편문제, 자식문제, 직장실직, 음모 함정

오늘 행운 복권 운세

복권사면 좋은 띠는 **개띠** ⑩⑳ 30
행운복권방은 집에서 **서북쪽에** 있는곳

申子辰生	북쪽문을 피하고, 서남쪽으로 이사하면 안 된다. 재수가 없고, 하는 일마다 꼬이고, 病苦 질병발생. 바람기 발동.
巳酉丑生	서쪽문을 피하고, 동남쪽으로 이사하면 안 된다. 재수가 없고, 하는 일마다 꼬이고, 病苦 질병발생. 바람기 발동.
寅午戌生	남쪽문을 피하고, 북동쪽으로 이사하면 안 된다. 재수가 없고, 하는 일마다 꼬이고, 病苦 질병발생. 바람기 발동.
亥卯未生	동쪽문을 피하고, 서북쪽으로 이사하면 안 된다. 재수가 없고, 하는 일마다 꼬이고, 病苦 질병발생. 바람기 발동.

운세풀이

午띠:이동수,우왕좌왕, [illegible] 다툼	酉띠: 점점 일이 꼬임, 관재구설	子띠:최고운상승세, 두마음	卯띠: 만남,결실,화합,문서
未띠:매사불편, 방해자,배신	戌띠:귀인상봉, 금전이득, 현금	丑띠: 의욕과다, 스트레스큼	辰띠:이동수,이별수,변동 움직임
申띠:해결신,시험합격, 풀림	亥띠: 매사꼬임,과거고생, 질병	寅띠: 시급한 일, 뜻대로 안됨	巳띠: 빈주머니,걱정근심,사기

서기 2026年 / 단기 4359年 / 불기 2570年	丙午年	양력 01月 27日	음력 12月 09日	화요일

구성月반			구성日반		
8	4A	6P	1	6	8AP
7	9	2	9	2	4
3	5	1	5	7	3

己	戊	丁	丙	乙	甲	癸	壬	辛	庚	己	戊
亥	戌	酉	申	未	午	巳	辰	卯	寅	丑	子
욕	관	록	왕	쇠	병	사	묘	절	태	양	생

年	月	日
辛	己	乙
丑	丑	巳

지장간	손방위	吉方	凶方
己	無	正西	正東

狗狼星 구랑성	괘	지택림	
天	☷ ☱	지택림	솔선수범 행동하라! 주인의식 가지고상부 상조하면吉

三甲순	육갑납음	대장군방	조객방	삼살방	상문방	세파방	오늘생극	오늘상충	오늘원진	오늘상천	오늘상파	황도길흉	28수성	건제12신	九星	결혼주당	이사주당	안장주당	복단일	오늘吉神	神殺	오늘神殺	육도환생처	축원인도불	오늘기도德	금일지옥명
死甲	壁上土	卯正東方	辰東南方	子正北方	申西南方	子正北方	義의	未 36	午 미움	午 중단	辰 깨짐	주작흑도	觜자	建건	二黑	婦부	天천	어머니	-	월은·수일	토부·월건	왕망·홍사	천도	대세지보살	보현보살	독사지옥

칠성기도일	산신축원일	용왕축원일	조왕하강일	나한하강일	천도재	신굿	재수굿	용왕굿	조왕굿	병굿	고사	결혼	입학	투자	계약	등산	여행	이사	합방	이장	점안식	개업준공	신축상량	수술·침	서류제출	직원채용
×	×	×	×	-	◎	◎	◎	◎	◎	◎	◎	×	◎	-	-	◎	◎	◎	×	×	◎	-	×	◎	-	×

(천도재 ~ 고사: 불공 제의식 吉한 행사일 / 결혼 ~ 직원채용: 吉凶 길흉 大小 일반 행사일)

당일 래정법

- **巳時**에 온사람은 이동수 있는자, 이사 직장변동, 사업체 변동수, 해외진출
- **午時**에 온사람은 취업, 창업 때 아님, 빈주머니, 헛수고, 부부불화 원망 이별
- **未時**에 온사람은 남녀간다툼 이동변동수, 터부정, 관재구설, 자식문제, 교통사고
- **申時** 온 사람은 금전과 여자문제, 방해자, 배신사, 취업 승진 매사지체불리함, 창업 손해손재수
- **酉時** 온 사람은 새 일 자식문제 급처리문제, 취업승진 해결됨 시험합격됨 은밀한 색정사
- **戌時** 온 사람은 여자로인한 부정, 하극상 배신사, 억울한 일, 외정색정사, 불륜사, 관재로 발전, 산소탈

필히 피해야 할일 회의개최 • 건축증개축 • 구인 • 항공주의 • 새집들이 • 출장 • 장담그기 • 흙 다루고 땅 파는 일.

백초귀장술의 오늘에 초사언

시간 점占 辛丑공망-辰巳

子時	자식문제, 관재구설, 급질병, 기도요망
丑時	사업사 손재수, 여자일 질병발생, 친족불화
寅時	도난, 파재, 손모사, 극처사, 관직변동
卯時	질병침투, 적 침범사, 여자 금전손실,
辰時	사업 후원사, 육친무력 이민, 목적달성
巳時	직장변동, 실직문제, 불명예, 이사이동吉
午時	매사 불성, 골육이별, 색정사, 우환질병
未時	관재 병재로 불길, 가출사 자손사 하극상
申時	금전손실, 극처사, 재해, 도난, 여행은 凶
酉時	직업 명예사, 형제 친구문제, 가출사, 색정
戌時	관청근심, 도난 상해 손모사, 수술질병
亥時	금전문제, 직장변동, 자손문제, 실직문제

오늘 행운 복권 운세

복권사면 좋은 띠는 **돼지띠** ⑪⑯31
행운복권방은 집에서 **북서쪽에** 있는곳

申子辰生	북쪽문을 피하고, 서남쪽으로 이사하면 안 된다. 재수가 없고, 하는 일마다 꼬이고, 病苦 질병발생. 바람기 발동.
巳酉丑生	서쪽문을 피하고, 동남쪽으로 이사하면 안 된다. 재수가 없고, 하는 일마다 꼬이고, 病苦 질병발생. 바람기 발동.
寅午戌生	남쪽문을 피하고, 북동쪽으로 이사하면 안 된다. 재수가 없고, 하는 일마다 꼬이고, 病苦 질병발생. 바람기 발동.
亥卯未生	동쪽문을 피하고, 서북쪽으로 이사하면 안 된다. 재수가 없고, 하는 일마다 꼬이고, 病苦 질병발생. 바람기 발동.

운세풀이

未띠:이동수,우왕좌왕, 親友 다툼	戌띠: 점점 일이 꼬임, 관재구설	丑띠:최고운상승세, 두마음	辰띠: 만남,결실,화합,문서
申띠:매사불편, 방해자,배신	亥띠:귀인상봉, 금전이득, 현금	寅띠: 의욕과다, 스트레스큼	巳띠:이동수,이별수,변동 움직임
酉띠:해결신,시험합격, 풀림	子띠: 매사꼬임,과거고생, 질병	卯띠: 시급한 일, 뜻대로 안됨	午띠: 빈주머니,걱정근심,사기

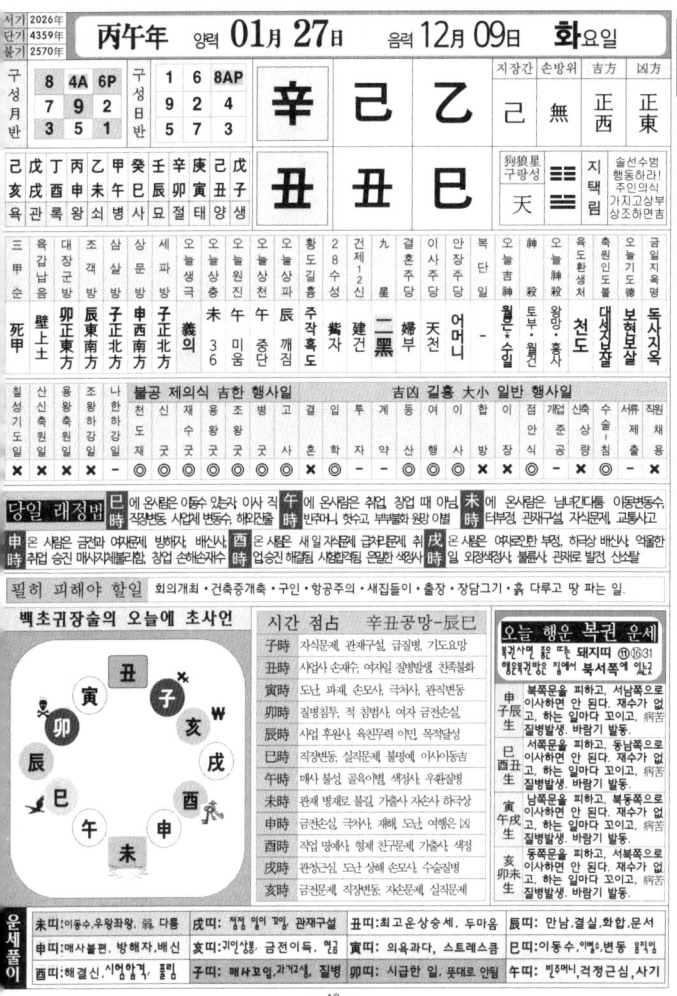

서기	2026年
단기	4359年
불기	2570年

丙午年 양력 01月 28日 음력 12月 10日 수요일

구성月반				구성日반				年	月	日	지장간	손방위	吉方	凶方
	8	4A	6P		2	7	9P	壬	己	乙	己	無	正南	正北
	7	9	2		1A	3	5	寅	丑	巳				
	3	5	1		6	8	4							

辛	庚	己	戊	丁	丙	乙	甲	癸	壬	辛	庚
亥	戌	酉	申	未	午	巳	辰	卯	寅	丑	子
록	관	욕	생	양	태	절	묘	사	병	쇠	왕

狗狼星 구랑성	괘		
廚竈衛門 路丑午方	☷ ☱	지택림	솔선수범 행동하라! 주인의식 가지고상부 상조하면吉

三甲순	육갑납음	대장군방	조객방	삼살방	상문방	세파방	오늘생극	오늘상충	오늘원진	오늘상천	오늘상파	황도길흉	28수성	건제12신	九星	결혼주당	이사주당	안장주당	복단일	대공망일	오늘吉神	오늘神殺	육도환생처	축원인도불	오늘기도德	금일지옥명
死甲	金箔金	卯正東方	辰東南方	子正北方	申西南方	子正北方	寶보	申 36	酉 미움	巳 중단	亥 깨짐	금궤황도	參삼	除제	三碧	竈조	利이	여자	-	대공망일	옥우*상일	멸몰·육해	인도	대세지보살	약사보살	독사지옥

칠성기도일	산신축원일	용왕축원일	조왕하강일	나한하강일	천도재	신굿	재수굿	용왕굿	조왕굿	병굿	고사	결혼	입학	투자	계약	등산	여행	이사	합방	이장	점안식	개업준공	신축상량	수술-침	서류제출	직원채용
×	◎	×	×	×	×	◎	◎	◎	◎	◎	◎	×	◎	×	×	◎	◎	◎	×	×	×	◎	◎	◎	◎	×

(불공 제의식 吉한 행사일: 천도재 ~ 고사 / 吉凶 길흉 大小 일반 행사일: 결혼 ~ 직원채용)

당일 래정법

巳時 에 온사람은 문서구입 회합사, 결혼, 재혼, 경조사, 애정사, 궁합, 후원, 개업

午時 에 온사람은 이동수 있는자, 이사나 직장변동, 친구나 형제 사업체변동수

未時 에 온사람은 금전사기, 실업자, 색정사 들통, 빈주머니, 헛수고, 문서묘산사, 매사불성

申時 온 사람은 매매 이동변동수, 직장변동수, 터 부정, 사기, 허위문서, 다툼주의, 차사고 주의

酉時 온 사람은 질병과 자식문제, 방해자, 배신사, 관송사, 취업 승진 매사 지체불리함

戌時 온 사람은 자식문제, 하극상으로 배신사, 해결되는 듯 하나 후 불리함, 시험 합격됨, 허가건 승인됨, 관재

필히 피해야 할일 신상출고 • 제품제작 • 친구초대 • 소장제출 • 항소 • 문 만들기 • 비석세우기 • 방류

백초귀장술의 오늘에 초사언

시간 점占 壬寅공망-辰巳

子時	금전문제, 상업문제, 처를 극, 수술문제
丑時	매사 막히고 퇴보, 권리박탈, 남편문제
寅時	금전 암손, 여자문제, 자식사, 우환질병
卯時	자식문제, 직장실직, 색정사, 가출사
辰時	매사불성, 관재구설, 속 중단, 금전손실
巳時	사업금전운 吉, 임신가능, 금전기쁨, 결혼
午時	금전손실 다툼, 부인문제, 가출, 이동이吉
未時	집안잡귀침투, 불화, 색정사 관직권리박탈
申時	침범사, 질병재앙, 가출사, 이동이 吉
酉時	파산파재, 부인흉극, 가출사, 배신음모
戌時	사업사, 후원사, 직장승진,, 관재구설
亥時	금전손실, 직장문제, 자식문제, 가출사

오늘 행운 복권 운세

복권사면 좋은 띠는 **쥐띠** ①⑥⑯
행운복권방은 집에서 **북쪽**에 있는곳

申子辰生	북쪽문을 피하고, 서남쪽으로 이사하면 안 된다. 재수가 없고, 하는 일마다 꼬이고, 病苦 질병발생. 바람기 발동.
巳酉丑生	서쪽문을 피하고, 동남쪽으로 이사하면 안 된다. 재수가 없고, 하는 일마다 꼬이고, 病苦 질병발생. 바람기 발동.
寅午戌生	남쪽문을 피하고, 북동쪽으로 이사하면 안 된다. 재수가 없고, 하는 일마다 꼬이고, 病苦 질병발생. 바람기 발동.
亥卯未生	동쪽문을 피하고, 서북쪽으로 이사하면 안 된다. 재수가 없고, 하는 일마다 꼬이고, 病苦 질병발생. 바람기 발동.

운세풀이

申띠:이동수,우왕좌왕, 弱, 다툼	亥띠: 점점 일이 꼬임, 관재구설	寅띠:최고운상승세, 두마음	巳띠: 만남,결실,화합,문서
酉띠:매사불편, 방해자,배신	子띠:귀인상봉, 금전이득, 현금	卯띠: 의욕과다, 스트레스큼	午띠:이동수,이별수,변동 움직임
戌띠:해결신,시험합격, 풀림	丑띠: 매사꼬임,과거고생, 질병	辰띠: 시급한 일, 뜻대로 안됨	未띠: 빈주머니,걱정근심,사기

서기	2026年
단기	4359年
불기	2570年

丙午年 양력 01月 29日 음력 12月 11日 목요일

구성月반				구성日반			
	8	4A	6P		3A	8	1
	7	9	2		2	4	6P
	3	5	1		7	9	5

癸	己	乙
卯	丑	巳

지장간	손방위	吉方	凶方
己	동쪽	正東	正西

狗狼星 구랑성	괘	지택림	
天	☷ ☱	지택림	솔선수범 행동하라! 주인의식 가지고상부 상조하면吉

癸	壬	辛	庚	己	戊	丁	丙	乙	甲	癸	壬
亥	戌	酉	申	未	午	巳	辰	卯	寅	丑	子
왕	쇠	병	사	묘	절	태	양	생	욕	관	록

三甲순	육갑납음	대장군방	조객방	삼살방	상문방	세파방	오늘생극	오늘상충	오늘원진	오늘상천	오늘상파	황도길흉	28수성	건제12신	九星	결혼주당	이사주당	안장주당	복단일	대공망일	오늘吉神	오늘神殺	육도환생처	축원인도불	오늘기도德	금일지옥명
死甲	金箔金	卯正東方	辰東南方	子正北方	申西南方	子正北方	寶보	酉 36	申 미움	辰 중단	午 깨짐	대덕황도	井정	滿만	四綠	第제	安안	死	복덕*밀일	대공망일	재살·천화	온황·귀곡	귀도	대세지보살	문수보살	독사지옥

칠성기도일	산신축원일	용왕축원일	조왕하강일	나한하강일	불공 제의식 吉한 행사일							吉凶 길흉 大小 일반 행사일														
					천도재	신굿	재수굿	용왕굿	조왕굿	병굿	고사	결혼	입학	투자	계약	등산	여행	이사	합방	이장	점안식	개업준공	신축상량	수술-침	서류제출	직원채용
◎	◎	◎	◎	◎	◎	◎	◎	◎	◎	◎	◎	×	◎	×	×	◎	◎	×	×	×	×	×	×	×	◎	×

당일 래정법

巳時에 온사람은 모함과 구설로 골치 아픔 이동나쁨 바람기, 직장해고위험

午時에 온사람은 문서 화합운 결혼, 재혼 경조사 궁합 문서이동 부모문제 상업투자

未時에 온사람은 이동수 있는자 이사나 직장 변동, 자식문제 변동수, 여행 이별 헛고생

申時 온 사람은 허위문서, 실업자, 금전혼란, 빈주머니, 헛공사, 사기모함 ·도난사, 매사불성

酉時 온 사람은 매매 이동변동수, 터부정, 관재구설 사기, 허위문서, 우환질병, 자식 가출건

戌時 온 사람은 색정사 배신문제 방해자, 배신사, 의욕상실, 관재구설, 취업 승진 매사 지체불리함

필히 피해야 할일 약혼식 • 주식투자 • 신상출고 • 명품구입 • 교역 • 재물출납 • 입주 • 욕실 · 수도수리 • 우물파기

백초귀장술의 오늘에 초사언

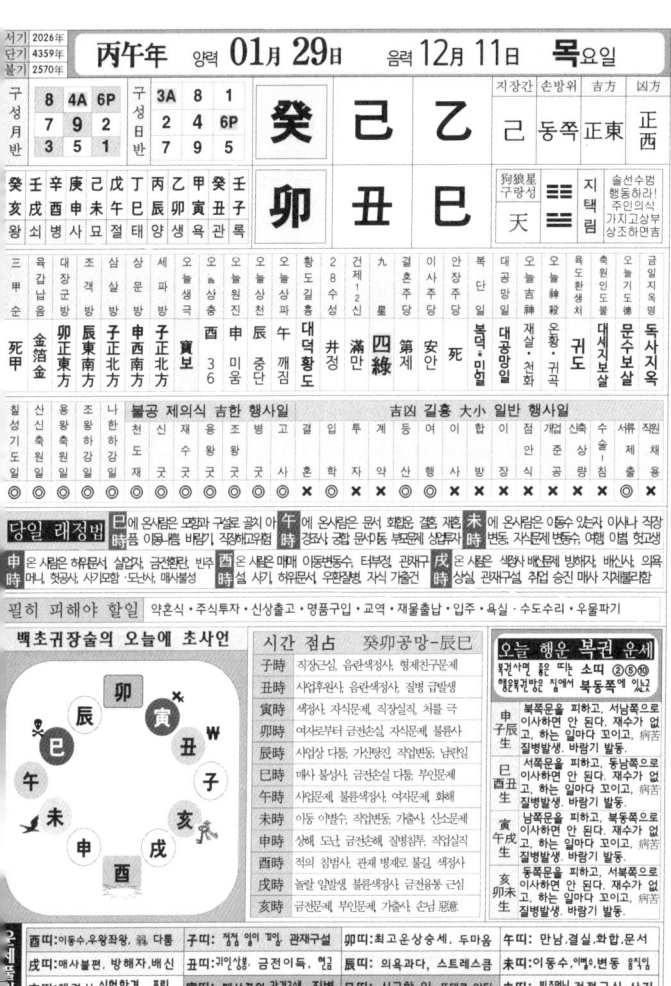

시간 점占	癸卯공망-辰巳
子時	직장근심, 음란색정사, 형제친구문제
丑時	사업후원사, 음란색정사, 질병 급발생
寅時	색정사, 자식문제, 직장실직, 처를 극
卯時	여자로부터 금전손실, 자식문제, 불륜사
辰時	사업상 다툼, 가산탕진, 직업변동, 남편일
巳時	매사 불성사, 금전손실 다툼, 부인문제
午時	사업문제, 불륜색정사, 여자문제, 화해
未時	이동 이별수, 직업변동, 가출사, 산소문제
申時	상해, 도난, 금전손해, 질병침투, 직업실직
酉時	적의 침범사, 관재 병재로 불길, 색정사
戌時	놀랄 일발생, 불륜색정사, 금전융통 근심
亥時	금전문제, 부인문제, 가출사, 손님 惡意

오늘 행운 복권 운세

복권사면 좋은 띠는 소띠 ②⑤⑩
행운복권방은 집에서 북동쪽에 있는곳

申子辰生	북쪽문을 피하고, 서남쪽으로 이사하면 안 된다. 재수가 없고, 하는 일마다 꼬이고, 病苦 질병발생. 바람기 발동.
巳酉丑生	서쪽문을 피하고, 동남쪽으로 이사하면 안 된다. 재수가 없고, 하는 일마다 꼬이고, 病苦 질병발생. 바람기 발동.
寅午戌生	남쪽문을 피하고, 북동쪽으로 이사하면 안 된다. 재수가 없고, 하는 일마다 꼬이고, 病苦 질병발생. 바람기 발동.
亥卯未生	동쪽문을 피하고, 서북쪽으로 이사하면 안 된다. 재수가 없고, 하는 일마다 꼬이고, 病苦 질병발생. 바람기 발동.

운세풀이

酉띠:이동수,우왕좌왕, 弱, 다툼	子띠: 점점 일이 꼬임, 관재구설	卯띠:최고운상승세, 두마음	午띠: 만남,결실,화합,문서
戌띠:매사불편, 방해자,배신	丑띠:귀인상봉, 금전이득, 현금	辰띠: 의욕과다, 스트레스큼	未띠:이동수,이별수,변동 움직임
亥띠:해결신,시험합격, 풀림	寅띠: 매사꼬임,과거고생, 질병	巳띠: 시급한 일, 뜻대로 안됨	申띠: 빈주머니,걱정근심,사기

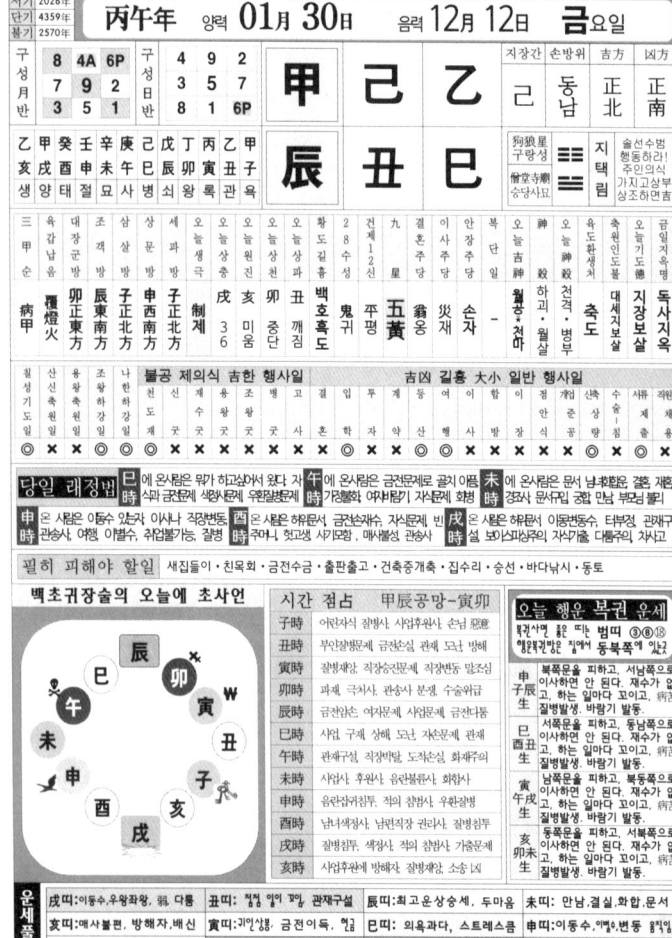

서기	2026年
단기	4359年
불기	2570年

丙午年 양력 01月 30日 음력 12月 12日 금요일

구성月반				구성日반			
	8	4A	6P		4	9	2
	7	9	2		3	5	7
	3	5	1		8	1	6P

年	月	日
甲	己	乙
辰	丑	巳

지장간	손방위	吉方	凶方
己	동남	正北	正南

乙	甲	癸	壬	辛	庚	己	戊	丁	丙	乙	甲
亥	戌	酉	申	未	午	巳	辰	卯	寅	丑	子
생	양	태	절	묘	사	병	쇠	왕	록	관	욕

狗狼星 구랑성 · 僧堂寺廟 승당사묘 · ☷☱ 지택림 · 솔선수범 행동하라! 주인의식 가지고상부상조하면吉

三甲순	육갑납음	대장군방	조객방	삼살방	상문방	세파방	오늘생극	오늘상충	오늘원진	오늘상천	오늘상파	황도길흉	28수성	건제12신	九星	결혼주당	이사주당	안장주당	복단일	오늘吉神	神殺	오늘神殺	육도환생처	축원인도불	오늘기도德	금일지옥명
病甲	覆燈火	卯正東方	辰東南方	子正北方	申西南方	子正北方	制제	戌 36	亥 미움	卯 중단	丑 깨짐	백호흑도	鬼귀	平평	五黃	翁옹	災재	손자	-	월공*천마	하괴·월살	천격·병부	축도	대세지보살	지장보살	독사지옥

					불공 제의식 吉한 행사일							吉凶 길흉 大小 일반 행사일														
칠성기도일	산신축원일	용왕축원일	조왕하강일	나한하강일	천도재	신굿	재수굿	용왕굿	조왕굿	병굿	고사	결혼	입학	투자	계약	동산	여행	이사	합방	이장	점안식	개업준공	신축상량	수술-침	서류제출	직원채용
◎	×	×	◎	◎	◎	×	×	×	×	×	×	×	◎	×	×	◎	◎	×	×	×	×	×	◎	×	◎	×

당일 래정법

巳時에 온사람은 뭔가 하고싶어서 왔다. 자식과 금전문제, 색정사문제, 우환질병문제

午時에 온사람은 금전문제로 골치 아픔. 가정불화, 여자바람기, 자식문제, 화병

未時에 온사람은 문서 남녀화합운, 결혼, 재혼, 경조사, 문서구입, 궁합, 만남, 부모님 불리

申時 온 사람은 이동수 있는자, 이사나 직장변동, 관송사, 여행, 이별수, 취업불가능, 질병

酉時 온 사람은 허위문서, 금전손재수, 자식문제, 빈주머니, 헛고생, 사기모함, 매사불성, 관송사

戌時 온 사람은 허위문서, 이동변동수, 터부정, 관재구설, 보이스피싱주의, 자식가출, 다툼주의, 차사고

필히 피해야 할일 새집들이 · 친목회 · 금전수금 · 출판출고 · 건축증개축 · 집수리 · 승선 · 바다낚시 · 동토

백초귀장술의 오늘에 초사언

시간 점占 甲辰공망-寅卯

子時	어린자식 질병사, 사업후원사, 손님 惡意
丑時	부인질병문제, 금전손실, 관재, 도난, 방해
寅時	질병재앙, 직장승진문제, 직장변동 말조심
卯時	파재, 극처사, 관송사 분쟁, 수술위급
辰時	금전암손, 여자문제, 사업문제, 금전다툼
巳時	사업, 구재, 상해, 도난, 자손문제, 관재
午時	관재구설, 직장박탈, 도적손실, 화재주의
未時	사업사, 후원사, 음란불륜사, 화합사
申時	음란잡귀침투, 적의 침범사, 우환질병
酉時	남녀색정사, 남편직장 권리사, 질병침투
戌時	질병침투, 색정사, 적의 침범사, 가출문제
亥時	사업후원에 방해자, 질병재앙, 소송 凶

오늘 행운 복권 운세

복권사면 좋은 띠는 **범띠** ③⑧⑱
행운복권방은 집에서 **동북쪽**에 있는곳

申子辰生	북쪽문을 피하고, 서남쪽으로 이사하면 안 된다. 재수가 없고, 하는 일마다 꼬이고, 病苦 질병발생. 바람기 발동.
巳酉丑生	서쪽문을 피하고, 동남쪽으로 이사하면 안 된다. 재수가 없고, 하는 일마다 꼬이고, 病苦 질병발생. 바람기 발동.
寅午戌生	남쪽문을 피하고, 북동쪽으로 이사하면 안 된다. 재수가 없고, 하는 일마다 꼬이고, 病苦 질병발생. 바람기 발동.
亥卯未生	동쪽문을 피하고, 서북쪽으로 이사하면 안 된다. 재수가 없고, 하는 일마다 꼬이고, 病苦 질병발생. 바람기 발동.

운세풀이

戌띠:이동수,우왕좌왕, 弱, 다툼	丑띠: 점점 일이 꼬임 관재구설	辰띠:최고운상승세, 두마음	未띠: 만남,결실,화합,문서
亥띠:매사불편, 방해자,배신	寅띠:귀인상봉, 금전이득, 현금	巳띠: 의욕과다, 스트레스큼	申띠:이동수,이별수,변동 움직임
子띠:해결신,시험합격, 풀림	卯띠: 매사꼬임,과거고생, 질병	午띠: 시급한 일, 뜻대로 안됨	酉띠: 빈주머니,걱정근심,사기

기 2026年	丙午年	양력 01月 31日	음력 12月 13日	토요일
기 4359年				
기 2570年				

구성월반				구성일반			
	8	4A	6P		5	1	3
	7	9	2		4	6	8
	3	5	1		9	2	7AP

시	일	월
乙	己	乙
巳	丑	巳

지장간	손방위	吉方	凶方
己	남쪽	正西	正東

狗狼星 구랑성		지택림	
天	☷☱		솔선수범 행동하라! 주인의식 가지고상부 상조하면吉

丁	丙	乙	甲	癸	壬	辛	庚	己	戊	丁	丙
亥	戌	酉	申	未	午	巳	辰	卯	寅	丑	子
사	묘	절	태	양	생	욕	관	록	왕	쇠	병

三甲순	육갑납음	대장군방	조객방	삼살방	상문방	세파방	오늘생극	오늘상충	오늘원진	오늘상천	오늘상파	황도길흉	28수성	건제12신	九星	결혼주당	이사주당	안장주당	복단일	오늘吉神	神殺	오늘神殺	육도환생처	축원인도불	오늘기도德	금일지옥명
病甲	覆燈火	卯正東方	辰東南方	子正北方	申西南方	子正北方	寶보	亥 36	戌 미움	寅 중단	申 깨짐	옥당황도	柳유	定정	六白	堂당	師사	남자	-	천덕합	삼합일	고초·구감	옥도	대세지보살	문수보살	독사지옥

칠성기도일	산신축원일	용왕축원일	조왕하강일	나한하강일	불공 제의식 吉한 행사일							吉凶 길흉 大小 일반 행사일														
					천도재	신굿	재수굿	용왕굿	조왕굿	병굿	고사	결혼	입학	투자	계약	등산	여행	이사	합방	이장	점안식	개업준공	신축상량	수술-침	서류제출	직원채용
◎	×	×	×	×	◎	◎	◎	◎	◎	◎	◎	◎	◎	◎	◎	◎	×	×	◎	×	◎	◎	◎	◎	◎	◎

당일 래정법

巳時 에 온사람은 금전구재, 두가지문제로 갈등사. 갖고싶은 욕구, 직장문제, 사업문제

午時 에 온사람은 의욕과다, 뭔가 하고싶어서 왔다 직장취업문제 금전문제 친정문제

未時 에 온사람은 골치 아픈일, 형제동업 죽음 바람기 불륜, 시비투쟁, 속정리

申時 온 사람은 형제, 문서, 화합운, 결혼, 재혼, 경조사, 애정사, 궁합, 만남, 개업, 하극상 배신, 우환질병

酉時 온 사람은 이동수 있는자, 가출, 이사나 직장변동, 사업체 변동수, 여행, 이별수, 관재구설

戌時 온 사람은 색정사문제, 금전손재수, 지금은 휴식기, 빈주머니, 헛 공사, 사기모함, 매사불성

필히 피해야 할일 화재주의 • 시험관시술 • 질병치료 • 인수인계 • 씨뿌리기 • 나무심기 • 애완견들이기 • 건축수리

백초귀장술의 오늘에 초사언

시간 점占	乙巳공망-寅卯
子時	윗사람 질병, 배신주의, 발탁방해, 고생
丑時	금전문제, 사업파재, 여자 도망, 삼각관계
寅時	파재, 상해, 도난, 극처사, 색정사, 변동
卯時	금전문제, 직장문제, 우환질병, 가출사
辰時	금전문제, 부인문제, 가출사, 수술유의
巳時	금전암손, 자식문제, 취직 실직문제
午時	화재, 관재구설, 남녀색정사, 자식문제
未時	금전융통, 여자문제, 가출방황, 백사불리
申時	사업후원사 발탁, 직장사, 당선 賞福 有
酉時	급병자발생, 관재구설, 음란 가출도주
戌時	금전문제, 부인문제, 이별사, 타인과 다툼
亥時	적의 침범사, 음란색정사, 부부이별, 이사

오늘 행운 복권 운세

복권사면 좋은 띠는 **토끼띠** ②⑧
행운복권방은 집에서 **동쪽**에 있는곳

申子辰生	북쪽문을 피하고, 서남쪽으로 이사하면 안 된다. 재수가 없고, 하는 일마다 꼬이고, 病苦 질병발생. 바람기 발동.
巳酉丑生	서쪽문을 피하고, 동남쪽으로 이사하면 안 된다. 재수가 없고, 하는 일마다 꼬이고, 病苦 질병발생. 바람기 발동.
寅午戌生	남쪽문을 피하고, 북동쪽으로 이사하면 안 된다. 재수가 없고, 하는 일마다 꼬이고, 病苦 질병발생. 바람기 발동.
亥卯未生	동쪽문을 피하고, 서북쪽으로 이사하면 안 된다. 재수가 없고, 하는 일마다 꼬이고, 病苦 질병발생. 바람기 발동.

운세풀이

亥띠:이동수,우왕좌왕, 弱, 다툼	寅띠: 점점 일이 꼬임, 관재구설	巳띠:최고운상승세, 두마음	申띠: 만남,결실,화합,문서
子띠:매사불편, 방해자,배신	卯띠:귀인상봉, 금전이득, 현금	午띠: 의욕과다, 스트레스큼	酉띠:이동수,이별수,변동 움직임
丑띠:해결신,시험합격, 풀림	辰띠: 매사꼬임,과거고생, 질병	未띠: 시급한 일, 뜻대로 안됨	戌띠: 빈주머니,걱정근심,사기

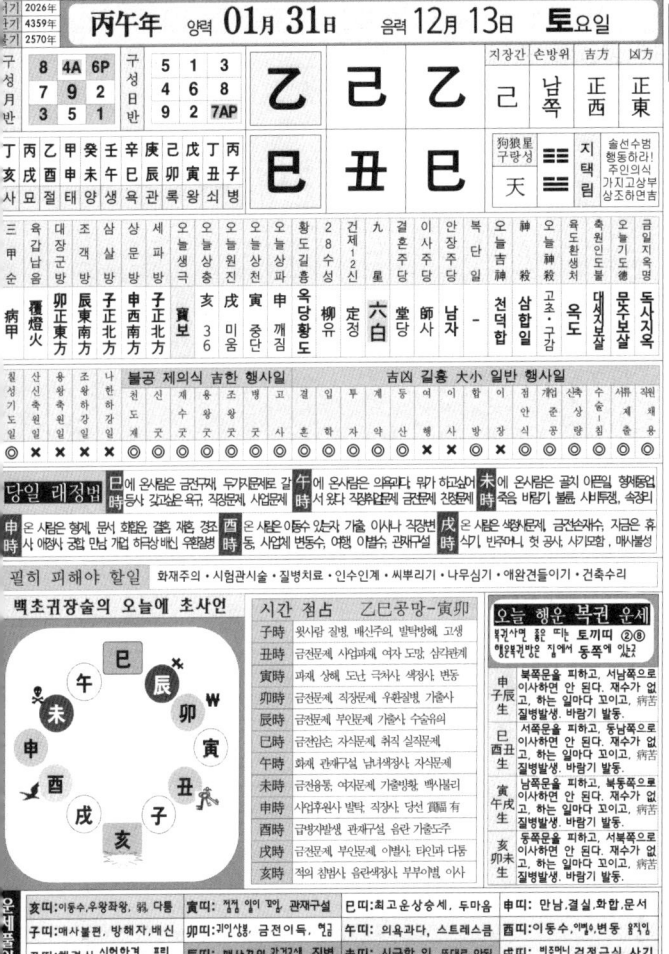

서기	2026年
단기	4359年
불기	2570年

丙午年 양력 02月 01日 음력 12月 14日 일요일

구성月반			구성日반		
8	4A	6P	6	2	4
7	9	2	5	7	9A
3	5	1	1	3P	8

己	戊	丁	丙	乙	甲	癸	壬	辛	庚	己	戊
亥	戌	酉	申	未	午	巳	辰	卯	寅	丑	子
절	묘	사	병	쇠	왕	록	관	욕	생	양	태

丙	己	乙
午	丑	巳

지장간	손방위	吉方	凶方
己	남서	正南	正北

狗狼星 구랑성	괘	뇌산소과	
天	☳☶		재앙 위험 이별 고난 의 시기! 가까운이 반목생김

三甲순	육갑납음	대장군방	조객방	삼살방	상문방	세파방	오늘생극	오늘상충	오늘원진	오늘상천	오늘상파	황도길흉	28수성	건제12신	九星	결혼주당	이사주당	안장주당	복단일	오늘吉神	오늘吉神	오늘神殺	육도환생처	축원인도불	오늘기도德	금일지옥명
病甲	天河水	卯正東方	辰東南方	子正北方	申西南方	子正北方	專전	子 36	丑 미움	丑 중단	卯 깨짐	천뇌흑도	星성	執집	七赤	姑고	富부	아버지	월기일	경안*해신	월해·독화	검봉·지격	불도	노사나불	약사보살	추해지옥

칠성기도일	산신축원일	용왕축원일	조왕하강일	나한하강일	불공 제의식 吉한 행사일							吉凶 길흉 大小 일반 행사일														
					천도재	신굿	재수굿	용왕굿	조왕굿	병굿	고사	결혼	입학	투자	계약	등산	여행	이사	합방	이장	점안식	개업준공	신축상량	수술·침	서류제출	직원채용
◎	◎	×	◎	◎	◎	◎	◎	×	◎	◎	◎	×	◎	×	×	◎	◎	×	×	×	◎	◎	×	◎	×	×

당일 래정법

巳時 에 온사람은 취업문제, 재수가 없고 운이 단단히 꼬여있음, 우환질병 손재수

午時 에 온사람은 금전문제 두문제로 갈등사 갖고싶은 욕구, 직장문제, 상업문제

未時 에 온사람은 의욕과다 뭐가 하고싶어서 왔다 직장상사괴롭힘 사표문제

申時 온 사람은 골치 아픈일 친구나 형제동업 죽음 배우자바람기, 불륜, 관재구설 속 정리해야함

酉時 온 사람은 문서구입 화합운 결혼 경조사 관직취업건 개업 때 아님 하극상 배신 경쟁사로 몰변

戌時 온 사람은 이동수 있는자 가출 이사 직장변동, 점포 변동수, 여자문제 투자문서는 위험 이별수

필히 피해야 할일

홍보광고 • 소장제출 • 인허가신청 • 정보유출 • 건축증개축 • 기둥세우기 • 항공주의 • 씨뿌리기

백초귀장술의 오늘에 초사언

시간 점占 丙午공망-寅卯

子時	유아질병 위급, 처를 극, 남녀쟁투
丑時	자손문제, 실직문제, 연애배신사, 모함
寅時	사업손재, 후원사, 불륜사, 직장변동
卯時	남녀색정사, 사업금전문제, 가출사
辰時	자손문제, 실직문제, 남녀색정사, 가출사
巳時	질병재앙, 구재이득, 수술유의, 과이사발생
午時	금전손실 다툼, 여자문제, 극처사, 항송사
未時	자손문제, 금전융통, 죄 사면, 여행불길
申時	매사 불성사, 도망은 吉, 도적손실, 재액
酉時	관직 발탁사, 금전문제, 극처사, 함정주의
戌時	가출건, 급병자, 자식문제, 산소탈 ⊗
亥時	자초고생, 매사불길, 도난, 파재, 다툼

오늘 행운 복권 운세

복권사면 좋은 띠는 용띠 ⑤⑩⑳
행운복권방은 집에서 동남쪽에 있다

申子辰生	북쪽문을 피하고, 서남쪽으로 이사하면 안 된다. 재수가 없고, 하는 일마다 꼬이고, 病苦 질병발생. 바람기 발동.
巳酉丑生	서쪽문을 피하고, 동남쪽으로 이사하면 안 된다. 재수가 없고, 하는 일마다 꼬이고, 病苦 질병발생. 바람기 발동.
寅午戌生	남쪽문을 피하고, 북동쪽으로 이사하면 안 된다. 재수가 없고, 하는 일마다 꼬이고, 病苦 질병발생. 바람기 발동.
亥卯未生	동쪽문을 피하고, 서북쪽으로 이사하면 안 된다. 재수가 없고, 하는 일마다 꼬이고, 病苦 질병발생. 바람기 발동.

운세풀이

子띠:이동수,우왕좌왕, [illegible] 다툼	卯띠: 점점 일이 꼬임, 관재구설	午띠:최고운상승세, 두마음	酉띠: 만남,결실,화합,문서
丑띠:매사불편, 방해자,배신	辰띠:귀인상봉, 금전이득, 현금	未띠: 의욕과다, 스트레스큼	戌띠:이동수,이별수,변동 움직임
寅띠:해결신,시험합격, 풀림	巳띠: 매사꼬임,과거고생, 질병	申띠: 시급한 일, 뜻대로 안됨	亥띠: 빈주머니,걱정근심,사기

서기	2026年
단기	4359年
불기	2570年

丙午年 양력 02月 02日 음력 12月 15日 월요일

구성月반				구성日반			
	8	4A	6P		7	3	5
	7	9	2		6	8	1
	3	5	1		2AP	4	9

丁	己	乙
未	丑	巳

지장간	손방위	吉方	凶方
己	서쪽	正東	正西

狗狼星 구랑성 / 僧堂 城隍社廟	☳ ☶	뇌산소과	재앙 위험 이별 고난의 시기! 가까운이 반목생김

辛	庚	己	戊	丁	丙	乙	甲	癸	壬	辛	庚
亥	戌	酉	申	未	午	巳	辰	卯	寅	丑	子
태	양	생	욕	관	록	왕	쇠	병	사	묘	절

三甲순	육갑납음	대장군방	조객방	삼살방	상문방	세파방	오늘생극	오늘상충	오늘원진	오늘상천	오늘상파	황도길흉	28수성	건제12신	九星	결혼주당	이사주당	안장주당	오늘吉神	오늘吉神	神殺	오늘神殺	육도환생처	축원인도불	오늘기도德	금일지옥명
病甲	天河水	卯正東方	辰東南方	子正北方	申西南方	子正北方	寶보	丑 36	子 미움	子 중단	戌 깨짐	현무흑도	張장	破파	八白	夫부	殺살	손님	-	신후*보호	월파일	월염·상문	불도	노사나불	대세지보살	추해지옥

칠성기도일	산신축원일	용왕축원일	조왕하강일	나한하강일	천도재	신굿	재수굿	용왕굿	조왕굿	병굿	고사	결혼	입학	투자	계약	등산	여행	이사	합방	이장	점안식	개업준공	신축상량	수술·침	서류제출	직원채용
					불공 제의식 吉한 행사일							吉凶 길흉 大小 일반 행사일														
◎	◎	×	×	×	×	×	×	×	×	×	×	×	×	×	×	×	×	×	×	×	×	×	×	×	×	×

당일 래정법

巳時에 온사람은 금전문제, 사업문제, 금전구재건, 관직취직사, 속전속결이 유리

午時에 온사람 건강문제, 관재구설로 운이 단단히 꼬여있음, 친정문제 손재수

未時에 온사람 금전구재, 결혼선택여부, 사업자금투자건, 직장변동, 이동수

申時 온 사람은 뭔가 하고싶어서 왔다. 직장취업문제, 친구형제간 배신과 암해, 관재 관송사, 남자문제

酉時 온 사람은 자식문제 골치 아픈일, 형제동업, 바람기, 불륜, 시비투쟁, 급속정리해야함, 청춘귀

戌時 온 사람은 형제, 문서문제, 자식 화합운, 결혼, 재혼 경조사, 애정사, 궁합, 관직취업문제, 하극상배신

필히 피해야 할일 이날은 흑도와 월파일에 월염, 대모, 상문 등 신살에 해당되어 매사 해롭고 불리한 날.

백초귀장술의 오늘에 초사언

시간 점占	丁未공망-寅卯
子時	남녀색정사, 금전손해 실물수, 도난 간음
丑時	적의 침범사, 질병재앙, 자손상해, 가출
寅時	자손문제, 실직문제, 사업문제, 색정사
卯時	금전손실, 윗사람 질병위급, 색정음란사
辰時	자식문제, 직장문제, 손님 惡意, 불륜배신
巳時	가출사, 파재, 극처사, 관송사 분쟁
午時	화합애정불리, 금전융통, 직장변동, 도난
未時	금전의 암손, 여자문제, 우환질병, 가출
申時	파재, 상해, 도난, 극처사, 직장이동이 吉
酉時	매사불성사, 금전손실, 음 여인함정 관재
戌時	자식문제, 남편피해, 음란색정사, 도망
亥時	관청권리 상해, 재해도난사건, 과이사발생

오늘 행운 복권 운세

복권사면 좋은 띠는 뱀띠 ⑦⑰27
행운복권방은 집에서 남동쪽에 있는곳

申子辰生	북쪽문을 피하고, 서남쪽으로 이사하면 안 된다. 재수가 없고, 하는 일마다 꼬이고, 病苦 질병발생. 바람기 발동.
巳酉丑生	서쪽문을 피하고, 동남쪽으로 이사하면 안 된다. 재수가 없고, 하는 일마다 꼬이고, 病苦 질병발생. 바람기 발동.
寅午戌生	남쪽문을 피하고, 북동쪽으로 이사하면 안 된다. 재수가 없고, 하는 일마다 꼬이고, 病苦 질병발생. 바람기 발동.
亥卯未生	동쪽문을 피하고, 서북쪽으로 이사하면 안 된다. 재수가 없고, 하는 일마다 꼬이고, 病苦 질병발생. 바람기 발동.

운세풀이

丑띠:이동수,우왕좌왕, 弱 다툼	辰띠: 점점 일이 꼬임, 관재구설	未띠:최고운상승세, 두마음	戌띠: 만남,결실,화합,문서
寅띠:매사불편, 방해자,배신	巳띠:귀인상봉, 금전이득, 현금	申띠: 의욕과다, 스트레스큼	亥띠:이동수,이별수,변동 움직임
卯띠:해결신,시험합격, 풀림	午띠: 매사꼬임,과거고생, 질병	酉띠: 시급한 일, 뜻대로 안됨	子띠: 빈주머니,걱정근심,사기

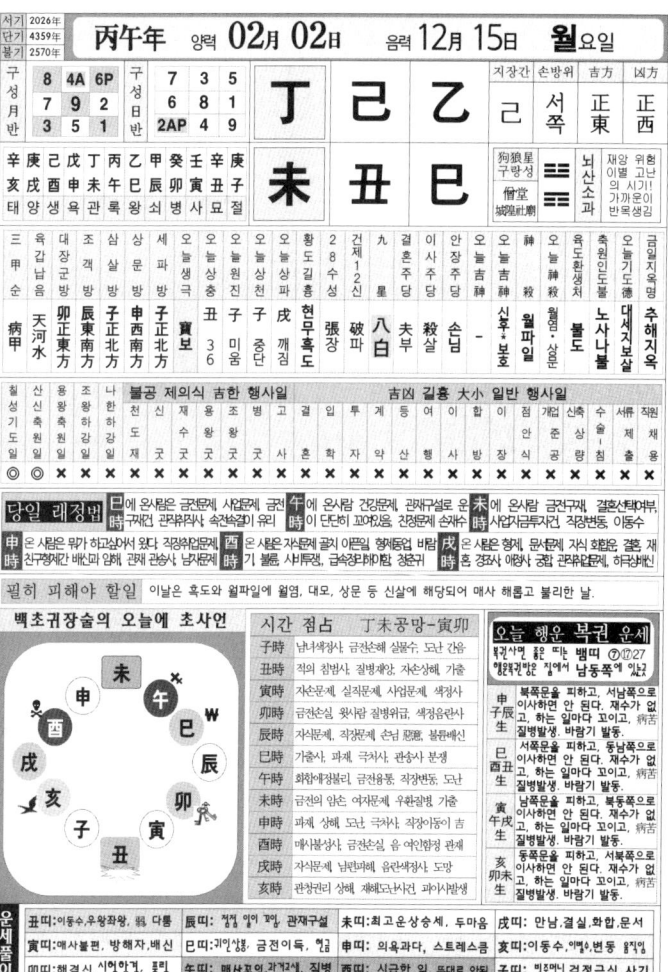

서기	2026年
단기	4359年
불기	2570年

丙午年 양력 02月 03日 음력 12月 16日 화요일

구성月반				구성日반			
	8	4A	6P		8	4A	6
	7	9	2		7	9	2
	3	5	1		3P	5	1

時	日	月	年
戊	己	乙	
申	丑	巳	

지장간	손방위	吉方	凶方
己	서북	正北	正南

狗狼星 구랑성	中庭廳 관청마당	뇌산소과	재앙 위험 이별 고난의 시기! 가까운이 반목생김

癸	壬	辛	庚	己	戊	丁	丙	乙	甲	癸	壬
亥	戌	酉	申	未	午	巳	辰	卯	寅	丑	子
절	묘	사	병	쇠	왕	록	관	욕	생	양	태

三甲순	육갑납음	대장군방	조객방	삼살방	상문방	세파방	오늘생극	오늘상충	오늘원진	오늘상천	오늘상파	황도길흉
病甲	大驛土	卯正東方	辰東南方	子正北方	申西南方	子正北方	寶보	寅 36	卯 미움	亥 중단	巳 깨짐	사명황도

28수성	건제12신	九星	결혼주당	이사주당	안장주당	복단일	神殺	神殺	오늘神殺	육도환생처	축원인도불	오늘기도德	금일지옥명
翼익	危위	九紫	廚주	害해	며느리	오부길일	양덕*복생	-	유화·토금	인도	노사나불	아미보살	추해지옥

칠성기도일	산신축원일	용왕축원일	조왕하강일	나한하강일	천도재	신굿	재수굿	용왕굿	조왕굿	병굿	고사
◎	×	×	◎	◎	◎	◎	◎	◎	◎	◎	◎

불공 제의식 吉한 행사일 (천도재 ~ 고사)

吉凶 길흉 大小 일반 행사일

결혼	입학	투자	계약	등산	여행	이사	합방	이장	점안식	개업준공	신축상량	수술-침	서류제출	직원채용
◎	◎	×	×	◎	◎	×	×	×	◎	◎	×	×	◎	-

당일 래정법

巳時 에 온사람은 관송사로 손재수 발생, 금전구재건, 색정사, 배신당함, 매사불성

午時 에 온사람은 금전문제, 사업문제, 친정부모문제, 관직취직사, 속전속결이 유리

未時 에 온사람 남편문제, 직장문제, 운이 단단히 꼬여있음, 매사 지체불리, 손재수

申時 온 사람은 금전문제, 관직취직사, 자식의 사업문제, 망신수, 친정 후원사는 불리, 사고조심

酉時 온 사람은 의욕과다. 뭐가 하고싶어서 왔다. 새사업 추진여부 문제, 친구형제간 시비, 자식문제

戌時 온 사람은 금전손실, 직장취업, 형제동업, 자식문제, 매사불리 지체됨, 바람기, 불륜, 고아사발생

필히 피해야 할일 성형수술 • 농기구 다루기 • 승선 • 낚시 • 어로작업 • 위험놀이기구 • 흙 다루고 땅 파는 일

백초귀장술의 오늘에 초사언

시간 점占 戊申공망-寅卯

子時	금전융통, 부인침해, 태아령 천도요망
丑時	사기도난, 파재, 손실사, 색정사, 각방
寅時	파재, 관재, 적 침범사, 부부이심, 터부정
卯時	재물손실, 부인일, 관재, 실수 탄로 음모
辰時	자손 시험합격, 불륜사, 형제 친구 배신
巳時	관청근심, 우환질병, 불륜색정사, 관재
午時	질병재앙, 적 침범사, 극처사, 가출문제
未時	病환자, 금전손실, 극처사, 친족불화
申時	금전암손, 부인문제, 자손문제, 우환질병
酉時	자식문제, 실직문제, 남녀색정사, 음인함정
戌時	매사 지체, 기능마비, 산소문제, 기도
亥時	사업사, 재물손실, 부인일, 질병재앙

오늘 행운 복권 운세

복권사면 좋은 띠는 말띠 ⑤⑦22
행운복권방은 집에서 남쪽에 있는곳

申子辰生	북쪽문을 피하고, 서남쪽으로 이사하면 안 된다. 재수가 없고, 하는 일마다 꼬이고, 病苦질병발생. 바람기 발동.
巳酉丑生	서쪽문을 피하고, 동남쪽으로 이사하면 안 된다. 재수가 없고, 하는 일마다 꼬이고, 病苦질병발생. 바람기 발동.
寅午戌生	남쪽문을 피하고, 북동쪽으로 이사하면 안 된다. 재수가 없고, 하는 일마다 꼬이고, 病苦질병발생. 바람기 발동.
亥卯未生	동쪽문을 피하고, 서북쪽으로 이사하면 안 된다. 재수가 없고, 하는 일마다 꼬이고, 病苦질병발생. 바람기 발동.

운세풀이

寅띠:이동수,우왕좌왕, 불화 다툼	巳띠: 점점 일이 꼬임, 관재구설	申띠:최고운상승세, 두마음	亥띠: 만남,결실,화합,문서
卯띠:매사불편, 방해자,배신	午띠: 귀인상봉, 금전이득, 현금	酉띠: 의욕과다, 스트레스큼	子띠:이동수,이별수,변동 움직임
辰띠:해결신,시험합격, 풀림	未띠: 매사꼬임,과거고생, 질병	戌띠: 시급한 일, 뜻대로 안됨	丑띠: 빈주머니,걱정근심,사기

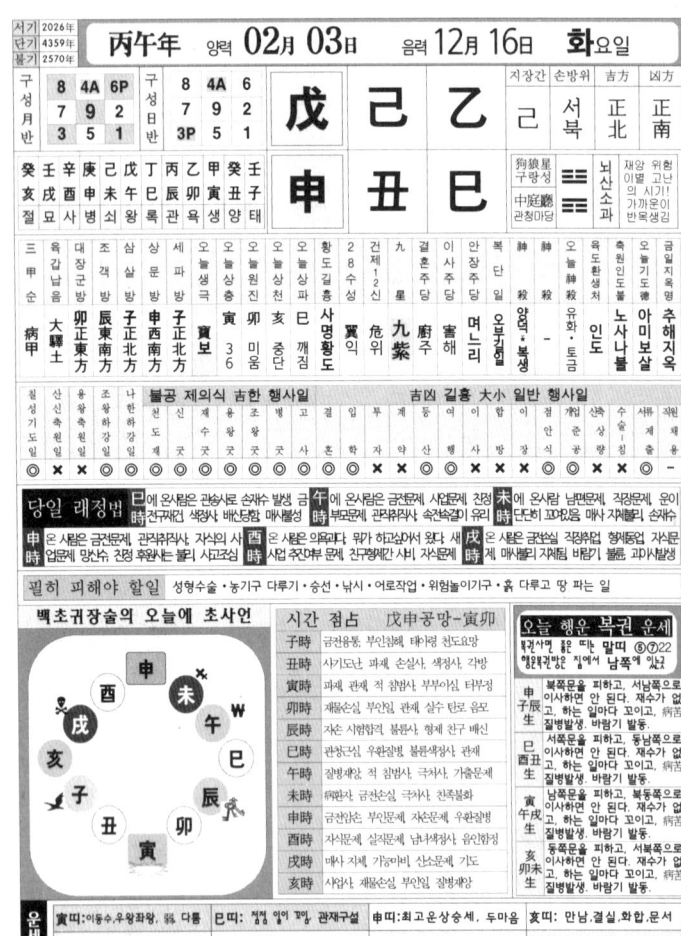

서기 2026年	단기 4359年	불기 2570年

丙午年 양력 02月 04日 음력12月 17日 수요일

입춘 立春 05 時 02分 入

구성월반		
7	3	5P
6	8	1
2A	4	9

구성일반		
9	5	7
8P	1	3
4	6A	2

己	庚	丙
酉	寅	午

지장간	손방위	吉方	凶方
戊	북쪽	正西	正東

狗狼星 구랑성 / 寺觀社廟 사관사묘	뇌산소과	재앙 위험 이별 고난 의 시기! 가까운이 반목생김

乙	甲	癸	壬	辛	庚	己	戊	丁	丙	乙	甲
亥	戌	酉	申	未	午	巳	辰	卯	寅	丑	子
태	양	생	욕	관	록	왕	쇠	병	사	묘	절

三甲순	육갑납음	대장군방	조객방	삼살방	상문방	세파방	오늘생극	오늘상충	오늘원진	오늘상천	오늘상파	황도길흉	28수성	건제12신	九星	결혼주당	이사주당	안장주당	복단일	오늘吉神	神殺	오늘神殺	육도환생처	축원인도불	오늘기도德	금일지옥명
死甲	大驛土	卯正東方	辰東南方	子正北方	申西南方	子正北方	寶보	卯 36	寅 미움	戌 중단	子 깨짐	현무흑도	軫진	危위	一白	婦부	天천	어머니	-	음덕*복생	홍사·오허	귀곡·검봉	귀도	노사나불	관음보살	추해지옥

칠성기도일	산신축원일	용왕축원일	조왕하강일	나한하강일	불공 제의식 吉한 행사일 천도재	신굿	재수굿	용왕굿	조왕굿	병굿	고사	吉凶 길흉 大小 일반 행사일 결혼	입학	투자	계약	등산	여행	이사	합방	이장	점안식	개업준공	신축상량	수술-침	서류제출	직원채용
◎	◎	×	◎	◎	◎	◎	◎	×	◎	◎	◎	×	◎	×	×	◎	◎	×	×	×	◎	×	×	×	◎	×

당일 래정법

巳時 에 온사람은 허가 해결할 문제, 합격여부, 동업투자여부, 형제문제, 재혼은 굳
午時 에 온사람은 자식문제, 형제문제, 색정사로 다툼, 여자로 큰 손실, 매사불성사
未時 에 온사람 금전문제, 사업문제, 딸자식문제, 관직취직사, 속전속결이 유리
申時 온 사람은 건강문제, 관재구설로 운이 단단히 꼬여있음, 취업 승진문제, 남자문제, 손재수
酉時 온 사람은 두가지 문제 갈등사, 하극상 손윗사람 배신, 새로운 일시작 진행함이 좋다. 우환질병
戌時 온 사람은 의욕과다, 뭐가 하고싶어서 왔다. 직장 취업문제, 친구 형제에게 손실 배신 당할 수.

필히 피해야 할일

농기구 다루기・출장・벌목・사냥・수렵・승선・낚시・어로작업・요트타기・위험놀이기구

백초귀장술의 오늘에 초사언

시간 점占	己酉공망-寅卯
子時	파재, 극처사, 사업홍성, 개혁유리, 가출
丑時	형제 친구이별, 가출건, 손재수, 다툼, 도난
寅時	사기도난, 파재, 손실사, 가출사, 남편일
卯時	실직, 파재, 관재, 적 침범사, 가출문제
辰時	금전융통, 형제사매건, 재해도난, 부부이별
巳時	질병재앙, 사업후원사, 금전손실, 색정사
午時	매사 불성, 남녀 색정사, 뜻대로 이동안됨
未時	형제친구문제, 구재이득, 수술유의, 원귀
申時	자손문제, 실직사, 처를 극, 실수 탄로
酉時	금전 암손, 부인문제, 우환질병, 색정사
戌時	재물손실, 우환질병, 부부변심, 삼각관계
亥時	가내재앙불리, 가출사, 이동여행 금물

오늘 행운 복권 운세

복권사면 좋은 띠는 양띠 ⑤⑩25
행운복권방은 집에서 남서쪽에 있는곳

申子辰生	북쪽문을 피하고, 서남쪽으로 이사하면 안 된다. 재수가 없고, 하는 일마다 꼬이고, 病苦 질병발생. 바람기 발동.
巳酉丑生	서쪽문을 피하고, 동남쪽으로 이사하면 안 된다. 재수가 없고, 하는 일마다 꼬이고, 病苦 질병발생. 바람기 발동.
寅午戌生	남쪽문을 피하고, 북동쪽으로 이사하면 안 된다. 재수가 없고, 하는 일마다 꼬이고, 病苦 질병발생. 바람기 발동.
亥卯未生	동쪽문을 피하고, 서북쪽으로 이사하면 안 된다. 재수가 없고, 하는 일마다 꼬이고, 病苦 질병발생. 바람기 발동.

운세풀이

卯띠:이동수,우왕좌왕, 弱 다툼	午띠: 점점 일이 꼬임, 관재구설	酉띠:최고운상승세, 두마음	子띠: 만남,결실,화합,문서
辰띠:매사불편, 방해자,배신	未띠: 귀인상봉, 금전어득, 현금	戌띠: 의욕과다, 스트레스큼	丑띠:이동수,이별수,변동 움직임
巳띠:해결신,시험합격, 풀림	申띠: 매사꼬임,과거고생, 질병	亥띠: 시급한 일, 뜻대로 안됨	寅띠: 빈주머니,걱정근심,사기

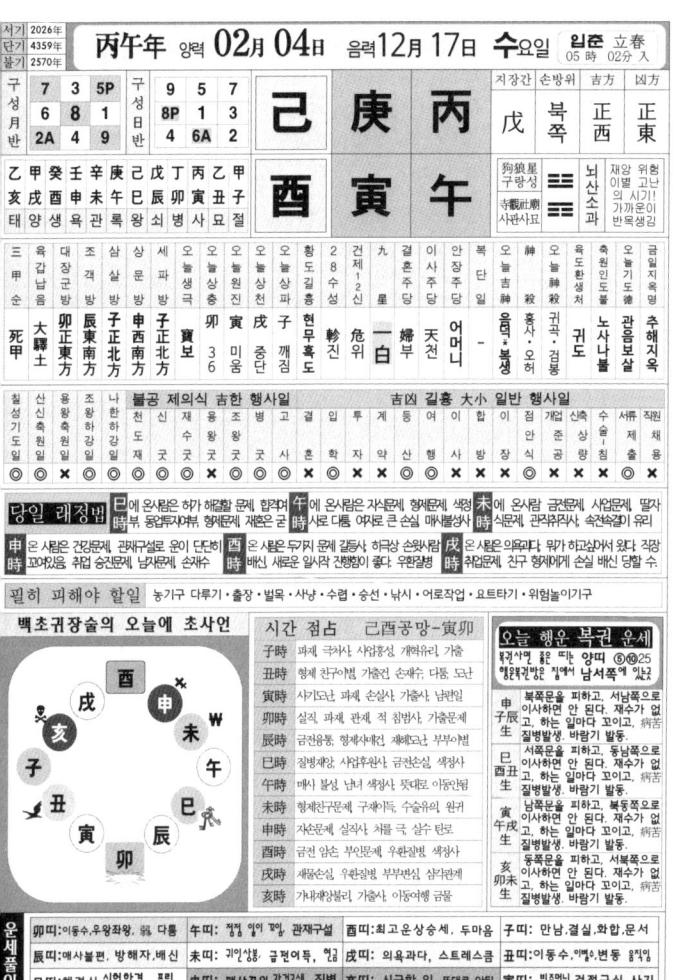

서기	2026年
단기	4359年
불기	2570年

丙午年 양력 02月 05日 음력 12月 18日 목요일

구성月반				구성日반			
	7	3	5P		1P	6	8A
	6	8	1		9	2	4
	2A	4	9		5	7	3

庚	庚	丙
戊	寅	午

지장간	손방위	吉方	凶方
戊	북동	正南	正北

狗狼星 구랑성	☳☳	산수몽	운세 미약 타인 의지 학문에 吉 과감 추진 송사는불리
社廟 사당묘	☵☶		

丁	丙	乙	甲	癸	壬	辛	庚	己	戊	丁	丙
亥	戌	酉	申	未	午	巳	辰	卯	寅	丑	子
병	쇠	왕	록	관	욕	생	양	태	절	묘	사

三甲순	육갑납음	대장군방	조객방	삼살방	상문방	세파방	오늘생극	오늘상충	오늘원진	오늘상천	오늘상파	황도길흉	28수성	건제12신	九星	결혼주당	이사주당	안장주당	오늘吉神	오늘吉神	神殺	오늘神殺	육도환생처	축원인도불	오늘기도德	금일지옥명
死甲	鎈釧金	卯正東方	辰東南方	子正北方	申西南方	子正北方	義의	辰 36	巳 미움	酉 중단	未 깨짐	사명황도	角각	成성	二黑	竈조	利이	여자	삼합일	양덕*천은	수사일	지화·태허	축도	노사나불	미륵보살	추해지옥

칠성기도일	산신축원일	용왕축원일	조왕하강일	나한하강일	불공 제의식 吉한 행사일: 천도재	신굿	재수굿	용왕굿	조왕굿	병굿	고사	吉凶 길흉 大小 일반 행사일: 결혼	입학	투자	계약	등산	여행	이사	합방	이장	점안식	개업준공	신축상량	수술-침	서류제출	직원채용
×	◎	×	×	◎	◎	◎	◎	◎	◎	◎	◎	◎	◎	×	◎	◎	◎	×	◎	×	◎	◎	-	◎	◎	◎

당일 래정법

巳時에 온사람은 새사업에 방해자, 배신사, 취업불리, 색정사, 창업은 훼방꾼

午時에 온사람은 취직 해결할 문제, 합격여부, 금전투자여부, 자식문제, 직장문제

未時에 온사람 형제와 친구가 훼방, 금전구재건, 관재구설로 다툼, 매사불성사

申時온 사람은 금전문제, 사업문제, 관직취직사, 관재로 얽히게 됨, 자식으로 인해 큰 지출.

酉時온 사람은 관송사 색정사로 운이 단단히 꼬여있음, 취업 승진문제, 자식문제, 손재수 불리

戌時온 사람은 두가지 문제 갈등사, 토지문서거래건 금전투자여부, 자식문제, 새로운 일시작 진행함

필히 피해야 할일 소장제출 • 항소 • 손님초대 • 神物,佛象안치 • 싱크대교체 • 주방고치기 • 지붕덮기

백초귀장술의 오늘에 초사언

시간 점占 庚戌공망-寅卯

子時	금전 암손, 부인문제, 우환질병, 객 惡意
丑時	사업, 구재이득, 부부화합사, 당선 합격
寅時	재물손실, 금전융통, 가출사, 색정이별
卯時	재물손실, 극처사, 남녀색정사, 삼각관계
辰時	사업후원 도주, 적의 침범사, 재물손실
巳時	질병재앙, 관재구설, 도망, 망신실수탄로
午時	질병재앙, 관재구설, 남편 직업문제, 가출
未時	관청근심, 사업실패, 삼각관계, 가출문제
申時	입상명예문제, 금전문제, 가출자, 원행
酉時	손해사발생, 여자나 아이재앙, 함정피해
戌時	금전 암손, 파업문제, 가출문제, 색정사
亥時	금전무리투자, 도난, 파재, 처를 극함

오늘 행운 복권 운세

복권사면 좋은 때는 원숭띠 ⑨19, 29
행운복권방은 집에서 서남쪽에 있는곳

申子辰生	북쪽문을 피하고, 서남쪽으로 이사하면 안 된다. 재수가 없고, 하는 일마다 꼬이고, 病苦 질병발생. 바람기 발동.
巳酉丑生	서쪽문을 피하고, 동남쪽으로 이사하면 안 된다. 재수가 없고, 하는 일마다 꼬이고, 病苦 질병발생. 바람기 발동.
寅午戌生	남쪽문을 피하고, 북동쪽으로 이사하면 안 된다. 재수가 없고, 하는 일마다 꼬이고, 病苦 질병발생. 바람기 발동.
亥卯未生	동쪽문을 피하고, 서북쪽으로 이사하면 안 된다. 재수가 없고, 하는 일마다 꼬이고, 病苦 질병발생. 바람기 발동.

운세풀이

辰띠:이동수,우왕좌왕, 弱 다툼	未띠: 점점 일이 꼬임, 관재구설	戌띠:최고운상승세, 두마음	丑띠: 만남,결실,화합,문서
巳띠:매사불편, 방해자,배신	申띠: 귀인상봉, 금전이득, 현금	亥띠: 의욕과다, 스트레스큼	寅띠:이동수,이별수,변동 움직임
午띠:해결신,시험합격, 풀림	酉띠: 매사꼬임,과거고생, 질병	子띠: 시급한 일, 뜻대로 안됨	卯띠: 빈주머니,걱정근심,사기

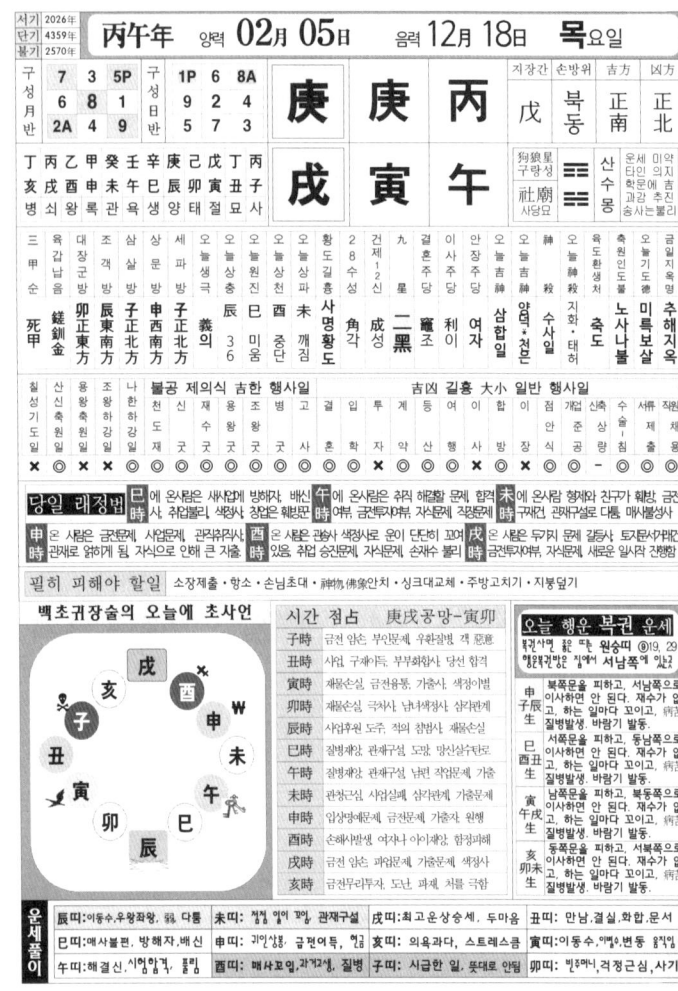

서기	2026年
단기	4359年
불기	2570年

丙午年 양력 02月 06日 음력 12月 19日 금요일

구성월반				구성일반			
	7	3	5P		2P	7	9
	6	8	1		1A	3	5
	2A	4	9		6	8	4

辛	庚	丙
亥	寅	午

지장간	손방위	吉方	凶方
戊	無	正東	正西

狗狼星 구랑성	寺觀 절사관	☵☶ 산수몽	운세 미약 타인 의지 학문에 吉 과감 추진 송사는불리

己亥	戊戌	丁酉	丙申	乙未	甲午	癸巳	壬辰	辛卯	庚寅	己丑	戊子
욕	관	록	왕	쇠	병	사	묘	절	태	양	생

三甲순	육갑납음	대장군방	조객방	삼살방	상문방	세파방	오늘생극	오늘상충	오늘원진	오늘상천	오늘상파	황도길흉	28수성	건제12신	九星	결혼주당	이사주당	안장주당	복단일	오늘吉神	神殺	오늘神殺	육도환생처	축원인도불	오늘기도德	금일지옥명
死甲	鏟釧金	卯正東方	辰東南方	子正北方	申西南方	子正北方	寶보	巳 36	辰 미움	申 중단	寅 깨짐	구진흑도	亢항	收수	三碧	第제	安안	死	양공기일	육합*모창	하괴·지파	토금·겁살	옥도	노사나불	여래보살	추해지옥

칠성기도일	산신축원일	용왕축원일	조왕하강일	나한하강일	천도재	신굿	재수굿	용왕굿	조왕굿	병굿	고사	결혼	입학	투자	계약	등산	여행	이사	합방	이장	점안식	개업준공	신축상량	수술-침	서류제출	직원채용
×	◎	-	◎	◎	◎	◎	◎	◎	◎	◎	◎	×	-	×	×	◎	◎	◎	×	×	◎	◎	◎	×	◎	◎

(불공 제의식 吉한 행사일: 천도재 ~ 고사 / 吉凶 길흉 大小 일반 행사일: 결혼 ~ 직원채용)

당일 래정법

巳時에 온사람은 형제 자식문제, 직장변동수, 터부정 관재구설 동업다툼 범칼주의

午時에 온사람은 집안우환질병 망신살 방해자, 배신사, 매사 지체불리함 모함

未時에 온사람 금전문제, 허가 해결할 문제, 주식투자여부, 직장문제, 매매건

申時 온 사람은 자식문제, 직장실직문제, 취업시험 불리, 색정사, 억울한 일, 파재, 매사불성사

酉時 온 사람은 금전문제, 사업문제, 관직취직사, 관재로 얽히게 됨, 속전속결 유리, 남편지출

戌時 온 사람은 건강문제, 친정문제, 도장잘못 찍어 관재구설로 꼬여있음 자식문제 손재수, 헛수고

필히 피해야 할일 장 담그기 · 신상출고 · 제품제작 · 친구초대 · 문 만들기 · 관정, 우물파기 · 어로작업

백초귀장술의 오늘에 초사언

시간 점占 辛亥공망-寅卯

子時	자식문제, 실직사, 음란색정사, 가출사
丑時	적의 침범사, 질병위급, 삼각관계
寅時	재물손실, 부인문제, 관직변동, 간사 情夫
卯時	금전융통문제, 손재수, 이동사, 낭비도난
辰時	재물손실, 질병재발, 여행금물, 다툼
巳時	이동사, 삼각 색정사, 우환질병, 터부정
午時	질병재앙, 관재구설, 도망, 망신살수탄로
未時	사업후원문제, 구재이득, 문제 자연해소
申時	재물손실, 우환질병, 극처사, 색정사, 가출
酉時	직장 취업 승진, 가출사, 질병, 삼각관계
戌時	자살귀 침범, 극처사, 질병고통, 수술유의
亥時	금전배신, 여자문제, 자식사, 매사 막힘

오늘 행운 복권 운세

복권사면 좋은 띠는 **닭띠** ④⑨ 24,
행운복권방은 집에서 **서쪽**에 있는곳

申子辰生	북쪽문을 피하고, 서남쪽으로 이사하면 안 된다. 재수가 없고, 하는 일마다 꼬이고, 病苦 질병발생. 바람기 발동.
巳酉丑生	서쪽문을 피하고, 동남쪽으로 이사하면 안 된다. 재수가 없고, 하는 일마다 꼬이고, 病苦 질병발생. 바람기 발동.
寅午戌生	남쪽문을 피하고, 북동쪽으로 이사하면 안 된다. 재수가 없고, 하는 일마다 꼬이고, 病苦 질병발생. 바람기 발동.
亥卯未生	동쪽문을 피하고, 서북쪽으로 이사하면 안 된다. 재수가 없고, 하는 일마다 꼬이고, 病苦 질병발생. 바람기 발동.

운세풀기

巳띠:이동수,우왕좌왕, 弱, 다툼	申띠: 점점 일이 꼬임, 관재구설	亥띠:최고운상승세, 두마음	寅띠: 만남,결실,화합,문서
午띠:매사불편, 방해자,배신	酉띠: 귀인상봉, 금전이득, 현금	子띠: 의욕과다, 스트레스큼	卯띠:이동수,이별수,변동 움직임
未띠:해결신,시험합격, 풀림	戌띠: 매사꼬임,과거고생, 질병	丑띠: 시급한 일, 뜻대로 안됨	辰띠: 빈주머니,걱정근심,사기

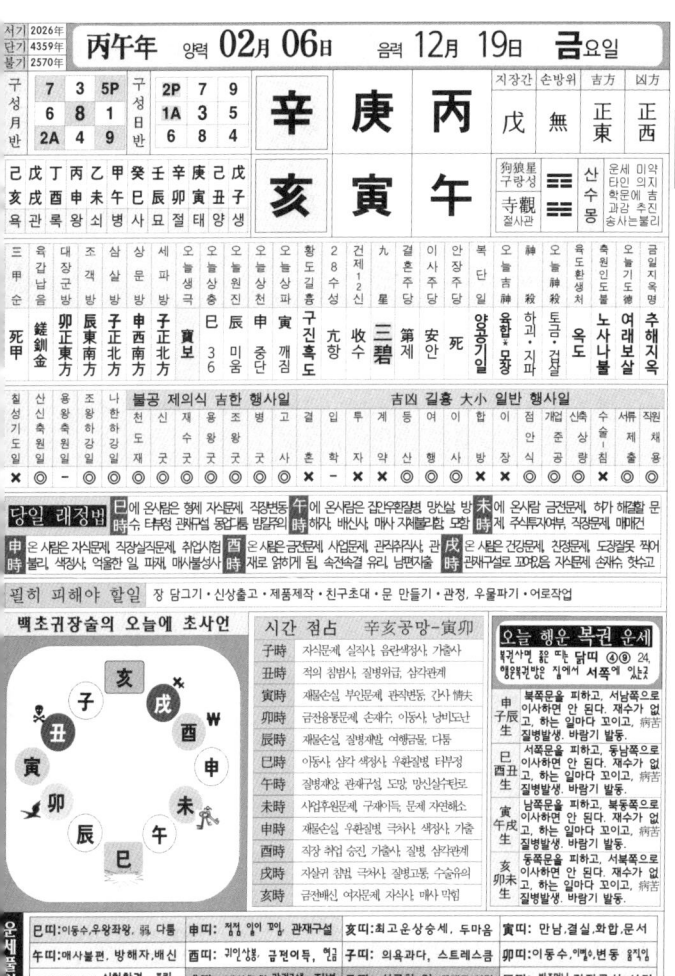

서기	2026年
단기	4359年
불기	2570年

丙午年 양력 02月 07日 음력 12月 20日 토요일

구성月반			구성日반			天干			지장간	손방위	吉方	凶方
7	3	5P	3A	8P	1	壬	庚	丙	戊	無	正北	正南
6	8	1	2	4	6							
2A	4	9	7	9	5							

辛	庚	己	戊	丁	丙	乙	甲	癸	壬	辛	庚
亥	戌	酉	申	未	午	巳	辰	卯	寅	丑	子
록	관	욕	생	양	태	절	묘	사	병	쇠	왕

子	寅	午

狗狼星 구랑성	괘		운세
天	☵☷	산수몽	운세 미약 타인 의지 학문에 吉 과감 추진 송사는불리

三甲순	육갑납음	대장군방	조객방	삼살방	상문방	세파방	오늘생극	오늘상충	오늘원진	오늘상천	오늘상파	황도길흉	28수성	건제12신	九星	결혼주당	이사주당	안장주당	천구하식	대공망일	神殺	오늘神殺	육도환생처	축원인도불	오늘기도德	금일지옥명
死甲	桑柘木	卯正東方	辰東南方	子正北方	申西南方	子正北方	專전	午 36	未 미움	未 중단	酉 깨짐	청룡황도	氐저	開개	四綠	翁옹	災재	손자	-	대공망일	재살·천화	라강·피마	천도	약왕보살	아미보살	철산지옥

칠성기도일	산신축원일	용왕축원일	조왕하강일	나한하강일	천도재	신굿	재수굿	용왕굿	조왕굿	병굿	고사	결혼	입학	투자	계약	등산	여행	이사	합방	이장	점안식	개업준공	신축상량	수술-침	서류제출	직원채용
					불공 제의식 吉한 행사일							吉凶 길흉 大小 일반 행사일														
◎	×	×	×	◎	◎	◎	◎	◎	◎	◎	◎	◎	◎	-	×	◎	-	◎	×	×	◎	◎	×	◎	◎	◎

당일 래정법

巳時에 온사람은 자식문제, 금전손실, 친구나 형제문제, 관송사, 빈주머니

午時에 온사람은 이동변동수, 터부정, 하극상모함사건, 자식문제, 차사고

未時에 온사람은 방해자, 배신사, 취업문제, 색정사, 관송사, 매사 지체 불리함

申時 온 사람은 관직 취직문제, 결혼 경조사, 한가지씩 해결됨, 시험은 합격됨, 허가건도 승인남 귀인도움

酉時 온 사람은 외정색정사, 불륜사, 관재로 발전 딸 문제발생, 자식으로인해 큰돈 지출

戌時 온 사람은 남자문제 부동산거래 금전문제 주식투자문제, 재물구재사, 여자회합건, 건강질병과 빚때문 괴로움

필히 피해야 할일 인수인계 • 옷재단 • 주방수리 • 수의 짓기 • 새옷맞춤 • 태아옷구입 • 소장제출 • 방류 • 동토

백초귀장술의 오늘에 초사언

시간 점占 壬子공망-寅卯

子時	돈이나 처를 극, 수술유의, 색정사
丑時	결혼문제, 금전융통, 남편관련, 관청일
寅時	자식문제, 금전손재, 신변위험 喪服 운
卯時	귀인상봉, 자식회합, 관직변동 승전
辰時	질병침투, 적 침범사, 가출사 색정사
巳時	도난, 파재, 손모사, 극처사, 색정사
午時	질병침투, 적 침범사, 극처사, 불성사
未時	잡귀침투, 남편직장, 질병재앙, 색정사
申時	창업관련, 사업흥성, 색정사, 도망유리
酉時	사업 후원사, 가출문제, 남녀색정사, 파재
戌時	금전문제, 질병침투, 적 침범사, 귀농유리
亥時	가출문제, 직장문제, 남자가 피해, 색정사

오늘 행운 복권 운세

복권사면 좋은 띠는 **개띠** ⑩⑳ 30

행운복권방은 집에서 **서북쪽에** 있는곳

申子辰生	북쪽문을 피하고, 서남쪽으로 이사하면 안 된다. 재수가 없고, 하는 일마다 꼬이고, 病苦 질병발생. 바람기 발동.
巳酉丑生	서쪽문을 피하고, 동남쪽으로 이사하면 안 된다. 재수가 없고, 하는 일마다 꼬이고, 病苦 질병발생. 바람기 발동.
寅午戌生	남쪽문을 피하고, 북동쪽으로 이사하면 안 된다. 재수가 없고, 하는 일마다 꼬이고, 病苦 질병발생. 바람기 발동.
亥卯未生	동쪽문을 피하고, 서북쪽으로 이사하면 안 된다. 재수가 없고, 하는 일마다 꼬이고, 病苦 질병발생. 바람기 발동.

운세풀이

午띠:이동수,우왕좌왕, 의견 다툼	酉띠: 점점 일이 꼬임, 관재구설	子띠:최고운상승세, 두마음	卯띠: 만남,결실,화합,문서
未띠:매사불편, 방해자,배신	戌띠:귀인상봉, 금전이득, 현금	丑띠: 의욕과다, 스트레스큼	辰띠:이동수,이별수,변동 움직임
申띠:해결신,시험합격, 풀림	亥띠: 매사꼬임,과거고생, 질병	寅띠: 시급한 일, 뜻대로 안됨	巳띠: 빈주머니,걱정근심,사기

서기	2026年
단기	4359年
불기	2570年

丙午年 양력 02月 08日 음력 12月 21日 일요일

구성月반				구성日반			
	7	3	5P		4	9	2P
	6	8	1		3	5	7
	2A	4	9		8	1	6

癸	庚	丙
丑	寅	午

지장간	손방위	吉方	凶方
戊	동쪽	正西	正東

狗狼星 구랑성	僧堂城隍 社廟	산수몽	운세 미약 타인 의지 학문에 吉 과감 추진 송사는불리

癸	壬	辛	庚	己	戊	丁	丙	乙	甲	癸	壬
亥	戌	酉	申	未	午	巳	辰	卯	寅	丑	子
왕	쇠	병	사	묘	절	태	양	생	욕	관	록

三甲순	육갑납음	대장군방	조객방	삼살방	상문방	세파방	오늘생극	오늘상충	오늘원진	오늘상천	오늘상파	황도길흉	28수성	건제12신	九星	결혼주당	이사주당	안장주당	복단일	오늘吉神	神殺	오늘神殺	육도환생처	축원인도불	오늘기도德	금일지옥명
死甲	桑柘木	卯正東方	辰東南方	子正北方	申西南方	子正北方	伐벌	未 36	午 미움	午 중단	辰 깨짐	명당황도	房방	閉폐	五黃	堂당	師사	남자	복단일	황은*천의	귀기·멸몰	월살·혈지	천도	약왕보살	보현보살	철산지옥

칠성기도일	산신축원일	용왕축원일	조왕하강일	나한하강일	불공 제의식 吉한 행사일							吉凶 길흉 大小 일반 행사일														
					천도재	신굿	재수굿	용왕굿	조왕굿	병굿	고사	결혼	입학	투자	계약	등산	여행	이사	합방	이장	점안식	개업준공	신축상량	수술-침	서류제출	직원채용
×	×	×	×	×	×	×	×	×	×	×	×	×	×	×	×	◎	◎	×	×	×	×	×	×	-	×	×

당일 래정법

巳時 에 온사람은 이동수, 이별수, 이사 직장변동, 딸자식근심, 해외진출 도전

午時 에 온사람은 헛고생, 소모전, 쉴때, 색정사, 빈주머니, 관재송사, 자중

未時 에 온사람은 매매 이동변동수, 터부정, 관재구설 자식, 형제다툼, 교통사고주의

申時 온 사람은 금전과 여자문제, 방해자, 배신사, 색정사 불륜, 취업 승진 매사 지체불리함,

酉時 온 사람은 금전 차용문제, 시험 합격됨, 허가 건은 승인, 취업 승진 성취됨

戌時 온 사람은 여자로 인한 부정, 하극상, 억울한일, 색정사, 불륜사 문제,, 관재로 발전, 딸 문제, 취직문제

필히 피해야 할일 성형수술・교제 끊기・파혼・아기 젖떼기와 낡은 건물 파할 때만 좋고, 다른 일은 매사 불리.

백초귀장술의 오늘에 초사언

시간 점占	癸丑공망-寅卯
子時	직위문제, 금전융통, 급질병, 색정사
丑時	사업사 암손, 여자문제 질병수술, 색정사
寅時	금전손실, 손모사, 극처사, 삼각관계
卯時	음란색정사, 질병, 적 침범사, 금전손실
辰時	관청입신, 직업권리, 남편문제, 목적달성
巳時	직장변동, 실직문제, 여자일, 이사이동吉
午時	사기도난, 손재수, 색정사, 우환질병
未時	관재 병재로 불길, 가출사 자손사 이별사
申時	사업문제, 재해, 가출, 도난, 여행은 凶
酉時	직업 명예사, 봉사활동, 창업관련, 색정사
戌時	불륜색정사, 관청근심, 도난 상해 손모사
亥時	금전문제, 이성도움, 부인문제, 색정사

오늘 행운 복권 운세

복권사면 좋은 띠는 **돼지띠** ⑪⑯31
행운복권방은 집에서 **북서쪽**에 있는곳

申子辰生	북쪽문을 피하고, 서남쪽으로 이사하면 안 된다. 재수가 없고, 하는 일마다 꼬이고, 病苦 질병발생. 바람기 발동.
巳酉丑生	서쪽문을 피하고, 동남쪽으로 이사하면 안 된다. 재수가 없고, 하는 일마다 꼬이고, 病苦 질병발생. 바람기 발동.
寅午戌生	남쪽문을 피하고, 북동쪽으로 이사하면 안 된다. 재수가 없고, 하는 일마다 꼬이고, 病苦 질병발생. 바람기 발동.
亥卯未生	동쪽문을 피하고, 서북쪽으로 이사하면 안 된다. 재수가 없고, 하는 일마다 꼬이고, 病苦 질병발생. 바람기 발동.

운세풀기

未띠:이동수,우왕좌왕, 弱, 다툼	戌띠: 점점 일이 꼬임, 관재구설	丑띠:최고운상승세, 두마음	辰띠: 만남,결실,화합,문서
申띠:매사불편, 방해자,배신	亥띠:귀인상봉, 금전이득, 현금	寅띠: 의욕과다, 스트레스큼	巳띠:이동수,이별수,변동 움직임
酉띠:해결신,시험합격, 풀림	子띠: 매사꼬임,과거고생, 질병	卯띠: 시급한 일, 뜻대로 안됨	午띠: 빈주머니,걱정근심,사기

서기 2026年	丙午年	양력 02月 09日	음력 12月 22日	월요일
단기 4359年				
불기 2570年				

구성月반			구성日반			天干			지장간	손방위	吉方	凶方
7	3	5P	5	1	3P	甲	庚	丙	戊	동남	正南	正北
6	8	1	4	6	8							
2A	4	9	9	2	7A							

乙	甲	癸	壬	辛	庚	己	戊	丁	丙	乙	甲	寅	寅	午
亥	戌	酉	申	未	午	巳	辰	卯	寅	丑	子			
생	양	태	절	묘	사	병	쇠	왕	록	관	욕			

狗狼星 구랑성	丑方 동북방	☶☵	산수몽	운세 미약 타인 의지 학문에 吉 과감 추진 송사는불리

三甲순	육갑납음	대장군방	조객방	삼살방	상문방	세파방	오늘생극	오늘상충	오늘원진	오늘상천	오늘상파	황도길흉	28수성	건제12신	九星	결혼주당	이사주당	안장주당	복단일	오늘吉神	神殺	오늘神殺	육도환생처	축원인도불	오늘기도德	금일지옥명
病甲	大溪水	卯正東方	辰東南方	子正北方	申西南方	子正北方	專전	申 36	酉 미움	巳 중단	亥 깨짐	천형흑도	心심	建건	六白	姑고	富부	아버지	-	요안*왕일	오귀·풍파	왕망·천격	인도	약왕보살	약사보살	철산지옥

칠성기도일	산신축원일	용왕축원일	조왕하강일	나한하강일	불공 제의식 吉한 행사일: 천도재	신굿	재수굿	용왕굿	조왕굿	병굿	고사	吉凶 길흉 大小 일반 행사일: 결혼	입학	투자	계약	등산	여행	이사	합방	이장	점안식	개업준공	신축상량	수술·침	서류제출	직원채용
×	◎	×	×	×	◎	◎	◎	◎	◎	◎	◎	×	◎	×	◎	◎	◎	×	×	×	×	◎	×	◎	◎	◎

당일 래정법

巳時 에 온사람은 문서, 화합운, 결혼, 재혼, 애정사, 궁합, 금전후원건, 자식문제

午時 에 온사람은 이동수 있는자, 이사 직장변동, 사업체변동수, 해외여행 이별

未時 에 온사람은 자식문제, 실업자, 금전사기, 빈주머니, 헛공사, 허위문서, 도난사, 망신수

申時 온 사람은 매매 이동변동수, 터부정, 관재구설, 사기, 허위문서, 시비 다툼주의, 차사고주의

酉時 온 사람은 방해자, 배신사, 우환질병, 취업 승진은 매사 지체불리함, 상업은 손해수

戌時 온 사람은 관송사 하극상의 배신문제, 처음엔 해결되는듯하나 후 불리함, 우환질병 시험 합격됨 허가건 승인됨

필히 피해야 할일 회의개최 · 건축증개축 · 구인 · 구직 · 해외여행 · 항공주의 · 애완동물들이기 · 낚시 · 손님초대

백초귀장술의 오늘에 초사언

시간 점占 甲寅공망-子丑

子時	사업후원사, 창업, 금전융통, 자식질병
丑時	매사불성, 금전융통 고통, 질병재앙
寅時	질병침투, 금전손실, 취직, 직장직위
卯時	금전문제, 부인문제, 색정사, 우환질병
辰時	매사미비, 금전융통불길, 가출사, 색정사
巳時	사업금전운 吉, 자식운, 결혼기쁨, 망신수
午時	금전손실 다툼, 봉사활동, 가출, 관재구설
未時	청탁불성사, 친족불화, 매사 불성사
申時	질병침투, 음란불륜사, 사귀발동, 가출사
酉時	관청권리문제, 남편흉극, 우환질병 발생
戌時	금전융통, 상업변동, 우환질병, 가출사
亥時	질병침투, 금전손실, 도난, 자식문제, 도망

오늘 행운 복권 운세

복권사면 좋은 띠는 **쥐띠** ①⑥⑯
행운복권방은 집에서 **북쪽**에 있는곳

申子辰生	북쪽문을 피하고, 서남쪽으로 이사하면 안 된다. 재수가 없고, 하는 일마다 꼬이고, 病苦 질병발생. 바람기 발동.
巳酉丑生	서쪽문을 피하고, 동남쪽으로 이사하면 안 된다. 재수가 없고, 하는 일마다 꼬이고, 病苦 질병발생. 바람기 발동.
寅午戌生	남쪽문을 피하고, 북동쪽으로 이사하면 안 된다. 재수가 없고, 하는 일마다 꼬이고, 病苦 질병발생. 바람기 발동.
亥卯未生	동쪽문을 피하고, 서북쪽으로 이사하면 안 된다. 재수가 없고, 하는 일마다 꼬이고, 病苦 질병발생. 바람기 발동.

운세풀이

申띠:이동수,우왕좌왕, 형제 다툼	亥띠: 점점 일이 꼬임, 관재구설	寅띠:최고운상승세, 두마음	巳띠: 만남,결실,화합,문서
酉띠:매사불편, 방해자,배신	子띠:귀인상봉, 금전이득, 현금	卯띠: 의욕과다, 스트레스큼	午띠:이동수,이별수,변동 움직임
戌띠:해결신,시험합격, 풀림	丑띠: 매사꼬임,과거고생, 질병	辰띠: 시급한 일, 뜻대로 안됨	未띠: 빈주머니,걱정근심,사기

서기	2026年
단기	4359年
불기	2570年

丙午年 양력 02月 10日 음력 12月 23日 화요일

구성월반				구성일반			
	7	3	5P		6	2	4
	6	8	1		5	7	9AP
	2A	4	9		1	3	8

乙	庚	丙
卯	寅	午

지장간	손방위	吉方	凶方
戊	남쪽	正東	正西

狗狼星 구랑성	괘	산수몽	운세
天	☶☵	산수몽	운세 미약 타인 의지 학문에 吉 과감 추진 송사는불리

丁	丙	乙	甲	癸	壬	辛	庚	己	戊	丁	丙
亥	戌	酉	申	未	午	巳	辰	卯	寅	丑	子
사	묘	절	태	양	생	욕	관	록	왕	쇠	병

三甲순	육갑납음	대장군방	조객방	삼살방	상문방	세파방	오늘생극	오늘상충	오늘원진	오늘상천	오늘상파	황도길흉	28수성	건제12신	九星	결혼주당	이사주당	안장주당	복단일	오늘吉神	神殺	오늘神殺	육도환생처	축원인도불	오늘기도德	금일지옥명
病甲	大溪水	卯正東方	辰東南方	子正北方	申西南方	子正北方	專전	酉 36	申 미움	辰 중단	午 깨짐	주작흑도	尾미	除제	七赤	夫부	殺살	손님	월기일	옥우*관일	대패·조객	함지·대시	귀도	약왕보살	문수보살	철산지옥

칠성기도일	산신축원일	용왕축원일	조왕하강일	나한하강일	불공 제의식 吉한 행사일: 천도재	신굿	재수굿	용왕굿	조왕굿	병굿	고사	吉凶 길흉 大小 일반 행사일: 결혼	입학	투자	계약	등산	여행	이사	합방	이장	점안식	개업준공	신축상량	수술-침	서류제출	직원채용
◎	◎	×	◎	◎	◎	×	×	×	◎	◎	◎	×	◎	×	×	◎	◎	×	×	×	◎	×	×	◎	◎	×

당일 래정법

巳時 에 온사람은 모함과 구설로 골치 아픔 이동나쁨 바람기 직장해고위험

午時 에 온사람은 문서 화합운 결혼 재혼 경조사 궁합 문서이동 부모문제 상업투자

未時 에 온사람은 이동수 있는자 이사나 직장변동, 자식문제 변동수, 여행 이별 헛고생

申時 온 사람은 허위문서, 실업자, 금전환란, 빈주머니, 헛공사, 사기모함 ·도난사, 매사불성

酉時 온 사람은 직장변동 이동변동수, 터부정, 관재구설, 사기, 허위문서, 우환질병, 자식 가출건

戌時 온 사람은 색정사 배신문제 방해자, 배신사, 형제간 암투, 관재구설, 취업 승진 매사지체불리함

필히 피해야 할일 문 만들기 · 간판달기 · 코인사입 · 물건구입 · 태아인공수정 · 새집들이 · 어로작업

백초귀장술의 오늘에 초사언

시간 점占	乙卯공망-子丑
子時	직장근심, 처를 극, 질병위급, 색정사
丑時	사업후원사, 금전융통, 부인질병, 가출
寅時	재물파산 불길, 가출사, 질병침투 하극상
卯時	금전융통흉, 여자문제, 직장직위 취업
辰時	사업상 금전손실, 부인문제, 우환질병
巳時	매사불성사, 자손실직사, 직위 삼각관계
午時	관직 승전문제, 금전 문제, 불륜 주색주의
未時	금전융통, 삼각관계, 직업변동, 여자질병
申時	만사불길, 직장 취업청탁 불리, 질병재앙
酉時	적 침범사, 가출,, 불륜색정사, 골육 흉
戌時	금전문제, 부인문제, 다툼, 이별사, 질병
亥時	사업문제, 투자확장, 우환질병 손님 惡意

오늘 행운 복권 운세

복권사면 좋은 띠는 소띠 ②⑤⑩
행운복권방은 집에서 북동쪽에 있는곳

申子辰生	북쪽문을 피하고, 서남쪽으로 이사하면 안 된다. 재수가 없고, 하는 일마다 꼬이고, 病苦 질병발생. 바람기 발동.
巳酉丑生	서쪽문을 피하고, 동남쪽으로 이사하면 안 된다. 재수가 없고, 하는 일마다 꼬이고, 病苦 질병발생. 바람기 발동.
寅午戌生	남쪽문을 피하고, 북동쪽으로 이사하면 안 된다. 재수가 없고, 하는 일마다 꼬이고, 病苦 질병발생. 바람기 발동.
亥卯未生	동쪽문을 피하고, 서북쪽으로 이사하면 안 된다. 재수가 없고, 하는 일마다 꼬이고, 病苦 질병발생. 바람기 발동.

운세풀이

酉띠:이동수,우왕좌왕, 궁릉, 다툼	子띠: 점점 일이 꼬임, 관재구설	卯띠:최고운상승세, 두마음	午띠: 만남,결실,화합,문서
戌띠:매사불편, 방해자,배신	丑띠:귀인상봉, 금전이득, 현금	辰띠: 의욕과다, 스트레스큼	未띠:이동수,이별수,변동 움직임
亥띠:해결신,시험합격, 풀림	寅띠: 매사꼬임,과거고생, 질병	巳띠: 시급한 일, 뜻대로 안됨	申띠: 빈주머니,걱정근심,사기

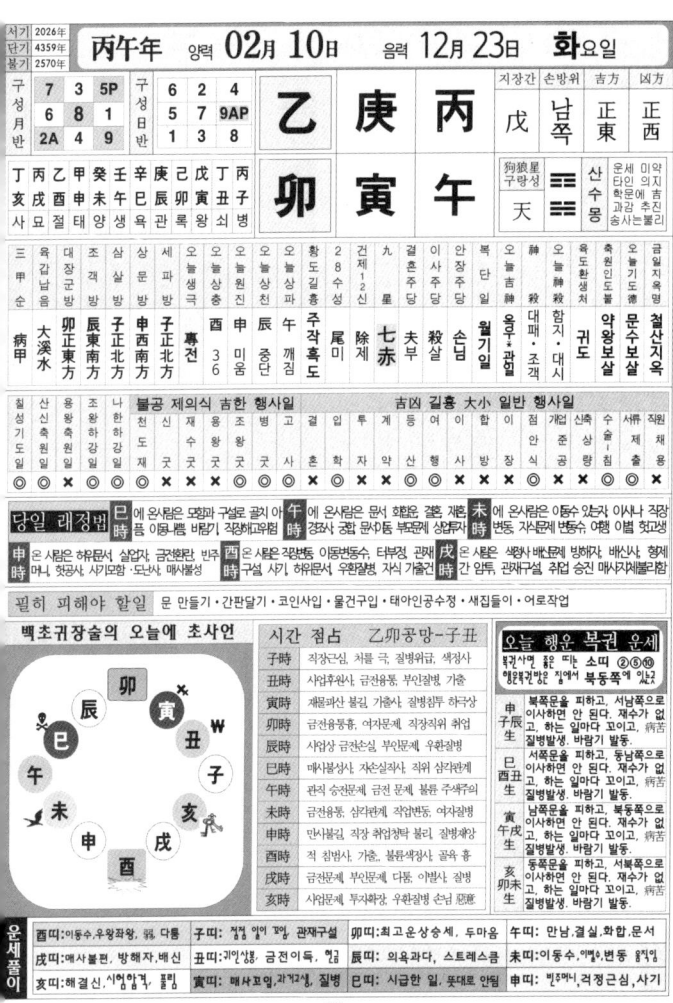

서기	2026年
단기	4359年
불기	2570年

丙午年 양력 02月 11日 음력 12月 24日 수요일

구성월반			구성일반			
	7	3	5P	7	3	5
	6	8	1	6	8	1
	2A	4	9	2A	4	9P

時	日	月
丙	庚	丙
辰	寅	午

지장간	손방위	吉方	凶方
丙	남서	正北	正南

狗狼星 구랑성 寅辰方	☵☶	산수몽	운세 미약 타인 의지 학문에 吉 과감 추진 송사는불리

己	戊	丁	丙	乙	甲	癸	壬	辛	庚	己	戊
亥	戌	酉	申	未	午	巳	辰	卯	寅	丑	子
절	묘	사	병	쇠	왕	록	관	욕	생	양	태

三甲순	육갑납음	대장군방	조객방	삼살방	상문방	세파방	오늘생극	오늘상충	오늘원진	오늘상천	오늘상파	황도길흉	28수성	건제12신	九星	결혼주당	이사주당	안장주당	복단일	오늘吉神	神殺	오늘神殺	육도환생처	축원인도불	오늘기도德	금일지옥명
病甲	沙中土	卯正東方	辰東南方	子正北方	申西南方	子正北方	寶보	戌 36	亥 미움	卯 중단	丑 깨짐	금궤황도	箕기	滿만	八白	廚주	害해	며느리	복단일	복덕*수일	천적·구공	고초·지격	축도	약왕보살	지장보살	철산지옥

칠성기도일	산신축원일	용왕축원일	조왕하강일	나한하강일	천도재	신굿	재수굿	용왕굿	조왕굿	병굿	고사	결혼	입학	투자	계약	등산	여행	이사	합방	이장	점안식	개업준공	신축상량	수술-침	서류제출	직원채용
					불공 제의식 吉한 행사일							吉凶 길흉 大小 일반 행사일														
×	◎	×	×	◎	◎	◎	◎	◎	◎	◎	◎	-	◎	◎	×	◎	◎	×	×	◎	◎	◎	◎	◎	◎	◎

당일 래정법

巳時에 온사람은 창업금전차용문제, 뭐가 하고싶어서 왔다 직장취업, 승진문제

午時에 온사람은 친정문제, 자식문제, 골치 아픈일 바람기 불륜 시비투쟁

未時에 온사람은 금전구재, 문서 화합운 결혼 재혼 경조사 애정사 궁합 만남 개업

申時 온 사람은 이동수 있는자 이사나 직장변동, 사업체 변동수, 여행, 이별수, 창업불리

酉時 온 사람은 색정사문제, 금전손재수, 쉬어야할 때, 빈주머니, 헛공사, 보이스피싱, 매사불성

戌時 온 사람은 매매 이동변동수, 터부정, 관재구설 사기 허위문서 동업자 사기 다툼주의, 차사고주의

필히 피해야 할일

출판출고 · 책만들기 · 입주 · 새집들이 · 진수식 · 건축수리 · 동토 · 산소행사 · 기둥세우기

백초귀장술의 오늘에 초사언

시간 점占 丙辰공망-子丑

子時	만사개혁유리, 자식질병문제, 직장관련
丑時	남편문제 자식문제 가출사 우환질병
寅時	질병침투, 금전고통, 과이사발생 임신 가
卯時	사업파산 상업손실 도난 가출문제
辰時	금전손실 다툼, 사업부진 자식 부인문제
巳時	취업 직장승진문제 입상공모 명예사 망신
午時	매사불성사 금전파산 극처사 도망 吉
未時	자식사 직장문제 화합사 자연해소
申時	금전융통, 여자문제 우환질병, 가출사
酉時	남녀색정사, 금전손해 이별수, 가출사
戌時	적 침범사, 가출사, 질병침투, 부하도주
亥時	청탁 당선에 방해자 실수 탄로 관재사

오늘 행운 복권 운세

복권사면 좋은 띠는 범띠 ③⑧⑱
행운복권방은 집에서 동북쪽에 있는곳

申子辰生	북쪽문을 피하고, 서남쪽으로 이사하면 안 된다. 재수가 없고, 하는 일마다 꼬이고, 病苦 질병발생. 바람기 발동.
巳酉丑生	서쪽문을 피하고, 동남쪽으로 이사하면 안 된다. 재수가 없고, 하는 일마다 꼬이고, 病苦 질병발생. 바람기 발동.
寅午戌生	남쪽문을 피하고, 북동쪽으로 이사하면 안 된다. 재수가 없고, 하는 일마다 꼬이고, 病苦 질병발생. 바람기 발동.
亥卯未生	동쪽문을 피하고, 서북쪽으로 이사하면 안 된다. 재수가 없고, 하는 일마다 꼬이고, 病苦 질병발생. 바람기 발동.

운세풀이

戌띠:이동수,우왕좌왕, 弱, 다툼	丑띠: 점점 일이 꼬임, 관재구설	辰띠:최고운상승세, 두마음	未띠: 만남,결실,화합,문서
亥띠:매사불편, 방해자,배신	寅띠:귀인상봉, 금전이득, 현금	巳띠: 의욕과다, 스트레스큼	申띠:이동수,이별수,변동 움직임
子띠:해결신,시험합격, 풀림	卯띠: 매사꼬임,과거고생, 질병	午띠: 시급한 일, 뜻대로 안됨	酉띠: 빈주머니,걱정근심,사기

서기	2026年
단기	4359年
불기	2570年

丙午年 양력 02月 12日 음력 12月 25日 목요일

2월

구성月반				구성日반			
	7	3	5P		8	4A	6
	6	8	1		7	9	2
	2A	4	9		3	5	1P

丁	庚	丙
巳	寅	午

지장간	손방위	吉方	凶方
丙	서쪽	正西	正東

狗狼星 구랑성	前門 현관문	☰☷	풍뢰익	공공의이익 적극적추진 신속행동하면이득증대 공적이득유리

辛亥	庚戌	己酉	戊申	丁未	丙午	乙巳	甲辰	癸卯	壬寅	辛丑	庚子
태	양	생	욕	관	록	왕	쇠	병	사	묘	절

三甲순	육갑납음	대장군방	조객방	삼살방	상문방	세파방	오늘생극	오늘상충	오늘원진	오늘상천	오늘상파	황도길흉	28수성	건제12신	九星	결혼주당	이사주당	안장주당	오늘吉神	오늘吉神	神殺	오늘神殺	육도환생처	축원인도불	오늘기도德	금일지옥명
病甲	沙中土	卯正東方	辰東南方	子正北方	申西南方	子正北方	專전	亥 36	戌 미움	寅 중단	申 깨짐	대덕황도	斗두	平평	九紫	婦부	天천	어머니	-	보광*상일	천강·유화	월형·월해	옥도	약왕보살	문수보살	철산지옥

칠성기도일	산신축원일	용왕축원일	조왕하강일	나한하강일	천도재	신굿	재수굿	용왕굿	조왕굿	병굿	고사	결혼	입학	투자	계약	등산	여행	이사	합방	이장	점안식	개업준공	신축상량	수술-침	서류제출	직원채용
					불공 제의식 吉한 행사일							吉凶 길흉 大小 일반 행사일														
×	◎	-	×	×	×	×	×	×	×	×	×	×	-	×	×	◎	◎	×	×	×	◎	◎	◎	×	◎	-

당일 래정법

巳時에 온사람은 금전구재, 관직취업문제 갈등사. 갖고싶은 욕구강함. 사업투자문제

午時에 온사람은 금전차용여부, 뭐가 하고싶어서 왔다. 직장취업문제 친정후원사

未時에 온사람은 친구형제동업, 골치 아픈일, 바람기, 불륜, 문서문제, 속정리

申時 온 사람은 형제, 문서, 화합운, 결혼, 재혼, 애정사, 관송사로 발전, 궁합, 개업, 하극상 배신, 우환질병

酉時 온 사람은 이동수 있는자, 가출, 이사나 직장변동, 사업체 변동수, 여행, 이별수, 관재구설

戌時 온 사람은 색정사문제, 금전손재수, 지금은 휴식기, 빈주머니, 헛 공사, 사기모함, 매사불성

필히 피해야 할일

새 작품제작 • 출품 • 새집들이 • 인수인계 • 질병치료 • 시험관시술 • 경락 • 복약 • 문병 • 머리자르기

백초귀장술의 오늘에 초사언

시간 점占 丁巳공망-子丑

子時	매사불성사, 금전손실, 관재구설 색정사
丑時	다툼, 금전문제, 이별문제, 애정문제
寅時	금전손실, 질병침투, 색정사, 음귀침투
卯時	우환질병, 후원도움, 색정사, 관재구설
辰時	자식문제, 직장박탈, 부부이별, 재물손실
巳時	금전손실, 극처사, 사기, 불륜 가정풍파
午時	취직, 직장승진, 색정사, 금전손실, 도난
未時	자선사업, 자식문제, 취직문제, 가출, 질병
申時	결혼화합사, 가출문제, 금전융통, 도난주의
酉時	금전융통, 여자문제, 사업이동, 도주사건
戌時	직업문제, 자식문제, 음란색정사, 봉사활동
亥時	직장변동, 도난손해, 가출사, 음란색정사

오늘 행운 복권 운세

복권사면 좋은 띠는 토끼띠 ②⑧
행운복권방은 집에서 동쪽에 있는곳

申子辰生	북쪽문을 피하고, 서남쪽으로 이사하면 안 된다. 재수가 없고, 하는 일마다 꼬이고, 病苦 질병발생. 바람기 발동.
巳酉丑生	서쪽문을 피하고, 동남쪽으로 이사하면 안 된다. 재수가 없고, 하는 일마다 꼬이고, 病苦 질병발생. 바람기 발동.
寅午戌生	남쪽문을 피하고, 북동쪽으로 이사하면 안 된다. 재수가 없고, 하는 일마다 꼬이고, 病苦 질병발생. 바람기 발동.
亥卯未生	동쪽문을 피하고, 서북쪽으로 이사하면 안 된다. 재수가 없고, 하는 일마다 꼬이고, 病苦 질병발생. 바람기 발동.

운세풀이

亥띠:이동수,우왕좌왕, 弱, 다툼	寅띠: 점점 일이 꼬임, 관재구설	巳띠:최고운상승세, 두마음	申띠: 만남,결실,화합,문서
子띠:매사불편, 방해자,배신	卯띠:귀인상봉, 금전이득, 현금	午띠: 의욕과다, 스트레스큼	酉띠:이동수,이별수,변동 움직임
丑띠:해결신,시험합격, 풀림	辰띠: 매사꼬임,과거고생, 질병	未띠: 시급한 일, 뜻대로 안됨	戌띠: 빈주머니,걱정근심,사기

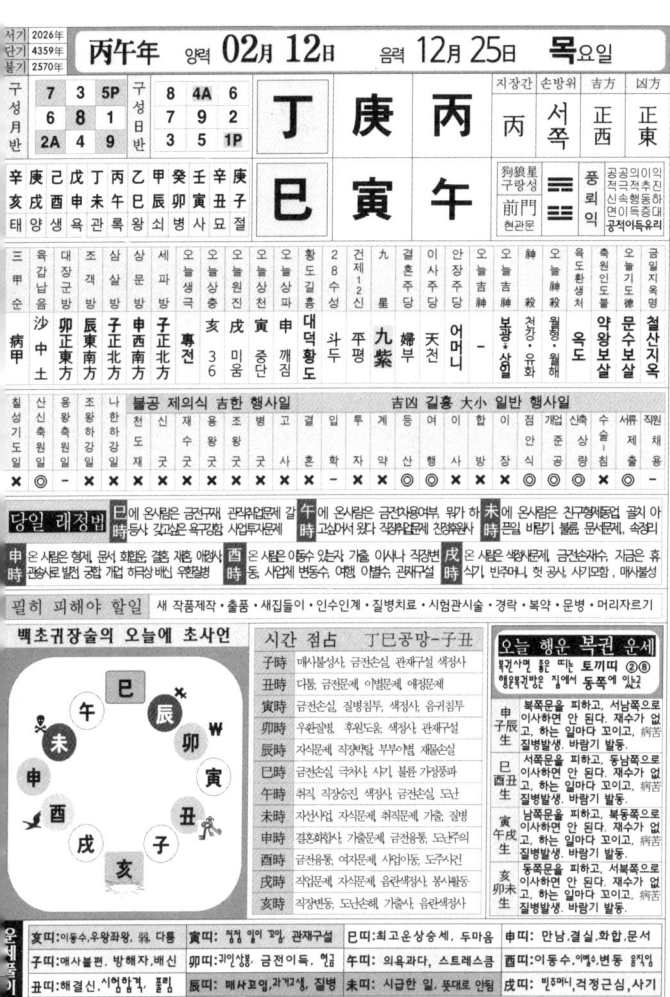

서기	2026年
단기	4359年
불기	2570年

丙午年 양력 02月 13日 음력 12月 26日 금요일

구성月반				구성日반			
	7	3	5P		9	5	7
	6	8	1		8	1	3
	2A	4	9		4	6AP	2

戊	庚	丙
午	寅	午

지장간	손방위	吉方	凶方
丙	서북	正南	正北

狗狼星 구랑성	戌亥方
풍뢰익	공공의이익 적극적추진 신속행동하면이득증대 공적이득유리

癸	壬	辛	庚	己	戊	丁	丙	乙	甲	癸	壬
亥	戌	酉	申	未	午	巳	辰	卯	寅	丑	子
절	묘	사	병	쇠	왕	록	관	욕	생	양	태

三甲순	육갑납음	대장군방	조객방	삼살방	상문방	세파방	오늘생극	오늘상충	오늘원진	오늘상천	오늘상파	황도길흉	28수성	건제12신	九星	결혼주당	이사주당	안장주당	복단일	오늘吉神	오늘吉神	오늘神殺	육도환생처	축원인도불	오늘기도德	금일지옥명
病甲	天上火	卯正東方	辰東南方	子正北方	申西南方	子正北方	義의	子 36	丑 미움	丑 중단	卯 깨짐	백호흑도	牛우	定정	一白	竈조	利이	여자	삼합일	시덕*길기	익후*민일	구퇴·사기	불도	석가여래	약사보살	암흑지옥

					불공 제의식 吉한 행사일							吉凶 길흉 大小 일반 행사일														
칠성기도일	산신축원일	용왕축원일	조왕하강일	나한하강일	천도재	신굿	재수굿	용왕굿	조왕굿	병굿	고사	결혼	입학	투자	계약	등산	여행	이사	합방	이장	점안식	개업준공	신축상량	수술-침	서류제출	직원채용
◎	◎	×	◎	◎	◎	◎	◎	◎	◎	◎	◎	◎	◎	×	◎	◎	◎	×	◎	×	◎	◎	◎	◎	◎	◎

당일 래정법

巳時 에 온사람은 건강문제, 재수가 없고 운이 단단히 꼬여있음, 취업불가, 손재수

午時 에 온사람은 금전문제, 친정문제, 갖고싶은 욕구, 직장문제, 상업문제, 관재

未時 에 온사람은 동업, 창업 하고싶어서 왔다. 직장상사 괴롭힘 사표내면안됨

申時 온 사람은 골치 아픈일, 자식의 급변동문제, 배우자바람기, 불륜, 관재구설, 속 정리해야함

酉時 온 사람은 문서구입, 화합운, 결혼, 경조사, 관직취업건, 개업 때 아님, 하극상 배신, 경쟁사로 몰변

戌時 온 사람은 이동수 있는자, 가출, 이사나 직장변동, 점포 변동수, 투자문서는 위험, 이별수

필히 피해야 할일

홍보광고 • 소장제출 • 인허가신청 • 정보유출 • 질병치료 • 재테크투자 • 씨뿌리기 • 부동산매매

백초귀장술의 오늘에 초사언

시간 점占 戊午공망-子丑

子時	질병침투, 실직, 처를 극, 처첩문제, 가출
丑時	재물손실, 파산, 극처사, 부부다툼, 관송사
寅時	재해 도난, 질병침투, 여행은 흉, 가출
卯時	금전손실, 남편문제, 직업권리, 색정사
辰時	자선사업 봉사활동, 신규사업, 형제친구
巳時	관재 병재로 불길, 가출사 색정사 하극상
午時	금전손실 다툼, 여자문제, 처를 극, 수술
未時	금전융통, 신규사업, 선거당선, 합격기쁨
申時	매사 불성사, 도망은 吉, 도적손실, 재액
酉時	자식문제, 남편실직, 손재수, 함정음모
戌時	가출건, 급병자, 산소문제, 종교문제 ⊗
亥時	여자는 해롭고, 사기 도난, 손재, 이별수

오늘 행운 복권 운세

복권사면 좋은 띠는 **용띠** ⑤⑩⑳
행운복권방은 집에서 **동남쪽**에 있는곳

申子辰生	북쪽문을 피하고, 서남쪽으로 이사하면 안 된다. 재수가 없고, 하는 일마다 꼬이고, 病苦 질병발생. 바람기 발동.
巳酉丑生	서쪽문을 피하고, 동남쪽으로 이사하면 안 된다. 재수가 없고, 하는 일마다 꼬이고, 病苦 질병발생. 바람기 발동.
寅午戌生	남쪽문을 피하고, 북동쪽으로 이사하면 안 된다. 재수가 없고, 하는 일마다 꼬이고, 病苦 질병발생. 바람기 발동.
亥卯未生	동쪽문을 피하고, 서북쪽으로 이사하면 안 된다. 재수가 없고, 하는 일마다 꼬이고, 病苦 질병발생. 바람기 발동.

운세풀이

子띠:이동수,우왕좌왕, 弱, 다툼	卯띠: 점점 일이 꼬임, 관재구설	午띠:최고운상승세, 두마음	酉띠: 만남,결실,화합,문서
丑띠:매사불편, 방해자,배신	辰띠:귀인상봉, 금전이득, 현금	未띠: 의욕과다, 스트레스큼	戌띠:이동수,이별수,변동 움직임
寅띠:해결신,시험합격, 풀림	巳띠: 매사꼬임,과거고생, 질병	申띠: 시급한 일, 뜻대로 안됨	亥띠: 빈주머니,걱정근심,사기

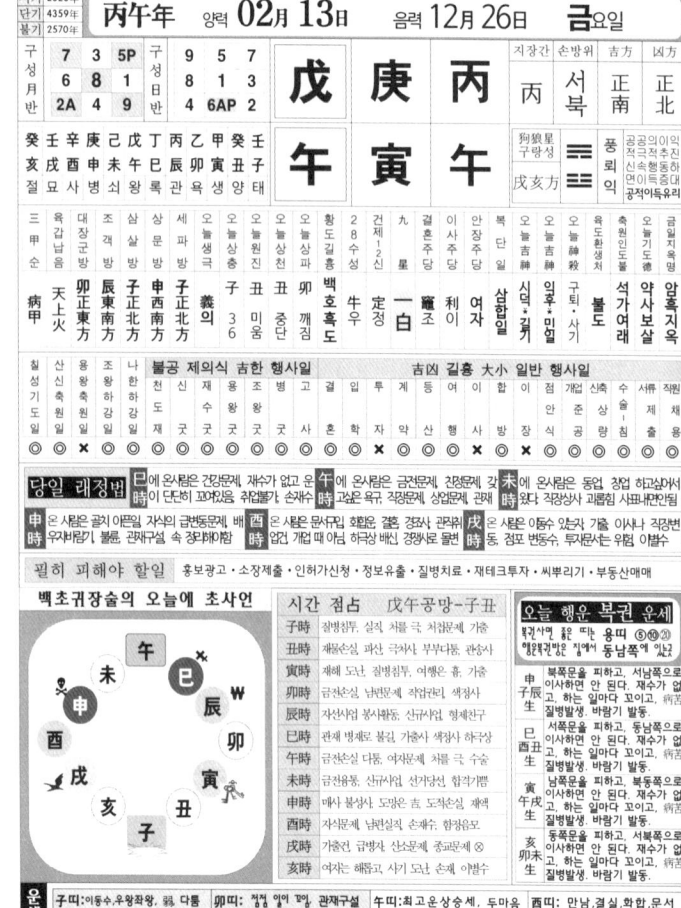

서기 2026年	단기 4359年	불기 2570年

丙午年 양력 02月 14日 음력 12月 27日 토요일

구성월반			구성일반		
7	3	5P	1	6	8A
6	8	1	9	2	4
2A	4	9	5P	7	3

시	일	월	년
己	庚	丙	
未	寅	午	

지장간	손방위	吉方	凶方
丙	북쪽	正東	正西

乙	甲	癸	壬	辛	庚	己	戊	丁	丙	乙	甲
亥	戌	酉	申	未	午	巳	辰	卯	寅	丑	子
태	양	생	욕	관	록	왕	쇠	병	사	묘	절

狗狼星 구랑성 / 井 물가 / ☴☳ 풍뢰익 / 공공의이익 적극적추진 신속행동하면이득증대 공적이득유리

三甲순	육갑납음	대장군방	조객방	삼살방	상문방	세파방	오늘생극	오늘상충	오늘원진	오늘상천	오늘상파	황도길흉	28수성	건제12신	九星	결혼주당	이사주당	안장주당	복단일	오늘吉神	오늘吉神	오늘神殺	육도환생처	축원인도불	오늘기도德	금일지옥명
病甲	天上火	卯正東方	辰東南方	子正北方	申西南方	子正北方	專전	丑 36	子 미움	子 중단	戌 깨짐	옥당황도	女여	執집	二黑	第제	安안	死	-	경안*사상	사격일	오황·귀곡	불도	석가여래	대세지보살	암흑지옥

칠성기도일	산신축원일	용왕축원일	조왕하강일	나한하강일	불공 제의식 吉한 행사일: 천도재	신굿	재수굿	용왕굿	조왕굿	병굿	고사	吉凶 길흉 大小 일반 행사일: 결혼	입학	투자	계약	등산	여행	이사	합방	이장	점안식	개업준공	신축상량	수술-침	서류제출	직원채용
◎	◎	×	◎	◎	◎	◎	◎	◎	◎	◎	◎	◎	◎	×	×	-	◎	×	×	◎	◎	◎	◎	-	◎	×

당일 래정법

巳時 에 온사람은 금전차용문제, 사업문제, 자식문제, 관직취직사, 속전속결이 유리

午時 에 온사람 자식문제, 우환질병 운이 단단히 꼬여있음, 동업파탄 관재구설

未時 에 온사람은 사업 동업하려 금전차용문제, 문서도장조심, 기도요망

申時 온 사람은 가내우환, 뭔가 하고싶어서 왔다. 금전큰손실 취업문제, 친구형제간 배신수, 관재수

酉時 온 사람은 골치 아픈일, 형제동업자간 배신, 바람기, 불륜, 시비투쟁, 급속정리해야함, 청춘귀

戌時 온 사람은 자식문제, 문서구입, 화합운, 결혼, 재혼 경조사, 애정사, 궁합, 개업, 하극상 배신, 원행불리

필히 피해야 할일

작명, 아호짓기 • 상호짓기 • 간판달기 • 항공주의 • 동물들이기 • 출행 • 창고개방 • 문서파기

백초귀장술의 오늘에 초사언

시간 점占 己未공망-子丑

子時	질병침투, 금전융통, 상업변동 색정사
丑時	질병침투, 적 침범사, 재물도난, 가출사
寅時	가출자, 실직문제, 사망자, 산소문제
卯時	질병위급, 관청문제, 동분서주 색정사
辰時	금전도난손재, 금전융통 안됨, 부인 흉사
巳時	사업흥성, 금전이득, 만사길조, 수상기쁨
午時	매사 불성사, 우환질병, 음란 색정사 자식
未時	금전사기유의, 여자문제, 우환질병 수술
申時	금전손재수, 자식문제, 극처사, 색정사
酉時	질병침투, 봉사활동, 자식문제, 가출도주
戌時	질병재앙, 부인문제, 관직변화변동
亥時	금전융통문제, 가출사, 질병침투, 삼각관계

오늘 행운 복권 운세

복권사면 좋은 띠는 **뱀띠** ⑦⑰27

행운복권방은 집에서 **남동쪽**에 있는곳

申子辰生	북쪽문을 피하고, 서남쪽으로 이사하면 안 된다. 재수가 없고, 하는 일마다 꼬이고, 病苦 질병발생. 바람기 발동.
巳酉丑生	서쪽문을 피하고, 동남쪽으로 이사하면 안 된다. 재수가 없고, 하는 일마다 꼬이고, 病苦 질병발생. 바람기 발동.
寅午戌生	남쪽문을 피하고, 북동쪽으로 이사하면 안 된다. 재수가 없고, 하는 일마다 꼬이고, 病苦 질병발생. 바람기 발동.
亥卯未生	동쪽문을 피하고, 서북쪽으로 이사하면 안 된다. 재수가 없고, 하는 일마다 꼬이고, 病苦 질병발생. 바람기 발동.

운세풀이

丑띠:이동수,우왕좌왕, 弱, 다툼	辰띠: 점점 일이 꼬임, 관재구설	未띠:최고운상승세, 두마음	戌띠: 만남,결실,화합,문서
寅띠:매사불편, 방해자,배신	巳띠:귀인상봉, 금전이득, 현금	申띠: 의욕과다, 스트레스큼	亥띠:이동수,이별수,변동 움직임
卯띠:해결신,시험합격, 풀림	午띠: 매사꼬임,과거고생, 질병	酉띠: 시급한 일, 뜻대로 안됨	子띠: 빈주머니,걱정근심,사기

서기	2026年
단기	4359年
불기	2570年

丙午年 양력 02月 15日 음력 12月 28日 일요일

구성月반				구성日반			
	7	3	5P		2	7	9
	6	8	1		1A	3	5
	2A	4	9		6P	8	4

庚	庚	丙
申	寅	午

지장간	손방위	吉方	凶方
丙	북동	正北	正南

狗狼星 구랑성 / 橋井門路 社廟	☴ ☳	풍뢰익	공공의이익 적극적추진 신속행동하면이득증대 공적이득유리

丁	丙	乙	甲	癸	壬	辛	庚	己	戊	丁	丙
亥	戌	酉	申	未	午	巳	辰	卯	寅	丑	子
병	쇠	왕	록	관	욕	생	양	태	절	묘	사

三甲순	육갑납음	대장군방	조객방	삼살방	상문방	세파방	오늘생극	오늘상충	오늘원진	오늘상천	오늘상파	황도길흉	28수성	건제12신	九星	결혼주당	이사주당	안장주당	복단일	오늘吉神	神殺	오늘神殺	육도환생처	축원인도불	오늘기도德	금일지옥명
病甲	石榴木	卯正東方	辰東南方	子正北方	申西南方	子正北方	專전	寅 36	卯 미움	亥 중단	巳 깨짐	천뇌흑도	虛허	破파	三碧	翁옹	災재	손자	-	해신*역마	월파일	패파·세형	인도	석가여래	아미보살	암흑지옥

칠성기도일	산신축원일	용왕축원일	조왕하강일	나한하강일	불공 제의식 吉한 행사일: 천도재	신굿	재수굿	용왕굿	조왕굿	병굿	고사	吉凶 길흉 大小 일반 행사일: 결혼	입학	투자	계약	등산	여행	이사	합방	이장	점안식	개업준공	신축상량	수술-침	서류제출	직원채용
◎	×	×	×	×	×	×	×	×	×	×	×	×	×	×	×	×	×	×	×	×	×	×	×	×	×	×

당일 래정법

巳時 에 온사람은 배신으로 관송사, 금전구재건, 색정사로 다툼, 가정불화 손재수

午時 에 온사람은 금전문제, 자식문제, 빚쟁이모함, 관직취직사, 속전속결이 유리

未時 에 온사람 건강문제, 자식문제로 최악상태, 직장퇴출위기, 손재수, 헛수고

申時 온 사람은 금전차용여부, 관직취직문제, 창업문제, 후원사는 유리함, 망신수, 사고조심

酉時 온 사람은 관송사, 색정사, 뭔가 하고싶어서 왔다, 직장취업문제, 친구형제간 배신, 건강 수술할일

戌時 온 사람은 골치 아픈일 금전손실, 자식문제, 형제동업 바람기, 불륜, 시비투쟁, 급속정리하여야함

필히 피해야 할일 이날은 흑도와 월파일에 패파, 수격 등 신살에 해당되어 매사 해롭고 불리한 날.

백초귀장술의 오늘에 초사언

시간 점占	庚申공망-子丑
子時	금전손실, 직업변동, 자식질병, 도난실직
丑時	사업문제, 금전손실, 사기도난, 가출건
寅時	직업이동, 금전융통, 육친이별, 터부정
卯時	금전융통, 처첩사, 우환질병, 가출문제
辰時	부동산사업, 종교문제, 봉사 시험합격
巳時	질병침투, 육친이별, 색정사, 도망 투쟁
午時	질병침투, 직업박탈, 가출, 재해 도난
未時	사업재난, 금전단절, 자손문제, 가출사
申時	취직, 직업승진명예문제, 당선, 금전융통
酉時	금전손실, 극처사, 남녀색정사, 수술주의
戌時	후원단절, 가출사, 적의 함정, 기도발원
亥時	자식문제, 질병발생, 손해, 가출, 함정

오늘 행운 복권 운세

복권사면 좋은 띠는 **말띠** ⑤⑦22
행운복권방은 집에서 **남쪽**에 있는곳

申子辰生	북쪽문을 피하고, 서남쪽으로 이사하면 안 된다. 재수가 없고, 하는 일마다 꼬이고, 病苦 질병발생. 바람기 발동.
巳酉丑生	서쪽문을 피하고, 동남쪽으로 이사하면 안 된다. 재수가 없고, 하는 일마다 꼬이고, 病苦 질병발생. 바람기 발동.
寅午戌生	남쪽문을 피하고, 북동쪽으로 이사하면 안 된다. 재수가 없고, 하는 일마다 꼬이고, 病苦 질병발생. 바람기 발동.
亥卯未生	동쪽문을 피하고, 서북쪽으로 이사하면 안 된다. 재수가 없고, 하는 일마다 꼬이고, 病苦 질병발생. 바람기 발동.

운세풀이

寅띠:이동수,우왕좌왕, 弱 다툼	巳띠: 점점 일이 꼬임, 관재구설	申띠:최고운상승세, 두마음	亥띠: 만남,결실,화합,문서
卯띠:매사불편, 방해자,배신	午띠: 귀인상봉, 금전어득, 현금	酉띠: 의욕과다, 스트레스큼	子띠:이동수,이별수,변동 움직임
辰띠:해결신,시험합격, 풀림	未띠: 매사꼬임,과거고생, 질병	戌띠: 시급한 일, 뜻대로 안됨	丑띠: 빈주머니,걱정근심,사기

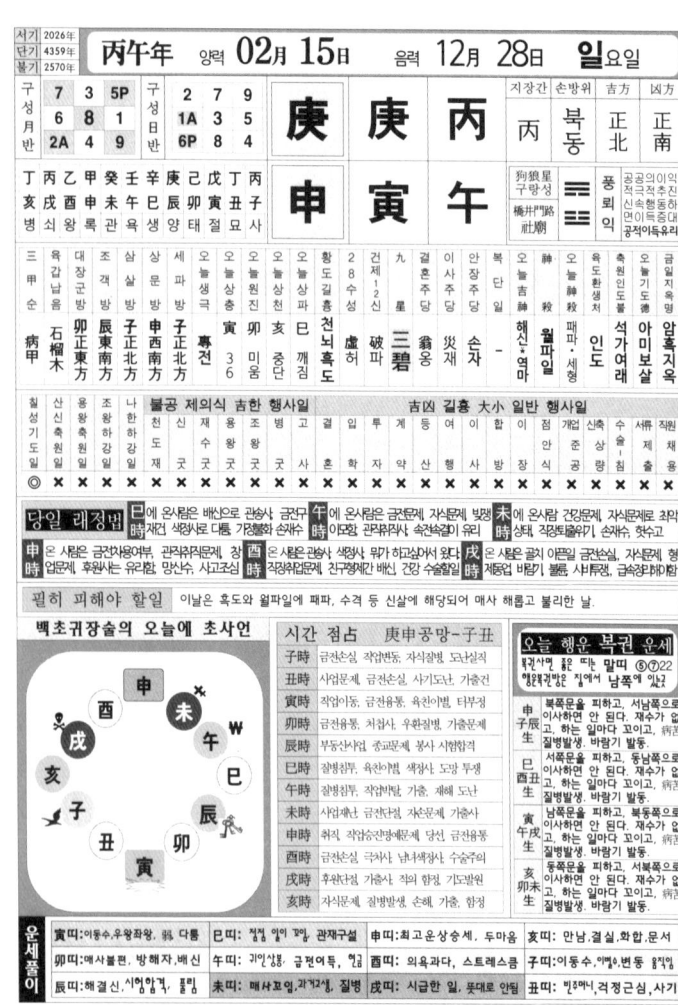

서기	2026年
단기	4359年
불기	2570年

丙午年 양력 02月 16日 음력 12月 29日 월요일

구성月반				구성日반			
	7	3	5P		3A	8	1
	6	8	1		2P	4	6
	2A	4	9		7	9	5

辛	庚	丙
酉	寅	午

지장간	손방위	吉方	凶方
丙	無	正西	正東

己	戊	丁	丙	乙	甲	癸	壬	辛	庚	己	戊
亥	戌	酉	申	未	午	巳	辰	卯	寅	丑	子
욕	관	록	왕	쇠	병	사	묘	절	태	양	생

狗狼星 구랑성	☱	풍뢰익	공공의이익 적극적추진 신속행동하 면이득증대 공적이득유리
午方 남쪽	☳		

2월

三甲순	육갑납음	대장군방	조객방	삼살방	상문방	세파방	오늘생극	오늘상충	오늘원진	오늘상천	오늘상파	황도길흉	28수성	건제12신	九星	결혼주당	이사주당	안장주당	복단일	神殺	神殺	오늘神殺	육도환생처	축원인도불	오늘기도德	금일지옥명
病甲	石榴木	卯正東方	辰東南方	子正北方	申西南方	子正北方	專전	卯 36	寅 미움	戌 중단	子 깨짐	현무흑도	危위	危위	四綠	堂당	師사	남자	월덕합	음덕*복생	천리·세압	홍사·겁룡	귀도	석가여래	관음보살	암혹지옥

칠성기도일	산신축원일	용왕축원일	조왕하강일	나한하강일	불공 제의식 吉한 행사일							吉凶 길흉 大小 일반 행사일														
					천도재	신굿	재수굿	용왕굿	조왕굿	병굿	고사	결혼	입학	투자	계약	등산	여행	이사	합방	이장	점안식	개업준공	신축상량	수술-침	서류제출	직원채용
◎	×	◎	◎	◎	◎	◎	◎	◎	◎	×	×	×	×	×	×	◎	-	◎	×	×	×	×	×	×	-	×

당일 래정법

巳時 에 온사람은 허가 해결할 문제, 합격여부, 동업투자여부, 돈차용문제, 재혼은 굳

午時 에 온사람은 금전문제, 형제문제, 색정사로 다툼, 여자로 큰 손실, 가까운배신

未時 에 온사람 금전문제, 사업문제, 딸자식문제, 관직취직사, 시비다툼 관송사

申時 온 사람은 질병우환건강, 관재구설로 운이 단단히 꼬여있음, 취업 승진문제, 남자로 손재수

酉時 온 사람은 두가지 문제 갈등사, 하극상 손윗사람 배신, 새로운 일시작 진행함이 좋다. 우환질병

戌時 온 사람은 의욕과다, 뭐가 하고싶어서 왔다. 직장 취업문제, 친구 형제에게 손실 배신 당할 수.

필히 피해야 할일 새집들이 · 장담그기 · 항공주의 · 승선 · 낚시 · 어로작업 · 요트타기 · 위험놀이기구

백초귀장술의 오늘에 초사언

시간 점占	辛酉공망-子丑
子時	자선사업, 봉사활동, 자식사, 임신가능
丑時	자식시험문제, 손재수, 가출사건, 질병위급
寅時	사기도난, 파재, 손실사, 색정사, 가출
卯時	질병침투, 실직, 금전손실, 적 침범사
辰時	금전융통, 타인과 다툼, 배신, 음모, 불륜
巳時	직장승진, 명예입신, 응모당선, 취직가능
午時	매사 불성, 남녀색정사, 우환질병, 실직
未時	자선사업, 구재이득, 귀인상봉, 도망사건
申時	재물손실, 사업파산, 극처사, 재해, 도난
酉時	직장승진, 금전암손, 부인문제, 가출사건
戌時	금전손실, 사업확장 금지, 질병근심, 변심
亥時	가내재앙, 자손근심, 실직문제, 처를 극

오늘 행운 복권 운세

복권사면 좋은 띠는 양띠 ⑤⑩25
행운복권방은 집에서 남서쪽에 있는곳

申子辰生	북쪽문을 피하고, 서남쪽으로 이사하면 안 된다. 재수가 없고, 하는 일마다 꼬이고, 病苦 질병발생. 바람기 발동.
巳酉丑生	서쪽문을 피하고, 동남쪽으로 이사하면 안 된다. 재수가 없고, 하는 일마다 꼬이고, 病苦 질병발생. 바람기 발동.
寅午戌生	남쪽문을 피하고, 북동쪽으로 이사하면 안 된다. 재수가 없고, 하는 일마다 꼬이고, 病苦 질병발생. 바람기 발동.
亥卯未生	동쪽문을 피하고, 서북쪽으로 이사하면 안 된다. 재수가 없고, 하는 일마다 꼬이고, 病苦 질병발생. 바람기 발동.

운세풀이

卯띠:이동수,우왕좌왕, 말썽 다툼	午띠: 점점 일이 꼬임, 관재구설	酉띠:최고운상승세, 두마음	子띠: 만남,결실,화합,문서
辰띠:매사불편, 방해자,배신	未띠: 귀인상봉, 금전이득, 현금	戌띠: 의욕과다, 스트레스큼	丑띠:이동수,이별수,변동 움직임
巳띠:해결신,시험합격, 풀림	申띠: 매사꼬임,과거고생, 질병	亥띠: 시급한 일, 뜻대로 안됨	寅띠: 빈주머니,걱정근심,사기

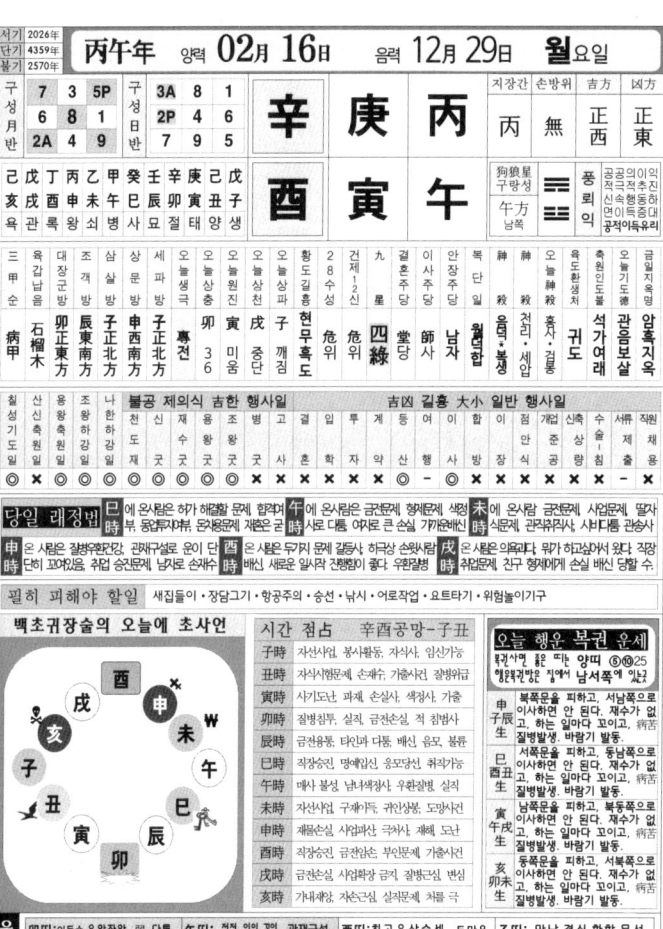

서기	2026年
단기	4359年
불기	2570年

丙午年 양력 02月 17日 음력 01月 01日 화요일 설날

구성월반				구성일반			
	7	3	5P		4P	9	2
	6	8	1		3	5	7
	2A	4	9		8	1	6

時	日	月	年
壬	庚	丙	
戌	寅	午	

지장간	손방위	吉方	凶方
丙	동쪽	正南	正北

辛	庚	己	戊	丁	丙	乙	甲	癸	壬	辛	庚
亥	戌	酉	申	未	午	巳	辰	卯	寅	丑	子
록	관	욕	생	양	태	절	묘	사	병	쇠	왕

狗狼星 구랑성: 寺觀 절 사관

☴☳ 풍뢰익: 공공의이익 적극적추진 신속행동하면이득증대 공적이득유리

三甲순	육갑납음	대장군방	조객방	삼살방	상문방	세파방	오늘생극	오늘상충	오늘원진	오늘상천	오늘상파	황도길흉	28수성	건제12신	九星	결혼주당	이사주당	안장주당	복단일	오늘吉神	神殺	오늘神殺	육도환생처	축원인도불	오늘기도德	금일지옥명
病甲	大海水	卯正東方	辰東南方	子正北方	申西南方	子正北方	伐벌	辰 36	巳 미움	酉 중단	未 깨짐	사명황도	室실	成성	五黃	父부	安안	아버지	생기신일	삼합일	수사·수격	지화·비렴	축도	석가여래	미륵보살	암흑지옥

					불공 제의식 吉한 행사일							吉凶 길흉 大小 일반 행사일														
칠성기도일	산신축원일	용왕축원일	조왕하강일	나한하강일	천도재	신굿	재수굿	용왕굿	조왕굿	병굿	고사	결혼	입학	투자	계약	등산	여행	이사	합방	이장	점안식	개업준공	신축상량	수술-침	서류제출	직원채용
◎	×	×	×	◎	◎	◎	◎	◎	◎	◎	◎	◎	◎	×	◎	◎	◎	×	◎	◎	◎	◎	◎	◎	◎	◎

당일 래정법

巳時 에 온사람은 방해자, 배신사, 직장취업건, 매사 지체불리함, 창업은 불리

午時 에 온사람은 가정불화 문제, 친정식구, 합격여부, 금전투자여부, 직장문제,동업

未時 에 온사람 금전구재건, 색정사로 인한 구설수 다툼, 억울한 일, 매사불성 지체

申時 온 사람은 금전문제, 사업문제, 관직취직문제, 자식문제, 경조사회합사, 속전속결이 유리

酉時 온 사람은 건강문제, 관재구설로 운이 단단히 꼬여있음, 딸자녀문제, 남자문제, 손재수, 지체

戌時 온 사람은 갖고싶은 욕구 강함, 금전투자, 새로운 일시작 진행함이 좋다. 우환질병, 선산이장건

필히 피해야 할일

소장제출 · 항소 · 승선 · 낚시 · 어로작업 · 싱크대교체 · 애완동물들이기 · 지붕덮기 · 도축 · 방류

백초귀장술의 오늘에 초사언

시간 점占 壬戌공망-子丑

子時	금전 암손, 부인문제, 우환질병, 색정사
丑時	직업권리, 취업, 구재이득, 부부화합사
寅時	적의 침범사, 질병위급, 가출사, 도망사
卯時	질병침투, 남녀색정사, 금전융통, 호색
辰時	관재 병재로 불길, 적침사, 부하도주, 가출
巳時	금전융통 재물손실, 여자 망신살수 탄로
午時	금전융통, 처첩사, 금전다툼, 가출사
未時	직장문제, 원한발생, 삼각관계, 관刑
申時	신규사업, 가출건, 도난주의, 원행 이동배신
酉時	괴이사발생, 파산, 재물손실, 질병우환
戌時	금전암손, 질병침투, 여자관련, 부부배신
亥時	직장승진, 명예입신, 응모당선, 가출사건

오늘 행운 복권 운세

복권사면 좋은 띠는 **원숭띠** ⑨19, 29
행운복권방은 집에서 **서남쪽**에 있는곳

申子辰生	북쪽문을 피하고, 서남쪽으로 이사하면 안 된다. 재수가 없고, 하는 일마다 꼬이고, 病苦 질병발생. 바람기 발동.
巳酉丑生	서쪽문을 피하고, 동남쪽으로 이사하면 안 된다. 재수가 없고, 하는 일마다 꼬이고, 病苦 질병발생. 바람기 발동.
寅午戌生	남쪽문을 피하고, 북동쪽으로 이사하면 안 된다. 재수가 없고, 하는 일마다 꼬이고, 病苦 질병발생. 바람기 발동.
亥卯未生	동쪽문을 피하고, 서북쪽으로 이사하면 안 된다. 재수가 없고, 하는 일마다 꼬이고, 病苦 질병발생. 바람기 발동.

운세풀이

辰띠:이동수,우왕좌왕, 불화 다툼	未띠: 점점 일이 꼬임, 관재구설	戌띠:최고운상승세, 두마음	丑띠: 만남,결실,화합,문서
巳띠:매사불편, 방해자,배신	申띠: 귀인상봉, 금전이득, 현금	亥띠: 의욕과다, 스트레스큼	寅띠:이동수,이별수,변동 움직임
午띠:해결신,시험합격, 풀림	酉띠: 매사꼬임,과거고생, 질병	子띠: 시급한 일, 뜻대로 안됨	卯띠: 빈주머니,걱정근심,사기

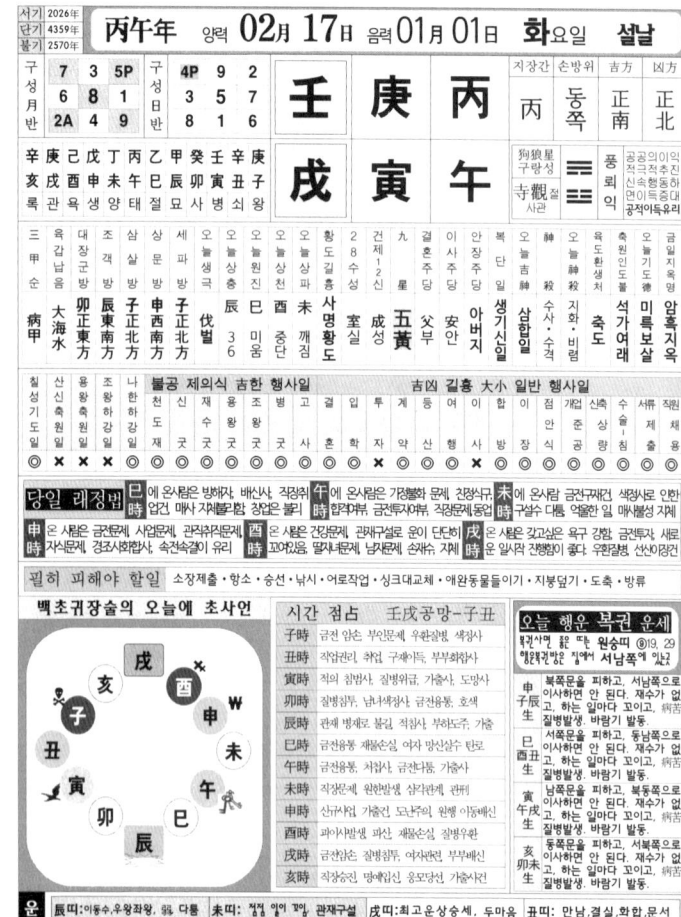

서기 2026年	丙午年	양력 02月 18日	음력 01月 02日	수요일
단기 4359年				
불기 2570年				

2월

구성월반		
7	3	5P
6	8	1
2A	4	9

구성日반		
5P	1	3
4	6	8
9	2	7A

癸	庚	丙
亥	寅	午

지장간	손방위	吉方	凶方
甲	동남	正東	正西

狗狼星 구랑성 · 船巳方 배남동간 · 풍산점 · 점차전진운 세순리대로 진행하면성 취됨 전진 이사 이동

癸	壬	辛	庚	己	戊	丁	丙	乙	甲	癸	壬
亥	戌	酉	申	未	午	巳	辰	卯	寅	丑	子
왕	쇠	병	사	묘	절	태	양	생	욕	관	록

三甲순	육갑납음	대장군방	조객방	삼살방	상문방	세파방	오늘생극	오늘상충	오늘원진	오늘상천	오늘상파	황도길흉	28수성	건제12신	九星	결혼주당	이사주당	안장주당	복단일	오늘吉神	오늘吉神	오늘神殺	육도환생처	축원인도불	오늘기도德	금일지옥명
病甲	大海水	卯正東方	辰東南方	子正北方	申西南方	子正北方	專전	巳 36	辰 미움	申 중단	寅 깨짐	구진흑도	壁벽	收수	六白	姑고	利이	남자	복단일	오부길일	생기*모창	토금·겁살	옥도	석가여래	여래보살	암흑지옥

칠성기도일	산신축원일	용왕축원일	조왕하강일	나한하강일	천도재	신굿	재수굿	용왕굿	조왕굿	병굿	고사	결혼	입학	투자	계약	등산	여행	이사	합방	이장	점안식	개업준공	신축상량	수술·침	서류제출	직원채용
◎	×	×	◎	◎	◎	◎	×	×	◎	◎	◎	×	◎	×	◎	◎	◎	×	×	×	◎	×	-	◎	◎	◎

(불공 제의식 吉한 행사일: 천도재 ~ 고사 / 吉凶 길흉 大小 일반 행사일: 결혼 ~ 직원채용)

당일 래정법

巳時 에 온사람은 형제 자식문제, 직장변동수, 터부정 금전사기 동업다툼 관재구설

午時 에 온사람은 집안우환질병 망신살 방해자, 배신사, 금전문제, 색정사건

未時 에 온사람 금전문제, 허가 해결할 문제 주식투자여부, 직장문제, 문서매매건

申時 온 사람은 금전차용문제, 실직문제, 취업시험 불리, 색정사, 억울한 일, 파재, 매사불성사

酉時 온 사람은 금전문제, 사업계약문제, 관직취직사, 취업 시험 승진 조건맞으면 이득발생함

戌時 온 사람은 건강문제, 형제 친구 동료로 인한부정, 하극상 배신사, 동기간칼뜰, 손재수, 헛수고

필히 피해야 할일 소장제출·항소·질병치료·도로정비·문 만들기·산소행사·뗏장 입히기·흙 파는일

백초귀장술의 오늘에 초사언

시간 점占	癸亥공망-子丑
子時	남녀색정사, 직업권리, 취업, 금전손실
丑時	적의 침범사, 질병위급, 이별사, 수술재앙
寅時	자손사, 직업변동, 가출문제, 화류계 탄로
卯時	자식문제, 신규불길, 여행조심, 관재불길
辰時	관청일, 직업문제, 남편재해 도망, 가출
巳時	이동사, 적침사, 질병침투, 터부정 가출사
午時	금전융통, 사업문제, 여자문제, 부부배신
未時	부모효도, 금전다툼, 적침범, 가출사
申時	재물손실, 우환질병, 도난, 상해, 손모사
酉時	금전후원융통가능, 질병재앙, 가출 도주
戌時	관청권리박탈, 남편실탈, 질병고통, 관재
亥時	금전암신, 극처사, 파산, 죽음, 자식 흉액

오늘 행운 복권 운세

복권사면 좋은 띠는 닭띠 ④⑨ 24, 행운복권방은 집에서 서쪽에 있는곳

申子辰生	북쪽문을 피하고, 서남쪽으로 이사하면 안 된다. 재수가 없고, 하는 일마다 꼬이고, 病苦 질병발생. 바람기 발동.
巳酉丑生	서쪽문을 피하고, 동남쪽으로 이사하면 안 된다. 재수가 없고, 하는 일마다 꼬이고, 病苦 질병발생. 바람기 발동.
寅午戌生	남쪽문을 피하고, 북동쪽으로 이사하면 안 된다. 재수가 없고, 하는 일마다 꼬이고, 病苦 질병발생. 바람기 발동.
亥卯未生	동쪽문을 피하고, 서북쪽으로 이사하면 안 된다. 재수가 없고, 하는 일마다 꼬이고, 病苦 질병발생. 바람기 발동.

운세풀기

巳띠:이동수,우왕좌왕, 弱 다툼	申띠: 점점 일이 꼬임, 관재구설	亥띠:최고운상승세, 두마음	寅띠: 만남,결실,화합,문서
午띠:매사불편, 방해자,배신	酉띠: 귀인상봉, 금전어득, 현금	子띠: 의욕과다, 스트레스큼	卯띠:이동수,이별수,변동 움직임
未띠:해결신,시험합격, 풀림	戌띠: 매사꼬임,과거고생, 질병	丑띠: 시급한 일, 뜻대로 안됨	辰띠: 빈주머니,걱정근심,사기

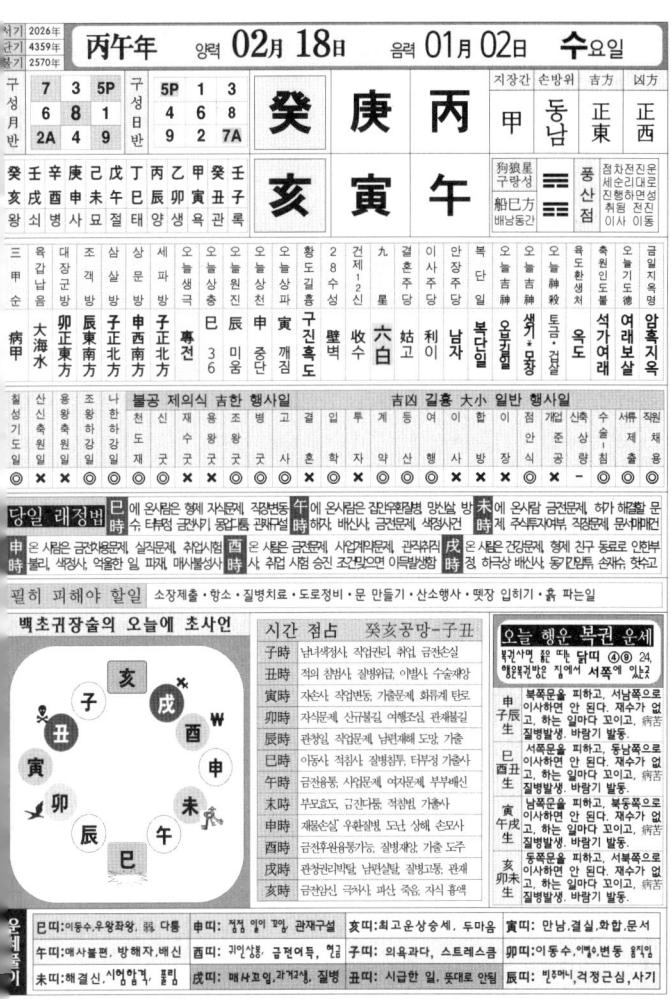

서기	2026年
단기	4359年
불기	2570年

丙午年 양력 **02月 19日** 음력 01月 03日 **목**요일 陽遁中元

구성月반				구성日반			
	7	3	5P		6	2P	4
	6	8	1		5	7	9A
	2A	4	9		1	3	8

甲	庚	丙
子	寅	午

지장간	손방위	吉方	凶方
甲	남쪽	正北	正南

乙	甲	癸	壬	辛	庚	己	戊	丁	丙	乙	甲
亥	戌	酉	申	未	午	巳	辰	卯	寅	丑	子
생	양	태	절	묘	사	병	쇠	왕	록	관	욕

狗狼星 구랑성 / 社廟 사당묘	☴ ☶	풍산점	점차전진운세순리대로 진행하면성취됨 전진 이사 이동

三甲순	육갑납음	대장군방	조객방	삼살방	상문방	세파방	오늘생극	오늘상충	오늘원진	오늘상천	오늘상파	황도길흉	28수성	건제12신	九星	결혼주당	이사주당	안장주당	오늘吉神	천구하식	神殺	오늘神殺	육도환생처	축원인도불	오늘기도德	금일지옥명
生甲	海中金	卯正東方	辰東南方	子正北方	申西南方	子正北方	義의	午 36	未 미움	未 중단	酉 깨짐	청룡황도	奎규	開개	七赤	堂당	天천	손자	-	익후*모창	천화·라강	재살·피마	천도	아미타불	아미보살	검수지옥

칠성기도일	산신축원일	용왕축원일	조왕하강일	나한하강일	천도재	신굿	재수굿	용왕굿	조왕굿	병굿	고사	결혼	입학	투자	계약	등산	여행	이사	합방	이장	점안식	개업준공	신축상량	수술-침	서류제출	직원채용
					불공 제의식 吉한 행사일							吉凶 길흉 大小 일반 행사일														
◎	◎	×	◎	◎	◎	◎	◎	◎	◎	◎	◎	×	◎	×	×	◎	◎	×	×	×	◎	◎	◎	◎	◎	×

당일 래정법

巳時에 온사람은 자식문제, 실업자, 반주머니, 헛 공사, 보이스피싱사기 모든사

午時에 온사람은 남녀간 배신사, 이동변동수, 터부정, 관재구설, 차사고

未時에 온사람은 직장취업문제, 방해자, 배신사, 매사 지체불리함, 창업은 불리함.

申時 온 사람은 관송사 급처리문제, 처음엔 해결되는듯하나 후에 불리함. 시험은 합격되고 취업승진기능

酉時 온 사람은 딸자식문제, 억울한일 외정색정사, 불륜사 문제, 관재로 발전 금전문제, 취직문제

戌時 온 사람은 금전문제, 사업문제, 주식투자문제, 부동산거래, 재물구재사, 여자회합건 돈은 들어오나 곧바

필히 피해야 할일 신상출고・제품제작・창고개방・옷재단・입주・건축증개축・흙 다루고 땅 파는 일

백초귀장술의 오늘에 초사언

시간 점占	甲子공망-戌亥
子時	금전암손, 여자일, 부모나 윗사람 질병발생
丑時	금전융통, 사업계획, 질병유발, 도난
寅時	관직 직장실직, 금전고통, 원한 喪
卯時	관직 승진문제, 금전 부인문제, 수술주의
辰時	매사불성사, 가출사, 금전손실, 재해 이사
巳時	매사불성, 자식문제, 사기 도난 파재 실직
午時	적 침범사, 질병침투, 가출사, 실직사, 화재
未時	사업손실, 취업청탁, 방해자, 구재불가
申時	음란색정사, 질병침투 수술, 관재 이별
酉時	금전갈취 도주, 색정사, 처첩, 가출 함정
戌時	금전문제, 상업문제, 여자문제, 질병유발
亥時	재물손실, 질병침투, 가출, 타로 음모 망신

오늘 행운 복권 운세

복권사면 좋은 띠는 **개띠** ⑩⑳ 30

행운복권방은 집에서 **서북쪽에** 있는곳

申子辰生	북쪽문을 피하고, 서남쪽으로 이사하면 안 된다. 재수가 없고, 하는 일마다 꼬이고, 病苦 질병발생. 바람기 발동.
巳酉丑生	서쪽문을 피하고, 동남쪽으로 이사하면 안 된다. 재수가 없고, 하는 일마다 꼬이고, 病苦 질병발생. 바람기 발동.
寅午戌生	남쪽문을 피하고, 북동쪽으로 이사하면 안 된다. 재수가 없고, 하는 일마다 꼬이고, 病苦 질병발생. 바람기 발동.
亥卯未生	동쪽문을 피하고, 서북쪽으로 이사하면 안 된다. 재수가 없고, 하는 일마다 꼬이고, 病苦 질병발생. 바람기 발동.

운세풀이

午띠:이동수,우왕좌왕, 신경 다툼	酉띠: 점점 일이 꼬임, 관재구설	子띠:최고운상승세, 두마음	卯띠: 만남,결실,화합,문서
未띠:매사불편, 방해자,배신	戌띠:귀인상봉, 금전이득, 현금	丑띠: 의욕과다, 스트레스큼	辰띠:이동수,이별수,변동 움직임
申띠:해결신,시험합격, 풀림	亥띠: 매사꼬임,과거고생, 질병	寅띠: 시급한 일, 뜻대로 안됨	巳띠: 빈주머니,걱정근심,사기

서기 2026年
단기 4359年
불기 2570年

丙午年 양력 02月 20日 음력 01月 04日 금요일

2월

구성월반				구성일반			
	7	3	5P		7	3	5P
	6	8	1		6	8	1
	2A	4	9		2A	4	9

乙	庚	丙
丑	寅	午

지장간	손방위	吉方	凶方
甲	남서	正西	正東

狗狼星 구랑성	괘	풍산점	
廚 부엌	☴☶	풍산점	점차전진운 세순리대로 진행하면성 취됨 전진 이사 이동

丁	丙	乙	甲	癸	壬	辛	庚	己	戊	丁	丙
亥	戌	酉	申	未	午	巳	辰	卯	寅	丑	子
사	묘	절	태	양	생	욕	관	록	왕	쇠	병

三甲순	육갑납음	대장군방	조객방	삼살방	상문방	세파방	오늘생극	오늘상충	오늘원진	오늘상천	오늘상파	황도길흉	28수성	건제12신	九星	결혼주당	이사주당	안장주당	오늘吉神	대공망일	오늘神殺	오늘神殺	육도환생처	축원인도불	오늘기도德	금일지옥명
生甲	海中金	卯正東方	辰東南方	子正北方	申西南方	子正北方	制제	未 36	午 미움	午 중단	辰 깨짐	명당황도	婁루	閉폐	八白	翁옹	害해	死	황은대사	대공망일	혈지·토부	귀기·멸몰	천도	아미타불	보현보살	검수지옥

칠성기도일	산신축원일	용왕축원일	조왕하강일	나한하강일	불공 제의식 吉한 행사일						吉凶 길흉 大小 일반 행사일														
					천도재	신굿	재수굿	용왕굿	조왕굿	병굿	고사	결혼	입학	투자	계약	등산	여행	이사	합방	이장	점안식	개업준공	신축상량	수술·침	서류제출	직원채용
◎	◎	×	◎	◎	◎	×	×	×	×	×	×	×	×	×	×	×	×	×	×	×	×	×	×	×	×	×

당일 래정법

巳時 에 온사람은 이동수 있음 이사나 직장변동, 딸자식근심, 실직위험 이별

午時 에 온사람은 재녀의질병, 부부불화, 빈주머니 헛고생 금전사기·모난사

未時 에 온사람은 매매 이동변동수, 터부정, 관재구설 모함, 혈연다툼, 교통사고주의

申時 온 사람은 관송사, 방해자, 배신사, 우환질병사, 남편 취업 승진문제, 차사고로 큰손재수

酉時 온 사람은 금전 급차리문제, 색정사, 해결되는 듯하나 지체 시험합격됨 허가건은 승인

戌時 온 사람은 하극상 배신사, 여자 외정색정사, 불륜사 문제,, 관재로 발전, 딸 문제, 취직문제

필히 피해야 할일

이날은 대공망일에 폐날로서 귀기와 혈지, 멸몰 등 신살에 해당되어 매사 해롭고 불리한 날.

백초귀장술의 오늘에 초사언

시간 점占 乙丑공망-戌亥

子時	가내우환, 관재구설, 가출사, 금전융통
丑時	사업사 손재수, 여자일 질병발생 갈취도주
寅時	도난, 파재, 손모사, 극처사, 상해
卯時	실직, 질병침투, 적 침범사, 금전손실
辰時	재물사기도난, 처첩문제, 우환질병, 수술
巳時	직장변동, 실직문제, 자식사, 이사이동吉
午時	매사 불성, 실직사, 색정사, 불화합, 손재
未時	관재 병재로 불길, 가출사, 파재, 색정사
申時	취업청탁, 재해, 도난, 방해 탄로 폭로 망신
酉時	불륜색정사, 우환질병, 가출사, 관재구설
戌時	부인근심, 금전융통, 손모사, 관 刑급발
亥時	금전문제, 사업후원, 자식 질병 死문제

오늘 행운 복권 운세

복권사면 좋은 띠는 **돼지띠** ⑪⑯31
행운복권방은 집에서 **북서쪽에 있는곳**

申子辰生	북쪽문을 피하고, 서남쪽으로 이사하면 안 된다. 재수가 없고, 하는 일마다 꼬이고, 病苦질병발생. 바람기 발동.
巳酉丑生	서쪽문을 피하고, 동남쪽으로 이사하면 안 된다. 재수가 없고, 하는 일마다 꼬이고, 病苦질병발생. 바람기 발동.
寅午戌生	남쪽문을 피하고, 북동쪽으로 이사하면 안 된다. 재수가 없고, 하는 일마다 꼬이고, 病苦질병발생. 바람기 발동.
亥卯未生	동쪽문을 피하고, 서북쪽으로 이사하면 안 된다. 재수가 없고, 하는 일마다 꼬이고, 病苦질병발생. 바람기 발동.

未띠:이동수,우왕좌왕, 弱, 다툼	戌띠: 점점 일이 꼬임, 관재구설	丑띠:최고운상승세, 두마음	辰띠: 만남,결실,화합,문서
申띠:매사불편, 방해자,배신	亥띠:귀인상봉, 금전이득, 현금	寅띠: 의욕과다, 스트레스큼	巳띠:이동수,이별수,변동 움직임
酉띠:해결신,시험합격, 풀림	子띠: 매사꼬임,과거고생, 질병	卯띠: 시급한 일, 뜻대로 안됨	午띠: 빈주머니,걱정근심,사기

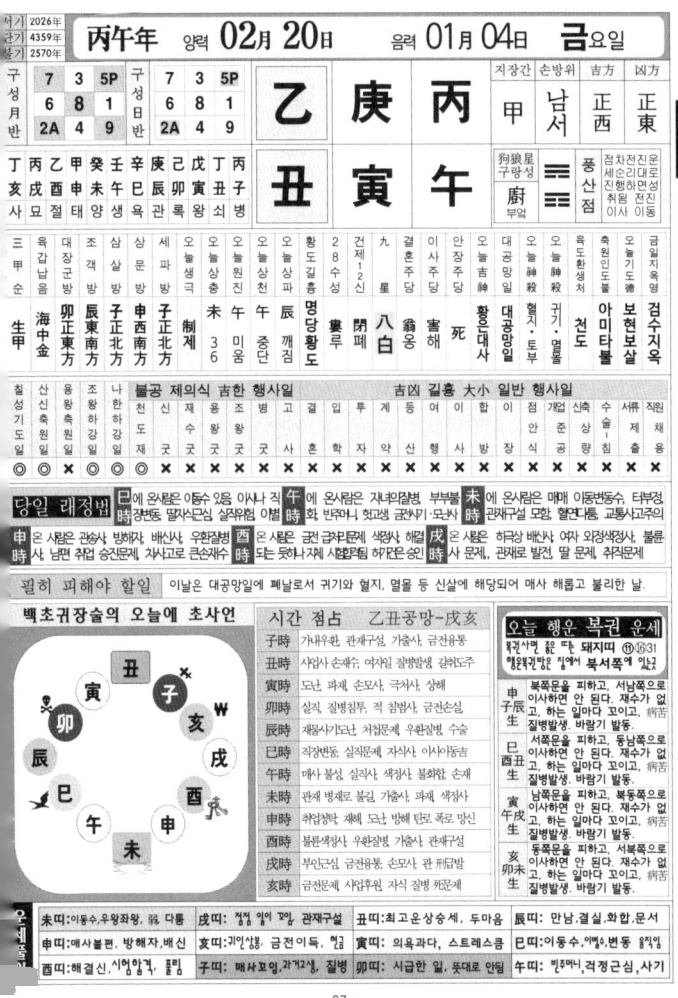

서기	2026年
단기	4359年
불기	2570年

丙午年 양력 02月 21日 음력 01月 05日 토요일

구성月반			구성日반						지장간	손방위	吉方	凶方
7	3	5P	8	4A	6P	丙	庚	丙	甲	서쪽	正南	正北
6	8	1	7	9	2							
2A	4	9	3	5	1							

己	戊	丁	丙	乙	甲	癸	壬	辛	庚	己	戊			
亥	戌	酉	申	未	午	巳	辰	卯	寅	丑	子	寅	寅	午
절	묘	사	병	쇠	왕	록	관	욕	생	양	태			

狗狼星 구랑성	괘	풍산점	
天	☴ ☶	풍산점	점차전진운세순리대로 진행하면성취됨 전진 이사 이동

三甲순	육갑납음	대장군방	조객방	삼살방	상문방	세파방	오늘생극	오늘상충	오늘원진	오늘상천	오늘상파	황도길흉	28수성	건제12신	九星	결혼주당	이사주당	안장주당	복단일	오늘吉神	神殺	오늘神殺	육도환생처	축원인도불	오늘기도德	금일지옥명
生甲	爐中火	卯正東方	辰東南方	子正北方	申西南方	子正北方	義의	申 36	酉 미움	巳 중단	亥 깨짐	천형흑도	胃위	建건	九紫	第제	殺살	여자	월기일	천은*왕일	천격·왕망	오귀·풍파	인도	아미타불	약사보살	검수지옥

칠성기도일	산신축원일	용왕축원일	조왕하강일	나한하강일	불공 제의식 吉한 행사일							吉凶 길흉 大小 일반 행사일														
					천도재	신굿	재수굿	용왕굿	조왕굿	병굿	고사	결혼	입학	투자	계약	등산	여행	이사	합방	이장	점안식	개업준공	신축상량	수술-침	서류제출	직원채용
×	×	×	×	×	×	×	×	×	×	×	×	×	◎	×	×	◎	×	×	×	×	×	◎	×	-	◎	×

당일 래정법

巳時 에 온사람은 문서 화합운, 결혼, 재혼, 경조사, 관송사 급구속건, 금전부정의혹

午時 에 온사람은 이동수 있는자, 직장변동, 사업체변동수, 해외여행, 이별수

未時 에 온사람은 자식문제, 금전손재수, 직장해고, 빈주머니, 헛고생 윗사람건, 매사불성

申時 온 사람은 허위문서, 매매 이동변동수, 여자상업사, 관재구설, 시비다툼주의, 차사고주의

酉時 온 사람은 방해자, 배신사, 남녀재혼, 취업 승진 매사지체불리함, 차사고로 손해

戌時 온 사람은 급차리문제, 묘지탈로 고이사발생, 처음엔 해결되는 듯하나 후 불리함 시험 합격됨 허가건 승인됨

필히 피해야 할일 회의개최 · 구인 · 항공주의 · 주방고치기 · 동토 · 씨뿌리기 · 우물파기 · 제방쌓기 · 흙 파는일.

백초귀장술의 오늘에 초사언

시간 점占 丙寅공망-戌亥

子時	금전문제, 상업문제, 후원도움, 남편문제
丑時	매사 막히고 퇴보, 직장실직, 남편 자식
寅時	금전 암손, 여자문제, 자식사, 도난주의
卯時	윗사람 후원문제, 가출문제, 남녀색정사
辰時	자식문제, 직장실직, 시험안됨, 금전손실
巳時	직위승진, 명예, 응모당선, 금전기쁨 우환
午時	금전손실 다툼, 부인문제, 질병침투, 가출
未時	집안잡귀침투, 자식사, 색정사, 관직 실직
申時	질병재앙, 재물손실, 가출사, 도난, 도망
酉時	금전융통, 부인흉극, 파재, 관재 배신 음모
戌時	자식문제, 직장승진., 실직문제, 금전손실
亥時	윗사람 발탁건, 다툼, 이별사, 자식 가출사

오늘 행운 복권 운세

복권사면 좋은 띠는 **쥐띠** ①⑥⑯

행운복권방은 집에서 **북쪽**에 있는곳

申子辰生	북쪽문을 피하고, 서남쪽으로 이사하면 안 된다. 재수가 없고, 하는 일마다 꼬이고, 病苦 질병발생. 바람기 발동.
巳酉丑生	서쪽문을 피하고, 동남쪽으로 이사하면 안 된다. 재수가 없고, 하는 일마다 꼬이고, 病苦 질병발생. 바람기 발동.
寅午戌生	남쪽문을 피하고, 북동쪽으로 이사하면 안 된다. 재수가 없고, 하는 일마다 꼬이고, 病苦 질병발생. 바람기 발동.
亥卯未生	동쪽문을 피하고, 서북쪽으로 이사하면 안 된다. 재수가 없고, 하는 일마다 꼬이고, 病苦 질병발생. 바람기 발동.

운세풀이

申띠:이동수,우왕좌왕, 弱, 다툼	亥띠: 점점 일이 꼬임, 관재구설	寅띠:최고운상승세, 두마음	巳띠: 만남,결실,화합,문서
酉띠:매사불편, 방해자,배신	子띠:귀인상봉, 금전이득, 현금	卯띠: 의욕과다, 스트레스큼	午띠:이동수,이별수,변동 움직임
戌띠:해결신,시험합격, 풀림	丑띠: 매사꼬임,과거고생, 질병	辰띠: 시급한 일, 뜻대로 안됨	未띠: 빈주머니,걱정근심,사기

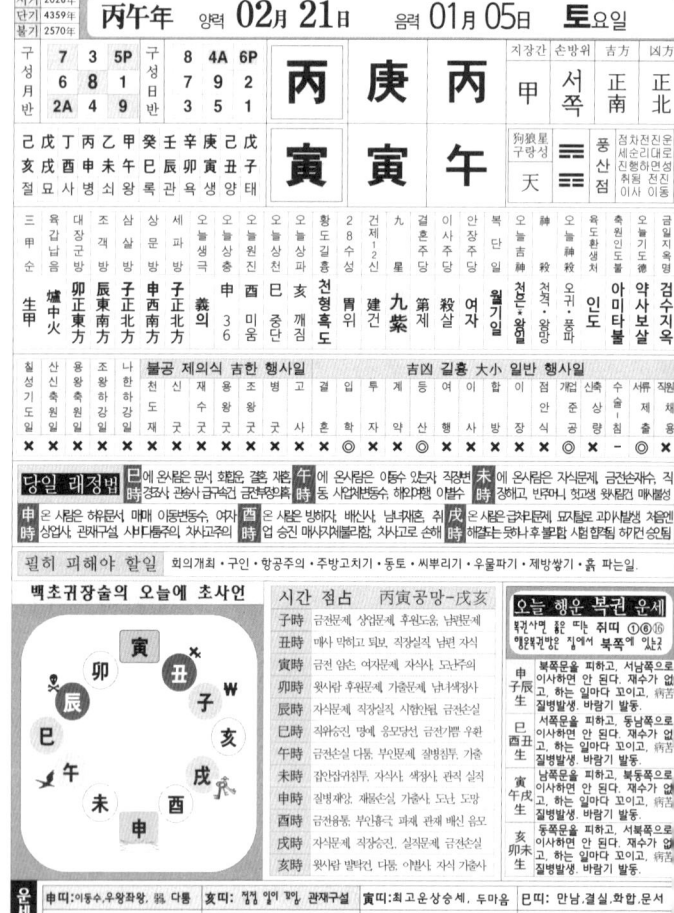

서기	2026年
단기	4359年
불기	2570年

丙午年 양력 02月 22日 음력 01月 06日 일요일

구성월반				구성일반			
	7	3	5P		9	5	7
	6	8	1		8	1	3P
	2A	4	9		4	6A	2

丁	庚	丙
卯	寅	午

지장간	손방위	吉方	凶方
甲	서북	正東	正西

狗狼星 구랑성	神廟道觀 後門 寅艮方
풍산점	점차전진운 세순리대로 진행하면성 취됨 전진 이사 이동

辛	庚	己	戊	丁	丙	乙	甲	癸	壬	辛	庚
亥	戌	酉	申	未	午	巳	辰	卯	寅	丑	子
태	양	생	욕	관	록	왕	쇠	병	사	묘	절

三甲순	육갑납음	대장군방	조객방	삼살방	상문방	세파방	오늘생극	오늘상충	오늘원진	오늘상천	오늘상파	황도길흉	28수성	건제12신	九星	결혼주당	이사주당	안장주당	복단일	오늘吉神	오늘吉神	오늘神殺	육도환생처	축원인도불	오늘기도德	금일지옥명
生甲	爐中火	卯正東方	辰東南方	子正北方	申西南方	子正北方	義의	酉 36	申 미움	辰 중단	午 깨짐	주작흑도	昴묘	除제	一白	竈조	富부	어머니	-	옥우*관일	천덕*병보	대패·함지	귀도	아미타불	문수보살	검수지옥

칠성기도일	산신축원일	용왕축원일	조왕하강일	나한하강일	천도재	신굿	재수굿	용왕굿	조왕굿	병굿	고사	결혼	입학	투자	계약	등산	여행	이사	합방	이장	점안식	개업준공	신축상량	수술-침	서류제출	직원채용
×	◎	×	◎	◎	◎	◎	◎	◎	◎	◎	◎	×	◎	×	×	◎	◎	×	×	×	◎	◎	×	◎	◎	◎

(천도재–고사: 불공 제의식 吉한 행사일 / 결혼–직원채용: 吉凶 길흉 大小 일반 행사일)

당일 래정법

巳時 에 온사람은 골치 아픈일, 가내환자, 죽음 바람기, 불륜, 시비투쟁, 정지

午時 에 온사람은 문서 화합운, 결혼, 재혼, 경조사, 애정사, 궁합 만남, 후원 개업

未時 에 온사람은 이동수 있는자, 이사나 직장변동, 사업체 변동수, 여행, 이별수

申時 온 사람은 자식문제, 실업자, 문서는 허위문서, 빈주머니, 헛고생, 사기 모함 ·도난사

酉時 온 사람은 매매 이동변동수, 터부정, 관재구설, 사기, 허위문서, 시비 다툼주의, 차사고주의

戌時 온 사람은 방해자, 배신사, 직장모함, 취업 승진 매사 지체불리함, 차사고로 손재수, 암투

필히 피해야 할일 주식투자 • 사행성코인사입 • 교역 • 머리자르기 • 태아인공수정 • 새집들이 • 어로작업

백초귀장술의 오늘에 초사언

시간 점占	丁卯공망-戌亥
子時	우환질병, 음란색정사, 관재구설, 도난
丑時	자식문제, 직장실직, 금전손실, 이별사
寅時	윗사람 질병침투, 사업후원사, 불륜사 탄로
卯時	여자로부터 금전손실, 우환질병, 삼각관계
辰時	사업상 손실, 가산탕진, 직업실직, 관재수
巳時	매사 불성사, 가출건, 금전손실 다툼
午時	취업문제, 직위승진, 가정문제, 도난
未時	이동 이별수, 직업변동, 가출사, 삼각관계
申時	상해, 도난, 금전융통, 극처사, 가출사건
酉時	적의 침범사, 금전 병재로 불길, 색정사
戌時	자식문제, 실직사, 불륜색정사, 배신도망
亥時	금전문제, 자식문제, 가출사, 불륜관계

오늘 행운 복권 운세

복권사면 좋은 띠는 소띠 ②⑤⑩
행운복권방은 집에서 북동쪽에 있는곳

申子辰生	북쪽문을 피하고, 서남쪽으로 이사하면 안 된다. 재수가 없고, 하는 일마다 꼬이고, 病苦 질병발생. 바람기 발동.
巳酉丑生	서쪽문을 피하고, 동남쪽으로 이사하면 안 된다. 재수가 없고, 하는 일마다 꼬이고, 病苦 질병발생. 바람기 발동.
寅午戌生	남쪽문을 피하고, 북동쪽으로 이사하면 안 된다. 재수가 없고, 하는 일마다 꼬이고, 病苦 질병발생. 바람기 발동.
亥卯未生	동쪽문을 피하고, 서북쪽으로 이사하면 안 된다. 재수가 없고, 하는 일마다 꼬이고, 病苦 질병발생. 바람기 발동.

운세풀이

酉띠:이동수,우왕좌왕, 弱, 다툼	子띠: 점점 일이 꼬임, 관재구설	卯띠:최고운상승세, 두마음	午띠: 만남,결실,화합,문서
戌띠:매사불편, 방해자,배신	丑띠:귀인상봉, 금전이득, 현금	辰띠: 의욕과다, 스트레스큼	未띠:이동수,이별수,변동 움직임
亥띠:해결신,시험합격, 풀림	寅띠: 매사꼬임,과거고생, 질병	巳띠: 시급한 일, 뜻대로 안됨	申띠: 빈주머니,걱정근심,사기

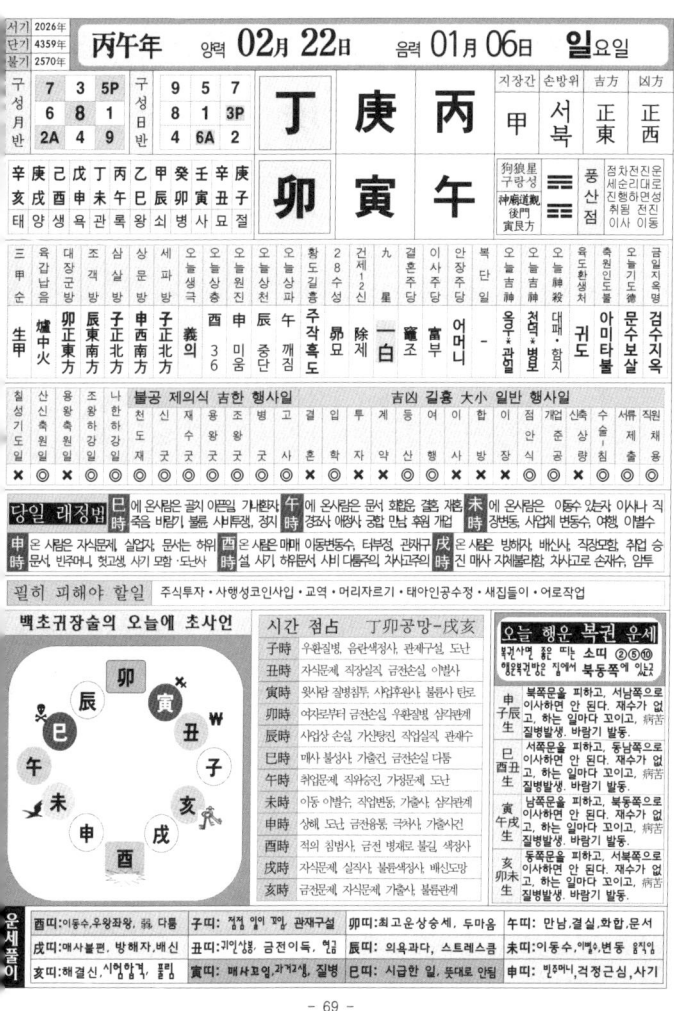

서기	2026年
단기	4359年
불기	2570年

丙午年 양력 02月 23日 음력 01月 07日 월요일

구성월반				구성일반			
	7	3	5P		1	6	8A
	6	8	1		9	2	4
	2A	4	9		5	7	3P

時	日	月	年
戊	庚	丙	
辰	寅	午	

	時	日	月
천간	戊	庚	丙
지지	辰	寅	午

지장간	손방위	吉方	凶方
甲	북쪽	正北	正南

狗狼星 구랑성	괘	지천태	
寅辰方	☷ / ☰	지천태	소통 안정 교합 평화 화합 탄생 **만사형통**, 합격성취

癸	壬	辛	庚	己	戊	丁	丙	乙	甲	癸	壬
亥	戌	酉	申	未	午	巳	辰	卯	寅	丑	子
절	묘	사	병	쇠	왕	록	관	욕	생	양	태

三甲순	육갑납음	대장군방	조객방	삼살방	상문방	세파방	오늘생극	오늘상충	오늘원진	오늘상천	오늘상파	황도길흉	28수성	건제12신	九星	결혼주당	이사주당	안장주당	복단일	오늘吉神	오늘神殺	오늘神殺	육도환생처	축원인도불	오늘기도德	금일지옥명
生甲	大林木	卯正東方	辰東南方	子正北方	申西南方	子正北方	專전	戌 36	亥 미움	卯 중단	丑 깨짐	금궤황도	畢필	滿만	二黑	婦부	師사	며느리	금당*수일	수사일	천적·지격	구공·구감	축도	아미타불	지장보살	검수지옥

칠성기도일	산신축원일	용왕축원일	조왕하강일	나한하강일	천도재	신굿	재수굿	용왕굿	조왕굿	병굿	고사	결혼	입학	투자	계약	등산	여행	이사	합방	이장	점안식	개업준공	신축상량	수술-침	서류제출	직원채용
					불공 제의식 吉한 행사일							吉凶 길흉 大小 일반 행사일														
◎	◎	×	×	◎	◎	◎	◎	×	×	◎	◎	×	◎	◎	×	◎	◎	×	×	×	◎	◎	◎	◎	◎	◎

당일 래정법

巳時에 온사람은 의욕과다. 뭐가 하고싶어서 왔다. 직장취업문제, 시험합격여부

午時에 온사람은 골치 아픈일, 가내환자, 죽음, 바람기, 불륜, 사비투쟁, 정지

未時에 온사람은 형제, 문서 화합운, 결혼, 재혼, 경조사, 애정사, 궁합, 만남, 후원, 개업

申時 온 사람은 이동수 있는자, 이사나 직장변동, 사업체 변동수, 여행, 이별수, 창업불리

酉時 온 사람은 색정사문제, 금전손재수, 쉬고있는 자, 빈주머니, 헛 공사, 사기모함, 매사불성

戌時 온 사람은 매매 이동변동수, 터부정, 관재구설 사기, 허위문서, 동업자 사비 다툼주의, 차사고주의

필히 피해야 할일 주식투자 · 사행성코인사입 · 명품구입 · 신상출고 · 제품출품 · 화재조심 · 장담그기 · 승선 · 동토

백초귀장술의 오늘에 초사언

시간 점占 戊辰공망-戌亥

子時	부인문제, 태아령천도, 금전문제, 삼각관계
丑時	부인 가출, 금전손실, 도주, 불륜사
寅時	질병재앙, 직장취업문제, 직장변동, 관재
卯時	재물손실, 파재, 극처사, 관송사 분쟁
辰時	금전암손, 여자문제, 금전다툼, 진퇴반복
巳時	사업신규사, 직장승진건, 포상 명예사
午時	윗사람 손상, 직장박탈, 극처사, 수술주의
未時	사업사, 부인문제, 가출사, 음란불륜사
申時	자선사업 봉사, 자식문제, 직업실직 가출
酉時	남녀색정사, 금전융통, 불명예 질병침투
戌時	질병재앙, 적침범사, 가출문제 부하도주
亥時	금전사기 손재수, 금전융통, 이별수

오늘 행운 복권 운세

복권사면 좋은 띠는 **범띠** ③⑧⑱
행운복권방은 집에서 **동북쪽**에 있는곳

申子辰生	북쪽문을 피하고, 서남쪽으로 이사하면 안 된다. 재수가 없고, 하는 일마다 꼬이고, 病苦 질병발생. 바람기 발동.
巳酉丑生	서쪽문을 피하고, 동남쪽으로 이사하면 안 된다. 재수가 없고, 하는 일마다 꼬이고, 病苦 질병발생. 바람기 발동.
寅午戌生	남쪽문을 피하고, 북동쪽으로 이사하면 안 된다. 재수가 없고, 하는 일마다 꼬이고, 病苦 질병발생. 바람기 발동.
亥卯未生	동쪽문을 피하고, 서북쪽으로 이사하면 안 된다. 재수가 없고, 하는 일마다 꼬이고, 病苦 질병발생. 바람기 발동.

운세풀이

戌띠:이동수,우왕좌왕, 弱, 다툼	丑띠: 점점 일이 꼬임, 관재구설	辰띠:최고운상승세, 두마음	未띠: 만남,결실,화합,문서
亥띠:매사불편, 방해자,배신	寅띠:귀인상봉, 금전이득, 현금	巳띠: 의욕과다, 스트레스큼	申띠:이동수,이별수,변동 움직임
子띠:해결신,시험합격, 풀림	卯띠: 매사꼬임,과거고생, 질병	午띠: 시급한 일, 뜻대로 안됨	酉띠: 빈주머니,걱정근심,사기

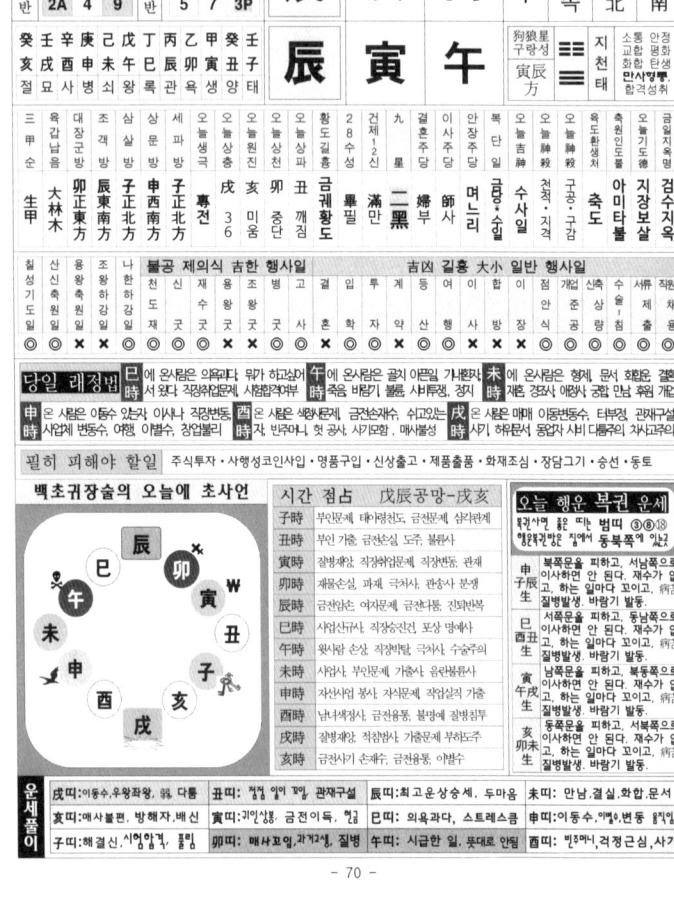

서기	2026年
단기	4359年
불기	2570年

丙午年 양력 02月 24日 음력 01月 08日 화요일

구성월반			구성일반		
7	3	5P	2	7	9
6	8	1	1A	3	5
2A	4	9	6	8	4P

己	庚	丙
巳	寅	午

지장간	손방위	吉方	凶方
甲	북동	正西	正東

狗狼星 구랑성	申方 寺觀

☰ ☷ 지천태 — 소통 안정 교합 평화 화합 탄생 **만사형통.** 합격성취

乙	甲	癸	壬	辛	庚	己	戊	丁	丙	乙	甲
亥	戌	酉	申	未	午	巳	辰	卯	寅	丑	子
태	양	생	욕	관	록	왕	쇠	병	사	묘	절

三甲순	육갑납음	대장군방	조객방	삼살방	상문방	세파방	오늘생극	오늘상충	오늘원진	오늘상천	오늘상파	황도길흉	28수성	건제12신	九星	결혼주당	이사주당	안장주당	복단일	오늘吉神	神殺	오늘神殺	육도환생처	축원인도불	오늘기도德	금일지옥명
生甲	大林木	卯正東方	辰東南方	子正北方	申西南方	子正北方	義의	亥 36	戌 미움	寅 중단	申 깨짐	대덕황도	觜자	平평	三碧	廚주	災재	손님	-	천후*상일	독화·유화	왕망·홍사	옥도	아미타불	문수보살	검수지옥

칠성기도일	산신축원일	용왕축원일	조왕하강일	나한하강일	불공 제의식 吉한 행사일							吉凶 길흉 大小 일반 행사일														
					천도재	신굿	재수굿	용왕굿	조왕굿	병굿	고사	결혼	입학	투자	계약	등산	여행	이사	합방	이장	점안식	개업준공	신축상량	수술-침	서류제출	직원채용
×	◎	×	◎	×	×	◎	◎	×	◎	◎	◎	×	◎	×	×	-	◎	×	×	×	◎	◎	×	◎	-	×

당일 래정법

- **巳時**에 온사람은 의욕충만, 두가지문제로 갈등사, 갖고싶은 욕구, 직장문제, 사업문제
- **午時**에 온사람은 의욕과다, 뭔가 하고싶어서 왔다 직장취업문제, 시험합격여부
- **未時**에 온사람은 골치 아픈일, 형제동업 죽음 바람기 불륜, 사비투쟁, 속정리
- **申時**온 사람은 형제, 문서 화합운, 결혼, 재혼, 경조사 애정사, 궁합, 만남, 개업, 하극상 배신, 구설수
- **酉時**온 사람은 이동수 있는자, 가출, 이사나 직장변동, 사업체 변동수, 여행, 이별수, 관재구설
- **戌時**온 사람은 색정사문제, 금전손재수, 쉬고있는자, 빈주머니, 헛 공사, 사기모함 , 매사불성

필히 피해야 할일 약혼식 • 입주 • 새집들이 • 친목회 • 금전수금 • 건축수리 • 기둥세우기 • 산나물채취 • 흙 파는일

백초귀장술의 오늘에 초사언

시간 점占 己巳공망-戊亥

子時	금전융통, 여자문제, 상업문제, 부부문제
丑時	육친이별, 자식가출, 여자도망, 삼각관계
寅時	관청문제, 가출사, 극처사, 색정사, 변동
卯時	질병침투, 관재구설, 남녀색정사, 가출
辰時	금전파산, 부인문제, 재해, 도난, 원귀침투
巳時	금전암손, 여자문제, 사업후원사, 기도요망
午時	남녀색정사, 직장취업, 승진문제, 가출사
未時	금전융통 손재수, 형제친구, 가출방황 수술
申時	사업후원사 발탁, 화합사, 당선 賞福 有
酉時	급병자발생, 직장실직, 자식 가출도주
戌時	금전손실, 도망사,.이별사, 신병불리
亥時	적의 침범사, 질병침투, 가출사, 부부이별

오늘 행운 복권 운세

복권사면 좋은 띠는 **토끼띠** ②⑧
행운복권방은 집에서 **동쪽**에 있는곳

申子辰生	북쪽문을 피하고, 서남쪽으로 이사하면 안 된다. 재수가 없고, 하는 일마다 꼬이고, 病苦 질병발생. 바람기 발동.
巳酉丑生	서쪽문을 피하고, 동남쪽으로 이사하면 안 된다. 재수가 없고, 하는 일마다 꼬이고, 病苦 질병발생. 바람기 발동.
寅午戌生	남쪽문을 피하고, 북동쪽으로 이사하면 안 된다. 재수가 없고, 하는 일마다 꼬이고, 病苦 질병발생. 바람기 발동.
亥卯未生	동쪽문을 피하고, 서북쪽으로 이사하면 안 된다. 재수가 없고, 하는 일마다 꼬이고, 病苦 질병발생. 바람기 발동.

운세풀이

亥띠:이동수,우왕좌왕, 弱病 다툼	寅띠: 점점 일이 꼬임, 관재구설	巳띠:최고운상승세, 두마음	申띠: 만남,결실,화합,문서
子띠:매사불편, 방해자,배신	卯띠:귀인상봉, 금전이득, 현금	午띠: 의욕과다, 스트레스큼	酉띠:이동수,이별수,변동 움직임
丑띠:해결신,시험합격, 풀림	辰띠: 매사꼬임,과거고생, 질병	未띠: 시급한 일, 뜻대로 안됨	戌띠: 빈주머니,걱정근심,사기

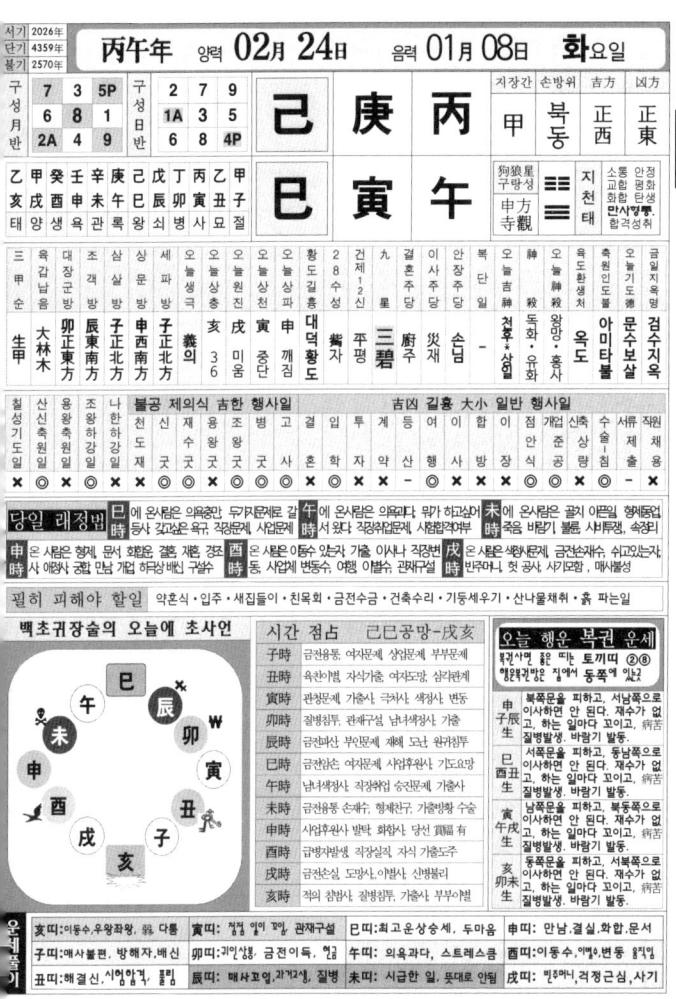

서기 2026年	단기 4359年	불기 2570年

丙午年 양력 02月 25日 음력 01月 09日 수요일

구성월반			구성일반		
7	3	5P	3A	8	1
6	8	1	2	4	6
2A	4	9	7	9P	5

時	日	月	年
庚	庚	丙	
午	寅	午	

지장간	손방위	吉方	凶方
甲	無	正西	正東

狗狼星 구랑성	괘		
天	☵	지천태	소통 안정 교합 평화 화합 탄생 **만사형통.** 합격성취

丁	丙	乙	甲	癸	壬	辛	庚	己	戊	丁	丙
亥	戌	酉	申	未	午	巳	辰	卯	寅	丑	子
병	쇠	왕	록	관	욕	생	양	태	절	묘	사

三甲순	육갑납음	대장군방	조객방	삼살방	상문방	세파방	오늘생극	오늘상충	오늘원진	오늘상천	오늘상파	황도길흉	28수성	건제12신	九星	결혼주당	이사주당	안장주당	복단일	대공망일	오늘吉神	오늘神殺	육도환생처	축원인도불	오늘기도德	금일지옥명
生甲	路傍土	卯正東方	辰東南方	子正北方	申西南方	子正北方	伐벌	子 36	丑 미움	丑 중단	卯 깨짐	백호흑도	參삼	定정	四綠	夫부	安안	아버지	삼합일	월덕*시덕	익후*미일	사기·복일	불도	정광여래	약사보살	도산지옥

칠성기도일	산신축원일	용왕축원일	조왕하강일	나한하강일	천도재	신굿	재수굿	용왕굿	조왕굿	병굿	고사	결혼	입학	투자	계약	등산	여행	이사	합방	이장	점안식	개업준공	신축상량	수술-침	서류제출	직원채용
◎	×	◎	◎	◎	◎	◎	◎	◎	◎	◎	◎	◎	◎	×	×	◎	◎	◎	-	◎	◎	◎	◎	◎	◎	◎

(불공 제의식 吉한 행사일: 천도재 ~ 고사 / 吉凶 길흉 大小 일반 행사일: 결혼 ~ 직원채용)

당일 래정법

巳時 에 온사람은 건강문제, 관재구설로 운이 단단히 꼬여있음, 동업파탄 손재수

午時 에 온사람은 의욕충만, 두문제로 갈등사, 갖고싶은 욕구, 직장문제, 취업문제

未時 에 온사람은 의욕과다, 뭐가 하고싶어서 왔다. 직장취업문제, 결혼문제

申時 온 사람은 골치 아픈일, 친구나 형제동업, 죽음, 배우자바람기, 불륜, 시비투쟁, 속 정리해야함

酉時 온 사람은 형제, 문서, 회합운, 결혼, 경조사, 애정사, 궁합, 만남, 개업, 하극상 배신, 경쟁사로 골변

戌時 온 사람은 이동수 있는자, 가출, 이사나 직장변동, 사업체 변동수, 여행, 이별수, 관재구설

필히 피해야 할일 홍보광고・새작품제작・출품・새집들이・인수인계・씨뿌리기・질병치료・벌초・흙파기

백초귀장술의 오늘에 초사언

시간 점占 庚午공망-戌亥

子時	질병재앙, 자식 극, 관재근심, 도난 질책
丑時	사업손재, 육친이별, 질병침투 기도요망
寅時	사업손재, 금전융통, 불륜사, 가출, 이별
卯時	남녀색정사, 금전문제 여자도주 가출사
辰時	자선사업, 사업후원사, 질병재앙, 가출사
巳時	질병재앙, 관재구설, 재앙초래, 괴이사발생
午時	금전손실, 직장문제, 남편문제, 재해 도난
未時	사업후원문제, 금전융통, 가출문제
申時	원행 이동건, 직장취업문제, 승진문제
酉時	관직 발탁사, 금전문제, 극처사, 수술유의
戌時	재물손실, 가출건, 사업파산, 윗사람문제
亥時	자식 질병재앙, 사기손재, 도난, 함정 음란

오늘 행운 복권 운세

복권사면 좋은 띠는 **용띠** ⑤⑩⑳
행운복권방은 집에서 **동남쪽**에 있는곳

申子辰生	북쪽문을 피하고, 서남쪽으로 이사하면 안 된다. 재수가 없고, 하는 일마다 꼬이고, 病苦 질병발생. 바람기 발동.
巳酉丑生	서쪽문을 피하고, 동남쪽으로 이사하면 안 된다. 재수가 없고, 하는 일마다 꼬이고, 病苦 질병발생. 바람기 발동.
寅午戌生	남쪽문을 피하고, 북동쪽으로 이사하면 안 된다. 재수가 없고, 하는 일마다 꼬이고, 病苦 질병발생. 바람기 발동.
亥卯未生	동쪽문을 피하고, 서북쪽으로 이사하면 안 된다. 재수가 없고, 하는 일마다 꼬이고, 病苦 질병발생. 바람기 발동.

운세풀이

子띠:이동수,우왕좌왕, [illegible] 다툼	卯띠: 점점 일이 꼬임, 관재구설	午띠:최고운상승세, 두마음	酉띠: 만남,결실,화합,문서
丑띠:매사불편, 방해자,배신	辰띠:귀인상봉, 금전이득, 현금	未띠: 의욕과다, 스트레스큼	戌띠:이동수,이별수,변동 움직임
寅띠:해결신,시험합격, 풀림	巳띠: 매사꼬임,과거고생, 질병	申띠: 시급한 일, 뜻대로 안됨	亥띠: 빈주머니,걱정근심,사기

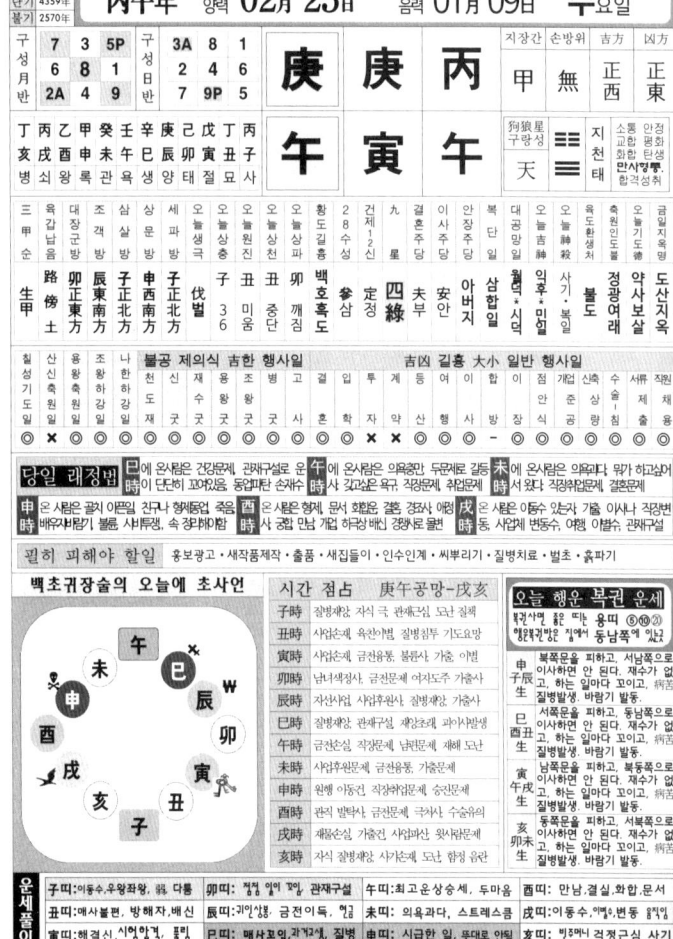

서기	2026年	丙午年 양력 02月 26日 음력 01月 10日 목요일
단기	4359年	
불기	2570年	

구성월반			구성일반			時	日	月	지장간	손방위	吉方	凶方
7	3	5P	4	9	2	辛	庚	丙	甲	無	正東	正西
6	8	1	3	5	7	未	寅	午				
2A	4	9	8P	1	6							

己	戊	丁	丙	乙	甲	癸	壬	辛	庚	己	戊
亥	戌	酉	申	未	午	巳	辰	卯	寅	丑	子
욕	관	록	왕	쇠	병	사	묘	절	태	양	생

狗狼星 구랑성	괘	지천태	
天	☷☰	지천태	소통 안정 교합 평화 화합 탄생 만사형통. 합격성취

三甲순	육갑납음	대장군방	조객방	삼살방	상문방	세파방	오늘생극	오늘상충	오늘원진	오늘상천	오늘상파	황도길흉	28수성	건제12신	九星	결혼주당	이사주당	안장주당	복단일	오늘吉神	오늘吉神	오늘神殺	육도환생처	축원인도불	오늘기도德	금일지옥명
生甲	路傍土	卯正東方	辰東南方	子正北方	申西南方	子正北方	義의	丑 36	子 미움	子 중단	戌 깨짐	옥당황도	井정	執집	五黃	姑고	利이	남자	-	월덕합	경안*신후	오황·사격	불도	정광여래	대세지보살	도산지옥

칠성기도일	산신축원일	용왕축원일	조왕하강일	나한하강일	불공 제의식 吉한 행사일							吉凶 길흉 大小 일반 행사일														
					천도재	신굿	재수굿	용왕굿	조왕굿	병굿	고사	결혼	입학	투자	계약	등산	여행	이사	합방	이장	점안식	개업준공	신축상량	수술-침	서류제출	직원채용
◎	◎	◎	◎	◎	◎	◎	◎	◎	◎	◎	◎	×	◎	×	×	◎	◎	◎	×	◎	◎	◎	◎	-	◎	×

당일 래정법

巳時에 온사람은 금전문제, 사업문제, 금전구재건, 관직취직사, 속전속결이 유리	午時에 온사람 건강문제, 관재구설로 운이 단단히 꼬여있음, 동업파탄 손재수	未時에 온사람 금전사기, 허위문서로 관재, 교합사는 불성사, 이동수도 있음
申時 온 사람은 의욕과다, 뭐가 하고싶어서 왔다. 직장취업문제, 친구형제간 배신과 암해, 관재수	酉時 온 사람은 골치 아픈일, 형제동업, 죽음, 바람기, 불륜, 시비투쟁, 급속정리해야함, 청춘구직해	戌時 온 사람은 형제, 문서 화합운, 결혼, 재혼, 경조사, 애정사, 궁합, 만남, 개업, 하극상 배신 구설수

필히 피해야 할일 홍보광고 · 새작품제작 · 출품 · 새집들이 · 인수인계 · 씨뿌리기 · 질병치료 · 동물들이기

백초귀장술의 오늘에 초사언

시간 점점	辛未공망-戌亥
子時	남녀색정사, 금전손해 실물수, 질병 관재
丑時	적의 침범사, 질병재앙, 자손상해, 가출
寅時	부인문제, 금전문제, 불륜 삼각관계
卯時	금전융통, 질병위급, 여자문제, 금전다툼
辰時	사업 후원문제, 육친이별, 다툼, 불륜배신
巳時	관직 발탁사, 금전문제, 남편명예사, 포상
午時	시작불리, 금전융통, 직장변동, 가출사
未時	금전의 암손 여자문제, 질병침투, 도주
申時	파재, 상해, 도난, 극처사, 횡액주의
酉時	형제친구 도주사, 직장실직, 가출사
戌時	사업후원사, 질병 수술위급, 관청근심
亥時	직업권리 실직, 금전손재수, 가출사발생

오늘 행운 복권 운세

복권사면 좋은 띠는 **뱀띠** ⑦⑰27
행운복권방은 집에서 **남동쪽**에 있는곳

申子辰生	북쪽문을 피하고, 서남쪽으로 이사하면 안 된다. 재수가 없고, 하는 일마다 꼬이고, 病苦 질병발생. 바람기 발동.
巳酉丑生	서쪽문을 피하고, 동남쪽으로 이사하면 안 된다. 재수가 없고, 하는 일마다 꼬이고, 病苦 질병발생. 바람기 발동.
寅午戌生	남쪽문을 피하고, 북동쪽으로 이사하면 안 된다. 재수가 없고, 하는 일마다 꼬이고, 病苦 질병발생. 바람기 발동.
亥卯未生	동쪽문을 피하고, 서북쪽으로 이사하면 안 된다. 재수가 없고, 하는 일마다 꼬이고, 病苦 질병발생. 바람기 발동.

운세풀이

丑띠:이동수,우왕좌왕, 弱 다툼	辰띠: 점점 일이 꼬임, 관재구설	未띠:최고운상승세, 두마음	戌띠: 만남,결실,화합,문서
寅띠:매사불편, 방해자,배신	巳띠:귀인상봉, 금전이득, 현금	申띠: 의욕과다, 스트레스큼	亥띠:이동수,이별수,변동 움직임
卯띠:해결신,시험합격, 풀림	午띠: 매사꼬임,과거고생, 질병	酉띠: 시급한 일, 뜻대로 안됨	子띠: 빈주머니,걱정근심,사기

서기	2026年
단기	4359年
불기	2570年

丙午年 양력 02月 27日 음력 01月 11日 금요일

구성月반			구성日반		
7	3	5P	5	1	3
6	8	1	4	6	8
2A	4	9	9P	2	7A

時	日	月
壬	庚	丙
申	寅	午

지장간	손방위	吉方	凶方
甲	동쪽	正北	正南

辛	庚	己	戊	丁	丙	乙	甲	癸	壬	辛	庚
亥	戌	酉	申	未	午	巳	辰	卯	寅	丑	子
록	관	욕	생	양	태	절	묘	사	병	쇠	왕

狗狼星 구랑성	☷	지천태	소통 안정 교합 평화 화합 탄생 **만사형통**, 합격성취
正廳 정청관청	☰		

三甲순	육갑납음	대장군방	조객방	삼살방	상문방	세파방	오늘생극	오늘상충	오늘원진	오늘상천	오늘상파	황도길흉	28수성	건제12신	九星	결혼주당	이사주당	안장주당	오늘吉神	오늘吉神	神殺	오늘神殺	육도환생처	축원인도불	오늘기도德	금일지옥명
生甲	劍鋒金	卯正東方	辰東南方	子正北方	申西南方	子正北方	義의	寅 36	卯 미움	亥 중단	巳 깨짐	천뇌흑도	鬼귀	破파	六白	堂당	天천	손자	복단일	천덕합	월파일	패파·대모	인도	정광여래	아미보살	도산지옥

칠성기도일	산신축원일	용왕축원일	조왕하강일	나한하강일	천도재	신굿	재수굿	용왕굿	조왕굿	병굿	고사	결혼	입학	투자	계약	등산	여행	이사	합방	이장	점안식	개업준공	신축상량	수술-침	서류제출	직원채용
					불공 제의식 吉한 행사일							吉凶 길흉 大小 일반 행사일														
◎	◎	◎	×	×	×	×	×	×	×	×	×	×	×	×	×	×	×	×	×	×	×	×	×	×	×	×

당일 래정법

- **巳時**에 온사람은 의욕없는자, 금전구재건 색정사로 다툼, 억울한 일, 매사불성사
- **午時**에 온사람은 금전문제, 사업문제, 빚쟁이모함, 관직취직사, 속전속결이 유리
- **未時**에 온사람 건강문제, 관재구설로 운이 단단히 꼬여있음, 남자는 불리, 손재수
- **申時** 온 사람은 금전사기, 허위문서로 관재, 종교문제, 수술문제, 후원사는 유리함, 사고조심
- **酉時** 온 사람은 의욕과다, 뭔가 하고싶어서 왔다. 직장취업문제, 친구형제간 배신, 시험합격여부
- **戌時** 온 사람은 골치 아픈일, 형제동업, 죽음, 바람기, 불륜, 시비투쟁, 급속정리해야함, 청춘구직해

필히 피해야 할일 이날은 흑도와 월파일에 월기일, 패파, 대모 등 신살에 해당되어 매사 해롭고 불리한 날.

백초귀장술의 오늘에 초사언

시간 점占 壬申공망-戌亥

子時	금전손재수, 부인침해, 태아령 천도요망
丑時	사기도난, 파재, 실직사, 남편문제, 가출
寅時	파재, 관재, 적 침범사, 질병침투, 터부정
卯時	관록 당선에 방해자, 실수 탄로, 가출사
辰時	자손 시험합격, 불륜사, 질병재앙, 관재
巳時	금전융통, 여자문제, 불륜색정사, 가출사
午時	금전융통, 금전다툼, 극처사, 가출문제
未時	病환자, 직장실직, 남편문제, 불륜애정사
申時	금전암손, 부인문제, 형제친구사, 불륜사
酉時	윗사람 후원문제, 남녀색정사, 가출사건
戌時	색정사, 재물손실, 가출건, 질병침투, 관재
亥時	입상명예문제, 직장취업 승진문제, 가출

오늘 행운 복권 운세

복권사면 좋은 띠는 **말띠** ⑤⑦22
행운복권방은 집에서 **남쪽**에 있는곳

申子辰生	북쪽문을 피하고, 서남쪽으로 이사하면 안 된다. 재수가 없고, 하는 일마다 꼬이고, 病苦 질병발생. 바람기 발동.
巳酉丑生	서쪽문을 피하고, 동남쪽으로 이사하면 안 된다. 재수가 없고, 하는 일마다 꼬이고, 病苦 질병발생. 바람기 발동.
寅午戌生	남쪽문을 피하고, 북동쪽으로 이사하면 안 된다. 재수가 없고, 하는 일마다 꼬이고, 病苦 질병발생. 바람기 발동.
亥卯未生	동쪽문을 피하고, 서북쪽으로 이사하면 안 된다. 재수가 없고, 하는 일마다 꼬이고, 病苦 질병발생. 바람기 발동.

운세풀이

寅띠:이동수,우왕좌왕, 弱, 다툼	巳띠: 점점 일이 꼬임, 관재구설	申띠:최고운상승세, 두마음	亥띠: 만남,결실,화합,문서
卯띠:매사불편, 방해자,배신	午띠: 귀인상봉, 금전어특, 현금	酉띠: 의욕과다, 스트레스큼	子띠:이동수,이별수,변동 움직임
辰띠:해결신,시험합격, 풀림	未띠: 매사꼬임,과거고생, 질병	戌띠: 시급한 일, 뜻대로 안됨	丑띠: 빈주머니,걱정근심,사기

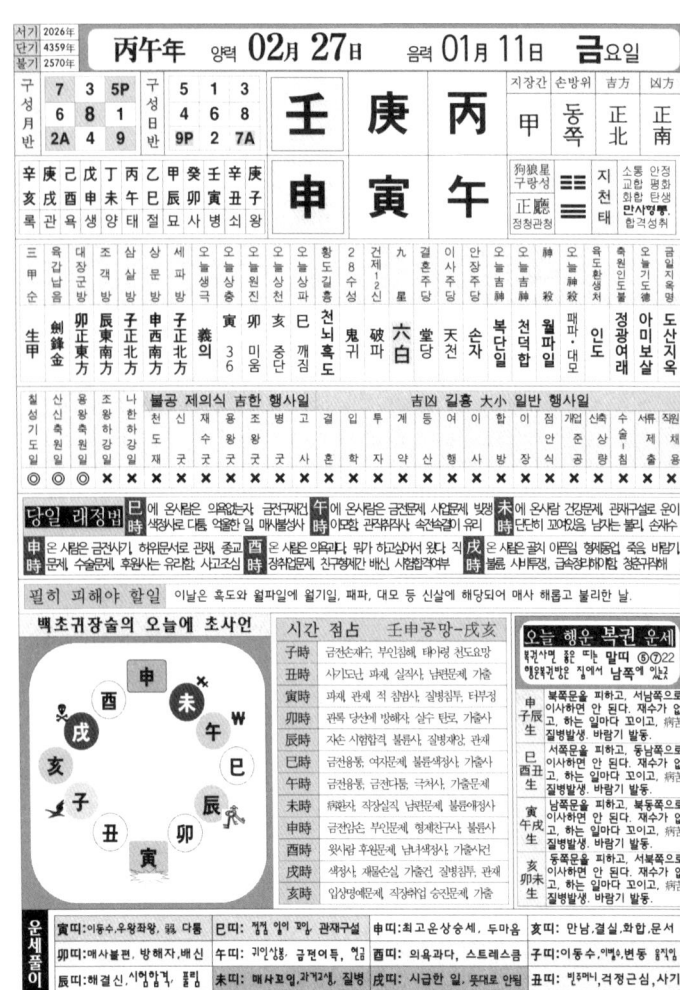

서기 2026年 / 단기 4359年 / 불기 2570年	丙午年	양력 02月 28日		음력 01月 12日		토요일	2월

구성월반			구성일반		
7	3	5P	6	2	4
6	8	1	5P	7	9A
2A	4	9	1	3	8

癸	庚	丙	지장간: 甲	손방위: 동남	吉方: 正西 / 凶方: 正東
酉	寅	午	狗狼星 구랑성: 寅艮卯方 後門남쪽午方	지천태	소통 안정 교합 평화 화합 탄생 **만사형통.** 합격성취

癸	壬	辛	庚	己	戊	丁	丙	乙	甲	癸	壬
亥	戌	酉	申	未	午	巳	辰	卯	寅	丑	子
왕	쇠	병	사	묘	절	태	양	생	욕	관	록

三甲순	육갑납음	대장군방	조객방	삼살방	상문방	세파방	오늘생극	오늘상충	오늘원진	오늘상천	오늘상파	황도길흉	28수성	건제12신	九星	결혼주당	이사주당	안장주당	복단일	神殺	神殺	오늘神殺	육도환생처	축원인도불	오늘기도德	금일지옥명
生甲	劍鋒金	卯正東方	辰東南方	子正北方	申西南方	子正北方	義의	卯 36	寅 미움	戌 중단	子 깨짐	현무흑도	柳류	危위	七赤	翁옹	害해	死	복생일	음덕일	천리·귀곡	오허·검봉	귀도	정광여래	관음보살	도산지옥

칠성기도일	산신축원일	용왕축원일	조왕하강일	나한하강일	불공 제의식 吉한 행사일: 천도재	신굿	재수굿	용왕굿	조왕굿	병굿	고사	吉凶 길흉 大小 일반 행사일: 결혼	입학	투자	계약	등산	여행	이사	합방	이장	점안식	개업준공	신축상량	수술-침	서류제출	직원채용
◎	×	◎	◎	×	◎	×	×	×	×	×	×	×	×	×	×	◎	◎	×	×	×	◎	×	×	-	×	×

당일 래정법

巳時 에 온사람은 허가 해결할 문제, 합격여부, 금전투자여부, 직장문제, 재혼은 굳
午時 에 온사람은 의욕없는자, 금전구재건 색정사로 다툼, 억울한 일, 매사불성사
未時 에 온사람 금전문제, 사업문제, 자식문제, 관직취직사, 속전속결이 유리
申時 온 사람은 건강문제, 관재구설로 운이 단단히 꼬여있음, 취업 승진문제, 딸자식문제, 손재수
酉時 온 사람은 두가지 문제 갈등사, 갖고싶은 욕구강함, 새로운 일시작 진행함이 좋다. 우환질병
戌時 온 사람은 의욕과다, 뭔가 하고싶어서 왔다. 직장 취업문제, 친구형제간 배신, 시험합격여부

필히 피해야 할일 이날은 천적과 월파일에 천적, 오허, 검봉, 지화 등 신살에 해당되어 매사 해롭고 불리한 날.

백초귀장술의 오늘에 초사언

시간 점占 癸酉공망-戌亥

子時	직장근심, 사업손재수, 색정사, 도난도주
丑時	관재, 적 침범사, 질병침투, 불륜색정사
寅時	음란색정사, 불명예, 극처사, 재해 도난
卯時	질병침투, 색정사, 적 침범사, 가출사
辰時	직장실직, 금전융통, 남편문제, 화합사
巳時	재물과 부인문제, 질병재앙, 후원 발탁사
午時	금전융통, 남녀 색정사, 부부불화, 가출사
未時	육친이별문제, 구재이득, 우환질병, 관재
申時	어른 우환질병, 실직사, 도난, 가출사
酉時	금전 암손, 부인문제, 질병침투, 색정사
戌時	관직권리, 직장취업, 부부변심, 삼각관계
亥時	재앙불리, 음란색정사, 금전손실, 도난

오늘 행운 복권 운세

복권사면 좋은 띠는 **양띠** ⑤⑩25
행운복권방은 집에서 **남서쪽**에 있는곳

申子辰生	북쪽문을 피하고, 서남쪽으로 이사하면 안 된다. 재수가 없고, 하는 일마다 꼬이고, 病苦 질병발생. 바람기 발동.
巳酉丑生	서쪽문을 피하고, 동남쪽으로 이사하면 안 된다. 재수가 없고, 하는 일마다 꼬이고, 病苦 질병발생. 바람기 발동.
寅午戌生	남쪽문을 피하고, 북동쪽으로 이사하면 안 된다. 재수가 없고, 하는 일마다 꼬이고, 病苦 질병발생. 바람기 발동.
亥卯未生	동쪽문을 피하고, 서북쪽으로 이사하면 안 된다. 재수가 없고, 하는 일마다 꼬이고, 病苦 질병발생. 바람기 발동.

운세풀이

卯띠:이동수,우왕좌왕, 불화 다툼	午띠: 점점 일이 꼬임, 관재구설	酉띠:최고운상승세, 두마음	子띠: 만남,결실,화합,문서
辰띠:매사불편, 방해자,배신	未띠: 귀인상봉, 금전이득, 현금	戌띠: 의욕과다, 스트레스큼	丑띠:이동수,이별수,변동 움직임
巳띠:해결신,시험합격, 풀림	申띠: 매사꼬임,과거고생, 질병	亥띠: 시급한 일, 뜻대로 안됨	寅띠: 빈주머니,걱정근심,사기

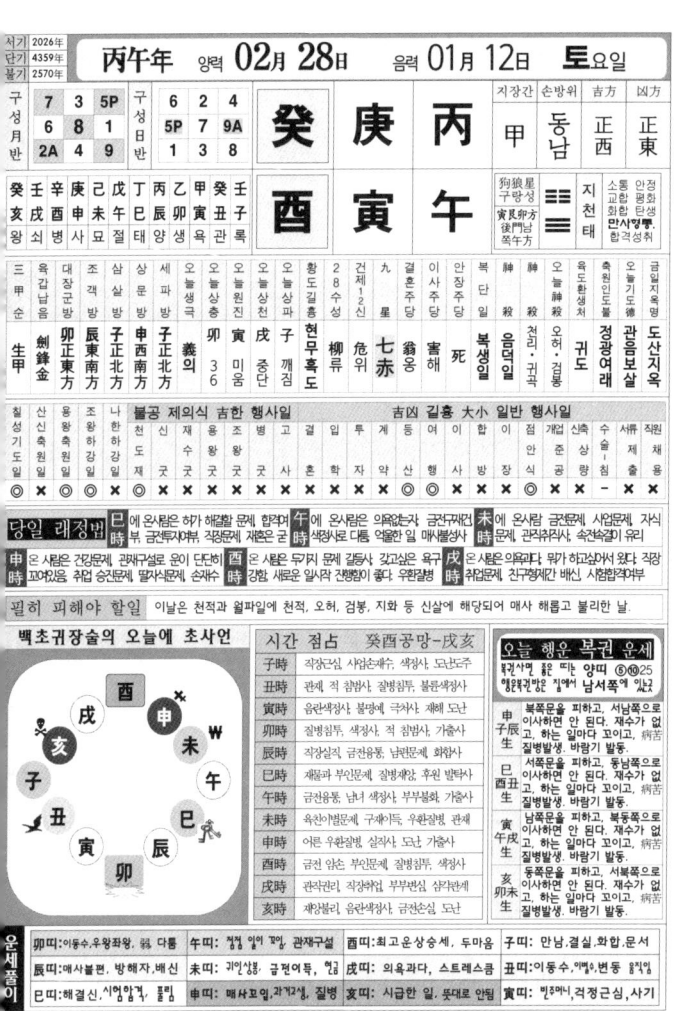

서기 2026年 / 단기 4359年 / 불기 2570年	**丙午年**	양력 **03月 01日**	음력 01月 13日	**일**요일

구성月반				구성日반				年	月	日	지장간	손방위	吉方	凶方
	7	3	5P		7P	3	5	甲	庚	丙	甲	남쪽	正南	正北
	6	8	1		6	8	1	戌	寅	午				
	2A	4	9		2A	4	9							

乙亥	甲戌	癸酉	壬申	辛未	庚午	己巳	戊辰	丁卯	丙寅	乙丑	甲子
생	양	태	절	묘	사	병	쇠	왕	록	관	욕

狗狼星 구랑성	神廟 州縣	수천수	인내하고 기다림이吉 **대기기다림** 재판송사는 불리함

三甲순	육갑납음	대장군방	조객방	삼살방	상문방	세파방	오늘생극	오늘상충	오늘원진	오늘상천	오늘상파	황도길흉	28수성	건제12신	九星	결혼주당	이사주당	안장주당	복단일	대공망일	神殺일	오늘神殺	육도환생처	축원인도불	오늘기도德	금일지옥명
死甲	山頭火	卯正東方	辰東南方	子正北方	申西南方	子正北方	制제	辰 36	巳 미움	酉 중단	未 깨짐	사명황도	星성	成성	八白	第제	殺살	여자	양공기일	대공망일	수사·지화	신호·비렴	축도	정광여래	미륵보살	도산지옥

					불공 제의식 吉한 행사일							吉凶 길흉 大小 일반 행사일														
칠성기도일	산신축원일	용왕축원일	조왕하강일	나한하강일	천도재	신굿	재수굿	용왕굿	조왕굿	병굿	고사	결혼	입학	투자	계약	등산	여행	이사	합방	이장	점안식	개업준공	신축상량	수술·침	서류제출	직원채용
◎	◎	◎	◎	◎	◎	◎	◎	◎	◎	◎	◎	◎	◎	×	◎	◎	◎	×	◎	×	◎	◎	◎	◎	◎	◎

당일 래정법

- **巳時**에 온사람은 방해자, 배신사, 의욕상실 매사 지체불리함, 창업은 불리함
- **午時**에 온사람은 허가 해결할 문제, 합격여부, 금전투자여부, 직장문제, 재혼
- **未時**에 온사람 의욕없는자, 금전구재건, 색정사로 다툼, 억울한 일, 매사불성사
- **申時** 온 사람은 금전문제, 사업문제, 관직취직사, 관재로 얽히게 됨, 속전속결이 유리
- **酉時** 온 사람은 건강문제, 관재구설로 운이 단단히 꼬여있음, 취업 승진문제, 남자문제, 손재수
- **戌時** 온 사람은 두가지 문제 갈등사, 갖고싶은 욕구강함, 새로운 일시작 진행함이 좋다. 우환질병

필히 피해야 할일 동물들이기・농기구 다루기・기계수리・수렵・승선・낚시・어로작업・요트타기・위험놀이기구

백초귀장술의 오늘에 초사언

시간 점占	甲戌공망-申酉
子時	어린자식 질병사, 사업불리, 태아령천도
丑時	귀인발탁, 직장사, 구재이득, 질병침투
寅時	직장취업, 직위변동, 가출사, 질병침투
卯時	재물손실, 융통불리, 남녀색정사, 질병
辰時	질병재앙, 적의 침범사, 재물손실, 도난
巳時	자식문제, 직장실직, 부부불화, 망신실수
午時	관재구설, 자식, 직업문제, 화재주의
未時	금전융통, 관청근심, 삼각관계, 가출문제
申時	금전문제, 가출자, 원행 이동수, 손재수
酉時	손해사발생, 직장실직, 부부변심, 질병위급
戌時	금전 암손, 사업문제, 여자문제, 가출사
亥時	금전무리투자, 도난, 자식질병, 태아령

오늘 행운 복권 운세

복권사면 좋은 띠는 **원숭띠** ⑨19, 29
행운복권방은 집에서 **서남쪽**에 있는곳

申子辰生	북쪽문을 피하고, 서남쪽으로 이사하면 안 된다. 재수가 없고, 하는 일마다 꼬이고, 病苦질병발생. 바람기 발동.
巳酉丑生	서쪽문을 피하고, 동남쪽으로 이사하면 안 된다. 재수가 없고, 하는 일마다 꼬이고, 病苦질병발생. 바람기 발동.
寅午戌生	남쪽문을 피하고, 북동쪽으로 이사하면 안 된다. 재수가 없고, 하는 일마다 꼬이고, 病苦질병발생. 바람기 발동.
亥卯未生	동쪽문을 피하고, 서북쪽으로 이사하면 안 된다. 재수가 없고, 하는 일마다 꼬이고, 病苦질병발생. 바람기 발동.

운세풀이

辰띠:이동수,우왕좌왕, 言爭 다툼	未띠: 점점 일이 꼬임, 관재구설	戌띠:최고운상승세, 두마음	丑띠: 만남,결실,화합,문서
巳띠:매사불편, 방해자,배신	申띠: 귀인상봉, 금전이득, 현금	亥띠: 의욕과다, 스트레스큼	寅띠:이동수,이별수,변동 움직임
午띠:해결신,시험합격, 풀림	酉띠: 매사꼬임,과거고생, 질병	子띠: 시급한 일, 뜻대로 안됨	卯띠: 빈주머니,걱정근심,사기

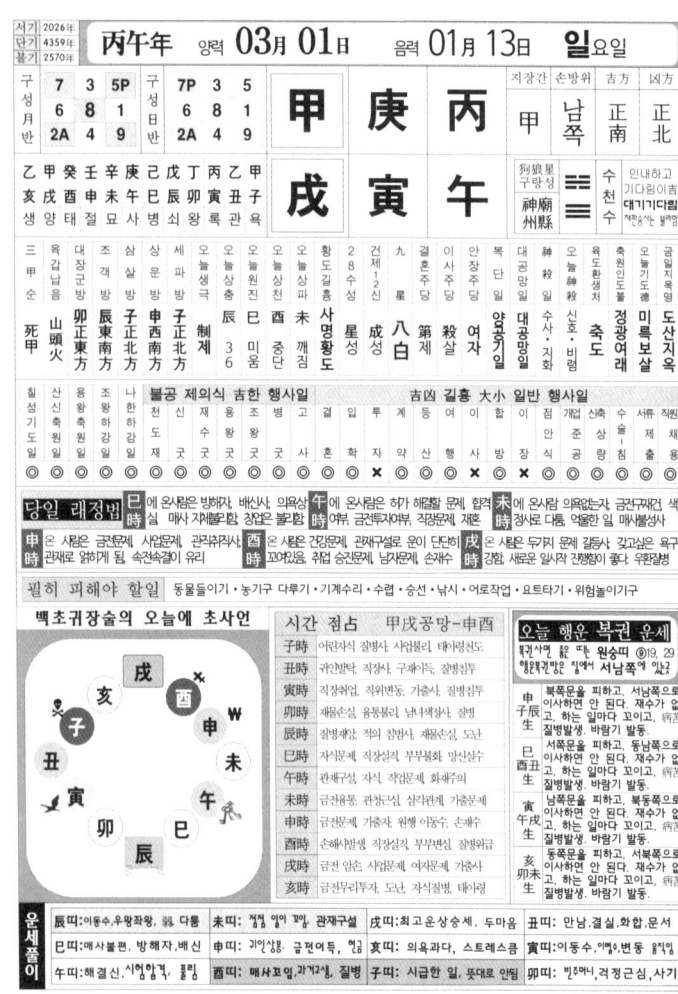

서기	2026年
단기	4359年
불기	2570年

丙午年 양력 03月 02日 음력 01月 14日 월요일

3월

구성월반			구성일반		
7	3	5P	8P	4A	6
6	8	1	7	9	2
2A	4	9	3	5	1

乙	庚	丙
亥	寅	午

지장간	손방위	吉方	凶方
甲	남서	正東	正西

狗狼星 구랑성 寺觀 절사관 / 수천수 / 인내하고 기다림이 吉 **대기기다림** 재판송사는 불리함

丁	丙	乙	甲	癸	壬	辛	庚	己	戊	丁	丙
亥	戌	酉	申	未	午	巳	辰	卯	寅	丑	子
사	묘	절	태	양	생	욕	관	록	왕	쇠	병

三甲순	육갑납음	대장군방	조객방	삼살방	상문방	세파방	오늘생극	오늘상충	오늘원진	오늘상천	오늘상파	황도길흉	28수성	건제12신	九星	결혼주당	이사주당	안장주당	대공망일	오늘吉神	神殺	오늘神殺	육도환생처	축원인도불	오늘기도德	금일지옥명
死甲	山頭火	卯正東方	辰東南方	子正北方	申西南方	子正北方	義의	巳 36	辰 미움	申 중단	寅 깨짐	구진흑도	張장	收수	九紫	竈조	富부	어머니	대공망일	월기일	하괴·지파	토금·신호	옥도	정광여래	여래보살	도산지옥

칠성기도일	산신축원일	용왕축원일	조왕하강일	나한하강일	천도재	신굿	재수굿	용왕굿	조왕굿	병굿	고사	결혼	입학	투자	계약	등산	여행	이사	합방	이장	점안식	개업준공	신축상량	수술-침	서류제출	직원채용
◎	◎	×	◎	◎	◎	◎	◎	×	◎	◎	◎	×	◎	×	×	◎	◎	×	×	×	◎	×	×	◎	◎	◎

(불공 제의식 吉한 행사일: 천도재 ~ 고사 / 吉凶 길흉 大小 일반 행사일: 결혼 ~ 직원채용)

당일 래정법

巳時에 온사람은 자식문제, 직장변동수, 터부정, 관재구설 시비 다툼주의 방길주의

午時에 온사람은 방해자, 배신사, 의욕상실 매사 지체불리함 금전 의혹문제

未時에 온사람 허가 해결할 문제, 급성질환 불길 주식투자여부, 직장문제, 매매건

申時 온 사람은 의욕없는자, 직장실직문제, 취업시 험불리, 색정사, 억울한 일, 매사불성사

酉時 온 사람은 금전문제, 사업문제, 관직취직사, 관재로 얽히게 됨, 속전속결 유리, 남편자출

戌時 온 사람은 건강문제, 관재구설로 운이 단단히 꼬여있음, 취업 승진문제, 자식문제, 손재수

필히 피해야 할일 소장제출 · 항소 · 손님초대 · 神物,佛象안치 · 씨뿌리기 · 건축수리 · 흙 다루고 땅 파는 일

백초귀장술의 오늘에 초사언

시간 점占 乙亥공망-申酉

子時	상부발탁사, 관직입사, 음란색정사, 도난
丑時	적의 침범사, 질병위급, 삼각관계, 도망
寅時	재물취득, 부인문제, 관직변동, 간사 情夫
卯時	직장취업, 이동사, 가출문제, 형제찬구사
辰時	재물융통, 질병재발, 부부다툼, 극처사
巳時	이동사, 삼각 색정사, 직장실직, 터부정
午時	질병재앙, 자식문제, 직장실직, 재해 도난
未時	금전융통, 구재이득, 여자문제 자연해소
申時	재물손실, 우환질병, 불명예, 색정사, 가출
酉時	금전문제, 가출사, 삼각관계, 관재, 질병
戌時	자살귀 침범, 구재불가, 질병고통, 이별사
亥時	금전암손, 여자문제, 사업후원사, 질병침투

오늘 행운 복권 운세

복권사면 좋은 띠는 **닭띠** ④⑨ 24, 행운복권방은 집에서 **서쪽**에 있는곳

申子辰生	북쪽문을 피하고, 서남쪽으로 이사하면 안 된다. 재수가 없고, 하는 일마다 꼬이고, 病苦 질병발생. 바람기 발동.
巳酉丑生	서쪽문을 피하고, 동남쪽으로 이사하면 안 된다. 재수가 없고, 하는 일마다 꼬이고, 病苦 질병발생. 바람기 발동.
寅午戌生	남쪽문을 피하고, 북동쪽으로 이사하면 안 된다. 재수가 없고, 하는 일마다 꼬이고, 病苦 질병발생. 바람기 발동.
亥卯未生	동쪽문을 피하고, 서북쪽으로 이사하면 안 된다. 재수가 없고, 하는 일마다 꼬이고, 病苦 질병발생. 바람기 발동.

운세풀이

巳띠:이동수,우왕좌왕, 弱, 다툼	申띠: 점점 일이 꼬임, 관재구설	亥띠:최고운상승세, 두마음	寅띠: 만남,결실,화합,문서
午띠:매사불편, 방해자,배신	酉띠: 귀인상봉, 금전이득, 현금	子띠: 의욕과다, 스트레스큼	卯띠:이동수,이별수,변동 움직임
未띠:해결신,시험합격, 풀림	戌띠: 매사꼬임,과거고생, 질병	丑띠: 시급한 일, 뜻대로 안됨	辰띠: 빈주머니,걱정근심,사기

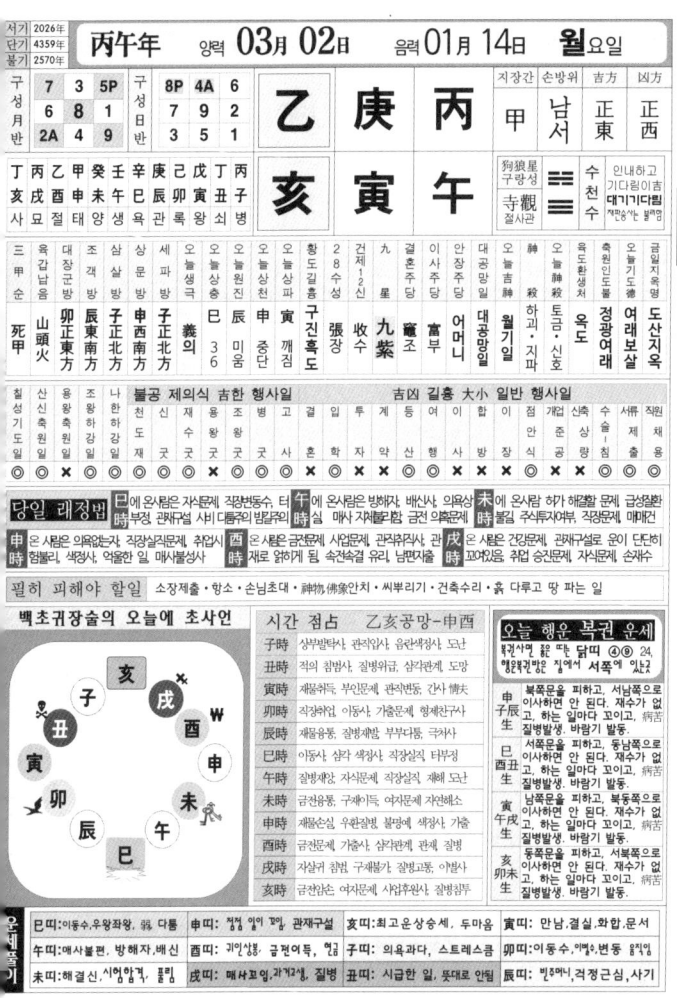

서기	2026年
단기	4359年
불기	2570年

丙午年 양력 03月 03日 음력 01月 15日 화요일

구성월반				구성일반			
	7	3	5P		9	5P	7
	6	8	1		8	1	3
	2A	4	9		4	6A	2

丙	庚	丙
子	寅	午

지장간	손방위	吉方	凶方
甲	서쪽	正北	正南

狗狼星 구랑성 中庭 마당중앙 | 수천수 | 인내하고 기다림이吉 대기기다림 재판승사는 불리함

己	戊	丁	丙	乙	甲	癸	壬	辛	庚	己	戊
亥	戌	酉	申	未	午	巳	辰	卯	寅	丑	子
절	묘	사	병	쇠	왕	록	관	욕	생	양	태

三甲순	육갑납음	대장군방	조객방	삼살방	상문방	세파방	오늘생극	오늘상충	오늘원진	오늘상천	오늘상파	황도길흉	28수성	건제12신	九星	결혼주당	이사주당	안장주당	오늘吉神	오늘吉神	神殺일	오늘神殺	육도환생처	축원인도불	오늘기도德	금일지옥명
死甲	澗下水	卯正東方	辰東南方	子正北方	申西南方	子正北方	伐벌	午 36	未 미움	未 중단	酉 깨짐	청룡황도	翼익	開개	一白	婦부	師사	며느리	양덕*모창	익후*월덕	라강·피마	천화·태허	천도	지장보살	아미보살	발설지옥

칠성기도일	산신축원일	용왕축원일	조왕하강일	나한하강일	천도재	신굿	재수굿	용왕굿	조왕굿	병굿	고사	결혼	입학	투자	계약	등산	여행	이사	합방	이장	점안식	개업준공	신축상량	수술·침	서류제출	직원채용
					불공 제의식 吉한 행사일							吉凶 길흉 大小 일반 행사일														
◎	×	×	×	◎	◎	◎	◎	◎	◎	◎	◎	◎	◎	-	×	◎	-	×	×	×	◎	◎	×	◎	◎	◎

당일 래정법
巳時에 온사람은 직장실직건, 친구나 형제문제, 관송사, 실업자, 빈주머니
午時에 온사람은 이동변동수, 터부정, 하극상모함사건, 자식문제, 차사고
未時에 온사람은 방해자, 배신사, 가족간시비, 매사 지체불리함, 도전 창업은 불리
申時 온 사람은 관직 취직문제, 결혼 경조사, 한가지씩 해결됨, 시험은 합격됨, 허가건도 승인남, 귀인도움
酉時 온 사람은 오랑색정사, 불륜사, 관재로 발전, 딸 문제발생, 여자로인해 돈모난, 창업불리
戌時 온 사람은 남자문제, 부동산거래, 금전문제, 주식투자문제, 재물구재사, 여자화합건, 건강질병과 빛때문 괴로움

필히 피해야 할일 신상출고 · 제품제작 · 친구초대 · 계약매매 · 문 만들기 · 벌초 · 씨뿌리기 · 나무심기 · 흙 파는일.

백초귀장술의 오늘에 초사언

시간 점占 丙子공망-申酉

子時	돈이나 처를 극, 자식病, 흉, 태아령천도
丑時	금전융통, 새일시작, 우환질병, 가출문제
寅時	사업곤란, 병재 재난, 도난 원한 喪服
卯時	사업후원사, 부부화합사, 여자 가출사
辰時	자식문제, 직장실직, 질병침투, 가출사
巳時	관직 명예사, 가정불안, 도난, 손재수
午時	남녀투쟁 다툼, 처를 극, 질병위급, 수술
未時	잡안잡귀침투, 자식문제, 직장실직, 질병
申時	선거자유리, 금전융통, 여자문제, 도망
酉時	금전융통, 관청근심, 삼각관계, 가출문제
戌時	자식문제, 직장실직, 질병침투, 가출사
亥時	파재, 극처사, 관송사 분쟁, 가출문제

오늘 행운 복권 운세

복권사면 좋은 띠는 **개띠** ⑩⑳ 30
행운복권방은 집에서 **서북쪽에** 있는곳

申子辰生	북쪽문을 피하고, 서남쪽으로 이사하면 안 된다. 재수가 없고, 하는 일마다 꼬이고, 病苦 질병발생. 바람기 발동.
巳酉丑生	서쪽문을 피하고, 동남쪽으로 이사하면 안 된다. 재수가 없고, 하는 일마다 꼬이고, 病苦 질병발생. 바람기 발동.
寅午戌生	남쪽문을 피하고, 북동쪽으로 이사하면 안 된다. 재수가 없고, 하는 일마다 꼬이고, 病苦 질병발생. 바람기 발동.
亥卯未生	동쪽문을 피하고, 서북쪽으로 이사하면 안 된다. 재수가 없고, 하는 일마다 꼬이고, 病苦 질병발생. 바람기 발동.

운세풀이

午띠: 이동수, 우왕좌왕, 弱弱 다툼	酉띠: 점점 일이 꼬임, 관재구설	子띠: 최고운상승세, 두마음	卯띠: 만남, 결실, 화합, 문서
未띠: 매사불편, 방해자, 배신	戌띠: 귀인상봉, 금전이득, 현금	丑띠: 의욕과다, 스트레스큼	辰띠: 이동수, 이별수, 변동 움직임
申띠: 해결신, 시험합격, 풀림	亥띠: 매사꼬임, 과거고생, 질병	寅띠: 시급한 일, 뜻대로 안됨	巳띠: 빈주머니, 걱정근심, 사기

서기	2026年
단기	4359年
불기	2570年

丙午年 양력 03月 04日 음력 01月 16日 수요일

3월

구성월반			구성일반		
7	3	5P	1	6	8AP
6	8	1	9	2	4
2A	4	9	5	7	3

시	일	월	년
丁	庚	丙	
丑	寅	午	

지장간	손방위	吉方	凶方
甲	서북	正西	正東

狗狼星 구랑성	괘	수천수	
寅方 廚井	☵ ☰	수천수	인내하고 기다림이吉 **대기기다림** 재판송사는 불리함

辛亥	庚戌	己酉	戊申	丁未	丙午	乙巳	甲辰	癸卯	壬寅	辛丑	庚子
태	양	생	욕	관	록	왕	쇠	병	사	묘	절

三甲순	육갑납음	대장군방	조객방	삼살방	상문방	세파방	오늘생극	오늘상충	오늘원진	오늘상천	오늘상파	황도길흉	28수성	건제12신	九星	결혼주당	이사주당	안장주당	천구하식	복단일	神殺일	오늘神殺	육도환생처	축원인도불	오늘기도德	금일지옥명
死甲	澗下水	卯正東方	辰東南方	子正北方	申西南方	子正北方	寶보	未 36	午 미움	午 중단	辰 깨짐	명당황도	軫진	閉폐	二黑	廚주	災재	손님	-	천덕*천의	멸몰·오허	귀기·멸몰	천도	지장보살	보현보살	발설지옥

칠성기도일	산신축원일	용왕축원일	조왕하강일	나한하강일	불공 제의식 吉한 행사일							吉凶 길흉 大小 일반 행사일														
					천도재	신굿	재수굿	용왕굿	조왕굿	병굿	고사	결혼	입학	투자	계약	등산	여행	이사	합방	이장	점안식	개업준공	신축상량	수술·침	서류제출	직원채용
×	×	×	×	◎	◎	×	×	×	×	◎	◎	×	◎	×	×	◎	◎	×	×	×	◎	◎	×	◎	×	×

당일 래정법

巳時 에 온사람은 이동수 있는자, 이사 직장변동, 사업체 변동수, 창업불리

午時 에 온사람은 취업문제, 창업문제, 빈주머니, 헛 공사, 부부불화 원망 이별

未時 에 온사람은 남녀간다툼 이동변동수, 터부정, 관재구설, 배신, 교통사고주의

申時 온 사람은 방해자, 배신사, 의욕상실, 취업 승진 매사지체불리함, 창업손실, 손해손재수

酉時 온 사람은 새 일 자식문제 급처리문제, 처음엔 해결되는 듯하나 후 불리함 시험합격됨

戌時 온 사람은 의욕없는 자, 하극상 배신사, 억울한일, 외정색정사, 불륜사 문제, 관재로 발전, 취직문제

필히 피해야 할일

출판출고 • 책만들기 • 지출 • 취임식 • 출항 • 어로작업 • 승선 • 바다낚시 • 머리자르기

백초귀장술의 오늘에 초사언

시간 점占 丁丑공망-申酉

子時	자식문제, 관재구설, 급질병, 도난 원수
丑時	금전 암손, 사업문제, 여자문제, 가출사
寅時	사업시작, 후원사, 화합사, 불륜색정사
卯時	질병침투, 적 침범사, 여자 삼각관계
辰時	사업 후원사, 자식문제, 귀농유리, 취업
巳時	금전손실, 여자문제, 관송사, 가출사
午時	매사 불성, 골육이별, 가출사, 사기도난
未時	직장실직, 우환질병 가출사 자손사 하극상
申時	재물손실, 극처사, 가출사, 재해, 도난
酉時	금전융통, 여자문제, 색정사, 금전손실
戌時	관청근심, 불륜색정사, 가출, 도난 상해
亥時	금전문제, 입상 명예문제, 원행 이동수

오늘 행운 복권 운세

복권사면 좋은 띠는 **돼지띠** ⑪⑯31
행운복권방은 집에서 **북서쪽**에 있는곳

申子辰生	북쪽문을 피하고, 서남쪽으로 이사하면 안 된다. 재수가 없고, 하는 일마다 꼬이고, 病苦 질병발생. 바람기 발동.
巳酉丑生	서쪽문을 피하고, 동남쪽으로 이사하면 안 된다. 재수가 없고, 하는 일마다 꼬이고, 病苦 질병발생. 바람기 발동.
寅午戌生	남쪽문을 피하고, 북동쪽으로 이사하면 안 된다. 재수가 없고, 하는 일마다 꼬이고, 病苦 질병발생. 바람기 발동.
亥卯未生	동쪽문을 피하고, 서북쪽으로 이사하면 안 된다. 재수가 없고, 하는 일마다 꼬이고, 病苦 질병발생. 바람기 발동.

운세풀이

未띠:이동수,우왕좌왕, 弱弱 다툼	戌띠: 점점 일이 꼬임, 관재구설	丑띠:최고운상승세, 두마음	辰띠: 만남,결실,화합,문서
申띠:매사불편, 방해자,배신	亥띠:귀인상봉, 금전이득, 현금	寅띠: 의욕과다, 스트레스큼	巳띠:이동수,이별수,변동 움직임
酉띠:해결신,시험합격, 풀림	子띠: 매사꼬임,과거고생, 질병	卯띠: 시급한 일, 뜻대로 안됨	午띠: 빈주머니,걱정근심,사기

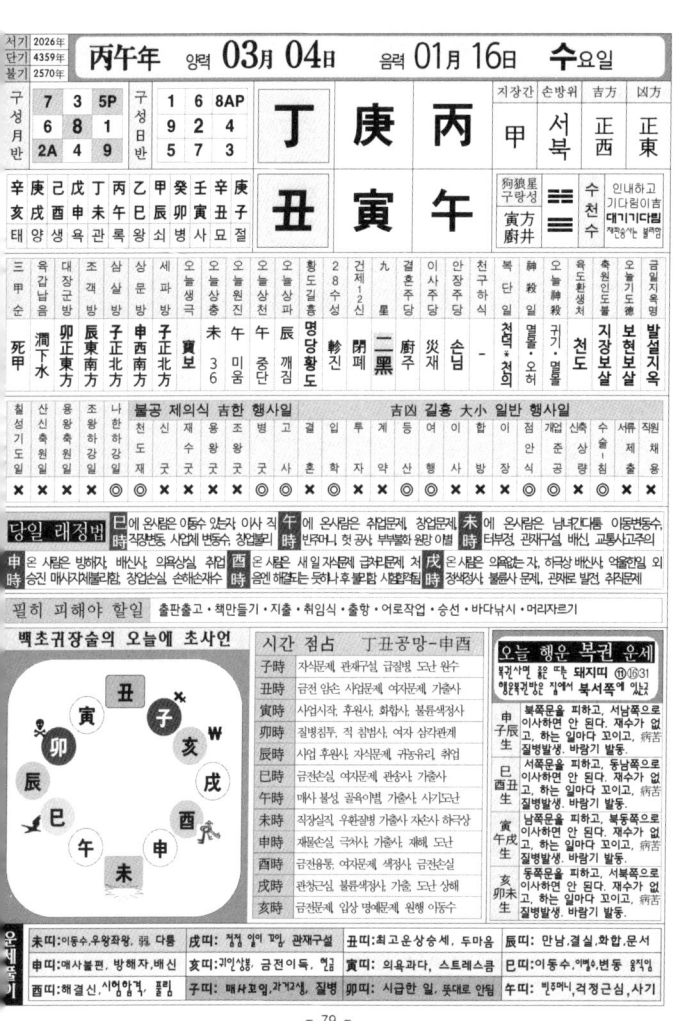

서기	2026年
단기	4359年
불기	2570年

丙午年 양력 03月 05日 음력 01月 17日 목요일

경칩 驚蟄 22時 59分 入

구성월반				구성일반		
6	2	4		2	7	9P
5	7	9AP		1A	3	5
1	3	8		6	8	4

시	일	월	년
戊	辛	丙	
寅	卯	午	

癸	壬	辛	庚	己	戊	丁	丙	乙	甲	癸	壬
亥	戌	酉	申	未	午	巳	辰	卯	寅	丑	子
절	묘	사	병	쇠	왕	록	관	욕	생	양	태

지장간	손방위	吉方	凶方
甲	북쪽	正南	正北

狗狼星 구랑성	괘	수천수	
東北方	☵ ☰	수천수	인내하고 기다림이吉 대기기다림 재판송사는 불리함

三甲순	육갑납음	대장군방	조객방	삼살방	상문방	세파방	오늘생극	오늘상충	오늘원진	오늘상천	오늘상파	황도길흉	28수성	건제12신	九星	결혼주당	이사주당	안장주당	복단일	오늘吉神	神殺	오늘神殺	육도환생처	축원인도불	오늘기도德	금일지옥명
死甲	城頭土	卯正東方	辰東南方	子正北方	申西南方	子正北方	伐벌	申 36	酉 미움	巳 중단	亥 깨짐	청룡황도	角각	閉폐	三碧	夫부	安안	아버지	오부길일	천사*왕일	혈지·지격	귀기·유화	인도	지장보살	약사보살	발설지옥

칠성기도일	산신축원일	용왕축원일	조왕하강일	나한하강일	불공 제의식 吉한 행사일							吉凶 길흉 大小 일반 행사일														
					천도재	신굿	재수굿	용왕굿	조왕굿	병굿	고사	결혼	입학	투자	계약	등산	여행	이사	합방	이장	점안식	개업준공	신축상량	수술-침	서류제출	직원채용
×	×	×	×	×	◎	◎	◎	◎	◎	◎	◎	×	×	×	×	◎	◎	×	×	×	×	◎	×	×	◎	×

당일 래정법

巳時 에 온사람은 문서구입 회합사 결혼 재혼 경조사 애정사 궁합 후원 개업

午時 에 온사람은 이동수 있는자 이사나 직장변동 친구나 형제 사업체변동수

未時 에 온사람은 금전사기 실업자 색정사 들통 빈주머니 헛수고 문서모난사 매사불성

申時 온 사람은 매매 이동변동수, 직장변동수, 터 부정, 사기, 허위문서, 다툼주의 차사고 주의

酉時 온 사람은 질병과 자식문제 방해자, 배신사, 관송사, 취업 승진 매사 지체불리함

戌時 온 사람은자식문제, 하극상으로 배신사 해결되는 듯 하나 후 불리함 시험 합격됨 허가건 승인됨 관재

필히 피해야 할일

봉사활동 · 새집들이 · 출장 · 손님초대 · 시험관인공수정 · 성형수술 · 수혈 · 흙 다루고 땅파는 일

백초귀장술의 오늘에 초사언

시간 점占	戊寅공망-申酉
子時	금전융통, 부인문제, 자식질병, 관재구설
丑時	재물파산, 권리박탈, 부인문제, 가출건
寅時	금전 암손, 여자문제, 가출사, 여행 凶
卯時	남편문제, 직장취업, 색정사, 가출사
辰時	매사불성, 금전손실, 사업파산, 속 중단
巳時	입상 명예사, 직장승진, 금전기쁨, 관청
午時	금전손실 다툼, 사업이동, 가출, 처를 극
未時	집안잡귀침투, 처첩, 색정사, 가출문제
申時	침범사, 질병재앙, 가출사, 직장실직
酉時	금전손실, 직장실직, 가출사, 배신음모
戌時	사업후원사, 취업문제, 육친문제, 수술유의
亥時	금전손실, 도난 상해, 이별사, 가출사

오늘 행운 복권 운세

복권사면 좋은 띠는 **쥐띠** ①⑥⑯

행운복권방은 집에서 **북쪽**에 있는곳

申子辰生	북쪽문을 피하고, 서남쪽으로 이사하면 안 된다. 재수가 없고, 하는 일마다 꼬이고, 病苦 질병발생. 바람기 발동.
巳酉丑生	서쪽문을 피하고, 동남쪽으로 이사하면 안 된다. 재수가 없고, 하는 일마다 꼬이고, 病苦 질병발생. 바람기 발동.
寅午戌生	남쪽문을 피하고, 북동쪽으로 이사하면 안 된다. 재수가 없고, 하는 일마다 꼬이고, 病苦 질병발생. 바람기 발동.
亥卯未生	동쪽문을 피하고, 서북쪽으로 이사하면 안 된다. 재수가 없고, 하는 일마다 꼬이고, 病苦 질병발생. 바람기 발동.

운세풀이

申띠:이동수,우왕좌왕, 弱, 다툼	亥띠: 점점 일이 꼬임, 관재구설	寅띠:최고운상승세, 두마음	巳띠: 만남,결실,화합,문서
酉띠:매사불편, 방해자,배신	子띠:귀인상봉, 금전이득, 현금	卯띠: 의욕과다, 스트레스큼	午띠:이동수,이별수,변동 움직임
戌띠:해결신,시험합격, 풀림	丑띠: 매사꼬임,과거고생, 질병	辰띠: 시급한 일, 뜻대로 안됨	未띠: 빈주머니,걱정근심,사기

서기	2026年
단기	4359年
불기	2570年

丙午年 양력 03月 06日 음력 01月 18日 목요일

구성月반				구성日반			
	6	2	4		3A	8	1
	5	7	9AP		2	4	6P
	1	3	8		7	9	5

己	辛	丙
卯	卯	午

지장간	손방위	吉方	凶方
甲	북동	正東	正西

狗狼星 구랑성 / 僧尼寺觀 後門	☵ ☰	수천수	인내하고 기다림이吉 **대기기다림** 재판송사는 불리함

乙	甲	癸	壬	辛	庚	己	戊	丁	丙	乙	甲
亥	戌	酉	申	未	午	巳	辰	卯	寅	丑	子
태	양	생	욕	관	록	왕	쇠	병	사	묘	절

三甲순	육갑납음	대장군방	조객방	삼살방	상문방	세파방	오늘생극	오늘상충	오늘원진	오늘상천	오늘상파	황도길흉	28수성	건제12신	九星	결혼주당	이사주당	안장주당	복단일	오늘吉神	神殺	오늘神殺	육도환생처	축원인도불	오늘기도德	금일지옥명
死甲	城頭土	卯正東方	辰東南方	子正北方	申西南方	子正北方	伐벌	酉 36	申 미움	辰 중단	午 깨짐	명당황도	亢항	滿건	四綠	姑고	利이	남자	월덕합	천은*관일	월건·천화	염대·소시	귀도	지장보살	문수보살	발설지옥

칠성기도일	산신축원일	용왕축원일	조왕하강일	나한하강일	불공 제의식 吉한 행사일							吉凶 길흉 大小 일반 행사일													
					천도재	신굿	재수굿	용왕굿	조왕굿	병굿	고사	결혼	입학	투자	계약	등산	여행	이사	합방	이장	점안식	개업준공	신축상량	수술-침	서류제출	직원채용
×	◎	×	◎	◎	◎	◎	◎	◎	◎	◎	◎	×	◎	×	×	◎	◎	×	×	×	◎	◎	×	◎	◎	×

당일 래정법

巳時에 온사람은 모함과 구설로 골치 아픔 가내환자 바람기 직장해고위험

午時에 온사람은 문서 화합운 결혼 재혼 경조사 궁합 문서이동 부모문제 진병

未時에 온사람은 이동수 있는자 이사나 직장변동, 자식문제 변동수, 여행 이별

申時 온 사람은 허위문서 실업자 쉬고있는자 빈주머니 헛 공사 사기모함 ·도난사 매사불성

酉時 온 사람은 매매 이동변동수, 터부정 관재구설 사기 허위문서 우환질병 차사고주의

戌時 온 사람은 색정사 배신문제 방해자, 배신사, 의욕상실 관재구설 취업 승진 매사 지체불리함

필히 피해야 할일 입주 • 새집들이 • 친목회 • 문서파기 • 창고수리 • 건축수리 • 기둥세우기 • 장담그기

백초귀장술의 오늘에 초사언

시간 점占 己卯공망-申酉

子時	재물근심, 음란색정사, 여자 삼각관계
丑時	유산상속건, 형제친구문제, 가출, 이별사
寅時	직장실직, 가출, 처를극, 불명예, 취업불가
卯時	여자로부터 금전손실, 질병재앙, 불륜사
辰時	만사상쟁, 신규사업 손실, 질병침투, 가출
巳時	매사 불성사, 사업금전손실 다툼, 색정사
午時	직장승진문제, 불륜색정사, 가출문제
未時	이동 이별수, 직업변동, 가출사, 수술불리
申時	자식문제, 극처사, 질병침투, 직업실직
酉時	적의 침범사, 질병재앙, 색정사, 가출사
戌時	놀랄 일발생, 금전융통, 배신 도망 가출
亥時	금전문제, 부인문제, 가출사, 도난, 惡意

오늘 행운 복권 운세

복권사면 좋은 띠는 **소띠** ②⑤⑩
행운복권방은 집에서 **북동쪽**에 있는곳

申子辰生	북쪽문을 피하고, 서남쪽으로 이사하면 안 된다. 재수가 없고, 하는 일마다 꼬이고, 病苦 질병발생. 바람기 발동.
巳酉丑生	서쪽문을 피하고, 동남쪽으로 이사하면 안 된다. 재수가 없고, 하는 일마다 꼬이고, 病苦 질병발생. 바람기 발동.
寅午戌生	남쪽문을 피하고, 북동쪽으로 이사하면 안 된다. 재수가 없고, 하는 일마다 꼬이고, 病苦 질병발생. 바람기 발동.
亥卯未生	동쪽문을 피하고, 서북쪽으로 이사하면 안 된다. 재수가 없고, 하는 일마다 꼬이고, 病苦 질병발생. 바람기 발동.

운세풀이

酉띠:이동수,우왕좌왕, 弱弱 다툼	子띠: 점점 일이 꼬임, 관재구설	卯띠:최고운상승세, 두마음	午띠: 만남,결실,화합,문서
戌띠:매사불편, 방해자,배신	丑띠:귀인상봉, 금전이득, 현금	辰띠: 의욕과다, 스트레스큼	未띠:이동수,이별수,변동 움직임
亥띠:해결신,시험합격, 풀림	寅띠: 매사꼬임,과거고생, 질병	巳띠: 시급한 일, 뜻대로 안됨	申띠: 빈주머니,걱정근심,사기

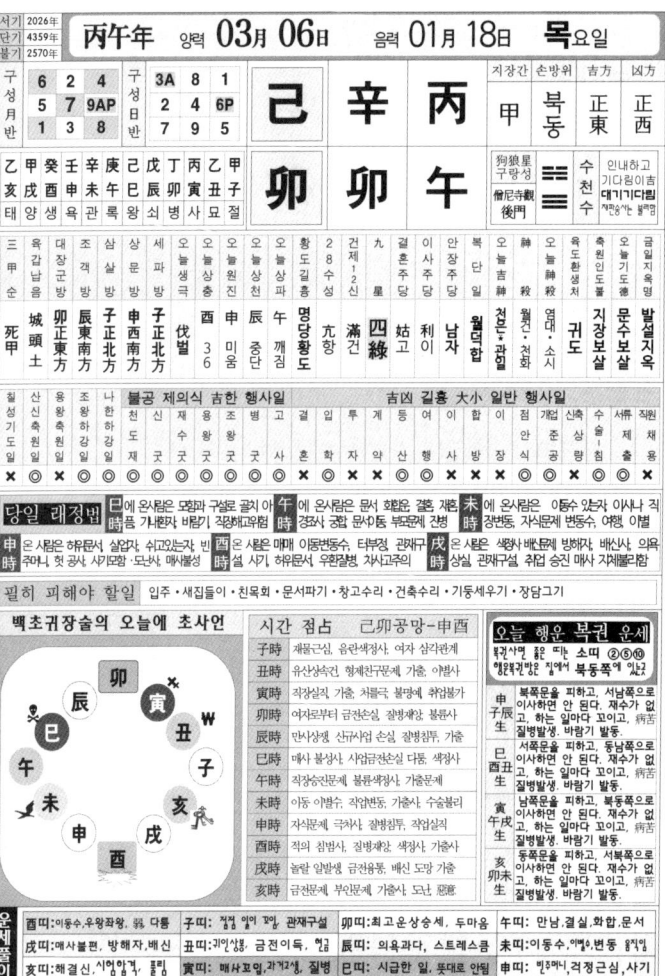

3월

서기	2026年
단기	4359年
불기	2570年

丙午年 양력 03月 07日 음력 01月 19日 토요일

구성月반				구성日반			
	6	2	4		4	9	2
	5	7	9AP		3	5	7
	1	3	8		8	1	6P

時	日	月	年
庚辰	辛卯	丙午	

지장간	손방위	吉方	凶方
甲	無	正北	正南

丁	丙	乙	甲	癸	壬	辛	庚	己	戊	丁	丙
亥	戌	酉	申	未	午	巳	辰	卯	寅	丑	子
병	쇠	왕	록	관	욕	생	양	태	절	묘	사

狗狼星 구랑성	괘	택뢰수	시기가도래
寺觀 절사관	☱☳	택뢰수	수시변역 직장변동 이사 전환 **정.반.합**

三甲순	육갑납음	대장군방	조객방	삼살방	상문방	세파방	오늘생극	오늘상충	오늘원진	오늘상천	오늘상파	황도길흉	28수성	건제12신	九星	결혼주당	이사주당	안장주당	복단일	오늘吉神	神殺	오늘神殺	육도환생처	축원인도불	오늘기도德	금일지옥명
死甲	白蠟金	卯正東方	辰東南方	子正北方	申西南方	子正北方	義의	戌 36	亥 미움	卯 중단	丑 깨짐	천형흑도	氐저	除제	五黃	堂당	天천	손자	-	천은*월공	수사일	독화·멸망	축도	지장보살	지장보살	발설지옥

칠성기도일	산신축원일	용왕축원일	조왕하강일	나한하강일	천도재	신굿	재수굿	용왕굿	조왕굿	병굿	고사	결혼	입학	투자	계약	등산	여행	이사	합방	이장	점안식	개업준공	신축상량	수술-침	서류제출	직원채용
×	◎	×	◎	◎	◎	◎	◎	◎	◎	◎	◎	×	◎	×	×	◎	-	◎	×	×	◎	×	×	◎	-	×

(천도재~고사: 불공 제의식 吉한 행사일 / 결혼~직원채용: 吉凶 길흉 大小 일반 행사일)

당일 래정법

巳時에 온사람은 의욕과다. 뭐가 하고싶어서 왔다. 직장취업문제, 소송사건여부

午時에 온사람은 부모형제와 골치 아픈일 암투, 가내환자, 바람기, 불륜

未時에 온사람은 화합운, 결혼, 재혼, 경조사, 애정사, 궁합, 만남, 후원, 개업, 매매건

申時온 사람은 이동수 있는자, 이사나 직장변동, 사업체 변동수, 여행, 이별수, 창업불리

酉時온 사람은 색정사문제, 금전손재수, 쉬고있는자, 빈주머니, 헛 공사, 사기모함, 매사불성

戌時온 사람은 매매 이동변동수, 터부정, 관재구설, 사기, 허위문서, 동업자 사비 다툼주의, 차사고주의

필히 피해야 할일 출품 • 새집들이 • 인수인계 • 해외여행 • 항공주의 • 코인투자 • 벌초 • 질병치료 • 흙파기.

백초귀장술의 오늘에 초사언

시간 점占 庚辰공망-申酉

子時	자식질병사, 사업후원사, 도난, 태아령천도
丑時	파산위태, 금전손실, 상속문제, 산소탈
寅時	질병재앙, 취업문제, 금전융통, 사업확장
卯時	파재, 극처사, 관송사 분쟁, 가출문제
辰時	금전암손, 여자문제, 사업문제, 금전다툼
巳時	신규사업, 구재, 도난, 상해, 관재, 손실
午時	관재구설, 직장박탈, 도적손실, 가출문제
未時	사업후원사, 선거당선사, 화합사, 가출사
申時	재물손실, 적의 침범사, 변동 이사, 가출
酉時	남녀색정사, 사기 도난, 도주, 상부상처
戌時	질병침투, 적의침범사, 가출문제, 부하도주
亥時	자식문제, 방해자, 금전손실, 우환질병

오늘 행운 복권 운세

복권사면 좋은 띠는 **범띠** ③⑧⑱
행운복권방은 집에서 **동북쪽**에 있다

생	
申子辰生	북쪽문을 피하고, 서남쪽으로 이사하면 안 된다. 재수가 없고, 하는 일마다 꼬이고, 病苦 질병발생. 바람기 발동.
巳酉丑生	서쪽문을 피하고, 동남쪽으로 이사하면 안 된다. 재수가 없고, 하는 일마다 꼬이고, 病苦 질병발생. 바람기 발동.
寅午戌生	남쪽문을 피하고, 북동쪽으로 이사하면 안 된다. 재수가 없고, 하는 일마다 꼬이고, 病苦 질병발생. 바람기 발동.
亥卯未生	동쪽문을 피하고, 서북쪽으로 이사하면 안 된다. 재수가 없고, 하는 일마다 꼬이고, 病苦 질병발생. 바람기 발동.

운세풀이

戌띠:이동수,우왕좌왕, 허욕, 다툼	丑띠: 점점 일이 꼬임, 관재구설	辰띠:최고운상승세, 두마음	未띠: 만남,결실,화합,문서
亥띠:매사불편, 방해자,배신	寅띠:귀인상봉, 금전이득, 현금	巳띠: 의욕과다, 스트레스큼	申띠:이동수,이별수,변동 움직임
子띠:해결신,시험합격, 풀림	卯띠: 매사꼬임,과거고생, 질병	午띠: 시급한 일, 뜻대로 안됨	酉띠: 빈주머니,걱정근심,사기

서기	2026年
단기	4359年
불기	2570年

丙午年 양력 03月 08日 음력 01月 20日 일요일

구성月반			구성日반		
6	2	4	5	1	3
5	7	9AP	4	6	8
1	3	8	9	2	7AP

辛	辛	丙
巳	卯	午

지장간	손방위	吉方	凶方
甲	無	正西	正東

狗狼星 구랑성	괘	택뢰수	시기가도래 수시변역 직장변동 이사 전환 정.반.합
天	☱☳		

己	戊	丁	丙	乙	甲	癸	壬	辛	庚	己	戊
亥	戌	酉	申	未	午	巳	辰	卯	寅	丑	子
욕	관	록	왕	쇠	병	사	묘	절	태	양	생

3월

三甲순	육갑납음	대장군방	조객방	삼살방	상문방	세파방	오늘생극	오늘상충	오늘원진	오늘상천	오늘상파	황도길흉	28수성	건제12신	九星	결혼주당	이사주당	안장주당	복단일	오늘吉神	神殺	오늘神殺	육도환생처	축원인도불	오늘기도德	금일지옥명
死甲	白蠟金	卯正東方	辰東南方	子正北方	申西南方	子正北方	伐벌	亥 36	戌 미움	寅 중단	申 깨짐	주작흑도	房방	滿만	六白	翁옹	害해	死	복단일	천덕합	수사일	왕망・사격	옥도	지장보살	문수보살	발설지옥

칠성기도일	산신축원일	용왕축원일	조왕하강일	나한하강일	불공 제의식 吉한 행사일: 천도재	신굿	재수굿	용왕굿	조왕굿	병굿	고사	吉凶 길흉 大小 일반 행사일: 결혼	입학	투자	계약	등산	여행	이사	합방	이장	점안식	개업준공	신축상량	수술-침	서류제출	직원채용
×	×	×	×	×	×	◎	◎	◎	◎	◎	◎	◎	◎	×	◎	◎	◎	◎	◎	×	◎	◎	×	◎	◎	◎

당일 래정법

巳時 에 온사람은 의욕충만, 두가지문제로 갈등사, 갖고싶은 욕구, 자식문제, 사업문제

午時 에 온사람은 의욕과다, 뭐가 하고싶어서 왔다 금전문제, 여자문제, 시험합격

未時 에 온사람은 골치 아픈일, 형제동업 죽음, 바람기, 불륜, 시비투쟁, 속정리

申時 온 사람은 형제, 문서 화합운, 결혼, 재혼, 경조사, 애정사, 궁합, 만남, 개업, 하극상 배신, 구설수

酉時 온 사람은 이동수 있는자, 가출, 이사나 직장변동, 사업체 변동수, 여행, 이별수, 관재구설

戌時 온 사람은 색정사문제, 금전손재수, 쉬고있는자, 빈주머니, 헛 공사, 사기모함 , 매사불성

필히 피해야 할일 홍보광고・소장제출・인허가신청・정보유출・질병치료・출항・조선 배 제조・승선・장담그기

백초귀장술의 오늘에 초사언

시간 점占 辛巳공망-申酉

子時	자식문제, 질병침투, 직장실직, 배신주의
丑時	자선사업 봉사, 후원사, 질병침투, 가출
寅時	금전융통, 부인문제, 색정사, 관재구설
卯時	금전문제, 사업관련, 형제도움, 가출사
辰時	질병재앙, 타인과 다툼, 가출사, 사업불리
巳時	금전암손, 여자문제, 취직 실직문제, 포상
午時	신규사업불리, 관재구설, 남녀색정사, 우환
未時	자선 봉사활동, 금전문제, 가출방황, 불리
申時	사업후원사 발탁, 직장취업, 당선입상
酉時	급병자발생, 금전손실, 도난 가출도주
戌時	봉사 자선사업, 질병재앙, 사업문제, 가출
亥時	적침범사, 질병침투, 부부이별, 원행 이사

오늘 행운 복권 운세

복권사면 좋은 띠는 **토끼띠** ②⑧

행운복권방은 집에서 **동쪽**에 있는곳

申子辰生	북쪽문을 피하고, 서남쪽으로 이사하면 안 된다. 재수가 없고, 하는 일마다 꼬이고, 病苦 질병발생. 바람기 발동.
巳酉丑生	서쪽문을 피하고, 동남쪽으로 이사하면 안 된다. 재수가 없고, 하는 일마다 꼬이고, 病苦 질병발생. 바람기 발동.
寅午戌生	남쪽문을 피하고, 북동쪽으로 이사하면 안 된다. 재수가 없고, 하는 일마다 꼬이고, 病苦 질병발생. 바람기 발동.
亥卯未生	동쪽문을 피하고, 서북쪽으로 이사하면 안 된다. 재수가 없고, 하는 일마다 꼬이고, 病苦 질병발생. 바람기 발동.

운세풀이

亥띠:이동수,우왕좌왕, 弱, 다툼	寅띠: 점점 일이 꼬임, 관재구설	巳띠:최고운상승세, 두마음	申띠: 만남,결실,화합,문서
子띠:매사불편, 방해자,배신	卯띠:귀인상봉, 금전이득, 현금	午띠: 의욕과다, 스트레스큼	酉띠:이동수,이별수,변동 움직임
丑띠:해결신,시험합격, 풀림	辰띠: 매사꼬임,과거고생, 질병	未띠: 시급한 일, 뜻대로 안됨	戌띠: 빈주머니,걱정근심,사기

서기	2026年
단기	4359年
불기	2570年

丙午年 양력 03月 09日 음력 01月 21日 월요일

구성月반			구성日반		
6	2	4	6	2P	4
5	7	9AP	5	7	9A
1	3	8	1	3	8

壬	辛	丙
午	卯	午

지장간	손방위	吉方	凶方
甲	동쪽	正南	正北

狗狼星 구랑성 神廟 신사묘 ䷐ 택뢰수 시기가도래 수시변역 직장변동 이사 전환 정.반.합

辛亥	庚戌	己酉	戊申	丁未	丙午	乙巳	甲辰	癸卯	壬寅	辛丑	庚子
록	관	욕	생	양	태	절	묘	사	병	쇠	왕

三甲순	육갑납음	대장군방	조객방	삼살방	상문방	세파방	오늘생극	오늘상충	오늘원진	오늘상천	오늘상파	황도길흉	28수성	건제12신	九星	결혼주당	이사주당	안장주당	복단일	오늘吉神	神殺	오늘神殺	육도환생처	축원인도불	오늘기도德	금일지옥명
死甲	楊柳木	卯正東方	辰東南方	子正北方	申西南方	子正北方	制제	子 36	丑 미움	丑 중단	卯 깨짐	금궤황도	心심	平평	七赤	第제	殺살	여자	대명*민일	경안*해신	하괴일	천리·사신	불도	헌겁천불	약사보살	한빙지옥

불공 제의식 吉한 행사일 / 吉凶 길흉 大小 일반 행사일

칠성기도일	산신축원일	용왕축원일	조왕하강일	나한하강일	천도재	신굿	재수굿	용왕굿	조왕굿	병굿	고사	결혼	입학	투자	계약	등산	여행	이사	합방	이장	점안식	개업준공	신축상량	수술-침	서류제출	직원채용
×	×	×	×	◎	◎	×	×	×	×	×	◎	×	◎	×	×	◎	◎	×	×	×	◎	×	◎	×	◎	×

당일 래정법

巳時 에 온사람은 건강문제, 관재, 금전고통으로 운이 단단히 꼬여있음, 동업파탄
午時 에 온사람은 금전구재, 화병 갈등사 갖고싶은 욕구, 자식문제, 취업문제
未時 에 온사람은 의욕과다, 뭐가 하고싶어서 왔다. 직장취업문제, 결혼문제
申時 온 사람은 골치 아픈일, 친구나 형제동업, 죽음, 배우자바람기, 차사고 시비투쟁, 속 정리해야함
酉時 온 사람은 형제, 문서, 화합운, 결혼, 관직취업 애정사, 궁합, 만남, 개업 하극상 배신 경쟁사로 몰변
戌時 온 사람은 이동수 있는자, 가출, 이사나 직장변동, 사업체 변동수, 여행, 이별수, 부동산매매

필히 피해야 할일 작품출품 · 납품 · 정보유출 · 교역 · 화재주의 · 출장 · 항공주의 · 흙파기 · 지붕 · 옥상보수

백초귀장술의 오늘에 초사언

시간 점占	壬午공망-申酉
子時	남녀쟁투 처를 극, 病, 이동 소송은 흉
丑時	질병은 흉, 이사 구직안됨, 순리대로
寅時	선거자유리, 불륜사, 急病者, 喪服 운
卯時	매사 선흉후길, 소송은 화해가 길
辰時	관재 병재로 불길, 가출사 색정사 하극상
巳時	사업, 구재, 구설 이별, 여자삼각관계, ⊗
午時	금전손실 다툼, 이사 여행 투자 시험불리
未時	집안잡귀침투, 친족불화, 삼각관계, 불리
申時	매사 불성사, 도망은 吉, 도적손실, 재액
酉時	사업사, 후원사, 불륜사, 화합사, 무력함
戌時	가출건, 급병자, 관재구설, 하자발생 ⊗
亥時	남자는 해롭고, 임신은 안됨, 구직 안됨

오늘 행운 복권 운세

복권사면 좋은 띠는 **용띠** ⑤⑩⑳
행운복권방은 집에서 **동남쪽**에 있는곳

申子辰生	북쪽문을 피하고, 서남쪽으로 이사하면 안 된다. 재수가 없고, 하는 일마다 꼬이고, 病苦 질병발생. 바람기 발동.
巳酉丑生	서쪽문을 피하고, 동남쪽으로 이사하면 안 된다. 재수가 없고, 하는 일마다 꼬이고, 病苦 질병발생. 바람기 발동.
寅午戌生	남쪽문을 피하고, 북동쪽으로 이사하면 안 된다. 재수가 없고, 하는 일마다 꼬이고, 病苦 질병발생. 바람기 발동.
亥卯未生	동쪽문을 피하고, 서북쪽으로 이사하면 안 된다. 재수가 없고, 하는 일마다 꼬이고, 病苦 질병발생. 바람기 발동.

운세풀이

子띠:이동수,우왕좌왕, [illegible] 다툼	卯띠: 점점 일이 꼬임, 관재구설	午띠:최고운상승세, 두마음	酉띠: 만남,결실,화합,문서
丑띠:매사불편, 방해자,배신	辰띠:귀인상봉, 금전이득, 현금	未띠: 의욕과다, 스트레스큼	戌띠:이동수,이별수,변동 움직임
寅띠:해결신,시험합격, 풀림	巳띠: 매사꼬임,과거고생, 질병	申띠: 시급한 일, 뜻대로 안됨	亥띠: 빈주머니,걱정근심,사기

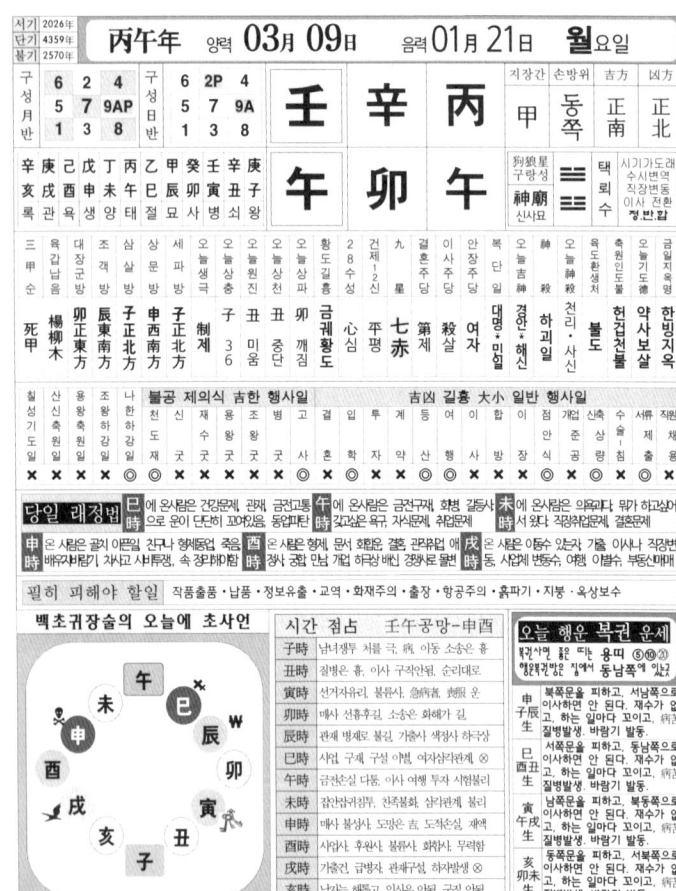

서기	2026年
단기	4359年
불기	2570年

丙午年 양력 03月 10日 음력 01月 22日 화요일

구성월반				구성일반			
	6	2	4		7	3	5
	5	7	9AP		6	8	1
	1	3	8		2AP	4	9

癸	辛	丙
未	卯	午

지장간	손방위	吉方	凶方
甲	동남	正東	正西

癸	壬	辛	庚	己	戊	丁	丙	乙	甲	癸	壬
亥	戌	酉	申	未	午	巳	辰	卯	寅	丑	子
왕	쇠	병	사	묘	절	태	양	생	욕	관	록

狗狼星 구랑성 / 水步井 우물가 ☱☵ 택뢰수 — 시기가도래 수시변역 직장변동 이사 전환 **정.반.합**

3월

三甲순	육갑납음	대장군방	조객방	삼살방	상문방	세파방	오늘생극	오늘상충	오늘원진	오늘상천	오늘상파	황도길흉	28수성	건제12신	九星	결혼주당	이사주당	안장주당	복단일	대공망일	오늘吉神	오늘神殺	육도환생처	축원인도불	오늘기도德	금일지옥명
死甲	楊柳木	卯正東方	辰東南方	子正北方	申西南方	子正北方	伐벌	丑 36	子 미움	子 중단	戌 깨짐	대덕황도	尾미	定정	八白	竈조	富부	어머니	삼합일	대공망일	천은*음덕	혈기·사기	불도	헌겁천불	대세지보살	한빙지옥

칠성기도일	산신축원일	용왕축원일	조왕하강일	나한하강일	천도재	신굿	재수굿	용왕굿	조왕굿	병굿	고사	결혼	입학	투자	계약	등산	여행	이사	합방	이장	점안식	개업준공	신축상량	수술-침	서류제출	직원채용
◎	◎	×	◎	◎	◎	◎	◎	◎	◎	◎	◎	◎	◎	×	◎	◎	◎	×	◎	×	◎	◎	◎	◎	◎	◎

(천도재 ~ 고사: 불공 제의식 吉한 행사일 / 결혼 ~ 직원채용: 吉凶 길흉 大小 일반 행사일)

당일 래정법

巳時에 온사람은 금전문제, 사업문제, 금전 구재건, 관직취직사, 속전속결이 유리

午時에 온사람 건강문제, 금전문제로 운이 단단히 꼬여있음, 동업파탄 손재수

未時에 온사람 문서합의, 부모자식간 문제, 교합사는 불성사, 이동수도 있음

申時 온 사람은 의욕과다, 뭐가 하고싶어서 왔다. 직장취업문제, 친구형제간 배신과 암해, 관재수

酉時 온 사람은 골치 아픈일, 형제동업, 죽음, 바람기, 불륜, 시비투쟁, 급속정리해야함, 청춘구직해

戌時 온 사람은 형제, 화합운, 결혼, 재혼, 경조사, 애정사, 궁합, 만남, 개업, 하극상 배신, 움직이면 재앙

필히 피해야 할일 이날은 흑도와 월파일에 대공망일, 구공, 대모 등 신살에 해당되어 매사 해롭고 불리한 날

백초귀장술의 오늘에 초사언

시간 점占 癸未공망-申酉

子時	관귀발동, 남녀색정사, 금전손해 실물수
丑時	적의 침범사, 불길하고 원수됨, 가출사
寅時	자손문제, 실직문제, 연애배신사, 모함
卯時	질병위급, 여행조심, 관직승진 결혼 吉
辰時	남편문제, 가출사 색정사, 부부이별, 소송흉
巳時	사업, 구재이득, 귀인상봉, 수상기쁨
午時	화합 애정사불리, 금전손실, 매사 불성사
未時	유명무실, 가출건, 동료나 골육배반 구설
申時	사업사 손재수, 후원사무리, 여행은 불리
酉時	병자사망, 매사 불성사, 가출도주, 外情
戌時	직업문제, 남편문제, 집안불화, 불합격
亥時	금전배신, 처 가출사, 도망 분실, 이동 흉

오늘 행운 복권 운세

복권사면 좋은 띠는 뱀띠 ⑦⑰27
행운복권방은 집에서 남동쪽에 있는곳

申子辰生	북쪽문을 피하고, 서남쪽으로 이사하면 안 된다. 재수가 없고, 하는 일마다 꼬이고, 病苦 질병발생. 바람기 발동.
巳酉丑生	서쪽문을 피하고, 동남쪽으로 이사하면 안 된다. 재수가 없고, 하는 일마다 꼬이고, 病苦 질병발생. 바람기 발동.
寅午戌生	남쪽문을 피하고, 북동쪽으로 이사하면 안 된다. 재수가 없고, 하는 일마다 꼬이고, 病苦 질병발생. 바람기 발동.
亥卯未生	동쪽문을 피하고, 서북쪽으로 이사하면 안 된다. 재수가 없고, 하는 일마다 꼬이고, 病苦 질병발생. 바람기 발동.

운세풀이

丑띠:이동수,우왕좌왕, 弱, 다툼	辰띠: 점점 일이 꼬임, 관재구설	未띠:최고운상승세, 두마음	戌띠: 만남,결실,화합,문서
寅띠:매사불편, 방해자,배신	巳띠:귀인상봉, 금전이득, 현금	申띠: 의욕과다, 스트레스큼	亥띠:이동수,이별수,변동 움직임
卯띠:해결신,시험합격, 풀림	午띠: 매사꼬임,과거고생, 질병	酉띠: 시급한 일, 뜻대로 안됨	子띠: 빈주머니,걱정근심,사기

서기	2026年
단기	4359年
불기	2570年

丙午年 양력 03月 11日 음력 01月 23日 수요일

구성月반				구성日반			
	6	2	4		8	4A	6
	5	7	9AP		7	9	2
	1	3	8		3P	5	1

甲	辛	丙
申	卯	午

지장간	손방위	吉方	凶方
甲	남쪽	正北	正南

乙亥	甲戌	癸酉	壬申	辛未	庚午	己巳	戊辰	丁卯	丙寅	乙丑	甲子
생	양	태	절	묘	사	병	쇠	왕	록	관	욕

狗狼星 구랑성	正廳中 庭관청마당
택뢰수	시기가도래 수시변역 직장변동 이사 전환 **정.반.합**

三甲순	육갑납음	대장군방	조객방	삼살방	상문방	세파방	오늘생극	오늘상충	오늘원진	오늘상천	오늘상파	황도길흉	28수성	건제12신	九星	결혼주당	이사주당	안장주당	대공망일	오늘吉神	오늘吉神	오늘神殺	육도환생처	축원인도불	오늘기도德	금일지옥명
病甲	泉中水	卯正東方	辰東南方	子正北方	申西南方	子正北方	伐벌	寅 36	卯 미움	亥 중단	巳 깨짐	백호흑도	箕기	執집	九紫	婦부	師사	며느리	대공망일	대명*월덕	천마*요안	라강·수격	인도	헌겁천불	아미보살	한빙지옥

칠성기도일	산신축원일	용왕축원일	조왕하강일	나한하강일	불공 제의식 吉한 행사일: 천도재	신굿	재수굿	용왕굿	조왕굿	병굿	고사	吉凶 길흉 大小 일반 행사일: 결혼	입학	투자	계약	등산	여행	이사	합방	이장	점안식	개업준공	신축상량	수술-침	서류제출	직원채용
×	◎	×	◎	◎	◎	×	×	×	×	×	×	×	◎	×	×	◎	◎	×	×	×	◎	◎	×	◎	◎	×

당일 래정법

巳時에 온사람은 의욕없는자, 금전구재건 색정사로 다툼, 억울한 일 매사불성사
午時에 온사람은 금전문제, 자식문제, 친정식구도움, 관직취직사, 우환질병
未時에 온사람 건강문제, 남편문제로 운이 단단히 꼬여있음, 직장은 불리, 손재수
申時 온 사람은 새사업은 방해자로 인해 망신수, 관재수 발생, 후원사불리, 수술문제, 사고조심
酉時 온 사람은 의욕과다, 새로운 일 하고싶어서 왔다. 직장취업문제, 친구형제간 배신, 색정사
戌時 온 사람은 골치 아픈일, 삼각관계, 죽음, 바람기, 불륜, 시비투쟁, 급속정리해야함, 청춘귀작해

필히 피해야 할일 질병치료 · 사냥 · 승선 · 낚시 · 어로작업 · 요트타기 · 위험놀이기구 · 벌목 · 수렵 · 침대 가구들이기

백초귀장술의 오늘에 초사언

시간 점占	甲申공망-午未
子時	사업사 후원문제, 가출사, 이동사, 질병
丑時	사기도난조짐, 가출건, 여행불리, 질병
寅時	이동사, 육친이별, 부동산다툼, 터부정
卯時	움직이면 혈광재앙, 병환자발생, 순리
辰時	사업건 금전융통 가능, 시험합격, 불륜사
巳時	도난, 파재, 상해, 관재, 자손문제, 女일
午時	관직 승전가능, 놀날일발생, 변화사 불리
未時	病환자, 관재, 금전손실, 여행 모두 불리
申時	관직승전기쁨, 사업성공, 취업 가능, 음란
酉時	남녀색정사 변심, 남편문제, 삼각관계
戌時	금전문제, 여자문제, 가출사, 집안 시체
亥時	임신가능, 결혼기쁨, 여행재앙, 망동주의

오늘 행운 복권 운세

복권사면 좋은 띠는 말띠 ⑤⑦22
행운복권방은 집에서 남쪽에 있는곳

申子辰生	북쪽문을 피하고, 서남쪽으로 이사하면 안 된다. 재수가 없고, 하는 일마다 꼬이고, 病苦 질병발생. 바람기 발동.
巳酉丑生	서쪽문을 피하고, 동남쪽으로 이사하면 안 된다. 재수가 없고, 하는 일마다 꼬이고, 病苦 질병발생. 바람기 발동.
寅午戌生	남쪽문을 피하고, 북동쪽으로 이사하면 안 된다. 재수가 없고, 하는 일마다 꼬이고, 病苦 질병발생. 바람기 발동.
亥卯未生	동쪽문을 피하고, 서북쪽으로 이사하면 안 된다. 재수가 없고, 하는 일마다 꼬이고, 病苦 질병발생. 바람기 발동.

운세풀이

寅띠:이동수,우왕좌왕, 금전 다툼	巳띠: 점점 일이 꼬임, 관재구설	申띠:최고운상승세, 두마음	亥띠: 만남,결실,화합,문서
卯띠:매사불편, 방해자,배신	午띠: 귀인상봉, 금전어득, 현금	酉띠: 의욕과다, 스트레스큼	子띠:이동수,이별수,변동 움직임
辰띠:해결신,시험합격, 풀림	未띠: 매사꼬임,과거고생, 질병	戌띠: 시급한 일, 뜻대로 안됨	丑띠: 빈주머니,걱정근심,사기

서기	2026年
단기	4359年
불기	2570年

丙午年 양력 03月 12日 음력 01月 24日 목요일

구성월반				구성일반			
	6	2	4		9	5	7
	5	7	9AP		8P	1	3
	1	3	8		4	6A	2

乙	辛	丙
酉	卯	午

지장간	손방위	吉方	凶方
甲	남서	正西	正東

狗狼星 구랑성		택뢰수	시기가도래 수시변역 직장변동 이사 전환 정.반.합
天	☱☳		

丁	丙	乙	甲	癸	壬	辛	庚	己	戊	丁	丙
亥	戌	酉	申	未	午	巳	辰	卯	寅	丑	子
사	묘	절	태	양	생	욕	관	록	왕	쇠	병

3월

三甲순	육갑납음	대장군방	조객방	삼살방	상문방	세파방	오늘생극	오늘상충	오늘원진	오늘상천	오늘상파	황도길흉	28수성	건제12신	九星	결혼주당	이사주당	안장주당	복단일	대공망일	神殺	오늘神殺	육도환생처	축원인도불	오늘기도德	금일지옥명
病甲	泉中水	卯正東方	辰東南方	子正北方	申西南方	子正北方	伐벌	卯 36	寅 미움	戌 중단	子 깨짐	옥당황도	斗두	破파	一白	廚주	災재	손님	-	대공망일	월파일	천적·지화	귀도	헌겁천불	관음보살	한빙지옥

칠성기도일	산신축원일	용왕축원일	조왕하강일	나한하강일	천도재	신굿	재수굿	용왕굿	조왕굿	병굿	고사	결혼	입학	투자	계약	등산	여행	이사	합방	이장	점안식	개업준공	신축상량	수술-침	서류제출	직원채용
◎	◎	×	×	×	×	×	×	×	×	×	×	×	×	×	×	×	×	×	×	×	×	×	×	×	×	×

(불공 제의식 吉한 행사일: 천도재 ~ 병굿 / 吉凶 길흉 大小 일반 행사일: 고사 ~ 직원채용)

당일 래정법

巳時에 온사람은 하가 해결할 문제, 합격여부, 금전투자여부, 직장문제, 재혼은 굳 午時에 온사람은 의욕없는자, 금전구재건 색정사로 다툼, 억울한 일, 매사불성사 未時에 온사람 금전문제, 사업문제, 자식문제, 관직취직사, 속전속결이 유리

申時 온 사람은 건강문제, 관재구설로 운이 단단히 꼬여있음, 취업 승진문제, 딸자식문제, 손재수 酉時 온 사람은 두가지 문제 갈등사, 갖고싶은 욕구 강함, 새로운 일시작 진행함이 좋다, 우환질병 戌時 온 사람은 의욕과다, 뭐가 하고싶어서 왔다, 직장 취업문제, 친구형제간 배신, 시험합격여부

필히 피해야 할일 옷재단·새옷맞춤·태아옷구입·손님초대·소장제출·항소·손님초대·맞선·수렵·산행

백초귀장술의 오늘에 초사언

시간 점占	乙酉공망-午未
子時	개혁유리, 집안에 배신자, 기도요망
丑時	가출건, 시업사 손재수, 여자일, 질병발생
寅時	사기도난, 파재, 손모사, 극처사, 각방
卯時	실직, 파재, 파업, 적 침범사, 소송불리
辰時	내외근심, 남자불리, 발병이나 혈광재앙
巳時	자손문제, 실직문제, 불명예, 색정음란사,
午時	매사 불성, 자손합가불리, 놀랄 일 불안
未時	사업, 구재이득, 귀인상봉, 수상기쁨,
申時	관직건, 남편일, 불리, 실수 탄로 음모 발
酉時	부동산 귀농유리, 지출과다, 진퇴반복,
戌時	금전손실, 부인문제, 금전융통, 부부변심
亥時	만사 중용순응, 손님불길, 가내재앙불리

오늘 행운 복권 운세

복권사면 좋은 띠는 양띠 ⑤⑩25
행운복권방은 집에서 남서쪽에 있는곳

申子辰生	북쪽문을 피하고, 서남쪽으로 이사하면 안 된다. 재수가 없고, 하는 일마다 꼬이고, 病苦 질병발생. 바람기 발동.
巳酉丑生	서쪽문을 피하고, 동남쪽으로 이사하면 안 된다. 재수가 없고, 하는 일마다 꼬이고, 病苦 질병발생. 바람기 발동.
寅午戌生	남쪽문을 피하고, 북동쪽으로 이사하면 안 된다. 재수가 없고, 하는 일마다 꼬이고, 病苦 질병발생. 바람기 발동.
亥卯未生	동쪽문을 피하고, 서북쪽으로 이사하면 안 된다. 재수가 없고, 하는 일마다 꼬이고, 病苦 질병발생. 바람기 발동.

운세풀이

卯띠:이동수,우왕좌왕, 弱, 다툼	午띠: 점점 일이 꼬임, 관재구설	酉띠:최고운상승세, 두마음	子띠: 만남,결실,화합,문서
辰띠:매사불편, 방해자,배신	未띠: 귀인상봉, 금전이득, 현금	戌띠: 의욕과다, 스트레스큼	丑띠:이동수,이별수,변동 움직임
巳띠:해결신,시험합격, 풀림	申띠: 매사꼬임,과거고생, 질병	亥띠: 시급한 일, 뜻대로 안됨	寅띠: 빈주머니,걱정근심,사기

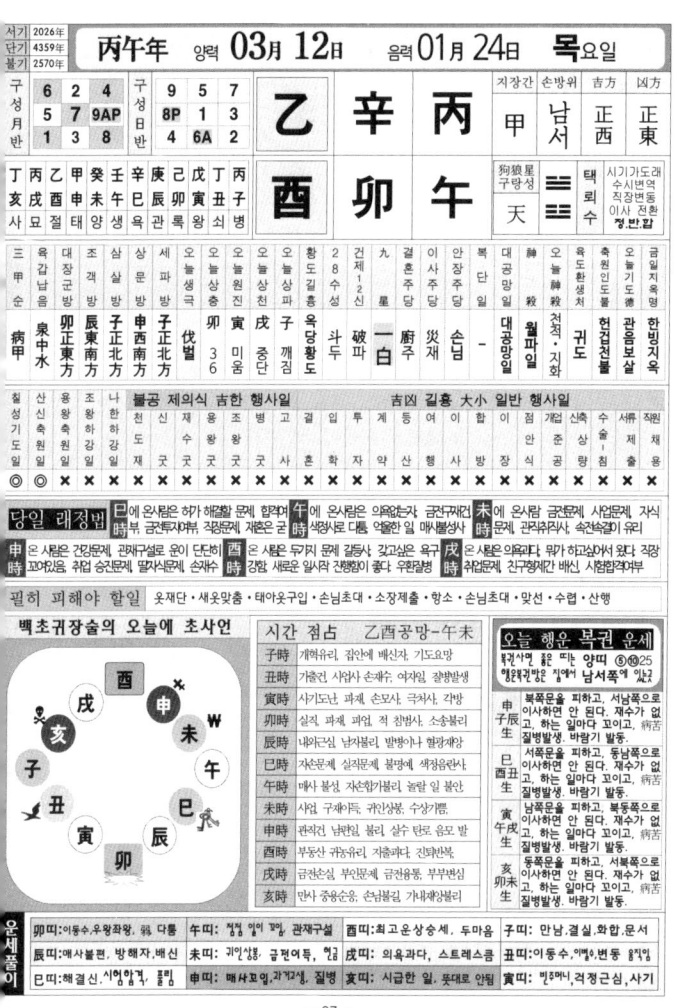

서기	2026年
단기	4359年
불기	2570年

丙午年 양력 03月 13日 음력 01月 25日 금요일

구성月반				구성日반			
	6	2	4		1P	6	8A
	5	7	9AP		9	2	4
	1	3	8		5	7	3

時	日	月
丙	辛	丙
戌	卯	午

지장간	손방위	吉方	凶方
甲	서쪽	正南	正北

狗狼星 구랑성	괘	화지진	
天	☲☷	화지진	새아침출발 희망활동시작 도약 만사 순조 탄탄대로

己亥	戊戌	丁酉	丙申	乙未	甲午	癸巳	壬辰	辛卯	庚寅	己丑	戊子
절	묘	사	병	쇠	왕	록	관	욕	생	양	태

三甲순	육갑납음	대장군방	조객방	삼살방	상문방	세파방	오늘생극	오늘상충	오늘원진	오늘상천	오늘상파	황도길흉	28수성	건제12신	九星	결혼주당	이사주당	안장주당	복단일	대공망일	神殺일	오늘神殺	육도환생처	축원인도불	오늘기도德	금일지옥명
病甲	屋上土	卯正東方	辰東南方	子正北方	申西南方	子正北方	寶보	辰 36	巳 미움	酉 중단	未 깨짐	천뇌흑도	牛우	危위	二黑	夫부	安안	아버지	-	금당*육합	월살일	오황·귀곡	축도	헌겁천불	미륵보살	한빙지옥

					불공 제의식 吉한 행사일							吉凶 길흉 大小 일반 행사일														
칠성기도일	산신축원일	용왕축원일	조왕하강일	나한하강일	천도재	신굿	재수굿	용왕굿	조왕굿	병굿	고사	결혼	입학	투자	계약	등산	여행	이사	합방	이장	점안식	개업준공	신축상량	수술-침	서류제출	직원채용
×	◎	×	×	◎	◎	◎	◎	◎	◎	◎	◎	×	◎	×	×	◎	◎	×	×	×	◎	◎	×	×	-	×

당일 래정법

巳時에 온사람은 새사업에 방해자, 배신사, 의욕상실 색정사, 창업은 불리함

午時에 온사람은 취직 해결할 문제, 합격여부, 금전투자여부, 직장문제, 재혼

未時에 온사람 의욕없는자, 금전구재건, 관재구설로 다툼, 억울한 일 매사불성사

申時 온 사람은 금전문제, 사업문제, 관직취직사, 관재로 얽히게 됨, 자식으로 인해 큰 지출.

酉時 온 사람은 건강문제, 관재구설로 운이 단단히 꼬여있음, 취업 승진문제, 남자문제, 손재수

戌時 온 사람은 두가지 문제 갈등사, 갖고싶은 욕구강함, 자식문제, 새로운 일시작 진행함이 좋다.

필히 피해야 할일 제품제작 • 친구초대 • 수혈 • 싱크대교체 • 주방고치기 • 애완동물들이기 • 흙 파는일

백초귀장술의 오늘에 초사언

시간 점占	丙戌공망-午未
子時	관청쟁투, 남편 극, 직업궁핍, 객 惡意
丑時	사업, 구재이득, 귀인상봉, 수상기쁨,
寅時	적의 침범사, 불길하고 원수됨, 가출사
卯時	골육 동업건, 남녀색정사, 방심면 도난
辰時	관재 병재로 불길, 가출사 자손사 하극상
巳時	직업 명예사, 여자삼각관계, 망신살수탄로
午時	금전손실 진퇴양난, 이사 여행 불리,
未時	집안잡귀침투, 삼각관계, 낙선근심 질병
申時	선흉후길, 새출발 도망은 吉, 금전융통吉
酉時	가내 괴이사발생, 신부정, 물조심 하극상
戌時	가출건, 급병자, 매사 지체, 여자관련손해
亥時	과욕불성사, 이별사, 타인의 침해 다툼

오늘 행운 복권 운세

복권사면 좋은 띠는 원숭띠 ⑨19, 29
행운복권방은 집에서 서남쪽에 있는곳

申子辰生	북쪽문을 피하고, 서남쪽으로 이사하면 안 된다. 재수가 없고, 하는 일마다 꼬이고, 病苦 질병발생. 바람기 발동.
巳酉丑生	서쪽문을 피하고, 동남쪽으로 이사하면 안 된다. 재수가 없고, 하는 일마다 꼬이고, 病苦 질병발생. 바람기 발동.
寅午戌生	남쪽문을 피하고, 북동쪽으로 이사하면 안 된다. 재수가 없고, 하는 일마다 꼬이고, 病苦 질병발생. 바람기 발동.
亥卯未生	동쪽문을 피하고, 서북쪽으로 이사하면 안 된다. 재수가 없고, 하는 일마다 꼬이고, 病苦 질병발생. 바람기 발동.

운세풀이

辰띠:이동수,우왕좌왕, 弱, 다툼	未띠: 점점 일이 꼬임, 관재구설	戌띠:최고운상승세, 두마음	丑띠: 만남,결실,화합,문서
巳띠:매사불편, 방해자,배신	申띠: 귀인상봉, 금전이득, 현금	亥띠: 의욕과다, 스트레스큼	寅띠:이동수,이별수,변동 움직임
午띠:해결신,시험합격, 풀림	酉띠: 매사꼬임,과거고생, 질병	子띠: 시급한 일, 뜻대로 안됨	卯띠: 빈주머니,걱정근심,사기

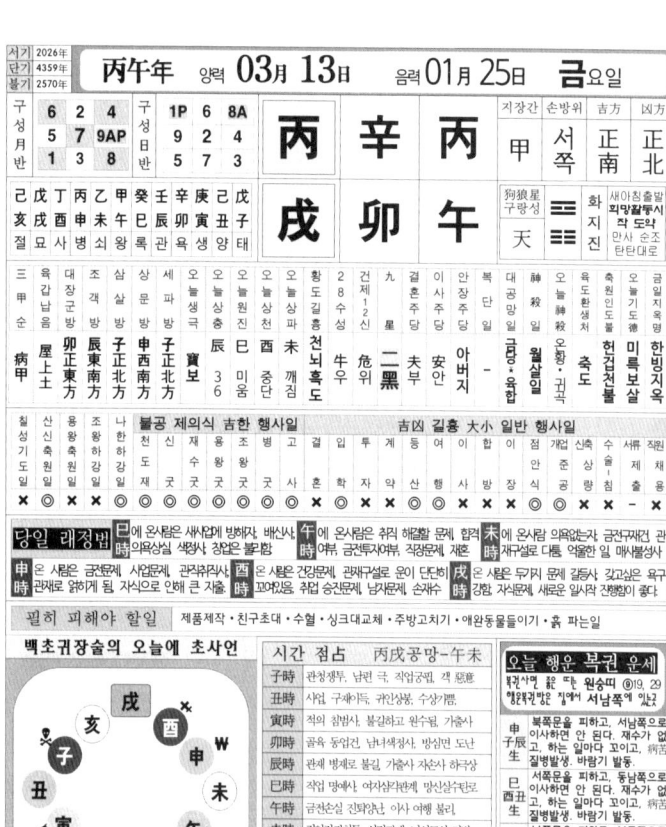

서기	2026年
단기	4359年
불기	2570年

丙午年 양력 03月 14日 음력 01月 26日 토요일

구성월반			구성일반		
6	2	4	2P	7	9
5	7	9AP	1A	3	5
1	3	8	6	8	4

丁	辛	丙	
亥	卯	午	

지장간	손방위	吉方	凶方
甲	서북	正東	正西

狗狼星 구랑성	巳方 大門僧寺	☲ ☷	화지진	새아침출발 희망활동시작 도약 만사 순조 탄탄대로

辛亥	庚戌	己酉	戊申	丁未	丙午	乙巳	甲辰	癸卯	壬寅	辛丑	庚子
태	양	생	욕	관	록	왕	쇠	병	사	묘	절

三甲순	육갑납음	대장군방	조객방	삼살방	상문방	세파방	오늘생극	오늘상충	오늘원진	오늘상천	오늘상파	황도길흉	28수성	건제12신	九星	결혼주당	이사주당	안장주당	복단일	오늘吉神	神殺	오늘神殺	육도환생처	축원인도불	오늘기도德	금일지옥명
病甲	屋上土	卯正東方	辰東南方	子正北方	申西南方	子正北方	伐벌	巳 36	辰 미움	申 중단	寅 깨짐	현무흑도	女 여	成 성	三碧	姑 고	利 이	남자	삼합일	대명*생기	토금·신호	태허·세압	옥도	헌겁천불	여래보살	한빙지옥

칠성기도일	산신축원일	용왕축원일	조왕하강일	나한하강일	불공 제의식 吉한 행사일							吉凶 길흉 大小 일반 행사일														
					천도재	신굿	재수굿	용왕굿	조왕굿	병굿	고사	결혼	입학	투자	계약	등산	여행	이사	합방	이장	점안식	개업준공	신축상량	수술-침	서류제출	직원채용
◎	◎	×	◎	◎	◎	◎	◎	◎	◎	◎	◎	◎	◎	×	◎	◎	◎	×	×	×	◎	◎	×	◎	◎	×

당일 래정법

巳時	에 온사람은 금전사기, 허위문서 이동수, 터부정 관재구설 동업사비 다툼주의
午時	에 온사람은 방해자, 배신사, 의욕상실 매사 지체불리함 금전구재 문제
未時	에 온사람 허가 해결할 문제, 급전필요, 주식투자여부, 결혼, 직장문제, 매매건
申時	온 사람은 의욕없는자, 자식문제, 사업상문제, 색정사, 관송사, 시비투쟁, 매사불성사
酉時	온 사람은 금전구재 문제, 사업계약 문제는 이득, 여자문제, 관직취직사, 속전속결 유리
戌時	온 사람은 건강문제, 관재구설로 운이 단단히 꼬여있음, 취업 승진문제, 매사지체, 손재수

필히 피해야 할일 약혼식 • 인수인계 • 머리자르기 • 주방수리 • 장담그기 • 수의짓기 • 주방고치기 • 지붕 덮기

백초귀장술의 오늘에 초사언

시간 점占 丁亥공망-午未

子時	관재 병재로 불길, 가출사 색정사 도난주의
丑時	질병발생, 적의 침범사, 자손 이별사
寅時	선거자유리, 사업흥성, 화합사, 화류계
卯時	가출건, 매사 선흉후길, 관송사는 불리
辰時	자손사, 실직사, 도난 풍파 가출 색정사
巳時	육친이별, 파재구설 도난, 인연 끊김
午時	불명예로 원행, 이사 여행가능, 집 파손
未時	공직 작업 승진, 금전이득, 환자발생
申時	모사 성사, 순응유리, 친족불화, 토지분쟁
酉時	사업사, 후원 귀인상봉, 이사 여행- 재앙
戌時	자손사, 父 급병자, 관재구설, 색정사
亥時	금전손실, 남편직업, 여자가 불리, 괴이사

오늘 행운 복권 운세

복권사면 좋은 띠는 **닭띠** ④⑨ 24, 행운복권방은 집에서 **서쪽**에 있는곳

申子辰生	북쪽문을 피하고, 서남쪽으로 이사하면 안 된다. 재수가 없고, 하는 일마다 꼬이고, 病苦 질병발생. 바람기 발동.
巳酉丑生	서쪽문을 피하고, 동남쪽으로 이사하면 안 된다. 재수가 없고, 하는 일마다 꼬이고, 病苦 질병발생. 바람기 발동.
寅午戌生	남쪽문을 피하고, 북동쪽으로 이사하면 안 된다. 재수가 없고, 하는 일마다 꼬이고, 病苦 질병발생. 바람기 발동.
亥卯未生	동쪽문을 피하고, 서북쪽으로 이사하면 안 된다. 재수가 없고, 하는 일마다 꼬이고, 病苦 질병발생. 바람기 발동.

운세풀이

巳띠:이동수,우왕좌왕, 弱, 다툼	申띠: 점점 일이 꼬임, 관재구설	亥띠:최고운상승세, 두마음	寅띠: 만남,결실,화합,문서
午띠:매사불편, 방해자,배신	酉띠: 귀인상봉, 금전이득, 현금	子띠: 의욕과다, 스트레스큼	卯띠:이동수,이별수,변동 움직임
未띠:해결신,시험합격, 풀림	戌띠: 매사꼬임,과거고생, 질병	丑띠: 시급한 일, 뜻대로 안됨	辰띠: 빈주머니,걱정근심,사기

서기 2026年 / 단기 4359年 / 불기 2570年	丙午年 양력 03月 15日 음력 01月 27日 일요일

구성월반				구성일반			
	6	2	4		3A	8P	1
	5	7	9AP		2	4	6
	1	3	8		7	9	5

戊	辛	丙
子	卯	午

지장간	손방위	吉方	凶方
甲	북쪽	正北	正南

癸亥	壬戌	辛酉	庚申	己未	戊午	丁巳	丙辰	乙卯	甲寅	癸丑	壬子
절	묘	사	병	쇠	왕	록	관	욕	생	양	태

狗狼星 구랑성 / 廚竈 주방부엌	☰ ☷	화지진	새아침출발 희망활동시작 도약 만사 순조 탄탄대로

三甲순	육갑납음	대장군방	조객방	삼살방	상문방	세파방	오늘생극	오늘상충	오늘원진	오늘상천	오늘상파	황도길흉	28수성	건제12신	九星	결혼주당	이사주당	안장주당	복단일	오늘吉神	神殺일	오늘神殺	육도환생처	축원인도불	오늘기도德	금일지옥명
病甲	霹靂火	卯正東方	辰東南方	子正北方	申西南方	子正北方	制제	午 36	未 미움	未 중단	酉 깨짐	사명황도	虛허	收수	四綠	堂당	天천	손자	복단일	모창*복덕	천강·멸몰	월형·천격	천도	약사여래	아미보살	화탕지옥

칠성기도일	산신축원일	용왕축원일	조왕하강일	나한하강일	불공 제의식 吉한 행사일							吉凶 길흉 大小 일반 행사일														
					천도재	신굿	재수굿	용왕굿	조왕굿	병굿	고사	결혼	입학	투자	계약	등산	여행	이사	합방	이장	점안식	개업준공	신축상량	수술-침	서류제출	직원채용
◎	◎	×	◎	◎	◎	◎	◎	◎	◎	◎	◎	×	◎	×	◎	–	×	×	–	×	◎	◎	×	◎	◎	–

당일 래정법

巳時에 온사람은 실업자, 친정문제, 빈주머니, 헛 공사, 사기·도난사, 뱀길조심

午時에 온사람은 이동변동수, 터부정, 관재구설, 배반 다툼주의, 차사고

未時에 온사람은 방해자, 배신사, 의욕상실, 매사 지체불리함, 형제간 시비불리함.

申時 온 사람은 자식문제, 결혼문제, 경조사, 속결처리는 해결됨, 시험은 합격됨, 허가건은 승인됨

酉時 온 사람은 의욕없는자, 자식으로인해 큰돈 손해 억울한일 오랑캐정사, 불륜사 문제 관재로

戌時 온 사람은 금전문제, 사업문제, 주식투자문제, 부동산거래, 재물구재사, 여자회합건 돈은 들어오나 곧 나감

필히 피해야 할일 흑도일에 폐閉神으로 수격과 토부와 혈기 등 강한 신살에 해당되어 매사 해롭고 불리한 날

백초귀장술의 오늘에 초사언

시간 점占	戊子공망-午未
子時	남녀쟁투 돈이나 처를 극, 자식病, 흉
丑時	결혼은 吉, 동료모략, 협의누명 손님 옴
寅時	관재, 병재 출행,재난, 원한 喪服 운
卯時	매사 선흉후길, 자식근심, 情夫 작해
辰時	형제나 친구 침범사, 가출사 색정사 흉해
巳時	관직 승진문제, 가정불안 모사박새 후 길
午時	남녀투쟁 다툼, 처를 극하고 매사 막힘
未時	집안잡귀침투, 부부불화, 삼각관계, 질병
申時	선거자유리, 사업흥성, 화합사, 색정사
酉時	자손사와 남편불리, 간사한 은닉건, 모략
戌時	작은돈 가능, 시험불합격, 삼각관계 불화
亥時	사업, 구재, 관재구설 여자문제, 협의징조

오늘 행운 복권 운세

복권사면 좋은 띠는 개띠 ⑩⑳ 30
행운복권방은 집에서 서북쪽에 있는곳

申子辰生	북쪽문을 피하고, 서남쪽으로 이사하면 안 된다. 재수가 없고, 하는 일마다 꼬이고, 病苦 질병발생. 바람기 발동.
巳酉丑生	서쪽문을 피하고, 동남쪽으로 이사하면 안 된다. 재수가 없고, 하는 일마다 꼬이고, 病苦 질병발생. 바람기 발동.
寅午戌生	남쪽문을 피하고, 북동쪽으로 이사하면 안 된다. 재수가 없고, 하는 일마다 꼬이고, 病苦 질병발생. 바람기 발동.
亥卯未生	동쪽문을 피하고, 서북쪽으로 이사하면 안 된다. 재수가 없고, 하는 일마다 꼬이고, 病苦 질병발생. 바람기 발동.

운세풀이

午띠:이동수,우왕좌왕, 弱 다툼	酉띠: 점점 일이 꼬임, 관재구설	子띠:최고운상승세, 두마음	卯띠: 만남,결실,화합,문서
未띠:매사불편, 방해자,배신	戌띠:귀인상봉, 금전이득, 현금	丑띠: 의욕과다, 스트레스큼	辰띠:이동수,이별수,변동 움직임
申띠:해결신,시험합격, 풀림	亥띠: 매사꼬임,과거고생, 질병	寅띠: 시급한 일, 뜻대로 안됨	巳띠: 빈주머니,걱정근심,사기

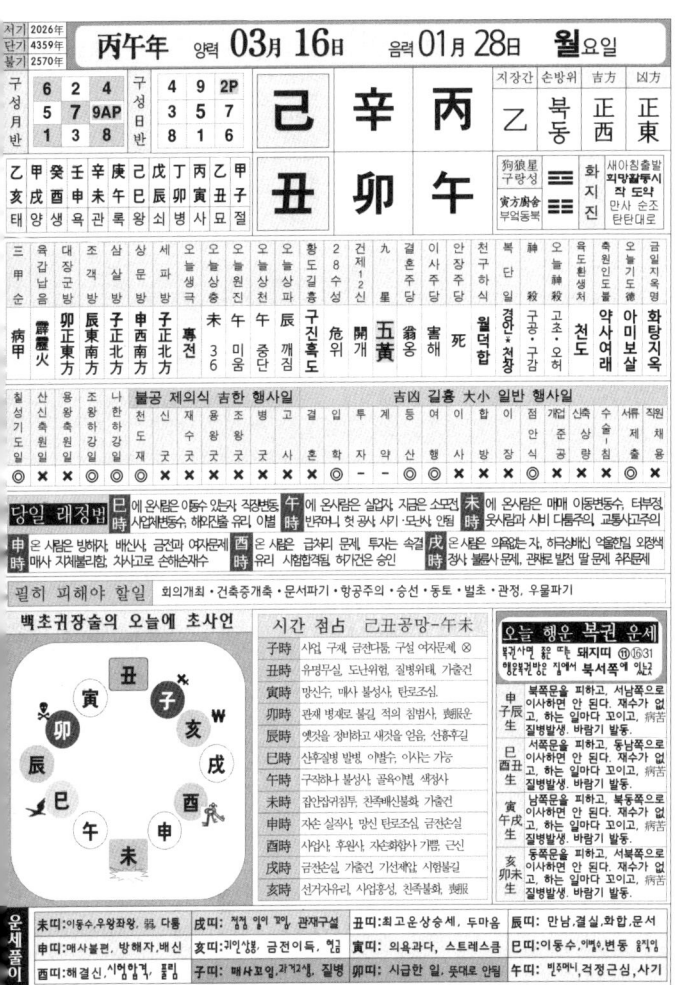

서기 2026年	단기 4359年	불기 2570年

丙午年 양력 **03月 16日** 음력 **01月 28日** **월**요일

구성月반		
6	2	4
5	7	9AP
1	3	8

구성日반		
4	9	2P
3	5	7
8	1	6

己	辛	丙
丑	卯	午

지장간	손방위	吉方	凶方
乙	북동	正西	正東

狗狼星 구랑성 / 寅方廚舍 부엌동북	☲ / ☷	화지진	새아침출발 **희망활동시작 도약** 만사 순조 탄탄대로

乙	甲	癸	壬	辛	庚	己	戊	丁	丙	乙	甲
亥	戌	酉	申	未	午	巳	辰	卯	寅	丑	子
태	양	생	욕	관	록	왕	쇠	병	사	묘	절

三甲순	육갑납음	대장군방	조객방	삼살방	상문방	세파방	오늘생극	오늘상충	오늘원진	오늘상천	오늘상파	황도길흉	28수성	건제12신	九星	결혼주당	이사주당	안장주당	천구하식	복단일	神殺	오늘神殺	육도환생처	축원인도불	오늘기도德	금일지옥명
病甲	霹靂火	卯正東方	辰東南方	子正北方	申西南方	子正北方	專전	未 36	午 미움	午 중단	辰 깨짐	구진흑도	危위	開개	五黃	翁옹	害해	死	월덕합	경안*천창	구공·구감	고초·오허	천도	약사여래	아미보살	화탕지옥

칠성기도일	산신축원일	용왕축원일	조왕하강일	나한하강일	불공 제의식 吉한 행사일 천도재	신굿	재수굿	용왕굿	조왕굿	병굿	고사	吉凶 길흉 大小 일반 행사일 결혼	입학	투자	계약	등산	여행	이사	합방	이장	점안식	개업준공	신축상량	수술-침	서류제출	직원채용
◎	×	×	◎	◎	◎	×	×	×	×	×	×	×	◎	-	-	◎	◎	×	×	×	◎	×	×	×	◎	×

당일 래정법

巳時 에 온사람은 이동수 있는자, 직장변동, 사업체변동수, 해외진출 유리, 이별

午時 에 온사람은 실업자, 지금은 소모전, 빈주머니, 헛 공사, 사기·모난사, 안됨

未時 에 온사람은 매매 이동변동수, 터부정, 웃사람과 시비 다툼주의, 교통사고주의

申時 온 사람은 방해자, 배신사, 금전과 여자문제 매사 지체불리함, 차사고로 손해손재수

酉時 온 사람은 급처리 문제, 투자는 속결 유리 시험합격됨, 허가건은 승인

戌時 온 사람은 의욕없는 자, 하극상배신 억울한일 외정색 정사, 불륜사 문제, 관재로 발전 딸 문제, 취직문제

필히 피해야 할일 회의개최 · 건축증개축 · 문서파기 · 항공주의 · 승선 · 동토 · 벌초 · 관정, 우물파기

백초귀장술의 오늘에 초사언

시간 점占 己丑공망-午未

子時	사업, 구재, 금전다툼, 구설 여자문제, ⊗
丑時	유명무실, 도난위험, 질병위태, 가출건
寅時	망신수, 매사 불성사, 탄로조심.
卯時	관재 병재로 불길, 적의 침범사, 喪服운
辰時	옛것을 정비하고 새것을 얻음, 선흉후길
巳時	산후질병 발병, 이별수, 이사는 가능
午時	구직하나 불성사, 골육이별, 색정사
未時	집안잡귀침투, 친족배신불화, 가출건
申時	자손 실직사, 망신 탄로조심, 금전손실
酉時	사업사, 후원사, 자손화합사 기쁨, 근신
戌時	금전손실, 가출건, 기선제압, 시험불길
亥時	선거자유리, 사업흥성, 친족불화, 喪服

오늘 행운 복권 운세

복권사면 좋은 띠는 **돼지띠** ⑪⑯31
행운복권방은 집에서 **북서쪽**에 있는곳

申子辰生	북쪽문을 피하고, 서남쪽으로 이사하면 안 된다. 재수가 없고, 하는 일마다 꼬이고, 病苦 질병발생. 바람기 발동.
巳酉丑生	서쪽문을 피하고, 동남쪽으로 이사하면 안 된다. 재수가 없고, 하는 일마다 꼬이고, 病苦 질병발생. 바람기 발동.
寅午戌生	남쪽문을 피하고, 북동쪽으로 이사하면 안 된다. 재수가 없고, 하는 일마다 꼬이고, 病苦 질병발생. 바람기 발동.
亥卯未生	동쪽문을 피하고, 서북쪽으로 이사하면 안 된다. 재수가 없고, 하는 일마다 꼬이고, 病苦 질병발생. 바람기 발동.

운세풀이

未띠:이동수,우왕좌왕, 弱, 다툼	戌띠: 점점 일이 꼬임, 관재구설	丑띠:최고운상승세, 두마음	辰띠: 만남,결실,화합,문서
申띠:매사불편, 방해자,배신	亥띠:귀인상봉, 금전이득, 현금	寅띠: 의욕과다, 스트레스큼	巳띠:이동수,이별수,변동 움직임
酉띠:해결신,시험합격, 풀림	子띠: 매사꼬임,과거고생, 질병	卯띠: 시급한 일, 뜻대로 안됨	午띠: 빈주머니,걱정근심,사기

서기	2026年
단기	4359年
불기	2570年

丙午年 양력 03月 17日 음력 01月 29日 화요일

구성月반			구성日반		
6	2	4	5	1	3P
5	7	9AP	4	6	8
1	3	8	9	2	7A

庚	辛	丙
寅	卯	午

지장간	손방위	吉方	凶方
乙	無	正南	正北

丁	丙	乙	甲	癸	壬	辛	庚	己	戊	丁	丙
亥	戌	酉	申	未	午	巳	辰	卯	寅	丑	子
병	쇠	왕	록	관	욕	생	양	태	절	묘	사

狗狼星 구랑성	☰ ☷	화지진	새아침출발 희망활동시작 도약 만사 순조 탄탄대로
午方 남쪽			

三甲순	육갑납음	대장군방	조객방	삼살방	상문방	세파방	오늘생극	오늘상충	오늘원진	오늘상천	오늘상파	황도길흉	28수성	건제12신	九星	결혼주당	이사주당	안장주당	오늘吉神	오늘吉神	神殺	오늘神殺	육도환생처	축원인도불	오늘기도德	금일지옥명
病甲	松柏木	卯正東方	辰東南方	子正北方	申西南方	子正北方	制제	申 36	酉 미움	巳 중단	亥 깨짐	청룡황도	室실	閉폐	六白	第제	殺살	여자	복단일	오부*왕일	유화·귀기	혈지·지격	인도	약사여래	약사보살	화탕지옥

칠성기도일	산신축원일	용왕축원일	조왕하강일	나한하강일	천도재	신굿	재수굿	용왕굿	조왕굿	병굿	고사	결혼	입학	투자	계약	등산	여행	이사	합방	이장	점안식	개업준공	신축상량	수술·침	서류제출	직원채용
					불공 제의식 吉한 행사일							吉凶 길흉 大小 일반 행사일														
◎	◎	×	×	×	×	◎	◎	×	×	×	×	×	×	×	◎	◎	◎	◎	×	×	×	×	×	◎	◎	×

당일 래정법

巳時 에 온사람은 문서 화합운, 결혼, 재혼, 경조사, 문서구입 좋다, 궁합, 후원, 개업

午時 에 온사람은 이동수 있음 이사나 직장변동 하는게 좋음, 여행, 이별, 질병

未時 에 온사람은 금전사기, 허위문서, 실업자, 모난사고, 빈주머니 헛공사, 윗사람스트레스

申時 온 사람은 매매 이동변동수, 가정불화문제, 터부정, 관재구설, 직장변동수, 차사고주의

酉時 온 사람은 방해자, 친구동료 배신사, 취업 승진 매사 지체불리함, 질병액, 손해수

戌時 온 사람은 급처리문제, 묘지탈로 과이사발생, 우환질병, 색정사로 구설수, 시험 합격됨, 허가건 승인됨.

필히 피해야 할일 주식투자 • 사행성코인사입 • 명품구입 • 질병치료 • 투석 • 물건구입 • 새집들이 • 건축증개축

백초귀장술의 오늘에 초사언

시간 점占 庚寅공망-午未

子時	만사길조, 운기발복, 이사가 吉, 신중
丑時	매사 막히고 퇴보, 사업 구재는 불길
寅時	타인이나 여자로부터 금전손실, 함정
卯時	금전문제, 부인문제, 색정사, 도난위험
辰時	매사미비, 병재로 불길, 가출사, 색정사
巳時	사업금전운 吉, 임신가능, 결혼기쁨, 화해
午時	금전손실 다툼, 가내불안, 가출, 시험불리
未時	집안잡귀침투, 친족불화, 사업금전불리
申時	부부이심, 이사가 길, 사귀발동, 가출사
酉時	파산파재, 부인흉극, 배신음모로 함정
戌時	사업사, 후원사, 직장승진, 이사가 吉
亥時	금전손실, 도난, 자식문제, 화류계 관련

오늘 행운 복권 운세

복권사면 좋은 띠는 **쥐띠** ①⑥⑯
행운복권방은 집에서 **북쪽**에 있는곳

申子辰生	북쪽문을 피하고, 서남쪽으로 이사하면 안 된다. 재수가 없고, 하는 일마다 꼬이고, 病苦 질병발생. 바람기 발동.
巳酉丑生	서쪽문을 피하고, 동남쪽으로 이사하면 안 된다. 재수가 없고, 하는 일마다 꼬이고, 病苦 질병발생. 바람기 발동.
寅午戌生	남쪽문을 피하고, 북동쪽으로 이사하면 안 된다. 재수가 없고, 하는 일마다 꼬이고, 病苦 질병발생. 바람기 발동.
亥卯未生	동쪽문을 피하고, 서북쪽으로 이사하면 안 된다. 재수가 없고, 하는 일마다 꼬이고, 病苦 질병발생. 바람기 발동.

운세풀이

申띠:이동수,우왕좌왕, 弱, 다툼	亥띠: 점점 일이 꼬임, 관재구설	寅띠:최고운상승세, 두마음	巳띠: 만남,결실,화합,문서
酉띠:매사불편, 방해자,배신	子띠:귀인상봉, 금전이득, 현금	卯띠: 의욕과다, 스트레스큼	午띠:이동수,이별수,변동 움직임
戌띠:해결신,시험합격, 풀림	丑띠: 매사꼬임,과거고생, 질병	辰띠: 시급한 일, 뜻대로 안됨	未띠: 빈주머니,걱정근심,사기

서기	2026年
단기	4359年
불기	2570年

丙午年 양력 03月 18日 음력 01月 30日 수요일

구성月반			구성日반		
6	2	4	6	2	4
5	7	9AP	5	7	9AP
1	3	8	1	3	8

辛	辛	丙
卯	卯	午

지장간	손방위	吉方	凶方
乙	無	正東	正西

狗狼星 구랑성		화지진	
天	☵☷		새아침출발 희망활동시작 도약 만사 순조 탄탄대로

己	戊	丁	丙	乙	甲	癸	壬	辛	庚	己	戊
亥	戌	酉	申	未	午	巳	辰	卯	寅	丑	子
욕	관	록	왕	쇠	병	사	묘	절	태	양	생

3월

三甲순	육갑납음	대장군방	조객방	삼살방	상문방	세파방	오늘생극	오늘상충	오늘원진	오늘상천	오늘상파	황도길흉	28수성	건제12신	九星	결혼주당	이사주당	안장주당	복단일	오늘吉神	오늘神殺	오늘神殺	육도환생처	축원인도불	오늘기도德	금일지옥명
病甲	松柏木	卯正東方	辰東南方	子正北方	申西南方	子正北方	制제	酉 36	申 미움	辰 중단	午 깨짐	명당황도	壁벽	建건	七赤	竈조	富부	어머니	-	복생*관일	월건·천화	염대·전살	귀도	약사여래	문수보살	화탕지옥

칠성기도일	산신축원일	용왕축원일	조왕하강일	나한하강일	불공 제의식 吉한 행사일 천도재	신굿	재수굿	용왕굿	조왕굿	병굿	고사	결혼	입학	투자	吉凶 길흉 大小 일반 행사일 계약	등산	여행	이사	합방	이장	점안식	개업준공	신축상량	수술-침	서류제출	직원채용
◎	◎	-	◎	◎	◎	◎	◎	◎	◎	◎	◎	◎	◎	×	◎	◎	◎	◎	×	×	×	◎	×	×	◎	×

당일 래정법

巳時에 온사람은 자식문제, 가내환자, 죽음 바람기 불륜, 시비투쟁 이동수

午時에 온사람은 문서 화합운 결혼 재혼 경조사 애정사 궁합 부모문제, 개업

未時에 온사람은 이동수 있는자 이사나 직장변동, 해외진출, 부모자식문제, 여행,

申時온 사람은 허위문서 문제, 실업자, 색정사, 빈주머니, 헛 공사, 사기모함·도난사, 일이 지체

酉時온 사람은 매매 이동변동수, 터부정, 관재구설, 사기, 허위문서, 가내우환질병, 차사고주의

戌時온 사람은 방해자, 배신사, 원망 암투, 취업 승진 매사 지체불리함, 차사고로 손재수, 암투

필히 피해야 할일 새집들이 • 친목회 • 금전수금 • 창고수리 • 건축수리 • 동토 • 우물파기 • 장담그기

백초귀장술의 오늘에 초사언

시간 점占	辛卯공망-午未
子時	직장근심, 처를 극, 질병위급, 神부정
丑時	사업사, 후원사, 직장변동, 자식질병 급
寅時	관재 병재로 불길, 가출사 색정사 하극상
卯時	가내우환 도적흉, 여자로부터 금전손실
辰時	매사 지체, 사업상 다툼, 불륜색정사
巳時	매사 불성사, 도망은 吉, 삼각관계, 재액
午時	관직 승전문제, 금전 작은이득, 화해 吉
未時	삼각관계, 직업변동, 친족불화, 여자질병
申時	만사불길, 육친이별, 이민유리, 질병재앙
酉時	적의 침범사, 관재 병재로 불길, 감옥行
戌時	놀랄 일발생, 불륜색정사, 공중분해
亥時	자식문제, 직장문제, 손님 惡意, 불화초래

오늘 행운 복권 운세

복권사면 좋은 띠는 소띠 ②⑤⑩
행운복권방은 집에서 북동쪽에 있는곳

申子辰生	북쪽문을 피하고, 서남쪽으로 이사하면 안 된다. 재수가 없고, 하는 일마다 꼬이고, 病苦 질병발생. 바람기 발동.
巳酉丑生	서쪽문을 피하고, 동남쪽으로 이사하면 안 된다. 재수가 없고, 하는 일마다 꼬이고, 病苦 질병발생. 바람기 발동.
寅午戌生	남쪽문을 피하고, 북동쪽으로 이사하면 안 된다. 재수가 없고, 하는 일마다 꼬이고, 病苦 질병발생. 바람기 발동.
亥卯未生	동쪽문을 피하고, 서북쪽으로 이사하면 안 된다. 재수가 없고, 하는 일마다 꼬이고, 病苦 질병발생. 바람기 발동.

운세풀이

酉띠:이동수,우왕좌왕, 弱, 다툼	子띠: 점점 일이 꼬임, 관재구설	卯띠:최고운상승세, 두마음	午띠: 만남,결실,화합,문서
戌띠:매사불편, 방해자,배신	丑띠:귀인상봉, 금전이득, 현금	辰띠: 의욕과다, 스트레스큼	未띠:이동수,이별수,변동 움직임
亥띠:해결신,시험합격, 풀림	寅띠: 매사꼬임,과거고생, 질병	巳띠: 시급한 일, 뜻대로 안됨	申띠: 빈주머니,걱정근심,사기

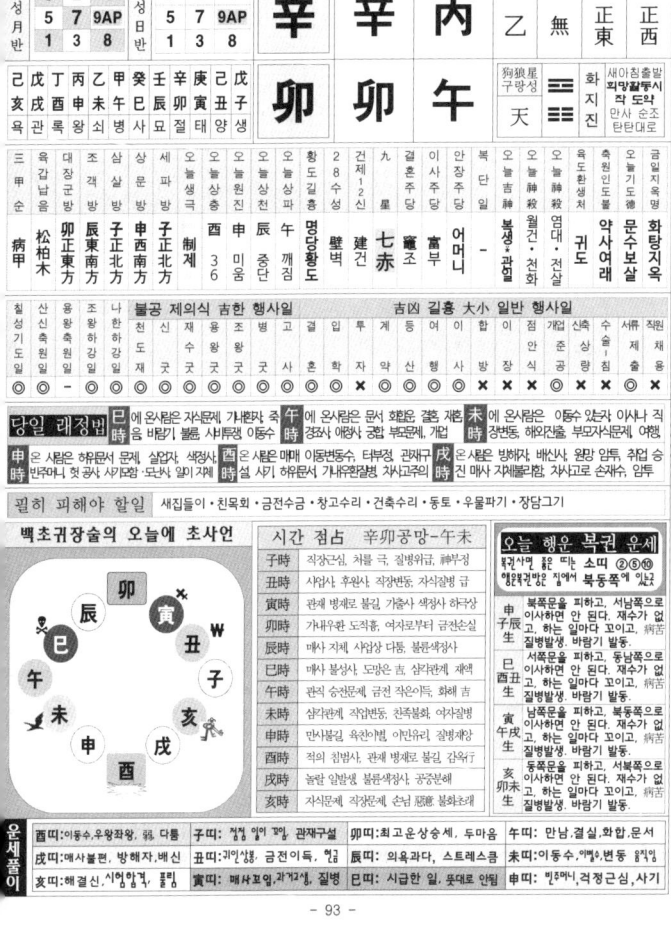

서기	2026年
단기	4359年
불기	2570年

丙午年 양력 03月 19日 음력 02月 01日 목요일

구성月반				구성日반			
	6	2	4		7	3	5
	5	7	9AP		6	8	1
	1	3	8		2A	4	9P

辛	庚	己	戊	丁	丙	乙	甲	癸	壬	辛	庚
亥	戌	酉	申	未	午	巳	辰	卯	寅	丑	子
록	관	욕	생	양	태	절	묘	사	병	쇠	왕

시	일	연
壬	辛	丙
辰	卯	午

지장간	손방위	吉方	凶方
乙	동쪽	正北	正南

狗狼星 구랑성	괘	화지진	
天	☲ ☷	화지진	새아침출발 희망활동시작 도약 만사 순조 탄탄대로

三甲순	육갑납음	대장군방	조객방	삼살방	상문방	세파방	오늘생극	오늘상충	오늘원진	오늘상천	오늘상파	황도길흉	28수성	건제12신	九星	결혼주당	이사주당	안장주당	대공망일	오늘吉神	神殺	오늘神殺	육도환생처	축원인도불	오늘기도德	금일지옥명
病甲	長流水	卯正東方	辰東南方	子正北方	申西南方	子正北方	伐벌	戌 36	亥 미움	卯 중단	丑 깨짐	천형흑도	奎규	除제	八白	婦부	天천	어머니	대공망일	대명*길기	수사일	독화·월해	축도	약사여래	지장보살	화탕지옥

칠성기도일	산신축원일	용왕축원일	조왕하강일	나한하강일	불공 제의식 吉한 행사일: 천도재	신굿	재수굿	용왕굿	조왕굿	병굿	고사	吉凶 길흉 大小 일반 행사일: 결혼	입학	투자	계약	등산	여행	이사	합방	이장	점안식	개업준공	신축상량	수술-침	서류제출	직원채용
◎	×	×	×	◎	◎	◎	◎	◎	◎	◎	◎	◎	◎	-	×	◎	-	×	×	×	◎	◎	×	◎	◎	◎

당일 래정법

巳時에 온사람은 의욕과다, 뭐가 하고싶어서 왔다 자식과 금전문제, 직장취업문제

午時에 온사람은 금전문제로 골치 아픔, 상사와 암투, 여자바람기, 불륜, 화병

未時에 온사람은 문서 남녀화합운, 결혼, 재혼 경조사, 문서구입 궁합 만남, 부모님 불리

申時 온 사람은 이동수 있는자, 이사나 직장변동, 관송사, 여행, 이별수, 취업불가능, 질병

酉時 온 사람은 허위문서, 금전손재수, 자식문제, 빈주머니, 헛고생 사기모함, 매사불성, 일은 지체

戌時 온 사람은 허위문서 이동변동수, 터부정, 관재구설, 자식가출, 동업자 사비 다툼주의, 차사고주의

필히 피해야 할일

회사창업 · 개업개점 · 개장식 · 새작품제작 · 출품 · 새집들이 · 인수인계 · 후임자간택 · 항공주의

백초귀장술의 오늘에 초사언

시간 점占 壬辰공망-午未

子時	만사개혁 유리, 남녀쟁투 처를 극, 破
丑時	남편문제, 직장문제 가출사, 출산나쁨, 病
寅時	적의 침범사, 불길하고 원수됨, 육친이별
卯時	병상파재, 관송사 분쟁, 음란색정사,⊗
辰時	금전손실 다툼, 불륜문제, 직장변동,
巳時	사업, 구재, 상해, 도난, 여자삼각관계
午時	매사 불성사, 도망은 吉, 도적손실, 재액
未時	사업사, 후원사, 불륜사, 화합사, 금전 凶
申時	집안잡귀침투, 친족불화, 육친무력, 도난
酉時	남녀색정사, 금전손해 실물수, 가출사
戌時	육친무력, 가출건, 관재구설, 우환질병
亥時	관록 당선에 방해자, 실수 탄로, 가출사

오늘 행운 복권 운세

복권사면 좋은 띠는 **범띠** ③⑧⑱
행운복권방은 집에서 **동북쪽**에 있는곳

申子辰生	북쪽문을 피하고, 서남쪽으로 이사하면 안 된다. 재수가 없고, 하는 일마다 꼬이고, 病苦 질병발생. 바람기 발동.
巳酉丑生	서쪽문을 피하고, 동남쪽으로 이사하면 안 된다. 재수가 없고, 하는 일마다 꼬이고, 病苦 질병발생. 바람기 발동.
寅午戌生	남쪽문을 피하고, 북동쪽으로 이사하면 안 된다. 재수가 없고, 하는 일마다 꼬이고, 病苦 질병발생. 바람기 발동.
亥卯未生	동쪽문을 피하고, 서북쪽으로 이사하면 안 된다. 재수가 없고, 하는 일마다 꼬이고, 病苦 질병발생. 바람기 발동.

운세풀이

戌띠:이동수,우왕좌왕, [illegible] 다툼	丑띠: 점점 일이 꼬임, 관재구설	辰띠:최고운상승세, 두마음	未띠: 만남,결실,화합,문서
亥띠:매사불편, 방해자,배신	寅띠:귀인상봉, 금전이득, 현금	巳띠: 의욕과다, 스트레스큼	申띠:이동수,이별수,변동 움직임
子띠:해결신,시험합격, 풀림	卯띠: 매사꼬임,과거고생, 질병	午띠: 시급한 일, 뜻대로 안됨	酉띠: 빈주머니,걱정근심,사기

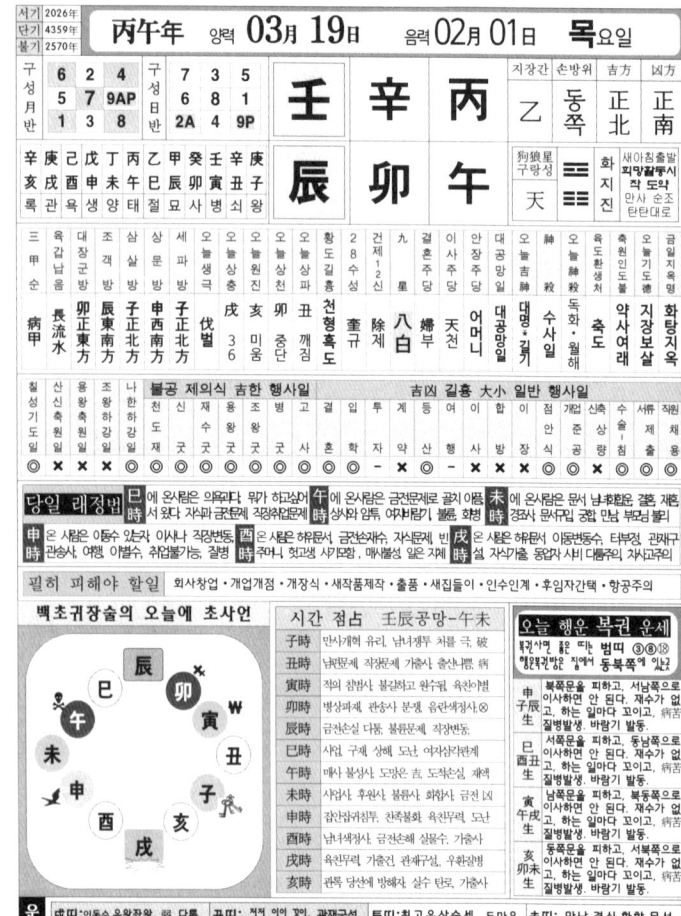

서기	2026年
단기	4359年
불기	2570年

丙午年 양력 03月 20日 음력 02月 02日 금요일

춘분 春分 23時 46分 入

구성월반			구성일반		
6	2	4	8	4A	6
5	7	9AP	7	9	2
1	3	8	3	5	1P

時	日	月	年
癸	辛	丙	
巳	卯	午	

지장간	손방위	吉方	凶方
乙	동남	正西	正東

狗狼星 구랑성 大門 僧寺

뇌수해

모든일이 해결됨 풀림 해빙 미루지말고 신속처리

癸亥	壬戌	辛酉	庚申	己未	戊午	丁巳	丙辰	乙卯	甲寅	癸丑	壬子
왕	쇠	병	사	묘	절	태	양	생	욕	관	록

三甲순	육갑납음	대장군방	조객방	삼살방	상문방	세파방	오늘생극	오늘상충	오늘원진	오늘상천	오늘상파	황도길흉	28수성	건제12신	九星	결혼주당	이사주당	안장주당	대공망일	오늘吉神	神殺	오늘神殺	육도환생처	축원인도불	오늘기도德	금일지옥명
病甲	長流水	卯正東方	辰東南方	子正北方	申西南方	子正北方	制제	亥 36	戌 미움	寅 중단	申 깨짐	주작흑도	婁루	滿만	九紫	竈조	利이	여자	대공망일	성심*역마	산격일	왕망·홍사	옥도	약사여래	문수보살	화탕지옥

칠성기도일	산신축원일	용왕축원일	조왕하강일	나한하강일	불공 제의식 吉한 행사일							吉凶 길흉 大小 일반 행사일													
					천도재	신굿	재수굿	용왕굿	조왕굿	병굿	고사	결혼	입학	투자	계약	등산	여행	이사	합방	이장	점안식	개업준공	신축상량	수술-침	서류제출	직원채용
×	×	×	×	×	◎	◎	◎	×	◎	◎	◎	◎	◎	×	◎	◎	◎	×	◎	◎	◎	◎	×	◎	◎	◎

당일 래정법

巳時 에 온사람은 원망과 다툼, 두 문제로 갈등사, 직장문제, 여자상업문제, 시비다툼

午時 에 온사람은 금전문제, 여자문제, 뭐가 하고 싶어서 왔다. 직장취업문제

未時 에 온사람은 골치 아픈일, 친구나 형제간 다툼, 바람기, 불륜, 관재, 속정리

申時 온 사람은 화합운, 결혼사, 재혼, 경조사, 애정사, 궁합, 만남, 개업, 윗사람 우환질병, 허위문서 매매건

酉時 온 사람은 이동수 있는자, 이사나 직장변동수, 사업체 변동수, 여행, 이별수, 관재구설

戌時 온 사람은 색정사문제, 금전손재수, 쉬어야할때, 빈주머니, 헛고생, 허위문서, 사기, 매사불성

필히 피해야 할일 홍보광고 • 소장제출 • 인허가신청 • 정보유출 • 질병치료 • 출항 • 조선 배 제조 • 승선 • 바다낚시

백초귀장술의 오늘에 초사언

시간 점占	癸巳공망-午未
子時	형제친구 배신주의, 색정사, 관재구설
丑時	적의 침범사, 음란색정사, 부부이별, 이사
寅時	직장근심, 처를 극, 색정사, 음귀침투
卯時	자식문제, 직장문제, 색정사, 결혼기쁨
辰時	남편문제, 직장문제, 부부이별, 우환질병
巳時	귀인상봉, 구재이득, 발탁 수상기쁨, 취직
午時	금전손실, 매사 불성사, 색정사, 부부문제
未時	금전실패, 가출건, 관송사, 육친무력 이동
申時	사업사, 후원사, 색정사, 다툼 탄로조심
酉時	어른 병자사망, 매사 불성사, 가출도주
戌時	직업문제, 남편문제, 음란색정사, 이사吉
亥時	관귀발동, 금전손해 실물수, 음란색정사

오늘 행운 복권 운세

복권사면 좋은 띠는 **토끼띠** ②⑧

행운복권방은 집에서 **동쪽에** 있는곳

申子辰生	북쪽문을 피하고, 서남쪽으로 이사하면 안 된다. 재수가 없고, 하는 일마다 꼬이고, 病苦 질병발생. 바람기 발동.
巳酉丑生	서쪽문을 피하고, 동남쪽으로 이사하면 안 된다. 재수가 없고, 하는 일마다 꼬이고, 病苦 질병발생. 바람기 발동.
寅午戌生	남쪽문을 피하고, 북동쪽으로 이사하면 안 된다. 재수가 없고, 하는 일마다 꼬이고, 病苦 질병발생. 바람기 발동.
亥卯未生	동쪽문을 피하고, 서북쪽으로 이사하면 안 된다. 재수가 없고, 하는 일마다 꼬이고, 病苦 질병발생. 바람기 발동.

운세풀이

亥띠:이동수,우왕좌왕, 弱, 다툼	寅띠: 점점 일이 꼬임, 관재구설	巳띠:최고운상승세, 두마음	申띠: 만남,결실,화합,문서
子띠:매사불편, 방해자,배신	卯띠:귀인상봉, 금전이득, 현금	午띠: 의욕과다, 스트레스큼	酉띠:이동수,이별수,변동 움직임
丑띠:해결신,시험합격, 풀림	辰띠: 매사꼬임,과거고생, 질병	未띠: 시급한 일, 뜻대로 안됨	戌띠: 빈주머니,걱정근심,사기

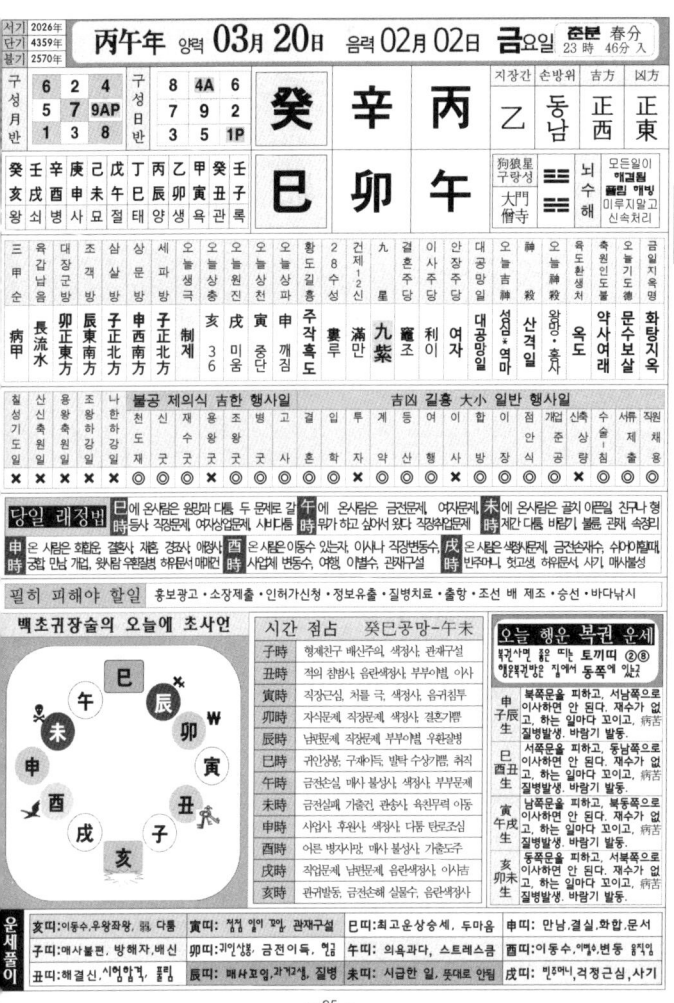

3월

서기	2026年
단기	4359年
불기	2570年

丙午年 양력 03月 21日 음력 02月 03日 토요일

구성月반				구성日반			
	6	2	4		9	5	7
	5	7	9AP		8	1	3
	1	3	8		4	6AP	2

			지장간	손방위	吉方	凶方
甲	辛	丙	乙	남쪽	正南	正北
午	卯	午	狗狼星 구랑성 戌亥方	☳ ☵	뇌수해	모든일이 해결됨 풀림 해빙 미루지말고 신속처리

乙亥	甲戌	癸酉	壬申	辛未	庚午	己巳	戊辰	丁卯	丙寅	乙丑	甲子
생	양	태	절	묘	사	병	쇠	왕	록	관	욕

三甲순	육갑납음	대장군방	조객방	삼살방	상문방	세파방	오늘생극	오늘상충	오늘원진	오늘상천	오늘상파	황도길흉	28수성
生甲	砂中金	卯正東方	辰東南方	子正北方	申西南方	子正北方	寶보	子 36	丑 미움	丑 중단	卯 깨짐	금궤황도	胃위

건제12신	九星	결혼주당	이사주당	안장주당	대공망일	오늘吉神	神殺	오늘神殺	육도환생처	축원인도불	오늘기도德	금일지옥명
平평	一白	第제	安안	死	대공망일	월덕*민일	익후*태음	하괴·천리	불도	관세음보살	약사보살	좌마지옥

칠성기도일	산신축원일	용왕축원일	조왕하강일	나한하강일	불공 제의식 吉한 행사일: 천도재	신굿	재수굿	용왕굿	조왕굿	병굿	고사
◎	◎	×	◎	◎	◎	◎	◎	◎	◎	◎	◎

吉凶 길흉 大小 일반 행사일: 결혼	입학	투자	계약	등산	여행	이사	합방	이장	점안식	개업준공	신축상량	수술-침	서류제출	직원채용
×	◎	×	×	◎	◎	×	×	×	◎	◎	◎	◎	-	×

당일 래정법

巳時에 온사람은 건강문제, 재수가 없고 운이 단단히 꼬여있음, 동업파탄 손재수

午時에 온사람은 의욕충만, 두문제로 갈등사. 갖고싶은 욕구, 직장문제, 상업문제

未時에 온사람은 의욕과다. 뭐가 하고싶어서 왔다. 직장상사괴롭힘 사표문제

申時온 사람은 골치 아픈일, 친구나 형제동업, 죽음, 배우자바람기, 불륜, 관재구설 속 정리해야함

酉時온 사람은 문서구입, 화합운, 결혼, 경조사, 관직취업건, 개업 때 아님, 하극상 배신, 경쟁사로 몰변

戌時온 사람은 이동수 있는자, 가출, 이사나 직장변동, 점포 변동수, 투자문서는 위험, 이별수

필히 피해야 할일 작품출품·납품·정보유출·창고개방·새집들이·출장·항공주의·화재주의·지붕·옥상보수

백초귀장술의 오늘에 초사언

시간 점占	甲午공망-辰巳
子時	자식 질병재앙, 처를 극, 방심 도난,
丑時	처의 돈문제, 우환질병, 동료배신, 후퇴
寅時	선거자유리, 직장 명예사, 질병재앙
卯時	매사불길, 질병재앙, 수술, 처를 극, 가출
辰時	사업, 금전구재, 도난, 여자 색정삼각관계
巳時	집안잡귀침투, 친족불화, 삼각관계, 불리
午時	관재 병재로 불길, 가출사 색정사 하극상
未時	화합사, 금전문제, 처 문제, 이동 여행지
申時	매사 불성사, 우환질병, 음란 색정사
酉時	관청권리문제, 남편문제, 우환질병피해
戌時	가출건, 급병자발생 색정사 발생 ⊗
亥時	파재, 상해, 도난, 사업문제, 질병재앙

오늘 행운 복권 운세

복권사면 좋은 띠는 **용띠** ⑤⑩⑳
행운복권방은 집에서 **동남쪽**에 있는곳

申子辰生	북쪽문을 피하고, 서남쪽으로 이사하면 안 된다. 재수가 없고, 하는 일마다 꼬이고, 病苦 질병발생. 바람기 발동.
巳酉丑生	서쪽문을 피하고, 동남쪽으로 이사하면 안 된다. 재수가 없고, 하는 일마다 꼬이고, 病苦 질병발생. 바람기 발동.
寅午戌生	남쪽문을 피하고, 북동쪽으로 이사하면 안 된다. 재수가 없고, 하는 일마다 꼬이고, 病苦 질병발생. 바람기 발동.
亥卯未生	동쪽문을 피하고, 서북쪽으로 이사하면 안 된다. 재수가 없고, 하는 일마다 꼬이고, 病苦 질병발생. 바람기 발동.

운세풀이

子띠:이동수,우왕좌왕, 몸통, 다툼	卯띠: 점점 일이 꼬임, 관재구설	午띠:최고운상승세, 두마음	酉띠: 만남,결실,화합,문서
丑띠:매사불편, 방해자,배신	辰띠:귀인상봉, 금전이득, 현금	未띠: 의욕과다, 스트레스큼	戌띠:이동수,이별수,변동 움직임
寅띠:해결신,시험합격, 풀림	巳띠: 매사꼬임,과거고생, 질병	申띠: 시급한 일, 뜻대로 안됨	亥띠: 빈주머니,걱정근심,사기

서기	2026年	丙午年	양력 03月 22日	음력 02月 04日	일요일
단기	4359年				
불기	2570年				

구성월반			구성일반		
6	2	4	1	6	8A
5	7	9AP	9	2	4
1	3	8	5P	7	3

丁	丙	乙	甲	癸	壬	辛	庚	己	戊	丁	丙
亥	戌	酉	申	未	午	巳	辰	卯	寅	丑	子
사	묘	절	태	양	생	욕	관	록	왕	쇠	병

시	일	월	지장간	손방위	吉方	凶方
乙	辛	丙	乙	남서	正東	正西
未	卯	午				

狗狼星 구랑성	☳	뇌수해	모든일이 **해결됨** **풀림 해빙** 미루지말고 신속처리
水步井 亥方	☵		

3월

三甲순	육갑납음	대장군방	조객방	삼살방	상문방	세파방	오늘생극	오늘상충	오늘원진	오늘상천	오늘상파	황도길흉	28수성
生甲	砂中金	卯正東方	辰東南方	子正北方	申西南方	子正北方	制제	丑 36	子 미움	子 중단	戌 깨짐	대덕황도	昴묘

건제12신	九星	결혼주당	이사주당	안장주당	복단일	오늘吉神	神殺	오늘神殺	육도환생처	축원인도불	오늘기도德	금일지옥명
定정	二黑	翁옹	災재	손자	-	삼합일	천귀*음덕	혈기·사기	불도	관세음보살	대세지보살	좌마지옥

칠성기도일	산신축원일	용왕축원일	조왕하강일	나한하강일	불공 제의식 吉한 행사일: 천도재	신굿	재수굿	용왕굿	조왕굿	병굿	고사
◎	×	×	×	◎	◎	◎	◎	◎	◎	◎	◎

吉凶 길흉 大小 일반 행사일: 결혼	입학	투자	계약	등산	여행	이사	합방	이장	점안식	개업준공	신축상량	수술-침	서류제출	직원채용
◎	◎	-	◎	◎	◎	×	◎	×	◎	◎	×	◎	◎	◎

당일 래정법

巳時 에 온사람은 금전문제, 사업문제, 금전구재건, 관직취직사, 속전속결이 유리

午時 에 온사람 건강문제, 관재구설로 운이 단단히 꼬여있음, 친정문제 손재수

未時 에 온사람 부모자식 합의건, 문서합의 건, 결혼성사, 사업자금, 이동수

申時 온 사람은 의욕과다. 뭔가 하고싶어서 왔다. 직장취업문제, 친구형제간 배신과 우환, 관재수

酉時 온 사람은 골치 아픈일, 형제동업, 죽음, 바람기, 불륜, 시비투쟁, 급속장애 이별, 청춘구직해

戌時 온 사람은 금전유재, 문서, 회합운, 결혼, 재혼, 경조사, 애정사, 궁합, 만남, 개업, 하극상 배신, 구설수

필히 피해야 할일 이날은 흑도와 월파일에 구공, 대모 등 신살에 해당되어 매사 해롭고 불리한 날

백초귀장술의 오늘에 초사언

시간 점占	乙未공망-辰巳
子時	관귀발동, 친족불화, 색정삼각관계, 도난
丑時	적의 침범사, 여자불길 원수됨, 가출사
寅時	금전문제, 실직문제, 배신사, 모함 은익
卯時	질병위급, 관직승진, 동분서주 결혼 吉
辰時	매사 불성사, 금전손재, 금전융통 안됨
巳時	자식문제, 남편문제, 만사길조, 수상기쁨
午時	매사 불성사, 우환질병, 음란 색정사 자식
未時	금전사기유의, 여자문제, 우환질병 취직可
申時	직업문제, 남편명예문제, 불륜 색정사
酉時	병자사망, 매사 불성사, 가출도주, 外情
戌時	처의 돈문제, 우환질병, 관직변화변동
亥時	금전사업문제, 가출사, 도망분실, 삼각관계

오늘 행운 복권 운세

복권사면 좋은 띠는 **뱀띠** ⑦⑰27
행운복권방은 집에서 **남동쪽**에 있는곳

申子辰生	북쪽문을 피하고, 서남쪽으로 이사하면 안 된다. 재수가 없고, 하는 일마다 꼬이고, 病苦질병발생. 바람기 발동.
巳酉丑生	서쪽문을 피하고, 동남쪽으로 이사하면 안 된다. 재수가 없고, 하는 일마다 꼬이고, 病苦질병발생. 바람기 발동.
寅午戌生	남쪽문을 피하고, 북동쪽으로 이사하면 안 된다. 재수가 없고, 하는 일마다 꼬이고, 病苦질병발생. 바람기 발동.
亥卯未生	동쪽문을 피하고, 서북쪽으로 이사하면 안 된다. 재수가 없고, 하는 일마다 꼬이고, 病苦질병발생. 바람기 발동.

운세풀이

丑띠:이동수,우왕좌왕, 弱, 다툼	辰띠: 점점 일이 꼬임, 관재구설	未띠:최고운상승세, 두마음	戌띠: 만남,결실,화합,문서
寅띠:매사불편, 방해자,배신	巳띠:귀인상봉, 금전이득, 현금	申띠: 의욕과다, 스트레스큼	亥띠:이동수,이별수,변동 움직임
卯띠:해결신,시험합격, 풀림	午띠: 매사꼬임,과거고생, 질병	酉띠: 시급한 일, 뜻대로 안됨	子띠: 빈주머니,걱정근심,사기

서기	2026年
단기	4359年
불기	2570年

丙午年 양력 03月 23日 음력 02月 05日 월요일

구성月반				구성日반			
	6	2	4		2	7	9
	5	7	9AP		1A	3	5
	1	3	8		6P	8	4

丙	辛	丙
申	卯	午

지장간	손방위	吉方	凶方
乙	서쪽	正北	正南

狗狼星 구랑성	뇌수해	모든일이 해결됨 풀림 해빙 미루지말고 신속처리
天		

己	戊	丁	丙	乙	甲	癸	壬	辛	庚	己	戊
亥	戌	酉	申	未	午	巳	辰	卯	寅	丑	子
절	묘	사	병	쇠	왕	록	관	욕	생	양	태

三甲순	육갑납음	대장군방	조객방	삼살방	상문방	세파방	오늘생극	오늘상충	오늘원진	오늘상천	오늘상파	황도길흉	28수성	건제12신	九星	결혼주당	이사주당	안장주당	복단일	대공망일	神殺	오늘神殺	육도환생처	축원인도불	오늘기도德	금일지옥명
生甲	山下火	卯正東方	辰東南方	子正北方	申西南方	子正北方	制제	寅 36	卯 미움	亥 중단	巳 깨짐	백호흑도	畢필	執집	三碧	堂당	師사	남자	월기일	천마*요안	-	라강·수격	인도	관세음보살	아미보살	좌마지옥

칠성기도일	산신축원일	용왕축원일	조왕하강일	나한하강일	불공 제의식 吉한 행사일: 천도재	신굿	재수굿	용왕굿	조왕굿	병굿	고사	吉凶 길흉 大小 일반 행사일: 결혼	입학	투자	계약	등산	여행	이사	합방	이장	점안식	개업준공	신축상량	수술-침	서류제출	직원채용
×	×	×	◎	◎	◎	◎	◎	◎	◎	◎	◎	◎	◎	×	×	◎	◎	×	×	×	◎	◎	×	◎	◎	×

당일 래정법

巳時 에 온사람은 여자로 인해 손재수, 직장문제, 상업문제, 색정사, 관재구설

午時 에 온사람은 금전문제, 사업문제, 친정부모문제, 관직취직사, 속전속결이 유리

未時 에 온사람 남편문제, 직장문제, 헛수고로 완전힘듬, 지금은 불리, 손재수

申時 온 사람은 금전구재, 취직문제, 종교문제, 새로운일 계획무산, 친정식구 후원사, 망신수

酉時 온 사람은 의욕과다, 뭐가 하고싶어서 왔다, 직장취업문제, 친구형제간 배신, 금전차용가능여부

戌時 온 사람은 자식 골치 아픈일, 형제동업, 죽음, 바람기, 불륜, 시비투쟁, 급속장리해야함, 청춘귀

필히 피해야 할일 승선・낚시・어로작업・요트타기・벌목・사냥・수렵・수혈・주방고치기・흙 다루고 땅 파는 일.

백초귀장술의 오늘에 초사언

시간 점占 丙申공망-辰巳

子時	관송사 직업문제, 이동사, 자식질병
丑時	자식문제, 남편문제, 사기도난, 가출건
寅時	직업이동사, 색정사, 우환질병, 터부정
卯時	육친무력 이민, 병환자발생, 가출문제
辰時	사업건 직업변동, 자손 시험합격, 불륜사
巳時	관직 승전문제, 남편명예문제, 불륜색정사
午時	환질병, 금전문제, 인연단절, 수술유의
未時	病환자, 관재, 자손문제, 실직사, 배신사
申時	금전손실, 부인문제, 금전융통, 우환질병
酉時	금전문제, 구재이득, 발탁 수상기쁨, 함정
戌時	자식문제, 가출사, 산소문제, 기도발원
亥時	실직문제, 질병발생, 적 침범사, 서행

오늘 행운 복권 운세

복권사면 좋은 띠는 **말띠** ⑤⑦22

행운복권방은 집에서 **남쪽**에 있는곳

申子辰生	북쪽문을 피하고, 서남쪽으로 이사하면 안 된다. 재수가 없고, 하는 일마다 꼬이고, 病苦 질병발생. 바람기 발동.
巳酉丑生	서쪽문을 피하고, 동남쪽으로 이사하면 안 된다. 재수가 없고, 하는 일마다 꼬이고, 病苦 질병발생. 바람기 발동.
寅午戌生	남쪽문을 피하고, 북동쪽으로 이사하면 안 된다. 재수가 없고, 하는 일마다 꼬이고, 病苦 질병발생. 바람기 발동.
亥卯未生	동쪽문을 피하고, 서북쪽으로 이사하면 안 된다. 재수가 없고, 하는 일마다 꼬이고, 病苦 질병발생. 바람기 발동.

운세풀이

寅띠:이동수,우왕좌왕, 弱, 다툼	巳띠: 점점 일이 꼬임, 관재구설	申띠:최고운상승세, 두마음	亥띠: 만남,결실,화합,문서
卯띠:매사불편, 방해자,배신	午띠: 귀인상봉, 금전이득, 현금	酉띠: 의욕과다, 스트레스큼	子띠:이동수,이별수,변동 움직임
辰띠:해결신,시험합격, 풀림	未띠: 매사꼬임,과거고생, 질병	戌띠: 시급한 일, 뜻대로 안됨	丑띠: 빈주머니,걱정근심,사기

서기	2026年
단기	4359年
불기	2570年

丙午年 양력 03月 24日 음력 02月 06日 화요일

구성月반				구성日반			
	6	2	4		3A	8	1
	5	7	9AP		2P	4	6
	1	3	8		7	9	5

丁	辛	丙
酉	卯	午

지장간	손방위	吉方	凶方
乙	서북	正西	正東

狗狼星 구랑성	寺觀 절사관	☰☷	뇌수해	모든일이 해결됨 풀림 해빙 미루지말고 신속처리

辛	庚	己	戊	丁	丙	乙	甲	癸	壬	辛	庚
亥	戌	酉	申	未	午	巳	辰	卯	寅	丑	子
태	양	생	욕	관	록	왕	쇠	병	사	묘	절

三甲순	육갑납음	대장군방	조객방	삼살방	상문방	세파방	오늘생극	오늘상충	오늘원진	오늘상천	오늘상파	황도길흉	28수성	건제12신	九星	결혼주당	이사주당	안장주당	복단일	오늘吉神	神殺	오늘神殺	육도환생처	축원인도불	오늘기도德	금일지옥명
生甲	山下火	卯正東方	辰東南方	子正北方	申西南方	子正北方	制제	卯 36	寅 미움	戌 중단	子 깨짐	옥당황도	觜자	破파	四綠	姑고	富부	아버지	복단일	월은*옥우	월파일	천적·지화	귀도	관세음보살	관음보살	좌마지옥

칠성기도일	산신축원일	용왕축원일	조왕하강일	나한하강일	불공 제의식 吉한 행사일: 천도재	신굿	재수굿	용왕굿	조왕굿	병굿	고사	吉凶 길흉 大小 일반 행사일: 결혼	입학	투자	계약	등산	여행	이사	합방	이장	점안식	개업준공	신축상량	수술-침	서류제출	직원채용
×	×	×	×	×	×	×	×	×	×	×	×	×	–	×	×	◎	×	×	×	×	×	×	×	×	◎	×

당일 래정법

巳時 에 온사람은 허가 해결할 문제, 합격여부, 금전투자여부, 직장문제, 재혼은 굳

午時 에 온사람은 의욕없는자, 금전구재건 색정사로 다툼, 친정문제, 매사불성사

未時 에 온사람 금전문제, 사업문제, 자식문제, 관직취직사, 속전속결이 유리

申時 온 사람은 건강문제, 관재구설로 운이 단단히 꼬여있음, 취업 승진문제, 남자문제, 손재수

酉時 온 사람은 두가지 문제 갈등사, 갖고싶은 욕구, 자식으로인해 손상사 발생 합심 안됨 우환질병

戌時 온 사람은 의욕과다, 뭔가 하고싶어서 왔다. 직장 취업문제, 친구형제간 배신, 묘지이장문제

필히 피해야 할일

친목회 • 소장제출 • 항소 • 옷재단 • 새옷맞춤 • 태아옷구입 • 머리자르기 • 출산준비 • 수의제작

백초귀장술의 오늘에 초사언

시간 점占 丁酉공망-辰巳

子時	질병발생, 적 침범사, 개혁유리, 도난
丑時	자식 가출건, 손재수, 다툼, 파이사 발생
寅時	사기도난, 파재, 손실사, 색정사, 각방
卯時	실직, 파재, 관재, 적 침범사, 간사은익
辰時	자손문제 남편 직장실직, 부부이별
巳時	자손문제, 가출사, 재물손실, 취직가능
午時	매사 불성, 남녀 색정사, 놀랄 일 불안
未時	자식문제, 구재이득, 귀인상봉, 수술유의
申時	재물손실, 부인일, 불리, 실수 탄로 음모
酉時	금전 암손, 부인문제, 우환질병, 색정사
戌時	자식문제, 남편 실직박탈, 도망유리
亥時	가내재앙불리, 명예상해, 이동여행 금물

오늘 행운 복권 운세

복권사면 좋은 띠는 양띠 ⑤⑩25
행운복권방은 집에서 남서쪽에 있는곳

申子辰生	북쪽문을 피하고, 서남쪽으로 이사하면 안 된다. 재수가 없고, 하는 일마다 꼬이고, 病苦 질병발생. 바람기 발동.
巳酉丑生	서쪽문을 피하고, 동남쪽으로 이사하면 안 된다. 재수가 없고, 하는 일마다 꼬이고, 病苦 질병발생. 바람기 발동.
寅午戌生	남쪽문을 피하고, 북동쪽으로 이사하면 안 된다. 재수가 없고, 하는 일마다 꼬이고, 病苦 질병발생. 바람기 발동.
亥卯未生	동쪽문을 피하고, 서북쪽으로 이사하면 안 된다. 재수가 없고, 하는 일마다 꼬이고, 病苦 질병발생. 바람기 발동.

운세풀이

卯띠:이동수,우왕좌왕, 弱 다툼	午띠: 점점 일이 꼬임, 관재구설	酉띠:최고운상승세, 두마음	子띠: 만남,결실,화합,문서
辰띠:매사불편, 방해자,배신	未띠: 귀인상봉, 금전이득, 현금	戌띠: 의욕과다, 스트레스큼	丑띠:이동수,이별수,변동 움직임
巳띠:해결신,시험합격, 풀림	申띠: 매사꼬임,과거고생, 질병	亥띠: 시급한 일, 뜻대로 안됨	寅띠: 빈주머니,걱정근심,사기

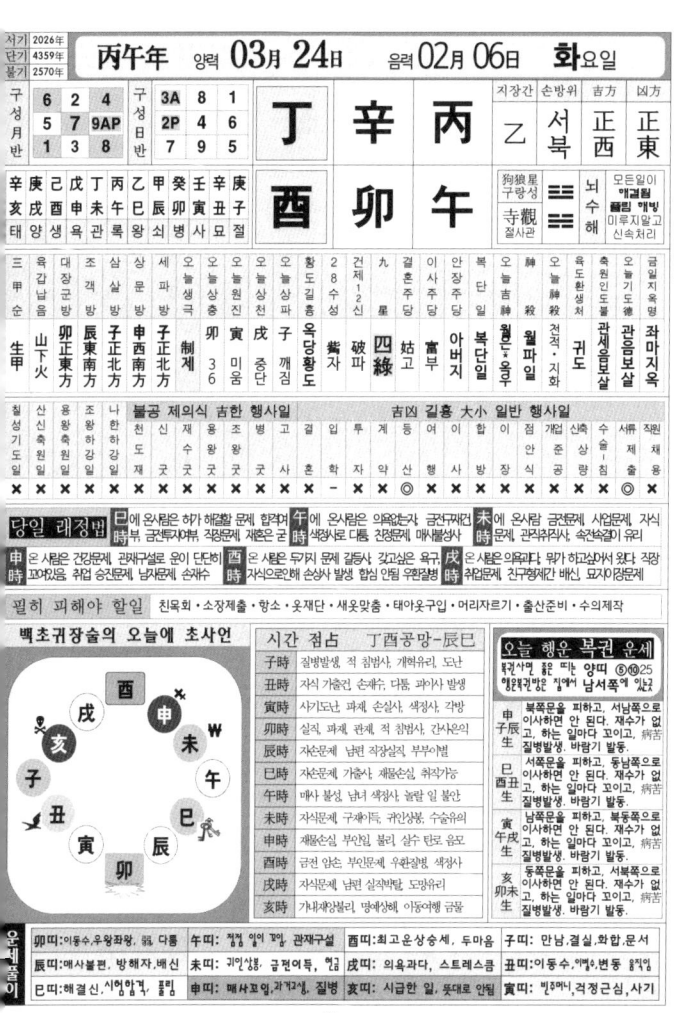

3월

서기	2026年
단기	4359年
불기	2570年

丙午年 양력 03月 25日 음력 02月 07日 수요일

구성月반				구성日반							지장간	손방위	吉方	凶方
	6	2	4		4P	9	2	戊	辛	丙	乙	북쪽	正南	正北
	5	7	9AP		3	5	7							
	1	3	8		8	1	6							

癸亥	壬戌	辛酉	庚申	己未	戊午	丁巳	丙辰	乙卯	甲寅	癸丑	壬子	戊	卯	午	狗狼星 구랑성 州縣廳堂 城隍社廟	☳☵ 뇌수해	모든일이 해결됨 풀림 해빙 미루지말고 신속처리
절	묘	사	병	쇠	왕	록	관	욕	생	양	태						

三甲순	육갑납음	대장군방	조객방	삼살방	상문방	세파방	오늘생극	오늘상충	오늘원진	오늘상천	오늘상파	황도길흉	28수성	건제12신	九星	결혼주당	이사주당	안장주당	오늘吉神	神神	神殺	오늘神殺	육도환생처	축원인도불	오늘기도德	금일지옥명
生甲	平地木	卯正東方	辰東南方	子正北方	申西南方	子正北方	專전	辰 36	巳 미움	酉 중단	未 깨짐	천뇌흑도	參삼	危위	五黃	夫부	殺살	손님	-	육합*용덕	오황·귀곡	월살·패파	축도	관세음보살	미륵보살	좌마지옥

칠성기도일	산신축원일	용왕축원일	조왕하강일	나한하강일	천도재	신굿	재수굿	용왕굿	조왕굿	병굿	고사	결혼	입학	투자	계약	등산	여행	이사	합방	이장	점안식	개업준공	신축상량	수술-침	서류제출	직원채용
◎	◎	×	◎	◎	◎	◎	◎	◎	◎	◎	◎	×	◎	×	◎	-	×	×	-	×	◎	◎	×	◎	◎	-

(불공 제의식 吉한 행사일: 천도재 ~ 조왕굿 / 吉凶 길흉 大小 일반 행사일: 병굿 ~ 직원채용)

당일 래정법

巳時에 온사람은 직장취직건, 방해자, 배신사, 매사 지체불리함, 색정사 혼란

午時에 온사람은 허가 해결할 문제, 합격여부, 금전투자여부, 직장문제, 재혼

未時에 온사람 관재구설로 손해, 금전구재건, 색정사, 억울한 일, 매사불성사

申時 온 사람은 금전문제, 사업문제, 관직취직사, 자식의 사업문제 지출, 자동차관련, 속전속결

酉時 온 사람은 건강우환문제, 관송사로 운이 단단히 꼬여있음, 취업 승진문제, 자식문제, 손재

戌時 온 사람은 재물구재 자식문제 두가지 문제 갈등사, 갖고싶은 욕구 강함, 새로운 일시작, 우환질병

필히 피해야 할일 제품제작 · 친구초대 · 부동산매매 · 승선 · 낚시 · 어로작업 · 애완동물들이기 · 주방고치기 · 지붕덮기

백초귀장술의 오늘에 초사언

시간 점占	戊戌공망-辰巳
子時	금전 암손, 부인문제, 우환질병, 객 惡意
丑時	사업, 구재이득, 부부화합사, 종업원음모
寅時	적의 침범사, 질병위급, 가출사, 색정사
卯時	작업변동건, 남녀색정사, 연애불화, 음모
辰時	관재 병재로 불길, 골육 친구배신사
巳時	작업 명예사, 재물손실, 망신실수탄로 病
午時	사업문제, 금전융통, 수술위험, 가출사
未時	가출문제, 잡귀침투, 삼각관계, 형옥살이
申時	자식문제, 가출건, 급병자, 원행 이동배신
酉時	괴이사발생, 신부정, 재물손실, 함정피해
戌時	여자관련손해, 부부배신, 육친이별
亥時	도난, 파재, 상해, 이별사, 처를 극함

오늘 행운 복권 운세

복권사면 좋은 띠는 **원숭띠** ⑧19, 29
행운복권방은 집에서 **서남쪽**에 있는곳

申子辰生	북쪽문을 피하고, 서남쪽으로 이사하면 안 된다. 재수가 없고, 하는 일마다 꼬이고, 病苦 질병발생. 바람기 발동.
巳酉丑生	서쪽문을 피하고, 동남쪽으로 이사하면 안 된다. 재수가 없고, 하는 일마다 꼬이고, 病苦 질병발생. 바람기 발동.
寅午戌生	남쪽문을 피하고, 북동쪽으로 이사하면 안 된다. 재수가 없고, 하는 일마다 꼬이고, 病苦 질병발생. 바람기 발동.
亥卯未生	동쪽문을 피하고, 서북쪽으로 이사하면 안 된다. 재수가 없고, 하는 일마다 꼬이고, 病苦 질병발생. 바람기 발동.

운세풀이

卯띠:이동수,우왕좌왕, 시비 다툼	午띠: 점점 일이 꼬임, 관재구설	酉띠:최고운상승세, 두마음	子띠: 만남,결실,화합,문서
辰띠:매사불편, 방해자,배신	未띠: 귀인상봉, 금전이득, 현금	戌띠: 의욕과다, 스트레스큼	丑띠:이동수,이별수,변동 움직임
巳띠:해결신,시험합격, 풀림	申띠: 매사꼬임,과거고생, 질병	亥띠: 시급한 일, 뜻대로 안됨	寅띠: 빈주머니,걱정근심,사기

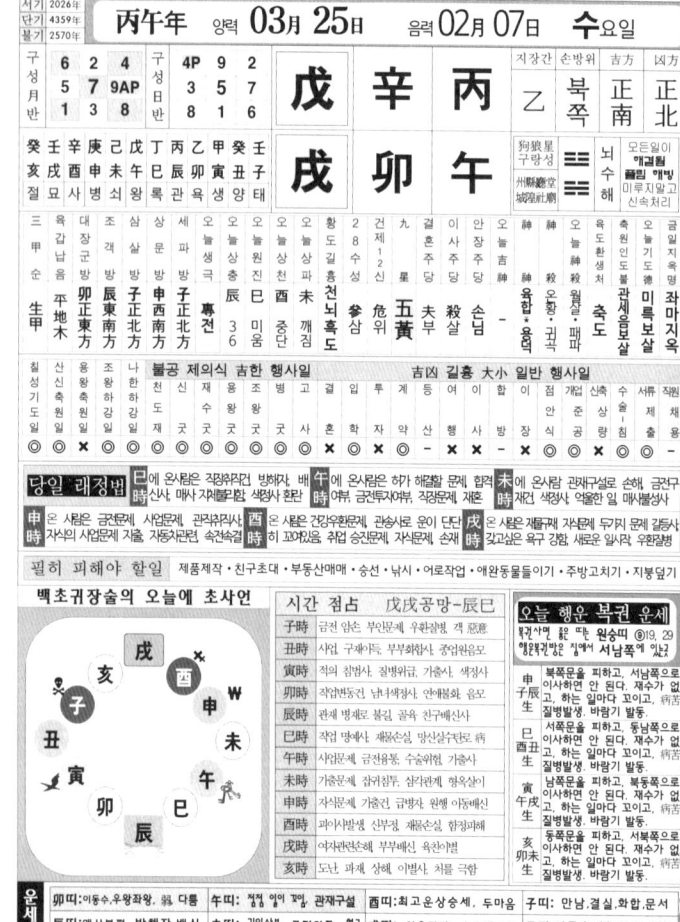

서기	2026年
단기	4359年
불기	2570年

丙午年 양력 03月 26日 음력 02月 08日 목요일

구성月반				구성日반			
	6	2	4		5P	1	3
	5	7	9AP		4	6	8
	1	3	8		9	2	7A

時	日	月
己	辛	丙
亥	卯	午

지장간	손방위	吉方	凶方
乙	북동	正東	正西

狗狼星 구랑성 / 寺觀 절사관	☳ ☰	뇌천대장	흉성 왕성 발전 대장 너무과하니 매사 조심조심

乙	甲	癸	壬	辛	庚	己	戊	丁	丙	乙	甲
亥	戌	酉	申	未	午	巳	辰	卯	寅	丑	子
태	양	생	욕	관	록	왕	쇠	병	사	묘	절

三甲순	육갑납음	대장군방	조객방	삼살방	상문방	세파방	오늘생극	오늘상충	오늘원진	오늘상천	오늘상파	황도길흉	28수성	건제12신	九星	결혼주당	이사주당	안장주당	복단일	오늘吉神	神殺	오늘神殺	육도환생처	축원인도불	오늘기도德	금일지옥명
生甲	平地木	卯正東方	辰東南方	子正北方	申西南方	子正北方	制제	巳 36	辰 미움	申 중단	寅 깨짐	현무흑도	井정	成성	六白	廚주	害해	며느리	삼합일	모창*생기	토금일	신호·세압	옥도	관세음보살	여래보살	좌마지옥

칠성기도일	산신축원일	용왕축원일	조왕하강일	나한하강일	천도재	신굿	재수굿	용왕굿	조왕굿	병굿	고사	결혼	입학	투자	계약	등산	여행	이사	합방	이장	점안식	개업준공	신축상량	수술-침	서류제출	직원채용
					불공 제의식 吉한 행사일							吉凶 길흉 大小 일반 행사일														
×	×	×	×	×	◎	◎	◎	◎	◎	◎	◎	◎	◎	×	◎	◎	◎	×	◎	×	◎	◎	◎	◎	◎	◎

당일 래정법

巳時 에 온사람은 금전사기문제, 허위문서, 동업배신문제, 터부정 관송사, 이동수

午時 에 온사람은 자식문제, 취업 승진문제 방해자, 배신사, 화합사, 재혼 문제

未時 에 온사람 하가 해결할 문제, 금전구재, 남녀결합문제, 주식투자여부, 매매건 속결

申時 온 사람은 자식문제, 상업금전문제, 직장실직 문제, 취업시험불리, 색정사, 매사불성사

酉時 온 사람은 금전문제, 사업문제, 여자문제, 계약 성사는 이득발생, 속전속결 유리, 남편지출

戌時 온 사람은 건강문제, 관재구설로 운이 단단히 꼬여있음, 취업 승진문제, 자식문제, 침몰상태

필히 피해야 할일

신상출고・제품제작・친구초대・문서파기・벌초・씨뿌리기・건축증개축・장담그기・흙파기

백초귀장술의 오늘에 초사언

시간 점占 己亥공망-辰巳

子時	여자문제, 구재, 남녀색정사, 매사불성사
丑時	적의 침범사, 질병위급, 이별사, 다툼
寅時	직업변동 명예사, 가출문제, 자손문제
卯時	질병위급, 여행조심, 관재불길, 직장변동
辰時	재물손실, 남편문제, 재해 도난, 하극상
巳時	이동사, 색정사, 우환질병, 터부정 구설수
午時	가출문제, 직업문제, 사업문제, 금전융통
未時	질병재앙, 구재이득, 수술유의, 여행은凶
申時	재물손실, 우환질병, 가출사, 색정사, 불성
酉時	금전 암손, 남편문제, 임신가능, 가출사
戌時	금전손실문제, 극처사, 질병고통, 관재刑
亥時	금전배신, 처 가출사, 도망 분실, 이동 흉

오늘 행운 복권 운세

복권사면 좋은 띠는 **닭띠** ④⑨ 24, 행운복권방은 집에서 **서쪽**에 있는곳

申子辰生	북쪽문을 피하고, 서남쪽으로 이사하면 안 된다. 재수가 없고, 하는 일마다 꼬이고, 病苦 질병발생. 바람기 발동.
巳酉丑生	서쪽문을 피하고, 동남쪽으로 이사하면 안 된다. 재수가 없고, 하는 일마다 꼬이고, 病苦 질병발생. 바람기 발동.
寅午戌生	남쪽문을 피하고, 북동쪽으로 이사하면 안 된다. 재수가 없고, 하는 일마다 꼬이고, 病苦 질병발생. 바람기 발동.
亥卯未生	동쪽문을 피하고, 서북쪽으로 이사하면 안 된다. 재수가 없고, 하는 일마다 꼬이고, 病苦 질병발생. 바람기 발동.

운세풀이

巳띠: 이동수, 우왕좌왕, 弱, 다툼	申띠: 점점 일이 꼬임, 관재구설	亥띠: 최고운상승세, 두마음	寅띠: 만남, 결실, 화합, 문서
午띠: 매사불편, 방해자, 배신	酉띠: 귀인상봉, 금전어득, 현금	子띠: 의욕과다, 스트레스큼	卯띠: 이동수, 이별수, 변동 움직임
未띠: 해결신, 시험합격, 풀림	戌띠: 매사꼬임, 과거고생, 질병	丑띠: 시급한 일, 뜻대로 안됨	辰띠: 빈주머니, 걱정근심, 사기

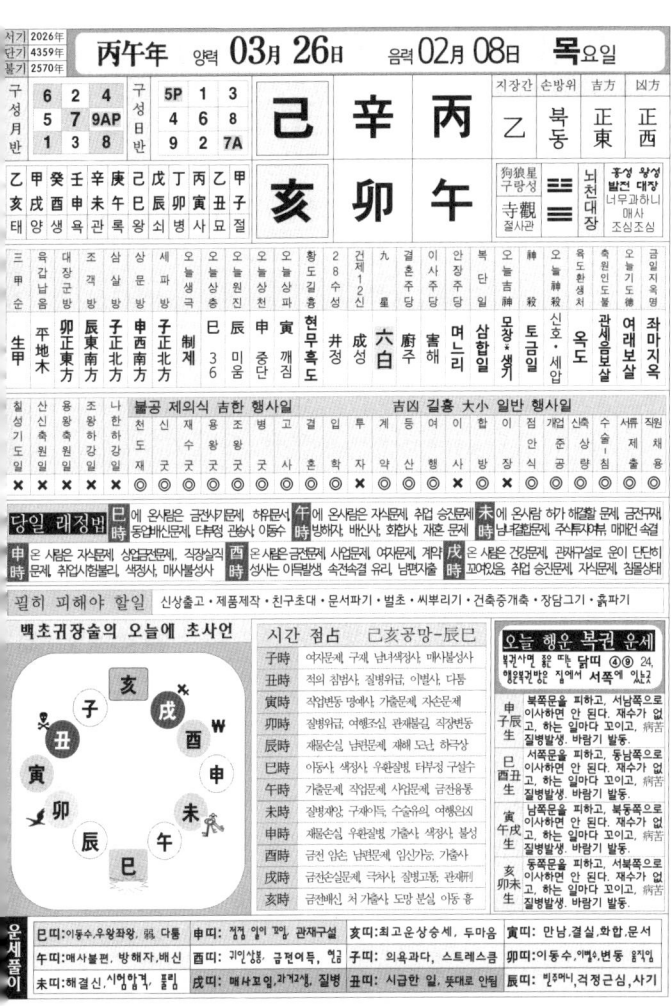

3월

서기	2026年
단기	4359年
불기	2570年

丙午年 양력 3月 27日 음력 02月 09日 금요일

구성月반			구성日반		
6	2	4	6	2P	4
5	7	9AP	5	7	9A
1	3	8	1	3	8

庚	辛	丙
子	卯	午

지장간	손방위	吉方	凶方
乙	無	正北	正南

丁	丙	乙	甲	癸	壬	辛	庚	己	戊	丁	丙
亥	戌	酉	申	未	午	巳	辰	卯	寅	丑	子
병	쇠	왕	록	관	욕	생	양	태	절	묘	사

狗狼星 구랑성	☰	뇌천대장	풍성 왕성 발전 대장 너무과하니 매사 조심조심
中庭廳 관청마당	☳		

三甲순	육갑납음	대장군방	조객방	삼살방	상문방	세파방	오늘생극	오늘상충	오늘원진	오늘상천	오늘상파	황도길흉	28수성	건제12신	九星	결혼주당	이사주당	안장주당	복단일	천구하식	오늘凶神	오늘神殺	육도환생처	축원인도불	오늘기도德	금일지옥명
生甲	壁上土	卯正東方	辰東南方	子正北方	申西南方	子正北方	寶보	午 36	未 미움	未 중단	酉 깨짐	사명황도	鬼귀	收수	七赤	婦부	天천	어머니	-	양덕*복덕	천강·멸몰	월형·지파	천도	대세지보살	아미보살	독사지옥

칠성기도일	산신축원일	용왕축원일	조왕하강일	나한하강일	불공 제의식 吉한 행사일 천도재	신굿	재수굿	용왕굿	조왕굿	병굿	고사	吉凶 길흉 大小 일반 행사일 결혼	입학	투자	계약	등산	여행	이사	합방	이장	점안식	개업준공	신축상량	수술-침	서류제출	직원채용
◎	◎	×	◎	◎	◎	◎	◎	◎	◎	◎	◎	×	◎	×	◎	-	×	◎	-	×	◎	◎	×	◎	◎	-

당일 래정법

巳時에 온사람은 직장실직건, 친구나 형제문제, 관송사, 실업자, 빈주머니 **午時**에 온사람은 이동변동수, 터부정, 하극상모함사건, 자식문제, 차사고 **未時**에 온사람은 방해자, 배신사, 가족간시비, 매사 지체불리함, 도전 창업은 불리

申時 온 사람은 관직 취직문제, 결혼 경조사, 한가지씩 해결됨, 시험은 합격됨, 허가건도 승인남, 귀인도움 **酉時** 온 사람은 외정색정사, 불륜사, 관재로 발전, 딸 문제발생, 여자로인해 돈모난, 창업불리 **戌時** 온 사람은 남자문제, 부동산거래, 금전문제, 주식투자문제, 재물구재사, 여자회합건, 건강질병과 빚때문 괴로움

필히 피해야 할일 이날은 흑도일에 폐閉神으로 천형, 혈지 등 강한 신살에 해당되어 매사 해롭고 불리한 날

백초귀장술의 오늘에 초사언

시간 점占 庚子공망-辰巳

子時	자식문제, 여자일, 질병발생, 도난 가출사
丑時	결혼은 吉, 금전융통, 사업계획 후퇴吉
寅時	여자일, 금전고통, 이동재난, 원한 喪
卯時	관직 승전문제, 만사대길, 금전 부인문제
辰時	매사 불성사, 가출사, 금전손실, 도망이吉
巳時	관송사발생 후 刑, 매사불성, 사기 도난
午時	적 침범사, 병재로 불길, 가출사, 남녀투쟁
未時	사업손실, 관재구설, 가출문제, 우환질병
申時	선거자유리, 직장승진 사업흥성, 화합
酉時	금전갈취 도주, 색정사, 가출 함정 은닉
戌時	금전문제, 상업문제, 가출문제, 도망 吉
亥時	남편문제, 자식문제, 직장실직, 음모 함정

오늘 행운 복권 운세

복권사면 좋은 띠는 **개띠** ⑩⑳ 30
행운복권방은 집에서 **서북쪽에** 있는곳

申子辰生	북쪽문을 피하고, 서남쪽으로 이사하면 안 된다. 재수가 없고, 하는 일마다 꼬이고, 病苦 질병발생. 바람기 발동.
巳酉丑生	서쪽문을 피하고, 동남쪽으로 이사하면 안 된다. 재수가 없고, 하는 일마다 꼬이고, 病苦 질병발생. 바람기 발동.
寅午戌生	남쪽문을 피하고, 북동쪽으로 이사하면 안 된다. 재수가 없고, 하는 일마다 꼬이고, 病苦 질병발생. 바람기 발동.
亥卯未生	동쪽문을 피하고, 서북쪽으로 이사하면 안 된다. 재수가 없고, 하는 일마다 꼬이고, 病苦 질병발생. 바람기 발동.

운세풀이

午띠:이동수,우왕좌왕, 弱 다툼	酉띠: 점점 일이 꼬임, 관재구설	子띠:최고운상승세, 두마음	卯띠: 만남,결실,화합,문서
未띠:매사불편, 방해자,배신	戌띠:귀인상봉, 금전이득, 현금	丑띠: 의욕과다, 스트레스큼	辰띠:이동수,이별수,변동 움직임
申띠:해결신,시험합격, 풀림	亥띠: 매사꼬임,과거2생, 질병	寅띠: 시급한 일, 뜻대로 안됨	巳띠: 빈주머니,걱정근심,사기

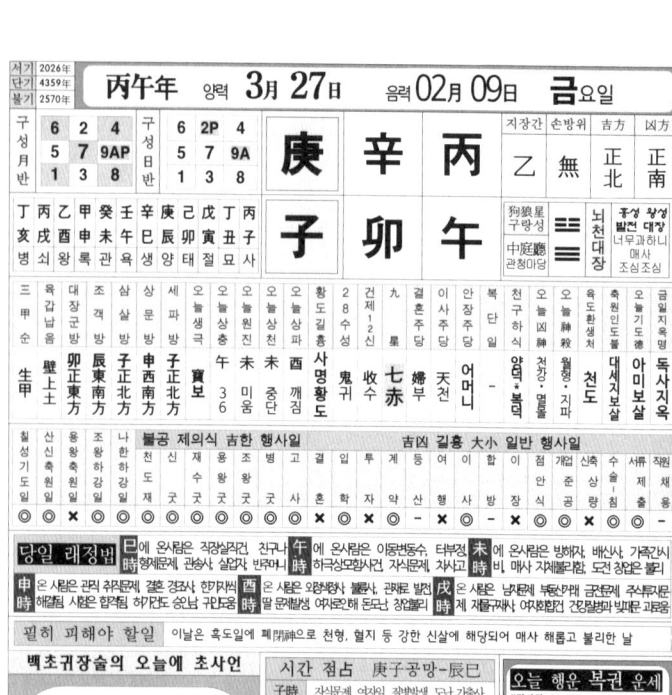

서기	2026年
단기	4359年
불기	2570年

丙午年 양력 03月 28日 음력 02月 10日 土요일

3월

구성월반			
	6	2	4
	5	7	9AP
	1	3	8

구성일반			
	7	3	5P
	6	8	1
	2A	4	9

辛	辛	丙
丑	卯	午

지장간	손방위	吉方	凶方
乙	無	正西	正東

狗狼星 구랑성	괘	뇌천대장	풀이
天	☳☰	뇌천대장	홍성 왕성 발전 대장 너무과하니 매사 조심조심

己	戊	丁	丙	乙	甲	癸	壬	辛	庚	己	戊
亥	戌	酉	申	未	午	巳	辰	卯	寅	丑	子
욕	관	록	왕	쇠	병	사	묘	절	태	양	생

三甲순	육갑납음	대장군방	조객방	삼살방	상문방	세파방	오늘생극	오늘상충	오늘원진	오늘상천	오늘상파	황도길흉	28수성	건제12신	九星	결혼주당	이사주당	안장주당	복단일	오늘吉神	神殺	오늘神殺	육도환생처	축원인도불	오늘기도德	금일지옥명
生甲	壁上土	卯正東方	辰東南方	子正北方	申西南方	子正北方	義의	未 36	午 미움	午 중단	辰 깨짐	구진흑도	柳류	開개	八白	竈조	利이	여자	-	천창*경안	구공·고초	오허·구감	천도	대세지보살	보현보살	독사지옥

칠성기도일	산신축원일	용왕축원일	조왕하강일	나한하강일	천도재	신굿	재수굿	용왕굿	조왕굿	병굿	고사	결혼	입학	투자	계약	등산	여행	이사	합방	이장	점안식	개업준공	신축상량	수술-침	서류제출	직원채용
×	×	×	×	-	◎	◎	◎	◎	◎	◎	◎	×	◎	-	-	◎	◎	◎	×	×	◎	-	×	◎	-	×

(불공 제의식 吉한 행사일: 천도재~고사 / 吉凶 길흉 大小 일반 행사일: 결혼~직원채용)

당일 래정법

- **巳時** 에 온사람은 이동수 있는자 이사 직장변동, 사업체 변동수, 해외진출
- **午時** 에 온사람은 취업, 창업 때 아님, 빈주머니, 헛수고, 부부불화 원망 이별
- **未時** 에 온사람은 남녀간다툼 이동변동수, 터부정, 관재구설, 자식문제, 교통사고
- **申時** 온 사람은 금전과 여자문제, 방해자, 배신사, 취업 승진 매사지체불리함, 창업 손해손재수
- **酉時** 온 사람은 새 일 자식문제 급처리문제, 취업승진 해결됨 시험합격됨 은밀한 색정사
- **戌時** 온 사람은 여자로인한 부정, 하극상 배신사, 억울한 일, 외정색정사, 불륜사, 관재로 발전, 산소탈

필히 피해야 할일 회의개최 • 건축증개축 • 구인 • 항공주의 • 새집들이 • 출장 • 장담그기 • 흙 다루고 땅 파는 일.

백초귀장술의 오늘에 초사언

시간 점占 辛丑공망-辰巳

시간	점占
子時	자식문제, 관재구설, 급질병, 기도요망
丑時	사업사 손재수, 여자일 질병발생, 친족불화
寅時	도난, 파재, 손모사, 극처사, 관직변동
卯時	질병침투, 적 침범사, 여자 금전손실,
辰時	사업 후원사, 육친무력 이민, 목적달성
巳時	직장변동, 실직문제, 불명예, 이사이동吉
午時	매사 불성, 골육이별, 색정사, 우환질병
未時	관재 병재로 불길, 가출사 자손사 하극상
申時	금전손실, 극처사, 재해, 도난, 여행은 凶
酉時	작업 명예사, 형제 친구문제, 가출사, 색정
戌時	관청근심, 도난 상해 손모사, 수술질병
亥時	금전문제, 직장변동, 자손문제, 실직문제

오늘 행운 복권 운세

복권사면 좋은 띠는 **돼지띠** ⑪⑯31
행운복권방은 집에서 **북서쪽에** 있는곳

申子辰生	북쪽문을 피하고, 서남쪽으로 이사하면 안 된다. 재수가 없고, 하는 일마다 꼬이고, 病苦 질병발생. 바람기 발동.
巳酉丑生	서쪽문을 피하고, 동남쪽으로 이사하면 안 된다. 재수가 없고, 하는 일마다 꼬이고, 病苦 질병발생. 바람기 발동.
寅午戌生	남쪽문을 피하고, 북동쪽으로 이사하면 안 된다. 재수가 없고, 하는 일마다 꼬이고, 病苦 질병발생. 바람기 발동.
亥卯未生	동쪽문을 피하고, 서북쪽으로 이사하면 안 된다. 재수가 없고, 하는 일마다 꼬이고, 病苦 질병발생. 바람기 발동.

운세풀이

未띠:이동수,우왕좌왕, 弱, 다툼	戌띠: 점점 일이 꼬임, 관재구설	丑띠:최고운상승세, 두마음	辰띠: 만남,결실,화합,문서
申띠:매사불편, 방해자,배신	亥띠:귀인상봉, 금전이득, 현금	寅띠: 의욕과다, 스트레스큼	巳띠:이동수,이별수,변동 움직임
酉띠:해결신,시험합격, 풀림	子띠: 매사꼬임,과거고생, 질병	卯띠: 시급한 일, 뜻대로 안됨	午띠: 빈주머니,걱정근심,사기

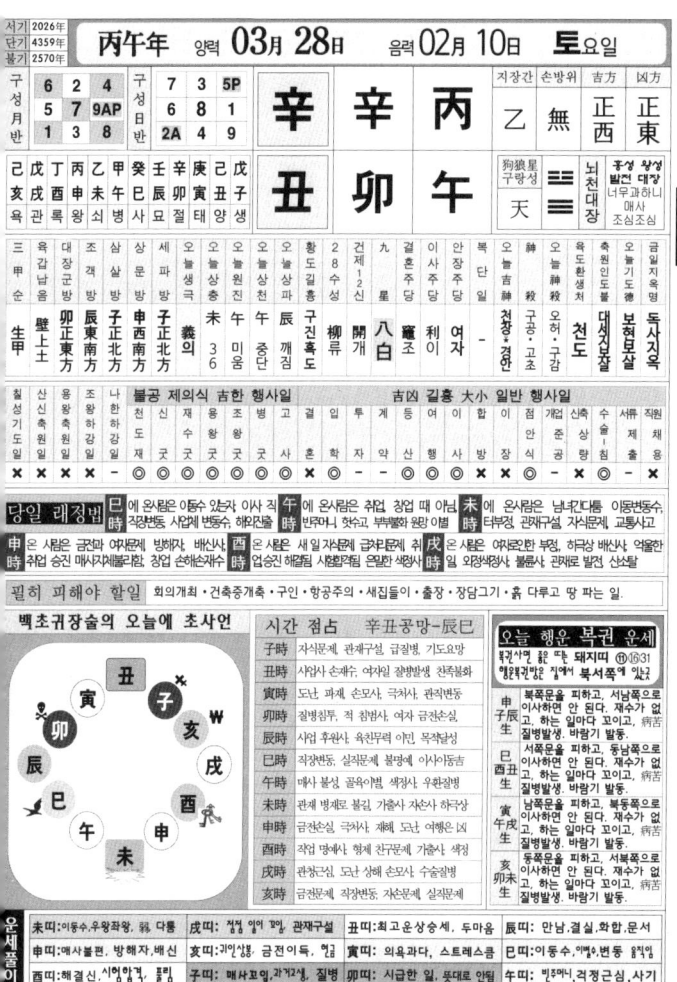

서기	2026年
단기	4359年
불기	2570年

丙午年 양력 03月 29日 음력 02月 11日 일요일

구성月반			구성日반		
6	2	4	8	4A	6P
5	7	9AP	7	9	2
1	3	8	3	5	1

壬	辛	丙
寅	卯	午

지장간	손방위	吉方	凶方
乙	동쪽	正南	正北

辛	庚	己	戊	丁	丙	乙	甲	癸	壬	辛	庚
亥	戌	酉	申	未	午	巳	辰	卯	寅	丑	子
록	관	욕	생	양	태	절	묘	사	병	쇠	왕

狗狼星 구랑성	괘	뇌천대장	풍성 왕성 발전 대장
東北方 丑午方	☳☰		너무과하니 매사 조심조심

三甲순	육갑납음	대장군방	조객방	삼살방	상문방	세파방	오늘생극	오늘상충	오늘원진	오늘상천	오늘상파	황도길흉	28수성	건제12신	九星	결혼주당	이사주당	안장주당	복단일	대공망일	오늘吉神	오늘神殺	육도환생처	축원인도불	오늘기도德	금일지옥명
生甲	金箔金	卯正東方	辰東南方	子正北方	申西南方	子正北方	寶보	申 36	酉 미움	巳 중단	亥 깨짐	청룡황도	星성	閉폐	九紫	第제	安안	死	-	대공망일	대명*왕일	혈지·지격	인도	대세지보살	약사보살	독사지옥

칠성기도일	산신축원일	용왕축원일	조왕하강일	나한하강일	천도재	신굿	재수굿	용왕굿	조왕굿	병굿	고사	결혼	입학	투자	계약	등산	여행	이사	합방	이장	점안식	개업준공	신축상량	수술-침	서류제출	직원채용
×	◎	×	×	×	×	◎	◎	◎	◎	◎	◎	×	◎	×	×	◎	◎	×	×	×	×	◎	◎	◎	◎	×

(불공 제의식 吉한 행사일: 천도재 ~ 고사 / 吉凶 길흉 大小 일반 행사일: 결혼 ~ 직원채용)

당일 래정법

巳時 에 온사람은 문서구입 회합사 결혼 재혼 경조사 애정사 궁합 후원 개업

午時 에 온사람은 이동수 있는자 이사나 직장변동, 친구나 형제 사업체변동수

未時 에 온사람은 금전사기, 실업자 색정사 들통 빈주머니 헛수고 문서모난사 매사불성

申時 온 사람은 매매 이동변동수, 직장변동수, 터 부정, 사기, 허위문서 다툼주의 차사고 주의

酉時 온 사람은 질병과 자식문제 방해자, 배신사, 관송사, 취업 승진 매사 지체불리함

戌時 온 사람은 자식문제, 하극상으로 배신사 해결되는 듯 하나 후 불리함 시험 합격됨 허가건 승인됨 관재

필히 피해야 할일

신상출고 • 제품제작 • 친구초대 • 소장제출 • 항소 • 문 만들기 • 비석세우기 • 방류

백초귀장술의 오늘에 초사언

시간 점占 壬寅공망-辰巳

子時	금전문제, 상업문제, 처를 극, 수술문제
丑時	매사 막히고 퇴보, 권리박탈, 남편문제
寅時	금전 암손, 여자문제, 자식사, 우환질병
卯時	자식문제, 직장실직, 색정사, 가출사
辰時	매사불성, 관재구설, 속 중단, 금전손실
巳時	사업금전운 吉, 임신가능, 금전기쁨, 결혼
午時	금전손실 다툼, 부인문제, 가출, 이동이吉
未時	집안잡귀침투, 불화, 색정사 관직권리박탈
申時	침범사, 질병재앙, 가출사, 이동이 吉
酉時	파산파재, 부인흉극, 가출사, 배신음모
戌時	사업사, 후원사, 직장승진, 관재구설
亥時	금전손실, 직장문제, 자식문제, 가출사

오늘 행운 복권 운세

복권사면 좋은 띠는 쥐띠 ①⑥⑯
행운복권방은 집에서 북쪽에 있는곳

申子辰生	북쪽문을 피하고, 서남쪽으로 이사하면 안 된다. 재수가 없고, 하는 일마다 꼬이고, 病苦 질병발생. 바람기 발동.
巳酉丑生	서쪽문을 피하고, 동남쪽으로 이사하면 안 된다. 재수가 없고, 하는 일마다 꼬이고, 病苦 질병발생. 바람기 발동.
寅午戌生	남쪽문을 피하고, 북동쪽으로 이사하면 안 된다. 재수가 없고, 하는 일마다 꼬이고, 病苦 질병발생. 바람기 발동.
亥卯未生	동쪽문을 피하고, 서북쪽으로 이사하면 안 된다. 재수가 없고, 하는 일마다 꼬이고, 病苦 질병발생. 바람기 발동.

운세풀이

申띠:이동수,우왕좌왕, 관재, 다툼	亥띠: 점점 일이 꼬임 관재구설	寅띠:최고운상승세, 두마음	巳띠: 만남,결실,화합,문서
酉띠:매사불편, 방해자,배신	子띠:귀인상봉, 금전이득, 현금	卯띠: 의욕과다, 스트레스큼	午띠:이동수,이별수,변동 움직임
戌띠:해결신,시험합격, 풀림	丑띠: 매사꼬임,과거고생, 질병	辰띠: 시급한 일, 뜻대로 안됨	未띠: 빈주머니,걱정근심,사기

서기	2026年
단기	4359年
불기	2570年

丙午年 양력 03月 30日 음력 02月 12日 월요일

구성月반			구성日반		
6	2	4	9	5	7
5	7	9AP	8	1	3P
1	3	8	4	6A	2

癸	辛	丙
卯	卯	午

지장간	손방위	吉方	凶方
乙	동남	正東	正西

狗狼星 구랑성	괘	뇌천대장	풍성 왕성 발전 대장
天	☳ ☰	뇌천대장	너무과하니 매사 조심조심

癸	壬	辛	庚	己	戊	丁	丙	乙	甲	癸	壬
亥	戌	酉	申	未	午	巳	辰	卯	寅	丑	子
왕	쇠	병	사	묘	절	태	양	생	욕	관	록

三甲순	육갑납음	대장군방	조객방	삼살방	상문방	세파방	오늘생극	오늘상충	오늘원진	오늘상천	오늘상파	황도길흉	28수성	건제12신	九星	결혼주당	이사주당	안장주당	복단일	대공망일	오늘吉神	오늘神殺	육도환생처	축원인도불	오늘기도德	금일지옥명
生甲	金箔金	卯正東方	辰東南方	子正北方	申西南方	子正北方	寶보	酉 36	申 미움	辰 중단	午 깨짐	명당황도	張장	建건	一白	翁옹	災재	손자	복생*관일	대공망일	월건·천화	염대·소시	귀도	대세지보살	문수보살	독사지옥

칠성기도일	산신축원일	용왕축원일	조왕하강일	나한하강일	천도재	신굿	재수굿	용왕굿	조왕굿	병굿	고사	결혼	입학	투자	계약	등산	여행	이사	합방	이장	점안식	개업준공	신축상량	수술-침	서류제출	직원채용
◎	◎	◎	◎	◎	◎	◎	◎	◎	◎	◎	◎	×	◎	×	×	◎	◎	×	×	×	×	×	×	×	◎	×

(불공 제의식 吉한 행사일: 천도재 ~ 고사 / 吉凶 길흉 大小 일반 행사일: 결혼 ~ 직원채용)

당일 래정법

- **巳時** 에 온사람은 모함과 구설로 골치 아픔, 이몽나쁨, 바람기, 직장해고위험
- **午時** 에 온사람은 문서 회합운, 결혼, 재혼 경조사, 궁합, 문서이동, 부모문제, 상업투자
- **未時** 에 온사람은 이동수 있는자, 이사나 직장 변동, 자식문제 변동수, 여행 이별, 헛고생
- **申時** 온 사람은 허위문서, 실업자, 금전혼란, 빈주머니, 헛공사, 사기모함 ·도난사, 매사불성
- **酉時** 온 사람은 매매 이동변동수, 터부정, 관재구설, 사기, 허위문서, 우환질병, 자식 가출건
- **戌時** 온 사람은 색정사 배신문제 방해자, 배신사, 의욕상실, 관재구설, 취업 승진 매사 지체불리함

필히 피해야 할일 약혼식 • 주식투자 • 신상출고 • 명품구입 • 교역 • 재물출납 • 입주 • 욕실 · 수도수리 • 우물파기

백초귀장술의 오늘에 초사언

시간 점占 癸卯공망-辰巳

子時	직장근심, 음란색정사, 형제친구문제
丑時	사업후원사, 음란색정사, 질병 급발생
寅時	색정사, 자식문제, 직장실직, 처를 극
卯時	여자로부터 금전손실, 자식문제, 불륜사
辰時	사업상 다툼, 가산탕진, 직업변동, 남편일
巳時	매사 불성사, 금전손실 다툼, 부인문제
午時	사업문제, 불륜색정사, 여자문제, 화해
未時	이동 이별수, 직업변동, 가출사, 산소문제
申時	상해, 도난, 금전손해, 질병침투, 직업실직
酉時	적의 침범사, 관재 병재로 불길, 색정사
戌時	놀랄 일발생, 불륜색정사, 금전융통 근심
亥時	금전문제, 부인문제, 가출사, 손님 惡意

오늘 행운 복권 운세

복권사면 좋은 띠는 **소띠** ②⑤⑩
행운복권방은 집에서 **북동쪽**에 있는곳

申子辰生	북쪽문을 피하고, 서남쪽으로 이사하면 안 된다. 재수가 없고, 하는 일마다 꼬이고, 病苦 질병발생. 바람기 발동.
巳酉丑生	서쪽문을 피하고, 동남쪽으로 이사하면 안 된다. 재수가 없고, 하는 일마다 꼬이고, 病苦 질병발생. 바람기 발동.
寅午戌生	남쪽문을 피하고, 북동쪽으로 이사하면 안 된다. 재수가 없고, 하는 일마다 꼬이고, 病苦 질병발생. 바람기 발동.
亥卯未生	동쪽문을 피하고, 서북쪽으로 이사하면 안 된다. 재수가 없고, 하는 일마다 꼬이고, 病苦 질병발생. 바람기 발동.

운세풀이

酉띠:이동수,우왕좌왕, 弱, 다툼	子띠: 점점 일이 꼬임, 관재구설	卯띠:최고운상승세, 두마음	午띠: 만남,결실,화합,문서
戌띠:매사불편, 방해자,배신	丑띠:귀인상봉, 금전이득, 현금	辰띠: 의욕과다, 스트레스큼	未띠:이동수,이별수,변동 움직임
亥띠:해결신,시험합격, 풀림	寅띠: 매사꼬임,과거고생, 질병	巳띠: 시급한 일, 뜻대로 안됨	申띠: 빈주머니,걱정근심,사기

3월

서기	2026年
단기	4359年
불기	2570年

丙午年 양력 03月 31日 음력 02月 13日 화요일

구성월반				구성일반			
	6	2	4		1	6	8A
	5	7	9AP		9	2	4
	1	3	8		5	7	3P

甲	辛	丙
辰	卯	午

지장간	손방위	吉方	凶方
乙	남쪽	正北	正南

狗狼星 구랑성 / 僧堂寺廟 절사당묘 / ☳ ☰ / 뇌천대장 / 홍성 왕성 발전 대장 너무과하니 매사 조심조심

乙	甲	癸	壬	辛	庚	己	戊	丁	丙	乙	甲
亥	戌	酉	申	未	午	巳	辰	卯	寅	丑	子
생	양	태	절	묘	사	병	쇠	왕	록	관	욕

三甲순	육갑납음	대장군방	조객방	삼살방	상문방	세파방	오늘생극	오늘상충	오늘원진	오늘상천	오늘상파	황도길흉	28수성	건제12신	九星	결혼주당	이사주당	안장주당	복단일	오늘吉神	神殺	오늘神殺	육도환생처	축원인도불	오늘기도德	금일지옥명
死甲	覆燈火	卯正東方	辰東南方	子正北方	申西南方	子正北方	制제	戌 36	亥 미움	卯 중단	丑 깨짐	천형흑도	翼익	除제	二黑	堂당	師사	남자	-	월덕*수일	수사·독화	월해·멸망	축도	대세지보살	지장보살	독사지옥

칠성기도일	산신축원일	용왕축원일	조왕하강일	나한하강일	불공 제의식 吉한 행사일: 천도재	신굿	재수굿	용왕굿	조왕굿	병굿	고사	吉凶 길흉 大小 일반 행사일: 결혼	입학	투자	계약	등산	여행	이사	합방	이장	점안식	개업준공	신축상량	수술-침	서류제출	직원채용
◎	◎	×	◎	◎	◎	◎	◎	◎	◎	◎	◎	×	◎	×	◎	-	×	×	-	×	◎	◎	×	◎	◎	-

당일 래정법

巳時 에 온사람은 뭐가 하고싶어서 왔다. 자식과 금전문제, 색정시문제, 우환질병문제

午時 에 온사람은 금전문제로 골치 아픔, 가정불화, 여자바람기, 자식문제, 화병

未時 에 온사람은 문서, 남녀화합운, 결혼, 재혼, 경조사, 문서구입, 궁합, 만남, 부모님 불리

申時 온 사람은 이동수 있는자, 이사나 직장변동, 관송사, 여행, 이별수, 취업불가능, 질병

酉時 온 사람은 허위문서, 금전손재수, 자식문제, 빈주머니, 헛고생, 사기모함 , 매사불성, 관송사

戌時 온 사람은 허위문서 이동변동수, 터부정, 관재구설, 보이스피싱주의, 자식가출, 다툼주의, 차사고

필히 피해야 할일 새집들이 · 친목회 · 금전수금 · 출판출고 · 건축증개축 · 집수리 · 승선 · 바다낚시 · 동토

백초귀장술의 오늘에 초사언

시간 점占 甲辰공망-寅卯

子時	어린자식 질병사, 사업후원사, 손님 惡意
丑時	부인질병문제, 금전손실, 관재, 도난, 방해
寅時	질병재앙, 직장승진문제, 직장변동, 말조심
卯時	파재, 극처사, 관송사 분쟁, 수술위급
辰時	금전암손, 여자문제, 사업문제, 금전다툼
巳時	사업, 구재, 상해, 도난, 자손문제, 관재
午時	관재구설, 직장박탈, 도적손실, 화재주의
未時	사업사, 후원사, 음란불륜사, 화합사
申時	음란잡귀침투, 적의 침범사, 우환질병
酉時	남녀색정사, 남편직장 권리사, 질병침투
戌時	질병침투, 색정사, 적의 침범사, 가출문제
亥時	사업후원에 방해자, 질병재앙, 소송 凶

오늘 행운 복권 운세

복권사면 좋은 띠는 범띠 ③⑧⑱
행운복권방은 집에서 동북쪽에 있는곳

申子辰生	북쪽문을 피하고, 서남쪽으로 이사하면 안 된다. 재수가 없고, 하는 일마다 꼬이고, 病苦 질병발생. 바람기 발동.
巳酉丑生	서쪽문을 피하고, 동남쪽으로 이사하면 안 된다. 재수가 없고, 하는 일마다 꼬이고, 病苦 질병발생. 바람기 발동.
寅午戌生	남쪽문을 피하고, 북동쪽으로 이사하면 안 된다. 재수가 없고, 하는 일마다 꼬이고, 病苦 질병발생. 바람기 발동.
亥卯未生	동쪽문을 피하고, 서북쪽으로 이사하면 안 된다. 재수가 없고, 하는 일마다 꼬이고, 病苦 질병발생. 바람기 발동.

운세풀이

戌띠: 이동수,우왕좌왕, [illegible] 다툼	丑띠: 점점 일이 꼬임, 관재구설	辰띠: 최고운상승세, 두마음	未띠: 만남,결실,화합,문서
亥띠: 매사불편, 방해자,배신	寅띠: 귀인상봉, 금전이득, 현금	巳띠: 의욕과다, 스트레스큼	申띠: 이동수,이별수,변동 움직임
子띠: 해결신,시험합격, 풀림	卯띠: 매사꼬임,과거고생, 질병	午띠: 시급한 일, 뜻대로 안됨	酉띠: 빈주머니,걱정근심,사기

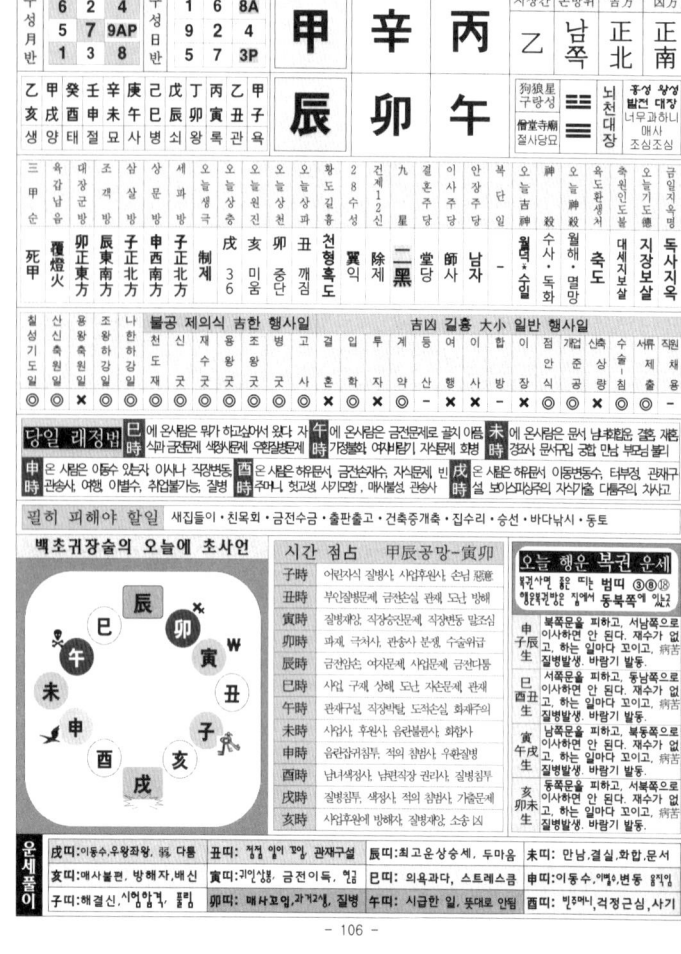

서기	2026年
단기	4359年
불기	2570年

丙午年 양력 04月 01日 음력 02月 14日 수요일

3월

구성月반				구성日반			
	6	2	4		2	7	9
	5	7	9AP		1A	3	5
	1	3	8		6	8	4P

乙	辛	丙
巳	卯	午

지장간	손방위	吉方	凶方
乙	남서	正西	正東

狗狼星 구랑성		뇌지예	좋소식 첫 출발 개혁 즐거움 사전준비 철저히
天	☳☷		

丁	丙	乙	甲	癸	壬	辛	庚	己	戊	丁	丙
亥	戌	酉	申	未	午	巳	辰	卯	寅	丑	子
사	묘	절	태	양	생	욕	관	록	왕	쇠	병

三甲순	육갑납음	대장군방	조객방	삼살방	상문방	세파방	오늘생극	오늘상충	오늘원진	오늘상천	오늘상파	황도길흉	28수성	건제12신	九星	결혼주당	이사주당	안장주당	복단일	오늘吉神	神殺	오늘神殺	육도환생처	축원인도불	오늘기도德	금일지옥명
死甲	覆燈火	卯正東方	辰東南方	子正北方	申西南方	子正北方	寶보	亥 36	戌 미움	寅 중단	申 깨짐	주작흑도	軫진	滿만	三碧	姑고	富부	아버지	월기일	대명*상일	사격·홍사	왕망·토부	옥도	대세지보살	문수보살	도사지옥

칠성기도일	산신축원일	용왕축원일	조왕하강일	나한하강일	불공 제의식 吉한 행사일: 천도재	신굿	재수굿	용왕굿	조왕굿	병굿	고사	결혼	입학	투자	吉凶 길흉 大小 일반 행사일: 계약	등산	여행	이사	합방	이장	점안식	개업준공	신축상량	수술-침	서류제출	직원채용
◎	×	×	◎	◎	◎	×	×	×	×	×	×	×	◎	×	×	◎	◎	×	×	×	×	×	◎	×	◎	×

당일 래정법

巳時 에 온사람은 금전구재, 두가지문제로 갈등사. 갖고싶은 욕구, 직장문제, 사업문제

午時 에 온사람은 의욕과다. 뭔가 하고싶어서 왔다. 직장취업문제 금전문제 친정문제

未時 에 온사람은 골치 아픈일. 형제동업 죽음, 바람기, 불륜, 사비투쟁, 속장리

申時 온 사람은 형제, 문서, 화합운, 결혼, 재혼, 경조사, 애정사, 궁합, 만남, 개업, 하극상 배신, 우환질병

酉時 온 사람은 이동수 있는자, 가출, 이사나 직장변동, 사업체 변동수, 여행, 이별수, 관재구설

戌時 온 사람은 색정사문제, 금전손재수, 지금은 휴식기, 빈주머니, 헛 공사, 사기모함 , 매사불성

필히 피해야 할일 화재주의 • 시험관시술 • 질병치료 • 인수인계 • 씨뿌리기 • 나무심기 • 애완견들이기 • 건축수리

백초귀장술의 오늘에 초사언

시간 점占	乙巳공망-寅卯
子時	윗사람 질병, 배신주의, 발탁방해, 고생
丑時	금전문제, 사업파재, 여자 도망, 삼각관계
寅時	파재, 상해, 도난, 극처사, 색정사, 변동
卯時	금전문제, 직장문제, 우환질병, 가출사
辰時	금전문제, 부인문제, 가출사, 수술유의
巳時	금전암손, 자식문제, 취직 실직문제,
午時	화재, 관재구설, 남녀색정사, 자식문제
未時	금전융통, 여자문제, 가출방황, 백사불리
申時	사업후원사 발탁, 직장사, 당선 賞福 有
酉時	급병자발생, 관재구설, 음란 가출도주
戌時	금전문제, 부인문제, 이별사, 타인과 다툼
亥時	적의 침범사, 음란색정사, 부부이별, 이사

오늘 행운 복권 운세

복권사면 좋은 띠는 토끼띠 ②⑧
행운복권방은 집에서 동쪽에 있는곳

申子辰生	북쪽문을 피하고, 서남쪽으로 이사하면 안 된다. 재수가 없고, 하는 일마다 꼬이고, 病苦 질병발생. 바람기 발동.
巳酉丑生	서쪽문을 피하고, 동남쪽으로 이사하면 안 된다. 재수가 없고, 하는 일마다 꼬이고, 病苦 질병발생. 바람기 발동.
寅午戌生	남쪽문을 피하고, 북동쪽으로 이사하면 안 된다. 재수가 없고, 하는 일마다 꼬이고, 病苦 질병발생. 바람기 발동.
亥卯未生	동쪽문을 피하고, 서북쪽으로 이사하면 안 된다. 재수가 없고, 하는 일마다 꼬이고, 病苦 질병발생. 바람기 발동.

운세풀이

亥띠:이동수,우왕좌왕, 弱, 다툼	寅띠: 점점 일이 꼬임, 관재구설	巳띠:최고운상승세, 두마음	申띠: 만남,결실,화합,문서
子띠:매사불편, 방해자,배신	卯띠:귀인상봉, 금전이득, 현금	午띠: 의욕과다, 스트레스큼	酉띠:이동수,이별수,변동 움직임
丑띠:해결신,시험합격, 풀림	辰띠: 매사꼬임,과거고생, 질병	未띠: 시급한 일, 뜻대로 안됨	戌띠: 빈주머니,걱정근심,사기

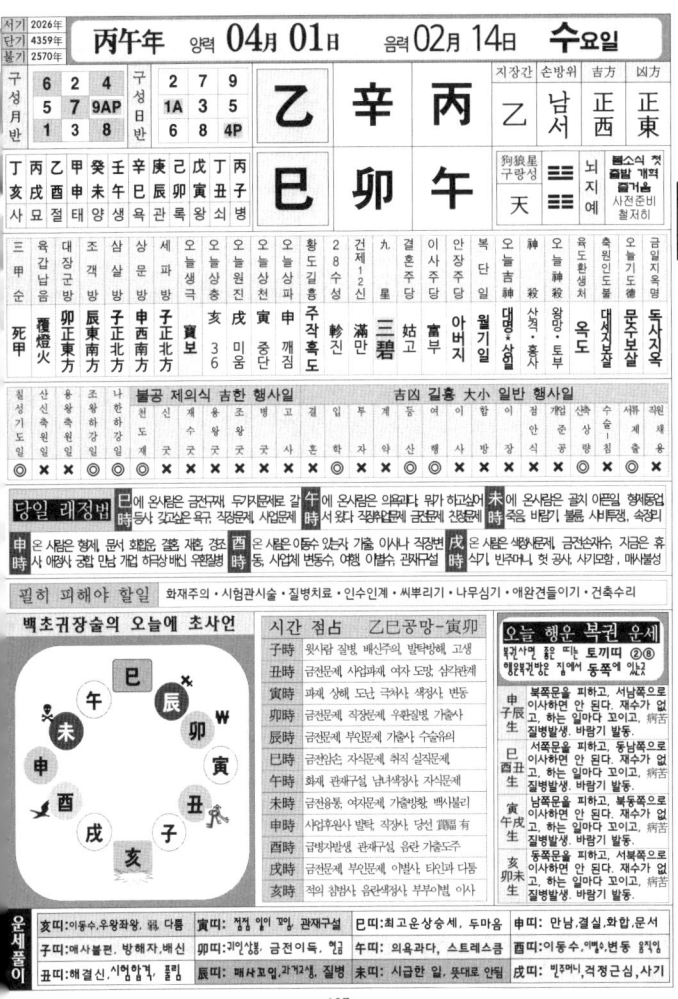

서기	2026年
단기	4359年
불기	2570年

丙午年 양력 04月 02日 음력 02月 15日 목요일

구성月반			구성日반		
6	2	4	3A	8	1
5	7	9AP	2	4	6
1	3	8	7	9P	5

時	日	月
丙	辛	丙
午	卯	午

지장간	손방위	吉方	凶方
乙	서쪽	正南	正北

狗狼星 구랑성	괘		
天	☷ ☷	뇌지예	봄소식 첫 출발 개혁 즐거움 사전준비 철저히

己亥	戊戌	丁酉	丙申	乙未	甲午	癸巳	壬辰	辛卯	庚寅	己丑	戊子
절	묘	사	병	쇠	왕	록	관	욕	생	양	태

三甲순	육갑납음	대장군방	조객방	삼살방	상문방	세파방	오늘생극	오늘상충	오늘원진	오늘상천	오늘상파	황도길흉	28수성	건제12신	九星	결혼주당	이사주당	안장주당	복단일	오늘吉神	오늘吉神	오늘神殺	육도환생처	축원인도불	오늘기도德	금일지옥명
死甲	天河水	卯正東方	辰東南方	子正北方	申西南方	子正北方	專전	子 36	丑 미움	丑 중단	卯 깨짐	금궤황도	角각	平평	四綠	夫부	殺살	손님	복단일	대명*미일	-	하괴·천리	불도	노사나불	약사보살	추해지옥

칠성기도일	산신축원일	용왕축원일	조왕하강일	나한하강일	천도재	신굿	재수굿	용왕굿	조왕굿	병굿	고사	결혼	입학	투자	계약	등산	여행	이사	합방	이장	점안식	개업준공	신축상량	수술-침	서류제출	직원채용
◎	◎	×	◎	◎	◎	◎	◎	×	◎	◎	◎	×	◎	×	×	◎	◎	×	×	×	◎	◎	×	◎	×	×

(불공 제의식 吉한 행사일: 천도재 ~ 고사 / 吉凶 길흉 大小 일반 행사일: 결혼 ~ 직원채용)

당일 래정법

巳時 에 온사람은 취업문제, 재수가 없고 운이 단단히 꼬여있음, 우환질병 손재수

午時 에 온사람은 금전구재 두문제로 갈등사 갖고싶은 욕구, 직장문제, 상업문제

未時 에 온사람은 의욕과다, 뭐가 하고싶어서 왔다 직장상사괴롭힘 사표문제

申時 온 사람은 골치 아픈일, 친구나 형제동업, 죽음, 배우자바람기, 불륜, 관재구설 속 정리해야함

酉時 온 사람은 문서구입 화합운, 결혼, 경조사, 관직취업건, 개업 때 아님, 하극상 배신, 경쟁사로 몰변

戌時 온 사람은 이동수 있는자, 가출 이사 직장변동, 점포 변동수, 여자문제 투자문서는 위험 이별수

필히 피해야 할일

홍보광고 · 소장제출 · 인허가신청 · 정보유출 · 건축증개축 · 기둥세우기 · 항공주의 · 씨뿌리기

백초귀장술의 오늘에 초사언

시간 점占 丙午공망-寅卯

子時	유아질병 위급, 처를 극, 남녀쟁투
丑時	자손문제, 실직문제, 연애배신사, 모함
寅時	사업손재, 후원사, 불륜사, 직장변동
卯時	남녀색정사, 사업금전문제, 가출사
辰時	자손문제, 실직문제, 남녀색정사, 가출사
巳時	질병재앙, 구재이득, 수술유의, 괴이사발생
午時	금전손실 다툼, 여자문제, 극처사, 형송사
未時	자손문제, 금전융통, 죄 사면, 여행불길
申時	매사 불성사, 도망은 吉, 도적손실, 재액
酉時	관직 발탁사, 금전문제, 극처사, 함정주의
戌時	가출건, 급병자, 자식문제, 신소탈 ⊗
亥時	자초고생, 매사불길, 도난, 파재, 다툼

오늘 행운 복권 운세

복권사면 좋은 띠는 용띠 ⑤⑩⑳
행운복권방은 집에서 동남쪽에 있는곳

申子辰生	북쪽문을 피하고, 서남쪽으로 이사하면 안 된다. 재수가 없고, 하는 일마다 꼬이고, 病苦 질병발생. 바람기 발동.
巳酉丑生	서쪽문을 피하고, 동남쪽으로 이사하면 안 된다. 재수가 없고, 하는 일마다 꼬이고, 病苦 질병발생. 바람기 발동.
寅午戌生	남쪽문을 피하고, 북동쪽으로 이사하면 안 된다. 재수가 없고, 하는 일마다 꼬이고, 病苦 질병발생. 바람기 발동.
亥卯未生	동쪽문을 피하고, 서북쪽으로 이사하면 안 된다. 재수가 없고, 하는 일마다 꼬이고, 病苦 질병발생. 바람기 발동.

운세풀이

子띠:이동수,우왕좌왕, 弱, 다툼	卯띠: 점점 일이 꼬임, 관재구설	午띠:최고운상승세, 두마음	酉띠: 만남,결실,화합,문서
丑띠:매사불편, 방해자,배신	辰띠:귀인상봉, 금전이득, 현금	未띠: 의욕과다, 스트레스큼	戌띠:이동수,이별수,변동 움직임
寅띠:해결신,시험합격, 풀림	巳띠: 매사꼬임,과거고생, 질병	申띠: 시급한 일, 뜻대로 안됨	亥띠: 빈주머니,걱정근심,사기

서기	2026年
단기	4359年
불기	2570年

丙午年 양력 **04月 03日** 음력 **02月 16日** **금**요일

구성월반				구성일반				時	日	月	年	지장간	손방위	吉方	凶方
	6	2	4		4	9	2	丁	辛	丙		乙	서북	正東	正西
	5	7	9AP		3	5	7								
	1	3	8		8P	1	6								

辛	庚	己	戊	丁	丙	乙	甲	癸	壬	辛	庚
亥	戌	酉	申	未	午	巳	辰	卯	寅	丑	子
태	양	생	욕	관	록	왕	쇠	병	사	묘	절

未 卯 午

狗狼星 구랑성	☷	뇌지예	봄소식 첫 출발 개혁 즐거움 사전준비 철저히
僧堂寺廟 城隍사묘	☳		

4월

三甲순	육갑납음	대장군방	조객방	삼살방	상문방	세파방	오늘생극	오늘상충	오늘원진	오늘상천	오늘상파	황도길흉	28수성	건제12신	九星	결혼주당	이사주당	안장주당	오늘吉神	오늘吉神	神殺	오늘神殺	육도환생처	축원인도불	오늘기도德	금일지옥명
死甲	天河水	卯正東方	辰東南方	子正北方	申西南方	子正北方	寶보	丑 36	子 미움	子 중단	戌 깨짐	대덕황도	亢항	定정	五黃	廚주	害해	며느리	삼합일	음덕*보광	–	혈기·사기	불도	노사나불	대세지보살	추해지옥

칠성기도일	산신축원일	용왕축원일	조왕하강일	나한하강일	불공 제의식 吉한 행사일: 천도재	신굿	재수굿	용왕굿	조왕굿	병굿	고사	吉凶 길흉 大小 일반 행사일: 결혼	입학	투자	계약	등산	여행	이사	합방	이장	점안식	개업준공	신축상량	수술-침	서류제출	직원채용
◎	×	×	◎	◎	◎	◎	◎	◎	◎	◎	◎	◎	◎	×	×	◎	◎	×	×	×	◎	◎	×	×	◎	◎

당일 래정법

巳時 에 온사람은 금전문제, 사업문제, 금전구재건, 관직취직사, 속전속결이 유리

午時 에 온사람 건강문제, 관재구설로 운이 단단히 꼬여있음, 친정문제 손재수

未時 에 온사람 금전구재, 결혼선택여부, 사업자금투자건, 직장변동, 이동수

申時 온 사람은 뭐가 하고싶어서 왔다. 직장취업문제, 친구형제간 배신과 암해, 관재 관송사, 남자문제

酉時 온 사람은 자식문제 골치 아픈일, 형제동업 바람기, 불륜, 시비투쟁, 급속정리해야함, 청춘귀

戌時 온 사람은 형제, 문서문제, 자식 화합운, 결혼, 재혼 경조사, 애정사, 궁합, 관직취업문제, 하극상배신

필히 피해야 할일 이날은 흑도와 월파일에 월염, 대모, 상문 등 신살에 해당되어 매사 해롭고 불리한 날.

백초귀장술의 오늘에 초사언

시간 점占	丁未공망-寅卯
子時	남녀색정사, 금전손해 실물수, 도난 간음
丑時	적의 침범사, 질병재앙, 자손상해, 가출
寅時	자손문제, 실직문제, 사업문제, 색정사
卯時	금전손실, 윗사람 질병위급, 색정음란사
辰時	자식문제, 직장문제, 손님 惡意, 불륜배신
巳時	가출사, 파재, 극처사, 관송사 분쟁
午時	화합애정불리, 금전융통, 직장변동, 도난
未時	금전의 암손, 여자문제, 우환질병, 가출
申時	파재, 상해, 도난 극처사, 직장이동이 吉
酉時	매사불성사, 금전손실, 음 여인함정 관재
戌時	자식문제, 남편파해, 음란색정사, 도망
亥時	관청권리 상해, 재해도난사건, 괴이사발생

오늘 행운 복권 운세

복권사면 좋은 띠는 **뱀띠** ⑦⑰27

행운복권방은 집에서 **남동쪽**에 있는곳

申子辰生	북쪽문을 피하고, 서남쪽으로 이사하면 안 된다. 재수가 없고, 하는 일마다 꼬이고, 病苦 질병발생. 바람기 발동.
巳酉丑生	서쪽문을 피하고, 동남쪽으로 이사하면 안 된다. 재수가 없고, 하는 일마다 꼬이고, 病苦 질병발생. 바람기 발동.
寅午戌生	남쪽문을 피하고, 북동쪽으로 이사하면 안 된다. 재수가 없고, 하는 일마다 꼬이고, 病苦 질병발생. 바람기 발동.
亥卯未生	동쪽문을 피하고, 서북쪽으로 이사하면 안 된다. 재수가 없고, 하는 일마다 꼬이고, 病苦 질병발생. 바람기 발동.

운세풀이

丑띠:이동수,우왕좌왕, 弱, 다툼	辰띠: 점점 일이 꼬임, 관재구설	未띠:최고운상승세, 두마음	戌띠: 만남,결실,화합,문서
寅띠:매사불편, 방해자,배신	巳띠:귀인상봉, 금전이득, 현금	申띠: 의욕과다, 스트레스큼	亥띠:이동수,이별수,변동 움직임
卯띠:해결신,시험합격, 풀림	午띠: 매사꼬임,과거고생, 질병	酉띠: 시급한 일, 뜻대로 안됨	子띠: 빈주머니,걱정근심,사기

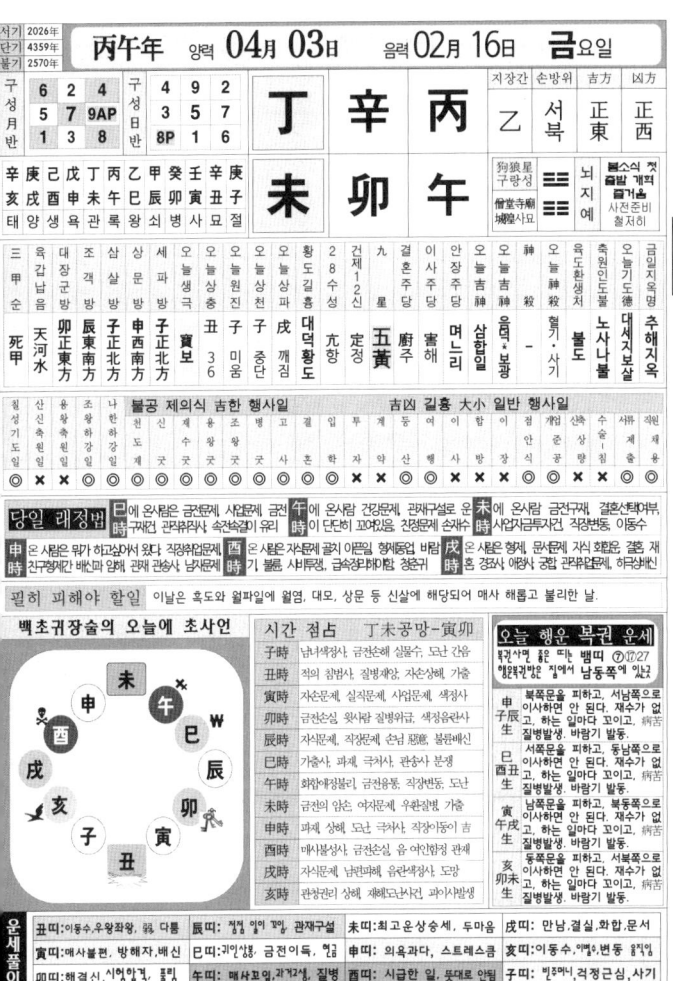

서기	2026年
단기	4359年
불기	2570年

丙午年 양력 04月 04日 음력 02月 17日 토요일

구성月반			구성日반				時	日	月	年
6	2	4		5	1	3	戊	辛	丙	
5	7	9AP		4	6	8				
1	3	8		9P	2	7A				

지장간	손방위	吉方	凶方
乙	북쪽	正北	正南

癸	壬	辛	庚	己	戊	丁	丙	乙	甲	癸	壬
亥	戌	酉	申	未	午	巳	辰	卯	寅	丑	子
절	묘	사	병	쇠	왕	록	관	욕	생	양	태

申 卯 午

狗狼星 구랑성	☷	뇌지예	봄소식 첫출발 개혁 즐거움 사전준비 철저히
中庭廳 관청마당	☷		

三甲순	육갑납음	대장군방	조객방	삼살방	상문방	세파방	오늘생극	오늘상충	오늘원진	오늘상천	오늘상파	황도길흉	28수성	건제12신	九星	결혼주당	이사주당	안장주당	복단일	神殺	神殺	오늘神殺	육도환생처	축원인도불	오늘기도德	금일지옥명
死甲	大驛土	卯正東方	辰東南方	子正北方	申西南方	子正北方	寶보	寅 36	卯 미움	亥 중단	巳 깨짐	백호흑도	氐저	執집	六白	婦부	天천	어머니	-	해신*요안	-	라강·수격	인도	노사나불	아미보살	추해지옥

칠성기도일	산신축원일	용왕축원일	조왕하강일	나한하강일	천도재	신굿	재수굿	용왕굿	조왕굿	병굿	고사	결혼	입학	투자	계약	등산	여행	이사	합방	이장	점안식	개업준공	신축상량	수술-침	서류제출	직원채용
◎	×	×	◎	◎	◎	◎	◎	◎	◎	◎	◎	◎	◎	×	×	◎	◎	×	×	×	◎	◎	×	×	◎	-

(불공 제의식 吉한 행사일: 천도재 ~ 고사 / 吉凶 길흉 大小 일반 행사일: 결혼 ~ 직원채용)

당일 래정법

巳時에 온사람은 관송사로 손재수 발생 금전구재건, 색정사, 배신당함, 매사불성

午時에 온사람은 금전문제, 사업문제, 친정 부모문제, 관직취직사, 속전속결이 유리

未時에 온사람 남편문제, 직장문제, 운이 단단히 꼬여있음, 매사 지체불리, 손재수

申時 온 사람은 금전문제, 관직취직사, 자식의 사업문제, 망신수, 친정 후원사는 불리, 사고조심

酉時 온 사람은 의욕과다, 뭔가 하고싶어서 왔다. 새 사업 추진여부 문제, 친구형제간 시비, 자식문제

戌時 온 사람은 금전손실, 직장취업, 형제동업, 자식문제, 매사불리 지체됨, 바람기, 불륜, 고이사발생

필히 피해야 할일 성형수술 · 농기구 다루기 · 승선 · 낚시 · 어로작업 · 위험놀이기구 · 흙 다루고 땅 파는 일

백초귀장술의 오늘에 초사언

시간 점占	戊申공망-寅卯
子時	금전융통, 부인침해, 태아령 천도요망
丑時	사기도난, 파재, 손실사, 색정사, 각방
寅時	파재, 관재, 적 침범사, 부부이심, 터부정
卯時	재물손실, 부인일, 관재, 실수 탄로 음모
辰時	자손 시험합격, 불륜사, 형제 친구 배신
巳時	관청근심, 우환질병, 불륜색정사, 관재
午時	질병재앙, 적 침범사, 극처사, 가출문제
未時	病환자, 금전손실, 극처사, 친족불화
申時	금전암손, 부인문제, 자손문제, 우환질병
酉時	자식문제, 실직문제, 남녀색정사, 음인함정
戌時	매사 지체, 기능마비, 산소문제, 기도
亥時	사업사, 재물손실, 부인일, 질병재앙

오늘 행운 복권 운세

복권사면 좋은 띠는 **말띠** ⑤⑦22
행운복권방은 집에서 **남쪽**에 있는곳

申子辰生	북쪽문을 피하고, 서남쪽으로 이사하면 안 된다. 재수가 없고, 하는 일마다 꼬이고, 病苦 질병발생. 바람기 발동.
巳酉丑生	서쪽문을 피하고, 동남쪽으로 이사하면 안 된다. 재수가 없고, 하는 일마다 꼬이고, 病苦 질병발생. 바람기 발동.
寅午戌生	남쪽문을 피하고, 북동쪽으로 이사하면 안 된다. 재수가 없고, 하는 일마다 꼬이고, 病苦 질병발생. 바람기 발동.
亥卯未生	동쪽문을 피하고, 서북쪽으로 이사하면 안 된다. 재수가 없고, 하는 일마다 꼬이고, 病苦 질병발생. 바람기 발동.

운세풀이

寅띠:이동수,우왕좌왕, 弱 다툼	巳띠: 점점 일이 꼬임, 관재구설	申띠:최고운상승세, 두마음	亥띠: 만남,결실,화합,문서
卯띠:매사불편, 방해자,배신	午띠: 귀인상봉, 금전어득, 현금	酉띠: 의욕과다, 스트레스큼	子띠:이동수,이별수,변동 움직임
辰띠:해결신,시험합격, 풀림	未띠: 매사꼬임,과거고생, 질병	戌띠: 시급한 일, 뜻대로 안됨	丑띠: 빈주머니,걱정근심,사기

서기 2026年	단기 4359年	불기 2570年

丙午年 양력 04月 05日 음력 02月 18日 일요일

정명 淸明 03 時 40分 入

구성월반		
5	1	3
4	6	8P
9	2	7AP

구성일반		
6	2	4
5P	7	9A
1	3	8

己	壬	丙
酉	辰	午

지장간	손방위	吉方	凶方
乙	북동	正西	正東

乙	甲	癸	壬	辛	庚	己	戊	丁	丙	乙	甲
亥	戌	酉	申	未	午	巳	辰	卯	寅	丑	子
태	양	생	욕	관	록	왕	쇠	병	사	묘	절

狗狼星 구랑성	☳☷	뇌지예	[illegible]소식 첫 출발 개혁 즐거움 사전준비 철저히
寺觀社廟			

三甲순	육갑납음	대장군방	조객방	삼살방	상문방	세파방	오늘생극	오늘상충	오늘원진	오늘상천	오늘상파	황도길흉	28수성	건제12신	九星	결혼주당	이사주당	안장주당	복단일	오늘吉神	神殺	오늘神殺	육도환생처	축원인도불	오늘기도德	금일지옥명
死甲	大驛土	卯正東方	辰東南方	子正北方	申西南方	子正北方	寶보	卯 36	寅 미움	戌 중단	子 깨짐	대덕황도	房방	執집	七赤	竈조	利이	여자	-	천은*보광	토부·오허	검봉·대시	귀도	노사나불	관음보살	추해지옥

칠성기도일	산신축원일	용왕축원일	조왕하강일	나한하강일	불공 제의식 吉한 행사일: 천도재	신굿	재수굿	용왕굿	조왕굿	병굿	고사	吉凶 길흉 大小 일반 행사일: 결혼	입학	투자	계약	등산	여행	이사	합방	이장	점안식	개업준공	신축상량	수술-침	서류제출	직원채용
◎	◎	×	◎	◎	◎	◎	◎	×	◎	◎	◎	◎	◎	×	◎	◎	◎	×	×	-	◎	◎	◎	◎	◎	◎

당일 래정법

巳時에 온사람은 하가 해결할 문제, 합격여부, 동업투자여부, 형제문제, 재혼은 굳

午時에 온사람은 자식문제, 형제문제, 색정사로 다툼, 여자로 큰 손실, 매사불성사

未時에 온사람 금전문제, 사업문제, 딸자식문제, 관직취직사, 속전속결이 유리

申時 온 사람은 건강문제, 관재구설로 운이 단단히 꼬여있음, 취업 승진문제, 남자문제, 손재수

酉時 온 사람은 두가지 문제 갈등사, 하극상 손윗사람 배신, 새로운 일시작 진행함이 좋다. 우환질병

戌時 온 사람은 의욕과다, 뭐가 하고싶어서 왔다. 직장 취업문제, 친구 형제에게 손실 배신 당할 수.

필히 피해야 할일 농기구 다루기·출장·벌목·사냥·수렵·승선·낚시·어로작업·요트타기·위험놀이기구

백초귀장술의 오늘에 초사언

시간 점占 己酉공망-寅卯

子時	파재, 극처사, 사업흥성, 개혁유리, 가출
丑時	형제 친구이별, 가출건, 손재수, 다툼, 도난
寅時	사기도난, 파재, 손실사, 가출사, 남편일
卯時	실직, 파재, 관재, 적 침범사, 가출문제
辰時	금전융통, 형제자매건, 재해도난, 부부이별
巳時	질병재앙, 사업후원사, 금전손실, 색정사
午時	매사 불성, 남녀 색정사, 뜻대로 이동안됨
未時	형제친구문제, 구재이득, 수술유의, 원귀
申時	자손문제, 실직사, 처를 극, 실수 탄로
酉時	금전 암손, 부인문제, 우환질병, 색정사
戌時	재물손실, 우환질병, 부부변심, 삼각관계
亥時	가내재앙불리, 가출사, 이동여행 금물

오늘 행운 복권 운세

복권사면 좋은 띠는 양띠 ⑤⑩25
행운복권방은 집에서 남서쪽에 있는곳

申子辰生	북쪽문을 피하고, 서남쪽으로 이사하면 안 된다. 재수가 없고, 하는 일마다 꼬이고, 病苦질병발생. 바람기 발동.
巳酉丑生	서쪽문을 피하고, 동남쪽으로 이사하면 안 된다. 재수가 없고, 하는 일마다 꼬이고, 病苦질병발생. 바람기 발동.
寅午戌生	남쪽문을 피하고, 북동쪽으로 이사하면 안 된다. 재수가 없고, 하는 일마다 꼬이고, 病苦질병발생. 바람기 발동.
亥卯未生	동쪽문을 피하고, 서북쪽으로 이사하면 안 된다. 재수가 없고, 하는 일마다 꼬이고, 病苦질병발생. 바람기 발동.

운세풀이

卯띠:이동수,우왕좌왕, 弱, 다툼	午띠: 점점 일이 꼬임, 관재구설	酉띠:최고운상승세, 두마음	子띠: 만남,결실,화합,문서
辰띠:매사불편, 방해자,배신	未띠: 귀인상봉, 금전이득, 현금	戌띠: 의욕과다, 스트레스큼	丑띠:이동수,이별수,변동 움직임
巳띠:해결신,시험합격, 풀림	申띠: 매사꼬임,과거고생, 질병	亥띠: 시급한 일, 뜻대로 안됨	寅띠: 빈주머니,걱정근심,사기

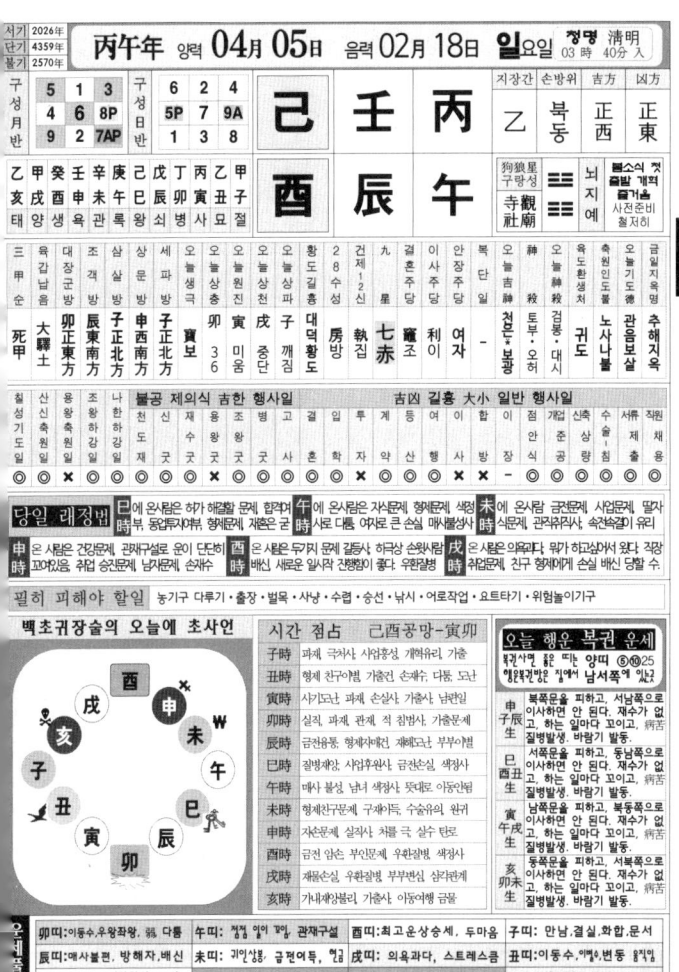

4월

서기	2026年
단기	4359年
불기	2570年

丙午年 양력 04月 06日 음력 02月 19日 월요일 한식

구성월반			구성일반		
5	1	3	7P	3	5
4	6	8P	6	8	1
9	2	7AP	2A	4	9

庚	壬	丙
戊	辰	午

지장간	손방위	吉方	凶方
乙	無	正南	正北

丁	丙	乙	甲	癸	壬	辛	庚	己	戊	丁	丙
亥	戌	酉	申	未	午	巳	辰	卯	寅	丑	子
병	쇠	왕	록	관	욕	생	양	태	절	묘	사

狗狼星 구랑성	☳☷	뇌지예	봄소식 첫 출발 개혁 즐거움 사전준비 철저히
社廟 사당묘			

三甲순	육갑납음	대장군방	조객방	삼살방	상문방	세파방	오늘생극	오늘상충	오늘원진	오늘상천	오늘상파	황도길흉	28수성	건제12신	九星	결혼주당	이사주당	안장주당	오늘吉神	오늘吉神	神殺	오늘神殺	육도환생처	축원인도불	오늘기도德	금일지옥명
死甲	鏟釧金	卯正東方	辰東南方	子正北方	申西南方	子正北方	義의	辰 36	巳 미움	酉 중단	未 깨짐	백호흑도	心심	破파	八白	第제	安안	死	-	천은*복생	월파일	천격·구공	축도	노사나불	미륵보살	추해지옥

칠성기도일	산신축원일	용왕축원일	조왕하강일	나한하강일	불공 제의식 吉한 행사일: 천도재	신굿	재수굿	용왕굿	조왕굿	병굿	고사	吉凶 길흉 大小 일반 행사일: 결혼	입학	투자	계약	등산	여행	이사	합방	이장	점안식	개업준공	신축상량	수술·침	서류제출	직원채용
×	×	×	×	×	×	×	×	×	×	×	×	×	×	×	×	×	×	◎	×	×	×	×	×	×	×	×

당일 래정법

巳時에 온사람은 새사업에 방해자, 배신사, 취업불리, 색정사, 창업은 훼방꾼

午時에 온사람은 취직 해결할 문제, 합격여부, 금전투자여부, 자식문제, 직장문제

未時에 온사람 형제와 친구가 훼방, 금전구재건, 관재구설로 다툼, 매사불성사

申時 온 사람은 금전문제, 사업문제, 관직취직사, 관재로 얽히게 됨, 자식으로 인해 큰 지출.

酉時 온 사람은 관송사 색정사로 운이 단단히 꼬여있음, 취업 승진문제, 자식문제, 손재수 불리

戌時 온 사람은 두가지 문제 갈등사, 토지문서거래건 금전투자여부, 자식문제, 새로운 일시작 진행함

필히 피해야 할일 소장제출 · 항소 · 손님초대 · 神物,佛象안치 · 싱크대교체 · 주방고치기 · 지붕덮기

백초귀장술의 오늘에 초사언

시간 점占	庚戌공망-寅卯
子時	금전 암손, 부인문제, 우환질병, 객 惡意
丑時	사업, 구재이득, 부부화합사, 당선 합격
寅時	재물손실, 금전융통, 가출사, 색정이별
卯時	재물손실, 극처사, 남녀색정사, 삼각관계
辰時	사업후원 도주, 적의 침범사, 재물손실
巳時	질병재앙, 관재구설, 도망, 망신실수탄로
午時	질병재앙, 관재구설, 남편 직업문제, 가출
未時	관청근심, 사업실패, 삼각관계, 가출문제
申時	입상명예문제, 금전문제, 가출자, 원행
酉時	손해사발생, 여자나 아이재앙, 함정피해
戌時	금전 암손, 파업문제, 가출문제, 색정사
亥時	금전무리투자, 도난, 파재, 처를 극함

오늘 행운 복권 운세

복권사면 좋은 띠는 원숭띠 ⑨19, 29
행운복권방은 집에서 서남쪽에 있는곳

申子辰生	북쪽문을 피하고, 서남쪽으로 이사하면 안 된다. 재수가 없고, 하는 일마다 꼬이고, 病苦 질병발생. 바람기 발동.
巳酉丑生	서쪽문을 피하고, 동남쪽으로 이사하면 안 된다. 재수가 없고, 하는 일마다 꼬이고, 病苦 질병발생. 바람기 발동.
寅午戌生	남쪽문을 피하고, 북동쪽으로 이사하면 안 된다. 재수가 없고, 하는 일마다 꼬이고, 病苦 질병발생. 바람기 발동.
亥卯未生	동쪽문을 피하고, 서북쪽으로 이사하면 안 된다. 재수가 없고, 하는 일마다 꼬이고, 病苦 질병발생. 바람기 발동.

운세풀이

辰띠:이동수,우왕좌왕, 弱, 다툼	未띠: 점점 일이 꼬임, 관재구설	戌띠:최고운상승세, 두마음	丑띠: 만남,결실,화합,문서
巳띠:매사불편, 방해자,배신	申띠: 귀인상봉, 금전이득, 현금	亥띠: 의욕과다, 스트레스큼	寅띠:이동수,이별수,변동 움직임
午띠:해결신,시험합격, 풀림	酉띠: 매사꼬임,과거고생, 질병	子띠: 시급한 일, 뜻대로 안됨	卯띠: 빈주머니,걱정근심,사기

서기 2026年	단기 4359年	불기 2570年

丙午年 양력 04月 07日 음력 02月 20日 화요일

구성월반

5	1	3
4	6	8P
9	2	7AP

구성일반

8P	4A	6
7	9	2
3	5	1

辛	壬	丙
亥	辰	午

지장간	손방위	吉方	凶方
乙	無	正東	正西

狗狼星 구랑성: 寺觀 절사관

천수송 — 소송 다툼 구설 불화: 서로 화해하여 소송을 끝내라!

己	戊	丁	丙	乙	甲	癸	壬	辛	庚	己	戊
亥	戌	酉	申	未	午	巳	辰	卯	寅	丑	子
욕	관	록	왕	쇠	병	사	묘	절	태	양	생

4월

三甲순	육갑납음	대장군방	조객방	삼살방	상문방	세파방	오늘생극	오늘상충	오늘원진	오늘상천	오늘상파	황도길흉	28수성	건제12신	九星	결혼주당	이사주당	안장주당	복단일	오늘吉神	神殺	오늘神殺	육도환생처	축원인도불	오늘기도德	금일지옥명
死甲	鏟釧金	卯正東方	辰東南方	子正北方	申西南方	子正北方	寶보	巳 36	辰 미움	申 중단	寅 깨짐	옥당황도	尾미	危위	九紫	翁옹	災재	손자	-	천은*모창	수사·멸몰	토금·유화	옥도	노사나불	여래보살	추해지옥

칠성기도일	산신축원일	용왕축원일	조왕하강일	나한하강일	불공 제의식 吉한 행사일: 천도재	신굿	재수굿	용왕굿	조왕굿	병굿	고사	吉凶 길흉 大小 일반 행사일: 결혼	입학	투자	계약	등산	여행	이사	합방	이장	점안식	개업준공	신축상량	수술·침	서류제출	직원채용
×	◎	-	◎	◎	◎	◎	◎	◎	◎	◎	◎	×	-	×	×	◎	◎	◎	×	×	◎	◎	◎	◎	◎	-

당일 래정법

巳時 에 온사람은 형제 자식문제, 직장변동수, 터부정 관재구설 동업다툼 범길주의

午時 에 온사람은 집안우환질병 망신살 방해자, 배신사, 매사 지체불리함 모함

未時 에 온사람 금전문제, 허가 해결할 문제, 주식투자여부, 직장문제, 매매건

申時 온 사람은 자식문제, 직장실직문제, 취업시험 불리, 색정사, 억울한 일, 파재, 매사불성사

酉時 온 사람은 금전문제, 사업문제, 관직취직사, 관재로 얽히게 됨, 속전속결 유리, 남편지출

戌時 온 사람은 건강문제, 친정문제, 도장잘못 찍어 관재구설로 꼬여있음, 자식문제, 손재수, 헛수고

필히 피해야 할일

장 담그기 · 신상출고 · 제품제작 · 친구초대 · 문 만들기 · 관정, 우물파기 · 어로작업

백초귀장술의 오늘에 초사언

시간 점占 辛亥공망-寅卯

子時	자식문제, 실직사, 음란색정사, 가출사
丑時	적의 침범사, 질병위급, 삼각관계
寅時	재물손실, 부인문제, 관직변동, 간사 情夫
卯時	금전융통문제, 손재수, 이동사, 낭비도난
辰時	재물손실, 질병재발, 여행금물, 다툼
巳時	이동사, 삼각 색정사, 우환질병, 터부정
午時	질병재앙, 관재구설, 도망, 망신살수탄로
未時	사업후원문제, 구재이득, 문제 자연해소
申時	재물손실, 우환질병, 극처사, 색정사, 가출
酉時	직장 취업 승진, 가출사, 질병, 삼각관계
戌時	자살귀 침범, 극처사, 질병고통, 수술유의
亥時	금전배신, 여자문제, 자식사, 매사 막힘

오늘 행운 복권 운세

복권사면 좋은 띠는 닭띠 ④⑨ 24, 행운복권방은 집에서 서쪽에 있는곳

申子辰生	북쪽문을 피하고, 서남쪽으로 이사하면 안 된다. 재수가 없고, 하는 일마다 꼬이고, 病苦 질병발생. 바람기 발동.
巳酉丑生	서쪽문을 피하고, 동남쪽으로 이사하면 안 된다. 재수가 없고, 하는 일마다 꼬이고, 病苦 질병발생. 바람기 발동.
寅午戌生	남쪽문을 피하고, 북동쪽으로 이사하면 안 된다. 재수가 없고, 하는 일마다 꼬이고, 病苦 질병발생. 바람기 발동.
亥卯未生	동쪽문을 피하고, 서북쪽으로 이사하면 안 된다. 재수가 없고, 하는 일마다 꼬이고, 病苦 질병발생. 바람기 발동.

운세풀이

巳띠: 이동수, 우왕좌왕, 弱 다툼	申띠: 점점 일이 꼬임, 관재구설	亥띠: 최고운상승세, 두마음	寅띠: 만남, 결실, 화합, 문서
午띠: 매사불편, 방해자, 배신	酉띠: 귀인상봉, 금전이득, 현금	子띠: 의욕과다, 스트레스큼	卯띠: 이동수, 이별수, 변동 움직임
未띠: 해결신, 시험합격, 풀림	戌띠: 매사꼬임, 과거고생, 질병	丑띠: 시급한 일, 뜻대로 안됨	辰띠: 빈주머니, 걱정근심, 사기

서기	2026年
단기	4359年
불기	2570年

丙午年 양력 04月 08日 음력 02月 21日 수요일

구성月반			구성日반		
5	1	3	9	5P	7
4	6	8P	8	1	3
9	2	7AP	4	6A	2

壬	壬	丙
子	辰	午

지장간	손방위	吉方	凶方
乙	동쪽	正北	正南

狗狼星 구랑성	천수송
天	소송 다툼 구설 불화 서로 화해하여 소송을 끝내라!

辛	庚	己	戊	丁	丙	乙	甲	癸	壬	辛	庚
亥	戌	酉	申	未	午	巳	辰	卯	寅	丑	子
록	관	욕	생	양	태	절	묘	사	병	쇠	왕

三甲순	육갑납음	대장군방	조객방	삼살방	상문방	세파방	오늘생극	오늘상충	오늘원진	오늘상천	오늘상파	황도길흉	28수성	건제12신	九星	결혼주당	이사주당	안장주당	천구하식	대공망일	神殺	오늘神殺	육도환생처	축원인도불	오늘기도德	금일지옥명
死甲	桑柘木	卯正東方	辰東南方	子正北方	申西南方	子正北方	專전	午 36	未 미움	未 중단	酉 깨짐	천뇌흑도	箕기	成성	一白	堂당	師사	남자	-	대공망일	귀기·지격	신호·패파	천도	약왕보살	아미보살	철산지옥

칠성기도일	산신축원일	용왕축원일	조왕하강일	나한하강일	불공 제의식 吉한 행사일: 천도재	신굿	재수굿	용왕굿	조왕굿	병굿	고사	吉凶 길흉 大小 일반 행사일: 결혼	입학	투자	계약	등산	여행	이사	합방	이장	점안식	개업준공	신축상량	수술-침	서류제출	직원채용
◎	×	×	×	◎	◎	◎	◎	◎	◎	◎	◎	◎	◎	-	×	◎	◎	×	×	×	◎	◎	×	◎	◎	◎

당일 래정법

巳時에 온사람은 자식문제, 금전손실 친구나 형제문제, 관송사, 빈주머니
午時에 온사람은 이동변동수, 터부정, 하극상모함사건, 자식문제, 차사고
未時에 온사람은 방해자, 배신사, 취업문제, 색정사, 관송사, 매사 지체 불리함
申時 온 사람은 관직 취직문제, 결혼 경조사, 한가지씩 해결됨, 시험은 합격됨 허가건도 승인남 귀인도움
酉時 온 사람은 외정색정사, 불륜사, 관재로 발전 딸 문제발생, 자식으로인해 큰돈 지출
戌時 온 사람은 남자문제 부동산거래 금전문제, 주식투자문제, 재물구재사, 여자회합건, 건강질병과 빚때문 괴로움

필히 피해야 할일 인수인계 · 옷재단 · 주방수리 · 수의 짓기 · 새옷맞춤 · 태아옷구입 · 소장제출 · 방류 · 동토

백초귀장술의 오늘에 초사언

시간 점占 壬子공망-寅卯

子時	돈이나 처를 극, 수술유의, 색정사
丑時	결혼문제, 금전융통, 남편관련, 관청일
寅時	자식문제, 금전손재, 신변위험 喪服 운
卯時	귀인상봉, 자식회합, 관직변동 승전
辰時	질병침투, 적 침범사, 가출사 색정사
巳時	도난, 파재, 손모사, 극처사, 색정사
午時	질병침투, 적 침범사, 극처사, 불성사
未時	잡귀침투, 남편직장, 질병재앙, 색정사
申時	창업관련, 사업흥성, 색정사, 도망유리
酉時	사업 후원사, 가출문제, 남녀색정사, 파재
戌時	금전문제, 질병침투, 적 침범사, 귀농유리
亥時	가출문제, 직장문제, 남자가 피해, 색정사

오늘 행운 복권 운세

복권사면 좋은 띠는 **개띠** ⑩⑳ 30
행운복권방은 집에서 **서북쪽**에 있는곳

申子辰生	북쪽문을 피하고, 서남쪽으로 이사하면 안 된다. 재수가 없고, 하는 일마다 꼬이고, 病苦 질병발생. 바람기 발동.
巳酉丑生	서쪽문을 피하고, 동남쪽으로 이사하면 안 된다. 재수가 없고, 하는 일마다 꼬이고, 病苦 질병발생. 바람기 발동.
寅午戌生	남쪽문을 피하고, 북동쪽으로 이사하면 안 된다. 재수가 없고, 하는 일마다 꼬이고, 病苦 질병발생. 바람기 발동.
亥卯未生	동쪽문을 피하고, 서북쪽으로 이사하면 안 된다. 재수가 없고, 하는 일마다 꼬이고, 病苦 질병발생. 바람기 발동.

운세풀이

午띠:이동수,우왕좌왕, [illegible] 다툼	酉띠: 점점 일이 꼬임, 관재구설	子띠:최고운상승세, 두마음	卯띠: 만남,결실,화합,문서
未띠:매사불편, 방해자,배신	戌띠:귀인상봉, 금전이득, 현금	丑띠: 의욕과다, 스트레스큼	辰띠:이동수,이별수,변동 움직임
申띠:해결신,시험합격, 풀림	亥띠: 매사꼬임,과거고생, 질병	寅띠: 시급한 일, 뜻대로 안됨	巳띠: 빈주머니,걱정근심,사기

서기	2026年
단기	4359年
불기	2570年

丙午年 양력 04月 09日 음력 02月 22日 목요일

구성月반		
5	1	3
4	6	8P
9	2	7AP

구성日반		
1	6	8AP
9	2	4
5	7	3

時	日	月
癸	壬	丙
丑	辰	午

지장간	손방위	吉方	凶方
乙	동남	正西	正東

癸	壬	辛	庚	己	戊	丁	丙	乙	甲	癸	壬
亥	戌	酉	申	未	午	巳	辰	卯	寅	丑	子
왕	쇠	병	사	묘	절	태	양	생	욕	관	록

狗狼星 구랑성 / 僧堂寺廟 승당사묘

천수송 — 소송 다툼 구설 불화 — 서로 화해하여 소송을 끝내라!

4월

三甲순	육갑납음	대장군방	조객방	삼살방	상문방	세파방	오늘생극	오늘상충	오늘원진	오늘상천	오늘상파	황도길흉	28수성	건제12신	九星	결혼주당	이사주당	안장주당	복단일	오늘吉神	神殺	오늘神殺	육도환생처	축원인도불	오늘기도德	금일지옥명
死甲	桑柘木	卯正東方	辰東南方	子正北方	申西南方	子正北方	伐벌	未 36	午 미움	午 중단	辰 깨짐	현무흑도	斗두	收수	二黑	姑고	富부	아버지	복단일	천은*복덕	하괴	지파·홍사	천도	약왕보살	보현보살	철산지옥

칠성기도일	산신축원일	용왕축원일	조왕하강일	나한하강일	천도재	신굿	재수굿	용왕굿	조왕굿	병굿	고사	결혼	입학	투자	계약	동산	여행	이사	합방	이장	점안식	개업준공	신축상량	수술-침	서류제출	직원채용
×	◎	×	×	×	◎	◎	◎	◎	◎	◎	◎	×	◎	×	×	◎	◎	×	×	×	×	×	×	◎	-	×

(천도재 ~ 고사: 불공 제의식 吉한 행사일 / 결혼 ~ 직원채용: 吉凶 길흉 大小 일반 행사일)

당일 래정법

巳時에 온사람은 이동수, 이별수, 이사 직장변동, 딸자식근심, 해외진출 도전

午時에 온사람은 헛고생, 소모전, 쉴 때, 색정사, 빈주머니, 관재송사, 자중

未時에 온사람은 매매 이동변동수, 터부정, 관재구설 자식, 형제다툼, 교통사고주의

申時 온 사람은 금전과 여자문제, 방해자, 배신사, 색정사 불륜, 취업 승진 매사 지체불리함,

酉時 온 사람은 금전 차용문제, 시험 합격됨 허가 건은 승인, 취업 승진 성취됨

戌時 온 사람은 여자로 인한 부정, 하극상, 억울한일 색정사, 불륜사 문제, 관재로 발전 딸 문제, 취직문제

필히 피해야 할일

회의개최 • 건축증개축 • 구인 • 구직 • 해외여행 • 항공주의 • 애완동물들이기 • 낚시 • 손님초대

백초귀장술의 오늘에 초사언

시간 점占 癸丑공망-寅卯

子時	직위문제, 금전융통, 급질병, 색정사
丑時	사업사 암손, 여자문제 질병수술, 색정사
寅時	금전손실, 손모사, 극처사, 삼각관계
卯時	음란색정사, 질병, 적 침범사, 금전손실
辰時	관청입신, 직업권리, 남편문제, 목적달성
巳時	직장변동, 실직문제, 여자일, 이사이동吉
午時	사기도난, 손재수, 색정사, 우환질병
未時	관재 병재로 불길, 가출사 자손사 이별사
申時	사업문제, 재해, 가출, 도난 여행은 凶
酉時	직업 명예사, 봉사활동, 창업관련, 색정사
戌時	불륜색정사, 관청근심, 도난 상해 손모사
亥時	금전문제, 이성도움, 부인문제, 색정사

오늘 행운 복권 운세

복권사면 좋은 띠는 **돼지띠** ⑪⑯31

행운복권방은 집에서 **북서쪽**에 있는곳

申子辰生	북쪽문을 피하고, 서남쪽으로 이사하면 안 된다. 재수가 없고, 하는 일마다 꼬이고, 病苦 질병발생. 바람기 발동.
巳酉丑生	서쪽문을 피하고, 동남쪽으로 이사하면 안 된다. 재수가 없고, 하는 일마다 꼬이고, 病苦 질병발생. 바람기 발동.
寅午戌生	남쪽문을 피하고, 북동쪽으로 이사하면 안 된다. 재수가 없고, 하는 일마다 꼬이고, 病苦 질병발생. 바람기 발동.
亥卯未生	동쪽문을 피하고, 서북쪽으로 이사하면 안 된다. 재수가 없고, 하는 일마다 꼬이고, 病苦 질병발생. 바람기 발동.

운세풀이

未띠:이동수,우왕좌왕, [illegible] 다툼	戌띠: 점점 일이 꼬임, 관재구설	丑띠:최고운상승세, 두마음	辰띠: 만남,결실,화합,문서
申띠:매사불편, 방해자,배신	亥띠:귀인상봉, 금전이득, 현금	寅띠: 의욕과다, 스트레스큼	巳띠:이동수,이별수,변동 움직임
酉띠:해결신,시험합격, 풀림	子띠: 매사꼬임,과거고생, 질병	卯띠: 시급한 일, 뜻대로 안됨	午띠: 빈주머니,걱정근심,사기

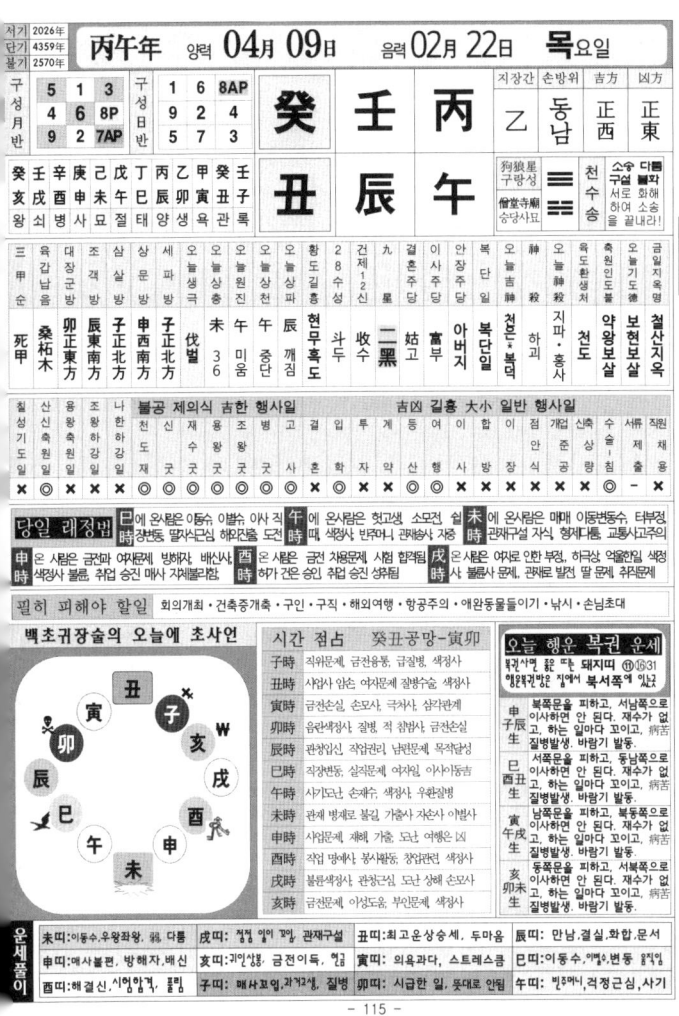

서기	2026年
단기	4359年
불기	2570年

丙午年 양력 04月 10日 음력 02月 23日 금요일

구성월반			구성일반		
5	1	3	2	7	9P
4	6	8P	1A	3	5
9	2	7AP	6	8	4

時	日	月
甲	壬	丙
寅	辰	午

지장간	손방위	吉方	凶方
乙	남쪽	正南	正北

乙亥	甲戌	癸酉	壬申	辛未	庚午	己巳	戊辰	丁卯	丙寅	乙丑	甲子
생	양	태	절	묘	사	병	쇠	왕	록	관	욕

狗狼星 구랑성 丑方 북동쪽 ☰ ☵ 천수송 — 소송 다툼 구설 불화 서로 화해하여 소송을 끝내라!

三甲순	육갑납음	대장군방	조객방	삼살방	상문방	세파방	오늘생극	오늘상충	오늘원진	오늘상천	오늘상파	황도길흉	28수성	건제12신	九星	결혼주당	이사주당	안장주당	복단일	오늘吉神	神殺	오늘神殺	육도환생처	축원인도불	오늘기도德	금일지옥명
病甲	大溪水	卯正東方	辰東南方	子正北方	申西南方	子正北方	專전	申 36	酉 미움	巳 중단	亥 깨짐	사명황도	牛우	開개	三碧	夫부	殺살	손님	월기일	천후*왕일	천적	혈기·염대	인도	약왕보살	약사보살	철산지옥

불공 제의식 吉한 행사일 / 吉凶 길흉 大小 일반 행사일

칠성기도일	산신축원일	용왕축원일	조왕하강일	나한하강일	천도재	신굿	재수굿	용왕굿	조왕굿	병굿	고사	결혼	입학	투자	계약	등산	여행	이사	합방	이장	점안식	개업준공	신축상량	수술·침	서류제출	직원채용
×	◎	×	×	×	◎	◎	◎	◎	◎	◎	◎	×	◎	×	◎	◎	◎	×	×	×	◎	◎	◎	◎	◎	×

당일 래정법

巳時 에 온사람은 문서, 화합운, 결혼, 재혼, 애정사, 궁합, 금전후원건, 자식문제

午時 에 온사람은 이동수 있는자, 이사 직장변동, 사업체변동수, 해외여행 이별

未時 에 온사람은 자식문제, 실업자, 금전사기, 빈주머니, 헛공사, 허위문서, 도난사, 망신수

申時 온 사람은 매매 이동변동수, 터부정, 관재구설, 사기, 허위문서, 시비 다툼주의, 차사고주의

酉時 온 사람은 방해자, 배신사, 우환질병, 취업 승진은 매사 지체불리함, 상업은 손해수

戌時 온 사람은 관송사 하극상의 배신문제, 처음엔 해결되는 듯하나 후 불리함, 우환질병 시험 합격됨 허가건 승인됨

필히 피해야 할일 회의개최 • 건축증개축 • 구인 • 구직 • 해외여행 • 항공주의 • 애완동물들이기 • 낚시 • 손님초대

백초귀장술의 오늘에 초사언

시간 점占 甲寅공망-子丑

子時	사업후원사, 창업, 금전융통, 자식질병
丑時	매사불성, 금전융통 고통, 질병재앙
寅時	질병침투, 금전손실, 취직, 직장직위
卯時	금전문제, 부인문제, 색정사, 우환질병
辰時	매사미비, 금전융통불길, 가출사, 색정사
巳時	사업금전운 吉, 자식운, 결혼기쁨, 망신수
午時	금전손실 다툼, 봉사활동, 가출, 관재구설
未時	청탁불성사, 친족불화, 매사 불성사
申時	질병침투, 음란불륜사, 시귀발동, 가출사
酉時	관청권리문제, 남편흉극, 우환질병 발생
戌時	금전융통, 상업변동, 우환질병, 가출사
亥時	질병침투, 금전손실, 도난, 자식문제, 도망

오늘 행운 복권 운세

복권사면 좋은 띠는 **쥐띠** ①⑥⑯
행운복권방은 집에서 **북쪽**에 있는곳

申子辰生	북쪽문을 피하고, 서남쪽으로 이사하면 안 된다. 재수가 없고, 하는 일마다 꼬이고, 病苦 질병발생. 바람기 발동.
巳酉丑生	서쪽문을 피하고, 동남쪽으로 이사하면 안 된다. 재수가 없고, 하는 일마다 꼬이고, 病苦 질병발생. 바람기 발동.
寅午戌生	남쪽문을 피하고, 북동쪽으로 이사하면 안 된다. 재수가 없고, 하는 일마다 꼬이고, 病苦 질병발생. 바람기 발동.
亥卯未生	동쪽문을 피하고, 서북쪽으로 이사하면 안 된다. 재수가 없고, 하는 일마다 꼬이고, 病苦 질병발생. 바람기 발동.

운세풀이

申띠:이동수,우왕좌왕, 몸싸움 다툼	亥띠: 점점 일이 꼬임, 관재구설	寅띠:최고운상승세, 두마음	巳띠: 만남,결실,화합,문서
酉띠:매사불편, 방해자,배신	子띠:귀인상봉, 금전이득, 현금	卯띠: 의욕과다, 스트레스큼	午띠:이동수,이별수,변동 움직임
戌띠:해결신,시험합격, 풀림	丑띠: 매사꼬임,과거고생, 질병	辰띠: 시급한 일, 뜻대로 안됨	未띠: 빈주머니,걱정근심,사기

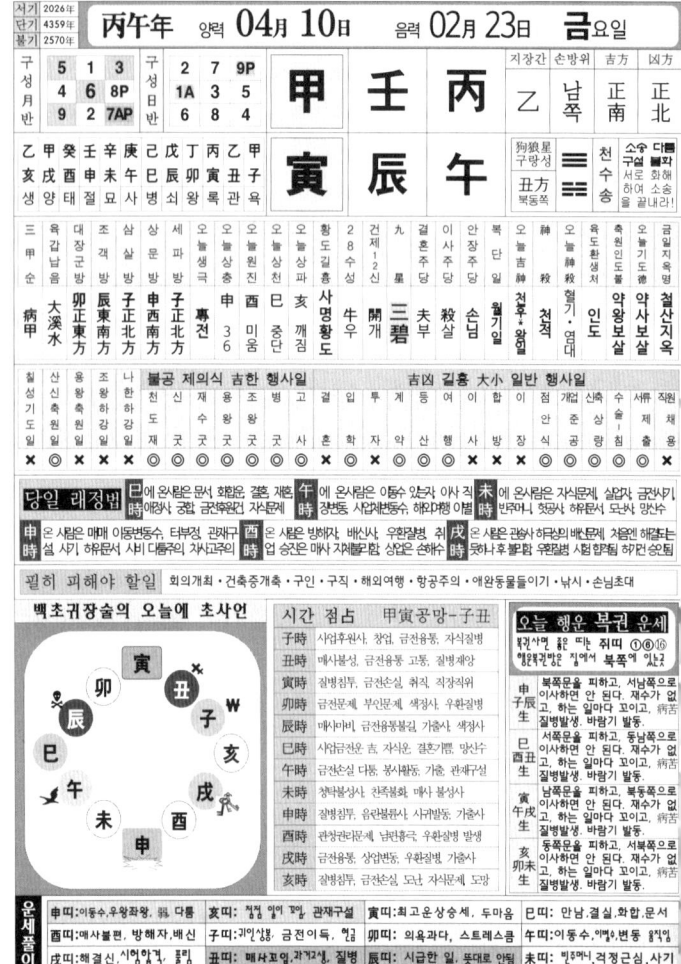

서기	2026年
단기	4359年
불기	2570年

丙午年 양력 04月 11日 음력 02月 24日 토요일

구성월반			구성일반		
5	1	3	3A	8	1
4	6	8P	2	4	6P
9	2	7AP	7	9	5

乙	壬	丙
卯	辰	午

지장간	손방위	吉方	凶方
乙	남서	正東	正西

狗狼星 구랑성	괘		
天	☰ ☵	천수송	소송 다툼 구설 불화 서로 화해하여 소송을 끝내라!

丁	丙	乙	甲	癸	壬	辛	庚	己	戊	丁	丙
亥	戌	酉	申	未	午	巳	辰	卯	寅	丑	子
사	묘	절	태	양	생	욕	관	록	왕	쇠	병

三甲순	육갑납음	대장군방	조객방	삼살방	상문방	세파방	오늘생극	오늘상충	오늘원진	오늘상천	오늘상파	황도길흉	28수성	건제12신	九星	결혼주당	이사주당	안장주당	복단일	오늘吉神	神殺	오늘神殺	육도환생처	축원인도불	오늘기도德	금일지옥명
病甲	大溪水	卯正東方	辰東南方	子正北方	申西南方	子正北方	專전	酉 36	申 미움	辰 중단	午 깨짐	구진흑도	女여	閉폐	四綠	廚주	害해	며느리	복단일	요안*관일	산격·독화	혈지·월해	귀도	약왕보살	문수보살	철산지옥

칠성기도일	산신축원일	용왕축원일	조왕하강일	나한하강일	불공 제의식 吉한 행사일: 천도재	신굿	재수굿	용왕굿	조왕굿	병굿	고사	吉凶 길흉 大小 일반 행사일: 결혼	입학	투자	계약	등산	여행	이사	합방	이장	점안식	개업준공	신축상량	수술-침	서류제출	직원채용
◎	◎	×	◎	◎	◎	×	×	×	◎	◎	◎	×	◎	×	×	◎	◎	×	×	×	◎	×	×	◎	◎	×

당일 래정법

巳時에 온사람은 모함과 구설로 골치 아픔 이동나쁨, 바람기, 직장해고위험
午時에 온사람은 문서, 화합운, 결혼, 재혼 경조사, 궁합, 문서이동, 부모문제, 상업투자
未時에 온사람은 이동수 있는자, 이사나 직장변동, 자식문제 변동수, 여행, 이별, 헛고생
申時 온 사람은 허위문서, 실업자, 금전환란, 빈주머니, 헛공사, 사기모함·도난사, 매사불성
酉時 온 사람은 직장변동, 이동변동수, 터부정, 관재구설, 사기, 허위문서, 우환질병, 자식 가출건
戌時 온 사람은 색정사 배신문제 방해자, 배신사, 형제간 암투, 관재구설, 취업 승진 매사지체불리함

필히 피해야 할일 문 만들기 · 간판달기 · 코인사입 · 물건구입 · 태아인공수정 · 새집들이 · 어로작업

백초귀장술의 오늘에 초사언

시간 점占	乙卯공망-子丑
子時	직장근심, 처를 극, 질병위급, 색정사
丑時	사업후원사, 금전융통, 부인질병, 가출
寅時	재물파산 불길, 가출사, 질병침투 하극상
卯時	금전융통흉, 여자문제, 직장직위 취업
辰時	사업상 금전손실, 부인문제, 우환질병
巳時	매사불성사, 자손실직사, 직위 삼각관계
午時	관직 승전문제, 금전 문제, 불륜 주색주의
未時	금전융통, 삼각관계, 직업변동, 여자질병
申時	만사불길, 직장 취업청탁 불리, 질병재앙
酉時	적 침범사, 가출,, 불륜색정사, 골육 흉
戌時	금전문제, 부인문제, 다툼, 이별사, 질병
亥時	사업문제, 투자확장, 우환질병 손님 惡意

오늘 행운 복권 운세

복권사면 좋은 띠는 소띠 ②⑤⑩
행운복권방은 집에서 북동쪽에 있는곳

申子辰生	북쪽문을 피하고, 서남쪽으로 이사하면 안 된다. 재수가 없고, 하는 일마다 꼬이고, 病苦 질병발생. 바람기 발동.
巳酉丑生	서쪽문을 피하고, 동남쪽으로 이사하면 안 된다. 재수가 없고, 하는 일마다 꼬이고, 病苦 질병발생. 바람기 발동.
寅午戌生	남쪽문을 피하고, 북동쪽으로 이사하면 안 된다. 재수가 없고, 하는 일마다 꼬이고, 病苦 질병발생. 바람기 발동.
亥卯未生	동쪽문을 피하고, 서북쪽으로 이사하면 안 된다. 재수가 없고, 하는 일마다 꼬이고, 病苦 질병발생. 바람기 발동.

운세풀이

酉띠:이동수,우왕좌왕, 弱, 다툼	子띠: 점점 일이 꼬임, 관재구설	卯띠:최고운상승세, 두마음	午띠: 만남,결실,화합,문서
戌띠:매사불편, 방해자,배신	丑띠:귀인상봉, 금전이득, 현금	辰띠: 의욕과다, 스트레스큼	未띠:이동수,이별수,변동 움직임
亥띠:해결신,시험합격, 풀림	寅띠: 매사꼬임,과거고생, 질병	巳띠: 시급한 일, 뜻대로 안됨	申띠: 빈주머니,걱정근심,사기

4월

서기	2026年
단기	4359年
불기	2570年

丙午年 양력 04月 12日 음력 02月 25日 일요일

구성月반				구성日반			
	5	1	3		4	9	2
	4	6	8P		3	5	7
	9	2	7AP		8	1	6P

丙	壬	丙
辰	辰	午

지장간	손방위	吉方	凶方
乙	서쪽	正北	正南

狗狼星 구랑성	괘	천수송	소송 다툼 구설 불화
寅辰方	☰ ☵	천수송	서로 화해하여 소송을 끝내라!

己	戊	丁	丙	乙	甲	癸	壬	辛	庚	己	戊
亥	戌	酉	申	未	午	巳	辰	卯	寅	丑	子
절	묘	사	병	쇠	왕	록	관	욕	생	양	태

三甲순	육갑납음	대장군방	조객방	삼살방	상문방	세파방	오늘생극	오늘상충	오늘원진	오늘상천	오늘상파	황도길흉	28수성	건제12신	九星	결혼주당	이사주당	안장주당	복단일	오늘吉神	神殺	오늘神殺	육도환생처	축원인도불	오늘기도德	금일지옥명
病甲	沙中土	卯正東方	辰東南方	子正北方	申西南方	子正北方	寶보	戌 36	亥 미움	卯 중단	丑 깨짐	청룡황도	虛허	建건	五黃	婦부	天천	어머니	월공*사상	옥우*수일	월건·월형	오황·귀곡	축도	약왕보살	지장보살	철산지옥

칠성기도일	산신축원일	용왕축원일	조왕하강일	나한하강일	불공 제의식 吉한 행사일: 천도재	신굿	재수굿	용왕굿	조왕굿	병굿	吉凶 길흉 大小 일반 행사일: 고사	결혼	입학	투자	계약	등산	여행	이사	합방	이장	점안식	개업준공	신축상량	수술-침	서류제출	직원채용
◎	◎	×	◎	◎	◎	◎	◎	◎	◎	◎	◎	×	◎	×	◎	◎	×	×	-	×	◎	◎	×	◎	◎	-

당일 래정법

巳時에 온사람은 창업금전차용문제, 뭐가 하고싶어서 왔다 직장취업 승진문제
午時에 온사람은 친정문제, 자식문제, 골치 아픈일 바람기 불륜 시비투쟁
未時에 온사람은 금전구재, 문서 화합운 결혼 재혼 경조사 애정사 궁합 만남 개업
申時 온 사람은 이동수 있는자 이사나 직장변동, 사업체 변동수, 여행, 이별수, 창업불리
酉時 온 사람은 색정사문제, 금전손재수, 쉬어야할 때, 빈주머니, 헛공사, 보이스피싱, 매사불성
戌時 온 사람은 매매 이동변동수, 터부정, 관재구설 사기, 허위문서, 동업자 사기 다툼주의, 차사고주의

필히 피해야 할일 출판출고 · 책만들기 · 입주 · 새집들이 · 진수식 · 건축수리 · 동토 · 산소행사 · 기둥세우기

백초귀장술의 오늘에 초사언

시간 점占	丙辰공망-子丑
子時	만사개혁유리, 자식질병문제, 직장관련
丑時	남편문제 자식문제 가출사 우환질병
寅時	질병침투, 금전고통, 파이사발생 임신 가
卯時	사업파산, 상업손실, 도난, 가출문제
辰時	금전손실 다툼, 사업부진, 자식 부인문제
巳時	취업, 직장승진문제, 입상공모 명예사, 망신
午時	매사불성사, 금전파산, 극처사, 도망 吉,
未時	자식사, 직장문제, 화합사, 자연해소
申時	금전융통, 여자문제, 우환질병, 가출사
酉時	남녀색정사, 금전손해 이별수, 가출사
戌時	적 침범사, 가출사, 질병침투, 부하도주
亥時	청탁 당선에 방해자, 실수 탄로, 관재사

오늘 행운 복권 운세

복권사면 좋은 띠는 **범띠** ③⑧⑱
행운복권방은 집에서 **동북쪽**에 있는곳

申子辰生	북쪽문을 피하고, 서남쪽으로 이사하면 안 된다. 재수가 없고, 하는 일마다 꼬이고, 病苦 질병발생. 바람기 발동.
巳酉丑生	서쪽문을 피하고, 동남쪽으로 이사하면 안 된다. 재수가 없고, 하는 일마다 꼬이고, 病苦 질병발생. 바람기 발동.
寅午戌生	남쪽문을 피하고, 북동쪽으로 이사하면 안 된다. 재수가 없고, 하는 일마다 꼬이고, 病苦 질병발생. 바람기 발동.
亥卯未生	동쪽문을 피하고, 서북쪽으로 이사하면 안 된다. 재수가 없고, 하는 일마다 꼬이고, 病苦 질병발생. 바람기 발동.

운세풀이

戌띠:이동수,우왕좌왕, 弱, 다툼	丑띠: 점점 일이 꼬임, 관재구설	辰띠:최고운상승세, 두마음	未띠: 만남,결실,화합,문서
亥띠:매사불편, 방해자,배신	寅띠:귀인상봉, 금전이득, 현금	巳띠: 의욕과다, 스트레스큼	申띠:이동수,이별수,변동 움직임
子띠:해결신,시험합격, 풀림	卯띠: 매사꼬임,과거고생, 질병	午띠: 시급한 일, 뜻대로 안됨	酉띠: 빈주머니,걱정근심,사기

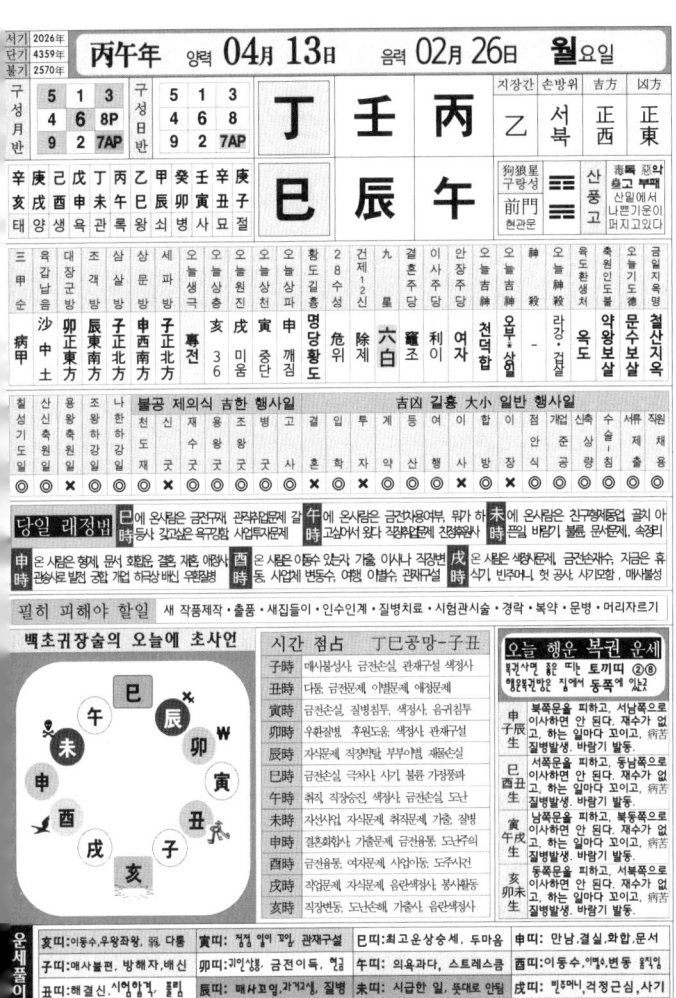

서기	2026年
단기	4359年
불기	2570年

丙午年 양력 04月 13日 음력 02月 26日 월요일

구성월반			구성일반		
5	1	3	5	1	3
4	6	8P	4	6	8
9	2	7AP	9	2	7AP

丁	壬	丙
巳	辰	午

지장간	손방위	吉方	凶方
乙	서북	正西	正東

狗狼星 구랑성	前門 현관문	산풍고	毒독 惡악 蠱고 부패 산일에서 나쁜기운이 퍼지고있다

辛	庚	己	戊	丁	丙	乙	甲	癸	壬	辛	庚
亥	戌	酉	申	未	午	巳	辰	卯	寅	丑	子
태	양	생	욕	관	록	왕	쇠	병	사	묘	절

三甲순	육갑납음	대장군방	조객방	삼살방	상문방	세파방	오늘생극	오늘상충	오늘원진	오늘상천	오늘상파	황도길흉	28수성	건제12신	九星	결혼주당	이사주당	안장주당	오늘吉神	오늘吉神	神殺	오늘神殺	육도환생처	축원인도불	오늘기도德	금일지옥명
病甲	沙中土	卯正東方	辰東南方	子正北方	申西南方	子正北方	專전	亥 36	戌 미움	寅 중단	申 깨짐	명당황도	危위	除제	六白	竈조	利이	여자	천덕합	오부*상일	-	라강·겁살	옥도	약왕보살	문수보살	철산지옥

칠성기도일	산신축원일	용왕축원일	조왕하강일	나한하강일	천도재	신굿	재수굿	용왕굿	조왕굿	병굿	고사	결혼	입학	투자	계약	등산	여행	이사	합방	이장	점안식	개업준공	신축상량	수술·침	서류제출	직원채용
◎	◎	×	◎	◎	◎	×	◎	◎	◎	◎	◎	×	◎	×	◎	◎	◎	×	◎	×	◎	◎	◎	◎	◎	◎

(불공 제의식 吉한 행사일: 천도재 ~ 고사 / 吉凶 길흉 大小 일반 행사일: 결혼 ~ 직원채용)

당일 래정법

巳時 에 온사람은 금전구재, 관직취업문제 갈등사. 갖고싶은 욕구강함. 사업투자문제

午時 에 온사람은 금전차용여부, 뭔가 하고싶어서 왔다 직장취업문제 친정후원사

未時 에 온사람은 친구형제동업, 골치 아픈일, 바람기, 불륜, 문서문제, 속정리

申時 온 사람은 형제, 문서, 화합운, 결혼, 재혼, 애정사, 관송사로 발전 궁합 개업 하극상 배신 우환질병

酉時 온 사람은 이동수 있는자, 가출, 이사나 직장변동, 사업체 변동수, 여행, 이별수, 관재구설

戌時 온 사람은 색정사문제, 금전손재수, 지금은 휴식기, 빈주머니, 헛 공사, 사기모함 , 매사불성

필히 피해야 할일 새 작품제작·출품·새집들이·인수인계·질병치료·시험관시술·경락·복약·문병·머리자르기

백초귀장술의 오늘에 초사언

시간 점占 丁巳공망-子丑

子時	매사불성사, 금전손실, 관재구설 색정사
丑時	다툼, 금전문제, 이별문제, 애정문제
寅時	금전손실, 질병침투, 색정사, 음귀침투
卯時	우환질병, 후원도움, 색정사, 관재구설
辰時	자식문제, 직장박탈, 부부이별, 재물손실
巳時	금전손실, 극처사, 사기, 불륜 가정풍파
午時	취직, 직장승진, 색정사, 금전손실, 도난
未時	자선사업, 자식문제, 취직문제, 가출, 질병
申時	결혼화합사, 가출문제, 금전융통, 도난주의
酉時	금전융통, 여자문제, 사업이동, 도주사건
戌時	직업문제, 자식문제, 음란색정사, 봉사활동
亥時	직장변동, 도난손해, 가출사, 음란색정사

오늘 행운 복권 운세

복권사면 좋은 띠는 토끼띠 ②⑧
행운복권방은 집에서 동쪽에 있다

申子辰生	북쪽문을 피하고, 서남쪽으로 이사하면 안 된다. 재수가 없고, 하는 일마다 꼬이고, 病苦 질병발생. 바람기 발동.
巳酉丑生	서쪽문을 피하고, 동남쪽으로 이사하면 안 된다. 재수가 없고, 하는 일마다 꼬이고, 病苦 질병발생. 바람기 발동.
寅午戌生	남쪽문을 피하고, 북동쪽으로 이사하면 안 된다. 재수가 없고, 하는 일마다 꼬이고, 病苦 질병발생. 바람기 발동.
亥卯未生	동쪽문을 피하고, 서북쪽으로 이사하면 안 된다. 재수가 없고, 하는 일마다 꼬이고, 病苦 질병발생. 바람기 발동.

운세풀이

亥띠: 이동수, 우왕좌왕, [illegible] 다툼	寅띠: 점점 일이 꼬임, 관재구설	巳띠: 최고운상승세, 두마음	申띠: 만남, 결실, 화합, 문서
子띠: 매사불편, 방해자, 배신	卯띠: 귀인상봉, 금전이득, 현금	午띠: 의욕과다, 스트레스큼	酉띠: 이동수, 이별수, 변동 움직임
丑띠: 해결신, 시험합격, 풀림	辰띠: 매사꼬임, 과거고생, 질병	未띠: 시급한 일, 뜻대로 안됨	戌띠: 빈주머니, 걱정근심, 사기

서기 2026年 / 단기 4359年 / 불기 2570年	丙午年	양력 04月 14日	음력 02月 27日	화요일

구성月반			구성日반			時	日	年
5	1	3	6	2	4	戊	壬	丙
4	6	8P	5	7	9A			
9	2	7AP	1	3P	8			

지장간	손방위	吉方	凶方
癸	북쪽	正南	正北

癸	壬	辛	庚	己	戊	丁	丙	乙	甲	癸	壬
亥	戌	酉	申	未	午	巳	辰	卯	寅	丑	子
절	묘	사	병	쇠	왕	록	관	욕	생	양	태

午 辰 午

狗狼星 구랑성	併廚竈 戊亥方	☱ ☰	산풍고	毒독 惡악 蠱고 부패 산일에서 나쁜기운이 퍼지고있다

三甲순	육갑납음	대장군방	조객방	삼살방	상문방	세파방	오늘생극	오늘상충	오늘원진	오늘상천	오늘상파	황도길흉	28수성	건제12신	九星	결혼주당	이사주당	안장주당	복단일	오늘吉神	오늘吉神	오늘神殺	육도환생처	축원인도불	오늘기도德	금일지옥명
病甲	天上火	卯正東方	辰東南方	子正北方	申西南方	子正北方	義의	子 36	丑 미움	丑 중단	卯 깨짐	천형흑도	室실	滿만	七赤	第제	安안	死	-	-	시덕*미일	천화·수격	불도	석가여래	약사보살	암흑지옥

칠성기도일	산신축원일	용왕축원일	조왕하강일	나한하강일	천도재	신굿	재수굿	용왕굿	조왕굿	병굿	고사	결혼	입학	투자	계약	등산	여행	이사	합방	이장	점안식	개업준공	신축상량	수술-침	서류제출	직원채용
◎	◎	×	◎	◎	◎	◎	◎	◎	◎	◎	◎	×	◎	×	◎	◎	◎	×	×	×	◎	◎	×	◎	◎	-

(천도재~고사: 불공 제의식 吉한 행사일 / 결혼~직원채용: 吉凶 길흉 大小 일반 행사일)

당일 래정법

巳時 에 온사람은 건강문제, 재수가 없고 운이 단단히 꼬여있음, 취업불가, 손재수

午時 에 온사람은 금전문제, 친정문제, 갖고싶은 욕구, 직장문제, 상업문제, 관재

未時 에 온사람은 동업, 창업 하고싶어서 왔다. 직장상사 괴롭힘 사표내면안됨

申時 온 사람은 골치 아픈일, 자식의 급변동문제, 배우자바람기, 불륜, 관재구설 속 정리해야함

酉時 온 사람은 문서구입, 회합운, 결혼, 경조사, 관직취업건, 개업 때 아님, 하극상 배신, 경쟁사로 몰변

戌時 온 사람은 이동수 있는자, 가출, 이사나 직장변동, 점포 변동수, 투자문서는 위험, 이별수

필히 피해야 할일 홍보광고 · 소장제출 · 인허가신청 · 정보유출 · 질병치료 · 재테크투자 · 씨뿌리기 · 부동산매매

백초귀장술의 오늘에 초사언

시간 점占 戊午공망-子丑

子時	질병침투, 실직, 처를 극, 처첩문제, 가출
丑時	재물손실, 파산, 극처사, 부부다툼, 관송사
寅時	재해 도난, 질병침투, 여행은 흉, 가출
卯時	금전손실, 남편문제, 직업권리, 색정사
辰時	자선사업 봉사활동, 신규사업, 형제친구
巳時	관재 병재로 불길, 가출사 색정사 하극상
午時	금전손실 다툼, 여자문제, 처를 극, 수술
未時	금전융통, 신규사업, 선거당선, 합격기쁨
申時	매사 불성사, 도망은 吉, 도적손실, 재액
酉時	자식문제, 남편실직, 손재수, 함정음모
戌時	가출건, 급병자, 산소문제, 종교문제 ⊗
亥時	여자는 해롭고, 사기 도난, 손재, 이별수

오늘 행운 복권 운세

복권사면 좋은 띠는 용띠 ⑤⑩⑳
행운복권방은 집에서 동남쪽에 있다

申子辰生	북쪽문을 피하고, 서남쪽으로 이사하면 안 된다. 재수가 없고, 하는 일마다 꼬이고, 病苦 질병발생. 바람기 발동.
巳酉丑生	서쪽문을 피하고, 동남쪽으로 이사하면 안 된다. 재수가 없고, 하는 일마다 꼬이고, 病苦 질병발생. 바람기 발동.
寅午戌生	남쪽문을 피하고, 북동쪽으로 이사하면 안 된다. 재수가 없고, 하는 일마다 꼬이고, 病苦 질병발생. 바람기 발동.
亥卯未生	동쪽문을 피하고, 서북쪽으로 이사하면 안 된다. 재수가 없고, 하는 일마다 꼬이고, 病苦 질병발생. 바람기 발동.

운세풀이

子띠: 이동수,우왕좌왕, 口舌, 다툼	卯띠: 점점 일이 꼬임, 관재구설	午띠: 최고운상승세, 두마음	酉띠: 만남,결실,화합,문서
丑띠: 매사불편, 방해자,배신	辰띠: 귀인상봉, 금전이득, 현금	未띠: 의욕과다, 스트레스큼	戌띠: 이동수,이별수,변동 움직임
寅띠: 해결신,시험합격, 풀림	巳띠: 매사꼬임,과거고생, 질병	申띠: 시급한 일, 뜻대로 안됨	亥띠: 빈주머니,걱정근심,사기

서기 2026年 / 단기 4359年 / 불기 2570年	丙午年 양력 04月 15日	음력 02月 28日	수요일

구성월반				구성日반			
	5	1	3		7	3	5
	4	6	8P		6	8	1
	9	2	7AP		2AP	4	9

	年	月	日
天干	丙	壬	己
地支	午	辰	未

지장간	손방위	吉方	凶方
癸	북동	正東	正西

狗狼星 구랑성	井 물가	산풍고	毒독 惡악 蠱고 부패 산밑에서 나쁜기운이 퍼지고있다

乙	甲	癸	壬	辛	庚	己	戊	丁	丙	乙	甲
亥	戌	酉	申	未	午	巳	辰	卯	寅	丑	子
태	양	생	욕	관	록	왕	쇠	병	사	묘	절

三甲순	육갑납음	대장군방	조객방	삼살방	상문방	세파방	오늘생극	오늘상충	오늘원진	오늘상천	오늘상파	황도길흉	28수성	건제12신	九星	결혼주당	이사주당	안장주당	복단일	오늘吉神	오늘吉神	오늘神殺	육도환생처	축원인도불	오늘기도德	금일지옥명
病甲	天上火	卯正東方	辰東南方	子正北方	申西南方	子正北方	專전	丑 36	子 미움	子 중단	戌 깨짐	주작흑도	壁벽	平평	八白	翁옹	災재	손자	-	-	천강일	월살·월허	불도	석가여래	대세지보살	암흑지옥

칠성기도일	산신축원일	용왕축원일	조왕하강일	나한하강일	천도재	신굿	재수굿	용왕굿	조왕굿	병굿	고사	결혼	입학	투자	계약	등산	여행	이사	합방	이장	점안식	개업준공	신축상량	수술-침	서류제출	직원채용
◎	◎	×	◎	◎	◎	◎	◎	◎	◎	◎	◎	◎	◎	×	×	-	◎	×	×	◎	◎	◎	◎	-	◎	×

(불공 제의식 吉한 행사일: 천도재 ~ 고사 / 吉凶 길흉 大小 일반 행사일: 결혼 ~ 직원채용)

당일 래정법

巳時에 온사람은 금전차용문제, 사업문제, 자식문제, 관직취직사, 속전속결이 유리

午時에 온사람 자식문제, 우환질병 운이 단단히 꼬여있음, 동업파탄 관재구설

未時에 온사람은 사업 동업하려 금전차용문제, 문서도장조심, 기도요망

申時 온 사람은 가내우환, 뭔가 하고싶어서 왔다. 금전문손실 취업문제, 친구형제간 배신수, 관재수

酉時 온 사람은 골치 아픈일, 형제동업자간 배신, 바람기, 불륜, 시비투쟁, 급속정리해야함. 청춘귀

戌時 온 사람은 자식문제, 문서구입, 화합운, 결혼, 재혼, 경조사, 애정사, 궁합, 개업, 하극상 배신, 원행불리

필히 피해야 할일: 작명, 아호짓기・상호짓기・간판달기・항공주의・동물들이기・출행・창고개방・문서파기

백초귀장술의 오늘에 초사언

시간 점占 己未공망-子丑

子時	질병침투, 금전융통, 상업변동 색정사
丑時	질병침투, 적 침범사, 재물도난, 가출사
寅時	가출자, 실직문제, 사망자, 산소문제
卯時	질병위급, 관청문제, 동분서주 색정사
辰時	금전도난손재, 금전융통 안됨, 부인 흉사
巳時	사업흥성, 금전이득, 만사길조, 수상기쁨
午時	매사 불성사, 우환질병, 음란 색정사 자식
未時	금전사기유의, 여자문제, 우환질병 수술
申時	금전손재수, 자식문제, 극처사, 색정사
酉時	질병침투, 봉사활동, 자식문제, 가출도주
戌時	질병재앙, 부인문제, 관직변화변동
亥時	금전융통문제, 가출사, 질병침투, 삼각관계

오늘 행운 복권 운세

복권사면 좋은 띠는 **뱀띠** ⑦⑰27
행운복권방은 집에서 **남동쪽에 있는곳**

申子辰生	북쪽문을 피하고, 서남쪽으로 이사하면 안 된다. 재수가 없고, 하는 일마다 꼬이고, 病苦 질병발생. 바람기 발동.
巳酉丑生	서쪽문을 피하고, 동남쪽으로 이사하면 안 된다. 재수가 없고, 하는 일마다 꼬이고, 病苦 질병발생. 바람기 발동.
寅午戌生	남쪽문을 피하고, 북동쪽으로 이사하면 안 된다. 재수가 없고, 하는 일마다 꼬이고, 病苦 질병발생. 바람기 발동.
亥卯未生	동쪽문을 피하고, 서북쪽으로 이사하면 안 된다. 재수가 없고, 하는 일마다 꼬이고, 病苦 질병발생. 바람기 발동.

운세풀이

丑띠:이동수,우왕좌왕, 弱 다툼	辰띠: 점점 일이 꼬임, 관재구설	未띠:최고운상승세, 두마음	戌띠: 만남,결실,화합,문서
寅띠:매사불편, 방해자,배신	巳띠:귀인상봉, 금전이득, 현금	申띠: 의욕과다, 스트레스큼	亥띠:이동수,이별수,변동 움직임
卯띠:해결신,시험합격, 풀림	午띠: 매사꼬임,과거고생, 질병	酉띠: 시급한 일, 뜻대로 안됨	子띠: 빈주머니,걱정근심,사기

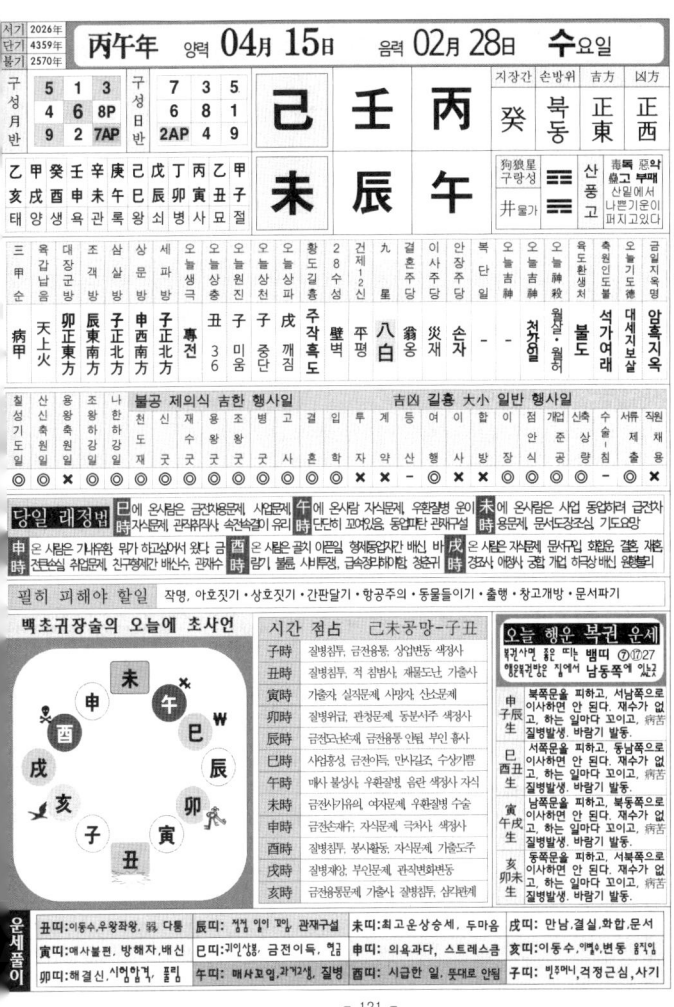

서기 2026年	단기 4359年	불기 2570年

丙午年 양력 04月 16日 음력 02月 29日 목요일

구성月반				구성日반				天干			지장간	손방위	吉方	凶方
	5	1	3		8	4A	6	庚	壬	丙	癸	無	正北	正南
	4	6	8P		7	9	2							
	9	2	7AP		3P	5	1							

丁	丙	乙	甲	癸	壬	辛	庚	己	戊	丁	丙
亥	戌	酉	申	未	午	巳	辰	卯	寅	丑	子
병	쇠	왕	록	관	욕	생	양	태	절	묘	사

地支			狗狼星 구랑성	卦	산풍고	毒 惡
申	辰	午	橋井門路 社廟	☶☴	산풍고	毒獨 惡악 蠱고 부패 산밑에서 나쁜기운이 퍼지고있다

三甲순	육갑납음	대장군방	조객방	삼살방	상문방	세파방	오늘생극	오늘상충	오늘원진	오늘상천	오늘상파	황도길흉	28수성	건제12신	九星	결혼주당	이사주당	안장주당	복단일	오늘吉神	神殺	오늘神殺	육도환생처	축원인도불	오늘기도德	금일지옥명
病甲	石榴木	卯正東方	辰東南方	子正北方	申西南方	子正北方	專전	寅 36	卯 미움	亥 중단	巳 깨짐	금궤황도	奎규	定정	九紫	堂당	師사	남자	삼합일	월은*경안	–	왕망·지화	인도	석가여래	아미보살	암흑지옥

칠성기도일	산신축원일	용왕축원일	조왕하강일	나한하강일	불공 제의식 吉한 행사일							吉凶 길흉 大小 일반 행사일														
					천도재	신굿	재수굿	용왕굿	조왕굿	병굿	고사	결혼	입학	투자	계약	등산	여행	이사	합방	이장	점안식	개업준공	신축상량	수술·침	서류제출	직원채용
◎	◎	×	◎	◎	◎	◎	◎	◎	◎	◎	◎	×	◎	×	◎	◎	◎	◎	◎	◎	◎	◎	◎	◎	◎	◎

당일 래정법

巳時에 온사람은 배신으로 관송사, 금전구재건, 색정사로 다툼, 가정불화 손재수

午時에 온사람은 금전문제, 자식문제, 빚쟁이모함, 관직취직사, 속전속결이 유리

未時에 온사람 건강문제, 자식문제로 최악상태, 직장퇴출위기, 손재수, 헛수고

申時 온 사람은 금전차용여부, 관직취직문제, 창업문제, 후원사는 유리함, 망신수, 사고조심

酉時 온 사람은 관송사, 색정사, 뭔가 하고싶어서 왔다. 직장취업문제, 친구형제간 배신, 건강 수술할일

戌時 온 사람은 골치 아픈일 금전손실, 자식문제, 형제동업, 바람기, 불륜, 시비투쟁, 급속정리해야함

필히 피해야 할일 이날은 흑도와 월파일에 패파, 수격 등 신살에 해당되어 매사 해롭고 불리한 날.

백초귀장술의 오늘에 초사언

시간 점占	庚申공망-子丑
子時	금전손실, 직업변동, 자식질병, 도난실직
丑時	사업문제, 금전손실, 사기도난, 가출건
寅時	직업이동, 금전융통, 육친이별, 터부정
卯時	금전융통, 처첩사, 우환질병, 가출문제
辰時	부동산사업, 종교문제, 봉사 시험합격
巳時	질병침투, 육친이별, 색정사, 도망 투쟁
午時	질병침투, 직업박탈, 가출, 재해 도난
未時	사업재난, 금전단절, 자손문제, 가출사
申時	취직, 직업승진명예문제, 당선, 금전융통
酉時	금전손실, 극처사, 남녀색정사, 수술주의
戌時	후원단절, 가출사, 적의 함정, 기도발원
亥時	자식문제, 질병발생, 손해, 가출, 함정

오늘 행운 복권 운세

복권사면 좋은 띠는 **말띠** ⑤⑦22
행운복권방은 집에서 **남쪽**에 있는곳

申子辰生	북쪽문을 피하고, 서남쪽으로 이사하면 안 된다. 재수가 없고, 하는 일마다 꼬이고, 病苦 질병발생. 바람기 발동.
巳酉丑生	서쪽문을 피하고, 동남쪽으로 이사하면 안 된다. 재수가 없고, 하는 일마다 꼬이고, 病苦 질병발생. 바람기 발동.
寅午戌生	남쪽문을 피하고, 북동쪽으로 이사하면 안 된다. 재수가 없고, 하는 일마다 꼬이고, 病苦 질병발생. 바람기 발동.
亥卯未生	동쪽문을 피하고, 서북쪽으로 이사하면 안 된다. 재수가 없고, 하는 일마다 꼬이고, 病苦 질병발생. 바람기 발동.

운세풀이

寅띠: 이동수,우왕좌왕, 형제 다툼	巳띠: 점점 일이 꼬임, 관재구설	申띠: 최고운상승세, 두마음	亥띠: 만남,결실,화합,문서
卯띠: 매사불편, 방해자,배신	午띠: 귀인상봉, 금전이득, 현금	酉띠: 의욕과다, 스트레스큼	子띠: 이동수,이별수,변동 움직임
辰띠: 해결신,시험합격, 풀림	未띠: 매사꼬임,과거고생, 질병	戌띠: 시급한 일, 뜻대로 안됨	丑띠: 빈주머니,걱정근심,사기

서기	2026年
단기	4359年
불기	2570年

丙午年 양력 04月 17日 음력 03月 01日 금요일

구성월반				구성일반			
	5	1	3		9	5	7
	4	6	8P		8P	1	3
	9	2	7AP		4	6A	2

辛	壬	丙
酉	辰	午

지장간	손방위	吉方	凶方
戊	동쪽	正西	正東

己	戊	丁	丙	乙	甲	癸	壬	辛	庚	己	戊
亥	戌	酉	申	未	午	巳	辰	卯	寅	丑	子
욕	관	록	왕	쇠	병	사	묘	절	태	양	생

狗狼星 구랑성: 午方 남쪽

산풍고 — 毒독 惡악 蠱고 부패 산일에서 나쁜기운이 퍼지고있다

4월

三甲순	육갑납음	대장군방	조객방	삼살방	상문방	세파방	오늘생극	오늘상충	오늘원진	오늘상천	오늘상파	황도길흉	28수성	건제12신	九星	결혼주당	이사주당	안장주당	복단일	神殺	神殺	오늘神殺	육도환생처	축원인도불	오늘기도德	금일지옥명
病甲	石榴木	卯正東方	辰東南方	子正北方	申西南方	子正北方	專전	卯 36	寅 미움	戌 중단	子 깨짐	대덕황도	婁루	執집	一白	夫부	安안	아버지	육합일	복광*지창	-	토부·대시	귀도	석가여래	관음보살	암흑지옥

칠성기도일	산신축원일	용왕축원일	조왕하강일	나한하강일	천도재	신굿	재수굿	용왕굿	조왕굿	병굿	고사	결혼	입학	투자	계약	등산	여행	이사	합방	이장	점안식	개업준공	신축상량	수술-침	서류제출	직원채용
◎	◎	×	◎	◎	◎	◎	◎	◎	◎	◎	◎	◎	◎	×	◎	◎	◎	×	◎	×	◎	◎	◎	◎	◎	◎

(천도재–고사: 불공 제의식 吉한 행사일 / 결혼–직원채용: 吉凶 길흉 大小 일반 행사일)

당일 래정법

巳時 에 온사람은 하가 해결할 문제, 합격여부, 동업투자여부, 돈차용문제, 재혼은 굳

午時 에 온사람은 금전문제, 형제문제, 색정사로 다툼, 여자로 큰 손실, 가까운배신

未時 에 온사람 금전문제, 사업문제, 딸자식문제, 관직취직사, 시비다툼 관송사

申時 온 사람은 질병우환건강, 관재구설로 운이 단단히 꼬여있음, 취업 승진문제, 남자로 손재수

酉時 온 사람은 두가지 문제 갈등사, 하극상 손윗사람 배신, 새로운 일시작 진행함이 좋다. 우환질병

戌時 온 사람은 의욕과다, 뭐가 하고싶어서 왔다. 직장 취업문제, 친구 형제에게 손실 배신 당할 수.

필히 피해야 할일 새집들이 • 장담그기 • 항공주의 • 승선 • 낚시 • 어로작업 • 요트타기 • 위험놀이기구

백초귀장술의 오늘에 초사언

시간 점占 辛酉공망-子丑

子時	자선사업, 봉사활동, 자식사, 임신가능
丑時	자식시험문제, 손재수, 가출사건, 질병위급
寅時	사기도난, 파재, 손실사, 색정사, 가출
卯時	질병침투, 실직, 금전손실, 적 침범사
辰時	금전융통, 타인과 다툼, 배신, 음모, 불륜
巳時	직장승진, 명예입신, 옹모당선, 취직가능
午時	매사 불성, 남녀색정사, 우환질병, 실직
未時	자선사업, 구재이득, 귀인상봉, 도망사건
申時	재물손실, 사업파산, 극처사, 재해, 도난
酉時	직장승진, 금전암손, 부인문제, 가출사건
戌時	금전손실, 사업확장 금지, 질병근심, 변심
亥時	가내재앙, 자손근심, 실직문제, 처를 극

오늘 행운 복권 운세

복권사면 좋은 띠는 양띠 ⑤⑩25
행운복권방은 집에서 남서쪽에 있는곳

申子辰生	북쪽문을 피하고, 서남쪽으로 이사하면 안 된다. 재수가 없고, 하는 일마다 꼬이고, 病苦 질병발생. 바람기 발동.
巳酉丑生	서쪽문을 피하고, 동남쪽으로 이사하면 안 된다. 재수가 없고, 하는 일마다 꼬이고, 病苦 질병발생. 바람기 발동.
寅午戌生	남쪽문을 피하고, 북동쪽으로 이사하면 안 된다. 재수가 없고, 하는 일마다 꼬이고, 病苦 질병발생. 바람기 발동.
亥卯未生	동쪽문을 피하고, 서북쪽으로 이사하면 안 된다. 재수가 없고, 하는 일마다 꼬이고, 病苦 질병발생. 바람기 발동.

운세풀이

卯띠:이동수,우왕좌왕, 弱, 다툼	午띠: 점점 일이 꼬임, 관재구설	酉띠:최고운상승세, 두마음	子띠: 만남,결실,화합,문서
辰띠:매사불편, 방해자,배신	未띠: 귀인상봉, 금전이득, 현금	戌띠: 의욕과다, 스트레스큼	丑띠:이동수,이별수,변동 움직임
巳띠:해결신,시험합격, 풀림	申띠: 매사꼬임,과거고생, 질병	亥띠: 시급한 일, 뜻대로 안됨	寅띠: 빈주머니,걱정근심,사기

서기	2026年
단기	4359年
불기	2570年

丙午年 양력 04月 18日 음력 03月 02日 토요일

구성월반			구성일반		
5	1	3	1P	6	8A
4	6	8P	9	2	4
9	2	7AP	5	7	3

時	日	月	年
壬	壬	丙	
戌	辰	午	

지장간	손방위	吉方	凶方
戊	동남	正南	正北

狗狼星 구랑성	寺觀 절사관
☴ ☶	산풍고

毒독 惡악 蠱고 부패 산일에서 나쁜기운이 퍼지고있다

辛	庚	己	戊	丁	丙	乙	甲	癸	壬	辛	庚
亥	戌	酉	申	未	午	巳	辰	卯	寅	丑	子
록	관	욕	생	양	태	절	묘	사	병	쇠	왕

三甲순	육갑납음	대장군방	조객방	삼살방	상문방	세파방	오늘생극	오늘상충	오늘원진	오늘상천	오늘상파	황도길흉	28수성	건제12신	九星	결혼주당	이사주당	안장주당	복단일	오늘吉神	神殺	오늘神殺	육도환생처	축원인도불	오늘기도德	금일지옥명
病甲	大海水	卯正東方	辰東南方	子正北方	申西南方	子正北方	伐벌	辰 36	巳 미움	酉 중단	未 깨짐	백호흑도	胃위	破파	二黑	姑고	利이	남자	복단일	–	월파·천격	구공·구감	축도	석가여래	미륵보살	암흑지옥

칠성기도일	산신축원일	용왕축원일	조왕하강일	나한하강일	불공 제의식 吉한 행사일: 천도재	신굿	재수굿	용왕굿	조왕굿	병굿	고사	吉凶 길흉 大小 일반 행사일: 결혼	입학	투자	계약	등산	여행	이사	합방	이장	점안식	개업준공	신축상량	수술-침	서류제출	직원채용
×	×	×	×	×	×	×	×	×	×	×	×	×	×	×	×	×	×	×	×	×	×	×	×	×	×	×

당일 래정법

巳時 에 온사람은 방해자, 배신사, 직장취업건, 매사 지체불리함, 창업은 불리

午時 에 온사람은 가정불화 문제, 친정식구, 합격여부, 금전투자여부, 직장문제,동업

未時 에 온사람 금전구재건, 색정사로 인한 구설수 다툼, 억울한 일, 매사불성 지체

申時 온 사람은 금전문제, 사업문제, 관직취직문제, 자식문제, 경조사회합사, 속전속결이 유리

酉時 온 사람은 건강문제, 관재구설로 운이 단단히 꼬여있음, 딸자녀문제, 남자문제, 손재수, 지체

戌時 온 사람은 갖고싶은 욕구 강함, 금전투자, 새로운 일시작 진행함이 좋다. 우환질병, 선산이장건

필히 피해야 할일 소장제출 · 항소 · 승선 · 낚시 · 어로작업 · 싱크대교체 · 애완동물들이기 · 지붕덮기 · 도축 · 방류

백초귀장술의 오늘에 초사언

시간 점占 壬戌공망-子丑

子時	금전 암손, 부인문제, 우환질병, 색정사
丑時	직업권리, 취업, 구재이득, 부부화합사
寅時	적의 침범사, 질병위급, 가출사, 도망사
卯時	질병침투, 남녀색정사, 금전융통, 호색
辰時	관재 병재로 불길, 적침사, 부하도주, 가출
巳時	금전융통 재물손실, 여자 망신살수 탄로
午時	금전융통, 처첩사, 금전다툼, 가출사
未時	직장문제, 원한발생, 삼각관계, 관刑
申時	신규사업, 가출건, 도난주의, 원행 이동배신
酉時	괴이사발생, 파산, 재물손실, 질병우환
戌時	금전암손, 질병침투, 여자관련, 부부배신
亥時	직장승진, 명예입신, 응모당선, 가출사건

오늘 행운 복권 운세

복권사면 좋은 띠는 **원숭띠** ⑨19, 29
행운복권방은 집에서 **서남쪽에 있는곳**

申子辰生	북쪽문을 피하고, 서남쪽으로 이사하면 안 된다. 재수가 없고, 하는 일마다 꼬이고, 病苦 질병발생. 바람기 발동.
巳酉丑生	서쪽문을 피하고, 동남쪽으로 이사하면 안 된다. 재수가 없고, 하는 일마다 꼬이고, 病苦 질병발생. 바람기 발동.
寅午戌生	남쪽문을 피하고, 북동쪽으로 이사하면 안 된다. 재수가 없고, 하는 일마다 꼬이고, 病苦 질병발생. 바람기 발동.
亥卯未生	동쪽문을 피하고, 서북쪽으로 이사하면 안 된다. 재수가 없고, 하는 일마다 꼬이고, 病苦 질병발생. 바람기 발동.

운세풀이

辰띠:이동수,우왕좌왕, 욕심 다툼	未띠: 점점 일이 꼬임, 관재구설	戌띠:최고운상승세, 두마음	丑띠: 만남,결실,화합,문서
巳띠:매사불편, 방해자,배신	申띠: 귀인상봉, 금전어득, 현금	亥띠: 의욕과다, 스트레스큼	寅띠:이동수,이별수,변동 움직임
午띠:해결신,시험합격, 풀림	酉띠: 매사꼬임,과거고생, 질병	子띠: 시급한 일, 뜻대로 안됨	卯띠: 빈주머니,걱정근심,사기

서기	2026年
단기	4359年
불기	2570年

丙午年 양력 04月 19日 음력 03月 03日 일요일

4월

구성月반				구성日반			
	5	1	3		2P	7	9
	4	6	8P		1A	3	5
	9	2	7AP		6	8	4

癸	壬	丙
亥	辰	午

지장간	손방위	吉方	凶方
戊	남쪽	正東	正西

狗狼星 구랑성 · 船巳方 배남동간 · ☱☲ 택화혁 · 변화 혁명 혁신 개혁은 해야 후회없다충돌상호불신

癸	壬	辛	庚	己	戊	丁	丙	乙	甲	癸	壬
亥	戌	酉	申	未	午	巳	辰	卯	寅	丑	子
왕	쇠	병	사	묘	절	태	양	생	욕	관	록

三甲순	육갑납음	대장군방	조객방	삼살방	상문방	세파방	오늘생극	오늘상충	오늘원진	오늘상천	오늘상파	황도길흉	28수성	건제12신	九星	결혼주당	이사주당	안장주당	복단일	오늘吉神	오늘吉神	오늘神殺	육도환생처	축원인도불	오늘기도德	금일지옥명
病甲	大海水	卯正東方	辰東南方	子正北方	申西南方	子正北方	專전	巳 36	辰 미움	申 중단	寅 깨짐	옥당황도	昴묘	危위	三碧	堂당	天천	손자	-	용덕*모창	수사·멸몰	토금·유화	옥도	석가여래	여래보살	암흑지옥

칠성기도일	산신축원일	용왕축원일	조왕하강일	나한하강일	천도재	신굿	재수굿	용왕굿	조왕굿	병굿	고사	결혼	입학	투자	계약	등산	여행	이사	합방	이장	점안식	개업준공	신축상량	수술·침	서류제출	직원채용
◎	×	×	◎	◎	◎	◎	×	×	◎	◎	◎	×	◎	×	◎	◎	◎	×	×	×	◎	◎	×	◎	◎	◎

(천도재–고사: 불공 제의식 吉한 행사일 / 결혼–직원채용: 吉凶 길흉 大小 일반 행사일)

당일 래정법

巳時에 온사람은 형제 자식문제, 직장변동수, 터부정 금전사기, 동업다툼, 관재구설

午時에 온사람은 집안우환질병, 망신살, 방해자, 배신사, 금전문제, 색정사건

未時에 온사람 금전문제, 해가 해결할 문제, 주식투자여부, 직장문제, 문서매매건

申時 온 사람은 금전차용문제, 실직문제, 취업시험불리, 색정사, 억울한 일, 파재, 매사불성사

酉時 온 사람은 금전문제, 사업계약문제, 관직취직사, 취업 시험 승진 조건맞으면 이득발생함

戌時 온 사람은 건강문제, 형제 친구 동료로 인한부정, 하극상 배신사, 동기간암투, 손재수, 헛수고

필히 피해야 할일 소장제출 · 항소 · 질병치료 · 도로정비 · 문 만들기 · 산소행사 · 뗏장 입히기 · 흙 파는일

백초귀장술의 오늘에 초사언

시간 점占 癸亥공망-子丑

子時	남녀색정사, 직업권리, 취업, 금전손실
丑時	적의 침범사, 질병위급, 이별사, 수술재앙
寅時	자손사, 직업변동, 가출문제, 화류계 탄로
卯時	자식문제, 신규불길, 여행조심, 관재불길
辰時	관청일, 직업문제, 남편재해 도망, 가출
巳時	이동사, 적침사, 질병침투, 터부정 가출사
午時	금전융통, 사업문제, 여자문제, 부부배신
未時	부모효도, 금전다툼, 적침범, 가출사
申時	재물손실, 우환질병, 도난 상해, 손모사
酉時	금전후원융통가능, 질병재앙, 가출 도주
戌時	관청권리박탈, 남편실탈, 질병고통, 관재
亥時	금전암신, 극처사, 파산 죽음, 자식 흉액

오늘 행운 복권 운세

복권사면 좋은 띠는 닭띠 ④⑨ 24, 행운복권방은 집에서 서쪽에 있는곳

申子辰生	북쪽문을 피하고, 서남쪽으로 이사하면 안 된다. 재수가 없고, 하는 일마다 꼬이고, 病苦질병발생. 바람기 발동.
巳酉丑生	서쪽문을 피하고, 동남쪽으로 이사하면 안 된다. 재수가 없고, 하는 일마다 꼬이고, 病苦질병발생. 바람기 발동.
寅午戌生	남쪽문을 피하고, 북동쪽으로 이사하면 안 된다. 재수가 없고, 하는 일마다 꼬이고, 病苦질병발생. 바람기 발동.
亥卯未生	동쪽문을 피하고, 서북쪽으로 이사하면 안 된다. 재수가 없고, 하는 일마다 꼬이고, 病苦질병발생. 바람기 발동.

운세풀이

巳띠:이동수,우왕좌왕, 형제 다툼	申띠: 점점 일이 꼬임, 관재구설	亥띠:최고운상승세, 두마음	寅띠: 만남,결실,화합,문서
午띠:매사불편, 방해자,배신	酉띠: 귀인상봉, 금전이득, 현금	子띠: 의욕과다, 스트레스큼	卯띠:이동수,이별수,변동 움직임
未띠:해결신,시험합격, 풀림	戌띠: 매사꼬임,과거고생, 질병	丑띠: 시급한 일, 뜻대로 안됨	辰띠: 빈주머니,걱정근심,사기

서기	2026年
단기	4359年
불기	2570年

丙午年 양력 04月 20日 음력 03月 04日 월요일 陽遁下元

구성월반			구성일반			日干	月干	年干	지장간	손방위	吉方	凶方
5	1	3	3A	8P	1	甲	壬	丙	戊	남서	正北	正南
4	6	8P	2	4	6							
9	2	7AP	7	9	5							

乙	甲	癸	壬	辛	庚	己	戊	丁	丙	乙	甲
亥	戌	酉	申	未	午	巳	辰	卯	寅	丑	子
생	양	태	절	묘	사	병	쇠	왕	록	관	욕

日支	月支	年支				
子	辰	午	狗狼星 구랑성 / 社廟 사당묘	☱ ☲	택화혁	변화 혁명 혁신 개혁은 해야 후회없다충돌상호불신

三甲순	육갑납음	대장군방	조객방	삼살방	상문방	세파방	오늘생극	오늘상충	오늘원진	오늘상천	오늘상파	황도길흉	28수성	건제12신	九星	결혼주당	이사주당	안장주당	오늘吉神	천구하식	神殺	오늘神殺	육도환생처	축원인도불	오늘기도德	금일지옥명
生甲	海中金	卯正東方	辰東南方	子正北方	申西南方	子正北方	義의	午 36	未 미움	未 중단	酉 깨짐	천뇌흑도	畢필	成성	四綠	翁옹	害해	死	삼합일	천은*모창	귀기·지격	신호·패파	천도	아미타불	아미보살	검수지옥

칠성기도일	산신축원일	용왕축원일	조왕하강일	나한하강일	천도재	신굿	재수굿	용왕굿	조왕굿	병굿	고사	결혼	입학	투자	계약	등산	여행	이사	합방	이장	점안식	개업준공	신축상량	수술·침	서류제출	직원채용
◎	◎	×	◎	◎	◎	◎	◎	◎	◎	◎	◎	×	◎	×	◎	◎	◎	×	◎	×	◎	◎	◎	◎	◎	◎

(불공 제의식 吉한 행사일: 천도재 ~ 고사 / 吉凶 길흉 大小 일반 행사일: 결혼 ~ 직원채용)

당일 래정법

巳時에 온사람은 자식문제, 실업자, 반주머니, 헛 공사, 보이스피싱사기 모난사

午時에 온사람은 남녀간 배신사, 이동변동수, 터부정, 관재구설, 차사고

未時에 온사람은 직장취업문제, 방해자, 배신사, 매사 지체불리함, 창업은 불리함.

申時 온 사람은 관송사 급처리문제, 처음엔 해결되는 듯하나 후에 불리함 시험은 합격되고 취업승진가능

酉時 온 사람은 딸자식문제, 억울한일 오랑색정사, 불륜사 문제, 관재로 발전 금전문제 취직문제

戌時 온 사람은 금전문제, 사업문제, 주식투자문제, 부동산거래, 재물구재사, 여자화합건, 돈은 들어오나 곧나감

필히 피해야 할일

신상출고 · 제품제작 · 창고개방 · 옷재단 · 입주 · 건축증개축 · 흙 다루고 땅 파는 일

백초귀장술의 오늘에 초사언

시간 점占	甲子공망-戌亥
子時	금전암손, 여자일, 부모나 윗사람 질병발생
丑時	금전융통, 사업계획, 질병유발, 도난
寅時	관직 직장실직, 금전고통, 원한 喪
卯時	관직 승진문제, 금전 부인문제, 수술주의
辰時	매사불성사, 가출사, 금전손실, 재해 이사
巳時	매사불성, 자식문제, 사기 도난 파재 실직
午時	적 침범사, 질병침투, 가출사, 실직사, 화재
未時	사업손실, 취업청탁, 방해자, 구재불가
申時	음란색정사, 질병침투 수술, 관재 이별
酉時	금전갈취 도주, 색정사, 처첩, 가출 함정
戌時	금전문제, 상업문제, 여자문제, 질병유발
亥時	재물손실, 질병침투, 가출, 탄로 음모 망신

오늘 행운 복권 운세

복권사면 좋은 띠는 **개띠** ⑩⑳ 30
행운복권방은 집에서 **서북쪽에** 있는곳

申子辰生	북쪽문을 피하고, 서남쪽으로 이사하면 안 된다. 재수가 없고, 하는 일마다 꼬이고, 病苦 질병발생. 바람기 발동.
巳酉丑生	서쪽문을 피하고, 동남쪽으로 이사하면 안 된다. 재수가 없고, 하는 일마다 꼬이고, 病苦 질병발생. 바람기 발동.
寅午戌生	남쪽문을 피하고, 북동쪽으로 이사하면 안 된다. 재수가 없고, 하는 일마다 꼬이고, 病苦 질병발생. 바람기 발동.
亥卯未生	동쪽문을 피하고, 서북쪽으로 이사하면 안 된다. 재수가 없고, 하는 일마다 꼬이고, 病苦 질병발생. 바람기 발동.

운세풀이

午띠:이동수,우왕좌왕, 弱 다툼	酉띠: 점점 일이 꼬임, 관재구설	子띠:최고운상승세, 두마음	卯띠: 만남,결실,화합,문서
未띠:매사불편, 방해자,배신	戌띠:귀인상봉, 금전이득, 현금	丑띠: 의욕과다, 스트레스큼	辰띠:이동수,이별수,변동 움직임
申띠:해결신,시험합격, 풀림	亥띠: 매사꼬임,과거고생, 질병	寅띠: 시급한 일, 뜻대로 안됨	巳띠: 빈주머니,걱정근심,사기

서기 2026年	단기 4359年	불기 2570年

丙午年 양력 04月 21日 음력 03月 05日 화요일

구성月반				구성日반			
	5	1	3		4	9	2P
	4	6	8P		3	5	7
	9	2	7AP		8	1	6

乙	壬	丙
丑	辰	午

지장간	손방위	吉方	凶方
戊	서쪽	正西	正東

狗狼星 구랑성 廚 주방부엌 · 택화혁 · 변화 혁명 혁신 개혁은 해야 후회없다충돌상호불신

丁	丙	乙	甲	癸	壬	辛	庚	己	戊	丁	丙
亥	戌	酉	申	未	午	巳	辰	卯	寅	丑	子
사	묘	절	태	양	생	욕	관	록	왕	쇠	병

三甲순	육갑납음	대장군방	조객방	삼살방	상문방	세파방	오늘생극	오늘상충	오늘원진	오늘상천	오늘상파	황도길흉	28수성	건제12신	九星	결혼주당	이사주당	안장주당	오늘吉神	대공망일	오늘神殺	오늘神殺	육도환생처	축원인도불	오늘기도德	금일지옥명
生甲	海中金	卯正東方	辰東南方	子正北方	申西南方	子正北方	制제	未 36	午 미움	午 중단	辰 깨짐	현무흑도	觜자	收수	五黃	第제	殺살	여자	월기일	대공망일	하괴·지파	홍사·오허	천도	아미타불	보현보살	검수지옥

칠성기도일	산신축원일	용왕축원일	조왕하강일	나한하강일	불공 제의식 吉한 행사일: 천도재	신굿	재수굿	용왕굿	조왕굿	병굿	고사	吉凶 길흉 大小 일반 행사일: 결혼	입학	투자	계약	등산	여행	이사	합방	이장	점안식	개업준공	신축상량	수술-침	서류제출	직원채용
◎	◎	×	◎	◎	◎	×	×	×	×	×	◎	×	×	×	×	◎	◎	×	×	×	◎	◎	◎	◎	◎	×

당일 래정법

巳時에 온사람은 이동수 있음 이사나 직장변동, 딸자식근심, 실직위험, 이별

午時에 온사람은 자녀의질병, 부부불화, 빈주머니 헛고생 금전사기·모난사

未時에 온사람은 매매 이동변동수, 터부정, 관재구설 모함, 혈연다툼, 교통사고주의

申時온 사람은 관송사, 방해자, 배신사, 우환질병사, 남편 취업 승진문제, 차사고로 큰손재수

酉時온 사람은 금전 급처리문제, 색정사, 해결되는 듯하나 지체 시험합격됨 허가건은 승인

戌時온 사람은 하극상 배신사, 여자 외정색정사, 불륜사 문제,, 관재로 발전, 딸 문제, 취직문제

필히 피해야 할일 이날은 대공망일에 폐날로서 귀기와 혈지, 멸몰 등 신살에 해당되어 매사 해롭고 불리한 날.

백초귀장술의 오늘에 초사언

시간 점占 乙丑공망-戌亥

子時	가내우환, 관재구설, 가출사, 금전융통
丑時	시업사 손재수, 여자일 질병발생 갈취도주
寅時	도난, 파재, 손모사, 극처사, 상해
卯時	실직, 질병침투, 적 침범사, 금전손실,
辰時	재물사기도난, 처첩문제, 우환질병, 수술
巳時	직장변동, 실직문제, 자식사, 이사이동함
午時	매사 불성, 실직사, 색정사, 불화합, 손재
未時	관재 병재로 불길, 가출사, 파재, 색정사
申時	취업청탁, 재해, 도난, 방해 탄로 폭로 망신
酉時	불륜색정사, 우환질병, 가출사, 관재구설
戌時	부인근심, 금전융통, 손모사, 관 刑급발
亥時	금전문제, 시업후원, 자식 질병 死문제

오늘 행운 복권 운세

복권사면 좋은 띠는 돼지띠 ⑪⑯31

행운복권방은 집에서 북서쪽에 있는곳

申子辰生	북쪽문을 피하고, 서남쪽으로 이사하면 안 된다. 재수가 없고, 하는 일마다 꼬이고, 病苦질병발생. 바람기 발동.
巳酉丑生	서쪽문을 피하고, 동남쪽으로 이사하면 안 된다. 재수가 없고, 하는 일마다 꼬이고, 病苦질병발생. 바람기 발동.
寅午戌生	남쪽문을 피하고, 북동쪽으로 이사하면 안 된다. 재수가 없고, 하는 일마다 꼬이고, 病苦질병발생. 바람기 발동.
亥卯未生	동쪽문을 피하고, 서북쪽으로 이사하면 안 된다. 재수가 없고, 하는 일마다 꼬이고, 病苦질병발생. 바람기 발동.

운세풀이

未띠:이동수,우왕좌왕, 형제 다툼	戌띠: 점점 일이 꼬임, 관재구설	丑띠:최고운상승세, 두마음	辰띠: 만남,결실,화합,문서
申띠:매사불편, 방해자,배신	亥띠:귀인상봉, 금전이득, 현금	寅띠: 의욕과다, 스트레스큼	巳띠:이동수,이별수,변동 움직임
酉띠:해결신,시험합격, 풀림	子띠: 매사꼬임,과거고생, 질병	卯띠: 시급한 일, 뜻대로 안됨	午띠: 빈주머니,걱정근심,사기

서기	2026年
단기	4359年
불기	2570年

丙午年 양력 04月 22日 음력 03月 06日 수요일

구성月반				구성日반			
	5	1	3		5	1	3P
	4	6	8P		4	6	8
	9	2	7AP		9	2	7A

丙	壬	丙
寅	辰	午

지장간	손방위	吉方	凶方
戊	서북	正南	正北

狗狼星 구랑성	괘	택화혁	변화 혁명 혁신 개혁은 해야 후회없다충돌상호불신
天	☱☲		

己	戊	丁	丙	乙	甲	癸	壬	辛	庚	己	戊
亥	戌	酉	申	未	午	巳	辰	卯	寅	丑	子
절	묘	사	병	쇠	왕	록	관	욕	생	양	태

三甲순	육갑납음	대장군방	조객방	삼살방	상문방	세파방	오늘생극	오늘상충	오늘원진	오늘상천	오늘상파	황도길흉	28수성	건제12신	九星	결혼주당	이사주당	안장주당	복단일	오늘吉神	神殺	오늘神殺	육도환생처	축원인도불	오늘기도德	금일지옥명
生甲	爐中火	卯正東方	辰東南方	子正北方	申西南方	子正北方	義의	申 36	酉 미움	巳 중단	亥 깨짐	사명황도	參삼	開개	六白	竈조	富부	어머니	월덕일	천은*왕일	천적·혈기	염대·천구	인도	아미타불	약사보살	검수지옥

칠성기도일	산신축원일	용왕축원일	조왕하강일	나한하강일	불공 제의식 吉한 행사일: 천도재	신굿	재수굿	용왕굿	조왕굿	병굿	고사	吉凶 길흉 大小 일반 행사일: 결혼	입학	투자	계약	등산	여행	이사	합방	이장	점안식	개업준공	신축상량	수술-침	서류제출	직원채용
◎	×	×	◎	◎	◎	◎	◎	◎	◎	◎	◎	◎	◎	×	×	◎	◎	×	×	×	◎	◎	◎	◎	◎	×

당일 래정법

巳時 에 온사람은 문서 회합운, 결혼, 재혼, 경조사, 관송사 급구속건, 금전부정의혹

午時 에 온사람은 이동수 있는자, 직장변동, 사업체변동수, 해외여행, 이별수

未時 에 온사람은 자식문제, 금전손재수, 직장해고, 빈주머니, 헛고생, 윗사람건, 매사불성

申時 온 사람은 허위문서, 매매 이동변동수, 여자상업사, 관재구설, 시비다툼주의, 차사고주의

酉時 온 사람은 방해자, 배신사, 남녀재혼, 취업 승진 매사지체불리함, 차사고로 손해

戌時 온 사람은 급처리문제, 묘지탈로 괴이사발생, 처음엔 해결되는 듯하나 후 불리함, 시험 합격됨, 허가건 승인됨

필히 피해야 할일 회의개최 · 구인 · 항공주의 · 주방고치기 · 동토 · 씨뿌리기 · 우물파기 · 제방쌓기 · 흙 파는일.

백초귀장술의 오늘에 초사언

시간 점占 丙寅공망-戌亥

子時	금전문제, 상업문제, 후원도움, 남편문제
丑時	매사 막히고 퇴보, 직장실직, 남편 자식
寅時	금전 암손, 여자문제, 자식사, 도난주의
卯時	윗사람 후원문제, 가출문제, 남녀색정사
辰時	자식문제, 직장실직, 시험안됨, 금전손실
巳時	직위승진, 명예, 응모당선, 금전기쁨 우환
午時	금전손실 다툼, 부인문제, 질병침투, 가출
未時	집안잡귀침투, 자식사, 색정사, 관직 실직
申時	질병재앙, 재물손실, 가출사, 도난, 도망
酉時	금전융통, 부인흉극, 파재, 관재 배신 음모
戌時	자식문제, 직장승진, 실직문제, 금전손실
亥時	윗사람 발탁건, 다툼, 이별사, 자식 가출사

오늘 행운 복권 운세

복권사면 좋은 띠는 **쥐띠** ①⑥⑯
행운복권방은 집에서 **북쪽**에 있는곳

申子辰生	북쪽문을 피하고, 서남쪽으로 이사하면 안 된다. 재수가 없고, 하는 일마다 꼬이고, 病苦 질병발생. 바람기 발동.
巳酉丑生	서쪽문을 피하고, 동남쪽으로 이사하면 안 된다. 재수가 없고, 하는 일마다 꼬이고, 病苦 질병발생. 바람기 발동.
寅午戌生	남쪽문을 피하고, 북동쪽으로 이사하면 안 된다. 재수가 없고, 하는 일마다 꼬이고, 病苦 질병발생. 바람기 발동.
亥卯未生	동쪽문을 피하고, 서북쪽으로 이사하면 안 된다. 재수가 없고, 하는 일마다 꼬이고, 病苦 질병발생. 바람기 발동.

운세풀이

申띠: 이동수, 우왕좌왕, 弱弱 다툼	亥띠: 점점 일이 꼬임, 관재구설	寅띠: 최고운상승세, 두마음	巳띠: 만남, 결실, 화합, 문서
酉띠: 매사불편, 방해자, 배신	子띠: 귀인상봉, 금전이득, 현금	卯띠: 의욕과다, 스트레스큼	午띠: 이동수, 이별수, 변동 움직임
戌띠: 해결신, 시험합격, 풀림	丑띠: 매사꼬임, 과거고생, 질병	辰띠: 시급한 일, 뜻대로 안됨	未띠: 빈주머니, 걱정근심, 사기

서기	2026年
단기	4359年
불기	2570年

丙午年 양력 04月 23日 음력 03月 07日 목요일

4월

구성月반				구성日반			
	5	1	3		6	2	4
	4	6	8P		5	7	9AP
	9	2	7AP		1	3	8

丁	壬	丙
卯	辰	午

지장간	손방위	吉方	凶方
戊	북쪽	正東	正西

狗狼星 구랑성 / 神廟道觀 後門 寅艮方 / ☱☲ 택화혁 / 변화 혁명 혁신 개혁은 해야 후회없다충돌상호불신

辛	庚	己	戊	丁	丙	乙	甲	癸	壬	辛	庚
亥	戌	酉	申	未	午	巳	辰	卯	寅	丑	子
태	양	생	욕	관	록	왕	쇠	병	사	묘	절

三甲순	육갑납음	대장군방	조객방	삼살방	상문방	세파방	오늘생극	오늘상충	오늘원진	오늘상천	오늘상파	황도길흉	28수성	건제12신	九星	결혼주당	이사주당	안장주당	복단일	오늘吉神	오늘吉神	오늘神殺	육도환생처	축원인도불	오늘기도德	금일지옥명
生甲	爐中火	卯正東方	辰東南方	子正北方	申西南方	子正北方	義의	酉 36	申 미움	辰 중단	午 깨짐	구진흑도	井정	閉폐	七赤	婦부	師사	며느리	월덕합	경안*관일	사격·독화	천강·혈지	귀도	아미타불	문수보살	검수지옥

칠성기도일	산신축원일	용왕축원일	조왕하강일	나한하강일	천도재	신굿	재수굿	용왕굿	조왕굿	병굿	고사	결혼	입학	투자	계약	등산	여행	이사	합방	이장	점안식	개업준공	신축상량	수술-침	서류제출	직원채용
×	×	×	×	×	×	×	×	×	×	×	×	×	◎	×	×	-	◎	×	×	×	-	×	×	-	-	×

(불공 제의식 吉한 행사일: 천도재 ~ 고사 / 吉凶 길흉 大小 일반 행사일: 결혼 ~ 직원채용)

당일 래정법

巳時에 온사람은 골치 아픈일, 가내환자, 죽음 바람기, 불륜, 시비투쟁, 정지

午時에 온사람은 문서 화합운, 결혼, 재혼, 경조사, 애정사, 궁합 만남, 후원 개업

未時에 온사람은 이동수 있는자, 이사나 직장변동, 사업체 변동수, 여행, 이별수

申時 온 사람은 자식문제, 실업자, 문서는 허위문서, 빈주머니, 헛고생, 사기 모함 ·도난사

酉時 온 사람은 매매 이동변동수, 터부정, 관재구설, 사기, 허위문서, 시비 다툼주의, 차사고주의

戌時 온 사람은 방해자, 배신사, 직장모함, 취업 승진 매사 지체불리함, 차사고로 손재수, 암투

필히 피해야 할일 주식투자 • 사행성코인사입 • 교역 • 머리자르기 • 태아인공수정 • 새집들이 • 어로작업

백초귀장술의 오늘에 초사언

시간 점占 丁卯공망-戊亥

子時	우환질병, 음란색정사, 관재구설, 도난
丑時	자식문제, 직장실직, 금전손실, 이별사
寅時	윗사람 질병침투, 사업후원사, 불륜사 탄로
卯時	여자로부터 금전손실, 우환질병, 삼각관계
辰時	사업상 손실, 가산탕진, 직업실직, 관재수
巳時	매사 불성사, 가출건, 금전손실 다툼
午時	취업문제, 직위승진, 가정문제, 도난
未時	이동 이별수, 직업변동, 가출사, 삼각관계
申時	상해, 도난, 금전융통, 극처사, 가출사건
酉時	적의 침범사, 금전 병재로 불길, 색정사
戌時	자식문제, 실직사, 불륜색정사, 배신도망
亥時	금전문제, 자식문제, 가출사, 불륜관계

오늘 행운 복권 운세

복권사면 좋은 띠는 소띠 ②⑤⑩
행운복권방은 집에서 북동쪽에 있는곳

申子辰生	북쪽문을 피하고, 서남쪽으로 이사하면 안 된다. 재수가 없고, 하는 일마다 꼬이고, 病苦질병발생. 바람기 발동.
巳酉丑生	서쪽문을 피하고, 동남쪽으로 이사하면 안 된다. 재수가 없고, 하는 일마다 꼬이고, 病苦질병발생. 바람기 발동.
寅午戌生	남쪽문을 피하고, 북동쪽으로 이사하면 안 된다. 재수가 없고, 하는 일마다 꼬이고, 病苦질병발생. 바람기 발동.
亥卯未生	동쪽문을 피하고, 서북쪽으로 이사하면 안 된다. 재수가 없고, 하는 일마다 꼬이고, 病苦질병발생. 바람기 발동.

운세풀이

酉띠:이동수,우왕좌왕, 弱弱 다툼	子띠: 점점 일이 꼬임, 관재구설	卯띠:최고운상승세, 두마음	午띠: 만남,결실,화합,문서
戌띠:매사불편, 방해자,배신	丑띠:귀인상봉, 금전이득, 현금	辰띠: 의욕과다, 스트레스큼	未띠:이동수,이별수,변동 움직임
亥띠:해결신,시험합격, 풀림	寅띠: 매사꼬임,과거고생, 질병	巳띠: 시급한 일, 뜻대로 안됨	申띠: 빈주머니,걱정근심,사기

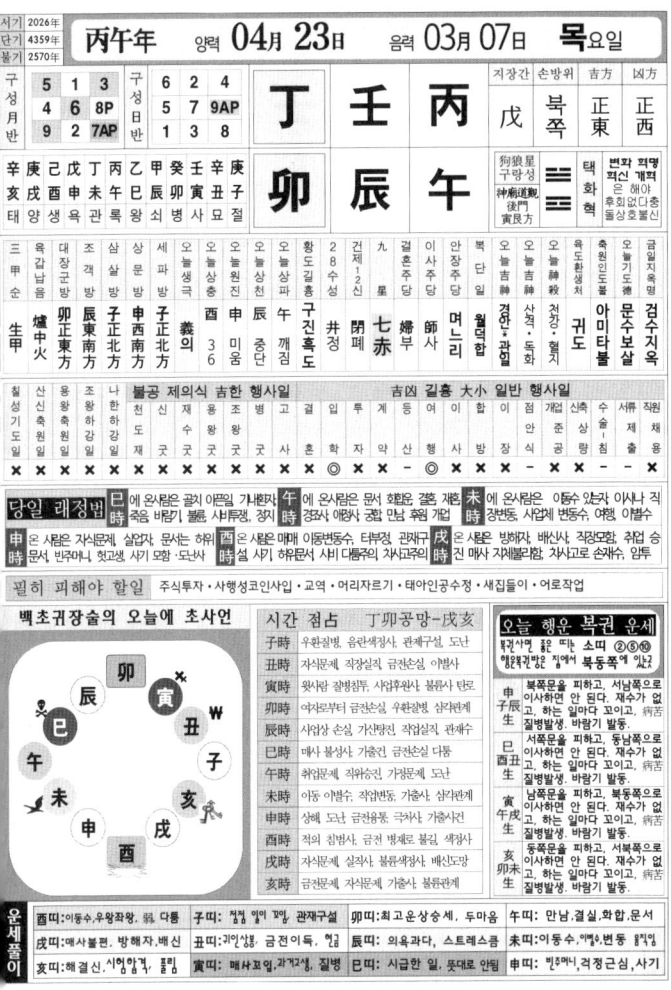

서기	2026年
단기	4359年
불기	2570年

丙午年 양력 04月 24日 음력 03月 08日 금요일

구성月반			구성日반			
5	1	3		7	3	5
4	6	8P		6	8	1
9	2	7AP		2A	4	9P

時	日	年
戊	壬	丙
辰	辰	午

지장간	손방위	吉方	凶方
戊	북동	正北	正南

狗狼星 구랑성 / 寅辰方 寺觀	☱ ☲	택화혁	변화 혁명 혁신 개혁은 해야 후회없다충돌상호불신

癸	壬	辛	庚	己	戊	丁	丙	乙	甲	癸	壬
亥	戌	酉	申	未	午	巳	辰	卯	寅	丑	子
절	묘	사	병	쇠	왕	록	관	욕	생	양	태

三甲순	육갑납음	대장군방	조객방	삼살방	상문방	세파방	오늘생극	오늘상충	오늘원진	오늘상천	오늘상파	황도길흉	28수성	건제12신	九星	결혼주당	이사주당	안장주당	복단일	오늘吉神	오늘神殺	오늘神殺	육도환생처	축원인도불	오늘기도德	금일지옥명
生甲	大林木	卯正東方	辰東南方	子正北方	申西南方	子正北方	專전	戌 36	亥 미움	卯 중단	丑 깨짐	청룡황도	鬼귀	建건	八白	廚주	災재	손님	천의*수일	수사일	천적·월형	온황·귀곡	축도	아미타불	지장보살	검수지옥

칠성기도일	산신축원일	용왕축원일	조왕하강일	나한하강일	천도재	신굿	재수굿	용왕굿	조왕굿	병굿	고사	결혼	입학	투자	계약	등산	여행	이사	합방	이장	점안식	개업준공	신축상량	수술-침	서류제출	직원채용
					불공 제의식 吉한 행사일					吉凶 길흉 大小 일반 행사일																
◎	◎	×	×	◎	◎	◎	◎	×	×	◎	◎	×	◎	◎	×	◎	◎	×	×	×	◎	◎	◎	◎	◎	◎

당일 래정법

- **巳時**에 온사람은 의욕과다. 뭐가 하고싶어서 왔다 직장취업문제, 시험합격여부
- **午時**에 온사람은 골치 아픈일 가내환자, 죽음 바람기 불륜 시비투쟁, 정지
- **未時**에 온사람은 형제, 문서 화합운 결혼 재혼 경조사 애정사 궁합 만남 후원 개업
- **申時** 온 사람은 이동수 있는자 이사나 직장변동, 사업체 변동수, 여행, 이별수, 창업불리
- **酉時** 온 사람은 색정사문제, 금전손재수, 쉬고있는자, 빈주머니, 헛 공사, 사기모함, 매사불성
- **戌時** 온 사람은 매매 이동변동수, 터부정, 관재구설 사기, 허위문서, 동업자 시비 다툼주의, 차사고주의

필히 피해야 할일 주식투자 · 사행성코인사업 · 명품구입 · 신상출고 · 제품출품 · 화재조심 · 장담그기 · 승선 · 동토

백초귀장술의 오늘에 초사언

시간 점占 戊辰공망-戌亥

子時	부인문제, 태아령천도, 금전문제, 삼각관계
丑時	부인 가출, 금전손실, 도주, 불륜사
寅時	질병재앙, 직장취업문제, 직장변동, 관재
卯時	재물손실, 파재, 극처사, 관송사 분쟁
辰時	금전암손, 여자문제, 금전다툼, 진퇴반복
巳時	사업신규사, 직장승진건, 포상 명예사
午時	윗사람 손상, 직장박탈, 극처사, 수술주의
未時	사업사, 부인문제, 가출사, 음란불륜사
申時	자선사업 봉사, 자식문제, 직업실직 가출
酉時	남녀색정사, 금전융통, 불명예 질병침투
戌時	질병재앙, 적침범사, 가출문제 부하도주
亥時	금전사기 손재수, 금전융통, 이별수

오늘 행운 복권 운세

복권사면 좋은 띠는 **범띠** ③⑧⑱
행운복권방은 집에서 **동북쪽에 있는곳**

申子辰生	북쪽문을 피하고, 서남쪽으로 이사하면 안 된다. 재수가 없고, 하는 일마다 꼬이고, 病苦 질병발생. 바람기 발동.
巳酉丑生	서쪽문을 피하고, 동남쪽으로 이사하면 안 된다. 재수가 없고, 하는 일마다 꼬이고, 病苦 질병발생. 바람기 발동.
寅午戌生	남쪽문을 피하고, 북동쪽으로 이사하면 안 된다. 재수가 없고, 하는 일마다 꼬이고, 病苦 질병발생. 바람기 발동.
亥卯未生	동쪽문을 피하고, 서북쪽으로 이사하면 안 된다. 재수가 없고, 하는 일마다 꼬이고, 病苦 질병발생. 바람기 발동.

운세풀이

戌띠:이동수,우왕좌왕, 弱 다툼	丑띠: 점점 일이 꼬임 관재구설	辰띠:최고운상승세, 두마음	未띠: 만남,결실,화합,문서
亥띠:매사불편, 방해자,배신	寅띠:귀인상봉, 금전이득, 현금	巳띠: 의욕과다, 스트레스큼	申띠:이동수,이별수,변동 움직임
子띠:해결신,시험합격, 풀림	卯띠: 매사꼬임,과거고생, 질병	午띠: 시급한 일, 뜻대로 안됨	酉띠: 빈주머니,걱정근심,사기

서기	2026年
단기	4359年
불기	2570年

丙午年 양력 04月 25日 음력 03月 09日 토요일

구성月반			구성日반		
5	1	3	8	4A	6
4	6	8P	7	9	2
9	2	7AP	3	5	1P

	時	日	月	年
天干	己	壬	丙	
地支	巳	辰	午	

지장간	손방위	吉方	凶方
戊	無	正西	正東

乙	甲	癸	壬	辛	庚	己	戊	丁	丙	乙	甲
亥	戌	酉	申	未	午	巳	辰	卯	寅	丑	子
태	양	생	욕	관	록	왕	쇠	병	사	묘	절

狗狼星 구랑성: 申方 寺觀

택천쾌: 과단성결단 필요 문서 관재구설 쫓겨나는 신세 신속

三甲순	육갑납음	대장군방	조객방	삼살방	상문방	세파방	오늘생극	오늘상충	오늘원진	오늘상천	오늘상파	황도길흉	28수성	건제12신	九星	결혼주당	이사주당	안장주당	복단일	오늘吉神	神殺	오늘神殺	육도환생처	축원인도불	오늘기도德	금일지옥명
生甲	大林木	卯正東方	辰東南方	子正北方	申西南方	子正北方	義의	亥 36	戌 미움	寅 중단	申 깨짐	명당황도	柳유	除제	九紫	夫부	安안	아버지	양공기일	오부*상일	-	라강·겁살	옥도	아미타불	문수보살	검수지옥

칠성기도일	산신축원일	용왕축원일	조왕하강일	나한하강일	천도재	신굿	재수굿	용왕굿	조왕굿	병굿	고사	결혼	입학	투자	계약	등산	여행	이사	합방	이장	점안식	개업준공	신축상량	수술·침	서류제출	직원채용
◎	◎	◎	◎	◎	◎	◎	◎	◎	◎	◎	◎	×	◎	×	×	◎	◎	◎	×	◎	×	◎	◎	-	◎	×

(불공 제의식 吉한 행사일: 천도재 ~ 고사 / 吉凶 길흉 大小 일반 행사일: 결혼 ~ 직원채용)

당일 래정법

巳時 에 온사람은 의욕충만, 무가지문제로 갈등사, 갖고싶은 욕구, 직장문제, 사업문제

午時 에 온사람은 의욕과다, 뭐가 하고싶어서 왔다, 직장취업문제, 시험합격여부

未時 에 온사람은 골치 아픈일, 형제동업 죽음, 바람기, 불륜, 시비투쟁, 속정리

申時 온 사람은 형제, 문서 화합운, 결혼, 재혼, 경조사, 애정사, 궁합, 만남, 개업, 하극상 배신, 구설수

酉時 온 사람은 이동수 있는자, 가출, 이사나 직장변동, 사업체 변동수, 여행, 이별수, 관재구설

戌時 온 사람은 색정사문제, 금전손재수, 쉬고있는자, 빈주머니, 헛 공사, 사기모함, 매사불성

필히 피해야 할일 약혼식 · 입주 · 새집들이 · 친목회 · 금전수금 · 건축수리 · 기둥세우기 · 산나물채취 · 흙 파는일

백초귀장술의 오늘에 초사언

시간 점占 己巳공망-戌亥

子時	금전융통, 여자문제, 상업문제, 부부문제
丑時	육친이별, 자식가출, 여자도망, 삼각관계
寅時	관청문제, 가출사, 극처사, 색정사, 변동
卯時	질병침투, 관재구설, 남녀색정사, 가출
辰時	금전파산, 부인문제, 재해, 도난, 원귀침투
巳時	금전암손, 여자문제, 사업후원사, 기도요망
午時	남녀색정사, 직장취업 승진문제, 가출사
未時	금전융통 손재수, 형제친구, 가출방황 수술
申時	사업후원사 발탁, 화합사, 당선 賞福 有
酉時	급병자발생, 직장실직, 자식 가출도주
戌時	금전손실, 도망사,,이별사, 신병불리
亥時	적의 침범사, 질병침투, 가출사, 부부이별

오늘 행운 복권 운세

복권사면 좋은 띠는 **토끼띠** ②⑧

행운복권방은 집에서 **동쪽**에 있는곳

申子辰生	북쪽문을 피하고, 서남쪽으로 이사하면 안 된다. 재수가 없고, 하는 일마다 꼬이고, 病苦 질병발생. 바람기 발동.
巳酉丑生	서쪽문을 피하고, 동남쪽으로 이사하면 안 된다. 재수가 없고, 하는 일마다 꼬이고, 病苦 질병발생. 바람기 발동.
寅午戌生	남쪽문을 피하고, 북동쪽으로 이사하면 안 된다. 재수가 없고, 하는 일마다 꼬이고, 病苦 질병발생. 바람기 발동.
亥卯未生	동쪽문을 피하고, 서북쪽으로 이사하면 안 된다. 재수가 없고, 하는 일마다 꼬이고, 病苦 질병발생. 바람기 발동.

운세풀이

亥띠:이동수,우왕좌왕, 弱, 다툼	寅띠: 점점 일이 꼬임, 관재구설	巳띠:최고운상승세, 두마음	申띠: 만남,결실,화합,문서
子띠:매사불편, 방해자,배신	卯띠:귀인상봉, 금전이득, 현금	午띠: 의욕과다, 스트레스큼	酉띠:이동수,이별수,변동 움직임
丑띠:해결신,시험합격, 풀림	辰띠: 매사꼬임,과거고생, 질병	未띠: 시급한 일, 뜻대로 안됨	戌띠: 빈주머니,걱정근심,사기

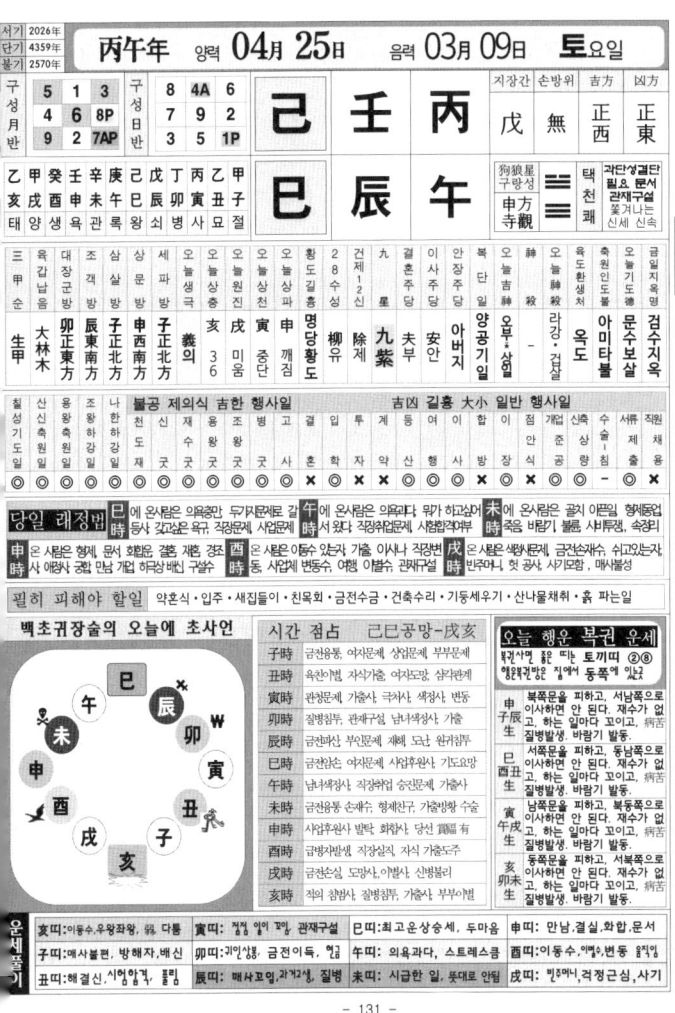

4월

서기	2026年
단기	4359年
불기	2570年

丙午年 양력 04月 26日 음력 03月 10日 일요일

구성月반			구성日반		
5	1	3	9	5	7
4	6	8P	8	1	3
9	2	7AP	4	6AP	2

時	日	月
庚	壬	丙
午	辰	午

지장간	손방위	吉方	凶方
戊	無	正西	正東

狗狼星 구랑성	괘	택천쾌	
天	☱ ☰	택천쾌	각단성결단 필요 문서 관재구설 쫓겨나는 신세 신속

丁	丙	乙	甲	癸	壬	辛	庚	己	戊	丁	丙
亥	戌	酉	申	未	午	巳	辰	卯	寅	丑	子
병	쇠	왕	록	관	욕	생	양	태	절	묘	사

三甲순	육갑납음	대장군방	조객방	삼살방	상문방	세파방	오늘생극	오늘상충	오늘원진	오늘상천	오늘상파	황도길흉	28수성	건제12신	九星	결혼주당	이사주당	안장주당	복단일	대공망일	오늘吉神	오늘神殺	육도환생처	축원인도불	오늘기도德	금일지옥명
生甲	路傍土	卯正東方	辰東南方	子正北方	申西南方	子正北方	伐벌	子 36	丑 미움	丑 중단	卯 깨짐	천형흑도	星성	滿만	一白	姑고	利이	남자	-	천귀*시덕	월은*미일	천화·수격	불도	정광여래	약사보살	도산지옥

칠성기도일	산신축원일	용왕축원일	조왕하강일	나한하강일	불공 제의식 吉한 행사일: 천도재	신굿	재수굿	용왕굿	조왕굿	병굿	고사	吉凶 길흉 大小 일반 행사일: 결혼	입학	투자	계약	등산	여행	이사	합방	이장	점안식	개업준공	신축상량	수술-침	서류제출	직원채용
×	◎	×	◎	×	×	◎	◎	×	◎	◎	◎	×	◎	×	×	–	◎	◎	×	×	◎	◎	×	◎	–	×

당일 래정법

巳時 에 온사람은 건강문제, 관재구설로 운이 단단히 꼬여있음, 동업파탄 손재수
午時 에 온사람은 의욕충만, 두문제로 갈등사, 갖고싶은 욕구, 직장문제, 취업문제
未時 에 온사람은 의욕과다, 뭐가 하고싶어서 왔다, 직장취업문제, 결혼문제
申時 온 사람은 골치 아픈일, 친구나 형제동업, 죽음, 배우자바람기, 불륜, 시비투쟁, 속 정리해야함
酉時 온 사람은 형제, 문서, 화합운, 결혼, 경조사, 애정사, 궁합, 만남, 개업, 하극상 배신, 경쟁자로 몰변
戌時 온 사람은 이동수 있는자, 가출, 이사나, 직장변동, 사업체 변동수, 여행, 이별수, 관재구설

필히 피해야 할일

홍보광고 · 새작품제작 · 출품 · 새집들이 · 인수인계 · 씨뿌리기 · 질병치료 · 벌초 · 흙파기

백초귀장술의 오늘에 초사언

시간 점占 庚午공망-戌亥

子時	질병재앙, 자식 극, 관재근심, 도난 질책
丑時	사업손재, 육친이별, 질병침투 기도요망
寅時	사업손재, 금전융통, 불륜사, 가출, 이별
卯時	남녀색정사, 금전문제, 여자도주 가출사
辰時	자선사업, 사업후원사, 질병재앙, 가출사
巳時	질병재앙, 관재구설, 재앙초래, 괴이사발생
午時	금전손실, 직장문제, 남편문제, 재해 도난
未時	사업후원문제, 금전융통, 가출문제
申時	원행 이동건, 직장취업문제, 승진문제
酉時	관직 발탁사, 금전문제, 극처사, 수술유의
戌時	재물손실, 가출건, 사업파산, 윗사람문제
亥時	자식 질병재앙, 사기손재, 도난, 함정 음란

오늘 행운 복권 운세

복권사면 좋은 띠는 용띠 ⑤⑩⑳
행운복권방은 집에서 동남쪽에 있는곳

申子辰生	북쪽문을 피하고, 서남쪽으로 이사하면 안 된다. 재수가 없고, 하는 일마다 꼬이고, 病苦 질병발생. 바람기 발동.
巳酉丑生	서쪽문을 피하고, 동남쪽으로 이사하면 안 된다. 재수가 없고, 하는 일마다 꼬이고, 病苦 질병발생. 바람기 발동.
寅午戌生	남쪽문을 피하고, 북동쪽으로 이사하면 안 된다. 재수가 없고, 하는 일마다 꼬이고, 病苦 질병발생. 바람기 발동.
亥卯未生	동쪽문을 피하고, 서북쪽으로 이사하면 안 된다. 재수가 없고, 하는 일마다 꼬이고, 病苦 질병발생. 바람기 발동.

운세풀이

子띠: 이동수, 우왕좌왕, 불화 다툼	卯띠: 점점 일이 꼬임, 관재구설	午띠: 최고운상승세, 두마음	酉띠: 만남, 결실, 화합, 문서
丑띠: 매사불편, 방해자, 배신	辰띠: 귀인상봉, 금전이득, 현금	未띠: 의욕과다, 스트레스큼	戌띠: 이동수, 이별수, 변동 움직임
寅띠: 해결신, 시험합격, 풀림	巳띠: 매사꼬임, 과거고생, 질병	申띠: 시급한 일, 뜻대로 안됨	亥띠: 빈주머니, 걱정근심, 사기

서기	2026年
단기	4359年
불기	2570年

丙午年 양력 04月 27日 음력 03月 11日 월요일

구성月반			구성日반		
5	1	3	1	6	8A
4	6	8P	9	2	4
9	2	7AP	5P	7	3

辛	壬	丙
未	辰	午

지장간	손방위	吉方	凶方
戊	동쪽	正東	正西

己	戊	丁	丙	乙	甲	癸	壬	辛	庚	己	戊
亥	戌	酉	申	未	午	巳	辰	卯	寅	丑	子
욕	관	록	왕	쇠	병	사	묘	절	태	양	생

狗狼星 구랑성	괘	괘명	풀이
天	䷪	택천쾌	과단성결단 필요 문서 관재구설 쫓겨나는 신세 신속

4월

三甲순	육갑납음	대장군방	조객방	삼살방	상문방	세파방	오늘생극	오늘상충	오늘원진	오늘상천	오늘상파	황도길흉	28수성	건제12신	九星	결혼주당	이사주당	안장주당	복단일	오늘吉神	오늘吉神	오늘神殺	육도환생처	축원인도불	오늘기도德	금일지옥명
生甲	路傍土	卯正東方	辰東南方	子正北方	申西南方	子正北方	義의	丑 36	子 미움	子 중단	戌 깨짐	주작흑도	張장	平평	二黑	堂당	天天	손자	복단일	-	대명*텡음	천강·월살	불도	정광여래	대세지보살	도산지옥

칠성기도일	산신축원일	용왕축원일	조왕하강일	나한하강일	천도재	신굿	재수굿	용왕굿	조왕굿	병굿	고사	결혼	입학	투자	계약	등산	여행	이사	합방	이장	점안식	개업준공	신축상량	수술-침	서류제출	직원채용
×	×	×	×	×	◎	◎	◎	◎	◎	◎	◎	×	-	×	×	◎	×	×	×	×	×	×	×	◎	◎	×

(불공 제의식 吉한 행사일: 천도재 ~ 고사 / 吉凶 길흉 大小 일반 행사일: 결혼 ~ 직원채용)

당일 래정법

巳時 에 온사람은 금전문제, 사업문제, 금전구재건, 관직취직사, 속전속결이 유리

午時 에 온사람 건강문제, 관재구설로 운이 단단히 꼬여있음, 동업파탄 손재수

未時 에 온사람 금전사기, 허위문서로 관재, 교합사는 불성사, 이동수도 있음

申時 온 사람은 의욕과다, 뭔가 하고싶어서 왔다. 직장취업문제, 친구형제간 배신과 음해, 관재수

酉時 온 사람은 골치 아픈일, 형제동업, 죽음, 바람기, 불륜, 시비투쟁, 급속정리해야함, 청춘구직해

戌時 온 사람은 형제, 문서, 화합운, 결혼, 재혼, 경조사, 애정사, 궁합, 만남, 개업, 하극상 배신, 구설수

필히 피해야 할일

홍보광고 • 새작품제작 • 출품 • 새집들이 • 인수인계 • 씨뿌리기 • 질병치료 • 동물들이기

백초귀장술의 오늘에 초사언

시간 점占 辛未공망-戌亥

子時	남녀색정사, 금전손해 실물수, 질병 관재
丑時	적의 침범사, 질병재앙, 자손상해, 가출
寅時	부인문제, 금전문제, 불륜 삼각관계
卯時	금전융통, 질병위급, 여자문제, 금전다툼
辰時	사업 후원문제, 육친이별, 다툼, 불륜배신
巳時	관직 발탁사, 금전문제, 남편명예사, 포상
午時	시작불리, 금전융통, 직장변동, 가출사
未時	금전의 암손, 여자문제, 질병침투, 도주
申時	파재, 상해, 도난, 극처사, 횡액주의
酉時	형제친구 도주사, 직장실직, 가출사
戌時	사업후원사, 질병 수술위급, 관청근심
亥時	직업권리 실직, 금전손재수, 가출사발생

오늘 행운 복권 운세

복권사면 좋은 띠는 **뱀띠** ⑦⑰27
행운복권방은 집에서 **남동쪽**에 있는곳

申子辰生	북쪽문을 피하고, 서남쪽으로 이사하면 안 된다. 재수가 없고, 하는 일마다 꼬이고, 病苦 질병발생. 바람기 발동.
巳酉丑生	서쪽문을 피하고, 동남쪽으로 이사하면 안 된다. 재수가 없고, 하는 일마다 꼬이고, 病苦 질병발생. 바람기 발동.
寅午戌生	남쪽문을 피하고, 북동쪽으로 이사하면 안 된다. 재수가 없고, 하는 일마다 꼬이고, 病苦 질병발생. 바람기 발동.
亥卯未生	동쪽문을 피하고, 서북쪽으로 이사하면 안 된다. 재수가 없고, 하는 일마다 꼬이고, 病苦 질병발생. 바람기 발동.

운세풀이

丑띠:이동수,우왕좌왕, 弱, 다툼	辰띠: 점점 일이 꼬임, 관재구설	未띠:최고운상승세, 두마음	戌띠: 만남,결실,화합,문서
寅띠:매사불편, 방해자,배신	巳띠:귀인상봉, 금전이득, 현금	申띠: 의욕과다, 스트레스큼	亥띠:이동수,이별수,변동 움직임
卯띠:해결신,시험합격, 풀림	午띠: 매사꼬임,과거고생, 질병	酉띠: 시급한 일, 뜻대로 안됨	子띠: 빈주머니,걱정근심,사기

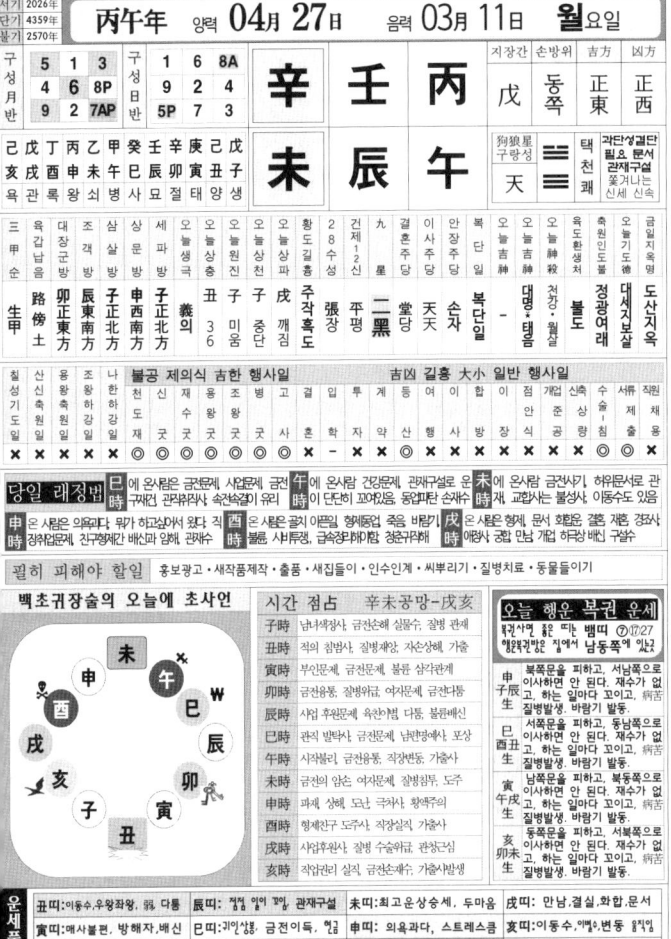

서기	2026年
단기	4359年
불기	2570年

丙午年 양력 04月 28日 음력 03月 12日 화요일

구성月반				구성日반			
	5	1	3		2	7	9
	4	6	8P		1A	3	5
	9	2	7AP		6P	8	4

壬	壬	丙
申	辰	午

지장간	손방위	吉方	凶方
戊	동남	正北	正南

辛	庚	己	戊	丁	丙	乙	甲	癸	壬	辛	庚
亥	戌	酉	申	未	午	巳	辰	卯	寅	丑	子
록	관	욕	생	양	태	절	묘	사	병	쇠	왕

狗狼星 구랑성	正廳 정청관청	☱ ☰	택천쾌	과단성결단 필요 문서 관재구설 쫓겨나는 신세 신속

三甲순	육갑납음	대장군방	조객방	삼살방	상문방	세파방	오늘생극	오늘상충	오늘원진	오늘상천	오늘상파	황도길흉	28수성
生甲	劍鋒金	卯正東方	辰東南方	子正北方	申西南方	子正北方	義의	寅 36	卯 미움	亥 중단	巳 깨짐	금궤황도	翼익

건제12신	九星	결혼주당	이사주당	안장주당	오늘吉神	오늘吉神	神殺	오늘神殺	육도환생처	축원인도불	오늘기도德	금일지옥명
定정	三碧	翁옹	害해	死	-	삼합일	천덕*대명	왕망·지화	인도	정광여래	아미보살	도산지옥

칠성기도일	산신축원일	용왕축원일	조왕하강일	나한하강일	불공 제의식 吉한 행사일 천도재	신굿	재수굿	용왕굿	조왕굿	병굿	고사	吉凶 길흉 大小 일반 행사일 결혼	입학
◎	◎	×	◎	◎	◎	◎	◎	◎	◎	◎	◎	◎	◎

투자	계약	등산	여행	이사	합방	이장	점안식	개업준공	신축상량	수술-침	서류제출	직원채용
×	◎	◎	◎	×	◎	×	◎	◎	◎	◎	◎	◎

당일 래정법

巳時에 온사람은 의욕없는자, 금전구재건 색정사로 다툼, 억울한 일, 매사불성사

午時에 온사람은 금전문제, 사업문제, 빛쟁이모함, 관직취직사, 속전속결이 유리

未時에 온사람 건강문제, 관재구설로 운이 단단히 꼬여있음, 남자는 불리, 손재수

申時 온 사람은 금전사기, 허위문서로 관재, 종교문제, 수술문제, 후원사는 유리함, 사고조심

酉時 온 사람은 의욕과다, 뭔가 하고싶어서 왔다. 직장취업문제, 친구형제간 배신, 시험합격여부

戌時 온 사람은 골치 아픈일, 형제동업, 죽음, 바람기, 불륜, 시비투쟁, 급속정리해야함, 청춘귀직해

필히 피해야 할일 이날은 흑도와 월파일에 월기일, 패파, 대모 등 신살에 해당되어 매사 해롭고 불리한 날.

백초귀장술의 오늘에 초사언

시간 점占 壬申공망-戌亥

子時	금전손재수, 부인침해, 태아령 천도요망
丑時	사기도난, 파재, 실직사, 남편문제, 가출
寅時	파재, 관재, 적 침범사, 질병침투, 터부정
卯時	관록 당선에 방해자, 실수 탄로, 가출사
辰時	자손 시험합격, 불륜사, 질병재앙, 관재
巳時	금전융통, 여자문제, 불륜색정사, 가출사
午時	금전융통, 금전다툼, 극처사, 가출문제
未時	病환자, 직장실직, 남편문제, 불륜애정사
申時	금전암손, 부인문제, 형제친구사, 불륜사
酉時	윗사람 후원문제, 남녀색정사, 가출사건
戌時	색정사, 재물손실, 가출건, 질병침투, 관재
亥時	입상명예문제, 직장취업 승진문제, 가출

오늘 행운 복권 운세

복권사면 좋은 띠는 말띠 ⑤⑦22
행운복권방은 집에서 남쪽에 있는곳

申子辰生	북쪽문을 피하고, 서남쪽으로 이사하면 안 된다. 재수가 없고, 하는 일마다 꼬이고, 病苦질병발생. 바람기 발동.
巳酉丑生	서쪽문을 피하고, 동남쪽으로 이사하면 안 된다. 재수가 없고, 하는 일마다 꼬이고, 病苦질병발생. 바람기 발동.
寅午戌生	남쪽문을 피하고, 북동쪽으로 이사하면 안 된다. 재수가 없고, 하는 일마다 꼬이고, 病苦질병발생. 바람기 발동.
亥卯未生	동쪽문을 피하고, 서북쪽으로 이사하면 안 된다. 재수가 없고, 하는 일마다 꼬이고, 病苦질병발생. 바람기 발동.

운세풀이

寅띠:이동수,우왕좌왕, 형제 다툼	巳띠: 점점 일이 꼬임, 관재구설	申띠:최고운상승세, 두마음	亥띠: 만남,결실,화합,문서
卯띠:매사불편, 방해자,배신	午띠: 귀인상봉, 금전이득, 현금	酉띠: 의욕과다, 스트레스큼	子띠:이동수,이별수,변동 움직임
辰띠:해결신,시험합격, 풀림	未띠: 매사꼬임,과거고생, 질병	戌띠: 시급한 일, 뜻대로 안됨	丑띠: 빈주머니,걱정근심,사기

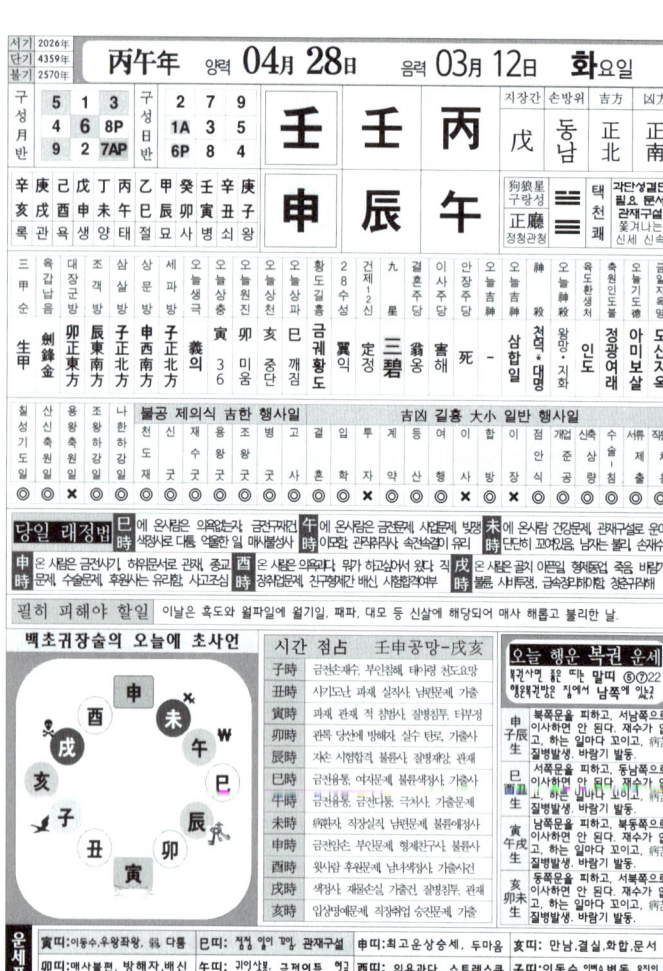

서기	2026年
단기	4359年
불기	2570年

丙午年 양력 04月 29日 음력 03月 13日 수요일

구성월반				구성일반			
	5	1	3		3A	8	1
	4	6	8P		2P	4	6
	9	2	7AP		7	9	5

癸	壬	丙
酉	辰	午

지장간	손방위	吉方	凶方
戊	남쪽	正西	正東

癸	壬	辛	庚	己	戊	丁	丙	乙	甲	癸	壬
亥	戌	酉	申	未	午	巳	辰	卯	寅	丑	子
왕	쇠	병	사	묘	절	태	양	생	욕	관	록

狗狼星 구랑성	寅艮卯方 後門남 쪽午方
택천쾌	과단성결단 필요 문서 관재구설 쫓겨나는 신세 신속

4월

三甲순	육갑납음	대장군방	조객방	삼살방	상문방	세파방	오늘생극	오늘상충	오늘원진	오늘상천	오늘상파	황도길흉	28수성	건제12신	九星	결혼주당	이사주당	안장주당	복단일	神殺	神殺	오늘神殺	육도환생처	축원인도불	오늘기도德	금일지옥명
生甲	劍鋒金	卯正東方	辰東南方	子正北方	申西南方	子正北方	義의	卯 36	寅 미움	戌 중단	子 깨짐	대덕황도	軫진	執집	四綠	第제	殺살	여자	육합*지덕	–	토부·대시	오허·검봉	귀도	정광여래	관음보살	도산지옥

칠성기도일	산신축원일	용왕축원일	조왕하강일	나한하강일	불공 제의식 吉한 행사일							吉凶 길흉 大小 일반 행사일														
					천도재	신굿	재수굿	용왕굿	조왕굿	병굿	고사	결혼	입학	투자	계약	등산	여행	이사	합방	이장	점안식	개업준공	신축상량	수술-침	서류제출	직원채용
◎	◎	×	◎	◎	◎	◎	◎	◎	◎	◎	◎	×	◎	×	◎	◎	◎	×	–	×	◎	◎	×	◎	◎	◎

당일 래정법

巳時 에 온사람은 허가 해결할 문제, 합격여부, 금전투자여부, 직장문제, 재혼은 굳

午時 에 온사람은 의욕없는자, 금전구재건 색정사로 다툼, 억울한 일, 매사불성사

未時 에 온사람 금전문제, 사업문제, 자식문제, 관직취직사, 속전속결이 유리

申時 온 사람은 건강문제, 관재구설로 운이 단단히 꼬여있음, 취업 승진문제, 딸자식문제, 손재수

酉時 온 사람은 두가지 문제 갈등사, 갖고싶은 욕구 강함, 새로운 일시작 진행함이 좋다. 우환질병

戌時 온 사람은 의욕과다, 뭐가 하고싶어서 왔다. 직장 취업문제, 친구형제간 배신, 시험합격여부

필히 피해야 할일

이날은 천적과 월파일에 천적, 오허, 검봉, 지화 등 신살에 해당되어 매사 해롭고 불리한 날.

백초귀장술의 오늘에 초사언

시간 점占	癸酉공망-戌亥
子時	직장근심, 사업손재수, 색정사, 도난도주
丑時	관재, 적 침범사, 질병침투, 불륜색정사
寅時	음란색정사, 불명예, 극처사, 재해 도난
卯時	질병침투, 색정사, 적 침범사, 가출사
辰時	직장실직, 금전융통, 남편문제, 화합사
巳時	재물과 부인문제, 질병재앙, 후원 발탁사
午時	금전융통, 남녀 색정사, 부부불화, 가출사
未時	육친이별문제, 구재이득, 우환질병, 관재
申時	어른 우환질병, 실직사, 도난, 가출사
酉時	금전 임손, 부인문제, 질병침투, 색정사
戌時	관직권리, 직장취업, 부부변심, 삼각관계
亥時	재앙불리, 음란색정사, 금전손실, 도난

오늘 행운 복권 운세

복권사면 좋은 띠는 **양띠** ⑤⑩25

행운복권방은 집에서 **남서쪽**에 있는곳

申子辰生	북쪽문을 피하고, 서남쪽으로 이사하면 안 된다. 재수가 없고, 하는 일마다 꼬이고, 病苦 질병발생. 바람기 발동.
巳酉丑生	서쪽문을 피하고, 동남쪽으로 이사하면 안 된다. 재수가 없고, 하는 일마다 꼬이고, 病苦 질병발생. 바람기 발동.
寅午戌生	남쪽문을 피하고, 북동쪽으로 이사하면 안 된다. 재수가 없고, 하는 일마다 꼬이고, 病苦 질병발생. 바람기 발동.
亥卯未生	동쪽문을 피하고, 서북쪽으로 이사하면 안 된다. 재수가 없고, 하는 일마다 꼬이고, 病苦 질병발생. 바람기 발동.

운세풀이

卯띠:이동수,우왕좌왕, 弱 다툼	午띠: 점점 일이 꼬임, 관재구설	酉띠:최고운상승세, 두마음	子띠: 만남,결실,화합,문서
辰띠:매사불편, 방해자,배신	未띠: 귀인상봉, 금전이득, 현금	戌띠: 의욕과다, 스트레스큼	丑띠:이동수,이별수,변동 움직임
巳띠:해결신,시험합격, 풀림	申띠: 매사꼬임,과거고생, 질병	亥띠: 시급한 일, 뜻대로 안됨	寅띠: 빈주머니,걱정근심,사기

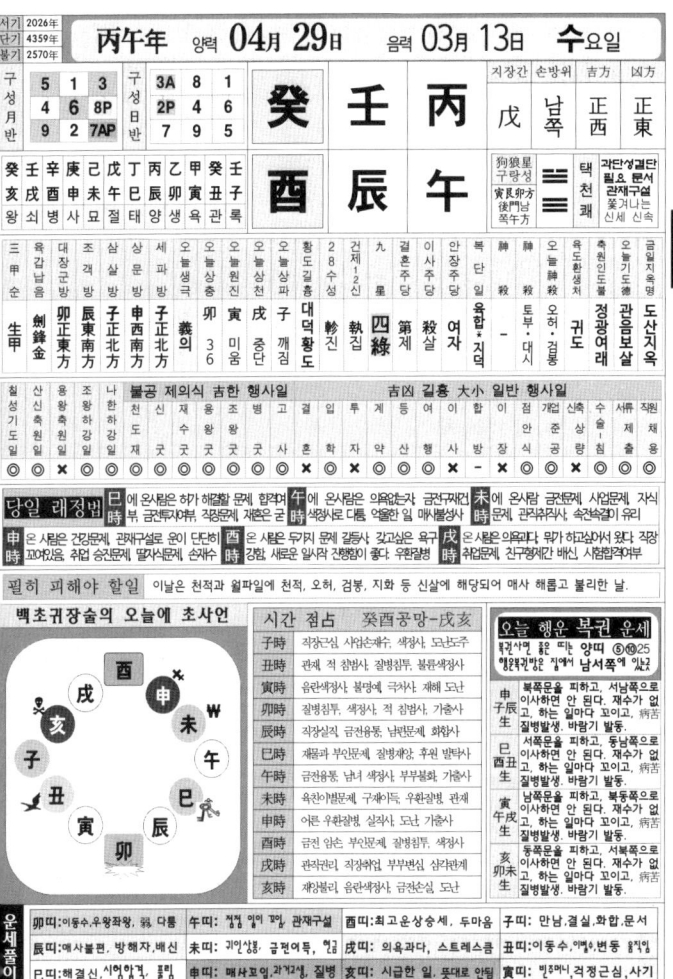

서기	2026年
단기	4359年
불기	2570年

丙午年 양력 04月 30日 음력 03月 14日 목요일

구성月반				구성日반			
	5	1	3		4P	9	2
	4	6	8P		3	5	7
	9	2	7AP		8	1	6

甲	壬	丙
戊	辰	午

지장간	손방위	吉方	凶方
戊	남서	正南	正北

狗狼星 구랑성	神廟 州縣

택천쾌	과단성결단 필요 문서 관재구설 쫓겨나는 신세 신속

乙	甲	癸	壬	辛	庚	己	戊	丁	丙	乙	甲
亥	戌	酉	申	未	午	巳	辰	卯	寅	丑	子
생	양	태	절	묘	사	병	쇠	왕	록	관	욕

三甲순	육갑납음	대장군방	조객방	삼살방	상문방	세파방	오늘생극	오늘상충	오늘원진	오늘상천	오늘상파	황도길흉	28수성	건제12신	九星	결혼주당	이사주당	안장주당	복단일	대공망일	神殺일	오늘神殺	육도환생처	축원인도불	오늘기도德	금일지옥명
死甲	山頭火	卯正東方	辰東南方	子正北方	申西南方	子正北方	制제	辰 36	巳 미움	酉 중단	未 깨짐	백호흑도	角각	破파	五黃	竈조	富부	어머니	월기일	대공망일	월파일	구공·천격	축도	정광여래	미륵보살	도산지옥

칠성기도일	산신축원일	용왕축원일	조왕하강일	나한하강일	불공 제의식 吉한 행사일							吉凶 길흉 大小 일반 행사일														
					천도재	신굿	재수굿	용왕굿	조왕굿	병굿	고사	결혼	입학	투자	계약	등산	여행	이사	합방	이장	점안식	개업준공	신축상량	수술-침	서류제출	직원채용
×	×	×	×	×	×	×	×	×	×	×	×	×	×	×	×	×	×	×	×	×	×	×	×	×	×	×

당일 래정법

巳時 에 온사람은 방해자, 배신사, 의욕상실 매사 지체불리함 창업은 불리함

午時 에 온사람은 허가 해결할 문제, 합격여부, 금전투자여부, 직장문제, 재혼

未時 에 온사람 의욕없는자, 금전구재건, 색정사로 다툼, 억울한 일, 매사불성사

申時 온 사람은 금전문제, 사업문제, 관직취직사, 관재로 얽히게 됨, 속전속결이 유리

酉時 온 사람은 건강문제, 관재구설로 운이 단단히 꼬여있음, 취업 승진문제, 남자문제, 손재수

戌時 온 사람은 두가지 문제 갈등사, 갖고싶은 욕구 강함, 새로운 일시작 진행함이 좋다. 우환질병

필히 피해야 할일 동물들이기 · 농기구 다루기 · 기계수리 · 수렵 · 승선 · 낚시 · 어로작업 · 요트타기 · 위험놀이기구

백초귀장술의 오늘에 초사언

시간 점占 甲戌공망-申酉

子時	어린자식 질병사, 사업불리, 태아령천도
丑時	귀인발탁, 직장사, 구재이득, 질병침투
寅時	직장취업, 직위변동, 가출사, 질병침투
卯時	재물손실, 융통불리, 남녀색정사, 질병
辰時	질병재앙, 적의 침범사, 재물손실, 도난
巳時	자식문제, 직장실직, 부부불화, 망신살수
午時	관재구설, 자식, 직업문제, 화재주의
未時	금전융통, 관청근심, 삼각관계, 가출문제
申時	금전문제, 가출사, 원행 이동수, 손재수
酉時	손해사발생, 직장실직, 부부변심, 질병위급
戌時	금전 암손, 사업문제, 여자문제, 가출사
亥時	금전무리투자, 도난, 자식질병, 태아령

오늘 행운 복권 운세

복권사면 좋은 띠는 **원숭띠** ⑨19, 29
행운복권방은 집에서 **서남쪽에** 있는곳

申子辰生	북쪽문을 피하고, 서남쪽으로 이사하면 안 된다. 재수가 없고, 하는 일마다 꼬이고, 病苦 질병발생. 바람기 발동.
巳酉丑生	서쪽문을 피하고, 동남쪽으로 이사하면 안 된다. 재수가 없고, 하는 일마다 꼬이고, 病苦 질병발생. 바람기 발동.
寅午戌生	남쪽문을 피하고, 북동쪽으로 이사하면 안 된다. 재수가 없고, 하는 일마다 꼬이고, 病苦 질병발생. 바람기 발동.
亥卯未生	동쪽문을 피하고, 서북쪽으로 이사하면 안 된다. 재수가 없고, 하는 일마다 꼬이고, 病苦 질병발생. 바람기 발동.

운세풀이

辰띠:이동수,우왕좌왕, 弱 다툼	未띠: 점점 일이 꼬임, 관재구설	戌띠:최고운상승세, 두마음	丑띠: 만남,결실,화합,문서
巳띠:매사불편, 방해자,배신	申띠: 귀인상봉, 금전이득, 현금	亥띠: 의욕과다, 스트레스큼	寅띠:이동수,이별수,변동 움직임
午띠:해결신,시험합격, 풀림	酉띠: 매사꼬임,과거고생, 질병	子띠: 시급한 일, 뜻대로 안됨	卯띠: 빈주머니,걱정근심,사기

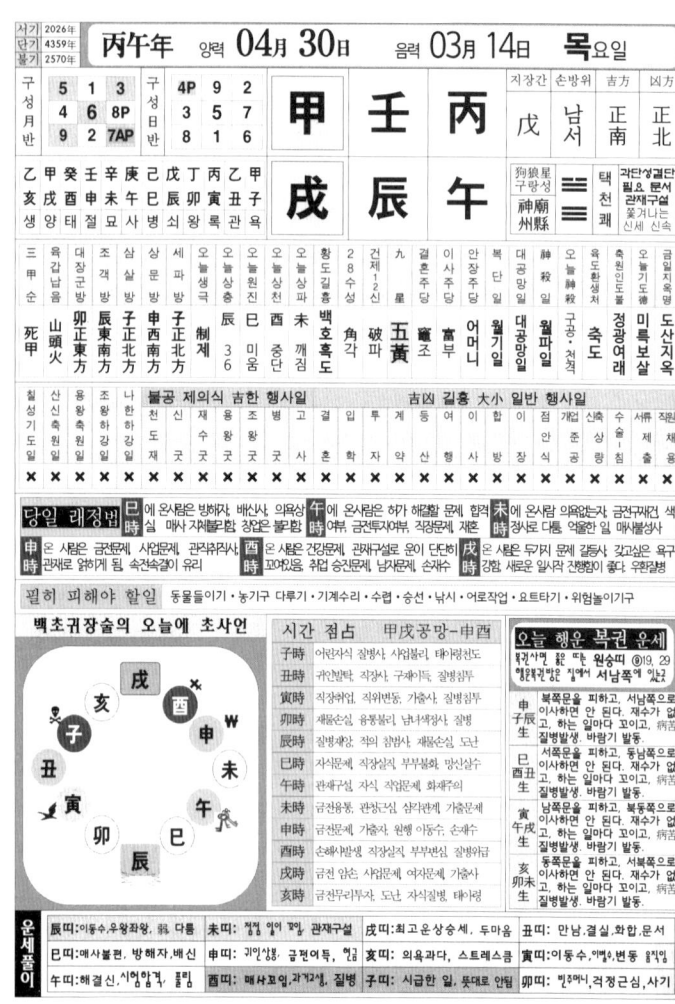

서기	2026年
단기	4359年
불기	2570年

丙午年 양력 05月 01日 음력 03月 15日 금요일

4월

구성월반			구성일반		
5	1	3	5P	1	3
4	6	8P	4	6	8
9	2	7AP	9	2	7A

乙	壬	丙
亥	辰	午

지장간	손방위	吉方	凶方
戊	서쪽	正東	正西

狗狼星 구랑성 / 寺觀 절사관

화산녀

나그네 여행 쓸쓸하고 외롭다. 불안정 판촉할 때

丁	丙	乙	甲	癸	壬	辛	庚	己	戊	丁	丙
亥	戌	酉	申	未	午	巳	辰	卯	寅	丑	子
사	묘	절	태	양	생	욕	관	록	왕	쇠	병

三甲순	육갑납음	대장군방	조객방	삼살방	상문방	세파방	오늘생극	오늘상충	오늘원진	오늘상천	오늘상파	황도길흉	28수성	건제12신	九星	결혼주당	이사주당	안장주당	대공망일	오늘吉神	神殺	오늘神殺	육도환생처	축원인도불	오늘기도德	금일지옥명
死甲	山頭火	卯正東方	辰東南方	子正北方	申西南方	子正北方	義의	巳 36	辰 미움	申 중단	寅 깨짐	옥당황도	亢항	危위	六白	婦부	師사	며느리	대공망일	용덕*모창	수사·멸몰	토금·유화	옥도	정광여래	여래보살	도산지옥

불공 제의식 吉한 행사일 / 吉凶 길흉 大小 일반 행사일

칠성기도일	산신축원일	용왕축원일	조왕하강일	나한하강일	천도재	신굿	재수굿	용왕굿	조왕굿	병굿	고사	결혼	입학	투자	계약	등산	여행	이사	합방	이장	점안식	개업준공	신축상량	수술-침	서류제출	직원채용
◎	◎	×	◎	◎	◎	◎	◎	×	◎	◎	◎	×	◎	×	×	◎	◎	×	×	×	◎	◎	◎	◎	◎	◎

당일 래정법

巳時 에 온사람은 자식문제, 직장변동수, 터부정, 관재구설, 사비 다툼주의 범칼주의

午時 에 온사람은 방해자, 배신사, 의욕상실, 매사 지체불리함, 금전 의혹문제

未時 에 온사람 하가 해결할 문제, 급성질환 불길, 주식투자여부, 직장문제, 매매건

申時 온 사람은 의욕없는자, 직장실직문제, 취업시험불리, 색정사, 억울한 일, 매사불성사

酉時 온 사람은 금전문제, 사업문제, 관직취직사, 관재로 얽히게 됨, 속전속결 유리, 남편지출

戌時 온 사람은 건강문제, 관재구설로 운이 단단히 꼬여있음, 취업 승진문제, 자식문제, 손재수

필히 피해야 할일

소장제출 · 항소 · 손님초대 · 神物,佛象안치 · 씨뿌리기 · 건축수리 · 흙 다루고 땅 파는 일

백초귀장술의 오늘에 초사언

시간 점占 乙亥공망-申酉

子時	상부발탁사, 관직입사, 음란색정사, 도난
丑時	적의 침범사, 질병위급, 삼각관계, 도망
寅時	재물취득, 부인문제, 관직변동, 간사 情夫
卯時	직장취업, 이동사, 가출문제, 형제친구사
辰時	재물융통, 질병재발, 부부다툼, 극처사
巳時	이동사, 삼각 색정사, 직장실직, 터부정
午時	질병재앙, 자식문제, 직장실직, 재해 도난
未時	금전융통, 구재이득, 여자문제 자연해소
申時	재물손실, 우환질병, 불명예, 색정사, 가출
酉時	금전문제, 가출사, 삼각관계, 관재, 질병
戌時	자살귀 침범, 구재불가, 질병고통, 이별사
亥時	금전임손, 여자문제, 사업후원사, 질병침투

오늘 행운 복권 운세

복권사면 좋은 띠는 닭띠 ④⑨ 24, 행운복권방은 집에서 서쪽에 있는곳

申子辰生	북쪽문을 피하고, 서남쪽으로 이사하면 안 된다. 재수가 없고, 하는 일마다 꼬이고, 病苦 질병발생. 바람기 발동.
巳酉丑生	서쪽문을 피하고, 동남쪽으로 이사하면 안 된다. 재수가 없고, 하는 일마다 꼬이고, 病苦 질병발생. 바람기 발동.
寅午戌生	남쪽문을 피하고, 북동쪽으로 이사하면 안 된다. 재수가 없고, 하는 일마다 꼬이고, 病苦 질병발생. 바람기 발동.
亥卯未生	동쪽문을 피하고, 서북쪽으로 이사하면 안 된다. 재수가 없고, 하는 일마다 꼬이고, 病苦 질병발생. 바람기 발동.

운세풀이

巳띠:이동수,우왕좌왕, 弱 다툼	申띠: 점점 일이 꼬임, 관재구설	亥띠:최고운상승세, 두마음	寅띠: 만남,결실,화합,문서
午띠:매사불편, 방해자,배신	酉띠: 귀인상봉, 금전어득, 현금	子띠: 의욕과다, 스트레스큼	卯띠:이동수,이별수,변동 움직임
未띠:해결신,시험합격, 풀림	戌띠: 매사꼬임,과거고생, 질병	丑띠: 시급한 일, 뜻대로 안됨	辰띠: 빈주머니,걱정근심,사기

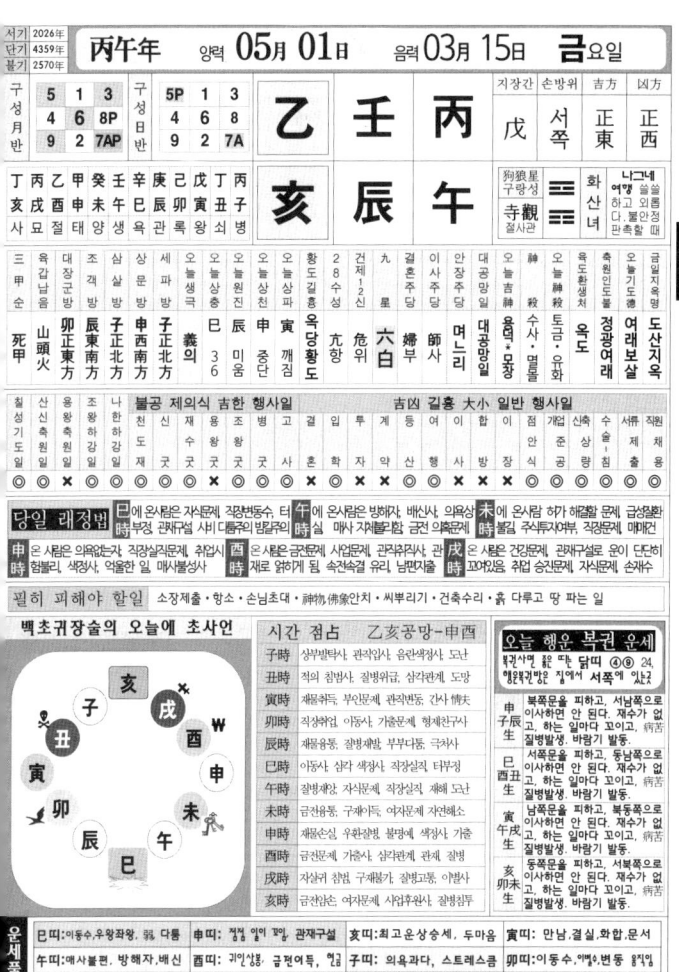

서기	2026年
단기	4359年
불기	2570年

丙午年 양력 05月 02日 음력 03月 16日 토요일

구성月반			구성日반		
5	1	3	6	2P	4
4	6	8P	5	7	9A
9	2	7AP	1	3	8

丙	壬	丙
子	辰	午

지장간	손방위	吉方	凶方
戊	서북	正北	正南

己	戊	丁	丙	乙	甲	癸	壬	辛	庚	己	戊
亥	戌	酉	申	未	午	巳	辰	卯	寅	丑	子
절	묘	사	병	쇠	왕	록	관	욕	생	양	태

狗狼星 구랑성: 中庭廳 관청마당 · 화산녀 · 나그네 여행 쓸쓸하고 외롭다. 불안정 판촉할 때

三甲순	육갑납음	대장군방	조객방	삼살방	상문방	세파방	오늘생극	오늘상충	오늘원진	오늘상천	오늘상파	황도길흉	28수성	건제12신	九星	결혼주당	이사주당	안장주당	오늘吉神	오늘吉神	神殺일	오늘神殺	육도환생처	축원인도불	오늘기도德	금일지옥명
死甲	澗下水	卯正東方	辰東南方	子正北方	申西南方	子正北方	伐벌	午 36	未 미움	未 중단	酉 깨짐	천뇌흑도	氐저	成성	七赤	廚주	災재	손님	생기*성심	삼합일	귀기·지격	신호·패파	천도	지장보살	아미보살	발설지옥

칠성기도일	산신축원일	용왕축원일	조왕하강일	나한하강일	천도재	신굿	재수굿	용왕굿	조왕굿	병굿	고사	결혼	입학	투자	계약	등산	여행	이사	합방	이장	점안식	개업준공	신축상량	수술-침	서류제출	직원채용
◎	◎	×	◎	◎	◎	◎	◎	◎	◎	◎	◎	◎	◎	×	◎	◎	◎	×	◎	×	◎	◎	◎	◎	◎	◎

(불공 제의식 吉한 행사일: 칠성기도일 ~ 고사 / 吉凶 길흉 大小 일반 행사일: 결혼 ~ 직원채용)

당일 래정법

巳時에 온사람은 직장실직건, 친구나 형제문제, 관송사, 실업자, 빈주머니
午時에 온사람은 이동변동수, 터부정, 하극상모함사건, 자식문제, 차사고
未時에 온사람은 방해자, 배신사, 가족간시비, 매사 지체불리함, 도전 창업은 불리
申時 온 사람은 관직 취직문제, 결혼 경조사, 한가지씩 해결됨, 시험은 합격됨 허가건도 승인남, 귀인도움
酉時 온 사람은 외정색정사, 불륜사, 관재로 발전 딸 문제발생 여자로인해 돈모난, 창업불리
戌時 온 사람은 남자문제 부동산매매 금전문제, 주식투자문제, 재물구재사, 여자회합건, 건강질병과 빚때문 고로움

필히 피해야 할일 신상출고 · 제품제작 · 친구초대 · 계약매매 · 문 만들기 · 벌초 · 씨뿌리기 · 나무심기 · 흙 파는일.

백초귀장술의 오늘에 초사언

시간 점占	丙子공망-申酉
子時	돈이나 처를 극, 자식病 흉, 태아령천도
丑時	금전융통, 새일시작, 우환질병, 가출문제
寅時	사업곤란, 병재 재난, 도난 원한 喪服
卯時	사업후원사, 부부화합사, 여자 가출사
辰時	자식문제, 직장실직, 질병침투, 가출사
巳時	관직 명예사, 가정불안, 도난, 손재수
午時	남녀투쟁 다툼, 처를 극, 질병위급, 수술
未時	집안잡귀침투, 자식문제, 직장실직, 질병
申時	선거자유리, 금전융통, 여자문제, 도망
酉時	금전융통, 관청근심, 삼각관계, 가출문제
戌時	자식문제, 직장실직, 질병침투, 가출사
亥時	파재, 극처사, 관송사 분쟁, 가출문제

오늘 행운 복권 운세

복권사면 좋은 띠는 **개띠** ⑩⑳ 30
행운복권방은 집에서 **서북쪽에** 있는곳

申子辰生	북쪽문을 피하고, 서남쪽으로 이사하면 안 된다. 재수가 없고, 하는 일마다 꼬이고, 病苦질병발생. 바람기 발동.
巳酉丑生	서쪽문을 피하고, 동남쪽으로 이사하면 안 된다. 재수가 없고, 하는 일마다 꼬이고, 病苦질병발생. 바람기 발동.
寅午戌生	남쪽문을 피하고, 북동쪽으로 이사하면 안 된다. 재수가 없고, 하는 일마다 꼬이고, 病苦질병발생. 바람기 발동.
亥卯未生	동쪽문을 피하고, 서북쪽으로 이사하면 안 된다. 재수가 없고, 하는 일마다 꼬이고, 病苦질병발생. 바람기 발동.

운세풀이

午띠:이동수,우왕좌왕, 弱, 다툼	酉띠: 점점 일이 꼬임, 관재구설	子띠:최고운상승세, 두마음	卯띠: 만남,결실,화합,문서
未띠:매사불편, 방해자,배신	戌띠:귀인상봉, 금전이득, 현금	丑띠: 의욕과다, 스트레스큼	辰띠:이동수,이별수,변동 움직임
申띠:해결신,시험합격, 풀림	亥띠: 매사꼬임,과거고생, 질병	寅띠: 시급한 일, 뜻대로 안됨	巳띠: 빈주머니,걱정근심,사기

서기	2026年
단기	4359年
불기	2570年

丙午年 양력 05月 03日 음력 03月 17日 일요일

5월

구성월반		
5	1	3
4	6	8P
9	2	7AP

구성日반		
7	3	5P
6	8	1
2A	4	9

丁	壬	丙
丑	辰	午

지장간	손방위	吉方	凶方
戊	북쪽	正西	正東

狗狼星 구랑성	卦	화산녀	나그네
寅方 廚舍	☲ ☶		여행 쓸쓸하고 외롭다. 불안정 판촉할 때

辛	庚	己	戊	丁	丙	乙	甲	癸	壬	辛	庚
亥	戌	酉	申	未	午	巳	辰	卯	寅	丑	子
태	양	생	욕	관	록	왕	쇠	병	사	묘	절

三甲순	육갑납음	대장군방	조객방	삼살방	상문방	세파방	오늘생극	오늘상충	오늘원진	오늘상천	오늘상파	황도길흉
死甲	澗下水	卯正東方	辰東南方	子正北方	申西南方	子正北方	寶보	未 36	午 미움	午 중단	辰 깨짐	현무흑도

28수성	건제12신	九星	결혼주당	이사주당	안장주당	천구하식	복단일	神殺일	오늘神殺	육도환생처	축원인도불	오늘기도德	금일지옥명
房방	收수	八白	夫부	安안	아버지	천덕합	복덕*익후	하괴·지파	홍사·오허	천도	지장보살	보현보살	발설지옥

칠성기도일	산신축원일	용왕축원일	조왕하강일	나한하강일	불공 제의식 吉한 행사일						
					천도재	신굿	재수굿	용왕굿	조왕굿	병굿	고사
×	×	×	×	◎	◎	×	×	×	×	◎	◎

吉凶 길흉 大小 일반 행사일														
결혼	입학	투자	계약	등산	여행	이사	합방	이장	점안식	개업준공	신축상량	수술·침	서류제출	직원채용
×	◎	×	×	◎	◎	◎	×	×	◎	◎	×	◎	×	×

당일 래정법

巳時 에 온사람은 이동수 있는자, 이사 직장변동, 사업체 변동수, 창업불리

午時 에 온사람은 취업문제, 창업문제, 빈주머니, 헛 공사, 부부불화 원망 이별

未時 에 온사람은 남녀간다툼 이동변동수, 터부정, 관재구설, 배신, 교통사고주의

申時 온 사람은 방해자, 배신사, 의욕상실, 취업승진 매사지체불리함, 창업손실, 손해손재수

酉時 온 사람은 새 일 자식문제 급처리문제, 처음엔 해결되는 듯하나 후 불리함 시험합격됨

戌時 온 사람은 의욕없는 자, 하극상 배신사, 억울한일, 외정색정사, 불륜사 문제, 관재로 발전, 취직문제

필히 피해야 할일

출판출고 • 책만들기 • 지출 • 취임식 • 출항 • 어로작업 • 승선 • 바다낚시 • 머리자르기

백초귀장술의 오늘에 초사언

시간 점占 丁丑공망-申酉

子時	자식문제, 관재구설, 급질병, 도난 원수
丑時	금전 암손, 사업문제, 여자문제, 가출사
寅時	사업시작, 후원사, 화합사, 불륜색정사
卯時	질병침투, 적 침범사, 여자 삼각관계
辰時	사업 후원사, 자식문제, 귀농유리, 취업
巳時	금전손실, 여자문제, 관송사, 가출사
午時	매사 불성, 골육이별, 가출사, 사기도난
未時	직장실직, 우환질병 가출사 자손사 하극상
申時	재물손실, 극처사, 가출사, 재해, 도난
酉時	금전융통, 여자문제, 색정사, 금전손실
戌時	관청근심, 불륜색정사, 가출, 도난 상해
亥時	금전문제, 입상 명예문제, 원행 이동수

오늘 행운 복권 운세

복권사면 좋은 띠는 **돼지띠** ⑪⑯31
행운복권방은 집에서 **북서쪽**에 있는곳

申子辰生	북쪽문을 피하고, 서남쪽으로 이사하면 안 된다. 재수가 없고, 하는 일마다 꼬이고, 病苦 질병발생. 바람기 발동.
巳酉丑生	서쪽문을 피하고, 동남쪽으로 이사하면 안 된다. 재수가 없고, 하는 일마다 꼬이고, 病苦 질병발생. 바람기 발동.
寅午戌生	남쪽문을 피하고, 북동쪽으로 이사하면 안 된다. 재수가 없고, 하는 일마다 꼬이고, 病苦 질병발생. 바람기 발동.
亥卯未生	동쪽문을 피하고, 서북쪽으로 이사하면 안 된다. 재수가 없고, 하는 일마다 꼬이고, 病苦 질병발생. 바람기 발동.

운세풀이

未띠:이동수,우왕좌왕, 불화 다툼	戌띠: 점점 일이 꼬임 관재구설	丑띠:최고운상승세, 두마음	辰띠: 만남,결실,화합,문서
申띠:매사불편, 방해자,배신	亥띠:귀인상봉, 금전이득, 현금	寅띠: 의욕과다, 스트레스큼	巳띠:이동수,이별수,변동 움직임
酉띠:해결신,시험합격, 풀림	子띠: 매사꼬임,과거고생, 질병	卯띠: 시급한 일, 뜻대로 안됨	午띠: 빈주머니,걱정근심,사기

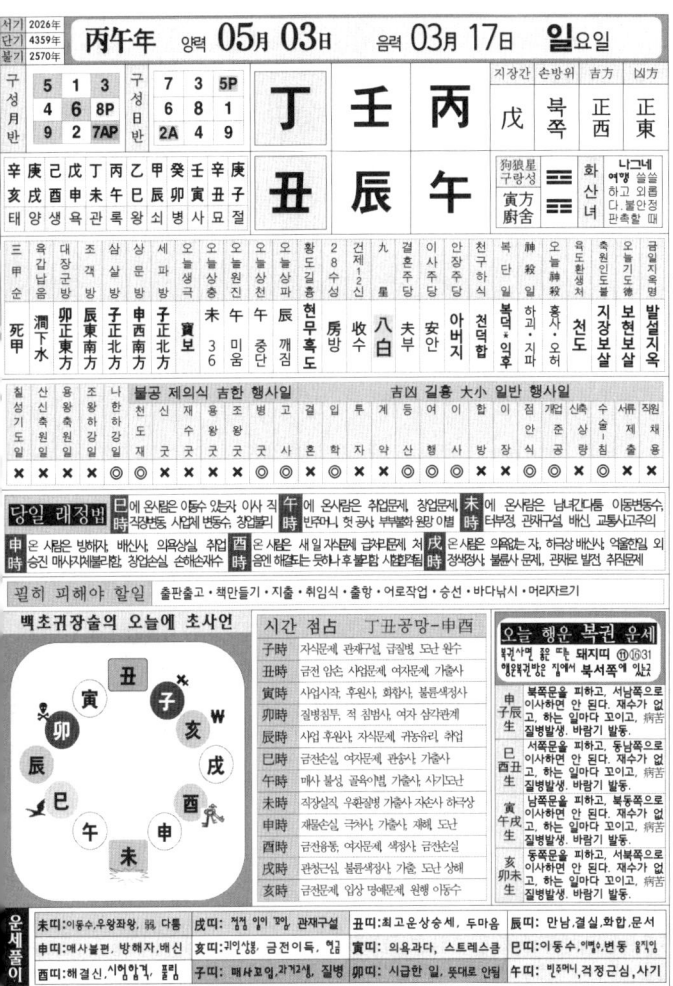

서기	2026年
단기	4359年
불기	2570年

丙午年 양력 05月 04日 음력 03月 18日 월요일

구성월반			구성일반		
5	1	3	8	4A	6P
4	6	8P	7	9	2
9	2	7AP	3	5	1

戊	壬	丙
寅	辰	午

지장간	손방위	吉方	凶方
戊	북동	正南	正北

癸	壬	辛	庚	己	戊	丁	丙	乙	甲	癸	壬
亥	戌	酉	申	未	午	巳	辰	卯	寅	丑	子
절	묘	사	병	쇠	왕	록	관	욕	생	양	태

狗狼星 구랑성: 東北方

화산녀

나그네 여행 쓸쓸하고 외롭다. 불안정 판측할 때

三甲순	육갑납음	대장군방	조객방	삼살방	상문방	세파방	오늘생극	오늘상충	오늘원진	오늘상천	오늘상파	황도길흉	28수성	건제12신	九星	결혼주당	이사주당	안장주당	복단일	오늘吉神	神殺	오늘神殺	육도환생처	축원인도불	오늘기도德	금일지옥명
死甲	城頭土	卯正東方	辰東南方	子正北方	申西南方	子正北方	伐벌	申 36	酉 미움	巳 중단	亥 깨짐	사명황도	心심	開개	九紫	姑고	利이	남자	황은대사	천후*왕일	천적·혈기	염대·천구	인도	지장보살	약사보살	발설지옥

칠성기도일	산신축원일	용왕축원일	조왕하강일	나한하강일	천도재	신굿	재수굿	용왕굿	조왕굿	병굿	고사	결혼	입학	투자	계약	등산	여행	이사	합방	이장	점안식	개업준공	신축상량	수술·침	서류제출	직원채용
×	×	×	×	×	◎	◎	◎	◎	◎	◎	◎	×	×	×	×	◎	◎	×	×	×	×	◎	×	×	◎	×

(칠성기도일 ~ 나한하강일 / 천도재 ~ 고사: 불공 제의식 吉한 행사일 / 결혼 ~ 직원채용: 吉凶 길흉 大小 일반 행사일)

당일 래정법

巳時에 온사람은 문서구입, 회합사, 결혼, 재혼, 경조사, 애정사, 궁합, 후원, 가입

午時에 온사람은 이동수 있는자, 이사나 직장변동, 친구나 형제 사업체변동수

未時에 온사람은 금전사기, 실업자, 색정사 들통, 빈주머니, 헛수고, 문서모산사, 매사불성

申時 온 사람은 매매 이동변동수, 직장변동수, 터 부정, 사기, 허위문서, 다툼주의, 차사고 주의

酉時 온 사람은 질병과 자식문제, 방해자, 배신사, 관송사, 취업 승진 매사 지체불리함

戌時 온 사람은 자식문제, 히극상으로 배신사, 해결되는 듯 하나 후 불리함, 시험 합격됨, 허가건 승인됨, 관재

필히 피해야 할일 봉사활동・새집들이・출장・손님초대・시험관인공수정・성형수술・수혈・흙 다루고 땅파는 일

백초귀장술의 오늘에 초사언

시간 점占 戊寅공망-申酉

子時	금전융통, 부인문제, 자식질병, 관재구설
丑時	재물파산, 권리박탈, 부인문제, 가출건
寅時	금전 암손, 여자문제, 가출사, 여행 凶
卯時	남편문제, 직장취업, 색정사, 가출사
辰時	매사불성, 금전손실, 사업파산, 속 중단
巳時	입상 명예사, 직장승진, 금전기쁨, 관청
午時	금전손실 다툼, 사업이동, 가출, 처를 극
未時	집안잡귀침투, 처첩, 색정사, 가출문제
申時	침범사, 질병재앙, 가출사, 직장실직
酉時	금전손실, 직장실직, 가출사, 배신음모
戌時	사업후원사, 취업문제, 육친문제, 수술유의
亥時	금전손실, 도난 상해, 이별사, 가출사

오늘 행운 복권 운세

복권사면 좋은 띠는 쥐띠 ①⑥⑯

행운복권방은 집에서 북쪽에 있는곳

申子辰生	북쪽문을 피하고, 서남쪽으로 이사하면 안 된다. 재수가 없고, 하는 일마다 꼬이고, 病苦 질병발생. 바람기 발동.
巳酉丑生	서쪽문을 피하고, 동남쪽으로 이사하면 안 된다. 재수가 없고, 하는 일마다 꼬이고, 病苦 질병발생. 바람기 발동.
寅午戌生	남쪽문을 피하고, 북동쪽으로 이사하면 안 된다. 재수가 없고, 하는 일마다 꼬이고, 病苦 질병발생. 바람기 발동.
亥卯未生	동쪽문을 피하고, 서북쪽으로 이사하면 안 된다. 재수가 없고, 하는 일마다 꼬이고, 病苦 질병발생. 바람기 발동.

운세풀이

申띠:이동수,우왕좌왕, 弱, 다툼	亥띠: 점점 일이 꼬임, 관재구설	寅띠:최고운상승세, 두마음	巳띠: 만남,결실,화합,문서
酉띠:매사불편, 방해자,배신	子띠:귀인상봉, 금전이득, 현금	卯띠: 의욕과다, 스트레스큼	午띠:이동수,이별수,변동 움직임
戌띠:해결신,시험합격, 풀림	丑띠: 매사꼬임,과거고생, 질병	辰띠: 시급한 일, 뜻대로 안됨	未띠: 빈주머니,걱정근심,사기

서기 2026年	단기 4359年	불기 2570年

丙午年 양력 05月 05日 음력 03月 19日 화요일

입하 立夏 20 時 49分 入

구성월반				구성일반			
	4	9	2		9	5	7
	3	5	7		8	1	3P
	8	1	6P		4	6A	2

己	癸	丙
卯	巳	午

지장간	손방위	吉方	凶方
戊	無	正東	正西

狗狼星 구랑성: 僧尼寺觀後門

화산녀: 나그네 여행 쓸쓸하고 외롭다. 불안정 판측할 때

乙	甲	癸	壬	辛	庚	己	戊	丁	丙	乙	甲
亥	戌	酉	申	未	午	巳	辰	卯	寅	丑	子
태	양	생	욕	관	록	왕	쇠	병	사	묘	절

三甲순	육갑납음	대장군방	조객방	삼살방	상문방	세파방	오늘생극	오늘상충	오늘원진	오늘상천	오늘상파	황도길흉	28수성	건제12신	九星	결혼주당	이사주당	안장주당	복단일	오늘吉神	神殺	오늘神殺	육도환생처	축원인도불	오늘기도德	금일지옥명
死甲	城頭土	卯正東方	辰東南方	子正北方	申西南方	子正北方	伐벌	酉 36	申 미움	辰 중단	午 깨짐	현무흑도	尾미	開개	一白	堂당	天천	손자	대명*음덕	천은*보호	천구·태허	천화·재살	귀도	지장보살	문수보살	발설지옥

칠성기도일	산신축원일	용왕축원일	조왕하강일	나한하강일	불공 제의식 吉한 행사일 천도재	신굿	재수굿	용왕굿	조왕굿	병굿	고사	吉凶 길흉 大小 일반 행사일 결혼	입학	투자	계약	등산	여행	이사	합방	이장	점안식	개업준공	신축상량	수술-침	서류제출	직원채용
×	×	×	×	×	×	×	×	×	×	×	×	×	◎	×	×	◎	◎	◎	×	×	×	◎	◎	◎	◎	×

당일 래정법

巳時에 온사람은 모함과 구설로 골치 아픔 가내환자, 바람기, 직장해고위험

午時에 온사람은 문서 화합운, 결혼, 재혼 경조사, 궁합, 문서이동, 부모문제, 잔병

未時에 온사람은 이동수 있는자, 이사나 직장변동, 자식문제 변동수, 여행, 이별

申時 온 사람은 허위문서, 실업자, 쉬고있는자, 빈주머니, 헛 공사, 사기모함 ·도난사, 매사불성

酉時 온 사람은 매매 이동변동수, 터부정, 관재구설, 사기, 허위문서, 우환질병, 차사고주의

戌時 온 사람은 색정사 배신문제 방해자, 배신사, 의욕상실, 관재구설, 취업 승진 매사 지체불리함

필히 피해야 할일

입주 • 새집들이 • 친목회 • 문서파기 • 창고수리 • 건축수리 • 기둥세우기 • 장담그기

백초귀장술의 오늘에 초사언

시간 점占 己卯공망-申酉

子時	재물근심, 음란색정사, 여자 삼각관계
丑時	유산상속건, 형제친구문제, 가출, 이별사
寅時	직장실직, 가출, 처를극, 불명예, 취업불가
卯時	여자로부터 금전손실, 질병재앙, 불륜사
辰時	만사상쟁, 신규사업 손실, 질병침투, 가출
巳時	매사 불성사, 사업금전손실 다툼, 색정사
午時	직장승진문제, 불륜색정사, 가출문제
未時	이동 이별수, 직업변동, 가출사, 수술불리
申時	자식문제, 극처사, 질병침투, 직업실직
酉時	적의 침범사, 질병재앙, 색정사, 가출사
戌時	놀랄 일발생, 금전융통, 배신 도망 가출
亥時	금전문제, 부인문제, 가출사, 도난, 惡意

오늘 행운 복권 운세

복권사면 좋은 띠는 소띠 ②⑤⑩
행운복권방은 집에서 북동쪽에 있는곳

申子辰生	북쪽문을 피하고, 서남쪽으로 이사하면 안 된다. 재수가 없고, 하는 일마다 꼬이고, 病苦 질병발생. 바람기 발동.
巳酉丑生	서쪽문을 피하고, 동남쪽으로 이사하면 안 된다. 재수가 없고, 하는 일마다 꼬이고, 病苦 질병발생. 바람기 발동.
寅午戌生	남쪽문을 피하고, 북동쪽으로 이사하면 안 된다. 재수가 없고, 하는 일마다 꼬이고, 病苦 질병발생. 바람기 발동.
亥卯未生	동쪽문을 피하고, 서북쪽으로 이사하면 안 된다. 재수가 없고, 하는 일마다 꼬이고, 病苦 질병발생. 바람기 발동.

운세풀이

酉띠:이동수,우왕좌왕, 弱, 다툼	子띠: 점점 일이 꼬임, 관재구설	卯띠:최고운상승세, 두마음	午띠: 만남,결실,화합,문서
戌띠:매사불편, 방해자,배신	丑띠:귀인상봉, 금전이득, 현금	辰띠: 의욕과다, 스트레스큼	未띠:이동수,이별수,변동 움직임
亥띠:해결신,시험합격, 풀림	寅띠: 매사꼬임,과거고생, 질병	巳띠: 시급한 일, 뜻대로 안됨	申띠: 빈주머니,걱정근심,사기

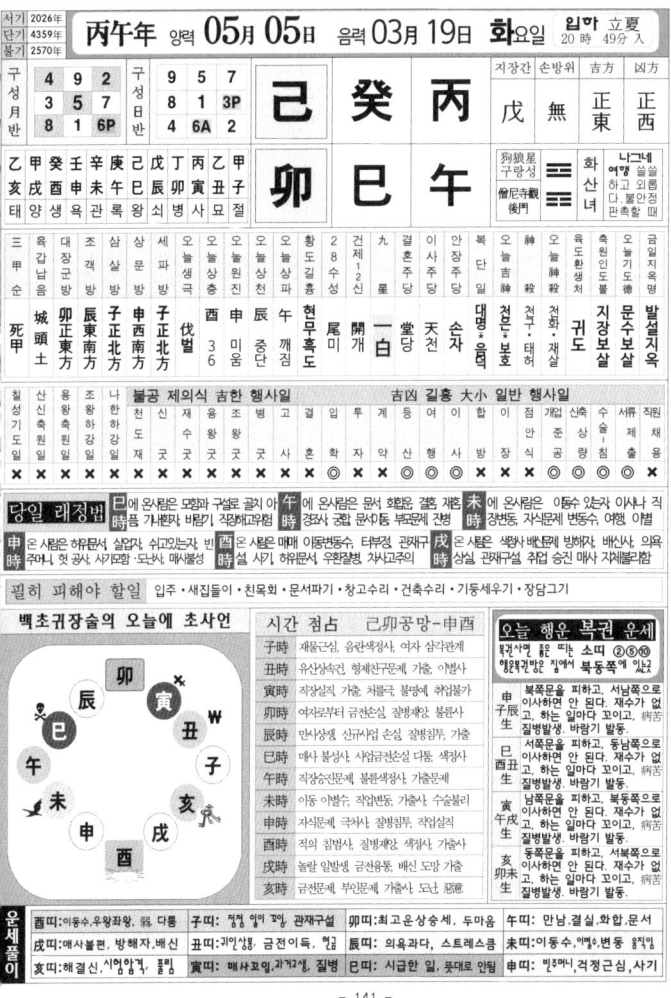

5월

서기 2026年 / 단기 4359年 / 불기 2570年	丙午年 양력 05月 06日 음력 3月 20日 수요일

구성월반			구성일반		
4	9	2	1	6	8A
3	5	7	9	2	4
8	1	6P	5	7	3P

庚	癸	丙
辰	巳	午

지장간	손방위	吉方	凶方
戊	無	正北	正南

狗狼星 구랑성	寺觀 절사관	화산녀	나그네 여행 쓸쓸하고 외롭다. 불안정 판촉할 때

丁	丙	乙	甲	癸	壬	辛	庚	己	戊	丁	丙
亥	戌	酉	申	未	午	巳	辰	卯	寅	丑	子
병	쇠	왕	록	관	욕	생	양	태	절	묘	사

三甲순	육갑납음	대장군방	조객방	삼살방	상문방	세파방	오늘생극	오늘상충	오늘원진	오늘상천	오늘상파	황도길흉	28수성	건제12신	九星	결혼주당	이사주당	안장주당	복단일	오늘吉神	神殺	오늘神殺	육도환생처	축원인도불	오늘기도德	금일지옥명
死甲	白蠟金	卯正東方	辰東南方	子正北方	申西南方	子正北方	義의	戌 36	亥 미움	卯 중단	丑 깨짐	사명황도	箕기	閉폐	二黑	翁옹	害해	死	복단일	천의*월덕	라강·혈지	수격·월살	축도	지장보살	지장보살	발설지옥

칠성기도일	산신축원일	용왕축원일	조왕하강일	나한하강일	천도재	신굿	재수굿	용왕굿	조왕굿	병굿	고사	결혼	입학	투자	계약	등산	여행	이사	합방	이장	점안식	개업준공	신축상량	수술-침	서류제출	직원채용
×	×	×	×	×	×	×	×	×	×	×	◎	×	-	×	×	◎	◎	◎	×	×	×	×	×	◎	◎	×

(천도재 ~ 고사: 불공 제의식 吉한 행사일 / 결혼 ~ 직원채용: 吉凶 길흉 大小 일반 행사일)

당일 래정법

巳時 에 온사람은 의욕과다, 뭐가 하고싶어서 왔다. 직장취업문제, 소송사건여부

午時 에 온사람은 부모형제와 골치 아픈일, 암투, 가내환자, 바람기, 불륜

未時 에 온사람은 화합운, 결혼, 재혼, 경조사, 애정사, 궁합, 만남, 후원, 개업, 매매건

申時 온 사람은 이동수 있는자, 이사나 직장변동, 사업체 변동수, 여행, 이별수, 창업불리

酉時 온 사람은 색정사문제, 금전손재수, 쉬고있는자, 빈주머니, 헛 공사, 사기모함, 매사불성

戌時 온 사람은 매매 이동변동수, 터부정, 관재구설, 사기, 허위문서, 동업자 시비 다툼주의, 차사고주의

필히 피해야 할일 출품 · 새집들이 · 인수인계 · 해외여행 · 항공주의 · 코인투자 · 벌초 · 질병치료 · 흙파기.

백초귀장술의 오늘에 초사언

시간 점占 庚辰공망-申酉

子時	자식질병사, 사업후원사, 도난, 태아령천도
丑時	파산위태, 금전손실, 상속문제, 산소탈
寅時	질병재앙, 취업문제, 금전융통, 사업확장
卯時	파재, 극처사, 관송사 분쟁, 가출문제
辰時	금전암손, 여자문제, 사업문제, 금전다툼
巳時	신규사업, 구재, 도난, 상해, 관재, 손실
午時	관재구설, 직장박탈, 도적손실, 가출문제
未時	사업후원사, 선거당선사, 화합사, 가출사
申時	재물손실, 적의 침범사, 변동 이사, 가출
酉時	남녀색정사, 사기 도난, 도주, 상부상처
戌時	질병침투, 적의침범사, 가출문제, 부하도주
亥時	자식문제, 방해자, 금전손실, 우환질병

오늘 행운 복권 운세

복권사면 좋은 띠는 범띠 ③⑧⑱
행운복권방은 집에서 동북쪽에 있는곳

申子辰生	북쪽문을 피하고, 서남쪽으로 이사하면 안 된다. 재수가 없고, 하는 일마다 꼬이고, 病苦 질병발생. 바람기 발동.
巳酉丑生	서쪽문을 피하고, 동남쪽으로 이사하면 안 된다. 재수가 없고, 하는 일마다 꼬이고, 病苦 질병발생. 바람기 발동.
寅午戌生	남쪽문을 피하고, 북동쪽으로 이사하면 안 된다. 재수가 없고, 하는 일마다 꼬이고, 病苦 질병발생. 바람기 발동.
亥卯未生	동쪽문을 피하고, 서북쪽으로 이사하면 안 된다. 재수가 없고, 하는 일마다 꼬이고, 病苦 질병발생. 바람기 발동.

운세풀이

戌띠:이동수,우왕좌왕, 弱, 다툼	丑띠: 점점 일이 꼬임, 관재구설	辰띠:최고운상승세, 두마음	未띠: 만남,결실,화합,문서
亥띠:매사불편, 방해자,배신	寅띠:귀인상봉, 금전이득, 현금	巳띠: 의욕과다, 스트레스큼	申띠:이동수,이별수,변동 움직임
子띠:해결신,시험합격, 풀림	卯띠: 매사꼬임,과거고생, 질병	午띠: 시급한 일, 뜻대로 안됨	酉띠: 빈주머니,걱정근심,사기

서기	2026年
단기	4359年
불기	2570年

丙午年 양력 05月 07日 음력 03月 21日 목요일

구성월반				구성일반			
	4	9	2		2	7	9
	3	5	7		1A	3	5
	8	1	6P		6	8	4P

辛	癸	丙
巳	巳	午

지장간	손방위	吉方	凶方
戊	동쪽	正西	正東

狗狼星 구랑성		화산녀	나그네 여행 쓸쓸하고 외롭다. 불안정 판측할 때
天	☲☶		

己	戊	丁	丙	乙	甲	癸	壬	辛	庚	己	戊
亥	戌	酉	申	未	午	巳	辰	卯	寅	丑	子
욕	관	록	왕	쇠	병	사	묘	절	태	양	생

三甲순	육갑납음	대장군방	조객방	삼살방	상문방	세파방	오늘생극	오늘상충	오늘원진	오늘상천	오늘상파	황도길흉	28수성	건제12신	九星	결혼주당	이사주당	안장주당	복단일	오늘吉神	神殺	오늘神殺	육도환생처	축원인도불	오늘기도德	금일지옥명
死甲	白蠟金	卯正東方	辰東南方	子正北方	申西南方	子正北方	伐벌	亥 36	戌 미움	寅 중단	申 깨짐	구진흑도	斗두	建건	三碧	第제	殺살	여자	-	천은*왕일	수사일	월형·백파	옥도	지장보살	문수보살	발설지옥

칠성기도일	산신축원일	용왕축원일	조왕하강일	나한하강일	천도재	신굿	재수굿	용왕굿	조왕굿	병굿	고사	결혼	입학	투자	계약	등산	여행	이사	합방	이장	점안식	개업준공	신축상량	수술-침	서류제출	직원채용
					불공 제의식 吉한 행사일							吉凶 길흉 大小 일반 행사일														
◎	◎	×	◎	◎	◎	◎	◎	×	◎	◎	◎	×	◎	×	×	◎	◎	×	×	×	◎	×	×	×	◎	×

당일 래정법

巳時 에 온사람은 의욕충만, 두가지문제로 갈등사, 갖고싶은 욕구, 자식문제, 사업문제

午時 에 온사람은 의욕과다, 뭐가 하고싶어서 왔다. 금전문제, 여자문제, 시험합격

未時 에 온사람은 골치 아픈일, 형제동업 죽음, 바람기, 불륜, 사비투쟁, 속장리

申時 온 사람은 형제, 문서, 화합운, 결혼, 재혼, 경조사, 애정사, 궁합, 만남, 개업, 하극상 배신, 구설수

酉時 온 사람은 이동수 있는자, 가출, 이사나 직장변동, 사업체 변동수, 여행, 이별수, 관재구설

戌時 온 사람은 색정사문제, 금전손재수, 쉬고있는자, 빈주머니, 헛 공사, 사기모함, 매사불성

필히 피해야 할일 홍보광고 · 소장제출 · 인허가신청 · 정보유출 · 질병치료 · 출항 · 조선 배 제조 · 승선 · 장담그기

백초귀장술의 오늘에 초사언

시간 점占	辛巳공망-申酉
子時	자식문제, 질병침투, 직장실직, 배신주의
丑時	자선사업 봉사, 후원사, 질병침투, 가출
寅時	금전융통, 부인문제, 색정사, 관재구설
卯時	금전문제, 시업관련, 형제도움, 가출사
辰時	질병재앙, 타인과 다툼, 가출사, 시업불리
巳時	금전암손, 여자문제, 취직 실직문제, 포상
午時	신규사업불리, 관재구설, 남녀색정사, 우환
未時	자선 봉사활동, 금전문제, 가출방황, 불리
申時	사업후원사 발탁, 직장취업, 당선입상
酉時	급병자발생, 금전손실, 도난 가출도주
戌時	봉사 자선사업, 질병재앙, 사업문제, 가출
亥時	적침범사, 질병침투, 부부이별, 원행 이사

오늘 행운 복권 운세

복권사면 좋은 띠는 토끼띠 ②⑧
행운복권방은 집에서 동쪽에 있는곳

申子辰生	북쪽문을 피하고, 서남쪽으로 이사하면 안 된다. 재수가 없고, 하는 일마다 꼬이고, 病苦 질병발생. 바람기 발동.
巳酉丑生	서쪽문을 피하고, 동남쪽으로 이사하면 안 된다. 재수가 없고, 하는 일마다 꼬이고, 病苦 질병발생. 바람기 발동.
寅午戌生	남쪽문을 피하고, 북동쪽으로 이사하면 안 된다. 재수가 없고, 하는 일마다 꼬이고, 病苦 질병발생. 바람기 발동.
亥卯未生	동쪽문을 피하고, 서북쪽으로 이사하면 안 된다. 재수가 없고, 하는 일마다 꼬이고, 病苦 질병발생. 바람기 발동.

운세풀이

亥띠:이동수,우왕좌왕, 弱, 다툼	寅띠: 점점 일이 꼬임, 관재구설	巳띠:최고운상승세, 두마음	申띠: 만남,결실,화합,문서
子띠:매사불편, 방해자,배신	卯띠:귀인상봉, 금전이득, 현금	午띠: 의욕과다, 스트레스큼	酉띠:이동수,이별수,변동 움직임
丑띠:해결신,시험합격, 풀림	辰띠: 매사꼬임,과거고생, 질병	未띠: 시급한 일, 뜻대로 안됨	戌띠: 빈주머니,걱정근심,사기

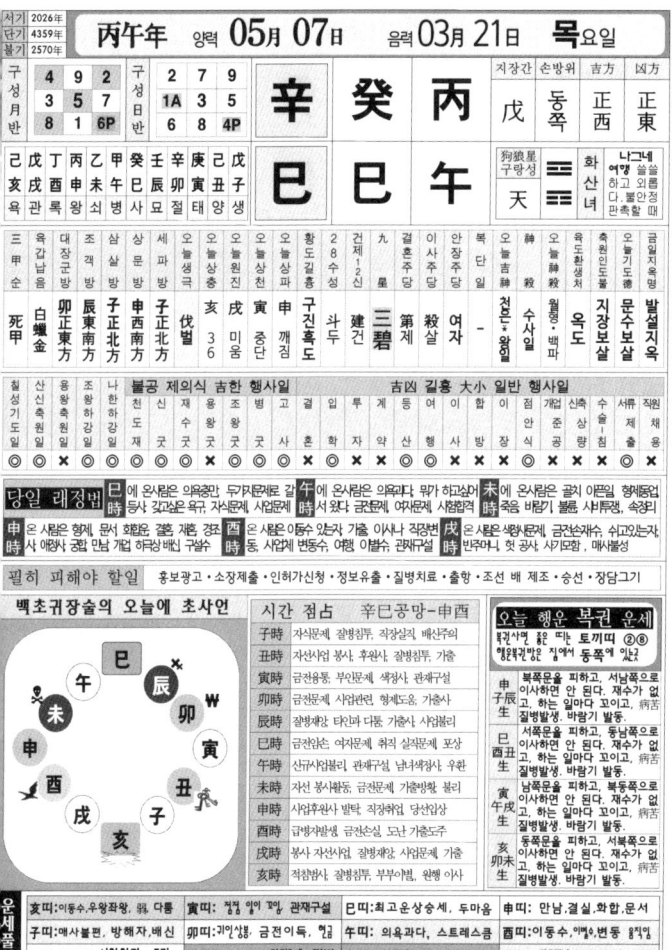

5월

서기	2026年
단기	4359年
불기	2570年

丙午年 양력 05月 08日 음력 03月 22日 금요일

구성月반				구성日반			
	4	9	2		3A	8	1
	3	5	7		2	4	6
	8	1	6P		7	9P	5

壬	癸	丙
午	巳	午

지장간	손방위	吉方	凶方
戊	동남	正南	正北

狗狼星 구랑성	☰	지수사	천하호령 기세등등 내부에근심 걱정 고충 전쟁 다툼
神廟	☷		

辛	庚	己	戊	丁	丙	乙	甲	癸	壬	辛	庚
亥	戌	酉	申	未	午	巳	辰	卯	寅	丑	子
록	관	욕	생	양	태	절	묘	사	병	쇠	왕

三甲순	육갑납음	대장군방	조객방	삼살방	상문방	세파방	오늘생극	오늘상충	오늘원진	오늘상천	오늘상파	황도길흉	28수성	건제12신	九星	결혼주당	이사주당	안장주당	복단일	오늘吉神	神殺	오늘神殺	육도환생처	축원인도불	오늘기도德	금일지옥명
死甲	楊柳木	卯正東方	辰東南方	子正北方	申西南方	子正北方	制제	子 36	丑 미움	丑 중단	卯 깨짐	청룡황도	牛우	除제	四綠	竈조	富부	어머니	-	길기*관일	-	피마·대시	불도	헌겁천불	약사보살	한빙지옥

칠성기도일	산신축원일	용왕축원일	조왕하강일	나한하강일	천도재	신굿	재수굿	용왕굿	조왕굿	병굿	고사	결혼	입학	투자	계약	등산	여행	이사	합방	이장	점안식	개업준공	신축상량	수술-침	서류제출	직원채용
◎	◎	◎	◎	◎	◎	◎	◎	◎	◎	◎	◎	×	◎	×	×	◎	◎	×	×	◎	◎	◎	◎	◎	◎	◎

(불공 제의식 吉한 행사일: 천도재 ~ 고사 / 吉凶 길흉 大小 일반 행사일: 결혼 ~ 직원채용)

당일 래정법

巳時에 온사람은 건강문제, 관재, 금전고통으로 운이 단단히 꼬여있음, 동업파탄

午時에 온사람은 금전구재, 화병, 갈등사, 갖고싶은 욕구, 자식문제, 취업문제

未時에 온사람은 의욕과다, 뭐가 하고싶어서 왔다, 직장취업문제, 결혼문제

申時 온 사람은 골치 아픈일, 친구나 형제동업, 죽음, 배우자바람기, 차사고 시비투쟁, 속 정리해야함

酉時 온 사람은 형제, 문서, 화합운, 결혼, 관직취업 애정사, 궁합 만남, 개업 하극상 배신, 경쟁사로 몰변

戌時 온 사람은 이동수 있는자, 가출, 이사나 직장변동, 사업체 변동수, 여행, 이별수, 부동산매매

필히 피해야 할일 작품출품 · 납품 · 정보유출 · 교역 · 화재주의 · 출장 · 항공주의 · 흙파기 · 지붕 · 옥상보수

백초귀장술의 오늘에 초사언

시간 점占	壬午공망-申酉
子時	남녀쟁투 처를 극, 病, 이동 소송은 흉
丑時	질병은 흉, 이사 구직안됨, 순리대로
寅時	선거자유리, 불륜사, 急病者, 喪服 운
卯時	매사 선흉후길, 소송은 화해가 길
辰時	관재 병재로 불길, 가출사 색정사 하극상
巳時	사업, 구재, 구설 이별, 여자삼각관계, ⊗
午時	금전손실 다툼, 이사 여행 투자 시험불리
未時	집안잡귀침투, 친족불화, 삼각관계, 불리
申時	매사 불성사, 도망은 吉, 도적손실, 재액
酉時	사업사, 후원사, 불륜사, 화합사, 무력함
戌時	가출건, 급병자, 관재구설, 하자발생 ⊗
亥時	남자는 해롭고, 임신은 안됨, 구직 안됨

오늘 행운 복권 운세

복권사면 좋은 띠는 용띠 ⑤⑩⑳
행운복권방은 집에서 동남쪽에 있는곳

申子辰生	북쪽문을 피하고, 서남쪽으로 이사하면 안 된다. 재수가 없고, 하는 일마다 꼬이고, 病苦 질병발생. 바람기 발동.
巳酉丑生	서쪽문을 피하고, 동남쪽으로 이사하면 안 된다. 재수가 없고, 하는 일마다 꼬이고, 病苦 질병발생. 바람기 발동.
寅午戌生	남쪽문을 피하고, 북동쪽으로 이사하면 안 된다. 재수가 없고, 하는 일마다 꼬이고, 病苦 질병발생. 바람기 발동.
亥卯未生	동쪽문을 피하고, 서북쪽으로 이사하면 안 된다. 재수가 없고, 하는 일마다 꼬이고, 病苦 질병발생. 바람기 발동.

운세풀이

子띠:이동수,우왕좌왕, 弱, 다툼	卯띠: 점점 일어 꼬임, 관재구설	午띠:최고운상승세, 두마음	酉띠: 만남,결실,화합,문서
丑띠:매사불편, 방해자,배신	辰띠:귀인상봉, 금전이득, 현금	未띠: 의욕과다, 스트레스큼	戌띠:이동수,이별수,변동 움직임
寅띠:해결신,시험합격, 풀림	巳띠: 매사꼬임,과거고생, 질병	申띠: 시급한 일, 뜻대로 안됨	亥띠: 빈주머니,걱정근심,사기

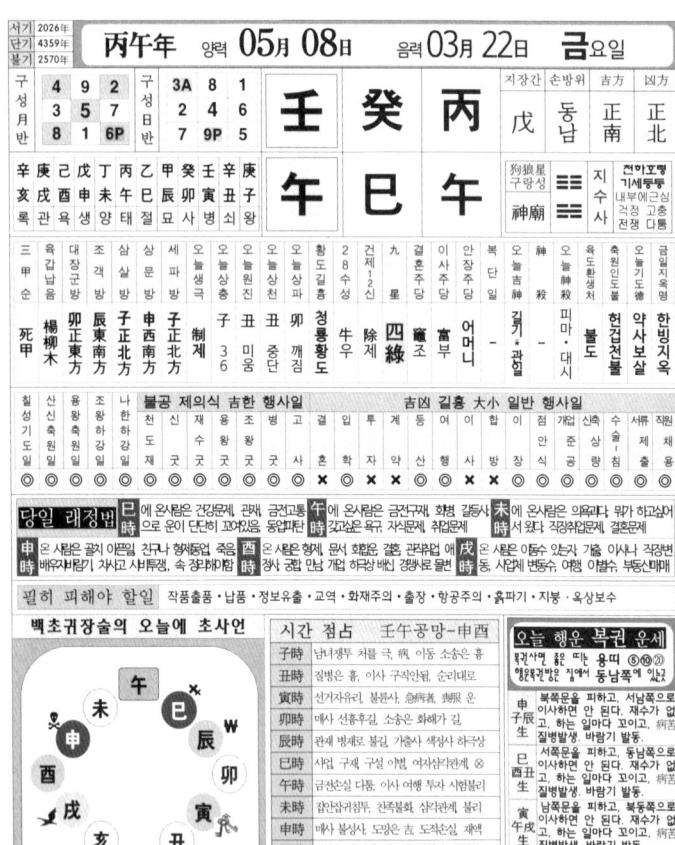

서기 2026年	단기 4359年	불기 2570年

丙午年 양력 05月 09日 음력 03月 23日 토요일

구성月반			구성日반		
4	9	2	4	9	2
3	5	7	3	5	7
8	1	6P	8P	1	6

	年	月	日
天干	丙	癸	癸
地支	午	巳	未

지장간	손방위	吉方	凶方
戊	남쪽	正東	正西

癸	壬	辛	庚	己	戊	丁	丙	乙	甲	癸	壬
亥	戌	酉	申	未	午	巳	辰	卯	寅	丑	子
왕	쇠	병	사	묘	절	태	양	생	욕	관	록

狗狼星 구랑성	☵☷	지수사	천하호령 기세등등 내부에근심 걱정 고충 전쟁 다툼
水步井			

三甲순	육갑납음	대장군방	조객방	삼살방	상문방	세파방	오늘생극	오늘상충	오늘원진	오늘상천	오늘상파	황도길흉	28수성	건제12신	九星	결혼주당	이사주당	안장주당	복단일	대공망일	오늘吉神	오늘神殺	육도환생처	축원인도불	오늘기도德	금일지옥명
死甲	楊柳木	卯正東方	辰東南方	子正北方	申西南方	子正北方	伐벌	丑 36	子 미움	子 중단	戌 깨짐	명당황도	女여	滿만	五黃	婦부	師사	며느리	월기일	대공망일	천적일	구공·고초	불도	헌겁천불	대세지보살	한빙지옥

칠성기도일	산신축원일	용왕축원일	조왕하강일	나한하강일	불공 제의식 吉한 행사일							吉凶 길흉 大小 일반 행사일													
					천도재	신굿	재수굿	용왕굿	조왕굿	병굿	고사	결혼	입학	투자	계약	등산	여행	이사	합방	이장	점안식	개업준공	신축상량	수술-침	서류제출	직원채용
◎	×	×	◎	◎	◎	×	×	×	×	×	×	×	◎	×	×	◎	◎	×	×	×	◎	◎	◎	◎	◎	×

당일 래정법

- **巳時**에 온사람은 금전문제, 사업문제, 금전구재건, 관직취직사, 속전속결이 유리
- **午時**에 온사람 건강문제, 금전문제로 운이 단단히 꼬여있음, 동업파탄 손재수
- **未時**에 온사람 문서합의, 부모자식간 문제, 교합사는 불성사, 이동수도 있음
- **申時** 온 사람은 의욕과다, 뭐가 하고싶어서 왔다 직장취업문제, 친구형제간 배신과 임해, 관재수
- **酉時** 온 사람은 골치 아픈일, 형제동업, 죽음, 바람기, 불륜, 시비투쟁, 급속정리해야함, 청춘구직해
- **戌時** 온 사람은 형제, 화합운, 결혼, 재혼, 경조사, 애정사, 궁합, 만남, 개업, 하극상 배신, 움직이면 재앙

필히 피해야 할일 이날은 흑도와 월파일에 대공망일, 구공, 대모 등 신살에 해당되어 매사 해롭고 불리한 날

백초귀장술의 오늘에 초사언

시간 점占 癸未공망-申酉

子時	관귀발동, 남녀색정사, 금전손해 실물수
丑時	적의 침범사, 불길하고 원수됨, 가출사
寅時	자손문제, 실직문제, 연애배신사, 모함
卯時	질병위급, 여행조심, 관직승진 결혼 吉
辰時	남편문제 가출사 색정사, 부부이별, 소송흉
巳時	사업, 구재이득, 귀인상봉, 수상기쁨
午時	화합 애정사불리, 금전손실, 매사 불성사
未時	유명무실, 가출건, 동료나 골육배반 구설
申時	사업사 손재수, 후원사무리, 여행은 불리
酉時	병자사망, 매사 불성사, 가출도주, 外情
戌時	직업문제, 남편문제, 집안불화, 불합격
亥時	금전배신, 처 가출사, 도망 분실, 이동 흉

오늘 행운 복권 운세

복권사면 좋은 띠는 **뱀띠** ⑦⑰27
행운복권방은 집에서 **남동쪽**에 있나?

申子辰生	북쪽문을 피하고, 서남쪽으로 이사하면 안 된다. 재수가 없고, 하는 일마다 꼬이고, 病苦 질병발생. 바람기 발동.
巳酉丑生	서쪽문을 피하고, 동남쪽으로 이사하면 안 된다. 재수가 없고, 하는 일마다 꼬이고, 病苦 질병발생. 바람기 발동.
寅午戌生	남쪽문을 피하고, 북동쪽으로 이사하면 안 된다. 재수가 없고, 하는 일마다 꼬이고, 病苦 질병발생. 바람기 발동.
亥卯未生	동쪽문을 피하고, 서북쪽으로 이사하면 안 된다. 재수가 없고, 하는 일마다 꼬이고, 病苦 질병발생. 바람기 발동.

운세풀이

丑띠:이동수,우왕좌왕, 弱, 다툼	辰띠: 점점 일이 꼬임, 관재구설	未띠:최고운상승세, 두마음	戌띠: 만남,결실,화합,문서
寅띠:매사불편, 방해자,배신	巳띠:귀인상봉, 금전이득, 현금	申띠: 의욕과다, 스트레스큼	亥띠:이동수,이별수,변동 움직임
卯띠:해결신,시험합격, 풀림	午띠: 매사꼬임,과거고생, 질병	酉띠: 시급한 일, 뜻대로 안됨	子띠: 빈주머니,걱정근심,사기

5월

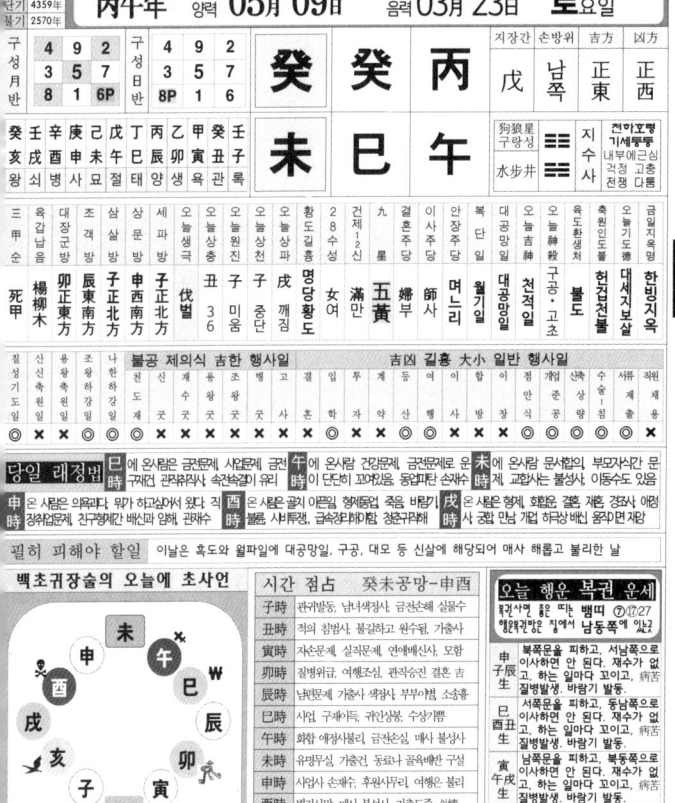

서기	2026年
단기	4359年
불기	2570年

丙午年 양력 05月 10日 음력 03月 24日 일요일

구성月반				구성日반			
	4	9	2		5	1	3
	3	5	7		4	6	8
	8	1	6P		9P	2	7A

甲	癸	丙
申	巳	午

지장간	손방위	吉方	凶方
戊	남서	正北	正南

狗狼星 구랑성	正廳中 庭관청마당

☷☵ 지수사 — 천하호령 기세등등 내부에근심 걱정 고충 전쟁 다툼

乙	甲	癸	壬	辛	庚	己	戊	丁	丙	乙	甲
亥	戌	酉	申	未	午	巳	辰	卯	寅	丑	子
생	양	태	절	묘	사	병	쇠	왕	록	관	욕

三甲순	육갑납음	대장군방	조객방	삼살방	상문방	세파방	오늘생극	오늘상충	오늘원진	오늘상천	오늘상파	황도길흉	28수성	건제12신	九星	결혼주당	이사주당	안장주당	대공망일	오늘吉神	오늘吉神	오늘神殺	육도환생처	축원인도불	오늘기도德	금일지옥명
病甲	泉中水	卯正東方	辰東南方	子正北方	申西南方	子正北方	伐벌	寅 36	卯 미움	亥 중단	巳 깨짐	천형흑도	虛허	平평	六白	廚주	災재	손님	대공망일	대명*상일	하괴·천격	유화·혈기	인도	헌겁천불	아미보살	한빙지옥

칠성기도일	산신축원일	용왕축원일	조왕하강일	나한하강일	불공 제의식 吉한 행사일: 천도재	신굿	재수굿	용왕굿	조왕굿	병굿	고사	吉凶 길흉 大小 일반 행사일: 결혼	입학	투자	계약	등산	여행	이사	합방	이장	점안식	개업준공	신축상량	수술·침	서류제출	직원채용
×	◎	×	◎	◎	◎	×	×	×	×	×	◎	×	◎	×	×	◎	◎	×	×	×	◎	◎	×	◎	◎	×

당일 래정법

巳時에 온사람은 의욕없는자, 금전구재건 색정사로 다툼, 억울한 일 매사불성사

午時에 온사람은 금전문제, 자식문제, 친정식구도움, 관직취직사, 우환질병

未時에 온사람 건강문제, 남편문제로 운이 단단히 꼬여있음, 직장은 불리, 손재수

申時 온 사람은 새사업은 방해자로 인해 망신수, 관재수 발생, 후원사불리, 수술문제, 사고조심

酉時 온 사람은 의욕과다, 새로운 일 하고싶어서 왔다. 직장취업문제, 친구형제간 배신, 색정사

戌時 온 사람은 골치 아픈일, 삼각관계, 죽음, 바람기, 불륜, 시비투쟁, 급속정리해야함, 청춘구직해

필히 피해야 할일 질병치료 · 사냥 · 승선 · 낚시 · 어로작업 · 요트타기 · 위험놀이기구 · 벌목 · 수렵 · 침대 가구들이기

백초귀장술의 오늘에 초사언

시간 점占	甲申공망-午未
子時	사업사 후원문제, 가출사, 이동사, 질병
丑時	사기도난조짐, 가출건, 여행불리, 질병
寅時	이동사, 육친이별, 부동산다툼, 터부정
卯時	움직이면 혈광재앙, 병환자발생, 순리
辰時	사업건 금전융통 가능, 시험합격, 불륜사
巳時	도난, 파재, 상해, 관재, 자손문제, 女일
午時	관직 승진가능, 놀날일발생, 변화사 불리
未時	病환자, 관재, 금전손실, 여행 모두 불리
申時	관직승진기쁨, 사업성공, 취업 가능, 음란
酉時	남녀색정사 변심, 남편문제, 삼각관계
戌時	금전문제, 여자문제, 가출사, 집안 시체
亥時	임신가능, 결혼기쁨, 여행재앙, 망동주의

오늘 행운 복권 운세

복권사면 좋은 띠는 **말띠** ⑤⑦22

행운복권방은 집에서 **남쪽**에 있는곳

申子辰生	북쪽문을 피하고, 서남쪽으로 이사하면 안 된다. 재수가 없고, 하는 일마다 꼬이고, 病苦질병발생. 바람기 발동.
巳酉丑生	서쪽문을 피하고, 동남쪽으로 이사하면 안 된다. 재수가 없고, 하는 일마다 꼬이고, 病苦질병발생. 바람기 발동.
寅午戌生	남쪽문을 피하고, 북동쪽으로 이사하면 안 된다. 재수가 없고, 하는 일마다 꼬이고, 病苦질병발생. 바람기 발동.
亥卯未生	동쪽문을 피하고, 서북쪽으로 이사하면 안 된다. 재수가 없고, 하는 일마다 꼬이고, 病苦질병발생. 바람기 발동.

운세풀이

寅띠:이동수,우왕좌왕, 불화 다툼	巳띠: 점점 일이 꼬임, 관재구설	申띠:최고운상승세, 두마음	亥띠: 만남,결실,화합,문서
卯띠:매사불편, 방해자,배신	午띠: 귀인상봉, 금전이득, 현금	酉띠: 의욕과다, 스트레스큼	子띠:이동수,이별수,변동 움직임
辰띠:해결신,시험합격, 풀림	未띠: 매사꼬임,과거고생, 질병	戌띠: 시급한 일, 뜻대로 안됨	丑띠: 빈주머니,걱정근심,사기

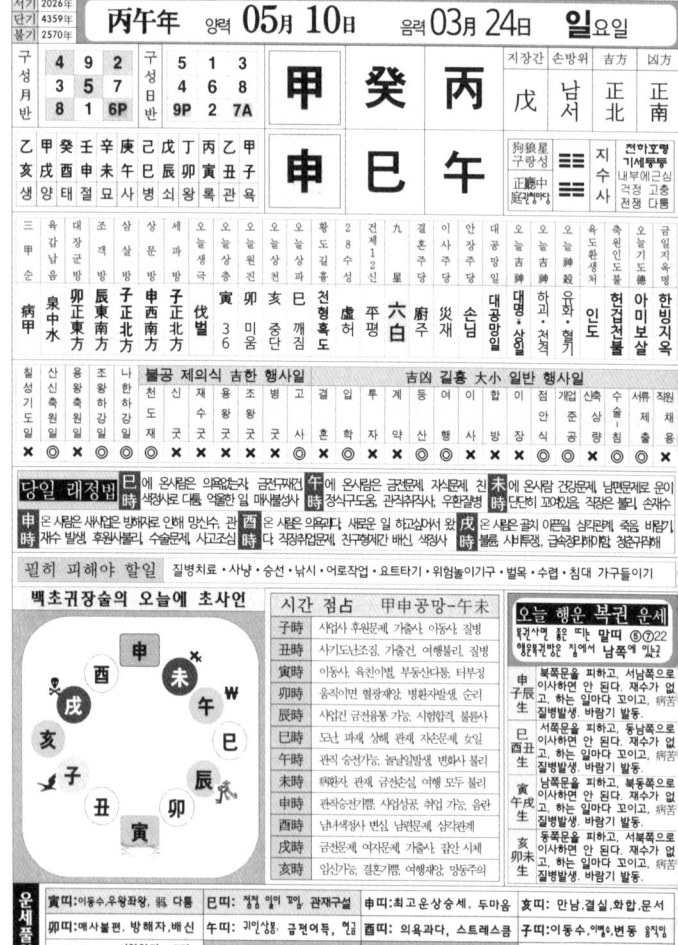

서기	2026年
단기	4359年
불기	2570年

丙午年 양력 05月 11日 음력 03月 25日 월요일

구성月반			구성日반		
4	9	2	6	2	4
3	5	7	5P	7	9A
8	1	6P	1	3	8

乙	癸	丙
酉	巳	午

지장간	손방위	吉方	凶方
戊	서쪽	正西	正東

狗狼星 구랑성	괘	지수사	천하호령 기세등등
天	☷ ☵	지수사	내부에근심 걱정 고충 전쟁 다툼

丁	丙	乙	甲	癸	壬	辛	庚	己	戊	丁	丙
亥	戌	酉	申	未	午	巳	辰	卯	寅	丑	子
사	묘	절	태	양	생	욕	관	록	왕	쇠	병

三甲순	육갑납음	대장군방	조객방	삼살방	상문방	세파방	오늘생극	오늘상충	오늘원진	오늘상천	오늘상파	황도길흉	28수성	건제12신	九星	결혼주당	이사주당	안장주당	복단일	오늘吉神	神殺	오늘神殺	육도환생처	축원인도불	오늘기도德	금일지옥명
病甲	泉中水	卯正東方	辰東南方	子正北方	申西南方	子正北方	伐벌	卯 36	寅 미움	戌 중단	子 깨짐	주작흑도	危위	定정	七赤	夫부	安안	아버지	대공망일	요안*미일	-	홍사·처화	귀도	헌겁천불	관음보살	한빙지옥

칠성기도일	산신축원일	용왕축원일	조왕하강일	나한하강일	천도재	신굿	재수굿	용왕굿	조왕굿	병굿	고사	결혼	입학	투자	계약	등산	여행	이사	합방	이장	점안식	개업준공	신축상량	수술-침	서류제출	직원채용
×	×	×	×	◎	◎	×	×	×	×	×	◎	×	◎	×	×	◎	◎	×	×	×	◎	×	◎	×	◎	×

(천도재~병굿: 불공 제의식 吉한 행사일 / 고사~직원채용: 吉凶 길흉 大小 일반 행사일)

당일 래정법

巳時 에 온사람은 허가 해결할 문제, 합격여부, 금전투자여부, 직장문제, 재혼은 굳

午時 에 온사람은 의욕없는자, 금전구재건 색정사로 다툼, 억울한 일, 매사불성사

未時 에 온사람 금전문제, 사업문제, 자식문제, 관직취직사, 속전속결이 유리

申時 온 사람은 건강문제, 관재구설로 운이 단단히 꼬여있음, 취업 승진문제, 딸자식문제, 손재수

酉時 온 사람은 두가지 문제 갈등사, 갖고싶은 욕구강함, 새로운 일시작 진행함이 좋다. 우환질병

戌時 온 사람은 의욕과다, 뭐가 하고싶어서 왔다. 직장 취업문제, 친구형제간 배신, 시험합격여부

필히 피해야 할일 옷재단 · 새옷맞춤 · 태아옷구입 · 손님초대 · 소장제출 · 항소 · 손님초대 · 맞선 · 수렵 · 산행

백초귀장술의 오늘에 초사언

시간 점占 乙酉공망-午未

子時	개혁유리, 집안에 배신자, 기도요망
丑時	가출건, 사업사 손재수, 여자일, 질병발생
寅時	사기도난, 파재, 손모사, 극처사, 각방
卯時	실직, 파재, 파업, 적 침범사, 소송불리
辰時	내외근심, 남자불리, 발병이나 혈광재앙
巳時	자손문제, 실직문제, 불명예, 색정음란사,
午時	매사 불성, 자손합가불리, 놀랄 일 불안
未時	사업, 구재이득, 귀인상봉, 수상기쁨,
申時	관직건, 남편일, 불리, 실수 탄로 음모 발
酉時	부동산 귀농유리, 지출과다, 진퇴반복,
戌時	금전손실, 부인문제, 금전융통, 부부변심
亥時	만사 중용순응, 손님불길, 가내재앙불리

오늘 행운 복권 운세

복권사면 좋은 띠는 양띠 ⑤⑩25
행운복권방은 집에서 남서쪽에 있다

申子辰生	북쪽문을 피하고, 서남쪽으로 이사하면 안 된다. 재수가 없고, 하는 일마다 꼬이고, 病苦 질병발생. 바람기 발동.
巳酉丑生	서쪽문을 피하고, 동남쪽으로 이사하면 안 된다. 재수가 없고, 하는 일마다 꼬이고, 病苦 질병발생. 바람기 발동.
寅午戌生	남쪽문을 피하고, 북동쪽으로 이사하면 안 된다. 재수가 없고, 하는 일마다 꼬이고, 病苦 질병발생. 바람기 발동.
亥卯未生	동쪽문을 피하고, 서북쪽으로 이사하면 안 된다. 재수가 없고, 하는 일마다 꼬이고, 病苦 질병발생. 바람기 발동.

운세풀이

卯띠:이동수,우왕좌왕, 弱, 다툼	午띠: 점점 일이 꼬임, 관재구설	酉띠:최고운상승세, 두마음	子띠: 만남,결실,화합,문서
辰띠:매사불편, 방해자,배신	未띠: 귀인상봉, 금전어득, 현금	戌띠: 의욕과다, 스트레스큼	丑띠:이동수,이별수,변동 움직임
巳띠:해결신,시험합격, 풀림	申띠: 매사꼬임,과거고생, 질병	亥띠: 시급한 일, 뜻대로 안됨	寅띠: 빈주머니,걱정근심,사기

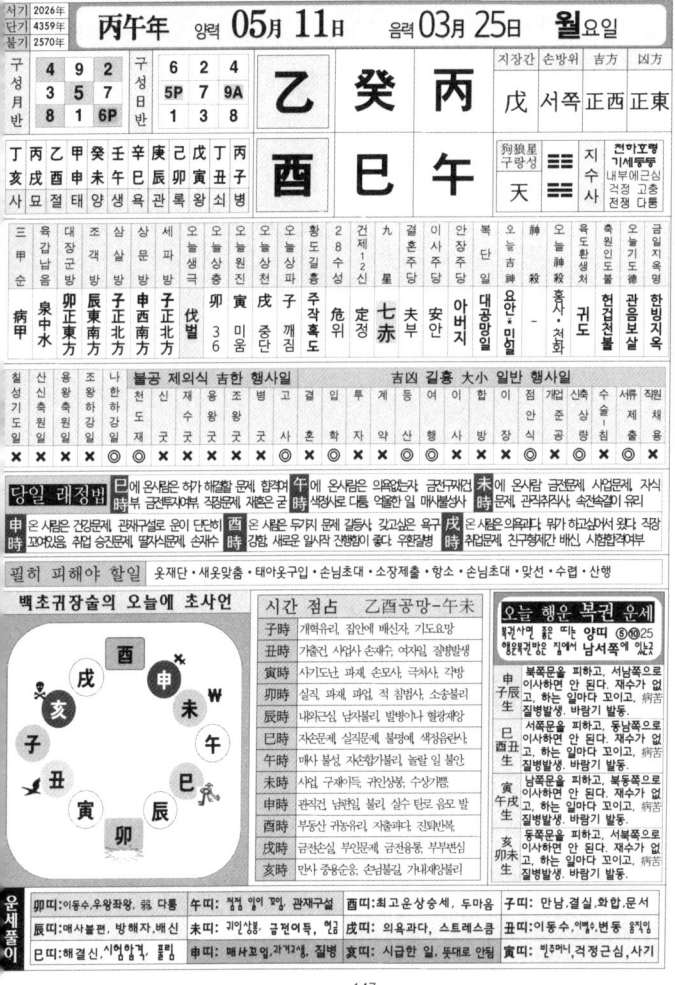

5월

서기	2026年
단기	4359年
불기	2570年

丙午年 양력 05月 12日 음력 03月 26日 화요일

구성월반			
	4	9	2
	3	5	7
	8	1	6P

구성일반			
	7P	3	5
	6	8	1
	2A	4	9

丙	癸	丙
戌	巳	午

지장간	손방위	吉方	凶方
庚	서북	正南	正北

狗狼星 구랑성			
天	☵☵	지수사	천하호령 기세등등 내부에근심 걱정 고충 전쟁 다툼

己	戊	丁	丙	乙	甲	癸	壬	辛	庚	己	戊
亥	戌	酉	申	未	午	巳	辰	卯	寅	丑	子
절	묘	사	병	쇠	왕	록	관	욕	생	양	태

三甲순	육갑납음	대장군방	조객방	삼살방	상문방	세파방	오늘생극	오늘상충	오늘원진	오늘상천	오늘상파	황도길흉	28수성
病甲	屋上土	卯正東方	辰東南方	子正北方	申西南方	子正北方	寶보	辰 36	巳 미움	酉 중단	未 깨짐	금궤황도	室실

건제12신	九星	결혼주당	이사주당	안장주당	복단일	대공망일	神殺일	오늘神殺	육도환생처	축원인도불	오늘기도德	금일지옥명
執집	八白	姑고	利이	남자	천덕합	옥우*지덕	천강·소모	멸몰·지격	축도	헌겁천불	미륵보살	한빙지옥

칠성기도일	산신축원일	용왕축원일	조왕하강일	나한하강일	천도재	신굿	재수굿	용왕굿	조왕굿	병굿	고사	결혼	입학
◎	◎	×	◎	◎	◎	◎	◎	◎	◎	◎	◎	◎	◎

(천도재~고사: 불공 제의식 吉한 행사일 / 결혼~직원채용: 吉凶 길흉 大小 일반 행사일)

투자	계약	등산	여행	이사	합방	이장	점안식	개업준공	신축상량	수술·침	서류제출	직원채용
×	×	◎	◎	×	×	×	◎	◎	×-	◎	◎	◎

당일 래정법

巳時 에 온사람은 새사업에 방해자, 배신사, 의욕상실, 색정사, 창업은 불리함.

午時 에 온사람은 취직 해결할 문제, 합격여부, 금전투자여부, 직장문제, 재혼

未時 에 온사람 의욕없는자, 금전구재건, 관재구설로 다툼, 억울한 일, 매사불성사

申時 온 사람은 금전문제, 사업문제, 관직취직사, 관재로 얽히게 됨, 자식으로 인해 큰 지출.

酉時 온 사람은 건강문제, 관재구설로 운이 단단히 꼬여있음, 취업 승진문제, 남자문제, 손재수

戌時 온 사람은 두가지 문제 갈등사, 갖고싶은 욕구 강함, 자식문제, 새로운 일시작 진행함이 좋다.

필히 피해야 할일

제품제작 • 친구초대 • 수혈 • 싱크대교체 • 주방고치기 • 애완동물들이기 • 흙 파는일

백초귀장술의 오늘에 초사언

시간 점占 丙戌공망-午未

子時	관청쟁투, 남편 극, 직업궁핍, 객 惡意
丑時	사업, 구재이득, 귀인상봉, 수상기쁨.
寅時	적의 침범사, 불길하고 원수됨, 가출사
卯時	골육 동업건, 남녀색정사, 방심면 도난
辰時	관재 병재로 불길, 가출사 자손사 하극상
巳時	직업 명예사, 여자삼각관계, 망신실수탄로
午時	금전손실 진퇴양난, 이사 여행 불리.
未時	집안잡귀침투, 삼각관계, 낙선근심 질병
申時	선흉후길, 새출발 도망은 吉, 금전융통吉
酉時	가내 괴이사발생, 신부정, 물조심 하극상
戌時	가출건, 급병자, 매사 지체, 여자관련손해
亥時	과욕불성사, 이별사, 타인의 침해 다툼

오늘 행운 복권 운세

복권사면 좋은 띠는 원숭띠 ⑨19, 29
행운복권방은 집에서 서남쪽에 있는곳

申子辰生	북쪽문을 피하고, 서남쪽으로 이사하면 안 된다. 재수가 없고, 하는 일마다 꼬이고, 病苦 질병발생. 바람기 발동.
巳酉丑生	서쪽문을 피하고, 동남쪽으로 이사하면 안 된다. 재수가 없고, 하는 일마다 꼬이고, 病苦 질병발생. 바람기 발동.
寅午戌生	남쪽문을 피하고, 북동쪽으로 이사하면 안 된다. 재수가 없고, 하는 일마다 꼬이고, 病苦 질병발생. 바람기 발동.
亥卯未生	동쪽문을 피하고, 서북쪽으로 이사하면 안 된다. 재수가 없고, 하는 일마다 꼬이고, 病苦 질병발생. 바람기 발동.

운세풀이

辰띠:이동수,우왕좌왕, 弱 다툼	未띠: 점점 일이 꼬임, 관재구설	戌띠:최고운상승세, 두마음	丑띠: 만남,결실,화합,문서
巳띠:매사불편, 방해자,배신	申띠: 귀인상봉, 금전이득, 현금	亥띠: 의욕과다, 스트레스큼	寅띠:이동수,이별수,변동 움직임
午띠:해결신,시험합격, 풀림	酉띠: 매사꼬임,과거고생, 질병	子띠: 시급한 일, 뜻대로 안됨	卯띠: 빈주머니,걱정근심,사기

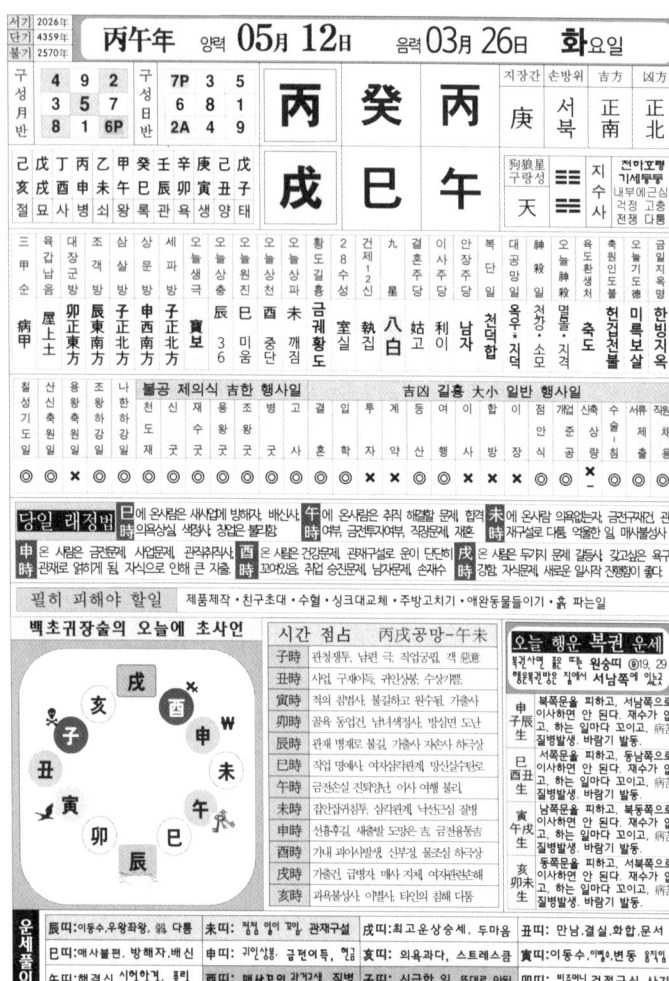

서기	2026年
단기	4359年
불기	2570年

丙午年 양력 05月 13日 음력 03月 27日 수요일

구성월반				구성日반			
	4	9	2		8P	4A	6
	3	5	7		7	9	2
	8	1	6P		3	5	1

丁	癸	丙
亥	巳	午

지장간	손방위	吉方	凶方
庚	북쪽	正東	正西

狗狼星 구랑성 / 巳方 大門僧寺	☷ ☵	지수사	천하호령 기세등등 내부에근심 걱정 고충 전쟁 다툼

辛	庚	己	戊	丁	丙	乙	甲	癸	壬	辛	庚
亥	戌	酉	申	未	午	巳	辰	卯	寅	丑	子
태	양	생	욕	관	록	왕	쇠	병	사	묘	절

三甲순	육갑납음	대장군방	조객방	삼살방	상문방	세파방	오늘생극	오늘상충	오늘원진	오늘상천	오늘상파	황도길흉	28수성	건제12신	九星	결혼주당	이사주당	안장주당	복단일	오늘吉神	神殺	오늘神殺	육도환생처	축원인도불	오늘기도德	금일지옥명
病甲	屋上土	卯正東方	辰東南方	子正北方	申西南方	子正北方	伐벌	巳 36	辰 미움	申 중단	寅 깨짐	대덕황도	壁벽	破파	九紫	堂당	天천	손자	복단일	천후*보광	월파일	왕망·대모	옥도	헌겁천불	여래보살	한빙지옥

					불공 제의식 吉한 행사일							吉凶 길흉 大小 일반 행사일														
칠성기도일	산신축원일	용왕축원일	조왕하강일	나한하강일	천도재	신굿	재수굿	용왕굿	조왕굿	병굿	고사	결혼	입학	투자	계약	등산	여행	이사	합방	이장	점안식	개업준공	신축상량	수술-침	서류제출	직원채용
×	×	×	×	×	×	×	×	×	×	×	×	×	×	×	×	×	×	×	×	×	×	×	×	×	×	×

당일 래정법

巳時 에 온사람은 금전사기, 허위문서 이동수, 터부정 관재구설 동업사비 다툼주의

午時 에 온사람은 방해자, 배신사, 의욕상실 매사 지체불리함 금전구재 문제

未時 에 온사람 하가 해결할 문제, 급전필요, 주식투자여부, 결혼, 직장문제, 매매건

申時 온 사람은 의욕없는자, 자식문제, 사업상문제, 색정사, 관송사, 시비투쟁, 매사불성사

酉時 온 사람은 금전구재 문제, 사업계약 문제는 이득, 여자문제, 관직취직사, 속전속결 유리

戌時 온 사람은 건강문제, 관재구설로 운이 단단히 꼬여있음, 취업 승진문제, 매사지체, 손재수

필히 피해야 할일

약혼식 • 인수인계 • 머리자르기 • 주방수리 • 장담그기 • 수의짓기 • 주방고치기 • 지붕 덮기

백초귀장술의 오늘에 초사언

시간 점占 丁亥공망-午未

子時	관재 병재로 불길, 가출사 색정사 도난주의
丑時	질병발생, 적의 침범사, 자손 이별사
寅時	선거자유리, 사업흥성, 화합사, 화류계
卯時	가출건, 매사 선흉후길, 관송사는 불리
辰時	자손사, 실직사, 도난 풍파 가출 색정사
巳時	육친이별, 파재구설 도난, 인연 끊김
午時	불명예로 원행, 이사 여행가능, 집 파손
未時	공직 직업 승진, 금전이득, 환자발생
申時	모사 성사, 순응유리, 친족불화, 토지분쟁
酉時	사업사, 후원 귀인상봉, 이사 여행- 재앙
戌時	자손사, 父 급병자, 관재구설, 색정사
亥時	금전손실, 남편직업, 여자가 불리, 과이사

오늘 행운 복권 운세

복권사면 좋은 띠는 닭띠 ④⑨ 24, 행운복권방은 집에서 서쪽에 있는곳

申子辰生	북쪽문을 피하고, 서남쪽으로 이사하면 안 된다. 재수가 없고, 하는 일마다 꼬이고, 病苦 질병발생. 바람기 발동.
巳酉丑生	서쪽문을 피하고, 동남쪽으로 이사하면 안 된다. 재수가 없고, 하는 일마다 꼬이고, 病苦 질병발생. 바람기 발동.
寅午戌生	남쪽문을 피하고, 북동쪽으로 이사하면 안 된다. 재수가 없고, 하는 일마다 꼬이고, 病苦 질병발생. 바람기 발동.
亥卯未生	동쪽문을 피하고, 서북쪽으로 이사하면 안 된다. 재수가 없고, 하는 일마다 꼬이고, 病苦 질병발생. 바람기 발동.

운세풀이

巳띠: 이동수,우왕좌왕, 弱 다툼	申띠: 점점 일이 꼬임, 관재구설	亥띠: 최고운상승세, 두마음	寅띠: 만남,결실,화합,문서
午띠: 매사불편, 방해자,배신	酉띠: 귀인상봉, 금전이득, 현금	子띠: 의욕과다, 스트레스큼	卯띠: 이동수,이별수,변동 움직임
未띠: 해결신,시험합격, 풀림	戌띠: 매사꼬임,과거고생, 질병	丑띠: 시급한 일, 뜻대로 안됨	辰띠: 빈주머니,걱정근심,사기

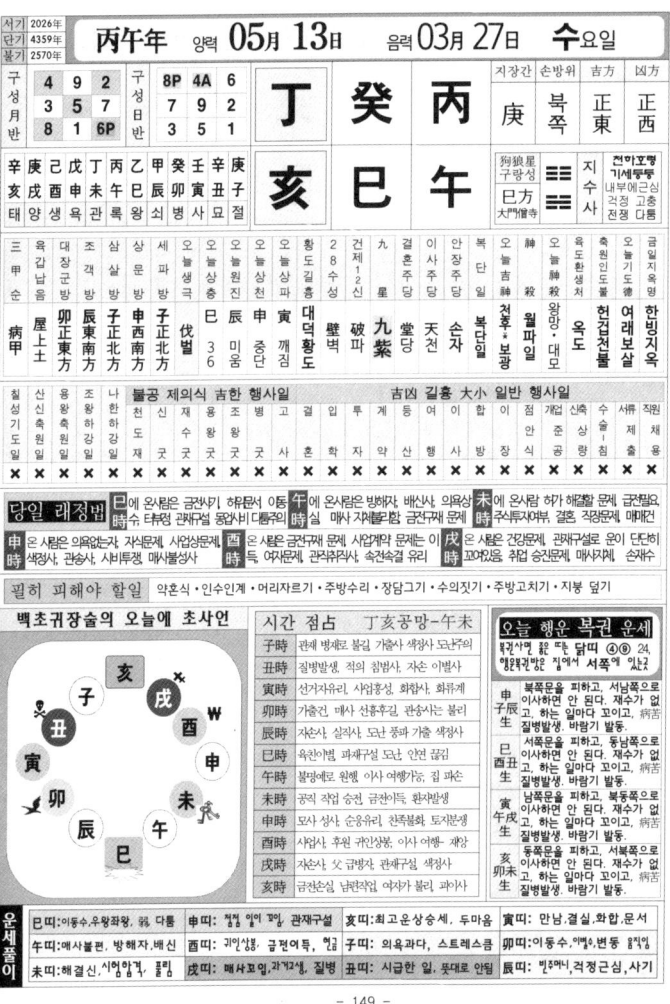

5월

서기	2026年
단기	4359年
불기	2570年

丙午年 양력 05月 14日 음력 03月 28日 목요일

구성月반			
	4	9	2
	3	5	7
	8	1	6P

구성日반			
	9	5P	7
	8	1	3
	4	6A	2

戊	癸	丙
子	巳	午

지장간	손방위	吉方	凶方
庚	북동	正北	正南

狗狼星 구랑성 / 廚竈 주방부엌	☵ ☷	수지비	친밀 친근 사귐 좋은만남 서로힘을 화합 도움

癸	壬	辛	庚	己	戊	丁	丙	乙	甲	癸	壬
亥	戌	酉	申	未	午	巳	辰	卯	寅	丑	子
절	묘	사	병	쇠	왕	록	관	욕	생	양	태

三甲순	육갑납음	대장군방	조객방	삼살방	상문방	세파방	오늘생극	오늘상충	오늘원진	오늘상천	오늘상파	황도길흉	28수성	건제12신	九星	결혼주당	이사주당	안장주당	오늘吉神	오늘吉神	神殺일	오늘神殺	육도환생처	축원인도불	오늘기도德	금일지옥명
病甲	霹靂火	卯正東方	辰東南方	子正北方	申西南方	子正北方	制 제	午 36	未 미움	未 중단	酉 깨짐	백호흑도	奎 규	危 위	一白	翁 옹	害 해	死	-	사상*천마	천리·오귀	검봉·오허	천도	약사여래	아미보살	화탕지옥

칠성기도일	산신축원일	용왕축원일	조왕하강일	나한하강일	불공 제의식 吉한 행사일							吉凶 길흉 大小 일반 행사일														
					천도재	신굿	재수굿	용왕굿	조왕굿	병굿	고사	결혼	입학	투자	계약	등산	여행	이사	합방	이장	점안식	개업준공	신축상량	수술-침	서류제출	직원채용
×	×	×	×	×	×	×	×	×	×	×	×	×	◎	×	×	◎	×	×	×	×	×	◎	◎	-	◎	×

당일 래정법

巳時 에 온사람은 실업자, 친정문제, 빈주머니, 헛 공사, 사기·도난사, 밤길조심

午時 에 온사람은 이동변동수, 터부정, 관재구설, 배반 다툼주의, 차사고

未時 에 온사람은 방해자, 배신사, 의욕상실, 매사 지체불리함, 형제간 시비불리함.

申時 온 사람은 자식문제, 결혼문제, 경조사, 속결처리는 해결됨, 시험은 합격됨, 허가건은 승인됨

酉時 온 사람은 의욕없는자, 자식으로인해 큰돈 손해 억울한일 외정색정사, 불륜사 문제 관재로

戌時 온 사람은 금전문제, 사업문제, 주식투자문제, 부동산거래, 재물구재사, 여자화합건, 돈은 들어오나 곰비

필히 피해야 할일 흑도일에 폐閉神으로 수격과 토부와 혈기 등 강한 신살에 해당되어 매사 해롭고 불리한 날

백초귀장술의 오늘에 초사언

시간 점占 戊子공망-午未

子時	남녀쟁투 돈이나 처를 극, 자식病, 흉
丑時	결혼은 吉, 동료모략, 혐의누명 손님 옴
寅時	관재, 병재 출행,재난, 원한 喪服 운
卯時	매사 선흉후길, 자식근심, 情夫 작해
辰時	형제나 친구 침범사, 가출사 색정사 흉해
巳時	관직 승전문제, 가정불안 모사발생 후 破
午時	남녀투쟁 다툼, 처를 극하고 매사 막힘
未時	잡안잡귀침투, 부부불화, 삼각관계, 질병
申時	선거자유리, 사업흥성, 화합사, 색정사
酉時	자손사와 남편불리, 간시한 은닉건, 모략
戌時	작은돈 가능, 시험불합격, 삼각관게 불화
亥時	사업, 구재, 관재구설 여자문제, 혐의징조

오늘 행운 복권 운세

복권사면 좋은 띠는 **개띠** ⑩⑳ 30
행운복권방은 집에서 **서북쪽에** 있는곳

申子辰生	북쪽문을 피하고, 서남쪽으로 이사하면 안 된다. 재수가 없고, 하는 일마다 꼬이고, 病苦 질병발생. 바람기 발동.
巳酉丑生	서쪽문을 피하고, 동남쪽으로 이사하면 안 된다. 재수가 없고, 하는 일마다 꼬이고, 病苦 질병발생. 바람기 발동.
寅午戌生	남쪽문을 피하고, 북동쪽으로 이사하면 안 된다. 재수가 없고, 하는 일마다 꼬이고, 病苦 질병발생. 바람기 발동.
亥卯未生	동쪽문을 피하고, 서북쪽으로 이사하면 안 된다. 재수가 없고, 하는 일마다 꼬이고, 病苦 질병발생. 바람기 발동.

운세풀이

午띠:이동수,우왕좌왕, 弱, 다툼	酉띠: 점점 일이 꼬임, 관재구설	子띠:최고운상승세, 두마음	卯띠: 만남,결실,화합,문서
未띠:매사불편, 방해자,배신	戌띠:귀인상봉, 금전이득, 현금	丑띠: 의욕과다, 스트레스큼	辰띠:이동수,이별수,변동 움직임
申띠:해결신,시험합격, 풀림	亥띠: 매사꼬임,과거고생, 질병	寅띠: 시급한 일, 뜻대로 안됨	巳띠: 빈주머니,걱정근심,사기

서기	2026年
단기	4359年
불기	2570年

丙午年 양력 05月 15日 음력 03月 29日 금요일

구성월반				구성일반			
	4	9	2		1	6	8A
	3	5	7		9	2	4
	8	1	6P		5P	7	3

己	癸	丙
丑	巳	午

지장간	손방위	吉方	凶方
庚	無	正西	正東

狗狼星 구랑성	寅方 廚舍
수지비	친밀 친근 사귐 좋은만남 서로힘을 화합 도움

乙	甲	癸	壬	辛	庚	己	戊	丁	丙	乙	甲
亥	戌	酉	申	未	午	巳	辰	卯	寅	丑	子
태	양	생	욕	관	록	왕	쇠	병	사	묘	절

三甲순	육갑납음	대장군방	조객방	삼살방	상문방	세파방	오늘생극	오늘상충	오늘원진	오늘상천	오늘상파	황도길흉	28수성	건제12신	九星	결혼주당	이사주당	안장주당	천구하식	복단일	神殺	오늘神殺	육도환생처	축원인도불	오늘기도德	금일지옥명
病甲	霹靂火	卯正東方	辰東南方	子正北方	申西南方	子正北方	專전	未 36	午 미움	午 중단	辰 깨짐	옥당황도	婁루	成성	二黑	第제	殺살	여자	삼합일	천희*월은	사격·귀기	신호·염대	천도	약사여래	아미보살	화탕지옥

칠성기도일	산신축원일	용왕축원일	조왕하강일	나한하강일	천도재	신굿	재수굿	용왕굿	조왕굿	병굿	고사	결혼	입학	투자	계약	등산	여행	이사	합방	이장	점안식	개업준공	신축상량	수술·침	서류제출	직원채용
◎	◎	×	◎	◎	◎	◎	◎	◎	◎	◎	◎	◎	◎	×	◎	◎	◎	◎	◎	×	◎	◎	◎	◎	◎	◎

(천도재 ~ 고사: 불공 제의식 吉한 행사일 / 결혼 ~ 직원채용: 吉凶 길흉 大小 일반 행사일)

당일 래정법

- **巳時**에 온사람은 이동수 있는자, 직장변동, 사업체변동수, 해외진출 유리, 이별
- **午時**에 온사람은 실업자, 지금은 소모전, 빈주머니, 헛 공사, 사기·모사, 안됨
- **未時**에 온사람은 매매 이동변동수, 터부정, 웃사람과 시비 다툼주의, 교통사고주의
- **申時** 온 사람은 방해자, 배신사, 금전과 여자문제 매사 지체불리함, 차사고로 손해손재수
- **酉時** 온 사람은 급처리 문제, 투자는 속결 유리 시험합격됨, 허가건은 승인
- **戌時** 온사람은 의욕없는 자, 하극상배신 억울한일 외정색정사, 불륜사 문제, 관재로 발전 딸 문제, 취직문제

필히 피해야 할일

회의개최 · 건축증개축 · 문서파기 · 항공주의 · 승선 · 동토 · 벌초 · 관정, 우물파기

백초귀장술의 오늘에 초사언

시간 점占 己丑공망-午未

子時	사업, 구재, 금전다툼, 구설 여자문제 ⊗
丑時	유명무실, 도난위험, 질병위태, 가출건
寅時	망신수, 매사 불성사, 탄로조심.
卯時	관재 병재로 불길, 적의 침범사, 喪服운
辰時	옛것을 정비하고 새것을 얻음, 선흉후길
巳時	산후질병 발병, 이별수, 이사는 가능
午時	구직하나 불성사, 골육이별, 색정사
未時	집안잡귀침투, 친족배신불화, 가출건
申時	자손 실직사, 망신 탄로조심, 금전손실
酉時	사업사, 후원사, 자손화합사 기쁨, 근신
戌時	금전손실, 가출건, 가선제압, 시험불길
亥時	선거자유리, 사업흥성, 친족불화, 喪服

오늘 행운 복권 운세

복권사면 좋은 띠는 **돼지띠** ⑪⑯31
행운복권방은 집에서 **북서쪽에** 있는곳

申子辰生	북쪽문을 피하고, 서남쪽으로 이사하면 안 된다. 재수가 없고, 하는 일마다 꼬이고, 病苦 질병발생. 바람기 발동.
巳酉丑生	서쪽문을 피하고, 동남쪽으로 이사하면 안 된다. 재수가 없고, 하는 일마다 꼬이고, 病苦 질병발생. 바람기 발동.
寅午戌生	남쪽문을 피하고, 북동쪽으로 이사하면 안 된다. 재수가 없고, 하는 일마다 꼬이고, 病苦 질병발생. 바람기 발동.
亥卯未生	동쪽문을 피하고, 서북쪽으로 이사하면 안 된다. 재수가 없고, 하는 일마다 꼬이고, 病苦 질병발생. 바람기 발동.

운세풀이

未띠:이동수,우왕좌왕, 울화, 다툼	戌띠: 점점 일이 꼬임, 관재구설	丑띠:최고운상승세, 두마음	辰띠: 만남,결실,화합,문서
申띠:매사불편, 방해자,배신	亥띠:귀인상봉, 금전이득, 현금	寅띠: 의욕과다, 스트레스큼	巳띠:이동수,이별수,변동 움직임
酉띠:해결신,시험합격, 풀림	子띠: 매사꼬임,과거2생, 질병	卯띠: 시급한 일, 뜻대로 안됨	午띠: 빈주머니,걱정근심,사기

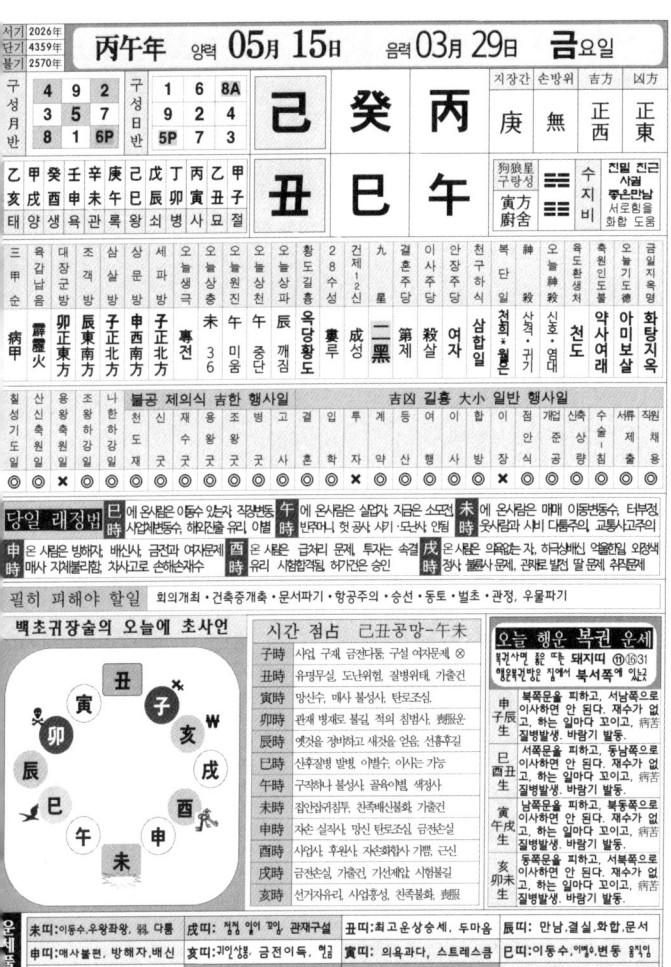

5월

서기	2026年
단기	4359年
불기	2570年

丙午年 양력 05月 16日 음력 03月 30日 토요일

구성월반				구성일반							
	4	9	2		2	7	9P	庚	癸	丙	
	3	5	7		1A	3	5	寅	巳	午	
	8	1	6P		6	8	4				

지장간	손방위	吉方	凶方
庚	無	正南	正北

丁	丙	乙	甲	癸	壬	辛	庚	己	戊	丁	丙
亥	戌	酉	申	未	午	巳	辰	卯	寅	丑	子
병	쇠	왕	록	관	욕	생	양	태	절	묘	사

狗狼星 구랑성	午方 남쪽
수지비	친밀 친근 사귐 좋은만남 서로힘을 화합 도움

三甲순	육갑납음	대장군방	조객방	삼살방	상문방	세파방	오늘생극	오늘상충	오늘원진	오늘상천	오늘상파	황도길흉	28수성	건제12신	九星	결혼주당	이사주당	안장주당	오늘吉神	오늘吉神	神殺	오늘神殺	육도환생처	축원인도불	오늘기도德	금일지옥명
病甲	松柏木	卯正東方	辰東南方	子正北方	申西南方	子正北方	制제	申 36	酉 미움	巳 중단	亥 깨짐	천뇌흑도	胃위	收수	三碧	竈조	富부	어머니	-	월덕*복덕	월형일	천강·토금	인도	약사여래	약사보살	화탕지옥

칠성기도일	산신축원일	용왕축원일	조왕하강일	나한하강일	천도재	신굿	재수굿	용왕굿	조왕굿	병굿	고사	결혼	입학	투자	계약	등산	여행	이사	합방	이장	점안식	개업준공	신축상량	수술·침	서류제출	직원채용
◎	×	×	◎	◎	◎	×	×	×	×	×	×	×	◎	×	×	◎	◎	◎	×	×	×	×	×	×	◎	×

(천도재 ~ 고사: 불공 제의식 吉한 행사일 / 결혼 ~ 직원채용: 吉凶 길흉 大小 일반 행사일)

당일 래정법

巳時 에 온사람은 문서 화합운 결혼 재혼 경조사 문서구입 좋다 궁합 후원 개업

午時 에 온사람은 이동수 있음 이사나 직장변동 하는게 좋음 여행 이별 질병

未時 에 온사람은 금전사기, 허위문서, 실업자 모난사고 빈주머니 헛공사 윗사람스트레스

申時 온 사람은 매매 이동변동수, 가정불화문제, 터부정, 관재구설, 직장변동수, 차사고주의

酉時 온 사람은 방해자, 친구동료 배신사, 취업 승진 매사 지체불리함, 질병액, 손해수

戌時 온 사람은 급자리문제, 묘지탈로 고미사발생, 우환질병, 색정사로 구설수, 시험 합격됨, 허가건 승인됨

필히 피해야 할일 주식투자 • 사행성코인사업 • 명품구입 • 질병치료 • 투석 • 물건구입 • 새집들이 • 건축증개축

백초귀장술의 오늘에 초사언

시간 점占	庚寅공망-午未
子時	만사길조, 운기발복, 이사가 吉, 신중
丑時	매사 막히고 퇴보, 사업 구재는 불길
寅時	타인이나 여자로부터 금전손실, 함정
卯時	금전문제, 부인문제, 색정사, 도난위험
辰時	매사미비, 병재로 불길, 가출사, 색정사
巳時	사업금전운 吉, 임신가능, 결혼기쁨, 화해
午時	금전손실 다툼, 가내불안, 가출, 시험불리
未時	잡인잡귀침투, 친족불화, 사업금전불리
申時	부부이심, 이사가 길, 사귀발동, 가출사
酉時	파산파재, 부인흉극, 배신음모로 함정
戌時	사업사, 후원사, 직장승진, 이사가 吉
亥時	금전손실, 도난, 자식문제, 화류계 관련

오늘 행운 복권 운세

복권사면 좋은 띠는 **쥐띠** ①⑥⑯
행운복권방은 집에서 **북쪽**에 있는곳

申子辰生	북쪽문을 피하고, 서남쪽으로 이사하면 안 된다. 재수가 없고, 하는 일마다 꼬이고, 病苦 질병발생. 바람기 발동.
巳酉丑生	서쪽문을 피하고, 동남쪽으로 이사하면 안 된다. 재수가 없고, 하는 일마다 꼬이고, 病苦 질병발생. 바람기 발동.
寅午戌生	남쪽문을 피하고, 북동쪽으로 이사하면 안 된다. 재수가 없고, 하는 일마다 꼬이고, 病苦 질병발생. 바람기 발동.
亥卯未生	동쪽문을 피하고, 서북쪽으로 이사하면 안 된다. 재수가 없고, 하는 일마다 꼬이고, 病苦 질병발생. 바람기 발동.

운세풀이

申띠:이동수,우왕좌왕, 弱, 다툼	亥띠: 점점 일이 꼬임, 관재구설	寅띠:최고운상승세, 두마음	巳띠: 만남,결실,화합,문서
酉띠:매사불편, 방해자,배신	子띠:귀인상봉, 금전이득, 현금	卯띠: 의욕과다, 스트레스큼	午띠:이동수,이별수,변동 움직임
戌띠:해결신,시험합격, 풀림	丑띠: 매사꼬임,과거고생, 질병	辰띠: 시급한 일, 뜻대로 안됨	未띠: 빈주머니,걱정근심,사기

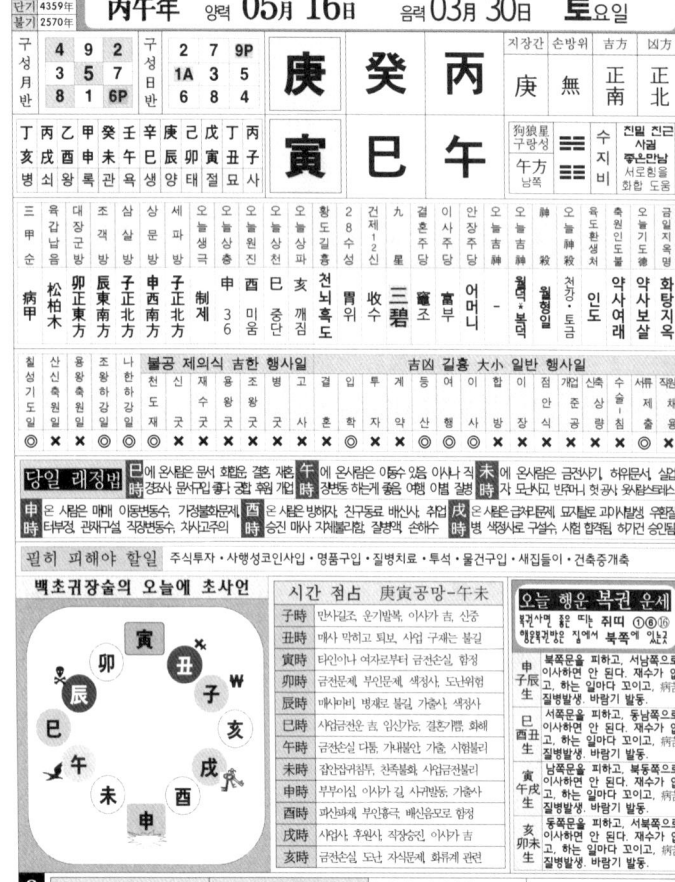

서기	2026年
단기	4359年
불기	2570年

丙午年 양력 05月 17日 음력 04月 01日 일요일

구성月반				구성日반			
	4	9	2		3A	8	1
	3	5	7		2	4	6P
	8	1	6P		7	9	5

辛	癸	丙
卯	巳	午

지장간	손방위	吉方	凶方
庚	동쪽	正東	正西

狗狼星 구랑성	괘	수지비	친밀 친근 사귐 좋은만남 서로힘을 화합 도움
天	☵☷	수지비	

己	戊	丁	丙	乙	甲	癸	壬	辛	庚	己	戊
亥	戌	酉	申	未	午	巳	辰	卯	寅	丑	子
욕	관	록	왕	쇠	병	사	묘	절	태	양	생

三甲순	육갑납음	대장군방	조객방	삼살방	상문방	세파방	오늘생극	오늘상충	오늘원진	오늘상천	오늘상파	황도길흉	28수성	건제12신	九星	결혼주당	이사주당	안장주당	복단일	오늘吉神	오늘神殺	오늘神殺	육도환생처	축원인도불	오늘기도德	금일지옥명
病甲	松柏木	卯正東方	辰東南方	子正北方	申西南方	子正北方	制제	酉 36	申 미움	辰 중단	午 깨짐	현무흑도	昴묘	開개	四綠	婦부	天천	어머니	-	천덕*월덕	-	재살·천화	귀도	약사여래	문수보살	화탕지옥

칠성기도일	산신축원일	용왕축원일	조왕하강일	나한하강일	불공 제의식 吉한 행사일: 천도재	신굿	재수굿	용왕굿	조왕굿	병굿	고사	吉凶 길흉 大小 일반 행사일: 결혼	입학	투자	계약	등산	여행	이사	합방	이장	점안식	개업준공	신축상량	수술-침	서류제출	직원채용
◎	◎	-	◎	◎	◎	◎	◎	◎	◎	◎	◎	◎	◎	×	×	◎	◎	×	×	×	×	◎	×	×	◎	×

당일 래정법

巳時에 온사람은 자식문제, 가내환자, 죽음 바람기, 불륜, 시비투쟁 이동수

午時에 온사람은 문서 회합운, 결혼, 재혼, 경조사, 애정사, 궁합, 부모문제, 개업

未時에 온사람은 이동수 있는자, 이사나 직장변동, 해외진출, 부모자식문제, 여행,

申時 온 사람은 허위문서 문제, 실업자, 색정사, 빈주머니, 헛 공사, 사기모함 ·모난사, 일이 지체

酉時 온 사람은 매매 이동변동수, 터부정, 관재구설, 사기, 허위문서, 가내우환질병, 차사고주의

戌時 온 사람은 방해자, 배신사, 원망 암투, 취업 승진 매사 지체불리함, 차사고로 손재수, 암투

필히 피해야 할일 새집들이 • 친목회 • 금전수금 • 창고수리 • 건축수리 • 동토 • 우물파기 • 장담그기

백초귀장술의 오늘에 초사언

시간 점占	辛卯공망-午未
子時	직장근심, 처를 극, 질병위급, 神부정
丑時	사업사, 후원사, 직장변동, 자식질병 급
寅時	관재 병재로 불길, 가출사 색정사 하극상
卯時	가내우환 도적흉, 여자로부터 금전손실
辰時	매사 지체, 사업상 다툼, 불륜색정사
巳時	매사 불성사, 도망은 吉, 삼각관계, 재액
午時	관직 승전문제, 금전 작은이득, 화해 吉
未時	삼각관계, 직업변동, 친족불화, 여자질병
申時	만사불길, 육친이별, 이민유리, 질병재앙
酉時	적의 침범사, 관재 병재로 불길, 감옥行
戌時	놀랄 일발생, 불륜색정사, 공중분해
亥時	자식문제, 직장문제, 손님 惡意, 불화초래

오늘 행운 복권 운세

복권사면 좋은 띠는 소띠 ②⑤⑩
행운복권방은 집에서 북동쪽에 있는곳

申子辰生	북쪽문을 피하고, 서남쪽으로 이사하면 안 된다. 재수가 없고, 하는 일마다 꼬이고, 病苦 질병발생. 바람기 발동.
巳酉丑生	서쪽문을 피하고, 동남쪽으로 이사하면 안 된다. 재수가 없고, 하는 일마다 꼬이고, 病苦 질병발생. 바람기 발동.
寅午戌生	남쪽문을 피하고, 북동쪽으로 이사하면 안 된다. 재수가 없고, 하는 일마다 꼬이고, 病苦 질병발생. 바람기 발동.
亥卯未生	동쪽문을 피하고, 서북쪽으로 이사하면 안 된다. 재수가 없고, 하는 일마다 꼬이고, 病苦 질병발생. 바람기 발동.

운세풀이

酉띠:이동수,우왕좌왕, 弱, 다툼	子띠: 점점 일이 꼬임, 관재구설	卯띠:최고운상승세, 두마음	午띠: 만남,결실,화합,문서
戌띠:매사불편, 방해자,배신	丑띠:귀인상봉, 금전이득, 현금	辰띠: 의욕과다, 스트레스큼	未띠:이동수,이별수,변동 움직임
亥띠:해결신,시험합격, 풀림	寅띠: 매사꼬임,과거고생, 질병	巳띠: 시급한 일, 뜻대로 안됨	申띠: 빈주머니,걱정근심,사기

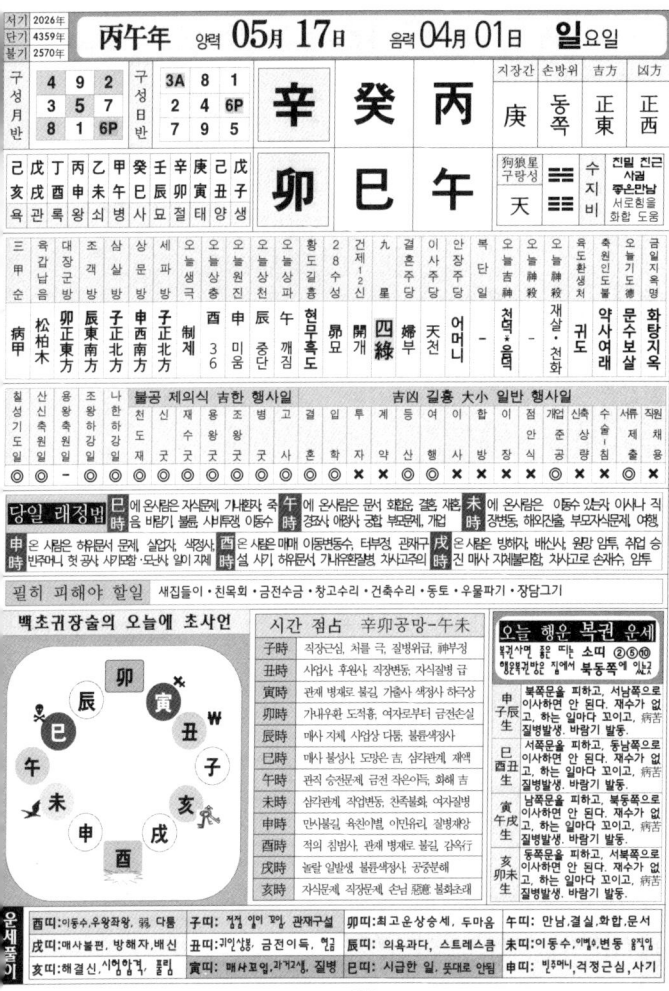

5월

서기	2026年
단기	4359年
불기	2570年

丙午年 양력 05月 18日 음력 04月 02日 월요일

구성월반

4	9	2
3	5	7
8	1	6P

구성일반

4	9	2
3	5	7
8	1	6P

壬	癸	丙
辰	巳	午

지장간	손방위	吉方	凶方
庚	동남	正北	正南

辛亥	庚戌	己酉	戊申	丁未	丙午	乙巳	甲辰	癸卯	壬寅	辛丑	庚子
록	관	욕	생	양	태	절	묘	사	병	쇠	왕

狗狼星 구랑성	괘	수지비	
天	☵☷	수지비	친밀 친근 사귐 좋은만남 서로힘을 화합 도움

三甲순	육갑납음	대장군방	조객방	삼살방	상문방	세파방	오늘생극	오늘상충	오늘원진	오늘상천	오늘상파	황도길흉	28수성	건제12신	九星	결혼주당	이사주당	안장주당	대공망일	오늘吉神	神殺	오늘神殺	육도환생처	축원인도불	오늘기도德	금일지옥명
病甲	長流水	卯正東方	辰東南方	子正北方	申西南方	子正北方	伐벌	戌 36	亥 미움	卯 중단	丑 깨짐	사명황도	畢필	閉폐	五黃	竈조	利이	여자	대공망일	천의대사	라강·혈지	수격·월살	축도	약사여래	지장보살	화탕지옥

칠성기도일	산신축원일	용왕축원일	조왕하강일	나한하강일	천도재	신굿	재수굿	용왕굿	조왕굿	병굿	고사	결혼	입학	투자	계약	등산	여행	이사	합방	이장	점안식	개업준공	신축상량	수술·침	서류제출	직원채용
×	×	×	×	×	×	×	×	×	×	×	×	×	-	×	×	◎	◎	×	×	×	×	×	×	◎	×	×

(불공 제의식 吉한 행사일: 천도재 ~ 고사 / 吉凶 길흉 大小 일반 행사일: 결혼 ~ 직원채용)

당일 래정법

巳時 에 온사람은 의욕과다, 뭔가 하고싶어서 왔다. 자식과 금전문제, 직장취업문제

午時 에 온사람은 금전문제로 골치 아픔, 상사와 암투, 여자바람기, 불륜, 화병

未時 에 온사람은 문서 넘어와합운, 결혼, 재혼, 경조사, 문서구입, 궁합, 만남, 부모님 불리

申時 온 사람은 이동수 있는자, 이사나 직장변동, 관송사, 여행, 이별수, 취업불가능, 질병

酉時 온 사람은 허위문서, 금전손재수, 자식문제, 빈주머니, 헛고생 사기모함, 매사불성, 일은 지체

戌時 온 사람은 허위문서 이동변동수, 터부정, 관재구설, 자식가출, 동업자 사비 다툼주의, 차사고주의

필히 피해야 할일

회사창업 · 개업개점 · 개장식 · 새작품제작 · 출품 · 새집들이 · 인수인계 · 후임자간택 · 항공주의

백초귀장술의 오늘에 초사언

시간 점占 壬辰공망-午未

子時	만사개혁 유리, 남녀쟁투 처를 극, 破
丑時	남편문제, 직장문제, 가출사, 출산나쁨, 病
寅時	적의 침범사, 불길하고 원수됨, 육친이별
卯時	병상파재, 관송사 분쟁, 음란색정사,⊗
辰時	금전손실 다툼, 불륜문제, 직장변동,
巳時	사업, 구재, 상해, 도난, 여자삼각관계
午時	매사 불성사, 도망은 吉, 도적손실, 재액
未時	사업사, 후원사, 불륜사, 화합사, 금전 凶
申時	잡인잡귀침투, 친족불화, 육친무력, 도난
酉時	남녀색정사, 금전손해 실물수, 가출사
戌時	육친무력, 가출건, 관재구설, 우환질병
亥時	관록 당선에 방해자, 실수 탄로, 가출사

오늘 행운 복권 운세

복권사면 좋은 띠는 범띠 ③⑧⑱
행운복권방은 집에서 동북쪽에 있는곳

申子辰生	북쪽문을 피하고, 서남쪽으로 이사하면 안 된다. 재수가 없고, 하는 일마다 꼬이고, 病苦 질병발생. 바람기 발동.
巳酉丑生	서쪽문을 피하고, 동남쪽으로 이사하면 안 된다. 재수가 없고, 하는 일마다 꼬이고, 病苦 질병발생. 바람기 발동.
寅午戌生	남쪽문을 피하고, 북동쪽으로 이사하면 안 된다. 재수가 없고, 하는 일마다 꼬이고, 病苦 질병발생. 바람기 발동.
亥卯未生	동쪽문을 피하고, 서북쪽으로 이사하면 안 된다. 재수가 없고, 하는 일마다 꼬이고, 病苦 질병발생. 바람기 발동.

운세풀이

戌띠:이동수,우왕좌왕, 弱, 다툼	丑띠: 점점 일이 꼬임, 관재구설	辰띠:최고운상승세, 두마음	未띠: 만남,결실,화합,문서
亥띠:매사불편, 방해자,배신	寅띠:귀인상봉, 금전이득, 현금	巳띠: 의욕과다, 스트레스큼	申띠:이동수,이별수,변동 움직임
子띠:해결신,시험합격, 풀림	卯띠: 매사꼬임,과거고생, 질병	午띠: 시급한 일, 뜻대로 안됨	酉띠: 빈주머니,걱정근심,사기

서기	2026年
단기	4359年
불기	2570年

丙午年 양력 05月 19日 음력 04月 03日 화요일

구성월반			
	4	9	2
	3	5	7
	8	1	6P

구성일반			
	5	1	3P
	4	6	8
	9	2	7A

癸	癸	丙
巳	巳	午

지장간	손방위	吉方	凶方
丙	남쪽	正西	正東

狗狼星 구랑성	괘	수지비	친밀 친근 사귐 좋은만남 서로힘을 화합 도움
大門 僧寺	☵☷		

癸	壬	辛	庚	己	戊	丁	丙	乙	甲	癸	壬
亥	戌	酉	申	未	午	巳	辰	卯	寅	丑	子
왕	쇠	병	사	묘	절	태	양	생	욕	관	록

三甲순	육갑납음	대장군방	조객방	삼살방	상문방	세파방	오늘생극	오늘상충	오늘원진	오늘상천	오늘상파	황도길흉	28수성	건제12신	九星	결혼주당	이사주당	안장주당	대공망일	오늘吉神	神殺	오늘神殺	육도환생처	축원인도불	오늘기도德	금일지옥명
病甲	長流水	卯正東方	辰東南方	子正北方	申西南方	子正北方	制제	亥 36	戌 미움	寅 중단	申 깨짐	구진흑도	觜자	建건	六白	第제	安안	死	대공망일	천덕*왕일	-	수사·월건	옥도	약사여래	문수보살	화탕지옥

칠성기도일	산신축원일	용왕축원일	조왕하강일	나한하강일	불공 제의식 吉한 행사일: 천도재	신굿	재수굿	용왕굿	조왕굿	병굿	고사	吉凶 길흉 大小 일반 행사일: 결혼	입학	투자	계약	등산	여행	이사	합방	이장	점안식	개업준공	신축상량	수술·침	서류제출	직원채용
×	×	×	×	×	×	×	×	×	×	×	×	×	◎	×	×	◎	◎	×	×	×	×	◎	×	-	-	×

당일 래정법

- **巳時** 에 온사람은 원망과 다툼, 두 문제로 갈등사: 직장문제, 여자상업문제, 시비다툼
- **午時** 에 온사람은 금전문제, 여자문제, 뭐가 하고 싶어서 왔다. 직장취업문제
- **未時** 에 온사람은 골치 아픈일, 친구나 형제간 다툼, 바람기, 불륜, 관재, 속정리
- **申時** 온 사람은 화합운, 결혼사, 재혼, 경조사, 애정사, 궁합, 만남, 개업, 윗사람 우환질병, 허위문서, 매매건
- **酉時** 온 사람은 이동수 있는자, 이사나 직장변동수, 사업체 변동수, 여행, 이별수, 관재구설
- **戌時** 온 사람은 색정사문제, 금전손재수, 쉬어야할때, 빈주머니, 헛고생, 허위문서, 사기, 매사불성

필히 피해야 할일 홍보광고 • 소장제출 • 인허가신청 • 정보유출 • 질병치료 • 출항 • 조선 배 제조 • 승선 • 바다낚시

백초귀장술의 오늘에 초사언

시간 점占	癸巳공망-午未
子時	형제친구 배신주의, 색정사, 관재구설
丑時	적의 침범사, 음란색정사, 부부이별, 이사
寅時	직장근심, 처를 극, 색정사, 음귀침투
卯時	자식문제, 직장문제, 색정사, 결혼기쁨
辰時	남편문제, 직장문제, 부부이별, 우환질병
巳時	귀인상봉, 구재이득, 발탁 수상기쁨, 취직
午時	금전손실, 매사 불성사, 색정사, 부부문제
未時	금전실패, 가출건, 관송사, 육친무력 이동
申時	사업사, 후원사, 색정사, 다툼 탄로조심
酉時	어른 병자사망, 매사 불성사, 가출도주
戌時	직업문제, 남편문제, 음란색정사, 이사吉
亥時	관귀발동, 금전손해 실물수, 음란색정사

오늘 행운 복권 운세

복권사면 좋은 띠는 토끼띠 ②⑧
행운복권방은 집에서 동쪽에 있는곳

申子辰生	북쪽문을 피하고, 서남쪽으로 이사하면 안 된다. 재수가 없고, 하는 일마다 꼬이고, 病苦 질병발생. 바람기 발동.
巳酉丑生	서쪽문을 피하고, 동남쪽으로 이사하면 안 된다. 재수가 없고, 하는 일마다 꼬이고, 病苦 질병발생. 바람기 발동.
寅午戌生	남쪽문을 피하고, 북동쪽으로 이사하면 안 된다. 재수가 없고, 하는 일마다 꼬이고, 病苦 질병발생. 바람기 발동.
亥卯未生	동쪽문을 피하고, 서북쪽으로 이사하면 안 된다. 재수가 없고, 하는 일마다 꼬이고, 病苦 질병발생. 바람기 발동.

운세풀이

亥띠: 이동수, 우왕좌왕, 弱, 다툼	寅띠: 점점 일이 꼬임, 관재구설	巳띠: 최고운상승세, 두마음	申띠: 만남, 결실, 화합, 문서
子띠: 매사불편, 방해자, 배신	卯띠: 귀인상봉, 금전이득, 현금	午띠: 의욕과다, 스트레스큼	酉띠: 이동수, 이별수, 변동 움직임
丑띠: 해결신, 시험합격, 풀림	辰띠: 매사꼬임, 과거2생, 질병	未띠: 시급한 일, 뜻대로 안됨	戌띠: 빈주머니, 걱정근심, 사기

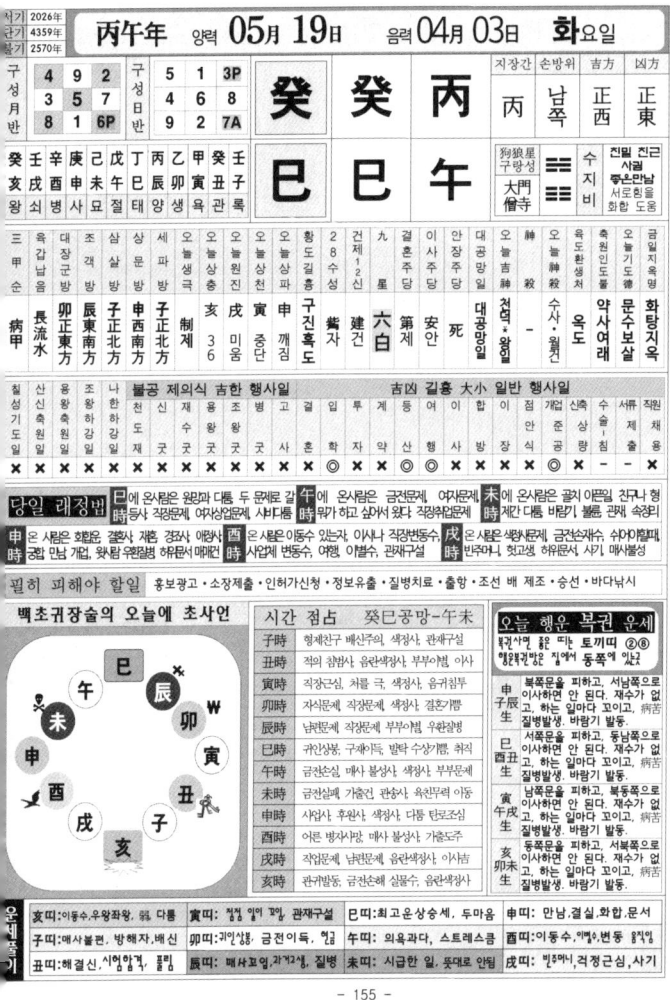

5월

서기	2026年
단기	4359年
불기	2570年

丙午年 양력 05月 20日 음력 04月 04日 수요일

구성月반				구성日반			
	4	9	2		6	2	4
	3	5	7		5	7	9A
	8	1	6P		1	3P	8

甲	癸	丙
午	巳	午

지장간	손방위	吉方	凶方
丙	남서	正南	正北

狗狼星 구랑성 戊亥方	☰ ☰	중건천	만사형통 만물성장 발전시기 윗사람자문 도움 요청

乙	甲	癸	壬	辛	庚	己	戊	丁	丙	乙	甲
亥	戌	酉	申	未	午	巳	辰	卯	寅	丑	子
생	양	태	절	묘	사	병	쇠	왕	록	관	욕

三甲순	육갑납음	대장군방	조객방	삼살방	상문방	세파방	오늘생극	오늘상충	오늘원진	오늘상천	오늘상파	황도길흉	28수성
生甲	砂中金	卯正東方	辰東南方	子正北方	申西南方	子正北方	寶보	子 36	丑 미움	丑 중단	卯 깨짐	청룡황도	參삼

건제12신	九星	결혼주당	이사주당	안장주당	대공망일	오늘吉神	神殺	오늘神殺	육도환생처	축원인도불	오늘기도德	금일지옥명
除제	七赤	翁옹	災재	손자	대공망일	길기*관일	–	피마·대시	불도	관세음보살	약사보살	좌마지옥

칠성기도일	산신축원일	용왕축원일	조왕하강일	나한하강일	불공 제의식 吉한 행사일						
					천도재	신굿	재수굿	용왕굿	조왕굿	병굿	고사
◎	◎	×	◎	◎	◎	◎	◎	◎	◎	◎	◎

吉凶 길흉 大小 일반 행사일														
결혼	입학	투자	계약	등산	여행	이사	합방	이장	점안식	개업준공	신축상량	수술-침	서류제출	직원채용
×	◎	×	×	◎	◎	×	×	×	◎	◎	◎	◎	◎	◎

당일 래정법

巳時에 온사람은 건강문제, 재수가 없고 운이 단단히 꼬여있음, 동업파탄 손재수

午時에 온사람은 의욕충만, 두문제로 갈등사 갖고싶은 욕구, 직장문제, 상업문제

未時에 온사람은 의욕과다, 뭔가 하고싶어서 왔다, 직장상사괴롭힘 사표문제

申時 온 사람은 골치 아픈일, 친구나 형제동업, 죽음, 배우자바람기, 불륜, 관재구설 속 정리해야함

酉時 온 사람은 문서구입, 화합운, 결혼, 경조사, 관직취업건, 개업 때 아님, 하극상 배신, 경쟁사로 몰변

戌時 온 사람은 이동수 있는자, 가출, 이사나 직장변동, 점포 변동수, 투자문서는 위험, 이별수

필히 피해야 할일 작품출품 · 납품 · 정보유출 · 창고개방 · 새집들이 · 출장 · 항공주의 · 화재주의 · 지붕 · 옥상보수

백초귀장술의 오늘에 초사언

시간 점占	甲午공망-辰巳
子時	자식 질병재앙, 처를 극, 방심 도난,
丑時	처의 돈문제, 우환질병, 동료배신, 후퇴
寅時	선거자유리, 직장 명예사, 질병재앙
卯時	매사불길, 질병재앙, 수술, 처를 극, 가출
辰時	사업, 금전구재, 도난, 여자 색정삼각관계
巳時	집안잡귀침투, 친족불화, 삼각관계, 불리
午時	관재 병재로 불길, 가출사 색정사 하극상
未時	화합사, 금전문제, 처 문제, 이동 여행凶
申時	매사 불성사, 우환질병, 음란 색정사
酉時	관청권리문제, 남편문제, 우환질병피해
戌時	가출건, 급병자발생 색정사 발생 ⊗
亥時	파재, 상해, 도난, 사업문제, 질병재앙

오늘 행운 복권 운세

복권사면 좋은 띠는 용띠 ⑤⑩⑳
행운복권방은 집에서 동남쪽에 있는곳

申子辰生	북쪽문을 피하고, 서남쪽으로 이사하면 안 된다. 재수가 없고, 하는 일마다 꼬이고, 病苦 질병발생. 바람기 발동.
巳酉丑生	서쪽문을 피하고, 동남쪽으로 이사하면 안 된다. 재수가 없고, 하는 일마다 꼬이고, 病苦 질병발생. 바람기 발동.
寅午戌生	남쪽문을 피하고, 북동쪽으로 이사하면 안 된다. 재수가 없고, 하는 일마다 꼬이고, 病苦 질병발생. 바람기 발동.
亥卯未生	동쪽문을 피하고, 서북쪽으로 이사하면 안 된다. 재수가 없고, 하는 일마다 꼬이고, 病苦 질병발생. 바람기 발동.

운세풀이

子띠: 이동수, 우왕좌왕, 異見 다툼	卯띠: 점점 일이 꼬임, 관재구설	午띠: 최고운상승세, 두마음	酉띠: 만남, 결실, 화합, 문서
丑띠: 매사불편, 방해자, 배신	辰띠: 귀인상봉, 금전이득, 현금	未띠: 의욕과다, 스트레스큼	戌띠: 이동수, 이별수, 변동 움직임
寅띠: 해결신, 시험합격, 풀림	巳띠: 매사꼬임, 과거고생, 질병	申띠: 시급한 일, 뜻대로 안됨	亥띠: 빈주머니, 걱정근심, 사기

서기	2026年
단기	4359年
불기	2570年

丙午年 양력 05月 21日 음력 04月 05日 목요일

소만 小滿 09 時 37分 入

구성月반			구성日반		
4	9	2	7	3	5
3	5	7	6	8	1
8	1	6P	2AP	4	9

乙	癸	丙
未	巳	午

지장간	손방위	吉方	凶方
丙	서쪽	正東	正西

狗狼星 구랑성 水步井 亥方

중건천 — 만사형통 만물성장 발전시기 윗사람자문 도움 요청

丁	丙	乙	甲	癸	壬	辛	庚	己	戊	丁	丙
亥	戌	酉	申	未	午	巳	辰	卯	寅	丑	子
사	묘	절	태	양	생	욕	관	록	왕	쇠	병

三甲순	육갑납음	대장군방	조객방	삼살방	상문방	세파방	오늘생극	오늘상충	오늘원진	오늘상천	오늘상파	황도길흉	28수성	건제12신	九星	결혼주당	이사주당	안장주당	복단일	오늘吉神	神殺	오늘神殺	육도환생처	축원인도불	오늘기도德	금일지옥명
生甲	砂中金	卯正東方	辰東南方	子正北方	申西南方	子正北方	制제	丑 36	子 미움	子 중단	戌 깨짐	현무흑도	井정	滿만	八白	堂당	師사	남자	월기일	익후*수일	천적·지화	구공·고초	불도	관세음보살	대세지보살	좌마지옥

칠성기도일	산신축원일	용왕축원일	조왕하강일	나한하강일	천도재	신굿	재수굿	용왕굿	조왕굿	병굿	고사	결혼	입학	투자	계약	등산	여행	이사	합방	이장	점안식	개업준공	신축상량	수술·침	서류제출	직원채용
×	×	×	×	×	×	×	×	×	×	×	◎	×	◎	×	×	-	◎	×	×	×	-	◎	×	◎	◎	×

(불공 제의식 吉한 행사일 / 吉凶 길흉 大小 일반 행사일)

당일 래정법

巳時에 온사람은 금전문제, 사업문제, 금전구재건, 관직취직사, 속전속결이 유리

午時에 온사람 건강문제, 관재구설로 운이 단단히 꼬여있음, 친정문제 손재수

未時에 온사람 부모자식 합의건, 문서합의 건, 결혼성사, 사업자금, 이동수

申時온 사람은 의욕과다, 뭐가 하고싶어서 왔다. 직장취업문제, 친구형제간 배신과 우환, 관재수

酉時온 사람은 골치 아픈일, 형제동업, 죽음, 바람기, 불륜, 시비투쟁, 급속정리해야함, 청춘귀작해

戌時온 사람은 금전구재, 문서, 화합운, 결혼, 재혼, 경조사, 애정사, 궁합, 만남, 개업, 하극상 배신, 구설수

필히 피해야 할일 이날은 흑도와 월파일에 구공, 대모 등 신살에 해당되어 매사 해롭고 불리한 날

백초귀장술의 오늘에 초사언

시간 점占 乙未공망-辰巳

子時	관귀발동, 친족불화, 색정삼각관계, 도난
丑時	적의 침범사, 여자불길 원수됨, 가출사
寅時	금전문제, 실직문제, 배신사, 모함 은익
卯時	질병위급, 관직승진, 동분서주 결혼 吉
辰時	매사 불성사, 금전손재, 금전융통 안됨
巳時	자식문제, 남편문제, 만사길조, 수상기쁨
午時	매사 불성사, 우환질병, 음란 색정사 자식
未時	금전사기유의, 여자문제, 우환질병 취직可
申時	직업문제, 남편명예문제, 불륜 색정사
酉時	병자사망, 매사 불성사, 가출도주, 外情
戌時	처의 돈문제, 우환질병, 관직변화변동
亥時	금전사업문제, 가출사, 도망분실, 삼각관계

오늘 행운 복권 운세

복권사면 좋은 띠는 뱀띠 ⑦⑰27
행운복권방은 집에서 남동쪽에 있는곳

申子辰生	북쪽문을 피하고, 서남쪽으로 이사하면 안 된다. 재수가 없고, 하는 일마다 꼬이고, 病苦 질병발생. 바람기 발동.
巳酉丑生	서쪽문을 피하고, 동남쪽으로 이사하면 안 된다. 재수가 없고, 하는 일마다 꼬이고, 病苦 질병발생. 바람기 발동.
寅午戌生	남쪽문을 피하고, 북동쪽으로 이사하면 안 된다. 재수가 없고, 하는 일마다 꼬이고, 病苦 질병발생. 바람기 발동.
亥卯未生	동쪽문을 피하고, 서북쪽으로 이사하면 안 된다. 재수가 없고, 하는 일마다 꼬이고, 病苦 질병발생. 바람기 발동.

운세풀이

丑띠:이동수,우왕좌왕, 弱, 다툼	辰띠: 점점 일이 꼬임, 관재구설	未띠:최고운상승세, 두마음	戌띠: 만남,결실,화합,문서
寅띠:매사불편, 방해자,배신	巳띠:귀인상봉, 금전이득, 현금	申띠: 의욕과다, 스트레스큼	亥띠:이동수,이별수,변동 움직임
卯띠:해결신,시험합격, 풀림	午띠: 매사꼬임,과거고생, 질병	酉띠: 시급한 일, 뜻대로 안됨	子띠: 빈주머니,걱정근심,사기

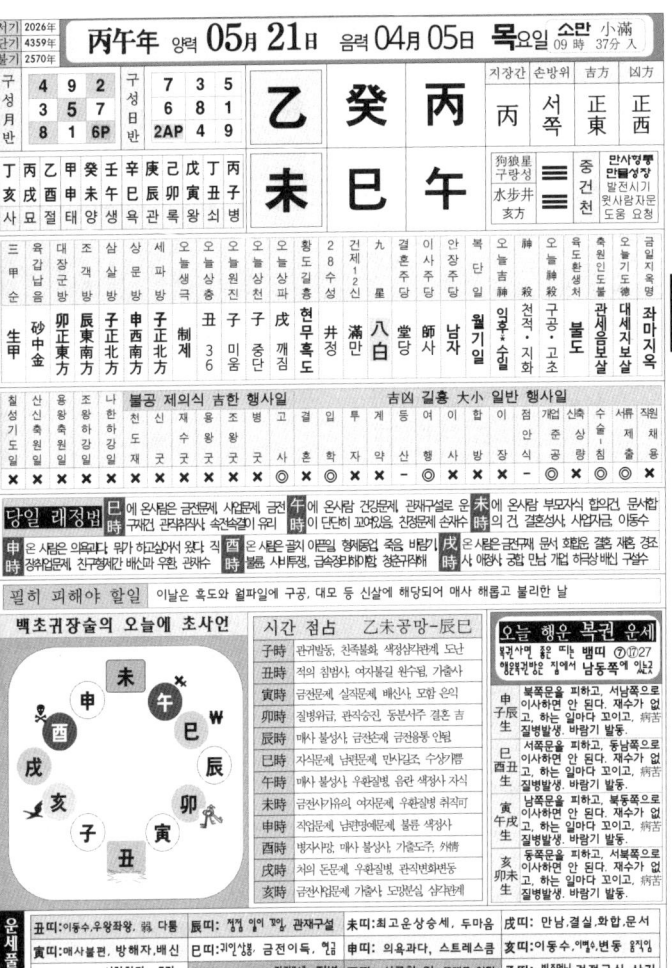

5월

서기	2026年
단기	4359年
불기	2570年

丙午年 양력 05月 22日 음력 04月 06日 금요일

구성월반				구성일반			
	4	9	2		8	4A	6
	3	5	7		7	9	2
	8	1	6P		3P	5	1

丙	癸	丙
申	巳	午

지장간	손방위	吉方	凶方
丙	서북	正北	正南

狗狼星 구랑성	괘	중건천	만사형통 만물성장 발전시기 윗사람자문 도움 요청
天	☰ ☰		

己	戊	丁	丙	乙	甲	癸	壬	辛	庚	己	戊
亥	戌	酉	申	未	午	巳	辰	卯	寅	丑	子
절	묘	사	병	쇠	왕	록	관	욕	생	양	태

三甲순	육갑납음	대장군방	조객방	삼살방	상문방	세파방	오늘생극	오늘상충	오늘원진	오늘상천	오늘상파	황도길흉	28수성	건제12신	九星	결혼주당	이사주당	안장주당	복단일	대공망일	神殺	오늘神殺	육도환생처	축원인도불	오늘기도德	금일지옥명
生甲	山下火	卯正東方	辰東南方	子正北方	申西南方	子正北方	制제	寅 36	卯 미움	亥 중단	巳 깨짐	천형흑도	鬼귀	平평	九紫	姑고	富부	아버지	복단일	천덕*상일	하괴일	유화·혈기	인도	관세음보살	아미보살	좌마지옥

칠성기도일	산신축원일	용왕축원일	조왕하강일	나한하강일	불공 제의식 吉한 행사일							吉凶 길흉 大小 일반 행사일														
					천도재	신굿	재수굿	용왕굿	조왕굿	병굿	고사	결혼	입학	투자	계약	등산	여행	이사	합방	이장	점안식	개업준공	신축상량	수술-침	서류제출	직원채용
×	×	×	◎	◎	◎	×	×	×	◎	◎	◎	◎	◎	×	×	◎	◎	×	×	×	◎	◎	×	◎	◎	×

당일 래정법

巳時 에 온사람은 여자로 인해 손재수, 직장문제, 상업문제, 색정사, 관재구설
午時 에 온사람은 금전문제, 사업문제, 친정부모문제, 관직취직사, 속전속결이 유리
未時 에 온사람 남편문제, 직장문제, 헛수고로 완전힘듬, 지금은 불리, 손재수
申時 온 사람은 금전구재, 취직문제, 종교문제, 새로운일 계획무산, 친정식구 후원사, 망신수
酉時 온 사람은 의욕과다, 뭐가 하고싶어서 왔다. 직장취업문제, 친구형제간 배신, 금전차용가능여부
戌時 온 사람은 자식 골치 아픈일, 형제동업, 죽음, 바람기, 불륜, 시비투쟁, 급속정리해야함, 청춘귀

필히 피해야 할일 승선·낚시·어로작업·요트타기·벌목·사냥·수렵·수혈·주방고치기·흙 다루고 땅 파는 일.

백초귀장술의 오늘에 초사언

시간 점占 丙申공망-辰巳

子時	관송사 직업문제, 이동사, 자식질병
丑時	자식문제, 남편문제, 사기도난, 가출건
寅時	직업이동사, 색정사, 우환질병, 터부정
卯時	육친무력 이민, 병환자발생, 가출문제
辰時	사업건 직업변동, 자손 시험합격, 불륜사
巳時	관직 승진문제, 남편명예문제, 불륜색정사
午時	환질병, 금전문제, 인연단절, 수술유의
未時	病환자, 관재, 자손문제, 실직사, 배신사
申時	금전손실, 부인문제, 금전융통, 우환질병
酉時	금전문제, 구재이득, 발탁 수상기쁨, 함정
戌時	자식문제, 가출사, 산소문제, 기도발원
亥時	실직문제, 질병발생, 적 침범사, 서행

오늘 행운 복권 운세

복권사면 좋은 띠는 말띠 ⑤⑦22
행운복권방은 집에서 남쪽에 있는곳

申子辰生	북쪽문을 피하고, 서남쪽으로 이사하면 안 된다. 재수가 없고, 하는 일마다 꼬이고, 病苦 질병발생. 바람기 발동.
巳酉丑生	서쪽문을 피하고, 동남쪽으로 이사하면 안 된다. 재수가 없고, 하는 일마다 꼬이고, 病苦 질병발생. 바람기 발동.
寅午戌生	남쪽문을 피하고, 북동쪽으로 이사하면 안 된다. 재수가 없고, 하는 일마다 꼬이고, 病苦 질병발생. 바람기 발동.
亥卯未生	동쪽문을 피하고, 서북쪽으로 이사하면 안 된다. 재수가 없고, 하는 일마다 꼬이고, 病苦 질병발생. 바람기 발동.

운세풀이

寅띠:이동수,우왕좌왕, 불화 다툼	巳띠: 점점 일이 꼬임, 관재구설	申띠:최고운상승세, 두마음	亥띠: 만남,결실,화합,문서
卯띠:매사불편, 방해자,배신	午띠: 귀인상봉, 금전이득, 현금	酉띠: 의욕과다, 스트레스큼	子띠:이동수,이별수,변동 움직임
辰띠:해결신,시험합격, 풀림	未띠: 매사꼬임,과거고생, 질병	戌띠: 시급한 일, 뜻대로 안됨	丑띠: 빈주머니,걱정근심,사기

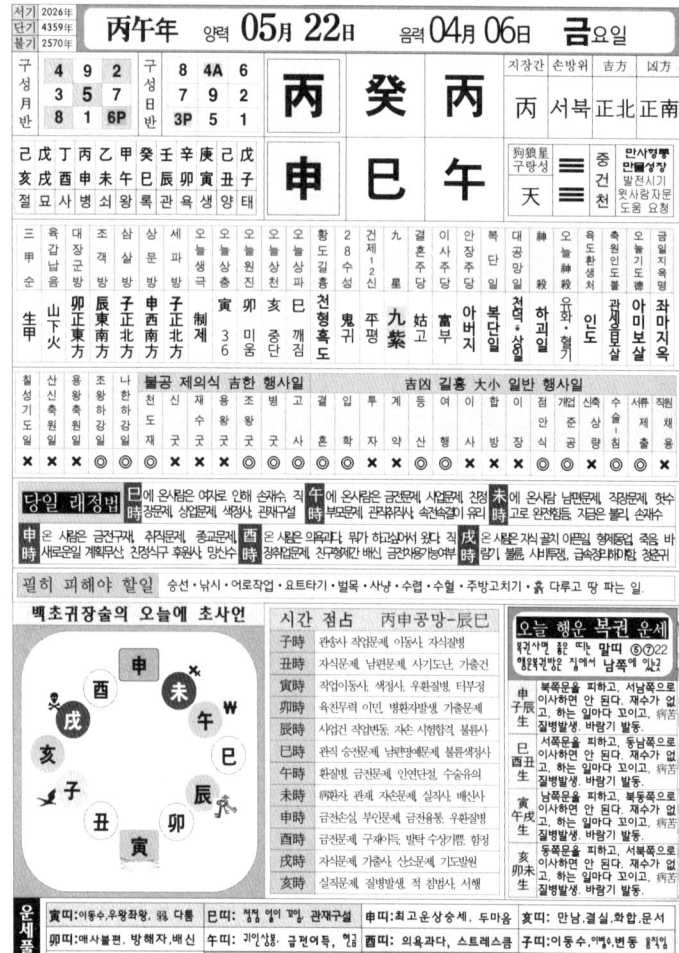

서기	2026年
단기	4359年
불기	2570年

丙午年 양력 05月 23日 음력 04月 07日 토요일

구성月반			구성日반		
4	9	2	9	5	7
3	5	7	8P	1	3
8	1	6P	4	6A	2

時	日	月	年
丁	癸	丙	
酉	巳	午	

지장간	손방위	吉方	凶方
丙	북쪽	正西	正東

狗狼星 구랑성	寺觀 절사관

☰ ☰ 중건천 — 만사형통 만물성장 발전시기 윗사람자문 도움 요청

辛	庚	己	戊	丁	丙	乙	甲	癸	壬	辛	庚
亥	戌	酉	申	未	午	巳	辰	卯	寅	丑	子
태	양	생	욕	관	록	왕	쇠	병	사	묘	절

三甲순	육갑납음	대장군방	조객방	삼살방	상문방	세파방	오늘생극	오늘상충	오늘원진	오늘상천	오늘상파	황도길흉	28수성	건제12신	九星	결혼주당	이사주당	안장주당	복단일	오늘吉神	神殺	오늘神殺	육도환생처	축원인도불	오늘기도德	금일지옥명
生甲	山下火	卯正東方	辰東南方	子正北方	申西南方	子正北方	制제	卯 36	寅 미움	戌 중단	子 깨짐	주작흑도	柳류	定정	一白	夫부	殺살	손님	복단일	요안*민일	삼합일	홍사·천화	귀도	관세음보살	관음보살	좌마지옥

칠성기도일	산신축원일	용왕축원일	조왕하강일	나한하강일	불공 제의식 吉한 행사일 천도재	신굿	재수굿	용왕굿	조왕굿	병굿	고사	吉凶 길흉 大小 일반 행사일 결혼	입학	투자	계약	등산	여행	이사	합방	이장	점안식	개업준공	신축상량	수술-침	서류제출	직원채용
×	×	×	◎	◎	◎	◎	◎	◎	◎	◎	◎	◎	◎	×	◎	◎	◎	×	◎	◎	◎	◎	◎	◎	◎	◎

당일 래정법

巳時 에 온사람은 허가 해결할 문제, 합격여부, 금전투자여부, 직장문제, 재혼은 굳
午時 에 온사람은 의욕없는자, 금전구재건, 색정사로 다툼, 친정문제, 매사불성사
未時 에 온사람 금전문제, 사업문제, 자식문제, 관직취직사, 속전속결이 유리
申時 온 사람은 건강문제, 관재구설로 운이 단단히 꼬여있음, 취업 승진문제, 남자문제, 손재수
酉時 온 사람은 두가지 문제 갈등사, 갖고싶은 욕구, 자식으로인해 손상사 발생, 합심 안됨 우환질병
戌時 온 사람은 의욕과다, 뭐가 하고싶어서 왔다, 직장 취업문제, 친구형제간 배신, 묘지이장문제

필히 피해야 할일

친목회 • 소장제출 • 항소 • 옷재단 • 새옷맞춤 • 태아옷구입 • 머리자르기 • 출산준비 • 수의제작

백초귀장술의 오늘에 초사언

시간 점占 丁酉공망-辰巳

子時	질병발생, 적 침범사, 개혁유리, 도난
丑時	자식 가출건, 손재수, 다툼, 과이사 발생
寅時	사기도난, 파재, 손실사, 색정사, 각방
卯時	실직, 파재, 관재, 적 침범사, 간사은익
辰時	자손문제 남편 직장실직, 부부이별
巳時	자손문제, 가출사, 재물손실, 취직가능
午時	매사 불성, 남녀 색정사, 놀랄 일 불안
未時	자식문제, 구재이득, 귀인상봉, 수술유의
申時	재물손실, 부인일, 불리, 실수 탄로 음모
酉時	금전 암손, 부인문제, 우환질병, 색정사
戌時	자식문제, 남편 실직박탈, 도망유리
亥時	가내재앙불리, 명예상해, 이동여행 금물

오늘 행운 복권 운세

복권사면 좋은 띠는 **양띠** ⑤⑩25
행운복권방은 집에서 **남서쪽**에 있는곳

申子辰生	북쪽문을 피하고, 서남쪽으로 이사하면 안 된다. 재수가 없고, 하는 일마다 꼬이고, 病苦 질병발생. 바람기 발동.
巳酉丑生	서쪽문을 피하고, 동남쪽으로 이사하면 안 된다. 재수가 없고, 하는 일마다 꼬이고, 病苦 질병발생. 바람기 발동.
寅午戌生	남쪽문을 피하고, 북동쪽으로 이사하면 안 된다. 재수가 없고, 하는 일마다 꼬이고, 病苦 질병발생. 바람기 발동.
亥卯未生	동쪽문을 피하고, 서북쪽으로 이사하면 안 된다. 재수가 없고, 하는 일마다 꼬이고, 病苦 질병발생. 바람기 발동.

운세풀이

卯띠:이동수,우왕좌왕, 弱弱 다툼	午띠: 점점 일이 꼬임, 관재구설	酉띠:최고운상승세, 두마음	子띠: 만남,결실,화합,문서
辰띠:매사불편, 방해자,배신	未띠: 귀인상봉, 금전어득, 현금	戌띠: 의욕과다, 스트레스큼	丑띠:이동수,이별수,변동 움직임
巳띠:해결신,시험합격, 풀림	申띠: 매사꼬임,과거고생, 질병	亥띠: 시급한 일, 뜻대로 안됨	寅띠: 빈주머니,걱정근심,사기

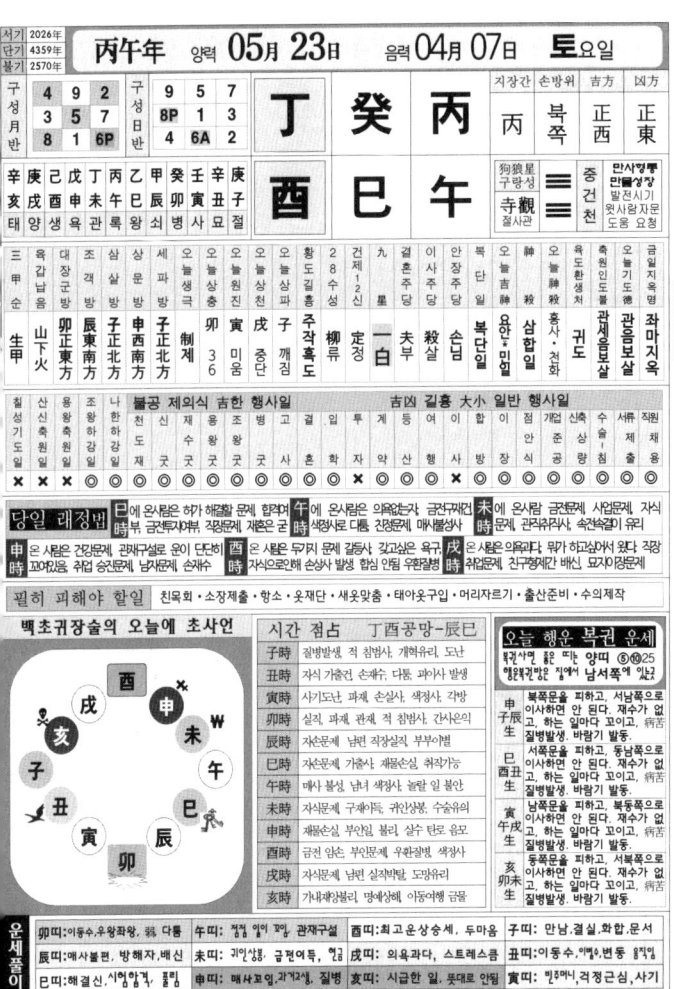

5월

서기	2026年
단기	4359年
불기	2570年

丙午年 양력 05月 24日 음력 04月 08日 일요일 석가탄신일

구성월반				구성日반			
	4	9	2		1P	6	8A
	3	5	7		9	2	4
	8	1	6P		5	7	3

戊	癸	丙
戌	巳	午

지장간	손방위	吉方	凶方
丙	북동	正南	正北

狗狼星 구랑성	州縣廳堂 城隍社廟	☰	중건천	만사형통 만물성장 발전시기 윗사람자문 도움 요청

癸亥	壬戌	辛酉	庚申	己未	戊午	丁巳	丙辰	乙卯	甲寅	癸丑	壬子
절	묘	사	병	쇠	왕	록	관	욕	생	양	태

三甲순	육갑납음	대장군방	조객방	삼살방	상문방	세파방	오늘생극	오늘상충	오늘원진	오늘상천	오늘상파	황도길흉	28수성	건제12신	九星	결혼주당	이사주당	안장주당	오늘吉神	神	神殺	오늘神殺	육도환생처	축원인도불	오늘기도德	금일지옥명
生甲	平地木	卯正東方	辰東南方	子正北方	申西南方	子正北方	專전	辰 36	巳 미움	酉 중단	未 깨짐	금궤황도	星성	執집	二黑	廚주	害해	며느리	회가제성	옥우*해신	-	지격·멸몰	축도	관세음보살	미륵보살	좌마지옥

칠성기도일	산신축원일	용왕축원일	조왕하강일	나한하강일	천도재	신굿	재수굿	용왕굿	조왕굿	병굿	고사	결혼	입학	투자	계약	등산	여행	이사	합방	이장	점안식	개업준공	신축상량	수술·침	서류제출	직원채용
◎	◎	×	◎	◎	◎	◎	◎	◎	◎	◎	◎	◎	◎	×	◎	◎	◎	×	◎	×	◎	◎	◎	◎	◎	◎

(불공 제의식 吉한 행사일: 천도재 ~ 고사 / 吉凶 길흉 大小 일반 행사일: 결혼 ~ 직원채용)

당일 래정법

巳時 에 온사람은 직장취직건, 방해자, 배신사, 매사 지체불리함, 색정사 혼란

午時 에 온사람은 허가 해결할 문제, 합격여부, 금전투자여부, 직장문제, 재혼

未時 에 온사람 관재구설로 손해, 금전구재건, 색정사, 억울한 일 매사불성사

申時 온 사람은 금전문제, 사업문제, 관직취직사, 자식의 사업문제 지출, 자동차관련, 속전속결

酉時 온 사람은 건강우환문제, 관송사로 운이 단단히 꼬여있음, 취업 승진문제, 자식문제, 손재

戌時 온 사람은 재물구재 자식문제 두가지 문제 갈등사, 갖고싶은 욕구 강함, 새로운 일시작, 우환질병

필히 피해야 할일

제품제작 • 친구초대 • 부동산매매 • 승선 • 낚시 • 어로작업 • 애완동물들이기 • 주방고치기 • 지붕덮기

백초귀장술의 오늘에 초사언

시간 점占 戊戌공망-辰巳

子時	금전 암손, 부인문제, 우환질병, 객 惡意
丑時	사업, 구재이득, 부부화합사, 종업원음모
寅時	적의 침범사, 질병위급, 가출사, 색정사
卯時	직업변동건, 남녀색정사, 연애불화, 음모
辰時	관재 병재로 불길, 골육 친구배신사
巳時	직업 명예사, 재물손실, 망신실수탄로 病
午時	사업문제, 금전융통, 수술위험, 가출사
未時	가출문제, 잡귀침투, 삼각관계, 형옥살이
申時	자식문제, 가출건, 급병자, 원행 이동배신
酉時	과이사발생, 신부정, 재물손실, 함정피해
戌時	여자관련손해, 부부배신, 육친이별
亥時	도난, 파재, 상해, 이별사, 처를 극함

오늘 행운 복권 운세

복권사면 좋은 띠는 원숭띠 ⑨19, 29
행운복권방은 집에서 서남쪽에 있는곳

申子辰生	북쪽문을 피하고, 서남쪽으로 이사하면 안 된다. 재수가 없고, 하는 일마다 꼬이고, 病苦질병발생. 바람기 발동.
巳酉丑生	서쪽문을 피하고, 동남쪽으로 이사하면 안 된다. 재수가 없고, 하는 일마다 꼬이고, 病苦질병발생. 바람기 발동.
寅午戌生	남쪽문을 피하고, 북동쪽으로 이사하면 안 된다. 재수가 없고, 하는 일마다 꼬이고, 病苦질병발생. 바람기 발동.
亥卯未生	동쪽문을 피하고, 서북쪽으로 이사하면 안 된다. 재수가 없고, 하는 일마다 꼬이고, 病苦질병발생. 바람기 발동.

운세풀이

卯띠:이동수,우왕좌왕, 弱, 다툼	午띠: 점점 일이 꼬임, 관재구설	酉띠:최고운상승세, 두마음	子띠: 만남,결실,화합,문서
辰띠:매사불편, 방해자,배신	未띠: 귀인상봉, 금전이득, 현금	戌띠: 의욕과다, 스트레스큼	丑띠:이동수,이별수,변동 움직임
巳띠:해결신,시험합격, 풀림	申띠: 매사꼬임,과거고생, 질병	亥띠: 시급한 일, 뜻대로 안됨	寅띠: 빈주머니,걱정근심,사기

서기	2026年
단기	4359年
불기	2570年

丙午年 양력 05月 25日 음력 04月 09日 월요일

구성월반			구성일반		
4	9	2	2P	7	9
3	5	7	1A	3	5
8	1	6P	6	8	4

時	日	月
己	癸	丙
亥	巳	午

지장간	손방위	吉方	凶方
丙	無	正東	正西

狗狼星 구랑성	寺觀 절사관	중건천	만사형통 만물성장 발전시기 윗사람자문 도움 요청

乙亥	甲戌	癸酉	壬申	辛未	庚午	己巳	戊辰	丁卯	丙寅	乙丑	甲子
태	양	생	욕	관	록	왕	쇠	병	사	묘	절

三甲순	육갑납음	대장군방	조객방	삼살방	상문방	세파방	오늘생극	오늘상충	오늘원진	오늘상천	오늘상파	황도길흉	28수성
生甲	平地木	卯正東方	辰東南方	子正北方	申西南方	子正北方	制 제	巳 36	辰 미움	申 중단	寅 깨짐	대덕황도	張 장

건제12신	九星	결혼주당	이사주당	안장주당	복단일	오늘吉神	神殺	오늘神殺	육도환생처	축원인도불	오늘기도德	금일지옥명
破 파	三碧	婦 부	天 천	어머니	-	월은*금당	월파일	왕망·대모	옥도	관세음보살	여래보살	좌마지옥

칠성기도일	산신축원일	용왕축원일	조왕하강일	나한하강일	불공 제의식 吉한 행사일							吉凶 길흉 大小 일반 행사일														
					천도재	신굿	재수굿	용왕굿	조왕굿	병굿	고사	결혼	입학	투자	계약	등산	여행	이사	합방	이장	점안식	개업준공	신축상량	수술·침	서류제출	직원채용
◎	×	◎	×	×	×	×	×	×	×	×	×	×	×	×	×	×	×	-	×	×	×	×	×	×	×	×

당일 래정법

巳時 에 온사람은 금전사기문제, 허위문서, 동업배신문제, 터부정 관송사, 이동수

午時 에 온사람은 자식문제, 취업 승진문제 방해자, 배신사, 화합사, 재혼 문제

未時 에 온사람 허가 해결할 문제, 금전구재, 남녀결합문제, 주식투자여부, 매매건 속결

申時 온 사람은 자식문제, 상업금전문제, 직장실직 문제, 취업시험불리, 색정사, 매사불성사

酉時 온 사람은 금전문제, 사업문제, 여자문제, 계약 성사는 이득발생, 속전속결 유리, 남편지출

戌時 온 사람은 건강문제, 관재구설로 운이 단단히 꼬여있음, 취업 승진문제, 자식문제, 침몰상태

필히 피해야 할일 신상출고 · 제품제작 · 친구초대 · 문서파기 · 벌초 · 씨뿌리기 · 건축증개축 · 장담그기 · 흙파기

백초귀장술의 오늘에 초사언

시간 점占 己亥공망-辰巳

子時	여자문제, 구재, 남녀색정사, 매사불성사
丑時	적의 침범사, 질병위급, 이별사, 다툼
寅時	직업변동 명예사, 가출문제, 자손문제
卯時	질병위급, 여행조심, 관재불길, 직장변동
辰時	재물손실, 남편문제, 재해 도난, 하극상
巳時	이동사, 색정사, 우환질병, 터부정 구설수
午時	가출문제, 직업문제, 사업문제, 금전융통
未時	질병재앙, 구재이득, 수술유의, 여행은凶
申時	재물손실, 우환질병, 가출사, 색정사, 불성
酉時	금전 암손, 남편문제, 임신가능, 가출사
戌時	금전손실문제, 극처사, 질병고통, 관재刑
亥時	금전배신, 처 가출사, 도망 분실, 이동 흉

오늘 행운 복권 운세

복권사면 좋은 띠는 닭띠 ④⑨ 24, 행운복권방은 집에서 서쪽에 있는곳

申子辰生	북쪽문을 피하고, 서남쪽으로 이사하면 안 된다. 재수가 없고, 하는 일마다 꼬이고, 病苦 질병발생. 바람기 발동.
巳酉丑生	서쪽문을 피하고, 동남쪽으로 이사하면 안 된다. 재수가 없고, 하는 일마다 꼬이고, 病苦 질병발생. 바람기 발동.
寅午戌生	남쪽문을 피하고, 북동쪽으로 이사하면 안 된다. 재수가 없고, 하는 일마다 꼬이고, 病苦 질병발생. 바람기 발동.
亥卯未生	동쪽문을 피하고, 서북쪽으로 이사하면 안 된다. 재수가 없고, 하는 일마다 꼬이고, 病苦 질병발생. 바람기 발동.

운세풀이

巳띠:이동수,우왕좌왕, [illegible] 다툼	申띠: 점점 일이 꼬임, 관재구설	亥띠:최고운상승세, 두마음	寅띠: 만남,결실,화합,문서
午띠:매사불편, 방해자,배신	酉띠: 귀인상봉, 금전이득, 현금	子띠: 의욕과다, 스트레스큼	卯띠:이동수,이별수,변동 움직임
未띠:해결신,시험합격, 풀림	戌띠: 매사꼬임,과거고생, 질병	丑띠: 시급한 일, 뜻대로 안됨	辰띠: 빈주머니,걱정근심,사기

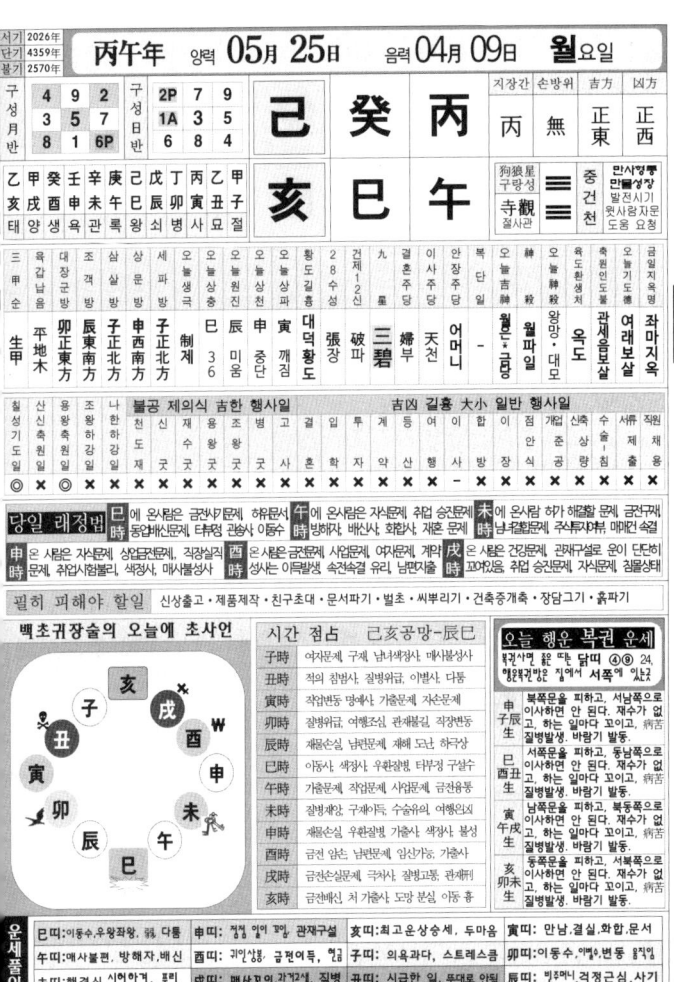

5월

서기	2026年
단기	4359年
불기	2570年

丙午年 양력 05月 26日 음력 04月 10日 화요일

구성월반				구성일반							
	4	9	2		3A	8P	1				
	3	5	7		2	4	6				
	8	1	6P		7	9	5				

庚	癸	丙
子	巳	午

지장간	손방위	吉方	凶方
丙	無	正北	正南

丁	丙	乙	甲	癸	壬	辛	庚	己	戊	丁	丙
亥	戌	酉	申	未	午	巳	辰	卯	寅	丑	子
병	쇠	왕	록	관	욕	생	양	태	절	묘	사

狗狼星 구랑성	中庭廳 관청마당

☴ ☰ 풍천소축

매사 지연 금전운 미약하니 조금씩저축 참고기다림

三甲순	육갑납음	대장군방	조객방	삼살방	상문방	세파방	오늘생극	오늘상충	오늘원진	오늘상천	오늘상파	황도길흉	28수성	건제12신	九星	결혼주당	이사주당	안장주당	복단일	천구하식	오늘吉神	오늘神殺	육도환생처	축원인도불	오늘기도德	금일지옥명
生甲	壁上土	卯正東方	辰東南方	子正北方	申西南方	子正北方	寶보	午 36	未 미움	未 중단	酉 깨짐	백호흑도	翼익	危위	四綠	竈조	利이	여자	-	천마*월덕	승광*천귀	검봉·오귀	천도	대세지보살	아미보살	독사지옥

					불공 제의식 吉한 행사일							吉凶 길흉 大小 일반 행사일														
칠성기도일	산신축원일	용왕축원일	조왕하강일	나한하강일	천도재	신굿	재수굿	용왕굿	조왕굿	병굿	고사	결혼	입학	투자	계약	등산	여행	이사	합방	이장	점안식	개업준공	신축상량	수술-침	서류제출	직원채용
×	×	×	×	◎	◎	×	×	×	×	×	◎	×	◎	×	×	◎	◎	◎	×	×	◎	×	◎	×	◎	×

당일 래정법

巳時 에 온사람은 직장실직건, 친구나 형제문제, 관송사, 실업자, 빈주머니

午時 에 온사람은 이동변동수, 터부정, 하극상모함사건, 자식문제, 차사고

未時 에 온사람은 방해자, 배신사, 가족간시비, 매사 지체불리함, 도전 창업은 불리

申時 온 사람은 관직 취직문제, 결혼 경조사, 한가지씩 해결됨, 시험은 합격됨, 하가건도 승인남, 귀인도움

酉時 온 사람은 외정색정사, 불륜사, 관재로 발전, 딸 문제발생, 여자로인해 돈모난, 창업불리

戌時 온 사람은 남자문제, 부동산매매, 금전문제, 주식투자문제, 재물구재사, 여자회합건, 건강질병과 빚때문 괴로움

필히 피해야 할일

이날은 흑도일에 폐閉神으로 천형, 혈지 등 강한 신살에 해당되어 매사 해롭고 불리한 날

백초귀장술의 오늘에 초사언

시간 점占 庚子공망-辰巳

子時	자식문제, 여자일, 질병발생, 도난 가출사
丑時	결혼은 吉, 금전융통, 사업계획 후퇴吉
寅時	여자일, 금전고통, 이동재난, 원한 喪
卯時	관직 승진문제, 만사대길, 금전 부인문제
辰時	매사 불성사, 가출사, 금전손실, 도망이吉
巳時	관송사발생 후 刑, 매사불성, 사기 도난
午時	적 침범사, 병재로 불길, 가출사, 남녀투쟁
未時	사업손실, 관재구설, 가출문제, 우환질병
申時	선거자유리, 직장승진 사업흥성, 화합
酉時	금전갈취 도주, 색정사, 가출 함정 은닉
戌時	금전문제, 상업문제, 가출문제, 도망 吉
亥時	남편문제, 자식문제, 직장실직, 음모 함정

오늘 행운 복권 운세

복권사면 좋은 띠는 개띠 ⑩⑳ 30
행운복권방은 집에서 서북쪽에 있는곳

申子辰生	북쪽문을 피하고, 서남쪽으로 이사하면 안 된다. 재수가 없고, 하는 일마다 꼬이고, 病苦 질병발생. 바람기 발동.
巳酉丑生	서쪽문을 피하고, 동남쪽으로 이사하면 안 된다. 재수가 없고, 하는 일마다 꼬이고, 病苦 질병발생. 바람기 발동.
寅午戌生	남쪽문을 피하고, 북동쪽으로 이사하면 안 된다. 재수가 없고, 하는 일마다 꼬이고, 病苦 질병발생. 바람기 발동.
亥卯未生	동쪽문을 피하고, 서북쪽으로 이사하면 안 된다. 재수가 없고, 하는 일마다 꼬이고, 病苦 질병발생. 바람기 발동.

운세풀이

午띠:이동수,우왕좌왕, 口舌 다툼	酉띠: 점점 일이 꼬임, 관재구설	子띠:최고운상승세, 두마음	卯띠: 만남,결실,화합,문서
未띠:매사불편, 방해자,배신	戌띠:귀인상봉, 금전이득, 현금	丑띠: 의욕과다, 스트레스큼	辰띠:이동수,이별수,변동 움직임
申띠:해결신,시험합격, 풀림	亥띠: 매사꼬임,과거고생, 질병	寅띠: 시급한 일, 뜻대로 안됨	巳띠: 빈주머니,걱정근심,사기

서기	2026年
단기	4359年
불기	2570年

丙午年 양력 05月 27日 음력 04月 11日 수요일

구성월반				구성일반			
	4	9	2		4	9	2P
	3	5	7		3	5	7
	8	1	6P		8	1	6

辛	癸	丙
丑	巳	午

지장간	손방위	吉方	凶方
丙	동쪽	正西	正東

狗狼星 구랑성	괘	풍천소축	매사 지연 금전운 미약하니 조금씩저축 참고기다림
天	☰☰ (괘상)		

己	戊	丁	丙	乙	甲	癸	壬	辛	庚	己	戊
亥	戌	酉	申	未	午	巳	辰	卯	寅	丑	子
욕	관	록	왕	쇠	병	사	묘	절	태	양	생

三甲순	육갑납음	대장군방	조객방	삼살방	상문방	세파방	오늘생극	오늘상충	오늘원진	오늘상천	오늘상파	황도길흉	28수성	건제12신	九星	결혼주당	이사주당	안장주당	복단일	오늘吉神	神殺	오늘神殺	육도환생처	축원인도불	오늘기도德	금일지옥명
生甲	壁上土	卯正東方	辰東南方	子正北方	申西南方	子正北方	義의	未 36	午 미움	午 중단	辰 깨짐	옥당황도	軫진	成성	五黃	第제	安안	死	삼합일	천덕*생기	산격·귀기	신호·염대	천도	대세지보살	보현보살	독사지옥

칠성기도일	산신축원일	용왕축원일	조왕하강일	나한하강일	불공 제의식 吉한 행사일									吉凶 길흉 大小 일반 행사일												
					천도재	신굿	재수굿	용왕굿	조왕굿	병굿	고사	결혼	입학	투자	계약	등산	여행	이사	합방	이장	점안식	개업준공	신축상량	수술-침	서류제출	직원채용
◎	◎	◎	◎	◎	◎	◎	◎	◎	◎	◎	◎	◎	◎	×	-	◎	◎	×	×	×	◎	◎	◎	◎	◎	◎

당일 래정법

巳時 에 온사람은 이동수 있는자, 이사 직장변동, 사업체 변동수, 해외진출

午時 에 온사람은 취업, 창업 때 아님, 빈주머니, 헛수고, 부부불화 원망 이별

未時 에 온사람은 남녀간다툼, 이동변동수, 터부정, 관재구설, 자식문제, 교통사고

申時 온 사람은 금전과 여자문제, 방해자, 배신사, 취업 승진 매사지체불리함, 창업 손해손재수

酉時 온 사람은 새 일 자식문제 급처리문제, 취업승진 해결됨, 시험합격됨, 은밀한 색정사

戌時 온 사람은 여자로인한 부정, 하극상 배신사, 억울한 일, 외정색정사, 불륜사, 관재로 발전, 산소탈

필히 피해야 할일 회의개최 • 건축증개축 • 구인 • 항공주의 • 새집들이 • 출장 • 장담그기 • 흙 다루고 땅 파는 일.

백초귀장술의 오늘에 초사언

시간 점占 辛丑공망-辰巳

子時	자식문제, 관재구설, 급질병, 기도요망
丑時	사업사 손재수, 여자일 질병발생, 친족불화
寅時	도난, 파재, 손모사, 극처사, 관직변동
卯時	질병침투, 적 침범사, 여자 금전손실
辰時	사업 후원사, 육친무력 이민, 목적달성
巳時	직장변동, 실직문제, 불명예, 이사이동吉
午時	매사 불성, 골육이별, 색정사, 우환질병
未時	관재 병재로 불길, 가출사 자손사 하극상
申時	금전손실, 극처사, 재해, 도난, 여행은 凶
酉時	직업 명예사, 형제 친구문제, 가출사, 색정
戌時	관청근심, 도난 상해 손모사, 수술질병
亥時	금전문제, 직장변동, 자손문제, 실직문제

오늘 행운 복권 운세

복권사면 좋은 띠는 **돼지띠** ⑪⑯31
행운복권방은 집에서 **북서쪽에** 있는곳

申子辰生	북쪽문을 피하고, 서남쪽으로 이사하면 안 된다. 재수가 없고, 하는 일마다 꼬이고, 病苦 질병발생. 바람기 발동.
巳酉丑生	서쪽문을 피하고, 동남쪽으로 이사하면 안 된다. 재수가 없고, 하는 일마다 꼬이고, 病苦 질병발생. 바람기 발동.
寅午戌生	남쪽문을 피하고, 북동쪽으로 이사하면 안 된다. 재수가 없고, 하는 일마다 꼬이고, 病苦 질병발생. 바람기 발동.
亥卯未生	동쪽문을 피하고, 서북쪽으로 이사하면 안 된다. 재수가 없고, 하는 일마다 꼬이고, 病苦 질병발생. 바람기 발동.

운세풀이

未띠:이동수,우왕좌왕, 곯곯, 다툼	戌띠: 점점 일이 꼬임, 관재구설	丑띠:최고운상승세, 두마음	辰띠: 만남,결실,화합,문서
申띠:매사불편, 방해자,배신	亥띠:귀인상봉, 금전이득, 현금	寅띠: 의욕과다, 스트레스큼	巳띠:이동수,이별수,변동 움직임
酉띠:해결신,시험합격, 풀림	子띠: 매사꼬임,과거고생, 질병	卯띠: 시급한 일, 뜻대로 안됨	午띠: 빈주머니,걱정근심,사기

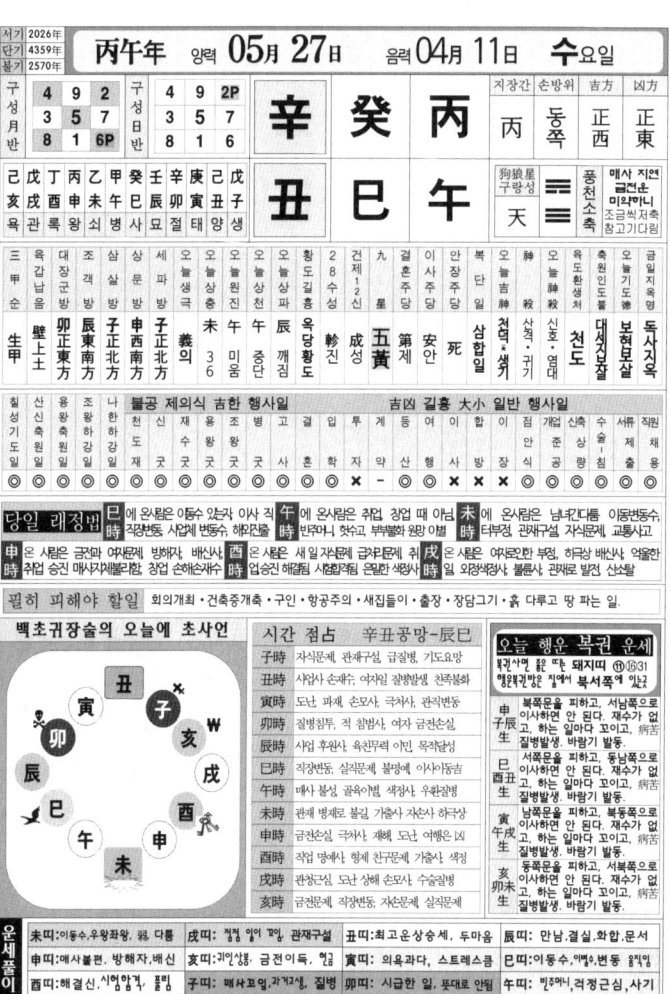

5월

서기 2026年 / 단기 4359年 / 불기 2570年	**丙午年** 양력 **05月 28日** 음력 **04月 12日** **목**요일

구성月반			구성日반		
4	9	2	5	1	3P
3	5	7	4	6	8
8	1	6P	9	2	7A

壬	**癸**	**丙**
寅	**巳**	**午**

지장간	손방위	吉方	凶方
丙	동남	正南	正北

狗狼星 구랑성	[illegible]路丑午方	☴ ☰	풍천소축	매사 지연 금전운 미약하니 조금씩 저축 참고기다림

辛亥	庚戌	己酉	戊申	丁未	丙午	乙巳	甲辰	癸卯	壬寅	辛丑	庚子
록	관	욕	생	양	태	절	묘	사	병	쇠	왕

三甲순	육갑납음	대장군방	조객방	삼살방	상문방	세파방	오늘생극	오늘상충	오늘원진	오늘상천	오늘상파	황도길흉	28수성	건제12신	九星	결혼주당	이사주당	안장주당	복단일	대공망일	오늘吉神	오늘神殺	육도환생처	축원인도불	오늘기도德	금일지옥명
生甲	金箔金	卯正東方	辰東南方	子正北方	申西南方	子正北方	寶보	申 36	酉 미움	巳 중단	亥 깨짐	천뇌흑도	角각	收수	六白	翁옹	災재	손자	-	대공망일	월형일	천강·토부	인도	대세지보살	약사보살	독사지옥

칠성기도일	산신축원일	용왕축원일	조왕하강일	나한하강일	불공 제의식 吉한 행사일: 천도재	신굿	재수굿	용왕굿	조왕굿	병굿	고사	吉凶 길흉 大小 일반 행사일: 결혼	입학	투자	계약	등산	여행	이사	합방	이장	점안식	개업준공	신축상량	수술-침	서류제출	직원채용
×	◎	×	×	×	×	◎	◎	◎	◎	◎	◎	×	◎	×	×	◎	◎	×	×	×	×	◎	×	×	×	×

당일 래정법

巳時에 온사람은 문서구입 화합사 결혼, 재혼 경조사 애정사 궁합 후원 개업

午時에 온사람은 이동수 있는자 이사나 직장변동, 친구나 형제 사업체변동수

未時에 온사람은 금전사기, 실업자 색정사 들통 빈주머니 헛수고, 문서모난사 매사불성

申時 온 사람은 매매 이동변동수, 직장변동수, 터부정, 사기 허위문서 다툼주의 차사고 주의

酉時 온 사람은 질병과 자식문제 방해자, 배신사, 관송사, 취업 승진 매사 지체불리함

戌時 온 사람은 자식문제, 하극상으로 배신사, 해결되는 듯 하나 후 불리함, 사험 합격됨, 허가건 승인됨, 관재

필히 피해야 할일 신상출고 • 제품제작 • 친구초대 • 소장제출 • 항소 • 문 만들기 • 비석세우기 • 방류

백초귀장술의 오늘에 초사언

시간 점占	壬寅공망-辰巳
子時	금전문제, 상업문제, 처를 극, 수술문제
丑時	매사 막히고 퇴보, 권리박탈, 남편문제
寅時	금전 암손, 여자문제, 자식사, 우환질병
卯時	자식문제, 직장실직, 색정사, 가출사
辰時	매사불성, 관재구설, 속 중단, 금전손실
巳時	사업금전운 吉, 임신가능, 금전기쁨, 결혼
午時	금전손실 다툼, 부인문제, 가출, 아동이吉
未時	집안잡귀침투, 불화, 색정사 관직권리박탈
申時	침범사, 질병재앙, 가출사, 이동이 吉
酉時	파산파재, 부인흉극, 가출사, 배신음모
戌時	사업사, 후원사, 직장승진, 관재구설
亥時	금전손실, 직장문제, 자식문제, 가출사

오늘 행운 복권 운세

복권사면 좋은 띠는 **쥐띠** ①⑥⑯
행운복권방은 집에서 **북쪽**에 있는곳

申子辰生	북쪽문을 피하고, 서남쪽으로 이사하면 안 된다. 재수가 없고, 하는 일마다 꼬이고, 病苦 질병발생. 바람기 발동.
巳酉丑生	서쪽문을 피하고, 동남쪽으로 이사하면 안 된다. 재수가 없고, 하는 일마다 꼬이고, 病苦 질병발생. 바람기 발동.
寅午戌生	남쪽문을 피하고, 북동쪽으로 이사하면 안 된다. 재수가 없고, 하는 일마다 꼬이고, 病苦 질병발생. 바람기 발동.
亥卯未生	동쪽문을 피하고, 서북쪽으로 이사하면 안 된다. 재수가 없고, 하는 일마다 꼬이고, 病苦 질병발생. 바람기 발동.

운세풀이

申띠:이동수,우왕좌왕, [illegible] 다툼	亥띠: 점점 일이 꼬임, 관재구설	寅띠:최고운상승세, 두마음	巳띠: 만남,결실,화합,문서
酉띠:매사불편, 방해자,배신	子띠:귀인상봉, 금전이득, 현금	卯띠: 의욕과다, 스트레스큼	午띠:이동수,이별수,변동 움직임
戌띠:해결신,시험합격, 풀림	丑띠: 매사꼬임,과거고생, 질병	辰띠: 시급한 일, 뜻대로 안됨	未띠: 빈주머니,걱정근심,사기

서기	2026年
단기	4359年
불기	2570年

丙午年 양력 05月 29日 음력 04月 13日 금요일

구성월반				구성일반		
	4	9	2	6	2	4
	3	5	7	5	7	9AP
	8	1	6P	1	3	8

時	日	月	年
天干	癸	癸	丙
地支	卯	巳	午

지장간	손방위	吉方	凶方
丙	남쪽	正東	正西

狗狼星 구랑성	卦		
天	☴ ☰	풍천소축	매사 지연 금전운 미약하니 조금씩저축 참고기다림

癸	壬	辛	庚	己	戊	丁	丙	乙	甲	癸	壬
亥	戌	酉	申	未	午	巳	辰	卯	寅	丑	子
왕	쇠	병	사	묘	절	태	양	생	욕	관	록

三甲순	육갑납음	대장군방	조객방	삼살방	상문방	세파방	오늘생극	오늘상충	오늘원진	오늘상천	오늘상파	황도길흉	28수성	건제12신	九星	결혼주당	이사주당	안장주당	복단일	대공망일	오늘吉神	오늘神殺	육도환생처	축원인도불	오늘기도德	금일지옥명
生甲	金箔金	卯正東方	辰東南方	子正北方	申西南方	子正北方	寶보	酉 36	申 미움	辰 중단	午 깨짐	현무흑도	亢항	開개	七赤	堂당	師사	남자	음덕*모창	대공망일	재살·천화	천구·태허	귀도	대세지보살	문수보살	독사지옥

칠성기도일	산신축원일	용왕축원일	조왕하강일	나한하강일	불공 제의식 吉한 행사일							吉凶 길흉 大小 일반 행사일														
					천도재	신굿	재수굿	용왕굿	조왕굿	병굿	고사	결혼	입학	투자	계약	등산	여행	이사	합방	이장	점안식	개업준공	신축상량	수술·침	서류제출	직원채용
◎	◎	◎	◎	◎	◎	◎	◎	◎	◎	◎	◎	×	◎	×	×	◎	◎	×	×	×	◎	◎	×	×	◎	×

당일 래정법

巳時 에 온사람은 모함과 구설로 골치 아픔 이동나쁨 바람기, 직장해고위험

午時 에 온사람은 문서 화합운 결혼 재혼 경조사 궁합 문서이동 부모문제 상업투자

未時 에 온사람은 이동수 있는자 이사나 직장변동, 자식문제 변동수, 여행 이별 헛고생

申時 온 사람은 허위문서 실업자, 금전환란, 빈주머니, 헛공사, 사기모함 ·도난사, 매사불성

酉時 온 사람은 매매 이동변동수, 터부정, 관재구설 사기, 허위문서, 우환질병, 자식 가출건

戌時 온 사람은 색정사 배신문제 방해자, 배신사, 의욕상실, 관재구설, 취업 승진 매사 지체불리함

필히 피해야 할일 약혼식 • 주식투자 • 신상출고 • 명품구입 • 교역 • 재물출납 • 입주 • 욕실 · 수도수리 • 우물파기

백초귀장술의 오늘에 초사언

시간 점占 癸卯공망-辰巳

子時	직장근심, 음란색정사, 형제친구문제
丑時	사업후원사, 음란색정사, 질병 급발생
寅時	색정사, 자식문제, 직장실직, 처를 극
卯時	여자로부터 금전손실, 자식문제, 불륜사
辰時	사업상 다툼, 가산탕진, 직업변동, 남편일
巳時	매사 불성사, 금전손실 다툼, 부인문제
午時	사업문제, 불륜색정사, 여자문제, 화해
未時	이동 이별수, 직업변동, 가출사, 산소문제
申時	상해, 도난, 금전손해, 질병침투, 직업실직
酉時	적의 침범사, 관재 병재로 불길, 색정사
戌時	놀랄 일발생, 불륜색정사, 금전융통 근심
亥時	금전문제, 부인문제, 가출사, 손님 惡意

오늘 행운 복권 운세

복권사면 좋은 띠는 **소띠** ②⑤⑩

행운복권방은 집에서 **북동쪽**에 있는곳

申子辰生	북쪽문을 피하고, 서남쪽으로 이사하면 안 된다. 재수가 없고, 하는 일마다 꼬이고, 病苦 질병발생. 바람기 발동.
巳酉丑生	서쪽문을 피하고, 동남쪽으로 이사하면 안 된다. 재수가 없고, 하는 일마다 꼬이고, 病苦 질병발생. 바람기 발동.
寅午戌生	남쪽문을 피하고, 북동쪽으로 이사하면 안 된다. 재수가 없고, 하는 일마다 꼬이고, 病苦 질병발생. 바람기 발동.
亥卯未生	동쪽문을 피하고, 서북쪽으로 이사하면 안 된다. 재수가 없고, 하는 일마다 꼬이고, 病苦 질병발생. 바람기 발동.

운세풀이

酉띠:이동수,우왕좌왕, 弱, 다툼	子띠: 점점 일이 꼬임, 관재구설	卯띠:최고운상승세, 두마음	午띠: 만남,결실,화합,문서
戌띠:매사불편, 방해자,배신	丑띠:귀인상봉, 금전이득, 현금	辰띠: 의욕과다, 스트레스큼	未띠:이동수,이별수,변동 움직임
亥띠:해결신,시험합격, 풀림	寅띠: 매사꼬임,과거고생, 질병	巳띠: 시급한 일, 뜻대로 안됨	申띠: 빈주머니,걱정근심,사기

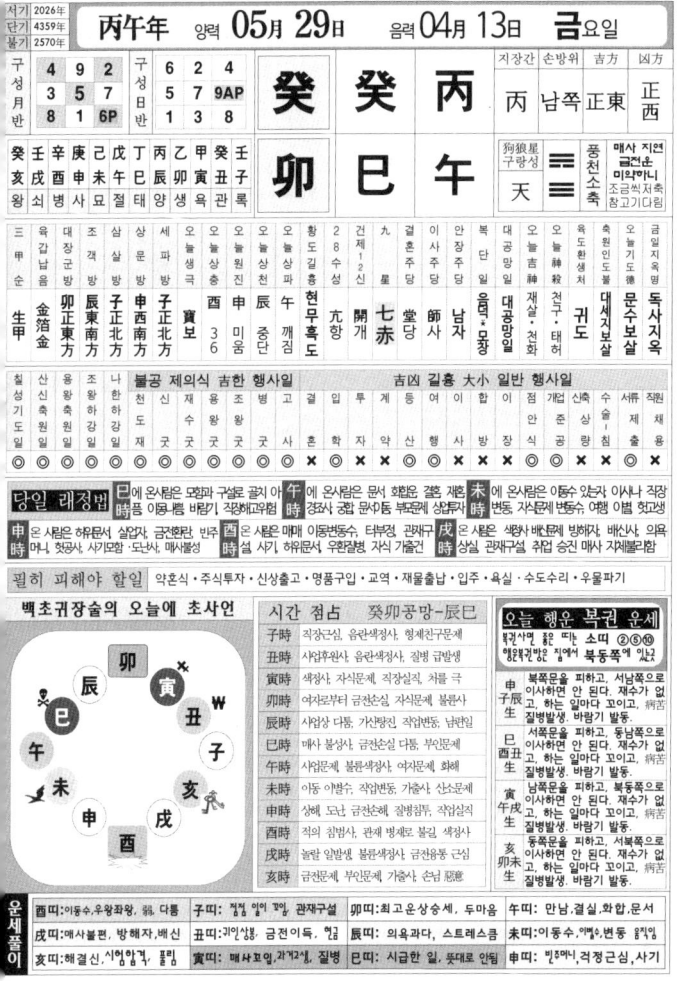

5월

서기	2026年
단기	4359年
불기	2570年

丙午年 양력 05月 30日 음력 04月 14日 토요일

구성月반		
4	9	2
3	5	7
8	1	6P

구성日반		
7	3	5
6	8	1
2A	4	9P

甲	癸	丙
辰	巳	午

지장간	손방위	吉方	凶方
丙	남서	正北	正南

乙	甲	癸	壬	辛	庚	己	戊	丁	丙	乙	甲
亥	戌	酉	申	未	午	巳	辰	卯	寅	丑	子
생	양	태	절	묘	사	병	쇠	왕	록	관	욕

狗狼星 구랑성 / 僧堂寺廟 승당사묘

풍천소축 — 매사 지연 금전운 미약하니 조금씩 저축 참고기다림

三甲순	육갑납음	대장군방	조객방	삼살방	상문방	세파방	오늘생극	오늘상충	오늘원진	오늘상천	오늘상파	황도길흉	28수성	건제12신	九星	결혼주당	이사주당	안장주당	복단일	오늘吉神	神殺	오늘神殺	육도환생처	축원인도불	오늘기도德	금일지옥명
死甲	覆燈火	卯正東方	辰東南方	子正北方	申西南方	子正北方	制제	戌 36	亥 미움	卯 중단	丑 깨짐	사명황도	氐저	閉폐	八白	姑고	富부	아버지	월기일	월공*복생	라강·혈지	수격·월살	축도	대세지보살	지장보살	독사지옥

칠성기도일	산신축원일	용왕축원일	조왕하강일	나한하강일	불공 제의식 吉한 행사일: 천도재	신굿	재수굿	용왕굿	조왕굿	병굿	고사	吉凶 길흉 大小 일반 행사일: 결혼	입학	투자	계약	등산	여행	이사	합방	이장	점안식	개업준공	신축상량	수술-침	서류제출	직원채용
◎	×	×	◎	◎	◎	×	×	×	×	×	×	×	◎	×	×	◎	◎	×	×	×	×	×	◎	◎	◎	×

당일 래정법

巳時에 온사람은 뭐가 하고싶어서 왔다. 자식과 금전문제, 색정사문제, 우환질병문제

午時에 온사람은 금전문제로 골치 아픔, 가정불화, 여자바람기, 자식문제, 화병

未時에 온사람은 문서 남녀화합운, 결혼, 재혼, 경조사, 문서구입, 궁합, 만남, 부모님 불리

申時 온 사람은 이동수 있는자, 이사나 직장변동, 관송사, 여행, 이별수, 취업불가능, 질병

酉時 온 사람은 허위문서, 금전손재수, 자식문제, 빈주머니, 헛고생, 사기모함, 매사불성, 관송사

戌時 온 사람은 허위문서, 이동변동수, 터부정, 관재구설, 보이스피싱주의, 자식가출, 다툼주의, 차사고

필히 피해야 할일 새집들이 · 친목회 · 금전수금 · 출판출고 · 건축증개축 · 집수리 · 승선 · 바다낚시 · 동토

백초귀장술의 오늘에 초사언

시간 점占 甲辰공망-寅卯

子時	어린자식 질병사, 사업후원사, 손님 惡意
丑時	부인질병문제, 금전손실, 관재, 도난, 방해
寅時	질병재앙, 직장승진문제, 직장변동 말조심
卯時	파재, 극처사, 관송사 분쟁, 수술위급
辰時	금전암손, 여자문제, 사업문제, 금전다툼
巳時	사업, 구재, 상해, 도난, 재수문제, 관재
午時	관재구설, 직장박탈, 도적손실, 화재주의
未時	사업사, 후원사, 음란불륜사, 화합사
申時	음란잡귀침투, 적의 침범사, 우환질병
酉時	남녀색정사, 남편직장 권리사, 질병침투
戌時	질병침투, 색정사, 적의 침범사, 가출문제
亥時	사업후원에 방해자, 질병재앙, 소송 凶

오늘 행운 복권 운세

복권사면 좋은 띠는 범띠 ③⑧⑱

행운복권방은 집에서 동북쪽에 있는곳

申子辰生	북쪽문을 피하고, 서남쪽으로 이사하면 안 된다. 재수가 없고, 하는 일마다 꼬이고, 病苦 질병발생. 바람기 발동.
巳酉丑生	서쪽문을 피하고, 동남쪽으로 이사하면 안 된다. 재수가 없고, 하는 일마다 꼬이고, 病苦 질병발생. 바람기 발동.
寅午戌生	남쪽문을 피하고, 북동쪽으로 이사하면 안 된다. 재수가 없고, 하는 일마다 꼬이고, 病苦 질병발생. 바람기 발동.
亥卯未生	동쪽문을 피하고, 서북쪽으로 이사하면 안 된다. 재수가 없고, 하는 일마다 꼬이고, 病苦 질병발생. 바람기 발동.

운세풀이

戌띠:이동수,우왕좌왕, 쓸쓸, 다툼	丑띠: 점점 일이 꼬임, 관재구설	辰띠:최고운상승세, 두마음	未띠: 만남,결실,화합,문서
亥띠:매사불편, 방해자,배신	寅띠:귀인상봉, 금전이득, 현금	巳띠: 의욕과다, 스트레스큼	申띠:이동수,이별수,변동 움직임
子띠:해결신,시험합격, 풀림	卯띠: 매사꼬임,과거고생, 질병	午띠: 시급한 일, 뜻대로 안됨	酉띠: 빈주머니,걱정근심,사기

서기	2026年
단기	4359年
불기	2570年

丙午年 양력 05月 31日 음력 04月 15日 일요일

구성月반			구성日반		
4	9	2	8	4A	6
3	5	7	7	9	2
8	1	6P	3	5	1P

乙	癸	丙
巳	巳	午

지장간	손방위	吉方	凶方
丙	서쪽	正西	正東

狗狼星 구랑성	괘	풍천소축	
天	☴ ☰	풍천소축	매사 지연 금전운 미약하니 조금씩저축 참고기다림

丁亥	丙戌	乙酉	甲申	癸未	壬午	辛巳	庚辰	己卯	戊寅	丁丑	丙子
사	묘	절	태	양	생	욕	관	록	왕	쇠	병

三甲순	육갑납음	대장군방	조객방	삼살방	상문방	세파방	오늘생극	오늘상충	오늘원진	오늘상천	오늘상파	황도길흉	28수성	건제12신	九星	결혼주당	이사주당	안장주당	복단일	오늘吉神	神殺	오늘神殺	육도환생처	축원인도불	오늘기도德	금일지옥명
死甲	覆燈火	卯正東方	辰東南方	子正北方	申西南方	子正北方	寶보	亥 36	戌 미움	寅 중단	申 깨짐	구진흑도	房방	建건	九紫	夫부	殺살	손님	복단일	월덕합	-	수사·월건	옥도	대세지보살	문수보살	독사지옥

칠성기도일	산신축원일	용왕축원일	조왕하강일	나한하강일	불공 제의식 吉한 행사일: 천도재	신굿	재수굿	용왕굿	조왕굿	병굿	고사	吉凶 길흉 大小 일반 행사일: 결혼	입학	투자	계약	등산	여행	이사	합방	이장	점안식	개업준공	신축상량	수술-침	서류제출	직원채용
×	×	×	×	×	×	×	×	×	×	×	×	×	◎	×	×	◎	◎	×	×	×	×	◎	◎	×	◎	×

당일 래정법

巳時에 온사람은 금전구재, 두가지문제로 갈등사, 갖고싶은 욕구, 직장문제, 사업문제
午時에 온사람은 의욕과다, 뭐가 하고싶어서 왔다 직장취업문제 금전문제 친정문제
未時에 온사람은 골치 아픈일, 형제동업 죽음, 바람기, 불륜, 시비투쟁, 속정리
申時 온 사람은 형제, 문서 화합운, 결혼, 재혼, 경조사, 애정사, 궁합, 만남, 개업, 하극상 배신, 우환질병
酉時 온 사람은 이동수 있는자, 가출, 이사나 직장변동, 사업체 변동수, 여행, 이별수, 관재구설
戌時 온 사람은 색정사문제, 금전손재수, 지금은 휴식기, 빈주머니, 헛 공사, 사기모함 , 매사불성

필히 피해야 할일 화재주의 • 시험관시술 • 질병치료 • 인수인계 • 씨뿌리기 • 나무심기 • 애완견들이기 • 건축수리

백초귀장술의 오늘에 초사언

시간 점占 乙巳공망-寅卯

子時	윗사람 질병, 배신주의, 발탁방해, 고생
丑時	금전문제, 사업파재, 여자 도망, 삼각관계
寅時	파재, 상해, 도난, 극처사, 색정사, 변동
卯時	금전문제, 직장문제, 우환질병, 가출사
辰時	금전문제, 부인문제, 가출사, 수술유의
巳時	금전암손, 자식문제, 취직 실직문제
午時	화재, 관재구설, 남녀색정사, 자식문제
未時	금전융통, 여자문제, 가출방황, 백사불리
申時	사업후원사 발탁, 직장사, 당선 貴福 有
酉時	급병자발생, 관재구설, 음란 가출도주
戌時	금전문제, 부인문제, 이별사, 타인과 다툼
亥時	적의 침범사, 음란색정사, 부부이별, 이사

오늘 행운 복권 운세

복권사면 좋은 띠는 **토끼띠** ②⑥
행운복권방은 집에서 **동쪽**에 있는곳

申子辰生	북쪽문을 피하고, 서남쪽으로 이사하면 안 된다. 재수가 없고, 하는 일마다 꼬이고, 病苦 질병발생. 바람기 발동.
巳酉丑生	서쪽문을 피하고, 동남쪽으로 이사하면 안 된다. 재수가 없고, 하는 일마다 꼬이고, 病苦 질병발생. 바람기 발동.
寅午戌生	남쪽문을 피하고, 북동쪽으로 이사하면 안 된다. 재수가 없고, 하는 일마다 꼬이고, 病苦 질병발생. 바람기 발동.
亥卯未生	동쪽문을 피하고, 서북쪽으로 이사하면 안 된다. 재수가 없고, 하는 일마다 꼬이고, 病苦 질병발생. 바람기 발동.

운세풀이

亥띠: 이동수,우왕좌왕, 형제 다툼	寅띠: 점점 일이 꼬임, 관재구설	巳띠: 최고운상승세, 두마음	申띠: 만남,결실,화합,문서
子띠: 매사불편, 방해자,배신	卯띠: 귀인상봉, 금전이득, 현금	午띠: 의욕과다, 스트레스큼	酉띠: 이동수, 이별수,변동 움직임
丑띠: 해결신, 시험합격, 풀림	辰띠: 매사꼬임,과거고생, 질병	未띠: 시급한 일, 뜻대로 안됨	戌띠: 빈주머니,걱정근심,사기

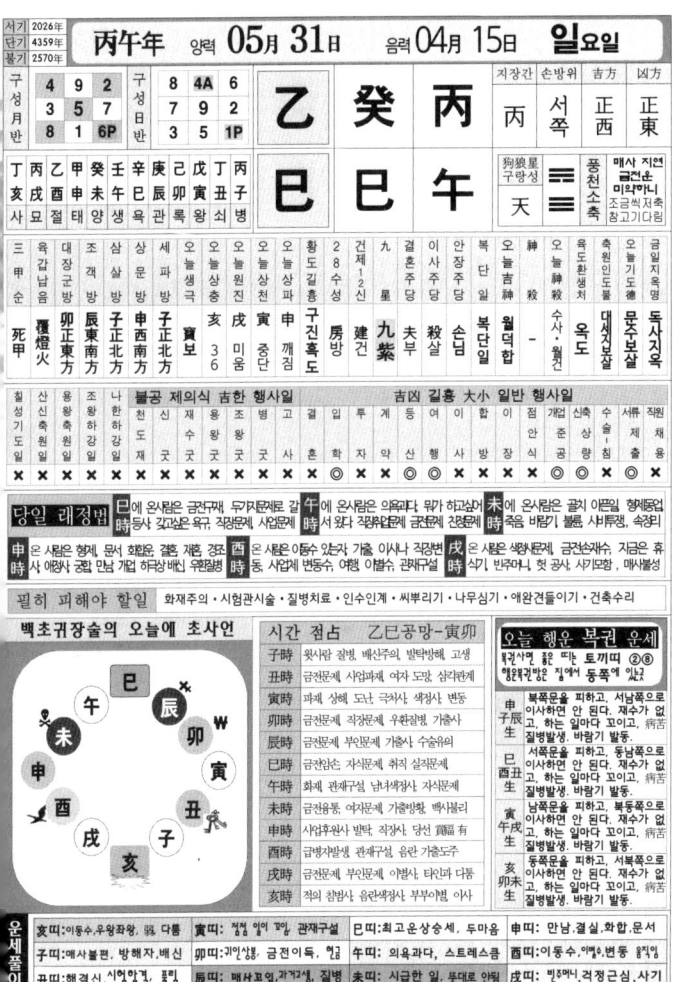

5월

서기	2026年
단기	4359年
불기	2570年

丙午年 양력 06月 01日 음력 04月 16日 월요일

구성월반				구성일반			
	4	9	2		9	5	7
	3	5	7		8	1	3
	8	1	6P		4	6AP	2

丙	癸	丙
午	巳	午

지장간	손방위	吉方	凶方
丙	서북	正南	正北

己	戊	丁	丙	乙	甲	癸	壬	辛	庚	己	戊
亥	戌	酉	申	未	午	巳	辰	卯	寅	丑	子
절	묘	사	병	쇠	왕	록	관	욕	생	양	태

狗狼星 구랑성	괘	화천대유	
天	☲ ☰		대풍년성공 공명정대일 거양득발전 명예얻고 목표성취

三甲순	육갑납음	대장군방	조객방	삼살방	상문방	세파방	오늘생극	오늘상충	오늘원진	오늘상천	오늘상파	황도길흉	28수성	건제12신	九星	결혼주당	이사주당	안장주당	복단일	오늘吉神	오늘吉神	오늘神殺	육도환생처	축원인도불	오늘기도德	금일지옥명
死甲	天河水	卯正東方	辰東南方	子正北方	申西南方	子正北方	專전	子 36	丑 미움	丑 중단	卯 깨짐	청룡황도	心심	除제	一白	廚주	害해	며느리	천덕합	성심*관일	-	피마·대시	불도	노사나불	약사보살	추해지옥

칠성기도일	산신축원일	용왕축원일	조왕하강일	나한하강일	불공 제의식 吉한 행사일							吉凶 길흉 大小 일반 행사일														
					천도재	신굿	재수굿	용왕굿	조왕굿	병굿	고사	결혼	입학	투자	계약	등산	여행	이사	합방	이장	점안식	개업준공	신축상량	수술-침	서류제출	직원채용
◎	×	×	×	×	◎	◎	◎	◎	◎	◎	◎	◎	◎	◎	◎	◎	×	×	◎	×	◎	◎	◎	◎	◎	×

당일 래정법

巳時 에 온사람은 취업문제, 재수가 없고 운이 단단히 꼬여있음, 우환질병 손재수

午時 에 온사람은 금전문제 두문제로 갈등사 갖고싶은 욕구, 직장문제, 상업문제

未時 에 온사람은 의욕과다, 뭔가 하고싶어서 왔다. 직장상사괴롭힘 사표문제

申時 온 사람은 골치 아픈일 친구나 형제동업 죽음, 배우자바람기, 불륜, 관재구설 속 정리해야함

酉時 온 사람은 문서구입 화합운 결혼 경조사 관직취업건, 개업 때 아님, 하극상 배신, 경쟁사로 몰변

戌時 온 사람은 이동수 있는자, 가출 이사 직장변동, 점포 변동수, 여자문제 투자문서는 위험 이별수

필히 피해야 할일

홍보광고 · 소장제출 · 인허가신청 · 정보유출 · 건축증개축 · 기둥세우기 · 항공주의 · 씨뿌리기

백초귀장술의 오늘에 초사언

시간 점占 丙午공망-寅卯

子時	유아질병 위급, 처를 극, 남녀쟁투
丑時	자손문제, 실직문제, 연애배신사, 모함
寅時	사업손재, 후원사, 불륜사, 직장변동
卯時	남녀색정사, 사업금전문제, 가출사
辰時	자손문제, 실직문제, 남녀색정사, 가출사
巳時	질병재앙, 구재이득, 수술유의, 과이사발생
午時	금전손실 다툼, 여자문제, 극처사, 형송사
未時	자손문제, 금전융통, 죄 사면, 여행불길
申時	매사 불성사, 도망은 吉, 도적손실, 재액
酉時	관직 발탁사, 금전문제, 극처사, 함정주의
戌時	가출건, 급병자, 자식문제, 산소탈 ⊗
亥時	자초고생, 매사불길, 도난, 파재, 다툼

오늘 행운 복권 운세

복권사면 좋은 띠는 용띠 ⑤⑩⑳
행운복권방은 집에서 동남쪽에 있는곳

申子辰生	북쪽문을 피하고, 서남쪽으로 이사하면 안 된다. 재수가 없고, 하는 일마다 꼬이고, 病苦 질병발생. 바람기 발동.
巳酉丑生	서쪽문을 피하고, 동남쪽으로 이사하면 안 된다. 재수가 없고, 하는 일마다 꼬이고, 病苦 질병발생. 바람기 발동.
寅午戌生	남쪽문을 피하고, 북동쪽으로 이사하면 안 된다. 재수가 없고, 하는 일마다 꼬이고, 病苦 질병발생. 바람기 발동.
亥卯未生	동쪽문을 피하고, 서북쪽으로 이사하면 안 된다. 재수가 없고, 하는 일마다 꼬이고, 病苦 질병발생. 바람기 발동.

운세풀이

子띠:이동수,우왕좌왕, 弱, 다툼	卯띠: 점점 일이 꼬임, 관재구설	午띠:최고운상승세, 두마음	酉띠: 만남,결실,화합,문서
丑띠:매사불편, 방해자,배신	辰띠:귀인상봉, 금전이득, 현금	未띠: 의욕과다, 스트레스큼	戌띠:이동수,이별수,변동 움직임
寅띠:해결신,시험합격, 풀림	巳띠: 매사꼬임,과거고생, 질병	申띠: 시급한 일, 뜻대로 안됨	亥띠: 빈주머니,걱정근심,사기

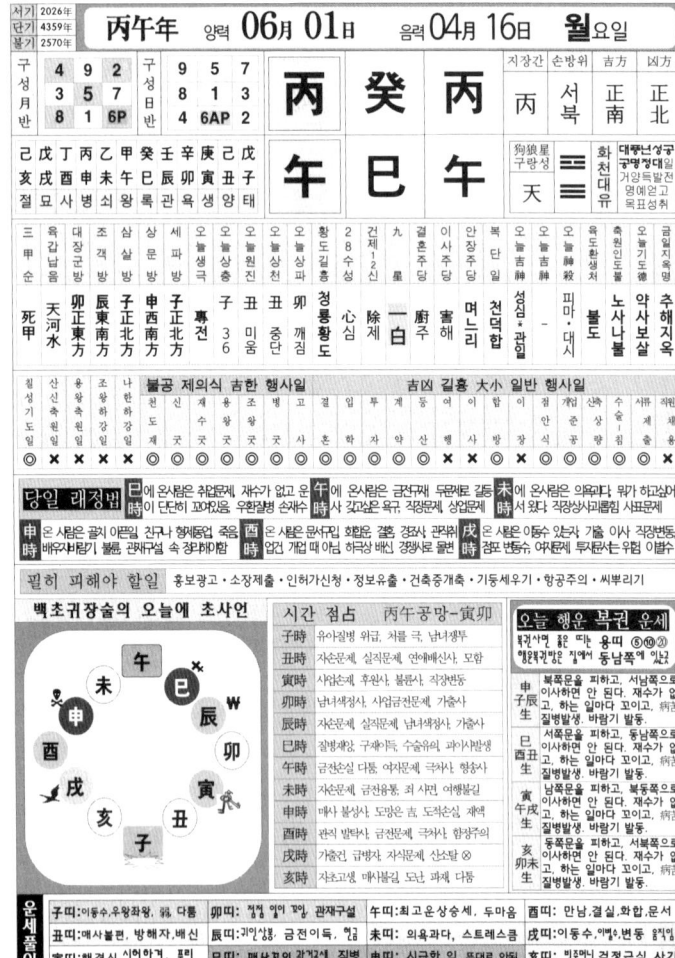

서기	2026年
단기	4359年
불기	2570年

丙午年 양력 06月 02日 음력 04月 17日 화요일

구성月반				구성日반			
	4	9	2		1	6	8A
	3	5	7		9	2	4
	8	1	6P		5P	7	3

丁	癸	丙
未	巳	午

지장간	손방위	吉方	凶方
丙	북쪽	正東	正西

狗狼星 구랑성	僧堂 城隍社廟	화천대유	대풍년성공 공명정대일 거양득발전 명예얻고 목표성취

辛	庚	己	戊	丁	丙	乙	甲	癸	壬	辛	庚
亥	戌	酉	申	未	午	巳	辰	卯	寅	丑	子
태	양	생	욕	관	록	왕	쇠	병	사	묘	절

三甲순	육갑납음	대장군방	조객방	삼살방	상문방	세파방	오늘생극	오늘상충	오늘원진	오늘상천	오늘상파	황도길흉	28수성	건제12신	九星	결혼주당	이사주당	안장주당	오늘吉神	오늘吉神	神殺	오늘神殺	육도환생처	축원인도불	오늘기도德	금일지옥명
死甲	天河水	卯正東方	辰東南方	子正北方	申西南方	子正北方	寶보	丑 36	子 미움	子 중단	戌 깨짐	명당황도	尾미	滿만	二黑	婦부	天천	어머니	-	익후*수일	천적일	지화·고초	불도	노사나불	대세지보살	추해지옥

칠성기도일	산신축원일	용왕축원일	조왕하강일	나한하강일	천도재	신굿	재수굿	용왕굿	조왕굿	병굿	고사	결혼	입학	투자	계약	등산	여행	이사	합방	이장	점안식	개업준공	신축상량	수술·침	서류제출	직원채용
					불공 제의식 吉한 행사일							吉凶 길흉 大小 일반 행사일														
◎	×	×	◎	◎	◎	◎	◎	◎	◎	◎	◎	×	◎	◎	◎	◎	◎	×	×	×	◎	◎	◎	◎	◎	-

당일 래정법

巳時 에 온사람은 금전문제, 사업문제, 금전구재건, 관직취직사, 속전속결이 유리

午時 에 온사람 건강문제, 관재구설로 운이 단단히 꼬여있음, 친정문제 손재수

未時 에 온사람 금전구재, 결혼선택여부, 사업자금투자건, 직장변동, 이동수

申時 온 사람은 뭔가 하고싶어서 왔다. 직장취업문제, 친구형제간 배신과 음해, 관재 관송사, 남자문제

酉時 온 사람은 자식문제 골치 아픈일, 형제동업, 바람기, 불륜, 시비투쟁, 급속정리해야함, 청춘귀

戌時 온 사람은 형제, 문서문제, 자식 화합운, 결혼, 재혼 경조사, 애정사, 궁합, 관직취업문제, 하극상배신

필히 피해야 할일

이날은 흑도와 월파일에 월염, 대모, 상문 등 신살에 해당되어 매사 해롭고 불리한 날.

백초귀장술의 오늘에 초사언

시간 점占 丁未공망-寅卯

子時	남녀색정사, 금전손해 실물수, 도난 간음
丑時	적의 침범사, 질병재앙, 자손상해, 가출
寅時	자손문제, 실직문제, 사업문제, 색정사
卯時	금전손실, 윗사람 질병위급, 색정음란사
辰時	자식문제, 직장문제, 손님 惡意, 불륜배신
巳時	가출사, 파재, 극처사, 관송사 분쟁
午時	화합애정불리, 금전융통, 직장변동, 도난
未時	금전의 암손, 여자문제, 우환질병, 가출
申時	파재, 상해, 도난, 극처사, 직장이동이 吉
酉時	매사불성사, 금전손실, 음 여인함정 관재
戌時	자식문제, 남편피해, 음란색정사, 도망
亥時	관청권리 상해, 재해도난사건, 파이사발생

오늘 행운 복권 운세

복권사면 좋은 띠는 **뱀띠** ⑦⑰27
행운복권방은 집에서 **남동쪽**에 있는곳

申子辰生	북쪽문을 피하고, 서남쪽으로 이사하면 안 된다. 재수가 없고, 하는 일마다 꼬이고, 病苦 질병발생. 바람기 발동.
巳酉丑生	서쪽문을 피하고, 동남쪽으로 이사하면 안 된다. 재수가 없고, 하는 일마다 꼬이고, 病苦 질병발생. 바람기 발동.
寅午戌生	남쪽문을 피하고, 북동쪽으로 이사하면 안 된다. 재수가 없고, 하는 일마다 꼬이고, 病苦 질병발생. 바람기 발동.
亥卯未生	동쪽문을 피하고, 서북쪽으로 이사하면 안 된다. 재수가 없고, 하는 일마다 꼬이고, 病苦 질병발생. 바람기 발동.

운세풀이

丑띠:이동수,우왕좌왕, 弱, 다툼	辰띠: 점점 일이 꼬임, 관재구설	未띠:최고운상승세, 두마음	戌띠: 만남,결실,화합,문서
寅띠:매사불편, 방해자,배신	巳띠:귀인상봉, 금전이득, 현금	申띠: 의욕과다, 스트레스큼	亥띠:이동수,이별수,변동 움직임
卯띠:해결신,시험합격, 풀림	午띠: 매사꼬임,과거고생, 질병	酉띠: 시급한 일, 뜻대로 안됨	子띠: 빈주머니,걱정근심,사기

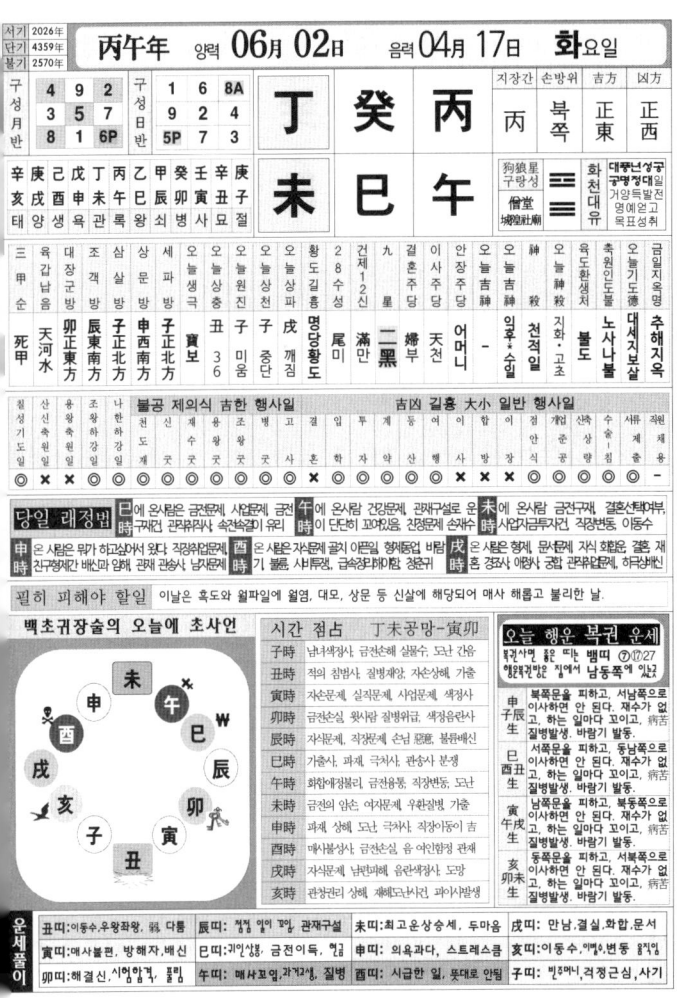

6월

서기	2026年
단기	4359年
불기	2570年

丙午年 양력 06月 03日 음력 04月 18日 수요일

구성月반				구성日반			
	4	9	2		2	7	9
	3	5	7		1A	3	5
	8	1	6P		6P	8	4

戊	癸	丙
申	巳	午

지장간	손방위	吉方	凶方
丙	북동	正北	正南

狗狼星 구랑성	☲	화천대유	대풍년성공 공명정대일 거양득발전 명예얻고 목표성취
中庭廳 관청마당	☰		

癸	壬	辛	庚	己	戊	丁	丙	乙	甲	癸	壬
亥	戌	酉	申	未	午	巳	辰	卯	寅	丑	子
절	묘	사	병	쇠	왕	록	관	욕	생	양	태

三甲순	육갑납음	대장군방	조객방	삼살방	상문방	세파방	오늘생극	오늘상충	오늘원진	오늘상천	오늘상파	황도길흉	28수성
死甲	大驛土	卯正東方	辰東南方	子正北方	申西南方	子正北方	寶보	寅 36	卯 미움	亥 중단	巳 깨짐	천형흑도	箕기

건제12신	九星	결혼주당	이사주당	안장주당	복단일	神殺	神殺	오늘神殺	육도환생처	축원인도불	오늘기도德	금일지옥명
平평	三碧	竈조	利이	여자	오부길일	육합*태음	하괴·혈기	유화·천격	인도	노사나불	아미보살	추해지옥

칠성기도일	산신축원일	용왕축원일	조왕하강일	나한하강일	불공 제의식 吉한 행사일: 천도재	신굿	재수굿	용왕굿	조왕굿	병굿	고사
◎	×	×	◎	◎	◎	◎	◎	◎	◎	◎	◎

吉凶 길흉 大小 일반 행사일: 결혼	입학	투자	계약	등산	여행	이사	합방	이장	점안식	개업준공	신축상량	수술-침	서류제출	직원채용
×	◎	×	×	◎	◎	×	×	×	◎	◎	×	×	◎	×

당일 래정법

巳時 에 온사람은 관송사로 손재수 발생. 금전구재건. 색정사. 배산당함. 매사불성

午時 에 온사람은 금전문제. 사업문제. 친정부모문제. 관직취직사. 속전속결이 유리

未時 에 온사람 남편문제. 직장문제. 운이 단단히 꼬여있음. 매사 지체불리. 손재수

申時 온 사람은 금전문제. 관직취직사. 자식의 사업문제. 망신수. 친정 후원사는 불리. 사고조심

酉時 온 사람은 의욕과다. 뭔가 하고싶어서 왔다. 새사업 추진여부 문제. 친구형제간 시비. 자식문제

戌時 온 사람은 금전손실. 직장취업. 형제동업. 자식문제. 매사불리 지체됨. 바람기. 불륜. 고이사발생

필히 피해야 할일 성형수술 · 농기구 다루기 · 승선 · 낚시 · 어로작업 · 위험놀이기구 · 흙 다루고 땅 파는 일

백초귀장술의 오늘에 초사언

시간 점占	戊申공망-寅卯
子時	금전융통, 부인참해, 태아령 천도요망
丑時	사기도난, 파재, 손실사, 색정사, 각방
寅時	파재, 관재, 적 침범사, 부부이심, 터부정
卯時	재물손실, 부인일, 관재, 실수 탄로 음모
辰時	자손 시험합격, 불륜사, 형제 친구 배신
巳時	관청근심, 우환질병, 불륜색정사, 관재
午時	질병재앙, 적 침범사, 극처사, 가출문제
未時	病환자, 금전손실, 극처사, 친족불화
申時	금전암손, 부인문제, 자손문제, 우환질병
酉時	자식문제, 실직문제, 남녀색정사, 음인함정
戌時	매사 지체, 기능마비, 산소문제, 기도
亥時	사업사, 재물손실, 부인일, 질병재앙

오늘 행운 복권 운세

복권사면 좋은 띠는 말띠 ⑤⑦22
행운복권방은 집에서 남쪽에 있는곳

申子辰生	북쪽문을 피하고, 서남쪽으로 이사하면 안 된다. 재수가 없고, 하는 일마다 꼬이고, 病苦 질병발생. 바람기 발동.
巳酉丑生	서쪽문을 피하고, 동남쪽으로 이사하면 안 된다. 재수가 없고, 하는 일마다 꼬이고, 病苦 질병발생. 바람기 발동.
寅午戌生	남쪽문을 피하고, 북동쪽으로 이사하면 안 된다. 재수가 없고, 하는 일마다 꼬이고, 病苦 질병발생. 바람기 발동.
亥卯未生	동쪽문을 피하고, 서북쪽으로 이사하면 안 된다. 재수가 없고, 하는 일마다 꼬이고, 病苦 질병발생. 바람기 발동.

운세풀이

寅띠:이동수,우왕좌왕, 弱肉 다툼	巳띠: 점점 일이 꼬임, 관재구설	申띠:최고운상승세, 두마음	亥띠: 만남,결실,화합,문서
卯띠:매사불편, 방해자,배신	午띠: 귀인상봉, 금전이득, 현금	酉띠: 의욕과다, 스트레스큼	子띠:이동수,이별수,변동 움직임
辰띠:해결신,시험합격, 풀림	未띠: 매사꼬임,과거고생, 질병	戌띠: 시급한 일, 뜻대로 안됨	丑띠: 빈주머니,걱정근심,사기

서기	2026年
단기	4359年
불기	2570年

丙午年 양력 06月 04日 음력 04月 19日 목요일

구성月반			
	4	9	2
	3	5	7
	8	1	6P

구성日반			
	3A	8	1
	2P	4	6
	7	9	5

時	日	月	年
己	癸	甲	丙
酉	巳	午	午

己	癸	丙
酉	巳	午

지장간	손방위	吉方	凶方
丙	無	正西	正東

狗狼星 구랑성	寺觀社廟
화천대유	대풍년성공 공명정대일 거양득발전 명예얻고 목표성취

乙	甲	癸	壬	辛	庚	己	戊	丁	丙	乙	甲
亥	戌	酉	申	未	午	巳	辰	卯	寅	丑	子
태	양	생	욕	관	록	왕	쇠	병	사	묘	절

三甲순	육갑납음	대장군방	조객방	삼살방	상문방	세파방	오늘생극	오늘상충	오늘원진	오늘상천	오늘상파	황도길흉	28수성	건제12신	九星	결혼주당	이사주당	안장주당	복단일	오늘吉神	神殺	오늘神殺	육도환생처	축원인도불	오늘기도德	금일지옥명
死甲	大驛土	卯正東方	辰東南方	子正北方	申西南方	子正北方	寶보	卯 36	寅 미움	戌 중단	子 깨짐	주작흑도	斗두	定정	四綠	第제	安안	死	천은*삼합	대명*미일	-	홍사·천화	귀도	노사나불	관음보살	추해지옥

칠성기도일	산신축원일	용왕축원일	조왕하강일	나한하강일	천도재	신굿	재수굿	용왕굿	조왕굿	병굿	고사	결혼	입학	투자	계약	등산	여행	이사	합방	이장	점안식	개업준공	신축상량	수술-침	서류제출	직원채용
					불공 제의식 吉한 행사일							吉凶 길흉 大小 일반 행사일														
◎	◎	×	◎	◎	◎	◎	◎	×	◎	◎	◎	×	◎	×	×	◎	◎	◎	◎	×	◎	◎	◎	◎	◎	◎

당일 래정법

巳時 에 온사람은 허가 해결할 문제, 합격여부, 동업투자여부, 형제문제, 재혼은 굳

午時 에 온사람은 자식문제, 형제문제, 색정사로 다툼, 여자로 큰 손실, 매사불성사

未時 에 온사람 금전문제, 사업문제, 딸자식문제, 관직취직사, 속전속결이 유리

申時 온 사람은 건강문제, 관재구설로 운이 단단히 꼬여있음, 취업 승진문제, 남자문제, 손재수

酉時 온 사람은 두가지 문제 갈등사, 하극상 손윗사람 배신, 새로운 일시작 진행함이 좋다. 우환질병

戌時 온 사람은 의욕과다, 뭐가 하고싶어서 왔다. 직장 취업문제, 친구 형제에게 손실 배신 당할 수.

필히 피해야 할일 농기구 다루기·출장·벌목·사냥·수렵·승선·낚시·어로작업·요트타기·위험놀이기구

백초귀장술의 오늘에 초사언

시간 점占 己酉공망-寅卯

子時	파재, 극처사, 사업흥성, 개혁유리, 가출
丑時	형제 친구이별, 가출건, 손재수, 다툼, 도난
寅時	사기도난, 파재, 손실사, 가출사, 남편일
卯時	실직, 파재, 관재, 적 침범사, 가출문제
辰時	금전융통, 형제자매건, 재해도난, 부부이별
巳時	질병재앙, 사업후원사, 금전손실, 색정사
午時	매사 불성, 남녀 색정사, 뜻대로 이동안됨
未時	형제친구문제, 구재이득, 수술유의, 원귀
申時	자손문제, 실직사, 처를 극, 실수 탄로
酉時	금전 암손, 부인문제, 우환질병, 색정사
戌時	재물손실, 우환질병, 부부변심, 삼각관계
亥時	가내재앙불리, 가출사, 이동여행 금물

오늘 행운 복권 운세

복권사면 좋은 띠는 **양띠** ⑤⑩25

행운복권방은 집에서 **남서쪽**에 있는곳

申子辰生	북쪽문을 피하고, 서남쪽으로 이사하면 안 된다. 재수가 없고, 하는 일마다 꼬이고, 病苦질병발생. 바람기 발동.
巳酉丑生	서쪽문을 피하고, 동남쪽으로 이사하면 안 된다. 재수가 없고, 하는 일마다 꼬이고, 病苦질병발생. 바람기 발동.
寅午戌生	남쪽문을 피하고, 북동쪽으로 이사하면 안 된다. 재수가 없고, 하는 일마다 꼬이고, 病苦질병발생. 바람기 발동.
亥卯未生	동쪽문을 피하고, 서북쪽으로 이사하면 안 된다. 재수가 없고, 하는 일마다 꼬이고, 病苦질병발생. 바람기 발동.

운세풀이

卯띠: 이동수, 우왕좌왕, 弱弱 다툼	午띠: 점점 일이 꼬임, 관재구설	酉띠: 최고운상승세, 두마음	子띠: 만남, 결실, 화합, 문서
辰띠: 매사불편, 방해자, 배신	未띠: 귀인상봉, 금전이득, 현금	戌띠: 의욕과다, 스트레스큼	丑띠: 이동수, 이별수, 변동 움직임
巳띠: 해결신, 시험합격, 풀림	申띠: 매사꼬임, 과거고생, 질병	亥띠: 시급한 일, 뜻대로 안됨	寅띠: 빈주머니, 걱정근심, 사기

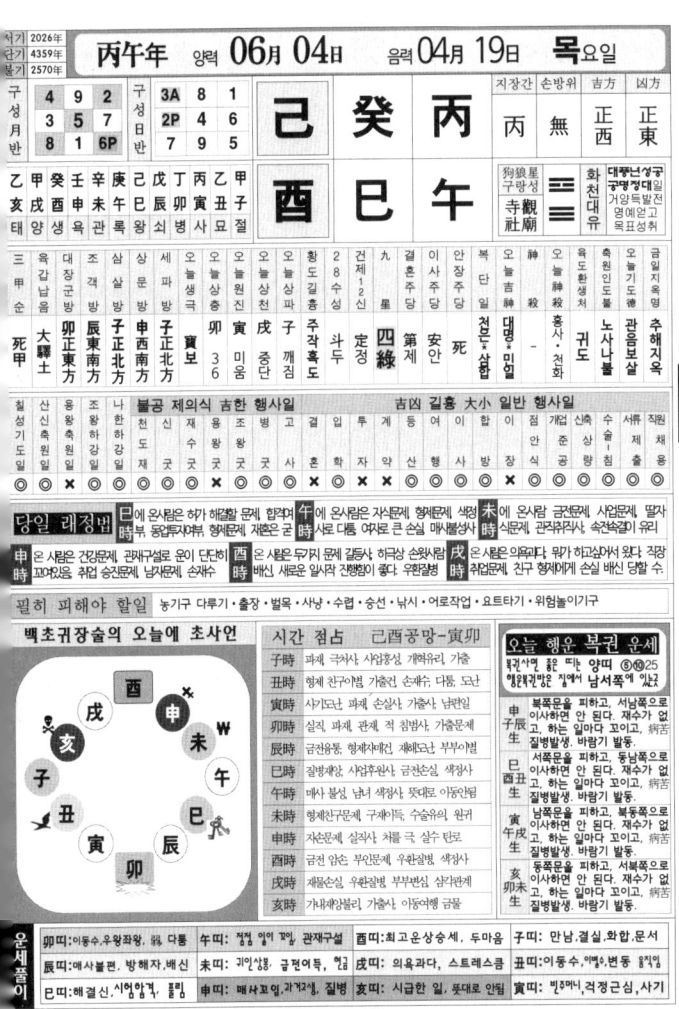

6월

서기 2026年	단기 4359年	불기 2570年

丙午年 양력 06月 05日 음력 04月 20日 금요일

구성月반			구성日반		
4	9	2	4P	9	2
3	5	7	3	5	7
8	1	6P	8	1	6

丁	丙	乙	甲	癸	壬	辛	庚	己	戊	丁	丙
亥	戌	酉	申	未	午	巳	辰	卯	寅	丑	子
병	쇠	왕	록	관	욕	생	양	태	절	묘	사

時	日	月
庚	癸	丙
戌	巳	午

지장간	손방위	吉方	凶方
丙	無	正南	正北

狗狼星 구랑성: 社廟 사당묘

☲ ☰ 화천대유

대풍년성공 공명정대일 거양득발전 명예얻고 목표성취

三甲순	육갑납음	대장군방	조객방	삼살방	상문방	세파방	오늘생극	오늘상충	오늘원진	오늘상천	오늘상파	황도길흉	28수성	건제12신	九星	결혼주당	이사주당	안장주당	오늘吉神	오늘吉神	神殺	오늘神殺	육도환생처	축원인도불	오늘기도德	금일지옥명
死甲	鏟釧金	卯正東方	辰東南方	子正北方	申西南方	子正北方	義 의	辰 36	巳 미움	酉 중단	未 깨짐	금궤황도	牛 우	執 집	五黃	翁 옹	災 재	손자	회가제성	천은*올우	-	멸몰·지격	축도	노사나불	미륵보살	추해지옥

칠성기도일	산신축원일	용왕축원일	조왕하강일	나한하강일	불공 제의식 吉한 행사일: 천도재	신굿	재수굿	용왕굿	조왕굿	병굿	고사	吉凶 길흉 大小 일반 행사일: 결혼	입학	투자	계약	등산	여행	이사	합방	이장	점안식	개업준공	신축상량	수술·침	서류제출	직원채용
×	◎	×	×	◎	◎	◎	◎	◎	◎	◎	◎	◎	◎	×	◎	◎	◎	◎	◎	◎	◎	◎	◎	◎	◎	◎

당일 래정법

巳時에 온사람은 새사업에 방해자, 배신사, 취업불리, 색정사, 창업은 훼방꾼

午時에 온사람은 취직 해결할 문제, 합격여부, 금전투자여부, 자식문제, 직장문제

未時에 온사람 형제와 친구가 훼방, 금전구재건, 관재구설로 다툼, 매사불성사

申時 온 사람은 금전문제, 사업문제, 관직취직사, 관재로 얽히게 됨, 자식으로 인해 큰 지출.

酉時 온 사람은 관송사 색정사로 운이 단단히 꼬여있음, 취업 승진문제, 자식문제, 손재수 불리

戌時 온 사람은 두가지 문제 갈등사, 토지문서거래건 금전투자여부, 자식문제, 새로운 일시작 진행함

필히 피해야 할일 소장제출・항소・손님초대・神物,佛象안치・싱크대교체・주방고치기・지붕덮기

백초귀장술의 오늘에 초사언

시간 점占 庚戌공망-寅卯

子時	금전 암손, 부인문제, 우환질병, 객 惡意
丑時	사업, 구재이득, 부부화합사, 당선 합격
寅時	재물손실, 금전융통, 가출사, 색정이별
卯時	재물손실, 극처사, 남녀색정사, 삼각관계
辰時	사업후원 도주, 적의 침범사, 재물손실
巳時	질병재앙, 관재구설, 도망, 망신살수탄로
午時	질병재앙, 관재구설, 남편 직업문제, 가출
未時	관청근심, 사업실패, 삼각관계, 가출문제
申時	입상명예문제, 금전문제, 가출자, 원행
酉時	손해사발생, 여자나 아이재앙, 함정피해
戌時	금전 암손, 파업문제, 기출문제, 색정사
亥時	금전무리투자, 도난, 파재, 처를 극함

오늘 행운 복권 운세

복권사면 좋은 띠는 **원숭띠** ⑥19, 29
행운복권방은 집에서 **서남쪽에** 있는곳

申子辰生	북쪽문을 피하고, 서남쪽으로 이사하면 안 된다. 재수가 없고, 하는 일마다 꼬이고, 病苦 질병발생. 바람기 발동.
巳酉丑生	서쪽문을 피하고, 동남쪽으로 이사하면 안 된다. 재수가 없고, 하는 일마다 꼬이고, 病苦 질병발생. 바람기 발동.
寅午戌生	남쪽문을 피하고, 북동쪽으로 이사하면 안 된다. 재수가 없고, 하는 일마다 꼬이고, 病苦 질병발생. 바람기 발동.
亥卯未生	동쪽문을 피하고, 서북쪽으로 이사하면 안 된다. 재수가 없고, 하는 일마다 꼬이고, 病苦 질병발생. 바람기 발동.

운세풀이

辰띠: 이동수,우왕좌왕, 弱, 다툼	未띠: 점점 일이 꼬임, 관재구설	戌띠: 최고운상승세, 두마음	丑띠: 만남,결실,화합,문서
巳띠: 매사불편, 방해자,배신	申띠: 귀인상봉, 금전이득, 현금	亥띠: 의욕과다, 스트레스큼	寅띠: 이동수,이별수,변동 움직임
午띠: 해결신,시험합격, 풀림	酉띠: 매사꼬임,과거고생, 질병	子띠: 시급한 일, 뜻대로 안됨	卯띠: 빈주머니,걱정근심,사기

서기	2026年
단기	4359年
불기	2570年

丙午年 양력 06月 06日 음력 04月 21日 토요일

망종 芒種 00 時 48分 入

구성月반				구성日반			
	3A	8	1		5P	1	3
	2	4	6		4	6	8
	7	9P	5		9	2	7A

辛	甲	丙
亥	午	午

지장간	손방위	吉方	凶方
丙	동쪽	正東	正西

己	戊	丁	丙	乙	甲	癸	壬	辛	庚	己	戊
亥	戌	酉	申	未	午	巳	辰	卯	寅	丑	子
욕	관	록	왕	쇠	병	사	묘	절	태	양	생

狗狼星 구랑성	寺觀 절사관

화천대유 — 대풍년성공 공명정대일 거양득발전 명예얻고 목표성취

三甲순	육갑납음	대장군방	조객방	삼살방	상문방	세파방	오늘생극	오늘상충	오늘원진	오늘상천	오늘상파	황도길흉
死甲	鏟釧金	卯正東方	辰東南方	子正北方	申西南方	子正北方	寶보	巳 36	辰 미움	申 중단	寅 깨짐	주작흑도

28수성	건제12신	九星	결혼주당	이사주당	안장주당	복단일	오늘吉神	神殺	오늘神殺	육도환생처	축원인도불	오늘기도德	금일지옥명
女여	執집	六白	堂당	師사	남자	월덕합	천덕*오부	-	사격·겁살	옥도	노사나불	여래보살	추해지옥

6월

칠성기도일	산신축원일	용왕축원일	조왕하강일	나한하강일
×	◎	-	◎	◎

불공 제의식 吉한 행사일						
천도재	신굿	재수굿	용왕굿	조왕굿	병굿	고사
◎	◎	◎	◎	◎	◎	◎

吉凶 길흉 大小 일반 행사일														
결혼	입학	투자	계약	등산	여행	이사	합방	이장	점안식	개업준공	신축상량	수술-침	서류제출	직원채용
◎	◎	◎	◎	◎	◎	×	×	×	◎	◎	◎	◎	◎	◎

당일 래정법

巳時 에 온사람은 형제 자식문제, 직장변동수, 터부정 관재구설 동업다툼 법칠주의

午時 에 온사람은 집안우환질병, 망신살, 방해자, 배신사, 매사 지체불리함, 모함

未時 에 온사람 금전문제, 허가 해결할 문제, 주식투자여부, 직장문제, 매매건

申時 온 사람은 자식문제, 직장실직문제, 취업시험불리, 색정사, 억울한 일, 파재, 매사불성사

酉時 온 사람은 금전문제, 사업문제, 관직취직사, 관재로 얽히게 됨, 속전속결 유리, 남편자출

戌時 온 사람은 건강문제, 친정문제, 도장잘못 찍어 관재구설로 꼬여있음, 자식문제, 손재수, 헛수고

필히 피해야 할일 장 담그기 · 신상출고 · 제품제작 · 친구초대 · 문 만들기 · 관정, 우물파기 · 어로작업

백초귀장술의 오늘에 초사언

시간 점占 辛亥공망-寅卯

子時	자식문제, 실직사, 음란색정사, 가출사
丑時	적의 침범사, 질병위급, 삼각관계
寅時	재물손실, 부인문제, 관직변동, 간사 情夫
卯時	금전융통문제, 손재수, 이동사, 낭비도난
辰時	재물손실, 질병재발, 여행금물, 다툼
巳時	이동사, 삼각 색정사, 우환질병, 터부정
午時	질병재앙, 관재구설, 도망, 망신살수탄로
未時	사업후원문제, 구재이득, 문제 자연해소
申時	재물손실, 우환질병, 극처사, 색정사, 가출
酉時	직장 취업 승진, 가출사, 질병, 삼각관계
戌時	자살귀 침범, 극처사, 질병고통, 수술유의
亥時	금전배신, 여자문제, 자식사, 매사 막힘

오늘 행운 복권 운세

복권사면 좋은 띠는 닭띠 ④⑨ 24, 행운복권방은 집에서 서쪽에 있는것

申子辰生	북쪽문을 피하고, 서남쪽으로 이사하면 안 된다. 재수가 없고, 하는 일마다 꼬이고, 病苦 질병발생. 바람기 발동.
巳酉丑生	서쪽문을 피하고, 동남쪽으로 이사하면 안 된다. 재수가 없고, 하는 일마다 꼬이고, 病苦 질병발생. 바람기 발동.
寅午戌生	남쪽문을 피하고, 북동쪽으로 이사하면 안 된다. 재수가 없고, 하는 일마다 꼬이고, 病苦 질병발생. 바람기 발동.
亥卯未生	동쪽문을 피하고, 서북쪽으로 이사하면 안 된다. 재수가 없고, 하는 일마다 꼬이고, 病苦 질병발생. 바람기 발동.

운세풀이

巳띠:이동수,우왕좌왕, 弱 다툼	申띠: 점점 일이 꼬임, 관재구설	亥띠:최고운상승세, 두마음	寅띠: 만남,결실,화합,문서
午띠:매사불편, 방해자,배신	酉띠: 귀인상봉, 금전이득, 현금	子띠: 의욕과다, 스트레스큼	卯띠:이동수,이별수,변동 움직임
未띠:해결신,시험합격, 풀림	戌띠: 매사꼬임,과거고생, 질병	丑띠: 시급한 일, 뜻대로 안됨	辰띠: 빈주머니,걱정근심,사기

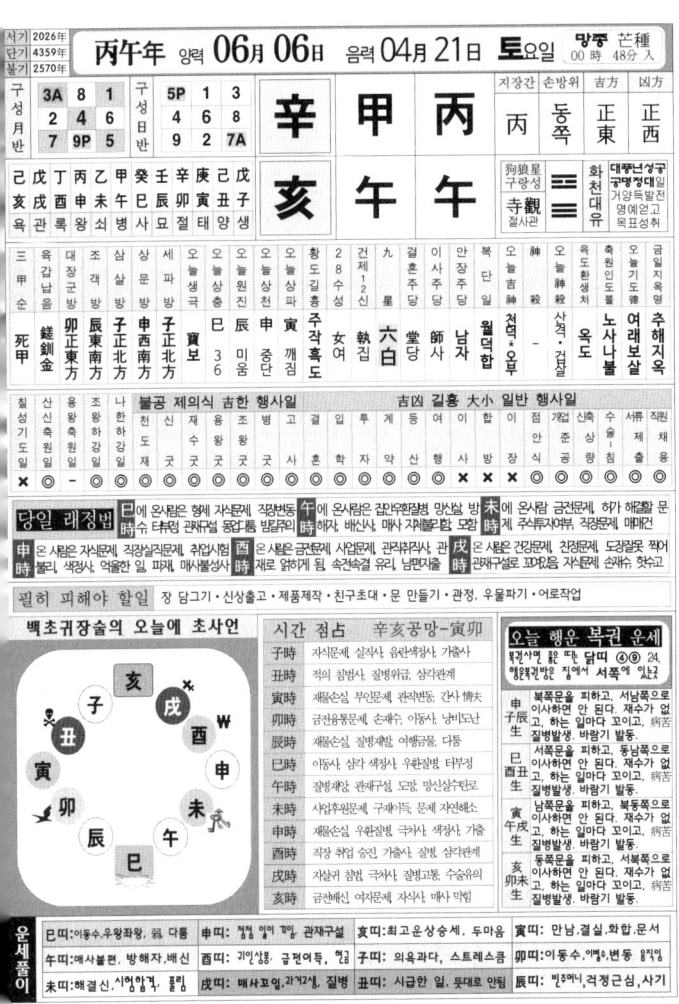

서기	2026年
단기	4359年
불기	2570年

丙午年 양력 06月 07日 음력 04月 22日 일요일

구성月반				구성日반			
	3A	8	1		6	2P	4
	2	4	6		5	7	9A
	7	9P	5		1	3	8

壬	甲	丙
子	午	午

지장간	손방위	吉方	凶方
丙	동남	正北	正南

狗狼星 구랑성	풍화가인	가정 가족에게관심과 세심한배려 필요정서적 현모양처
天		

辛	庚	己	戊	丁	丙	乙	甲	癸	壬	辛	庚
亥	戌	酉	申	未	午	巳	辰	卯	寅	丑	子
록	관	욕	생	양	태	절	묘	사	병	쇠	왕

三甲순	육갑납음	대장군방	조객방	삼살방	상문방	세파방	오늘생극	오늘상충	오늘원진	오늘상천	오늘상파	황도길흉	28수성	건제12신	九星	결혼주당	이사주당	안장주당	천구하식	대공망일	神殺	오늘神殺	육도환생처	축원인도불	오늘기도德	금일지옥명
死甲	桑柘木	卯正東方	辰東南方	子正北方	申西南方	子正北方	專전	午 36	未 미움	未 중단	酉 깨짐	금궤황도	虛허	破파	七赤	姑고	富부	아버지	복단일	대공망일	월파일	천적·수사	천도	약왕보살	아미보살	철산지옥

칠성기도일	산신축원일	용왕축원일	조왕하강일	나한하강일	불공 제의식 吉한 행사일							吉凶 길흉 大小 일반 행사일														
					천도재	신굿	재수굿	용왕굿	조왕굿	병굿	고사	결혼	입학	투자	계약	등산	여행	이사	합방	이장	점안식	개업준공	신축상량	수술·침	서류제출	직원채용
×	×	×	×	×	×	×	×	×	×	×	×	×	×	×	×	×	×	×	×	×	×	×	×	×	×	×

당일 래정법

巳時에 온사람은 자식문제, 금전손실 친구나 형제문제, 관송사, 빈주머니

午時에 온사람은 이동변동수, 터부정, 하극상모함사건, 자식문제, 차사고

未時에 온사람은 방해자, 배신사, 취업문제, 색정사, 관송사, 매사 지체 불리함

申時온 사람은 관직 취직문제, 결혼 경조사, 한가지씩 해결됨, 시험은 합격됨, 허가건도 승인남, 귀인도움

酉時온 사람은 외정색정사, 불륜사, 관재로 발전 딸 문제발생, 자식으로인해 큰돈 지출

戌時온 사람은 남자문제, 부동산거래, 금전문제, 주식투자문제, 재물구재사, 여자회합건, 건강질병과 빚때문 괴로움

필히 피해야 할일 인수인계·옷재단·주방수리·수의 짓기·새옷맞춤·태아옷구입·소장제출·방류·동토

백초귀장술의 오늘에 초사언

시간 점占 壬子공망-寅卯

子時	돈이나 처를 극, 수술유의, 색정사
丑時	결혼문제, 금전융통, 남편관련, 관청일
寅時	자식문제, 금전손재, 신변위험 喪服 운
卯時	귀인상봉, 자식회합, 관직변동 승전
辰時	질병침투, 적 침범사, 가출사 색정사
巳時	도난, 파재, 손모사, 극처사, 색정사
午時	질병침투, 적 침범사, 극처사, 불성사
未時	잡귀침투, 남편직장, 질병재앙, 색정사
申時	창업관련, 사업흥성, 색정사, 도망유리
酉時	사업 후원사, 가출문제, 남녀색정사, 파재
戌時	금전문제, 질병침투, 적 침범사, 귀농유리
亥時	가출문제, 직장문제, 남자가 피해, 색정사

오늘 행운 복권 운세

복권사면 좋은 띠는 **개띠** ⑩⑳ 30

행운복권방은 집에서 **서북쪽에** 있는곳

申子辰生	북쪽문을 피하고, 서남쪽으로 이사하면 안 된다. 재수가 없고, 하는 일마다 꼬이고, 病苦 질병발생. 바람기 발동.
巳酉丑生	서쪽문을 피하고, 동남쪽으로 이사하면 안 된다. 재수가 없고, 하는 일마다 꼬이고, 病苦 질병발생. 바람기 발동.
寅午戌生	남쪽문을 피하고, 북동쪽으로 이사하면 안 된다. 재수가 없고, 하는 일마다 꼬이고, 病苦 질병발생. 바람기 발동.
亥卯未生	동쪽문을 피하고, 서북쪽으로 이사하면 안 된다. 재수가 없고, 하는 일마다 꼬이고, 病苦 질병발생. 바람기 발동.

운세풀이

午띠:이동수,우왕좌왕, 말다툼 다툼	酉띠: 점점 일이 꼬임, 관재구설	子띠:최고운상승세, 두마음	卯띠: 만남,결실,화합,문서
未띠:매사불편, 방해자,배신	戌띠:귀인상봉, 금전이득, 현금	丑띠: 의욕과다, 스트레스큼	辰띠:이동수,이별수,변동 움직임
申띠:해결신,시험합격, 풀림	亥띠: 매사꼬임,과거고생, 질병	寅띠: 시급한 일, 뜻대로 안됨	巳띠: 빈주머니,걱정근심,사기

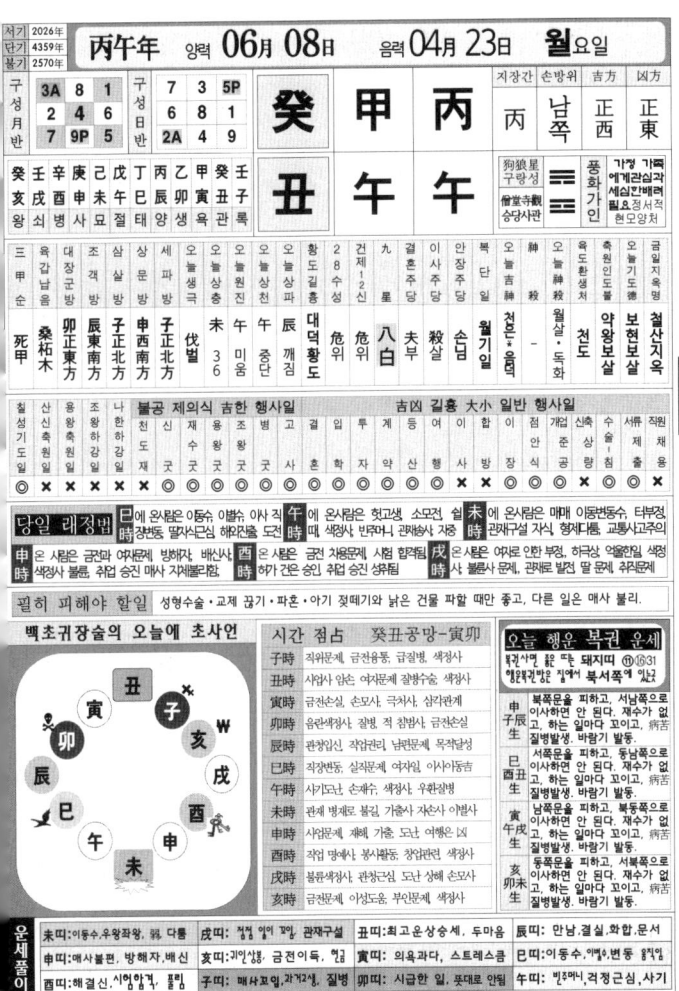

서기	2026年	
단기	4359年	
불기	2570年	

丙午年 양력 06月 08日 음력 04月 23日 월요일

구성月반			
	3A	8	1
	2	4	6
	7	9P	5

구성日반			
	7	3	5P
	6	8	1
	2A	4	9

癸	甲	丙
丑	午	午

지장간	손방위	吉方	凶方
丙	남쪽	正西	正東

狗狼星 구랑성 / 僧堂寺觀 승당사관	☲ ☴	풍화가인	가정 가족에게관심과 세심한배려 필요 정서적 현모양처

癸	壬	辛	庚	己	戊	丁	丙	乙	甲	癸	壬
亥	戌	酉	申	未	午	巳	辰	卯	寅	丑	子
왕	쇠	병	사	묘	절	태	양	생	욕	관	록

三甲순	육갑납음	대장군방	조객방	삼살방	상문방	세파방	오늘생극	오늘상충	오늘원진	오늘상천	오늘상파	황도길흉	28수성	건제12신	九星	결혼주당	이사주당	안장주당	복단일	오늘吉神	神殺	오늘神殺	육도환생처	축원인도불	오늘기도德	금일지옥명
死甲	桑柘木	卯正東方	辰東南方	子正北方	申西南方	子正北方	伐벌	未 36	午 미움	午 중단	辰 깨짐	대덕황도	危위	危위	八白	夫부	殺살	손님	월기일	천은*음덕	-	월살·독화	천도	약왕보살	보현보살	철산지옥

칠성기도일	산신축원일	용왕축원일	조왕하강일	나한하강일	불공 제의식 吉한 행사일							吉凶 길흉 大小 일반 행사일														
					천도재	신굿	재수굿	용왕굿	조왕굿	병굿	고사	결혼	입학	투자	계약	등산	여행	이사	합방	이장	점안식	개업준공	신축상량	수술-침	서류제출	직원채용
◎	×	×	×	×	×	◎	◎	◎	◎	◎	◎	◎	◎	◎	◎	◎	◎	×	×	◎	◎	◎	×	◎	◎	×

당일 래정법

巳時 에 온사람은 이동수, 이별수, 이사 직장변동, 딸자식근심, 해외진출 도전

午時 에 온사람은 헛고생, 소모전, 쉴때, 색정사, 빈주머니, 관재송사, 자중

未時 에 온사람은 매매 이동변동수, 터부정, 관재구설 자식, 형제다툼, 교통사고주의

申時 온 사람은 금전과 여자문제, 방해자, 배신사, 색정사 불륜, 취업 승진 매사 지체불리함,

酉時 온 사람은 금전 차용문제, 시험 합격됨 허가 건은 승인, 취업 승진 성취됨

戌時 온 사람은 여자로 인한 부정, 하극상, 억울한일 색정사, 불륜사 문제, 관재로 발전, 딸 문제, 취직문제

필히 피해야 할일

성형수술·교제 끊기·파혼·아기 젖떼기와 낡은 건물 파할 때만 좋고, 다른 일은 매사 불리.

백초귀장술의 오늘에 초사언

시간 점占 癸丑공망-寅卯

子時	직위문제, 금전융통, 급질병, 색정사
丑時	사업사 암손, 여자문제 질병수술, 색정사
寅時	금전손실, 손모사, 극처사, 삼각관계
卯時	음란색정사, 질병, 적 침범사, 금전손실
辰時	관청입신, 직업권리, 남편문제, 목적달성
巳時	직장변동, 실직문제, 여자일, 이사이동吉
午時	사기도난, 손재수, 색정사, 우환질병
未時	관재 병재로 불길, 가출사 자손사 이별사
申時	사업문제, 재해, 가출, 도난, 여행은 凶
酉時	직업 명예사, 봉사활동, 창업관련, 색정사
戌時	불륜색정사, 관청근심, 도난 상해 손모사
亥時	금전문제, 이성도움, 부인문제, 색정사

오늘 행운 복권 운세

복권사면 좋은 띠는 **돼지띠** ⑪⑯31

행운복권방은 집에서 **북서쪽에** 있는곳

申子辰生	북쪽문을 피하고, 서남쪽으로 이사하면 안 된다. 재수가 없고, 하는 일마다 꼬이고, 病苦 질병발생. 바람기 발동.
巳酉丑生	서쪽문을 피하고, 동남쪽으로 이사하면 안 된다. 재수가 없고, 하는 일마다 꼬이고, 病苦 질병발생. 바람기 발동.
寅午戌生	남쪽문을 피하고, 북동쪽으로 이사하면 안 된다. 재수가 없고, 하는 일마다 꼬이고, 病苦 질병발생. 바람기 발동.
亥卯未生	동쪽문을 피하고, 서북쪽으로 이사하면 안 된다. 재수가 없고, 하는 일마다 꼬이고, 病苦 질병발생. 바람기 발동.

운세풀이

未띠:이동수,우왕좌왕, 弱, 다툼	戌띠: 점점 일이 꼬임, 관재구설	丑띠:최고운상승세, 두마음	辰띠: 만남,결실,화합,문서
申띠:매사불편, 방해자,배신	亥띠:귀인상봉, 금전이득, 현금	寅띠: 의욕과다, 스트레스큼	巳띠:이동수,이별수,변동 움직임
酉띠:해결신,시험합격, 풀림	子띠: 매사꼬임,과거고생, 질병	卯띠: 시급한 일, 뜻대로 안됨	午띠: 빈주머니,걱정근심,사기

6월

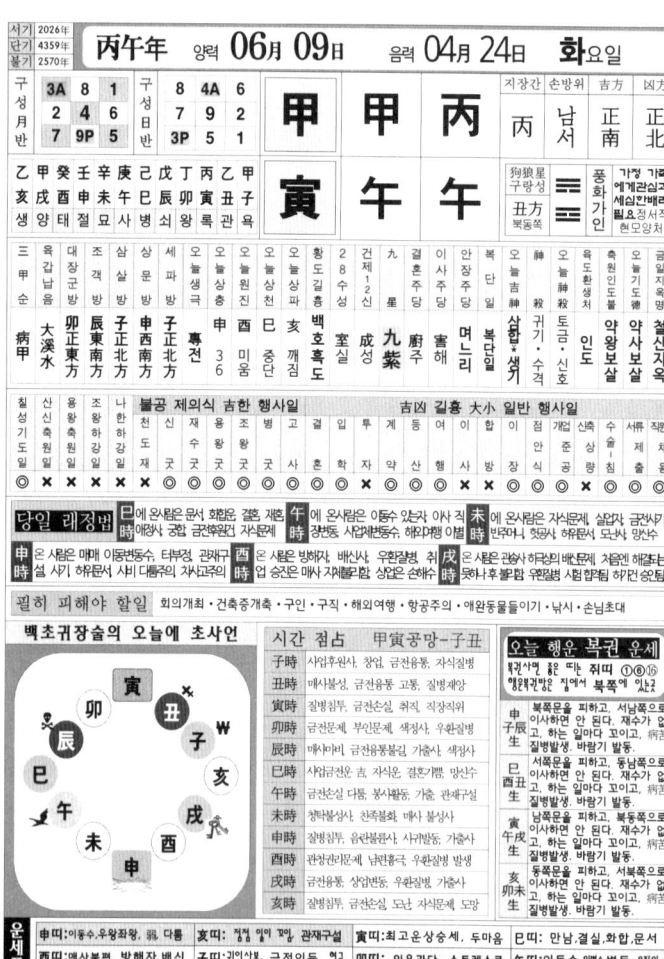

서기	2026年
단기	4359年
불기	2570年

丙午年 양력 06月 09日 음력 04月 24日 화요일

구성월반

3A	8	1
2	4	6
7	9P	5

구성일반

8	4A	6
7	9	2
3P	5	1

時	日	月	年
甲	甲	丙	丙
寅	午	午	午

지장간	손방위	吉方	凶方
丙	남서	正南	正北

乙	甲	癸	壬	辛	庚	己	戊	丁	丙	乙	甲
亥	戌	酉	申	未	午	巳	辰	卯	寅	丑	子
생	양	태	절	묘	사	병	쇠	왕	록	관	욕

狗狼星 구랑성 丑方 북동쪽

풍화가인 — 가정 가족에게관심과 세심한배려 필요 정서적 현모양처

三甲순	육갑납음	대장군방	조객방	삼살방	상문방	세파방	오늘생극	오늘상충	오늘원진	오늘상천	오늘상파	황도길흉	28수성	건제12신	九星	결혼주당	이사주당	안장주당	복단일	오늘吉神	神殺	오늘神殺	육도환생처	축원인도불	오늘기도德	금일지옥명
病甲	大溪水	卯正東方	辰東南方	子正北方	申西南方	子正北方	專전	申 36	酉 미움	巳 중단	亥 깨짐	백호흑도	室실	成성	九紫	廚주	害해	며느리	복단일	삼합*생기	귀기·수격	토금·신호	인도	약왕보살	약사보살	철산지옥

칠성기도일	산신축원일	용왕축원일	조왕하강일	나한하강일	불공 제의식 吉한 행사일							吉凶 길흉 大小 일반 행사일														
					천도재	신굿	재수굿	용왕굿	조왕굿	병굿	고사	결혼	입학	투자	계약	등산	여행	이사	합방	이장	점안식	개업준공	신축상량	수술-침	서류제출	직원채용
◎	×	×	×	×	×	◎	◎	◎	◎	◎	◎	◎	◎	×	◎	◎	◎	×	×	◎	◎	◎	×	◎	◎	◎

당일 래정법

巳時 에 온사람은 문서, 화합운, 결혼, 재혼, 애정사, 궁합, 금전후원건, 자식문제

午時 에 온사람은 이동수 있는자, 이사 직장변동, 사업체변동수, 해외여행 이별

未時 에 온사람은 자식문제, 실업자, 금전사기, 빈주머니, 헛공사, 허위문서, 도난사, 망신수

申時 온 사람은 매매 이동변동수, 터부정, 관재구설, 사기, 허위문서, 시비 다툼주의, 차사고주의

酉時 온 사람은 방해자, 배신사, 우환질병, 취업 승진은 매사 지체불리함, 상업은 손해수

戌時 온 사람은 관송사 하극상의 배신문제, 처음엔 해결되는듯하나 후 불리함, 우환질병 시험 합격됨 허가건 승인됨

필히 피해야 할일 회의개최 · 건축증개축 · 구인 · 구직 · 해외여행 · 항공주의 · 애완동물들이기 · 낚시 · 손님초대

백초귀장술의 오늘에 초사언

시간 점占 甲寅공망-子丑

子時	사업후원사, 창업, 금전융통, 자식질병
丑時	매사불성, 금전융통 고통, 질병재앙
寅時	질병침투, 금전손실, 취직, 직장직위
卯時	금전문제, 부인문제, 색정사, 우환질병
辰時	매사마비, 금전융통불길, 가출사, 색정사
巳時	사업금전운 吉, 자식운, 결혼기쁨, 망신수
午時	금전손실 다툼, 봉사활동, 가출, 관재구설
未時	청탁불성사, 친족불화, 매사 불성사
申時	질병침투, 음란불륜사, 사귀발동, 가출사
酉時	관청권리문제, 남편흉극, 우환질병 발생
戌時	금전융통, 상업변동, 우환질병, 가출사
亥時	질병침투, 금전손실, 도난, 자식문제, 도망

오늘 행운 복권 운세

복권사면 좋은 띠는 **쥐띠** ①⑥⑯
행운복권방은 집에서 **북쪽**에 있는곳

申子辰生	북쪽문을 피하고, 서남쪽으로 이사하면 안 된다. 재수가 없고, 하는 일마다 꼬이고, 病苦 질병발생. 바람기 발동.
巳酉丑生	서쪽문을 피하고, 동남쪽으로 이사하면 안 된다. 재수가 없고, 하는 일마다 꼬이고, 病苦 질병발생. 바람기 발동.
寅午戌生	남쪽문을 피하고, 북동쪽으로 이사하면 안 된다. 재수가 없고, 하는 일마다 꼬이고, 病苦 질병발생. 바람기 발동.
亥卯未生	동쪽문을 피하고, 서북쪽으로 이사하면 안 된다. 재수가 없고, 하는 일마다 꼬이고, 病苦 질병발생. 바람기 발동.

운세풀이

申띠:이동수,우왕좌왕, 口舌 다툼	亥띠: 점점 일이 꼬임, 관재구설	寅띠:최고운상승세, 두마음	巳띠: 만남,결실,화합,문서
酉띠:매사불편, 방해자,배신	子띠:귀인상봉, 금전이득, 현금	卯띠: 의욕과다, 스트레스큼	午띠:이동수,이별수,변동 움직임
戌띠:해결신,시험합격, 풀림	丑띠: 매사꼬임,과거고생, 질병	辰띠: 시급한 일, 뜻대로 안됨	未띠: 빈주머니,걱정근심,사기

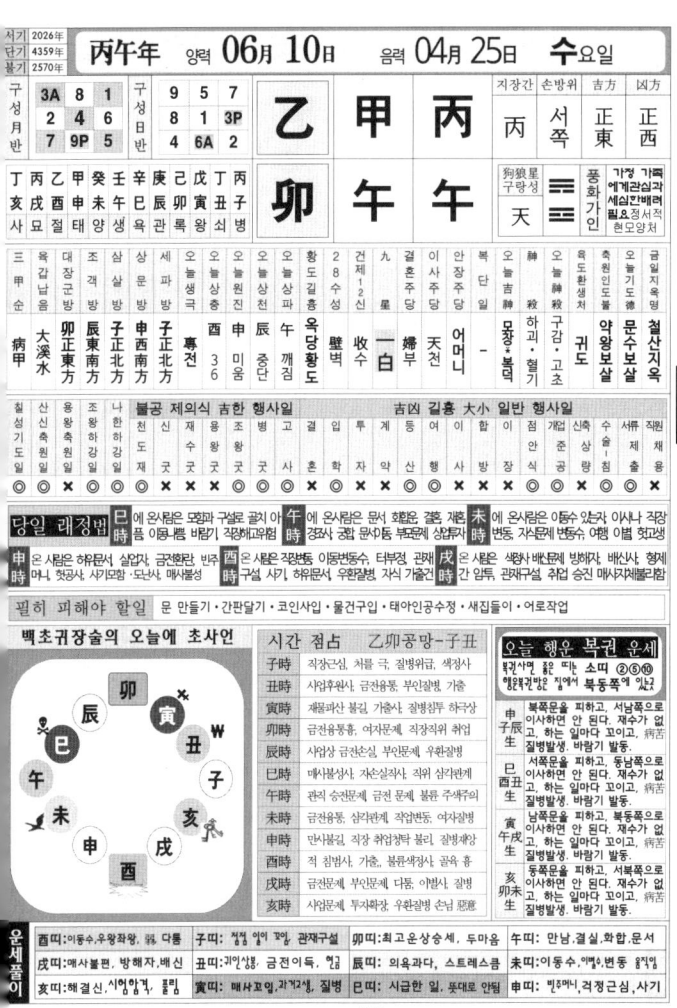

서기	2026年
단기	4359年
불기	2570年

丙午年 양력 06月 10日 음력 04月 25日 수요일

구성月반				구성日반			
	3A	8	1		9	5	7
	2	4	6		8	1	3P
	7	9P	5		4	6A	2

時	日	月	年
乙	甲	丙	丙
卯	午	午	午

지장간	손방위	吉方	凶方
丙	서쪽	正東	正西

丁	丙	乙	甲	癸	壬	辛	庚	己	戊	丁	丙
亥	戌	酉	申	未	午	巳	辰	卯	寅	丑	子
사	묘	절	태	양	생	욕	관	록	왕	쇠	병

狗狼星 구랑성	괘	풍화가인	
天	☴☲	풍화가인	가정 가족에게관심과 세심한배려 필요 정서적 현모양처

三甲순	육갑납음	대장군방	조객방	삼살방	상문방	세파방	오늘생극	오늘상충	오늘원진	오늘상천	오늘상파	황도길흉	28수성	건제12신	九星	결혼주당	이사주당	안장주당	복단일	오늘吉神	神殺	오늘神殺	육도환생처	축원인도불	오늘기도德	금일지옥명
病甲	大溪水	卯正東方	辰東南方	子正北方	申西南方	子正北方	專전	酉 36	申 미움	辰 중단	午 깨짐	옥당황도	壁벽	收수	一白	婦부	天천	어머니	-	모창*복덕	하괴·혈기	구감·고초	귀도	약왕보살	문수보살	철산지옥

칠성기도일	산신축원일	용왕축원일	조왕하강일	나한하강일	천도재	신굿	재수굿	용왕굿	조왕굿	병굿	고사	결혼	입학	투자	계약	등산	여행	이사	합방	이장	점안식	개업준공	신축상량	수술-침	서류제출	직원채용
					불공 제의식 吉한 행사일							吉凶 길흉 大小 일반 행사일														
◎	◎	×	◎	◎	◎	×	×	×	◎	◎	◎	×	◎	×	×	◎	◎	×	×	×	◎	◎	×	◎	◎	×

당일 래정법

巳時에 온사람은 모함과 구설로 골치 아픔 이몸나쁨 바람기 직장해고위험

午時에 온사람은 문서 회합운 결혼 재혼 경조사 궁합 문서이동 부모문제 상업투자

未時에 온사람은 이동수 있는자 이사나 직장변동, 자식문제 변동수, 여행 이별 헛고생

申時 온 사람은 허위문서, 실업자, 금전환란, 빈주머니, 헛공사, 사기모함 ·도난사, 매사불성

酉時 온 사람은 직장변동 이동변동수, 터부정, 관재구설, 사기, 허위문서, 우환질병, 자식 가출건

戌時 온 사람은 색정사 배신문제 방해자, 배신사, 형제간 암투, 관재구설, 취업 승진 매사지체불리함

필히 피해야 할일

문 만들기 · 간판달기 · 코인사입 · 물건구입 · 태아인공수정 · 새집들이 · 어로작업

백초귀장술의 오늘에 초사언

시간 점占 乙卯공망-子丑

子時	직장근심, 처를 극, 질병위급, 색정사
丑時	사업후원사, 금전융통, 부인질병, 가출
寅時	재물파산 불길, 가출사, 질병침투 하극상
卯時	금전융통흉, 여자문제, 직장직위 취업
辰時	사업상 금전손실, 부인문제, 우환질병
巳時	매사불성사, 자손실직사, 직위 삼각관계
午時	관직 승전문제, 금전 문제, 불륜 주색주의
未時	금전융통, 삼각관계, 직업변동, 여자질병
申時	만사불길, 직장 취업청탁 불리, 질병재앙
酉時	적 침범사, 가출,, 불륜색정사, 골육 흉
戌時	금전문제, 부인문제, 다툼, 이별사, 질병
亥時	사업문제, 투자확장, 우환질병 손님 惡意

오늘 행운 복권 운세

복권사면 좋은 띠는 소띠 ②⑤⑩
행운복권방은 집에서 북동쪽에 있는곳

申子辰生	북쪽문을 피하고, 서남쪽으로 이사하면 안 된다. 재수가 없고, 하는 일마다 꼬이고, 病苦 질병발생. 바람기 발동.
巳酉丑生	서쪽문을 피하고, 동남쪽으로 이사하면 안 된다. 재수가 없고, 하는 일마다 꼬이고, 病苦 질병발생. 바람기 발동.
寅午戌生	남쪽문을 피하고, 북동쪽으로 이사하면 안 된다. 재수가 없고, 하는 일마다 꼬이고, 病苦 질병발생. 바람기 발동.
亥卯未生	동쪽문을 피하고, 서북쪽으로 이사하면 안 된다. 재수가 없고, 하는 일마다 꼬이고, 病苦 질병발생. 바람기 발동.

운세풀이

酉띠:이동수,우왕좌왕, 弱, 다툼	子띠: 점점 일이 꼬임, 관재구설	卯띠:최고운상승세, 두마음	午띠: 만남,결실,화합,문서
戌띠:매사불편, 방해자,배신	丑띠:귀인상봉, 금전이득, 현금	辰띠: 의욕과다, 스트레스큼	未띠:이동수,이별수,변동 움직임
亥띠:해결신,시험합격, 풀림	寅띠: 매사꼬임,과거고생, 질병	巳띠: 시급한 일, 뜻대로 안됨	申띠: 빈주머니,걱정근심,사기

6월

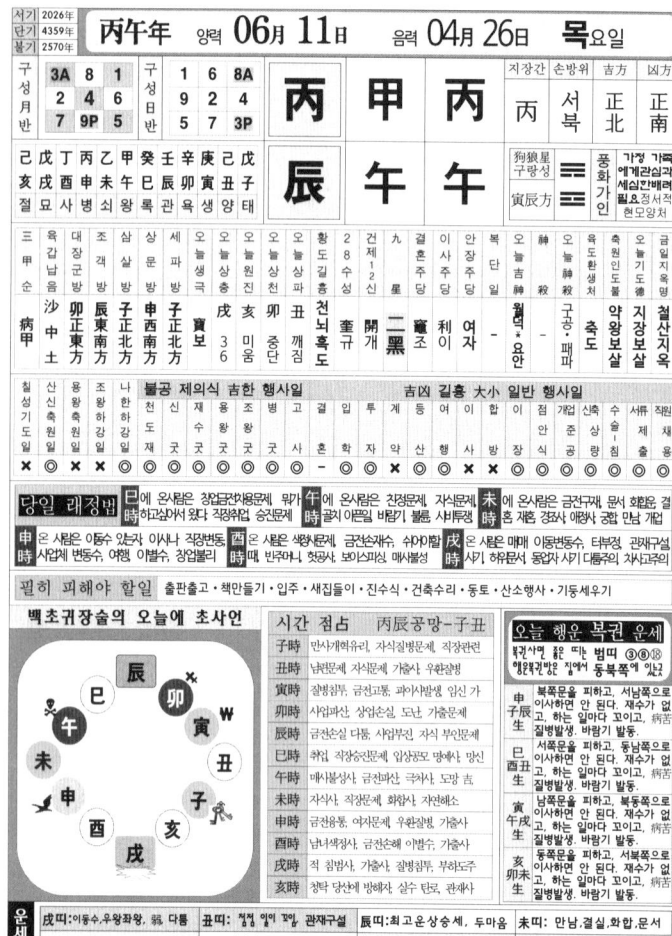

서기 2026年 / 단기 4359年 / 불기 2570年	丙午年	양력 06月 11日	음력 04月 26日	목요일

구성月반			구성日반			年	月	日	지장간	손방위	吉方	凶方
3A	8	1	1	6	8A	丙	甲	丙	丙	서북	正北	正南
2	4	6	9	2	4	辰	午	午				
7	9P	5	5	7	3P							

己	戊	丁	丙	乙	甲	癸	壬	辛	庚	己	戊
亥	戌	酉	申	未	午	巳	辰	卯	寅	丑	子
절	묘	사	병	쇠	왕	록	관	욕	생	양	태

狗狼星 구랑성	寅辰方	괘	풍화가인	가정 가족에게관심과 세심한배려 필요 정서적 현모양처

三甲순	육갑납음	대장군방	조객방	삼살방	상문방	세파방	오늘생극	오늘상충	오늘원진	오늘상천	오늘상파	황도길흉	28수성	건제12신	九星	결혼주당	이사주당	안장주당	복단일	오늘吉神	神殺	오늘神殺	육도환생처	축원인도불	오늘기도德	금일지옥명
病甲	沙中土	卯正東方	辰東南方	子正北方	申西南方	子正北方	寶보	戌 36	亥 미움	卯 중단	丑 깨짐	천뇌흑도	奎규	開개	二黑	竈조	利이	여자	-	월덕*요안	-	구공·패파	축도	약왕보살	지장보살	철산지옥

칠성기도일	산신축원일	용왕축원일	조왕하강일	나한하강일	천도재	신굿	재수굿	용왕굿	조왕굿	병굿	고사	결혼	입학	투자	계약	등산	여행	이사	합방	이장	점안식	개업준공	신축상량	수술·침	서류제출	직원채용
					불공 제의식 吉한 행사일							吉凶 길흉 大小 일반 행사일														
×	◎	×	×	◎	◎	◎	◎	◎	◎	◎	◎	-	◎	◎	×	◎	◎	×	×	◎	◎	◎	◎	◎	◎	◎

당일 래정법

巳時에 온사람은 창업금전차용문제, 뭐가 하고싶어서 왔다 직장취업, 승진문제
午時에 온사람은 친정문제, 자식문제, 골치 아픈일 바람기 불륜, 시비투쟁
未時에 온사람은 금전구재, 문서 화합운, 결혼 재혼, 경조사, 애정사, 궁합, 만남, 개업
申時 온 사람은 이동수 있는자 이사나 직장변동, 사업체 변동수, 여행, 이별수, 창업불리
酉時 온 사람은 색정사문제, 금전손재수, 쉬어야할 때, 빈주머니, 헛공사, 보이스피싱, 매사불성
戌時 온 사람은 매매 이동변동수, 터부정, 관재구설 사기, 허위문서, 동업자 사기 다툼주의, 차사고주의

필히 피해야 할일 출판출고・책만들기・입주・새집들이・진수식・건축수리・동토・산소행사・기둥세우기

백초귀장술의 오늘에 초사언

시간 점占	丙辰공망-子丑
子時	만사개혁유리, 자식질병문제, 직장관련
丑時	남편문제, 자식문제, 가출사, 우환질병
寅時	질병침투, 금전고통, 과이사발생, 임신 가
卯時	사업파산, 상업손실, 도난, 가출문제
辰時	금전손실 다툼, 사업부진, 자식 부인문제
巳時	취업, 직장승진문제, 입상공모 명예사, 망신
午時	매사불성사, 금전파산, 극처사, 도망 吉,
未時	자식사, 직장문제, 화합사, 자연해소
申時	금전융통, 여자문제, 우환질병, 가출사
酉時	남녀색정사, 금전손해 이별수, 가출사
戌時	적 침범사, 가출사, 질병침투, 부하도주
亥時	청탁 당선에 방해자, 실수 탄로, 관재사

오늘 행운 복권 운세

복권사면 좋은 띠는 범띠 ③⑧⑱
행운복권방은 집에서 동북쪽에 있는곳

申子辰生	북쪽문을 피하고, 서남쪽으로 이사하면 안 된다. 재수가 없고, 하는 일마다 꼬이고, 病苦 질병발생. 바람기 발동.
巳酉丑生	서쪽문을 피하고, 동남쪽으로 이사하면 안 된다. 재수가 없고, 하는 일마다 꼬이고, 病苦 질병발생. 바람기 발동.
寅午戌生	남쪽문을 피하고, 북동쪽으로 이사하면 안 된다. 재수가 없고, 하는 일마다 꼬이고, 病苦 질병발생. 바람기 발동.
亥卯未生	동쪽문을 피하고, 서북쪽으로 이사하면 안 된다. 재수가 없고, 하는 일마다 꼬이고, 病苦 질병발생. 바람기 발동.

운세풀이

戌띠:이동수,우왕좌왕, 弱, 다툼	丑띠: 점점 일이 꼬임, 관재구설	辰띠:최고운상승세, 두마음	未띠: 만남,결실,화합,문서
亥띠:매사불편, 방해자,배신	寅띠:귀인상봉, 금전이득, 현금	巳띠: 의욕과다, 스트레스큼	申띠:이동수,이별수,변동 움직임
子띠:해결신,시험합격, 풀림	卯띠: 매사꼬임,과거고생, 질병	午띠: 시급한 일, 뜻대로 안됨	酉띠: 빈주머니,걱정근심,사기

서기 2026年	丙午年	양력 06月 12日	음력 04月 27日	금요일
단기 4359年				
불기 2570年				

구성월반			구성일반						지장간	손방위	吉方	凶方
3A	8	1	2	7	9	丁	甲	丙	丙	북쪽	正西	正東
2	4	6	1A	3	5							
7	9P	5	6	8	4P							

辛	庚	己	戊	丁	丙	乙	甲	癸	壬	辛	庚	巳	午	午	狗狼星 구랑성 前門 현관문	☰ ☲	풍화가인	가정 가족에게관심과 세심한배려 필요 정서적 현모양처
亥	戌	酉	申	未	午	巳	辰	卯	寅	丑	子							
태	양	생	욕	관	록	왕	쇠	병	사	묘	절							

三甲순	육갑납음	대장군방	조객방	삼살방	상문방	세파방	오늘생극	오늘상충	오늘원진	오늘상천	오늘상파	황도길흉	28수성	건제12신	九星	결혼주당	이사주당	안장주당	오늘吉神	오늘吉神	神殺	오늘神殺	육도환생처	축원인도불	오늘기도德	금일지옥명
病甲	沙中土	卯正東方	辰東南方	子正北方	申西南方	子正北方	専전	亥 36	戌 미움	寅 중단	申 깨짐	현무흑도	婁루	閉폐	三碧	第제	安안	死	-	천의*왕일	홍사·유화	혈지·병부	옥도	약왕보살	문수보살	철산지옥

칠성기도일	산신축원일	용왕축원일	조왕하강일	나한하강일	불공 제의식 吉한 행사일: 천도재	신굿	재수굿	용왕굿	조왕굿	병굿	고사	吉凶 길흉 大小 일반 행사일: 결혼	입학	투자	계약	동산	여행	이사	합방	이장	점안식	개업준공	신축상량	수술-침	서류제출	직원채용
×	×	×	×	×	×	×	×	×	×	×	×	×	◎	×	×	-	◎	×	×	×	×	×	×	×	×	×

당일 래정법

巳時 에 온사람은 금전구재, 관직취업문제 갈등사, 갖고싶은 욕구강함, 사업투자문제

午時 에 온사람은 금전차용여부, 뭔가 하고싶어서 왔다 직장취업문제 친정후원사

未時 에 온사람은 친구형제동업, 골치 아픈일, 바람기, 불륜, 문서문제, 속정리

申時 온 사람은 형제, 문서, 화합운, 결혼, 재혼, 애정사, 관송사로 발전, 궁합, 개업, 하극상 배신, 우환질병

酉時 온 사람은 이동수 있는자, 가출, 이사나 직장변동, 사업체 변동수, 여행, 이별수, 관재구설

戌時 온 사람은 색정사문제, 금전손재수, 지금은 휴식기, 빈주머니, 헛 공사, 사기모함, 매사불성

필히 피해야 할일 새 작품제작 · 출품 · 새집들이 · 인수인계 · 질병치료 · 시험관시술 · 경락 · 복약 · 문병 · 머리자르기

백초귀장술의 오늘에 초사언

시간 점占 丁巳공망-子丑

子時	매사불성사, 금전손실, 관재구설 색정사
丑時	다툼, 금전문제, 이별문제, 애정문제
寅時	금전손실, 질병침투, 색정사, 음귀침투
卯時	우환질병, 후원도움, 색정사, 관재구설
辰時	자식문제, 직장박탈, 부부이별, 재물손실
巳時	금전손실, 극처사, 사기, 불륜 가정풍파
午時	취직, 직장승진, 색정사, 금전손실, 도난
未時	자선사업, 자식문제, 취직문제, 가출, 질병
申時	결혼화합사, 가출문제, 금전융통, 도난주의
酉時	금전융통, 여자문제, 사업이동, 도주사건
戌時	직업문제, 자식문제, 음란색정사, 봉사활동
亥時	직장변동, 도난손해, 가출사, 음란색정사

오늘 행운 복권 운세

복권사면 좋은 띠는 토끼띠 ②⑧
행운복권방은 집에서 동쪽에 있는곳

申子辰生	북쪽문을 피하고, 서남쪽으로 이사하면 안 된다. 재수가 없고, 하는 일마다 꼬이고, 病苦 질병발생. 바람기 발동.
巳酉丑生	서쪽문을 피하고, 동남쪽으로 이사하면 안 된다. 재수가 없고, 하는 일마다 꼬이고, 病苦 질병발생. 바람기 발동.
寅午戌生	남쪽문을 피하고, 북동쪽으로 이사하면 안 된다. 재수가 없고, 하는 일마다 꼬이고, 病苦 질병발생. 바람기 발동.
亥卯未生	동쪽문을 피하고, 서북쪽으로 이사하면 안 된다. 재수가 없고, 하는 일마다 꼬이고, 病苦 질병발생. 바람기 발동.

운세풀이

亥띠:이동수,우왕좌왕, 弱, 다툼	寅띠: 점점 일이 꼬임, 관재구설	巳띠:최고운상승세, 두마음	申띠: 만남,결실,화합,문서
子띠:매사불편, 방해자,배신	卯띠:귀인상봉, 금전이득, 현금	午띠: 의욕과다, 스트레스큼	酉띠:이동수,이별수,변동 움직임
丑띠:해결신,시험합격, 풀림	辰띠: 매사꼬임,과거고생, 질병	未띠: 시급한 일, 뜻대로 안됨	戌띠: 빈주머니,걱정근심,사기

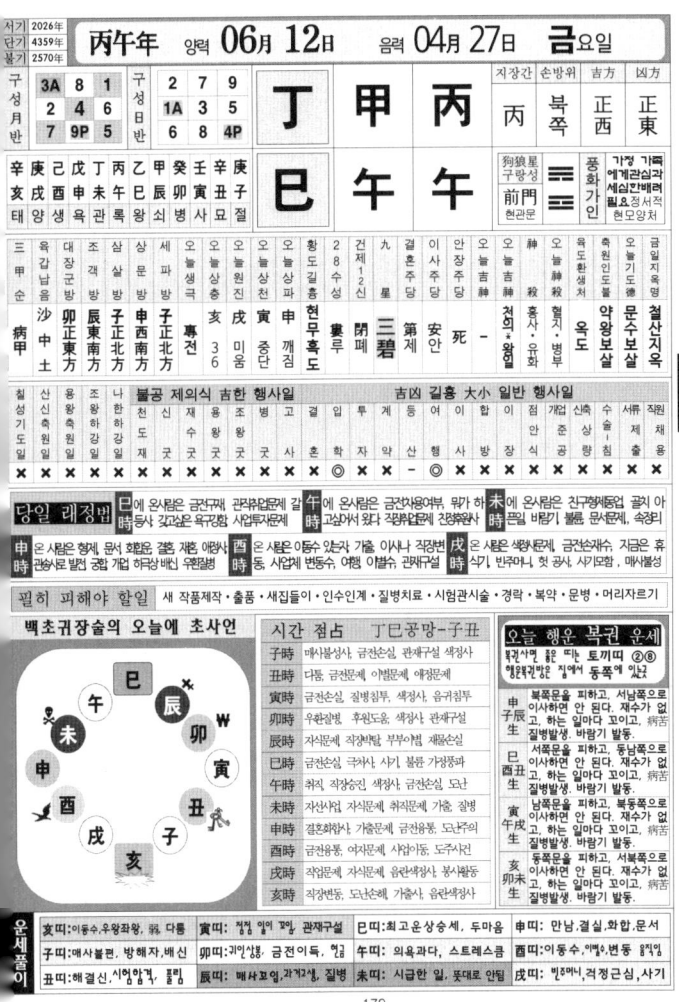

6월

서기	2026年
단기	4359年
불기	2570年

丙午年 양력 06月 13日 음력 04月 28日 토요일

구성月반			구성日반		
3A	8	1	3A	8	1
2	4	6	2	4	6
7	9P	5	7	9P	5

戊	甲	丙
午	午	午

지장간	손방위	吉方	凶方
丙	북동	正南	正北

狗狼星 구랑성		수풍정	인내하라! 성급한개혁 변동은불길 봉사정신조용히끝까지
戊亥方	☵☴		

癸	壬	辛	庚	己	戊	丁	丙	乙	甲	癸	壬
亥	戌	酉	申	未	午	巳	辰	卯	寅	丑	子
절	묘	사	병	쇠	왕	록	관	욕	생	양	태

三甲순	육갑납음	대장군방	조객방	삼살방	상문방	세파방	오늘생극	오늘상충	오늘원진	오늘상천	오늘상파	황도길흉	28수성	건제12신	九星	결혼주당	이사주당	안장주당	복단일	오늘吉神	오늘吉神	오늘神殺	육도환생처	축원인도불	오늘기도德	금일지옥명
病甲	天上火	卯正東方	辰東南方	子正北方	申西南方	子正北方	義 의	子 36	丑 미움	丑 중단	卯 깨짐	사명황도	胃 위	建 건	四綠	翁 옹	災 재	손자	-	월은*관일	금당*양덕	천격·지화	불도	석가여래	약사보살	암흑지옥

칠성기도일	산신축원일	용왕축원일	조왕하강일	나한하강일	불공 제의식 吉한 행사일							吉凶 길흉 大小 일반 행사일														
					천도재	신굿	재수굿	용왕굿	조왕굿	병굿	고사	결혼	입학	투자	계약	등산	여행	이사	합방	이장	점안식	개업준공	신축상량	수술·침	서류제출	직원채용
◎	◎	×	◎	◎	◎	◎	◎	◎	◎	◎	◎	◎	◎	×	◎	◎	◎	×	◎	×	◎	◎	◎	◎	◎	◎

당일 래정법

- **巳時**에 온사람은 건강문제, 재수가 없고 운이 단단히 꼬여있음, 취업불가, 손재수
- **午時**에 온사람은 금전문제, 친정문제, 갖고싶은 욕구, 직장문제, 상업문제, 관재
- **未時**에 온사람은 동업, 창업 하고싶어서 왔다. 직장상사 괴롭힘 사표내면안됨
- **申時** 온 사람은 골치 아픈일, 자식의 급변동문제, 배우자바람기, 불륜, 관재구설 속 정리해야함
- **酉時** 온 사람은 문서구입, 화합운, 결혼, 경조사, 관직취업건, 개업 때 아님, 하극상 배신, 경쟁사로 몰변
- **戌時** 온 사람은 이동수 있는자, 가출 이사나 직장변동, 점포 변동수, 투자문서는 위험, 이별수

필히 피해야 할일 홍보광고 • 소장제출 • 인허가신청 • 정보유출 • 질병치료 • 재테크투자 • 씨뿌리기 • 부동산매매

백초귀장술의 오늘에 초사언

시간 점占	戊午공망-子丑
子時	질병침투, 실직, 처를 극, 처첩문제, 가출
丑時	재물손실, 파산, 극처사, 부부다툼, 관송사
寅時	재해 도난, 질병침투, 여행은 흉, 가출
卯時	금전손실, 남편문제, 직업권리, 색정사
辰時	자선사업 봉사활동, 신규사업, 형제친구
巳時	관재 병재로 불길, 가출사 색정사 하극상
午時	금전손실 다툼, 여자문제, 처를 극, 수술
未時	금전융통, 신규사업, 선거당선, 합격기쁨
申時	매사 불성사, 도망은 吉, 도적손실, 재액
酉時	자식문제, 남편실직, 손재수, 함정음모
戌時	가출건, 급병자, 산소문제, 종교문제 ⊗
亥時	여자는 해롭고, 사기 도난, 손재, 이별수

오늘 행운 복권 운세

복권사면 좋은 띠는 **용띠** ⑤⑩⑳
행운복권방은 집에서 **동남쪽**에 있는곳

申子辰生	북쪽문을 피하고, 서남쪽으로 이사하면 안 된다. 재수가 없고, 하는 일마다 꼬이고, 病苦 질병발생. 바람기 발동.
巳酉丑生	서쪽문을 피하고, 동남쪽으로 이사하면 안 된다. 재수가 없고, 하는 일마다 꼬이고, 病苦 질병발생. 바람기 발동.
寅午戌生	남쪽문을 피하고, 북동쪽으로 이사하면 안 된다. 재수가 없고, 하는 일마다 꼬이고, 病苦 질병발생. 바람기 발동.
亥卯未生	동쪽문을 피하고, 서북쪽으로 이사하면 안 된다. 재수가 없고, 하는 일마다 꼬이고, 病苦 질병발생. 바람기 발동.

운세풀이

子띠: 이동수, 우왕좌왕, 불화, 다툼	卯띠: 점점 일이 꼬임, 관재구설	午띠: 최고운상승세, 두마음	酉띠: 만남, 결실, 화합, 문서
丑띠: 매사불편, 방해자, 배신	辰띠: 귀인상봉, 금전이득, 현금	未띠: 의욕과다, 스트레스큼	戌띠: 이동수, 이별수, 변동 움직임
寅띠: 해결신, 시험합격, 풀림	巳띠: 매사꼬임, 과거고생, 질병	申띠: 시급한 일, 뜻대로 안됨	亥띠: 빈주머니, 걱정근심, 사기

서기 2026年	단기 4359年	불기 2570年

丙午年 양력 06月 14日 음력 04月 29日 일요일

구성월반		
3A	8	1
2	4	6
7	9P	5

구성일반		
4	9	2
3	5	7
8P	1	6

時	日	月
己	甲	丙
未	午	午

지장간	손방위	吉方	凶方
丙	無	正東	正西

狗狼星 구랑성	井 물가	수풍정	인내하라! 성급한개혁 변동은불길 봉사정신조용히끝까지

乙	甲	癸	壬	辛	庚	己	戊	丁	丙	乙	甲
亥	戌	酉	申	未	午	巳	辰	卯	寅	丑	子
태	양	생	욕	관	록	왕	쇠	병	사	묘	절

三甲순	육갑납음	대장군방	조객방	삼살방	상문방	세파방	오늘생극	오늘상충	오늘원진	오늘상천	오늘상파	황도길흉	28수성	건제12신	九星	결혼주당	이사주당	안장주당	복단일	오늘吉神	오늘吉神	오늘神殺	육도환생처	축원인도불	오늘기도德	금일지옥명
病甲	天上火	卯正東方	辰東南方	子正北方	申西南方	子正北方	專전	丑 36	子 미움	子 중단	戌 깨짐	구진흑도	昴 묘	除 제	五黃	堂 당	師 사	남자	–	길기*수일	사격일	無	불도	석가여래	대세지보살	암흑지옥

6월

					불공 제의식 吉한 행사일						吉凶 길흉 大小 일반 행사일															
칠성기도일	산신축원일	용왕축원일	조왕하강일	나한하강일	천도재	신굿	재수굿	용왕굿	조왕굿	병굿	고사	결혼	입학	투자	계약	등산	여행	이사	합방	이장	점안식	개업준공	신축상량	수술·침	서류제출	직원채용
◎	◎	×	◎	◎	◎	◎	◎	◎	◎	◎	◎	◎	◎	×	×	–	◎	◎	×	◎	◎	◎	◎	◎	◎	×

당일 래정법

巳時 에 온사람은 금전차용문제, 사업문제, 자식문제, 관직취직사, 속전속결이 유리

午時 에 온사람 자식문제, 우환질병 운이 단단히 꼬여있음, 동업파탄 관재구설

未時 에 온사람은 사업 동업하려 급전차용문제, 문서도장조심, 기도요망

申時 온 사람은 가내우환, 뭐가 하고싶어서 왔다. 금전손실 취업문제, 친구형제간 배신수, 관재수

酉時 온 사람은 골치 아픈일, 형제동업자간 배신, 바람기, 불륜, 시비투쟁, 급속장리해야함, 청춘귀

戌時 온 사람은 자식문제, 문서구입, 화합운, 결혼, 재혼경조사, 애정사, 궁합, 개업, 하극상 배신, 원행불리

필히 피해야 할일

작명, 아호짓기 • 상호짓기 • 간판달기 • 항공주의 • 동물들이기 • 출행 • 창고개방 • 문서파기

백초귀장술의 오늘에 초사언

시간 점占 己未공망-子丑

子時	질병침투, 금전융통, 상업변동 색정사
丑時	질병침투, 적 침범사, 재물도난, 가출사
寅時	가출자, 실직문제, 사망자, 산소문제
卯時	질병위급, 관청문제, 동분서주 색정사
辰時	금전모난손재, 금전융통 안됨, 부인 흉사
巳時	사업흥성, 금전이득, 만사길조, 수상기쁨
午時	매사 불성사, 우환질병, 음란 색정사 자식
未時	금전사기유의, 여자문제, 우환질병 수술
申時	금전손재수, 자식문제, 극처사, 색정사
酉時	질병침투, 봉사활동, 자식문제, 가출도주
戌時	질병재앙, 부인문제, 관직변화변동
亥時	금전융통문제, 가출사, 질병침투, 삼각관계

오늘 행운 복권 운세

복권사면 좋은 띠는 **뱀띠** ⑦⑰27
행운복권방은 집에서 **남동쪽**에 있는곳

申子辰生	북쪽문을 피하고, 서남쪽으로 이사하면 안 된다. 재수가 없고, 하는 일마다 꼬이고, 病苦 질병발생. 바람기 발동.
巳酉丑生	서쪽문을 피하고, 동남쪽으로 이사하면 안 된다. 재수가 없고, 하는 일마다 꼬이고, 病苦 질병발생. 바람기 발동.
寅午戌生	남쪽문을 피하고, 북동쪽으로 이사하면 안 된다. 재수가 없고, 하는 일마다 꼬이고, 病苦 질병발생. 바람기 발동.
亥卯未生	동쪽문을 피하고, 서북쪽으로 이사하면 안 된다. 재수가 없고, 하는 일마다 꼬이고, 病苦 질병발생. 바람기 발동.

운세풀이

丑띠: 이동수, 우왕좌왕, 결혼 다툼	辰띠: 점점 일이 꼬임, 관재구설	未띠: 최고운상승세, 두마음	戌띠: 만남, 결실, 화합, 문서
寅띠: 매사불편, 방해자, 배신	巳띠: 귀인상봉, 금전이득, 현금	申띠: 의욕과다, 스트레스큼	亥띠: 이동수, 이별수, 변동 움직임
卯띠: 해결신, 시험합격, 풀림	午띠: 매사꼬임, 과거고생, 질병	酉띠: 시급한 일, 뜻대로 안됨	子띠: 빈주머니, 걱정근심, 사기

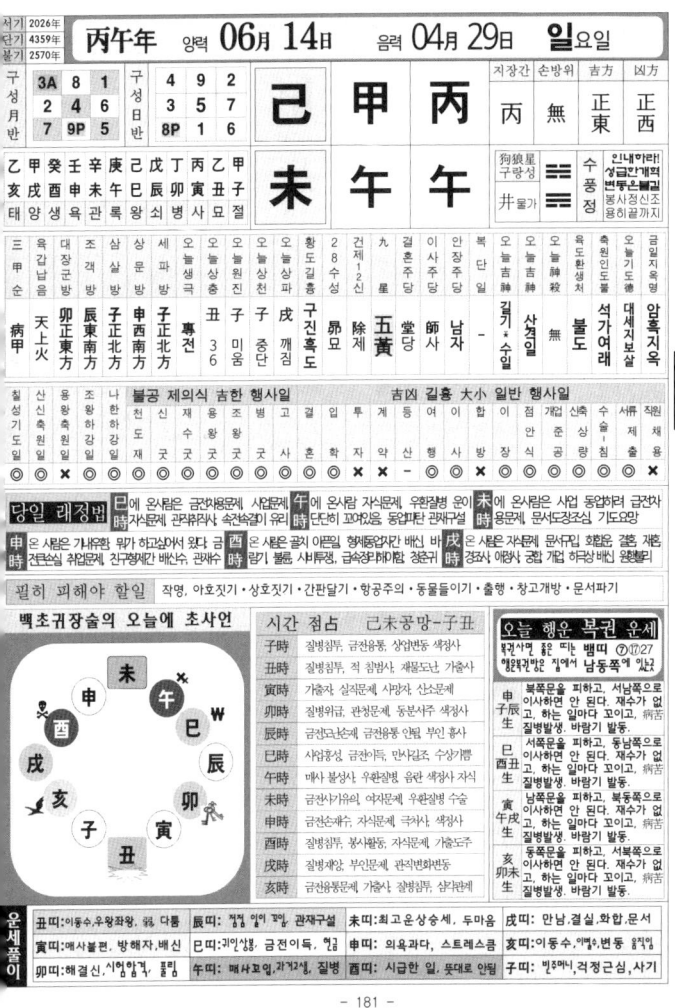

서기 2026年 단기 4359年 불기 2570年	丙午年 양력 06月 15日 음력 05月 01日 월요일 초하루

구성月반				구성日반			
	3A	8	1		5	1	3
	2	4	6		4	6	8
	7	9P	5		9P	2	7A

時	日	月	年
天干	庚	甲	丙
地支	申	午	午

지장간	손방위	吉方	凶方
丙	동쪽	正北	正南

丁	丙	乙	甲	癸	壬	辛	庚	己	戊	丁	丙
亥	戌	酉	申	未	午	巳	辰	卯	寅	丑	子
병	쇠	왕	록	관	욕	생	양	태	절	묘	사

狗狼星 구랑성	橋井門路 社廟	䷯	수풍정	인내하라! 성급한개혁 변동은불길 봉사정신조용히끝까지

三甲순	육갑납음	대장군방	조객방	삼살방	상문방	세파방	오늘생극	오늘상충	오늘원진	오늘상천	오늘상파	황도길흉	28수성	건제12신	九星	결혼주당	이사주당	안장주당	복단일	오늘吉神	神殺	오늘神殺	육도환생처	축원인도불	오늘기도德	금일지옥명
病甲	石榴木	卯正東方	辰東南方	子正北方	申西南方	子正北方	專전	寅 36	卯 미움	亥 중단	巳 깨짐	청룡황도	畢필	滿만	六白	婦부	天천	어머니	천후*상일	세마*역마	-	지격·오허	인도	석가여래	아미보살	암흑지옥

칠성기도일	산신축원일	용왕축원일	조왕하강일	나한하강일	천도재	신굿	재수굿	용왕굿	조왕굿	병굿	고사	결혼	입학	투자	계약	등산	여행	이사	합방	이장	점안식	개업준공	신축상량	수술·침	서류제출	직원채용
◎	◎	×	◎	◎	◎	◎	◎	◎	◎	◎	◎	◎	◎	-	◎	◎	◎	×	◎	◎	◎	◎	◎	◎	◎	◎

(불공 제의식 吉한 행사일: 천도재 ~ 고사 / 吉凶 길흉 大小 일반 행사일: 결혼 ~ 직원채용)

당일 래정법

巳時에 온사람은 배신으로 관송사, 금전구재건, 색정사로 다툼, 가정불화 손재수

午時에 온사람은 금전문제, 자식문제, 빚쟁이모함, 관직취직사, 속전속결이 유리

未時에 온사람 건강문제, 자식문제로 최악상태, 직장퇴출위기, 손재수, 헛수고

申時 온 사람은 금전차용여부, 관직취직문제, 창업문제, 후원사는 유리함, 망신수, 사고조심

酉時 온 사람은 관송사, 색정사, 뭐가 하고싶어서 왔다. 직장취업문제, 친구형제간 배신, 건강 수술할일

戌時 온 사람은 골치 아픈일 금전손실, 자식문제, 형제동업, 바람기, 불륜, 시비투쟁, 급속정리해야함

필히 피해야 할일 이날은 흑도와 월파일에 패파, 수격 등 신살에 해당되어 매사 해롭고 불리한 날.

백초귀장술의 오늘에 초사언

시간 점占 庚申공망-子丑

子時	금전손실, 직업변동, 자식질병, 도난실직
丑時	사업문제, 금전손실, 사기도난, 가출건
寅時	직업이동, 금전융통, 육친이별, 터부정
卯時	금전융통, 처첩사, 우환질병, 가출문제
辰時	부동산사업, 종교문제, 봉사 시험합격
巳時	질병침투, 육친이별, 색정사, 도망 투쟁
午時	질병침투, 직업박탈, 가출, 재해 도난
未時	사업재난, 금전단절, 자손문제, 가출사
申時	취직, 직업승진명예문제, 당선, 금전융통
酉時	금전손실, 극처사, 남녀색정사, 수술주의
戌時	후원단절, 가출사, 적의 함정, 기도발원
亥時	자식문제, 질병발생, 손해, 가출, 함정

오늘 행운 복권 운세

복권사면 좋은 띠는 말띠 ⑤⑦22
행운복권방은 집에서 남쪽에 있는곳

申子辰生	북쪽문을 피하고, 서남쪽으로 이사하면 안 된다. 재수가 없고, 하는 일마다 꼬이고, 病苦질병발생. 바람기 발동.
巳酉丑生	서쪽문을 피하고, 동남쪽으로 이사하면 안 된다. 재수가 없고, 하는 일마다 꼬이고, 病苦질병발생. 바람기 발동.
寅午戌生	남쪽문을 피하고, 북동쪽으로 이사하면 안 된다. 재수가 없고, 하는 일마다 꼬이고, 病苦질병발생. 바람기 발동.
亥卯未生	동쪽문을 피하고, 서북쪽으로 이사하면 안 된다. 재수가 없고, 하는 일마다 꼬이고, 病苦질병발생. 바람기 발동.

운세풀이

寅띠: 이동수,우왕좌왕, 형제 다툼	巳띠: 점점 일이 꼬임, 관재구설	申띠: 최고운상승세, 두마음	亥띠: 만남,결실,화합,문서
卯띠: 매사불편, 방해자,배신	午띠: 귀인상봉, 금전어득, 현금	酉띠: 의욕과다, 스트레스큼	子띠: 이동수,이별수,변동 움직임
辰띠: 해결신,시험합격, 풀림	未띠: 매사꼬임,과거고생, 질병	戌띠: 시급한 일, 뜻대로 안됨	丑띠: 빈주머니,걱정근심,사기

서기	2026年
단기	4359年
불기	2570年

丙午年 양력 06月 16日 음력 05月 02日 화요일

구성月반		
3A	8	1
2	4	6
7	9P	5

구성日반		
6	2	4
5P	7	9A
1	3	8

時	日	月	年
천간	辛	甲	丙
지지	酉	午	午

지장간	손방위	吉方	凶方
己	동남	正西	正東

己	戊	丁	丙	乙	甲	癸	壬	辛	庚	己	戊
亥	戌	酉	申	未	午	巳	辰	卯	寅	丑	子
욕	관	록	왕	쇠	병	사	묘	절	태	양	생

狗狼星 구랑성 午方 남쪽

수풍정

인내하라! 성급한개혁 변동은불길 봉사정신조용히끝까지

三甲순	육갑납음	대장군방	조객방	삼살방	상문방	세파방	오늘생극	오늘상충	오늘원진	오늘상천	오늘상파	황도길흉	28수성	건제12신	九星	결혼주당	이사주당	안장주당	복단일	神殺	神殺	오늘神殺	육도환생처	축원인도불	오늘기도德	금일지옥명
病甲	石榴木	卯正東方	辰東南方	子正北方	申西南方	子正北方	專전	卯 36	寅 미움	戌 중단	子 깨짐	명당황도	觜자	平평	七赤	竈조	利이	여자	복단일	요안*민일	천강·멸몰	천리·지사	귀도	석가여래	관음보살	암흑지옥

칠성기도일	산신축원일	용왕축원일	조왕하강일	나한하강일	불공 제의식 吉한 행사일: 천도재	신굿	재수굿	용왕굿	조왕굿	병굿	고사	吉凶 길흉 大小 일반 행사일: 결혼	입학	투자	계약	등산	여행	이사	합방	이장	점안식	개업준공	신축상량	수술-침	서류제출	직원채용
◎	◎	×	◎	◎	◎	◎	◎	◎	◎	◎	◎	×	◎	×	×	◎	◎	×	×	×	◎	◎	◎	◎	◎	◎

당일 래정법

- **巳時**에 온사람은 하가 해결할 문제, 합격여부, 동업투자여부, 돈차용문제, 재혼은 굳
- **午時**에 온사람은 금전문제, 형제문제, 색정사로 다툼, 여자로 큰 손실, 가까운배신
- **未時**에 온사람 금전문제, 사업문제, 딸자식문제, 관직취직사, 시비다툼 관송사
- **申時** 온 사람은 질병우환건강, 관재구설로 운이 단단히 꼬여있음, 취업 승진문제, 남자로 손재수
- **酉時** 온 사람은 두가지 문제 갈등사, 하극상 손윗사람 배신, 새로운 일시작 진행함이 좋다. 우환질병
- **戌時** 온 사람은 의욕과다, 뭐가 하고싶어서 왔다. 직장 취업문제, 친구 형제에게 손실 배신 당할 수.

필히 피해야 할일 새집들이 • 장담그기 • 항공주의 • 승선 • 낚시 • 어로작업 • 요트타기 • 위험놀이기구

백초귀장술의 오늘에 초사언

시간 점占	辛酉공망-子丑
子時	자선사업, 봉사활동, 자식사, 임신가능
丑時	자식시험문제, 손재수, 가출사건, 질병위급
寅時	사기도난, 파재, 손실사, 색정사, 가출
卯時	질병침투, 실직, 금전손실, 적 침범사
辰時	금전융통, 타인과 다툼, 배신, 음모, 불륜
巳時	직장승진, 명예입신, 응모당선, 취직가능
午時	매사 불성, 남녀색정사, 우환질병, 실직
未時	자선사업, 구재이득, 귀인상봉, 도망사건
申時	재물손실, 사업파산, 극처사, 재해, 도난
酉時	직장승진, 금전암손, 부인문제, 가출사건
戌時	금전손실, 사업확장 금지, 질병근심, 변심
亥時	가내재앙, 자손근심, 실직문제, 처를 극

오늘 행운 복권 운세

복권사면 좋은 띠는 양띠 ⑤⑩25
행운복권방은 집에서 남서쪽에 있는곳

申子辰生	북쪽문을 피하고, 서남쪽으로 이사하면 안 된다. 재수가 없고, 하는 일마다 꼬이고, 病苦 질병발생. 바람기 발동.
巳酉丑生	서쪽문을 피하고, 동남쪽으로 이사하면 안 된다. 재수가 없고, 하는 일마다 꼬이고, 病苦 질병발생. 바람기 발동.
寅午戌生	남쪽문을 피하고, 북동쪽으로 이사하면 안 된다. 재수가 없고, 하는 일마다 꼬이고, 病苦 질병발생. 바람기 발동.
亥卯未生	동쪽문을 피하고, 서북쪽으로 이사하면 안 된다. 재수가 없고, 하는 일마다 꼬이고, 病苦 질병발생. 바람기 발동.

운세풀이

卯띠:이동수,우왕좌왕, 弱, 다툼	午띠: 점점 일이 꼬임, 관재구설	酉띠:최고운상승세, 두마음	子띠: 만남,결실,화합,문서
辰띠:매사불편, 방해자,배신	未띠: 귀인상봉, 금전이득, 현금	戌띠: 의욕과다, 스트레스큼	丑띠:이동수,이별수,변동 움직임
巳띠:해결신,시험합격, 풀림	申띠: 매사꼬임,과거고생, 질병	亥띠: 시급한 일, 뜻대로 안됨	寅띠: 빈주머니,걱정근심,사기

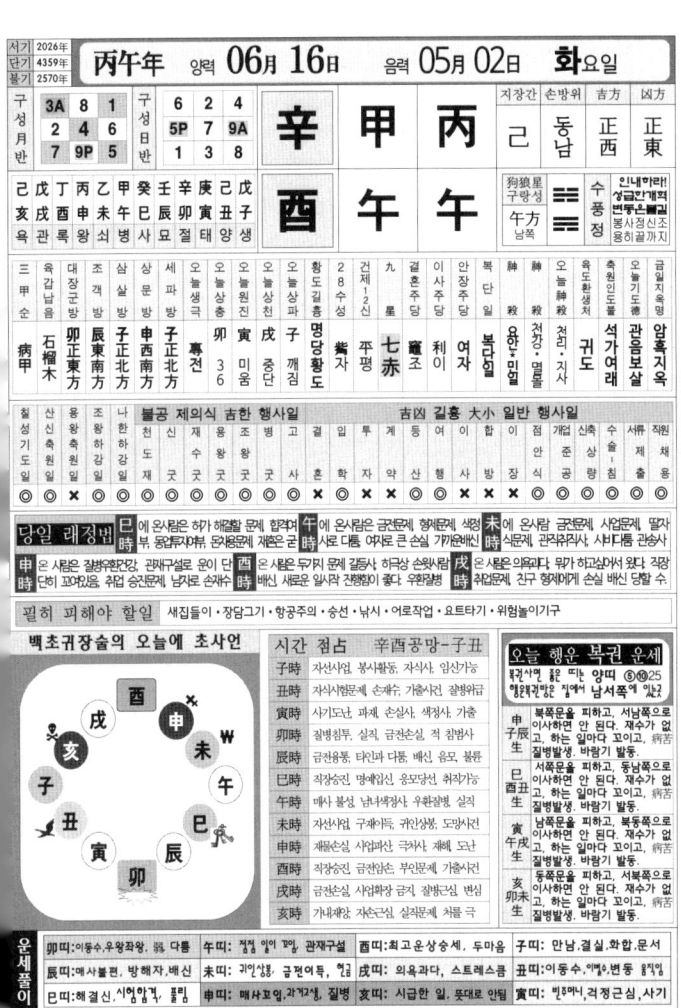

6월

서기	2026年
단기	4359年
불기	2570年

丙午年 양력 06月 17日 음력 05月 03日 수요일

구성월반				구성日반			
	3A	8	1		7P	3	5
	2	4	6		6	8	1
	7	9P	5		2A	4	9

壬	甲	丙
戌	午	午

지장간	손방위	吉方	凶方
己	남쪽	正南	正北

辛	庚	己	戊	丁	丙	乙	甲	癸	壬	辛	庚
亥	戌	酉	申	未	午	巳	辰	卯	寅	丑	子
록	관	욕	생	양	태	절	묘	사	병	쇠	왕

狗狼星 구랑성	☵	수풍정	인내하라! 성급한개혁 변동은불길
寺觀 절사관	☴		봉사정신조용히끝까지

三甲순	육갑납음	대장군방	조객방	삼살방	상문방	세파방	오늘생극	오늘상충	오늘원진	오늘상천	오늘상파	황도길흉	28수성	건제12신	九星	결혼주당	이사주당	안장주당	복단일	오늘吉神	神殺	오늘神殺	육도환생처	축원인도불	오늘기도德	금일지옥명
病甲	大海水	卯正東方	辰東南方	子正北方	申西南方	子正北方	伐벌	辰 36	巳 미움	酉 중단	未 깨짐	천형흑도	参삼	定정	八白	第제	安안	死	-	삼합일	만통사일	라강·관부	축도	석가여래	미륵보살	암흑지옥

칠성기도일	산신축원일	용왕축원일	조왕하강일	나한하강일	불공 제의식 吉한 행사일							吉凶 길흉 大小 일반 행사일														
					천도재	신굿	재수굿	용왕굿	조왕굿	병굿	고사	결혼	입학	투자	계약	등산	여행	이사	합방	이장	점안식	개업준공	신축상량	수술-침	서류제출	직원채용
◎	×	×	×	◎	◎	◎	◎	◎	◎	◎	◎	×	◎	×	◎	◎	◎	×	◎	×	◎	◎	◎	◎	◎	◎

당일 래정법

巳時 에 온사람은 방해자, 배신사, 직장취업건, 매사 지체불리함, 창업은 불리

午時 에 온사람은 가정불화 문제, 친정식구, 합격여부, 금전투자여부, 직장문제,동업

未時 에 온사람 금전구재건, 색정사로 인한 구설수 다툼, 억울한 일 매사불성 지체

申時 온 사람은 금전문제, 사업문제, 관직취직문제, 자식문제, 경조사회합사, 속전속결이 유리

酉時 온 사람은 건강문제, 관재구설로 운이 단단히 꼬여있음, 딸자녀문제, 남자문제, 손재수, 지체

戌時 온 사람은 갖고싶은 욕구 강함, 금전투자, 새로운 일시작 진행함이 좋다. 우환질병, 선산이장건

필히 피해야 할일 소장제출 · 항소 · 승선 · 낚시 · 어로작업 · 싱크대교체 · 애완동물들이기 · 지붕덮기 · 도축 · 방류

백초귀장술의 오늘에 초사언

시간 점占	壬戌공망-子丑
子時	금전 암손, 부인문제, 우환질병, 색정사
丑時	직업권리, 취업, 구재이득, 부부화합사
寅時	적의 침범사, 질병위급, 가출사, 도망사
卯時	질병침투, 남녀색정사, 금전융통, 호색
辰時	관재 병재로 불길, 적침사, 부하도주, 가출
巳時	금전융통 재물손실, 여자 망신실수 탄로
午時	금전융통, 처첩사, 금전다툼, 가출사
未時	직장문제, 원한발생, 삼각관계, 관刑
申時	신규사업, 가출건, 도난주의, 원행 이동배신
酉時	괴이사발생, 파산, 재물손실, 질병우환
戌時	금전암손, 질병침투, 여자관련, 부부배신
亥時	직장승진, 명예입신, 응모당선, 가출사건

오늘 행운 복권 운세

복권사면 좋은 띠는 **원숭띠** ⑨19, 29
행운복권방은 집에서 **서남쪽**에 있는곳

申子辰生	북쪽문을 피하고, 서남쪽으로 이사하면 안 된다. 재수가 없고, 하는 일마다 꼬이고, 病苦 질병발생. 바람기 발동.
巳酉丑生	서쪽문을 피하고, 동남쪽으로 이사하면 안 된다. 재수가 없고, 하는 일마다 꼬이고, 病苦 질병발생. 바람기 발동.
寅午戌生	남쪽문을 피하고, 북동쪽으로 이사하면 안 된다. 재수가 없고, 하는 일마다 꼬이고, 病苦 질병발생. 바람기 발동.
亥卯未生	동쪽문을 피하고, 서북쪽으로 이사하면 안 된다. 재수가 없고, 하는 일마다 꼬이고, 病苦 질병발생. 바람기 발동.

운세풀이

辰띠:이동수,우왕좌왕, 訟事 다툼	未띠: 점점 일이 꼬임, 관재구설	戌띠:최고운상승세, 두마음	丑띠: 만남,결실,화합,문서
巳띠:매사불편, 방해자,배신	申띠: 귀인상봉, 금전이득, 현금	亥띠: 의욕과다, 스트레스큼	寅띠:이동수,이별수,변동 움직임
午띠:해결신,시험합격, 풀림	酉띠: 매사꼬임,과거고생, 질병	子띠: 시급한 일, 뜻대로 안됨	卯띠: 빈주머니,걱정근심,사기

서기 2026年	단기 4359年	불기 2570年

丙午年 양력 06月 18日 음력 05月 04日 목요일

구성월반			구성일반		
3A	8	1	8P	4A	6
2	4	6	7	9	2
7	9P	5	3	5	1

癸	甲	丙
亥	午	午

지장간	손방위	吉方	凶方
己	남서	正東	正西

狗狼星 구랑성 · 船巳方 배남동간 · 수풍정 · 인내하라! 성급한개혁 변동은불길 봉사정신조 용히끝까지

癸亥	壬戌	辛酉	庚申	己未	戊午	丁巳	丙辰	乙卯	甲寅	癸丑	壬子
왕	쇠	병	사	묘	절	태	양	생	욕	관	록

三甲순	육갑납음	대장군방	조객방	삼살방	상문방	세파방	오늘생극	오늘상충	오늘원진	오늘상천	오늘상파	황도길흉	28수성	건제12신	九星	결혼주당	이사주당	안장주당	복단일	오늘吉神	오늘吉神	오늘神殺	육도환생처	축원인도불	오늘기도德	금일지옥명
病甲	大海水	卯正東方	辰東南方	子正北方	申西南方	子正北方	專전	巳 36	辰 미움	申 중단	寅 깨짐	주작흑도	井정	執집	九紫	翁옹	災재	손자	–	오부길일	천덕*복생	사격·겁살	옥도	석가여래	여래보살	암흑지옥

					불공 제의식 吉한 행사일							吉凶 길흉 大小 일반 행사일														
칠성기도일	산신축원일	용왕축원일	조왕하강일	나한하강일	천도재	신굿	재수굿	용왕굿	조왕굿	병굿	고사	결혼	입학	투자	계약	등산	여행	이사	합방	이장	점안식	개업준공	신축상량	수술·침	서류제출	직원채용
◎	×	×	◎	◎	◎	◎	×	×	◎	◎	◎	×	◎	×	×	◎	◎	×	×	×	×	×	×	◎	◎	×

당일 래정법

巳時에 온사람은 형제 자식문제, 직장변동수, 터부정 금전사기 동업다툼 관재구설

午時에 온사람은 집안우환질병 망신살 방해자, 배신사, 금전문제, 색정사건

未時에 온사람 금전문제, 허가 해결할 문제, 주식투자여부, 직장문제, 문서매매건

申時온 사람은 금전차용문제, 실직문제, 취업시험불리, 색정사, 억울한 일, 파재, 매사불성사

酉時온 사람은 금전문제, 사업계약문제, 관직취직사, 취업 시험 승진 조건맞으면 이득발생함

戌時온 사람은 건강문제, 형제 친구 동료로 인한부정, 하극상 배신사, 동기간암투, 손재수, 헛수고

필히 피해야 할일 소장제출 • 항소 • 질병치료 • 도로정비 • 문 만들기 • 산소행사 • 뗏장 입히기 • 흙 파는일

백초귀장술의 오늘에 초사언

시간 점占	癸亥공망-子丑
子時	남녀색정사, 직업권리, 취업, 금전손실
丑時	적의 침범사, 질병위급, 이별사, 수술재앙
寅時	자손사, 직업변동, 가출문제, 화류계 탄로
卯時	자식문제, 신규불길, 여행조심, 관재불길
辰時	관청일, 직업문제, 남편재해 도망, 가출
巳時	이동사, 적침사, 질병침투, 터부정 가출사
午時	금전융통, 사업문제, 여자문제, 부부배신
未時	부모효도, 금전다툼, 적침범, 가출사
申時	재물손실, 우환질병, 도난, 상해, 손모사
酉時	금전후원융통가능, 질병재앙, 가출 도주
戌時	관청권리박탈, 남편실탈, 질병고통, 관재
亥時	금전암신, 극처사, 파산, 죽음, 자식 흉액

오늘 행운 복권 운세

복권사면 좋은 띠는 닭띠 ④⑨ 24, 행운복권방은 집에서 서쪽에 있는곳

申子辰生	북쪽문을 피하고, 서남쪽으로 이사하면 안 된다. 재수가 없고, 하는 일마다 꼬이고, 病苦 질병발생. 바람기 발동.
巳酉丑生	서쪽문을 피하고, 동남쪽으로 이사하면 안 된다. 재수가 없고, 하는 일마다 꼬이고, 病苦 질병발생. 바람기 발동.
寅午戌生	남쪽문을 피하고, 북동쪽으로 이사하면 안 된다. 재수가 없고, 하는 일마다 꼬이고, 病苦 질병발생. 바람기 발동.
亥卯未生	동쪽문을 피하고, 서북쪽으로 이사하면 안 된다. 재수가 없고, 하는 일마다 꼬이고, 病苦 질병발생. 바람기 발동.

운세풀이

巳띠:이동수,우왕좌왕, 불화 다툼	申띠: 점점 일이 꼬임, 관재구설	亥띠:최고운상승세, 두마음	寅띠: 만남,결실,화합,문서
午띠:매사불편, 방해자,배신	酉띠: 귀인상봉, 금전이득, 현금	子띠: 의욕과다, 스트레스큼	卯띠:이동수,이별수,변동 움직임
未띠:해결신,시험합격, 풀림	戌띠: 매사꼬임,과거고생, 질병	丑띠: 시급한 일, 뜻대로 안됨	辰띠: 빈주머니,걱정근심,사기

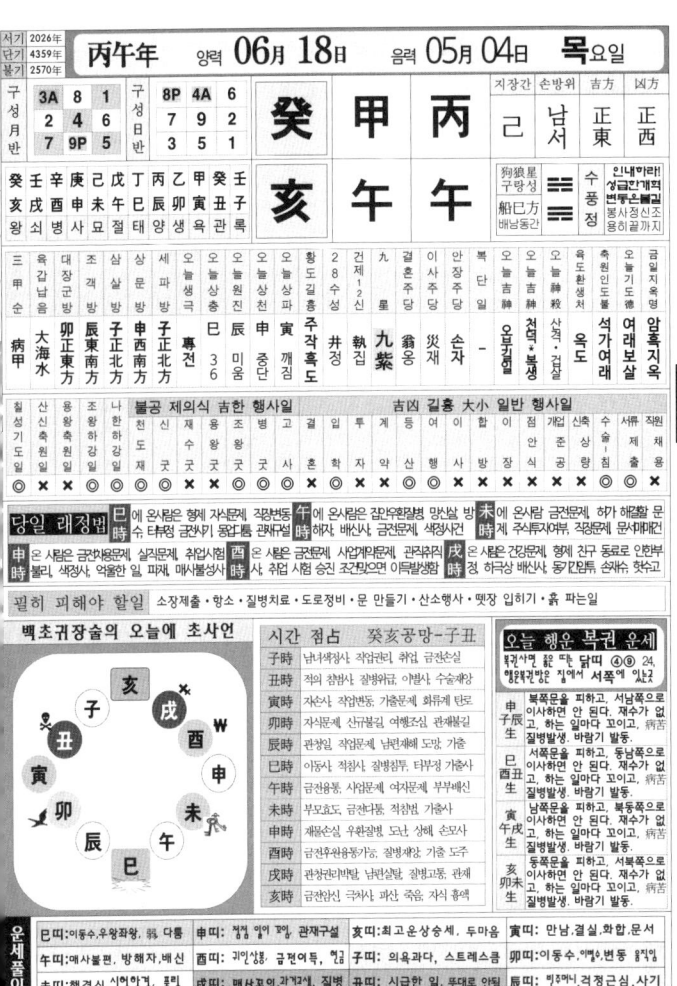

6월

서기	2026年
단기	4359年
불기	2570年

丙午年 양력 06月 19日 음력 05月 05日 금요일 陰遁上元

구성月반

3A	8	1
2	4	6
7	9P	5

구성日반

8	4AP	6
7	9	2
3	5	1

甲	甲	丙
子	午	午

지장간	손방위	吉方	凶方
己	서쪽	正北	正南

乙亥	甲戌	癸酉	壬申	辛未	庚午	己巳	戊辰	丁卯	丙寅	乙丑	甲子
생	양	태	절	묘	사	병	쇠	왕	록	관	욕

狗狼星 구랑성	社廟 사당묘	☱ ☶	택산함	화합협조하면만사형통 목표초과달성귀인상봉 결혼연애운

三甲순	육갑납음	대장군방	조객방	삼살방	상문방	세파방	오늘생극	오늘상충	오늘원진	오늘상천	오늘상파	황도길흉	28수성	건제12신	九星	결혼주당	이사주당	안장주당	오늘吉神	천구하식	神殺	오늘神殺	육도환생처	축원인도불	오늘기도德	금일지옥명
生甲	海中金	卯正東方	辰東南方	子正北方	申西南方	子正北方	義의	午 36	未 미움	未 중단	酉 깨짐	금궤황도	鬼귀	破파	九紫	堂당	師사	남자	양공기일	회가제성	월파·천적	수사·천화	천도	아미타불	아미보살	검수지옥

칠성기도일	산신축원일	용왕축원일	조왕하강일	나한하강일	불공 제의식 吉한 행사일							吉凶 길흉 大小 일반 행사일														
					천도재	신굿	재수굿	용왕굿	조왕굿	병굿	고사	결혼	입학	투자	계약	등산	여행	이사	합방	이장	점안식	개업준공	신축상량	수술-침	서류제출	직원채용
×	×	×	×	×	×	×	×	×	×	×	×	×	◎	×	×	◎	×	×	×	×	×	×	×	×	×	×

당일 래정법

巳時에 온사람은 자식문제, 실업자, 빈주머니, 헛 공사, 보이스피싱사기가 모는사

午時에 온사람은 남녀간 배신사, 이동변동수, 터부정, 관재구설, 차사고

未時에 온사람은 직장취업문제, 방해자, 배신사, 매사 지체불리함, 창업은 불리함.

申時 온 사람은 관송사 급처리문제, 처음엔 해결되는 듯하나 후에 불리함 시험은 합격되고 취업승진가능

酉時 온 사람은 딸자식문제, 억울한일 오랭색정사, 불륜사 문제, 관재로 발전 금전문제 취직문제

戌時 온 사람은 금전문제, 사업문제, 주식투자문제, 부동산거래, 재물구재사, 여자화합건 돈은 들어오나 곰비

필히 피해야 할일 신상출고・제품제작・창고개방・옷재단・입주・건축증개축・흙 다루고 땅 파는 일

백초귀장술의 오늘에 초사언

시간 점占 甲子공망-戌亥

子時	금전암손, 여자일, 부모나 윗사람 질병발생
丑時	금전융통, 사업계획, 질병유발, 도난
寅時	관직 직장실직, 금전고통, 원한 喪
卯時	관직 승진문제, 금전 부인문제, 수술주의
辰時	매사불성사, 가출사, 금전손실, 재해 이사
巳時	매사불성, 자식문제, 사기 도난 파재 실직
午時	적 침범사, 질병침투, 가출사, 실직사, 화재
未時	사업손실, 취업청탁, 방해자, 구재불가
申時	음란색정사, 질병침투 수술, 관재 이별
酉時	금전갈취 도주, 색정사, 처첩, 가출 함정
戌時	금전문제, 상업문제, 여자문제, 질병유발
亥時	재물손실, 질병침투, 가출, 탄로 음모 망신

오늘 행운 복권 운세

복권사면 좋은 띠는 **개띠** ⑩⑳ 30
행운복권방은 집에서 **서북쪽에** 있는곳

申子辰生	북쪽문을 피하고, 서남쪽으로 이사하면 안 된다. 재수가 없고, 하는 일마다 꼬이고, 病苦 질병발생. 바람기 발동.
巳酉丑生	서쪽문을 피하고, 동남쪽으로 이사하면 안 된다. 재수가 없고, 하는 일마다 꼬이고, 病苦 질병발생. 바람기 발동.
寅午戌生	남쪽문을 피하고, 북동쪽으로 이사하면 안 된다. 재수가 없고, 하는 일마다 꼬이고, 病苦 질병발생. 바람기 발동.
亥卯未生	동쪽문을 피하고, 서북쪽으로 이사하면 안 된다. 재수가 없고, 하는 일마다 꼬이고, 病苦 질병발생. 바람기 발동.

운세풀이

午띠:이동수,우왕좌왕, 弱, 다툼	酉띠: 점점 일이 꼬임, 관재구설	子띠:최고운상승세, 두마음	卯띠: 만남,결실,화합,문서
未띠:매사불편, 방해자,배신	戌띠:귀인상봉, 금전이득, 현금	丑띠: 의욕과다, 스트레스큼	辰띠:이동수,이별수,변동 움직임
申띠:해결신,시험합격, 풀림	亥띠: 매사꼬임,과거고생, 질병	寅띠: 시급한 일, 뜻대로 안됨	巳띠: 빈주머니,걱정근심,사기

서기	2026年
단기	4359年
불기	2570年

丙午年 양력 06月 20日 음력 05月 06日 토요일

구성월반				구성일반			
	3A	8	1		7	3	5P
	2	4	6		6	8	1
	7	9P	5		2A	4	9

時	日	月	年
乙	甲	丙	
丑	午	午	

지장간	손방위	吉方	凶方
己	서북	正西	正東

狗狼星 구랑성	廚 주방	택산함	화합협조하면 만사형통 목표초과달성 귀인상봉 결혼연애운

丁	丙	乙	甲	癸	壬	辛	庚	己	戊	丁	丙
亥	戌	酉	申	未	午	巳	辰	卯	寅	丑	子
사	묘	절	태	양	생	욕	관	록	왕	쇠	병

三甲순	육갑납음	대장군방	조객방	삼살방	상문방	세파방	오늘생극	오늘상충	오늘원진	오늘상천	오늘상파	황도길흉	28수성	건제12신	九星	결혼주당	이사주당	안장주당	오늘吉神	대공망일	오늘神殺	오늘神殺	육도환생처	축원인도불	오늘기도德	금일지옥명
生甲	海中金	卯正東方	辰東南方	子正北方	申西南方	子正北方	制제	未 36	午 미움	午 중단	辰 깨짐	대덕황도	柳류	危위	八白	姑고	富부	아버지	음덕*성심	대공망일	월해·월살	독화·태허	천도	아미타불	보현보살	검수지옥

칠성기도일	산신축원일	용왕축원일	조왕하강일	나한하강일	불공 제의식 吉한 행사일: 천도재	신굿	재수굿	용왕굿	조왕굿	병굿	고사	吉凶 길흉 大小 일반 행사일: 결혼	입학	투자	계약	등산	여행	이사	합방	이장	점안식	개업준공	신축상량	수술-침	서류제출	직원채용
◎	◎	◎	◎	◎	◎	◎	◎	◎	◎	◎	◎	◎	◎	×	-	◎	◎	×	×	×	◎	×	×	×	◎	×

당일 래정법

巳時에 온사람은 이동수 있음 이사나 직장변동, 딸자식근심, 실직위험, 이별

午時에 온사람은 자녀의질병, 부부불화, 빈주머니, 헛고생 금전사기·모난사

未時에 온사람은 매매 이동변동수, 터부정, 관재구설 모함, 혈연다툼, 교통사고주의

申時 온 사람은 관송사, 방해자, 배신사, 우환질병사, 남편 취업 승진문제, 차사고로 큰손재수

酉時 온 사람은 금전 급차리문제, 색정사, 해결되는 듯하나 지체 시험합격됨 허가건은 승인

戌時 온 사람은 하극상 배신사, 여자 외정색정사, 불륜사 문제., 관재로 발전, 딸 문제, 취직문제

필히 피해야 할일 이날은 대공망일에 폐날로서 귀기와 혈지, 멸몰 등 신살에 해당되어 매사 해롭고 불리한 날.

백초귀장술의 오늘에 초사언

시간 점占 乙丑공망-戌亥

子時	가내우환, 관재구설, 가출사, 금전융통
丑時	사업사 손재수, 여자일 질병발생, 갈취도주
寅時	도난, 파재, 손모사, 극처사, 상해
卯時	실직, 질병침투, 적 침범사, 금전손실,
辰時	재물사기도난, 처첩문제, 우환질병, 수술
巳時	직장변동, 실직문제, 자식사, 이사이동吉
午時	매사 불성, 실직사, 색정사, 불화합, 손재
未時	관재 병재로 불길, 가출사, 파재, 색정사
申時	취업청탁, 재해, 도난, 방해 탄로 폭로 망신
酉時	불륜색정사, 우환질병, 가출사, 관재구설
戌時	부인근심, 금전융통, 손모사, 관 刑급발
亥時	금전문제, 사업후원, 자식 질병 死문제

오늘 행운 복권 운세

복권사면 좋은 띠는 **돼지띠** ⑪⑯31
행운복권방은 집에서 **북서쪽에** 있는곳

申子辰生	북쪽문을 피하고, 서남쪽으로 이사하면 안 된다. 재수가 없고, 하는 일마다 꼬이고, 病苦 질병발생. 바람기 발동.
巳酉丑生	서쪽문을 피하고, 동남쪽으로 이사하면 안 된다. 재수가 없고, 하는 일마다 꼬이고, 病苦 질병발생. 바람기 발동.
寅午戌生	남쪽문을 피하고, 북동쪽으로 이사하면 안 된다. 재수가 없고, 하는 일마다 꼬이고, 病苦 질병발생. 바람기 발동.
亥卯未生	동쪽문을 피하고, 서북쪽으로 이사하면 안 된다. 재수가 없고, 하는 일마다 꼬이고, 病苦 질병발생. 바람기 발동.

운세풀이

未띠:이동수,우왕좌왕, 弱 다툼	戌띠: 점점 일이 꼬임, 관재구설	丑띠:최고운상승세, 두마음	辰띠: 만남,결실,화합,문서
申띠:매사불편, 방해자,배신	亥띠:귀인상봉, 금전이득, 현금	寅띠: 의욕과다, 스트레스큼	巳띠:이동수,이별수,변동 움직임
酉띠:해결신,시험합격, 풀림	子띠: 매사꼬임,과거고생, 질병	卯띠: 시급한 일, 뜻대로 안됨	午띠: 빈주머니,걱정근심,사기

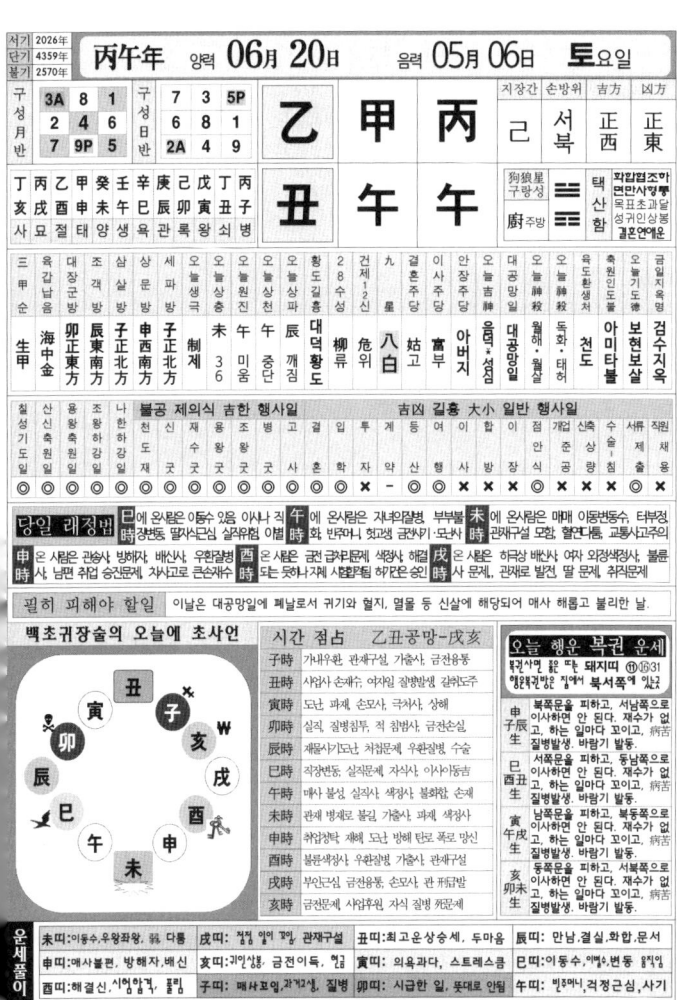

6월

서기	2026年
단기	4359年
불기	2570年

丙午年 양력 06月 21日 음력 05月 07日 일요일

하지 夏至 17時 25分 入

구성월반			구성일반		
3A	8	1	6	2	4P
2	4	6	5	7	9A
7	9P	5	1	3	8

丙	甲	丙
寅	午	午

지장간	손방위	吉方	凶方
己	북쪽	正南	正北

狗狼星 구랑성	괘		
天	☱☷	택산함	화합협조하 면만사형통 목표초과달 성귀인상봉 결혼연애운

己	戊	丁	丙	乙	甲	癸	壬	辛	庚	己	戊
亥	戌	酉	申	未	午	巳	辰	卯	寅	丑	子
절	묘	사	병	쇠	왕	록	관	욕	생	양	태

三甲순	육갑납음	대장군방	조객방	삼살방	상문방	세파방	오늘생극	오늘상충	오늘원진	오늘상천	오늘상파	황도길흉	28수성	건제12신	九星	결혼주당	이사주당	안장주당	복단일	오늘吉神	神殺	오늘神殺	육도환생처	축원인도불	오늘기도德	금일지옥명
生甲	爐中火	卯正東方	辰東南方	子正北方	申西南方	子正北方	義의	申 36	酉 미움	巳 중단	亥 깨짐	백호흑도	星성	成성	七赤	夫부	殺살	손님	삼합일	생기*익후	수격·귀기	토금·신호	인도	아미타불	약사보살	검수지옥

칠성기도일	산신축원일	용왕축원일	조왕하강일	나한하강일	불공 제의식 吉한 행사일							吉凶 길흉 大小 일반 행사일														
					천도재	신굿	재수굿	용왕굿	조왕굿	병굿	고사	결혼	입학	투자	계약	등산	여행	이사	합방	이장	점안식	개업준공	신축상량	수술-침	서류제출	직원채용
◎	◎	◎	◎	◎	◎	◎	◎	◎	◎	◎	◎	◎	◎	×	◎	◎	◎	×	×	×	◎	◎	◎	◎	◎	◎

당일 래정법

巳時 에 온사람은 문서 회합운, 결혼, 재혼, 경조사, 관송사 급구속건, 금전부정의혹

午時 에 온사람은 이동수 있는자, 직장변동, 사업체변동수, 해외여행, 이별수

未時 에 온사람은 자식문제, 금전손재수, 직장해고, 빈주머니, 헛고생 윗사람건, 매사불성

申時 온 사람은 허위문서, 매매 이동변동수, 여자상업사, 관재구설, 사비다툼주의, 차사고주의

酉時 온 사람은 방해자, 배신사, 남녀재혼, 취업 승진 매사지체불리함, 차사고로 손해

戌時 온 사람은 급처리문제, 묘지탈로 고이사발생 처음엔 해결되는 듯하나 후 불리함 시험 합격됨 허가건 승인됨

필히 피해야 할일

회의개최 • 구인 • 항공주의 • 주방고치기 • 동토 • 씨뿌리기 • 우물파기 • 제방쌓기 • 흙 파는일.

백초귀장술의 오늘에 초사언

시간 점占　丙寅공망-戌亥

子時	금전문제, 상업문제, 후원도움, 남편문제
丑時	매사 막히고 퇴보, 직장실직, 남편 자식
寅時	금전 임손, 여자문제, 자식사, 도난주의
卯時	윗사람 후원문제, 가출문제, 남녀색정사
辰時	자식문제, 직장실직, 시험안됨, 금전손실
巳時	직위승진, 명예, 응모당선, 금전기쁨 우환
午時	금전손실 다툼, 부인문제, 질병침투, 가출
未時	집안잡귀침투, 자식사, 색정사, 관직 실직
申時	질병재앙, 재물손실, 가출사, 도난, 도망
酉時	금전융통, 부인흉극, 파재, 관재 배신 음모
戌時	자식문제, 직장승진, 실직문제, 금전손실
亥時	윗사람 발탁건, 다툼, 이별사, 자식 가출사

오늘 행운 복권 운세

복권사면 좋은 띠는 **쥐띠** ①⑥⑯

행운복권방은 집에서 **북쪽**에 있는곳

申子辰生	북쪽문을 피하고, 서남쪽으로 이사하면 안 된다. 재수가 없고, 하는 일마다 꼬이고, 病苦 질병발생. 바람기 발동.
巳酉丑生	서쪽문을 피하고, 동남쪽으로 이사하면 안 된다. 재수가 없고, 하는 일마다 꼬이고, 病苦 질병발생. 바람기 발동.
寅午戌生	남쪽문을 피하고, 북동쪽으로 이사하면 안 된다. 재수가 없고, 하는 일마다 꼬이고, 病苦 질병발생. 바람기 발동.
亥卯未生	동쪽문을 피하고, 서북쪽으로 이사하면 안 된다. 재수가 없고, 하는 일마다 꼬이고, 病苦 질병발생. 바람기 발동.

운세풀이

申띠:이동수,우왕좌왕, 弱, 다툼	亥띠: 점점 일이 꼬임, 관재구설	寅띠:최고운상승세, 두마음	巳띠: 만남,결실,화합,문서
酉띠:매사불편, 방해자,배신	子띠:귀인상봉, 금전이득, 현금	卯띠: 의욕과다, 스트레스큼	午띠:이동수,이별수,변동 움직임
戌띠:해결신,시험합격, 풀림	丑띠: 매사꼬임,과거고생, 질병	辰띠: 시급한 일, 뜻대로 안됨	未띠: 빈주머니,걱정근심,사기

서기	2026年
단기	4359年
불기	2570年

丙午年 양력 06月 22日 음력 05月 08日 **월**요일

구성月반				구성日반			
	3A	8	1		5	1	3
	2	4	6		4	6	8P
	7	9P	5		9	2	7A

時	日	月	年
丁	甲	丙	
卯	午	午	

지장간	손방위	吉方	凶方
己	북동	正東	正西

狗狼星 구랑성	괘	택산함	화합협조하면만사형통 목표초과달성귀인상봉 결혼연애운
神廟道觀 後門 寅艮方	☱ ☶		

辛	庚	己	戊	丁	丙	乙	甲	癸	壬	辛	庚
亥	戌	酉	申	未	午	巳	辰	卯	寅	丑	子
태	양	생	욕	관	록	왕	쇠	병	사	묘	절

三甲순	육갑납음	대장군방	조객방	삼살방	상문방	세파방	오늘생극	오늘상충	오늘원진	오늘상천	오늘상파	황도길흉	28수성
生甲	爐中火	卯正東方	辰東南方	子正北方	申西南方	子正北方	義의	酉 36	申 미움	辰 중단	午 깨짐	옥당황도	張장

건제12신	九星	결혼주당	이사주당	안장주당	복단일	오늘吉神	오늘吉神	오늘神殺	육도환생처	축원인도불	오늘기도德	금일지옥명
收수	六白	廚주	害해	며느리	-	오합*지창	천은*복덕	혈기·구감	귀도	아미타불	문수보살	검수지옥

칠성기도일	산신축원일	용왕축원일	조왕하강일	나한하강일	불공 제의식 吉한 행사일: 천도재	신굿	재수굿	용왕굿	조왕굿	병굿	고사
×	◎	×	◎	◎	◎	◎	◎	◎	◎	◎	◎

吉凶 길흉 大小 일반 행사일: 결혼	입학	투자	계약	등산	여행	이사	합방	이장	점안식	개업준공	신축상량	수술·침	서류제출	직원채용
×	◎	×	×	◎	◎	×	×	×	◎	◎	×	◎	◎	×

당일 래정법

巳時에 온사람은 골치 아픈일, 가내환자, 죽음 바람기, 불륜, 시비투쟁, 정지

午時에 온사람은 문서 화합운, 결혼, 재혼, 경조사, 애정사, 궁합 만남, 후원 개업

未時에 온사람은 이동수 있는자, 이사나 직장변동, 사업체 변동수, 여행, 이별수

申時 온 사람은 자식문제, 실업자, 문서는 허위문서, 빈주머니, 헛고생, 사기 모함 · 도난사

酉時 온 사람은 매매 이동변동수, 터부정, 관재구설, 사기, 허위문서, 시비 다툼주의, 차사고주의

戌時 온 사람은 방해자, 배신사, 직장모함, 취업 승진 매사 지체불리함, 차사고로 손재수, 암투

필히 피해야 할일

주식투자 • 사행성코인사입 • 교역 • 머리자르기 • 태아인공수정 • 새집들이 • 어로작업

백초귀장술의 오늘에 초사언

시간 점占 丁卯공망-戌亥

子時	우환질병, 음란색정사, 관재구설, 도난
丑時	자식문제, 직장실직, 금전손실, 이별사
寅時	윗사람 질병침투, 사업후원사, 불륜사 탄로
卯時	여자로부터 금전손실, 우환질병, 삼각관계
辰時	사업상 손실, 가산탕진, 직업실직, 관재수
巳時	매사 불성사, 가출건, 금전손실 다툼
午時	취업문제, 직위승진, 가정문제, 도난
未時	이동 이별수, 직업변동, 가출사, 삼각관계
申時	상해, 도난, 금전융통, 극처사, 가출사건
酉時	적의 침범사, 금전 병재로 불길, 색정사
戌時	자식문제, 실직사, 불륜색정사, 배신도망
亥時	금전문제, 자식문제, 가출사, 불륜관계

오늘 행운 복권 운세

복권사면 좋은 띠는 소띠 ②⑤⑩

행운복권방은 집에서 북동쪽에 있는곳

申子辰生	북쪽문을 피하고, 서남쪽으로 이사하면 안 된다. 재수가 없고, 하는 일마다 꼬이고, 病苦 질병발생. 바람기 발동.
巳酉丑生	서쪽문을 피하고, 동남쪽으로 이사하면 안 된다. 재수가 없고, 하는 일마다 꼬이고, 病苦 질병발생. 바람기 발동.
寅午戌生	남쪽문을 피하고, 북동쪽으로 이사하면 안 된다. 재수가 없고, 하는 일마다 꼬이고, 病苦 질병발생. 바람기 발동.
亥卯未生	동쪽문을 피하고, 서북쪽으로 이사하면 안 된다. 재수가 없고, 하는 일마다 꼬이고, 病苦 질병발생. 바람기 발동.

운세풀이

酉띠:이동수,우왕좌왕, 弱, 다툼	子띠: 점점 일이 꼬임, 관재구설	卯띠:최고운상승세, 두마음	午띠: 만남,결실,화합,문서
戌띠:매사불편, 방해자,배신	丑띠:귀인상봉, 금전이득, 현금	辰띠: 의욕과다, 스트레스큼	未띠:이동수,이별수,변동 움직임
亥띠:해결신,시험합격, 풀림	寅띠: 매사꼬임,과거2생, 질병	巳띠: 시급한 일, 뜻대로 안됨	申띠: 빈주머니,걱정근심,사기

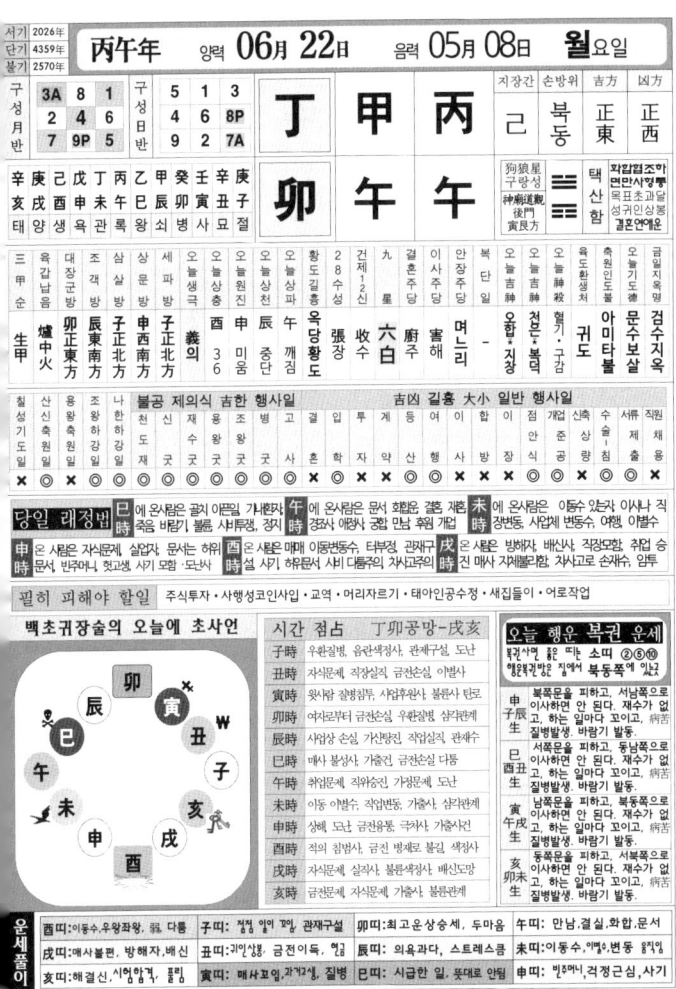

6월

서기 2026年	단기 4359年	불기 2570年

丙午年 양력 06月 23日 음력 05月 09日 화요일

구성月반			구성日반			
3A	8	1		4	9	2
2	4	6		3	5	7
7	9P	5		8	1	6P

時	日	月
戊	甲	丙
辰	午	午

지장간	손방위	吉方	凶方
己	無	正北	正南

癸亥	壬戌	辛酉	庚申	己未	戊午	丁巳	丙辰	乙卯	甲寅	癸丑	壬子
절	묘	사	병	쇠	왕	록	관	욕	생	양	태

狗狼星 구랑성 寅辰方 寺觀 ☰☷ 택산함

확합협조하 면만사형통 목표초과달 성귀인상봉 결혼연애운

三甲순	육갑납음	대장군방	조객방	삼살방	상문방	세파방	오늘생극	오늘상충	오늘원진	오늘상천	오늘상파	황도길흉	28수성	건제12신	九星	결혼주당	이사주당	안장주당	복단일	오늘吉神	오늘神殺	오늘神殺	육도환생처	축원인도불	오늘기도德	금일지옥명
生甲	大林木	卯正東方	辰東南方	子正北方	申西南方	子正北方	專전	戌 36	亥 미움	卯 중단	丑 깨짐	천뇌흑도	翼익	開개	五黃	婦부	天천	어머니	청룡*요안	-	천구·조객	구공·패파	축도	아미타불	지장보살	검수지옥

칠성기도일	산신축원일	용왕축원일	조왕하강일	나한하강일	천도재	신굿	재수굿	용왕굿	조왕굿	병굿	고사	결혼	입학	투자	계약	등산	여행	이사	합방	이장	점안식	개업준공	신축상량	수술·침	서류제출	직원채용
					불공 제의식 吉한 행사일							吉凶 길흉 大小 일반 행사일														
◎	◎	×	×	◎	◎	◎	◎	×	×	◎	◎	×	◎	◎	×	◎	◎	◎	×	×	◎	◎	×	◎	◎	◎

당일 래정법

巳時 에 온사람은 의욕과다. 뭔가 하고싶어서 왔다. 직장취업문제, 시험합격여부

午時 에 온사람은 골치 아픈일, 가내환자, 죽음, 바람기, 불륜, 시비투쟁, 정지

未時 에 온사람은 형제, 문서, 화합운, 결혼, 재혼, 경조사, 애정사, 궁합, 만남, 후원, 개업

申時 온 사람은 이동수 있는자, 이사나 직장변동, 사업체 변동수, 여행, 이별수, 창업불리

酉時 온 사람은 색정사문제, 금전손재수, 쉬고있는자, 빈주머니, 헛 공사, 사기모함, 매사불성

戌時 온 사람은 매매 이동변동수, 터부정, 관재구설, 사기, 허위문서, 동업자 시비 다툼주의, 차사고주의

필히 피해야 할일 주식투자 · 사행성코인사입 · 명품구입 · 신상출고 · 제품출품 · 화재조심 · 장담그기 · 승선 · 동토

백초귀장술의 오늘에 초사언

시간 점占	戊辰공망-戌亥
子時	부인문제, 태아령천도, 금전문제, 삼각관계
丑時	부인 가출, 금전손실, 도주, 불륜사
寅時	질병재앙, 직장취업문제, 직장변동, 관재
卯時	재물손실, 파재, 극처사, 관송사 분쟁
辰時	금전암손, 여자문제, 금전다툼, 진퇴반복
巳時	사업신규사, 직장승진건, 포상 명예사
午時	윗사람 손상, 직장박탈, 극처사, 수술주의
未時	사업사, 부인문제, 가출사, 음란불륜사
申時	자선사업 봉사, 자식문제, 직업실직 가출
酉時	남녀색정사, 금전융통, 불명예 질병침투
戌時	질병재앙, 적침범사, 가출문제 부하도주
亥時	금전사기 손재수, 금전융통, 이별수

오늘 행운 복권 운세

복권사면 좋은 띠는 범띠 ③⑧⑱ 행운복권방은 집에서 동북쪽에 있는곳

申子辰生	북쪽문을 피하고, 서남쪽으로 이사하면 안 된다. 재수가 없고, 하는 일마다 꼬이고, 病苦 질병발생. 바람기 발동.
巳酉丑生	서쪽문을 피하고, 동남쪽으로 이사하면 안 된다. 재수가 없고, 하는 일마다 꼬이고, 病苦 질병발생. 바람기 발동.
寅午戌生	남쪽문을 피하고, 북동쪽으로 이사하면 안 된다. 재수가 없고, 하는 일마다 꼬이고, 病苦 질병발생. 바람기 발동.
亥卯未生	동쪽문을 피하고, 서북쪽으로 이사하면 안 된다. 재수가 없고, 하는 일마다 꼬이고, 病苦 질병발생. 바람기 발동.

운세풀이

戌띠:이동수,우왕좌왕, 弱弱 다툼	丑띠: 점점 일이 꼬임, 관재구설	辰띠:최고운상승세, 두마음	未띠: 만남,결실,화합,문서
亥띠:매사불편, 방해자,배신	寅띠:귀인상봉, 금전이득, 현금	巳띠: 의욕과다, 스트레스큼	申띠:이동수,이별수,변동 움직임
子띠:해결신,시험합격, 풀림	卯띠: 매사꼬임,과거고생, 질병	午띠: 시급한 일, 뜻대로 안됨	酉띠: 빈주머니,걱정근심,사기

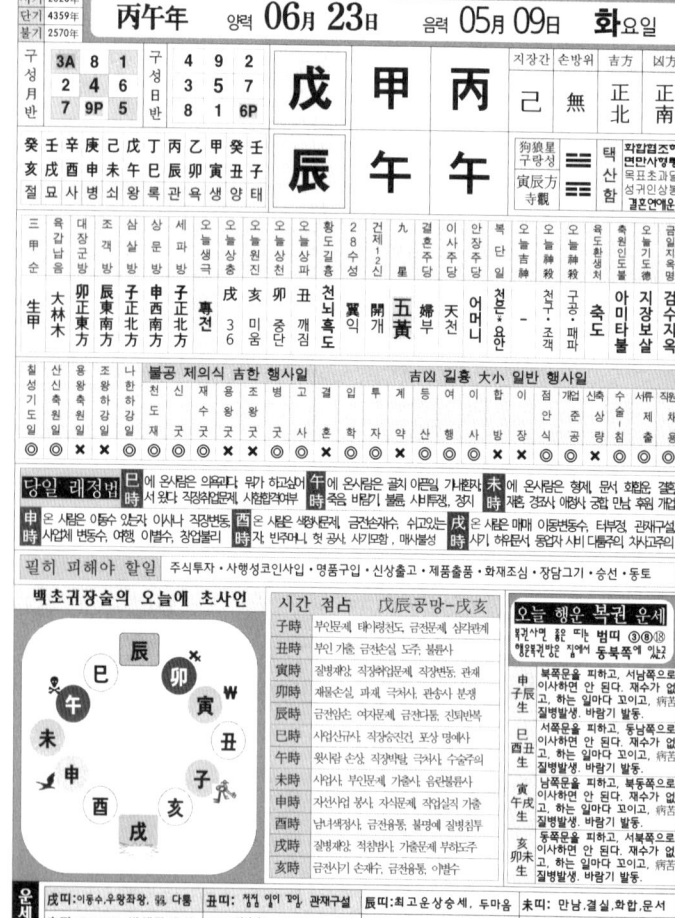

서기	2026年
단기	4359年
불기	2570年

丙午年 양력 06月 24日 음력 05月 10日 수요일

구성月반				구성日반			
	3A	8	1		3A	8	1
	2	4	6		2	4	6
	7	9P	5		7	9	5P

時	日	月	年
己	甲	丙	
巳	午	午	

(천간: 己 甲 丙 / 지지: 巳 午 午)

지장간	손방위	吉方	凶方
己	無	正西	正東

狗狼星 구랑성	申方 寺觀	☱ ☷	택산함	화합협조하 면만사형통 목표초과달 성귀인상봉 결혼연애운

乙	甲	癸	壬	辛	庚	己	戊	丁	丙	乙	甲
亥	戌	酉	申	未	午	巳	辰	卯	寅	丑	子
태	양	생	욕	관	록	왕	쇠	병	사	묘	절

三甲순	육갑납음	대장군방	조객방	삼살방	상문방	세파방	오늘생극	오늘상충	오늘원진	오늘상천	오늘상파	황도길흉	28수성	건제12신	九星	결혼주당	이사주당	안장주당	복단일	오늘吉神	神殺	오늘神殺	육도환생처	축원인도불	오늘기도德	금일지옥명
生甲	大林木	卯正東方	辰東南方	子正北方	申西南方	子正北方	義의	亥 36	戌 미움	寅 중단	申 깨짐	현무흑도	軫진	閉폐	四綠	竈조	利이	여자	-	옥우*왕일	혈지·유화	병부·홍사	옥도	아미타불	문수보살	검수지옥

칠성기도일	산신축원일	용왕축원일	조왕하강일	나한하강일	천도재	신굿	재수굿	용왕굿	조왕굿	병굿	고사	결혼	입학	투자	계약	등산	여행	이사	합방	이장	점안식	개업준공	신축상량	수술-침	서류제출	직원채용
×	×	×	×	×	×	×	×	×	×	×	×	×	×	×	×	◎	◎	◎	×	×	×	×	×	-	-	×

(불공 제의식 吉한 행사일: 천도재 ~ 고사 / 吉凶 길흉 大小 일반 행사일: 결혼 ~ 직원채용)

당일 래정법

巳時에 온사람은 의욕충만, 무기지문제로 갈등사, 갖고싶은 욕구, 직장문제, 사업문제

午時에 온사람은 의욕과다, 뭔가 하고싶어서 왔다. 직장취업문제, 시험합격여부

未時에 온사람은 골치 아픈일, 형제동업죽음, 바람기, 불륜, 사비투쟁, 속정리

申時 온 사람은 형제, 문서, 화합운, 결혼, 재혼, 경조사, 애정사, 궁합, 만남, 개업, 하극상 배신, 구설수

酉時 온 사람은 이동수 있는자, 가출, 이사나 직장변동, 사업체 변동수, 여행, 이별수, 관재구설

戌時 온 사람은 색정사문제, 금전손재수, 수고있는자, 빈주머니, 헛 공사, 사기모함, 매사불성

필히 피해야 할일

약혼식·입주·새집들이·친목회·금전수금·건축수리·기둥세우기·산나물채취·흙 파는일

백초귀장술의 오늘에 초사인

시간 점占 己巳공망-戌亥

子時	금전융통, 여자문제, 상업문제, 부부문제
丑時	육친이별, 자식가출, 여자도망, 삼각관계
寅時	관청문제, 가출사, 극처사, 색정사, 변동
卯時	질병침투, 관재구설, 남녀색정사, 가출
辰時	금전파산, 부인문제, 재해, 도난, 원귀침투
巳時	금전암손, 여자문제, 사업후원사, 기도요망
午時	남녀색정사, 직장취업 승진문제, 가출사
未時	금전융통 손재수, 형제친구, 가출방황 수술
申時	사업후원사 발탁, 화합사, 당선 賞福 有
酉時	급병자발생, 직장실직, 자식 가출도주
戌時	금전손실, 도망사,,이별사, 신병불리
亥時	적의 침범사, 질병침투, 가출사, 부부이별

오늘 행운 복권 운세

복권사면 좋은 띠는 토끼띠 ②⑧
행운복권방은 집에서 동쪽에 있다

申子辰生	북쪽문을 피하고, 서남쪽으로 이사하면 안 된다. 재수가 없고, 하는 일마다 꼬이고, 病苦 질병발생. 바람기 발동.
巳酉丑生	서쪽문을 피하고, 동남쪽으로 이사하면 안 된다. 재수가 없고, 하는 일마다 꼬이고, 病苦 질병발생. 바람기 발동.
寅午戌生	남쪽문을 피하고, 북동쪽으로 이사하면 안 된다. 재수가 없고, 하는 일마다 꼬이고, 病苦 질병발생. 바람기 발동.
亥卯未生	동쪽문을 피하고, 서북쪽으로 이사하면 안 된다. 재수가 없고, 하는 일마다 꼬이고, 病苦 질병발생. 바람기 발동.

운세풀이

亥띠:이동수,우왕좌왕, 弱, 다툼	寅띠: 점점 일이 꼬임, 관재구설	巳띠:최고운상승세, 두마음	申띠: 만남,결실,화합,문서
子띠:매사불편, 방해자,배신	卯띠:귀인상봉, 금전이득, 현금	午띠: 의욕과다, 스트레스큼	酉띠:이동수,이별수,변동 움직임
丑띠:해결신,시험합격, 풀림	辰띠: 매사꼬임,과거고생, 질병	未띠: 시급한 일, 뜻대로 안됨	戌띠: 빈주머니,걱정근심,사기

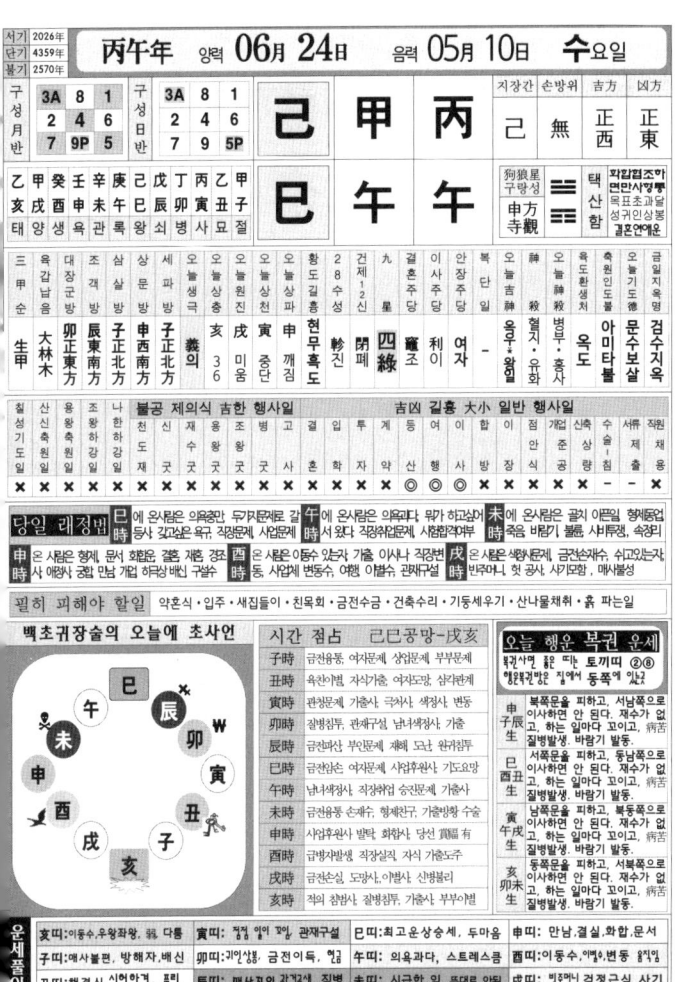

6월

서기	2026年
단기	4359年
불기	2570年

丙午年 양력 06月 25日 음력 05月 11日 목요일

구성月반				구성日반			
	3A	8	1		2	7	9
	2	4	6		1A	3	5
	7	9P	5		6	8P	4

庚	甲	丙
午	午	午

지장간	손방위	吉方	凶方
己	동쪽	正西	正東

狗狼星 구랑성	천풍구	
天	☰ ☴	우연한만남 재앙도난사기돌발사고 당하는흉운 매사자중 신중

丁	丙	乙	甲	癸	壬	辛	庚	己	戊	丁	丙
亥	戌	酉	申	未	午	巳	辰	卯	寅	丑	子
병	쇠	왕	록	관	욕	생	양	태	절	묘	사

三甲순	육갑납음	대장군방	조객방	삼살방	상문방	세파방	오늘생극	오늘상충	오늘원진	오늘상천	오늘상파	황도길흉	28수성
生甲	路傍土	卯正東方	辰東南方	子正北方	申西南方	子正北方	伐벌	子 36	丑 미움	丑 중단	卯 깨짐	사명황도	角각

건제12신	九星	결혼주당	이사주당	안장주당	복단일	대공망일	오늘吉神	오늘神殺	육도환생처	축원인도불	오늘기도德	금일지옥명
建건	三碧	第제	安안	死	복단일	양덕*신후	금당*관일	지화·천격	불도	정광여래	약사보살	도산지옥

칠성기도일	산신축원일	용왕축원일	조왕하강일	나한하강일	불공 제의식 吉한 행사일						
					천도재	신굿	재수굿	용왕굿	조왕굿	병굿	고사
◎	×	◎	◎	◎	◎	◎	◎	◎	◎	◎	◎

吉凶 길흉 大小 일반 행사일																	
결혼	입학	투자	계약	등산	여행	이사	합방	이장	점안식	개업준공	신축상량	수술-침	서류제출	직원채용			
◎	◎	◎	◎	◎	◎	×	◎	◎	◎	◎	◎	◎	◎	◎			

당일 래정법

巳時 에 온사람은 건강문제, 관재구설로 운이 단단히 꼬여있음, 동업파탄 손재수

午時 에 온사람은 의욕충만, 두문제로 갈등사 갖고싶은 욕구, 직장문제, 취업문제

未時 에 온사람은 의욕과다, 뭔가 하고싶어서 왔다 직장취업문제, 결혼문제

申時 온 사람은 골치 아픈일, 친구나 형제동업, 죽음, 배우자바람기, 불륜, 사비투쟁, 속 정리해야함

酉時 온 사람은 형제, 문서 화합운, 결혼, 경조사, 애정사, 궁합 만남 개업 하극상 배신 경쟁사로 골변

戌時 온 사람은 이동수 있는자, 가출 이사나 직장변동, 사업체 변동수, 여행, 이별수, 관재구설

필히 피해야 할일

홍보광고 · 새작품제작 · 출품 · 새집들이 · 인수인계 · 씨뿌리기 · 질병치료 · 벌초 · 흙파기

백초귀장술의 오늘에 초사언

시간 점占 庚午공망-戌亥

子時	질병재앙, 자식 극, 관재근심, 도난 질책
丑時	사업손재, 육친이별, 질병침투 기도요망
寅時	사업손재, 금전융통, 불륜사, 가출, 이별
卯時	남녀색정사, 금전문제 여자도주 가출사
辰時	자선사업, 사업후원사, 질병재앙, 가출사
巳時	질병재앙, 관재구설, 재앙초래, 괴이사발생
午時	금전손실, 직장문제, 남편문제, 재해 도난
未時	사업후원문제, 금전융통, 가출문제
申時	원행 이동건, 직장취업문제, 승진문제
酉時	관직 발탁사, 금전문제, 극처사, 수술유의
戌時	재물손실, 가출건, 사업파산, 윗사람문제
亥時	자식 질병재앙, 사기손재, 도난, 함정 음란

오늘 행운 복권 운세

복권사면 좋은 띠는 용띠 ⑤⑩⑳
행운복권방은 집에서 동남쪽에 있는곳

申子辰生	북쪽문을 피하고, 서남쪽으로 이사하면 안 된다. 재수가 없고, 하는 일마다 꼬이고, 病苦 질병발생. 바람기 발동.
巳酉丑生	서쪽문을 피하고, 동남쪽으로 이사하면 안 된다. 재수가 없고, 하는 일마다 꼬이고, 病苦 질병발생. 바람기 발동.
寅午戌生	남쪽문을 피하고, 북동쪽으로 이사하면 안 된다. 재수가 없고, 하는 일마다 꼬이고, 病苦 질병발생. 바람기 발동.
亥卯未生	동쪽문을 피하고, 서북쪽으로 이사하면 안 된다. 재수가 없고, 하는 일마다 꼬이고, 病苦 질병발생. 바람기 발동.

운세풀이

子띠:이동수,우왕좌왕, 弱 다툼	卯띠: 점점 일이 꼬임, 관재구설	午띠:최고운상승세, 두마음	酉띠: 만남,결실,화합,문서
丑띠:매사불편, 방해자,배신	辰띠:귀인상봉, 금전이득, 현금	未띠: 의욕과다, 스트레스큼	戌띠:이동수,이별수,변동 움직임
寅띠:해결신,시험합격, 풀림	巳띠: 매사꼬임,과거고생, 질병	申띠: 시급한 일, 뜻대로 안됨	亥띠: 빈주머니,걱정근심,사기

서기 2026年	단기 4359年	불기 2570年

丙午年 양력 06月 26日 음력 05月 12日 금요일

구성月반

3A	8	1
2	4	6
7	9P	5

구성日반

1	6	8A
9	2	4
5P	7	3

辛	甲	丙
未	午	午

지장간	손방위	吉方	凶方
丁	동남	正東	正西

狗狼星 구랑성		천풍구	우연한만남 재앙도난사기돌발사고 당하는흉운 매사조심 신중
天	☰ ☴		

己	戊	丁	丙	乙	甲	癸	壬	辛	庚	己	戊
亥	戌	酉	申	未	午	巳	辰	卯	寅	丑	子
욕	관	록	왕	쇠	병	사	묘	절	태	양	생

三甲순	육갑납음	대장군방	조객방	삼살방	상문방	세파방	오늘생극	오늘상충	오늘원진	오늘상천	오늘상파	황도길흉	28수성	건제12신	九星
生甲	路傍土	卯正東方	辰東南方	子正北方	申西南方	子正北方	義의	丑 36	子 미움	子 중단	戌 깨짐	구진흑도	亢항	除제	二黑

결혼주당	이사주당	안장주당	복단일	오늘吉神	오늘吉神	오늘神殺	육도환생처	축원인도불	오늘기도德	금일지옥명
翁옹	災재	손자	-	월덕합	길기*수일	無	불도	정광여래	대세지보살	도산지옥

칠성기도일	산신축원일	용왕축원일	조왕하강일	나한하강일	불공 제의식 吉한 행사일: 천도재	신굿	재수굿	용왕굿	조왕굿	병굿	고사
◎	◎	◎	◎	◎	◎	◎	◎	◎	◎	◎	◎

吉凶 길흉 大小 일반 행사일: 결혼	입학	투자	계약	등산	여행	이사	합방	이장	점안식	개업준공	신축상량	수술-침	서류제출	직원채용
×	◎	×	×	◎	◎	×	×	◎	◎	◎	◎	-	◎	×

당일 래정법

巳時 에 온사람은 금전문제, 사업문제, 금전구재건, 관직취직사, 속전속결이 유리

午時 에 온사람 건강문제, 관재구설로 운이 단단히 꼬여있음, 동업파탄 손재수

未時 에 온사람 금전사기, 허위문서로 관재, 교합사는 불성사, 이동수도 있음

申時 온 사람은 의욕과다, 뭔가 하고싶어서 왔다. 직장취업문제, 친구형제간 배신과 암해, 관재수

酉時 온 사람은 골치 아픈일, 형제동업, 죽음, 바람기, 불륜, 시비투쟁, 급속정리해야함, 청춘구직해

戌時 온 사람은 형제, 문서, 화합운, 결혼, 재혼, 경조사, 애정사, 궁합, 만남, 개업, 하극상 배신, 구설수

필히 피해야 할일

홍보광고 • 새작품제작 • 출품 • 새집들이 • 인수인계 • 씨뿌리기 • 질병치료 • 동물들이기

백초귀장술의 오늘에 초사언

시간 점占 辛未공망-戌亥

子時	남녀색정사, 금전손해 실물수, 질병 관재
丑時	적의 침범사, 질병재앙, 자손상해, 가출
寅時	부인문제, 금전문제, 불륜 삼각관계
卯時	금전융통, 질병위급, 여자문제, 금전다툼
辰時	사업 후원문제, 육친이별, 다툼, 불륜배신
巳時	관직 발탁사, 금전문제, 남편명예사, 포상
午時	시작불리, 금전융통, 직장변동, 가출사
未時	금전의 암손, 여자문제, 질병침투, 도주
申時	파재, 상해, 도난, 극처사, 횡액주의
酉時	형제친구 도주사, 직장실직, 가출사
戌時	사업후원사, 질병 수술위급, 관청근심
亥時	직업권리 실직, 금전손재수, 가출사발생

오늘 행운 복권 운세

복권사면 좋은 띠는 **뱀띠** ⑦⑰27

행운복권방은 집에서 **남동쪽**에 있는곳

申子辰生	북쪽문을 피하고, 서남쪽으로 이사하면 안 된다. 재수가 없고, 하는 일마다 꼬이고, 病苦 질병발생. 바람기 발동.
巳酉丑生	서쪽문을 피하고, 동남쪽으로 이사하면 안 된다. 재수가 없고, 하는 일마다 꼬이고, 病苦 질병발생. 바람기 발동.
寅午戌生	남쪽문을 피하고, 북동쪽으로 이사하면 안 된다. 재수가 없고, 하는 일마다 꼬이고, 病苦 질병발생. 바람기 발동.
亥卯未生	동쪽문을 피하고, 서북쪽으로 이사하면 안 된다. 재수가 없고, 하는 일마다 꼬이고, 病苦 질병발생. 바람기 발동.

운세풀이

丑띠:이동수,우왕좌왕, 弱, 다툼	辰띠: 점점 일이 꼬임, 관재구설	未띠:최고운상승세, 두마음	戌띠: 만남,결실,화합,문서
寅띠:매사불편, 방해자,배신	巳띠:귀인상봉, 금전이득, 현금	申띠: 의욕과다, 스트레스큼	亥띠:이동수,이별수,변동 움직임
卯띠:해결신,시험합격, 풀림	午띠: 매사꼬임,과거고생, 질병	酉띠: 시급한 일, 뜻대로 안됨	子띠: 빈주머니,걱정근심,사기

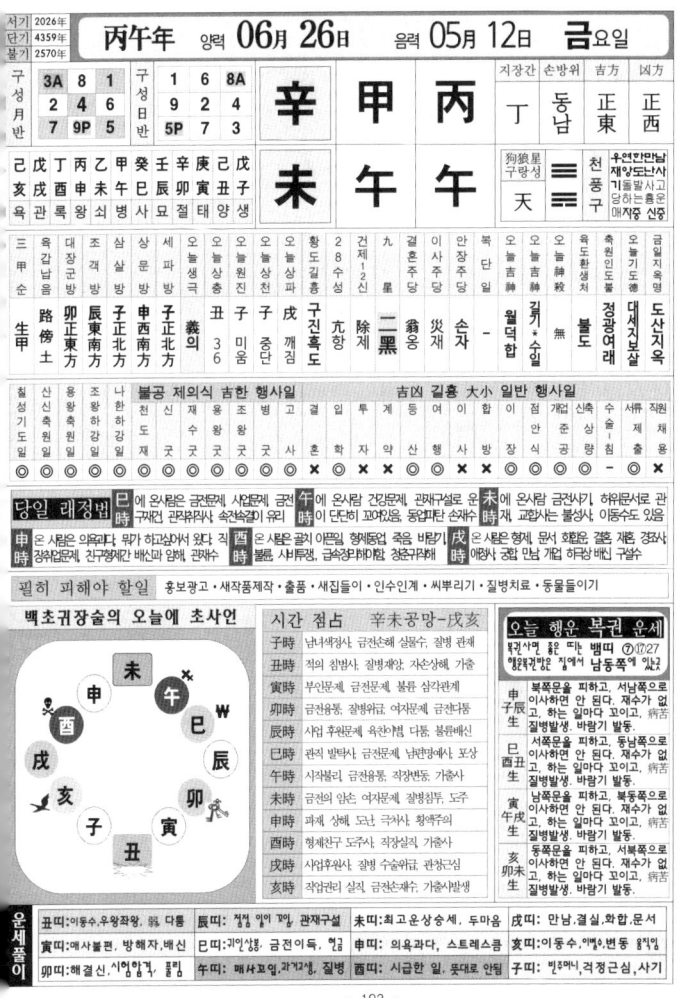

6월

서기	2026年
단기	4359年
불기	2570年

丙午年 양력 06月 27日 음력 05月 13日 토요일

구성月반			구성日반		
3A	8	1	9	5	7
2	4	6	8	1	3
7	9P	5	4P	6A	2

	時	日	月	年
천간	壬	甲	丙	
지지	申	午	午	

지장간	손방위	吉方	凶方
丁	남쪽	正北	正南

辛	庚	己	戊	丁	丙	乙	甲	癸	壬	辛	庚
亥	戌	酉	申	未	午	巳	辰	卯	寅	丑	子
록	관	욕	생	양	태	절	묘	사	병	쇠	왕

狗狼星 구랑성 / 正廳 정청관청 / ☰ ☵ 천풍구 / 우연한만남 재앙도난사기돌발사고 당하는흉운 매사자중 신중

三甲순	육갑납음	대장군방	조객방	삼살방	상문방	세파방	오늘생극	오늘상충	오늘원진	오늘상천	오늘상파	황도길흉	28수성	건제12신	九星	결혼주당	이사주당	안장주당	오늘吉神	오늘吉神	神殺	오늘神殺	육도환생처	축원인도불	오늘기도德	금일지옥명
生甲	劍鋒金	卯正東方	辰東南方	子正北方	申西南方	子正北方	義의	寅 36	卯 미움	亥 중단	巳 깨짐	청룡황도	氐저	滿만	一白	堂당	師사	남자	-	천후*상일	월공*역마	지격·오허	인도	정광여래	아미보살	도산지옥

칠성기도일	산신축원일	용왕축원일	조왕하강일	나한하강일	천도재	신굿	재수굿	용왕굿	조왕굿	병굿	고사	결혼	입학	투자	계약	등산	여행	이사	합방	이장	점안식	개업준공	신축상량	수술-침	서류제출	직원채용
◎	◎	×	◎	◎	◎	◎	◎	◎	◎	◎	◎	◎	◎	×	×	◎	◎	×	×	×	◎	◎	◎	◎	◎	◎

(천도재~고사: 불공 제의식 吉한 행사일 / 결혼~직원채용: 吉凶 길흉 大小 일반 행사일)

당일 래정법

巳時에 온사람은 의욕없는자, 금전구재건 색정사로 다툼, 억울한 일 매사불성사

午時에 온사람은 금전문제, 사업문제, 빚쟁이모함, 관직취직사, 속전속결이 유리

未時에 온사람 건강문제, 관재구설로 운이 단단히 꼬여있음, 남자는 불리, 손재수

申時 온 사람은 금전사기, 허위문서로 관재, 종교문제, 수술문제, 후원자는 유리함, 사고조심

酉時 온 사람은 의욕과다, 뭐가 하고싶어서 왔다. 직장취업문제, 친구형제간 배신, 시험합격여부

戌時 온 사람은 골치 아픈일, 형제동업, 죽음, 바람기, 불륜, 자비투쟁, 급속정리해야함, 청춘구직해

필히 피해야 할일

이날은 흑도와 월파일에 월기일, 패파, 대모 등 신살에 해당되어 매사 해롭고 불리한 날.

백초귀장술의 오늘에 초사언

시간 점占 壬申공망-戌亥

子時	금전손재수, 부인침해, 태아령 천도요망
丑時	사기도난, 파재, 실직사, 남편문제, 가출
寅時	파재, 관재, 적 침범사, 질병침투, 터부정
卯時	관록 당선에 방해자, 실수 탄로, 가출사
辰時	자손 시험합격, 불륜사, 질병재앙, 관재
巳時	금전융통, 여자문제, 불륜색정사, 가출사
午時	금전융통, 금전다툼, 극처사, 가출문제
未時	病환자, 직장실직, 남편문제, 불륜애정사
申時	금전암손, 부인문제, 형제친구사, 불륜사
酉時	윗사람 후원문제, 남녀색정사, 가출사건
戌時	색정사, 재물손실, 가출건, 질병침투, 관재
亥時	입상명예문제, 직장취업 승진문제, 가출

오늘 행운 복권 운세

복권사면 좋은 띠는 말띠 ⑤⑦22
행운복권방은 집에서 남쪽에 있는곳

申子辰生	북쪽문을 피하고, 서남쪽으로 이사하면 안 된다. 재수가 없고, 하는 일마다 꼬이고, 病苦 질병발생. 바람기 발동.
巳酉丑生	서쪽문을 피하고, 동남쪽으로 이사하면 안 된다. 재수가 없고, 하는 일마다 꼬이고, 病苦 질병발생. 바람기 발동.
寅午戌生	남쪽문을 피하고, 북동쪽으로 이사하면 안 된다. 재수가 없고, 하는 일마다 꼬이고, 病苦 질병발생. 바람기 발동.
亥卯未生	동쪽문을 피하고, 서북쪽으로 이사하면 안 된다. 재수가 없고, 하는 일마다 꼬이고, 病苦 질병발생. 바람기 발동.

운세풀이

寅띠:이동수,우왕좌왕, 弱 다툼	巳띠: 점점 일이 꼬임, 관재구설	申띠:최고운상승세, 두마음	亥띠: 만남,결실,화합,문서
卯띠:매사불편, 방해자,배신	午띠: 귀인상봉, 금전어득, 현금	酉띠: 의욕과다, 스트레스큼	子띠:이동수,이별수,변동 움직임
辰띠:해결신,시험합격, 풀림	未띠: 매사꼬임,과거고생, 질병	戌띠: 시급한 일, 뜻대로 안됨	丑띠: 빈주머니,걱정근심,사기

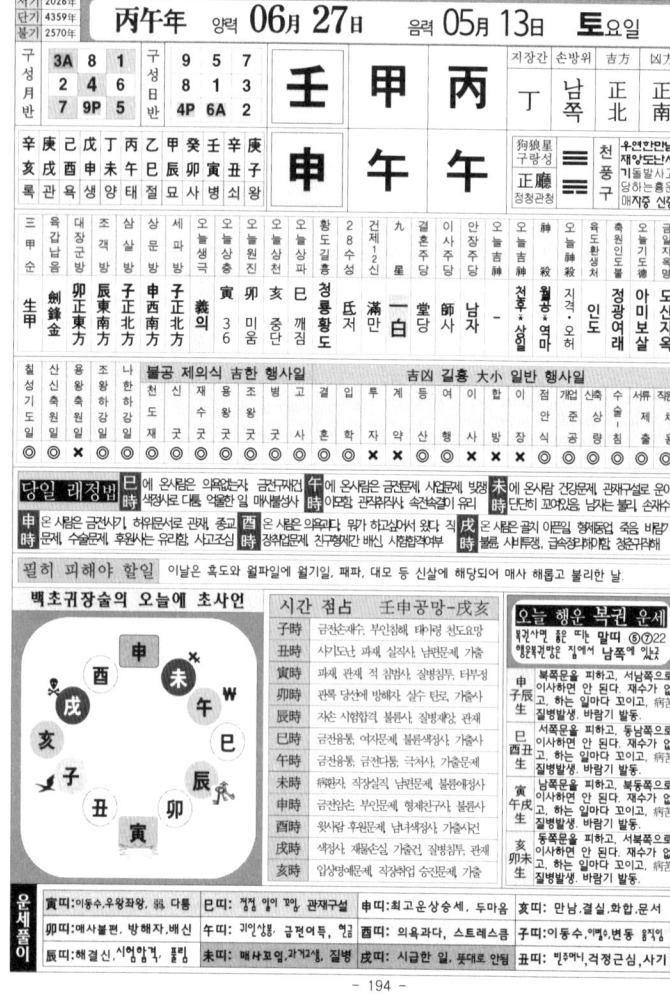

서기	2026年
단기	4359年
불기	2570年

丙午年 양력 06月 28日 음력 05月 14日 일요일

구성月반				구성日반			
	3A	8	1		8	4A	6
	2	4	6		7P	9	2
	7	9P	5		3	5	1

癸	甲	丙
酉	午	午

지장간	손방위	吉方	凶方
丁	남서	正西	正東

狗狼星 구랑성	寅艮卯方 午方後門	천풍구	우연한만남 재앙도난사기 돌발사고 당하는흉운 매사자중 신중

癸	壬	辛	庚	己	戊	丁	丙	乙	甲	癸	壬
亥	戌	酉	申	未	午	巳	辰	卯	寅	丑	子
왕	쇠	병	사	묘	절	태	양	생	욕	관	록

三甲순	육갑납음	대장군방	조객방	삼살방	상문방	세파방	오늘생극	오늘상충	오늘원진	오늘상천	오늘상파	황도길흉	28수성	건제12신	九星	결혼주당	이사주당	안장주당	복단일	神殺	神殺	오늘神殺	육도환생처	축원인도불	오늘기도德	금일지옥명
生甲	劍鋒金	卯正東方	辰東南方	子正北方	申西南方	子正北方	義의	卯 36	寅 미움	戌 중단	子 깨짐	명당황도	房방	平평	九紫	姑고	富부	아버지	월기일	경안*민일	천강·멸몰	천리·사신	귀도	정광여래	관음보살	도산지옥

칠성기도일	산신축원일	용왕축원일	조왕하강일	나한하강일	불공 제의식 吉한 행사일									吉凶 길흉 大小 일반 행사일											
					천도재	신굿	재수굿	용왕굿	조왕굿	병굿	고사	결혼	입학	투자	계약	등산	여행	이사	합방	이장	점안식	개업준공	신축상량	수술-침	서류제출	직원채용
◎	◎	◎	◎	◎	◎	◎	◎	◎	◎	◎	◎	◎	◎	×	-	◎	◎	×	×	×	◎	◎	◎	◎	◎	◎

당일 래정법

巳時 에 온사람은 허가 해결할 문제, 합격여부, 금전투자여부, 직장문제, 재혼은 굳

午時 에 온사람은 의욕없는자, 금전구재건, 색정사로 다툼, 억울한 일 매사불성사

未時 에 온사람 금전문제, 사업문제, 자식문제, 관직취직사, 속전속결이 유리

申時 온 사람은 건강문제, 관재구설로 운이 단단히 꼬여있음, 취업 승진문제, 딸자식문제, 손재수

酉時 온 사람은 두가지 문제 갈등사, 갖고싶은 욕구강함, 새로운 일시작 진행함이 좋다. 우환질병

戌時 온 사람은 의욕과다, 뭐가 하고싶어서 왔다, 직장 취업문제, 친구형제간 배신, 시험합격여부

필히 피해야 할일 이날은 천적과 월파일에 천적, 오허, 검봉, 지화 등 신살에 해당되어 매사 해롭고 불리한 날.

백초귀장술의 오늘에 초사언

시간 점占 癸酉공망-戌亥

子時	직장근심, 사업손재수, 색정사, 도난도주
丑時	관재, 적 침범사, 질병침투, 불륜색정사
寅時	음란색정사, 불명예, 극처사, 재해 도난
卯時	질병침투, 색정사, 적 침범사, 가출사
辰時	직장실직, 금전융통, 남편문제, 화합사
巳時	재물과 부인문제, 질병재앙, 후원 발탁사
午時	금전융통, 남녀 색정사, 부부불화, 가출사
未時	육친이별문제, 구재이득, 우환질병, 관재
申時	어른 우환질병, 실직사, 도난 가출사
酉時	금전 암손, 부인문제, 질병침투, 색정사
戌時	관직권리, 직장취업, 부부변심, 삼각관계
亥時	재앙불리, 음란색정사, 금전손실, 도난

오늘 행운 복권 운세

복권사면 좋은 띠는 양띠 ⑤⑩25
행운복권방은 집에서 남서쪽에 있는곳

申子辰生	북쪽문을 피하고, 서남쪽으로 이사하면 안 된다. 재수가 없고, 하는 일마다 꼬이고, 病苦 질병발생. 바람기 발동.
巳酉丑生	서쪽문을 피하고, 동남쪽으로 이사하면 안 된다. 재수가 없고, 하는 일마다 꼬이고, 病苦 질병발생. 바람기 발동.
寅午戌生	남쪽문을 피하고, 북동쪽으로 이사하면 안 된다. 재수가 없고, 하는 일마다 꼬이고, 病苦 질병발생. 바람기 발동.
亥卯未生	동쪽문을 피하고, 서북쪽으로 이사하면 안 된다. 재수가 없고, 하는 일마다 꼬이고, 病苦 질병발생. 바람기 발동.

운세풀이

卯띠:이동수,우왕좌왕, 말로 다툼	午띠: 점점 일이 꼬임, 관재구설	酉띠:최고운상승세, 두마음	子띠: 만남,결실,화합,문서
辰띠:매사불편, 방해자,배신	未띠: 귀인상봉, 금전이득, 현금	戌띠: 의욕과다, 스트레스큼	丑띠:이동수,이별수,변동 움직임
巳띠:해결신,시험합격, 풀림	申띠: 매사꼬임,과거고생, 질병	亥띠: 시급한 일, 뜻대로 안됨	寅띠: 빈주머니,걱정근심,사기

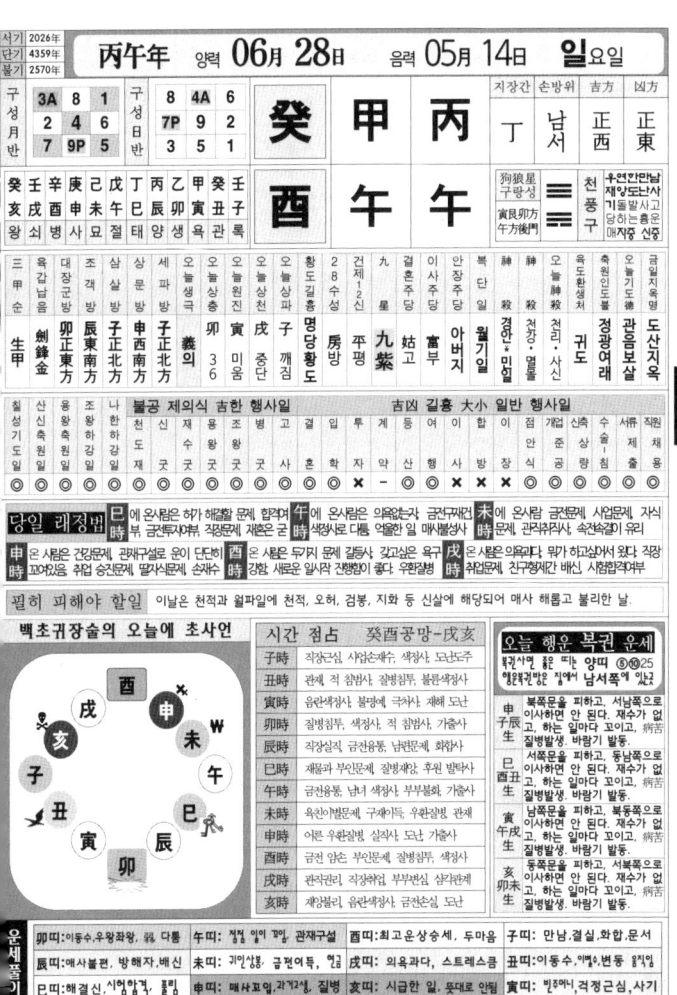

6월

서기 2026年 / 단기 4359年 / 불기 2570年	丙午年 양력 06月 29日 음력 05月 15日 월요일

구성월반			구성일반			일진			지장간	손방위	吉方	凶方
3A	8	1	7P	3	5	甲	甲	丙	丁	서쪽	正南	正北
2	4	6	6	8	1	戊	午	午				
7	9P	5	2A	4	9							

乙	甲	癸	壬	辛	庚	己	戊	丁	丙	乙	甲
亥	戌	酉	申	未	午	巳	辰	卯	寅	丑	子
생	양	태	절	묘	사	병	쇠	왕	록	관	욕

狗狼星 구랑성	神廟 州縣	☰ ☷	천풍구	우연한만남 재앙도난사기돌발사고 당하는흉운 매자중 신중

三甲순	육갑납음	대장군방	조객방	삼살방	상문방	세파방	오늘생극	오늘상충	오늘원진	오늘상천	오늘상파	황도길흉	28수성	건제12신	九星	결혼주당	이사주당	안장주당	복단일	대공망일	神殺일	오늘神殺	육도환생처	축원인도불	오늘기도德	금일지옥명
死甲	山頭火	卯正東方	辰東南方	子正北方	申西南方	子正北方	制제	辰 36	巳 미움	酉 중단	未 깨짐	천형흑도	心심	定정	八白	夫부	殺살	손님	삼합일	대공망일	-	라강·관부	축도	정광여래	미륵보살	도산지옥

칠성기도일	산신축원일	용왕축원일	조왕하강일	나한하강일	천도재	신굿	재수굿	용왕굿	조왕굿	병굿	고사	결혼	입학	투자	계약	등산	여행	이사	합방	이장	점안식	개업준공	신축상량	수술-침	서류제출	직원채용
◎	◎	◎	◎	◎	◎	◎	◎	◎	◎	◎	◎	◎	◎	×	-	◎	◎	×	-	×	◎	◎	◎	◎	◎	◎

(천도재–고사: 불공 제의식 吉한 행사일 / 결혼–직원채용: 吉凶 길흉 大小 일반 행사일)

당일 래정법

巳時에 온사람은 방해자, 배신사, 의욕상실, 매사 지체불리함, 창업은 불리함

午時에 온사람은 허가 해결할 문제, 합격여부, 금전투자여부, 직장문제, 재혼

未時에 온사람 의욕없는자, 금전구재건, 색정사로 다툼, 억울한 일, 매사불성사

申時 온 사람은 금전문제, 사업문제, 관직취직사, 관재로 얽히게 됨, 속전속결이 유리

酉時 온 사람은 건강문제, 관재구설로 운이 단단히 꼬여있음, 취업 승진문제, 남자문제, 손재수

戌時 온 사람은 두가지 문제 갈등사, 갖고싶은 욕구 강함, 새로운 일시작 진행함이 좋다. 우환질병

필히 피해야 할일 동물들이기 • 농기구 다루기 • 기계수리 • 수렵 • 승선 • 낚시 • 어로작업 • 요트타기 • 위험놀이기구

백초귀장술의 오늘에 초사언

시간 점占 甲戌공망-申酉

子時	어린자식 질병사, 사업불리, 태아령천도
丑時	귀인발탁, 직장사, 구재이득, 질병침투
寅時	직장취업, 직위변동, 가출사, 질병침투
卯時	재물손실, 융통불리, 남녀색정사, 질병
辰時	질병재앙, 적의 침범사, 재물손실, 도난
巳時	자식문제, 직장실직, 부부불화, 망신살수
午時	관재구설, 자식, 직업문제, 화재주의
未時	금전융통, 관청근심, 심각관계, 가출문제
申時	금전문제, 가출자, 원행 이동수, 손재수
酉時	손해사발생, 직장실직, 부부변심, 질병위급
戌時	금전 암손, 사업문제, 여자문제, 가출사
亥時	금전무리투자, 도난, 자식질병, 태아령

오늘 행운 복권 운세

복권사면 좋은 띠는 원숭띠 ⑧19, 29
행운복권방은 집에서 서남쪽에 있는곳

申子辰生	북쪽문을 피하고, 서남쪽으로 이사하면 안 된다. 재수가 없고, 하는 일마다 꼬이고, 病苦 질병발생. 바람기 발동.
巳酉丑生	서쪽문을 피하고, 동남쪽으로 이사하면 안 된다. 재수가 없고, 하는 일마다 꼬이고, 病苦 질병발생. 바람기 발동.
寅午戌生	남쪽문을 피하고, 북동쪽으로 이사하면 안 된다. 재수가 없고, 하는 일마다 꼬이고, 病苦 질병발생. 바람기 발동.
亥卯未生	동쪽문을 피하고, 서북쪽으로 이사하면 안 된다. 재수가 없고, 하는 일마다 꼬이고, 病苦 질병발생. 바람기 발동.

운세풀이

辰띠:이동수,우왕좌왕, 弱, 다툼	未띠: 점점 일이 꼬임, 관재구설	戌띠:최고운상승세, 두마음	丑띠: 만남,결실,화합,문서
巳띠:매사불편, 방해자,배신	申띠: 귀인상봉, 금전이득, 현금	亥띠: 의욕과다, 스트레스큼	寅띠:이동수,이별수,변동 움직임
午띠:해결신,시험합격, 풀림	酉띠: 매사꼬임,과거고생, 질병	子띠: 시급한 일, 뜻대로 안됨	卯띠: 빈주머니,걱정근심,사기

서기	2026年
단기	4359年
불기	2570年

丙午年 양력 06月 30日 음력 05月 16日 화요일

구성월반				구성일반			
	3A	8	1		6P	2	4
	2	4	6		5	7	9A
	7	9P	5		1	3	8

乙	甲	丙
亥	午	午

지장간	손방위	吉方	凶方
丁	서북	正東	正西

丁	丙	乙	甲	癸	壬	辛	庚	己	戊	丁	丙
亥	戌	酉	申	未	午	巳	辰	卯	寅	丑	子
사	묘	절	태	양	생	욕	관	록	왕	쇠	병

狗狼星 구랑성 寺觀 절사관 ☰ ☴ 천풍구 — 우연한만남 재앙도난사기 돌발사고 당하는흉운 매자중 신중

三甲순	육갑납음	대장군방	조객방	삼살방	상문방	세파방	오늘생극	오늘상충	오늘원진	오늘상천	오늘상파	황도길흉	28수성	건제12신	九星	결혼주당	이사주당	안장주당	대공망일	오늘吉神	神殺	오늘神殺	육도환생처	축원인도불	오늘기도德	금일지옥명
死甲	山頭火	卯正東方	辰東南方	子正北方	申西南方	子正北方	義의	巳 36	辰 미움	申 중단	寅 깨짐	주작흑도	尾미	執집	七赤	廚주	害해	며느리	대공망일	오부길일	-	산격·겁살	옥도	정광여래	여래보살	도산지옥

칠성기도일	산신축원일	용왕축원일	조왕하강일	나한하강일	불공 제의식 吉한 행사일 천도재	신굿	재수굿	용왕굿	조왕굿	병굿	고사	吉凶 길흉 大小 일반 행사일 결혼	입학	투자	계약	등산	여행	이사	합방	이장	점안식	개업준공	신축상량	수술·침	서류제출	직원채용
◎	◎	×	◎	◎	◎	◎	◎	×	◎	◎	◎	×	◎	×	×	◎	◎	×	×	×	◎	×	×	◎	◎	×

당일 래정법

巳時에 온사람은 자식문제, 직장변동수, 터부정, 관재구설 시비 다툼주의 뱀길주의

午時에 온사람은 방해자, 배신사, 의욕상실 매사 지체불리함 금전 의혹문제

未時에 온사람 허가 해결할 문제, 급성질환 불길 주식투자여부, 직장문제, 매매건

申時 온 사람은 의욕없는자, 직장실직문제, 취업시험불리, 색정사, 억울한 일, 매사불성사

酉時 온 사람은 금전문제, 사업문제, 관직취직사, 관재로 얽히게 됨, 속전속결 유리, 남편자출

戌時 온 사람은 건강문제, 관재구설로 운이 단단히 꼬여있음, 취업 승진문제, 자식문제, 손재수

필히 피해야 할일 소장제출 • 항소 • 손님초대 • 神物, 佛象안치 • 씨뿌리기 • 건축수리 • 흙 다루고 땅 파는 일

백초귀장술의 오늘에 초사언

시간 점占	乙亥공망-申酉
子時	상부발탁사, 관직입사, 음란색정사, 도난
丑時	적의 침범사, 질병위급, 삼각관계, 도망
寅時	재물취득, 부인문제, 관직변동, 간사 情夫
卯時	직장취업, 이동사, 가출문제, 형제친구사
辰時	재물융통, 질병재발, 부부다툼, 극처사
巳時	이동사, 삼각 색정사, 직장실직, 터부정
午時	질병재앙, 자식문제, 직장실직, 재해 도난
未時	금전융통, 구재이득, 여자문제 자연해소
申時	재물손실, 우환질병, 불명예, 색정사, 가출
酉時	금전문제, 가출사, 삼각관계, 관재, 질병
戌時	자살귀 침범, 구재불가, 질병고통, 이별사
亥時	금전암손, 여자문제, 사업후원사, 질병침투

오늘 행운 복권 운세

복권사면 좋은 띠는 닭띠 ④⑨ 24, 행운복권방은 집에서 서쪽에 있는곳

申子辰生	북쪽문을 피하고, 서남쪽으로 이사하면 안 된다. 재수가 없고, 하는 일마다 꼬이고, 病苦 질병발생. 바람기 발동.
巳酉丑生	서쪽문을 피하고, 동남쪽으로 이사하면 안 된다. 재수가 없고, 하는 일마다 꼬이고, 病苦 질병발생. 바람기 발동.
寅午戌生	남쪽문을 피하고, 북동쪽으로 이사하면 안 된다. 재수가 없고, 하는 일마다 꼬이고, 病苦 질병발생. 바람기 발동.
亥卯未生	동쪽문을 피하고, 서북쪽으로 이사하면 안 된다. 재수가 없고, 하는 일마다 꼬이고, 病苦 질병발생. 바람기 발동.

운세

巳띠:이동수,우왕좌왕, 말다툼 다툼	申띠: 점점 일이 꼬임, 관재구설	亥띠:최고운상승세, 두마음	寅띠: 만남,결실,화합,문서
午띠:매사불편, 방해자,배신	酉띠: 귀인상봉, 금전어득, 현금	子띠: 의욕과다, 스트레스큼	卯띠:이동수,이별수,변동 움직임
未띠:해결신,시험합격, 풀림	戌띠: 매사꼬임,과거고생, 질병	丑띠: 시급한 일, 뜻대로 안됨	辰띠: 빈주머니,걱정근심,사기

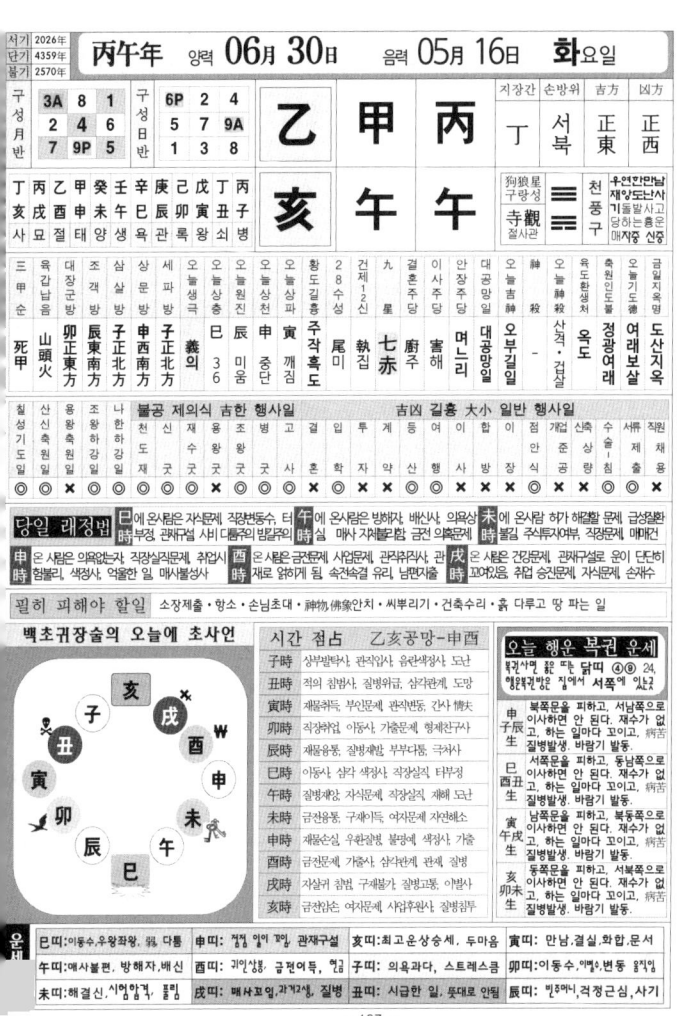

6월

서기	2026年
단기	4359年
불기	2570年

丙午年 양력 07月 01日 음력 05月 17日 수요일

구성月반			구성日반			
3A	8	1		5	1P	3
2	4	6		4	6	8
7	9P	5		9	2	7A

丙	甲	丙
子	午	午

지장간	손방위	吉方	凶方
丁	북쪽	正北	正南

狗狼星 구랑성 / 中庭廳 관청마당 — 화풍정 — 안정중심요 화합하면길 실성공귀인 겸손함과순종이좋은일

己	戊	丁	丙	乙	甲	癸	壬	辛	庚	己	戊
亥	戌	酉	申	未	午	巳	辰	卯	寅	丑	子
절	묘	사	병	쇠	왕	록	관	욕	생	양	태

三甲순	육갑납음	대장군방	조객방	삼살방	상문방	세파방	오늘생극	오늘상충	오늘원진	오늘상천	오늘상파	황도길흉	28수성	건제12신	九星	결혼주당	이사주당	안장주당	오늘吉神	오늘吉神	神殺일	오늘神殺	육도환생처	축원인도불	오늘기도德	금일지옥명
死甲	澗下水	卯正東方	辰東南方	子正北方	申西南方	子正北方	伐벌	午 36	未 미움	未 중단	酉 깨짐	금궤황도	箕기	破파	六白	婦부	天천	어머니	월덕*해신	회가제성	월파·수사	천화·검봉	천도	지장보살	아미보살	발설지옥

칠성기도일	산신축원일	용왕축원일	조왕하강일	나한하강일	불공 제의식 吉한 행사일: 천도재	신굿	재수굿	용왕굿	조왕굿	병굿	고사	결혼	입학	투자	吉凶 길흉 大小 일반 행사일: 계약	등산	여행	이사	합방	이장	점안식	개업준공	신축상량	수술-침	서류제출	직원채용
◎	◎	×	×	×	×	×	×	×	×	×	×	×	×	×	×	×	×	×	×	×	×	×	×	×	×	×

당일 래정법

巳時에 온사람은 직장실직건, 친구나 형제문제, 관송사, 실업자, 빈주머니 **午時**에 온사람은 이동변동수, 터부정, 하극상모함사건, 자식문제, 차사고 **未時**에 온사람은 방해자, 배신사, 가족간시비, 매사 지체불리함, 도전 창업은 불리

申時 온 사람은 관직 취직문제, 결혼 경조사, 한가지씩 해결됨, 시험은 합격됨, 허가건도 승인남, 귀인도움 **酉時** 온 사람은 의정부정사, 불륜사, 관재로 발전, 딸 문제발생, 여자로인해 돈모난, 창업불리 **戌時** 온 사람은 남자문제 부동산거래 금전문제 주식투자문제, 재물구재사, 여자화합건, 건강질병과 빛때문 괴로움

필히 피해야 할일 신상출고 · 제품제작 · 친구초대 · 계약매매 · 문 만들기 · 벌초 · 씨뿌리기 · 나무심기 · 흙 파는일.

백초귀장술의 오늘에 초사언

시간 점占 丙子공망-申酉

子時	돈이나 처를 극, 자식病, 흉, 태아령천도
丑時	금전융통, 새일시작, 우환질병, 가출문제
寅時	사업곤란, 병재 재난, 도난 원한 喪服
卯時	사업후원사, 부부화합사, 여자 가출사
辰時	자식문제, 직장실직, 질병침투, 가출사
巳時	관직 명예사, 가정불안, 도난, 손재수
午時	남녀투쟁 다툼, 처를 극, 질병위급, 수술
未時	잡안잡귀침투, 자식문제, 직장실직, 질병
申時	선거자유리, 금전융통, 여자문제, 도망
酉時	금전융통, 관청근심, 삼각관계, 가출문제
戌時	자식문제, 직장실직, 질병침투, 가출사
亥時	파재, 극처사, 관송사 분쟁, 가출문제

오늘 행운 복권 운세

복권사면 좋은 띠는 **개띠** ⑩⑳ 30
행운복권방은 집에서 **서북쪽에** 있는곳

申子辰生	북쪽문을 피하고, 서남쪽으로 이사하면 안 된다. 재수가 없고, 하는 일마다 꼬이고, 病苦 질병발생. 바람기 발동.
巳酉丑生	서쪽문을 피하고, 동남쪽으로 이사하면 안 된다. 재수가 없고, 하는 일마다 꼬이고, 病苦 질병발생. 바람기 발동.
寅午戌生	남쪽문을 피하고, 북동쪽으로 이사하면 안 된다. 재수가 없고, 하는 일마다 꼬이고, 病苦 질병발생. 바람기 발동.
亥卯未生	동쪽문을 피하고, 서북쪽으로 이사하면 안 된다. 재수가 없고, 하는 일마다 꼬이고, 病苦 질병발생. 바람기 발동.

운세풀이

午띠:이동수,우왕좌왕, 말다툼 다툼	酉띠: 점점 일이 꼬임, 관재구설	子띠:최고운상승세, 두마음	卯띠: 만남,결실,화합,문서
未띠:매사불편, 방해자,배신	戌띠:귀인상봉, 금전이득, 현금	丑띠: 의욕과다, 스트레스큼	辰띠:이동수,이별수,변동 움직임
申띠:해결신,시험합격, 풀림	亥띠: 매사꼬임,과거고생, 질병	寅띠: 시급한 일, 뜻대로 안됨	巳띠: 빈주머니,걱정근심,사기

서기 2026年	丙午年	양력 07月 02日	음력 05月 18日	목요일
단기 4359年				
불기 2570年				

구성월반			구성일반		
3A	8	1	4	9	2P
2	4	6	3	5	7
7	9P	5	8	1	6

	時	日	月	年
천간	丁	甲	丙	
지지	丑	午	午	

지장간	손방위	吉方	凶方
丁	북동	正西	正東

狗狼星 구랑성	寅方 廚井	화풍정	안정중실요 화합하면길 실성공귀인 겸손함과순 종이좋은일

辛	庚	己	戊	丁	丙	乙	甲	癸	壬	辛	庚
亥	戌	酉	申	未	午	巳	辰	卯	寅	丑	子
태	양	생	욕	관	록	왕	쇠	병	사	묘	절

三甲순	육갑납음	대장군방	조객방	삼살방	상문방	세파방	오늘생극	오늘상충	오늘원진	오늘상천	오늘상파	황도길흉	28수성	건제12신	九星	결혼주당	이사주당	안장주당	천구하식	복단일	神殺일	오늘神殺	육도환생처	축원인도불	오늘기도德	금일지옥명
死甲	澗下水	卯正東方	辰東南方	子正北方	申西南方	子正北方	寶보	未 36	午 미움	午 중단	辰 깨짐	대덕황도	斗두	危위	五黃	竈조	利이	여자	복단일	음덕*성심	월해·월살	독화·태허	천도	지장보살	보현보살	발설지옥

칠성기도일	산신축원일	용왕축원일	조왕하강일	나한하강일	천도재	신굿	재수굿	용왕굿	조왕굿	병굿	고사	결혼	입학	투자	계약	등산	여행	이사	합방	이장	점안식	개업준공	신축상량	수술·침	서류제출	직원채용
×	×	×	×	◎	◎	×	×	×	×	◎	◎	×	◎	×	×	◎	◎	×	×	×	◎	◎	×	◎	◎	×

(천도재 ~ 고사: 불공 제의식 吉한 행사일 / 결혼 ~ 직원채용: 吉凶 길흉 大小 일반 행사일)

당일 래정법

巳時에 온사람은 이동수 있는자, 이사 직장변동, 사업체 변동수, 창업불리

午時에 온사람은 취업문제, 창업문제, 빈주머니 헛 공사, 부부불화 원망 이별

未時에 온사람은 남녀간다툼 이동변동수, 터부정, 관재구설, 배신, 교통사고주의

申時온 사람은 방해자, 배신사, 의욕상실, 취업 승진 매사지체불리함, 창업손실, 손해손재수

酉時온 사람은 새 일 자식문제 급처리문제, 처음엔 해결되는 듯하나 후 불리함 시험합격됨

戌時온 사람은 의욕없는 자, 하극상 배신사, 억울한일, 외정색정사, 불륜사 문제,, 관재로 발전, 취직문제

필히 피해야 할일 출판출고 • 책만들기 • 지출 • 취임식 • 출항 • 어로작업 • 승선 • 바다낚시 • 머리자르기

백초귀장술의 오늘에 초사언

시간 점占 丁丑공망-申酉

子時	자식문제, 관재구설, 급질병, 도난 원수
丑時	금전 암손, 사업문제, 여자문제, 가출사
寅時	사업시작, 후원사, 화합사, 불륜색정사
卯時	질병침투, 적 침범사, 여자 삼각관계
辰時	사업 후원사, 자식문제, 귀농유리, 취업
巳時	금전손실, 여자문제, 관송사, 가출사
午時	매사 불성, 골육이별, 가출사, 사기도난
未時	직장실직, 우환질병 가출사 자손사 하극상
申時	재물손실, 극처사, 가출사, 재해, 도난
酉時	금전융통, 여자문제, 색정사, 금전손실
戌時	관청근심, 불륜색정사, 가출, 도난 상해
亥時	금전문제, 입상 명예문제, 원행 이동수

오늘 행운 복권 운세

복권사면 좋은 띠는 **돼지띠** ⑪⑯31
행운복권방은 집에서 **북서쪽에** 있는곳

申子辰生	북쪽문을 피하고, 서남쪽으로 이사하면 안 된다. 재수가 없고, 하는 일마다 꼬이고, 病苦 질병발생. 바람기 발동.
巳酉丑生	서쪽문을 피하고, 동남쪽으로 이사하면 안 된다. 재수가 없고, 하는 일마다 꼬이고, 病苦 질병발생. 바람기 발동.
寅午戌生	남쪽문을 피하고, 북동쪽으로 이사하면 안 된다. 재수가 없고, 하는 일마다 꼬이고, 病苦 질병발생. 바람기 발동.
亥卯未生	동쪽문을 피하고, 서북쪽으로 이사하면 안 된다. 재수가 없고, 하는 일마다 꼬이고, 病苦 질병발생. 바람기 발동.

운세풀이

未띠:이동수,우왕좌왕, 弱, 다툼	戌띠: 점점 일이 꼬임 관재구설	丑띠:최고운상승세, 두마음	辰띠: 만남,결실,화합,문서
申띠:매사불편, 방해자,배신	亥띠:귀인상봉, 금전이득, 현금	寅띠: 의욕과다, 스트레스큼	巳띠:이동수,이별수,변동 움직임
酉띠:해결신,시험합격, 풀림	子띠: 매사꼬임,가거고생, 질병	卯띠: 시급한 일, 뜻대로 안됨	午띠: 빈주머니,걱정근심,사기

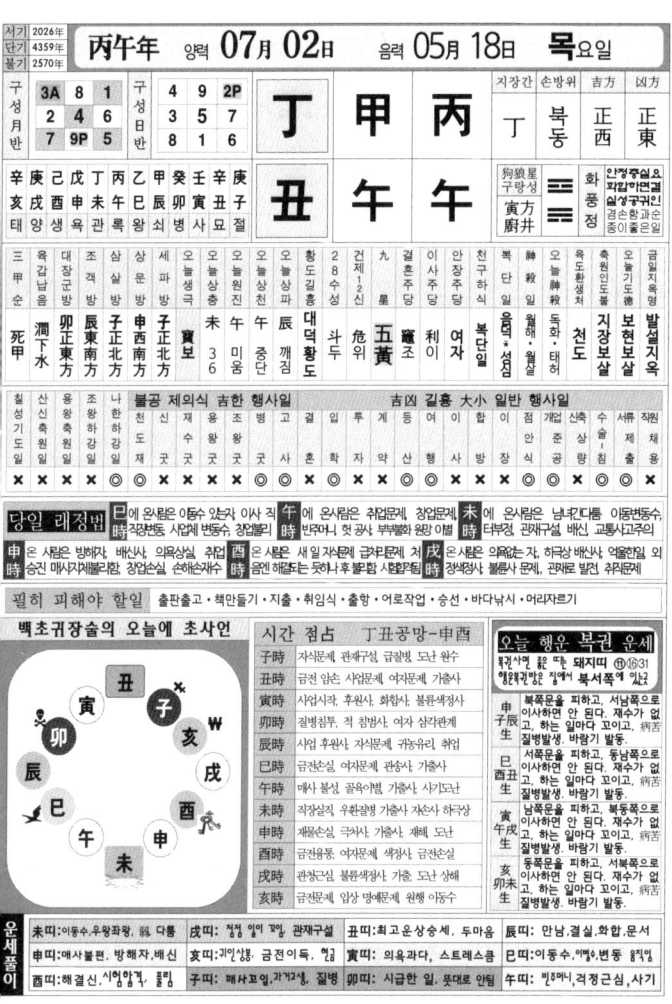

7월

서기 2026年	단기 4359年	불기 2570年

丙午年 양력 07月 03日 음력 05月 19日 금요일

구성월반				구성일반			
	3A	8	1		3A	8	1P
	2	4	6		2	4	6
	7	9P	5		7	9	5

時	日	月
戊	甲	丙
寅	午	午

지장간	손방위	吉方	凶方
丁	無	正南	正北

癸	壬	辛	庚	己	戊	丁	丙	乙	甲	癸	壬
亥	戌	酉	申	未	午	巳	辰	卯	寅	丑	子
절	묘	사	병	쇠	왕	록	관	욕	생	양	태

狗狼星 구랑성	괘	화풍정	안정중실요 화합하면결 실성공귀인 겸손함과순 종이좋은일
東北方 동북방	☲ ☴		

三甲순	육갑납음	대장군방	조객방	삼살방	상문방	세파방	오늘생극	오늘상충	오늘원진	오늘상천	오늘상파	황도길흉	28수성	건제12신	九星	결혼주당	이사주당	안장주당	복단일	오늘吉神	神殺	오늘神殺	육도환생처	축원인도불	오늘기도德	금일지옥명
死甲	城頭土	卯正東方	辰東南方	子正北方	申西南方	子正北方	伐벌	申 36	酉 미움	巳 중단	亥 깨짐	백호흑도	牛우	成성	四綠	第제	安안	死	천덕합	삼합*생기	수격·토금	귀기·신호	인도	지장보살	약사보살	발설지옥

칠성기도일	산신축원일	용왕축원일	조왕하강일	나한하강일	천도재	신굿	재수굿	용왕굿	조왕굿	병굿	고사	결혼	입학	투자	계약	등산	여행	이사	합방	이장	점안식	개업준공	신축상량	수술-침	서류제출	직원채용
◎	◎	×	◎	◎	◎	◎	◎	◎	◎	◎	◎	◎	◎	×	◎	◎	◎	◎	◎	×	◎	◎	◎	◎	◎	◎

(천도재~고사: 불공 제의식 吉한 행사일 / 결혼~직원채용: 吉凶 길흉 大小 일반 행사일)

당일 래정법

巳時 에 온사람은 문서구입 화합사 결혼 재혼 경조사 애정사 궁합 후원 개업

午時 에 온사람은 이동수 있는자 이사나 직장변동 친구나 형제 사업체변동수

未時 에 온사람은 금전사기 실업자 색정사 들통 빈주머니 헛수고 문서모단사 매사불성

申時 온 사람은 매매 이동변동수, 직장변동수, 터 부정, 사기, 허위문서 다툼주의 차사고 주의

酉時 온 사람은 질병과 자식문제 방해자, 배신사, 관송사, 취업 승진 매사 지체불리함

戌時 온 사람은 자식문제 하극상으로 배신사 해결되는 듯 하나 후 불리함 시험 합격됨 허가건 승인됨 관재

필히 피해야 할일 봉사활동 · 새집들이 · 출장 · 손님초대 · 시험관인공수정 · 성형수술 · 수혈 · 흙 다루고 땅파는 일

백초귀장술의 오늘에 초사언

시간 점占 戊寅공망-申酉

子時	금전융통, 부인문제, 자식질병, 관재구설
丑時	재물파산, 권리박탈, 부인문제, 가출건
寅時	금전 임손, 여자문제, 가출사, 여행 凶
卯時	남편문제, 직장취업, 색정사, 가출사
辰時	매사불성, 금전손실, 사업파산 속 중단
巳時	입상 명예사, 직장승진, 금전기쁨, 관청
午時	금전손실 다툼, 사업이동, 가출, 차를 극
未時	집안잡귀침투, 처첩, 색정사, 가출문제
申時	침범사, 질병재앙, 가출사, 직장실직
酉時	금전손실, 직장실직, 가출사, 배신음모
戌時	사업후원사, 취업문제, 육친문제, 수술유의
亥時	금전손실, 도난 상해, 이별사, 가출사

오늘 행운 복권 운세

복권사면 좋은 띠는 **쥐띠** ①⑥⑯
행운복권방은 집에서 **북쪽**에 있는곳

申子辰生	북쪽문을 피하고, 서남쪽으로 이사하면 안 된다. 재수가 없고, 하는 일마다 꼬이고, 病苦 질병발생. 바람기 발동.
巳酉丑生	서쪽문을 피하고, 동남쪽으로 이사하면 안 된다. 재수가 없고, 하는 일마다 꼬이고, 病苦 질병발생. 바람기 발동.
寅午戌生	남쪽문을 피하고, 북동쪽으로 이사하면 안 된다. 재수가 없고, 하는 일마다 꼬이고, 病苦 질병발생. 바람기 발동.
亥卯未生	동쪽문을 피하고, 서북쪽으로 이사하면 안 된다. 재수가 없고, 하는 일마다 꼬이고, 病苦 질병발생. 바람기 발동.

운세풀이

申띠:이동수,우왕좌왕, 弱, 다툼	亥띠: 점점 일이 꼬임, 관재구설	寅띠:최고운상승세, 두마음	巳띠: 만남,결실,화합,문서
酉띠:매사불편, 방해자,배신	子띠:귀인상봉, 금전이득, 현금	卯띠: 의욕과다, 스트레스큼	午띠:이동수,이별수,변동 움직임
戌띠:해결신,시험합격, 풀림	丑띠: 매사꼬임,과거고생, 질병	辰띠: 시급한 일, 뜻대로 안됨	未띠: 빈주머니,걱정근심,사기

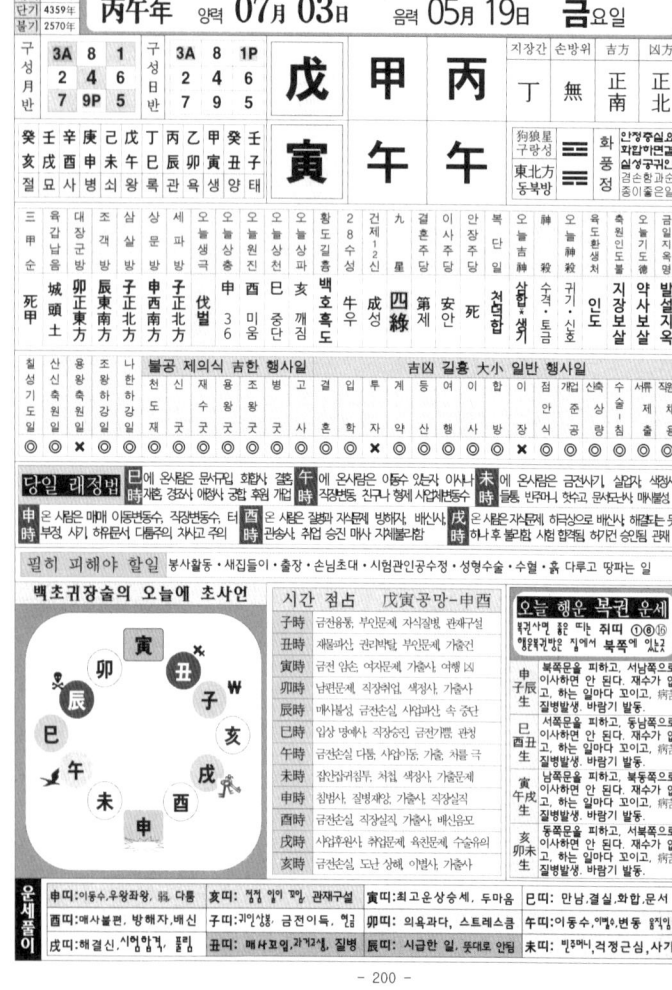

서기 2026年	단기 4359年	불기 2570年

丙午年 양력 07月 04日 음력 05月 20日 토요일

구성월반		
3A	8	1
2	4	6
7	9P	5

구성일반		
2	7	9
1A	3	5P
6	8	4

己	甲	丙
卯	午	午

지장간	손방위	吉方	凶方
丁	無	正東	正西

乙亥	甲戌	癸酉	壬申	辛未	庚午	己巳	戊辰	丁卯	丙寅	乙丑	甲子
태	양	생	욕	관	록	왕	쇠	병	사	묘	절

狗狼星 구랑성	僧尼寺觀 後門

☲ ☵

화풍정: 안정중실요 화합하면결 실성공귀인 겸손함과순 종이좋은일

三甲순	육갑납음	대장군방	조객방	삼살방	상문방	세파방	오늘생극	오늘상충	오늘원진	오늘상천	오늘상파	황도길흉	28수성	건제12신	九星	결혼주당	이사주당	안장주당	복단일	오늘吉神	神殺	오늘神殺	육도환생처	축원인도불	오늘기도德	금일지옥명
死甲	城頭土	卯正東方	辰東南方	子正北方	申西南方	子正北方	伐벌	酉 36	申 미움	辰 중단	午 깨짐	옥당황도	女여	收수	三碧	翁옹	災재	손자	복단일	천은*복덕	하괴·왕망	혈기·고초	귀도	지장보살	문수보살	발설지옥

칠성기도일	산신축원일	용왕축원일	조왕하강일	나한하강일	천도재	신굿	재수굿	용왕굿	조왕굿	병굿	고사	결혼	입학	투자	계약	등산	여행	이사	합방	이장	점안식	개업준공	신축상량	수술-침	서류제출	직원채용
×	◎	×	◎	◎	◎	◎	◎	◎	◎	◎	◎	×	◎	×	×	◎	◎	◎	×	×	◎	◎	×	◎	◎	×

(천도재 ~ 고사: 불공 제의식 吉한 행사일 / 결혼 ~ 직원채용: 吉凶 길흉 大小 일반 행사일)

당일 래정법

巳時 에 온사람은 모함과 구설로 골치 아픔. 가내환자, 바람기, 직장해고위험

午時 에 온사람은 문서, 회합운, 결혼, 재혼, 경조사, 궁합, 문서이동, 부모문제, 질병

未時 에 온사람은 이동수 있는자, 이사나 직장변동, 자식문제 변동수, 여행, 이별

申時 온 사람은 허위문서, 실업자, 쉬고있는자, 빈주머니, 헛 공사, 사기모함 · 도난사, 매사불성

酉時 온 사람은 매매 이동변동수, 터부정, 관재구설, 사기, 허위문서, 우환질병, 차사고주의

戌時 온 사람은 색정사 배신문제 방해자, 배신사, 의욕상실, 관재구설, 취업 승진 매사 지체불리함

필히 피해야 할일 입주 • 새집들이 • 친목회 • 문서파기 • 창고수리 • 건축수리 • 기둥세우기 • 장담그기

백초귀장술의 오늘에 초사언

시간 점占 己卯공망-申酉

子時	재물근심, 음란색정사, 여자 삼각관계
丑時	유산상속건, 형제친구문제, 가출, 이별사
寅時	직장실직, 가출, 처를극, 불명예, 취업불가
卯時	여자로부터 금전손실, 질병재앙, 불륜사
辰時	만사상쟁, 신규사업 손실, 질병침투, 가출
巳時	매사 불성사, 사업금전손실 다툼, 색정사
午時	직장승진문제, 불륜색정사, 가출문제
未時	이동 이별수, 직업변동, 가출사, 수술불리
申時	자식문제, 극처사, 질병침투, 직업실직
酉時	적의 침범사, 질병재앙, 색정사, 가출사
戌時	놀랄 일발생, 금전융통, 배신 도망 가출
亥時	금전문제, 부인문제, 가출사, 도난, 惡意

오늘 행운 복권 운세

복권사면 좋은 띠는 소띠 ②⑤⑩
행운복권방은 집에서 북동쪽에 있는곳

申子辰生	북쪽문을 피하고, 서남쪽으로 이사하면 안 된다. 재수가 없고, 하는 일마다 꼬이고, 病苦 질병발생. 바람기 발동.
巳酉丑生	서쪽문을 피하고, 동남쪽으로 이사하면 안 된다. 재수가 없고, 하는 일마다 꼬이고, 病苦 질병발생. 바람기 발동.
寅午戌生	남쪽문을 피하고, 북동쪽으로 이사하면 안 된다. 재수가 없고, 하는 일마다 꼬이고, 病苦 질병발생. 바람기 발동.
亥卯未生	동쪽문을 피하고, 서북쪽으로 이사하면 안 된다. 재수가 없고, 하는 일마다 꼬이고, 病苦 질병발생. 바람기 발동.

운세풀이

酉띠:이동수,우왕좌왕, 弱, 다툼	子띠: 점점 일이 꼬임 관재구설	卯띠:최고운상승세, 두마음	午띠: 만남,결실,화합,문서
戌띠:매사불편, 방해자,배신	丑띠:귀인상봉, 금전이득, 현금	辰띠: 의욕과다, 스트레스큼	未띠:이동수,이별수,변동 움직임
亥띠:해결신,시험합격, 풀림	寅띠: 매사꼬임,과거고생, 질병	巳띠: 시급한 일, 뜻대로 안됨	申띠: 빈주머니,걱정근심,사기

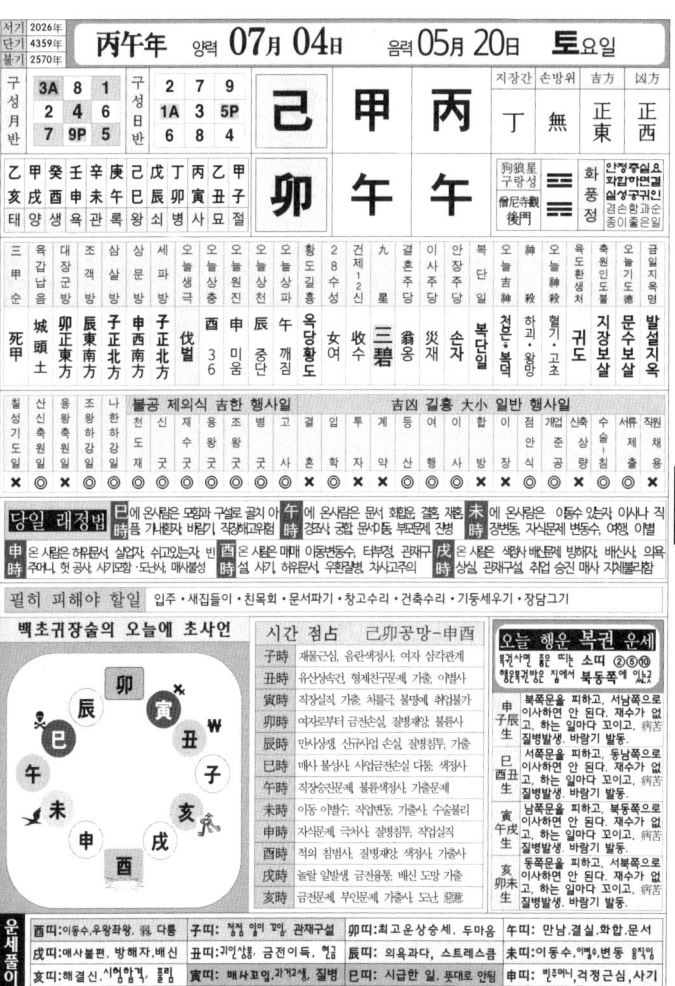

7월

서기	2026年
단기	4359年
불기	2570年

丙午年 양력 07月 05日 음력 05月 21日 일요일

구성月반			구성日반		
3A	8	1	1	6	8A
2	4	6	9	2	4
7	9P	5	5	7	3P

庚	甲	丙
辰	午	午

지장간	손방위	吉方	凶方
丁	동쪽	正北	正南

丁	丙	乙	甲	癸	壬	辛	庚	己	戊	丁	丙
亥	戌	酉	申	未	午	巳	辰	卯	寅	丑	子
병	쇠	왕	록	관	욕	생	양	태	절	묘	사

狗狼星 구랑성 / 寺觀 절사관 — 화풍정 — 안정중실요 화합하면결 실성공귀인 겸손함과순 종이좋은일

三甲순	육갑납음	대장군방	조객방	삼살방	상문방	세파방	오늘생극	오늘상충	오늘원진	오늘상천	오늘상파	황도길흉	28수성	건제12신	九星	결혼주당	이사주당	안장주당	복단일	오늘吉神	神殺	오늘神殺	육도환생처	축원인도불	오늘기도德	금일지옥명
死甲	白蠟金	卯正東方	辰東南方	子正北方	申西南方	子正北方	義의	戌 36	亥 미움	卯 중단	丑 깨짐	천뇌흑도	虛허	開개	二黑	堂당	師사	남자	-	천은*요안	-	패파·구공	축도	지장보살	지장보살	발설지옥

칠성기도일	산신축원일	용왕축원일	조왕하강일	나한하강일	불공 제의식 吉한 행사일							吉凶 길흉 大小 일반 행사일														
					천도재	신굿	재수굿	용왕굿	조왕굿	병굿	고사	결혼	입학	투자	계약	등산	여행	이사	합방	이장	점안식	개업준공	신축상량	수술-침	서류제출	직원채용
×	◎	×	◎	◎	◎	◎	◎	◎	◎	◎	◎	◎	◎	×	×	◎	◎	×	×	×	◎	◎	×	◎	◎	◎

당일 래정법

巳時에 온사람은 의욕과다. 뭔가 하고싶어서 왔다. 직장취업문제, 소송사건여부

午時에 온사람은 부모형제와 골치 아픈일 암투, 가내환자, 바람기, 불륜

未時에 온사람은 화합운, 결혼, 재혼, 경조사, 애정사, 궁합, 만남, 후원, 개업, 매매건

申時 온 사람은 이동수 있는자, 이사나 직장변동, 사업체 변동수, 여행, 이별수, 창업불리

酉時 온 사람은 색정사문제, 금전손재수, 쉬고있는자, 빈주머니, 헛 공사, 사기모함, 매사불성

戌時 온 사람은 매매 이동변동수, 터부정, 관재구설, 사기, 허위문서, 동업자 시비 다툼주의, 차사고주의

필히 피해야 할일 출품・새집들이・인수인계・해외여행・항공주의・코인투자・벌초・질병치료・흙파기.

백초귀장술의 오늘에 초사언

시간 점占	庚辰공망-申酉
子時	자식질병사, 사업후원사, 도난, 태아령천도
丑時	파신위태, 금전손실, 상속문제, 산소탈
寅時	질병재앙, 취업문제, 금전융통, 사업확장
卯時	파재, 극처사, 관송사 분쟁, 가출문제
辰時	금전암손, 여자문제, 사업문제, 금전다툼
巳時	신규사업, 구재, 도난, 상해, 관재, 손실
午時	관재구설, 직장박탈, 도적손실, 가출문제
未時	사업후원사, 선거당선사, 화합사, 가출사
申時	재물손실, 적의 침범사, 변동 이사, 가출
酉時	남녀색정사, 사기 도난, 도주, 상부상처
戌時	질병침투, 적의침범사, 가출문제, 부하도주
亥時	자식문제, 방해자, 금전손실, 우환질병

오늘 행운 복권 운세

복권사면 좋은 띠는 **범띠** ③⑧⑱
행운복권방은 집에서 **동북쪽**에 있는곳

申子辰生	북쪽문을 피하고, 서남쪽으로 이사하면 안 된다. 재수가 없고, 하는 일마다 꼬이고, 病苦 질병발생. 바람기 발동.
巳酉丑生	서쪽문을 피하고, 동남쪽으로 이사하면 안 된다. 재수가 없고, 하는 일마다 꼬이고, 病苦 질병발생. 바람기 발동.
寅午戌生	남쪽문을 피하고, 북동쪽으로 이사하면 안 된다. 재수가 없고, 하는 일마다 꼬이고, 病苦 질병발생. 바람기 발동.
亥卯未生	동쪽문을 피하고, 서북쪽으로 이사하면 안 된다. 재수가 없고, 하는 일마다 꼬이고, 病苦 질병발생. 바람기 발동.

운세풀이

戌띠:이동수,우왕좌왕, 弱, 다툼	丑띠: 점점 일이 꼬임, 관재구설	辰띠:최고운상승세, 두마음	未띠: 만남,결실,화합,문서
亥띠:매사불편, 방해자,배신	寅띠:귀인상봉, 금전이득, 현금	巳띠: 의욕과다, 스트레스큼	申띠:이동수,이별수,변동 움직임
子띠:해결신,시험합격, 풀림	卯띠: 매사꼬임,과거고생, 질병	午띠: 시급한 일, 뜻대로 안됨	酉띠: 빈주머니,걱정근심,사기

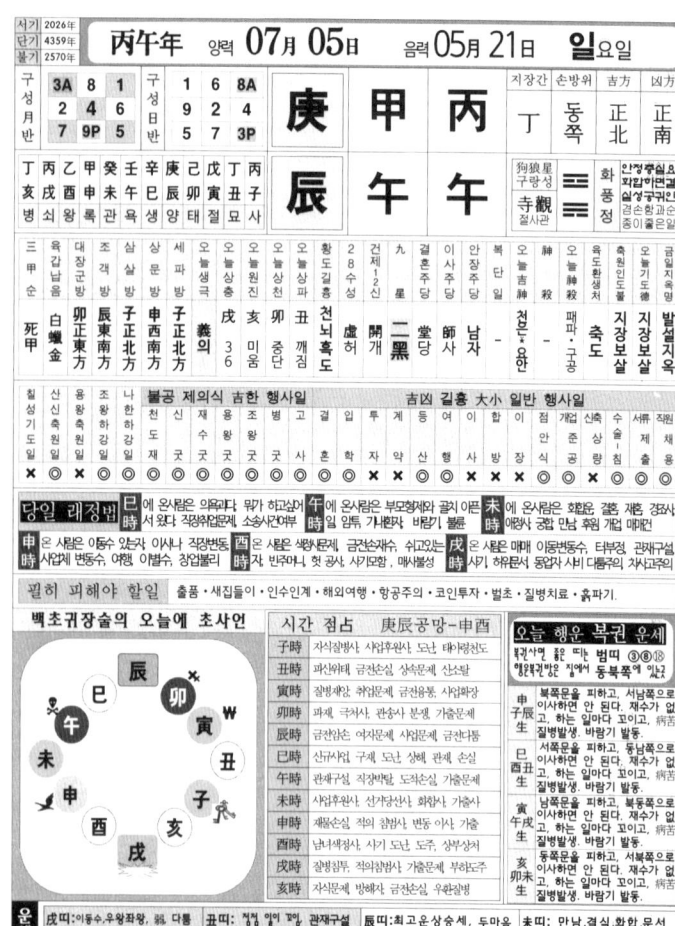

서기	2026年
단기	4359年
불기	2570年

丙午年 양력 07月 06日 음력 05月 22日 월요일

구성월반			구성일반		
3A	8	1	9	5	7
2	4	6	8	1	3
7	9P	5	4	6A	2P

辛	甲	丙
巳	午	午

지장간	손방위	吉方	凶方
丁	동남	正西	正東

狗狼星 구랑성	괘	화풍정	
天	☲☴	화풍정	안정중실요 화합하면결 실성공귀인 겸손함과순 종이좋은일

己	戊	丁	丙	乙	甲	癸	壬	辛	庚	己	戊
亥	戌	酉	申	未	午	巳	辰	卯	寅	丑	子
욕	관	록	왕	쇠	병	사	묘	절	태	양	생

三甲순	육갑납음	대장군방	조객방	삼살방	상문방	세파방	오늘생극	오늘상충	오늘원진	오늘상천	오늘상파	황도길흉	28수성	건제12신	九星	결혼주당	이사주당	안장주당	복단일	오늘吉神	神殺	오늘神殺	육도환생처	축원인도불	오늘기도德	금일지옥명
死甲	白蠟金	卯正東方	辰東南方	子正北方	申西南方	子正北方	伐벌	亥 36	戌 미움	寅 중단	申 깨짐	현무흑도	危위	閉폐	一白	姑고	富부	아버지	월덕합	천은*왕일	혈지·유화	홍사·대모	옥도	지장보살	문수보살	발설지옥

칠성기도일	산신축원일	용왕축원일	조왕하강일	나한하강일	천도재	신굿	재수굿	용왕굿	조왕굿	병굿	고사	결혼	입학	투자	계약	등산	여행	이사	합방	이장	점안식	개업준공	신축상량	수술-침	서류제출	직원채용
×	×	×	×	×	×	×	×	×	×	×	×	×	◎	×	×	-	◎	×	×	×	×	×	×	-	×	×

(천도재~고사: 불공 제의식 吉한 행사일 / 결혼~직원채용: 吉凶 길흉 大小 일반 행사일)

당일 래정법

巳時에 온사람은 의욕충만, 두가지문제로 갈등사, 갖고싶은 욕구, 자식문제, 사업문제

午時에 온사람은 의욕과다, 뭐가 하고싶어서 왔다. 금전문제, 여자문제, 시험합격

未時에 온사람은 골치 아픈일, 형제동업 죽음, 바람기, 불륜, 시비투쟁, 속정리

申時 온 사람은 형제, 문서 화합운, 결혼, 재혼, 경조사, 애정사, 궁합, 만남, 개업, 하극상 배신, 구설수

酉時 온 사람은 이동수 있는자, 가출, 이사나 직장변동, 사업체 변동수, 여행, 이별수, 관재구설

戌時 온 사람은 색정사문제, 금전손재수, 쉬고있는자, 빈주머니, 헛 공사, 사기모함 , 매사불성

필히 피해야 할일

홍보광고 • 소장제출 • 인허가신청 • 정보유출 • 질병치료 • 출항 • 조선 배 제조 • 승선 • 장담그기

백초귀장술의 오늘에 초사언

시간 점占 辛巳공망-申酉

子時	자식문제, 질병침투, 직장실직, 배신주의
丑時	자선사업 봉사, 후원사, 질병침투, 가출
寅時	금전융통, 부인문제, 색정사, 관재구설
卯時	금전문제, 사업관련, 형제도움, 가출사
辰時	질병재앙, 타인과 다툼, 가출사, 사업불리
巳時	금전암손, 여자문제, 취직 실직문제, 포상
午時	신규사업불리, 관재구설, 남녀색정사, 우환
未時	자선 봉사활동, 금전문제, 가출방황, 불리
申時	사업후원사 발탁, 직장취업, 당선입상
酉時	급병자발생, 금전손실, 도난 가출도주
戌時	봉사 자선사업, 질병재앙, 사업문제, 가출
亥時	적침범사, 질병침투, 부부이별, 원행 이사

오늘 행운 복권 운세

복권사면 좋은 띠는 토끼띠 ②⑧
행운복권방은 집에서 동쪽에 있는곳

申子辰生	북쪽문을 피하고, 서남쪽으로 이사하면 안 된다. 재수가 없고, 하는 일마다 꼬이고, 病苦 질병발생. 바람기 발동.
巳酉丑生	서쪽문을 피하고, 동남쪽으로 이사하면 안 된다. 재수가 없고, 하는 일마다 꼬이고, 病苦 질병발생. 바람기 발동.
寅午戌生	남쪽문을 피하고, 북동쪽으로 이사하면 안 된다. 재수가 없고, 하는 일마다 꼬이고, 病苦 질병발생. 바람기 발동.
亥卯未生	동쪽문을 피하고, 서북쪽으로 이사하면 안 된다. 재수가 없고, 하는 일마다 꼬이고, 病苦 질병발생. 바람기 발동.

운세풀이

亥띠:이동수,우왕좌왕, 弱弱 다툼	寅띠: 점점 일이 꼬임, 관재구설	巳띠:최고운상승세, 두마음	申띠: 만남,결실,화합,문서
子띠:매사불편, 방해자,배신	卯띠:귀인상봉, 금전이득, 현금	午띠: 의욕과다, 스트레스큼	酉띠:이동수,이별수,변동 움직임
丑띠:해결신,시험합격, 풀림	辰띠: 매사꼬임,과거고생, 질병	未띠: 시급한 일, 뜻대로 안됨	戌띠: 빈주머니,걱정근심,사기

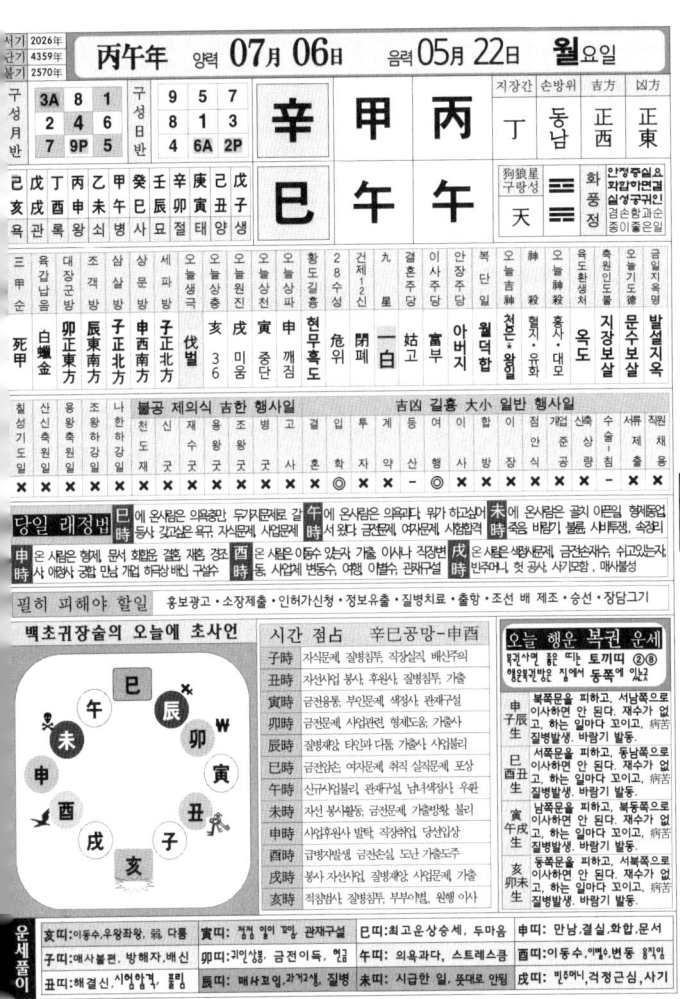

7월

서기 2026年	丙午年 양력 07月 07日 음력 05月 23日 화요일	소서 小暑 10 時 57分 入
단기 4359年		
불기 2570年		

구성월반			구성일반							지장간	손방위	吉方	凶方
3	7	9	8	4A	6	壬	乙	丙		丁	남쪽	正南	正北
1A	3	5	7	9	2								
6P	8	4	3	5P	1								

辛	庚	己	戊	丁	丙	乙	甲	癸	壬	辛	庚			
亥	戌	酉	申	未	午	巳	辰	卯	寅	丑	子	午	未	午
록	관	욕	생	양	태	절	묘	사	병	쇠	왕			

狗狼星 구랑성 神廟 신사묘 ☴☰ 화풍정 안정중심요 화합하면결실성공귀인 겸손함과순종이좋은일

三甲순	육갑납음	대장군방	조객방	삼살방	상문방	세파방	오늘생극	오늘상충	오늘원진	오늘상천	오늘상파	황도길흉	28수성	건제12신	九星	결혼주당	이사주당	안장주당	복단일	오늘吉神	神殺	오늘神殺	육도환생처	축원인도불	오늘기도德	금일지옥명
死甲	楊柳木	卯正東方	辰東南方	子正北方	申西南方	子正北方	制제	子 36	丑 미움	丑 중단	卯 깨짐	천뇌흑도	室실	閉폐	九紫	夫부	殺살	손님	월기일	천은*관일	수사일	왕망·혈지	불도	헌겁천불	약사보살	한빙지옥

칠성기도일	산신축원일	용왕축원일	조왕하강일	나한하강일	천도재	신굿	재수굿	용왕굿	조왕굿	병굿	고사	결혼	입학	투자	계약	등산	여행	이사	합방	이장	점안식	개업준공	신축상량	수술-침	서류제출	직원채용
					불공 제의식 吉한 행사일							吉凶 길흉 大小 일반 행사일														
×	×	×	×	◎	◎	×	×	×	×	×	◎	×	◎	×	×	◎	◎	×	×	×	×	×	×	×	◎	×

당일 래정법

巳時에 온사람은 건강문제, 관재, 금전고통으로 운이 단단히 꼬여있음, 동업파탄

午時에 온사람은 금전구재, 화병, 갈등사, 갖고싶은 욕구, 자식문제, 취업문제

未時에 온사람은 의욕과다, 뭐가 하고싶어서 왔다, 직장취업문제, 결혼문제

申時 온 사람은 골치 아픈일, 친구나 형제동업, 죽음, 배우자바람기, 차사고 시비투쟁, 속 정리해야함

酉時 온 사람은 형제, 문서 화합운, 결혼, 관직취업 애정사, 궁합, 만남, 개업, 하극상 배신 경쟁사로 몰변

戌時 온 사람은 이동수 있는자, 가출, 이사나 직장변동, 사업체 변동수, 여행, 이별수, 부동산매매

필히 피해야 할일 작품출품 · 납품 · 정보유출 · 교역 · 화재주의 · 출장 · 항공주의 · 흙파기 · 지붕 · 옥상보수

백초귀장술의 오늘에 초사언

시간 점占	壬午공망-申酉
子時	남녀쟁투 처를 극, 病, 이동 소송은 흉
丑時	질병은 흉, 이사 구직안됨, 순리대로
寅時	선거자유리, 불륜사, 急病者, 喪服 운
卯時	매사 선흉후길, 소송은 화해가 길,
辰時	관재 병재로 불길, 가출사 색정사 하극상
巳時	사업, 구재, 구설 이별, 여자삼각관계, ⊗
午時	금전손실 다툼, 이사 여행 투자 시험불리
未時	집안잡귀침투, 친족불화, 삼각관계, 불리
申時	매사 불성사, 도망은 吉, 도적손실, 재액
酉時	사업사, 후원사, 불륜사, 화합사, 무력함
戌時	가출건, 급병자, 관재구설, 하자발생 ⊗
亥時	남자는 해롭고, 임신은 안됨, 구직 안됨

오늘 행운 복권 운세

복권사면 좋은 띠는 용띠 ⑤⑩⑳
행운복권방은 집에서 동남쪽에 있는곳

申子辰生	북쪽문을 피하고, 서남쪽으로 이사하면 안 된다. 재수가 없고, 하는 일마다 꼬이고, 病苦 질병발생. 바람기 발동.
巳酉丑生	서쪽문을 피하고, 동남쪽으로 이사하면 안 된다. 재수가 없고, 하는 일마다 꼬이고, 病苦 질병발생. 바람기 발동.
寅午戌生	남쪽문을 피하고, 북동쪽으로 이사하면 안 된다. 재수가 없고, 하는 일마다 꼬이고, 病苦 질병발생. 바람기 발동.
亥卯未生	동쪽문을 피하고, 서북쪽으로 이사하면 안 된다. 재수가 없고, 하는 일마다 꼬이고, 病苦 질병발생. 바람기 발동.

운세풀이

子띠:이동수,우왕좌왕, 弱, 다툼	卯띠: 점점 일이 꼬임, 관재구설	午띠:최고운상승세, 두마음	酉띠: 만남,결실,화합,문서
丑띠:매사불편, 방해자,배신	辰띠:귀인상봉, 금전이득, 현금	未띠: 의욕과다, 스트레스큼	戌띠:이동수,이별수,변동 움직임
寅띠:해결신,시험합격, 풀림	巳띠: 매사꼬임,과거고생, 질병	申띠: 시급한 일, 뜻대로 안됨	亥띠: 빈주머니,걱정근심,사기

서기	2026年
단기	4359年
불기	2570年

丙午年 양력 07月 08日 음력 05月 24日 수요일

구성월반			구성일반		
3	7	9	7	3	5
1A	3	5	6	8	1
6P	8	4	2AP	4	9

癸	乙	丙
未	未	午

지장간	손방위	吉方	凶方
丁	남서	正東	正西

癸	壬	辛	庚	己	戊	丁	丙	乙	甲	癸	壬
亥	戌	酉	申	未	午	巳	辰	卯	寅	丑	子
왕	쇠	병	사	묘	절	태	양	생	욕	관	록

狗狼星 구랑성 / 水步井	☳ ☲	뇌화풍	풍요만월형상 가득참 최고절정운 곧하락쇠퇴로 바뀜

三甲순	육갑납음	대장군방	조객방	삼살방	상문방	세파방	오늘생극	오늘상충	오늘원진	오늘상천	오늘상파	황도길흉	28수성	건제12신	九星	결혼주당	이사주당	안장주당	복단일	대공망일	오늘吉神	오늘神殺	육도환생처	축원인도불	오늘기도德	금일지옥명
死甲	楊柳木	卯正東方	辰東南方	子正北方	申西南方	子正北方	伐벌	丑 36	子 미움	子 중단	戌 깨짐	현무흑도	壁벽	建건	八白	廚주	害해	며느리	-	대공망일	성심*수일	소모·사부	불도	헌겁천불	대세지보살	한빙지옥

칠성기도일	산신축원일	용왕축원일	조왕하강일	나한하강일	천도재	신굿	재수굿	용왕굿	조왕굿	병굿	고사	결혼	입학	투자	계약	등산	여행	이사	합방	이장	점안식	개업준공	신축상량	수술·침	서류제출	직원채용
×	×	×	×	×	×	×	×	×	×	×	×	×	◎	×	×	◎	◎	×	×	×	◎	◎	◎	◎	◎	×

(불공 제의식 吉한 행사일: 천도재 ~ 고사 / 吉凶 길흉 大小 일반 행사일: 결혼 ~ 직원채용)

당일 래정법

- **巳時** 에 온사람은 금전문제, 사업문제, 금전구재건, 관직취직사, 속전속결이 유리
- **午時** 에 온사람 건강문제, 금전문제로 운이 단단히 꼬여있음, 동업파탄 손재수
- **未時** 에 온사람 문서합의, 부모자식간 문제, 교합사는 불성사, 이동수도 있음
- **申時** 온 사람은 의욕과다, 뭔가 하고싶어서 왔다. 직장취업문제, 친구형제간 배신과 임해, 관재수
- **酉時** 온 사람은 골치 아픈일, 형제동업, 죽음, 바람기, 불륜, 시비투쟁, 급속정리해야함, 청춘귀작해
- **戌時** 온 사람은 형제, 화합운, 결혼, 재혼, 경조사, 애정사, 궁합, 만남, 개업, 하극상 배신, 움직이면 재앙

필히 피해야 할일 이날은 흑도와 월파일에 대공망일, 구공, 대모 등 신살에 해당되어 매사 해롭고 불리한 날

백초귀장술의 오늘에 초사언

시간 점占	癸未공망-申酉
子時	관귀발동, 남녀색정사, 금전손해 실물수
丑時	적의 침범사, 불길하고 원수됨, 가출사
寅時	자손문제, 실직문제, 연애배신사, 모함
卯時	질병위급, 여행조심, 관직승진 결혼 吉
辰時	남편문제, 가출사 색정사, 부부이별, 소송흉
巳時	사업, 구재이득, 귀인상봉, 수상기쁨
午時	화합 애정사불리, 금전손실, 매사 불성사
未時	유명무실, 가출건, 동료나 골육배반 구설
申時	사업사 손재수, 후원사무리, 여행은 불리
酉時	병자사망, 매사 불성사, 가출도주, 外情
戌時	직업문제, 남편문제, 집안불화, 불합격
亥時	금전배신, 처 가출사, 도망 분실 이동 흉

오늘 행운 복권 운세

복권사면 좋은 띠는 **뱀띠** ⑦⑰27
행운복권방은 집에서 **남동쪽**에 있는곳

申子辰生	북쪽문을 피하고, 서남쪽으로 이사하면 안 된다. 재수가 없고, 하는 일마다 꼬이고, 病苦 질병발생. 바람기 발동.
巳酉丑生	서쪽문을 피하고, 동남쪽으로 이사하면 안 된다. 재수가 없고, 하는 일마다 꼬이고, 病苦 질병발생. 바람기 발동.
寅午戌生	남쪽문을 피하고, 북동쪽으로 이사하면 안 된다. 재수가 없고, 하는 일마다 꼬이고, 病苦 질병발생. 바람기 발동.
亥卯未生	동쪽문을 피하고, 서북쪽으로 이사하면 안 된다. 재수가 없고, 하는 일마다 꼬이고, 病苦 질병발생. 바람기 발동.

운세풀이

丑띠:이동수,우왕좌왕, 弱, 다툼	辰띠: 점점 일이 꼬임, 관재구설	未띠:최고운상승세, 두마음	戌띠: 만남,결실,화합,문서
寅띠:매사불편, 방해자,배신	巳띠:귀인상봉, 금전이득, 현금	申띠: 의욕과다, 스트레스큼	亥띠:이동수,이별수,변동 움직임
卯띠:해결신,시험합격, 풀림	午띠: 매사꼬임,과거고생, 질병	酉띠: 시급한 일, 뜻대로 안됨	子띠: 빈주머니,걱정근심,사기

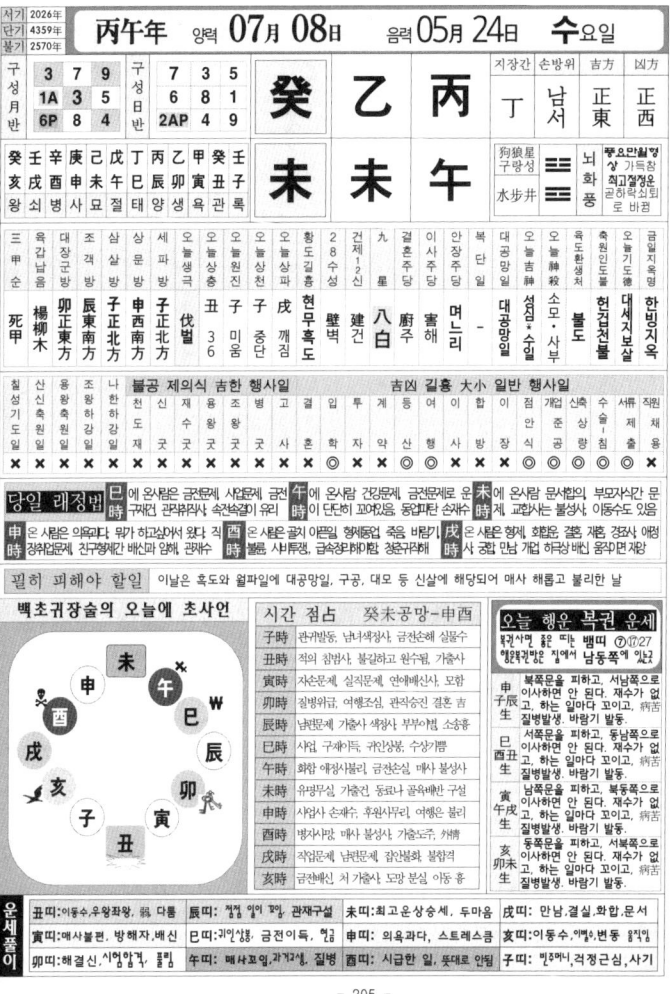

7월

서기	2026年
단기	4359年
불기	2570年

丙午年 양력. 07月 09日 음력 05月 25日 목요일

구성月반			
	3	7	9
	1A	3	5
	6P	8	4

구성日반			
	6	2	4
	5	7	9A
	1P	3	8

甲	乙	丙
申	未	午

지장간	손방위	吉方	凶方
丁	서쪽	正北	正南

乙	甲	癸	壬	辛	庚	己	戊	丁	丙	乙	甲
亥	戌	酉	申	未	午	巳	辰	卯	寅	丑	子
생	양	태	절	묘	사	병	쇠	왕	록	관	욕

狗狼星 구랑성	☳ ☲	뇌화풍	풍요만월형상 가득참 최고절정운 곧하락쇠퇴로 바뀜
正廳中庭관청마당			

三甲순	육갑납음	대장군방	조객방	삼살방	상문방	세파방	오늘생극	오늘상충	오늘원진	오늘상천	오늘상파	황도길흉	28수성	건제12신	九星	결혼주당	이사주당	안장주당	대공망일	오늘吉神	오늘吉神	오늘神殺	육도환생처	축원인도불	오늘기도德	금일지옥명
病甲	泉中水	卯正東方	辰東南方	子正北方	申西南方	子正北方	伐벌	寅 36	卯 미움	亥 중단	巳 깨짐	사명황도	奎규	除제	七赤	婦부	天천	어머니	대공망일	천덕*상일	길기*대명	멸몰·겁살	인도	헌겁천불	아미보살	한빙지옥

칠성기도일	산신축원일	용왕축원일	조왕하강일	나한하강일	불공 제의식 吉한 행사일							吉凶 길흉 大小 일반 행사일														
					천도재	신굿	재수굿	용왕굿	조왕굿	병굿	고사	결혼	입학	투자	계약	등산	여행	이사	합방	이장	점안식	개업준공	신축상량	수술-침	서류제출	직원채용
◎	◎	◎	◎	◎	◎	◎	◎	◎	◎	◎	◎	◎	◎	×	-	◎	◎	×	×	×	◎	◎	◎	◎	◎	◎

당일 래정법

巳時 에 온사람은 의욕없는자, 금전구재건 색정사로 다툼, 억울한 일 매사불성사

午時 에 온사람은 금전문제, 자식문제, 친정식구도움, 관직취직사, 우환질병

未時 에 온사람 건강문제, 남편문제로 운이 단단히 꼬여있음, 직장은 불리, 손재수

申時 온 사람은 새사업은 방해자로 인해 망신수, 관재수 발생, 후원사불리, 수술문제, 사고조심

酉時 온 사람은 의욕과다, 새로운 일 하고싶어서 왔다. 직장취업문제, 친구형제간 배신, 색정사

戌時 온 사람은 골치 아픈일, 삼각관계, 죽음, 바람기, 불륜, 시비투쟁, 급속장리하이함, 청춘귀작해

필히 피해야 할일 질병치료 · 사냥 · 승선 · 낚시 · 어로작업 · 요트타기 · 위험놀이기구 · 벌목 · 수렵 · 침대 가구들이기

백초귀장술의 오늘에 초사언

시간 점占	甲申공망-午未
子時	사업사 후원문제, 가출사, 이동사, 질병
丑時	사기도난조짐, 가출건, 여행불리, 질병
寅時	이동사, 육친이별, 부동산다툼, 터부정
卯時	움직이면 혈광재앙, 병환자발생, 순리
辰時	사업건 금전융통 가능, 시험합격, 불륜사
巳時	도난, 파재, 상해, 관재, 자손문제, 女일
午時	관직 승전가능, 놀날일발생, 변화사 불리
未時	病환자, 관재, 금전손실, 여행 모두 불리
申時	관직승전기쁨, 시업성공, 취업 가능, 음란
酉時	남녀색정사 변심, 남편문제, 삼각관계
戌時	금전문제, 여자문제, 가출사, 집안 시체
亥時	임신가능, 결혼기쁨, 여행재앙, 망동주의

오늘 행운 복권 운세

복권사면 좋은 띠는 말띠 ⑤⑦22
행운복권방은 집에서 남쪽에 있는곳

申子辰生	북쪽문을 피하고, 서남쪽으로 이사하면 안 된다. 재수가 없고, 하는 일마다 꼬이고, 病苦 질병발생. 바람기 발동.
巳酉丑生	서쪽문을 피하고, 동남쪽으로 이사하면 안 된다. 재수가 없고, 하는 일마다 꼬이고, 病苦 질병발생. 바람기 발동.
寅午戌生	남쪽문을 피하고, 북동쪽으로 이사하면 안 된다. 재수가 없고, 하는 일마다 꼬이고, 病苦 질병발생. 바람기 발동.
亥卯未生	동쪽문을 피하고, 서북쪽으로 이사하면 안 된다. 재수가 없고, 하는 일마다 꼬이고, 病苦 질병발생. 바람기 발동.

운세풀이

寅띠:이동수,우왕좌왕, 弱, 다툼	巳띠: 점점 일이 꼬임, 관재구설	申띠:최고운상승세, 두마음	亥띠: 만남,결실,화합,문서
卯띠:매사불편, 방해자,배신	午띠: 귀인상봉, 금전이득, 현금	酉띠: 의욕과다, 스트레스큼	子띠:이동수,이별수,변동 움직임
辰띠:해결신,시험합격, 풀림	未띠: 매사꼬임,과거고생, 질병	戌띠: 시급한 일, 뜻대로 안됨	丑띠: 빈주머니,걱정근심,사기

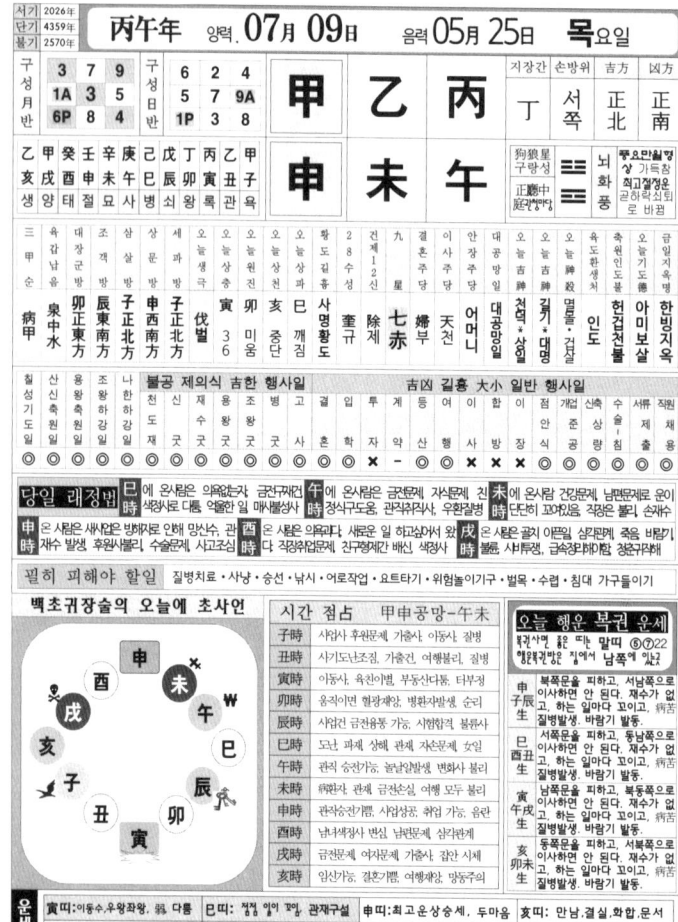

서기	2026年
단기	4359年
불기	2570年

丙午年 양력 07月 10日 음력 05月 26日 금요일

구성월반			
	3	7	9
	1A	3	5
	6P	8	4

구성일반			
	5	1	3
	4P	6	8
	9	2	7A

時	日	月	年
乙	乙	丙	
酉	未	午	

지장간	손방위	吉方	凶方
丁	서북	正西	正東

狗狼星 구랑성	괘	뇌화풍	
天	☳☲	뇌화풍	풍요만월형상 가득참 최고절정운 곧하락쇠퇴로 바뀜

丁	丙	乙	甲	癸	壬	辛	庚	己	戊	丁	丙
亥	戌	酉	申	未	午	巳	辰	卯	寅	丑	子
사	묘	절	태	양	생	욕	관	록	왕	쇠	병

三甲순	육갑납음	대장군방	조객반	삼살방	상문방	세파방	오늘생극	오늘상충	오늘원진	오늘상천	오늘상파	황도길흉	28수성	건제12신	九星	결혼주당	이사주당	안장주당	복단일	대공망일	神殺	오늘神殺	육도환생처	축원인도불	오늘기도德	금일지옥명
病甲	泉中水	卯正東方	辰東南方	子正北方	申西南方	子正北方	伐벌	卯 36	寅 미움	戌 중단	子 깨짐	구진흑도	婁루	滿만	六白	竈조	利이	여자	천장*미일	대공망일	산격·검봉	철기·피마	귀도	헌겁천불	관음보살	한빙지옥

칠성기도일	산신축원일	용왕축원일	조왕하강일	나한하강일	천도제	신굿	재수굿	용왕굿	조왕굿	병굿	고사	결혼	입학	투자	계약	등산	여행	이사	합방	이장	점안식	개업준공	신축상량	수술·침	서류제출	직원채용
◎	×	×	◎	◎	◎	×	×	×	×	×	×	×	◎	×	×	◎	◎	×	×	×	×	×	×	×	◎	×

(불공 제의식 吉한 행사일: 천도제 ~ 고사 / 吉凶 길흉 大小 일반 행사일: 결혼 ~ 직원채용)

당일 래정법

巳時 에 온사람은 허가 해결할 문제, 합격여부, 금전투자여부, 직장문제, 재혼은 굳

午時 에 온사람은 의욕없는자, 금전구재건, 색정사로 다툼, 억울한 일 매사불성사

未時 에 온사람 금전문제, 사업문제, 자식문제, 관직취직사, 속전속결이 유리

申時 온 사람은 건강문제, 관재구설로 운이 단단히 꼬여있음, 취업 승진문제, 딸자식문제, 손재수

酉時 온 사람은 두가지 문제 갈등사, 갖고싶은 욕구강함, 새로운 일시작 진행함이 좋다. 우환질병

戌時 온 사람은 의욕과다, 뭔가 하고싶어서 왔다. 직장 취업문제, 친구형제간 배신, 시험합격여부

필히 피해야 할일

옷재단·새옷맞춤·태아옷구입·손님초대·소장제출·항소·손님초대·맞선·수렵·산행

백초귀장술의 오늘에 초사언

시간 점占 乙酉공망-午未

子時	개혁유리, 집안에 배신자, 기도요망
丑時	가출건, 사업사 손재수, 여자일, 질병발생
寅時	사기도난, 파재, 손모사, 극처사, 각방
卯時	실직, 파재, 파업, 적 침범사, 소송불리
辰時	내외근심, 남자불리, 발병이나 혈광재앙
巳時	자손문제, 실직문제, 불명예, 색정음란사,
午時	매사 불성, 자손합가불리, 놀랄 일 불안
未時	사업, 구재이득, 귀인상봉, 수상기쁨,
申時	관직건, 남편일, 불리, 실수 탄로 음모 발
酉時	부동산 귀농유리, 지출과다, 진퇴반복,
戌時	금전손실, 부인문제, 금전융통, 부부변심
亥時	만사 중용순응, 손님불길, 가내재앙불리

오늘 행운 복권 운세

복권사면 좋은 띠는 양띠 ⑤⑩25

행운복권방은 집에서 남서쪽에 있는곳

申子辰生	북쪽문을 피하고, 서남쪽으로 이사하면 안 된다. 재수가 없고, 하는 일마다 꼬이고, 病苦 질병발생. 바람기 발동.
巳酉丑生	서쪽문을 피하고, 동남쪽으로 이사하면 안 된다. 재수가 없고, 하는 일마다 꼬이고, 病苦 질병발생. 바람기 발동.
寅午戌生	남쪽문을 피하고, 북동쪽으로 이사하면 안 된다. 재수가 없고, 하는 일마다 꼬이고, 病苦 질병발생. 바람기 발동.
亥卯未生	동쪽문을 피하고, 서북쪽으로 이사하면 안 된다. 재수가 없고, 하는 일마다 꼬이고, 病苦 질병발생. 바람기 발동.

운세풀이

卯띠: 이동수,우왕좌왕, 弱 다툼	午띠: 점점 일이 꼬임, 관재구설	酉띠: 최고운상승세, 두마음	子띠: 만남,결실,화합,문서
辰띠: 매사불편, 방해자,배신	未띠: 귀인상봉, 금전이득, 현금	戌띠: 의욕과다, 스트레스금	丑띠: 이동수, 이별수,변동 움직임
巳띠: 해결신,시험합격, 풀림	申띠: 매사꼬임,과거고생, 질병	亥띠: 시급한 일, 뜻대로 안됨	寅띠: 빈주머니,걱정근심,사기

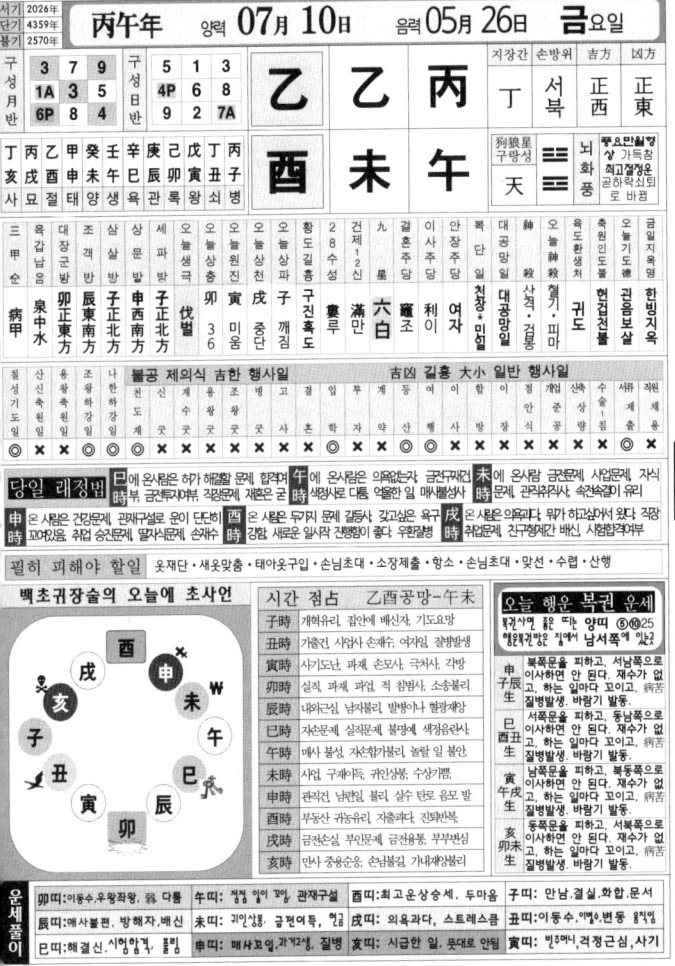

7월

서기	2026年
단기	4359年
불기	2570年

丙午年 양력 **07月 11日** 음력 **05月 27日** **토요일**

구성月반			구성日반		
3	7	9	4P	9	2
1A	3	5	3	5	7
6P	8	4	8	1	6

丙	乙	丙
戊	未	午

지장간	손방위	吉方	凶方
丁	북쪽	正南	正北

狗狼星 구랑성	괘		
天	☳ ☲	뇌화풍	풍요만월형상 가득참 최고절정운 곧하락쇠퇴로 바뀜

己	戊	丁	丙	乙	甲	癸	壬	辛	庚	己	戊
亥	戌	酉	申	未	午	巳	辰	卯	寅	丑	子
절	묘	사	병	쇠	왕	록	관	욕	생	양	태

三甲순	육갑납음	대장군방	조객방	삼살방	상문방	세파방	오늘생극	오늘상충	오늘원진	오늘상천	오늘상파	황도길흉	28수성	건제12신	九星	결혼주당	이사주당	안장주당	복단일	대공망일	神殺일	오늘神殺	육도환생처	축원인도불	오늘기도德	금일지옥명
病甲	屋上土	卯正東方	辰東南方	子正北方	申西南方	子正北方	寶보	辰 36	巳 미움	酉 중단	未 깨짐	청룡황도	胃위	平평	五黃	第제	安안	死	복단일	천귀*요안	월형·하괴	토부·월살	축도	헌겁천불	미륵보살	한빙지옥

칠성기도일	산신축원일	용왕축원일	조왕하강일	나한하강일	불공 제의식 吉한 행사일: 천도재	신굿	재수굿	용왕굿	조왕굿	병굿	고사	吉凶 길흉 大小 일반 행사일: 결혼	입학	투자	계약	등산	여행	이사	합방	이장	점안식	개업준공	신축상량	수술-침	서류제출	직원채용
×	◎	×	×	◎	◎	◎	◎	◎	◎	◎	◎	×	◎	×	×	◎	◎	×	×	×	◎	×	×	×	◎	×

당일 래정법

巳時 에 온사람은 새사업에 방해자, 배신사, 의욕상실, 색정사, 창업은 불리함

午時 에 온사람은 취직 해결할 문제, 합격여부, 금전투자여부, 직장문제, 재혼

未時 에 온사람 의욕없는자, 금전구재건, 관재구설로 다툼, 억울한 일, 매사불성사

申時 온 사람은 금전문제, 사업문제, 관직취직사, 관재로 얽히게 됨, 자식으로 인해 큰 지출.

酉時 온 사람은 건강문제, 관재구설로 운이 단단히 꼬여있음, 취업 승진문제, 남자문제, 손재수

戌時 온 사람은 두가지 문제 갈등사, 갖고싶은 욕구 강함, 자식문제, 새로운 일시작 진행함이 좋다.

필히 피해야 할일 제품제작 · 친구초대 · 수혈 · 싱크대교체 · 주방고치기 · 애완동물들이기 · 흙 파는일

백초귀장술의 오늘에 초사언

시간 점占	丙戌공망-午未
子時	관청쟁투, 남편 극, 직업궁핍, 객 惡意
丑時	사업, 구재이득, 귀인상봉, 수상기쁨,
寅時	적의 침범사, 불길하고 원수됨, 가출사
卯時	골육 동업건, 남녀색정사, 방심면 도난
辰時	관재 병재로 불길, 가출사 자손사 하극상
巳時	직업 명예사, 여자삼각관계, 망신실수탄로
午時	금전손실 진퇴양난, 이사 여행 불리,
未時	집안잡귀침투, 삼각관계, 낙선근심 질병
申時	선흉후길, 새출발 도망은 吉, 금전융통吉
酉時	가내 괴이사발생, 신부정, 물조심 하극상
戌時	가출건, 급병자, 매사 지체, 여자관련손해
亥時	과욕불성사, 이별사, 타인의 침해 다툼

오늘 행운 복권 운세

복권사면 좋은 띠는 **원숭띠** ⑨19, 29
행운복권방은 집에서 **서남쪽에 있는곳**

申子辰生	북쪽문을 피하고, 서남쪽으로 이사하면 안 된다. 재수가 없고, 하는 일마다 꼬이고, 病苦 질병발생. 바람기 발동.
巳酉丑生	서쪽문을 피하고, 동남쪽으로 이사하면 안 된다. 재수가 없고, 하는 일마다 꼬이고, 病苦 질병발생. 바람기 발동.
寅午戌生	남쪽문을 피하고, 북동쪽으로 이사하면 안 된다. 재수가 없고, 하는 일마다 꼬이고, 病苦 질병발생. 바람기 발동.
亥卯未生	동쪽문을 피하고, 서북쪽으로 이사하면 안 된다. 재수가 없고, 하는 일마다 꼬이고, 病苦 질병발생. 바람기 발동.

운세풀이

辰띠:이동수,우왕좌왕, 弱鬼 다툼	未띠: 점점 일이 꼬임, 관재구설	戌띠:최고운상승세, 두마음	丑띠: 만남,결실,화합,문서
巳띠:매사불편, 방해자,배신	申띠: 귀인상봉, 금전이득, 현금	亥띠: 의욕과다, 스트레스큼	寅띠:이동수,이별수,변동 움직임
午띠:해결신,시험합격, 풀림	酉띠: 매사꼬임,과거고생, 질병	子띠: 시급한 일, 뜻대로 안됨	卯띠: 빈주머니,걱정근심,사기

서기	2026年
단기	4359年
불기	2570年

丙午年 양력 07月 12日 음력 05月 28日 일요일

구성月반				구성日반			
	3	7	9		3AP	8	1
	1A	3	5		2	4	6
	6P	8	4		7	9	5

丁	乙	丙
亥	未	午

지장간	손방위	吉方	凶方
丁	북동	正東	正西

辛	庚	己	戊	丁	丙	乙	甲	癸	壬	辛	庚
亥	戌	酉	申	未	午	巳	辰	卯	寅	丑	子
태	양	생	욕	관	록	왕	쇠	병	사	묘	절

狗狼星 구랑성: 巳方 大門僧寺

☳ ☲ 뇌화풍

풍요만월명상 가득참 최고절정운 곧하락쇠퇴로 바뀜

三甲순	육갑납음	대장군방	조객방	삼살방	상문방	세파방	오늘생극	오늘상충	오늘원진	오늘상천	오늘상파	황도길흉	28수성	건제12신	九星	결혼주당	이사주당	안장주당	복단일	오늘吉神	神殺	오늘神殺	육도환생처	축원인도불	오늘기도德	금일지옥명
病甲	屋上土	卯正東方	辰東南方	子正北方	申西南方	子正北方	伐벌	巳 36	辰 미움	申 중단	寅 깨짐	명당황도	昴묘	定정	四綠	翁옹	災재	손자	삼합일	음덕*옥우	-	라강·염대	옥도	헌겁천불	여래보살	한빙지옥

칠성기도일	산신축원일	용왕축원일	조왕하강일	나한하강일	불공 제의식 吉한 행사일: 천도재	신굿	재수굿	용왕굿	조왕굿	병굿	고사	吉凶 길흉 大小 일반 행사일: 결혼	입학	투자	계약	등산	여행	이사	합방	이장	점안식	개업준공	신축상량	수술·침	서류제출	직원채용
◎	◎	×	◎	◎	◎	◎	◎	◎	◎	◎	◎	◎	◎	×	◎	◎	◎	×	◎	◎	◎	◎	◎	◎	◎	◎	◎

당일 래정법

巳時 에 온사람은 금전사기, 허위문서 이동수, 타부정 관재구설 동업사비 다툼주의

午時 에 온사람은 방해자, 배신사, 의욕상실 매사 지체불리함 금전구재 문제

未時 에 온사람 하가 해결할 문제, 급전필요, 주식투자여부, 결혼, 직장문제, 매매건

申時 온 사람은 의욕없는자, 자식문제, 사업상문제, 색정사, 관송사, 시비투쟁, 매사불성사

酉時 온 사람은 금전구재 문제, 사업계약 문제는 이득, 여자문제, 관직취직사, 속전속결 유리

戌時 온 사람은 건강문제, 관재구설로 운이 단단히 꼬여있음, 취업 승진문제, 매사지체, 손재수

필히 피해야 할일

약혼식 • 인수인계 • 머리자르기 • 주방수리 • 장담그기 • 수의짓기 • 주방고치기 • 지붕 덮기

백초귀장술의 오늘에 초사언

시간 점占 丁亥공망-午未

子時	관재 병재로 불길, 가출사 색정사 도난주의
丑時	질병발생, 적의 침범사, 자손 이별사
寅時	선거자유리, 사업흥성, 화합사, 화류계
卯時	기출건, 매사 선흉후길, 관송사는 불리
辰時	자손사, 실직사, 도난 풍파 가출 색정사
巳時	육친이별, 파재구설 도난, 인연 끊김
午時	불명예로 원행, 이사 여행가능, 집 파손
未時	공직 직업 승진, 금전이득, 환자발생
申時	모사 성사, 순응유리, 친족불화, 토지분쟁
酉時	사업사, 후원 귀인상봉, 이사 여행- 재앙
戌時	자손사, 父 급병자, 관재구설, 색정사
亥時	금전손실, 남편작업, 여자가 불리, 파이사

오늘 행운 복권 운세

복권사면 좋은 띠는 닭띠 ④⑨ 24, 행운복권방은 집에서 서쪽에 있는곳

申子辰生	북쪽문을 피하고, 서남쪽으로 이사하면 안 된다. 재수가 없고, 하는 일마다 꼬이고, 病苦 질병발생. 바람기 발동.
巳酉丑生	서쪽문을 피하고, 동남쪽으로 이사하면 안 된다. 재수가 없고, 하는 일마다 꼬이고, 病苦 질병발생. 바람기 발동.
寅午戌生	남쪽문을 피하고, 북동쪽으로 이사하면 안 된다. 재수가 없고, 하는 일마다 꼬이고, 病苦 질병발생. 바람기 발동.
亥卯未生	동쪽문을 피하고, 서북쪽으로 이사하면 안 된다. 재수가 없고, 하는 일마다 꼬이고, 病苦 질병발생. 바람기 발동.

운세풀이

巳띠:이동수,우왕좌왕, 弱, 다툼	申띠: 점점 일이 꼬임, 관재구설	亥띠:최고운상승세, 두마음	寅띠: 만남,결실,화합,문서
午띠:매사불편, 방해자,배신	酉띠: 귀인상봉, 금전이득, 현금	子띠: 의욕과다, 스트레스큼	卯띠:이동수,이별수,변동 움직임
未띠:해결신,시험합격, 풀림	戌띠: 매사꼬임,과거고생, 질병	丑띠: 시급한 일, 뜻대로 안됨	辰띠: 빈주머니,걱정근심,사기

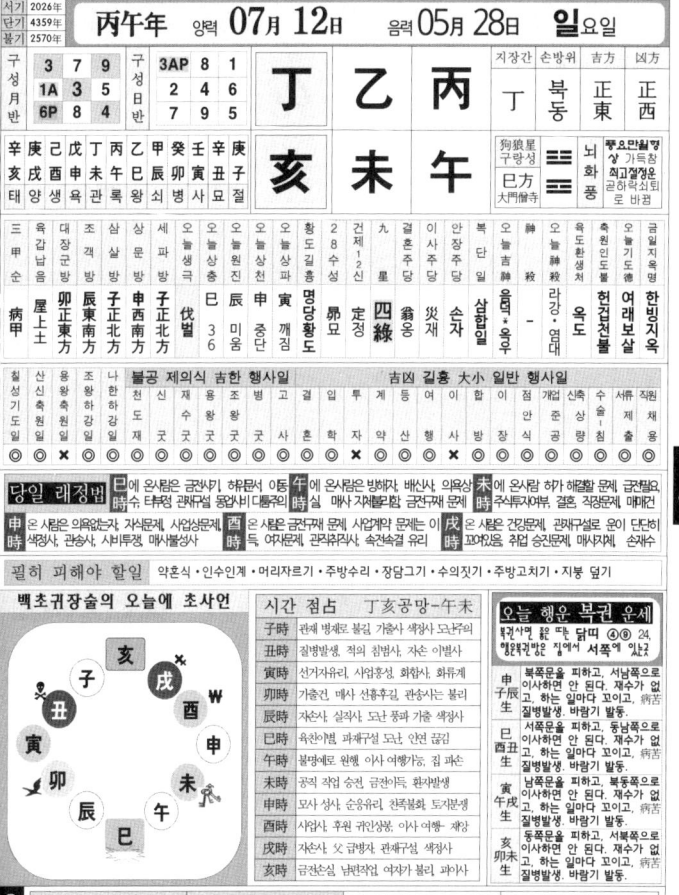

7월

서기	2026年
단기	4359年
불기	2570年

丙午年 양력 07月 13日 음력 05月 29日 월요일

구성月반				구성日반			
	3	7	9		2	7P	9
	1A	3	5		1A	3	5
	6P	8	4		6	8	4

時	日	月	年
干	戊	乙	丙
支	子	未	午

지장간	손방위	吉方	凶方
丁	無	正北	正南

癸	壬	辛	庚	己	戊	丁	丙	乙	甲	癸	壬
亥	戌	酉	申	未	午	巳	辰	卯	寅	丑	子
절	묘	사	병	쇠	왕	록	관	욕	생	양	태

狗狼星 구랑성: 廚竈 주방부엌 | 뇌화풍 | 풍요만월형상 가득참 최고절정운 곧하락쇠퇴로 바뀜

三甲순	육갑납음	대장군방	조객방	삼살방	상문방	세파방	오늘생극	오늘상충	오늘원진	오늘상천	오늘상파	황도길흉	28수성	건제12신	九星	결혼주당	이사주당	안장주당	오늘吉神	오늘吉神	神殺일	오늘神殺	육도환생처	축원인도불	오늘기도德	금일지옥명
病甲	霹靂火	卯正東方	辰東南方	子正北方	申西南方	子正北方	制제	午 36	未 미움	未 중단	酉 깨짐	천형흑도	畢필	執집	三碧	堂당	師사	남자	-	금당*지덕	수격·독화	귀곡·겁봉	천도	약사여래	아미보살	화탕지옥

칠성기도일	산신축원일	용왕축원일	조왕하강일	나한하강일	천도재	신굿	재수굿	용왕굿	조왕굿	병굿	고사	결혼	입학	투자	계약	등산	여행	이사	합방	이장	점안식	개업준공	신축상량	수술-침	서류제출	직원채용
◎	×	×	◎	◎	◎	×	×	×	×	×	◎	×	◎	×	×	◎	◎	◎	×	×	×	×	◎	×	◎	×

(불공 제의식 吉한 행사일: 천도재 ~ 조왕굿 / 吉凶 길흉 大小 일반 행사일: 병굿 ~ 직원채용)

당일 래정법

巳時 에 온사람은 실업자, 친정문제, 반주머니, 헛 공사, 사기·도난사, 범길조심

午時 에 온사람은 이동변동수, 터부정, 관재구설, 배반 다툼주의, 차사고

未時 에 온사람은 방해자, 배신사, 의욕상실, 매사 지체불리함, 형제간 시비불리함.

申時 온 사람은 자식문제, 결혼문제, 경조사, 속결처리는 해결됨, 시험은 합격됨, 허가건은 승인됨

酉時 온 사람은 의욕없는자, 자식으로인해 큰돈 손해 억울한일 외정색정사, 불륜사 문제 관재로

戌時 온 사람은 금전문제, 사업문제, 주식투자문제, 부동산거래, 재물구재사, 여자회합건, 돈은 들어오나 곧나감

필히 피해야 할일

흑도일에 폐閉神으로 수격과 토부와 혈기 등 강한 신살에 해당되어 매사 해롭고 불리한 날

백초귀장술의 오늘에 초사언

시간 점占 戊子공망-午未

子時	남녀쟁투 돈이나 처를 극, 자식病, 흉
丑時	결혼은 吉, 동료모략, 혐의누명 손님 옴
寅時	관재, 병재 출행, 재난, 원한 喪服 운
卯時	매사 선흉후길, 자식근심, 情夫 작해
辰時	형제나 친구 침범사, 가출사 색정사 흉해
巳時	관직 승전문제, 가정불안 모사발생 후 破
午時	남녀투쟁 다툼, 처를 극하고 매사 막힘
未時	집안잡귀침투, 부부불화, 삼각관계, 질병
申時	선거자유리, 사업흥성, 화합사, 색정사
酉時	자손사와 남편불리, 간사한 은닉건, 모략
戌時	작은돈 가능, 시험불합격, 삼각관계 불화
亥時	사업, 구재, 관재구설 여자문제, 혐의징조

오늘 행운 복권 운세

복권사면 좋은 띠는 **개띠** ⑩⑳ 30

행운복권방은 집에서 **서북쪽에** 있는곳

申子辰生	북쪽문을 피하고, 서남쪽으로 이사하면 안 된다. 재수가 없고, 하는 일마다 꼬이고, 病苦 질병발생. 바람기 발동.
巳酉丑生	서쪽문을 피하고, 동남쪽으로 이사하면 안 된다. 재수가 없고, 하는 일마다 꼬이고, 病苦 질병발생. 바람기 발동.
寅午戌生	남쪽문을 피하고, 북동쪽으로 이사하면 안 된다. 재수가 없고, 하는 일마다 꼬이고, 病苦 질병발생. 바람기 발동.
亥卯未生	동쪽문을 피하고, 서북쪽으로 이사하면 안 된다. 재수가 없고, 하는 일마다 꼬이고, 病苦 질병발생. 바람기 발동.

운세풀이

午띠:이동수,우왕좌왕, 불화 다툼	酉띠: 점점 일이 꼬임, 관재구설	子띠:최고운상승세, 두마음	卯띠: 만남,결실,화합,문서
未띠:매사불편, 방해자,배신	戌띠:귀인상봉, 금전이득, 현금	丑띠: 의욕과다, 스트레스큼	辰띠:이동수,이별수,변동 움직임
申띠:해결신,시험합격, 풀림	亥띠: 매사꼬임,과거고생, 질병	寅띠: 시급한 일, 뜻대로 안됨	巳띠: 빈주머니,걱정근심,사기

서기 2026年	丙午年 양력 07月 14日	음력 06月 01日	화요일	초하루
단기 4359年				
불기 2570年				

구성月반			구성日반		
3	7	9	1	6	8AP
1A	3	5	9	2	4
6P	8	4	5	7	3

己	乙	丙
丑	未	午

지장간	손방위	吉方	凶方
丁	동쪽	正西	正東

狗狼星 구랑성	풍수환	흩어짐떠남 정면돌파吉 욕심이화근 현재와역전 현상바뀐다
寅方 廚舍		

乙	甲	癸	壬	辛	庚	己	戊	丁	丙	乙	甲
亥	戌	酉	申	未	午	巳	辰	卯	寅	丑	子
태	양	생	욕	관	록	왕	쇠	병	사	묘	절

三甲순	육갑납음	대장군방	조객방	삼살방	상문방	세파방	오늘생극	오늘상충	오늘원진	오늘상천	오늘상파	황도길흉	28수성
病甲	霹靂火	卯正東方	辰東南方	子正北方	申西南方	子正北方	專전	未 36	午 미움	午 중단	辰 깨짐	주작흑도	觜자

건제12신	九星	결혼주당	이사주당	안장주당	천구하식	복단일	神殺	오늘神殺	육도환생처	축원인도불	오늘기도德	금일지옥명
破파	二黑	夫부	安안	아버지	천덕합	월파일	월형·구공	홍사·대모	천도	약사여래	아미보살	화탕지옥

칠성기도일	산신축원일	용왕축원일	조왕하강일	나한하강일	불공 제의식 吉한 행사일							吉凶 길흉 大小 일반 행사일													
					천도재	신굿	재수굿	용왕굿	조왕굿	병굿	고사	결혼	입학	투자	계약	등산	여행	이사	합방	이장	점안식	개업준공	신축상량	수술·침	서류제출	직원채용
×	×	×	×	×	×	×	×	×	×	×	×	×	–	×	×	◎	×	×	×	×	×	×	×	×	×	×

7월

당일 래정법

- 巳時 에 온사람은 이동수 있는자, 직장변동, 사업체변동수, 해외진출 유리, 이별
- 午時 에 온사람은 실업자, 지금은 소모전, 빈주머니, 헛 공사, 사기·모난사, 안됨
- 未時 에 온사람은 매매 이동변동수, 터부정, 윗사람과 시비 다툼주의, 교통사고주의
- 申時 온 사람은 방해자, 배신사, 금전과 여자문제 매사 지체불리함, 차사고로 손해손재수
- 酉時 온 사람은 급처리 문제, 투자는 속결 유리 시험합격됨, 허가건은 승인
- 戌時 온 사람은 의욕없는 자, 하극상배신, 억울한일 외정색 정사, 불륜사 문제, 관재로 발전 딸 문제, 취직문제

필히 피해야 할일 회의개최・건축증개축・문서파기・항공주의・승선・동토・벌초・관정, 우물파기

백초귀장술의 오늘에 초사언

시간 점占 己丑공망-午未

子時	사업, 구재, 금전다툼, 구설 여자문제, ⊗
丑時	유명무실, 도난위험, 질병위태, 가출건
寅時	망신수, 매사 불성사, 탄로조심.
卯時	관재 병재로 불길, 적의 침범사, 喪服운
辰時	옛것을 정비하고 새것을 얻음, 선흉후길
巳時	산후질병 발병, 이별수, 이사는 가능
午時	구직하나 불성사, 골육이별, 색정사
未時	집안잡귀침투, 친족배신불화, 가출건
申時	자손 실직사, 망신 탄로조심, 금전손실
酉時	사업사, 후원사, 자손화합사 기쁨, 근신
戌時	금전손실, 가출건, 가선제압, 시험불길
亥時	선거자유리, 사업흥성, 친족불화, 喪服

오늘 행운 복권 운세

복권사면 좋은 띠는 돼지띠 ⑪⑯31
행운복권방은 집에서 북서쪽에 있는곳

申子辰生	북쪽문을 피하고, 서남쪽으로 이사하면 안 된다. 재수가 없고, 하는 일마다 꼬이고, 病苦 질병발생. 바람기 발동.
巳酉丑生	서쪽문을 피하고, 동남쪽으로 이사하면 안 된다. 재수가 없고, 하는 일마다 꼬이고, 病苦 질병발생. 바람기 발동.
寅午戌生	남쪽문을 피하고, 북동쪽으로 이사하면 안 된다. 재수가 없고, 하는 일마다 꼬이고, 病苦 질병발생. 바람기 발동.
亥卯未生	동쪽문을 피하고, 서북쪽으로 이사하면 안 된다. 재수가 없고, 하는 일마다 꼬이고, 病苦 질병발생. 바람기 발동.

운세풀이

未띠:이동수,우왕좌왕, 弱, 다툼	戌띠: 점점 일이 꼬임, 관재구설	丑띠:최고운상승세, 두마음	辰띠: 만남,결실,화합,문서
申띠:매사불편, 방해자,배신	亥띠:귀인상봉, 금전이득, 현금	寅띠: 의욕과다, 스트레스큼	巳띠:이동수,이별수,변동 움직임
酉띠:해결신,시험합격, 풀림	子띠: 매사꼬임,과거고생, 질병	卯띠: 시급한 일, 뜻대로 안됨	午띠: 빈주머니,걱정근심,사기

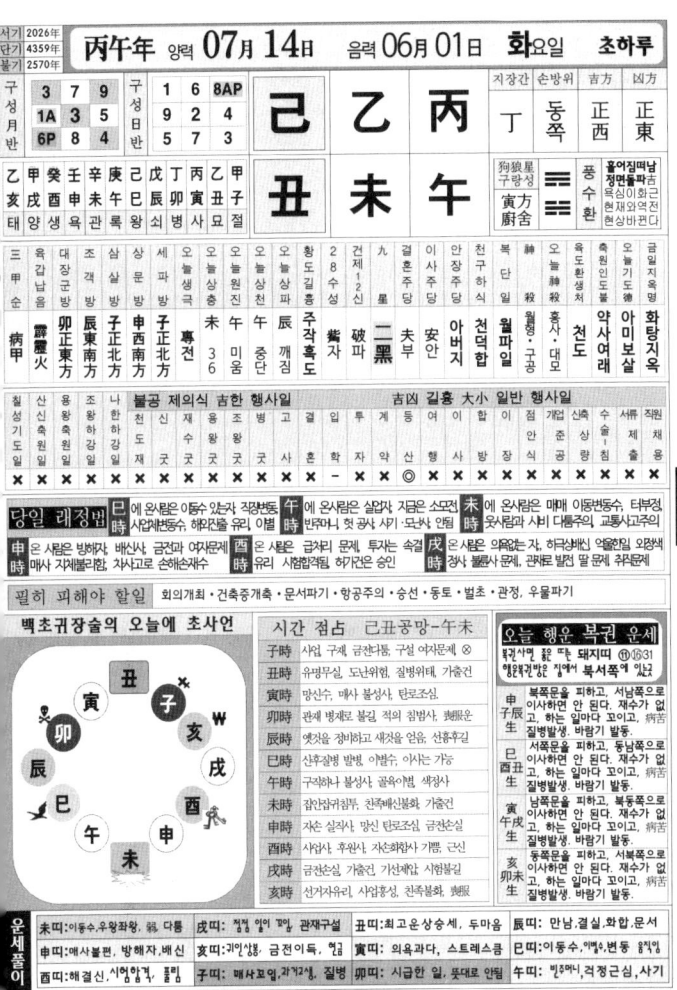

서기 2026年	丙午年 양력 07月 15日	음력 06月 02日	수요일	초복
단기 4359年				
불기 2570年				

구성月반				구성日반						
	3	7	9		9	5	7P	庚	乙	丙
	1A	3	5		8	1	3			
	6P	8	4		4	6A	2	寅	未	午

지장간	손방위	吉方	凶方
丁	동남	正南	正北

丁	丙	乙	甲	癸	壬	辛	庚	己	戊	丁	丙
亥	戌	酉	申	未	午	巳	辰	卯	寅	丑	子
병	쇠	왕	록	관	욕	생	양	태	절	묘	사

狗狼星 구랑성	午方 남쪽	☵ ☵	풍수환	흩어짐떠남 정면돌파吉 욕심이화근 현재와역전 현상바뀐다

三甲순	육갑납음	대장군방	조객방	삼살방	상문방	세파방	오늘생극	오늘상충	오늘원진	오늘상천	오늘상파	황도길흉	28수성	건제12신	九星	결혼주당	이사주당	안장주당	오늘吉神	오늘吉神	神殺	오늘神殺	육도환생처	축원인도불	오늘기도德	금일지옥명
病甲	松柏木	卯正東方	辰東南方	子正北方	申西南方	子正北方	制제	申 36	酉 미움	巳 중단	亥 깨짐	금궤황도	參삼	危위	一白	姑고	利이	남자	오부길일	월공*모창	-	유화·토금	인도	약사여래	약사보살	화탕지옥

칠성기도일	산신축원일	용왕축원일	조왕하강일	나한하강일	불공 제의식 吉한 행사일							吉凶 길흉 大小 일반 행사일													
					천도재	신굿	재수굿	용왕굿	조왕굿	병굿	고사	결혼	입학	투자	계약	등산	여행	이사	합방	이장	점안식	개업준공	신축상량	수술·침	서류제출	직원채용
◎	×	×	×	×	×	◎	◎	◎	◎	◎	◎	-	◎	×	×	◎	◎	×	×	×	◎	◎	×	◎	◎	×

당일 래정법

巳時 에 온사람은 문서 회합운, 결혼, 재혼, 경조사, 문서구입 좋다. 궁합, 후원 가입

午時 에 온사람은 이동수 있음 이사나 직장변동 하는게 좋음. 여행, 이별 질병

未時 에 온사람은 금전사기, 허위문서, 실업자 모난사고, 빈주머니 헛공사, 윗사람스트레스

申時 온 사람은 매매 이동변동수, 가정불화문제, 터부정, 관재구설, 직장변동수, 차사고주의

酉時 온 사람은 방해자, 친구동료 배신사, 취업승진 매사 지체불리함, 질병액 손해수

戌時 온 사람은 급처리문제, 묘지탈로 과이사발생 우환질병, 색정사로 구설수, 시험 합격됨, 허가건 승인됨

필히 피해야 할일	주식투자 • 사행성코인사입 • 명품구입 • 질병치료 • 투석 • 물건구입 • 새집들이 • 건축증개축

백초귀장술의 오늘에 초사언

시간 점占	庚寅공망-午未
子時	만사길조, 운기발복, 이사가 吉, 신중
丑時	매사 막히고 퇴보, 사업 구재는 불길
寅時	타인이나 여자로부터 금전손실, 함정
卯時	금전문제, 부인문제, 색정사, 도난위험
辰時	매사미비, 병재로 불길, 가출사, 색정사
巳時	사업금전운 吉, 임신가능, 결혼기쁨, 화해
午時	금전손실 다툼, 가내불안, 가출, 시험불리
未時	집안잡귀침투, 친족불화, 사업금전불리
申時	부부이심, 이사가 길, 사귀발동, 가출사
酉時	파산파재, 부인흉극, 배신음모로 함정
戌時	사업사, 후원사, 직장승진, 이사가 吉
亥時	금전손실, 도난, 자식문제, 화류계 관련

오늘 행운 복권 운세

복권사면 좋은 띠는 **쥐띠** ①⑥⑯
행운복권방은 집에서 **북쪽**에 있는곳

申子辰生	북쪽문을 피하고, 서남쪽으로 이사하면 안 된다. 재수가 없고, 하는 일마다 꼬이고, 病苦 질병발생. 바람기 발동.
巳酉丑生	서쪽문을 피하고, 동남쪽으로 이사하면 안 된다. 재수가 없고, 하는 일마다 꼬이고, 病苦 질병발생. 바람기 발동.
寅午戌生	남쪽문을 피하고, 북동쪽으로 이사하면 안 된다. 재수가 없고, 하는 일마다 꼬이고, 病苦 질병발생. 바람기 발동.
亥卯未生	동쪽문을 피하고, 서북쪽으로 이사하면 안 된다. 재수가 없고, 하는 일마다 꼬이고, 病苦 질병발생. 바람기 발동.

운세풀이

申띠:이동수,우왕좌왕, 말다툼 다툼	亥띠: 점점 일이 꼬임, 관재구설	寅띠:최고운상승세, 두마음	巳띠: 만남,결실,화합,문서
酉띠:매사불편, 방해자,배신	子띠:귀인상봉, 금전이득, 현금	卯띠: 의욕과다, 스트레스큼	午띠:이동수,이별수,변동 움직임
戌띠:해결신,시험합격, 풀림	丑띠: 매사꼬임,과거고생, 질병	辰띠: 시급한 일, 뜻대로 안됨	未띠: 빈주머니,걱정근심,사기

서기	단기	불기
2026年	4359年	2570年

丙午年 양력 07月 16日 음력 06月 03日 목요일

구성月반				구성日반			
	3	7	9		8	4A	6
	1A	3	5		7	9	2P
	6P	8	4		3	5	1

辛	乙	丙
卯	未	午

지장간	손방위	吉方	凶方
乙	남쪽	正東	正西

狗狼星 구랑성	풍수환	
天	☴ ☵	흩어짐떠남 정면돌파吉 욕심이화근 현재와역전 현상바뀐다

己	戊	丁	丙	乙	甲	癸	壬	辛	庚	己	戊
亥	戌	酉	申	未	午	巳	辰	卯	寅	丑	子
욕	관	록	왕	쇠	병	사	묘	절	태	양	생

三甲순	육갑납음	대장군방	조객방	삼살방	상문방	세파방	오늘생극	오늘상충	오늘원진	오늘상천	오늘상파	황도길흉	28수성	건제12신
病甲	松柏木	卯正東方	辰東南方	子正北方	申西南方	子正北方	制제	酉 36	申 미움	辰 중단	午 깨짐	대덕황도	井정	成성

九星	결혼주당	이사주당	안장주당	복단일	오늘吉神	오늘神殺	오늘神殺	육도환생처	축원인도불	오늘기도德	금일지옥명
九紫	堂당	天천	손자	양공기일	삼합일	-	천화·비렴	귀도	약사여래	문수보살	화탕지옥

칠성기도일	산신축원일	용왕축원일	조왕하강일	나한하강일	불공 제의식 吉한 행사일: 천도재	신굿	재수굿	용왕굿	조왕굿	병굿	고사	결혼
◎	◎	-	◎	◎	◎	◎	◎	◎	◎	◎	◎	◎

吉凶 길흉 大小 일반 행사일: 입학	투자	계약	등산	여행	이사	합방	이장	점안식	개업준공	신축상량	수술-침	서류제출	직원채용
◎	×	◎	◎	◎	-	◎	×	◎	◎	◎	◎	◎	◎

당일 래정법

巳時에 온사람은 자식문제, 가내환자, 죽음 바람기, 불륜, 사비투쟁 이동수

午時에 온사람은 문서 화합운, 결혼, 재혼, 경조사, 애정사, 궁합, 부모문제, 개업

未時에 온사람은 이동수 있는자 이사나 직장변동, 해외진출, 부모자식문제, 여행,

申時 온 사람은 허위문서 문제, 실업자, 색정사, 빈주머니, 헛 공사, 사기모함·모난사, 일이 지체

酉時 온 사람은 매매 이동변동수, 터부정, 관재구설, 사기, 허위문서, 가내우환질병, 차사고주의

戌時 온 사람은 방해자, 배신사, 원망 암투, 취업 승진 매사 지체불리함, 차사고로 손재수, 암투

필히 피해야 할일

새집들이 · 친목회 · 금전수금 · 창고수리 · 건축수리 · 동토 · 우물파기 · 장담그기

백초귀장술의 오늘에 초사언

시간 점占	辛卯공망-午未
子時	직장근심, 처를 극, 질병위급, 神부정
丑時	사업사, 후원사, 직장변동, 자식질병 급
寅時	관재 병재로 불길, 가출사 색정사 하극상
卯時	가내우환 도적흉, 여자로부터 금전손실
辰時	매사 지체, 사업상 다툼, 불륜색정사
巳時	매사 불성사, 도망은 吉, 삼각관계, 재액
午時	관직 승전문제, 금전 작은이득, 화해 吉
未時	삼각관계, 직업변동, 친족불화, 여자질병
申時	만사불길, 육친이별, 이민유리, 질병재앙
酉時	적의 침범사, 관재 병재로 불길, 감옥行
戌時	놀랄 일발생, 불륜색정사, 공중분해
亥時	자식문제, 직장문제, 손님 惡意, 불화초래

오늘 행운 복권 운세

복권사면 좋은 띠는 **소띠** ②⑤⑩

행운복권방은 집에서 **북동쪽**에 있는곳

申子辰生	북쪽문을 피하고, 서남쪽으로 이사하면 안 된다. 재수가 없고, 하는 일마다 꼬이고, 病苦 질병발생. 바람기 발동.
巳酉丑生	서쪽문을 피하고, 동남쪽으로 이사하면 안 된다. 재수가 없고, 하는 일마다 꼬이고, 病苦 질병발생. 바람기 발동.
寅午戌生	남쪽문을 피하고, 북동쪽으로 이사하면 안 된다. 재수가 없고, 하는 일마다 꼬이고, 病苦 질병발생. 바람기 발동.
亥卯未生	동쪽문을 피하고, 서북쪽으로 이사하면 안 된다. 재수가 없고, 하는 일마다 꼬이고, 病苦 질병발생. 바람기 발동.

운세풀이

酉띠:이동수,우왕좌왕, 弱, 다툼	子띠: 점점 일이 꼬임, 관재구설	卯띠:최고운상승세, 두마음	午띠: 만남,결실,화합,문서
戌띠:매사불편, 방해자,배신	丑띠:귀인상봉, 금전이득, 현금	辰띠: 의욕과다, 스트레스큼	未띠:이동수,이별수,변동 움직임
亥띠:해결신,시험합격, 풀림	寅띠: 매사꼬임,과거고생, 질병	巳띠: 시급한 일, 뜻대로 안됨	申띠: 빈주머니,걱정근심,사기

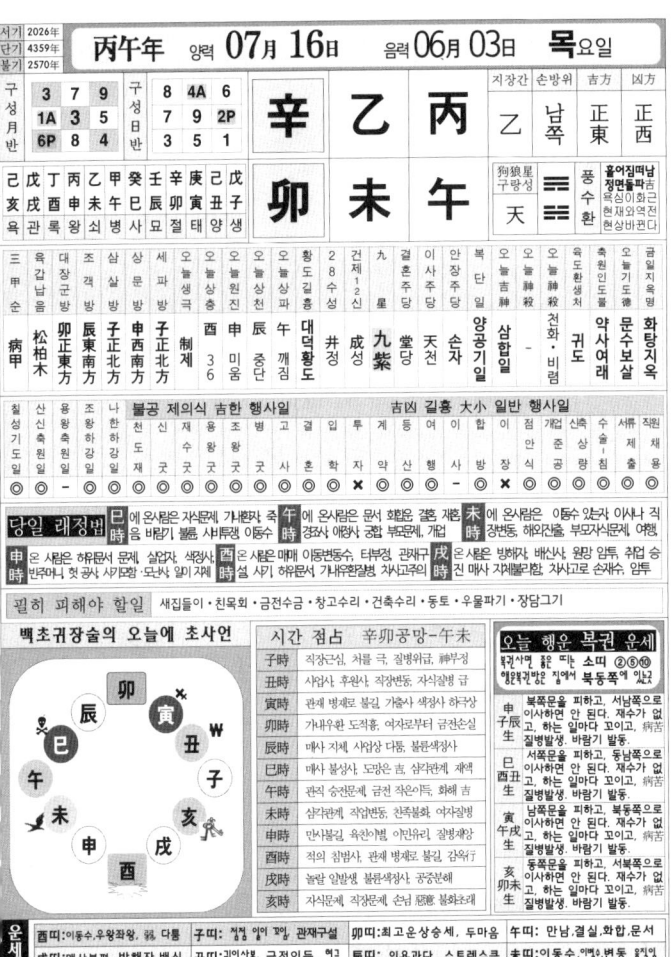

7월

서기	2026年
단기	4359年
불기	2570年

丙午年 양력 07月 17日 음력 06月 04日 금요일

구성월반				구성일반			
	3	7	9		7	3	5
	1A	3	5		6	8	1
	6P	8	4		2A	4	9P

壬	乙	丙
辰	未	午

지장간	손방위	吉方	凶方
乙	남서	正北	正南

狗狼星 구랑성	괘	풍수환	
天	☴☵	풍수환	흩어짐떠남 정면돌파吉 욕심이화근 현재와역전 현상바뀐다

辛亥	庚戌	己酉	戊申	丁未	丙午	乙巳	甲辰	癸卯	壬寅	辛丑	庚子
록	관	욕	생	양	태	절	묘	사	병	쇠	왕

三甲순	육갑납음	대장군방	조객방	삼살방	상문방	세파방	오늘생극	오늘상충	오늘원진	오늘상천	오늘상파	황도길흉	28수성	건제12신	九星	결혼주당	이사주당	안장주당	대공망일	오늘吉神	神殺	오늘神殺	육도환생처	축원인도불	오늘기도德	금일지옥명
病甲	長流水	卯正東方	辰東南方	子正北方	申西南方	子正北方	伐벌	戌 36	亥 미움	卯 중단	丑 깨짐	백호흑도	鬼귀	收수	八白	翁옹	害해	死	대공망일	대명*천마	천강·지파	천격·오허	축도	약사여래	지장보살	화탕지옥

					불공 제의식 吉한 행사일							吉凶 길흉 大小 일반 행사일														
칠성기도일	산신축원일	용왕축원일	조왕하강일	나한하강일	천도재	신굿	재수굿	용왕굿	조왕굿	병굿	고사	결혼	입학	투자	계약	등산	여행	이사	합방	이장	점안식	개업준공	신축상량	수술-침	서류제출	직원채용
×	×	×	×	×	◎	×	×	×	×	×	◎	×	◎	×	×	◎	◎	-	×	×	-	×	×	◎	◎	×

당일 래정법

巳時에 온사람은 의욕과다. 뭔가 하고싶어서 왔다. 자식과 금전문제, 직장취업문제

午時에 온사람은 금전문제로 골치 아픔. 상사와 암투, 여자바람기, 불륜, 화병

未時에 온사람은 문서 남녀화합운, 결혼, 재혼, 경조사, 문서유입, 궁합, 만남, 부모님 불리

申時 온 사람은 이동수 있는자, 이사나 직장변동, 관송사, 여행, 이별수, 취업불가능, 질병

酉時 온 사람은 허위문서, 금전손재수, 자식문제, 빈주머니, 헛고생 사기모함, 매사불성, 일은 지체

戌時 온 사람은 허위문서 이동변동수, 터부정, 관재구설, 자식가출, 동업자 시비 다툼주의, 차사고주의

필히 피해야 할일 회사창업·개업개점·개장식·새작품제작·출품·새집들이·인수인계·후임자간택·항공주의

백초귀장술의 오늘에 초사언

시간 점占 壬辰공망-午未

子時	만사개혁 유리, 남녀쟁투 처를 극, 破
丑時	남편문제, 직장문제 가출사, 출산나쁨, 病
寅時	적의 침범사, 불갈하고 원수됨, 육친이별
卯時	병상파재, 관송사 분쟁, 음란색정사,⊗
辰時	금전손실 다툼, 불륜문제, 직장변동,
巳時	사업, 구재, 상해, 도난, 여자삼각관계
午時	매사 불성사, 도망은 吉, 도적손실, 재액
未時	사업사, 후원사, 불륜사, 화합사, 금전 凶
申時	잡안잡귀침투, 친족불화, 육친무력, 도난
酉時	남녀색정사, 금전손해 실물수, 가출사
戌時	육친무력, 가출건, 관재구설, 우환질병
亥時	관록 당선에 방해자, 실수 탄로, 가출사

오늘 행운 복권 운세

복권사면 좋은 띠는 범띠 ③⑧⑱
행운복권방은 집에서 동북쪽에 있는곳

申子辰生	북쪽문을 피하고, 서남쪽으로 이사하면 안 된다. 재수가 없고, 하는 일마다 꼬이고, 病苦질병발생. 바람기 발동.
巳酉丑生	서쪽문을 피하고, 동남쪽으로 이사하면 안 된다. 재수가 없고, 하는 일마다 꼬이고, 病苦질병발생. 바람기 발동.
寅午戌生	남쪽문을 피하고, 북동쪽으로 이사하면 안 된다. 재수가 없고, 하는 일마다 꼬이고, 病苦질병발생. 바람기 발동.
亥卯未生	동쪽문을 피하고, 서북쪽으로 이사하면 안 된다. 재수가 없고, 하는 일마다 꼬이고, 病苦질병발생. 바람기 발동.

운세풀이

戌띠:이동수,우왕좌왕, [illegible] 다툼	丑띠: 점점 일이 꼬임, 관재구설	辰띠:최고운상승세, 두마음	未띠: 만남,결실,화합,문서
亥띠:매사불편, 방해자,배신	寅띠:귀인상봉, 금전이득, 현금	巳띠: 의욕과다, 스트레스큼	申띠:이동수,이별수,변동 움직임
子띠:해결신,시험합격, 풀림	卯띠: 매사꼬임,과거고생, 질병	午띠: 시급한 일, 뜻대로 안됨	酉띠: 빈주머니,걱정근심,사기

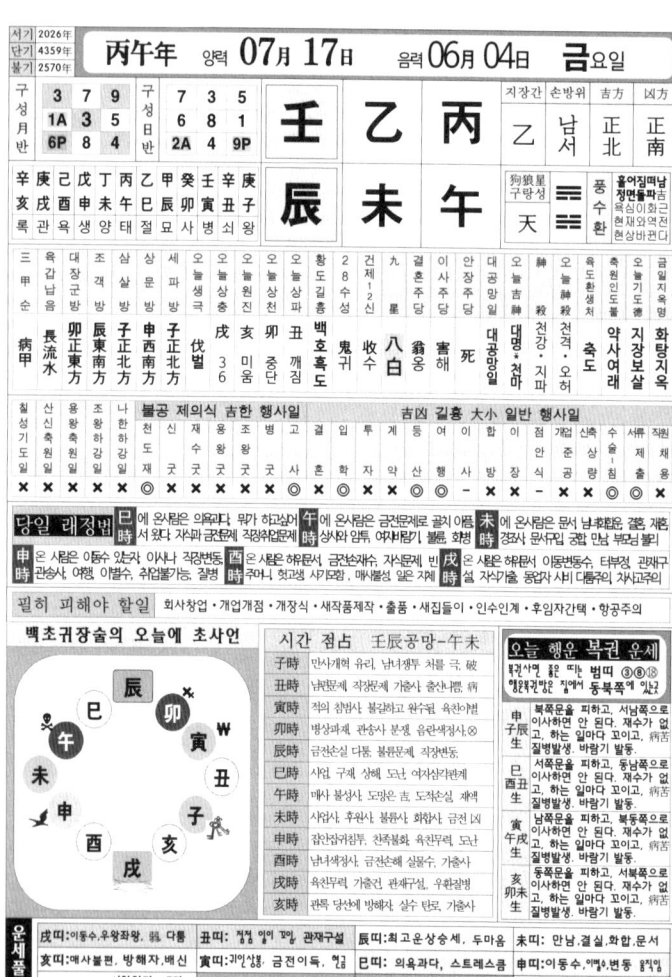

서기	2026年
단기	4359年
불기	2570年

丙午年 양력 07月 18日 음력 06月 05日 토요일

구성月반			구성日반		
3	7	9	6	2	4
1A	3	5	5	7	9A
6P	8	4	1	3	8P

時	日	月	年
癸	乙	乙	丙
巳	巳	未	午

지장간	손방위	吉方	凶方
乙	서쪽	正西	正東

狗狼星 구랑성	大門 僧寺
풍수환	흩어짐떠남 정면돌파吉 욕심이화근 현재와역전 현상바뀐다

癸	壬	辛	庚	己	戊	丁	丙	乙	甲	癸	壬
亥	戌	酉	申	未	午	巳	辰	卯	寅	丑	子
왕	쇠	병	사	묘	절	태	양	생	욕	관	록

三甲순	육갑납음	대장군방	조객방	삼살방	상문방	세파방	오늘생극	오늘상충	오늘원진	오늘상천	오늘상파	황도길흉	28수성	건제12신	九星	결혼주당	이사주당	안장주당	대공망일	오늘吉神	神殺	오늘神殺	육도환생처	축원인도불	오늘기도德	금일지옥명
病甲	長流水	卯正東方	辰東南方	子正北方	申西南方	子正北方	制제	亥 36	戌 미움	寅 중단	申 깨짐	옥당황도	柳류	開개	七赤	第제	殺살	여자	대공망일	복생*왕일	-	천적·지화	옥도	약사여래	문수보살	화탕지옥

칠성기도일	산신축원일	용왕축원일	조왕하강일	나한하강일	불공 제의식 吉한 행사일							吉凶 길흉 大小 일반 행사일														
					천도재	신굿	재수굿	용왕굿	조왕굿	병굿	고사	결혼	입학	투자	계약	등산	여행	이사	합방	이장	점안식	개업준공	신축상량	수술·침	서류제출	직원채용
×	×	×	×	×	◎	◎	◎	×	◎	◎	◎	◎	◎	×	◎	◎	◎	×	◎	×	◎	◎	×	◎	◎	◎

7월

당일 래정법

巳時 에 온사람은 원망과 다툼, 두 문제로 갈등사, 직장문제, 여자상업문제, 시비다툼

午時 에 온사람은 금전문제, 여자문제, 뭐가 하고 싶어서 왔다. 직장취업문제

未時 에 온사람은 골치 아픈일, 친구나 형제간 다툼, 바람기, 불륜, 관재, 속정리

申時 온 사람은 화합운, 결혼사, 재혼, 경조사, 애정사, 궁합, 만남, 개업, 윗사람 우환질병, 허위문서 매매건

酉時 온 사람은 이동수 있는자, 이사나 직장변동수, 사업체 변동수, 여행, 이별수, 관재구설

戌時 온 사람은 색정사문제, 금전손재수, 쉬어야할때, 빈주머니, 헛고생, 허위문서, 사기, 매사불성

필히 피해야 할일

홍보광고 • 소장제출 • 인허가신청 • 정보유출 • 질병치료 • 출항 • 조선 배 제조 • 승선 • 바다낚시

백초귀장술의 오늘에 초사언

시간 점占 癸巳공망-午未

子時	형제친구 배신주의, 색정사, 관재구설
丑時	적의 침범사, 음란색정사, 부부이별, 이사
寅時	직장근심, 처를 극, 색정사, 음귀침투
卯時	자식문제, 직장문제, 색정사, 결혼기쁨
辰時	남편문제, 직장문제, 부부이별, 우환질병
巳時	귀인상봉, 구재이득, 발탁 수상기쁨, 취직
午時	금전손실, 매사 불성사, 색정사, 부부문제
未時	금전실패, 가출건, 관송사, 육친무력 이동
申時	사업사, 후원사, 색정사, 다툼 탄로조심
酉時	어른 병자사망, 매사 불성사, 가출도주
戌時	직업문제, 남편문제, 음란색정사, 이사吉
亥時	관귀발동, 금전손해 실물수, 음란색정사

오늘 행운 복권 운세

복권사면 좋은 띠는 토끼띠 ②⑧
행운복권방은 집에서 동쪽에 있는곳

申子辰生	북쪽문을 피하고, 서남쪽으로 이사하면 안 된다. 재수가 없고, 하는 일마다 꼬이고, 病苦 질병발생. 바람기 발동.
巳酉丑生	서쪽문을 피하고, 동남쪽으로 이사하면 안 된다. 재수가 없고, 하는 일마다 꼬이고, 病苦 질병발생. 바람기 발동.
寅午戌生	남쪽문을 피하고, 북동쪽으로 이사하면 안 된다. 재수가 없고, 하는 일마다 꼬이고, 病苦 질병발생. 바람기 발동.
亥卯未生	동쪽문을 피하고, 서북쪽으로 이사하면 안 된다. 재수가 없고, 하는 일마다 꼬이고, 病苦 질병발생. 바람기 발동.

운세풀이

亥띠:이동수,우왕좌왕, 弱, 다툼	寅띠: 점점 일이 꼬임, 관재구설	巳띠:최고운상승세, 두마음	申띠: 만남,결실,화합,문서
子띠:매사불편, 방해자,배신	卯띠:귀인상봉, 금전이득, 현금	午띠: 의욕과다, 스트레스큼	酉띠:이동수,이별수,변동 움직임
丑띠:해결신,시험합격, 풀림	辰띠: 매사꼬임,과거고생, 질병	未띠: 시급한 일, 뜻대로 안됨	戌띠: 빈주머니,걱정근심,사기

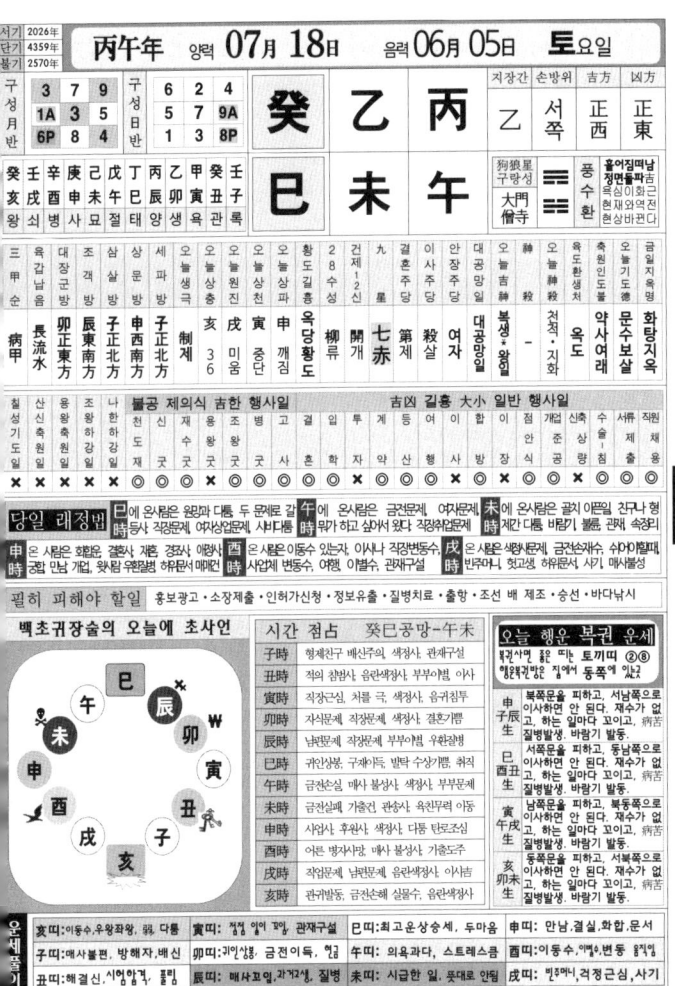

서기	2026年
단기	4359年
불기	2570年

丙午年 양력 07月 19日 음력 06月 06日 일요일

구성월반			구성일반		
3	7	9	5	1	3
1A	3	5	4	6	8
6P	8	4	9	2P	7A

甲	乙	丙
午	未	午

지장간	손방위	吉方	凶方
己	서북	正南	正北

乙	甲	癸	壬	辛	庚	己	戊	丁	丙	乙	甲
亥	戌	酉	申	未	午	巳	辰	卯	寅	丑	子
생	양	태	절	묘	사	병	쇠	왕	록	관	욕

狗狼星 구랑성	戌亥方
풍수환	훌어짐떠남 정면돌파吉 욕심이화근 현재와역전 현상바뀐다

三甲순	육갑납음	대장군방	조객방	삼살방	상문방	세파방	오늘생극	오늘상충	오늘원진	오늘상천	오늘상파	황도길흉	28수성	건제12신	九星	결혼주당	이사주당	안장주당	대공망일	오늘吉神	神殺	오늘神殺	육도환생처	축원인도불	오늘기도德	금일지옥명
生甲	砂中金	卯正東方	辰東南方	子正北方	申西南方	子正北方	寶보	子 36	丑 미움	丑 중단	卯 깨짐	천뇌흑도	星성	閉폐	六白	竈조	富부	어머니	대공망일	천덕*관일	수사·왕망	지격·혈지	불도	관세음보살	약사보살	좌마지옥

칠성기도일	산신축원일	용왕축원일	조왕하강일	나한하강일	천도재	신굿	재수굿	용왕굿	조왕굿	병굿	고사	결혼	입학	투자	계약	등산	여행	이사	합방	이장	점안식	개업준공	신축상량	수술-침	서류제출	직원채용
×	×	×	×	×	×	×	×	×	×	×	×	×	×	×	×	◎	×	×	×	×	×	×	×	◎	-	×

(불공 제의식 吉한 행사일: 천도재 ~ 고사 / 吉凶 길흉 大小 일반 행사일: 결혼 ~ 직원채용)

당일 래정법

巳時에 온사람은 건강문제, 재수가 없고 운이 단단히 꼬여있음, 동업파탄 손재수

午時에 온사람은 의욕충만, 두문제로 갈등사 갖고싶은 욕구, 직장문제, 상업문제

未時에 온사람은 의욕과다, 뭐가 하고싶어서 왔다 직장상사괴롭힘 사표문제

申時 온 사람은 골치 아픈일, 친구나 형제동업, 죽음, 배우자바람기, 불륜, 관재구설 속 정리해야함

酉時 온 사람은 문서구입, 화합운, 결혼, 경조사, 관직취업건, 개업 때 아님, 하극상 배신, 경쟁사로 몰변

戌時 온 사람은 이동수 있는자, 가출, 이사나 직장변동, 점포 변동수, 투자문서는 위험, 이별수

필히 피해야 할일

작품출품 · 납품 · 정보유출 · 창고개방 · 새집들이 · 출장 · 항공주의 · 화재주의 · 지붕 · 옥상보수

백초귀장술의 오늘에 초사언

시간 점占 甲午공망-辰巳

子時	자식 질병재앙, 처를 극, 방심 도난,
丑時	처의 돈문제, 우환질병, 동료배신, 후퇴
寅時	선거자유리, 직장 명예사, 질병재앙
卯時	매사불길, 질병재앙, 수술, 처를 극, 가출
辰時	사업, 금전구재, 도난, 여자 색정삼각관계
巳時	집안잡귀침투, 친족불화, 삼각관계, 불리
午時	관재 병재로 불길, 가출사 색정사 하극상
未時	회합사, 금전문제, 처 문제, 이동 여행⊠
申時	매사 불성사, 우환질병, 음란 색정사
酉時	관청권리문제, 남편문제, 우환질병피해
戌時	가출건, 급병자발생 색정사 발생 ⊗
亥時	파재, 상해, 도난, 사업문제, 질병재앙

오늘 행운 복권 운세

복권사면 좋은 띠는 용띠 ⑤⑩⑳
행운복권방은 집에서 동남쪽에 있는곳

申子辰生	북쪽문을 피하고, 서남쪽으로 이사하면 안 된다. 재수가 없고, 하는 일마다 꼬이고, 病苦 질병발생. 바람기 발동.
巳酉丑生	서쪽문을 피하고, 동남쪽으로 이사하면 안 된다. 재수가 없고, 하는 일마다 꼬이고, 病苦 질병발생. 바람기 발동.
寅午戌生	남쪽문을 피하고, 북동쪽으로 이사하면 안 된다. 재수가 없고, 하는 일마다 꼬이고, 病苦 질병발생. 바람기 발동.
亥卯未生	동쪽문을 피하고, 서북쪽으로 이사하면 안 된다. 재수가 없고, 하는 일마다 꼬이고, 病苦 질병발생. 바람기 발동.

운세풀이

子띠:이동수,우왕좌왕, 弱, 다툼	卯띠: 점점 일이 꼬임, 관재구설	午띠:최고운상승세, 두마음	酉띠: 만남,결실,화합,문서
丑띠:매사불편, 방해자,배신	辰띠:귀인상봉, 금전이득, 현금	未띠: 의욕과다, 스트레스큼	戌띠:이동수,이별수,변동 움직임
寅띠:해결신,시험합격, 풀림	巳띠: 매사꼬임,과거고생, 질병	申띠: 시급한 일, 뜻대로 안됨	亥띠: 빈주머니,걱정근심,사기

서기	2026年
단기	4359年
불기	2570年

丙午年 양력 07月 20日 음력 06月 07日 월요일 토왕용사

구성月반				구성日반			
	3	7	9		4	9	2
	1A	3	5		3	5	7
	6P	8	4		8P	1	6

시	일	월	년
乙	乙	乙	丙
未	未	未	午

지장간	손방위	吉方	凶方
己	북쪽	正東	正西

丁	丙	乙	甲	癸	壬	辛	庚	己	戊	丁	丙
亥	戌	酉	申	未	午	巳	辰	卯	寅	丑	子
사	묘	절	태	양	생	욕	관	록	왕	쇠	병

狗狼星 구랑성 水步井 亥方

천택리 ☰ ☱

범꼬리밟음 지혜롭게극복 필요 吉 은윗사람대인공경예의

三甲순	육갑납음	대장군방	조객방	삼살방	상문방	세파방	오늘생극	오늘상충	오늘원진	오늘상천	오늘상파	황도길흉	28수성	건제12신	九星	결혼주당	이사주당	안장주당	복단일	오늘吉神	神殺	오늘神殺	육도환생처	축원인도불	오늘기도德	금일지옥명
生甲	砂中金	卯正東方	辰東南方	子正北方	申西南方	子正北方	制제	丑 36	子 미움	子 중단	戌 깨짐	현무흑도	張장	建건	五黃	婦부	師사	며느리	복단일	성심*수일	-	소모·사부	불도	관세음보살	대세지보살	좌마지옥

칠성기도일	산신축원일	용왕축원일	조왕하강일	나한하강일	천도재	신굿	재수굿	용왕굿	조왕굿	병굿	고사	결혼	입학	투자	계약	등산	여행	이사	합방	이장	점안식	개업준공	신축상량	수술-침	서류제출	직원채용
×	×	×	◎	◎	◎	×	×	◎	◎	◎	◎	×	◎	×	×	◎	◎	×	×	×	◎	◎	×	◎	◎	×

(불공 제의식 吉한 행사일: 천도재 ~ 고사 / 吉凶 길흉 大小 일반 행사일: 결혼 ~ 직원채용)

7월

당일 래정법

巳時 에 온사람은 금전문제, 사업문제, 금전구재건, 관직취직사, 속전속결이 유리

午時 에 온사람 건강문제, 관재구설로 운이 단단히 꼬여있음, 친정문제 손재수

未時 에 온사람 부모자식 합의건, 문서합의 건, 결혼성사, 사업자금, 이동수

申時 온 사람은 의욕과다, 뭐가 하고싶어서 왔다. 직장취업문제, 친구형제간 배신과 우환, 관재수

酉時 온 사람은 골치 아픈일, 형제동업, 죽음, 바람기, 불륜, 시비투쟁, 급속정리하이함, 청춘구직해

戌時 온 사람은 금전구재, 문서, 화합운, 결혼, 재혼, 경조사, 애정사, 궁합, 만남, 개업, 하극상 배신, 구설수

필히 피해야 할일 이날은 흑도와 월파일에 구공, 대모 등 신살에 해당되어 매사 해롭고 불리한 날

백초귀장술의 오늘에 초사언

시간 점占	乙未공망-辰巳
子時	관귀발동, 친족불화, 색정삼각관계, 도난
丑時	적의 침범사, 여자불길 원수됨, 가출사
寅時	금전문제, 실직문제, 배신사, 모함 은익
卯時	질병위급, 관직승진, 동분서주 결혼 吉
辰時	매사 불성사, 금전손재, 금전융통 안됨
巳時	자식문제, 남편문제, 만사길조, 수상기쁨
午時	매사 불성사, 우환질병, 음란 색정사 자식
未時	금전사기유의, 여자문제, 우환질병 취직可
申時	직업문제, 남편명예문제, 불륜 색정사
酉時	병자사망, 매사 불성사, 가출도주, 外情
戌時	처의 돈문제, 우환질병, 관직변화변동
亥時	금전사업문제, 가출사, 도망분실, 삼각관계

오늘 행운 복권 운세

복권사면 좋은 띠는 뱀띠 ⑦⑰27
행운복권방은 집에서 남동쪽에 있는곳

申子辰生	북쪽문을 피하고, 서남쪽으로 이사하면 안 된다. 재수가 없고, 하는 일마다 꼬이고, 病苦 질병발생. 바람기 발동.
巳酉丑生	서쪽문을 피하고, 동남쪽으로 이사하면 안 된다. 재수가 없고, 하는 일마다 꼬이고, 病苦 질병발생. 바람기 발동.
寅午戌生	남쪽문을 피하고, 북동쪽으로 이사하면 안 된다. 재수가 없고, 하는 일마다 꼬이고, 病苦 질병발생. 바람기 발동.
亥卯未生	동쪽문을 피하고, 서북쪽으로 이사하면 안 된다. 재수가 없고, 하는 일마다 꼬이고, 病苦 질병발생. 바람기 발동.

운세풀이

丑띠:이동수,우왕좌왕, 弱, 다툼	辰띠: 점점 일이 꼬임, 관재구설	未띠:최고운상승세, 두마음	戌띠: 만남,결실,화합,문서
寅띠:매사불편, 방해자,배신	巳띠:귀인상봉, 금전이득, 현금	申띠: 의욕과다, 스트레스큼	亥띠:이동수,이별수,변동 움직임
卯띠:해결신,시험합격, 풀림	午띠: 매사꼬임,과거고생, 질병	酉띠: 시급한 일, 뜻대로 안됨	子띠: 빈주머니,걱정근심,사기

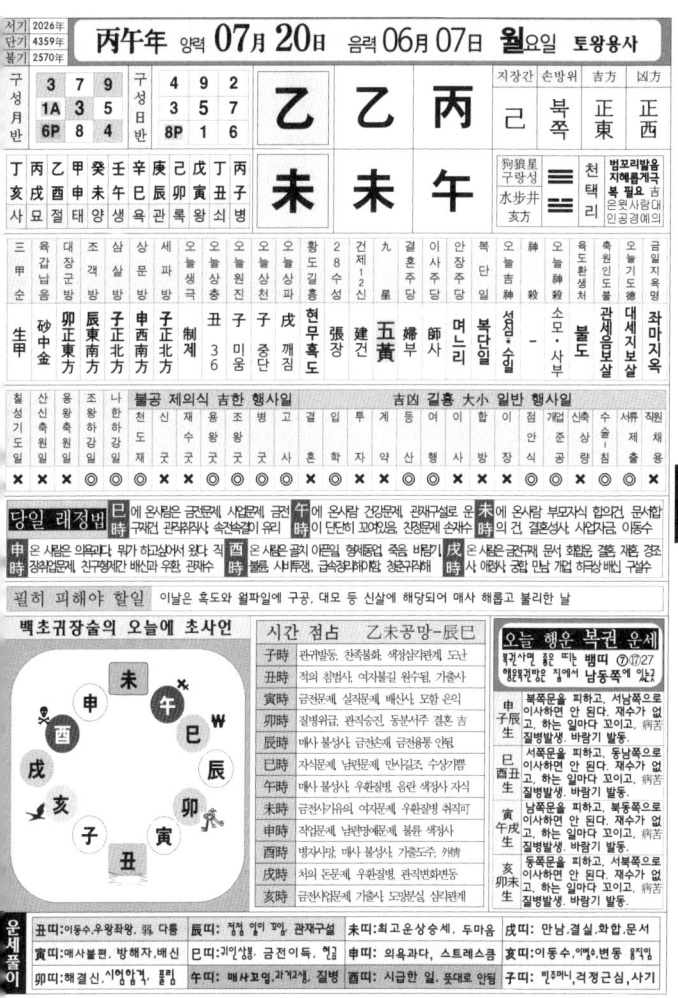

서기	2026年
단기	4359年
불기	2570年

丙午年 양력 07月 21日 음력 06月 08日 화요일

구성월반				구성일반			
	3	7	9		3A	8	1
	1A	3	5		2	4	6
	6P	8	4		7P	9	5

時	日	月
丙	乙	丙
申	未	午

지장간	손방위	吉方	凶方
己	북동	正北	正南

己	戊	丁	丙	乙	甲	癸	壬	辛	庚	己	戊
亥	戌	酉	申	未	午	巳	辰	卯	寅	丑	子
절	묘	사	병	쇠	왕	록	관	욕	생	양	태

狗狼星 구랑성	괘	천택리	
天	☰ ☱	천택리	범꼬리밟음 지혜롭게극복 필요 吉 은윗사람대인공경예의

三甲순	육갑납음	대장군방	조객방	삼살방	상문방	세파방	오늘생극	오늘상충	오늘원진	오늘상천	오늘상파	황도길흉	28수성	건제12신	九星	결혼주당	이사주당	안장주당	복단일	대공망일	神殺	오늘神殺	육도환생처	축원인도불	오늘기도德	금일지옥명
生甲	山下火	卯正東方	辰東南方	子正北方	申西南方	子正北方	制제	寅 36	卯 미움	亥 중단	巳 깨짐	사명황도	翼익	제제	四綠	廚주	災재	손님	익후*천귀	길기*상일	-	멸몰·겁살	인도	관세음보살	아미보살	좌마지옥

칠성기도일	산신축원일	용왕축원일	조왕하강일	나한하강일	불공 제의식 吉한 행사일: 천도재	신굿	재수굿	용왕굿	조왕굿	병굿	고사	吉凶 길흉 大小 일반 행사일: 결혼	입학	투자	계약	등산	여행	이사	합방	이장	점안식	개업준공	신축상량	수술-침	서류제출	직원채용
×	×	×	◎	◎	◎	◎	◎	◎	◎	◎	◎	◎	◎	×	×	◎	◎	×	×	×	◎	◎	◎	◎	◎	◎

당일 래정법

巳時에 온사람은 여자로 인해 손재수, 직장문제, 상업문제, 색정사, 관재구설

午時에 온사람은 금전문제, 사업문제, 친정부모문제, 관직취직사, 속전속결이 유리

未時에 온사람 남편문제, 직장문제, 헛수고로 완전힘듬, 지금은 불리, 손재수

申時 온 사람은 금전구재, 취직문제, 종교문제, 새로운일 계획무산, 친정식구 후원사, 망신수

酉時 온 사람은 의욕과다, 뭔가 하고싶어서 왔다. 직장취업문제, 친구형제간 배신, 금전차용가능여부

戌時 온 사람은 자식 골치 아픈일, 형제동업, 죽음, 바람기, 불륜, 시비투쟁, 급속정리해야함, 청춘귀

필히 피해야 할일 승선·낚시·어로작업·요트타기·벌목·사냥·수렵·수혈·주방고치기·흙 다루고 땅 파는 일.

백초귀장술의 오늘에 초사언

시간 점占	丙申공망-辰巳
子時	관송사 직업문제, 이동사, 자식질병
丑時	자식문제, 남편문제, 사기도난, 가출건
寅時	직업이동사, 색정사, 우환질병, 터부정
卯時	육친무력 이민, 병환자발생, 가출문제
辰時	사업건 직업변동, 자손 시험합격, 불륜사
巳時	관직 승진문제, 남편명예문제, 불륜색정사
午時	환질병, 금전문제, 인연단절, 수술유의
未時	病환자, 관재, 자손문제, 실직사, 배신사
申時	금전손실, 부인문제, 금전융통, 우환질병
酉時	금전문제, 구재이득, 발탁 수상기쁨, 합정
戌時	자식문제, 가출사, 산소문제, 기도발원
亥時	실직문제, 질병발생, 적 침범사, 서행

오늘 행운 복권 운세

복권사면 좋은 띠는 말띠 ⑤⑦22
행운복권방은 집에서 남쪽에 있는곳

申子辰生	북쪽문을 피하고, 서남쪽으로 이사하면 안 된다. 재수가 없고, 하는 일마다 꼬이고, 病苦 질병발생. 바람기 발동.
巳酉丑生	서쪽문을 피하고, 동남쪽으로 이사하면 안 된다. 재수가 없고, 하는 일마다 꼬이고, 病苦 질병발생. 바람기 발동.
寅午戌生	남쪽문을 피하고, 북동쪽으로 이사하면 안 된다. 재수가 없고, 하는 일마다 꼬이고, 病苦 질병발생. 바람기 발동.
亥卯未生	동쪽문을 피하고, 서북쪽으로 이사하면 안 된다. 재수가 없고, 하는 일마다 꼬이고, 病苦 질병발생. 바람기 발동.

운세풀이

寅띠:이동수,우왕좌왕, 弱, 다툼	巳띠: 점점 일이 꼬임, 관재구설	申띠:최고운상승세, 두마음	亥띠: 만남,결실,화합,문서
卯띠:매사불편, 방해자,배신	午띠: 귀인상봉, 금전어득, 현금	酉띠: 의욕과다, 스트레스큼	子띠:이동수,이별수,변동 움직임
辰띠:해결신,시험합격, 풀림	未띠: 매사꼬임,과거고생, 질병	戌띠: 시급한 일, 뜻대로 안됨	丑띠: 빈주머니,걱정근심,사기

서기	2026年
단기	4359年
불기	2570年

丙午年 양력 07月 22日 음력 06月 09日 수요일

구성월반				구성일반			
	3	7	9		2	7	9
	1A	3	5		1AP	3	5
	6P	8	4		6	8	4

時	日	月
丁	乙	丙
酉	未	午

지장간	손방위	吉方	凶方
己	無	正西	正東

辛	庚	己	戊	丁	丙	乙	甲	癸	壬	辛	庚
亥	戌	酉	申	未	午	巳	辰	卯	寅	丑	子
태	양	생	욕	관	록	왕	쇠	병	사	묘	절

狗狼星 구랑성	寺觀 절사관

천택리: 범꼬리밟음 지혜롭게극복 필요 吉은윗사람대인공경예의

三甲순	육갑납음	대장군방	조객방	삼살방	상문방	세파방	오늘생극	오늘상충	오늘원진	오늘상천	오늘상파	황도길흉	28수성	건제12신	九星	결혼주당	이사주당	안장주당	복단일	오늘吉神	神殺	오늘神殺	육도환생처	축원인도불	오늘기도德	금일지옥명
生甲	山下火	卯正東方	辰東南方	子正北方	申西南方	子正北方	制 제	卯 36	寅 미움	戌 중단	子 깨짐	구진흑도	軫 진	滿 만	三碧	夫 부	安 안	아버지	-	천귀*민일	산격·검봉	혈기·피마	귀도	관세음보살	관음보살	좌마지옥

칠성기도일	산신축원일	용왕축원일	조왕하강일	나한하강일	천도재	신굿	재수굿	용왕굿	조왕굿	병굿	고사	결혼	입학	투자	계약	등산	여행	이사	합방	이장	점안식	개업준공	신축상량	수술-침	서류제출	직원채용
×	×	×	◎	◎	◎	◎	◎	◎	◎	◎	◎	×	◎	×	×	×	◎	◎	×	×	×	◎	×	◎	×	×

(천도재~고사: 불공 제의식 吉한 행사일 / 결혼~직원채용: 吉凶 길흉 大小 일반 행사일)

당일 래정법

巳時 에 온사람은 허가 해결할 문제, 합격여부, 금전투자여부, 직장문제, 재혼은 굳

午時 에 온사람은 의욕없는자, 금전구재건 색정사로 다툼, 친정문제, 매사불성사

未時 에 온사람 금전문제, 사업문제, 자식문제, 관직취직사, 속전속결이 유리

申時 온 사람은 건강문제, 관재구설로 운이 단단히 꼬여있음, 취업 승진문제, 남자문제, 손재수

酉時 온 사람은 두가지 문제 갈등사, 갖고싶은 욕구, 자식으로인해 손상사 발생 합심 안됨 우환질병

戌時 온 사람은 의욕과다, 뭔가 하고싶어서 왔다, 직장 취업문제, 친구형제간 배신, 묘지이장문제

필히 피해야 할일 친목회 • 소장제출 • 항소 • 옷재단 • 새옷맞춤 • 태아옷구입 • 머리자르기 • 출산준비 • 수의제작

백초귀장술의 오늘에 초사언

시간 점占 丁酉공망-辰巳

子時	질병발생, 적 침범사, 개혁유리, 도난
丑時	자식 가출건, 손재수, 다툼, 괴이사 발생
寅時	사기도난, 파재, 손실사, 색정사, 객방
卯時	실직, 파재, 관재, 적 침범사, 간사은익
辰時	자손문제 남편 직장실직, 부부이별
巳時	자손문제, 가출사, 재물손실, 취직가능
午時	매사 불성, 남녀 색정사, 놀랄 일 불안
未時	자식문제, 구재이득, 귀인상봉, 수술유의
申時	재물손실, 부인일, 불리, 실수 탄로 음모
酉時	금전 암손, 부인문제, 우환질병, 색정사
戌時	자식문제, 남편 실직박탈, 도망유리
亥時	가내재앙불리, 명예상해, 이동여행 금물

오늘 행운 복권 운세

복권사면 좋은 띠는 **양띠** ⑤⑩25
행운복권방은 집에서 **남서쪽에 있는곳**

申子辰生	북쪽문을 피하고, 서남쪽으로 이사하면 안 된다. 재수가 없고, 하는 일마다 꼬이고, 病苦 질병발생. 바람기 발동.
巳酉丑生	서쪽문을 피하고, 동남쪽으로 이사하면 안 된다. 재수가 없고, 하는 일마다 꼬이고, 病苦 질병발생. 바람기 발동.
寅午戌生	남쪽문을 피하고, 북동쪽으로 이사하면 안 된다. 재수가 없고, 하는 일마다 꼬이고, 病苦 질병발생. 바람기 발동.
亥卯未生	동쪽문을 피하고, 서북쪽으로 이사하면 안 된다. 재수가 없고, 하는 일마다 꼬이고, 病苦 질병발생. 바람기 발동.

운세풀이

卯띠:이동수,우왕좌왕, 弱 다툼	午띠: 점점 일이 꼬임, 관재구설	酉띠:최고운상승세, 두마음	子띠: 만남,결실,화합,문서
辰띠:매사불편, 방해자,배신	未띠: 귀인상봉, 금전어득, 현금	戌띠: 의욕과다, 스트레스큼	丑띠:이동수,이별수,변동 움직임
巳띠:해결신,시험합격, 풀림	申띠: 매사꼬임,과거고생, 질병	亥띠: 시급한 일, 뜻대로 안됨	寅띠: 빈주머니,걱정근심,사기

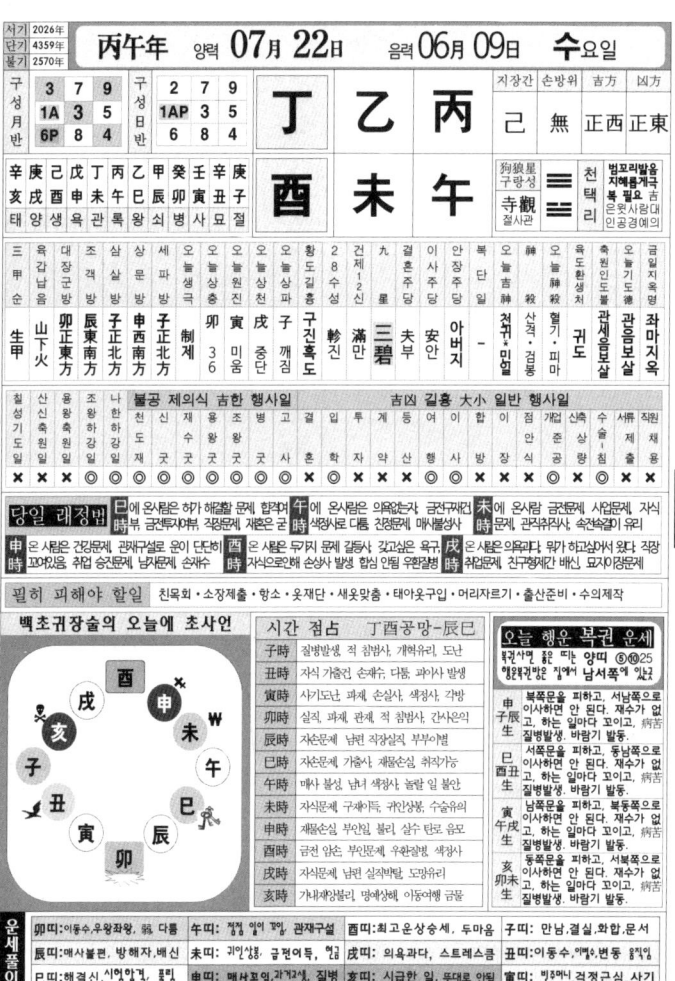

7월

서기	2026年
단기	4359年
불기	2570年

丙午年 양력 07月 23日 음력 06月 10日 목요일

대서 大暑 04 時 13分 入

구성月반				구성日반			
	3	7	9		1P	6	8A
	1A	3	5		9	2	4
	6P	8	4		5	7	3

戊	乙	丙
戌	未	午

지장간	손방위	吉方	凶方
己	無	正南	正北

癸	壬	辛	庚	己	戊	丁	丙	乙	甲	癸	壬
亥	戌	酉	申	未	午	巳	辰	卯	寅	丑	子
절	묘	사	병	쇠	왕	록	관	욕	생	양	태

狗狼星 구랑성 州縣廳堂 城隍社廟 ☰ ☷ 천택리 범꼬리발음 지혜롭게극복 필요 吉은윗사람대인공경예의

三甲순	육갑납음	대장군방	조객방	삼살방	상문방	세파방	오늘생극	오늘상충	오늘원진	오늘상천	오늘상파	황도길흉	28수성	건제12신	九星	결혼주당	이사주당	안장주당	오늘吉神	神	神殺	오늘神殺	육도환생처	축원인도불	오늘기도德	금일지옥명
生甲	平地木	卯正東方	辰東南方	子正北方	申西南方	子正北方	專전	辰 36	巳 미움	酉 중단	未 깨짐	청룡황도	角각	平평	二黑	姑고	利이	남자	-	요안*탱음	월형·하괴	토부·월살	축도	관세음보살	미륵보살	좌마지옥

칠성기도일	산신축원일	용왕축원일	조왕하강일	나한하강일	천도재	신굿	재수굿	용왕굿	조왕굿	병굿	고사	결혼	입학	투자	계약	등산	여행	이사	합방	이장	점안식	개업준공	신축상량	수술-침	서류제출	직원채용
					불공 제의식 吉한 행사일							吉凶 길흉 大小 일반 행사일														
×	×	×	◎	◎	◎	◎	◎	◎	◎	◎	◎	◎	◎	×	×	◎	◎	◎	×	×	◎	◎	×	◎	◎	×

당일 래정법

巳時에 온사람은 직장취직건, 방해자, 배신사, 매사 지체불리함, 색정사 혼란

午時에 온사람은 허가 해결할 문제, 합격여부, 금전투자여부, 직장문제, 재혼

未時에 온사람 관재구설로 손해, 금전구재건, 색정사, 억울한 일, 매사불성사

申時 온 사람은 금전문제, 사업문제, 관직취직사, 자식의 사업문제 지출, 자동차관련, 속전속결

酉時 온 사람은 건강우환문제, 관송사로 운이 단단히 꼬여있음, 취업 승진문제, 자식문제, 손재

戌時 온 사람은 재물구재 자식문제 두가지 문제 갈등사, 갖고싶은 욕구 강함, 새로운 일시작, 우환질병

필히 피해야 할일

제품제작 • 친구초대 • 부동산매매 • 승선 • 낚시 • 어로작업 • 애완동물들이기 • 주방고치기 • 지붕덮기

백초귀장술의 오늘에 초사언

시간 점占 戊戌공망-辰巳

時	점占
子時	금전 암손, 부인문제, 우환질병, 객 惡意
丑時	사업, 구재이득, 부부화합사, 종업원음모
寅時	적의 침범사, 질병위급, 가출사, 색정사
卯時	직업변동건, 남녀색정사, 연애불화, 음모
辰時	관재 병재로 불길, 골육 친구배신사
巳時	직업 명예사, 재물손실, 망신실수탄로 病
午時	사업문제, 금전융통, 수술위험, 가출사
未時	가출문제, 잡귀침투, 삼각관계, 형옥살이
申時	자식문제, 가출건, 급병자, 원행 이동배신
酉時	괴이사발생, 신부정, 재물손실, 함정피해
戌時	여자관련손해, 부부배신, 육친이별
亥時	도난, 파재, 상해, 이별사, 처를 극함

오늘 행운 복권 운세

복권사면 좋은 띠는 **원숭띠** ⑨19, 29

행운복권방은 집에서 **서남쪽**에 있는곳

申子辰生	북쪽문을 피하고, 서남쪽으로 이사하면 안 된다. 재수가 없고, 하는 일마다 꼬이고, 病苦 질병발생. 바람기 발동.
巳酉丑生	서쪽문을 피하고, 동남쪽으로 이사하면 안 된다. 재수가 없고, 하는 일마다 꼬이고, 病苦 질병발생. 바람기 발동.
寅午戌生	남쪽문을 피하고, 북동쪽으로 이사하면 안 된다. 재수가 없고, 하는 일마다 꼬이고, 病苦 질병발생. 바람기 발동.
亥卯未生	동쪽문을 피하고, 서북쪽으로 이사하면 안 된다. 재수가 없고, 하는 일마다 꼬이고, 病苦 질병발생. 바람기 발동.

운세풀이

卯띠:이동수,우왕좌왕, 말다툼 다툼	午띠: 점점 일이 꼬임, 관재구설	酉띠:최고운상승세, 두마음	子띠: 만남,결실,화합,문서
辰띠:매사불편, 방해자,배신	未띠: 귀인상봉, 금전이득, 현금	戌띠: 의욕과다, 스트레스큼	丑띠:이동수,이별수,변동 움직임
巳띠:해결신,시험합격, 풀림	申띠: 매사꼬임,과거고생, 질병	亥띠: 시급한 일, 뜻대로 안됨	寅띠: 빈주머니,걱정근심,사기

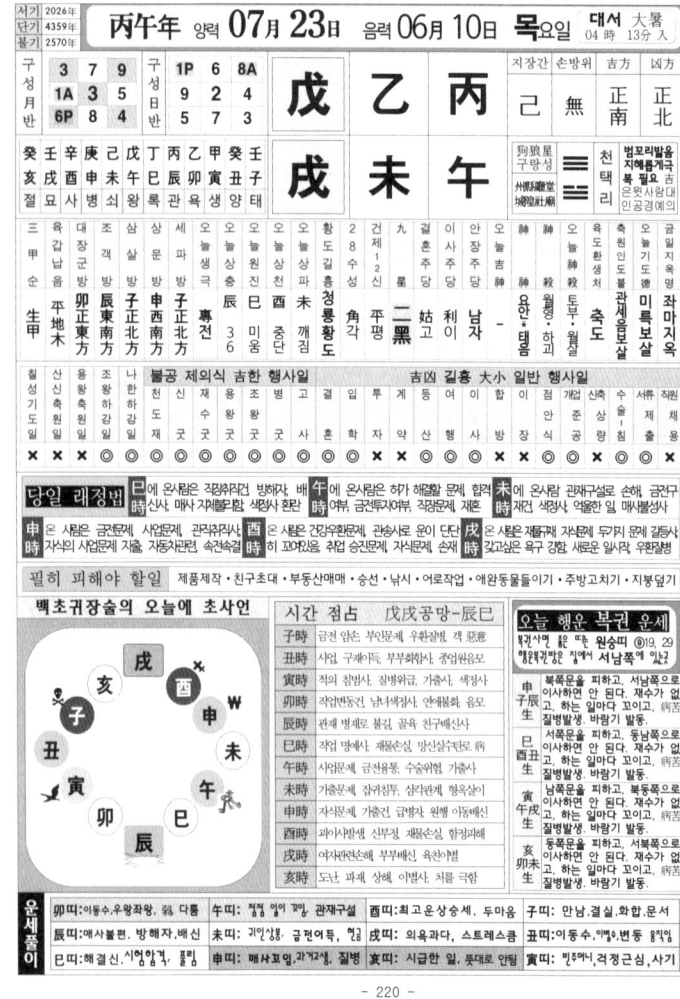

서기	2026年
단기	4359年
불기	2570年

丙午年 양력 07月 24日 음력 06月 11日 금요일

구성월반				구성일반			
	3	7	9		9P	5	7
	1A	3	5		8	1	3
	6P	8	4		4	6A	2

己	乙	丙
亥	未	午

지장간	손방위	吉方	凶方
己	동쪽	正東	正西

乙	甲	癸	壬	辛	庚	己	戊	丁	丙	乙	甲
亥	戌	酉	申	未	午	巳	辰	卯	寅	丑	子
태	양	생	욕	관	록	왕	쇠	병	사	묘	절

狗狼星 구랑성	☰ ☷	천택리	범꼬리밟음 지혜롭게극복 필요 吉은윗사람대인공경예의
寺觀 절사관			

三甲순	육갑납음	대장군방	조객방	삼살방	상문방	세파방	오늘생극	오늘상충	오늘원진	오늘상천	오늘상파	황도길흉	28수성	건제12신	九星	결혼주당	이사주당	안장주당	복단일	오늘吉神	神殺	오늘神殺	육도환생처	축원인도불	오늘기도德	금일지옥명
生甲	平地木	卯正東方	辰東南方	子正北方	申西南方	子正北方	制제	巳 36	辰 미움	申 중단	寅 깨짐	명당황도	亢항	定정	一白	堂당	天천	손자	천덕합	음덕*옥우	삼합일	라강·염대	옥도	관세음보살	여래보살	좌마지옥

칠성기도일	산신축원일	용왕축원일	조왕하강일	나한하강일	천도재	신굿	재수굿	용왕굿	조왕굿	병굿	고사	결혼	입학	투자	계약	등산	여행	이사	합방	이장	점안식	개업준공	신축상량	수술-침	서류제출	직원채용
					불공 제의식 吉한 행사일							吉凶 길흉 大小 일반 행사일														
×	×	×	×	×	◎	◎	◎	◎	◎	◎	◎	◎	◎	×	×	◎	◎	×	◎	×	◎	◎	◎	◎	◎	◎

당일 래정법

- **巳時** 에 온사람은 금전사기문제, 허위문서, 동업배신문제, 터부정 관송사, 이동수
- **午時** 에 온사람은 자식문제, 취업 승진문제, 방해자, 배신사, 화합사, 재혼 문제
- **未時** 에 온사람 허가 해결할 문제, 금전구재, 남녀결합문제, 주식투자여부, 매매건 속결
- **申時** 온 사람은 자식문제, 상업금전문제, 직장실직 문제, 취업시험불리, 색정사, 매사불성사
- **酉時** 온 사람은 금전문제, 사업문제, 여자문제, 계약성사는 이득발생, 속전속결 유리, 남편자출
- **戌時** 온 사람은 건강문제, 관재구설로 운이 단단히 꼬여있음, 취업 승진문제, 자식문제, 침몰상태

필히 피해야 할일 신상출고 • 제품제작 • 친구초대 • 문서파기 • 벌초 • 씨뿌리기 • 건축증개축 • 장담그기 • 흙파기

백초귀장술의 오늘에 초사언

시간 점占 己亥공망-辰巳

子時	여자문제, 구재, 남녀색정사, 매사불성사
丑時	적의 침범사, 질병위급, 이별사, 다툼
寅時	직업변동 명예사, 가출문제, 자손문제
卯時	질병위급, 여행조심, 관재불길, 직장변동
辰時	재물손실, 남편문제, 재해 도난, 하극상
巳時	이동사, 색정사, 우환질병, 터부정 구설수
午時	가출문제, 직업문제, 사업문제, 금전융통
未時	질병재앙, 구재이득, 수술유의, 여행은凶
申時	재물손실, 우환질병, 가출사, 색정사, 불성
酉時	금전 암손, 남편문제, 임신가능, 가출사
戌時	금전손실문제, 극처사, 질병고통, 관재刑
亥時	금전배신, 처 가출사, 도망 분실, 이동 흉

오늘 행운 복권 운세

복권사면 좋은 띠는 **닭띠** ④⑨ 24, 행운복권방은 집에서 **서쪽**에 있는곳

申子辰生	북쪽문을 피하고, 서남쪽으로 이사하면 안 된다. 재수가 없고, 하는 일마다 꼬이고, 病苦 질병발생. 바람기 발동.
巳酉丑生	서쪽문을 피하고, 동남쪽으로 이사하면 안 된다. 재수가 없고, 하는 일마다 꼬이고, 病苦 질병발생. 바람기 발동.
寅午戌生	남쪽문을 피하고, 북동쪽으로 이사하면 안 된다. 재수가 없고, 하는 일마다 꼬이고, 病苦 질병발생. 바람기 발동.
亥卯未生	동쪽문을 피하고, 서북쪽으로 이사하면 안 된다. 재수가 없고, 하는 일마다 꼬이고, 病苦 질병발생. 바람기 발동.

운세풀이

巳띠:이동수,우왕좌왕, 弱, 다툼	申띠: 점점 일이 꼬임, 관재구설	亥띠:최고운상승세, 두마음	寅띠: 만남,결실,화합,문서
午띠:매사불편, 방해자,배신	酉띠: 귀인상봉, 금전어득, 현금	子띠: 의욕과다, 스트레스큼	卯띠:이동수,이별수,변동 움직임
未띠:해결신,시험합격, 풀림	戌띠: 매사꼬임,과거고생, 질병	丑띠: 시급한 일, 뜻대로 안됨	辰띠: 빈주머니,걱정근심,사기

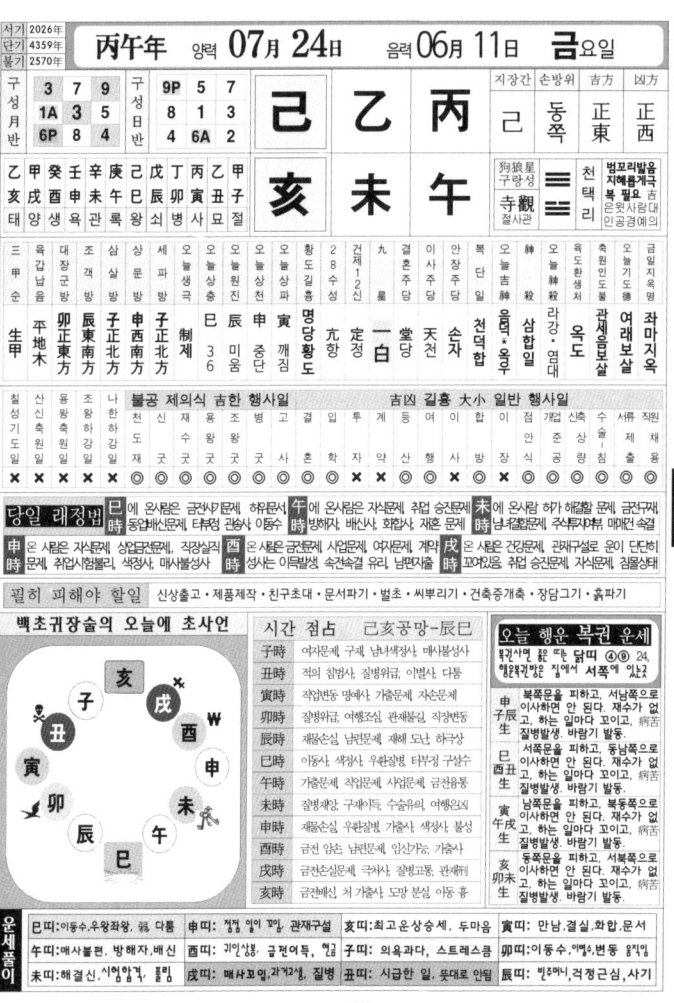

7월

서기	2026年
단기	4359年
불기	2570年

丙午年 양력 07月 25日 음력 06月 12日 토요일 중복

구성月반				구성日반			
	3	7	9		8	4AP	6
	1A	3	5		7	9	2
	6P	8	4		3	5	1

丁	丙	乙	甲	癸	壬	辛	庚	己	戊	丁	丙
亥	戌	酉	申	未	午	巳	辰	卯	寅	丑	子
병	쇠	왕	록	관	욕	생	양	태	절	묘	사

庚	乙	丙
子	未	午

지장간	손방위	吉方	凶方
己	동남	正北	正南

狗狼星 구랑성 / 中庭廳 관청마당	☰ ☷	천택리	범꼬리밟음 지혜롭게극복 필요 吉은윗사람대인공경예의

三甲순	육갑납음	대장군방	조객방	삼살방	상문방	세파방	오늘생극	오늘상충	오늘원진	오늘상천	오늘상파	황도길흉	28수성	건제12신	九星	결혼주당	이사주당	안장주당	복단일	천구하식	오늘吉神	오늘神殺	육도환생처	축원인도불	오늘기도德	금일지옥명
生甲	壁上土	卯正東方	辰東南方	子正北方	申西南方	子正北方	寶보	午 36	未 미움	未 중단	酉 깨짐	천형흑도	氐저	執집	九紫	翁옹	害해	死	-	금당*지덕	천적·수사	천화·검봉	천도	대세지보살	아미보살	독사지옥

칠성기도일	산신축원일	용왕축원일	조왕하강일	나한하강일	불공 제의식 吉한 행사일							吉凶 길흉 大小 일반 행사일														
					천도재	신굿	재수굿	용왕굿	조왕굿	병굿	고사	결혼	입학	투자	계약	등산	여행	이사	합방	이장	점안식	개업준공	신축상량	수술-침	서류제출	직원채용
×	×	×	◎	◎	◎	◎	◎	◎	◎	◎	◎	◎	◎	×	×	◎	◎	×	×	×	◎	◎	◎	◎	◎	×

당일 래정법

巳時에 온사람은 직장실직건, 친구나 형제문제, 관송사, 실업자, 빈주머니

午時에 온사람은 이동변동수, 터부정, 하극상모함사건, 자식문제, 차사고

未時에 온사람은 방해자, 배신사, 가족간시비, 매사 지체불리함, 도전 창업은 불리

申時 온 사람은 관직 취직문제, 결혼 경조사, 한가지씩 해결됨, 시험은 합격됨, 하기건도 승인남, 귀인도움

酉時 온 사람은 외정색정사, 불륜사, 관재로 발전 딸 문제발생, 여자로인해 돈모난, 창업불리

戌時 온 사람은 남자문제, 부동산거래, 금전문제, 주식투자문제, 재물구재사, 여자회합건, 건강질병과 빚때문 괴로움

필히 피해야 할일 이날은 흑도일에 폐閉神으로 천형, 혈지 등 강한 신살에 해당되어 매사 해롭고 불리한 날

백초귀장술의 오늘에 초사언

시간 점占 庚子공망-辰巳

子時	자식문제, 여자일, 질병발생, 도난 가출사
丑時	결혼은 吉, 금전융통, 사업계획 후퇴吉
寅時	여자일, 금전고통, 이동재난, 원한 喪
卯時	관직 승전문제, 만사대길, 금전 부인문제
辰時	매사 불성사, 가출사, 금전손실, 도망이吉
巳時	관송사발생 후 刑, 매사불성, 사기 도난
午時	적 침범사, 병재로 불길, 가출사, 남녀투쟁
未時	사업손실, 관재구설, 가출문제, 우환질병
申時	선거자유리, 직장승진 사업흥성, 화합
酉時	금전갈취 도주, 색정사, 가출 함정 은닉
戌時	금전문제, 상업문제, 가출문제, 도망 吉
亥時	남편문제, 자식문제, 직장실직, 음모 함정

오늘 행운 복권 운세

복권사면 좋은 띠는 **개띠** ⑩⑳ 30
행운복권방은 집에서 **서북쪽에 있는곳**

申子辰生	북쪽문을 피하고, 서남쪽으로 이사하면 안 된다. 재수가 없고, 하는 일마다 꼬이고, 病苦 질병발생. 바람기 발동.
巳酉丑生	서쪽문을 피하고, 동남쪽으로 이사하면 안 된다. 재수가 없고, 하는 일마다 꼬이고, 病苦 질병발생. 바람기 발동.
寅午戌生	남쪽문을 피하고, 북동쪽으로 이사하면 안 된다. 재수가 없고, 하는 일마다 꼬이고, 病苦 질병발생. 바람기 발동.
亥卯未生	동쪽문을 피하고, 서북쪽으로 이사하면 안 된다. 재수가 없고, 하는 일마다 꼬이고, 病苦 질병발생. 바람기 발동.

운세풀이

午띠:이동수,우왕좌왕, 弱, 다툼	酉띠: 점점 일이 꼬임, 관재구설	子띠:최고운상승세, 두마음	卯띠: 만남,결실,화합,문서
未띠:매사불편, 방해자,배신	戌띠:귀인상봉, 금전이득, 현금	丑띠: 의욕과다, 스트레스큼	辰띠:이동수,이별수,변동 움직임
申띠:해결신,시험합격, 풀림	亥띠: 매사꼬임,과거고생, 질병	寅띠: 시급한 일, 뜻대로 안됨	巳띠: 빈주머니,걱정근심,사기

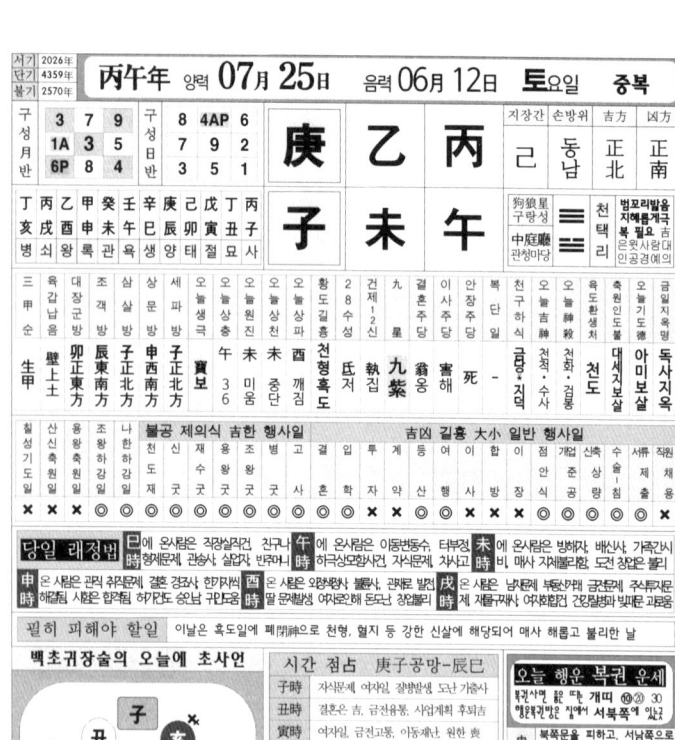

서기 2026年	丙午年	양력 07月 26日	음력 06月 13日	일요일
단기 4359年				
불기 2570年				

구성月반

3	7	9
1A	3	5
6P	8	4

구성日반

7	3	5P
6	8	1
2A	4	9

時	日	月
辛	乙	丙
丑	未	午

지장간	손방위	吉方	凶方
己	남쪽	正西	正東

狗狼星 구랑성	괘	천산둔	작전상후퇴 필요 퇴각 퇴임 물러남 吉은 때를 기다려야함
天	☰ ☶		

己	戊	丁	丙	乙	甲	癸	壬	辛	庚	己	戊
亥	戌	酉	申	未	午	巳	辰	卯	寅	丑	子
욕	관	록	왕	쇠	병	사	묘	절	태	양	생

三甲순	육갑납음	대장군방	조객방	삼살방	상문방	세파방	오늘생극	오늘상충	오늘원진	오늘상천	오늘상파	황도길흉	28수성	건제12신	九星	결혼주당	이사주당	안장주당	복단일	오늘吉神	神殺	오늘神殺	육도환생처	축원인도불	오늘기도德	금일지옥명
生甲	壁上土	卯正東方	辰東南方	子正北方	申西南方	子正北方	義의	未 36	午 미움	午 중단	辰 깨짐	주작흑도	房방	破파	八白	第제	殺살	여자	-	월은*오공	월파·월형	구공·대모	천도	대세지보살	보현보살	독사지옥

칠성기도일	산신축원일	용왕축원일	조왕하강일	나한하강일	천도재	신굿	재수굿	용왕굿	조왕굿	병굿	고사	결혼	입학	투자	계약	등산	여행	이사	합방	이장	점안식	개업준공	신축상량	수술-침	서류제출	직원채용
×	×	×	×	×	×	×	×	×	×	×	×	×	-	×	×	◎	×	-	×	×	×	×	×	◎	◎	×

(불공 제의식 吉한 행사일: 천도재 ~ 고사 / 吉凶 길흉 大小 일반 행사일: 결혼 ~ 직원채용)

7월

당일 래정법

巳時 에 온사람은 이동수 있는자, 이사 직장변동, 사업체 변동수, 해외진출

午時 에 온사람은 취업, 창업 때 아님, 빈주머니, 헛수고, 부부불화 원망 이별

未時 에 온사람은 남녀간다툼 이동변동수, 터부정, 관재구설, 자식문제, 교통사고

申時 온 사람은 금전과 여자문제, 방해자, 배신사, 취업 승진 매사지체불리함, 창업 손해손재수

酉時 온 사람은 새 일 자식문제 급처리문제, 취업승진 해결됨, 시험합격됨, 은밀한 색정사

戌時 온 사람은 여자로인한 부정, 하극상 배신사, 억울한 일, 외정색정사, 불륜사, 관재로 발전, 산소탈

필히 피해야 할일 회의개최 · 건축증개축 · 구인 · 항공주의 · 새집들이 · 출장 · 장담그기 · 흙 다루고 땅 파는 일.

백초귀장술의 오늘에 초사언

시간 점占 辛丑공망-辰巳

子時	자식문제, 관재구설, 급질병, 기도요망
丑時	사업사 손재수, 여자일 질병발생, 친족불화
寅時	도난, 파재, 손모사, 극처사, 관직변동
卯時	질병침투, 적 침범사, 여자 금전손실
辰時	사업 후원사, 육친무력 이민, 목적달성
巳時	직장변동, 실직문제, 불명예, 이사이동吉
午時	매사 불성, 골육이별, 색정사, 우환질병
未時	관재 병재로 불길, 가출사 자손사 하극상
申時	금전손실, 극처사, 재해, 도난, 여행은 凶
酉時	직업 명예사, 형제 친구문제, 가출사, 색정
戌時	관청근심, 도난 상해 손모사, 수술질병
亥時	금전문제, 직장변동, 자손문제, 실직문제

오늘 행운 복권 운세

복권사면 좋은 띠는 **돼지띠** ⑪⑯31
행운복권방은 집에서 **북서쪽에** 있는곳

申子辰生	북쪽문을 피하고, 서남쪽으로 이사하면 안 된다. 재수가 없고, 하는 일마다 꼬이고, 病苦 질병발생. 바람기 발동.
巳酉丑生	서쪽문을 피하고, 동남쪽으로 이사하면 안 된다. 재수가 없고, 하는 일마다 꼬이고, 病苦 질병발생. 바람기 발동.
寅午戌生	남쪽문을 피하고, 북동쪽으로 이사하면 안 된다. 재수가 없고, 하는 일마다 꼬이고, 病苦 질병발생. 바람기 발동.
亥卯未生	동쪽문을 피하고, 서북쪽으로 이사하면 안 된다. 재수가 없고, 하는 일마다 꼬이고, 病苦 질병발생. 바람기 발동.

운세풀이

未띠:이동수,우왕좌왕, 弱, 다툼	戌띠: 점점 일이 꼬임, 관재구설	丑띠:최고운상승세, 두마음	辰띠: 만남,결실,화합,문서
申띠:매사불편, 방해자,배신	亥띠:귀인상봉, 금전이득, 현금	寅띠: 의욕과다, 스트레스큼	巳띠:이동수,이별수,변동 움직임
酉띠:해결신,시험합격, 풀림	子띠: 매사꼬임,과거고생, 질병	卯띠: 시급한 일, 뜻대로 안됨	午띠: 빈주머니,걱정근심,사기

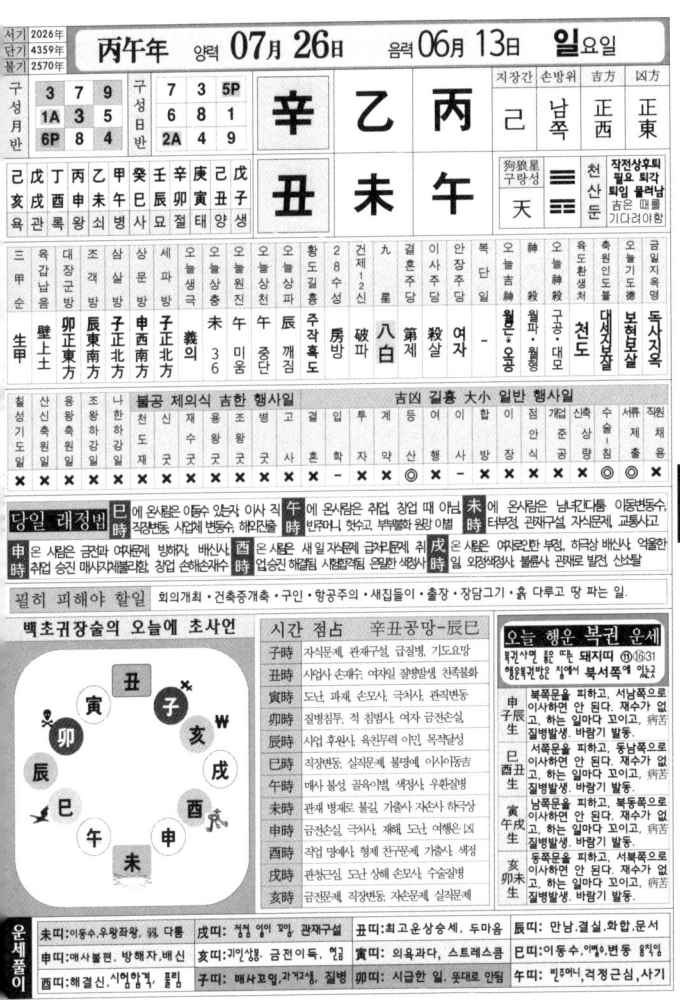

서기	2026年
단기	4359年
불기	2570年

丙午年 양력 07月 27日 음력 06月 14日 월요일

구성月반			구성日반		
3	7	9	6	2	4
1A	3	5	5	7	9A
6P	8	4	1P	3	8

時	日	月
壬	乙	丙
寅	未	午

지장간	손방위	吉方	凶方
己	남서	正南	正北

辛亥	庚戌	己酉	戊申	丁未	丙午	乙巳	甲辰	癸卯	壬寅	辛丑	庚子
록	관	욕	생	양	태	절	묘	사	병	쇠	왕

狗狼星 구랑성 丑午方 竈橋門路

천산둔: **작전상후퇴 필요 퇴각 퇴임 물러남** 좋은 때를 기다려야함

三甲순	육갑납음	대장군방	조객방	삼살방	상문방	세파방	오늘생극	오늘상충	오늘원진	오늘상천	오늘상파	황도길흉	28수성	건제12신	九星	결혼주당	이사주당	안장주당	복단일	대공망일	오늘吉神	오늘神殺	육도환생처	축원인도불	오늘기도德	금일지옥명
生甲	金箔金	卯正東方	辰東南方	子正北方	申西南方	子正北方	寶보	申 36	酉 미움	巳 중단	亥 깨짐	금궤황도	心심	危위	七赤	竈조	富부	어머니	월기일	대공망일	대명*옥부	유화·토금	인도	대세지보살	약사보살	독사지옥

칠성기도일	산신축원일	용왕축원일	조왕하강일	나한하강일	천도재	신굿	재수굿	용왕굿	조왕굿	병굿	고사	결혼	입학	투자	계약	등산	여행	이사	합방	이장	점안식	개업준공	신축상량	수술-침	서류제출	직원채용
×	◎	×	×	×	×	◎	◎	◎	◎	◎	◎	×	◎	×	×	◎	◎	×	×	×	×	◎	◎	◎	◎	×

(천도재~고사: 불공 제의식 吉한 행사일 / 결혼~직원채용: 吉凶 길흉 大小 일반 행사일)

당일 래정법

巳時 에 온사람은 문서구입 회합사 결혼 재혼 경조사 애정사 궁합 후원 개업

午時 에 온사람은 이동수 있는자 이사나 직장변동 친구나 형제 사업체변동수

未時 에 온사람은 금전사기 실업자 색정사 들통 빈주머니 헛수고 문서모난사 매사불성

申時 온 사람은 매매 이동변동수, 직장변동수, 터 부정 사기 허위문서 다툼주의 차사고 주의

酉時 온 사람은 질병과 자식문제 방해자 배신사 관송사 취업 승진 매사 지체불리함

戌時 온 사람은 자식문제 하극상으로 배신사 해결되는 듯 하나 후 불리함 시험 합격됨 허가건 승인됨 관재

필히 피해야 할일 신상출고 • 제품제작 • 친구초대 • 소장제출 • 항소 • 문 만들기 • 비석세우기 • 방류

백초귀장술의 오늘에 초사언

시간 점占 壬寅공망-辰巳

子時	금전문제 상업문제 처를 극, 수술문제
丑時	매사 막히고 퇴보, 권리박탈 남편문제
寅時	금전 암손, 여자문제 자식사, 우환질병
卯時	자식문제 직장실직, 색정사, 가출사
辰時	매사불성 관재구설 속 중단 금전손실
巳時	사업금전운 吉 임신가능, 금전기쁨, 결혼
午時	금전손실 다툼, 부인문제 가출, 이동이吉
未時	잡안잡귀침투, 불화, 색정사 관직권리박탈
申時	침범사, 질병재앙, 가출사 이동이 吉
酉時	파산파재 부인흉극, 가출사, 배신음모
戌時	사업사 후원사 직장승진, 관재구설
亥時	금전손실 직장문제 자식문제 가출사

오늘 행운 복권 운세

복권사면 좋은 띠는 **쥐띠** ①⑥⑯
행운복권방은 집에서 **북쪽에** 있는곳

申子辰生	북쪽문을 피하고, 서남쪽으로 이사하면 안 된다. 재수가 없고, 하는 일마다 꼬이고, 病苦 질병발생. 바람기 발동.
巳酉丑生	서쪽문을 피하고, 동남쪽으로 이사하면 안 된다. 재수가 없고, 하는 일마다 꼬이고, 病苦 질병발생. 바람기 발동.
寅午戌生	남쪽문을 피하고, 북동쪽으로 이사하면 안 된다. 재수가 없고, 하는 일마다 꼬이고, 病苦 질병발생. 바람기 발동.
亥卯未生	동쪽문을 피하고, 서북쪽으로 이사하면 안 된다. 재수가 없고, 하는 일마다 꼬이고, 病苦 질병발생. 바람기 발동.

운세풀이

申띠:이동수,우왕좌왕, 弱弱 다툼	亥띠: 점점 일이 꼬임 관재구설	寅띠:최고운상승세, 두마음	巳띠: 만남,결실,화합,문서
酉띠:매사불편, 방해자,배신	子띠:귀인상봉, 금전이득, 현금	卯띠: 의욕과다, 스트레스큼	午띠:이동수,이별수,변동 움직임
戌띠:해결신,시험합격, 풀림	丑띠: 매사꼬임,과거고생, 질병	辰띠: 시급한 일, 뜻대로 안됨	未띠: 빈주머니,걱정근심,사기

서기	2026年
단기	4359年
불기	2570年

丙午年 양력 07月 28日 음력 06月 15日 화요일

구성月반			구성日반			時	日	月	年	지장간	손방위	吉方	凶方
3	7	9	5	1	3	癸	乙	丙		己	서쪽	正東	正西
1A	3	5	4	6	8P	卯	未	午					
6P	8	4	9	2	7A								

癸	壬	辛	庚	己	戊	丁	丙	乙	甲	癸	壬
亥	戌	酉	申	未	午	巳	辰	卯	寅	丑	子
왕	쇠	병	사	묘	절	태	양	생	욕	관	록

狗狼星 구랑성	卦	천산둔	
天	☰ / ☶	천산둔	작전상후퇴 필요 퇴각 퇴임 물러남 吉은 때를 기다려야함

三甲순	육갑납음	대장군방	조객방	삼살방	상문방	세파방	오늘생극	오늘상충	오늘원진	오늘상천	오늘상파	황도길흉	28수성	건제12신	九星	결혼주당	이사주당	안장주당	복단일	대공망일	오늘吉神	오늘神殺	육도환생처	축원인도불	오늘기도德	금일지옥명
生甲	金箔金	卯正東方	辰東南方	子正北方	申西南方	子正北方	寶보	酉 36	申 미움	辰 중단	午 깨짐	대덕황도	尾미	成성	六白	婦부	師사	며느리	삼합일	대공망일	태허·천화	신호·비렴	귀도	대세지보살	문수보살	독사지옥

칠성기도일	산신축원일	용왕축원일	조왕하강일	나한하강일	천도재	신굿	재수굿	용왕굿	조왕굿	병굿	고사	결혼	입학	투자	계약	등산	여행	이사	합방	이장	점안식	개업준공	신축상량	수술-침	서류제출	직원채용
					불공 제의식 吉한 행사일							吉凶 길흉 大小 일반 행사일														
◎	◎	◎	◎	◎	◎	◎	◎	◎	◎	◎	◎	◎	◎	×	◎	◎	◎	×	◎	×	◎	◎	×	◎	◎	◎

당일 래정법

巳時 에 온사람은 모함과 구설로 골치 아픔 이동나쁨, 바람기, 직장해고위험
午時 에 온사람은 문서 회합운, 결혼, 재혼, 경조사, 궁합, 문서이동, 부모문제 상업투자
未時 에 온사람은 이동수 있는자 이사나 직장변동, 자식문제 변동수, 여행 이별 헛고생
申時 온 사람은 허위문서, 실업자, 금전혼란, 빈주머니, 헛공사, 사기모함 ·도난사, 매사불성
酉時 온 사람은 매매 이동변동수, 터부정, 관재구설, 사기, 허위문서, 우환질병, 자식 가출건
戌時 온 사람은 색정사 배신문제 방해자, 배신사, 의욕상실, 관재구설, 취업 승진 매사 지체불리함

필히 피해야 할일 약혼식 • 주식투자 • 신상출고 • 명품구입 • 교역 • 재물출납 • 입주 • 욕실 · 수도수리 • 우물파기

백초귀장술의 오늘에 초사언

시간 점占 癸卯공망-辰巳

子時	직장근심, 음란색정사, 형제친구문제
丑時	사업후원사, 음란색정사, 질병 급발생
寅時	색정사, 자식문제, 직장실직, 처를 극
卯時	여자로부터 금전손실, 자식문제, 불륜사
辰時	사업상 다툼, 가산탕진, 직업변동, 남편일
巳時	매사 불성사, 금전손실 다툼, 부인문제
午時	사업문제, 불륜색정사, 여자문제, 화해
未時	이동 이별수, 직업변동, 가출사, 산소문제
申時	상해, 도난, 금전손해, 질병침투, 직업실직
酉時	적의 침범사, 관재 병재로 불길, 색정사
戌時	놀랄 일발생, 불륜색정사, 금전융통 근심
亥時	금전문제, 부인문제, 가출사, 손님 惡意

오늘 행운 복권 운세

복권사면 좋은 띠는 **소띠** ②⑤⑩
행운복권방은 집에서 **북동쪽**에 있는곳

申子辰生	북쪽문을 피하고, 서남쪽으로 이사하면 안 된다. 재수가 없고, 하는 일마다 꼬이고, 病苦 질병발생. 바람기 발동.
巳酉丑生	서쪽문을 피하고, 동남쪽으로 이사하면 안 된다. 재수가 없고, 하는 일마다 꼬이고, 病苦 질병발생. 바람기 발동.
寅午戌生	남쪽문을 피하고, 북동쪽으로 이사하면 안 된다. 재수가 없고, 하는 일마다 꼬이고, 病苦 질병발생. 바람기 발동.
亥卯未生	동쪽문을 피하고, 서북쪽으로 이사하면 안 된다. 재수가 없고, 하는 일마다 꼬이고, 病苦 질병발생. 바람기 발동.

운세풀이

酉띠:이동수,우왕좌왕, 弱, 다툼	子띠: 점점 일이 꼬임 관재구설	卯띠:최고운상승세, 두마음	午띠: 만남,결실,화합,문서
戌띠:매사불편, 방해자,배신	丑띠:귀인상봉, 금전이득, 현금	辰띠: 의욕과다, 스트레스큼	未띠:이동수,이별수,변동 움직임
亥띠:해결신,시험합격, 풀림	寅띠: 매사꼬임,과거고생, 질병	巳띠: 시급한 일, 뜻대로 안됨	申띠: 빈주머니,걱정근심,사기

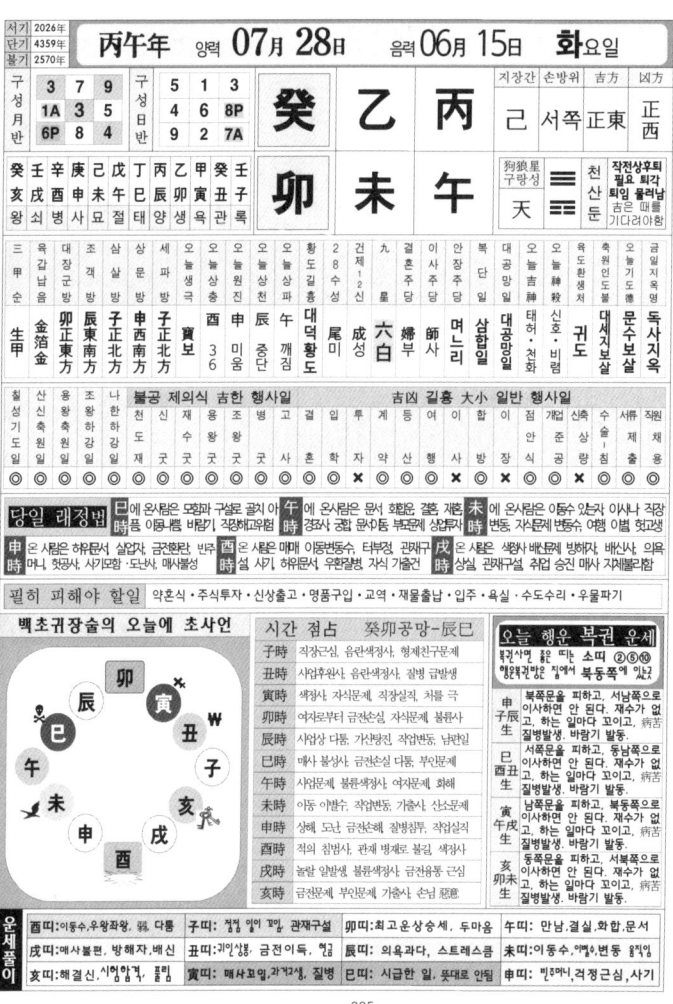

7월

서기	2026年
단기	4359年
불기	2570年

丙午年 양력 07月 29日 음력 06月 16日 수요일

구성月반			구성日반			
3	7	9		4	9	2
1A	3	5		3	5	7
6P	8	4		8	1	6P

甲	乙	丙
辰	未	午

지장간	손방위	吉方	凶方
己	서북	正北	正南

狗狼星 구랑성	僧堂寺廟 승당사묘

☰ ☷ 천산둔 — 작전상후퇴 필요 퇴각 퇴임 물러남 吉은 때를 기다려야함

乙亥	甲戌	癸酉	壬申	辛未	庚午	己巳	戊辰	丁卯	丙寅	乙丑	甲子
생	양	태	절	묘	사	병	쇠	왕	록	관	욕

三甲순	육갑납음	대장군방	조객방	삼살방	상문방	세파방	오늘생극	오늘상충	오늘원진	오늘상천	오늘상파	황도길흉	28수성	건제12신	九星	결혼주당	이사주당	안장주당	복단일	오늘吉神	神殺	오늘神殺	육도환생처	축원인도불	오늘기도德	금일지옥명
死甲	覆燈火	卯正東方	辰東南方	子正北方	申西南方	子正北方	制제	戌 36	亥 미움	卯 중단	丑 깨짐	백호흑도	箕기	收수	五黃	廚주	災재	손님	복단일	천마*복덕	천격·천강	지파·오허	축도	대세지보살	지장보살	독사지옥

칠성기도일	산신축원일	용왕축원일	조왕하강일	나한하강일	불공 제의식 吉한 행사일: 천도재	신굿	재수굿	용왕굿	조왕굿	병굿	고사	吉凶 길흉 大小 일반 행사일: 결혼	입학	투자	계약	등산	여행	이사	합방	이장	점안식	개업준공	신축상량	수술-침	서류제출	직원채용
◎	×	×	◎	◎	◎	×	×	×	×	×	×	×	◎	×	×	◎	◎	×	×	×	×	×	×	◎	◎	×

당일 래정법

巳時 에 온사람은 뭐가 하고싶어서 왔다. 자식과 금전문제, 색정사문제, 우환질병문제

午時 에 온사람은 금전문제로 골치 아픔, 가정불화, 여자바람기, 자식문제, 화병

未時 에 온사람은 문서 남녀화합운, 결혼, 재혼, 경조사, 문서구입, 궁합, 만남, 부모님 불리

申時 온 사람은 이동수 있는자, 이사나 직장변동, 관송사, 여행, 이별수, 취업불가능, 질병

酉時 온 사람은 허위문서, 금전손재수, 자식문제, 빈주머니, 헛고생, 사기모함, 매사불성, 관송사

戌時 온 사람은 허위문서, 이동변동수, 터부정, 관재구설, 보이스피싱주의, 자식가출, 다툼주의, 차사고

필히 피해야 할일 새집들이・친목회・금전수금・출판출고・건축증개축・집수리・승선・바다낚시・동토

백초귀장술의 오늘에 초사언

시간 점占	甲辰공망-寅卯
子時	어린자식 질병사, 사업후원사, 손님 惡意
丑時	부인질병문제, 금전손실, 관재, 도난, 방해
寅時	질병재앙, 직장승진문제, 직장변동 말조심
卯時	파재, 극처사, 관송사 분쟁, 수술위급
辰時	금전암손, 여자문제, 사업문제, 금전다툼
巳時	사업, 구재, 상해, 도난, 자손문제, 관재
午時	관재구설, 직장박탈, 도적손실, 화재주의
未時	사업사, 후원사, 음란불륜사, 화합사
申時	음란잡귀침투, 적의 침범사, 우환질병
酉時	남녀색정사, 남편직장 권리사, 질병침투
戌時	질병침투, 색정사, 적의 침범사, 가출문제
亥時	사업후원에 방해자, 질병재앙, 소송 凶

오늘 행운 복권 운세

복권사면 좋은 띠는 **범띠** ③⑧⑱
행운복권방은 집에서 **동북쪽에** 있는곳

申子辰生	북쪽문을 피하고, 서남쪽으로 이사하면 안 된다. 재수가 없고, 하는 일마다 꼬이고, 病苦 질병발생. 바람기 발동.
巳酉丑生	서쪽문을 피하고, 동남쪽으로 이사하면 안 된다. 재수가 없고, 하는 일마다 꼬이고, 病苦 질병발생. 바람기 발동.
寅午戌生	남쪽문을 피하고, 북동쪽으로 이사하면 안 된다. 재수가 없고, 하는 일마다 꼬이고, 病苦 질병발생. 바람기 발동.
亥卯未生	동쪽문을 피하고, 서북쪽으로 이사하면 안 된다. 재수가 없고, 하는 일마다 꼬이고, 病苦 질병발생. 바람기 발동.

운세풀이

戌띠:이동수,우왕좌왕, 弱, 다툼	丑띠: 점점 일이 꼬임, 관재구설	辰띠:최고운상승세, 두마음	未띠: 만남,결실,화합,문서
亥띠:매사불편, 방해자,배신	寅띠:귀인상봉, 금전이득, 현금	巳띠: 의욕과다, 스트레스큼	申띠:이동수,이별수,변동 움직임
子띠:해결신,시험합격, 풀림	卯띠: 매사꼬임,과거고생, 질병	午띠: 시급한 일, 뜻대로 안됨	酉띠: 빈주머니,걱정근심,사기

서기	2026年
단기	4359年
불기	2570年

丙午年 양력 07月 30日 음력 06月 17日 목요일

구성月반			
	3	7	9
	1A	3	5
	6P	8	4

구성日반			
	3A	8	1
	2	4	6
	7	9	5P

時	日	月	年
干	乙	乙	丙
支	巳	未	午

지장간	손방위	吉方	凶方
己	북쪽	正西	正東

狗狼星 구랑성	괘	천산둔	
天	☰☷	천산둔	작전상후퇴 필요 퇴각 퇴임 물러남 吉은 때를 기다려야함

丁	丙	乙	甲	癸	壬	辛	庚	己	戊	丁	丙
亥	戌	酉	申	未	午	巳	辰	卯	寅	丑	子
사	묘	절	태	양	생	욕	관	록	왕	쇠	병

三甲순	육갑납음	대장군방	조객방	삼살방	상문방	세파방	오늘생극	오늘상충	오늘원진	오늘상천	오늘상파	황도길흉	28수성	건제12신	九星	결혼주당	이사주당	안장주당	복단일	오늘吉神	神殺	오늘神殺	육도환생처	축원인도불	오늘기도德	금일지옥명
死甲	覆燈火	卯正東方	辰東南方	子正北方	申西南方	子正北方	寶보	亥 36	戌 미움	寅 중단	申 깨짐	옥당황도	斗두	開개	四綠	夫부	安안	아버지	-	대명*왕일	복생*역마	천적·지화	옥도	대세지보살	문수보살	독사지옥

칠성기도일	산신축원일	용왕축원일	조왕하강일	나한하강일	천도재	신굿	재수굿	용왕굿	조왕굿	병굿	고사	결혼	입학	투자	계약	등산	여행	이사	합방	이장	점안식	개업준공	신축상량	수술-침	서류제출	직원채용
◎	×	×	×	×	◎	◎	◎	◎	◎	◎	◎	◎	◎	×	×	◎	◎	×	◎	×	◎	×	×	◎	◎	×

(불공 제의식 吉한 행사일: 천도재 ~ 고사 / 吉凶 길흉 大小 일반 행사일: 결혼 ~ 직원채용)

당일 래정법

巳時에 온사람은 금전구재, 두가지문제로 갈등사, 갖고싶은 욕구, 직장문제, 사업문제

午時에 온사람은 의욕과다, 뭐가 하고싶어서 왔다 직장취업문제 금전문제 친정문제

未時에 온사람은 골치 아픈일, 형제동업 죽음, 바람기, 불륜, 시비투쟁, 속정리

申時 온 사람은 형제, 문서 화합운, 결혼, 재혼, 경조사, 애정사, 궁합, 만남, 개업, 히극상 배신, 우환질병

酉時 온 사람은 이동수 있는자, 가출, 이사나 직장변동, 사업체 변동수, 여행, 이별수, 관재구설

戌時 온 사람은 색정사문제, 금전손재수, 지금은 휴식기, 빈주머니, 헛 공사, 사기모함 , 매사불성

필히 피해야 할일

화재주의 • 시험관시술 • 질병치료 • 인수인계 • 씨뿌리기 • 나무심기 • 애완견들이기 • 건축수리

백초귀장술의 오늘에 초사언

시간 점占 乙巳공망-寅卯

子時	윗사람 질병, 배신주의, 발탁방해, 고생
丑時	금전문제, 사업파재, 여자 도망, 삼각관계
寅時	파재, 상해, 도난, 극처사, 색정사, 변동
卯時	금전문제, 직장문제, 우환질병, 가출사
辰時	금전문제, 부인문제, 가출사, 수술유의
巳時	금전암손, 자식문제, 취직 실직문제,
午時	화재, 관재구설, 남녀색정사, 자식문제
未時	금전융통, 여자문제, 가출방황, 백사불리
申時	사업후원사 발탁, 직장사, 당선 賞福 有
酉時	급병자발생, 관재구설, 음란 가출도주
戌時	금전문제, 부인문제, 이별사, 타인과 다툼
亥時	적의 침범사, 음란색정사, 부부이별, 이사

오늘 행운 복권 운세

복권사면 좋은 띠는 토끼띠 ②⑧
행운복권방은 집에서 동쪽에 있는곳

申子辰生	북쪽문을 피하고, 서남쪽으로 이사하면 안 된다. 재수가 없고, 하는 일마다 꼬이고, 病苦 질병발생. 바람기 발동.
巳酉丑生	서쪽문을 피하고, 동남쪽으로 이사하면 안 된다. 재수가 없고, 하는 일마다 꼬이고, 病苦 질병발생. 바람기 발동.
寅午戌生	남쪽문을 피하고, 북동쪽으로 이사하면 안 된다. 재수가 없고, 하는 일마다 꼬이고, 病苦 질병발생. 바람기 발동.
亥卯未生	동쪽문을 피하고, 서북쪽으로 이사하면 안 된다. 재수가 없고, 하는 일마다 꼬이고, 病苦 질병발생. 바람기 발동.

운세풀이

亥띠:이동수,우왕좌왕, 弱, 다툼	寅띠: 점점 일이 꼬임 관재구설	巳띠:최고운상승세, 두마음	申띠: 만남,결실,화합,문서
子띠:매사불편, 방해자,배신	卯띠:귀인상봉, 금전이득, 현금	午띠: 의욕과다, 스트레스큼	酉띠:이동수,이별수,변동 움직임
丑띠:해결신,시험합격, 풀림	辰띠: 매사꼬임,과거고생, 질병	未띠: 시급한 일, 뜻대로 안됨	戌띠: 빈주머니,걱정근심,사기

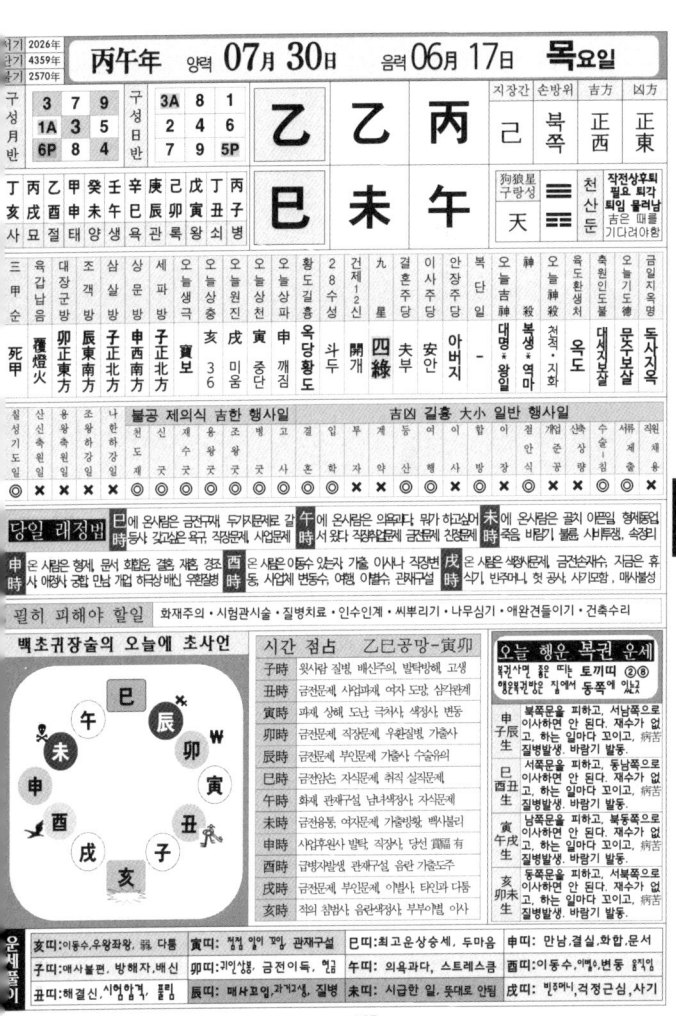

7월

서기	2026年
단기	4359年
불기	2570年

丙午年 양력 07月 31日 음력 06月 18日 금요일

구성월반

3	7	9
1A	3	5
6P	8	4

구성日반

2	7	9
1A	3	5
6	8P	4

丙	乙	丙
午	未	午

지장간	손방위	吉方	凶方
己	북동	正南	正北

狗狼星 구랑성			
天	☰ ☷	천산둔	작전상후퇴 필요 퇴각 퇴임 물러남 吉은 때를 기다려야함

己	戊	丁	丙	乙	甲	癸	壬	辛	庚	己	戊
亥	戌	酉	申	未	午	巳	辰	卯	寅	丑	子
절	묘	사	병	쇠	왕	록	관	욕	생	양	태

三甲순	육갑납음	대장군방	조객방	삼살방	상문방	세파방	오늘생극	오늘상충	오늘원진	오늘상천	오늘상파	황도길흉	28수성	건제12신	九星	결혼주당	이사주당	안장주당	복단일	오늘吉神	오늘吉神	오늘神殺	육도환생처	축원인도불	오늘기도德	금일지옥명
死甲	天河水	卯正東方	辰東南方	子正北方	申西南方	子正北方	專전	子 36	丑 미움	丑 중단	卯 깨짐	천뇌흑도	牛우	閉폐	三碧	姑고	利이	남자	-	천의*관일	수사·왕망	혈지·지격	불도	노사나불	약사보살	추해지옥

칠성기도일	산신축원일	용왕축원일	조왕하강일	나한하강일	불공 제의식 吉한 행사일: 천도재	신굿	재수굿	용왕굿	조왕굿	병굿	고사	吉凶 길흉 大小 일반 행사일: 결혼	입학	투자	계약	등산	여행	이사	합방	이장	점안식	개업준공	신축상량	수술-침	서류제출	직원채용
×	×	×	×	×	×	×	×	×	×	×	×	×	–	×	×	◎	×	×	×	×	×	×	×	◎	◎	×

당일 래정법

巳時에 온사람은 취업문제, 재수가 없고 운이 단단히 꼬여있음, 우환질병 손재수

午時에 온사람은 금전구재 두문제로 갈등사 갖고싶은 욕구, 직장문제, 상업문제

未時에 온사람은 의욕과다, 뭐가 하고싶어서 왔다 직장상사괴롭힘 사표문제

申時 온 사람은 골치 아픈일, 친구나 형제동업, 죽음, 배우자바람기, 불륜, 관재구설 속 정리해야함

酉時 온 사람은 문서구입 화합운, 결혼, 경조사, 관직취업건, 개업 때 아님, 하극상 배신, 경쟁사로 몰변

戌時 온 사람은 이동수 있는자, 가출 이사 직장변동, 점포 변동수, 여자문제 투자문서는 위험 이별수

필히 피해야 할일 홍보광고 · 소장제출 · 인허가신청 · 정보유출 · 건축증개축 · 기둥세우기 · 항공주의 · 씨뿌리기

백초귀장술의 오늘에 초사언

시간 점占 丙午공망-寅卯

子時	유아질병 위급, 처를 극, 남녀쟁투
丑時	자손문제, 실직문제, 연애배신사, 모함
寅時	사업손재, 후원사, 불륜사, 직장변동
卯時	남녀색정사, 사업금전문제, 가출사
辰時	자손문제, 실직문제, 남녀색정사, 가출사
巳時	질병재앙, 구재이득, 수술유의, 파이사발생
午時	금전손실 다툼, 여자문제, 극처사, 형송사
未時	자손문제, 금전융통, 죄 사면, 여행불길
申時	매사 불성사, 도망은 吉, 도적손실, 재액
酉時	관직 발탁사, 금전문제, 극처사, 함정주의
戌時	가출건, 급병자, 자식문제, 산소탈 ⊗
亥時	자초고생, 매사불길, 도난, 파재, 다툼

오늘 행운 복권 운세

복권사면 좋은 띠는 용띠 ⑤⑩⑳
행운복권방은 집에서 동남쪽에 있는곳

申子辰生	북쪽문을 피하고, 서남쪽으로 이사하면 안 된다. 재수가 없고, 하는 일마다 꼬이고, 病苦 질병발생. 바람기 발동.
巳酉丑生	서쪽문을 피하고, 동남쪽으로 이사하면 안 된다. 재수가 없고, 하는 일마다 꼬이고, 病苦 질병발생. 바람기 발동.
寅午戌生	남쪽문을 피하고, 북동쪽으로 이사하면 안 된다. 재수가 없고, 하는 일마다 꼬이고, 病苦 질병발생. 바람기 발동.
亥卯未生	동쪽문을 피하고, 서북쪽으로 이사하면 안 된다. 재수가 없고, 하는 일마다 꼬이고, 病苦 질병발생. 바람기 발동.

운세풀이

子띠:이동수,우왕좌왕, 弱, 다툼	卯띠: 점점 일이 꼬임, 관재구설	午띠:최고운상승세, 두마음	酉띠: 만남,결실,화합,문서
丑띠:매사불편, 방해자,배신	辰띠:귀인상봉, 금전이득, 현금	未띠: 의욕과다, 스트레스큼	戌띠:이동수,이별수,변동 움직임
寅띠:해결신,시험합격, 풀림	巳띠: 매사꼬임,과거고생, 질병	申띠: 시급한 일, 뜻대로 안됨	亥띠: 빈주머니,걱정근심,사기

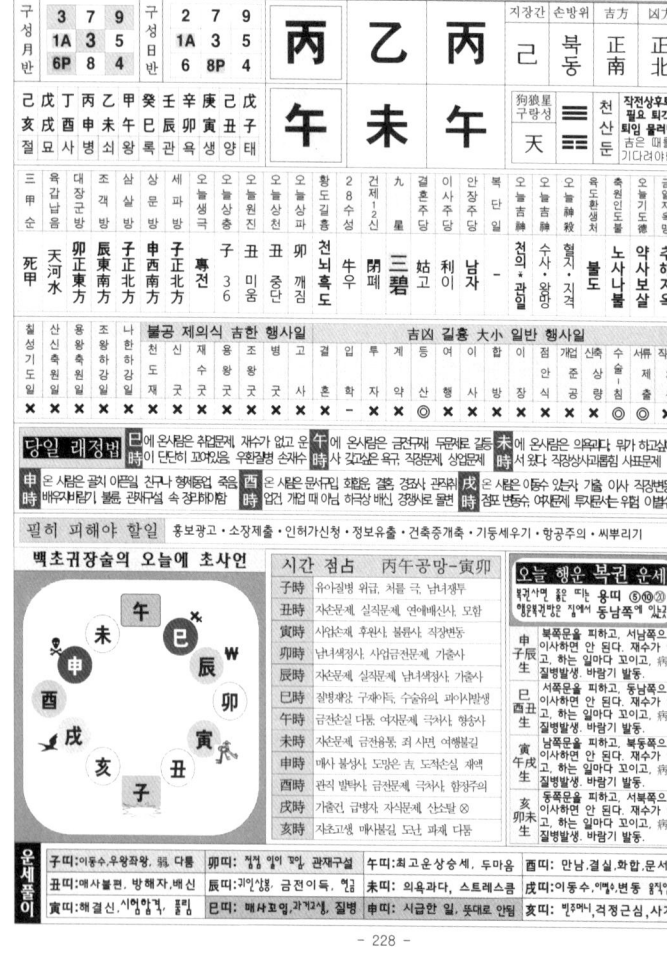

서기	2026年
단기	4359年
불기	2570年

丙午年 양력 08月 01日 음력 06月 19日 토요일

구성월반			
	3	7	9
	1A	3	5
	6P	8	4

구성일반			
	1	6	8A
	9	2	4
	5P	7	3

丁	乙	丙
未	未	午

지장간	손방위	吉方	凶方
己	無	正東	正西

辛	庚	己	戊	丁	丙	乙	甲	癸	壬	辛	庚
亥	戌	酉	申	未	午	巳	辰	卯	寅	丑	子
태	양	생	욕	관	록	왕	쇠	병	사	묘	절

狗狼星 구랑성 / 僧堂 城隍社廟

뇌풍항

현상유지 늘 한결같음 참고이해변화없음소송사는지연됨

三甲순	육갑납음	대장군방	조객방	삼살방	상문방	세파방	오늘생극	오늘상충	오늘원진	오늘상천	오늘상파	황도길흉	28수성	건제12신	九星	결혼주당	이사주당	안장주당	오늘吉神	오늘吉神	神殺	오늘神殺	육도환생처	축원인도불	오늘기도德	금일지옥명
死甲	天河水	卯正東方	辰東南方	子正北方	申西南方	子正北方	寶보	丑 36	子 미움	子 중단	戌 깨짐	현무흑도	女여	建건	二黑	堂당	天천	손자	-	성심*수일	월건일	소모·사부	불도	노사나불	대세지보살	추해지옥

칠성기도일	산신축원일	용왕축원일	조왕하강일	나한하강일	불공 제의식 吉한 행사일							吉凶 길흉 大小 일반 행사일														
					천도재	신굿	재수굿	용왕굿	조왕굿	병굿	고사	결혼	입학	투자	계약	등산	여행	이사	합방	이장	점안식	개업준공	신축상량	수술-침	서류제출	직원채용
×	×	×	×	-	◎	◎	×	×	◎	◎	◎	×	◎	×	×	◎	◎	◎	×	×	◎	-	×	◎	-	×

7월

당일 래정법

巳時에 온사람은 금전문제, 사업문제, 금전구재건, 관직취직사, 속전속결이 유리

午時에 온사람 건강문제, 관재구설로 운이 단단히 꼬여있음, 친정문제 손재수

未時에 온사람 금전구재, 결혼선택여부, 사업자금투자건, 직장변동, 이동수

申時 온 사람은 뭔가 하고싶어서 왔다. 직장취업문제, 친구형제간 배신과 음해, 관재 관송사, 남자문제

酉時 온 사람은 자식문제 골치 아픈일, 형제동업, 바람기, 불륜, 시비투쟁, 급속정리해야함, 청춘귀

戌時 온 사람은 형제, 문서문제, 자식 화합운, 결혼, 재혼 경조사, 애정사, 궁합, 관직취업문제, 하극상배신

필히 피해야 할일 이날은 흑도와 월파일에 월염, 대모, 상문 등 신살에 해당되어 매사 해롭고 불리한 날.

백초귀장술의 오늘에 초사언

시간 점占 丁未공망-寅卯

子時	남녀색정사, 금전손해 실물수, 도난 간음
丑時	적의 침범사, 질병재앙, 자손상해, 가출
寅時	자손문제, 실직문제, 사업문제, 색정사
卯時	금전손실, 윗사람 질병위급, 색정음란사
辰時	자식문제, 직장문제, 손님 惡意, 불륜배신
巳時	가출사, 파재, 극처사, 관송사 분쟁
午時	화합애정불리, 금전융통, 직장변동, 도난
未時	금전의 암손, 여자문제, 우환질병, 가출
申時	파재, 상해, 도난, 극처사, 직장이동이 吉
酉時	매사불성사, 금전손실, 음 여인함정 관재
戌時	자식문제, 남편피해, 음란색정사, 도망
亥時	관청권리 상해, 재해도난사건, 과이사발생

오늘 행운 복권 운세

복권사면 좋은 띠는 뱀띠 ⑦⑰27

행운복권방은 집에서 남동쪽에 있는곳

申子辰生	북쪽문을 피하고, 서남쪽으로 이사하면 안 된다. 재수가 없고, 하는 일마다 꼬이고, 病苦 질병발생. 바람기 발동.
巳酉丑生	서쪽문을 피하고, 동남쪽으로 이사하면 안 된다. 재수가 없고, 하는 일마다 꼬이고, 病苦 질병발생. 바람기 발동.
寅午戌生	남쪽문을 피하고, 북동쪽으로 이사하면 안 된다. 재수가 없고, 하는 일마다 꼬이고, 病苦 질병발생. 바람기 발동.
亥卯未生	동쪽문을 피하고, 서북쪽으로 이사하면 안 된다. 재수가 없고, 하는 일마다 꼬이고, 病苦 질병발생. 바람기 발동.

운세풀이

丑띠:이동수,우왕좌왕, 弱弱 다툼	辰띠: 점점 일이 꼬임, 관재구설	未띠:최고운상승세, 두마음	戌띠: 만남,결실,화합,문서
寅띠:매사불편, 방해자,배신	巳띠:귀인상봉, 금전이득, 현금	申띠: 의욕과다, 스트레스큼	亥띠:이동수,이별수,변동 움직임
卯띠:해결신,시험합격, 풀림	午띠: 매사꼬임,과거고생, 질병	酉띠: 시급한 일, 뜻대로 안됨	子띠: 빈주머니,걱정근심,사기

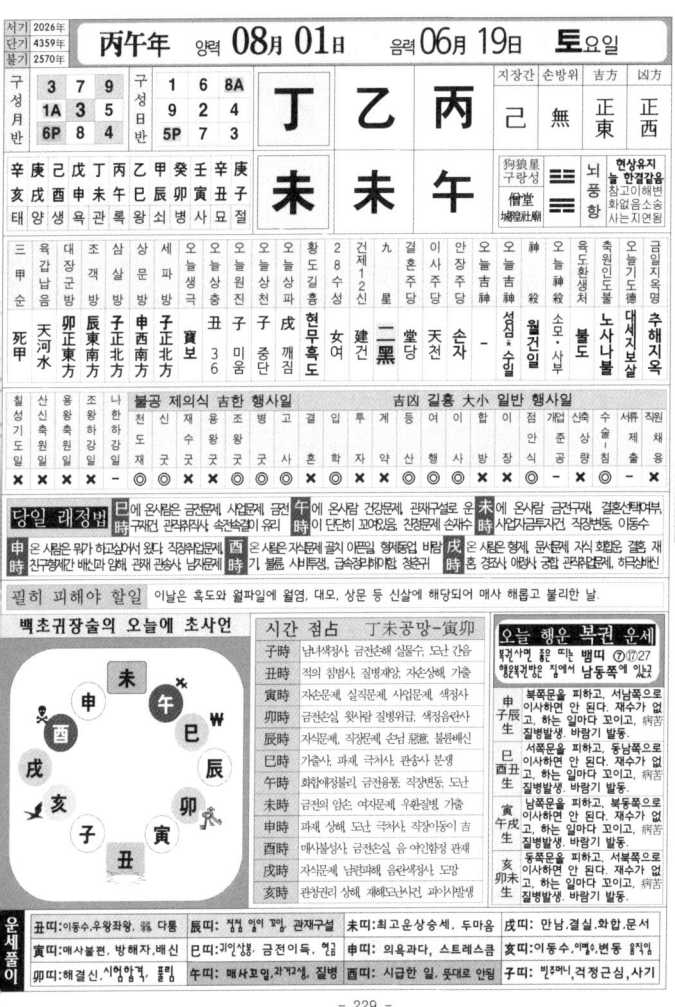

서기	2026年
단기	4359年
불기	2570年

丙午年 양력 08月 02日 음력 06月 20日 일요일

구성月반				구성日반			
	3	7	9		9	5	7
	1A	3	5		8	1	3
	6P	8	4		4P	6A	2

戊	乙	丙
申	未	午

지장간	손방위	吉方	凶方
己	無	正北	正南

癸	壬	辛	庚	己	戊	丁	丙	乙	甲	癸	壬
亥	戌	酉	申	未	午	巳	辰	卯	寅	丑	子
절	묘	사	병	쇠	왕	록	관	욕	생	양	태

狗狼星 구랑성	뇌풍항	현상유지 늘 한결같음 참고이해변화없음소송사는지연됨
中庭廳 관청마당		

三甲순	육갑납음	대장군방	조객방	삼살방	상문방	세파방	오늘생극	오늘상충	오늘원진	오늘상천	오늘상파	황도길흉	28수성	건제12신	九星	결혼주당	이사주당	안장주당	복단일	神殺	神殺	오늘神殺	육도환생처	축원인도불	오늘기도德	금일지옥명
死甲	大驛土	卯正東方	辰東南方	子正北方	申西南方	子正北方	寶보	寅 36	卯 미움	亥 중단	巳 깨짐	사명황도	虛허	除제	一白	翁옹	害해	死	-	양덕*상일	-	멸몰·겁살	인도	노사나불	아미보살	추해지옥

칠성기도일	산신축원일	용왕축원일	조왕하강일	나한하강일	불공 제의식 吉한 행사일							吉凶 길흉 大小 일반 행사일														
					천도재	신굿	재수굿	용왕굿	조왕굿	병굿	고사	결혼	입학	투자	계약	등산	여행	이사	합방	이장	점안식	개업준공	신축상량	수술·침	서류제출	직원채용
◎	×	×	◎	◎	◎	◎	◎	◎	◎	◎	◎	◎	◎	×	◎	◎	◎	◎	×	×	◎	◎	◎	◎	◎	-

당일 래정법

巳時 에 온사람은 관송사로 손재수 발생 금전구재건 색정사 배신당함 매사불성

午時 에 온사람은 금전문제 사업문제 친정부모문제 관직취직사 속전속결이 유리

未時 에 온 사람 남편문제 직장문제 운이 단단히 꼬여있음 매사 지체불리 손재수

申時 온 사람은 금전문제 관직취직사 자식의 사업문제 망신수, 친정 후원사는 불리 사고조심

酉時 온 사람은 의욕과다 뭐가 하고싶어서 왔다 새사업 추진여부 문제 친구형제간 시비 자식문제

戌時 온 사람은 금전손실 직장취업 형제동업 자식문제 매사불리 지체됨 바람기 불륜 고아사발생

필히 피해야 할일

성형수술 · 농기구 다루기 · 승선 · 낚시 · 어로작업 · 위험놀이기구 · 흙 다루고 땅 파는 일

백초귀장술의 오늘에 초사언

시간 점占	戊申공망-寅卯
子時	금전융통, 부인침해, 태아령 천도요망
丑時	사기도난, 파재, 손실사, 색정사, 각방
寅時	파재, 관재, 적 침범사, 부부이심, 터부정
卯時	재물손실, 부인일, 관재, 실수 탄로 음모
辰時	자손 시험합격, 불륜사, 형제 친구 배신
巳時	관청근심, 우환질병, 불륜색정사, 관재
午時	질병재앙, 적 침범사, 극처사, 가출문제
未時	病환자, 금전손실, 극처사, 친족불화
申時	금전암손, 부인문제, 자손문제, 우환질병
酉時	자식문제, 실직문제, 남녀색정사, 음인함정
戌時	매사 지체, 기능마비, 산소문제, 기도
亥時	사업사, 재물손실, 부인일, 질병재앙

오늘 행운 복권 운세

복권사면 좋은 띠는 말띠 ⑤⑦22
행운복권방은 집에서 남쪽에 있는곳

申子辰生	북쪽문을 피하고, 서남쪽으로 이사하면 안 된다. 재수가 없고, 하는 일마다 꼬이고, 病苦질병발생. 바람기 발동.
巳酉丑生	서쪽문을 피하고, 동남쪽으로 이사하면 안 된다. 재수가 없고, 하는 일마다 꼬이고, 病苦질병발생. 바람기 발동.
寅午戌生	남쪽문을 피하고, 북동쪽으로 이사하면 안 된다. 재수가 없고, 하는 일마다 꼬이고, 病苦질병발생. 바람기 발동.
亥卯未生	동쪽문을 피하고, 서북쪽으로 이사하면 안 된다. 재수가 없고, 하는 일마다 꼬이고, 病苦질병발생. 바람기 발동.

운세풀이

寅띠:이동수,우왕좌왕, 言爭 다툼	巳띠: 점점 일이 꼬임, 관재구설	申띠:최고운상승세, 두마음	亥띠: 만남,결실,화합,문서
卯띠:매사불편, 방해자,배신	午띠: 귀인상봉, 금전이득, 현금	酉띠: 의욕과다, 스트레스큼	子띠:이동수,이별수,변동 움직임
辰띠:해결신,시험합격, 풀림	未띠: 매사꼬임,과거고생, 질병	戌띠: 시급한 일, 뜻대로 안됨	丑띠: 빈주머니,걱정근심,사기

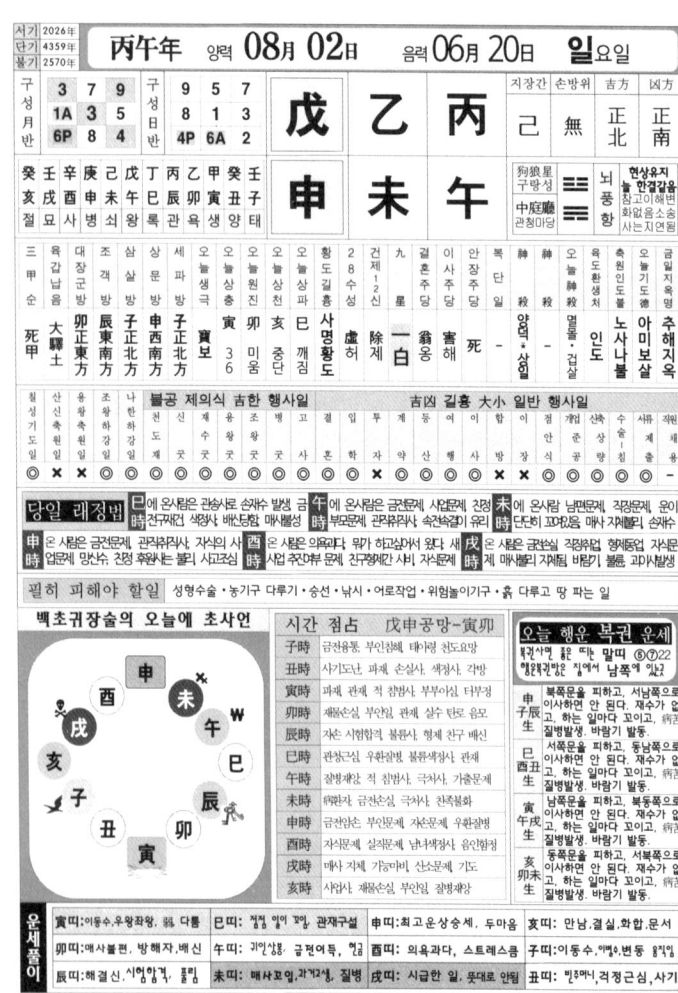

서기	2026年
단기	4359年
불기	2570年

丙午年 양력 08月 03日 음력 06月 21日 월요일

구성월반			구성일반		
3	7	9	8	4A	6
1A	3	5	7P	9	2
6P	8	4	3	5	1

시	일	월	지장간	손방위	吉方	凶方
己	乙	丙	己	동쪽	正西	正東
酉	未	午				

乙	甲	癸	壬	辛	庚	己	戊	丁	丙	乙	甲
亥	戌	酉	申	未	午	巳	辰	卯	寅	丑	子
태	양	생	욕	관	록	왕	쇠	병	사	묘	절

狗狼星 구랑성: 寺觀社廟 사관사묘

뇌풍항 — 현상유지 늘 한결같음 참고이해변화없음소송사는지연됨

三甲순	육갑납음	대장군방	조객방	삼살방	상문방	세파방	오늘생극	오늘상충	오늘원진	오늘상천	오늘상파	황도길흉	28수성	건제12신	九星	결혼주당	이사주당	안장주당	복단일	오늘吉神	神殺	오늘神殺	육도환생처	축원인도불	오늘기도德	금일지옥명
死甲	大驛土	卯正東方	辰東南方	子正北方	申西南方	子正北方	寶보	卯 36	寅 미움	戌 중단	子 깨짐	구진흑도	危위	滿만	九紫	第제	殺살	여자	천덕합	천은*미일	사격·혈기	중상·검봉	귀도	노사나불	관음보살	추해지옥

칠성기도일	산신축원일	용왕축원일	조왕하강일	나한하강일	불공 제의식 吉한 행사일: 천도재	신굿	재수굿	용왕굿	조왕굿	병굿	고사	吉凶 길흉 大小 일반 행사일: 결혼	입학	투자	계약	등산	여행	이사	합방	이장	점안식	개업준공	신축상량	수술-침	서류제출	직원채용
◎	◎	×	◎	◎	◎	×	×	×	◎	◎	◎	×	◎	×	×	◎	◎	×	×	×	◎	×	×	×	◎	×

당일 래정법

巳時에 온사람은 허가 해결할 문제, 합격여부, 동업투자여부, 형제문제, 재혼은 굳

午時에 온사람은 자식문제, 형제문제, 색정사로 다툼, 여자로 큰 손실, 매사불성사

未時에 온사람 금전문제, 사업문제, 딸자식문제, 관직취직사, 속전속결이 유리

申時 온 사람은 건강문제, 관재구설로 운이 단단히 꼬여있음, 취업 승진문제, 남자문제, 손재수

酉時 온 사람은 두가지 문제 갈등사, 하극상 손윗사람 배신, 새로운 일시작 진행함이 좋다. 우환질병

戌時 온 사람은 의욕과다, 뭔가 하고싶어서 왔다. 직장 취업문제, 친구 형제에게 손실 배신 당할 수.

필히 피해야 할일 농기구 다루기 · 출장 · 벌목 · 사냥 · 수렵 · 승선 · 낚시 · 어로작업 · 요트타기 · 위험놀이기구

백초귀장술의 오늘에 초사언

시간 점占 己酉공망-寅卯

子時	파재, 극처사, 사업흥성, 개혁유리, 가출
丑時	형제 친구이별, 가출건, 손재수, 다툼, 도난
寅時	사기도난, 파재, 손실사, 가출사, 남편일
卯時	실직, 파재, 관재, 적 침범사, 가출문제
辰時	금전융통, 형제자매건, 재해도난, 부부이별
巳時	질병재앙, 사업후원사, 금전손실, 색정사
午時	매사 불성, 남녀 색정사, 뜻대로 이동안됨
未時	형제친구문제, 구재이득, 수술유의, 원귀
申時	자손문제, 실직사, 처를 극, 살수 탄로
酉時	금전 암손, 부인문제, 우환질병, 색정사
戌時	재물손실, 우환질병, 부부변심, 삼각관계
亥時	가내재앙불리, 가출사, 이동여행 금물

오늘 행운 복권 운세

복권사면 좋은 띠는 양띠 ⑤⑩25
행운복권방은 집에서 남서쪽에 있는곳

申子辰生	북쪽문을 피하고, 서남쪽으로 이사하면 안 된다. 재수가 없고, 하는 일마다 꼬이고, 病苦질병발생. 바람기 발동.
巳酉丑生	서쪽문을 피하고, 동남쪽으로 이사하면 안 된다. 재수가 없고, 하는 일마다 꼬이고, 病苦질병발생. 바람기 발동.
寅午戌生	남쪽문을 피하고, 북동쪽으로 이사하면 안 된다. 재수가 없고, 하는 일마다 꼬이고, 病苦질병발생. 바람기 발동.
亥卯未生	동쪽문을 피하고, 서북쪽으로 이사하면 안 된다. 재수가 없고, 하는 일마다 꼬이고, 病苦질병발생. 바람기 발동.

운세풀이

卯띠: 이동수, 우왕좌왕, 弱弱 다툼	午띠: 점점 일이 꼬임, 관재구설	酉띠: 최고운상승세, 두마음	子띠: 만남, 결실, 화합, 문서
辰띠: 매사불편, 방해자, 배신	未띠: 귀인상봉, 금전이득, 현금	戌띠: 의욕과다, 스트레스큼	丑띠: 이동수, 이별수, 변동 움직임
巳띠: 해결신, 시험합격, 풀림	申띠: 매사꼬임, 과거고생, 질병	亥띠: 시급한 일, 뜻대로 안됨	寅띠: 빈주머니, 걱정근심, 사기

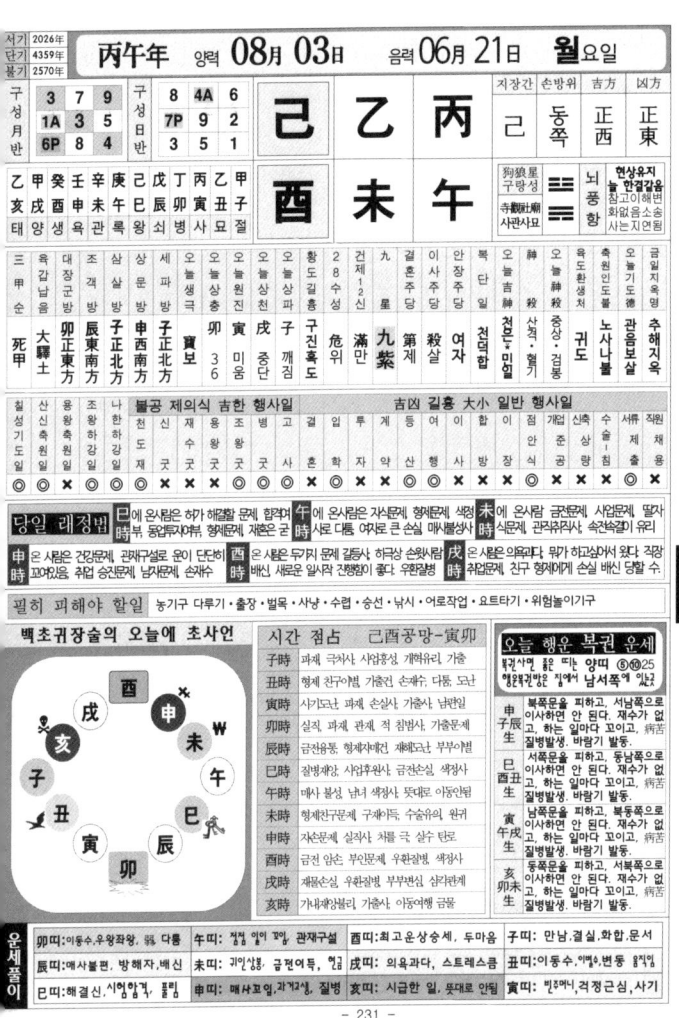

8월

서기	2026年
단기	4359年
불기	2570年

丙午年 양력 08月 04日 음력 06月 22日 화요일

구성月반			구성日반		
3	7	9	7P	3	5
1A	3	5	6	8	1
6P	8	4	2A	4	9

庚	乙	丙
戊	未	午

지장간	손방위	吉方	凶方
己	동남	正南	正北

丁	丙	乙	甲	癸	壬	辛	庚	己	戊	丁	丙
亥	戌	酉	申	未	午	巳	辰	卯	寅	丑	子
병	쇠	왕	록	관	욕	생	양	태	절	묘	사

狗狼星 구랑성 社廟 사당묘 | 뇌풍항 | 현상유지 늘 한결같음 참고이해변화없음소송사는지연됨

三甲순	육갑납음	대장군방	조객방	삼살방	상문방	세파방	오늘생극	오늘상충	오늘원진	오늘상천	오늘상파	황도길흉	28수성	건제12신	九星	결혼주당	이사주당	안장주당	오늘吉神	오늘吉神	神殺	오늘神殺	육도환생처	축원인도불	오늘기도德	금일지옥명
死甲	鎈釧金	卯正東方	辰東南方	子正北方	申西南方	子正北方	義의	辰 36	巳 미움	酉 중단	未 깨짐	청룡황도	室실	平평	八白	竈조	富부	어머니	-	대명*천은	월형일	토부·하괴	축도	노사나불	미륵보살	추해지옥

칠성기도일	산신축원일	용왕축원일	조왕하강일	나한하강일	천도재	신굿	재수굿	용왕굿	조왕굿	병굿	고사	결혼	입학	투자	계약	등산	여행	이사	합방	이장	점안식	개업준공	신축상량	수술-침	서류제출	직원채용
					불공 제의식 吉한 행사일							吉凶 길흉 大小 일반 행사일														
×	◎	×	×	◎	◎	×	×	×	×	×	◎	◎	◎	×	×	◎	◎	×	×	×	×	×	-	×	◎	×

당일 래정법

巳時에 온사람은 새사업에 방해자, 배신사, 취업불리, 색정사, 창업은 훼방꾼

午時에 온사람은 취직 해결할 문제, 합격여부, 금전투자여부, 자식문제, 직장문제

未時에 온사람 형제와 친구가 훼방, 금전구재건, 관재구설로 다툼, 매사불성사

申時 온 사람은 금전문제, 사업문제, 관직취직사, 관재로 얽히게 됨, 자식으로 인해 큰 지출.

酉時 온 사람은 관송사 색정사로 운이 단단히 꼬여있음, 취업 승진문제, 자식문제, 손재수 불리

戌時 온 사람은 두가지 문제 갈등사, 토지문서구매건 금전투자여부, 자식문제, 새로운 일시작 진행함

필히 피해야 할일 소장제출·항소·손님초대·神物,佛象안치·싱크대교체·주방고치기·지붕덮기

백초귀장술의 오늘에 초사언

시간 점占	庚戌공망-寅卯
子時	금전 암손, 부인문제, 우환질병, 객 惡意
丑時	사업, 구재이득, 부부화합사, 당선 합격
寅時	재물손실, 금전융통, 가출사, 색정이별
卯時	재물손실, 극처사, 남녀색정사, 삼각관계
辰時	사업후원 도주, 적의 침범사, 재물손실
巳時	질병재앙, 관재구설, 도망, 망신살수탄로
午時	질병재앙, 관재구설, 남편 직업문제, 가출
未時	관청근심, 사업실패, 삼각관계, 가출문제
申時	입상명예문제, 금전문제, 가출자, 원행
酉時	손해사발생, 여자나 아이재앙, 함정피해
戌時	금전 암손, 파업문제, 가출문제, 색정사
亥時	금전무리투자, 도난, 파재, 처를 극함

오늘 행운 복권 운세

복권사면 좋은 띠는 **원숭띠** ⑨19, 29
행운복권방은 집에서 **서남쪽**에 있는곳

申子辰生	북쪽문을 피하고, 서남쪽으로 이사하면 안 된다. 재수가 없고, 하는 일마다 꼬이고, 病苦 질병발생. 바람기 발동.
巳酉丑生	서쪽문을 피하고, 동남쪽으로 이사하면 안 된다. 재수가 없고, 하는 일마다 꼬이고, 病苦 질병발생. 바람기 발동.
寅午戌生	남쪽문을 피하고, 북동쪽으로 이사하면 안 된다. 재수가 없고, 하는 일마다 꼬이고, 病苦 질병발생. 바람기 발동.
亥卯未生	동쪽문을 피하고, 서북쪽으로 이사하면 안 된다. 재수가 없고, 하는 일마다 꼬이고, 病苦 질병발생. 바람기 발동.

운세풀이

辰띠:이동수,우왕좌왕, 弱 다툼	未띠: 점점 일이 꼬임, 관재구설	戌띠:최고운상승세, 두마음	丑띠: 만남,결실,화합,문서
巳띠:매사불편, 방해자,배신	申띠: 귀인상봉, 금전어득, 현금	亥띠: 의욕과다, 스트레스큼	寅띠:이동수,이별수,변동 움직임
午띠:해결신,시험합격, 풀림	酉띠: 매사꼬임,과거고생, 질병	子띠: 시급한 일, 뜻대로 안됨	卯띠: 빈주머니,걱정근심,사기

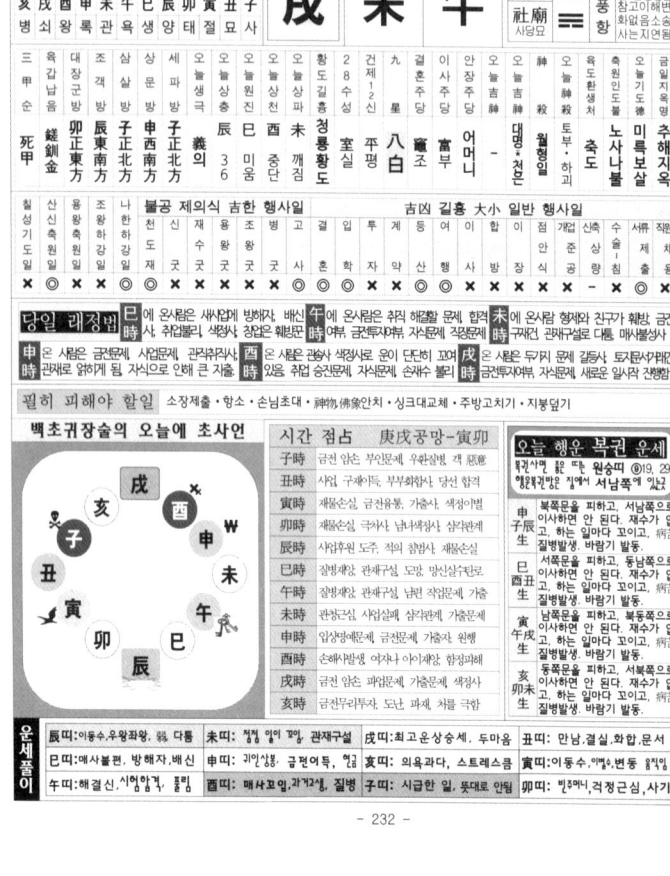

서기 2026年 / 단기 4359年 / 불기 2570年	丙午年	양력 08月 05日	음력 06月 23日	수요일		

구성월반			구성일반		
3	7	9	6P	2	4
1A	3	5	5	7	9A
6P	8	4	1	3	8

辛	乙	丙
亥	未	午

지장간	손방위	吉方	凶方
己	남쪽	正東	正西

狗狼星 구랑성	寺觀 절사관	䷟	뇌풍항	현상유지 늘 한결같음 참고이해변화없음소송사는지연됨

己	戊	丁	丙	乙	甲	癸	壬	辛	庚	己	戊
亥	戌	酉	申	未	午	巳	辰	卯	寅	丑	子
욕	관	록	왕	쇠	병	사	묘	절	태	양	생

三甲순	육갑납음	대장군방	조객방	삼살방	상문방	세파방	오늘생극	오늘상충	오늘원진	오늘상천	오늘상파	황도길흉	28수성	건제12신	九星	결혼주당	이사주당	안장주당	복단일	오늘吉神	神殺	오늘神殺	육도환생처	축원인도불	오늘기도德	금일지옥명
死甲	釵釧金	卯正東方	辰東南方	子正北方	申西南方	子正北方	寶보	巳 36	辰 미움	申 중단	寅 깨짐	명당황도	壁벽	定정	七赤	婦부	師사	며느리	복단일	삼합*음덕	-	라강·염대	옥도	노사나불	여래보살	추해지옥

칠성기도일	산신축원일	용왕축원일	조왕하강일	나한하강일	불공 제의식 吉한 행사일: 천도재	신굿	재수굿	용왕굿	조왕굿	병굿	고사	吉凶 길흉 大小 일반 행사일: 결혼	입학	투자	계약	등산	여행	이사	합방	이장	점안식	개업준공	신축상량	수술-침	서류제출	직원채용
×	◎	-	◎	◎	◎	◎	◎	◎	◎	◎	◎	◎	◎	◎	◎	◎	◎	×	◎	×	◎	◎	◎	◎	◎	◎

당일 래정법

巳時 에 온사람은 형제 자식문제, 직장변동수, 터부정 관재구설 동업다툼 발길주의

午時 에 온사람은 집안우환질병, 망신살, 방해자, 배신사, 매사 지체불리함, 모함

未時 에 온사람 금전문제, 하가 해결할 문제, 주식투자여부, 직장문제, 매매건

申時 온 사람은 자식문제, 직장실직문제, 취업시험불리, 색정사, 억울한 일, 파재, 매사불성사

酉時 온 사람은 금전문제, 사업문제, 관직취직사, 관재로 얽히게 됨, 속전속결 유리, 남편자출

戌時 온 사람은 건강문제, 친정문제, 도장잘못 찍어 관재구설로 꼬여있음 자식문제 손재수, 헛수고

필히 피해야 할일 장 담그기・신상출고・제품제작・친구초대・문 만들기・관정, 우물파기・어로작업

백초귀장술의 오늘에 초사언

시간 점占	辛亥공망-寅卯
子時	자식문제, 실직사, 음란색정사, 가출사
丑時	적의 침범사, 질병위급, 삼각관계
寅時	재물손실, 부인문제, 관직변동, 간사 情夫
卯時	금전융통문제, 손재수, 이동사, 낭비도난
辰時	재물손실, 질병재발, 여행금물, 다툼
巳時	이동사, 삼각 색정사, 우환질병, 터부정
午時	질병재앙, 관재구설, 도망, 망신실수탄로
未時	사업후원문제, 구재이득, 문제 자연해소
申時	재물손실, 우환질병, 극처사, 색정사, 가출
酉時	직장 취업 승진, 가출사, 질병, 삼각관계
戌時	자살귀 침범, 극처사, 질병고통, 수술유의
亥時	금전배신, 여자문제, 자식사, 매사 막힘

오늘 행운 복권 운세

복권사면 좋은 띠는 닭띠 ④⑨ 24, 행운복권방은 집에서 서쪽에 있는곳

申子辰生	북쪽문을 피하고, 서남쪽으로 이사하면 안 된다. 재수가 없고, 하는 일마다 꼬이고, 病苦질병발생. 바람기 발동.
巳酉丑生	서쪽문을 피하고, 동남쪽으로 이사하면 안 된다. 재수가 없고, 하는 일마다 꼬이고, 病苦질병발생. 바람기 발동.
寅午戌生	남쪽문을 피하고, 북동쪽으로 이사하면 안 된다. 재수가 없고, 하는 일마다 꼬이고, 病苦질병발생. 바람기 발동.
亥卯未生	동쪽문을 피하고, 서북쪽으로 이사하면 안 된다. 재수가 없고, 하는 일마다 꼬이고, 病苦질병발생. 바람기 발동.

운세풀이

巳띠:이동수,우왕좌왕, 弱 다툼	申띠: 점점 일이 꼬임, 관재구설	亥띠:최고운상승세, 두마음	寅띠: 만남,결실,화합,문서
午띠:매사불편, 방해자,배신	酉띠: 귀인상봉, 금전어득, 현금	子띠: 의욕과다, 스트레스큼	卯띠:이동수,이별수,변동 움직임
未띠:해결신,시험합격, 풀림	戌띠: 매사꼬임,과거고생, 질병	丑띠: 시급한 일, 뜻대로 안됨	辰띠: 빈주머니,걱정근심,사기

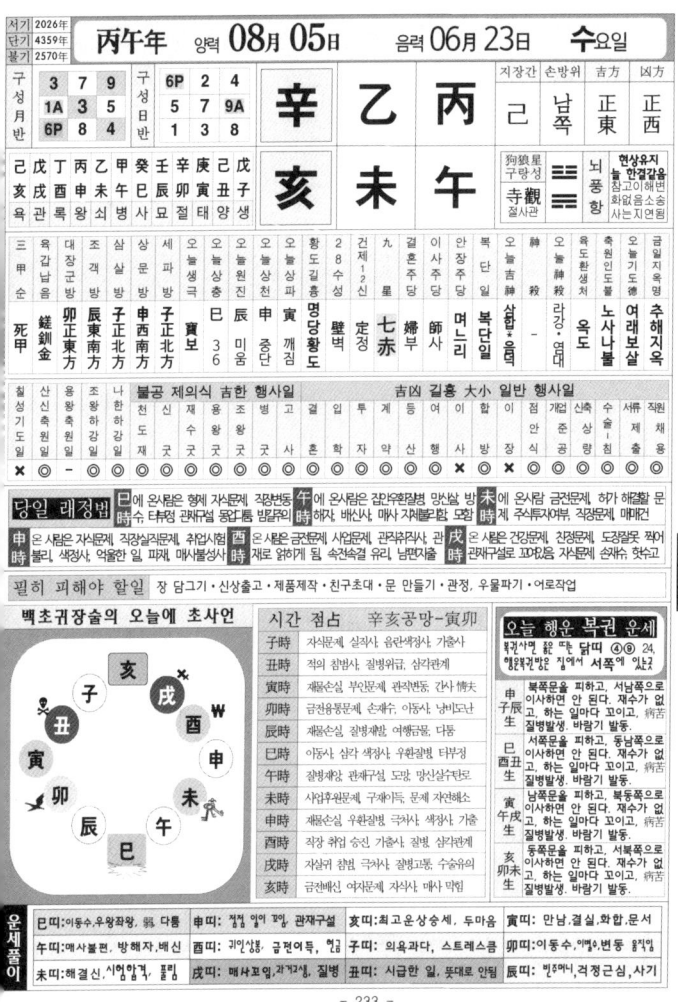

8월

서기 2026年	단기 4359年	불기 2570年

丙午年 양력 08月 06日 음력 06月 24日 목요일

구성月반			구성日반		
3	7	9	5	1P	3
1A	3	5	4	6	8
6P	8	4	9	2	7A

시	일	월
壬	乙	丙
子	未	午

지장간	손방위	吉方	凶方
己	남서	正北	正南

狗狼星 구랑성	괘		
天	☳☳	뇌풍항	현상유지 늘 한결같음 참고이해변화없음소송사는지연됨

辛	庚	己	戊	丁	丙	乙	甲	癸	壬	辛	庚
亥	戌	酉	申	未	午	巳	辰	卯	寅	丑	子
록	관	욕	생	양	태	절	묘	사	병	쇠	왕

三甲순	육갑납음	대장군방	조객방	삼살방	상문방	세파방	오늘생극	오늘상충	오늘원진	오늘상천	오늘상파	황도길흉	28수성	건제12신	九星	결혼주당	이사주당	안장주당	천구하식	대공망일	神殺	오늘神殺	육도환생처	축원인도불	오늘기도德	금일지옥명
死甲	桑柘木	卯正東方	辰東南方	子正北方	申西南方	子正北方	專전	午 36	未 미움	未 중단	酉 깨짐	천형흑도	奎규	執집	六白	廚주	災재	손님	-	대공망일	귀기·독화	수격·검봉	천도	약왕보살	아미보살	철산지옥

칠성기도일	산신축원일	용왕축원일	조왕하강일	나한하강일	천도재	신굿	재수굿	용왕굿	조왕굿	병굿	고사	결혼	입학	투자	계약	등산	여행	이사	합방	이장	점안식	개업준공	신축상량	수술-침	서류제출	직원채용
					불공 제의식 吉한 행사일							吉凶 길흉 大小 일반 행사일														
◎	×	×	×	◎	◎	◎	◎	×	◎	◎	◎	×	×	×	×	◎	-	×	×	×	◎	◎	×	◎	◎	×

당일 래정법

巳時에 온사람은 자식문제, 금전손실 친구나 형제문제, 관송사, 빈주머니

午時에 온사람은 이동변동수, 터부정, 하극상모함사건, 자식문제, 차사고

未時에 온사람은 방해자, 배신사, 취업문제, 색정사, 관송사, 매사 지체 불리함

申時 온 사람은 관직 취직문제, 결혼 경조사, 한가지씩 해결됨, 시험은 합격됨 허가건도 승인남 귀인도움

酉時 온 사람은 외정색정사, 불륜사, 관재로 발전 딸 문제발생, 자식으로인해 큰돈 지출

戌時 온 사람은 남자문제, 부동산구매, 금전문제, 주식투자문제, 재물구재사, 여자회합건, 건강질병과 빚때문 괴로움

필히 피해야 할일 인수인계 · 옷재단 · 주방수리 · 수의 짓기 · 새옷맞춤 · 태아옷구입 · 소장제출 · 방류 · 동토

백초귀장술의 오늘에 초사언

시간 점占 壬子공망-寅卯

子時	돈이나 처를 극, 수술유의, 색정사
丑時	결혼문제, 금전융통, 남편관련, 관청일
寅時	자식문제, 금전손재, 신변위험 輿服 운
卯時	귀인상봉, 자식회합, 관직변동 승전
辰時	질병침투, 적 침범사, 가출사 색정사
巳時	도난, 파재, 손모사, 극처사, 색정사
午時	질병침투, 적 침범사, 극처사, 불성사
未時	잡귀침투, 남편직장, 질병재앙, 색정사
申時	창업관련, 사업흥성, 색정사, 도망유리
酉時	사업 후원사, 가출문제, 남녀색정사, 파재
戌時	금전문제, 질병침투, 적 침범사, 귀농유리
亥時	가출문제, 직장문제, 남자가 피해, 색정사

오늘 행운 복권 운세

복권사면 좋은 띠는 **개띠** ⑩⑳ 30
행운복권방은 집에서 **서북쪽에 있는곳**

申子辰生	북쪽문을 피하고, 서남쪽으로 이사하면 안 된다. 재수가 없고, 하는 일마다 꼬이고, 病苦질병발생. 바람기 발동.
巳酉丑生	서쪽문을 피하고, 동남쪽으로 이사하면 안 된다. 재수가 없고, 하는 일마다 꼬이고, 病苦질병발생. 바람기 발동.
寅午戌生	남쪽문을 피하고, 북동쪽으로 이사하면 안 된다. 재수가 없고, 하는 일마다 꼬이고, 病苦질병발생. 바람기 발동.
亥卯未生	동쪽문을 피하고, 서북쪽으로 이사하면 안 된다. 재수가 없고, 하는 일마다 꼬이고, 病苦질병발생. 바람기 발동.

운세풀이

午띠:이동수,우왕좌왕, 弱, 다툼	酉띠: 점점 일이 꼬임, 관재구설	子띠:최고운상승세, 두마음	卯띠: 만남,결실,화합,문서
未띠:매사불편, 방해자,배신	戌띠:귀인상봉, 금전이득, 현금	丑띠: 의욕과다, 스트레스큼	辰띠:이동수,이별수,변동 움직임
申띠:해결신,시험합격, 풀림	亥띠: 매사꼬임,과거고생, 질병	寅띠: 시급한 일, 뜻대로 안됨	巳띠: 빈주머니,걱정근심,사기

서기	2026年
단기	4359年
불기	2570年

丙午年 양력 08月 07日 음력 06月 25日 금요일

입추 立秋 20時 43分 入

구성월반			
	1	6	8A
	9	2	4
	5P	7	3

구성일반			
	4	9	2P
	3	5	7
	8	1	6

	時	日	月
천간	癸	丙	丙
지지	丑	申	午

지장간	손방위	吉方	凶方
戊	서쪽	正西	正東

狗狼星 구랑성 / 僧堂 寺觀社廟

수택절

절제 절약 겁소가안정 감언이설 유혹이많음 서두르면凶

癸	壬	辛	庚	己	戊	丁	丙	乙	甲	癸	壬
亥	戌	酉	申	未	午	巳	辰	卯	寅	丑	子
왕	쇠	병	사	묘	절	태	양	생	욕	관	록

三甲순	육갑납음	대장군방	조객방	삼살방	상문방	세파방	오늘생극	오늘상충	오늘원진	오늘상천	오늘상파	황도길흉	28수성	건제12신	九星	결혼주당	이사주당	안장주당	복단일	오늘吉神	神殺	오늘神殺	육도환생처	축원인도불	오늘기도德	금일지옥명
死甲	桑柘木	卯正東方	辰東南方	子正北方	申西南方	子正北方	伐벌	未 36	午 미움	午 중단	辰 깨짐	명당황도	婁루	執집	五黃	夫부	安안	아버지	천덕*지덕	모창*용덕	수사·귀기	라강·소모	천도	약왕보살	보현보살	철산지옥

칠성기도일	산신축원일	용왕축원일	조왕하강일	나한하강일	불공 제의식 吉한 행사일 천도재	신굿	재수굿	용왕굿	조왕굿	병굿	고사	吉凶 길흉 大小 일반 행사일 결혼	입학	투자	계약	등산	여행	이사	합방	이장	점안식	개업준공	신축상량	수술-침	서류제출	직원채용
×	◎	×	◎	◎	◎	◎	×	×	×	◎	◎	◎	◎	×	×	◎	◎	×	×	×	◎	◎	◎	◎	◎	×

당일 래정법

巳時 에 온사람은 이동수, 이별수, 이사 직장변동, 딸자식근심, 해외진출, 도전

午時 에 온사람은 헛고생, 소모전, 쉴때, 색정사, 빈주머니, 관재송사, 자중

未時 에 온사람은 매매 이동변동수, 터부정, 관재구설 자식, 형제다툼, 교통사고주의

申時 온 사람은 금전과 여자문제, 방해자, 배신사, 색정사 불륜, 취업 승진 매사 지체불리함,

酉時 온 사람은 금전 차용문제, 시험 합격됨 허가 건은 승인, 취업 승진 성취됨

戌時 온 사람은 여자로 인한 부정, 하극상, 억울한일 색정사, 불륜사 문제, 관재로 발전, 딸 문제, 취직문제

필히 피해야 할일 성형수술·교제 끊기·파혼·아기 젖떼기와 낡은 건물 파할 때만 좋고, 다른 일은 매사 불리.

백초귀장술의 오늘에 초사언

시간 점占 癸丑공망-寅卯

子時	직위문제, 금전융통, 급질병, 색정사
丑時	사업사 암손 여자문제 질병수술, 색정사
寅時	금전손실, 손모사, 극처사, 삼각관계
卯時	음란색정사, 질병, 적 침범사, 금전손실
辰時	관청입신, 직업권리, 남편문제, 목적달성
巳時	직장변동, 실직문제, 여자일, 이사이동吉
午時	사기도난, 손재수, 색정사, 우환질병
未時	관재 병재로 불길, 가출사 자손사 이별사
申時	사업문제, 재해, 가출, 도난, 여행은 凶
酉時	직업 명예사, 봉사활동, 창업관련, 색정사
戌時	불륜색정사, 관청근심, 도난 상해 손모사
亥時	금전문제, 이성도움, 부인문제, 색정사

오늘 행운 복권 운세

복권사면 좋은 띠는 **돼지띠** ⑪⑯31

행운복권방은 집에서 **북서쪽에** 있는곳

申子辰生	북쪽문을 피하고, 서남쪽으로 이사하면 안 된다. 재수가 없고, 하는 일마다 꼬이고, 病苦 질병발생. 바람기 발동.
巳酉丑生	서쪽문을 피하고, 동남쪽으로 이사하면 안 된다. 재수가 없고, 하는 일마다 꼬이고, 病苦 질병발생. 바람기 발동.
寅午戌生	남쪽문을 피하고, 북동쪽으로 이사하면 안 된다. 재수가 없고, 하는 일마다 꼬이고, 病苦 질병발생. 바람기 발동.
亥卯未生	동쪽문을 피하고, 서북쪽으로 이사하면 안 된다. 재수가 없고, 하는 일마다 꼬이고, 病苦 질병발생. 바람기 발동.

운세풀이

未띠:이동수,우왕좌왕, 다툼, 다툼	戌띠: 점점 일이 꼬임, 관재구설	丑띠:최고운상승세, 두마음	辰띠: 만남,결실,화합,문서
申띠:매사불편, 방해자,배신	亥띠:귀인상봉, 금전이득, 현금	寅띠: 의욕과다, 스트레스큼	巳띠:이동수,이별수,변동 움직임
酉띠:해결신,시험합격, 풀림	子띠: 매사꼬임,과거고생, 질병	卯띠: 시급한 일, 뜻대로 안됨	午띠: 빈주머니,걱정근심,사기

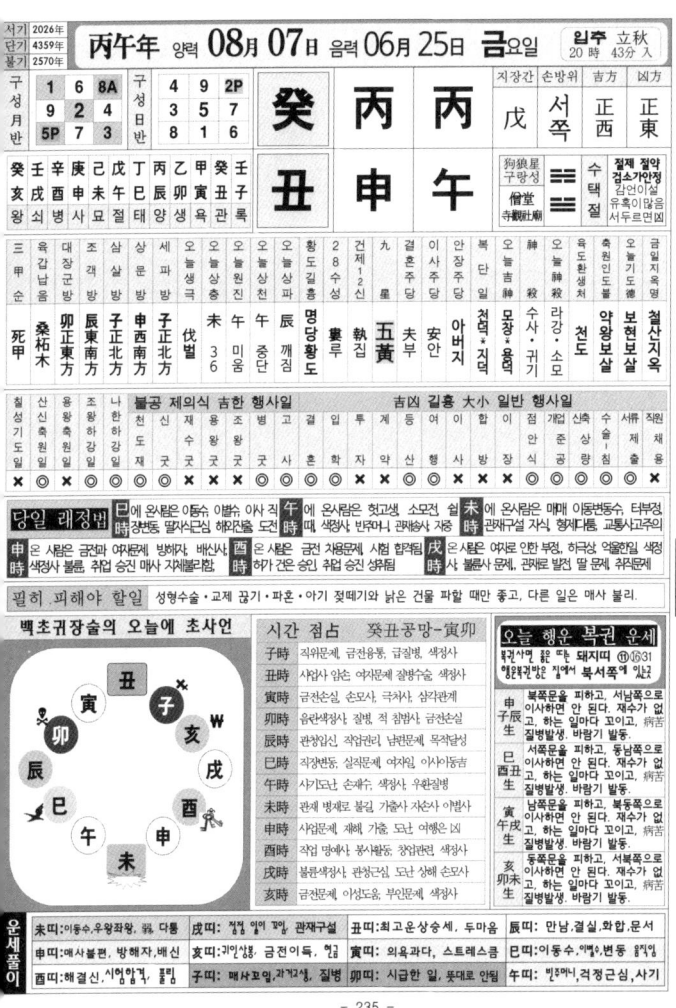

8월

서기	2026年
단기	4359年
불기	2570年

丙午年 양력 08月 08日 음력 06月 26日 토요일

구성月반				구성日반			
	1	6	8A		3A	8	1P
	9	2	4		2	4	6
	5P	7	3		7	9	5

甲	丙	丙
寅	申	午

지장간	손방위	吉方	凶方
戊	서북	正南	正北

乙	甲	癸	壬	辛	庚	己	戊	丁	丙	乙	甲
亥	戌	酉	申	未	午	巳	辰	卯	寅	丑	子
생	양	태	절	묘	사	병	쇠	왕	록	관	욕

狗狼星 구랑성 丑方 북동쪽 ☱ ☰ 수택절

절제 절약 검소가안정 감언이설 유혹이많음 서두르면凶

三甲순	육갑납음	대장군방	조객방	삼살방	상문방	세파방	오늘생극	오늘상충	오늘원진	오늘상천	오늘상파	황도길흉	28수성	건제12신	九星	결혼주당	이사주당	안장주당	복단일	오늘吉神	神殺	오늘神殺	육도환생처	축원인도불	오늘기도德	금일지옥명
病甲	大溪水	卯正東方	辰東南方	子正北方	申西南方	子正北方	專전	申 36	酉 미움	巳 중단	亥 깨짐	천형흑도	胃위	破파	四綠	姑고	利이	남자	-	성심*역마	월파일	월형·천격	인도	약왕보살	약사보살	철산지옥

칠성기도일	산신축원일	용왕축원일	조왕하강일	나한하강일	불공 제의식 吉한 행사일 천도재	신굿	재수굿	용왕굿	조왕굿	병굿	고사	吉凶 길흉 大小 일반 행사일 결혼	입학	투자	계약	등산	여행	이사	합방	이장	점안식	개업준공	신축상량	수술·침	서류제출	직원채용
×	×	×	×	×	×	×	×	×	×	×	×	×	×	×	×	◎	◎	×	×	×	×	×	×	×	×	×

당일 래정법

巳時에 온사람은 문서, 화합운, 결혼, 재혼, 애정사, 궁합, 금전후원건, 자식문제

午時에 온사람은 이동수 있는자, 이사 직장변동, 사업체변동수, 해외여행 이별

未時에 온사람은 자식문제, 실업자, 금전사기, 빈주머니, 헛공사, 허위문서, 도난사, 망신수

申時 온 사람은 매매 이동변동수, 터부정, 관재구설, 사기, 허위문서, 시비 다툼주의, 차사고주의

酉時 온 사람은 방해자, 배신사, 우환질병, 취업 승진은 매사 지체불리함, 상업은 손해수

戌時 온 사람은 관송사 하극상의 배신문제, 처음엔 해결되는 듯하나 후 불리함, 우환질병 시험 합격됨 허가건 승인됨

필히 피해야 할일

회의개최・건축증개축・구인・구직・해외여행・항공주의・애완동물들이기・낚시・손님초대

백초귀장술의 오늘에 초사언

시간 점占 甲寅공망-子丑

子時	사업후원사, 창업, 금전융통, 자식질병
丑時	매사불성, 금전융통 고통, 질병재앙
寅時	질병침투, 금전손실, 취직, 직장직위
卯時	금전문제, 부인문제, 색정사, 우환질병
辰時	매사미비, 금전융통불길, 가출사, 색정사
巳時	사업금전운 吉, 자식운, 결혼기쁨, 망신수
午時	금전손실 다툼, 봉사활동, 가출, 관재구설
未時	청탁불성사, 친족불화, 매사 불성사
申時	질병침투, 음란불륜사, 시귀발동, 가출사
酉時	관청권리문제, 남편흉극, 우환질병 발생
戌時	금전융통, 상업변동, 우환질병, 가출사
亥時	질병침투, 금전손실, 도난, 자식문제, 도망

오늘 행운 복권 운세

복권사면 좋은 띠는 **쥐띠** ①⑥⑯
행운복권방은 집에서 **북쪽**에 있는곳

申子辰生	북쪽문을 피하고, 서남쪽으로 이사하면 안 된다. 재수가 없고, 하는 일마다 꼬이고, 病苦 질병발생. 바람기 발동.
巳酉丑生	서쪽문을 피하고, 동남쪽으로 이사하면 안 된다. 재수가 없고, 하는 일마다 꼬이고, 病苦 질병발생. 바람기 발동.
寅午戌生	남쪽문을 피하고, 북동쪽으로 이사하면 안 된다. 재수가 없고, 하는 일마다 꼬이고, 病苦 질병발생. 바람기 발동.
亥卯未生	동쪽문을 피하고, 서북쪽으로 이사하면 안 된다. 재수가 없고, 하는 일마다 꼬이고, 病苦 질병발생. 바람기 발동.

운세풀이

申띠:이동수,우왕좌왕, 불화 다툼	亥띠: 점점 일이 꼬임, 관재구설	寅띠:최고운상승세, 두마음	巳띠: 만남,결실,화합,문서
酉띠:매사불편, 방해자,배신	子띠:귀인상봉, 금전이득, 현금	卯띠: 의욕과다, 스트레스큼	午띠:이동수,이별수,변동 움직임
戌띠:해결신,시험합격, 풀림	丑띠: 매사꼬임,과거고생, 질병	辰띠: 시급한 일, 뜻대로 안됨	未띠: 빈주머니,걱정근심,사기

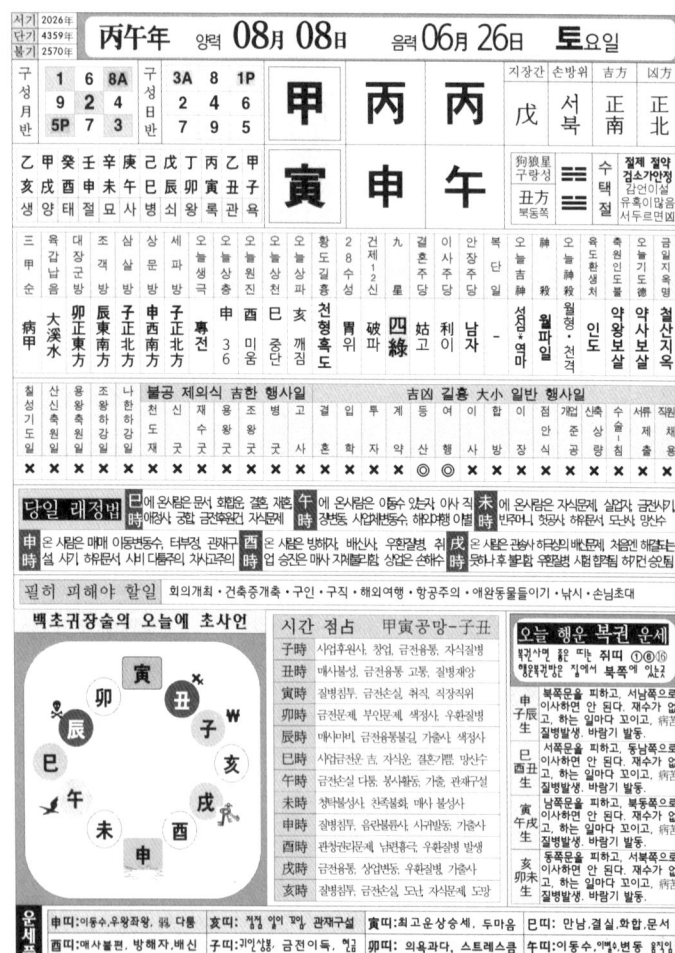

서기	2026年
단기	4359年
불기	2570年

丙午年 양력 08月 09日 음력 06月 27日 일요일

구성월반				구성일반			
	1	6	8A		2	7	9
	9	2	4		1A	3	5P
	5P	7	3		6	8	4

시	일	월
乙	丙	丙
卯	申	午

지장간	손방위	吉方	凶方
戊	북쪽	正東	正西

狗狼星 구랑성	괘		
天	☵☱	수택절	절제 절약 검소가안정 감언이설 유혹이많음 서두르면凶

丁	丙	乙	甲	癸	壬	辛	庚	己	戊	丁	丙
亥	戌	酉	申	未	午	巳	辰	卯	寅	丑	子
사	묘	절	태	양	생	욕	관	록	왕	쇠	병

三甲순	육갑납음	대장군방	조객방	삼살방	상문방	세파방	오늘생극	오늘상충	오늘원진	오늘상천	오늘상파	황도길흉	28수성	건제12신	九星	결혼주당	이사주당	안장주당	복단일	오늘吉神	神殺	오늘神殺	육도환생처	축원인도불	오늘기도德	금일지옥명
病甲	大溪水	卯正東方	辰東南方	子正北方	申西南方	子正北方	專전	酉 36	申 미움	辰 중단	午 깨짐	주작흑도	昴묘	危위	三碧	堂당	天천	손자	-	익후*용덕	검봉·천리	토부·오허	귀도	약왕보살	문수보살	철산지옥

칠성기도일	산신축원일	용왕축원일	조왕하강일	나한하강일	불공 제의식 吉한 행사일							吉凶 길흉 大小 일반 행사일													
					천도재	신굿	재수굿	용왕굿	조왕굿	병굿	고사	결혼	입학	투자	계약	등산	여행	이사	합방	이장	점안식	개업준공	신축상량	수술-침	서류제출	직원채용
◎	◎	×	◎	◎	◎	×	×	×	◎	◎	◎	×	◎	×	×	◎	◎	×	×	×	◎	×	×	◎	◎	×

당일 래정법

- **巳時** 에 온사람은 모함과 구설로 골치 아픔 이동나쁨 바람기 직장해고위험
- **午時** 에 온사람은 문서 화합운 결혼 재혼 경조사 궁합 문서이동 부모문제 상업투자
- **未時** 에 온사람은 이동수 있는자 이사나 직장변동, 자식문제 변동수, 여행 이별 헛고생
- **申時** 온 사람은 허위문서, 실업자, 금전환란, 빈주머니, 헛공사, 사기모함 ·도난사, 매사불성
- **酉時** 온 사람은 직장변동 이동변동수, 터부정, 관재구설, 사기, 허위문서, 우환질병, 자식 가출건
- **戌時** 온 사람은 색정사 배신문제 방해자, 배신사, 형제간 암투, 관재구설, 취업 승진 매사지체불리함

필히 피해야 할일 문 만들기 · 간판달기 · 코인사입 · 물건구입 · 태아인공수정 · 새집들이 · 어로작업

백초귀장술의 오늘에 초사언

시간 점占 乙卯공망-子丑

子時	직장근심, 처를 극, 질병위급, 색정사
丑時	사업후원사, 금전융통, 부인질병, 가출
寅時	재물파산 불길, 가출사, 질병침투 하극상
卯時	금전융통흉, 여자문제, 직장직위 취업
辰時	사업상 금전손실, 부인문제, 우환질병
巳時	매사불성사, 자손실직사, 직위 삼각관계
午時	관직 승진문제, 금전 문제, 불륜 주색주의
未時	금전융통, 삼각관계, 직업변동, 여자질병
申時	만사불길, 직장 취업청탁 불리, 질병재앙
酉時	적 침범사, 가출,, 불륜색정사, 골육 흉
戌時	금전문제, 부인문제, 다툼, 이별사, 질병
亥時	사업문제, 투자확장, 우환질병 손님 惡意

오늘 행운 복권 운세

복권사면 좋은 띠는 소띠 ②⑤⑩
행운복권방은 집에서 북동쪽에 있다

申子辰生	북쪽문을 피하고, 서남쪽으로 이사하면 안 된다. 재수가 없고, 하는 일마다 꼬이고, 病苦질병발생. 바람기 발동.
巳酉丑生	서쪽문을 피하고, 동남쪽으로 이사하면 안 된다. 재수가 없고, 하는 일마다 꼬이고, 病苦질병발생. 바람기 발동.
寅午戌生	남쪽문을 피하고, 북동쪽으로 이사하면 안 된다. 재수가 없고, 하는 일마다 꼬이고, 病苦질병발생. 바람기 발동.
亥卯未生	동쪽문을 피하고, 서북쪽으로 이사하면 안 된다. 재수가 없고, 하는 일마다 꼬이고, 病苦질병발생. 바람기 발동.

운세풀이

酉띠:이동수,우왕좌왕, 弱弱, 다툼	子띠: 점점 일이 꼬임, 관재구설	卯띠:최고운상승세, 두마음	午띠: 만남,결실,화합,문서
戌띠:매사불편, 방해자,배신	丑띠:귀인상봉, 금전이득, 현금	辰띠: 의욕과다, 스트레스큼	未띠:이동수,이별수,변동 움직임
亥띠:해결신,시험합격, 풀림	寅띠: 매사꼬임,과거고생, 질병	巳띠: 시급한 일, 뜻대로 안됨	申띠: 빈주머니,걱정근심,사기

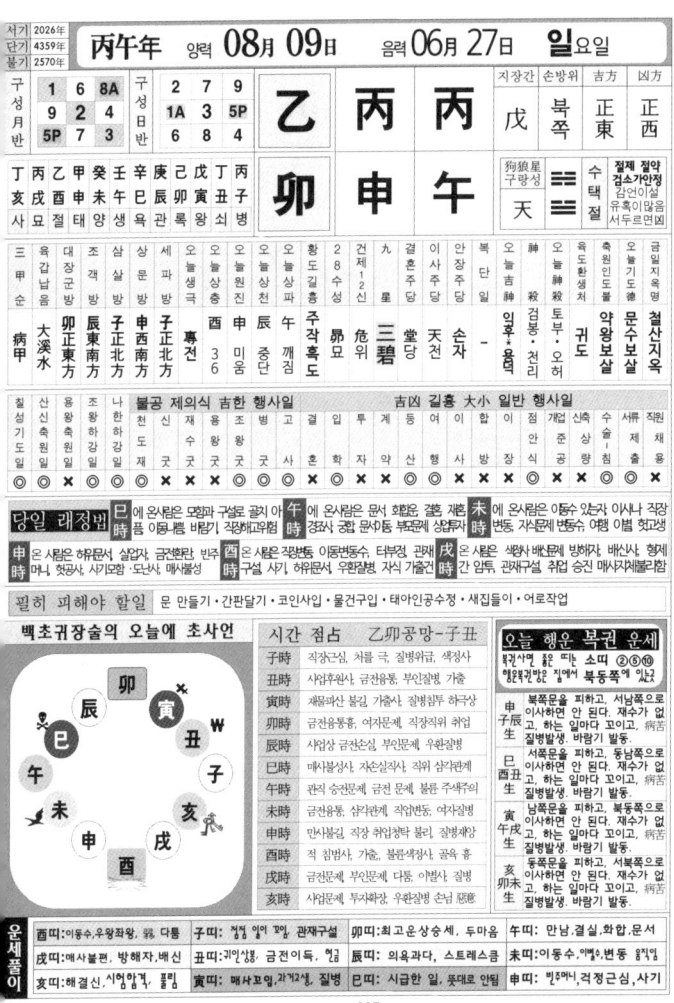

8월

서기 2026年	단기 4359年	불기 2570年

丙午年 양력 08月 10日 음력 06月 28日 월요일

구성月반			구성日반		
1	6	8A	1	6	8A
9	2	4	9	2	4
5P	7	3	5	7	3P

時	日	月
丙	丙	丙
辰	申	午

지장간	손방위	吉方	凶方
戊	북동	正北	正南

己	戊	丁	丙	乙	甲	癸	壬	辛	庚	己	戊
亥	戌	酉	申	未	午	巳	辰	卯	寅	丑	子
절	묘	사	병	쇠	왕	록	관	욕	생	양	태

狗狼星 구랑성 寅辰方 寺觀 ☱☱ 수택절 — 절제 절약 검소가안정 감언이설 유혹이많음 서두르면凶

三甲순	육갑납음	대장군방	조객방	삼살방	상문방	세파방	오늘생극	오늘상충	오늘원진	오늘상천	오늘상파	황도길흉	28수성	건제12신	九星	결혼주당	이사주당	안장주당	복단일	오늘吉神	神殺	오늘神殺	육도환생처	축원인도불	오늘기도德	금일지옥명
病甲	沙中土	卯正東方	辰東南方	子正北方	申西南方	子正北方	寶보	戌 36	亥 미움	卯 중단	丑 깨짐	금궤황도	畢필	成성	二黑	翁옹	害해	死	삼합일	천희*모창	혈기·신호	지화·지격	축도	약왕보살	지장보살	철산지옥

칠성기도일	산신축원일	용왕축원일	조왕하강일	나한하강일	천도재	신굿	재수굿	용왕굿	조왕굿	병굿	고사	결혼	입학	투자	계약	등산	여행	이사	합방	이장	점안식	개업준공	신축상량	수술·침	서류제출	직원채용
×	◎	×	×	◎	◎	◎	◎	◎	◎	◎	◎	◎	◎	◎	◎	◎	◎	×	◎	◎	◎	◎	◎	◎	◎	◎

(천도재~고사: 불공 제의식 吉한 행사일 / 결혼~직원채용: 吉凶 길흉 大小 일반 행사일)

당일 래정법

巳時에 온사람은 창업금전차용문제, 뭐가 하고싶어서 왔다. 직장취업, 승진문제

午時에 온사람은 친정문제, 자식문제, 골치 아픈일, 바람기, 불륜, 시비투쟁

未時에 온사람은 금전구재, 문서 화합운, 결혼 재혼, 경조사, 애정사, 궁합, 만남, 개업

申時 온 사람은 이동수 있는자, 이사나 직장변동, 사업체 변동수, 여행, 이별수, 창업불리

酉時 온 사람은 색정사문제, 금전손재수, 쉬어야할 때, 빈주머니, 헛공사, 보이스피싱, 매사불성

戌時 온 사람은 매매 이동변동수, 터부정, 관재구설 사기, 허위문서, 동업자 사기 다툼주의, 차사고주의

필히 피해야 할일 출판출고 · 책만들기 · 입주 · 새집들이 · 진수식 · 건축수리 · 동토 · 산소행사 · 기둥세우기

백초귀장술의 오늘에 초사언

시간 점占 丙辰공망-子丑

子時	만사개혁유리, 자식질병문제, 직장관련
丑時	남편문제, 자식문제, 가출사, 우환질병
寅時	질병침투, 금전고통, 과이시발생, 임신 가
卯時	사업파산, 상업손실, 도난, 가출문제
辰時	금전손실 다툼, 사업부진, 자식 부인문제
巳時	취업, 직장승진문제, 입상공모, 명예사, 망신
午時	매사불성사, 금전파산, 극처사, 도망 吉.
未時	자식사, 직장문제, 화합사, 자연해소
申時	금전융통, 여자문제, 우환질병, 가출사
酉時	남녀색정사, 금전손해 이별수, 가출사
戌時	적 침범사, 가출사, 질병침투, 부하도주
亥時	청탁 당선에 방해자, 실수 탄로, 관재사

오늘 행운 복권 운세

복권사면 좋은 띠는 범띠 ③⑧⑱
행운복권방은 집에서 동북쪽에 있는곳

申子辰生	북쪽문을 피하고, 서남쪽으로 이사하면 안 된다. 재수가 없고, 하는 일마다 꼬이고, 病苦 질병발생. 바람기 발동.
巳酉丑生	서쪽문을 피하고, 동남쪽으로 이사하면 안 된다. 재수가 없고, 하는 일마다 꼬이고, 病苦 질병발생. 바람기 발동.
寅午戌生	남쪽문을 피하고, 북동쪽으로 이사하면 안 된다. 재수가 없고, 하는 일마다 꼬이고, 病苦 질병발생. 바람기 발동.
亥卯未生	동쪽문을 피하고, 서북쪽으로 이사하면 안 된다. 재수가 없고, 하는 일마다 꼬이고, 病苦 질병발생. 바람기 발동.

운세풀이

戌띠:이동수,우왕좌왕, 弱弱, 다툼	丑띠: 점점 일이 꼬임, 관재구설	辰띠:최고운상승세, 두마음	未띠: 만남,결실,화합,문서
亥띠:매사불편, 방해자,배신	寅띠:귀인상봉, 금전이득, 현금	巳띠: 의욕과다, 스트레스큼	申띠:이동수,이별수,변동 움직임
子띠:해결신,시험합격, 풀림	卯띠: 매사꼬임,과거고생, 질병	午띠: 시급한 일, 뜻대로 안됨	酉띠: 빈주머니,걱정근심,사기

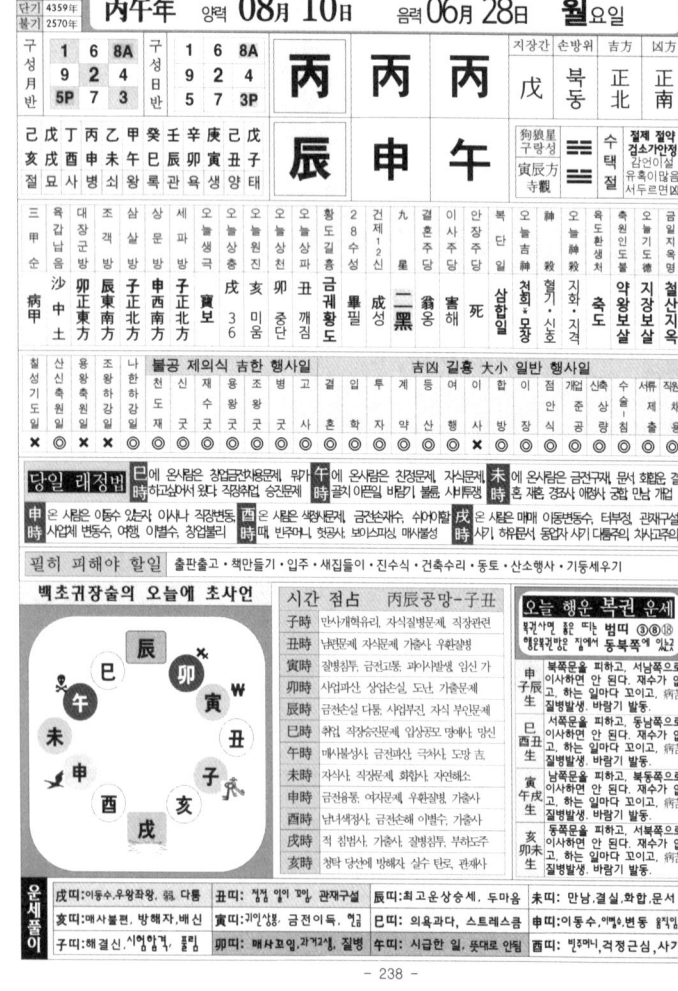

서기	2026年
단기	4359年
불기	2570年

丙午年 양력 08月 11日 음력 06月 29日 화요일

구성월반				구성일반			
	1	6	8A		9	5	7
	9	2	4		8	1	3
	5P	7	3		4	6A	2P

時	日	月	年
丁	丙	丙	
巳	申	午	

	丁	丙	丙
	巳	申	午

지장간	손방위	吉方	凶方
戊	無	正西	正東

狗狼星 구랑성	前門 현관문	수택절	절제 절약 검소가안정 감언이설 유혹이많음 서두르면凶

辛	庚	己	戊	丁	丙	乙	甲	癸	壬	辛	庚
亥	戌	酉	申	未	午	巳	辰	卯	寅	丑	子
태	양	생	욕	관	록	왕	쇠	병	사	묘	절

三甲순	육갑납음	대장군방	조객방	삼살방	상문방	세파방	오늘생극	오늘상충	오늘원진	오늘상천	오늘상파	황도길흉	28수성	건제12신	九星	결혼주당	이사주당	안장주당	오늘吉神	오늘吉神	神殺	오늘神殺	육도환생처	축원인도불	오늘기도德	금일지옥명
病甲	沙中土	卯正東方	辰東南方	子正北方	申西南方	子正北方	專전	亥 36	戌 미움	寅 중단	申 깨짐	대덕황도	觜자	收수	一白	第제	殺살	여자	오부길일	보광*요안	하괴일	토금·지파	옥도	약왕보살	문수보살	철산지옥

칠성기도일	산신축원일	용왕축원일	조왕하강일	나한하강일	불공 제의식 吉한 행사일							吉凶 길흉 大小 일반 행사일														
					천도재	신굿	재수굿	용왕굿	조왕굿	병굿	고사	결혼	입학	투자	계약	등산	여행	이사	합방	이장	점안식	개업준공	신축상량	수술-침	서류제출	직원채용
◎	◎	◎	◎	◎	◎	◎	◎	◎	◎	◎	◎	◎	◎	×	×	◎	◎	◎	×	×	◎	◎	×	◎	×	◎

당일 래정법

巳時에 온사람은 금전구재, 관직취업문제 갈등사. 갖고싶은 욕구강함. 사업투자문제

午時에 온사람은 금전차용여부, 뭔가 하고싶어서 왔다 직장취업문제 친정후원사

未時에 온사람은 친구형제동업. 골치 아픈일. 바람기. 불륜. 문서문제, 속정리

申時 온 사람은 형제, 문서 화합운. 결혼. 재혼. 애정사. 관송사로 발전. 궁합. 개업. 하극상 배신. 우환질병

酉時 온 사람은 이동수 있는자. 가출. 이사나 직장변동, 사업체 변동수, 여행. 이별수, 관재구설

戌時 온 사람은 색정사문제, 금전손재수, 지금은 휴식기. 빈주머니. 헛 공사, 사기모함 , 매사불성

필히 피해야 할일

새 작품제작 • 출품 • 새집들이 • 인수인계 • 질병치료 • 시험관시술 • 경락 • 복약 • 문병 • 머리자르기

백초귀장술의 오늘에 초사언

시간 점占	丁巳공망-子丑
子時	매사불성사, 금전손실, 관재구설 색정사
丑時	다툼, 금전문제, 이별문제, 애정문제
寅時	금전손실, 질병침투, 색정사, 음귀침투
卯時	우환질병, 후원도움, 색정사, 관재구설
辰時	자식문제, 직장박탈, 부부이별, 재물손실
巳時	금전손실, 극처사, 사기, 불륜 가정풍파
午時	취직, 직장승진, 색정사, 금전손실, 도난
未時	자선시업, 자식문제, 취직문제, 가출, 질병
申時	결혼화합사, 가출문제, 금전융통, 도난주의
酉時	금전융통, 여자문제, 사업이동, 도주사건
戌時	작업문제, 자식문제, 음란색정사, 봉사활동
亥時	직장변동, 도난손해, 가출사, 음란색정사

오늘 행운 복권 운세

복권사면 좋은 띠는 **토끼띠** ②⑧
행운복권방은 집에서 **동쪽**에 있는곳

申子辰生	북쪽문을 피하고, 서남쪽으로 이사하면 안 된다. 재수가 없고, 하는 일마다 꼬이고, 病苦 질병발생. 바람기 발동.
巳酉丑生	서쪽문을 피하고, 동남쪽으로 이사하면 안 된다. 재수가 없고, 하는 일마다 꼬이고, 病苦 질병발생. 바람기 발동.
寅午戌生	남쪽문을 피하고, 북동쪽으로 이사하면 안 된다. 재수가 없고, 하는 일마다 꼬이고, 病苦 질병발생. 바람기 발동.
亥卯未生	동쪽문을 피하고, 서북쪽으로 이사하면 안 된다. 재수가 없고, 하는 일마다 꼬이고, 病苦 질병발생. 바람기 발동.

운세풀이

亥띠:이동수,우왕좌왕, 弱, 다툼	寅띠: 점점 일이 꼬임, 관재구설	巳띠:최고운상승세, 두마음	申띠: 만남,결실,화합,문서
子띠:매사불편, 방해자,배신	卯띠:귀인상봉, 금전이득, 현금	午띠: 의욕과다, 스트레스큼	酉띠:이동수,이별수,변동 움직임
丑띠:해결신,시험합격, 풀림	辰띠: 매사꼬임,과거고생, 질병	未띠: 시급한 일, 뜻대로 안됨	戌띠: 빈주머니,걱정근심,사기

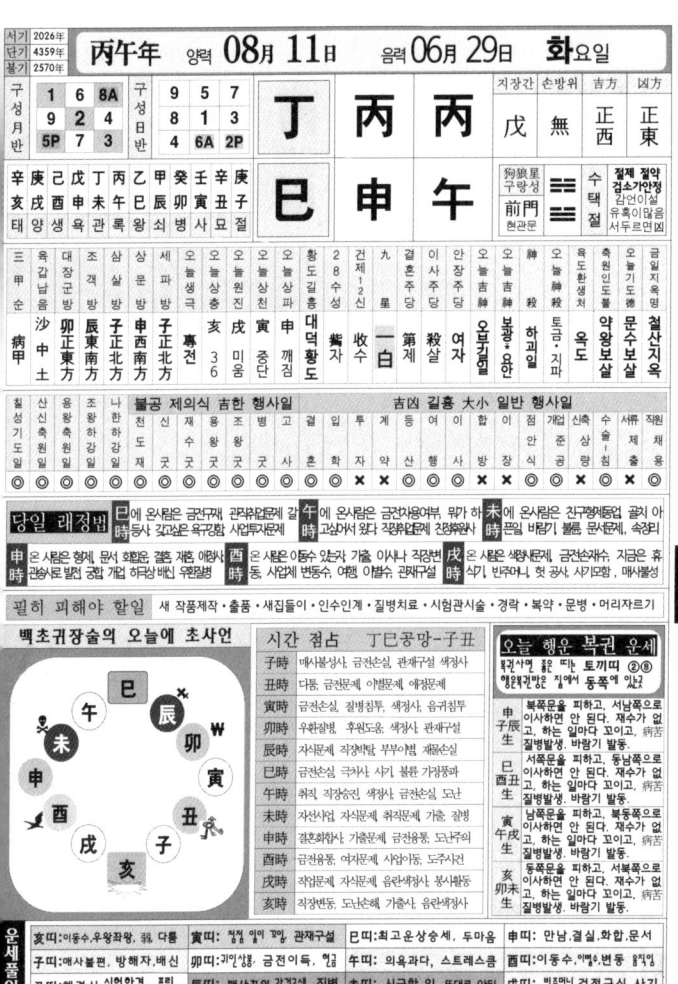

8월

서기	2026年	丙午年	양력 08月 12日	음력 06月 30日	수요일
단기	4359年				
불기	2570年				

구성月반			구성日반		
1	6	8A	8	4A	6
9	2	4	7	9	2
5P	7	3	3	5P	1

時	日	月
戊	丙	丙
午	申	午

지장간	손방위	吉方	凶方
戊	無	正南	正北

癸	壬	辛	庚	己	戊	丁	丙	乙	甲	癸	壬
亥	戌	酉	申	未	午	巳	辰	卯	寅	丑	子
절	묘	사	병	쇠	왕	록	관	욕	생	양	태

狗狼星 구랑성	☵ ☱	수택절	절제 절약 검소가안정 감언이설 유혹이많음 서두르면凶
倂廚竈 戌亥方			

三甲순	육갑납음	대장군방	조객방	삼살방	상문방	세파방	오늘생극	오늘상충	오늘원진	오늘상천	오늘상파	황도길흉	28수성	건제12신	九星	결혼주당	이사주당	안장주당	복단일	오늘吉神	오늘吉神	오늘神殺	육도환생처	축원인도불	오늘기도德	금일지옥명
病甲	天上火	卯正東方	辰東南方	子正北方	申西南方	子正北方	義의	子 36	丑 미움	丑 중단	卯 깨짐	백호흑도	參삼	開개	九紫	竈조	富부	어머니	-	천덕합	옥우*천마	천화·천구	불도	석가여래	약사보살	암흑지옥

칠성기도일	산신축원일	용왕축원일	조왕하강일	나한하강일	불공 제의식 吉한 행사일							吉凶 길흉 大小 일반 행사일														
					천도재	신굿	재수굿	용왕굿	조왕굿	병굿	고사	결혼	입학	투자	계약	등산	여행	이사	합방	이장	점안식	개업준공	신축상량	수술-침	서류제출	직원채용
◎	◎	×	◎	◎	◎	×	×	×	×	◎	◎	×	◎	×	◎	◎	◎	◎	◎	×	◎	◎	◎	◎	×	×

당일 래정법

巳時 에 온사람은 건강문제, 재수가 없고 운이 단단히 꼬여있음, 취업불가, 손재수

午時 에 온사람은 금전문제, 친정문제, 갖고싶은 욕구, 직장문제, 상업문제, 관재

未時 에 온사람은 동업, 창업 하고싶어서 왔다. 직장상사 괴롭힘 사표내면안됨

申時 온 사람은 골치 아픈일, 자식의 급변동문제, 배우자바람기, 불륜, 관재구설, 속 정리해야함

酉時 온 사람은 문서구입, 화합운, 결혼, 경조사, 관직취업건, 개업 때 아님, 하극상 배신, 경쟁사로 몰변

戌時 온 사람은 이동수 있는자, 가출, 이사나 직장변동, 점포 변동수, 투자문서는 위험, 이별수

필히 피해야 할일 홍보광고 · 소장제출 · 인허가신청 · 정보유출 · 질병치료 · 재테크투자 · 씨뿌리기 · 부동산매매

백초귀장술의 오늘에 초사언

시간 점占	戊午공망-子丑
子時	질병침투, 실직, 처를 극, 처첩문제, 가출
丑時	재물손실, 파산, 극처사, 부부다툼, 관송사
寅時	재해 도난, 질병침투, 여행은 흉, 가출
卯時	금전손실, 남편문제, 직업권리, 색정사
辰時	자선사업 봉사활동, 신규사업, 형제친구
巳時	관재 병재로 불길, 가출사 색정사 하극상
午時	금전손실 다툼, 여자문제, 처를 극, 수술
未時	금전융통, 신규사업, 선거당선, 합격기쁨
申時	매사 불성사, 도망은 吉, 도적손실, 재액
酉時	자식문제, 남편실직, 손재수, 함정음모
戌時	가출건, 급병자, 산소문제, 종교문제 ⊗
亥時	여자는 해롭고, 사기 도난, 손재, 이별수

오늘 행운 복권 운세

복권사면 좋은 띠는 용띠 ⑤⑩⑳
행운복권방은 집에서 동남쪽에 있는곳

申子辰生	북쪽문을 피하고, 서남쪽으로 이사하면 안 된다. 재수가 없고, 하는 일마다 꼬이고, 病苦 질병발생. 바람기 발동.
巳酉丑生	서쪽문을 피하고, 동남쪽으로 이사하면 안 된다. 재수가 없고, 하는 일마다 꼬이고, 病苦 질병발생. 바람기 발동.
寅午戌生	남쪽문을 피하고, 북동쪽으로 이사하면 안 된다. 재수가 없고, 하는 일마다 꼬이고, 病苦 질병발생. 바람기 발동.
亥卯未生	동쪽문을 피하고, 서북쪽으로 이사하면 안 된다. 재수가 없고, 하는 일마다 꼬이고, 病苦 질병발생. 바람기 발동.

운세풀이

子띠:이동수,우왕좌왕, 弱, 다툼	卯띠: 점점 일이 꼬임, 관재구설	午띠:최고운상승세, 두마음	酉띠: 만남,결실,화합,문서
丑띠:매사불편, 방해자,배신	辰띠:귀인상봉, 금전이득, 현금	未띠: 의욕과다, 스트레스큼	戌띠:이동수,이별수,변동 움직임
寅띠:해결신,시험합격, 풀림	巳띠: 매사꼬임,과거고생, 질병	申띠: 시급한 일, 뜻대로 안됨	亥띠: 빈주머니,걱정근심,사기

서기	2026年
단기	4359年
불기	2570年

丙午年 양력 08月 13日 음력 07月 01日 목요일 초하루

구성월반		
1	6	8A
9	2	4
5P	7	3

구성일반		
7	3	5
6	8	1
2A	4	9P

己	丙	丙
未	申	午

지장간	손방위	吉方	凶方
戊	동쪽	正東	正西

乙	甲	癸	壬	辛	庚	己	戊	丁	丙	乙	甲
亥	戌	酉	申	未	午	巳	辰	卯	寅	丑	子
태	양	생	욕	관	록	왕	쇠	병	사	묘	절

狗狼星 구랑성	☱	수택절	절제 절약 검소가안정 감언이설 유혹이많음 서두르면凶
井 물가	☵		

三甲순	육갑납음	대장군방	조객방	삼살방	상문방	세파방	오늘생극	오늘상충	오늘원진	오늘상천	오늘상파	황도길흉	28수성	건제12신	九星	결혼주당	이사주당	안장주당	복단일	오늘吉神	오늘吉神	오늘神殺	육도환생처	축원인도불	오늘기도德	금일지옥명
病甲	天上火	卯正東方	辰東南方	子正北方	申西南方	子正北方	專전	丑 36	子 미움	子 중단	戌 깨짐	옥당황도	井정	閉폐	八白	婦부	天천	어머니	양공기일	금당*천의	사격일	월살·혈지	불도	석가여래	대세지보살	암흑지옥

칠성기도일	산신축원일	용왕축원일	조왕하강일	나한하강일	불공 제의식 吉한 행사일							吉凶 길흉 大小 일반 행사일														
					천도재	신굿	재수굿	용왕굿	조왕굿	병굿	고사	결혼	입학	투자	계약	등산	여행	이사	합방	이장	점안식	개업준공	신축상량	수술·침	서류제출	직원채용
◎	◎	×	◎	◎	◎	◎	◎	◎	◎	◎	◎	◎	◎	×	×	–	◎	×	×	◎	◎	◎	◎	–	◎	×

당일 래정법

巳時에 온사람은 금전차용문제, 사업문제, 자식문제, 관직취직사, 속전속결이 유리

午時에 온사람 자식문제, 우환질병 운이 단단히 꼬여있음, 동업파탄 관재구설

未時에 온사람은 사업 동업하려 급전차용문제, 문서도장조심, 기도요망

申時 온 사람은 가내우환, 뭔가 하고싶어서 왔다 금전손실 취업문제, 친구형제간 배신수, 관재수

酉時 온 사람은 골치 아픈일, 형제동업자간 배신, 바람기, 불륜, 시비투쟁, 급속장리해야함, 청춘귀

戌時 온 사람은 자식문제, 문서구입, 화합운, 결혼, 재혼경조사, 애정사, 궁합, 개업, 하극상 배신, 원행불리

필히 피해야 할일 작명, 아호짓기 • 상호짓기 • 간판달기 • 항공주의 • 동물들이기 • 출행 • 창고개방 • 문서파기

백초귀장술의 오늘에 초사언

시간 점占	己未공망-子丑
子時	질병침투, 금전융통, 상업변동 색정사
丑時	질병침투, 적 침범사, 재물도난, 가출사
寅時	가출자, 실직문제, 사망자, 산소문제
卯時	질병위급, 관청문제, 동분서주 색정사
辰時	금전도난손재, 금전융통 안됨, 부인 흉사
巳時	사업흥성, 금전이득, 만사길조, 수상기쁨
午時	매사 불성사, 우환질병, 음란 색정사 자식
未時	금전사기유의, 여자문제, 우환질병 수술
申時	금전손재수, 자식문제, 극처사, 색정사
酉時	질병침투, 봉사활동, 자식문제, 가출도주
戌時	질병재앙, 부인문제, 관직변화변동
亥時	금전융통문제, 가출사, 질병침투, 삼각관계

오늘 행운 복권 운세

복권사면 좋은 띠는 **뱀띠** ⑦⑰27

행운복권방은 집에서 **남동쪽**에 있는곳

申子辰生	북쪽문을 피하고, 서남쪽으로 이사하면 안 된다. 재수가 없고, 하는 일마다 꼬이고, 病苦질병발생. 바람기 발동.
巳酉丑生	서쪽문을 피하고, 동남쪽으로 이사하면 안 된다. 재수가 없고, 하는 일마다 꼬이고, 病苦질병발생. 바람기 발동.
寅午戌生	남쪽문을 피하고, 북동쪽으로 이사하면 안 된다. 재수가 없고, 하는 일마다 꼬이고, 病苦질병발생. 바람기 발동.
亥卯未生	동쪽문을 피하고, 서북쪽으로 이사하면 안 된다. 재수가 없고, 하는 일마다 꼬이고, 病苦질병발생. 바람기 발동.

운세풀이

丑띠:이동수,우왕좌왕, 형제 다툼	辰띠: 점점 일이 꼬임, 관재구설	未띠:최고운상승세, 두마음	戌띠: 만남,결실,화합,문서
寅띠:매사불편, 방해자,배신	巳띠:귀인상봉, 금전이득, 현금	申띠: 의욕과다, 스트레스큼	亥띠:이동수,이별수,변동 움직임
卯띠:해결신,시험합격, 풀림	午띠: 매사꼬임,과거고생, 질병	酉띠: 시급한 일, 뜻대로 안됨	子띠: 빈주머니,걱정근심,사기

8월

서기	2026年
단기	4359年
불기	2570年

丙午年 양력 08月 14日 음력 07月 02日 금요일 말복

구성月반			구성日반		
1	6	8A	6	2	4
9	2	4	5	7	9A
5P	7	3	1P	3	8

庚	丙	丙
申	申	午

지장간	손방위	吉方	凶方
壬	동남	正北	正南

狗狼星 구랑성	橋井門路 社廟	☰ ☷	천화동인	친구동지동맹동의도모 더불어좋은 성과,행운 결실,재물

丁	丙	乙	甲	癸	壬	辛	庚	己	戊	丁	丙
亥	戌	酉	申	未	午	巳	辰	卯	寅	丑	子
병	쇠	왕	록	관	욕	생	양	태	절	묘	사

三甲순	육갑납음	대장군방	조객방	삼살방	상문방	세파방	오늘생극	오늘상충	오늘원진	오늘상천	오늘상파	황도길흉	28수성	건제12신	九星	결혼주당	이사주당	안장주당	복단일	오늘吉神	神殺	오늘神殺	육도환생처	축원인도불	오늘기도德	금일지옥명
病甲	石榴木	卯正東方	辰東南方	子正北方	申西南方	子正北方	專전	寅 36	卯 미움	亥 중단	巳 깨짐	천뇌흑도	鬼귀	建건	七赤	竈조	利이	여자	복단일	천창*왕일	-	패파·월건	인도	석가여래	아미보살	암흑지옥

칠성기도일	산신축원일	용왕축원일	조왕하강일	나한하강일	천도재	신굿	재수굿	용왕굿	조왕굿	병굿	고사	결혼	입학	투자	계약	등산	여행	이사	합방	이장	점안식	개업준공	신축상량	수술-침	서류제출	직원채용
◎	◎	×	×	×	×	×	×	×	×	×	×	×	◎	×	×	◎	◎	×	×	×	◎	◎	×	×	◎	×

(불공 제의식 吉한 행사일: 천도재 ~ 고사 / 吉凶 길흉 大小 일반 행사일: 결혼 ~ 직원채용)

당일 래정법

巳時 에 온사람은 배신으로 관송사, 금전구재건, 색정사로 다툼, 가정불화 손재수

午時 에 온사람은 금전문제, 자식문제, 빚쟁이모함, 관직취직사, 속전속결이 유리

未時 에 온사람 건강문제, 자식문제로 최악상태, 직장퇴출위기, 손재수, 헛수고

申時 온 사람은 금전차용여부, 관직취직문제, 창업문제, 후원사는 유리함, 망신수, 사고조심

酉時 온 사람은 관송사, 색정사, 뭔가 하고싶어서 왔다, 직장취업문제, 친구형제간 배신, 건강 수술할일

戌時 온 사람은 골치 아픈일 금전손실, 자식문제, 형제동업, 바람기, 불륜, 시비투쟁, 급속정리해야함

필히 피해야 할일 이날은 흑도와 월파일에 패파, 수격 등 신살에 해당되어 매사 해롭고 불리한 날.

백초귀장술의 오늘에 초사언

시간 점占 庚申공망-子丑

子時	금전손실, 직업변동, 자식질병, 도난실직
丑時	사업문제, 금전손실, 사기도난, 가출건
寅時	직업이동, 금전융통, 육친이별, 터부정
卯時	금전융통, 처첩사, 우환질병, 가출문제
辰時	부동산사업, 종교문제, 봉사 시험합격
巳時	질병침투, 육친이별, 색정사, 도망 투쟁
午時	질병침투, 직업박탈, 가출, 재해 도난
未時	사업재난, 금전단절, 자손문제, 가출사
申時	취직, 직업승진명예문제, 당선, 금전융통
酉時	금전손실, 극처사, 남녀색정사, 수술주의
戌時	후원단절, 가출사, 적의 함정, 기도발원
亥時	자식문제, 질병발생, 손해, 가출, 함정

오늘 행운 복권 운세

복권사면 좋은 띠는 **말띠** ⑤⑦22
행운복권방은 집에서 **남쪽**에 있다

申子辰生	북쪽문을 피하고, 서남쪽으로 이사하면 안 된다. 재수가 없고, 하는 일마다 꼬이고, 病苦질병발생. 바람기 발동.
巳酉丑生	서쪽문을 피하고, 동남쪽으로 이사하면 안 된다. 재수가 없고, 하는 일마다 꼬이고, 病苦질병발생. 바람기 발동.
寅午戌生	남쪽문을 피하고, 북동쪽으로 이사하면 안 된다. 재수가 없고, 하는 일마다 꼬이고, 病苦질병발생. 바람기 발동.
亥卯未生	동쪽문을 피하고, 서북쪽으로 이사하면 안 된다. 재수가 없고, 하는 일마다 꼬이고, 病苦질병발생. 바람기 발동.

운세풀이

寅띠: 이동수,우왕좌왕, 弱, 다툼	巳띠: 점점 일이 꼬임, 관재구설	申띠: 최고운상승세, 두마음	亥띠: 만남,결실,화합,문서
卯띠: 매사불편, 방해자,배신	午띠: 귀인상봉, 금전이득, 현금	酉띠: 의욕과다, 스트레스큼	子띠: 이동수,이별수,변동 움직임
辰띠: 해결신,시험합격, 풀림	未띠: 매사꼬임,과거고생, 질병	戌띠: 시급한 일, 뜻대로 안됨	丑띠: 빈주머니,걱정근심,사기

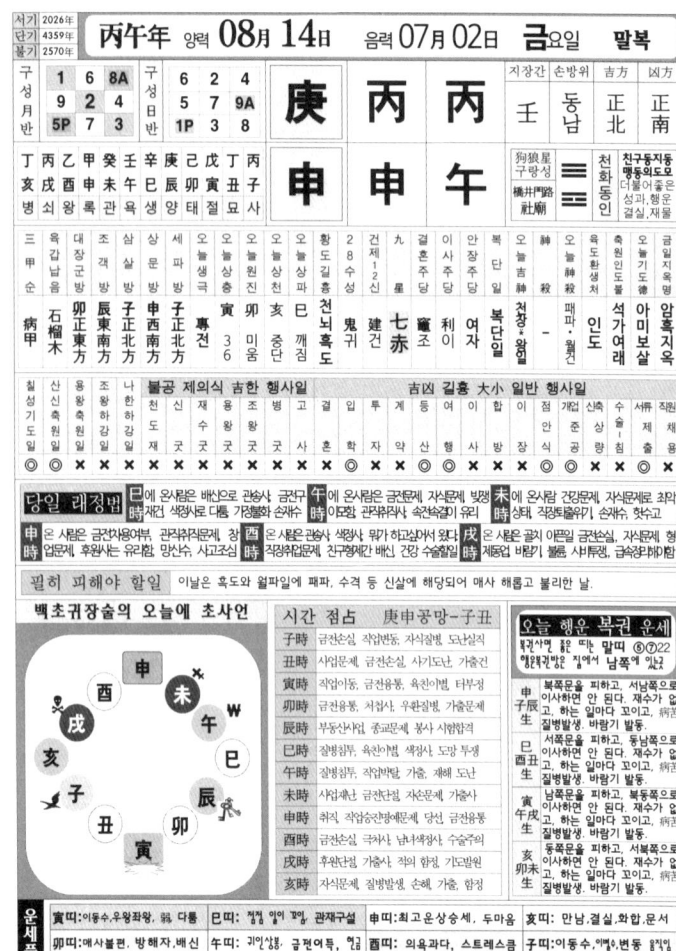

서기	2026年
단기	4359年
불기	2570年

丙午年 양력 08月 15日 음력 07月 03日 토요일

구성월반			
	1	6	8A
	9	2	4
	5P	7	3

구성일반			
	5	1	3
	4P	6	8
	9	2	7A

辛	丙	丙
酉	申	午

지장간	손방위	吉方	凶方
壬	남쪽	正西	正東

狗狼星 구랑성	午方 남쪽	☱☲	천화동인	친구동지동맹동의도모 더불어좋은 성과,행운 결실,재물

己	戊	丁	丙	乙	甲	癸	壬	辛	庚	己	戊
亥	戌	酉	申	未	午	巳	辰	卯	寅	丑	子
욕	관	록	왕	쇠	병	사	묘	절	태	양	생

三甲순	육갑납음	대장군방	조객방	삼살방	상문방	세파방	오늘생극	오늘상충	오늘원진	오늘상천	오늘상파	황도길흉	28수성	건제12신	九星	결혼주당	이사주당	안장주당	복단일	神殺	神殺	오늘神殺	육도환생처	축원인도불	오늘기도德	금일지옥명
病甲	石榴木	卯正東方	辰東南方	子正北方	申西南方	子正北方	專전	卯 36	寅 미움	戌 중단	子 깨짐	현무흑도	柳류	除제	六白	第제	安안	死	천귀*길기	음덕*관일	왕망·구감	홍사·고초	귀도	석가여래	관음보살	암흑지옥

칠성기도일	산신축원일	용왕축원일	조왕하강일	나한하강일	천도재	신굿	재수굿	용왕굿	조왕굿	병굿	고사	결혼	입학	투자	계약	등산	여행	이사	합방	이장	점안식	개업준공	신축상량	수술-침	서류제출	직원채용
◎	×	◎	◎	◎	◎	◎	◎	◎	◎	×	×	×	◎	×	×	◎	◎	×	×	×	×	×	×	◎	◎	×

(불공 제의식 吉한 행사일: 천도재 ~ 고사 / 吉凶 길흉 大小 일반 행사일: 결혼 ~ 직원채용)

당일 래정법

巳時 에 온사람은 허가 해결할 문제, 합격여부, 동업투자여부, 돈차용문제, 재혼은 굳

午時 에 온사람은 금전문제, 형제문제, 색정사로 다툼, 여자로 큰 손실, 가까운배신

未時 에 온사람 금전문제, 사업문제, 딸자식문제, 관직취직사, 시비다툼 관송사

申時 온 사람은 질병우환건강, 관재구설로 운이 단단히 꼬여있음, 취업 승진문제, 남자로 손재수

酉時 온 사람은 두가지 문제 갈등사, 하극상 손윗사람 배신, 새로운 일시작 진행함이 좋다. 우환질병

戌時 온 사람은 의욕과다, 뭔가 하고싶어서 왔다. 직장 취업문제, 친구 형제에게 손실 배신 당할 수.

필히 피해야 할일 새집들이 • 장담그기 • 항공주의 • 승선 • 낚시 • 어로작업 • 요트타기 • 위험놀이기구

백초귀장술의 오늘에 초사언

시간 점占 辛酉공망-子丑

子時	자선사업, 봉사활동, 자식사, 임신가능
丑時	자식시험문제, 손재수, 가출사건, 질병위급
寅時	사기도난, 파재, 손실사, 색정사, 가출
卯時	질병침투, 실직, 금전손실, 적 침범사
辰時	금전융통, 타인과 다툼, 배신, 음모, 불륜
巳時	직장승진, 명예입신, 응모당선, 취직가능
午時	매사 불성, 남녀색정사, 우환질병, 실직
未時	자선사업, 구재이득, 귀인상봉, 도망사건
申時	재물손실, 사업파산, 극처사, 재해, 도난
酉時	직장승진, 금전암손, 부인문제, 가출사건
戌時	금전손실, 사업확장 금지, 질병근심, 변심
亥時	가내재앙, 자손근심, 실직문제, 처를 극

오늘 행운 복권 운세

복권사면 좋은 띠는 양띠 ⑤⑩25
행운복권방은 집에서 남서쪽에 있다

申子辰生	북쪽문을 피하고, 서남쪽으로 이사하면 안 된다. 재수가 없고, 하는 일마다 꼬이고, 病苦 질병발생. 바람기 발동.
巳酉丑生	서쪽문을 피하고, 동남쪽으로 이사하면 안 된다. 재수가 없고, 하는 일마다 꼬이고, 病苦 질병발생. 바람기 발동.
寅午戌生	남쪽문을 피하고, 북동쪽으로 이사하면 안 된다. 재수가 없고, 하는 일마다 꼬이고, 病苦 질병발생. 바람기 발동.
亥卯未生	동쪽문을 피하고, 서북쪽으로 이사하면 안 된다. 재수가 없고, 하는 일마다 꼬이고, 病苦 질병발생. 바람기 발동.

운세풀이

卯띠:이동수,우왕좌왕, 弱, 다툼	午띠: 점점 일이 꼬임, 관재구설	酉띠:최고운상승세, 두마음	子띠: 만남,결실,화합,문서
辰띠:매사불편, 방해자,배신	未띠: 귀인상봉, 금전이득, 현금	戌띠: 의욕과다, 스트레스큼	丑띠:이동수,이별수,변동 움직임
巳띠:해결신,시험합격, 풀림	申띠: 매사꼬임,과거고생, 질병	亥띠: 시급한 일, 뜻대로 안됨	寅띠: 빈주머니,걱정근심,사기

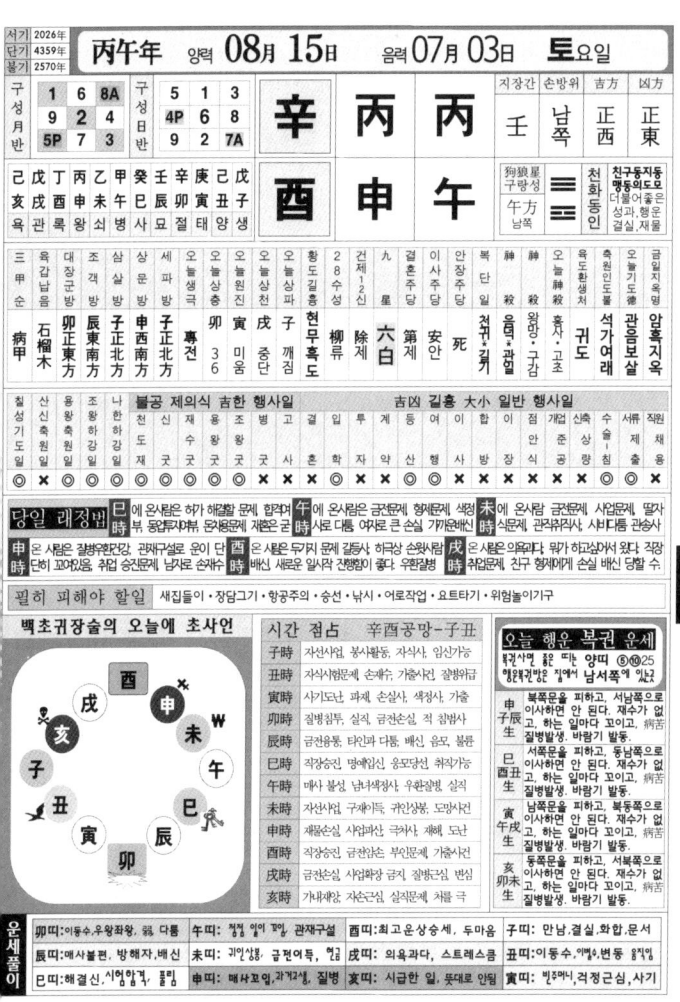

8월

서기	2026年
단기	4359年
불기	2570年

丙午年 양력 08月 16日 음력 07月 04日 일요일

구성월반				구성일반			
	1	6	8A		4P	9	2
	9	2	4		3	5	7
	5P	7	3		8	1	6

時	日	月
壬	丙	丙
戌	申	午

지장간	손방위	吉方	凶方
壬	남서	正南	正北

辛	庚	己	戊	丁	丙	乙	甲	癸	壬	辛	庚
亥	戌	酉	申	未	午	巳	辰	卯	寅	丑	子
록	관	욕	생	양	태	절	묘	사	병	쇠	왕

狗狼星 구랑성: 寺觀 절사관

천화동인: 친구동지동맹동의도모 더불어좋은 성과,행운 결실,재물

三甲순	육갑납음	대장군방	조객방	삼살방	상문방	세파방	오늘생극	오늘상충	오늘원진	오늘상천	오늘상파	황도길흉	28수성	건제12신	九星	결혼주당	이사주당	안장주당	복단일	오늘吉神	神殺	오늘神殺	육도환생처	축원인도불	오늘기도德	금일지옥명
病甲	大海水	卯正東方	辰東南方	子正北方	申西南方	子正北方	伐벌	辰 36	巳 미움	酉 중단	未 깨짐	사명황도	星성	滿만	五黃	翁옹	災재	손자	양덕*모창	월덕*수일	천적·수격	구공·염대	축도	석가여래	미륵보살	암흑지옥

칠성기도일	산신축원일	용왕축원일	조왕하강일	나한하강일	불공 제의식 吉한 행사일							吉凶 길흉 大小 일반 행사일														
					천도재	신굿	재수굿	용왕굿	조왕굿	병굿	고사	결혼	입학	투자	계약	등산	여행	이사	합방	이장	점안식	개업준공	신축상량	수술-침	서류제출	직원채용
◎	×	×	×	◎	◎	◎	◎	×	◎	◎	◎	◎	◎	◎	◎	◎	◎	×	◎	◎	◎	◎	◎	◎	◎	◎

당일 래정법

巳時 에 온사람은 방해자, 배신사, 직장취업건, 매사 지체불리함, 창업은 불리

午時 에 온사람은 가정불화 문제, 친정식구, 합격여부, 금전투자여부, 직장문제,동업

未時 에 온사람 금전구재건, 색정사로 인한 구설수 다툼, 억울한 일, 매사불성 지체

申時 온 사람은 금전문제, 사업문제, 관직취직문제, 자식문제, 경조사화합사, 속전속결이 유리

酉時 온 사람은 건강문제, 관재구설로 운이 단단히 꼬여있음, 딸자녀문제, 남자문제, 손재수, 지체

戌時 온 사람은 갖고싶은 욕구 강함, 금전투자, 새로운 일시작 진행함이 좋다. 우환질병, 선산이장건

필히 피해야 할일 소장제출 · 항소 · 승선 · 낚시 · 어로작업 · 싱크대교체 · 애완동물들이기 · 지붕덮기 · 도축 · 방류

백초귀장술의 오늘에 초사언

시간 점占 壬戌공망-子丑

子時	금전 암손, 부인문제, 우환질병, 색정사
丑時	작업권리, 취업, 구재이득, 부부화합사
寅時	적의 침범사, 질병위급, 가출사, 도망사
卯時	질병침투, 남녀색정사, 금전융통, 호색
辰時	관재 병재로 불길, 적침사, 부하도주, 가출
巳時	금전융통 재물손실, 여자 망신실수 탄로
午時	금전융통, 처첩사, 금전다툼, 가출사
未時	직장문제, 원한발생, 삼각관계, 관刑
申時	신규사업, 가출건, 도난주의, 원행 이동배신
酉時	괴이사발생, 파산, 재물손실, 질병우환
戌時	금전암손, 질병침투, 여자관련, 부부배신
亥時	직장승진, 명예입신, 응모당선, 가출사건

오늘 행운 복권 운세

복권사면 좋은 띠는 **원숭띠** ⑧19, 29
행운복권방은 집에서 **서남쪽**에 있는곳

申子辰生	북쪽문을 피하고, 서남쪽으로 이사하면 안 된다. 재수가 없고, 하는 일마다 꼬이고, 病苦 질병발생. 바람기 발동.
巳酉丑生	서쪽문을 피하고, 동남쪽으로 이사하면 안 된다. 재수가 없고, 하는 일마다 꼬이고, 病苦 질병발생. 바람기 발동.
寅午戌生	남쪽문을 피하고, 북동쪽으로 이사하면 안 된다. 재수가 없고, 하는 일마다 꼬이고, 病苦 질병발생. 바람기 발동.
亥卯未生	동쪽문을 피하고, 서북쪽으로 이사하면 안 된다. 재수가 없고, 하는 일마다 꼬이고, 病苦 질병발생. 바람기 발동.

운세풀이

辰띠:이동수,우왕좌왕, 弱 다툼	未띠: 점점 일이 꼬임, 관재구설	戌띠:최고운상승세, 두마음	丑띠: 만남,결실,화합,문서
巳띠:매사불편, 방해자,배신	申띠: 귀인상봉, 금전어득, 현금	亥띠: 의욕과다, 스트레스큼	寅띠:이동수,이별수,변동 움직임
午띠:해결신,시험합격, 풀림	酉띠: 매사꼬임,과거고생, 질병	子띠: 시급한 일, 뜻대로 안됨	卯띠: 빈주머니,걱정근심,사기

서기 2026年 단기 4359年 불기 2570年	丙午年	양력 08月 17日	음력 07月 05日	월요일

구성월반			구성일반		
1	6	8A	3AP	8	1
9	2	4	2	4	6
5P	7	3	7	9	5

	時	日	月
天干	癸	丙	丙
地支	亥	申	午

지장간	손방위	吉方	凶方
壬	서쪽	正東	正西

狗狼星 구랑성 / 船巳方 배남동간	☰ ☷	천화동인	친구동지동맹동의도모 더불어좋은 성과,행운 결실,재물

癸	壬	辛	庚	己	戊	丁	丙	乙	甲	癸	壬
亥	戌	酉	申	未	午	巳	辰	卯	寅	丑	子
왕	쇠	병	사	묘	절	태	양	생	욕	관	록

三甲순	육갑납음	대장군방	조객방	삼살방	상문방	세파방	오늘생극	오늘상충	오늘원진	오늘상천	오늘상파	황도길흉	28수성	건제12신	九星	결혼주당	이사주당	안장주당	복단일	오늘吉神	오늘神殺	오늘神殺	육도환생처	축원인도불	오늘기도德	금일지옥명
病甲	大海水	卯正東方	辰東南方	子正北方	申西南方	子正北方	專전	巳 36	辰 미움	申 중단	寅 깨짐	구진흑도	張장	平평	四綠	堂당	師사	남자	월기일	천덕*상일	천강·유화	월해·독화	옥도	석가여래	여래보살	암흑지옥

칠성기도일	산신축원일	용왕축원일	조왕하강일	나한하강일	불공 제의식 吉한 행사일							吉凶 길흉 大小 일반 행사일														
					천도재	신굿	재수굿	용왕굿	조왕굿	병굿	고사	결혼	입학	투자	계약	등산	여행	이사	합방	이장	점안식	개업준공	신축상량	수술-침	서류제출	직원채용
◎	×	×	◎	◎	◎	◎	×	×	◎	◎	◎	×	◎	×	×	◎	◎	×	×	×	◎	×	×	◎	×	×

당일 래정법

巳時에 온사람은 형제 자식문제, 직장변동수, 터부정 금전사기 동업다툼 관재구설

午時에 온사람은 집안우환질병, 망신살, 방해자, 배신사, 금전문제, 색정사건

未時에 온사람 금전문제, 허가 해결할 문제, 주식투자여부, 직장문제, 문서매매건

申時 온 사람은 금전차용문제, 실직문제, 취업시험불리, 색정사, 억울한 일, 파재, 매사불성사

酉時 온 사람은 금전문제, 사업계약문제, 관직취직사, 취업 시험 승진 조건맞으면 이득발생함

戌時 온 사람은 건강문제, 형제 친구 동료로 인한부정, 하극상 배신사, 동기간다툼, 손재수, 헛수고

필히 피해야 할일 소장제출・항소・질병치료・도로정비・문 만들기・산소행사・뗏장 입히기・흙 파는일

백초귀장술의 오늘에 초사언

시간 점占 癸亥공망-子丑

子時	남녀색정사, 직업권리, 취업, 금전손실
丑時	적의 침범사, 질병위급, 이별사, 수술재앙
寅時	자손사, 직업변동, 가출문제, 화류계 탄로
卯時	자식문제, 신규불길, 여행조심, 관재불길
辰時	관청일, 직업문제, 남편재해 도망, 가출
巳時	이동사, 적침사, 질병침투, 터부정 가출사
午時	금전융통, 사업문제, 여자문제, 부부배신
未時	부모효도, 금전다툼, 적침범, 가출사
申時	재물손실, 우환질병, 도난, 상해, 손모사
酉時	금전후원융통가능, 질병재앙, 가출 도주
戌時	관청권리박탈, 남편실탈, 질병고통, 관재
亥時	금전암신, 극처사, 파산 죽음, 자식 흉액

오늘 행운 복권 운세

복권사면 좋은 띠는 **닭띠** ④⑨ 24, 행운복권방은 집에서 **서쪽**에 있는곳

申子辰生	북쪽문을 피하고, 서남쪽으로 이사하면 안 된다. 재수가 없고, 하는 일마다 꼬이고, 病苦 질병발생. 바람기 발동.
巳酉丑生	서쪽문을 피하고, 동남쪽으로 이사하면 안 된다. 재수가 없고, 하는 일마다 꼬이고, 病苦 질병발생. 바람기 발동.
寅午戌生	남쪽문을 피하고, 북동쪽으로 이사하면 안 된다. 재수가 없고, 하는 일마다 꼬이고, 病苦 질병발생. 바람기 발동.
亥卯未生	동쪽문을 피하고, 서북쪽으로 이사하면 안 된다. 재수가 없고, 하는 일마다 꼬이고, 病苦 질병발생. 바람기 발동.

운세풀이

巳띠:이동수,우왕좌왕, 弱 다툼	申띠: 점점 일이 꼬임, 관재구설	亥띠:최고운상승세, 두마음	寅띠: 만남,결실,화합,문서
午띠:매사불편, 방해자,배신	酉띠: 귀인상봉, 금전이득, 현금	子띠: 의욕과다, 스트레스큼	卯띠:이동수,이별수,변동 움직임
未띠:해결신,시험합격, 풀림	戌띠: 매사꼬임,과거고생, 질병	丑띠: 시급한 일, 뜻대로 안됨	辰띠: 빈주머니,걱정근심,사기

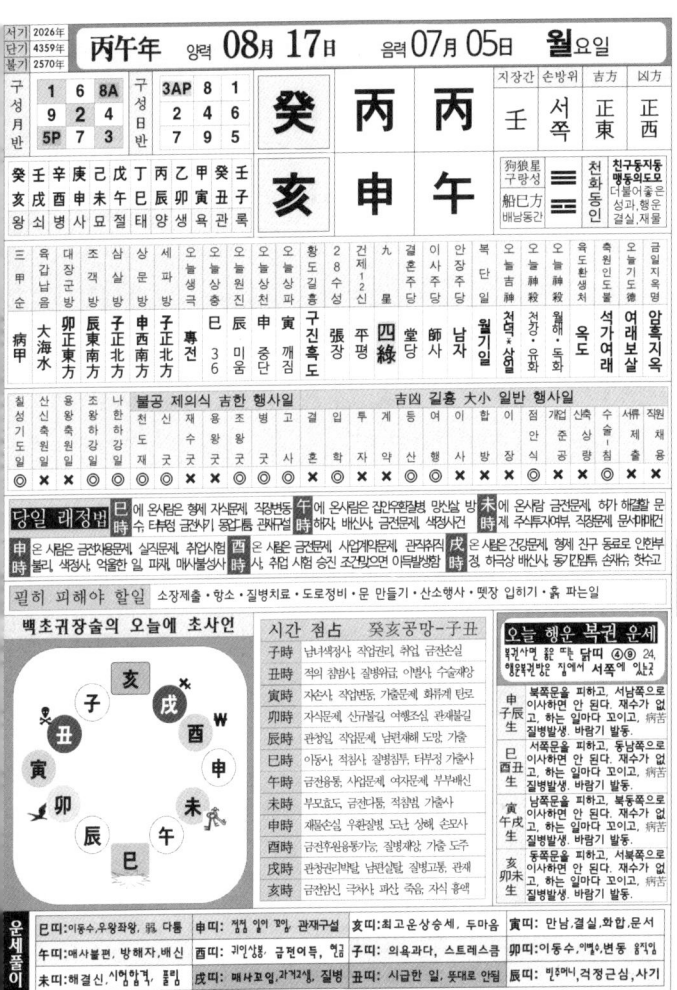

8월

서기	2026年
단기	4359年
불기	2570年

丙午年 양력 08月 18日 음력 07月 06日 화요일 陰遁中元

구성月반				구성日반			
	1	6	8A		2	7P	9
	9	2	4		1A	3	5
	5P	7	3		6	8	4

甲	丙	丙
子	申	午

지장간	손방위	吉方	凶方
壬	서북	正北	正南

狗狼星 구랑성: 社廟 사당묘

천화동인: 친구동지동맹동의도모 더불어좋은 성과,행운 결실,재물

乙亥	甲戌	癸酉	壬申	辛未	庚午	己巳	戊辰	丁卯	丙寅	乙丑	甲子
생	양	태	절	묘	사	병	쇠	왕	록	관	욕

三甲순	육갑납음	대장군방	조객방	삼살방	상문방	세파방	오늘생극	오늘상충	오늘원진	오늘상천	오늘상파	황도길흉	28수성	건제12신	九星	결혼주당	이사주당	안장주당	오늘吉神	천구하식	神殺	오늘神殺	육도환생처	축원인도불	오늘기도德	금일지옥명
生甲	海中金	卯正東方	辰東南方	子正北方	申西南方	子正北方	義의	午 36	未 미움	未 중단	酉 깨짐	청룡황도	翼익	定정	三碧	姑고	富부	아버지	삼합일	복생*미일	-	사기·관부	천도	아미타불	아미보살	검수지옥

칠성기도일	산신축원일	용왕축원일	조왕하강일	나한하강일	불공 제의식 吉한 행사일							吉凶 길흉 大小 일반 행사일														
					천도재	신굿	재수굿	용왕굿	조왕굿	병굿	고사	결혼	입학	투자	계약	등산	여행	이사	합방	이장	점안식	개업준공	신축상량	수술·침	서류제출	직원채용
◎	◎	×	◎	◎	◎	◎	◎	◎	◎	◎	◎	◎	◎	×	◎	◎	◎	×	◎	×	◎	◎	◎	◎	◎	◎

당일 래정법

巳時에 온사람은 자식문제, 실업자, 빈주머니, 헛 공사, 보이스피싱사기가 모든사

午時에 온사람은 남녀간 배신사, 이동변동수, 터부정, 관재구설, 차사고

未時에 온사람은 직장취업문제, 방해자, 배신사, 매사 지체불리함, 창업은 불리함.

申時 온 사람은 관송사 급처리문제, 처음엔 해결되는 듯하나 후에 불리함. 시험은 합격되고 취업승진가능

酉時 온 사람은 딸자식문제, 억울한일 오량색정사, 불륜사 문제, 관재로 발전 금전문제 취직문제

戌時 온 사람은 금전문제, 사업문제, 주식투자문제, 부동산거래, 재물구재사, 여자화합건, 돈은 들어오나 곱바

필히 피해야 할일

신상출고・제품제작・창고개방・옷재단・입주・건축증개축・흙 다루고 땅 파는 일

백초귀장술의 오늘에 초사언

시간 점占 甲子공망-戌亥

子時	금전임손 여자일, 부모나 윗사람 질병발생
丑時	금전융통, 사업계획, 질병유발, 도난
寅時	관직 직장실직, 금전고통, 원한 喪
卯時	관직 승진문제, 금전 부인문제, 수술주의
辰時	매사불성사, 가출사, 금전손실, 재해 이사
巳時	매사불성, 자식문제, 사기 도난 파재 실직
午時	적 침범사, 질병침투, 가출사, 실직사, 화재
未時	사업손실, 취업청탁, 방해자, 구재불가
申時	음란색정사, 질병침투 수술, 관재 이별
酉時	금전갈취 도주, 색정사, 처첩, 가출 함정
戌時	금전문제, 상업문제, 여자문제, 질병유발
亥時	재물손실, 질병침투, 가출, 탄로 음모 망신

오늘 행운 복권 운세

복권사면 좋은 띠는 **개띠** ⑩⑳ 30
행운복권방은 집에서 **서북쪽에** 있는곳

申子辰生	북쪽문을 피하고, 서남쪽으로 이사하면 안 된다. 재수가 없고, 하는 일마다 꼬이고, 病苦 질병발생. 바람기 발동.
巳酉丑生	서쪽문을 피하고, 동남쪽으로 이사하면 안 된다. 재수가 없고, 하는 일마다 꼬이고, 病苦 질병발생. 바람기 발동.
寅午戌生	남쪽문을 피하고, 북동쪽으로 이사하면 안 된다. 재수가 없고, 하는 일마다 꼬이고, 病苦 질병발생. 바람기 발동.
亥卯未生	동쪽문을 피하고, 서북쪽으로 이사하면 안 된다. 재수가 없고, 하는 일마다 꼬이고, 病苦 질병발생. 바람기 발동.

운세풀이

午띠:이동수,우왕좌왕, 음욕 다툼	酉띠: 점점 일이 꼬임, 관재구설	子띠:최고운상승세, 두마음	卯띠: 만남,결실,화합,문서
未띠:매사불편, 방해자,배신	戌띠:귀인상봉, 금전이득, 현금	丑띠: 의욕과다, 스트레스큼	辰띠:이동수,이별수,변동 움직임
申띠:해결신,시험합격, 풀림	亥띠: 매사꼬임,과거고생, 질병	寅띠: 시급한 일, 뜻대로 안됨	巳띠: 빈주머니,걱정근심,사기

서기	2026年
단기	4359年
불기	2570年

丙午年 양력 08月 19日 음력 07月 07日 수요일 칠석

구성월반				구성일반			
	1	6	8A		1	6	8AP
	9	2	4		9	2	4
	5P	7	3		5	7	3

乙	丙	丙
丑	申	午

지장간	손방위	吉方	凶方
壬	북쪽	正西	正東

狗狼星 구랑성	廚 주방

천화동인	친구동지동맹동의도모 더불어좋은 성과,행운 결실,재물

丁	丙	乙	甲	癸	壬	辛	庚	己	戊	丁	丙
亥	戌	酉	申	未	午	巳	辰	卯	寅	丑	子
사	묘	절	태	양	생	욕	관	록	왕	쇠	병

三甲순	육갑납음	대장군방	조객방	삼살방	상문방	세파방	오늘생극	오늘상충	오늘원진	오늘상천	오늘상파	황도길흉	28수성	건제12신	九星	결혼주당	이사주당	안장주당	오늘吉神	대공망일	오늘神殺	오늘神殺	육도환생처	축원인도불	오늘기도德	금일지옥명
生甲	海中金	卯正東方	辰東南方	子正北方	申西南方	子正北方	制제	未 36	午 미움	午 중단	辰 깨짐	명당황도	軫진	執집	二黑	夫부	殺살	손님	-	대공망일	수사·라강	귀기·소모	천도	아미타불	보현보살	검수지옥

칠성기도일	산신축원일	용왕축원일	조왕하강일	나한하강일	불공 제의식 吉한 행사일 천도재	신굿	재수굿	용왕굿	조왕굿	병굿	고사	吉凶 길흉 大小 일반 행사일 결혼	입학	투자	계약	등산	여행	이사	합방	이장	점안식	개업준공	신축상량	수술-침	서류제출	직원채용
◎	◎	×	◎	◎	◎	◎	◎	×	◎	◎	◎	◎	◎	×	×	◎	◎	×	×	×	◎	◎	×	◎	◎	×

당일 래정법

巳時에 온사람은 이동수 있음 이사나 직장변동, 딸자식근심, 실직위험 이별

午時에 온사람은 자녀의질병, 부부불화, 빈주머니 헛고생 금전사기·모난사

未時에 온사람은 매매 이동변동수, 터부정, 관재구설 모함, 혈연다툼, 교통사고주의

申時 온 사람은 관송사, 방해자, 배신사, 우환질병사, 남편 취업 승진문제, 차사고로 큰손재수

酉時 온 사람은 금전 급처리문제, 색정사, 해결되는 듯하나 지체 시험합격됨 허가건은 승인

戌時 온 사람은 하극상 배신사, 여자 외정색정사, 불륜사 문제,, 관재로 발전, 딸 문제, 취직문제

필히 피해야 할일 이날은 대공망일에 페날로서 귀기와 혈지, 멸몰 등 신살에 해당되어 매사 해롭고 불리한 날.

백초귀장술의 오늘에 초사언

시간 점占 乙丑공망-戌亥

子時	가내우환, 관재구설, 가출사, 금전융통
丑時	사업사 손재수, 여자일 질병발생 갈취도주
寅時	도난, 파재, 손모사, 극처사, 상해
卯時	실직, 질병침투, 적 침범사, 금전손실
辰時	재물사기도난, 처첩문제, 우환질병, 수술
巳時	직장변동, 실직문제, 자식사, 이사이동吉
午時	매사 불성, 실직사, 색정사, 불화합, 손재
未時	관재 병재로 불길, 가출사, 파재, 색정사
申時	취업청탁, 재해, 도난, 방해 탄로 폭로 망신
酉時	불륜색정사, 우환질병, 가출사, 관재구설
戌時	부인근심, 금전융통, 손모사, 관 刑답발
亥時	금전문제, 사업후원, 자식 질병 死문제

오늘 행운 복권 운세

복권사면 좋은 띠는 **돼지띠** ⑪⑯31
행운복권방은 집에서 **북서쪽**에 있는곳

申子辰生	북쪽문을 피하고, 서남쪽으로 이사하면 안 된다. 재수가 없고, 하는 일마다 꼬이고, 病苦질병발생. 바람기 발동.
巳酉丑生	서쪽문을 피하고, 동남쪽으로 이사하면 안 된다. 재수가 없고, 하는 일마다 꼬이고, 病苦질병발생. 바람기 발동.
寅午戌生	남쪽문을 피하고, 북동쪽으로 이사하면 안 된다. 재수가 없고, 하는 일마다 꼬이고, 病苦질병발생. 바람기 발동.
亥卯未生	동쪽문을 피하고, 서북쪽으로 이사하면 안 된다. 재수가 없고, 하는 일마다 꼬이고, 病苦질병발생. 바람기 발동.

운세풀이

未띠:이동수,우왕좌왕, 弱, 다툼	戌띠: 첩첩 일이 꼬임, 관재구설	丑띠:최고운상승세, 두마음	辰띠: 만남,결실,화합,문서
申띠:매사불편, 방해자,배신	亥띠:귀인상봉, 금전이득, 현금	寅띠: 의욕과다, 스트레스큼	巳띠:이동수,이별수,변동 움직임
酉띠:해결신,시험합격, 풀림	子띠: 매사꼬임,과거고생, 질병	卯띠: 시급한 일, 뜻대로 안됨	午띠: 빈주머니,걱정근심,사기

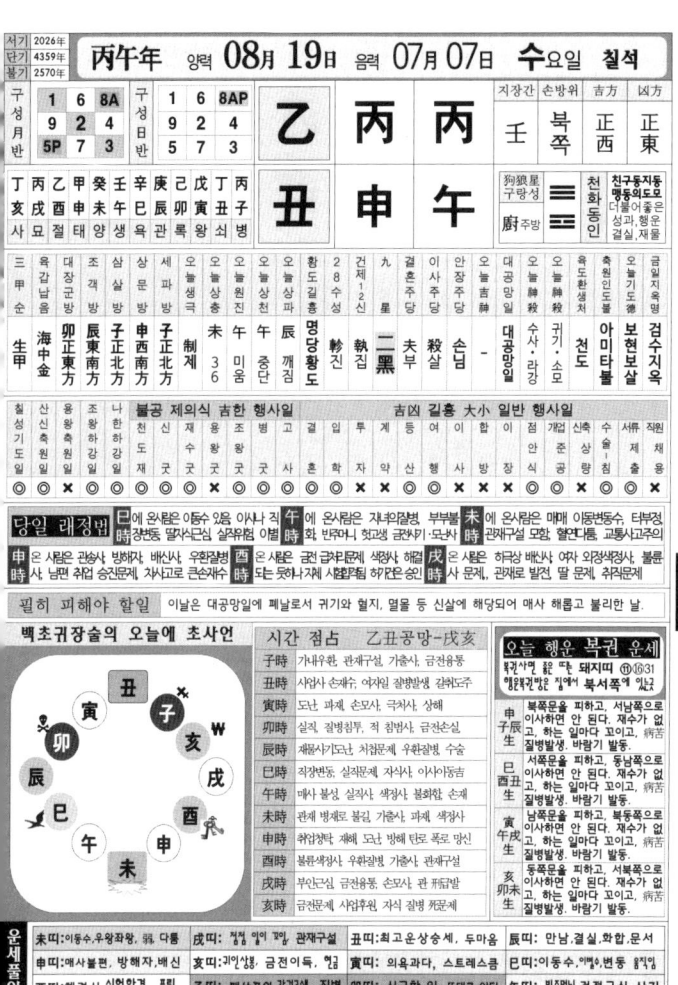

8월

서기	2026年
단기	4359年
불기	2570年

丙午年 양력 08月 20日 음력 07月 08日 목요일

구성月반			구성日반		
1	6	8A	9	5	7P
9	2	4	8	1	3
5P	7	3	4	6A	2

丙	丙	丙
寅	申	午

지장간	손방위	吉方	凶方
壬	북동	正南	正北

狗狼星 구랑성			
天	☱☶	산택손	투자하는적 시기, 후반 소원성취 중도장애좌절이후이득

己	戊	丁	丙	乙	甲	癸	壬	辛	庚	己	戊
亥	戌	酉	申	未	午	巳	辰	卯	寅	丑	子
절	묘	사	병	쇠	왕	록	관	욕	생	양	태

三甲순	육갑납음	대장군방	조객방	삼살방	상문방	세파방	오늘생극	오늘상충	오늘원진	오늘상천	오늘상파	황도길흉	28수성	건제12신	九星	결혼주당	이사주당	안장주당	복단일	오늘吉神	神殺	오늘神殺	육도환생처	축원인도불	오늘기도德	금일지옥명
生甲	爐中火	卯正東方	辰東南方	子正北方	申西南方	子正北方	義의	申 36	酉 미움	巳 중단	亥 깨짐	천형흑도	角각	破파	一白	廚주	害해	며느리	-	천은*해신	월파일	월형·천격	인도	아미타불	약사보살	검수지옥

칠성기도일	산신축원일	용왕축원일	조왕하강일	나한하강일	불공 제의식 吉한 행사일							吉凶 길흉 大小 일반 행사일														
					천도재	신굿	재수굿	용왕굿	조왕굿	병굿	고사	결혼	입학	투자	계약	등산	여행	이사	합방	이장	점안식	개업준공	신축상량	수술·침	서류제출	직원채용
×	×	×	×	×	×	×	×	×	×	×	×	×	◎	×	×	◎	×	×	×	×	×	×	×	×	×	×

당일 래정법

巳時에 온사람은 문서 화합운 결혼 재혼 경조사 관송사 급구속건 금전부정의혹

午時에 온사람은 이동수 있는자 직장변동 사업체변동수, 해외여행 이별수

未時에 온사람은 자식문제, 금전손재수, 직장해고, 빈주머니 헛고생 윗사람건 매사불성

申時 온 사람은 허위문서 매매 이동변동수, 여자상업사, 관재구설 시비다툼주의 차사고주의

酉時 온 사람은 방해자, 배신사, 남녀재혼, 취업 승진 매사지체불리함, 차사고로 손해

戌時 온 사람은 급처리문제, 묘지탈로 고이사발생 처음엔 해결되는 듯하나 후 불리함 시험 합격됨 하기건 승인됨

필히 피해야 할일 회의개최 · 구인 · 항공주의 · 주방고치기 · 동토 · 씨뿌리기 · 우물파기 · 제방쌓기 · 흙 파는일.

백초귀장술의 오늘에 초사언

시간 점占	丙寅공망-戌亥
子時	금전문제, 상업문제, 후원도움, 남편문제
丑時	매사 막히고 퇴보, 직장실직, 남편 자식
寅時	금전 암손, 여자문제, 자식사, 도난주의
卯時	윗사람 후원문제, 가출문제, 남녀색정사
辰時	자식문제, 직장실직, 시험안됨, 금전손실
巳時	직위승진, 명예, 응모당선, 금전기쁨 우환
午時	금전손실 다툼, 부인문제, 질병침투, 가출
未時	잡안잡귀침투, 자식사, 색정사, 관직 실직
申時	질병재앙, 재물손실, 가출사, 도난 도망
酉時	금전융통, 부인흉극, 파재, 관재 배신 음모
戌時	자식문제, 직장승진, 실직문제, 금전손실
亥時	윗사람 발탁건, 다툼, 이별사, 자식 가출사

오늘 행운 복권 운세

복권사면 좋은 띠는 쥐띠 ①⑥⑯
행운복권방은 집에서 북쪽에 있는곳

申子辰生	북쪽문을 피하고, 서남쪽으로 이사하면 안 된다. 재수가 없고, 하는 일마다 꼬이고, 病苦 질병발생. 바람기 발동.
巳酉丑生	서쪽문을 피하고, 동남쪽으로 이사하면 안 된다. 재수가 없고, 하는 일마다 꼬이고, 病苦 질병발생. 바람기 발동.
寅午戌生	남쪽문을 피하고, 북동쪽으로 이사하면 안 된다. 재수가 없고, 하는 일마다 꼬이고, 病苦 질병발생. 바람기 발동.
亥卯未生	동쪽문을 피하고, 서북쪽으로 이사하면 안 된다. 재수가 없고, 하는 일마다 꼬이고, 病苦 질병발생. 바람기 발동.

운세풀이

申띠:이동수,우왕좌왕, 弱, 다툼	亥띠: 점점 일이 꼬임, 관재구설	寅띠:최고운상승세, 두마음	巳띠: 만남,결실,화합,문서
酉띠:매사불편, 방해자,배신	子띠:귀인상봉, 금전이득, 현금	卯띠: 의욕과다, 스트레스큼	午띠:이동수,이별수,변동 움직임
戌띠:해결신,시험합격, 풀림	丑띠: 매사꼬임,과거고생, 질병	辰띠: 시급한 일, 뜻대로 안됨	未띠: 빈주머니,걱정근심,사기

서기	2026年
단기	4359年
불기	2570年

丙午年 양력 08月 21日 음력 07月 09日 금요일

구성月반			구성日반		
1	6	8A	8	4A	6
9	2	4	7	9	2P
5P	7	3	3	5	1

時	日	月	年
丁	丙	丙	
卯	申	午	

지장간	손방위	吉方	凶方
庚	無	正東	正西

狗狼星 구랑성	神廟道觀 後門 寅艮方
산택손	투자하는적 시기, 후반 소원성취 중도장애좌 절이후이득

辛	庚	己	戊	丁	丙	乙	甲	癸	壬	辛	庚
亥	戌	酉	申	未	午	巳	辰	卯	寅	丑	子
태	양	생	욕	관	록	왕	쇠	병	사	묘	절

三甲순	육갑납음	대장군방	조객방	삼살방	상문방	세파방	오늘생극	오늘상충	오늘원진	오늘상천	오늘상파	황도길흉	28수성	건제12신	九星	결혼주당	이사주당	안장주당	복단일	오늘吉神	오늘吉神	오늘神殺	육도환생처	축원인도불	오늘기도德	금일지옥명
生甲	爐中火	卯正東方	辰東南方	子正北方	申西南方	子正北方	義의	酉 36	申 미움	辰 중단	午 깨짐	주작흑도	亢항	危위	九紫	夫부	天천	어머니	월덕합	천은*용덕	피마·검봉	토부·천리	귀도	아미타불	문수보살	검수지옥

칠성기도일	산신축원일	용왕축원일	조왕하강일	나한하강일	불공 제의식 吉한 행사일: 천도재	신굿	재수굿	용왕굿	조왕굿	병굿	고사	吉凶 길흉 大小 일반 행사일: 결혼	입학	투자	계약	등산	여행	이사	합방	이장	점안식	개업준공	신축상량	수술-침	서류제출	직원채용
×	◎	×	◎	◎	◎	◎	◎	◎	◎	◎	◎	×	◎	×	×	◎	◎	◎	×	×	◎	◎	×	◎	◎	◎

당일 래정법

巳時 에 온사람은 골치 아픈일, 가내환자, 죽음, 바람기, 불륜, 시비투쟁, 정지

午時 에 온사람은 문서 화합운, 결혼, 재혼, 경조사, 애정사, 궁합, 만남, 후원, 개업

未時 에 온사람은 이동수 있는자, 이사나 직장변동, 사업체 변동수, 여행, 이별수

申時 온 사람은 자식문제, 실업자, 문서는 허위문서, 빈주머니, 헛고생, 사기 모함 · 도난사

酉時 온 사람은 매매 이동변동수, 터부정, 관재구설, 사기, 허위문서, 시비 다툼주의, 차사고주의

戌時 온 사람은 방해자, 배신사, 직장모함, 취업 승진 매사 지체불리함, 차사고로 손재수, 암투

필히 피해야 할일 주식투자 · 사행성코인사업 · 교역 · 머리자르기 · 태아인공수정 · 새집들이 · 어로작업

백초귀장술의 오늘에 초사언

시간 점占 丁卯공망-戊亥

子時	우환질병, 음란색정사, 관재구설, 도난
丑時	자식문제, 직장실직, 금전손실, 이별사
寅時	윗사람 질병침투, 사업후원사, 불륜사 탄로
卯時	여자로부터 금전손실, 우환질병, 삼각관계
辰時	사업상 손실, 가산탕진, 직업실직, 관재수
巳時	매사 불성사, 가출건, 금전손실 다툼
午時	취업문제, 직위승진, 가정문제, 도난
未時	이동 이별수, 직업변동, 가출사, 삼각관계
申時	상해, 도난, 금전융통, 극처사, 가출사건
酉時	적의 침범사, 금전 병재로 불길, 색정사
戌時	자식문제, 실직사, 불륜색정사, 배신도망
亥時	금전문제, 자식문제, 가출사, 불륜관계

오늘 행운 복권 운세

복권사면 좋은 띠는 소띠 ②⑤⑩
행운복권방은 집에서 북동쪽에 있는곳

申子辰生	북쪽문을 피하고, 서남쪽으로 이사하면 안 된다. 재수가 없고, 하는 일마다 꼬이고, 病苦 질병발생. 바람기 발동.
巳酉丑生	서쪽문을 피하고, 동남쪽으로 이사하면 안 된다. 재수가 없고, 하는 일마다 꼬이고, 病苦 질병발생. 바람기 발동.
寅午戌生	남쪽문을 피하고, 북동쪽으로 이사하면 안 된다. 재수가 없고, 하는 일마다 꼬이고, 病苦 질병발생. 바람기 발동.
亥卯未生	동쪽문을 피하고, 서북쪽으로 이사하면 안 된다. 재수가 없고, 하는 일마다 꼬이고, 病苦 질병발생. 바람기 발동.

운세풀이

酉띠: 이동수, 우왕좌왕, 弱, 다툼	子띠: 점점 일이 꼬임, 관재구설	卯띠: 최고운상승세, 두마음	午띠: 만남, 결실, 화합, 문서
戌띠: 매사불편, 방해자, 배신	丑띠: 귀인상봉, 금전이득, 현금	辰띠: 의욕과다, 스트레스큼	未띠: 이동수, 이별수, 변동 움직임
亥띠: 해결신, 시험합격, 풀림	寅띠: 매사꼬임, 과거고생, 질병	巳띠: 시급한 일, 뜻대로 안됨	申띠: 빈주머니, 걱정근심, 사기

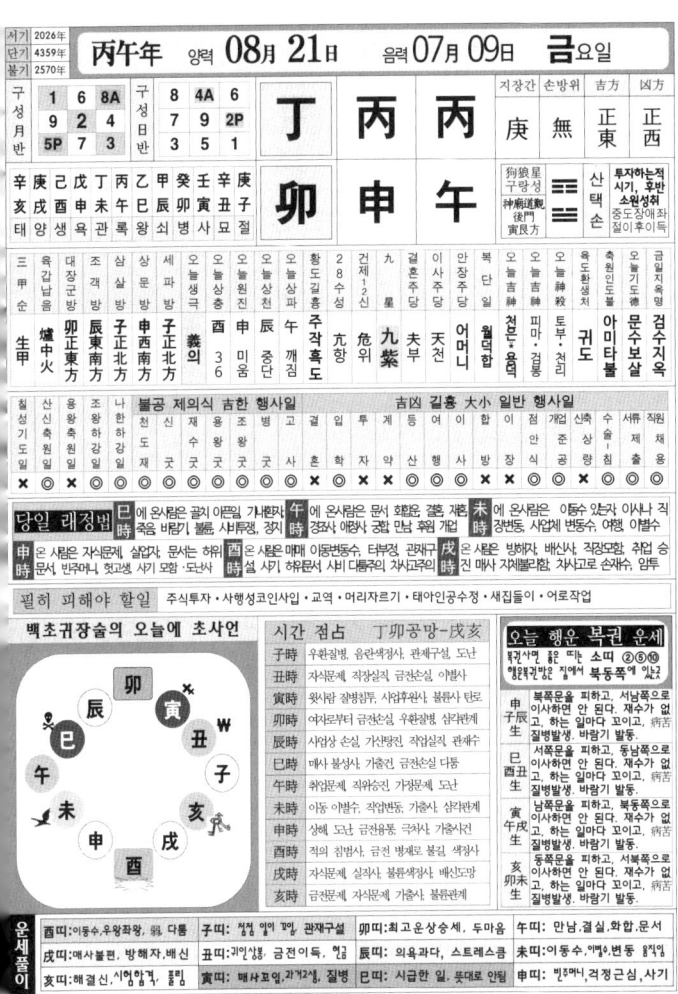

8월

시기	2026年
단기	4359年
불기	2570年

丙午年 양력 08月 22日 음력 07月 10日 토요일

구성월반				구성일반			
	1	6	8A		7	3	5
	9	2	4		6	8	1
	5P	7	3		2A	4	9P

時	日	月	年
天干	戊	丙	丙
地支	辰	申	午

지장간	손방위	吉方	凶方
庚	無	正北	正南

狗狼星 구랑성			
寅辰方 寺觀	☱ ☴	산택손	투자하는적 시기, 후반 소원성취 중도장애좌절이후이득

癸	壬	辛	庚	己	戊	丁	丙	乙	甲	癸	壬
亥	戌	酉	申	未	午	巳	辰	卯	寅	丑	子
절	묘	사	병	쇠	왕	록	관	욕	생	양	태

三甲순	육갑납음	대장군방	조객방	삼살방	상문방	세파방	오늘생극	오늘상충	오늘원진	오늘상천	오늘상파	황도길흉	28수성	건제12신	九星	결혼주당	이사주당	안장주당	복단일	오늘吉神	오늘神殺	오늘神殺	육도환생처	축원인도불	오늘기도德	금일지옥명
生甲	大林木	卯正東方	辰東南方	子正北方	申西南方	子正北方	專전	戌 36	亥 미움	卯 중단	丑 깨짐	금궤황도	氐저	成성	八白	竈조	利이	여자	천은*생기	삼합일	혈기·지격	지격·신호	축도	아미타불	지장보살	검수지옥

칠성기도일	산신축원일	용왕축원일	조왕하강일	나한하강일	천도재	신굿	재수굿	용왕굿	조왕굿	병굿	고사	결혼	입학	투자	계약	등산	여행	이사	합방	이장	점안식	개업준공	신축상량	수술-침	서류제출	직원채용
					불공 제의식 吉한 행사일							吉凶 길흉 大小 일반 행사일														
◎	◎	×	×	◎	◎	◎	◎	×	◎	◎	◎	◎	◎	◎	×	◎	◎	◎	◎	×	◎	◎	◎	◎	◎	◎

당일 래정법

巳時 에 온사람은 의욕과다, 뭔가 하고싶어서 왔다. 직장취업문제, 시험합격여부

午時 에 온사람은 골치 아픈일, 가내환자, 죽음, 바람기, 불륜, 시비투쟁, 정지

未時 에 온사람은 형제, 문서 화합운, 결혼, 재혼, 경조사, 애정사, 궁합, 만남, 후원, 개업

申時 온 사람은 이동수 있는자, 이사나 직장변동, 사업체 변동수, 여행, 이별수, 창업불리

酉時 온 사람은 색정사문제, 금전손재수, 쉬고있는자, 빈주머니, 헛 공사, 사기모함, 매사불성

戌時 온 사람은 매매 이동변동수, 터부정, 관재구설, 사기, 허위문서, 동업자 시비 다툼주의, 차사고주의

필히 피해야 할일 주식투자 · 사행성코인사입 · 명품구입 · 신상출고 · 제품출품 · 화재조심 · 장담그기 · 승선 · 동토

백초귀장술의 오늘에 초사언

시간 점占 戊辰공망-戌亥

子時	부인문제, 태아령천도, 금전문제, 삼각관계
丑時	부인 가출, 금전손실, 도주, 불륜사
寅時	질병재앙, 직장취업문제, 직장변동, 관재
卯時	재물손실, 파재, 극처사, 관송사 분쟁
辰時	금전암손, 여자문제, 금전다툼, 진퇴반복
巳時	사업신규사, 직장승진건, 포상 명예사
午時	윗사람 손상, 직장박탈, 극처사, 수술주의
未時	사업사, 부인문제, 가출사, 음란불륜사
申時	자선사업 봉사, 자식문제, 직업실직 가출
酉時	남녀색정사, 금전융통, 불명예 질병침투
戌時	질병재앙, 적침범사, 가출문제 부하도주
亥時	금전사기 손재수, 금전융통, 이별수

오늘 행운 복권 운세

복권사면 좋은 띠는 **범띠** ③⑧⑱
행운복권방은 집에서 **동북쪽**에 있는곳

申子辰生	북쪽문을 피하고, 서남쪽으로 이사하면 안 된다. 재수가 없고, 하는 일마다 꼬이고, 病苦 질병발생. 바람기 발동.
巳酉丑生	서쪽문을 피하고, 동남쪽으로 이사하면 안 된다. 재수가 없고, 하는 일마다 꼬이고, 病苦 질병발생. 바람기 발동.
寅午戌生	남쪽문을 피하고, 북동쪽으로 이사하면 안 된다. 재수가 없고, 하는 일마다 꼬이고, 病苦 질병발생. 바람기 발동.
亥卯未生	동쪽문을 피하고, 서북쪽으로 이사하면 안 된다. 재수가 없고, 하는 일마다 꼬이고, 病苦 질병발생. 바람기 발동.

운세풀이

戌띠:이동수,우왕좌왕, 弱, 다툼	丑띠: 점점 일이 꼬임, 관재구설	辰띠:최고운상승세, 두마음	未띠: 만남,결실,화합,문서
亥띠:매사불편, 방해자,배신	寅띠:귀인상봉, 금전이득, 현금	巳띠: 의욕과다, 스트레스큼	申띠:이동수,이별수,변동 움직임
子띠:해결신,시험합격, 풀림	卯띠: 매사꼬임,과거고생, 질병	午띠: 시급한 일, 뜻대로 안됨	酉띠: 빈주머니,걱정근심,사기

서기	2026年
단기	4359年
불기	2570年

丙午年 양력 **08月 23日** 음력 **07月 11日** **일**요일 | **처서** 處暑 11時 19分 入

구성월반			구성일반		
1	6	8A	6	2	4
9	2	4	5	7	9A
5P	7	3	1	3	8P

己	丙	丙
巳	申	午

지장간	손방위	吉方	凶方
庚	동쪽	正西	正東

乙	甲	癸	壬	辛	庚	己	戊	丁	丙	乙	甲
亥	戌	酉	申	未	午	巳	辰	卯	寅	丑	子
태	양	생	욕	관	록	왕	쇠	병	사	묘	절

狗狼星 구랑성: 申方寺觀 신방사관

산택손

투자하는적시기, 후반 소원성취 / 중도장애좌절이후이득

三甲순	육갑납음	대장군방	조객방	삼살방	상문방	세파방	오늘생극	오늘상충	오늘원진	오늘상천	오늘상파	황도길흉	28수성	건제12신	九星	결혼주당	이사주당	안장주당	복단일	오늘吉神	神殺	오늘神殺	육도환생처	축원인도불	오늘기도德	금일지옥명
生甲	大林木	卯正東方	辰東南方	子正北方	申西南方	子正北方	義의	亥 36	戌 미움	寅 중단	申 깨짐	대덕황도	房방	收수	七赤	第제	安안	死	복단일	오부·요안	하괴·토금	지파·태허	옥도	아미타불	문수보살	검수지옥

칠성기도일	산신축원일	용왕축원일	조왕하강일	나한하강일	불공 제의식 吉한 행사일: 천도재	신굿	재수굿	용왕굿	조왕굿	병굿	고사	吉凶 길흉 大小 일반 행사일: 결혼	입학	투자	계약	등산	여행	이사	합방	이장	점안식	개업준공	신축상량	수술·침	서류제출	직원채용
×	◎	×	◎	×	×	◎	◎	×	◎	◎	◎	◎	◎	×	◎	◎	◎	×	×	×	◎	◎	×	◎	-	×

당일 래정법

巳時 에 온사람은 의욕충만, 두가지문제로 갈등사. 갖고싶은 욕구, 직장문제, 사업문제

午時 에 온사람은 의욕과다. 뭔가 하고싶어서 왔다. 직장취업문제, 시험합격여부

未時 에 온사람은 골치 아픈일, 형제동업 죽음, 바람기, 불륜, 시비투쟁, 속정리

申時 온 사람은 형제, 문서 화합운, 결혼, 재혼, 경조사, 애정사, 궁합, 만남, 개업, 하극상 배신, 구설수

酉時 온 사람은 이동수 있는자, 가출, 이사나 직장변동, 사업체 변동수, 여행, 이별수, 관재구설

戌時 온 사람은 색정사문제, 금전손재수, 쉬고있는자, 빈주머니, 헛 공사, 사기모함 , 매사불성

필히 피해야 할일 약혼식・입주・새집들이・친목회・금전수금・건축수리・기둥세우기・산나물채취・흙 파는일

8월

백초귀장술의 오늘에 초사언

시간 점占 己巳공망-戌亥

子時	금전융통, 여자문제, 상업문제, 부부문제
丑時	육친이별, 자식가출, 여자도망, 삼각관계
寅時	관청문제, 가출사, 극처사, 색정사, 변동
卯時	질병침투, 관재구설, 남녀색정사, 가출
辰時	금전파산, 부인문제, 재해, 도난, 원귀침투
巳時	금전암손, 여자문제, 사업후원사, 기도요망
午時	남녀색정사, 직장취업 승진문제, 가출사
未時	금전융통 손재수, 형제친구, 가출방황 수술
申時	사업후원사 발탁, 화합사, 당선 賞福 有
酉時	급병자발생, 직장실직, 자식 가출도주
戌時	금전손실, 도망사,,이별사, 신병불리
亥時	적의 침범사, 질병침투, 가출사, 부부이별

오늘 행운 복권 운세

복권사면 좋은 띠는 **토끼띠** ②⑧
행운복권방은 집에서 **동쪽**에 있는곳

申子辰生	북쪽문을 피하고, 서남쪽으로 이사하면 안 된다. 재수가 없고, 하는 일마다 꼬이고, 病苦 질병발생. 바람기 발동.
巳酉丑生	서쪽문을 피하고, 동남쪽으로 이사하면 안 된다. 재수가 없고, 하는 일마다 꼬이고, 病苦 질병발생. 바람기 발동.
寅午戌生	남쪽문을 피하고, 북동쪽으로 이사하면 안 된다. 재수가 없고, 하는 일마다 꼬이고, 病苦 질병발생. 바람기 발동.
亥卯未生	동쪽문을 피하고, 서북쪽으로 이사하면 안 된다. 재수가 없고, 하는 일마다 꼬이고, 病苦 질병발생. 바람기 발동.

운세풀이

亥띠:이동수,우왕좌왕, 弱, 다툼	寅띠: 점점 일이 꼬임, 관재구설	巳띠:최고운상승세, 두마음	申띠: 만남,결실,화합,문서
子띠:매사불편, 방해자,배신	卯띠:귀인상봉, 금전이득, 현금	午띠: 의욕과다, 스트레스큼	酉띠:이동수,이별수,변동 움직임
丑띠:해결신,시험합격, 풀림	辰띠: 매사꼬임,과거고생, 질병	未띠: 시급한 일, 뜻대로 안됨	戌띠: 빈주머니,걱정근심,사기

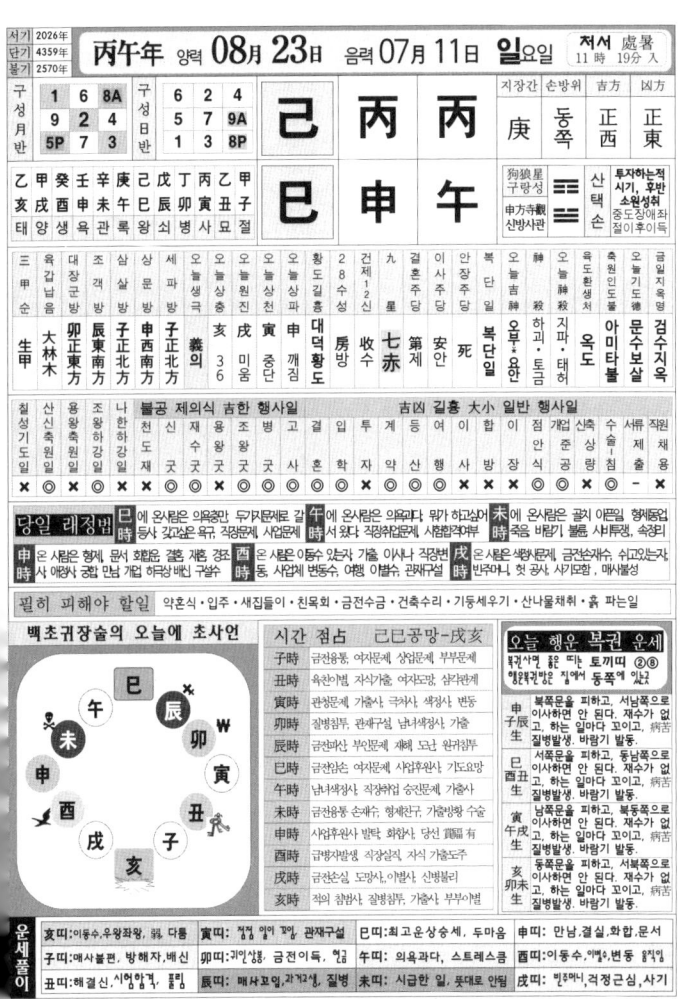

서기	2026年
단기	4359年
불기	2570年

丙午年 양력 08月 24日 음력 07月 12日 월요일

구성月반		
1	6	8A
9	2	4
5P	7	3

구성日반		
5	1	3
4	6	8
9	2P	7A

庚	丙	丙
午	申	午

지장간	손방위	吉方	凶方
庚	동남	正西	正東

狗狼星 구랑성	괘	산택손	투자하는적 시기, 후반 소원성취 중도장애좌절이후이득
天	☰☷		

丁	丙	乙	甲	癸	壬	辛	庚	己	戊	丁	丙
亥	戌	酉	申	未	午	巳	辰	卯	寅	丑	子
병	쇠	왕	록	관	욕	생	양	태	절	묘	사

三甲순	육갑납음	대장군방	조객방	삼살방	상문방	세파방	오늘생극	오늘상충	오늘원진	오늘상천	오늘상파	황도길흉	28수성	건제12신	九星	결혼주당	이사주당	안장주당	복단일	대공망일	오늘吉神	오늘神殺	육도환생처	축원인도불	오늘기도德	금일지옥명
生甲	路傍土	卯正東方	辰東南方	子正北方	申西南方	子正北方	伐벌	子 36	丑 미움	丑 중단	卯 깨짐	백호흑도	心심	開개	六白	翁옹	災재	손자	-	천귀*옥우	천마*지창	천화·태허	불도	정광여래	약사보살	도산지옥

칠성기도일	산신축원일	용왕축원일	조왕하강일	나한하강일	천도재	신굿	재수굿	용왕굿	조왕굿	병굿	고사	결혼	입학	투자	계약	등산	여행	이사	합방	이장	점안식	개업준공	신축상량	수술-침	서류제출	직원채용
◎	×	◎	◎	◎	◎	◎	◎	×	×	◎	◎	×	◎	×	×	◎	◎	×	×	×	◎	◎	×	◎	◎	×

(천도재~고사: 불공 제의식 吉한 행사일 / 결혼~직원채용: 吉凶 길흉 大小 일반 행사일)

당일 래정법

巳時 에 온사람은 건강문제, 관재구설로 운이 단단히 꼬여있음, 동업파탄 손재수

午時 에 온사람은 의욕충만, 두문제로 갈등사 갖고싶은 욕구, 직장문제, 취업문제

未時 에 온사람은 의욕과다, 뭐가 하고싶어서 왔다. 직장취업문제, 결혼문제

申時 온 사람은 골치 아픈일, 친구나 형제동업, 죽음, 배우자바람기, 불륜, 사비투쟁, 속 정리해야함

酉時 온 사람은 형제, 문서 화합운, 결혼, 경조사, 애정사, 궁합, 만남, 개업, 하극상 배신, 경쟁사로 물변

戌時 온 사람은 이동수 있는자, 가출, 이사나 직장변동, 사업체 변동수, 여행, 이별수, 관재구설

필히 피해야 할일

홍보광고 · 새작품제작 · 출품 · 새집들이 · 인수인계 · 씨뿌리기 · 질병치료 · 벌초 · 흙파기

백초귀장술의 오늘에 초사언

시간 점占 庚午공망-戌亥

子時	질병재앙, 자식 극, 관재근심, 도난 질책
丑時	사업손재, 육친이별, 질병침투 기도요망
寅時	사업손재, 금전융통, 불륜사, 가출, 이별
卯時	남녀색정사, 금전문제 여자도주 가출사
辰時	자선사업, 사업후원사, 질병재앙, 가출사
巳時	질병재앙, 관재구설, 재앙초래, 괴이사발생
午時	금전손실, 직장문제, 남편문제, 재해 도난
未時	사업후원문제, 금전융통, 가출문제
申時	원행 이동건, 직장취업문제, 승진문제
酉時	관직 발탁사, 금전문제, 극처사, 수술유의
戌時	재물손실, 가출건, 사업파산, 윗사람문제
亥時	자식 질병재앙, 사기손재, 도난, 함정 음란

오늘 행운 복권 운세

복권사면 좋은 띠는 용띠 ⑤⑩⑳

행운복권방은 집에서 동남쪽에 있는곳

申子辰生	북쪽문을 피하고, 서남쪽으로 이사하면 안 된다. 재수가 없고, 하는 일마다 꼬이고, 病苦 질병발생. 바람기 발동.
巳酉丑生	서쪽문을 피하고, 동남쪽으로 이사하면 안 된다. 재수가 없고, 하는 일마다 꼬이고, 病苦 질병발생. 바람기 발동.
寅午戌生	남쪽문을 피하고, 북동쪽으로 이사하면 안 된다. 재수가 없고, 하는 일마다 꼬이고, 病苦 질병발생. 바람기 발동.
亥卯未生	동쪽문을 피하고, 서북쪽으로 이사하면 안 된다. 재수가 없고, 하는 일마다 꼬이고, 病苦 질병발생. 바람기 발동.

운세풀이

子띠:이동수,우왕좌왕, 弱, 다툼	卯띠: 점점 일이 꼬임, 관재구설	午띠:최고운상승세, 두마음	酉띠: 만남,결실,화합,문서
丑띠:매사불편, 방해자,배신	辰띠:귀인상봉, 금전이득, 현금	未띠: 의욕과다, 스트레스큼	戌띠:이동수,이별수,변동 움직임
寅띠:해결신,시험합격, 풀림	巳띠: 매사꼬임,과거고생, 질병	申띠: 시급한 일, 뜻대로 안됨	亥띠: 빈주머니,걱정근심,사기

서기	2026年
단기	4359年
불기	2570年

丙午年 양력 08月 25日 음력 07月 13日 화요일

구성月반				구성日반			
	1	6	8A		4	9	2
	9	2	4		3	5	7
	5P	7	3		8P	1	6

時	日	月
辛	丙	丙
未	申	午

지장간	손방위	吉方	凶方
庚	남쪽	正東	正西

狗狼星 구랑성	괘		
天	☱☴	산택손	투자하는적시기, 후반 소원성취 중도장애좌절이후이득

己	戊	丁	丙	乙	甲	癸	壬	辛	庚	己	戊
亥	戌	酉	申	未	午	巳	辰	卯	寅	丑	子
욕	관	록	왕	쇠	병	사	묘	절	태	양	생

三甲순	육갑납음	대장군방	조객방	삼살방	상문방	세파방	오늘생극	오늘상충	오늘원진	오늘상천	오늘상파	황도길흉	28수성	건제12신	九星	결혼주당	이사주당	안장주당	복단일	오늘吉神	오늘吉神	오늘神殺	육도환생처	축원인도불	오늘기도德	금일지옥명
生甲	路傍土	卯正東方	辰東南方	子正北方	申西南方	子正北方	義의	丑 36	子 미움	子 중단	戌 깨짐	옥당황도	尾미	閉폐	五黃	堂당	師사	남자	-	금당일	대명*모창	혈지·산격	불도	정광여래	대세지보살	도산지옥

칠성기도일	산신축원일	용왕축원일	조왕하강일	나한하강일	천도재	신굿	재수굿	용왕굿	조왕굿	병굿	고사	결혼	입학	투자	계약	등산	여행	이사	합방	이장	점안식	개업준공	신축상량	수술-침	서류제출	직원채용
◎	◎	×	×	◎	◎	◎	◎	◎	◎	◎	◎	×	◎	×	×	◎	◎	×	×	◎	◎	◎	◎	-	◎	×

(천도재~고사: 불공 제의식 吉한 행사일 / 결혼~직원채용: 吉凶 길흉 大小 일반 행사일)

당일 래정법

巳時 에 온사람은 금전문제, 사업문제, 금전 구재건, 관직취직사, 속전속결이 유리

午時 에 온사람 건강문제, 관재구설로 운이 단단히 꼬여있음, 동업파탄 손재수

未時 에 온사람 금전사기, 허위문서로 관재, 교합사는 불성사, 이동수도 있음

申時 온 사람은 의욕과다, 뭐가 하고싶어서 왔다. 직장취업문제, 친구형제간 배신과 암해, 관재수

酉時 온 사람은 골치 아픈일, 형제동업, 죽음, 바람기, 불륜, 시비투쟁, 급속정리해야함, 청춘구직해

戌時 온 사람은 형제, 문서, 화합운, 결혼, 재혼, 경조사, 애정사, 궁합 만남, 개업 하극상 배신 구설수

필히 피해야 할일 홍보광고 • 새작품제작 • 출품 • 새집들이 • 인수인계 • 씨뿌리기 • 질병치료 • 동물들이기

백초귀장술의 오늘에 초사언

시간 점占 辛未공망-戌亥

子時	남녀색정사, 금전손해 실물수, 질병 관재
丑時	적의 침범사, 질병재앙, 자손상해, 가출
寅時	부인문제, 금전문제, 불륜 삼각관계
卯時	금전융통, 질병위급, 여자문제, 금전다툼
辰時	사업 후원문제, 육친이별, 다툼, 불륜배신
巳時	관직 발탁사, 금전문제, 남편명예사, 포상
午時	시작불리, 금전융통, 직장변동, 가출사
未時	금전의 암손, 여자문제, 질병침투, 도주
申時	파재, 상해, 도난, 극처사, 횡액주의
酉時	형제친구 도주사, 직장실직, 가출사
戌時	사업후원사, 질병 수술위급, 관청근심
亥時	직업권리 실직, 금전손재수, 가출사발생

오늘 행운 복권 운세

복권사면 좋은 띠는 뱀띠 ⑦⑰27
행운복권방은 집에서 남동쪽에 있는곳

申子辰生	북쪽문을 피하고, 서남쪽으로 이사하면 안 된다. 재수가 없고, 하는 일마다 꼬이고, 病苦 질병발생. 바람기 발동.
巳酉丑生	서쪽문을 피하고, 동남쪽으로 이사하면 안 된다. 재수가 없고, 하는 일마다 꼬이고, 病苦 질병발생. 바람기 발동.
寅午戌生	남쪽문을 피하고, 북동쪽으로 이사하면 안 된다. 재수가 없고, 하는 일마다 꼬이고, 病苦 질병발생. 바람기 발동.
亥卯未生	동쪽문을 피하고, 서북쪽으로 이사하면 안 된다. 재수가 없고, 하는 일마다 꼬이고, 病苦 질병발생. 바람기 발동.

8월

운세풀이

丑띠:이동수,우왕좌왕, 弱, 다툼	辰띠: 점점 일이 꼬임, 관재구설	未띠:최고운상승세, 두마음	戌띠: 만남,결실,화합,문서
寅띠:매사불편, 방해자,배신	巳띠:귀인상봉, 금전이득, 현금	申띠: 의욕과다, 스트레스큼	亥띠:이동수,이별수,변동 움직임
卯띠:해결신,시험합격, 풀림	午띠: 매사꼬임,과거고생, 질병	酉띠: 시급한 일, 뜻대로 안됨	子띠: 빈주머니,걱정근심,사기

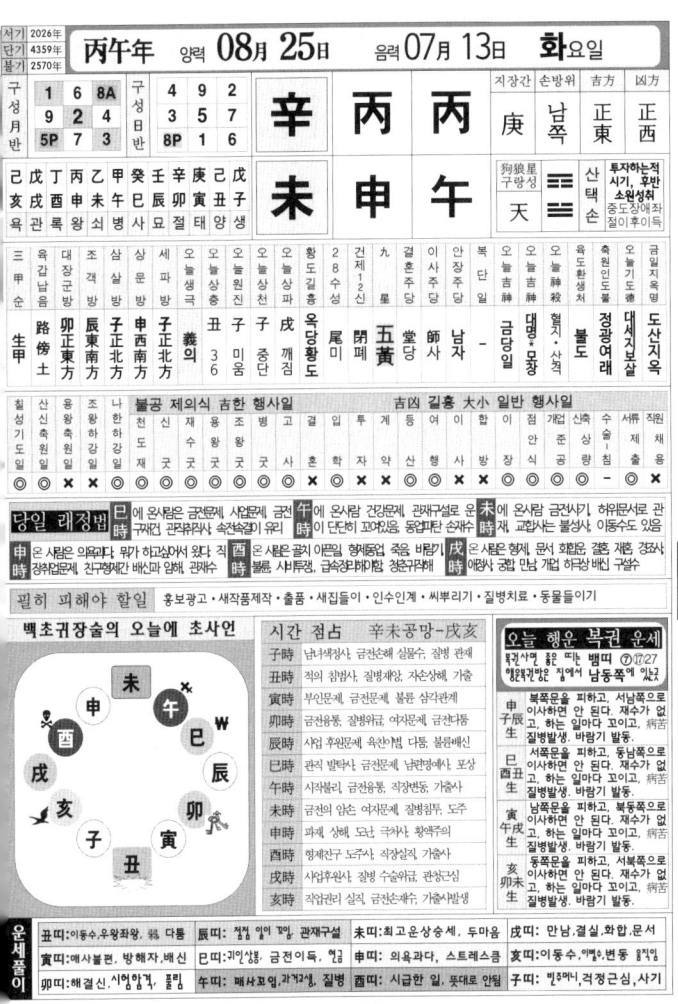

서기 2026年 / 단기 4359年 / 불기 2570年	丙午年	양력 08月 26日	음력 07月 14日	수요일

구성月반			구성日반			時	日	月	年
1	6	8A	3A	8	1	壬	丙	丙	
9	2	4	2	4	6	申	申	午	
5P	7	3	7P	9	5				

지장간	손방위	吉方	凶方
庚	남서	正北	正南

狗狼星 구랑성	괘	천지비	사방이막힘 불통, 거부, 부정, 실패 고난, 배신, 불화 손실

辛亥	庚戌	己酉	戊申	丁未	丙午	乙巳	甲辰	癸卯	壬寅	辛丑	庚子
록	관	욕	생	양	태	절	묘	사	병	쇠	왕

三甲순	육갑납음	대장군방	조객방	삼살방	상문방	세파방	오늘생극	오늘상충	오늘원진	오늘상천	오늘상파	황도길흉	28수성	건제12신	九星	결혼주당	이사주당	안장주당	오늘吉神	오늘吉神	神殺	오늘神殺	육도환생처	축원인도불	오늘기도德	금일지옥명
生甲	劍鋒金	卯正東方	辰東南方	子正北方	申西南方	子正北方	義의	寅 36	卯 미움	亥 중단	巳 깨짐	천뇌흑도	箕기	建건	四綠	姑고	富부	아버지	월기일	대명*왕일	-	패파·월건	인도	정광여래	아미보살	도산지옥

칠성기도일	산신축원일	용왕축원일	조왕하강일	나한하강일	천도재	신굿	재수굿	용왕굿	조왕굿	병굿	고사	결혼	입학	투자	계약	등산	여행	이사	합방	이장	점안식	개업준공	신축상량	수술-침	서류제출	직원채용
◎	◎	×	×	×	×	×	×	×	◎	◎	◎	×	◎	×	×	◎	◎	×	×	×	×	◎	◎	◎	◎	×

(불공 제의식 吉한 행사일: 천도재 ~ 고사 / 吉凶 길흉 大小 일반 행사일: 결혼 ~ 직원채용)

당일 래정법

巳時 에 온사람은 의욕없는자, 금전구재건 색정사로 다툼, 억울한 일 매사불성사

午時 에 온사람은 금전문제, 사업문제, 빚갱이모함, 관직취직사, 속전속결이 유리

未時 에 온사람 건강문제, 관재구설로 운이 단단히 꼬여있음, 남자는 불리, 손재수

申時 온 사람은 금전사기, 허위문서로 관재, 종교문제, 수술문제, 후원사는 유리함, 사고조심

酉時 온 사람은 의욕과다, 뭐가 하고싶어서 왔다. 직장취업문제, 친구형제간 배신, 시험합격여부

戌時 온 사람은 골치 아픈일, 형제동업, 죽음, 바람기, 불륜, 시비투쟁, 급속정리해야함, 청춘구직해

필히 피해야 할일 이날은 흑도와 월파일에 월기일, 패파, 대모 등 신살에 해당되어 매사 해롭고 불리한 날.

백초귀장술의 오늘에 초사언

시간 점占	壬申공망-戌亥
子時	금전손재수, 부인침해, 태아령 천도요망
丑時	사기도난, 파재, 실직사, 남편문제, 가출
寅時	파재, 관재, 적 침범사, 질병침투, 터부정
卯時	관록 당선에 방해자, 실수 탄로, 가출사
辰時	자손 시험합격, 불륜사, 질병재앙, 관재
巳時	금전융통, 여자문제, 불륜색정사, 가출사
午時	금전융통, 금전다툼, 극처사, 가출문제
未時	病환자, 직장실직, 남편문제, 불륜애정사
申時	금전암손, 부인문제, 형제친구사, 불륜사
酉時	윗사람 후원문제, 남녀색정사, 가출사건
戌時	색정사, 재물손실, 가출건, 질병침투, 관재
亥時	입상명예문제, 직장취업 승진문제, 가출

오늘 행운 복권 운세

복권사면 좋은 띠는 말띠 ⑤⑦22
행운복권방은 집에서 남쪽에 있는곳

申子辰生	북쪽문을 피하고, 서남쪽으로 이사하면 안 된다. 재수가 없고, 하는 일마다 꼬이고, 病苦질병발생. 바람기 발동.
巳酉丑生	서쪽문을 피하고, 동남쪽으로 이사하면 안 된다. 재수가 없고, 하는 일마다 꼬이고, 病苦질병발생. 바람기 발동.
寅午戌生	남쪽문을 피하고, 북동쪽으로 이사하면 안 된다. 재수가 없고, 하는 일마다 꼬이고, 病苦질병발생. 바람기 발동.
亥卯未生	동쪽문을 피하고, 서북쪽으로 이사하면 안 된다. 재수가 없고, 하는 일마다 꼬이고, 病苦질병발생. 바람기 발동.

운세풀이				
	寅띠: 이동수, 우왕좌왕, 弱 다툼	巳띠: 점점 일이 꼬임, 관재구설	申띠: 최고운상승세, 두마음	亥띠: 만남, 결실, 화합, 문서
	卯띠: 매사불편, 방해자, 배신	午띠: 귀인상봉, 금전이득, 현금	酉띠: 의욕과다, 스트레스큼	子띠: 이동수, 이별수, 변동 움직임
	辰띠: 해결신, 시험합격, 풀림	未띠: 매사꼬임, 과거고생, 질병	戌띠: 시급한 일, 뜻대로 안됨	丑띠: 빈주머니, 걱정근심, 사기

서기 2026年	단기 4359年	불기 2570年

丙午年 양력 08月 27日 음력 07月 15日 목요일 백중

구성월반

1	6	8A
9	2	4
5P	7	3

구성日반

2	7	9
1AP	3	5
6	8	4

時	日	月	年
癸	丙	丙	
酉	申	午	

지장간	손방위	吉方	凶方
庚	서쪽	正西	正東

癸	壬	辛	庚	己	戊	丁	丙	乙	甲	癸	壬
亥	戌	酉	申	未	午	巳	辰	卯	寅	丑	子
왕	쇠	병	사	묘	절	태	양	생	욕	관	록

狗狼星 구랑성: 寅艮卯方 午方後門

천지비: 사방이막힘 불통,거부, 부정,실패 고난,배신, 불화 손실

三甲순	육갑납음	대장군방	조객방	삼살방	상문방	세파방	오늘생극	오늘상충	오늘원진	오늘상천	오늘상파	황도길흉	28수성	건제12신	九星	결혼주당	이사주당	안장주당	복단일	神殺	神殺	오늘神殺	육도환생처	축원인도불	오늘기도德	금일지옥명
生甲	劍鋒金	卯正東方	辰東南方	子正北方	申西南方	子正北方	義의	卯 36	寅 미움	戌 중단	子 깨짐	현무흑도	斗두	除제	三碧	夫부	殺살	손님	음덕*관일	-	왕망·귀곡	구감·고초	귀도	정광여래	관음보살	도산지옥

칠성기도일	산신축원일	용왕축원일	조왕하강일	나한하강일	천도재	신굿	재수굿	용왕굿	조왕굿	병굿	고사	결혼	입학	투자	계약	등산	여행	이사	합방	이장	점안식	개업준공	신축상량	수술-침	서류제출	직원채용
◎	◎	×	×	×	◎	◎	◎	×	×	◎	◎	×	◎	×	×	◎	◎	×	×	×	◎	◎	◎	◎	◎	×

(불공 제의식 吉한 행사일: 천도재 ~ 고사 / 吉凶 길흉 大小 일반 행사일: 결혼 ~ 직원채용)

당일 래정법

巳時에 온사람은 허가 해결할 문제, 합격여부, 금전투자여부, 직장문제, 재혼은 굳

午時에 온사람은 의욕없는자, 금전구재건 색정사로 다툼, 억울한 일, 매사불성사

未時에 온사람 금전문제, 사업문제, 자식문제, 관직취직사, 속전속결이 유리

申時 온 사람은 건강문제, 관재구설로 운이 단단히 꼬여있음, 취업 승진문제, 딸자식문제, 손재수

酉時 온 사람은 두가지 문제 갈등사, 갖고싶은 욕구 강함, 새로운 일시작 진행함이 좋다. 우환질병

戌時 온 사람은 의욕과다, 뭔가 하고싶어서 왔다. 직장 취업문제, 친구형제간 배신, 시험합격여부

필히 피해야 할일

이날은 천적과 월파일에 천적, 오허, 검봉, 지화 등 신살에 해당되어 매사 해롭고 불리한 날.

백초귀장술의 오늘에 초사언

시간 점占 癸酉공망-戌亥

子時	직장근심, 사업손재수, 색정사, 도난도주
丑時	관재, 적 침범사, 질병침투, 불륜색정사
寅時	음란색정사, 불명예, 극처사, 재해 도난
卯時	질병침투, 색정사, 적 침범사, 가출사
辰時	직장실직, 금전융통, 남편문제, 화합사
巳時	재물과 부인문제, 질병재앙, 후원 발탁사
午時	금전융통, 남녀 색정사, 부부불화, 가출사
未時	육친이별문제, 구재이득, 우환질병, 관재
申時	어른 우환질병, 실직사, 도난, 가출사
酉時	금전 암손, 부인문제, 질병침투, 색정사
戌時	관직권리, 직장취업, 부부변심, 삼각관계
亥時	재앙불리, 음란색정사, 금전손실, 도난

오늘 행운 복권 운세

복권사면 좋은 띠는 양띠 ⑤⑩25
행운복권방은 집에서 남서쪽에 있다

申子辰生	북쪽문을 피하고, 서남쪽으로 이사하면 안 된다. 재수가 없고, 하는 일마다 꼬이고, 病苦 질병발생. 바람기 발동.
巳酉丑生	서쪽문을 피하고, 동남쪽으로 이사하면 안 된다. 재수가 없고, 하는 일마다 꼬이고, 病苦 질병발생. 바람기 발동.
寅午戌生	남쪽문을 피하고, 북동쪽으로 이사하면 안 된다. 재수가 없고, 하는 일마다 꼬이고, 病苦 질병발생. 바람기 발동.
亥卯未生	동쪽문을 피하고, 서북쪽으로 이사하면 안 된다. 재수가 없고, 하는 일마다 꼬이고, 病苦 질병발생. 바람기 발동.

운세풀이

卯띠:이동수,우왕좌왕, 弱, 다툼	午띠: 점점 일이 꼬임, 관재구설	酉띠:최고운상승세, 두마음	子띠: 만남,결실,화합,문서
辰띠:매사불편, 방해자,배신	未띠: 귀인상봉, 금전이득, 현금	戌띠: 의욕과다, 스트레스큼	丑띠:이동수,이별수,변동 움직임
巳띠:해결신,시험합격, 풀림	申띠: 매사꼬임,과거고생, 질병	亥띠: 시급한 일, 뜻대로 안됨	寅띠: 빈주머니,걱정근심,사기

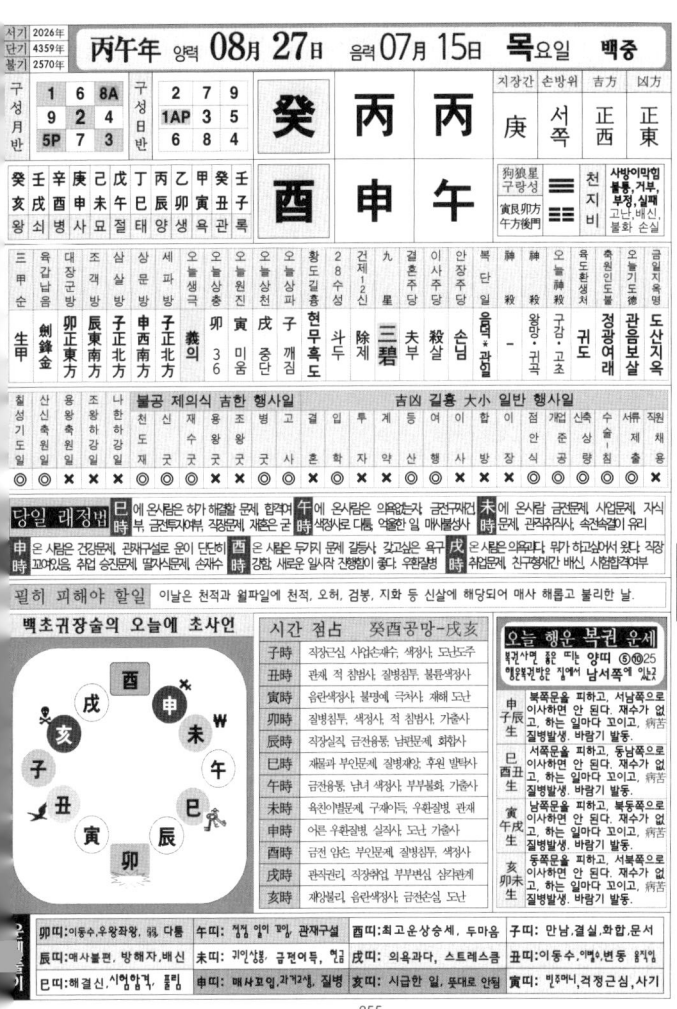

8월

서기	2026年
단기	4359年
불기	2570年

丙午年 양력 08月 28日 음력 07月 16日 금요일

구성月반				구성日반			
	1	6	8A		1P	6	8A
	9	2	4		9	2	4
	5P	7	3		5	7	3

時	日	月	年
甲	丙	丙	
戊	申	午	

지장간	손방위	吉方	凶方
庚	서북	正南	正北

乙	甲	癸	壬	辛	庚	己	戊	丁	丙	乙	甲
亥	戌	酉	申	未	午	巳	辰	卯	寅	丑	子
생	양	태	절	묘	사	병	쇠	왕	록	관	욕

狗狼星 구랑성	神廟 州縣
☰ ☷	천지비

사방이막힘 불통, 거부, 부정, 실패 고난, 배신, 불화 손실

三甲순	육갑납음	대장군방	조객방	삼살방	상문방	세파방	오늘생극	오늘상충	오늘원진	오늘상천	오늘상파	황도길흉	28수성	건제12신	九星	결혼주당	이사주당	안장주당	복단일	대공망일	神殺일	오늘神殺	육도환생처	축원인도불	오늘기도德	금일지옥명
死甲	山頭火	卯正東方	辰東南方	子正北方	申西南方	子正北方	制제	辰 36	巳 미움	酉 중단	未 깨짐	사명황도	牛우	滿만	二黑	廚주	害해	며느리	모창*수일	대공망일	천적·수격	구공·염대	축도	정광여래	미륵보살	도산지옥

					불공 제의식 吉한 행사일							吉凶 길흉 大小 일반 행사일														
칠성기도일	산신축원일	용왕축원일	조왕하강일	나한하강일	천도재	신굿	재수굿	용왕굿	조왕굿	병굿	고사	결혼	입학	투자	계약	등산	여행	이사	합방	이장	점안식	개업준공	신축상량	수술-침	서류제출	직원채용
◎	◎	×	×	◎	◎	◎	◎	◎	◎	◎	◎	◎	◎	×	×	◎	◎	×	×	×	◎	◎	◎	◎	◎	×

당일 래정법

巳時 에 온사람은 방해자, 배신사, 의욕상실 매사 지체불리함, 창업은 불리함

午時 에 온사람은 허가 해결할 문제, 합격여부, 금전투자여부, 직장문제, 재혼

未時 에 온사람 의욕없는자, 금전구재건, 색정사로 다툼, 억울한 일, 매사불성사

申時 온 사람은 금전문제, 사업문제, 관직취직사, 관재로 얽히게 됨, 속전속결이 유리

酉時 온 사람은 건강문제, 관재구설로 운이 단단히 꼬여있음, 취업 승진문제, 남자문제, 손재수

戌時 온 사람은 두가지 문제 갈등사, 갖고싶은 욕구 강함, 새로운 일시작 진행함이 좋다. 우환질병

필히 피해야 할일

동물들이기 • 농기구 다루기 • 기계수리 • 수렵 • 승선 • 낚시 • 어로작업 • 요트타기 • 위험놀이기구

백초귀장술의 오늘에 초사언

시간 점占 甲戌공망-申酉

子時	어린자식 질병사, 사업불리, 태아령천도
丑時	귀인발탁, 직장사, 구재이득, 질병침투
寅時	직장취업, 직위변동, 가출사, 질병침투
卯時	재물손실, 융통불리, 남녀색정사, 질병
辰時	질병재앙, 적의 침범사, 재물손실, 도난
巳時	자식문제, 직장실직, 부부불화, 망신실수
午時	관재구설, 자식, 직업문제, 화재주의
未時	금전융통, 관청근심, 삼각관계, 가출문제
申時	금전문제, 가출자, 원행 이동수, 손재수
酉時	손해사발생, 직장실직, 부부변심, 질병위급
戌時	금전 암손, 사업문제, 여자문제, 가출사
亥時	금전무리투자, 도난, 자식질병, 태아령

오늘 행운 복권 운세

복권사면 좋은 띠는 **원숭띠** ⑨19, 29
행운복권방은 집에서 **서남쪽**에 있는곳

申子辰生	북쪽문을 피하고, 서남쪽으로 이사하면 안 된다. 재수가 없고, 하는 일마다 꼬이고, 病苦 질병발생. 바람기 발동.
巳酉丑生	서쪽문을 피하고, 동남쪽으로 이사하면 안 된다. 재수가 없고, 하는 일마다 꼬이고, 病苦 질병발생. 바람기 발동.
寅午戌生	남쪽문을 피하고, 북동쪽으로 이사하면 안 된다. 재수가 없고, 하는 일마다 꼬이고, 病苦 질병발생. 바람기 발동.
亥卯未生	동쪽문을 피하고, 서북쪽으로 이사하면 안 된다. 재수가 없고, 하는 일마다 꼬이고, 病苦 질병발생. 바람기 발동.

운세풀이

辰띠:이동수,우왕좌왕, 弱, 다툼	未띠: 점점 일이 꼬임, 관재구설	戌띠:최고운상승세, 두마음	丑띠: 만남,결실,화합,문서
巳띠:매사불편, 방해자,배신	申띠: 귀인상봉, 금전이득, 현금	亥띠: 의욕과다, 스트레스큼	寅띠:이동수,이별수,변동 움직임
午띠:해결신,시험합격, 풀림	酉띠: 매사꼬임,과거고생, 질병	子띠: 시급한 일, 뜻대로 안됨	卯띠: 빈주머니,걱정근심,사기

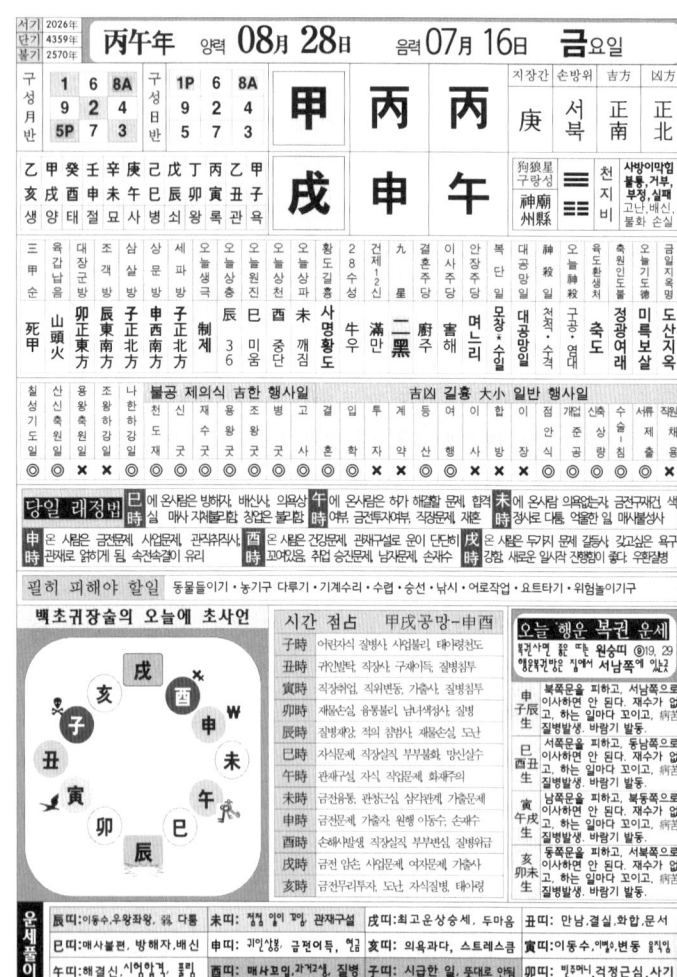

서기	2026年
단기	4359年
불기	2570年

丙午年 양력 08月 29日 음력 07月 17日 토요일

구성월반				구성일반			
	1	6	8A		9P	5	7
	9	2	4		8	1	3
	5P	7	3		4	6A	2

丁	丙	乙	甲	癸	壬	辛	庚	己	戊	丁	丙
亥	戌	酉	申	未	午	巳	辰	卯	寅	丑	子
사	묘	절	태	양	생	욕	관	록	왕	쇠	병

乙	丙	丙
亥	申	午

지장간	손방위	吉方	凶方
庚	북쪽	正東	正西

狗狼星 구랑성	寺觀 절사관
☰ ☷	천지비

사방이막힘 불통, 거부, 부정, 실패 고난, 배신, 불화 손실

三甲순	육갑납음	대장군방	조객방	삼살방	상문방	세파방	오늘생극	오늘상충	오늘원진	오늘상천	오늘상파	황도길흉	28수성	건제12신	九星	결혼주당	이사주당	안장주당	대공망일	오늘吉神	神殺	오늘神殺	육도환생처	축원인도불	오늘기도德	금일지옥명
死甲	山頭火	卯正東方	辰東南方	子正北方	申西南方	子正北方	義의	巳 36	辰 미움	申 중단	寅 깨짐	구진흑도	女여	平평	一白	婦부	天천	어머니	대공망일	지덕*상일	천강·유화	월해·독화	옥도	정광여래	여래보살	도산지옥

칠성기도일	산신축원일	용왕축원일	조왕하강일	나한하강일	불공 제의식 吉한 행사일							吉凶 길흉 大小 일반 행사일													
					천도재	신굿	재수굿	용왕굿	조왕굿	병굿	고사	결혼	입학	투자	계약	등산	여행	이사	합방	이장	점안식	개업준공	신축상량	수술-침	서류제출	직원채용
◎	◎	×	◎	◎	◎	◎	◎	×	◎	◎	◎	×	×	×	×	◎	◎	×	×	×	×	×	×	◎	-	×

당일 래정법

巳時 에 온사람은 자식문제, 직장변동수, 터부정, 관재구설 시비 다툼주의 범길주의

午時 에 온사람은 방해자, 배신사, 의욕상실, 매사 지체불리함, 금전 의혹문제,

未時 에 온사람 하가 해결할 문제, 급성질환 불길, 주식투자여부, 직장문제, 매매건

申時 온 사람은 의욕없는자, 직장실직문제, 취업시험불리, 색정사, 억울한 일, 매사불성사

酉時 온 사람은 금전문제, 사업문제, 관직취직사, 관재로 얽히게 됨, 속전속결 유리, 남편자출

戌時 온 사람은 건강문제, 관재구설로 운이 단단히 꼬여있음, 취업 승진문제, 자식문제, 손재수

필히 피해야 할일 소장제출 · 항소 · 손님초대 · 神物, 佛象안치 · 씨뿌리기 · 건축수리 · 흙 다루고 땅 파는 일

백초귀장술의 오늘에 초사언

시간 점占 乙亥공망-申酉

子時	상부발탁사, 관직입사, 음란색정사, 도난
丑時	적의 침범사, 질병위급, 삼각관계, 도망
寅時	재물취득, 부인문제, 관직변동, 간사 情夫
卯時	직장취업, 이동사, 가출문제, 형제친구사
辰時	재물융통, 질병재발, 부부다툼, 극처사
巳時	이동사, 삼각 색정사, 직장실직, 터부정
午時	질병재앙, 자식문제, 직장실직, 재해 도난
未時	금전융통, 구재이득, 여자문제 자연해소
申時	재물손실, 우환질병, 불명예, 색정사, 가출
酉時	금전문제, 가출사, 삼각관계, 관재, 질병
戌時	자살귀 침범, 구재불가, 질병고통, 이별사
亥時	금전암손, 여자문제, 사업후원사, 질병침투

오늘 행운 복권 운세

복권사면 좋은 띠는 **닭띠** ④⑨ 24, 행운복권방은 집에서 **서쪽**에 있는곳

申子辰生	북쪽문을 피하고, 서남쪽으로 이사하면 안 된다. 재수가 없고, 하는 일마다 꼬이고, 病苦 질병발생. 바람기 발동.
巳酉丑生	서쪽문을 피하고, 동남쪽으로 이사하면 안 된다. 재수가 없고, 하는 일마다 꼬이고, 病苦 질병발생. 바람기 발동.
寅午戌生	남쪽문을 피하고, 북동쪽으로 이사하면 안 된다. 재수가 없고, 하는 일마다 꼬이고, 病苦 질병발생. 바람기 발동.
亥卯未生	동쪽문을 피하고, 서북쪽으로 이사하면 안 된다. 재수가 없고, 하는 일마다 꼬이고, 病苦 질병발생. 바람기 발동.

운세풀이

巳띠:이동수,우왕좌왕, 弱, 다툼	申띠: 점점 일이 꼬임, 관재구설	亥띠:최고운상승세, 두마음	寅띠: 만남,결실,화합,문서
午띠:매사불편, 방해자,배신	酉띠: 귀인상봉, 금전이득, 현금	子띠: 의욕과다, 스트레스큼	卯띠:이동수,이별수,변동 움직임
未띠:해결신,시험합격, 풀림	戌띠: 매사꼬임,과거고생, 질병	丑띠: 시급한 일, 뜻대로 안됨	辰띠: 빈주머니,걱정근심,사기

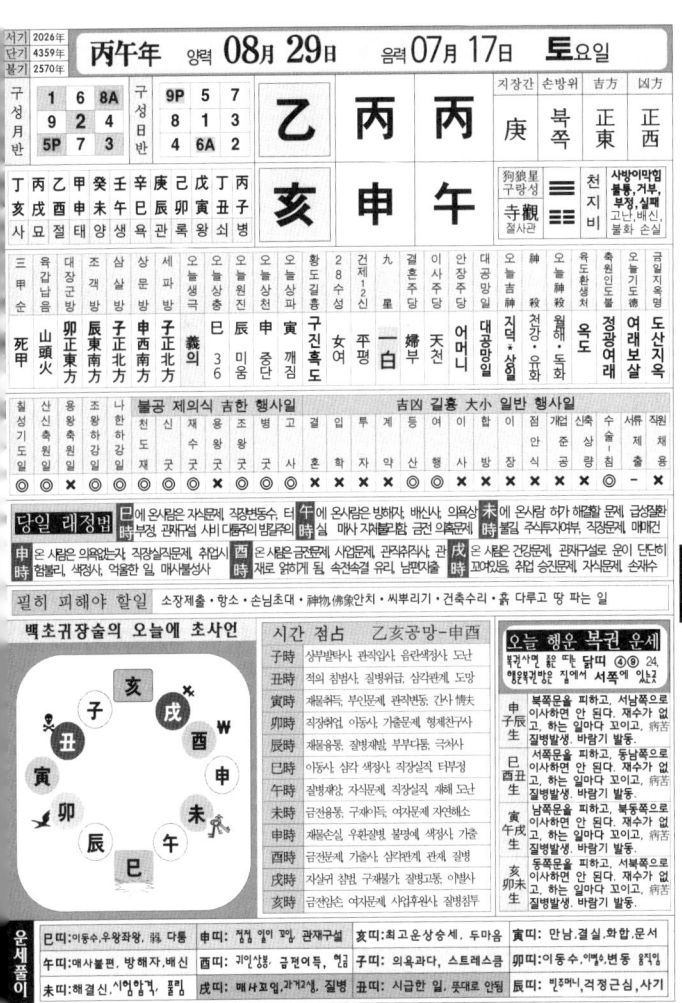

8월

서기	2026年
단기	4359年
불기	2570年

丙午年 양력 **08月 30日** 음력 07月 18日 **일**요일

구성월반				구성일반			
	1	6	8A		8	4AP	6
	9	2	4		7	9	2
	5P	7	3		3	5	1

丙	丙	丙
子	申	午

지장간	손방위	吉方	凶方
庚	북동	正北	正南

狗狼星 구랑성	中庭 마당중앙	☰ ☷	천지비	사방이막힘 불통, 거부, 부정, 실패 고난, 배신, 불화 손실

己	戊	丁	丙	乙	甲	癸	壬	辛	庚	己	戊
亥	戌	酉	申	未	午	巳	辰	卯	寅	丑	子
절	묘	사	병	쇠	왕	록	관	욕	생	양	태

三甲순	육갑납음	대장군방	조객방	삼살방	상문방	세파방	오늘생극	오늘상충	오늘원진	오늘상천	오늘상파	황도길흉	28수성	건제12신	九星	결혼주당	이사주당	안장주당	오늘吉神	오늘吉神	神殺일	오늘神殺	육도환생처	축원인도불	오늘기도德	금일지옥명
死甲	澗下水	卯正東方	辰東南方	子正北方	申西南方	子正北方	伐벌	午 36	未 미움	未 중단	酉 깨짐	청룡황도	虛허	定정	九紫	竈조	利이	여자	복단일	삼합일	-	사기·관부	천도	지장보살	아미보살	발설지옥

칠성기도일	산신축원일	용왕축원일	조왕하강일	나한하강일	불공 제의식 吉한 행사일						吉凶 길흉 大小 일반 행사일															
					천도재	신굿	재수굿	용왕굿	조왕굿	병굿	고사	결혼	입학	투자	계약	등산	여행	이사	합방	이장	점안식	개업준공	신축상량	수술-침	서류제출	직원채용
◎	×	×	×	×	◎	◎	◎	×	×	◎	◎	◎	◎	×	◎	◎	◎	×	◎	×	◎	◎	◎	◎	◎	◎

당일 래정법

巳時에 온사람은 직장실직건, 친구나 형제문제, 관송사, 실업자, 빈주머니
午時에 온사람은 이동변동수, 터부정, 하극상모함사건, 자식문제, 차사고
未時에 온사람은 방해자, 배신사, 가족간시비, 매사 지체불리함, 도전 창업은 불리
申時 온 사람은 관직 취직문제, 결혼 경조사, 한가지씩 해결됨, 시험은 합격됨 허가건도 승인남 귀인도움
酉時 온 사람은 외정색정사, 불륜사, 관재로 발전 딸 문제발생, 여자로인해 돈모난, 창업불리
戌時 온 사람은 남자문제 부동산매매 금전문제, 주식투자문제, 재물구재사, 여자화합건 건강질병과 빛때문 괴로움

필히 피해야 할일	신상출고·제품제작·친구초대·계약매매·문 만들기·벌초·씨뿌리기·나무심기·흙 파는일.

백초귀장술의 오늘에 초사언

시간 점占	丙子공망-申酉
子時	돈이나 처를 극, 자식病 흉, 태이령천도
丑時	금전융통, 새일시작, 우환질병, 가출문제
寅時	사업곤란, 병재 재난, 도난 원한 喪服
卯時	사업후원사, 부부화합사, 여자 가출사
辰時	자식문제, 직장실직, 질병침투, 가출사
巳時	관직 명예사, 가정불안, 도난, 손재수
午時	남녀투쟁 다툼, 처를 극, 질병위급, 수술
未時	집안잡귀침투, 자식문제, 직장실직, 질병
申時	선거자유리, 금전융통, 여자문제, 도망
酉時	금전융통, 관청근심, 삼각관계, 가출문제
戌時	자식문제, 직장실직, 질병침투, 가출사
亥時	파재, 극처사, 관송사 분쟁, 가출문제

오늘 행운 복권 운세

복권사면 좋은 띠는 **개띠** ⑩⑳ 30
행운복권방은 집에서 **서북쪽에** 있는곳

申子辰生	북쪽문을 피하고, 서남쪽으로 이사하면 안 된다. 재수가 없고, 하는 일마다 꼬이고, 病苦 질병발생. 바람기 발동.
巳酉丑生	서쪽문을 피하고, 동남쪽으로 이사하면 안 된다. 재수가 없고, 하는 일마다 꼬이고, 病苦 질병발생. 바람기 발동.
寅午戌生	남쪽문을 피하고, 북동쪽으로 이사하면 안 된다. 재수가 없고, 하는 일마다 꼬이고, 病苦 질병발생. 바람기 발동.
亥卯未生	동쪽문을 피하고, 서북쪽으로 이사하면 안 된다. 재수가 없고, 하는 일마다 꼬이고, 病苦 질병발생. 바람기 발동.

운세풀이

午띠:이동수,우왕좌왕, 弱福 다툼	酉띠: 점점 일이 꼬임, 관재구설	子띠:최고운상승세, 두마음	卯띠: 만남,결실,화합,문서
未띠:매사불편, 방해자,배신	戌띠:귀인상봉, 금전이득, 현금	丑띠: 의욕과다, 스트레스큼	辰띠:이동수,이별수,변동 움직임
申띠:해결신,시험합격, 풀림	亥띠: 매사꼬임,과거고생, 질병	寅띠: 시급한 일, 뜻대로 안됨	巳띠: 빈주머니,걱정근심,사기

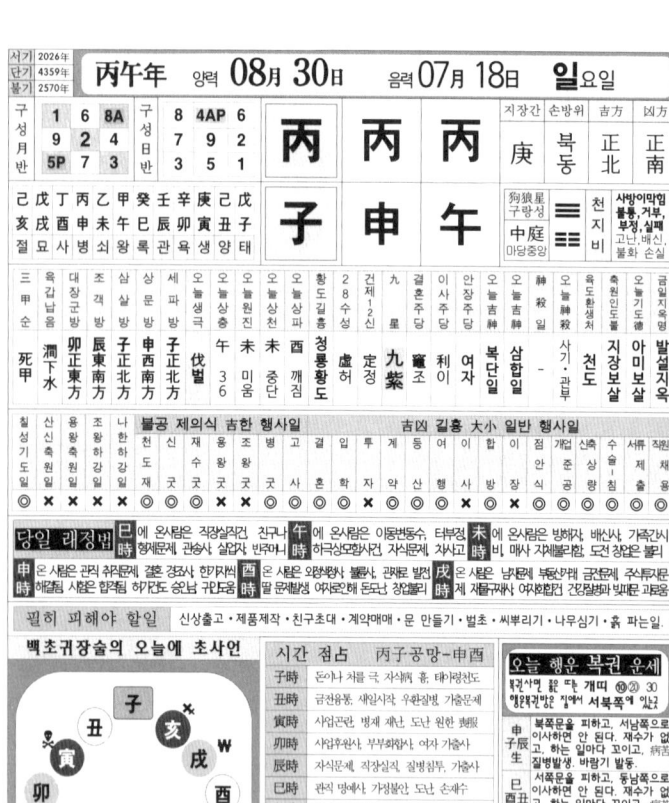

서기	2026年
단기	4359年
불기	2570年

丙午年 양력 08月 31日 음력 07月 19日 월요일

구성月반			구성日반		
1	6	8A	7	3	5P
9	2	4	6	8	1
5P	7	3	2A	4	9

時	日	月	年
丁	丙	丙	
丑	申	午	

지장간	손방위	吉方	凶方
庚	無	正西	正東

辛	庚	己	戊	丁	丙	乙	甲	癸	壬	辛	庚
亥	戌	酉	申	未	午	巳	辰	卯	寅	丑	子
태	양	생	욕	관	록	왕	쇠	병	사	묘	절

狗狼星 구랑성	寅方 廚井
☰ ☷	천지비
사방이막힘 불통, 거부, 부정, 실패 고난, 배신, 불화 손실	

三甲순	육갑납음	대장군방	조객방	삼살방	상문방	세파방	오늘생극	오늘상충	오늘원진	오늘상천	오늘상파	황도길흉	28수성	건제12신	九星	결혼주당	이사주당	안장주당	천구하식	복단일	神殺일	오늘神殺	육도환생처	축원인도불	오늘기도德	금일지옥명
死甲	澗下水	卯正東方	辰東南方	子正北方	申西南方	子正北方	寶보	未 36	午 미움	午 중단	辰 깨짐	명당황도	危위	執집	八白	第제	安안	死	월덕합	모창*지덕	수사·귀기	라강·소모	천도	지장보살	보현보살	발설지옥

칠성기도일	산신축원일	용왕축원일	조왕하강일	나한하강일	천도재	신굿	재수굿	용왕굿	조왕굿	병굿	고사	결혼	입학	투자	계약	등산	여행	이사	합방	이장	점안식	개업준공	신축상량	수술-침	서류제출	직원채용
					불공 제의식 吉한 행사일							吉凶 길흉 大小 일반 행사일														
×	×	×	×	◎	◎	×	×	×	×	◎	◎	×	◎	×	×	◎	◎	◎	×	×	◎	◎	×	◎	◎	×

당일 래정법

巳時 에 온사람은 이동수 있는자, 이사 직장변동, 사업체 변동수, 창업불리

午時 에 온사람은 취업문제, 창업문제, 빈주머니, 헛 공사, 부부불화 원망 이별

未時 에 온사람은 남녀간다툼 이동변동수, 터부정, 관재구설, 배신, 교통사고주의

申時 온 사람은 방해자, 배신사, 의욕상실, 취업 승진 매사지체불리함, 창업손실, 손해손재수

酉時 온 사람은 새 일 자식문제, 급처리문제, 처음엔 해결되는 듯하나 후 불리함 시험합격됨

戌時 온 사람은 의욕없는 자, 하극상 배신사, 억울한일 외정색정사, 불륜사 문제, 관재로 발전, 취직문제

필히 피해야 할일 출판출고 · 책만들기 · 지출 · 취임식 · 출항 · 어로작업 · 승선 · 바다낚시 · 머리자르기

백초귀장술의 오늘에 초사언

시간 점占 丁丑공망-申酉

子時	자식문제, 관재구설, 급질병, 도난 원수
丑時	금전 암손, 사업문제, 여자문제, 가출사
寅時	사업시작, 후원사, 화합사, 불륜색정사
卯時	질병침투, 적 침범사, 여자 삼각관계
辰時	사업 후원사, 자식문제, 귀농유리, 취업
巳時	금전손실, 여자문제, 관송사, 가출사
午時	매사 불성, 골육이별, 가출사, 사기도난
未時	직장실직, 우환질병 가출사 자손사 하극상
申時	재물손실, 극처사, 가출사, 재해, 도난
酉時	금전융통, 여자문제, 색정사, 금전손실
戌時	관청근심, 불륜색정사, 가출, 도난 상해
亥時	금전문제, 입상 명예문제, 원행 이동수

오늘 행운 복권 운세

복권사면 좋은 띠는 **돼지띠** ⑪⑯31
행운복권방은 집에서 **북서쪽에** 있는곳

申子辰生	북쪽문을 피하고, 서남쪽으로 이사하면 안 된다. 재수가 없고, 하는 일마다 꼬이고, 病苦 질병발생. 바람기 발동.
巳酉丑生	서쪽문을 피하고, 동남쪽으로 이사하면 안 된다. 재수가 없고, 하는 일마다 꼬이고, 病苦 질병발생. 바람기 발동.
寅午戌生	남쪽문을 피하고, 북동쪽으로 이사하면 안 된다. 재수가 없고, 하는 일마다 꼬이고, 病苦 질병발생. 바람기 발동.
亥卯未生	동쪽문을 피하고, 서북쪽으로 이사하면 안 된다. 재수가 없고, 하는 일마다 꼬이고, 病苦 질병발생. 바람기 발동.

운세풀이

未띠: 이동수, 우왕좌왕, 弱, 다툼	戌띠: 점점 일이 꼬임, 관재구설	丑띠: 최고운상승세, 두마음	辰띠: 만남, 결실, 화합, 문서
申띠: 매사불편, 방해자, 배신	亥띠: 귀인상봉, 금전이득, 현금	寅띠: 의욕과다, 스트레스큼	巳띠: 이동수, 이별수, 변동 움직임
酉띠: 해결신, 시험합격, 풀림	子띠: 매사꼬임, 과거고생, 질병	卯띠: 시급한 일, 뜻대로 안됨	午띠: 빈주머니, 걱정근심, 사기

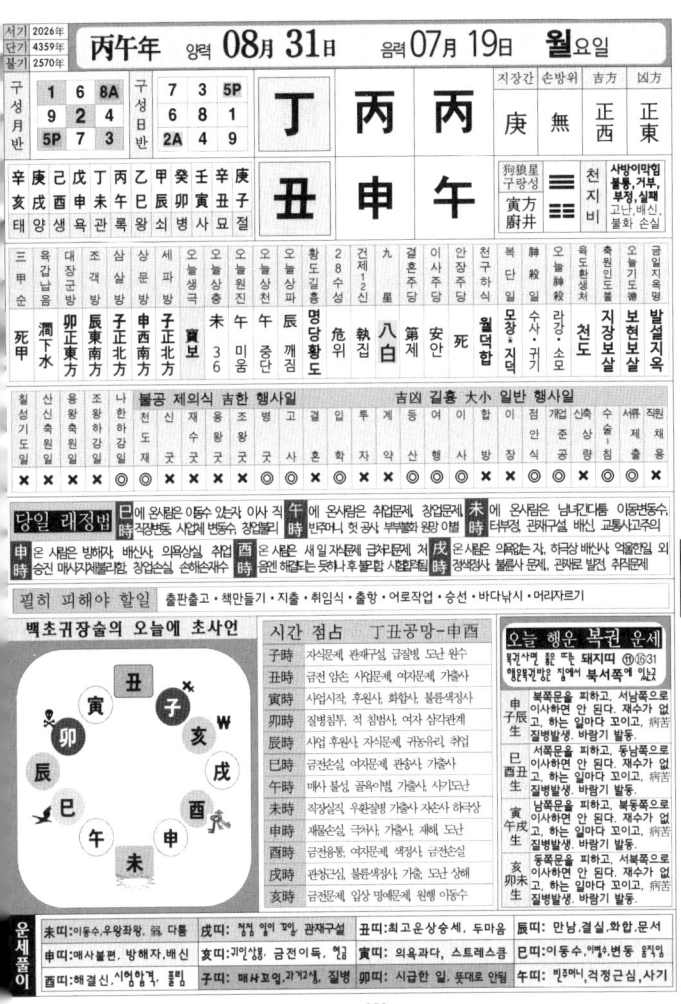

8월

서기	2026年
단기	4359年
불기	2570年

丙午年 양력 09月 01日 음력 07月 20日 화요일

구성월반				구성일반			
	1	6	8A		6	2	4P
	9	2	4		5	7	9A
	5P	7	3		1	3	8

戊	丙	丙
寅	申	午

지장간	손방위	吉方	凶方
庚	無	正南	正北

狗狼星 구랑성 / 東北方 동북방

손위풍 — 바람불어 불안한상태 공손이유리 우왕좌왕 험난의시기

癸	壬	辛	庚	己	戊	丁	丙	乙	甲	癸	壬
亥	戌	酉	申	未	午	巳	辰	卯	寅	丑	子
절	묘	사	병	쇠	왕	록	관	욕	생	양	태

三甲순	육갑납음	대장군방	조객방	삼살방	상문방	세파방	오늘생극	오늘상충	오늘원진	오늘상천	오늘상파	황도길흉	28수성	건제12신	九星	결혼주당	이사주당	안장주당	복단일	오늘吉神	神殺	오늘神殺	육도환생처	축원인도불	오늘기도德	금일지옥명
死甲	城頭土	卯正東方	辰東南方	子正北方	申西南方	子正北方	伐벌	申 36	酉 미움	巳 중단	亥 깨짐	천형흑도	室실	破파	七赤	翁옹	災재	손자	복단일	천후*역마	월파일	월형·천격	인도	지장보살	약사보살	발설지옥

칠성기도일	산신축원일	용왕축원일	조왕하강일	나한하강일	불공 제의식 吉한 행사일							吉凶 길흉 大小 일반 행사일														
					천도재	신굿	재수굿	용왕굿	조왕굿	병굿	고사	결혼	입학	투자	계약	등산	여행	이사	합방	이장	점안식	개업준공	신축상량	수술-침	서류제출	직원채용
×	×	×	×	×	×	×	×	×	×	×	×	×	–	×	×	◎	×	◎	×	×	×	×	×	◎	◎	×

당일 래정법

巳時 에 온사람은 문서구입, 회합사, 결혼, 재혼, 경조사, 애정사, 궁합, 후원, 개업

午時 에 온사람은 이동수 있는자, 이사나 직장변동, 친구나 형제 사업체변동수

未時 에 온사람은 금전사기, 실업자, 색정사 들통, 빈주머니, 헛수고, 문서모난사, 매사불성

申時 온 사람은 매매 이동변동수, 직장변동수, 터 부정, 사기, 허위문서, 다툼주의, 차사고 주의

酉時 온 사람은 질병과 자식문제 방해자, 배신사, 관송사, 취업 승진 매사 지체불리함

戌時 온 사람은 자식문제, 하극상으로 배신사, 해결되는 듯 하나 후 불리함, 시험 합격됨, 허가건 승인됨, 관재

필히 피해야 할일 봉사활동 · 새집들이 · 출장 · 손님초대 · 시험관인공수정 · 성형수술 · 수혈 · 흙 다루고 땅파는 일

백초귀장술의 오늘에 초사언

시간 점占 戊寅공망-申酉

子時	금전융통, 부인문제, 자식질병, 관재구설
丑時	재물파산, 권리박탈, 부인문제, 가출건
寅時	금전 암손, 여자문제, 가출사, 여행 凶
卯時	남편문제, 직장취업, 색정사, 가출사
辰時	매사불성, 금전손실, 사업파산, 속 중단
巳時	입상 명예사, 직장승진, 금전기쁨, 관청
午時	금전손실 다툼, 사업이동, 가출, 처를 극
未時	집안잡귀침투, 처첩, 색정사, 가출문제
申時	침범사, 질병재앙, 가출사, 직장실직
酉時	금전손실, 직장실직, 가출사, 배신음모
戌時	사업후원사, 취업문제, 육친문제, 수술유의
亥時	금전손실, 도난 상해, 이별사, 가출사

오늘 행운 복권 운세

복권사면 좋은 띠는 **쥐띠** ①⑥⑯
행운복권방은 집에서 **북쪽**에 있는곳

申子辰生	북쪽문을 피하고, 서남쪽으로 이사하면 안 된다. 재수가 없고, 하는 일마다 꼬이고, 病苦 질병발생. 바람기 발동.
巳酉丑生	서쪽문을 피하고, 동남쪽으로 이사하면 안 된다. 재수가 없고, 하는 일마다 꼬이고, 病苦 질병발생. 바람기 발동.
寅午戌生	남쪽문을 피하고, 북동쪽으로 이사하면 안 된다. 재수가 없고, 하는 일마다 꼬이고, 病苦 질병발생. 바람기 발동.
亥卯未生	동쪽문을 피하고, 서북쪽으로 이사하면 안 된다. 재수가 없고, 하는 일마다 꼬이고, 病苦 질병발생. 바람기 발동.

운세풀이

申띠: 이동수, 우왕좌왕, 弱, 다툼	亥띠: 점점 일이 꼬임, 관재구설	寅띠: 최고운상승세, 두마음	巳띠: 만남, 결실, 화합, 문서
酉띠: 매사불편, 방해자, 배신	子띠: 귀인상봉, 금전이득, 현금	卯띠: 의욕과다, 스트레스큼	午띠: 이동수, 이별수, 변동 움직임
戌띠: 해결신, 시험합격, 풀림	丑띠: 매사꼬임, 과거고생, 질병	辰띠: 시급한 일, 뜻대로 안됨	未띠: 빈주머니, 걱정근심, 사기

서기 2026年	단기 4359年	불기 2570年

丙午年 양력 09月 02日 음력 07月 21日 수요일

구성월반				구성일반		
	1	6	8A		5	1	3
	9	2	4		4	6	8P
	5P	7	3		9	2	7A

시	일	월
己	丙	丙
卯	申	午

지장간	손방위	吉方	凶方
庚	동쪽	正東	正西

狗狼星 구랑성	☴	손위풍	바람불어 불안한상태
僧尼寺觀 後門	☴		공손이유리 우왕좌왕 험난의시기

乙	甲	癸	壬	辛	庚	己	戊	丁	丙	乙	甲
亥	戌	酉	申	未	午	巳	辰	卯	寅	丑	子
태	양	생	욕	관	록	왕	쇠	병	사	묘	절

三甲순	육갑납음	대장군방	조객방	삼살방	상문방	세파방	오늘생극	오늘상충	오늘원진	오늘상천	오늘상파	황도길흉	28수성	건제12신	九星	결혼주당	이사주당	안장주당	복단일	오늘吉神	神殺	오늘神殺	육도환생처	축원인도불	오늘기도德	금일지옥명
死甲	城頭土	卯正東方	辰東南方	子正北方	申西南方	子正北方	伐벌	酉 36	申 미움	辰 중단	午 깨짐	주작흑도	壁벽	危위	六白	堂당	師사	남자	대명*용덕	천은*익후	피마·검봉	천리·토부	귀도	지장보살	문수보살	발설지옥

					불공 제의식 吉한 행사일							吉凶 길흉 大小 일반 행사일														
칠성기도일	산신축원일	용왕축원일	조왕하강일	나한하강일	천도재	신굿	재수굿	용왕굿	조왕굿	병굿	고사	결혼	입학	투자	계약	등산	여행	이사	합방	이장	점안식	개업준공	신축상량	수술-침	서류제출	직원채용
×	◎	×	◎	◎	◎	◎	◎	◎	◎	◎	◎	×	◎	×	×	◎	◎	×	×	×	◎	◎	×	◎	◎	×

당일 래정법

巳時에 온사람은 모함과 구설로 골치 아픔 가내환자, 바람기, 직장해고위험

午時에 온사람은 문서 화합운, 결혼, 재혼 경조사, 궁합, 문서이동, 부모문제, 잔병

未時에 온사람은 이동수 있는자, 이사나 직장변동, 자식문제 변동수, 여행, 이별

申時온 사람은 허위문서, 실업자, 쉬고있는자, 빈 주머니, 헛 공사, 사기모함 · 도난사, 매사불성

酉時온 사람은 매매 이동변동수, 터부정, 관재구설, 사기, 허위문서, 우환질병, 차사고주의

戌時온 사람은 색정사 배신문제 방해자, 배신사, 의욕상실, 관재구설, 취업 승진 매사 지체불리함

필히 피해야 할일 입주 • 새집들이 • 친목회 • 문서파기 • 창고수리 • 건축수리 • 기둥세우기 • 장담그기

백초귀장술의 오늘에 초사언

시간 점占 己卯공망-申酉

子時	재물근심, 음란색정사, 여자 삼각관계
丑時	유산상속건, 형제친구문제, 가출, 이별사
寅時	직장실직, 가출, 처를극, 불명예, 취업불가
卯時	여자로부터 금전손실, 질병재앙, 불륜사
辰時	만사상쟁, 신규사업 손실, 질병침투, 가출
巳時	매사 불성사, 사업금전손실 다툼, 색정사
午時	직장승진문제, 불륜색정사, 가출문제
未時	이동 이별수, 직업변동, 가출사, 수술불리
申時	자식문제, 극처사, 질병침투, 직업실직
酉時	적의 침범사, 질병재앙, 색정사, 가출사
戌時	놀랄 일발생, 금전융통, 배신 도망 가출
亥時	금전문제, 부인문제, 가출사, 도난 惡意

오늘 행운 복권 운세

복권사면 좋은 띠는 소띠 ②⑤⑩
행운복권방은 집에서 북동쪽에 있는곳

申子辰生	북쪽문을 피하고, 서남쪽으로 이사하면 안 된다. 재수가 없고, 하는 일마다 꼬이고, 病苦질병발생. 바람기 발동.
巳酉丑生	서쪽문을 피하고, 동남쪽으로 이사하면 안 된다. 재수가 없고, 하는 일마다 꼬이고, 病苦질병발생. 바람기 발동.
寅午戌生	남쪽문을 피하고, 북동쪽으로 이사하면 안 된다. 재수가 없고, 하는 일마다 꼬이고, 病苦질병발생. 바람기 발동.
亥卯未生	동쪽문을 피하고, 서북쪽으로 이사하면 안 된다. 재수가 없고, 하는 일마다 꼬이고, 病苦질병발생. 바람기 발동.

9월

운세풀이

酉띠:이동수,우왕좌왕, 弱, 다툼	子띠: 점점 일이 꼬임, 관재구설	卯띠:최고운상승세, 두마음	午띠: 만남,결실,화합,문서
戌띠:매사불편, 방해자,배신	丑띠:귀인상봉, 금전이득, 현금	辰띠: 의욕과다, 스트레스큼	未띠:이동수,이별수,변동 움직임
亥띠:해결신,시험합격, 풀림	寅띠: 매사꼬임,과거고생, 질병	巳띠: 시급한 일, 뜻대로 안됨	申띠: 빈주머니,걱정근심,사기

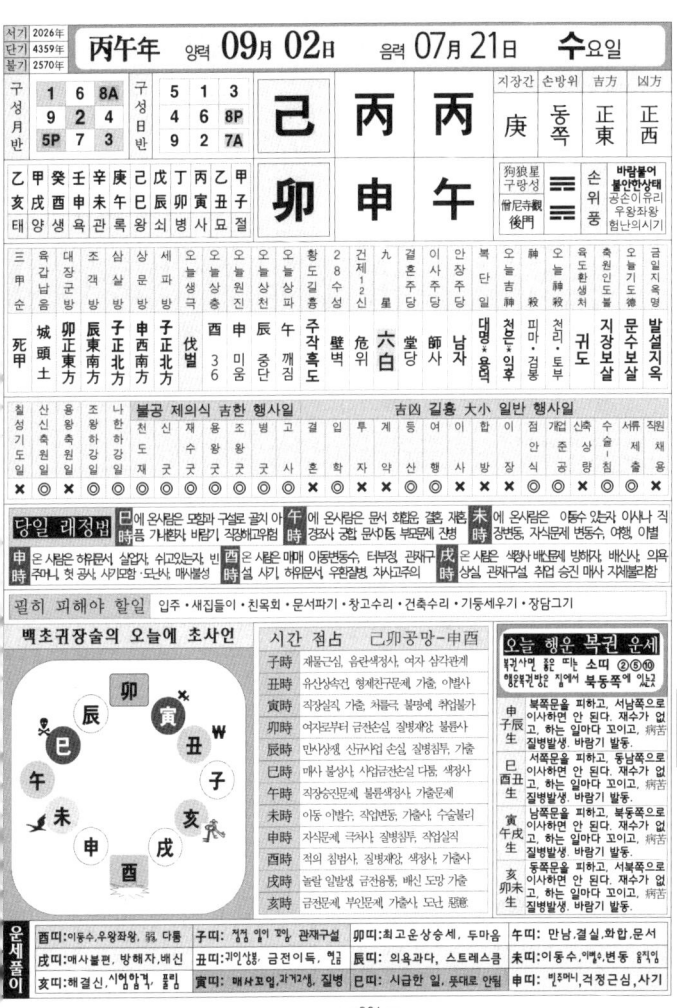

서기	2026年
단기	4359年
불기	2570年

丙午年 양력 09月 03日 음력 07月 22日 목요일

구성月반				구성日반			
	1	6	8A		4	9	2
	9	2	4		3	5	7
	5P	7	3		8	1	6P

庚	丙	丙
辰	申	午

지장간	손방위	吉方	凶方
庚	동남	正北	正南

狗狼星 구랑성	寺觀 절사관

☴	손위풍	바람불어 불안한상태 공손이유리 우왕좌왕 험난의시기

丁亥	丙戌	乙酉	甲申	癸未	壬午	辛巳	庚辰	己卯	戊寅	丁丑	丙子
병	쇠	왕	록	관	욕	생	양	태	절	묘	사

三甲순	육갑납음	대장군방	조객방	삼살방	상문방	세파방	오늘생극	오늘상충	오늘원진	오늘상천	오늘상파	황도길흉	28수성	건제12신	九星	결혼주당	이사주당	안장주당	복단일	오늘吉神	神殺	오늘神殺	육도환생처	축원인도불	오늘기도德	금일지옥명
死甲	白蠟金	卯正東方	辰東南方	子正北方	申西南方	子正北方	義의	戌 36	亥 미움	卯 중단	丑 깨짐	금궤황도	奎규	成성	五黃	姑고	富부	아버지	삼합일	천희*생기	지화·혈기	지격·신호	축도	지장보살	지장보살	발설지옥

칠성기도일	산신축원일	용왕축원일	조왕하강일	나한하강일	불공 제의식 吉한 행사일: 천도재	신굿	재수굿	용왕굿	조왕굿	병굿	고사	吉凶 길흉 大小 일반 행사일: 결혼	입학	투자	계약	등산	여행	이사	합방	이장	점안식	개업준공	신축상량	수술-침	서류제출	직원채용
×	◎	×	◎	◎	◎	◎	◎	◎	◎	◎	◎	◎	◎	◎	◎	◎	◎	×	◎	◎	◎	◎	◎	◎	◎	◎

당일 래정법

巳時에 온사람은 의욕과다, 뭔가 하고싶어서 왔다. 직장취업문제, 소송사건여부

午時에 온사람은 부모형제와 골치 아픈일 암투, 가내환자, 바람기, 불륜

未時에 온사람은 화합운, 결혼, 재혼, 경조사, 애정사, 궁합, 만남, 후원, 개업, 매매건

申時 온 사람은 이동수 있는자, 이사나 직장변동, 사업체 변동수, 여행, 이별수, 창업불리

酉時 온 사람은 색정시문제, 금전손재수, 쉬고있는자, 빈주머니, 헛 공사, 사기모함 , 매사불성

戌時 온 사람은 매매 이동변동수, 터부정, 관재구설, 사기, 허유문서, 동업자 시비 다툼주의, 차사고주의

필히 피해야 할일 출품·새집들이·인수인계·해외여행·항공주의·코인투자·벌초·질병치료·흙파기.

백초귀장술의 오늘에 초사언

시간 점占 庚辰공망-申酉

子時	자식질병사, 사업후원사, 도난, 태아령천도
丑時	파신위태, 금전손실, 상속문제, 신소탈
寅時	질병재앙, 취업문제, 금전융통, 사업확장
卯時	파재, 극처사, 관송사 분쟁, 가출문제
辰時	금전암손, 여자문제, 사업문제, 금전다툼
巳時	신규사업, 구재, 도난, 상해, 관재, 손실
午時	관재구설, 직장박탈, 도적손실, 가출문제
未時	사업후원사, 선거당선사, 화합사, 가출사
申時	재물손실, 적의 침범사, 변동 이사, 가출
酉時	남녀색정사, 사기 도난, 도주, 상부상처
戌時	질병침투, 적의침범사, 가출문제, 부하도주
亥時	자식문제, 방해자, 금전손실, 우환질병

오늘 행운 복권 운세

복권사면 좋은 띠는 **범띠** ③⑧⑱
행운복권방은 집에서 **동북쪽**에 있는곳

申子辰生	북쪽문을 피하고, 서남쪽으로 이사하면 안 된다. 재수가 없고, 하는 일마다 꼬이고, 病苦 질병발생. 바람기 발동.
巳酉丑生	서쪽문을 피하고, 동남쪽으로 이사하면 안 된다. 재수가 없고, 하는 일마다 꼬이고, 病苦 질병발생. 바람기 발동.
寅午戌生	남쪽문을 피하고, 북동쪽으로 이사하면 안 된다. 재수가 없고, 하는 일마다 꼬이고, 病苦 질병발생. 바람기 발동.
亥卯未生	동쪽문을 피하고, 서북쪽으로 이사하면 안 된다. 재수가 없고, 하는 일마다 꼬이고, 病苦 질병발생. 바람기 발동.

운세풀이

戌띠:이동수,우왕좌왕, 弱, 다툼	丑띠: 점점 일이 꼬임, 관재구설	辰띠:최고운상승세, 두마음	未띠: 만남,결실,화합,문서
亥띠:매사불편, 방해자,배신	寅띠:귀인상봉, 금전이득, 현금	巳띠: 의욕과다, 스트레스큼	申띠:이동수,이별수,변동 움직임
子띠:해결신,시험합격, 풀림	卯띠: 매사꼬임,과거고생, 질병	午띠: 시급한 일, 뜻대로 안됨	酉띠: 빈주머니,걱정근심,사기

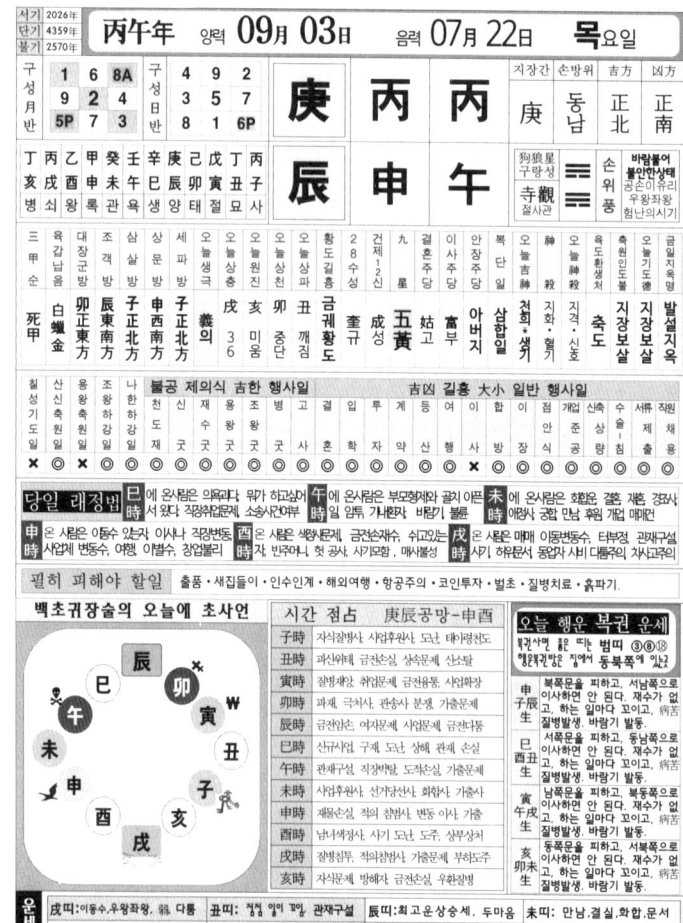

서기	2026年
단기	4359年
불기	2570年

丙午年 양력 09月 04日 음력 07月 23日 금요일

구성월반				구성일반			
	1	6	8A		3A	8	1
	9	2	4		2	4	6
	5P	7	3		7	9	5P

時	日	月	年
辛	丙	丙	
巳	申	午	

지장간	손방위	吉方	凶方
庚	남쪽	正西	正東

狗狼星 구랑성	괘	손위풍	
天	☴	손위풍	바람불어 불안한상태 공손이유리 우왕좌왕 험난의시기

己	戊	丁	丙	乙	甲	癸	壬	辛	庚	己	戊
亥	戌	酉	申	未	午	巳	辰	卯	寅	丑	子
욕	관	록	왕	쇠	병	사	묘	절	태	양	생

三甲순	육갑납음	대장군방	조객방	삼살방	상문방	세파방	오늘생극	오늘상충	오늘원진	오늘상천	오늘상파	황도길흉	28수성	건제12신	九星	결혼주당	이사주당	안장주당	복단일	오늘吉神	神殺	오늘神殺	육도환생처	축원인도불	오늘기도德	금일지옥명
死甲	白蠟金	卯正東方	辰東南方	子正北方	申西南方	子正北方	伐벌	亥 36	戌 미움	寅 중단	申 깨짐	대덕황도	婁루	收수	四綠	夫부	殺살	손님	월기일	천은*요안	하괴·토금	지파·태허	옥도	지장보살	문수보살	발설지옥

칠성기도일	산신축원일	용왕축원일	조왕하강일	나한하강일	천도재	신굿	재수굿	용왕굿	조왕굿	병굿	고사	결혼	입학	투자	계약	등산	여행	이사	합방	이장	점안식	개업준공	신축상량	수술·침	서류제출	직원채용
					불공 제의식 吉한 행사일							吉凶 길흉 大小 일반 행사일														
×	×	×	×	×	×	◎	◎	◎	◎	◎	◎	×	◎	×	◎	◎	◎	◎	◎	×	◎	◎	×	◎	◎	◎

당일 래정법

巳時 에 온사람은 의욕충만, 두가지문제로 갈등사, 갖고싶은 욕구, 자식문제, 사업문제

午時 에 온사람은 의욕과다, 뭔가 하고싶어서 왔다. 금전문제, 여자문제, 시험합격

未時 에 온사람은 골치 아픈일, 형제동업죽음, 바람기, 불륜, 시비투쟁, 속정리

申時 온 사람은 형제, 문서, 화합운, 결혼, 재혼, 경조사, 애정사, 궁합, 만남, 개업, 하극상 배신, 구설수

酉時 온 사람은 이동수 있는자, 가출, 이사나 직장변동, 사업체 변동수, 여행, 이별수, 관재구설

戌時 온 사람은 색정사문제, 금전손재수, 쉬고있는자, 빈주머니, 헛 공사, 사기모함 , 매사불성

필히 피해야 할일

홍보광고 • 소장제출 • 인허가신청 • 정보유출 • 질병치료 • 출항 • 조선 배 제조 • 승선 • 장담그기

백초귀장술의 오늘에 초사언

시간 점占 辛巳공망-申酉

子時	자식문제, 질병침투, 직장실직, 배신주의
丑時	자선사업 봉사, 후원사, 질병침투, 가출
寅時	금전융통, 부인문제, 색정사, 관재구설
卯時	금전문제, 사업관련, 형제도움, 가출사
辰時	질병재앙, 타인과 다툼, 가출사, 사업불리
巳時	금전입손, 여자문제, 취직 실직문제, 포상
午時	신규사업불리, 관재구설, 남녀색정사, 우환
未時	자선 봉사활동, 금전문제, 가출방황, 불리
申時	사업후원사 발탁, 직장취업, 당선입상
酉時	급병자발생, 금전손실, 도난 가출도주
戌時	봉사 자선사업, 질병재앙, 사업문제, 가출
亥時	적침범사, 질병침투, 부부이별, 원행 이사

오늘 행운 복권 운세

복권사면 좋은 띠는 토끼띠 ②⑧
행운복권방은 집에서 동쪽에 있는곳

申子辰生	북쪽문을 피하고, 서남쪽으로 이사하면 안 된다. 재수가 없고, 하는 일마다 꼬이고, 病苦질병발생. 바람기 발동.
巳酉丑生	서쪽문을 피하고, 동남쪽으로 이사하면 안 된다. 재수가 없고, 하는 일마다 꼬이고, 病苦질병발생. 바람기 발동.
寅午戌生	남쪽문을 피하고, 북동쪽으로 이사하면 안 된다. 재수가 없고, 하는 일마다 꼬이고, 病苦질병발생. 바람기 발동.
亥卯未生	동쪽문을 피하고, 서북쪽으로 이사하면 안 된다. 재수가 없고, 하는 일마다 꼬이고, 病苦질병발생. 바람기 발동.

9월

운세풀이

亥띠:이동수,우왕좌왕, 弱, 다툼	寅띠: 점점 일이 꼬임, 관재구설	巳띠:최고운상승세, 두마음	申띠: 만남,결실,화합,문서
子띠:매사불편, 방해자,배신	卯띠:귀인상봉, 금전이득, 현금	午띠: 의욕과다, 스트레스큼	酉띠:이동수,이별수,변동 움직임
丑띠:해결신,시험합격, 풀림	辰띠: 매사꼬임,과거고생, 질병	未띠: 시급한 일, 뜻대로 안됨	戌띠: 빈주머니,걱정근심,사기

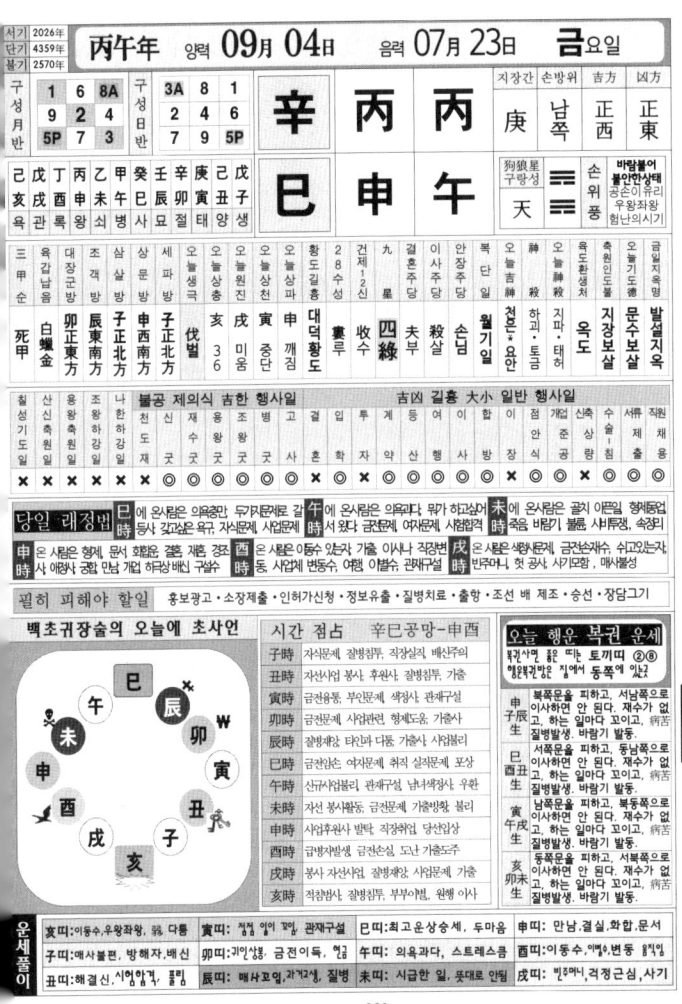

서기	2026年
단기	4359年
불기	2570年

丙午年 양력 09月 05日 음력 07月 24日 토요일

구성月반				구성日반			
	1	6	8A		2	7	9
	9	2	4		1A	3	5
	5P	7	3		6	8P	4

時	日	月
壬	丙	丙
午	申	午

지장간	손방위	吉方	凶方
庚	남서	正南	正北

辛	庚	己	戊	丁	丙	乙	甲	癸	壬	辛	庚
亥	戌	酉	申	未	午	巳	辰	卯	寅	丑	子
록	관	욕	생	양	태	절	묘	사	병	쇠	왕

狗狼星 구랑성: 神廟 신사묘

손위풍

바람불어 불안한상태 공손이유리 우왕좌왕 험난의시기

三甲순	육갑납음	대장군방	조객방	삼살방	상문방	세파방	오늘생극	오늘상충	오늘원진	오늘상천	오늘상파	황도길흉	28수성	건제12신	九星	결혼주당	이사주당	안장주당	복단일	오늘吉神	神殺	오늘神殺	육도환생처	축원인도불	오늘기도德	금일지옥명
死甲	楊柳木	卯正東方	辰東南方	子正北方	申西南方	子正北方	制제	子 36	丑 미움	丑 중단	卯 깨짐	백호흑도	胃위	開개	三碧	廚주	害해	며느리	옥우*천마	천은*월덕	–	천화·지패	불도	헌겁천불	약사보살	한빙지옥

칠성기도일	산신축원일	용왕축원일	조왕하강일	나한하강일	천도재	신굿	재수굿	용왕굿	조왕굿	병굿	고사	결혼	입학	투자	계약	등산	여행	이사	합방	이장	점안식	개업준공	신축상량	수술-침	서류제출	직원채용
×	×	×	×	◎	◎	×	×	×	×	×	◎	–	◎	×	×	◎	◎	×	×	×	◎	◎	◎	◎	◎	×

(천도재 ~ 고사: 불공 제의식 吉한 행사일 / 결혼 ~ 직원채용: 吉凶 길흉 大小 일반 행사일)

당일 래정법

巳時에 온사람은 건강문제, 관재, 금전고통으로 운이 단단히 꼬여있음, 동업파탄

午時에 온사람은 금전구재, 화병 갈등사, 갖고싶은 욕구, 자식문제, 취업문제

未時에 온사람은 의욕과다, 뭐가 하고싶어서 왔다 직장취업문제, 결혼문제

申時 온 사람은 골치 아픈일, 친구나 형제동업 죽음, 배우자바람기, 차사고 시비투쟁, 속 정리해야함

酉時 온 사람은 형제, 문서, 화합운, 결혼, 관직취업 애정사, 궁합, 만남, 개업 하극상 배신, 경쟁사로 몰변

戌時 온 사람은 이동수 있는자, 가출 이사나 직장변동, 사업체 변동수, 여행, 이별수, 부동산매매

필히 피해야 할일 작품출품 · 납품 · 정보유출 · 교역 · 화재주의 · 출장 · 항공주의 · 흙파기 · 지붕 · 옥상보수

백초귀장술의 오늘에 초사언

시간 점占	壬午공망-申酉
子時	남녀쟁투 처를 극, 病, 이동 소송은 흉
丑時	질병은 흉, 이사 구직안됨, 순리대로
寅時	선거자유리, 불륜사, 急病者, 喪服 운
卯時	매사 선흉후길, 소송은 화해가 길
辰時	관재 병재로 불길, 가출사 색정사 하극상
巳時	사업, 구재, 구설 이별, 여자삼각관계, ⊗
午時	금전손실 다툼, 이사 여행 투자 시험불리
未時	집안잡귀침투, 친족불화, 삼각관계, 불리
申時	매사 불성사, 도망은 吉, 도적손실, 재액
酉時	사업사, 후원사, 불륜사, 화합사, 무력함
戌時	가출건, 급병자, 관재구설, 하자발생 ⊗
亥時	남자는 해롭고, 임신은 안됨, 구직 안됨

오늘 행운 복권 운세

복권사면 좋은 띠는 용띠 ⑤⑩⑳

행운복권방은 집에서 동남쪽에 있는곳

申子辰生	북쪽문을 피하고, 서남쪽으로 이사하면 안 된다. 재수가 없고, 하는 일마다 꼬이고, 病苦 질병발생. 바람기 발동.
巳酉丑生	서쪽문을 피하고, 동남쪽으로 이사하면 안 된다. 재수가 없고, 하는 일마다 꼬이고, 病苦 질병발생. 바람기 발동.
寅午戌生	남쪽문을 피하고, 북동쪽으로 이사하면 안 된다. 재수가 없고, 하는 일마다 꼬이고, 病苦 질병발생. 바람기 발동.
亥卯未生	동쪽문을 피하고, 서북쪽으로 이사하면 안 된다. 재수가 없고, 하는 일마다 꼬이고, 病苦 질병발생. 바람기 발동.

운세풀이

子띠:이동수,우왕좌왕, 弱者 다툼	卯띠: 점점 일이 꼬임, 관재구설	午띠:최고운상승세, 두마음	酉띠: 만남,결실,화합,문서
丑띠:매사불편, 방해자,배신	辰띠:귀인상봉, 금전이득, 현금	未띠: 의욕과다, 스트레스큼	戌띠:이동수,이별수,변동 움직임
寅띠:해결신,시험합격, 풀림	巳띠: 매사꼬임,과거고생, 질병	申띠: 시급한 일, 뜻대로 안됨	亥띠: 빈주머니,걱정근심,사기

서기 2026年	丙午年	양력 09月 06日	음력 07月 25日	일요일
단기 4359年				
불기 2570年				

구성月반

1	6	8A
9	2	4
5P	7	3

구성日반

1	6	8A
9	2	4
5P	7	3

時	日	月	年
	癸	丙	丙
	未	申	午

지장간	손방위	吉方	凶方
庚	서쪽	正東	正西

狗狼星 구랑성	손위풍	바람불어 불안한상태 공손이유리 우왕좌왕 험난의시기
水步井		

癸	壬	辛	庚	己	戊	丁	丙	乙	甲	癸	壬
亥	戌	酉	申	未	午	巳	辰	卯	寅	丑	子
왕	쇠	병	사	묘	절	태	양	생	욕	관	록

三甲순	육갑납음	대장군방	조객방	삼살방	상문방	세파방	오늘생극	오늘상충	오늘원진	오늘상천	오늘상파	황도길흉	28수성	건제12신	九星	결혼주당	이사주당	안장주당	복단일	대공망일	오늘吉神	오늘神殺	육도환생처	축원인도불	오늘기도德	금일지옥명
死甲	楊柳木	卯正東方	辰東南方	子正北方	申西南方	子正北方	伐벌	丑 36	子 미움	子 중단	戌 깨짐	옥당황도	昴묘	閉폐	二黑	婦부	天천	어머니	금당*천덕	대공망일	산격·월살	혈지·멸몰	불도	헌겁천불	대세지보살	한빙지옥

칠성기도일	산신축원일	용왕축원일	조왕하강일	나한하강일	불공 제의식 吉한 행사일: 천도재	신굿	재수굿	용왕굿	조왕굿	병굿	고사	吉凶 길흉 大小 일반 행사일: 결혼	입학	투자	계약	등산	여행	이사	합방	이장	점안식	개업준공	신축상량	수술-침	서류제출	직원채용
×	×	×	×	×	×	×	×	×	×	×	–	–	×	×	×	×	◎	×	×	×	×	×	◎	×	×	×

당일 래정법

巳時에 온사람은 금전문제, 사업문제, 금전구재건, 관직취직사, 속전속결이 유리

午時에 온사람 건강문제, 금전문제로 운이 단단히 꼬여있음, 동업파탄 손재수

未時에 온사람 문서합의, 부모자식간 문제, 교합사는 불성사, 이동수도 있음

申時 온 사람은 의욕과다, 뭔가 하고싶어서 왔다. 직장취업문제, 친구형제간 배신과 암해, 관재수

酉時 온 사람은 골치 아픈일, 형제동업, 죽음, 바람기, 불륜, 시비투쟁, 급속정리해야함, 청춘귀작해

戌時 온 사람은 형제, 화합운, 결혼, 재혼, 경조사, 애정사, 궁합, 만남, 개업, 하극상 배신, 움직이면 재앙

필히 피해야 할일 이날은 흑도와 월파일에 대공망일, 구공, 대모 등 신살에 해당되어 매사 해롭고 불리한 날

백초귀장술의 오늘에 초사언

시간 점占	癸未공망-申酉
子時	관귀발동, 남녀색정사, 금전손해 실물수
丑時	적의 침범사, 불길하고 원수됨, 가출사
寅時	자손문제, 실직문제, 연애배신사, 모함
卯時	질병위급, 여행조심, 관직승진 결혼 吉
辰時	남편문제 가출사 색정사, 부부이별, 소송흉
巳時	사업, 구재이득, 귀인상봉, 수상기쁨
午時	화합 애정사불리, 금전손실, 매사 불성사
未時	유명무실, 가출건, 동료나 골육배반 구설
申時	사업사 손재수, 후원사무리, 여행은 불리
酉時	병자사망, 매사 불성사, 가출도주, 外情
戌時	직업문제, 남편문제, 집안불화, 불합격
亥時	금전배신, 처 가출사, 도망 분실, 이동 흉

오늘 행운 복권 운세

복권사면 좋은 띠는 뱀띠 ⑦⑰27
행운복권방은 집에서 남동쪽에 있는곳

申子辰生	북쪽문을 피하고, 서남쪽으로 이사하면 안 된다. 재수가 없고, 하는 일마다 꼬이고, 病苦 질병발생. 바람기 발동.
巳酉丑生	서쪽문을 피하고, 동남쪽으로 이사하면 안 된다. 재수가 없고, 하는 일마다 꼬이고, 病苦 질병발생. 바람기 발동.
寅午戌生	남쪽문을 피하고, 북동쪽으로 이사하면 안 된다. 재수가 없고, 하는 일마다 꼬이고, 病苦 질병발생. 바람기 발동.
亥卯未生	동쪽문을 피하고, 서북쪽으로 이사하면 안 된다. 재수가 없고, 하는 일마다 꼬이고, 病苦 질병발생. 바람기 발동.

9월

운세풀이

丑띠:이동수,우왕좌왕, 弱, 다툼	辰띠: 점점 일이 꼬임, 관재구설	未띠:최고운상승세, 두마음	戌띠: 만남,결실,화합,문서
寅띠:매사불편, 방해자,배신	巳띠:귀인상봉, 금전이득, 현금	申띠: 의욕과다, 스트레스큼	亥띠:이동수,이별수,변동 움직임
卯띠:해결신,시험합격, 풀림	午띠: 매사꼬임,과거고생, 질병	酉띠: 시급한 일, 뜻대로 안됨	子띠: 빈주머니,걱정근심,사기

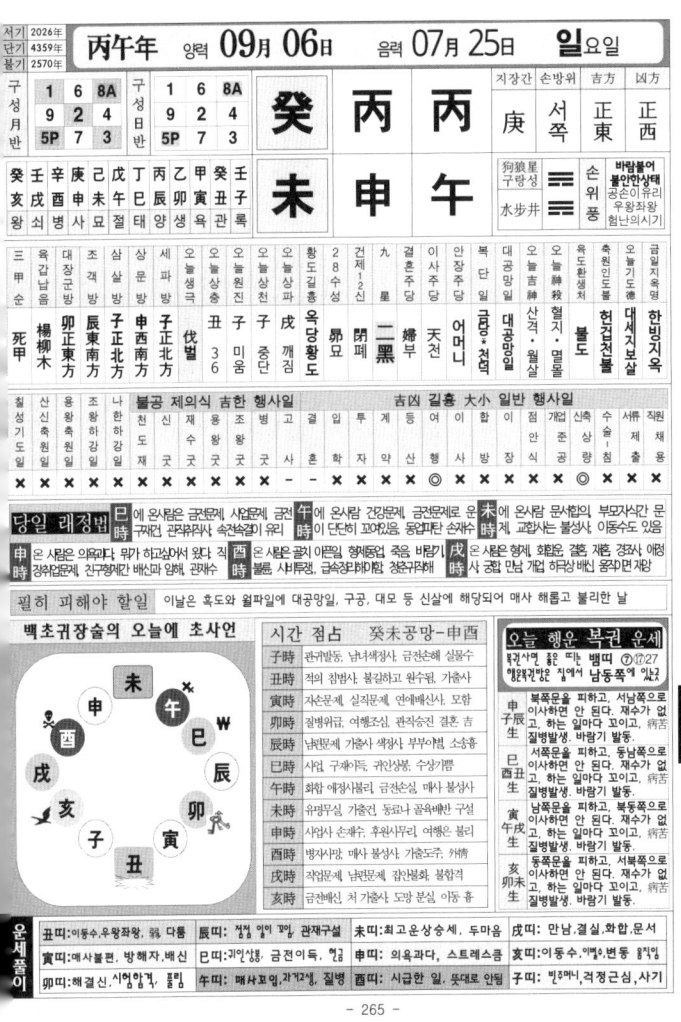

서기 2026年	단기 4359年	불기 2570年

丙午年 양력 09月 07日 음력 07月 26日 월요일

백로 白露 23時 41分 入

구성月반			구성日반		
9	5	7	9	5	7
8P	1	3	8	1	3
4	6A	2	4P	6A	2

甲	丁	丙
申	酉	午

지장간	손방위	吉方	凶方
庚	서북	正北	正南

乙	甲	癸	壬	辛	庚	己	戊	丁	丙	乙	甲
亥	戌	酉	申	未	午	巳	辰	卯	寅	丑	子
생	양	태	절	묘	사	병	쇠	왕	록	관	욕

狗狼星 구랑성 正廳中庭정청

☰ ☷

택지췌

번성기쁨화평 귀인도움 순응하면 성공,응집 모이는시기

三甲순	육갑납음	대장군방	조객방	삼살방	상문방	세파방	오늘생극	오늘상충	오늘원진	오늘상천	오늘상파	황도길흉	28수성	건제12신	九星	결혼주당	이사주당	안장주당	대공망일	오늘吉神	오늘吉神	오늘神殺	육도환생처	축원인도불	오늘기도德	금일지옥명
病甲	泉中水	卯正東方	辰東南方	子正北方	申西南方	子正北方	伐벌	寅 36	卯 미움	亥 중단	巳 깨짐	백호흑도	畢필	閉폐	一白	竈조	利이	여자	대공망일	대명*왕일	월공*성심	유화·혈지	인도	헌겁천불	아미보살	한빙지옥

칠성기도일	산신축원일	용왕축원일	조왕하강일	나한하강일	불공 제의식 吉한 행사일: 천도재	신굿	재수굿	용왕굿	조왕굿	병굿	고사	吉凶 길흉 大小 일반 행사일: 결혼	입학	투자	계약	등산	여행	이사	합방	이장	점안식	개업준공	신축상량	수술-침	서류제출	직원채용
×	◎	×	◎	◎	◎	×	×	×	×	×	×	×	◎	×	×	◎	◎	×	×	×	×	×	×	×	◎	×

당일 래정법

巳時 에 온사람은 의욕없는자, 금전구재건 색정사로 다툼, 억울한 일 매사불성사

午時 에 온사람은 금전문제, 자식문제, 친정식구도움, 관직취직사, 우환질병

未時 에 온사람 건강문제, 남편문제로 운이 단단히 꼬여있음, 직장은 불리, 손재수

申時 온 사람은 새사업은 방해자로 인해 망신수, 관재수 발생, 후원사불리, 수술문제, 사고조심

酉時 온 사람은 의욕과다, 새로운 일 하고싶어서 왔다. 직장취업문제, 친구형제간 배신, 색정사

戌時 온 사람은 골치 아픈일, 삼각관계, 죽음, 바람기 불륜, 시비투쟁, 급속정리해야함, 청춘귀작해

필히 피해야 할일 질병치료・사냥・승선・낚시・어로작업・요트타기・위험놀이기구・벌목・수렵・침대 가구들이기

백초귀장술의 오늘에 초사언

시간 점占	甲申공망-午未
子時	사업사 후원문제, 가출사, 이동사, 질병
丑時	사기도난조짐, 가출건, 여행불리, 질병
寅時	이동사, 육친이별, 부동산다툼, 터부정
卯時	움직이면 혈광재앙, 병환재발생, 순리
辰時	사업건 금전융통 가능, 시험합격, 불륜사
巳時	도난, 파재, 상해, 관재, 자손문제, 女일
午時	관직 승진가능, 놀날일발생, 변화사 불리
未時	病환자, 관재, 금전손실, 여행 모두 불리
申時	관직승진기쁨, 사업성공, 취업 가능, 음란
酉時	남녀색정사 변심, 남편문제, 삼각관계
戌時	금전문제, 여자문제, 가출사, 집안 시체
亥時	임신가능, 결혼기쁨, 여행재앙, 망동주의

오늘 행운 복권 운세

복권사면 좋은 띠는 **말띠** ⑤⑦22

행운복권방은 집에서 **남쪽에 있는곳**

申子辰生	북쪽문을 피하고, 서남쪽으로 이사하면 안 된다. 재수가 없고, 하는 일마다 꼬이고, 病苦 질병발생. 바람기 발동.
巳酉丑生	서쪽문을 피하고, 동남쪽으로 이사하면 안 된다. 재수가 없고, 하는 일마다 꼬이고, 病苦 질병발생. 바람기 발동.
寅午戌生	남쪽문을 피하고, 북동쪽으로 이사하면 안 된다. 재수가 없고, 하는 일마다 꼬이고, 病苦 질병발생. 바람기 발동.
亥卯未生	동쪽문을 피하고, 서북쪽으로 이사하면 안 된다. 재수가 없고, 하는 일마다 꼬이고, 病苦 질병발생. 바람기 발동.

운세풀이

寅띠:이동수,우왕좌왕, 弱, 다툼	巳띠: 점점 일이 꼬임, 관재구설	申띠:최고운상승세, 두마음	亥띠: 만남,결실,화합,문서
卯띠:매사불편, 방해자,배신	午띠: 귀인상봉, 금전이득, 현금	酉띠: 의욕과다, 스트레스큼	子띠:이동수,이별수,변동 움직임
辰띠:해결신,시험합격, 풀림	未띠: 매사꼬임,과거고생, 질병	戌띠: 시급한 일, 뜻대로 안됨	丑띠: 빈주머니,걱정근심,사기

서기	2026年
단기	4359年
불기	2570年

丙午年 양력 09月 08日 음력 07月 27日 화요일

구성월반		
9	5	7
8P	1	3
4	6A	2

구성일반		
8	4A	6
7P	9	2
3	5	1

乙	丁	丙
酉	酉	午

지장간	손방위	吉方	凶方
庚	북쪽	正西	正東

狗狼星 구랑성			
天	☱ ☷	택지췌	번성기쁨화평 귀인도움 순응하면 성공,응집 모이는시기

丁亥	丙戌	乙酉	甲申	癸未	壬午	辛巳	庚辰	己卯	戊寅	丁丑	丙子
사	묘	절	태	양	생	욕	관	록	왕	쇠	병

三甲순	육갑납음	대장군방	조객방	삼살방	상문방	세파방	오늘생극	오늘상충	오늘원진	오늘상천	오늘상파	황도길흉	28수성	건제12신	九星	결혼주당	이사주당	안장주당	복단일	대공망일	神殺	오늘神殺	육도환생처	축원인도불	오늘기도德	금일지옥명
病甲	泉中水	卯正東方	辰東南方	子正北方	申西南方	子正北方	伐벌	卯 36	寅 미움	戌 중단	子 깨짐	옥당황도	觜자	建건	九紫	第제	安안	死	복단일	대공망일	익후*관일	천화·염대	귀도	헌겁천불	관음보살	한빙지옥

칠성기도일	산신축원일	용왕축원일	조왕하강일	나한하강일	불공 제의식 吉한 행사일: 천도재	신굿	재수굿	용왕굿	조왕굿	병굿	고사	吉凶 길흉 大小 일반 행사일: 결혼	입학	투자	계약	등산	여행	이사	합방	이장	점안식	개업준공	신축상량	수술-침	서류제출	직원채용
◎	◎	×	◎	◎	◎	◎	◎	◎	◎	◎	◎	×	◎	×	◎	◎	◎	×	×	×	◎	◎	×	◎	◎	-

당일 래정법

巳時 에 온사람은 하가 해결할 문제, 합격여부, 금전투자여부, 직장문제, 재혼은 굳

午時 에 온사람은 의욕없는자, 금전구재건 색정사로 다툼, 억울한 일 매사불성사

未時 에 온사람 금전문제, 사업문제, 자식문제, 관직취직사, 속전속결이 유리

申時 온 사람은 건강문제, 관재구설로 운이 단단히 꼬여있음, 취업 승진문제, 딸자식문제, 손재수

酉時 온 사람은 두가지 문제 갈등사, 갖고싶은 욕구강함, 새로운 일시작 진행함이 좋다. 우환질병

戌時 온 사람은 의욕과다, 뭐가 하고싶어서 왔다. 직장 취업문제, 친구형제간 배신, 시험합격여부

필히 피해야 할일

옷재단 • 새옷맞춤 • 태아옷구입 • 손님초대 • 소장제출 • 항소 • 손님초대 • 맞선 • 수렵 • 산행

백초귀장술의 오늘에 초사언

시간 점占 乙酉공망-午未

子時	개혁유리, 집안에 배신자, 기도요망
丑時	가출건, 사업사 손재수, 여자일, 질병발생
寅時	사기도난, 파재, 손모사, 극처사, 각방
卯時	실직, 파재, 파업, 적 침범사, 소송불리
辰時	내외근심, 남자불리, 발병이나 혈광재앙
巳時	자손문제, 실직문제, 불명예, 색정음란사,
午時	매사 불성, 자손합가불리, 놀랄 일 불안
未時	사업, 구재이득, 귀인상봉, 수상기쁨,
申時	관직건, 남편일, 불리, 실수 탄로 음모 발
酉時	부동산 귀농유리, 지출과다, 진퇴반복,
戌時	금전손실, 부인문제, 금전융통, 부부변심
亥時	만사 중용순응, 손님불길, 가내재앙불리

오늘 행운 복권 운세

복권사면 좋은 띠는 **양띠** ⑤⑩25
행운복권방은 집에서 **남서쪽**에 있는곳

申子辰生	북쪽문을 피하고, 서남쪽으로 이사하면 안 된다. 재수가 없고, 하는 일마다 꼬이고, 病苦질병발생. 바람기 발동.
巳酉丑生	서쪽문을 피하고, 동남쪽으로 이사하면 안 된다. 재수가 없고, 하는 일마다 꼬이고, 病苦질병발생. 바람기 발동.
寅午戌生	남쪽문을 피하고, 북동쪽으로 이사하면 안 된다. 재수가 없고, 하는 일마다 꼬이고, 病苦질병발생. 바람기 발동.
亥卯未生	동쪽문을 피하고, 서북쪽으로 이사하면 안 된다. 재수가 없고, 하는 일마다 꼬이고, 病苦질병발생. 바람기 발동.

운세풀이

卯띠:이동수,우왕좌왕, 弱, 다툼	午띠: 점점 일이 꼬임, 관재구설	酉띠:최고운상승세, 두마음	子띠: 만남,결실,화합,문서
辰띠:매사불편, 방해자,배신	未띠: 귀인상봉, 금전이득, 현금	戌띠: 의욕과다, 스트레스큼	丑띠:이동수,이별수,변동 움직임
巳띠:해결신,시험합격, 풀림	申띠: 매사꼬임,과거고생, 질병	亥띠: 시급한 일, 뜻대로 안됨	寅띠: 빈주머니,걱정근심,사기

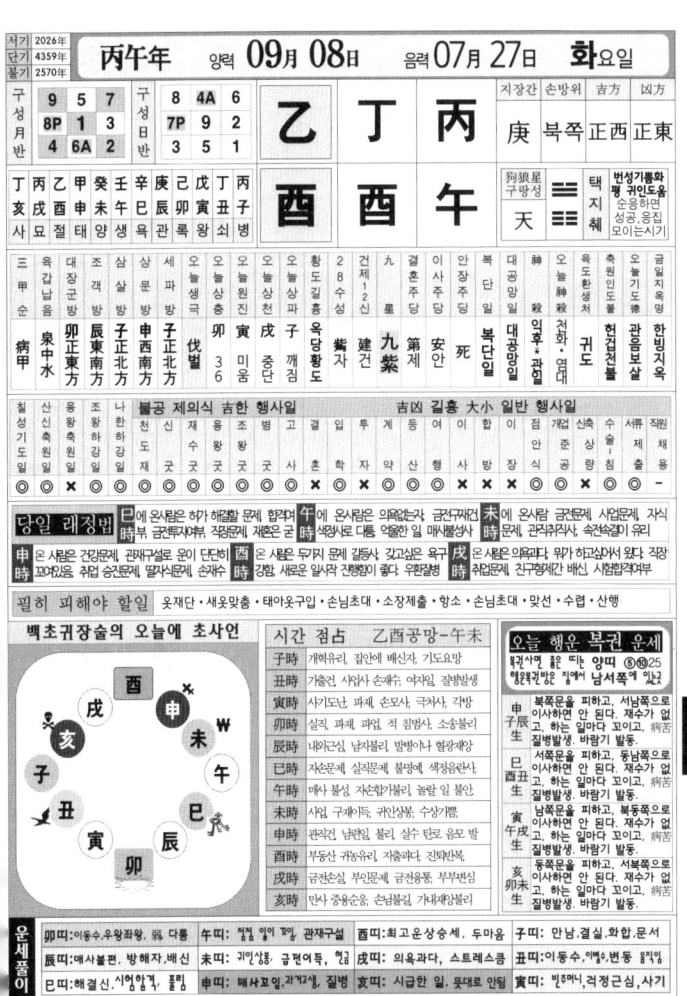

9월

서기	2026年
단기	4359年
불기	2570年

丙午年 양력 09月 09日 음력 07月 28日 수요일

구성월반			구성일반		
9	5	7	7P	3	5
8P	1	3	6	8	1
4	6A	2	2A	4	9

時	日	月
丙	丁	丙
戊	酉	午

지장간	손방위	吉方	凶方
庚	북동	正南	正北

己	戊	丁	丙	乙	甲	癸	壬	辛	庚	己	戊
亥	戌	酉	申	未	午	巳	辰	卯	寅	丑	子
절	묘	사	병	쇠	왕	록	관	욕	생	양	태

狗狼星 구랑성	괘	택지췌	
天	☱ ☷	택지췌	번성기쁨화평 귀인도움 순응하면 성공,응집 모이는시기

三甲순	육갑납음	대장군방	조객방	삼살방	상문방	세파방	오늘생극	오늘상충	오늘원진	오늘상천	오늘상파	황도길흉	28수성	건제12신	九星	결혼주당	이사주당	안장주당	복단일	대공망일	神殺일	오늘神殺	육도환생처	축원인도불	오늘기도德	금일지옥명
病甲	屋上土	卯正東方	辰東南方	子正北方	申西南方	子正北方	寶보	辰 36	巳 미움	酉 중단	未 깨짐	천뇌흑도	參삼	除제	八白	翁옹	災재	손자	-	길기*수일	월해·혈기	독화·패파	축도	헌겁천불	미륵보살	한빙지옥

칠성기도일	산신축원일	용왕축원일	조왕하강일	나한하강일	불공 제의식 吉한 행사일: 천도재	신굿	재수굿	용왕굿	조왕굿	병굿	고사	吉凶 길흉 大小 일반 행사일: 결혼	입학	투자	계약	등산	여행	이사	합방	이장	점안식	개업준공	신축상량	수술-침	서류제출	직원채용
×	◎	×	×	◎	◎	◎	◎	◎	◎	◎	◎	×	◎	×	×	◎	◎	×	×	×	◎	◎	×	×	◎	×

당일 래정법

巳時 에 온사람은 새사업에 방해자, 배신사, 의욕상실, 색정사, 창업은 불리함

午時 에 온사람은 취직 해결할 문제, 합격여부, 금전투자여부, 직장문제, 재혼

未時 에 온사람 의욕없는자, 금전구재건, 관재구설로 다툼, 억울한 일, 매사불성사

申時 온 사람은 금전문제, 사업문제, 관직취직사, 관재로 얽히게 됨, 자식으로 인해 큰 지출.

酉時 온 사람은 건강문제, 관재구설로 운이 단단히 꼬여있음, 취업 승진문제, 남자문제, 손재수

戌時 온 사람은 두가지 문제 갈등사, 갖고싶은 욕구강함, 자식문제, 새로운 일시작 진행함이 좋다.

필히 피해야 할일

제품제작 • 친구초대 • 수혈 • 싱크대교체 • 주방고치기 • 애완동물들이기 • 흙 파는일

백초귀장술의 오늘에 초사언

시간 점占 丙戌공망-午未

子時	관청쟁투, 남편 극, 직업궁핍, 객 惡意
丑時	사업, 구재이득, 귀인상봉, 수상기쁨,
寅時	적의 침범사, 불길하고 원수됨, 가출사
卯時	골육 동업건, 남녀색정사, 방심면 도난
辰時	관재 병재로 불길, 가출사 자손사 하극상
巳時	직업 명예사, 여자삼각관계, 망신실수탄로
午時	금전손실 진퇴양난, 이사 여행 불리,
未時	잡안잡귀침투, 삼각관계, 낙선근심 질병
申時	선흉후길, 새출발 도망은 吉, 금전융통吉
酉時	가내 괴이사발생, 신부정, 물조심 하극상
戌時	가출건, 급병자, 매사 지체, 여자관련손해
亥時	과욕불성사, 이별사, 타인의 침해 다툼

오늘 행운 복권 운세

복권사면 좋은 띠는 **원숭띠** ⑨19, 29
행운복권방은 집에서 **서남쪽**에 있는곳

申子辰生	북쪽문을 피하고, 서남쪽으로 이사하면 안 된다. 재수가 없고, 하는 일마다 꼬이고, 病苦 질병발생. 바람기 발동.
巳酉丑生	서쪽문을 피하고, 동남쪽으로 이사하면 안 된다. 재수가 없고, 하는 일마다 꼬이고, 病苦 질병발생. 바람기 발동.
寅午戌生	남쪽문을 피하고, 북동쪽으로 이사하면 안 된다. 재수가 없고, 하는 일마다 꼬이고, 病苦 질병발생. 바람기 발동.
亥卯未生	동쪽문을 피하고, 서북쪽으로 이사하면 안 된다. 재수가 없고, 하는 일마다 꼬이고, 病苦 질병발생. 바람기 발동.

운세풀이

辰띠:이동수,우왕좌왕, 弱, 다툼	未띠: 점점 일이 꼬임, 관재구설	戌띠:최고운상승세, 두마음	丑띠: 만남,결실,화합,문서
巳띠:매사불편, 방해자,배신	申띠: 귀인상봉, 금전이득, 현금	亥띠: 의욕과다, 스트레스큼	寅띠:이동수,이별수,변동 움직임
午띠:해결신,시험합격, 풀림	酉띠: 매사꼬임,과거고생, 질병	子띠: 시급한 일, 뜻대로 안됨	卯띠: 빈주머니,걱정근심,사기

서기	2026年
단기	4359年
불기	2570年

丙午年 양력 09月 10日 음력 07月 29日 목요일

구성월반				구성일반		
	9	5	7	6P	2	4
	8P	1	3	5	7	9A
	4	6A	2	1	3	8

시	일	월	년
丁	丁	丙	
亥	酉	午	

지장간	손방위	吉方	凶方
庚	無	正東	正西

狗狼星 구랑성 巳方 大門僧寺	☱ ☷	택지췌	번성기쁨화평 귀인도움 순응하면 성공,응집 모이는시기

辛亥	庚戌	己酉	戊申	丁未	丙午	乙巳	甲辰	癸卯	壬寅	辛丑	庚子
태	양	생	욕	관	록	왕	쇠	병	사	묘	절

三甲순	육갑납음	대장군방	조객방	삼살방	상문방	세파방	오늘생극	오늘상충	오늘원진	오늘상천	오늘상파	황도길흉	28수성	건제12신	九星	결혼주당	이사주당	안장주당	복단일	오늘吉神	神殺	오늘神殺	육도환생처	축원인도불	오늘기도德	금일지옥명
病甲	屋上土	卯正東方	辰東南方	子正北方	申西南方	子正北方	伐벌	巳 36	辰 미움	申 중단	寅 깨짐	현무흑도	井정	滿만	七赤	堂당	師사	남자	양공기일	요안*상일	-	오허·비렴	옥도	헌겁천불	여래보살	한빙지옥

칠성기도일	산신축원일	용왕축원일	조왕하강일	나한하강일	불공 제의식 吉한 행사일							吉凶 길흉 大小 일반 행사일														
					천도재	신굿	재수굿	용왕굿	조왕굿	병굿	고사	결혼	입학	투자	계약	등산	여행	이사	합방	이장	점안식	개업준공	신축상량	수술-침	서류제출	직원채용
◎	◎	×	◎	×	◎	×	◎	×	×	×	◎	×	◎	×	×	◎	◎	◎	×	×	◎	◎	×	◎	◎	×

당일 래정법

巳時 에 온사람은 금전사기, 허위문서 이동수, 터부정 관재구설 동업사비 다툼주의

午時 에 온사람은 방해자, 배신사, 의욕상실 매사 지체불리함 금전구재 문제

未時 에 온사람 하가 해결할 문제, 금전필요, 주식투자여부, 결혼, 직장문제, 매매건

申時 온 사람은 의욕없는자, 자식문제, 사업상문제, 색정사, 관송사, 시비투쟁, 매사불성사

酉時 온 사람은 금전구재 문제, 사업계약 문제는 이득, 여자문제, 관직취직사, 속전속결 유리

戌時 온 사람은 건강문제, 관재구설로 운이 단단히 꼬여있음, 취업 승진문제, 매사지체, 손재수

필히 피해야 할일 약혼식 • 인수인계 • 머리자르기 • 주방수리 • 장담그기 • 수의짓기 • 주방고치기 • 지붕 덮기

백초귀장술의 오늘에 초사언

시간 점占	丁亥공망-午未
子時	관재 병재로 불길, 가출사 색정사 도난주의
丑時	질병발생, 적의 침범사, 자손 이별사
寅時	선거자유리, 사업흥성, 화합사, 화류계
卯時	가출건, 매사 선흉후길, 관송사는 불리
辰時	자손사, 실직사, 도난 풍파 가출 색정사
巳時	육친이별, 파재구설 도난, 인연 끊김
午時	불명예로 원행, 이사 여행가능, 집 파손
未時	공직 직업 승전, 금전이득, 환자발생
申時	모사 성사, 순응유리, 친족불화, 토지분쟁
酉時	사업사, 후원 귀인상봉, 이사 여행- 재앙
戌時	자손사, 父 급병자, 관재구설, 색정사
亥時	금전손실, 남편직업, 여자가 불리, 과이사

오늘 행운 복권 운세

복권사면 좋은 때는 **닭띠** ④⑨ 24, 행운복권방은 집에서 **서쪽**에 있는곳

申子辰生	북쪽문을 피하고, 서남쪽으로 이사하면 안 된다. 재수가 없고, 하는 일마다 꼬이고, 病苦 질병발생. 바람기 발동.
巳酉丑生	서쪽문을 피하고, 동남쪽으로 이사하면 안 된다. 재수가 없고, 하는 일마다 꼬이고, 病苦 질병발생. 바람기 발동.
寅午戌生	남쪽문을 피하고, 북동쪽으로 이사하면 안 된다. 재수가 없고, 하는 일마다 꼬이고, 病苦 질병발생. 바람기 발동.
亥卯未生	동쪽문을 피하고, 서북쪽으로 이사하면 안 된다. 재수가 없고, 하는 일마다 꼬이고, 病苦 질병발생. 바람기 발동.

운세풀이

巳띠:이동수,우왕좌왕, 弱 다툼	申띠: 점점 일이 꼬임, 관재구설	亥띠:최고운상승세, 두마음	寅띠: 만남,결실,화합,문서
午띠:매사불편, 방해자,배신	酉띠: 귀인상봉, 금전이득, 현금	子띠: 의욕과다, 스트레스큼	卯띠:이동수,이별수,변동 움직임
未띠:해결신,시험합격, 풀림	戌띠: 매사꼬임,과거고생, 질병	丑띠: 시급한 일, 뜻대로 안됨	辰띠: 빈주머니,걱정근심,사기

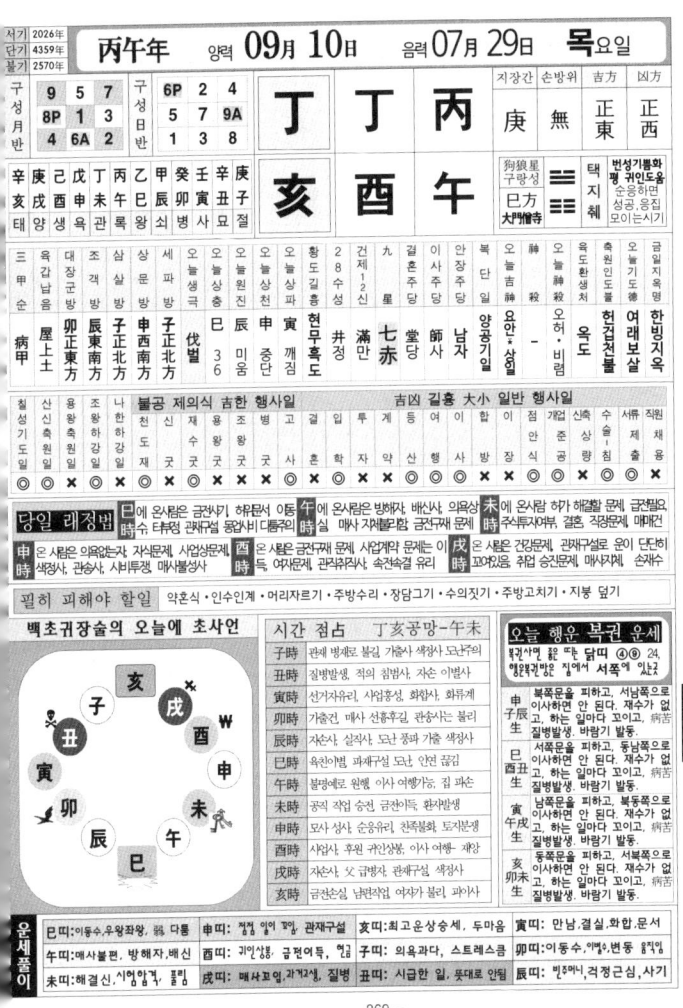

9월

서기	2026年
단기	4359年
불기	2570年

丙午年 양력 09月 11日 음력 08月 01日 금요일 초하루

구성月반			구성日반		
9	5	7	5	1P	3
8P	1	3	4	6	8
4	6A	2	9	2	7A

時	日	月
戊	丁	丙
子	酉	午

지장간	손방위	吉方	凶方
庚	동쪽	正北	正南

狗狼星 구랑성 廚竈 주방부엌 | ☰ ☷ | 택지췌 | 번성기쁨화평 귀인도움 순응하면 성공,응집 모이는시기

癸	壬	辛	庚	己	戊	丁	丙	乙	甲	癸	壬
亥	戌	酉	申	未	午	巳	辰	卯	寅	丑	子
절	묘	사	병	쇠	왕	록	관	욕	생	양	태

三甲순	육갑납음	대장군방	조객방	삼살방	상문방	세파방	오늘생극	오늘상충	오늘원진	오늘상천	오늘상파	황도길흉	28수성	건제12신	九星	결혼주당	이사주당	안장주당	오늘吉神	오늘吉神	神殺일	오늘神殺	육도환생처	축원인도불	오늘기도德	금일지옥명
病甲	霹靂火	卯正東方	辰東南方	子正北方	申西南方	子正北方	制제	午 36	未 미움	未 중단	酉 깨짐	사명황도	鬼귀	平평	六白	夫부	安안	아버지	-	옥우*민일	하괴·왕망	천격·천리	천도	약사여래	아미보살	화탕지옥

칠성기도일	산신축원일	용왕축원일	조왕하강일	나한하강일	천도재	신굿	재수굿	용왕굿	조왕굿	병굿	고사	결혼	입학	투자	계약	등산	여행	이사	합방	이장	점안식	개업준공	신축상량	수술-침	서류제출	직원채용
					불공 제의식 吉한 행사일							吉凶 길흉 大小 일반 행사일														
◎	×	×	◎	◎	◎	◎	◎	◎	◎	◎	◎	×	◎	×	×	◎	◎	×	×	×	◎	◎	◎	◎	◎	×

당일 래정법

巳時에 온사람은 실업자, 친정문제, 빈주머니, 헛 공사, 사기·모난사, 범길조심

午時에 온사람은 이동변동수, 터부정, 관재구설, 배반 다툼주의, 차사고

未時에 온사람은 방해자, 배신사, 의욕상실, 매사 지체불리함, 형제간 시비불리함.

申時 온 사람은 자식문제, 결혼문제, 경조사, 속결처리는 해결됨, 시험은 합격됨, 허가건은 승인됨

酉時 온 사람은 의욕없는자, 자식으로인해 큰돈 손해 억울한일 외정색정사, 불륜사 문제 관재로

戌時 온 사람은 금전문제, 사업문제, 주식투자문제, 부동산거래, 재물구재사, 여자회합건, 돈은 들어오나 곧나감

필히 피해야 할일 흑도일에 폐閉神으로 수격과 토부와 혈기 등 강한 신살에 해당되어 매사 해롭고 불리한 날

백초귀장술의 오늘에 초사언

시간 점占	戊子공망-午未
子時	남녀쟁투 돈이나 처를 극, 자식病, 흉
丑時	결혼은 吉, 동료모략, 혐의누명 손님 옴
寅時	관재, 병재 출행,재난, 원한 喪服 운
卯時	매사 선흉후길, 자식근심, 情夫 작해
辰時	형제나 친구 침범사, 가출사 색정사 흉해
巳時	관직 승전문제, 가정불안 모사발생 후 破
午時	남녀투쟁 다툼, 처를 극하고 매사 막힘
未時	집안잡귀침투, 부부불화, 삼각관계, 질병
申時	선거자유리, 사업흥성, 화합사, 색정사
酉時	자손사와 남편불리, 간사한 은닉건, 모략
戌時	작은돈 가능, 시험불합격, 삼각관계 불화
亥時	사업, 구재, 관재구설 여자문제, 혐의징조

오늘 행운 복권 운세

복권사면 좋은 띠는 **개띠** ⑩⑳ 30
행운복권방은 집에서 **서북쪽에** 있는곳

申子辰生	북쪽문을 피하고, 서남쪽으로 이사하면 안 된다. 재수가 없고, 하는 일마다 꼬이고, 病苦 질병발생. 바람기 발동.
巳酉丑生	서쪽문을 피하고, 동남쪽으로 이사하면 안 된다. 재수가 없고, 하는 일마다 꼬이고, 病苦 질병발생. 바람기 발동.
寅午戌生	남쪽문을 피하고, 북동쪽으로 이사하면 안 된다. 재수가 없고, 하는 일마다 꼬이고, 病苦 질병발생. 바람기 발동.
亥卯未生	동쪽문을 피하고, 서북쪽으로 이사하면 안 된다. 재수가 없고, 하는 일마다 꼬이고, 病苦 질병발생. 바람기 발동.

운세풀이

午띠:이동수,우왕좌왕, 말多 다툼	酉띠: 점점 일이 꼬임, 관재구설	子띠:최고운상승세, 두마음	卯띠: 만남,결실,화합,문서
未띠:매사불편, 방해자,배신	戌띠:귀인상봉, 금전이득, 현금	丑띠: 의욕과다, 스트레스큼	辰띠:이동수,이별수,변동 움직임
申띠:해결신,시험합격, 풀림	亥띠: 매사꼬임,과거고생, 질병	寅띠: 시급한 일, 뜻대로 안됨	巳띠: 빈주머니,걱정근심,사기

서기	2026年
단기	4359年
불기	2570年

丙午年 양력 09月 12日 음력 08月 02日 토요일

구성월반				구성일반			
	9	5	7		4	9	2P
	8P	1	3		3	5	7
	4	6A	2		8	1	6

己	丁	丙
丑	酉	午

지장간	손방위	吉方	凶方
庚	동남	正西	正東

狗狼星 구랑성	寅方 廚舍
택지췌	번성기쁨화평 귀인도움 순응하면 성공,응집 모이는시기

乙	甲	癸	壬	辛	庚	己	戊	丁	丙	乙	甲
亥	戌	酉	申	未	午	巳	辰	卯	寅	丑	子
태	양	생	욕	관	록	왕	쇠	병	사	묘	절

三甲순	육갑납음	대장군방	조객방	삼살방	상문방	세파방	오늘생극	오늘상충	오늘원진	오늘상천	오늘상파	황도길흉	28수성	건제12신	九星	결혼주당	이사주당	안장주당	천구하식	복단일	神殺	오늘神殺	육도환생처	축원인도불	오늘기도德	금일지옥명
病甲	霹靂火	卯正東方	辰東南方	子正北方	申西南方	子正北方	專전	未 36	午 미움	午 중단	辰 깨짐	구진흑도	柳류	定정	五黃	姑고	利이	남자	삼합일	금당*모창	-	사기·관부	천도	약사여래	아미보살	화탕지옥

칠성기도일	산신축원일	용왕축원일	조왕하강일	나한하강일	불공 제의식 吉한 행사일 천도재	신굿	재수굿	용왕굿	조왕굿	병굿	고사	吉凶 길흉 大小 일반 행사일 결혼	입학	투자	계약	등산	여행	이사	합방	이장	점안식	개업준공	신축상량	수술-침	서류제출	직원채용
◎	◎	×	×	◎	◎	◎	◎	◎	◎	◎	◎	◎	◎	×	◎	◎	◎	×	×	×	◎	◎	◎	◎	◎	◎

당일 래정법

- **巳時** 에 온사람은 이동수 있는자, 직장변동, 사업체변동수, 해외진출 유리, 이별
- **午時** 에 온사람은 실업자, 지금은 소모전, 빈주머니, 헛 공사, 사기·모난사, 안됨
- **未時** 에 온사람은 매매 이동변동수, 터부정, 웃사람과 시비 다툼주의, 교통사고주의
- **申時** 온 사람은 방해자, 배신사, 금전과 여자문제 매사 지체불리함, 차사고로 손해손재수
- **酉時** 온 사람은 급처리 문제, 투자는 속결 유리 시험합격됨, 허가건은 승인
- **戌時** 온 사람은 의욕없는 자, 하극상배신 억울한일 외정색정사, 불륜사 문제, 관재로 발전 딸 문제, 취직문제

필히 피해야 할일 회의개최 • 건축증개축 • 문서파기 • 항공주의 • 승선 • 동토 • 벌초 • 관정, 우물파기

백초귀장술의 오늘에 초사언

시간 점占 己丑공망-午未

子時	사업, 구재, 금전다툼, 구설 여자문제, ⊗
丑時	유명무실, 도난위험, 질병위태, 가출건
寅時	망신수, 매사 불성사, 탄로조심.
卯時	관재 병재로 불길, 적의 침범사, 喪服운
辰時	옛것을 정비하고 새것을 얻음, 선흉후길
巳時	산후질병 발병, 이별수, 이사는 가능
午時	구직하나 불성사, 골육이별, 색정사
未時	집안잡귀침투, 친족배신불화, 가출건
申時	자손 실직사, 망신 탄로조심, 금전손실
酉時	사업사, 후원사, 자손화합사 기쁨, 근신
戌時	금전손실, 가출건, 기선제압, 시험불길
亥時	선거자유리, 사업홍성, 친족불화, 喪服

오늘 행운 복권 운세

복권사면 좋은 띠는 **돼지띠** ⑪⑯31
행운복권방은 집에서 **북서쪽**에 있는곳

申子辰生	북쪽문을 피하고, 서남쪽으로 이사하면 안 된다. 재수가 없고, 하는 일마다 꼬이고, 病苦 질병발생. 바람기 발동.
巳酉丑生	서쪽문을 피하고, 동남쪽으로 이사하면 안 된다. 재수가 없고, 하는 일마다 꼬이고, 病苦 질병발생. 바람기 발동.
寅午戌生	남쪽문을 피하고, 북동쪽으로 이사하면 안 된다. 재수가 없고, 하는 일마다 꼬이고, 病苦 질병발생. 바람기 발동.
亥卯未生	동쪽문을 피하고, 서북쪽으로 이사하면 안 된다. 재수가 없고, 하는 일마다 꼬이고, 病苦 질병발생. 바람기 발동.

9월

운세풀이

未띠:이동수,우왕좌왕, 弱, 다툼	戌띠: 점점 일이 꼬임, 관재구설	丑띠:최고운상승세, 두마음	辰띠: 만남,결실,화합,문서
申띠:매사불편, 방해자,배신	亥띠:귀인상봉, 금전이득, 현금	寅띠: 의욕과다, 스트레스큼	巳띠:이동수,이별수,변동 움직임
酉띠:해결신,시험합격, 풀림	子띠: 매사꼬임,과거고생, 질병	卯띠: 시급한 일, 뜻대로 안됨	午띠: 빈주머니,걱정근심,사기

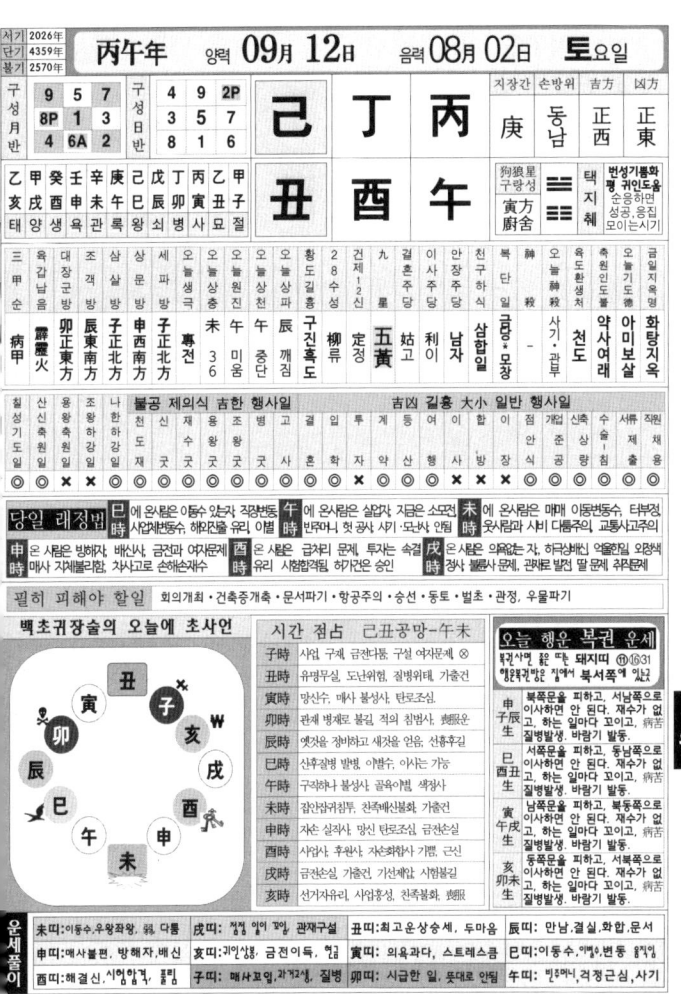

서기	2026年
단기	4359年
불기	2570年

丙午年 양력 09月 13日 음력 08月 03日 일요일

구성월반				구성일반			
	9	5	7		3A	8	1P
	8P	1	3		2	4	6
	4	6A	2		7	9	5

時	日	月
庚	丁	丙
寅	酉	午

지장간	손방위	吉方	凶方
庚	남쪽	正南	正北

狗狼星 구랑성	택지췌	
午方 남쪽	☱☷	번성기쁨화평 귀인도움 순응하면 성공,응집 모이는시기

丁	丙	乙	甲	癸	壬	辛	庚	己	戊	丁	丙
亥	戌	酉	申	未	午	巳	辰	卯	寅	丑	子
병	쇠	왕	록	관	욕	생	양	태	절	묘	사

三甲순	육갑납음	대장군방	조객방	삼살방	상문방	세파방	오늘생극	오늘상충	오늘원진	오늘상천	오늘상파	황도길흉	28수성	건제12신	九星	결혼주당	이사주당	안장주당	오늘吉神	오늘吉神	神殺	오늘神殺	육도환생처	축원인도불	오늘기도德	금일지옥명
病甲	松柏木	卯正東方	辰東南方	子正北方	申西南方	子正北方	制제	申 36	酉 미움	巳 중단	亥 깨짐	청룡황도	星성	執집	四綠	堂당	天천	손자	천덕*해신	월덕*천귀	-	천화·귀기	인도	약사여래	약사보살	화탕지옥

칠성기도일	산신축원일	용왕축원일	조왕하강일	나한하강일	천도재	신굿	재수굿	용왕굿	조왕굿	병굿	고사	결혼	입학	투자	계약	등산	여행	이사	합방	이장	점안식	개업준공	신축상량	수술-침	서류제출	직원채용
					불공 제의식 吉한 행사일							吉凶 길흉 大小 일반 행사일														
◎	×	×	×	×	×	◎	◎	◎	◎	◎	◎	◎	◎	×	×	◎	◎	×	×	×	×	◎	×	◎	◎	×

당일 래정법

巳時에 온사람은 문서 화합운 결혼 재혼 경조사 문서구입 좋다 궁합 후원 개업

午時에 온사람은 이동수 있음 이사나 직장변동 하는게 좋음 여행 이별 질병

未時에 온사람은 금전사기, 허위문서, 실업자 모난사고 빈주머니 헛공사 윗사람스트레스

申時 온 사람은 매매 이동변동수, 가정불화문제, 터부정, 관재구설, 직장변동수, 차사고주의

酉時 온 사람은 방해자, 친구동료 배신사, 취업승진 매사 지체불리함, 질병액 손해수

戌時 온 사람은 급처리문제, 묘지탈로 고이사발생 우환질병, 색정사로 구설수, 시험 합격됨, 허가건 승인됨

필히 피해야 할일 주식투자 • 사행성코인사업 • 명품구입 • 질병치료 • 투석 • 물건구입 • 새집들이 • 건축증개축

백초귀장술의 오늘에 초사언

시간 점占 庚寅공망-午未

子時	만사길조, 운기발복, 이사가 吉, 신중
丑時	매사 막히고 퇴보, 사업 구재는 불길
寅時	타인이나 여자로부터 금전손실, 함정
卯時	금전문제, 부인문제, 색정사, 도난위험
辰時	매사미비, 병재로 불길, 가출사, 색정사
巳時	사업금전운 吉, 임신가능, 결혼기쁨, 화해
午時	금전손실 다툼, 가내불안, 가출, 시험불리
未時	잡인잡귀침투, 친족불화, 사업금전불리
申時	부부이심, 이사가 길, 시귀발동, 가출사
酉時	파산파재, 부인흉극, 배신음모로 함정
戌時	사업사, 후원사, 직장승진, 이사가 吉
亥時	금전손실, 도난, 자식문제, 화류계 관련

오늘 행운 복권 운세

복권사면 좋은 띠는 쥐띠 ①⑥⑯
행운복권방은 집에서 북쪽에 있는곳

申子辰生	북쪽문을 피하고, 서남쪽으로 이사하면 안 된다. 재수가 없고, 하는 일마다 꼬이고, 病苦 질병발생. 바람기 발동.
巳酉丑生	서쪽문을 피하고, 동남쪽으로 이사하면 안 된다. 재수가 없고, 하는 일마다 꼬이고, 病苦 질병발생. 바람기 발동.
寅午戌生	남쪽문을 피하고, 북동쪽으로 이사하면 안 된다. 재수가 없고, 하는 일마다 꼬이고, 病苦 질병발생. 바람기 발동.
亥卯未生	동쪽문을 피하고, 서북쪽으로 이사하면 안 된다. 재수가 없고, 하는 일마다 꼬이고, 病苦 질병발생. 바람기 발동.

운세풀이

申띠:이동수,우왕좌왕, 弱, 다툼	亥띠: 점점 일이 꼬임 관재구설	寅띠:최고운상승세, 두마음	巳띠: 만남,결실,화합,문서
酉띠:매사불편, 방해자,배신	子띠:귀인상봉, 금전이득, 현금	卯띠: 의욕과다, 스트레스큼	午띠:이동수,이별수,변동 움직임
戌띠:해결신,시험합격, 풀림	丑띠: 매사꼬임,과거고생, 질병	辰띠: 시급한 일, 뜻대로 안됨	未띠: 빈주머니,걱정근심,사기

서기	2026年
단기	4359年
불기	2570年

丙午年 양력 09月 14日 음력 08月 04日 월요일

구성月반			
	9	5	7
	8P	1	3
	4	6A	2

구성日반			
	2	7	9
	1A	3	5P
	6	8	4

辛	丁	丙
卯	酉	午

지장간	손방위	吉方	凶方
庚	남서	正東	正西

狗狼星 구랑성	괘		
天	☰☷	산천대축	금전운최상 큰사업확장 원대한 꿈 山처럼쌓임 무리는금물

己	戊	丁	丙	乙	甲	癸	壬	辛	庚	己	戊
亥	戌	酉	申	未	午	巳	辰	卯	寅	丑	子
욕	관	록	왕	쇠	병	사	묘	절	태	양	생

三甲순	육갑납음	대장군방	조객방	삼살방	상문방	세파방	오늘생극	오늘상충	오늘원진	오늘상천	오늘상파	황도길흉	28수성	건제12신	九星	결혼주당	이사주당	안장주당	복단일	오늘吉神	오늘神殺	오늘神殺	육도환생처	축원인도불	오늘기도德	금일지옥명
病甲	松柏木	卯正東方	辰東南方	子正北方	申西南方	子正北方	制제	酉 36	申 미움	辰 중단	午 깨짐	명당황도	張장	破파	三碧	翁옹	害해	死	-	복덕*천창	월파·천적	검봉·지화	귀도	약사여래	문수보살	화탕지옥

칠성기도일	산신축원일	용왕축원일	조왕하강일	나한하강일	천도재 (불공 제의식 吉한 행사일)	신굿	재수굿	용왕굿	조왕굿	병굿	고사	결혼 (吉凶 길흉 大小 일반 행사일)	입학	투자	계약	등산	여행	이사	합방	이장	점안식	개업준공	신축상량	수술-침	서류제출	직원채용
×	×	×	×	×	×	×	×	×	×	×	×	×	×	×	×	◎	×	×	×	×	×	×	×	×	×	×

당일 래정법

- **巳時** 에 온사람은 자식문제, 가내환자, 죽음, 바람기, 불륜, 시비투쟁, 이동수
- **午時** 에 온사람은 문서, 화합운, 결혼, 재혼, 경조사, 애정사, 궁합, 부모문제, 개업
- **未時** 에 온사람은 이동수 있는자, 이사나 직장변동, 해외진출, 부모자식문제, 여행,
- **申時** 온 사람은 허위문서 문제, 실업자, 색정사, 빈주머니, 헛 공사, 사기모함·모난사, 일이 지체
- **酉時** 온 사람은 매매 이동변동수, 터부정, 관재구설, 사기, 허위문서, 가내우환질병, 차사고주의
- **戌時** 온 사람은 방해자, 배신사, 원망 암투, 취업 승진 매사 지체불리함, 차사고로 손재수, 암투

필히 피해야 할일 새집들이 · 친목회 · 금전수금 · 창고수리 · 건축수리 · 동토 · 우물파기 · 장담그기

백초귀장술의 오늘에 초사언

시간 점占	辛卯공망-午未
子時	직장근심, 처를 극, 질병위급, 神부정
丑時	사업사, 후원사, 직장변동, 자식질병 급
寅時	관재 병재로 불길, 가출사 색정사 하극상
卯時	가내우환 도적흉, 여자로부터 금전손실
辰時	매사 지체, 사업상 다툼, 불륜색정사
巳時	매사 불성사, 도망은 吉, 삼각관계, 재액
午時	관직 승진문제, 금전 작은이득, 화해 吉
未時	삼각관계, 직업변동, 친족불화, 여자질병
申時	만사불길, 육친이별, 이민유리, 질병재앙
酉時	적의 침범사, 관재 병재로 불길, 감옥行
戌時	놀랄 일발생, 불륜색정사, 공중분해
亥時	자식문제, 직장문제, 손님 惡意 불화초래

오늘 행운 복권 운세

복권사면 좋은 띠는 소띠 ②⑤⑩
행운복권방은 집에서 북동쪽에 있는곳

申子辰生	북쪽문을 피하고, 서남쪽으로 이사하면 안 된다. 재수가 없고, 하는 일마다 꼬이고, 病苦 질병발생. 바람기 발동.
巳酉丑生	서쪽문을 피하고, 동남쪽으로 이사하면 안 된다. 재수가 없고, 하는 일마다 꼬이고, 病苦 질병발생. 바람기 발동.
寅午戌生	남쪽문을 피하고, 북동쪽으로 이사하면 안 된다. 재수가 없고, 하는 일마다 꼬이고, 病苦 질병발생. 바람기 발동.
亥卯未生	동쪽문을 피하고, 서북쪽으로 이사하면 안 된다. 재수가 없고, 하는 일마다 꼬이고, 病苦 질병발생. 바람기 발동.

운세풀이

酉띠:이동수,우왕좌왕, 弱, 다툼	子띠: 점점 일이 꼬임, 관재구설	卯띠:최고운상승세, 두마음	午띠: 만남,결실,화합,문서
戌띠:매사불편, 방해자,배신	丑띠:귀인상봉, 금전이득, 현금	辰띠: 의욕과다, 스트레스큼	未띠:이동수,이별수,변동 움직임
亥띠:해결신,시험합격, 풀림	寅띠: 매사꼬임,과거고생, 질병	巳띠: 시급한 일. 뜻대로 안됨	申띠: 빈주머니,걱정근심,사기

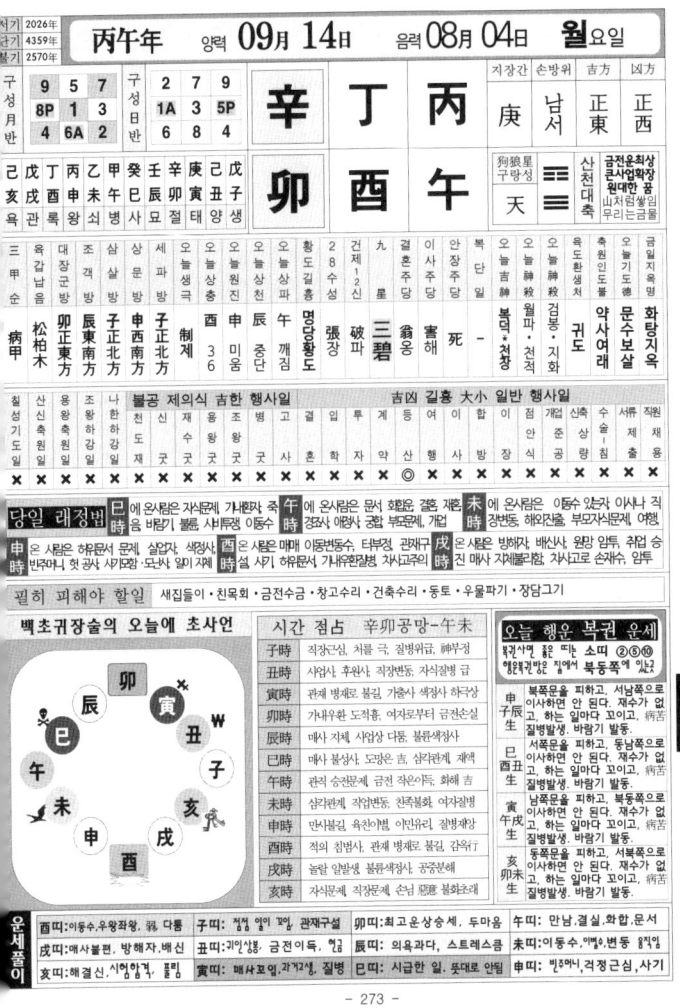

9월

서기	2026年
단기	4359年
불기	2570年

丙午年 양력 09月 15日 음력 08月 05日 화요일

구성월반				구성일반			
	9	5	7		1	6	8A
	8P	1	3		9	2	4
	4	6A	2		5	7	3P

時	日	月	年
壬	丁	丙	
辰	酉	午	

지장간	손방위	吉方	凶方
庚	서쪽	正北	正南

狗狼星 구랑성			
天	☱ ☰	산천대축	금전운최상 큰사업확장 원대한 꿈 山처럼쌓임 무리는금물

辛	庚	己	戊	丁	丙	乙	甲	癸	壬	辛	庚
亥	戌	酉	申	未	午	巳	辰	卯	寅	丑	子
록	관	욕	생	양	태	절	묘	사	병	쇠	왕

三甲순	육갑납음	대장군방	조객방	삼살방	상문방	세파방	오늘생극	오늘상충	오늘원진	오늘상천	오늘상파	황도길흉	28수성	건제12신	九星	결혼주당	이사주당	안장주당	대공망일	오늘吉神	神殺	오늘神殺	육도환생처	축원인도불	오늘기도德	금일지옥명
病甲	長流水	卯正東方	辰東南方	子正北方	申西南方	子正北方	伐벌	戌 36	亥 미움	卯 중단	丑 깨짐	천형흑도	翼익	危위	二黑	第제	殺살	여자	대공망일	경안*모창	–	태허·월살	축도	약사여래	지장보살	화탕지옥

칠성기도일	산신축원일	용왕축원일	조왕하강일	나한하강일	천도재	신굿	재수굿	용왕굿	조왕굿	병굿	고사	결혼	입학	투자	계약	등산	여행	이사	합방	이장	점안식	개업준공	신축상량	수술-침	서류제출	직원채용
×	×	×	×	×	×	×	×	×	×	×	×	×	–	×	◎	◎	◎	×	×	×	×	×	×	◎	◎	×

(천도재 ~ 고사: 불공 제의식 吉한 행사일 / 결혼 ~ 직원채용: 吉凶 길흉 大小 일반 행사일)

당일 래정법

巳時 에 온사람은 의욕과다. 뭐가 하고싶어서 왔다. 자식과 금전문제, 직장취업문제

午時 에 온사람은 금전문제로 골치 아픔, 상사와 암투, 여자바람기, 불륜, 화병

未時 에 온사람은 문서 남녀화합운, 결혼, 재혼 경조사, 문서구입, 궁합, 만남, 부모님 불리

申時 온 사람은 이동수 있는자, 이사나 직장변동, 관송사, 여행, 이별수, 취업불가능, 질병

酉時 온 사람은 허위문서, 금전손재수, 자식문제, 빈주머니, 헛고생 사기모함, 매사불성 일은 지체

戌時 온 사람은 허위문서 이동변동수, 터부정, 관재구설, 자식가출, 동업자 시비 다툼주의, 차사고주의

필히 피해야 할일 회사창업 · 개업개점 · 개장식 · 새작품제작 · 출품 · 새집들이 · 인수인계 · 후임자간택 · 항공주의

백초귀장술의 오늘에 초사언

시간 점占 壬辰공망-午未

子時	만사개혁 유리, 남녀쟁투 처를 극, 破
丑時	남편문제, 직장문제, 가출사, 출산나쁨, 病
寅時	적의 침범사, 불길하고 원수됨, 육친이별
卯時	병상파재, 관송사 분쟁, 음란색정사,⊗
辰時	금전손실 다툼, 불륜문제, 직장변동,
巳時	사업, 구재, 상해, 도난, 여자삼각관계
午時	매사 불성사, 도망은 吉, 도적손실, 재액
未時	사업사, 후원사, 불륜사, 화합사, 금전 凶
申時	집안잡귀침투, 친족불화, 육친무력, 도난
酉時	남녀색정사, 금전손해 실물수, 가출사
戌時	육친무력, 가출건, 관재구설, 우환질병
亥時	관록 당선에 방해자, 실수 탄로, 가출사

오늘 행운 복권 운세

복권사면 좋은 띠는 **범띠** ③⑧⑱
행운복권방은 집에서 **동북쪽에 있는곳**

申子辰生	북쪽문을 피하고, 서남쪽으로 이사하면 안 된다. 재수가 없고, 하는 일마다 꼬이고, 病苦 질병발생. 바람기 발동.
巳酉丑生	서쪽문을 피하고, 동남쪽으로 이사하면 안 된다. 재수가 없고, 하는 일마다 꼬이고, 病苦 질병발생. 바람기 발동.
寅午戌生	남쪽문을 피하고, 북동쪽으로 이사하면 안 된다. 재수가 없고, 하는 일마다 꼬이고, 病苦 질병발생. 바람기 발동.
亥卯未生	동쪽문을 피하고, 서북쪽으로 이사하면 안 된다. 재수가 없고, 하는 일마다 꼬이고, 病苦 질병발생. 바람기 발동.

운세풀이

戌띠:이동수,우왕좌왕, 불륜, 다툼	丑띠: 점점 일이 꼬임, 관재구설	辰띠:최고운상승세, 두마음	未띠: 만남,결실,화합,문서
亥띠:매사불편, 방해자,배신	寅띠:귀인상봉, 금전이득, 현금	巳띠: 의욕과다, 스트레스큼	申띠:이동수,이별수,변동 움직임
子띠:해결신,시험합격, 풀림	卯띠: 매사꼬임,과거고생, 질병	午띠: 시급한 일, 뜻대로 안됨	酉띠: 빈주머니,걱정근심,사기

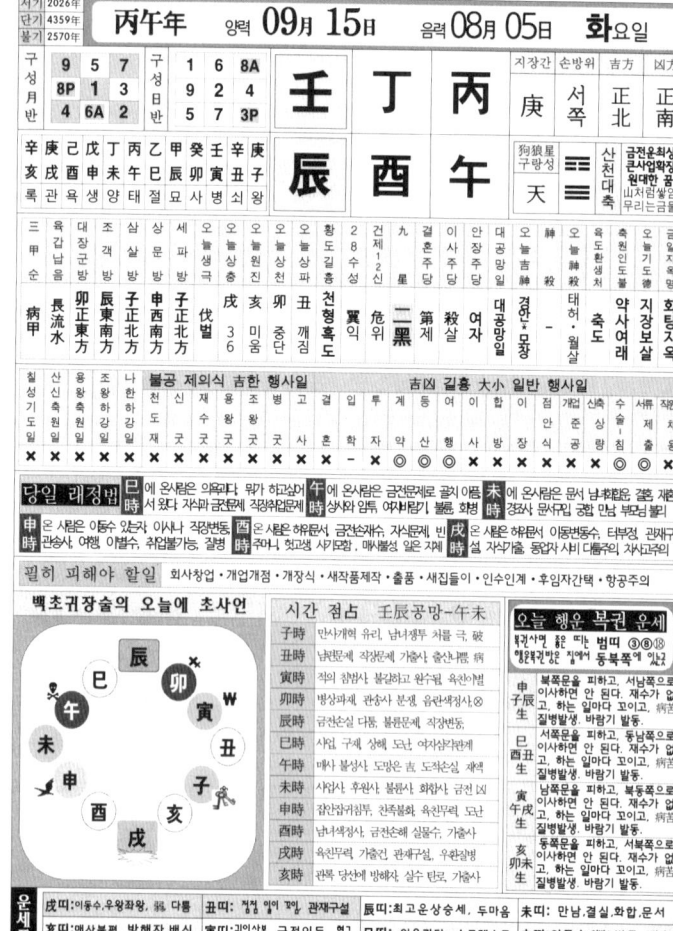

서기	2026年
단기	4359年
불기	2570年

丙午年 양력 09月 16日 음력 08月 06日 수요일

구성月반				구성日반			
	9	5	7		9	5	7
	8P	1	3		8	1	3
	4	6A	2		4	6A	2P

癸	丁	丙
巳	酉	午

지장간	손방위	吉方	凶方
庚	서북	正西	正東

癸	壬	辛	庚	己	戊	丁	丙	乙	甲	癸	壬
亥	戌	酉	申	未	午	巳	辰	卯	寅	丑	子
왕	쇠	병	사	묘	절	태	양	생	욕	관	록

狗狼星 구랑성: 大門 僧寺

산천대축: 금전운최상 큰사업확장 원대한 꿈 山처럼쌓임 무리는금물

三甲순	육갑납음	대장군방	조객방	삼살방	상문방	세파방	오늘생극	오늘상충	오늘원진	오늘상천	오늘상파	황도길흉	28수성	건제12신	九星	결혼주당	이사주당	안장주당	대공망일	오늘吉神	神殺	오늘神殺	육도환생처	축원인도불	오늘기도德	금일지옥명
病甲	長流水	卯正東方	辰東南方	子正北方	申西南方	子正北方	制제	亥 36	戌 미움	寅 중단	申 깨짐	주작흑도	軫진	成성	一白	竈조	富부	어머니	대공망일	천희*생기	삼합일	산격·토금	옥도	약사여래	문수보살	화탕지옥

칠성기도일	산신축원일	용왕축원일	조왕하강일	나한하강일	불공 제의식 吉한 행사일: 천도재	신굿	재수굿	용왕굿	조왕굿	병굿	고사	吉凶 길흉 大小 일반 행사일: 결혼	입학	투자	계약	등산	여행	이사	합방	이장	점안식	개업준공	신축상량	수술-침	서류제출	직원채용
×	×	×	×	×	◎	◎	◎	×	◎	◎	◎	×	◎	×	◎	◎	◎	×	◎	×	◎	◎	×	◎	◎	◎

당일 래정법

巳時에 온사람은 원망과 다툼 두 문제로 갈등사, 직장문제, 여자상업문제, 시비다툼

午時에 온사람은 금전문제, 여자문제, 뭐가 하고 싶어서 왔다. 직장취업문제

未時에 온사람은 골치 아픈일, 친구나 형제간 다툼, 바람기, 불륜, 관재, 속장리

申時 온 사람은 화합운, 결혼사, 재혼, 경조사, 애정사, 궁합 만남 개업, 윗사람 우환질병, 허위문서 매매건

酉時 온 사람은 이동수 있는자, 이사나 직장변동수, 사업체 변동수, 여행, 이별수, 관재구설

戌時 온 사람은 색정사문제, 금전손재수, 쉬어야할때, 빈주머니, 헛고생, 허위문서, 사기, 매사불성

필히 피해야 할일

홍보광고 • 소장제출 • 인허가신청 • 정보유출 • 질병치료 • 출항 • 조선 배 제조 • 승선 • 바다낚시

백초귀장술의 오늘에 초사언

시간 점占 癸巳공망-午未

子時	형제친구 배신주의, 색정사, 관재구설
丑時	적의 침범사, 음란색정사, 부부이별, 이사
寅時	직장근심, 처를 극, 색정사, 음귀침투
卯時	자식문제, 직장문제, 색정사, 결혼기쁨
辰時	남편문제, 직장문제, 부부이별, 우환질병
巳時	귀인상봉, 구재이득, 발탁 수상기쁨, 취직
午時	금전손실, 매사 불성사, 색정사, 부부문제
未時	금전실패, 가출건, 관송사, 육친무력 이동
申時	사업사, 후원사, 색정사, 다툼 탄로조심
酉時	어른 병자사망, 매사 불성사, 가출도주
戌時	직업문제, 남편문제, 음란색정사, 이사吉
亥時	관귀발동, 금전손해 실물수, 음란색정사

오늘 행운 복권 운세

복권사면 좋은 띠는 토끼띠 ②⑧
행운복권방은 집에서 동쪽에 있는곳

申子辰生	북쪽문을 피하고, 서남쪽으로 이사하면 안 된다. 재수가 없고, 하는 일마다 꼬이고, 病苦 질병발생. 바람기 발동.
巳酉丑生	서쪽문을 피하고, 동남쪽으로 이사하면 안 된다. 재수가 없고, 하는 일마다 꼬이고, 病苦 질병발생. 바람기 발동.
寅午戌生	남쪽문을 피하고, 북동쪽으로 이사하면 안 된다. 재수가 없고, 하는 일마다 꼬이고, 病苦 질병발생. 바람기 발동.
亥卯未生	동쪽문을 피하고, 서북쪽으로 이사하면 안 된다. 재수가 없고, 하는 일마다 꼬이고, 病苦 질병발생. 바람기 발동.

운세풀이

亥띠:이동수,우왕좌왕, 弱, 다툼	寅띠: 점점 일이 꼬임, 관재구설	巳띠:최고운상승세, 두마음	申띠: 만남,결실,화합,문서
子띠:매사불편, 방해자,배신	卯띠:귀인상봉, 금전이득, 현금	午띠: 의욕과다, 스트레스큼	酉띠:이동수,이별수,변동 움직임
丑띠:해결신,시험합격, 풀림	辰띠: 매사꼬임,과거고생, 질병	未띠: 시급한 일, 뜻대로 안됨	戌띠: 빈주머니,걱정근심,사기

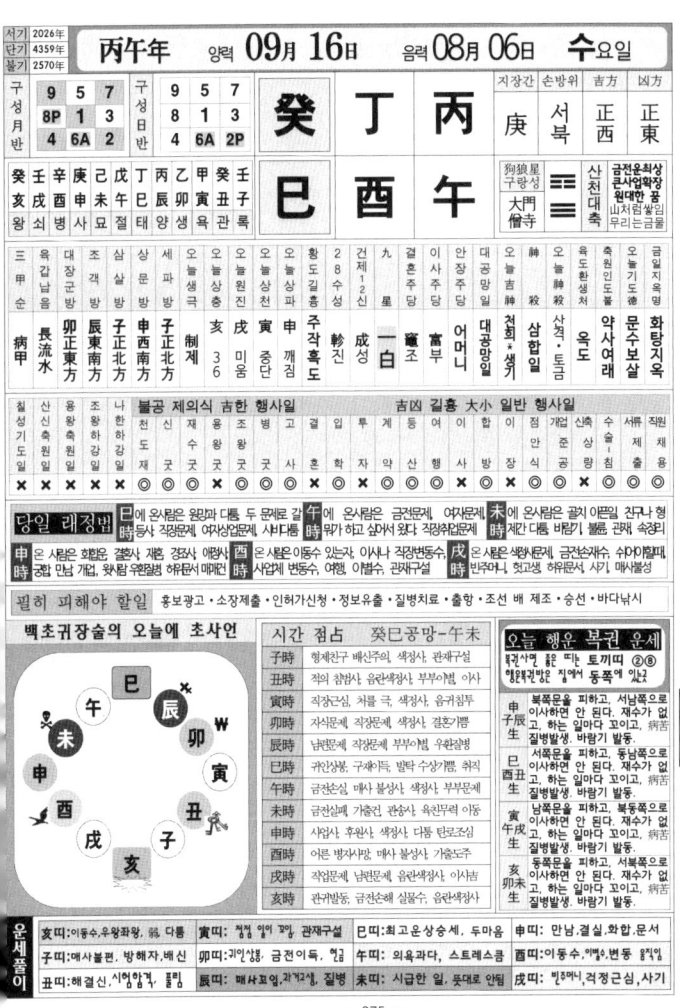

9월

서기	2026年
단기	4359年
불기	2570年

丙午年 양력 09月 17日 음력 08月 07日 목요일

구성월반				구성일반			
	9	5	7		8	4A	6
	8P	1	3		7	9	2
	4	6A	2		3	5P	1

甲	丁	丙
午	酉	午

지장간	손방위	吉方	凶方
辛	북쪽	正南	正北

狗狼星 구랑성	괘		
戌亥方	☰☷	산천대축	금전운최상 큰사업확장 원대한 꿈 山처럼쌓임 무리는금물

乙	甲	癸	壬	辛	庚	己	戊	丁	丙	乙	甲
亥	戌	酉	申	未	午	巳	辰	卯	寅	丑	子
생	양	태	절	묘	사	병	쇠	왕	록	관	욕

三甲순	육갑납음	대장군방	조객방	삼살방	상문방	세파방	오늘생극	오늘상충	오늘원진	오늘상천	오늘상파	황도길흉	28수성	건제12신	九星	결혼주당	이사주당	안장주당	대공망일	오늘吉神	神殺	오늘神殺	육도환생처	축원인도불	오늘기도德	금일지옥명
生甲	砂中金	卯正東方	辰東南方	子正北方	申西南方	子正北方	寶보	子 36	丑 미움	丑 중단	卯 깨짐	금궤황도	角각	收수	九紫	婦부	師사	며느리	대공망일	복생*월은	천강·멸몰	구감·고초	불도	관세음보살	약사보살	좌마지옥

칠성기도일	산신축원일	용왕축원일	조왕하강일	나한하강일	불공 제의식 吉한 행사일: 천도재	신굿	재수굿	용왕굿	조왕굿	병굿	고사	吉凶 길흉 大小 일반 행사일: 결혼	입학	투자	계약	등산	여행	이사	합방	이장	점안식	개업준공	신축상량	수술-침	서류제출	직원채용
◎	◎	×	◎	◎	◎	◎	◎	×	◎	◎	◎	×	◎	×	×	◎	◎	×	×	×	◎	◎	×	◎	×	×

당일 래정법

巳時 에 온사람은 건강문제, 재수가 없고 운이 단단히 꼬여있음, 동업파탄 손재수

午時 에 온사람은 의욕충만, 두문제로 갈등사. 갖고싶은 욕구, 직장문제, 상업문제

未時 에 온사람은 의욕과다, 뭐가 하고싶어서 왔다. 직장상사괴롭힘 사표문제

申時 온 사람은 골치 아픈일, 친구나 형제동업, 죽음, 배우자바람기, 불륜, 관재구설 속 정리해야함

酉時 온 사람은 문서구입, 화합운, 결혼, 경조사, 관직취업건, 개업 때 아님, 하극상 배신, 경쟁사로 몰변

戌時 온 사람은 이동수 있는자, 가출, 이사나 직장변동, 점포 변동수, 투자문서는 위험, 이별수

필히 피해야 할일 작품출품 · 납품 · 정보유출 · 창고개방 · 새집들이 · 출장 · 항공주의 · 화재주의 · 지붕 · 옥상보수

백초귀장술의 오늘에 초사언

시간 점占	甲午공망-辰巳
子時	자식 질병재앙, 처를 극, 방심 도난,
丑時	처의 돈문제, 우환질병, 동료배신, 후퇴
寅時	선거자유리, 직장 명예사, 질병재앙
卯時	매사불길, 질병재앙, 수술, 처를 극, 가출
辰時	사업, 금전구재, 도난, 여자 색정삼각관계
巳時	잡안잡귀침투, 친족불화, 삼각관계, 불리
午時	관재 병재로 불길, 가출사 색정사 하극상
未時	화합사, 금전문제, 처 문제, 이동 여행凶
申時	매사 불성사, 우환질병, 음란 색정사
酉時	관청권리문제, 남편문제, 우환질병피해
戌時	가출건, 급병자발생 색정사 발생 ⊗
亥時	파재, 상해, 도난, 사업문제, 질병재앙

오늘 행운 복권 운세

복권사면 좋은 띠는 용띠 ⑤⑩⑳
행운복권방은 집에서 동남쪽에 있는곳

申子辰生	북쪽문을 피하고, 서남쪽으로 이사하면 안 된다. 재수가 없고, 하는 일마다 꼬이고, 病苦 질병발생. 바람기 발동.
巳酉丑生	서쪽문을 피하고, 동남쪽으로 이사하면 안 된다. 재수가 없고, 하는 일마다 꼬이고, 病苦 질병발생. 바람기 발동.
寅午戌生	남쪽문을 피하고, 북동쪽으로 이사하면 안 된다. 재수가 없고, 하는 일마다 꼬이고, 病苦 질병발생. 바람기 발동.
亥卯未生	동쪽문을 피하고, 서북쪽으로 이사하면 안 된다. 재수가 없고, 하는 일마다 꼬이고, 病苦 질병발생. 바람기 발동.

운세풀이

子띠:이동수,우왕좌왕, 횡재, 다툼	卯띠: 점점 일이 꼬임, 관재구설	午띠:최고운상승세, 두마음	酉띠: 만남,결실,화합,문서
丑띠:매사불편, 방해자,배신	辰띠:귀인상봉, 금전이득, 현금	未띠: 의욕과다, 스트레스큼	戌띠:이동수,이별수,변동 움직임
寅띠:해결신,시험합격, 풀림	巳띠: 매사꼬임,과거고생, 질병	申띠: 시급한 일, 뜻대로 안됨	亥띠: 빈주머니,걱정근심,사기

서기 2026年	단기 4359年	불기 2570年

丙午年 양력 09月 18日 음력 08月 08日 금요일

구성月반			구성日반		
9	5	7	7	3	5
8P	1	3	6	8	1
4	6A	2	2AP	4	9

時	日	月	年
乙	丁	丙	
未	酉	午	

지장간	손방위	吉方	凶方
辛	북동	正東	正西

狗狼星 구랑성 水步井 亥方 / ☶☰ 산천대축 / 금전운최상 큰사업확장 원대한 꿈 山처럼쌓임 무리는금물

丁	丙	乙	甲	癸	壬	辛	庚	己	戊	丁	丙
亥	戌	酉	申	未	午	巳	辰	卯	寅	丑	子
사	묘	절	태	양	생	욕	관	록	왕	쇠	병

三甲순	육갑납음	대장군방	조객방	삼살방	상문방	세파방	오늘생극	오늘상충	오늘원진	오늘상천	오늘상파	황도길흉	28수성	건제12신	九星	결혼주당	이사주당	안장주당	복단일	오늘吉神	神殺	오늘神殺	육도환생처	축원인도불	오늘기도德	금일지옥명
生甲	砂中金	卯正東方	辰東南方	子正北方	申西南方	子正北方	制제	丑 36	子 미움	子 중단	戌 깨짐	대덕황도	亢항	開개	八白	廚주	災재	손님	-	천덕합	보광*음덕	수사·토부	불도	관세음보살	대세지보살	좌마지옥

칠성기도일	산신축원일	용왕축원일	조왕하강일	나한하강일	천도재	신굿	재수굿	용왕굿	조왕굿	병굿	고사	결혼	입학	투자	계약	등산	여행	이사	합방	이장	점안식	개업준공	신축상량	수술·침	서류제출	직원채용
×	◎	×	×	×	◎	◎	◎	◎	◎	◎	◎	◎	◎	×	×	◎	◎	×	×	◎	◎	◎	×	◎	◎	×

(불공 제의식 吉한 행사일: 천도재 ~ 병굿 / 吉凶 길흉 大小 일반 행사일: 고사 ~ 직원채용)

당일 래정법

巳時에 온사람은 금전문제, 사업문제, 금전 구재건, 관직취직사, 속전속결이 유리

午時에 온사람 건강문제, 관재구설로 운이 단단히 꼬여있음, 친정문제 손재수

未時에 온사람 부모자식 합의건, 문서합의 건, 결혼성사, 사업자금, 이동수

申時 온 사람은 의욕과다, 뭐가 하고싶어서 왔다. 직장취업문제, 친구형제간 배신과 우환, 관재수

酉時 온 사람은 골치 아픈일, 형제동업, 죽음, 바람기, 불륜, 시비투쟁, 급속정리해야함, 청춘구직해

戌時 온 사람은 금전구재, 문서 회합운, 결혼, 재혼, 경조사, 애정사, 궁합 만남, 개업 하극상 배신, 구설수

필히 피해야 할일

이날은 흑도와 월파일에 구공, 대모 등 신살에 해당되어 매사 해롭고 불리한 날

백초귀장술의 오늘에 초사언

시간 점占 乙未공망-辰巳

子時	관귀발동, 친족불화, 색정삼각관계, 도난
丑時	적의 침범사, 여자불길 원수됨, 가출사
寅時	금전문제, 실직문제, 배신사, 모함 은익
卯時	질병위급, 관직승진, 동분서주 결혼 吉
辰時	매사 불성사, 금전손재, 금전융통 안됨
巳時	자식문제, 남편문제, 만사길조, 수상기쁨
午時	매사 불성사, 우환질병, 음란 색정사 자식
未時	금전사기유의, 여자문제, 우환질병 취직可
申時	직업문제, 남편명예문제, 불륜 색정사
酉時	병자사망, 매사 불성사, 가출도주, 外情
戌時	처의 돈문제, 우환질병, 관직변화변동
亥時	금전사업문제, 가출사, 도망분실, 삼각관계

오늘 행운 복권 운세

복권사면 좋은 띠는 **뱀띠** ⑦⑰27
행운복권방은 집에서 **남동쪽**에 있는곳

申子辰生	북쪽문을 피하고, 서남쪽으로 이사하면 안 된다. 재수가 없고, 하는 일마다 꼬이고, 病苦 질병발생. 바람기 발동.
巳酉丑生	서쪽문을 피하고, 동남쪽으로 이사하면 안 된다. 재수가 없고, 하는 일마다 꼬이고, 病苦 질병발생. 바람기 발동.
寅午戌生	남쪽문을 피하고, 북동쪽으로 이사하면 안 된다. 재수가 없고, 하는 일마다 꼬이고, 病苦 질병발생. 바람기 발동.
亥卯未生	동쪽문을 피하고, 서북쪽으로 이사하면 안 된다. 재수가 없고, 하는 일마다 꼬이고, 病苦 질병발생. 바람기 발동.

9월

운세풀이

丑띠:이동수,우왕좌왕, 弱, 다툼	辰띠: 점점 일이 꼬임, 관재구설	未띠:최고운상승세, 두마음	戌띠: 만남,결실,화합,문서
寅띠:매사불편, 방해자,배신	巳띠:귀인상봉, 금전이득, 현금	申띠: 의욕과다, 스트레스큼	亥띠:이동수,이별수,변동 움직임
卯띠:해결신,시험합격, 풀림	午띠: 매사꼬임,과거고생, 질병	酉띠: 시급한 일, 뜻대로 안됨	子띠: 빈주머니,걱정근심,사기

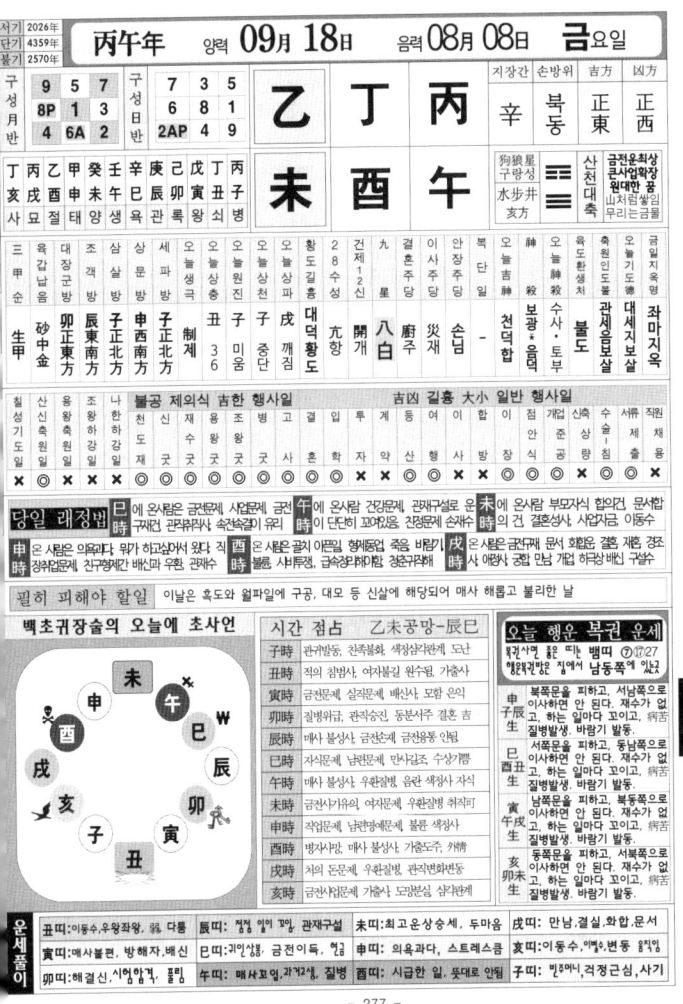

서기 2026年	단기 4359年	불기 2570年

丙午年 양력 09月 19日 음력 08月 09日 토요일

구성月반		
9	5	7
8P	1	3
4	6A	2

구성日반		
6	2	4
5	7	9A
1P	3	8

丙	丁	丙
申	酉	午

지장간	손방위	吉方	凶方
辛	無	正北	正南

狗狼星 구랑성		산화비	감언이설주의 사기조심 내부점검, 재고파악, 마무리잘해
天	☷☷		

己	戊	丁	丙	乙	甲	癸	壬	辛	庚	己	戊
亥	戌	酉	申	未	午	巳	辰	卯	寅	丑	子
절	묘	사	병	쇠	왕	록	관	욕	생	양	태

三甲순	육갑납음	대장군방	조객방	삼살방	상문방	세파방	오늘생극	오늘상충	오늘원진	오늘상천	오늘상파	황도길흉	28수성	건제12신	九星	결혼주당	이사주당	안장주당	복단일	대공망일	神殺	오늘神殺	육도환생처	축원인도불	오늘기도德	금일지옥명
生甲	山下火	卯正東方	辰東南方	子正北方	申西南方	子正北方	制제	寅 36	卯 미움	亥 중단	巳 깨짐	백호흑도	氐저	閉폐	七赤	夫부	安안	아버지	오부길일	천마*왕일	라강·수격	유화·귀곡	인도	관세음보살	아미보살	좌마지옥

불공 제의식 吉한 행사일 / **吉凶 길흉 大小 일반 행사일**

칠성기도일	산신축원일	용왕축원일	조왕하강일	나한하강일	천도재	신굿	재수굿	용왕굿	조왕굿	병굿	고사	결혼	입학	투자	계약	동산	여행	이사	합방	이장	점안식	개업준공	신축상량	수술-침	서류제출	직원채용
◎	×	×	×	×	◎	×	×	×	×	×	×	×	◎	×	×	◎	◎	×	×	×	×	×	×	×	×	×

당일 래정법

巳時 에 온사람은 여자로 인해 손재수, 직장문제, 상업문제, 색정사, 관재구설

午時 에 온사람은 금전문제, 사업문제, 친정 부모문제, 관직취직사, 속전속결이 유리

未時 에 온사람 남편문제, 직장문제, 헛수고로 완전힘듬, 지금은 불리, 손재수

申時 온 사람은 금전구재, 취직문제, 종교문제, 새로운일 계획무산, 친정식구 후원사, 망신수

酉時 온 사람은 의욕과다, 뭐가 하고싶어서 왔다. 직장취업문제, 친구형제간 배신, 금전차용가능여부

戌時 온 사람은 자식 골치 아픈일, 형제동업, 죽음, 바람기, 불륜, 시비투쟁, 급속정리해야함, 청춘귀

필히 피해야 할일 승선・낚시・어로작업・요트타기・벌목・사냥・수렵・수혈・주방고치기・흙 다루고 땅 파는 일.

백초귀장술의 오늘에 초사언

시간 점占 丙申공망-辰巳

子時	관송사 직업문제, 이동사, 자식질병
丑時	자식문제, 남편문제, 사기도난, 가출건
寅時	직업이동사, 색정사, 우환질병, 터부정
卯時	육친무력 이민, 병환자발생, 가출문제
辰時	사업건 직업변동, 자손 시험합격, 불륜사
巳時	관직 승전문제, 남편명예문제, 불륜색정사
午時	환질병, 금전문제, 인연단절, 수술유의
未時	病환자, 관재, 자손문제, 실직사, 배신사
申時	금전손실, 부인문제, 금전융통, 우환질병
酉時	금전문제, 구재이득, 발탁 수상기쁨, 함정
戌時	자식문제, 가출사, 산소문제, 기도발원
亥時	실직문제, 질병발생, 적 침범사, 서행

오늘 행운 복권 운세

복권사면 좋은 띠는 말띠 ⑤⑦22
행운복권방은 집에서 남쪽에 있는곳

申子辰生	북쪽문을 피하고, 서남쪽으로 이사하면 안 된다. 재수가 없고, 하는 일마다 꼬이고, 病苦 질병발생. 바람기 발동.
巳酉丑生	서쪽문을 피하고, 동남쪽으로 이사하면 안 된다. 재수가 없고, 하는 일마다 꼬이고, 病苦 질병발생. 바람기 발동.
寅午戌生	남쪽문을 피하고, 북동쪽으로 이사하면 안 된다. 재수가 없고, 하는 일마다 꼬이고, 病苦 질병발생. 바람기 발동.
亥卯未生	동쪽문을 피하고, 서북쪽으로 이사하면 안 된다. 재수가 없고, 하는 일마다 꼬이고, 病苦 질병발생. 바람기 발동.

운세풀이

寅띠:이동수,우왕좌왕, 弱, 다툼	巳띠: 점점 일이 꼬임, 관재구설	申띠:최고운상승세, 두마음	亥띠: 만남,결실,화합,문서
卯띠:매사불편, 방해자,배신	午띠: 귀인상봉, 금전이득, 현금	酉띠: 의욕과다, 스트레스큼	子띠:이동수,이별수,변동 움직임
辰띠:해결신,시험합격, 풀림	未띠: 매사꼬임,과거고생, 질병	戌띠: 시급한 일, 뜻대로 안됨	丑띠: 빈주머니,걱정근심,사기

서기	2026年
단기	4359年
불기	2570年

丙午年 양력 09月 20日 음력 08月 10日 일요일

구성월반				구성일반			
	9	5	7		5	1	3
	8P	1	3		4P	6	8
	4	6A	2		9	2	7A

丁	丁	丙
酉	酉	午

지장간	손방위	吉方	凶方
辛	無	正西	正東

狗狼星 구랑성	寺觀 절사관

산화비 — 감언이설주의 사기조심 내부점검, 재고파악, 마무리잘해

辛	庚	己	戊	丁	丙	乙	甲	癸	壬	辛	庚
亥	戌	酉	申	未	午	巳	辰	卯	寅	丑	子
태	양	생	욕	관	록	왕	쇠	병	사	묘	절

三甲순	육갑납음	대장군방	조객방	삼살방	상문방	세파방	오늘생극	오늘상충	오늘원진	오늘상천	오늘상파	황도길흉
生甲	山下火	卯正東方	辰東南方	子正北方	申西南方	子正北方	制제	卯 36	寅 미움	戌 중단	子 깨짐	옥당황도

28수성	건제12신	九星	결혼주당	이사주당	안장주당	복단일	오늘吉神	神殺	오늘神殺	육도환생처	축원인도불	오늘기도德	금일지옥명
房방	建건	六白	姑고	利이	남자	-	익후*관일	월형일	수격·유화	귀도	관세음보살	관음보살	좌마지옥

칠성기도일	산신축원일	용왕축원일	조왕하강일	나한하강일	불공 제의식 吉한 행사일						
					천도재	신굿	재수굿	용왕굿	조왕굿	병굿	고사
×	×	×	◎	◎	◎	◎	◎	◎	◎	◎	◎

吉凶 길흉 大小 일반 행사일														
결혼	입학	투자	계약	등산	여행	이사	합방	이장	점안식	개업준공	신축상량	수술-침	서류제출	직원채용
◎	◎	×	◎	◎	◎	◎	×	◎	×	◎	×	◎	◎	×

당일 래정법

巳時 에 온사람은 허가 해결할 문제, 합격여부, 금전투자여부, 직장문제, 재혼은 굳

午時 에 온사람은 의욕없는자, 금전구재건, 색정사로 다툼, 친정문제, 매사불성사

未時 에 온사람 금전문제, 사업문제, 자식문제, 관직취직사, 속전속결이 유리

申時 온 사람은 건강문제, 관재구설로 운이 단단히 꼬여있음, 취업 승진문제, 남자문제, 손재수

酉時 온 사람은 두가지 문제 갈등사, 갖고싶은 욕구, 자식으로인해 손상사 발생 합심 안됨 우환질병

戌時 온 사람은 의욕과다, 뭐가 하고싶어서 왔다, 직장 취업문제, 친구형제간 배신, 묘지이장문제

필히 피해야 할일	친목회 • 소장제출 • 항소 • 옷재단 • 새옷맞춤 • 태아옷구입 • 머리자르기 • 출산준비 • 수의제작

백초귀장술의 오늘에 초사언

시간 점占	丁酉공망-辰巳
子時	질병발생, 적 침범사, 개혁유리, 도난
丑時	자식 가출건, 손재수, 다툼, 파이사 발생
寅時	사기도난, 파재, 손실사, 색정사, 각방
卯時	실직, 파재, 관재, 적 침범사, 간사은익
辰時	자손문제 남편 직장실직, 부부이별
巳時	자손문제, 가출사, 재물손실, 취직가능
午時	매사 불성, 남녀 색정사, 놀랄 일 불안
未時	자식문제, 구재이득, 귀인상봉, 수술유의
申時	재물손실, 부인일, 불리, 실수 탄로 음모
酉時	금전 암손, 부인문제, 우환질병, 색정사
戌時	자식문제, 남편 실직박탈, 도망유리
亥時	가내재앙불리, 명예상해, 이동여행 금물

오늘 행운 복권 운세

복권사면 좋은 띠는 **양띠** ⑤⑩25
행운복권방은 집에서 **남서쪽**에 있는곳

申子辰生	북쪽문을 피하고, 서남쪽으로 이사하면 안 된다. 재수가 없고, 하는 일마다 꼬이고, 病苦 질병발생. 바람기 발동.
巳酉丑生	서쪽문을 피하고, 동남쪽으로 이사하면 안 된다. 재수가 없고, 하는 일마다 꼬이고, 病苦 질병발생. 바람기 발동.
寅午戌生	남쪽문을 피하고, 북동쪽으로 이사하면 안 된다. 재수가 없고, 하는 일마다 꼬이고, 病苦 질병발생. 바람기 발동.
亥卯未生	동쪽문을 피하고, 서북쪽으로 이사하면 안 된다. 재수가 없고, 하는 일마다 꼬이고, 病苦 질병발생. 바람기 발동.

9월

운세풀이

卯띠: 이동수,우왕좌왕, 弱 다툼	午띠: 점점 일이 꼬임, 관재구설	酉띠: 최고운상승세, 두마음	子띠: 만남,결실,화합,문서
辰띠: 매사불편, 방해자,배신	未띠: 귀인상봉, 금전이득, 현금	戌띠: 의욕과다, 스트레스큼	丑띠: 이동수,이별수,변동 움직임
巳띠: 해결신,시험합격, 풀림	申띠: 매사꼬임,과거고생, 질병	亥띠: 시급한 일, 뜻대로 안됨	寅띠: 빈주머니,걱정근심,사기

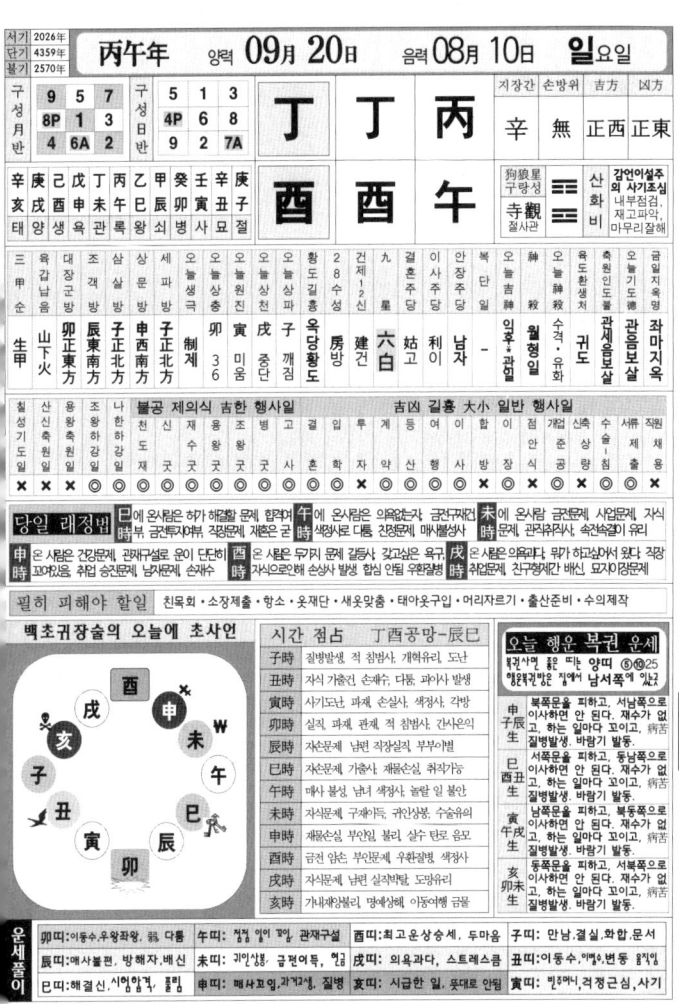

서기	2026年
단기	4359年
불기	2570年

丙午年 양력 09月 21日 음력 08月 11日 월요일 추사

구성월반

9	5	7
8P	1	3
4	6A	2

구성일반

4P	9	2
3	5	7
8	1	6

戊	丁	丙
戌	酉	午

지장간	손방위	吉方	凶方
辛	동쪽	正南	正北

狗狼星 구랑성 / 州縣廳堂 城隍社廟	☲ ☲	산화비	감언이설주의 사기조심 내부점검, 재고파악, 마무리잘해

癸	壬	辛	庚	己	戊	丁	丙	乙	甲	癸	壬
亥	戌	酉	申	未	午	巳	辰	卯	寅	丑	子
절	묘	사	병	쇠	왕	록	관	욕	생	양	태

三甲순	육갑납음	대장군방	조객방	삼살방	상문방	세파방	오늘생극	오늘상충	오늘원진	오늘상천	오늘상파	황도길흉	28수성	건제12신	九星	결혼주당	이사주당	안장주당	오늘吉神	神神	神殺	오늘神殺	육도환생처	축원인도불	오늘기도德	금일지옥명
生甲	平地木	卯正東方	辰東南方	子正北方	申西南方	子正北方	專전	辰 36	巳 미움	酉 중단	未 깨짐	천뇌흑도	心심	除제	五黃	堂당	天천	손자	-	길기*수일	월해·도화	혈지·천리	축도	관세음보살	미륵보살	좌마지옥

칠성기도일	산신축원일	용왕축원일	조왕하강일	나한하강일	천도재	신굿	재수굿	용왕굿	조왕굿	병굿	고사	결혼	입학	투자	계약	등산	여행	이사	합방	이장	점안식	개업준공	신축상량	수술-침	서류제출	직원채용
					불공 제의식 吉한 행사일							吉凶 길흉 大小 일반 행사일														
×	×	×	×	◎	◎	◎	◎	◎	◎	◎	◎	×	◎	×	×	◎	◎	×	×	×	◎	◎	×	×	×	×

당일 래정법

巳時에 온사람은 직장취직건, 방해자, 배신사, 매사 지체불리함, 색정사 환란

午時에 온사람은 허가 해결할 문제, 합격여부, 금전투자여부, 직장문제, 재혼

未時에 온사람 관재구설로 손해, 금전구재건, 색정사, 억울한 일 매사불성사

申時온 사람은 금전문제, 사업문제, 관직취직사, 자식의 사업문제 지출, 자동차관련, 속전속결

酉時온 사람은 건강우환문제, 관송사로 운이 단단히 꼬여있음, 취업 승진문제, 자식문제, 손재

戌時온 사람은 재물구재 자식문제 두가지 문제 갈등사, 갖고싶은 욕구 강함, 새로운 일시작, 우환질병

필히 피해야 할일

제품제작 • 친구초대 • 부동산매매 • 승선 • 낚시 • 어로작업 • 애완동물들이기 • 주방고치기 • 지붕덮기

백초귀장술의 오늘에 초사언

시간 점占 戊戌공망-辰巳

子時	금전 암손, 부인문제, 우환질병, 객 惡意
丑時	사업, 구재이득, 부부화합사, 종업원음모
寅時	적의 침범사, 질병위급, 가출사, 색정사
卯時	직업변동건, 남녀색정사, 연애불화, 음모
辰時	관재 병재로 불길, 골육 친구배신사
巳時	직업 명예사, 재물손실, 망신살수탄로 病
午時	사업문제, 금전융통, 수술위험, 가출사
未時	가출문제, 잡귀침투, 삼각관계, 형옥살이
申時	자식문제, 가출건, 급병자, 원행 이동배신
酉時	관이사발생, 신부정, 재물손실, 함정피해
戌時	여자관련손해, 부부배신, 육친이별
亥時	도난, 파재, 상해, 이별사, 처를 극함

오늘 행운 복권 운세

복권사면 좋은 띠는 원숭띠 ⑨19, 29
행운복권방은 집에서 서남쪽에 있는곳

申子辰生	북쪽문을 피하고, 서남쪽으로 이사하면 안 된다. 재수가 없고, 하는 일마다 꼬이고, 病苦질병발생. 바람기 발동.
巳酉丑生	서쪽문을 피하고, 동남쪽으로 이사하면 안 된다. 재수가 없고, 하는 일마다 꼬이고, 病苦질병발생. 바람기 발동.
寅午戌生	남쪽문을 피하고, 북동쪽으로 이사하면 안 된다. 재수가 없고, 하는 일마다 꼬이고, 病苦질병발생. 바람기 발동.
亥卯未生	동쪽문을 피하고, 서북쪽으로 이사하면 안 된다. 재수가 없고, 하는 일마다 꼬이고, 病苦질병발생. 바람기 발동.

운세풀이

卯띠:이동수,우왕좌왕, 弱, 다툼	午띠: 점점 일이 꼬임, 관재구설	酉띠:최고운상승세, 두마음	子띠: 만남,결실,화합,문서
辰띠:매사불편, 방해자,배신	未띠: 귀인상봉, 금전이득, 현금	戌띠: 의욕과다, 스트레스큼	丑띠:이동수,이별수,변동 움직임
巳띠:해결신,시험합격, 풀림	申띠: 매사꼬임,과거고생, 질병	亥띠: 시급한 일, 뜻대로 안됨	寅띠: 빈주머니,걱정근심,사기

서기	2026年
단기	4359年
불기	2570年

丙午年 양력 09月 22日 음력 08月 12日 화요일

구성月반			구성日반		
9	5	7	3AP	8	1
8P	1	3	2	4	6
4	6A	2	7	9	5

己	丁	丙
亥	酉	午

지장간	손방위	吉方	凶方
辛	동남	正東	正西

狗狼星 구랑성 / 寺觀 절사관 / 산화비 / 감언이설주의 사기조심 내부점검, 재고파악, 마무리잘해

乙	甲	癸	壬	辛	庚	己	戊	丁	丙	乙	甲
亥	戌	酉	申	未	午	巳	辰	卯	寅	丑	子
태	양	생	욕	관	록	왕	쇠	병	사	묘	절

三甲순	육갑납음	대장군방	조객방	삼살방	상문방	세파방	오늘생극	오늘상충	오늘원진	오늘상천	오늘상파	황도길흉	28수성	건제12신	九星	결혼주당	이사주당	안장주당	복단일	오늘吉神	神殺	오늘神殺	육도환생처	축원인도불	오늘기도德	금일지옥명
生甲	平地木	卯正東方	辰東南方	子正北方	申西南方	子正北方	制제	巳 36	辰 미움	申 중단	寅 깨짐	현무흑도	尾미	滿만	四綠	翁옹	害해	死	천덕합	요안*상일	-	오허·비렴	옥도	관세음보살	여래보살	좌마지옥

칠성기도일	산신축원일	용왕축원일	조왕하강일	나한하강일	불공 제의식 吉한 행사일							吉凶 길흉 大小 일반 행사일													
					천도재	신굿	재수굿	용왕굿	조왕굿	병굿	고사	결혼	입학	투자	계약	등산	여행	이사	합방	이장	점안식	개업준공	신축상량	수술-침	서류제출	직원채용
×	×	×	◎	×	◎	◎	◎	◎	◎	×	◎	×	◎	×	×	◎	◎	×	×	×	◎	◎	×	◎	×	×

당일 래정법

- 巳時 에 온사람은 금전사기문제, 허위문서, 동업배신문제, 터부정 관송사, 이동수
- 午時 에 온사람은 자식문제, 취업 승진문제 방해자, 배신사, 화합사, 재혼 문제
- 未時 에 온사람 하가 해결할 문제, 금전구재, 남녀결합문제, 주식투자여부, 매매건 속결
- 申時 온 사람은 자식문제, 상업금전문제, 직장실직 문제, 취업시험불리, 색정사, 매사불성사
- 酉時 온 사람은 금전문제, 사업문제, 여자문제, 계약성사는 이득발생, 속전속결 유리, 남편지출
- 戌時 온 사람은 건강문제, 관재구설로 운이 단단히 꼬여있음, 취업 승진문제, 자식문제, 침몰상태

필히 피해야 할일 신상출고 · 제품제작 · 친구초대 · 문서파기 · 벌초 · 씨뿌리기 · 건축증개축 · 장담그기 · 흙파기

백초귀장술의 오늘에 초사언

시간 점占 己亥공망-辰巳

子時	여자문제, 구재, 남녀색정사, 매사불성사
丑時	적의 침범사, 질병위급, 이별사, 다툼
寅時	직업변동 명예사, 가출문제, 자손문제
卯時	질병위급, 여행조심, 관재불길, 직장변동
辰時	재물손실, 남편문제, 재해 도난, 하극상
巳時	이동사, 색정사, 우환질병, 터부정 구설수
午時	가출문제, 직업문제, 사업문제, 금전융통
未時	질병재앙, 구재이득, 수술유의, 여행인지
申時	재물손실, 우환질병, 가출사, 색정사, 불성
酉時	금전 암손, 남편문제, 임신가능, 가출사
戌時	금전손실문제, 극처사, 질병고통, 관재刑
亥時	금전배신, 처 가출사, 도망 분실, 이동 흉

오늘 행운 복권 운세

복권사면 좋은 띠는 닭띠 ④⑨ 24, 행운복권방은 집에서 서쪽에 있는곳

申子辰生	북쪽문을 피하고, 서남쪽으로 이사하면 안 된다. 재수가 없고, 하는 일마다 꼬이고, 病苦 질병발생. 바람기 발동.
巳酉丑生	서쪽문을 피하고, 동남쪽으로 이사하면 안 된다. 재수가 없고, 하는 일마다 꼬이고, 病苦 질병발생. 바람기 발동.
寅午戌生	남쪽문을 피하고, 북동쪽으로 이사하면 안 된다. 재수가 없고, 하는 일마다 꼬이고, 病苦 질병발생. 바람기 발동.
亥卯未生	동쪽문을 피하고, 서북쪽으로 이사하면 안 된다. 재수가 없고, 하는 일마다 꼬이고, 病苦 질병발생. 바람기 발동.

9월

운세풀이

巳띠:이동수,우왕좌왕, 弱, 다툼	申띠: 점점 일이 꼬임, 관재구설	亥띠:최고운상승세, 두마음	寅띠: 만남,결실,화합,문서
午띠:매사불편, 방해자,배신	酉띠: 귀인상봉, 금전어득, 현금	子띠: 의욕과다, 스트레스큼	卯띠:이동수,이별수,변동 움직임
未띠:해결신,시험합격, 풀림	戌띠: 매사꼬임,과거고생, 질병	丑띠: 시급한 일, 뜻대로 안됨	辰띠: 빈주머니,걱정근심,사기

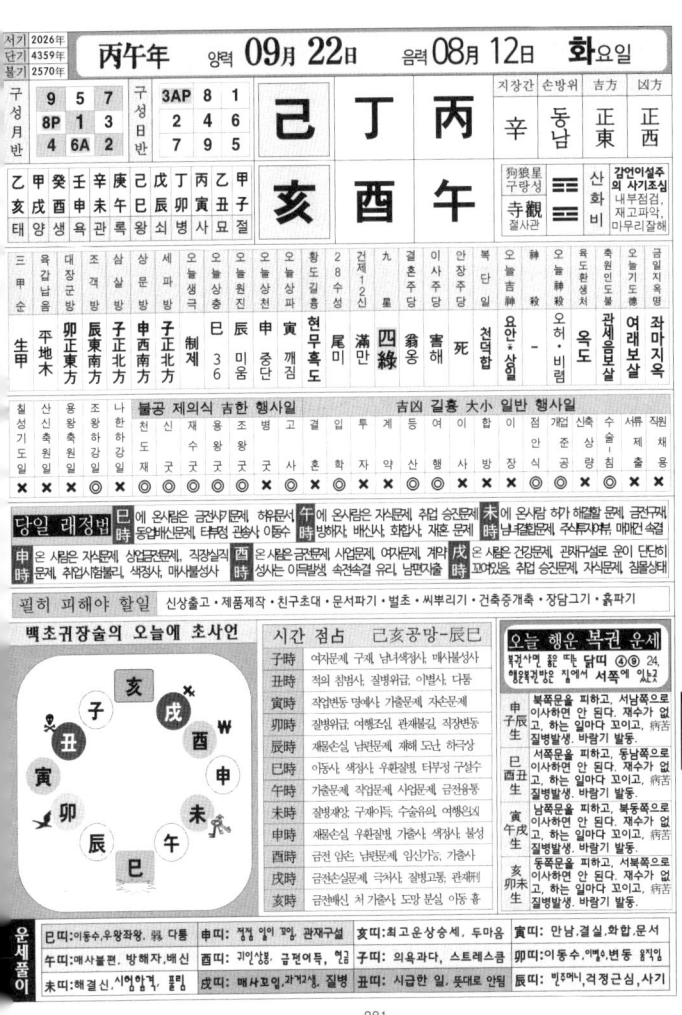

서기	2026年
단기	4359年
불기	2570年

丙午年 양력 09月 23日 음력 08月 13日 수요일

추분 秋分 09 時 05分 入

구성月반			구성日반		
9	5	7	2	7P	9
8P	1	3	1A	3	5
4	6A	2	6	8	4

庚	丁	丙
子	酉	午

지장간	손방위	吉方	凶方
辛	남쪽	正北	正南

丁	丙	乙	甲	癸	壬	辛	庚	己	戊	丁	丙
亥	戌	酉	申	未	午	巳	辰	卯	寅	丑	子
병	쇠	왕	록	관	욕	생	양	태	절	묘	사

狗狼星 구랑성	中庭廳 관청마당

산화비 ☲☶

감언이설주의 사기조심 내부점검, 재고파악, 마무리잘해

三甲순	육갑납음	대장군방	조객방	삼살방	상문방	세파방	오늘생극	오늘상충	오늘원진	오늘상천	오늘상파	황도길흉	28수성	건제12신	九星	결혼주당	이사주당	안장주당	복단일	천구하식	오늘吉神	오늘神殺	육도환생처	축원인도불	오늘기도德	금일지옥명
生甲	壁上土	卯正東方	辰東南方	子正北方	申西南方	子正北方	寶보	午 36	未 미움	未 중단	酉 깨짐	사명황도	箕기	平평	三碧	第제	殺살	여자	-	양덕*월덕	옥우*미일	천격·천리	천도	대세지보살	아미보살	독사지옥

칠성기도일	산신축원일	용왕축원일	조왕하강일	나한하강일	천도재	신굿	재수굿	용왕굿	조왕굿	병굿	고사	결혼	입학	투자	계약	등산	여행	이사	합방	이장	점안식	개업준공	신축상량	수술-침	서류제출	직원채용
×	×	◎	◎	◎	◎	◎	◎	◎	◎	◎	◎	◎	◎	×	×	◎	◎	×	×	×	◎	×	×	◎	◎	×

(불공 제의식 吉한 행사일: 천도재 ~ 고사 / 吉凶 길흉 大小 일반 행사일: 결혼 ~ 직원채용)

당일 래정법

巳時 에 온사람은 직장실직건, 친구나 형제문제, 관송사, 실업자, 빈주머니

午時 에 온사람은 이동변동수, 터부정, 하극상모함사건, 자식문제, 차사고

未時 에 온사람은 방해자, 배신사, 가족간시비, 매사 지체불리함, 도전 창업은 불리

申時 온 사람은 관직 취직문제, 결혼 경조사, 한가지씩 해결됨, 시험은 합격됨, 허가건도 승인남, 귀인도움

酉時 온 사람은 외정색정사, 불륜사, 관재로 발전, 딸 문제발생, 여자로인해 돈모난, 창업불리

戌時 온 사람은 남자문제, 부동산거래, 금전문제, 주식투자문제, 재물구재사, 여자화합건, 건강질병과 빚때문 괴로움

필히 피해야 할일

이날은 흑도일에 폐閉神으로 천형, 혈지 등 강한 신살에 해당되어 매사 해롭고 불리한 날

백초귀장술의 오늘에 초사언

시간 점占 庚子공망-辰巳

子時	자식문제, 여자일, 질병발생, 도난 가출사
丑時	결혼은 吉, 금전융통, 사업계획 후퇴吉
寅時	여자일, 금전고통, 이동재난, 원한 喪
卯時	관직 승진문제, 만사대길, 금전 부인문제
辰時	매사 불성사, 가출사, 금전손실, 도망이吉
巳時	관송사발생 후 刑, 매사불성, 사기 도난
午時	적 침범사, 병재로 불길, 가출사, 남녀투쟁
未時	사업손실, 관재구설, 가출문제, 우환질병
申時	선거자유리, 직장승진 사업흥성, 화합
酉時	금전갈취 도주, 색정사, 가출 함정 은닉
戌時	금전문제, 상업문제, 가출문제, 도망 吉
亥時	남편문제, 자식문제, 직장실직, 음모 함정

오늘 행운 복권 운세

복권사면 좋은 띠는 **개띠** ⑩⑳ 30

행운복권방은 집에서 **서북쪽에** 있는곳

申子辰生	북쪽문을 피하고, 서남쪽으로 이사하면 안 된다. 재수가 없고, 하는 일마다 꼬이고, 病苦 질병발생. 바람기 발동.
巳酉丑生	서쪽문을 피하고, 동남쪽으로 이사하면 안 된다. 재수가 없고, 하는 일마다 꼬이고, 病苦 질병발생. 바람기 발동.
寅午戌生	남쪽문을 피하고, 북동쪽으로 이사하면 안 된다. 재수가 없고, 하는 일마다 꼬이고, 病苦 질병발생. 바람기 발동.
亥卯未生	동쪽문을 피하고, 서북쪽으로 이사하면 안 된다. 재수가 없고, 하는 일마다 꼬이고, 病苦 질병발생. 바람기 발동.

운세풀이

午띠: 이동수, 우왕좌왕, [illegible] 다툼	酉띠: 점점 일이 꼬임, 관재구설	子띠: 최고운상승세, 두마음	卯띠: 만남, 결실, 화합, 문서
未띠: 매사불편, 방해자, 배신	戌띠: 귀인상봉, 금전이득, 현금	丑띠: 의욕과다, 스트레스큼	辰띠: 이동수, 이별수, 변동 움직임
申띠: 해결신, 시험합격, 풀림	亥띠: 매사꼬임, 과거고생, 질병	寅띠: 시급한 일, 뜻대로 안됨	巳띠: 빈주머니, 걱정근심, 사기

서기 2026年	단기 4359年	불기 2570年

丙午年 양력 09月 24日 음력 08月 14日 목요일

구성月반			구성日반		
9	5	7	1	6	8AP
8P	1	3	9	2	4
4	6A	2	5	7	3

辛	丁	丙
丑	酉	午

지장간	손방위	吉方	凶方
辛	남서	正西	正東

狗狼星 구랑성			
天	☰☷	산화비	감언이설주의 사기조심 내부점검, 재고파악, 마무리잘해

己亥	戊戌	丁酉	丙申	乙未	甲午	癸巳	壬辰	辛卯	庚寅	己丑	戊子
욕	관	록	왕	쇠	병	사	묘	절	태	양	생

三甲순	육갑납음	대장군방	조객방	삼살방	상문방	세파방	오늘생극	오늘상충	오늘원진	오늘상천	오늘상파	황도길흉	28수성	건제12신	九星	결혼주당	이사주당	안장주당	복단일	오늘吉神	神殺	오늘神殺	육도환생처	축원인도불	오늘기도德	금일지옥명
生甲	壁上土	卯正東方	辰東南方	子正北方	申西南方	子正北方	義의	未 36	午 미움	午 중단	辰 깨짐	구진흑도	솨두	定정	二黑	竈조	富부	어머니	복단일	금당*모창	삼합일	사기·관부	천도	대세지보살	보현보살	독사지옥

칠성기도일	산신축원일	용왕축원일	조왕하강일	나한하강일	천도재	신굿	재수굿	용왕굿	조왕굿	병굿	고사	결혼	입학	투자	계약	등산	여행	이사	합방	이장	점안식	개업준공	신축상량	수술-침	서류제출	직원채용
×	×	×	×	×	◎	◎	◎	×	×	×	◎	×	◎	-	-	◎	◎	×	×	×	◎	◎	◎	◎	◎	◎

(불공 제의식 吉한 행사일: 천도재 ~ 고사 / 吉凶 길흉 大小 일반 행사일: 결혼 ~ 직원채용)

당일 래정법

巳時에 온사람은 이동수 있는자, 이사 직장변동, 사업체 변동수, 해외진출 **午時**에 온사람은 취업, 창업 때 아님, 빈주머니, 헛수고, 부부불화 원망 이별 **未時**에 온사람은 남녀간다툼 이동변동수, 터부정, 관재구설, 자식문제, 교통사고

申時 온 사람은 금전과 여자문제, 방해자, 배신사, 취업 승진 매사지체불리함, 창업 손해손재수 **酉時** 온 사람은 새 일 자식문제 급처리문제 취업승진 해결됨 시험합격됨 은밀한 색정사 **戌時** 온 사람은 여자로인한 부정, 하극상 배신사, 억울한 일, 외정색정사, 불륜사, 관재로 발전, 산소탈

필히 피해야 할일 회의개최 · 건축증개축 · 구인 · 항공주의 · 새집들이 · 출장 · 장담그기 · 흙 다루고 땅 파는 일.

백초귀장술의 오늘에 초사언

시간 점占 辛丑공망-辰巳

子時	자식문제, 관재구설, 급질병, 기도요망
丑時	사업사 손재수, 여자일 질병발생, 친족불화
寅時	도난, 파재, 손모사, 극처사, 관직변동
卯時	질병침투, 적 침범사, 여자 금전손실
辰時	사업 후원사, 육친무력 이민, 목적달성
巳時	직장변동, 실직문제, 불명예, 이사이동吉
午時	매사 불성, 골육이별, 색정사, 우환질병
未時	관재 병재로 불길, 가출사 자손사 하극상
申時	금전손실, 극처사, 재해, 도난, 여행은 凶
酉時	직업 명예사, 형제 친구문제, 가출사, 색정
戌時	관청근심, 도난 상해 손모사, 수술질병
亥時	금전문제, 직장변동, 자손문제, 실직문제

오늘 행운 복권 운세

복권사면 좋은 띠는 **돼지띠** ⑪⑯31
행운복권방은 집에서 **북서쪽에** 있는곳

申子辰生	북쪽문을 피하고, 서남쪽으로 이사하면 안 된다. 재수가 없고, 하는 일마다 꼬이고, 病苦 질병발생. 바람기 발동.
巳酉丑生	서쪽문을 피하고, 동남쪽으로 이사하면 안 된다. 재수가 없고, 하는 일마다 꼬이고, 病苦 질병발생. 바람기 발동.
寅午戌生	남쪽문을 피하고, 북동쪽으로 이사하면 안 된다. 재수가 없고, 하는 일마다 꼬이고, 病苦 질병발생. 바람기 발동.
亥卯未生	동쪽문을 피하고, 서북쪽으로 이사하면 안 된다. 재수가 없고, 하는 일마다 꼬이고, 病苦 질병발생. 바람기 발동.

운세풀이

未띠:이동수,우왕좌왕, 弱, 다툼	戌띠: 점점 일이 꼬임, 관재구설	丑띠:최고운상승세, 두마음	辰띠: 만남,결실,화합,문서
申띠:매사불편, 방해자,배신	亥띠:귀인상봉, 금전이득, 현금	寅띠: 의욕과다, 스트레스큼	巳띠:이동수,이별수,변동 움직임
酉띠:해결신,시험합격, 풀림	子띠: 매사꼬임,과거고생, 질병	卯띠: 시급한 일, 뜻대로 안됨	午띠: 빈주머니,걱정근심,사기

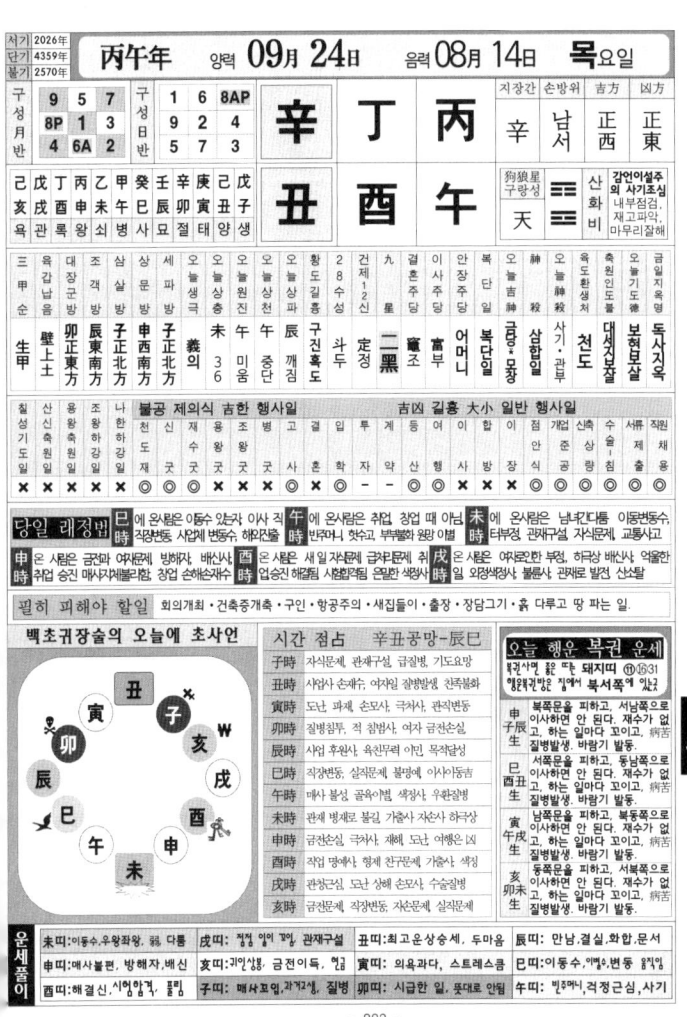

9월

서기	2026年
단기	4359年
불기	2570年

丙午年 양력 09月 25日 음력 08月 15日 금요일 추석

구성월반				구성일반			
	9	5	7		9	5	7P
	8P	1	3		8	1	3
	4	6A	2		4	6A	2

年	月	日
丙	丁	壬
午	酉	寅

지장간	손방위	吉方	凶方
辛	서쪽	正南	正北

狗狼星 구랑성	廚竈僞門路丑午方	☰ ☷	산화비	감언이설주의 사기조심 내부점검, 재고파악, 마무리잘해

辛	庚	己	戊	丁	丙	乙	甲	癸	壬	辛	庚
亥	戌	酉	申	未	午	巳	辰	卯	寅	丑	子
록	관	욕	생	양	태	절	묘	사	병	쇠	왕

三甲순	육갑납음	대장군방	조객방	삼살방	상문방	세파방	오늘생극	오늘상충	오늘원진	오늘상천	오늘상파	황도길흉	28수성	건제12신	九星	결혼주당	이사주당	안장주당	복단일	대공망일	오늘吉神	오늘神殺	육도환생처	축원인도불	오늘기도德	금일지옥명
生甲	金箔金	卯正東方	辰東南方	子正北方	申西南方	子正北方	寶보	申 36	酉 미움	巳 중단	亥 깨짐	청룡황도	牛우	執집	一白	婦부	師사	며느리	-	대공망일	천덕*대명	천화·지격	인도	대세지보살	약사보살	독사지옥

칠성기도일	산신축원일	용왕축원일	조왕하강일	나한하강일	천도재	신굿	재수굿	용왕굿	조왕굿	병굿	고사	결혼	입학	투자	계약	등산	여행	이사	합방	이장	점안식	개업준공	신축상량	수술-침	서류제출	직원채용
×	◎	×	×	×	×	◎	◎	◎	◎	◎	◎	◎	◎	×	×	◎	◎	×	×	×	×	◎	◎	◎	◎	×

(불공 제의식 吉한 행사일: 천도재 ~ 고사 / 吉凶 길흉 大小 일반 행사일: 결혼 ~ 직원채용)

당일 래정법

巳時 에 온사람은 문서구입, 화합사, 결혼, 재혼, 경조사, 애정사, 궁합, 후원, 개업

午時 에 온사람은 이동수 있는자, 이사나 직장변동, 친구나 형제 사업체변동수

未時 에 온사람은 금전사기, 실업자, 색정사 들통, 빈주머니, 헛수고, 문서도난사, 매사불성

申時 온 사람은 매매 이동변동수, 직장변동수, 터 부정, 사기, 하위문서, 다툼주의, 차사고 주의

酉時 온 사람은 질병과 자식문제, 방해자, 배신사, 관송사, 취업 승진 매사 지체불리함

戌時 온 사람은 자식문제, 하극상으로 배신사, 해결되는 듯 하나 후 불리함, 시험 합격됨, 허가건 승인됨, 관재

필히 피해야 할일 신상출고 · 제품제작 · 친구초대 · 소장제출 · 항소 · 문 만들기 · 비석세우기 · 방류

백초귀장술의 오늘에 초사언

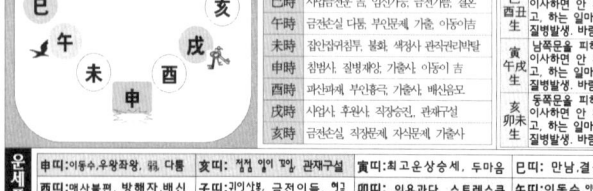

시간 점占 壬寅공망-辰巳

子時	금전문제, 상업문제, 처를 극, 수술문제
丑時	매사 막히고 퇴보, 권리박탈, 남편문제
寅時	금전 암손, 여자문제, 자식사, 우환질병
卯時	자식문제, 직장실직, 색정사, 가출사
辰時	매사불성, 관재구설, 속 중단, 금전손실
巳時	사업금전운 吉, 임신가능, 금전기쁨, 결혼
午時	금전손실 다툼, 부인문제, 가출, 이동이吉
未時	잡인잡귀침투, 불화, 색정사, 관직권리박탈
申時	침범사, 질병재앙, 가출사, 이동이 吉
酉時	파산파재, 부인흉극, 가출사, 배신음모
戌時	사업사, 후원사, 직장승진, 관재구설
亥時	금전손실, 직장문제, 자식문제, 가출사

오늘 행운 복권 운세

복권사면 좋은 띠는 쥐띠 ①⑥⑯
행운복권방은 집에서 북쪽에 있는곳

申子辰生	북쪽문을 피하고, 서남쪽으로 이사하면 안 된다. 재수가 없고, 하는 일마다 꼬이고, 病苦 질병발생. 바람기 발동.
巳酉丑生	서쪽문을 피하고, 동남쪽으로 이사하면 안 된다. 재수가 없고, 하는 일마다 꼬이고, 病苦 질병발생. 바람기 발동.
寅午戌生	남쪽문을 피하고, 북동쪽으로 이사하면 안 된다. 재수가 없고, 하는 일마다 꼬이고, 病苦 질병발생. 바람기 발동.
亥卯未生	동쪽문을 피하고, 서북쪽으로 이사하면 안 된다. 재수가 없고, 하는 일마다 꼬이고, 病苦 질병발생. 바람기 발동.

운세풀이

申띠: 이동수, 우왕좌왕, 질투, 다툼	亥띠: 점점 일이 꼬임, 관재구설	寅띠: 최고운상승세, 두마음	巳띠: 만남, 결실, 화합, 문서
酉띠: 매사불편, 방해자, 배신	子띠: 귀인상봉, 금전이득, 현금	卯띠: 의욕과다, 스트레스큼	午띠: 이동수, 이별수, 변동 움직임
戌띠: 해결신, 시험합격, 풀림	丑띠: 매사꼬임, 과거고생, 질병	辰띠: 시급한 일, 뜻대로 안됨	未띠: 빈주머니, 걱정근심, 사기

서기	2026年
단기	4359年
불기	2570年

丙午年 양력 09月 26日 음력 08月 16日 토요일

구성月반		
9	5	7
8P	1	3
4	6A	2

구성日반		
8	4A	6
7	9	2P
3	5	1

時	日	月
癸	丁	丙
卯	酉	午

지장간	손방위	吉方	凶方
辛	서북	正東	正西

狗狼星 구랑성	괘		
天	☴ ☷	풍지관	관망 관조 정신수양 종교심취 제사고사예후가 吉

癸	壬	辛	庚	己	戊	丁	丙	乙	甲	癸	壬
亥	戌	酉	申	未	午	巳	辰	卯	寅	丑	子
왕	쇠	병	사	묘	절	태	양	생	욕	관	록

三甲순	육갑납음	대장군방	조객방	삼살방	상문방	세파방	오늘생극	오늘상충	오늘원진	오늘상천	오늘상파	황도길흉	28수성	건제12신	九星
生甲	金箔金	卯正東方	辰東南方	子正北方	申西南方	子正北方	寶보	酉 36	申 미움	辰 중단	午 깨짐	명당황도	女여	破파	九紫

결혼주당	이사주당	안장주당	복단일	대공망일	오늘吉神	오늘神殺	육도환생처	축원인도불	오늘기도德	금일지옥명
廚주	災재	손님	-	대공망일	월파일	천적·지화	귀도	대세지보살	문수보살	독사지옥

불공 제의식 吉한 행사일

칠성기도일	산신축원일	용왕축원일	조왕하강일	나한하강일	천도재	신굿	재수굿	용왕굿	조왕굿	병굿	고사
◎	◎	×	◎	◎	◎	×	×	×	×	×	×

吉凶 길흉 大小 일반 행사일

결혼	입학	투자	계약	등산	여행	이사	합방	이장	점안식	개업준공	신축상량	수술-침	서류제출	직원채용
×	◎	×	×	◎	◎	×	×	×	×	×	×	×	◎	×

당일 래정법

巳時에 온사람은 모함과 구설로 골치 아픔 이동나쁨, 바람기, 직장해고위험

午時에 온사람은 문서 화합운, 결혼, 재혼 경조사 궁합 문서이동 부모문제 상업투자

未時에 온사람은 이동수 있는자 이사나 직장변동, 자식문제 변동수, 여행 이별 헛고생

申時 온 사람은 허위문서, 실업자, 금전환란, 빈주머니, 헛공사, 사기모함 ·도난사, 매사불성

酉時 온 사람은 매매 이동변동수, 터부정, 관재구설 사기, 허위문서, 우환질병, 자식 가출건

戌時 온 사람은 색정사 배신문제 방해자, 배신사, 의욕상실, 관재구설, 취업 승진 매사 자체불리함

필히 피해야 할일 약혼식 · 주식투자 · 신상출고 · 명품구입 · 교역 · 재물출납 · 입주 · 욕실 · 수도수리 · 우물파기

백초귀장술의 오늘에 초사언

시간 점占 癸卯공망-辰巳

子時	직장근심, 음란색정사, 형제친구문제
丑時	사업후원사, 음란색정사, 질병 급발생
寅時	색정사, 자식문제, 직장실직, 처를 극
卯時	여자로부터 금전손실, 자식문제, 불륜사
辰時	사업상 다툼, 가산탕진, 직업변동, 남편일
巳時	매사 불성사, 금전손실 다툼, 부인문제
午時	사업문제, 불륜색정사, 여자문제, 화해
未時	이동 이별수, 직업변동, 가출사, 산소문제
申時	상해, 도난, 금전손해, 질병침투, 직업실직
酉時	적의 침범사, 관재 병재로 불길, 색정사
戌時	놀랄 일발생, 불륜색정사, 금전융통 근심
亥時	금전문제, 부인문제, 가출사, 손님 惡意

오늘 행운 복권 운세

복권사면 좋은 띠는 소띠 ②⑤⑩
행운복권방은 집에서 북동쪽에 있는곳

申子辰生	북쪽문을 피하고, 서남쪽으로 이사하면 안 된다. 재수가 없고, 하는 일마다 꼬이고, 病苦 질병발생. 바람기 발동.
巳酉丑生	서쪽문을 피하고, 동남쪽으로 이사하면 안 된다. 재수가 없고, 하는 일마다 꼬이고, 病苦 질병발생. 바람기 발동.
寅午戌生	남쪽문을 피하고, 북동쪽으로 이사하면 안 된다. 재수가 없고, 하는 일마다 꼬이고, 病苦 질병발생. 바람기 발동.
亥卯未生	동쪽문을 피하고, 서북쪽으로 이사하면 안 된다. 재수가 없고, 하는 일마다 꼬이고, 病苦 질병발생. 바람기 발동.

9월

운세풀이

酉띠:이동수,우왕좌왕, 弱, 다툼	子띠: 점점 일이 꼬임, 관재구설	卯띠:최고운상승세, 두마음	午띠: 만남,결실,화합,문서
戌띠:매사불편, 방해자,배신	丑띠:귀인상봉, 금전이득, 현금	辰띠: 의욕과다, 스트레스큼	未띠:이동수,이별수,변동 움직임
亥띠:해결신,시험합격, 풀림	寅띠: 매사꼬임,과거고생, 질병	巳띠: 시급한 일, 뜻대로 안됨	申띠: 빈주머니,걱정근심,사기

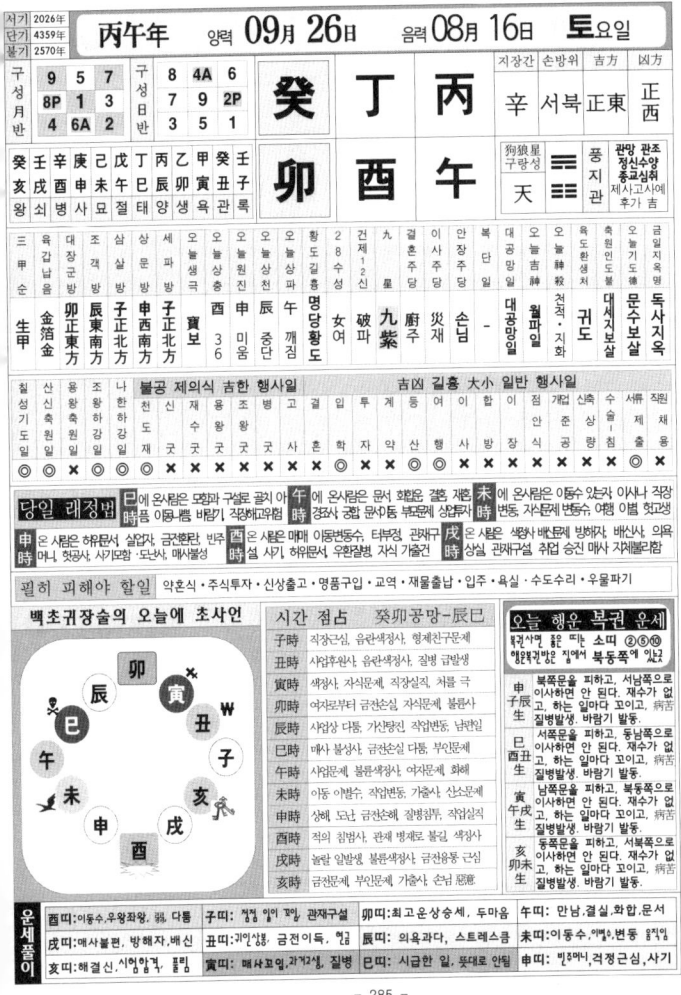

서기	2026年
단기	4359年
불기	2570年

丙午年 양력 09月 27日 음력 08月 17日 일요일

구성月반			구성日반		
9	5	7	7	3	5
8P	1	3	6	8	1
4	6A	2	2A	4	9P

甲	丁	丙
辰	酉	午

지장간	손방위	吉方	凶方
辛	북쪽	正北	正南

乙亥	甲戌	癸酉	壬申	辛未	庚午	己巳	戊辰	丁卯	丙寅	乙丑	甲子
생	양	태	절	묘	사	병	쇠	왕	록	관	욕

狗狼星 구랑성	偸堂寺廟 승당사묘
풍지관	관망 관조 정신수양 종교심취 제사고사에 후가 吉

三甲순	육갑납음	대장군방	조객방	삼살방	상문방	세파방	오늘생극	오늘상충	오늘원진	오늘상천	오늘상파	황도길흉	28수성	건제12신	九星	결혼주당	이사주당	안장주당	복단일	오늘吉神	神殺	오늘神殺	육도환생처	축원인도불	오늘기도德	금일지옥명
死甲	覆燈火	卯正東方	辰東南方	子正北方	申西南方	子正北方	制 제	戌 36	亥 미움	卯 중단	丑 깨짐	천형흑도	虛 허	危 위	八白	夫 부	安 안	아버지	-	월공*모창	월허·월살	-	축도	대세지보살	지장보살	독사지옥

칠성기도일	산신축원일	용왕축원일	조왕하강일	나한하강일	불공 제의식 吉한 행사일: 천도재	신굿	재수굿	용왕굿	조왕굿	병굿	고사	吉凶 길흉 大小 일반 행사일: 결혼	입학	투자	계약	등산	여행	이사	합방	이장	점안식	개업준공	신축상량	수술-침	서류제출	직원채용
◎	×	×	◎	◎	◎	×	×	×	×	×	×	×	◎	×	×	◎	-	×	×	×	×	×	◎	×	◎	×

당일 래정법

巳時에 온사람은 뭐가 하고싶어서 왔다 자식과 금전문제 색정사문제 우환질병문제

午時에 온사람은 금전문제로 골치 아픔, 가정불화 여자바람기 자식문제 화병

未時에 온사람은 문서 남녀화합운 결혼 재혼 경조사 문서구입 궁합 만남 부모님 불리

申時 온 사람은 이동수 있는자 이사나 직장변동, 관송사, 여행 이별수, 취업불가능, 질병

酉時 온 사람은 허위문서 금전손재수, 자식문제 빈주머니 헛고생 사기모함 , 매사불성 관송사

戌時 온 사람은 허위문서 이동변동수, 터부정 관재구설 보이스피싱주의 자식가출 다툼주의 차사고

필히 피해야 할일 새집들이 · 친목회 · 금전수금 · 출판출고 · 건축증개축 · 집수리 · 승선 · 바다낚시 · 동토

백초귀장술의 오늘에 초사언

시간 점占	甲辰공망-寅卯
子時	어린자식 질병사, 사업후원사, 손님 惡意
丑時	부인질병문제 금전손실 관재 도난 방해
寅時	질병재앙, 직장승진문제, 직장변동 말조심
卯時	파재, 극처사, 관송사 분쟁, 수술위급
辰時	금전암손, 여자문제, 사업문제, 금전다툼
巳時	사업, 구재, 상해, 도난, 자손문제, 관재
午時	관재구설, 직장박탈, 도적손실, 화재주의
未時	사업사, 후원사, 음란불륜사, 화합사
申時	음란잡귀침투, 적의 침범사, 우환질병
酉時	남녀색정사, 남편직장 권리사, 질병침투
戌時	질병침투, 색정사, 적의 침범사, 가출문제
亥時	사업후원에 방해자, 질병재앙, 소송 凶

오늘 행운 복권 운세

복권사면 좋은 띠는 범띠 ③⑧⑱
행운복권방은 집에서 동북쪽에 있는곳

申子辰生	북쪽문을 피하고, 서남쪽으로 이사하면 안 된다. 재수가 없고, 하는 일마다 꼬이고, 病苦 질병발생. 바람기 발동.
巳酉丑生	서쪽문을 피하고, 동남쪽으로 이사하면 안 된다. 재수가 없고, 하는 일마다 꼬이고, 病苦 질병발생. 바람기 발동.
寅午戌生	남쪽문을 피하고, 북동쪽으로 이사하면 안 된다. 재수가 없고, 하는 일마다 꼬이고, 病苦 질병발생. 바람기 발동.
亥卯未生	동쪽문을 피하고, 서북쪽으로 이사하면 안 된다. 재수가 없고, 하는 일마다 꼬이고, 病苦 질병발생. 바람기 발동.

운세풀이

戌띠:이동수,우왕좌왕, 弱 다툼	丑띠: 점점 일이 꼬임, 관재구설	辰띠:최고운상승세, 두마음	未띠: 만남,결실,화합,문서
亥띠:매사불편, 방해자,배신	寅띠:귀인상봉, 금전이득, 현금	巳띠: 의욕과다, 스트레스큼	申띠:이동수,이별수,변동 움직임
子띠:해결신,시험합격, 풀림	卯띠: 매사꼬임,과거고생, 질병	午띠: 시급한 일, 뜻대로 안됨	酉띠: 빈주머니,걱정근심,사기

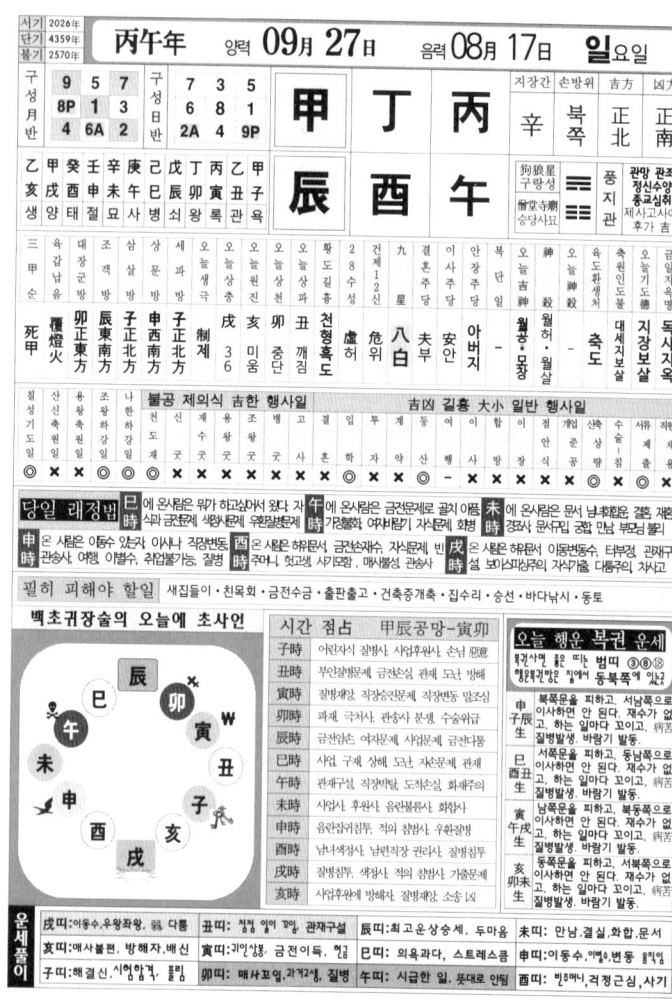

서기	2026年
단기	4359年
불기	2570年

丙午年 양력 09月 28日 음력 08月 18日 월요일

구성월반		
9	5	7
8P	1	3
4	6A	2

구성일반		
6	2	4
5	7	9A
1	3	8P

丁	丙	乙	甲	癸	壬	辛	庚	己	戊	丁	丙
亥	戌	酉	申	未	午	巳	辰	卯	寅	丑	子
사	묘	절	태	양	생	욕	관	록	왕	쇠	병

時	日	月
乙	丁	丙
巳	酉	午

지장간	손방위	吉方	凶方
辛	북동	正西	正東

狗狼星 구랑성	괘	풍지관	관망 관조 정신수양 종교심취 제사고사에 후가 吉
天			

三甲순	육갑납음	대장군방	조객방	삼살방	상문방	세파방	오늘생극	오늘상충	오늘원진	오늘상천	오늘상파	황도길흉	28수성	건제12신	九星	결혼주당	이사주당	안장주당	복단일	오늘吉神	神殺	오늘神殺	육도환생처	축원인도불	오늘기도德	금일지옥명
死甲	覆燈火	卯正東方	辰東南方	子正北方	申西南方	子正北方	寶보	亥 36	戌 미움	寅 중단	申 깨짐	주작흑도	危위	成성	七赤	姑고	利이	남자	-	월덕합	삼합일	사격·토금	옥도	대세지보살	문수보살	독사지옥

칠성기도일	산신축원일	용왕축원일	조왕하강일	나한하강일	불공 제의식 吉한 행사일: 천도재	신굿	재수굿	용왕굿	조왕굿	병굿	고사	吉凶 길흉 大小 일반 행사일: 결혼	입학	투자	계약	등산	여행	이사	합방	이장	점안식	개업준공	신축상량	수술·침	서류제출	직원채용
×	×	×	×	×	◎	◎	◎	◎	◎	◎	◎	◎	◎	×	◎	◎	×	×	×	×	◎	◎	×	◎	◎	◎

당일 래정법

巳時 에 온사람은 금전구재, 두가지문제로 갈등사. 갖고싶은 욕구, 직장문제, 사업문제

午時 에 온사람은 의욕과다. 뭔가 하고싶어서 왔다 직장취업문제 금전문제 친정문제

未時 에 온사람은 골치 아픈일, 형제동업 죽음, 바람기, 불륜, 시비투쟁, 속정리

申時 온 사람은 형제, 문서 화합운, 결혼, 재혼, 경조사, 애정사, 궁합 만남 개업 하극상 배신 우환질병

酉時 온 사람은 이동수 있는자, 가출, 이사나 직장변동, 사업체 변동수, 여행, 이별수, 관재구설

戌時 온 사람은 색정사문제, 금전손재수, 지금은 휴식기, 빈주머니, 헛 공사, 사기모함 , 매사불성

필히 피해야 할일

화재주의 • 시험관시술 • 질병치료 • 인수인계 • 씨뿌리기 • 나무심기 • 애완견들이기 • 건축수리

백초귀장술의 오늘에 초사언

시간 점占 乙巳공망-寅卯

子時	윗사람 질병, 배신주의, 발탁방해, 고생
丑時	금전문제, 사업파재, 여자 도망, 삼각관계
寅時	파재, 상해, 도난, 극처사, 색정사, 변동
卯時	금전문제, 직장문제, 우환질병, 가출사
辰時	금전문제, 부인문제, 가출사, 수술유의
巳時	금전암손, 자식문제, 취직 실직문제
午時	화재, 관재구설, 남녀색정사, 자식문제
未時	금전융통, 여자문제, 가출방황, 백사불리
申時	사업후원사 발탁, 직장사, 당선 賞福 有
酉時	급병자발생, 관재구설, 음란 가출도주
戌時	금전문제, 부인문제, 이별사, 타인과 다툼
亥時	적의 침범사, 음란색정사, 부부이별, 이사

오늘 행운 복권 운세

복권사면 좋은 띠는 토끼띠 ②⑧
행운복권방은 집에서 동쪽에 있는곳

申子辰生	북쪽문을 피하고, 서남쪽으로 이사하면 안 된다. 재수가 없고, 하는 일마다 꼬이고, 病苦 질병발생. 바람기 발동.
巳酉丑生	서쪽문을 피하고, 동남쪽으로 이사하면 안 된다. 재수가 없고, 하는 일마다 꼬이고, 病苦 질병발생. 바람기 발동.
寅午戌生	남쪽문을 피하고, 북동쪽으로 이사하면 안 된다. 재수가 없고, 하는 일마다 꼬이고, 病苦 질병발생. 바람기 발동.
亥卯未生	동쪽문을 피하고, 서북쪽으로 이사하면 안 된다. 재수가 없고, 하는 일마다 꼬이고, 病苦 질병발생. 바람기 발동.

9월

운세풀이

亥띠:이동수,우왕좌왕, 弱, 다툼	寅띠: 점점 일이 꼬임, 관재구설	巳띠:최고운상승세, 두마음	申띠: 만남,결실,화합,문서
子띠:매사불편, 방해자,배신	卯띠:귀인상봉, 금전이득, 현금	午띠: 의욕과다, 스트레스큼	酉띠:이동수,이별수,변동 움직임
丑띠:해결신,시험합격, 풀림	辰띠: 매사꼬임,과거고생, 질병	未띠: 시급한 일, 뜻대로 안됨	戌띠: 빈주머니,걱정근심,사기

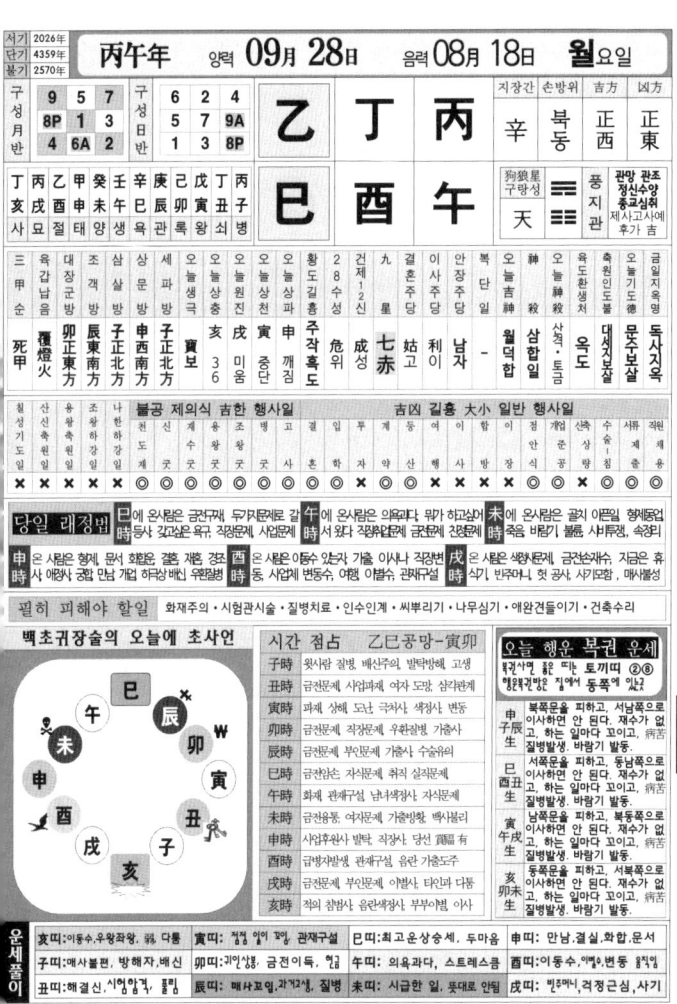

서기	2026年
단기	4359年
불기	2570年

丙午年 양력 09月 29日 음력 08月 19日 화요일

구성月반			구성日반			
9	5	7		5	1	3
8P	1	3		4	6	8
4	6A	2		9	2P	7A

丙	丁	丙
午	酉	午

지장간	손방위	吉方	凶方
辛	無	正南	正北

狗狼星 구랑성		풍지관	관망 관조 정신수양 종교심취 제사고사예후가 吉
天	☴☷		

己	戊	丁	丙	乙	甲	癸	壬	辛	庚	己	戊
亥	戌	酉	申	未	午	巳	辰	卯	寅	丑	子
절	묘	사	병	쇠	왕	록	관	욕	생	양	태

三甲순	육갑납음	대장군방	조객방	삼살방	상문방	세파방	오늘생극	오늘상충	오늘원진	오늘상천	오늘상파	황도길흉	28수성	건제12신	九星	결혼주당	이사주당	안장주당	복단일	오늘吉神	오늘吉神	오늘神殺	육도환생처	축원인도불	오늘기도德	금일지옥명
死甲	天河水	卯正東方	辰東南方	子正北方	申西南方	子正北方	専전	子 36	丑 미움	丑 중단	卯 깨짐	금궤황도	室실	收수	六白	堂당	天천	손자	-	복생*대명	천강·멸몰	구감·고초	불도	노사나불	약사보살	추해지옥

칠성기도일	산신축원일	용왕축원일	조왕하강일	나한하강일	천도제	신굿	재수굿	용왕굿	조왕굿	병굿	고사	결혼	입학	투자	계약	등산	여행	이사	합방	이장	점안식	개업준공	신축상량	수술-침	서류제출	직원채용
◎	◎	×	◎	◎	◎	◎	◎	×	◎	◎	◎	◎	◎	×	×	◎	◎	◎	×	×	◎	◎	×	◎	◎	◎

(천도제 ~ 고사: 불공 제의식 吉한 행사일 / 결혼 ~ 직원채용: 吉凶 길흉 大小 일반 행사일)

당일 래정법

巳時에 온사람은 취업문제, 재수가 없고 운이 단단히 꼬여있음, 우환질병 손재수

午時에 온사람은 금전구재 두문제로 갈등사 갖고싶은 욕구, 직장문제, 상업문제

未時에 온사람은 의욕과다, 뭔가 하고싶어서 왔다 직장상사괴롭힘 사표문제

申時온 사람은 골치 아픈일 친구나 형제동업, 죽음, 배우자바람기, 불륜, 관재구설 속 정리해야함

酉時온 사람은 문서구입 화합운, 결혼, 경조사, 관직취업건, 개업 때 아님, 하극상 배신, 경쟁사로 몰변

戌時온 사람은 이동수 있는자, 가출 이사 직장변동, 점포 변동수, 여자문제, 투자문서는 위험 이별수

필히 피해야 할일

홍보광고 • 소장제출 • 인허가신청 • 정보유출 • 건축증개축 • 기둥세우기 • 항공주의 • 씨뿌리기

백초귀장술의 오늘에 초사언

시간 점占 丙午공망-寅卯

子時	유아질병 위급, 처를 극, 남녀쟁투
丑時	자손문제, 실직문제, 연애배신사, 모함
寅時	사업손재, 후원사, 불륜사, 직장변동
卯時	남녀색정사, 사업금전문제, 가출사
辰時	자손문제, 실직문제, 남녀색정사, 가출사
巳時	질병재앙, 구재이득, 수술유의, 과이사발생
午時	금전손실 다툼, 여자문제, 극처사, 형송사
未時	자손문제, 금전융통, 죄 사면, 여행불길
申時	매사 불성사, 도망은 吉, 도적손실, 재액
酉時	관직 발탁사, 금전문제, 극처사, 함정주의
戌時	가출건, 급병자, 자식문제, 산소탈 ⊗
亥時	자초고생, 매사불길, 도난, 파재, 다툼

오늘 행운 복권 운세

복권사면 좋은 띠는 용띠 ⑤⑩⑳
행운복권방은 집에서 동남쪽에 있는곳

申子辰生	북쪽문을 피하고, 서남쪽으로 이사하면 안 된다. 재수가 없고, 하는 일마다 꼬이고, 病苦 질병발생. 바람기 발동.
巳酉丑生	서쪽문을 피하고, 동남쪽으로 이사하면 안 된다. 재수가 없고, 하는 일마다 꼬이고, 病苦 질병발생. 바람기 발동.
寅午戌生	남쪽문을 피하고, 북동쪽으로 이사하면 안 된다. 재수가 없고, 하는 일마다 꼬이고, 病苦 질병발생. 바람기 발동.
亥卯未生	동쪽문을 피하고, 서북쪽으로 이사하면 안 된다. 재수가 없고, 하는 일마다 꼬이고, 病苦 질병발생. 바람기 발동.

운세풀이

子띠:이동수,우왕좌왕, 弱弱 다툼	卯띠: 점점 일이 꼬임, 관재구설	午띠:최고운상승세, 두마음	酉띠: 만남,결실,화합,문서
丑띠:매사불편, 방해자,배신	辰띠:귀인상봉, 금전이득, 현금	未띠: 의욕과다, 스트레스큼	戌띠:이동수,이별수,변동 움직임
寅띠:해결신,시험합격, 풀림	巳띠: 매사꼬임,과거고생, 질병	申띠: 시급한 일, 뜻대로 안됨	亥띠: 빈주머니,걱정근심,사기

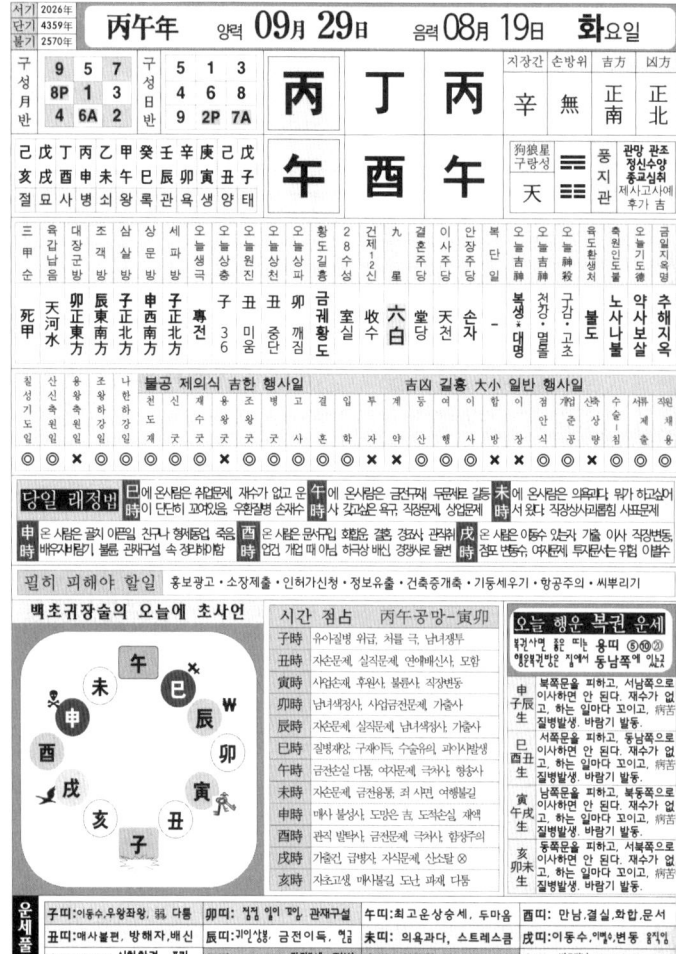

기	2026年
기	4359年
기	2570年

丙午年 양력 09月 30日 음력 08月 20日 수요일

구성月반

9	5	7
8P	1	3
4	6A	2

구성日반

4	9	2
3	5	7
8P	1	6

丁	丁	丙
未	酉	午

지장간	손방위	吉方	凶方
辛	無	正東	正西

狗狼星 구랑성 / 僧堂 城隍社廟		풍지관	관망 관조 정신수양 종교심취 제사고사예 후가 吉

辛	庚	己	戊	丁	丙	乙	甲	癸	壬	辛	庚
亥	戌	酉	申	未	午	巳	辰	卯	寅	丑	子
태	양	생	욕	관	록	왕	쇠	병	사	묘	절

三甲순	육갑납음	대장군방	조객방	삼살방	상문방	세파방	오늘생극	오늘상충	오늘원진	오늘상천	오늘상파	황도길흉	28수성	건제12신
死甲	天河水	卯正東方	辰東南方	子正北方	申西南方	子正北方	寶보	丑 36	子 미움	子 중단	戌 깨짐	대덕황도	壁벽	開개

九星	결혼주당	이사주당	안장주당	오늘吉神	오늘吉神	神殺	오늘神殺	육도환생처	축원인도불	오늘기도德	금일지옥명
五黃	翁옹	害해	死	-	음덕*모창	천창*보광	수사·토부	불도	노사나불	대세지보살	추해지옥

칠성기도일	산신축원일	용왕축원일	조왕하강일	나한하강일
◎	◎	◎	×	◎

불공 제의식 吉한 행사일

천도재	신굿	재수굿	용왕굿	조왕굿	병굿	고사
◎	◎	◎	◎	◎	◎	◎

吉凶 길흉 大小 일반 행사일

결혼	입학	투자	계약	등산	여행	이사	합방	이장	점안식	개업준공	신축상량	수술-침	서류제출	직원채용
◎	◎	×	×	◎	◎	◎	×	×	◎	◎	◎	◎	◎	×

당일 래정법

巳時에 온사람은 금전문제, 사업문제, 금전구재건, 관직취직사, 속전속결이 유리

午時에 온사람 건강문제, 관재구설로 운이 단단히 꼬여있음, 친정문제 손재수

未時에 온사람 금전구재, 결혼선택여부, 사업자금투자건, 직장변동, 이동수

申時 온 사람은 뭔가 하고싶어서 왔다. 직장취업문제, 친구형제간 배신과 임해, 관재 관송사, 남자문제

酉時 온 사람은 자식문제 골치 아픈일, 형제동업 바람기, 불륜, 시비투쟁, 급속정리해야함, 청춘귀

戌時 온 사람은 형제, 문서문제, 자식 화합운, 결혼, 재혼 경조사, 애정사, 궁합, 관직취업문제, 하극상배신

필히 피해야 할일

이날은 흑도와 월파일에 월염, 대모, 상문 등 신살에 해당되어 매사 해롭고 불리한 날.

백초귀장술의 오늘에 초사언

시간 점占 丁未공망-寅卯

子時	남녀색정사, 금전손해 실물수, 도난 간음
丑時	적의 침범사, 질병재앙, 자손상해, 가출
寅時	자손문제, 실직문제, 사업문제, 색정사
卯時	금전손실, 윗사람 질병위급, 색정음란사
辰時	자식문제, 직장문제, 손님 惡意, 불륜배신
巳時	가출사, 파재, 극처사, 관송사 분쟁
午時	화합애정불리, 금전융통, 직장변동, 도난
未時	금전의 암손, 여자문제, 우환질병, 가출
申時	파재, 상해, 도난, 극처사, 직장이동이 吉
酉時	매사불성사, 금전손실, 음 여인함정 관재
戌時	자식문제, 남편피해, 음란색정사, 도망
亥時	관청권리 상해, 재해도난사건, 괴이사발생

오늘 행운 복권 운세

복권사면 좋은 띠는 **뱀띠** ⑦⑰27

행운복권방은 집에서 **남동쪽**에 있는곳

申子辰生	북쪽문을 피하고, 서남쪽으로 이사하면 안 된다. 재수가 없고, 하는 일마다 꼬이고, 病苦 질병발생. 바람기 발동.
巳酉丑生	서쪽문을 피하고, 동남쪽으로 이사하면 안 된다. 재수가 없고, 하는 일마다 꼬이고, 病苦 질병발생. 바람기 발동.
寅午戌生	남쪽문을 피하고, 북동쪽으로 이사하면 안 된다. 재수가 없고, 하는 일마다 꼬이고, 病苦 질병발생. 바람기 발동.
亥卯未生	동쪽문을 피하고, 서북쪽으로 이사하면 안 된다. 재수가 없고, 하는 일마다 꼬이고, 病苦 질병발생. 바람기 발동.

운세풀이

丑띠:이동수,우왕좌왕, 弱, 다툼	辰띠: 점점 일이 꼬임, 관재구설	未띠:최고운상승세, 두마음	戌띠: 만남,결실,화합,문서
寅띠:매사불편, 방해자,배신	巳띠:귀인상봉, 금전이득, 현금	申띠: 의욕과다, 스트레스큼	亥띠:이동수,이별수,변동 움직임
卯띠:해결신,시험합격, 풀림	午띠: 매사꼬임,과거고생, 질병	酉띠: 시급한 일, 뜻대로 안됨	子띠: 빈주머니,걱정근심,사기

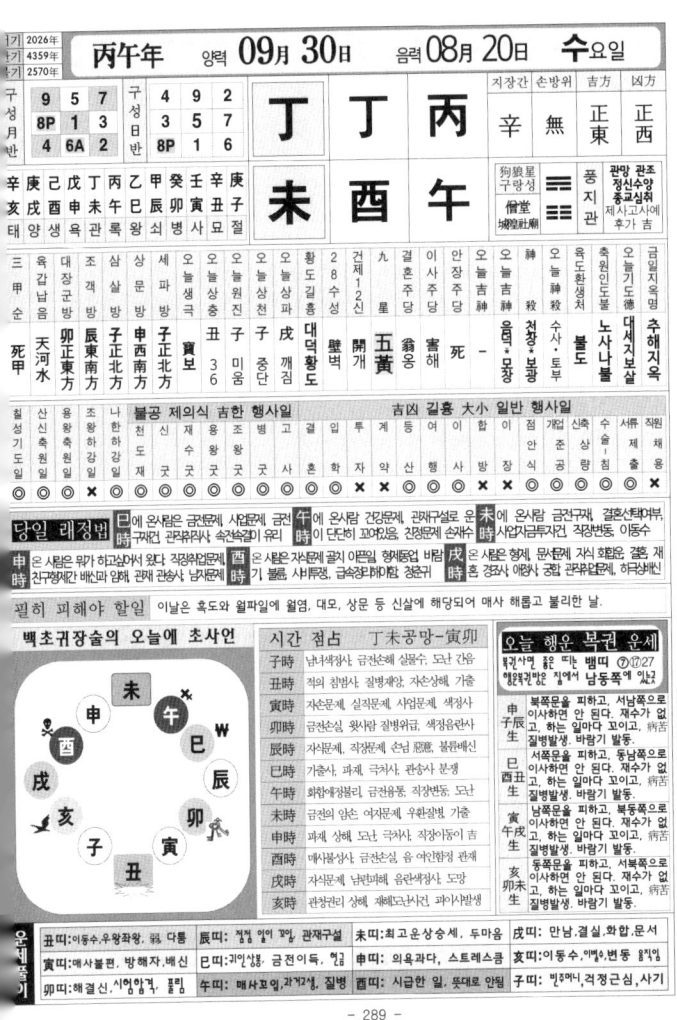

9월

서기	단기	불기
2026年	4359年	2570年

丙午年 양력 10月 01日 음력 08月 21日 목요일

구성月반			구성日반		
9	5	7	3A	8	1
8P	1	3	2	4	6
4	6A	2	7P	9	5

戊	丁	丙
申	酉	午

지장간	손방위	吉方	凶方
辛	동쪽	正北	正南

癸	壬	辛	庚	己	戊	丁	丙	乙	甲	癸	壬
亥	戌	酉	申	未	午	巳	辰	卯	寅	丑	子
절	묘	사	병	쇠	왕	록	관	욕	생	양	태

狗狼星 구랑성	中庭廳 관청마당
☳	☱

뇌택귀매 — 결혼신중 성공걸실어려움 반목 불륜,어린 여자가접근

三甲순	육갑납음	대장군방	조객방	삼살방	상문방	세파방	오늘생극	오늘상충	오늘원진	오늘상천	오늘상파	황도길흉	28수성	건제12신	九星	결혼주당	이사주당	안장주당	복단일	神殺	神殺	오늘神殺	육도환생처	축원인도불	오늘기도德	금일지옥명
死甲	大驛土	卯正東方	辰東南方	子正北方	申西南方	子正北方	寶보	寅 36	卯 미움	亥 중단	巳 깨짐	백호흑도	奎규	閉폐	四綠	第제	殺살	여자	오부길일	천마*왕일	유화·라강	수격·혈지	인도	노사나불	아미보살	추해지옥

칠성기도일	산신축원일	용왕축원일	조왕하강일	나한하강일	불공 제의식 吉한 행사일							吉凶 길흉 大小 일반 행사일														
					천도재	신굿	재수굿	용왕굿	조왕굿	병굿	고사	결혼	입학	투자	계약	등산	여행	이사	합방	이장	점안식	개업준공	신축상량	수술·침	서류제출	직원채용
◎	×	×	×	×	×	×	×	×	×	×	×	×	×	×	×	×	×	×	×	×	×	×	×	×	×	×

당일 래정법

巳時 에 온사람은 관송사로 손재수 발생 금전구재건 색정사 배신당함 매사불성

午時 에 온사람은 금전문제 사업문제 친정 부모문제 관직취직사 속전속결이 유리

未時 에 온사람 남편문제 직장문제 운이 단단히 꼬여있음 매사 지체불리 손재수

申時 온 사람은 금전문제 관직취직사 자식의 사업문제 망신수 친정 후원사는 불리 사고조심

酉時 온 사람은 의욕과다 뭐가 하고싶어서 왔다 새 사업 추진여부 문제 친구형제간 시비 자식문제

戌時 온 사람은 금전손실 직장취업 형제동업 자식문제 매사불리 지체됨 바람기 불륜 고)사발생

필히 피해야 할일

성형수술 • 농기구 다루기 • 승선 • 낚시 • 어로작업 • 위험놀이기구 • 흙 다루고 땅 파는 일

백초귀장술의 오늘에 초사언

시간 점占 戊申공망-寅卯

子時	금전융통, 부인침해 태아령 천도요망
丑時	사기도난 파재 손실사, 색정사, 각방
寅時	파재 관재 적 침범사, 부부이심 터부정
卯時	재물손실 부인일 관재 실수 탄로 음모
辰時	자손 시험합격 불륜사, 형제 친구 배신
巳時	관청근심 우환질병 불륜색정사 관재
午時	질병재앙 적 침범사, 극처사, 가출문제
未時	病환자 금전손실 극처사 친족불화
申時	금전암손 부인문제 자손문제 우환질병
酉時	자식문제 실직문제 남녀색정사 음인함정
戌時	매사 지체 가능마비 산소문제 기도
亥時	시업사 재물손실 부인일 질병재앙

오늘 행운 복권 운세

복권사면 좋은 띠는 말띠 ⑤⑦22
행운복권방은 집에서 남쪽에 있는곳

申子辰生	북쪽문을 피하고, 서남쪽으로 이사하면 안 된다. 재수가 없고, 하는 일마다 꼬이고, 病苦 질병발생. 바람기 발동.
巳酉丑生	서쪽문을 피하고, 동남쪽으로 이사하면 안 된다. 재수가 없고, 하는 일마다 꼬이고, 病苦 질병발생. 바람기 발동.
寅午戌生	남쪽문을 피하고, 북동쪽으로 이사하면 안 된다. 재수가 없고, 하는 일마다 꼬이고, 病苦 질병발생. 바람기 발동.
亥卯未生	동쪽문을 피하고, 서북쪽으로 이사하면 안 된다. 재수가 없고, 하는 일마다 꼬이고, 病苦 질병발생. 바람기 발동.

운세풀이

寅띠:이동수,우왕좌왕, 弱 다툼	巳띠: 점점 일이 꼬임, 관재구설	申띠:최고운상승세, 두마음	亥띠: 만남,결실,화합,문서
卯띠:매사불편, 방해자,배신	午띠: 귀인상봉, 금전이득, 현금	酉띠: 의욕과다, 스트레스큼	子띠:이동수,이별수,변동 움직임
辰띠:해결신,시험합격, 풀림	未띠: 매사꼬임,과거고생, 질병	戌띠: 시급한 일, 뜻대로 안됨	丑띠: 빈주머니,걱정근심,사기

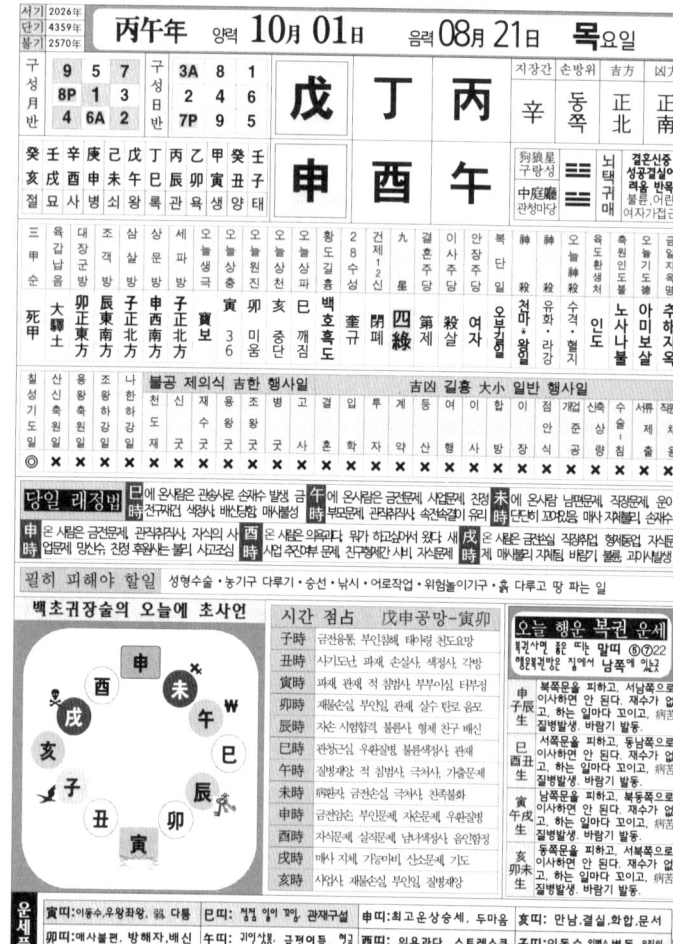

서기	2026年
단기	4359年
불기	2570年

丙午年 양력 10月 02日 음력 08月 22日 금요일

구성월반

9	5	7
8P	1	3
4	6A	2

구성일반

2	7	9
1AP	3	5
6	8	4

시	일	월	년
己	丁	丙	
酉	酉	午	

지장간	손방위	吉方	凶方
辛	동남	正西	正東

乙	甲	癸	壬	辛	庚	己	戊	丁	丙	乙	甲
亥	戌	酉	申	未	午	巳	辰	卯	寅	丑	子
태	양	생	욕	관	록	왕	쇠	병	사	묘	절

狗狼星 구랑성: 寺觀社廟 사관사묘

뇌택귀매 ☳☱

결혼신중 성공결실어려움 반목 불륜, 어린 여자가접근

三甲순	육갑납음	대장군방	조객방	삼살방	상문방	세파방	오늘생극	오늘상충	오늘원진	오늘상천	오늘상파	황도길흉	28수성	건제12신	九星	결혼주당	이사주당	안장주당	복단일	오늘吉神	神殺	오늘神殺	육도환생처	축원인도불	오늘기도德	금일지옥명
死甲	大驛土	卯正東方	辰東南方	子正北方	申西南方	子正北方	寶보	卯 36	寅 미움	戌 중단	子 깨짐	옥당황도	婁루	建건	三碧	竈조	富부	어머니	-	익후*관일	월형·천화	월건·염대	귀도	노사나불	관음보살	추해지옥

칠성기도일	산신축원일	용왕축원일	조왕하강일	나한하강일	천도재	신굿	재수굿	용왕굿	조왕굿	병굿	고사	결혼	입학	투자	계약	등산	여행	이사	합방	이장	점안식	개업준공	신축상량	수술-침	서류제출	직원채용
◎	◎	×	◎	◎	◎	◎	◎	×	◎	◎	◎	×	◎	×	×	◎	◎	×	×	×	◎	×	×	×	◎	×

(불공 제의식 吉한 행사일: 천도재 ~ 고사 / 吉凶 길흉 大小 일반 행사일: 결혼 ~ 직원채용)

당일 래정법

巳時에 온사람은 허가 해결할 문제, 합격여부, 동업투자여부, 형제문제, 재혼은 굳

午時에 온사람은 자식문제, 형제문제, 색정사로 다툼, 여자로 큰 손실, 매사불성사

未時에 온사람 금전문제, 사업문제, 딸자식문제, 관직취직사, 속전속결이 유리

申時 온 사람은 건강문제, 관재구설로 운이 단단히 꼬여있음, 취업 승진문제, 남자문제, 손재수

酉時 온 사람은 두가지 문제 갈등사, 하극상 손윗사람 배신, 새로운 일시작 진행함이 좋다. 우환질병

戌時 온 사람은 의욕과다, 뭔가 하고싶어서 왔다. 직장 취업문제, 친구 형제에게 손실 배신 당할 수.

필히 피해야 할일

농기구 다루기 • 출장 • 벌목 • 사냥 • 수렵 • 승선 • 낚시 • 어로작업 • 요트타기 • 위험놀이기구

백초귀장술의 오늘에 초사언

시간 점占 己酉공망-寅卯

子時	파재, 극처사, 사업흥성, 개혁유리, 가출
丑時	형제 친구이별, 가출건, 손재수, 다툼, 도난
寅時	사기도난, 파재, 손실사, 가출사, 남편일
卯時	실직, 파재, 관재, 적 침범사, 가출문제
辰時	금전융통, 형제자매건, 재해도난, 부부이별
巳時	질병재앙, 사업후원사, 금전손실, 색정사
午時	매사 불성, 남녀 색정사, 뜻대로 이동안됨
未時	형제친구문제, 구재이득, 수술유의, 원귀
申時	자손문제, 실직사, 처를 극, 실수 탄로
酉時	금전 암손, 부인문제, 우환질병, 색정사
戌時	재물손실, 우환질병, 부부변심, 삼각관계
亥時	가내재앙불리, 가출사, 이동여행 금물

오늘 행운 복권 운세

복권사면 좋은 띠는 양띠 ⑤⑩25
행운복권방은 집에서 남서쪽에 있는곳

申子辰生	북쪽문을 피하고, 서남쪽으로 이사하면 안 된다. 재수가 없고, 하는 일마다 꼬이고, 病苦 질병발생. 바람기 발동.
巳酉丑生	서쪽문을 피하고, 동남쪽으로 이사하면 안 된다. 재수가 없고, 하는 일마다 꼬이고, 病苦 질병발생. 바람기 발동.
寅午戌生	남쪽문을 피하고, 북동쪽으로 이사하면 안 된다. 재수가 없고, 하는 일마다 꼬이고, 病苦 질병발생. 바람기 발동.
亥卯未生	동쪽문을 피하고, 서북쪽으로 이사하면 안 된다. 재수가 없고, 하는 일마다 꼬이고, 病苦 질병발생. 바람기 발동.

10월

운세풀이

卯띠:이동수,우왕좌왕, 弱 다툼	午띠: 점점 일이 꼬임, 관재구설	酉띠:최고운상승세, 두마음	子띠: 만남,결실,화합,문서
辰띠:매사불편, 방해자,배신	未띠: 귀인상봉, 금전어득, 현금	戌띠: 의욕과다, 스트레스큼	丑띠:이동수,이별수,변동 움직임
巳띠:해결신,시험합격, 풀림	申띠: 매사꼬임,과거고생, 질병	亥띠: 시급한 일, 뜻대로 안됨	寅띠: 빈주머니,걱정근심,사기

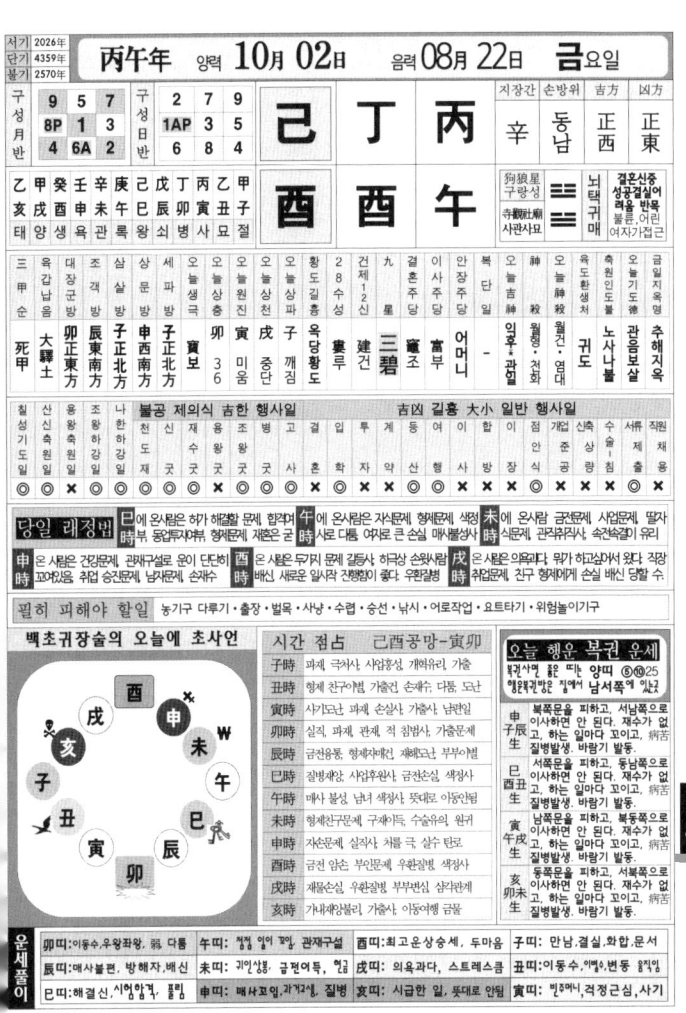

서기	2026年
단기	4359年
불기	2570年

丙午年 양력 10月 03日 음력 08月 23日 토요일

구성月반				구성日반			
	9	5	7		1P	6	8A
	8P	1	3		9	2	4
	4	6A	2		5	7	3

時	日	月	年
庚	丁	丙	
戊	酉	午	

지장간	손방위	吉方	凶方
辛	남쪽	正南	正北

狗狼星 구랑성	社廟 사당묘	☳☱	뇌택귀매	결혼신중 성공결실어려움 반목 불륜,어린 여자가접근

丁	丙	乙	甲	癸	壬	辛	庚	己	戊	丁	丙
亥	戌	酉	申	未	午	巳	辰	卯	寅	丑	子
병	쇠	왕	록	관	욕	생	양	태	절	묘	사

三甲순	육갑납음	대장군방	조객방	삼살방	상문방	세파방	오늘생극	오늘상충	오늘원진	오늘상천	오늘상파	황도길흉	28수성	건제12신	九星	결혼주당	이사주당	안장주당	오늘吉神	오늘吉神	神殺	오늘神殺	육도환생처	축원인도불	오늘기도德	금일지옥명
死甲	鎈釧金	卯正東方	辰東南方	子正北方	申西南方	子正北方	義의	辰 36	巳 미움	酉 중단	未 깨짐	천뇌흑도	胃위	除제	二黑	婦부	師사	며느리	복단일	월덕*수일	독화·혈기	월해·패파	축도	노사나불	미륵보살	추해지옥

칠성기도일	산신축원일	용왕축원일	조왕하강일	나한하강일	천도재	신굿	재수굿	용왕굿	조왕굿	병굿	고사	결혼	입학	투자	계약	등산	여행	이사	합방	이장	점안식	개업준공	신축상량	수술·침	서류제출	직원채용
					불공 제의식 吉한 행사일							吉凶 길흉 大小 일반 행사일														
×	◎	×	×	◎	◎	×	◎	×	×	◎	◎	×	◎	×	×	◎	◎	×	×	×	◎	◎	×	×	◎	×

당일 래정법

巳時에 온사람은 새사업에 방해자, 배신사, 취업불리, 색정사, 창업은 훼방꾼

午時에 온사람은 취직 해결할 문제, 합격여부, 금전투자여부, 자식문제, 직장문제

未時에 온사람 형제와 친구가 훼방, 금전구재건, 관재구설로 다툼, 매사불성사

申時온 사람은 금전문제, 사업문제, 관직취직사, 관재로 얽히게 됨, 자식으로 인해 큰 지출.

酉時온 사람은 관송사 색정사로 운이 단단히 꼬여있음, 취업 승진문제, 자식문제, 손재수 불리

戌時온 사람은 두가지 문제 갈등사, 토지문서가매건 금전투자여부, 자식문제, 새로운 일시작 진행함

필히 피해야 할일 소장제출 · 항소 · 손님초대 · 神物,佛象안치 · 싱크대교체 · 주방고치기 · 지붕덮기

백초귀장술의 오늘에 초사언

시간 점占 庚戌공망-寅卯

子時	금전 암손, 부인문제, 우환질병, 객 惡意
丑時	사업, 구재이득, 부부화합사, 당선 합격
寅時	재물손실, 금전융통, 가출사, 색정이별
卯時	재물손실, 극처사, 남녀색정사, 삼각관계
辰時	사업후원 도주, 적의 침범사, 재물손실
巳時	질병재앙, 관재구설, 도망, 망신실수탄로
午時	질병재앙, 관재구설, 남편 직업문제, 가출
未時	관청근심, 사업실패, 삼각관계, 가출문제
申時	입상명예문제, 금전문제, 가출자, 원행
酉時	손해시발생, 여자나 아이재앙, 함정피해
戌時	금전 암손, 파업문제, 가출문제, 색정사
亥時	금전무리투자, 도난, 파재, 처를 극함

오늘 행운 복권 운세

복권사면 좋은 띠는 **원숭띠** ⑨19, 29
행운복권방은 집에서 **서남쪽**에 있는곳

申子辰生	북쪽문을 피하고, 서남쪽으로 이사하면 안 된다. 재수가 없고, 하는 일마다 꼬이고, 病苦 질병발생. 바람기 발동.
巳酉丑生	서쪽문을 피하고, 동남쪽으로 이사하면 안 된다. 재수가 없고, 하는 일마다 꼬이고, 病苦 질병발생. 바람기 발동.
寅午戌生	남쪽문을 피하고, 북동쪽으로 이사하면 안 된다. 재수가 없고, 하는 일마다 꼬이고, 病苦 질병발생. 바람기 발동.
亥卯未生	동쪽문을 피하고, 서북쪽으로 이사하면 안 된다. 재수가 없고, 하는 일마다 꼬이고, 病苦 질병발생. 바람기 발동.

운세풀이

辰띠:이동수,우왕좌왕, 弱, 다툼	未띠: 점점 일이 꼬임, 관재구설	戌띠:최고운상승세, 두마음	丑띠: 만남,결실,화합,문서
巳띠:매사불편, 방해자,배신	申띠: 귀인상봉, 금전이득, 현금	亥띠: 의욕과다, 스트레스큼	寅띠:이동수,이별수,변동 움직임
午띠:해결신,시험합격, 풀림	酉띠: 매사꼬임,과거고생, 질병	子띠: 시급한 일, 뜻대로 안됨	卯띠: 빈주머니,걱정근심,사기

서기 2026年	丙午年	양력 10月 04日	음력 08月 24日	일요일
단기 4359年				
불기 2570年				

구성월반			구성일반		
9	5	7	9P	5	7
8P	1	3	8	1	3
4	6A	2	4	6A	2

時	日	月	年
辛	丁	丙	
亥	酉	午	

지장간	손방위	吉方	凶方
辛	남서	正東	正西

己	戊	丁	丙	乙	甲	癸	壬	辛	庚	己	戊
亥	戌	酉	申	未	午	巳	辰	卯	寅	丑	子
욕	관	록	왕	쇠	병	사	묘	절	태	양	생

狗狼星 구랑성	寺觀 절사관	☱☲	뇌택귀매	결혼신중 성공결실어려움 반목 불륜, 어린여자가접근

三甲순	육갑납음	대장군방	조객방	삼살방	상문방	세파방	오늘생극	오늘상충	오늘원진	오늘상천	오늘상파	황도길흉	28수성	건제12신	九星	결혼주당	이사주당	안장주당	복단일	오늘吉神	神殺	오늘神殺	육도환생처	축원인도불	오늘기도德	금일지옥명
死甲	鎈釧金	卯正東方	辰東南方	子正北方	申西南方	子正北方	寶보	巳 36	辰 미움	申 중단	寅 깨짐	현무흑도	昴묘	滿만	一白	廚주	災재	손님	천덕합	대명*상일	-	오허·비렴	옥도	노사나불	여래보살	추해지옥

칠성기도일	산신축원일	용왕축원일	조왕하강일	나한하강일	천도재	신굿	재수굿	용왕굿	조왕굿	병굿	고사	결혼	입학	투자	계약	등산	여행	이사	합방	이장	점안식	개업준공	신축상량	수술-침	서류제출	직원채용
×	◎	-	◎	◎	◎	◎	◎	◎	◎	◎	◎	-	-	×	×	◎	◎	×	×	×	◎	◎	×	×	◎	×

(불공 제의식 吉한 행사일: 칠성기도일 ~ 고사 / 吉凶 길흉 大小 일반 행사일: 결혼 ~ 직원채용)

당일 래정법

巳時 에 온사람은 형제 자식문제, 직장변동수, 터부정 관재구설 동업다툼 범칼주의

午時 에 온사람은 집안우환질병 망신살 방해자, 배신사, 매사 지체불리함 모함

未時 에 온사람 금전문제, 허가 해결할 문제 주식투자여부, 직장문제, 매매건

申時 온 사람은 자식문제, 직장실직문제, 취업시험불리, 색정사, 억울한 일 파재, 매사불성사

酉時 온 사람은 금전문제, 사업문제, 관직취직사, 관재로 얽히게 됨, 속전속결 유리, 남편자출

戌時 온 사람은 건강문제, 친정문제, 도장잘못 찍어 관재구설로 꼬여있음 자식문제 손재수, 헛수고

필히 피해야 할일 장 담그기 · 신상출고 · 제품제작 · 친구초대 · 문 만들기 · 관정, 우물파기 · 어로작업

백초귀장술의 오늘에 초사언

시간 점占 辛亥공망-寅卯

子時	자식문제, 실직사, 음란색정사, 가출사
丑時	적의 침범사, 질병위급, 삼각관계
寅時	재물손실, 부인문제, 관직변동, 간사 情夫
卯時	금전융통문제, 손재수, 이동사, 낭비도난
辰時	재물손실, 질병재발, 여행금물, 다툼
巳時	이동사, 삼각 색정사, 우환질병, 터부정
午時	질병재앙, 관재구설, 도망, 망신살수탄로
未時	사업후원문제, 구재이득, 문제 자연해소
申時	재물손실, 우환질병, 극처사, 색정사, 가출
酉時	직장 취업 승진, 가출사, 질병, 삼각관계
戌時	자살귀 침범, 극처사, 질병고통, 수술유의
亥時	금전배신, 여자문제, 자식사, 매사 막힘

오늘 행운 복권 운세

복권사면 좋은 띠는 닭띠 ④⑨ 24, 행운복권방은 집에서 서쪽에 있는곳

申子辰生	북쪽문을 피하고, 서남쪽으로 이사하면 안 된다. 재수가 없고, 하는 일마다 꼬이고, 病苦 질병발생. 바람기 발동.
巳酉丑生	서쪽문을 피하고, 동남쪽으로 이사하면 안 된다. 재수가 없고, 하는 일마다 꼬이고, 病苦 질병발생. 바람기 발동.
寅午戌生	남쪽문을 피하고, 북동쪽으로 이사하면 안 된다. 재수가 없고, 하는 일마다 꼬이고, 病苦 질병발생. 바람기 발동.
亥卯未生	동쪽문을 피하고, 서북쪽으로 이사하면 안 된다. 재수가 없고, 하는 일마다 꼬이고, 病苦 질병발생. 바람기 발동.

운세풀이

巳띠:이동수,우왕좌왕, 弱 다툼	申띠: 점점 일이 꼬임, 관재구설	亥띠:최고운상승세, 두마음	寅띠: 만남,결실,화합,문서
午띠:매사불편, 방해자,배신	酉띠: 귀인상봉, 금전이득, 현금	子띠: 의욕과다, 스트레스큼	卯띠:이동수,이별수,변동 움직임
未띠:해결신,시험합격, 풀림	戌띠: 매사꼬임,과거고생, 질병	丑띠: 시급한 일, 뜻대로 안됨	辰띠: 빈주머니,걱정근심,사기

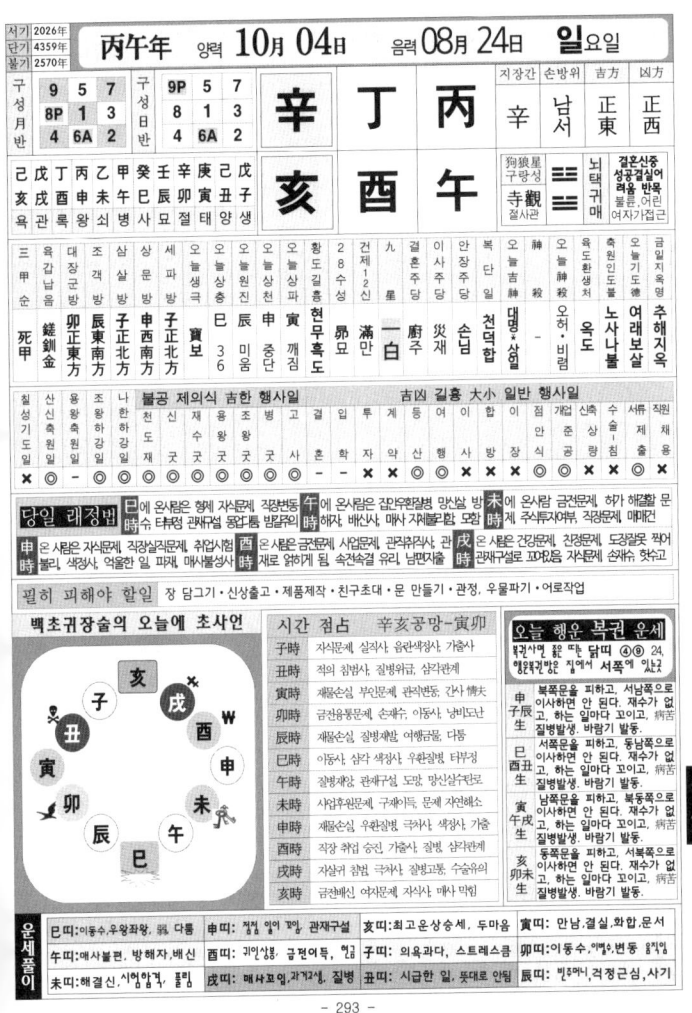

10월

서기	2026年
단기	4359年
불기	2570年

丙午年 양력 10月 05日 음력 08月 25日 월요일

구성월반			구성일반		
9	5	7	8	4AP	6
8P	1	3	7	9	2
4	6A	2	3	5	1

時	日	月	年
壬	丁	丙	
子	酉	午	

지장간	손방위	吉方	凶方
辛	서쪽	正北	正南

狗狼星 구랑성	卦	뇌택귀매	
天	☷ ☱	뇌택귀매	결혼신중 성공결실어려움 반목 불륜,어린 여자가접근

辛	庚	己	戊	丁	丙	乙	甲	癸	壬	辛	庚
亥	戌	酉	申	未	午	巳	辰	卯	寅	丑	子
록	관	욕	생	양	태	절	묘	사	병	쇠	왕

三甲순	육갑납음	대장군방	조객방	삼살방	상문방	세파방	오늘생극	오늘상충	오늘원진	오늘상천	오늘상파	황도길흉	28수성	건제12신	九星	결혼주당	이사주당	안장주당	천구하식	대공망일	神殺	오늘神殺	육도환생처	축원인도불	오늘기도德	금일지옥명
死甲	桑柘木	卯正東方	辰東南方	子正北方	申西南方	子正北方	専전	午 36	未 미움	未 중단	酉 깨짐	사명황도	畢필	平평	九紫	夫부	安안	아버지	옥후*미일	대공망일	하괴·천격	왕망·천리	천도	약왕보살	아미보살	철산지옥

칠성기도일	산신축원일	용왕축원일	조왕하강일	나한하강일	천도재	신굿	재수굿	용왕굿	조왕굿	병굿	고사	결혼	입학	투자	계약	등산	여행	이사	합방	이장	점안식	개업준공	신축상량	수술-침	서류제출	직원채용
◎	×	×	×	◎	◎	◎	◎	◎	◎	◎	◎	◎	◎	×	×	◎	◎	×	×	×	◎	◎	×	◎	◎	×

(불공 제의식 吉한 행사일: 천도재 ~ 고사 / 吉凶 길흉 大小 일반 행사일: 결혼 ~ 직원채용)

당일 래정법

巳時에 온사람은 자식문제, 금점손실 친구나 형제문제, 관송사, 빈주머니
午時에 온사람은 이동변동수, 터부정, 하극상모함사건, 자식문제, 차사고
未時에 온사람은 방해자, 배신사, 취업문제, 색정사, 관송사, 매사 지체 불리함
申時 온 사람은 관직 취직문제, 결혼 경조사, 한가지씩 해결됨, 시험은 합격됨 허가건도 승인남 귀인도움
酉時 온 사람은 외정색정사, 불륜사, 관재로 발전 딸 문제발생, 자식으로인해 큰돈 지출
戌時 온 사람은 남자문제 부동산가매 금전문제 주식투자문제 재물구재사, 여자화합건 건강질병과 빚때문 괴로움

필히 피해야 할일 인수인계·옷재단·주방수리·수의 짓기·새옷맞춤·태아옷구입·소장제출·방류·동토

백초귀장술의 오늘에 초사언

시간 점占 壬子공망-寅卯

子時	돈이나 처를 극, 수술유의, 색정사
丑時	결혼문제, 금전융통, 남편관련, 관청일
寅時	자식문제, 금전손재, 신변위험 喪服 운
卯時	귀인상봉, 자식회합, 관직변동 승전
辰時	질병침투, 적 침범사, 가출사, 색정사
巳時	도난, 파재, 손모사, 극처사, 색정사
午時	질병침투, 적 침범사, 극처사, 불성사
未時	잡귀침투, 남편직장, 질병재앙, 색정사
申時	창업관련, 사업흥성, 색정사, 도망유리
酉時	사업 후원사, 가출문제, 남녀색정사, 파재
戌時	금전문제, 질병침투, 적 침범사, 귀농유리
亥時	가출문제, 직장문제, 남자가 피해, 색정사

오늘 행운 복권 운세

복권사면 좋은 띠는 개띠 ⑩⑳ 30
행운복권방은 집에서 서북쪽에 있는곳

申子辰生	북쪽문을 피하고, 서남쪽으로 이사하면 안 된다. 재수가 없고, 하는 일마다 꼬이고, 病苦 질병발생. 바람기 발동.
巳酉丑生	서쪽문을 피하고, 동남쪽으로 이사하면 안 된다. 재수가 없고, 하는 일마다 꼬이고, 病苦 질병발생. 바람기 발동.
寅午戌生	남쪽문을 피하고, 북동쪽으로 이사하면 안 된다. 재수가 없고, 하는 일마다 꼬이고, 病苦 질병발생. 바람기 발동.
亥卯未生	동쪽문을 피하고, 서북쪽으로 이사하면 안 된다. 재수가 없고, 하는 일마다 꼬이고, 病苦 질병발생. 바람기 발동.

운세풀이

午띠:이동수,우왕좌왕, 의견 다툼	酉띠: 점점 일이 꼬임, 관재구설	子띠:최고운상승세, 두마음	卯띠: 만남,결실,화합,문서
未띠:매사불편, 방해자,배신	戌띠:귀인상봉, 금전이득, 현금	丑띠: 의욕과다, 스트레스큼	辰띠:이동수,이별수,변동 움직임
申띠:해결신,시험합격, 풀림	亥띠: 매사꼬임,과거고생, 질병	寅띠: 시급한 일, 뜻대로 안됨	巳띠: 빈주머니,걱정근심,사기

서기	단기	불기
2026年	4359年	2570年

丙午年 양력 10月 06日 음력 08月 26日 화요일

구성月반		
9	5	7
8P	1	3
4	6A	2

구성日반		
7	3	5P
6	8	1
2A	4	9

癸	丁	丙
丑	酉	午

지장간	손방위	吉方	凶方
辛	서북	正西	正東

癸亥	壬戌	辛酉	庚申	己未	戊午	丁巳	丙辰	乙卯	甲寅	癸丑	壬子
왕	쇠	병	사	묘	절	태	양	생	욕	관	록

狗狼星 구랑성	괘	뇌택귀매	
僧堂 寺觀社廟	☳☱	뇌택귀매	결혼신중 성공결실어려움 반복 불륜,어린 여자가접근

三甲순	육갑납음	대장군방	조객방	삼살방	상문방	세파방	오늘생극	오늘상충	오늘원진	오늘상천	오늘상파	황도길흉	28수성	건제12신	九星	결혼주당	이사주당	안장주당	복단일	오늘吉神	神殺	오늘神殺	육도환생처	축원인도불	오늘기도德	금일지옥명
死甲	桑柘木	卯正東方	辰東南方	子正北方	申西南方	子正北方	伐벌	未 36	午 미움	午 중단	辰 깨짐	구진흑도	觜자	定정	八白	姑고	利이	남자	-	천은*모창	삼합일	사기·관부	천도	약왕보살	보현보살	철산지옥

칠성기도일	산신축원일	용왕축원일	조왕하강일	나한하강일	천도재	신굿	재수굿	용왕굿	조왕굿	병굿	고사	결혼	입학	투자	계약	등산	여행	이사	합방	이장	점안식	개업준공	신축상량	수술·침	서류제출	직원채용
					불공 제의식 吉한 행사일							吉凶 길흉 大小 일반 행사일														
×	×	×	×	◎	◎	◎	◎	×	×	◎	◎	×	◎	×	◎	◎	◎	×	×	×	◎	◎	◎	◎	◎	◎

당일 래정법

巳時에 온사람은 이동수, 이별수, 이사 직장변동, 딸자식근심, 해외진출 도전

午時에 온사람은 헛고생, 소모전, 쉴때, 색정사, 빈주머니, 관재송사, 자중

未時에 온사람은 매매 이동변동수, 터부정, 관재구설 자식, 형제다툼, 교통사고주의

申時 온 사람은 금전과 여자문제, 방해자, 배신사, 색정사 불륜, 취업 승진 매사 지체불리함,

酉時 온 사람은 금전 차용문제, 시험 합격됨, 허가 건은 승인, 취업 승진 성취됨

戌時 온 사람은 여자로 인한 부정, 하극상, 억울한일, 색정사, 불륜사 문제,, 관재로 발전, 딸 문제, 취직문제

필히 피해야 할일

성형수술·교제 끊기·파혼·아기 젖떼기와 낡은 건물 파할 때만 좋고, 다른 일은 매사 불리.

백초귀장술의 오늘에 초사언

시간 점占 癸丑공망-寅卯

子時	직위문제, 금전융통, 급질병, 색정사
丑時	사업사 암손, 여자문제 질병수술, 색정사
寅時	금전손실, 손모사, 극처사, 삼각관계
卯時	음란색정사, 질병, 적 침범사, 금전손실
辰時	관청입신, 직업권리, 남편문제, 목적달성
巳時	직장변동, 실직문제, 여자일, 이사이동吉
午時	사기도난, 손재수, 색정사, 우환질병
未時	관재 병재로 불길, 가출사 자손사 이별사
申時	사업문제, 재해, 가출, 도난, 여행은 凶
酉時	작업 명예사, 봉사활동, 창업관련, 색정사
戌時	불륜색정사, 관청근심, 도난 상해 손모사
亥時	금전문제, 이성도움, 부인문제, 색정사

오늘 행운 복권 운세

복권사면 좋은 띠는 돼지띠 ⑪⑯31
행운복권방은 집에서 북서쪽에 있는곳

申子辰生	북쪽문을 피하고, 서남쪽으로 이사하면 안 된다. 재수가 없고, 하는 일마다 꼬이고, 病苦 질병발생. 바람기 발동.
巳酉丑生	서쪽문을 피하고, 동남쪽으로 이사하면 안 된다. 재수가 없고, 하는 일마다 꼬이고, 病苦 질병발생. 바람기 발동.
寅午戌生	남쪽문을 피하고, 북동쪽으로 이사하면 안 된다. 재수가 없고, 하는 일마다 꼬이고, 病苦 질병발생. 바람기 발동.
亥卯未生	동쪽문을 피하고, 서북쪽으로 이사하면 안 된다. 재수가 없고, 하는 일마다 꼬이고, 病苦 질병발생. 바람기 발동.

운세풀이

未띠:이동수,우왕좌왕, 弱, 다툼	戌띠: 점점 일이 꼬임, 관재구설	丑띠:최고운상승세, 두마음	辰띠: 만남,결실,화합,문서
申띠:매사불편, 방해자,배신	亥띠:귀인상봉, 금전이득, 현금	寅띠: 의욕과다, 스트레스큼	巳띠:이동수,이별수,변동 움직임
酉띠:해결신,시험합격, 풀림	子띠: 매사꼬임,과거고생, 질병	卯띠: 시급한 일, 뜻대로 안됨	午띠: 빈주머니,걱정근심,사기

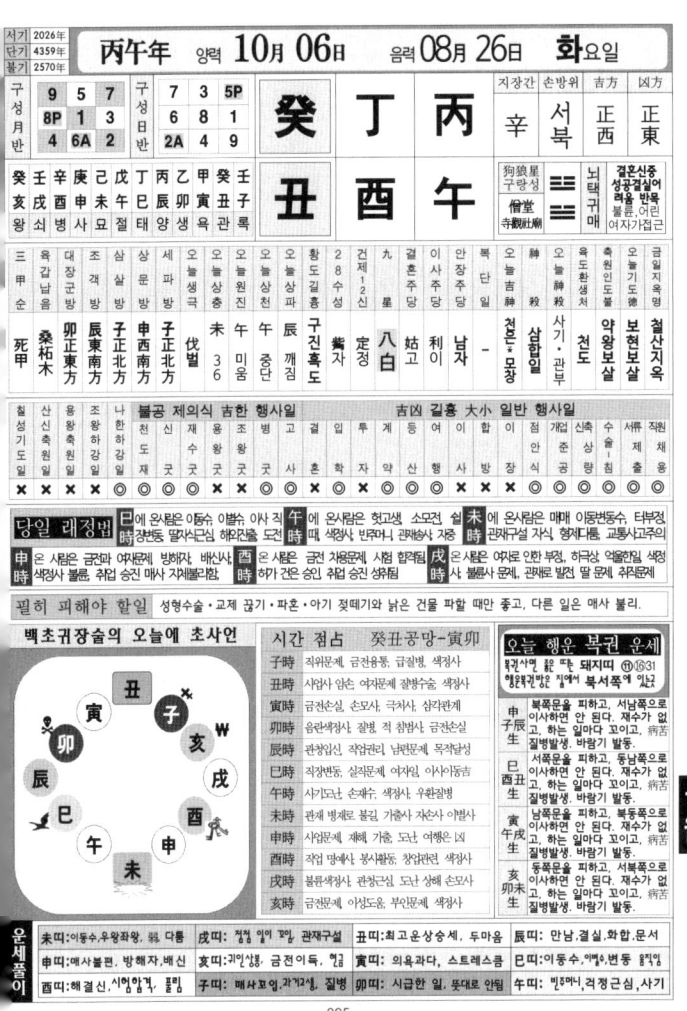

10월

서기	2026年
단기	4359年
불기	2570年

丙午年 양력 10月 07日 음력 08月 27日 수요일

구성月반			구성日반			천간			지장간	손방위	吉方	凶方
9	5	7	6	2	4P	甲	丁	丙	辛	북쪽	正南	正北
8P	1	3	5	7	9A							
4	6A	2	1	3	8							

乙	甲	癸	壬	辛	庚	己	戊	丁	丙	乙	甲
亥	戌	酉	申	未	午	巳	辰	卯	寅	丑	子
생	양	태	절	묘	사	병	쇠	왕	록	관	욕

지지		
寅	酉	午

狗狼星 구랑성	丑方 북동쪽
괘	☳☳ 뇌택귀매
결혼신중	성공결실어려움 반목 불륜, 어린여자가접근

三甲순	육갑납음	대장군방	조객방	삼살방	상문방	세파방	오늘생극	오늘상충	오늘원진	오늘상천	오늘상파	황도길흉	28수성	건제12신	九星	결혼주당	이사주당	안장주당	복단일	오늘吉神	神殺	오늘神殺	육도환생처	축원인도불	오늘기도德	금일지옥명
病甲	大溪水	卯正東方	辰東南方	子正北方	申西南方	子正北方	專전	申 36	酉 미움	巳 중단	亥 깨짐	청룡황도	參삼	執집	七赤	堂당	天천	손자	양공기일	천덕·월공	천화·귀기	지격·소모	인도	약왕보살	약사보살	철산지옥

칠성기도일	산신축원일	용왕축원일	조왕하강일	나한하강일	불공 제의식 吉한 행사일						吉凶 길흉 大小 일반 행사일															
					천도재	신굿	재수굿	용왕굿	조왕굿	병굿	고사	결혼	입학	투자	계약	등산	여행	이사	합방	이장	점안식	개업준공	신축상량	수술-침	서류제출	직원채용
×	◎	×	×	×	×	×	×	×	×	×	◎	◎	◎	×	×	◎	◎	×	×	×	◎	◎	◎	◎	×	×

당일 래정법

巳時 에 온사람은 문서, 화합운, 결혼, 재혼, 애정사, 궁합, 금전후원건, 자식문제

午時 에 온사람은 이동수 있는자, 이사, 직장변동, 사업체변동수, 해외여행, 이별

未時 에 온사람은 자식문제, 실업자, 금전사기, 빈주머니, 헛공사, 허위문서, 도난사, 망신수

申時 온 사람은 매매 이동변동수, 터부정, 관재구설, 사기, 허위문서, 시비 다툼주의, 차사고주의

酉時 온 사람은 방해자, 배신사, 우환질병, 취업 승진은 매사 지체불리함, 상업은 손해수

戌時 온 사람은 관송사 하극상의 배신문제, 처음엔 해결되는 듯하나 후 불리함, 우환질병, 시험 합격됨, 허가건 승인됨

필히 피해야 할일 회의개최 · 건축증개축 · 구인 · 구직 · 해외여행 · 항공주의 · 애완동물들이기 · 낚시 · 손님초대

백초귀장술의 오늘에 초사언

시간 점占 甲寅공망-子丑

子時	사업후원사, 창업, 금전융통, 자식질병
丑時	매사불성, 금전융통 고통, 질병재앙
寅時	질병침투, 금전손실, 취직, 직장직위
卯時	금전문제, 부인문제, 색정사, 우환질병
辰時	매사미비, 금전융통불길, 가출사, 색정사
巳時	사업금전운 吉, 자식운, 결혼기쁨, 망신수
午時	금전손실 다툼, 봉사활동, 가출, 관재구설
未時	청탁불성사, 친족불화, 매사 불성사
申時	질병침투, 음란불륜사, 사귀발동, 가출사
酉時	관청권리문제, 남편흉극, 우환질병 발생
戌時	금전융통, 상업변동, 우환질병, 가출사
亥時	질병침투, 금전손실, 도난, 자식문제, 도망

오늘 행운 복권 운세

복권사면 좋은 띠는 **쥐띠** ①⑥⑯
행운복권방은 집에서 **북쪽**에 있는곳

申子辰生	북쪽문을 피하고, 서남쪽으로 이사하면 안 된다. 재수가 없고, 하는 일마다 꼬이고, 病苦 질병발생. 바람기 발동.
巳酉丑生	서쪽문을 피하고, 동남쪽으로 이사하면 안 된다. 재수가 없고, 하는 일마다 꼬이고, 病苦 질병발생. 바람기 발동.
寅午戌生	남쪽문을 피하고, 북동쪽으로 이사하면 안 된다. 재수가 없고, 하는 일마다 꼬이고, 病苦 질병발생. 바람기 발동.
亥卯未生	동쪽문을 피하고, 서북쪽으로 이사하면 안 된다. 재수가 없고, 하는 일마다 꼬이고, 病苦 질병발생. 바람기 발동.

운세풀이

申띠: 이동수, 우왕좌왕, 弱, 다툼	亥띠: 점점 일이 꼬임, 관재구설	寅띠: 최고운상승세, 두마음	巳띠: 만남, 결실, 화합, 문서
酉띠: 매사불편, 방해자, 배신	子띠: 귀인상봉, 금전이득, 현금	卯띠: 의욕과다, 스트레스큼	午띠: 이동수, 이별수, 변동 움직임
戌띠: 해결신, 시험합격, 풀림	丑띠: 매사꼬임, 과거고생, 질병	辰띠: 시급한 일, 뜻대로 안됨	未띠: 빈주머니, 걱정근심, 사기

서기	2026年
단기	4359年
불기	2570年

丙午年 양력 10月 08日 음력 08月 28日 목요일

한로 寒露 15 時 29分 入

구성월반		
8P	4A	6
7	9	2
3	5	1

구성일반		
5	1	3
4	6	8P
9	2	7A

乙	戊	丙
卯	戌	午

지장간	손방위	吉方	凶方
辛	북동	正東	正西

狗狼星 구랑성			
天	☰ ☷	천뢰무망	자연순리대로 거스르면 어려움 자연소리는크나 실속은적다

丁	丙	乙	甲	癸	壬	辛	庚	己	戊	丁	丙
亥	戌	酉	申	未	午	巳	辰	卯	寅	丑	子
사	묘	절	태	양	생	욕	관	록	왕	쇠	병

三甲순	육갑납음	대장군방	조객방	삼살방	상문방	세파방	오늘생극	오늘상충	오늘원진	오늘상천	오늘상파	황도길흉	28수성	건제12신	九星	결혼주당	이사주당	안장주당	복단일	오늘吉神	神殺	오늘神殺	육도환생처	축원인도불	오늘기도德	금일지옥명
病甲	大溪水	卯正東方	辰東南方	子正北方	申西南方	子正北方	專전	酉 36	申 미움	辰 중단	午 깨짐	구진흑도	井정	執집	六白	翁옹	害해	死	-	지창*성심	산격·검봉	함지·대패	귀도	약왕보살	문수보살	철산지옥

칠성기도일	산신축원일	용왕축원일	조왕하강일	나한하강일	불공 제의식 吉한 행사일: 천도재	신굿	재수굿	용왕굿	조왕굿	병굿	고사	吉凶 길흉 大小 일반 행사일: 결혼	입학	투자	계약	등산	여행	이사	합방	이장	점안식	개업준공	신축상량	수술·침	서류제출	직원채용
×	◎	×	◎	◎	◎	×	×	×	◎	◎	◎	×	◎	×	◎	◎	◎	×	×	×	◎	◎	×	◎	×	×

당일 래정법

巳時 에 온사람은 모함과 구설로 골치 아픔 이몽나쁨 바람기 직장해고위험

午時 에 온사람은 문서 화합운 결혼 재혼 경조사 궁합 문서이동 부모문제 상업투자

未時 에 온사람은 이동수 있는자 이사나 직장변동, 자식문제 변동수, 여행 이별 헛고생

申時 온 사람은 허위문서 실업자, 금전환란, 빈주머니, 헛공사, 사기모함 ·도난사, 매사불성

酉時 온 사람은 직장변동 이동변동수, 터부정, 관재구설, 사기, 허위문서, 우환질병, 자식 가출건

戌時 온 사람은 색정사 배신문제 방해자, 배신사, 형제간 암투, 관재구설, 취업 승진 매사지체불리함

필히 피해야 할일 문 만들기 · 간판달기 · 코인사입 · 물건구입 · 태아인공수정 · 새집들이 · 어로작업

백초귀장술의 오늘에 초사언

시간 점占	乙卯공망-子丑
子時	직장근심, 처를 극, 질병위급, 색정사
丑時	사업후원사, 금전융통, 부인질병, 가출
寅時	재물파산 불길, 가출사, 질병침투 하극상
卯時	금전융통흉, 여자문제, 직장직위 취업
辰時	사업상 금전손실, 부인문제, 우환질병
巳時	매사불성사, 자손실직사, 직위 삼각관계
午時	관직 승전문제, 금전 문제, 불륜 주색주의
未時	금전융통, 삼각관계, 직업변동, 여자질병
申時	만사불길, 직장 취업청탁 불리, 질병재앙
酉時	적 침범사, 가출,, 불륜색정사, 골육 흉
戌時	금전문제, 부인문제, 다툼, 이별사, 질병
亥時	사업문제, 투자확장, 우환질병 손님 惡意

오늘 행운 복권 운세

복권사면 좋은 띠는 소띠 ②⑤⑩

행운복권방은 집에서 북동쪽에 있는곳

申子辰生	북쪽문을 피하고, 서남쪽으로 이사하면 안 된다. 재수가 없고, 하는 일마다 꼬이고, 病苦 질병발생. 바람기 발동.
巳酉丑生	서쪽문을 피하고, 동남쪽으로 이사하면 안 된다. 재수가 없고, 하는 일마다 꼬이고, 病苦 질병발생. 바람기 발동.
寅午戌生	남쪽문을 피하고, 북동쪽으로 이사하면 안 된다. 재수가 없고, 하는 일마다 꼬이고, 病苦 질병발생. 바람기 발동.
亥卯未生	동쪽문을 피하고, 서북쪽으로 이사하면 안 된다. 재수가 없고, 하는 일마다 꼬이고, 病苦 질병발생. 바람기 발동.

운세풀이

酉띠:이동수,우왕좌왕, 弱, 다툼	子띠: 점점 일이 꼬임, 관재구설	卯띠:최고운상승세, 두마음	午띠: 만남,결실,화합,문서
戌띠:매사불편, 방해자,배신	丑띠:귀인상봉, 금전이득, 현금	辰띠: 의욕과다, 스트레스큼	未띠:이동수,이별수,변동 움직임
亥띠:해결신,시험합격, 풀림	寅띠: 매사꼬임,과거고생, 질병	巳띠: 시급한 일, 뜻대로 안됨	申띠: 빈주머니,걱정근심,사기

10월

서기	2026年
단기	4359年
불기	2570年

丙午年 양력 10月 09日 음력 08月 29日 금요일

구성月반			구성日반		
8P	4A	6	4	9	2
7	9	2	3	5	7
3	5	1	8	1	6P

時	日	月	年
丙	戊	丙	
辰	戌	午	

Note: 丙 戊 丙 / 辰 戌 午

지장간	손방위	吉方	凶方
辛	無	正北	正南

狗狼星 구랑성	寅辰方	☰ ☷	천뢰무망	자연순리대로 거스르면 어려움 자연소리는크나 실속은적다

己	戊	丁	丙	乙	甲	癸	壬	辛	庚	己	戊
亥	戌	酉	申	未	午	巳	辰	卯	寅	丑	子
절	묘	사	병	쇠	왕	록	관	욕	생	양	태

三甲순	육갑납음	대장군방	조객방	삼살방	상문방	세파방	오늘생극	오늘상충	오늘원진	오늘상천	오늘상파	황도길흉	28수성	건제12신	九星	결혼주당	이사주당	안장주당	복단일	오늘吉神	神殺	오늘神殺	육도환생처	축원인도불	오늘기도德	금일지옥명
病甲	沙中土	卯正東方	辰東南方	子正北方	申西南方	子正北方	寶보	戌 36	亥 미움	卯 중단	丑 깨짐	청룡황도	鬼귀	破파	五黃	第제	殺살	여자	월덕*천덕	익후*모창	월파일	왕망·구공	축도	약왕보살	지장보살	철산지옥

칠성기도일	산신축원일	용왕축원일	조왕하강일	나한하강일	불공 제의식 吉한 행사일: 천도재	신굿	재수굿	용왕굿	조왕굿	병굿	吉凶 길흉 大小 일반 행사일: 고사	결혼	입학	투자	계약	등산	여행	이사	합방	이장	점안식	개업준공	신축상량	수술-침	서류제출	직원채용
×	×	×	×	◎	◎	×	×	×	×	×	×	×	×	×	×	◎	◎	◎	×	×	×	×	×	×	×	×

당일 래정법

巳時에 온사람은 창업금전차용문제, 뭐가 하고싶어서 왔다 직장취업, 승진문제
午時에 온사람은 친정문제, 자식문제, 골치 아픈일, 바람기, 불륜, 시비투쟁
未時에 온사람은 금전구재, 문서 회합운 결혼 재혼, 경조사, 애정사, 궁합, 만남, 개업
申時 온 사람은 이동수 있는자, 이사나 직장변동, 사업체 변동수, 여행, 이별수, 창업불리
酉時 온 사람은 색정사문제, 금전손재수, 쉬어야할 때, 빈주머니, 헛공사, 보이스피싱, 매사불성
戌時 온 사람은 매매 이동변동수, 터부정, 관재구설, 사기, 허위문서, 동업자 사기 다툼주의, 차사고주의

필히 피해야 할일
출판출고 · 책만들기 · 입주 · 새집들이 · 진수식 · 건축수리 · 동토 · 산소행사 · 기둥세우기

백초귀장술의 오늘에 초사언

시간 점占 丙辰공망-子丑

子時	만사개혁유리, 자식질병문제, 직장관련
丑時	남편문제, 자식문제, 가출사, 우환질병
寅時	질병침투, 금전고통, 괴이사발생, 임신 가
卯時	사업파산, 상업손실, 도난, 가출문제
辰時	금전손실 다툼, 사업부진, 자식 부인문제
巳時	취업, 직장승진문제, 입상공모 명예사, 망신
午時	매사불성사, 금전파산, 극처사, 도망 吉,
未時	자식사, 직장문제, 화합사, 자연해소
申時	금전융통, 여자문제, 우환질병, 가출사
酉時	남녀색정사, 금전손해 이별수, 가출사
戌時	적 침범사, 가출사, 질병침투, 부하도주
亥時	청탁 당선에 방해자, 실수 탄로, 관재사

오늘 행운 복권 운세

복권사면 좋은 띠는 범띠 ③⑧⑱
행운복권방은 집에서 동북쪽에 있는곳

申子辰生	북쪽문을 피하고, 서남쪽으로 이사하면 안 된다. 재수가 없고, 하는 일마다 꼬이고, 病苦 질병발생. 바람기 발동.
巳酉丑生	서쪽문을 피하고, 동남쪽으로 이사하면 안 된다. 재수가 없고, 하는 일마다 꼬이고, 病苦 질병발생. 바람기 발동.
寅午戌生	남쪽문을 피하고, 북동쪽으로 이사하면 안 된다. 재수가 없고, 하는 일마다 꼬이고, 病苦 질병발생. 바람기 발동.
亥卯未生	동쪽문을 피하고, 서북쪽으로 이사하면 안 된다. 재수가 없고, 하는 일마다 꼬이고, 病苦 질병발생. 바람기 발동.

운세풀이

戌띠:이동수,우왕좌왕, 몸통, 다툼	丑띠: 점점 일이 꼬임, 관재구설	辰띠:최고운상승세, 두마음	未띠: 만남,결실,화합,문서
亥띠:매사불편, 방해자,배신	寅띠:귀인상봉, 금전이득, 현금	巳띠: 의욕과다, 스트레스큼	申띠:이동수,이별수,변동 움직임
子띠:해결신,시험합격, 풀림	卯띠: 매사꼬임,과거고생, 질병	午띠: 시급한 일, 뜻대로 안됨	酉띠: 빈주머니,걱정근심,사기

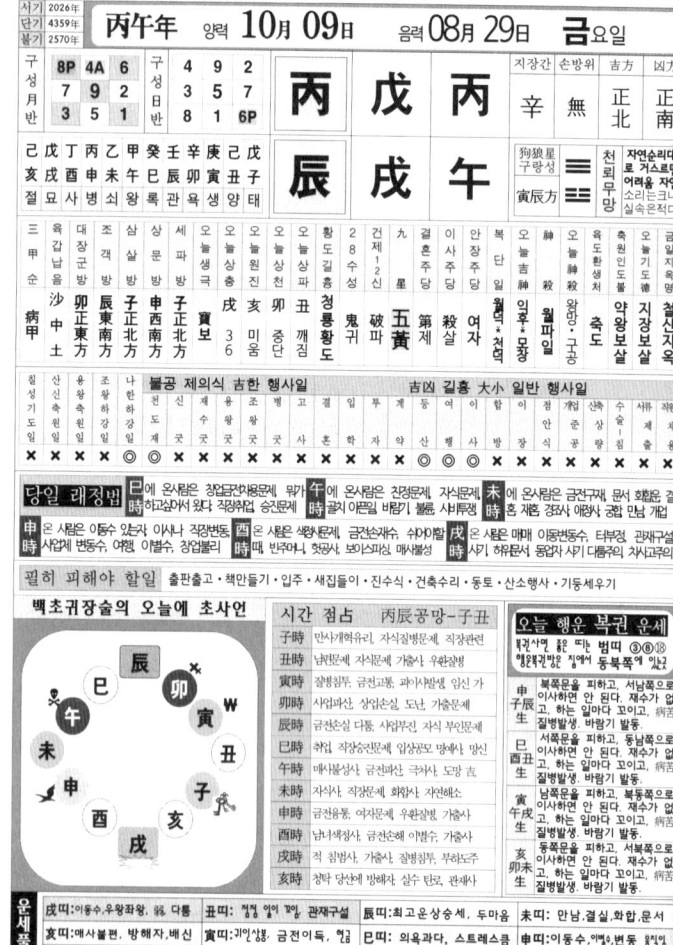

서기 2026年	丙午年 양력 10月 10日	음력 08月 30日	토요일
단기 4359年			
불기 2570年			

구성월반			구성일반		
8P	4A	6	3A	8	1
7	9	2	2	4	6
3	5	1	7	9	5P

時	日	月	年
丁	戊	丙	
巳	戌	午	

지장간	손방위	吉方	凶方
辛	無	正西	正東

辛	庚	己	戊	丁	丙	乙	甲	癸	壬	辛	庚
亥	戌	酉	申	未	午	巳	辰	卯	寅	丑	子
태	양	생	욕	관	록	왕	쇠	병	사	묘	절

狗狼星 구랑성 前門 현관문

천뢰무망: 자연순리대로 거스르면 어려움 자연 소리는크나 실속은적다

三甲순	육갑납음	대장군방	조객방	삼살방	상문방	세파방	오늘생극	오늘상충	오늘원진	오늘상천	오늘상파	황도길흉	28수성	건제12신	九星	결혼주당	이사주당	안장주당	오늘吉神	오늘吉神	神殺	오늘神殺	육도환생처	축원인도불	오늘기도德	금일지옥명
病甲	沙中土	卯正東方	辰東南方	子正北方	申西南方	子正北方	專전	亥 36	戌 미움	寅 중단	申 깨짐	명당황도	柳류	危위	四綠	竈조	富부	어머니	-	음덕*용덕	멸몰·유화	혈기·토금	옥도	약왕보살	문수보살	철산지옥

칠성기도일	산신축원일	용왕축원일	조왕하강일	나한하강일	불공 제의식 吉한 행사일							吉凶 길흉 大小 일반 행사일														
					천도재	신굿	재수굿	용왕굿	조왕굿	병굿	고사	결혼	입학	투자	계약	등산	여행	이사	합방	이장	점안식	개업준공	신축상량	수술-침	서류제출	직원채용
×	×	×	×	×	×	×	×	×	×	×	×	×	◎	×	×	-	◎	◎	×	×	×	◎	×	-	-	×

당일 래정법

巳時에 온사람은 금전구재, 관직취업문제 갈등사, 갖고싶은 욕구강함, 사업투자문제

午時에 온사람은 금전차용여부, 뭔가 하고싶어서 왔다 직장취업문제 친정후원사

未時에 온사람은 친구형제동업, 골치 아픈일, 바람기, 불륜, 문서문제, 속정리

申時 온 사람은 형제, 문서, 화합운, 결혼, 재혼, 애정사, 관송사로 발전, 궁합, 개업, 하극상 배신, 우환질병

酉時 온 사람은 이동수 있는자, 가출, 이사나 직장변동, 사업체 변동수, 여행, 이별수, 관재구설

戌時 온 사람은 색정사문제, 금전손재수, 지금은 휴식기, 빈주머니, 헛 공사, 사기모함, 매사불성

필히 피해야 할일 새 작품제작 · 출품 · 새집들이 · 인수인계 · 질병치료 · 시험관시술 · 경락 · 복약 · 문병 · 머리자르기

백초귀장술의 오늘에 초사언

시간 점占	丁巳공망-子丑
子時	매사불성사, 금전손실, 관재구설 색정사
丑時	다툼, 금전문제, 이별문제, 애정문제
寅時	금전손실, 질병침투, 색정사, 음귀침투
卯時	우환질병, 후원도움, 색정사, 관재구설
辰時	자식문제, 직장박탈, 부부이별, 재물손실
巳時	금전손실, 극처사, 사기, 불륜 가정풍파
午時	취직, 직장승진, 색정사, 금전손실, 도난
未時	자선사업, 자식문제, 취직문제, 가출, 질병
申時	결혼화합사, 가출문제, 금전융통, 도난주의
酉時	금전융통, 여자문제, 사업이동, 도주사건
戌時	직업문제, 자식문제, 음란색정사, 봉사활동
亥時	직장변동, 도난손해, 가출사, 음란색정사

오늘 행운 복권 운세

복권사면 좋은 띠는 토끼띠 ②⑧
행운복권방은 집에서 동쪽에 있는곳

申子辰生	북쪽문을 피하고, 서남쪽으로 이사하면 안 된다. 재수가 없고, 하는 일마다 꼬이고, 病苦 질병발생. 바람기 발동.
巳酉丑生	서쪽문을 피하고, 동남쪽으로 이사하면 안 된다. 재수가 없고, 하는 일마다 꼬이고, 病苦 질병발생. 바람기 발동.
寅午戌生	남쪽문을 피하고, 북동쪽으로 이사하면 안 된다. 재수가 없고, 하는 일마다 꼬이고, 病苦 질병발생. 바람기 발동.
亥卯未生	동쪽문을 피하고, 서북쪽으로 이사하면 안 된다. 재수가 없고, 하는 일마다 꼬이고, 病苦 질병발생. 바람기 발동.

운세풀이

亥띠:이동수,우왕좌왕, 말썽 다툼	寅띠: 점점 일이 꼬임, 관재구설	巳띠:최고운상승세, 두마음	申띠: 만남,결실,화합,문서
子띠:매사불편, 방해자,배신	卯띠:귀인상봉, 금전이득, 현금	午띠: 의욕과다, 스트레스큼	酉띠:이동수,이별수,변동 움직임
丑띠:해결신,시험합격, 풀림	辰띠: 매사꼬임,과거고생, 질병	未띠: 시급한 일, 뜻대로 안됨	戌띠: 빈주머니,걱정근심,사기

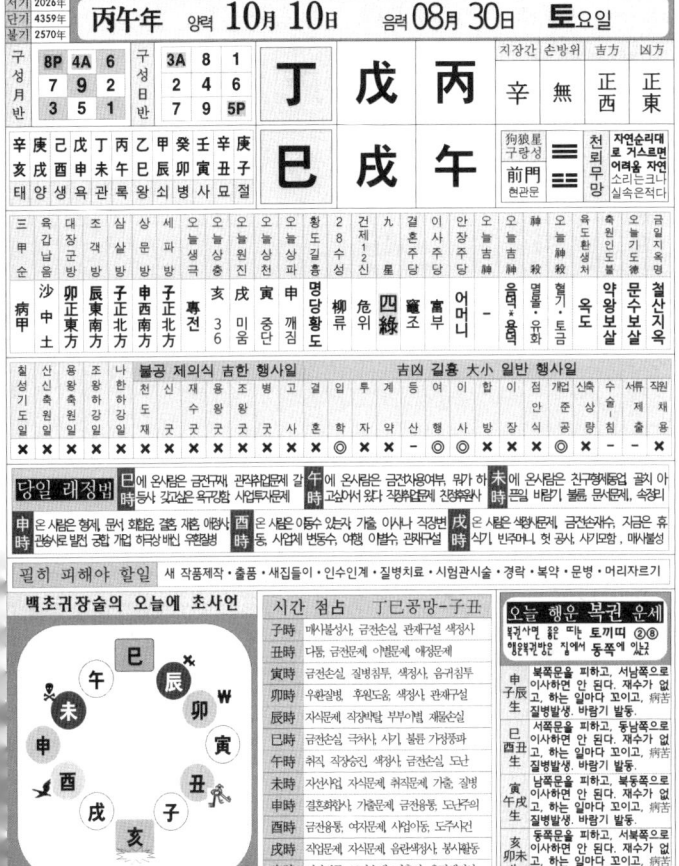

10월

서기	2026年
단기	4359年
불기	2570年

丙午年 양력 10月 11日 음력 09月 01日 일요일 초하루

구성月반			구성日반		
8P	4A	6	2	7	9
7	9	2	1A	3	5
3	5	1	6	8P	4

時	日	月	年
戊	戊	丙	
午	戌	午	

지장간	손방위	吉方	凶方
辛	동쪽	正南	正北

癸	壬	辛	庚	己	戊	丁	丙	乙	甲	癸	壬
亥	戌	酉	申	未	午	巳	辰	卯	寅	丑	子
절	묘	사	병	쇠	왕	록	관	욕	생	양	태

狗狼星 구랑성: 倂廚竈 戌亥方

☰ ☷ 천뢰무망: 자연순리대로 거스르면 어려움 자연 소리는크나 실속은적다

三甲순	육갑납음	대장군방	조객방	삼살방	상문방	세파방	오늘생극	오늘상충	오늘원진	오늘상천	오늘상파	황도길흉	28수성	건제12신	九星	결혼주당	이사주당	안장주당	복단일	오늘吉神	오늘吉神	오늘神殺	육도환생처	축원인도불	오늘기도德	금일지옥명
病甲	天上火	卯正東方	辰東南方	子正北方	申西南方	子正北方	義의	子 36	丑 미움	丑 중단	卯 깨짐	천형흑도	星성	成성	三碧	婦부	天천	어머니	삼합일	요안*천희	천창*생기	수격·시호	불도	석가여래	약사보살	암흑지옥

칠성기도일	산신축원일	용왕축원일	조왕하강일	나한하강일	불공 제의식 吉한 행사일: 천도재	신굿	재수굿	용왕굿	조왕굿	병굿	고사	吉凶 길흉 大小 일반 행사일: 결혼	입학	투자	계약	등산	여행	이사	합방	이장	점안식	개업준공	신축상량	수술-침	서류제출	직원채용
◎	◎	×	×	◎	◎	◎	◎	×	×	◎	◎	◎	◎	×	◎	◎	◎	×	◎	×	◎	◎	◎	◎	◎	◎

당일 래정법

巳時 에 온사람은 건강문제, 재수가 없고 운이 단단히 꼬여있음, 취업불가, 손재수

午時 에 온사람은 금전문제, 친정문제, 갖고싶은 욕구, 직장문제, 상업문제, 관재

未時 에 온사람은 동업, 창업 하고싶어서 왔다. 직장상사 괴롭힘 사표내면안됨

申時 온 사람은 골치 아픈일, 자식의 급변동문제, 배우자바람기, 불륜, 관재구설, 속 정리해야함

酉時 온 사람은 문서구입, 화합운, 결혼, 경조사, 관직취업건, 개업 때 아님, 하극상 배신, 경쟁사로 몰변

戌時 온 사람은 이동수 있는자, 가출, 이사나 직장변동, 점포 변동수, 투자문서는 위험, 이별수

필히 피해야 할일: 홍보광고 • 소장제출 • 인허가신청 • 정보유출 • 질병치료 • 재테크투자 • 씨뿌리기 • 부동산매매

백초귀장술의 오늘에 초사언

시간 점占	戊午공망-子丑
子時	질병침투, 실직, 처를 극, 처첩문제, 가출
丑時	재물손실, 파산, 극처사, 부부다툼, 관송사
寅時	재해 도난, 질병침투, 여행은 흉, 가출
卯時	금전손실, 남편문제, 직업권리, 색정사
辰時	자선사업 봉사활동, 신규사업, 형제친구
巳時	관재 병재로 불길, 가출사 색정사 하극상
午時	금전손실 다툼, 여자문제, 처를 극, 수술
未時	금전융통, 신규사업, 선거당선, 합격기쁨
申時	매사 불성사, 도망은 吉, 도적손실, 재액
酉時	자식문제, 남편실직, 손재수, 함정음모
戌時	가출건, 급병자, 산소문제, 종교문제 ⊗
亥時	여자는 해롭고, 사기 도난, 손재, 이별수

오늘 행운 복권 운세

복권사면 좋은 띠는 용띠 ⑤⑩⑳

행운복권방은 집에서 동남쪽에 있는곳

申子辰生	북쪽문을 피하고, 서남쪽으로 이사하면 안 된다. 재수가 없고, 하는 일마다 꼬이고, 病苦 질병발생. 바람기 발동.
巳酉丑生	서쪽문을 피하고, 동남쪽으로 이사하면 안 된다. 재수가 없고, 하는 일마다 꼬이고, 病苦 질병발생. 바람기 발동.
寅午戌生	남쪽문을 피하고, 북동쪽으로 이사하면 안 된다. 재수가 없고, 하는 일마다 꼬이고, 病苦 질병발생. 바람기 발동.
亥卯未生	동쪽문을 피하고, 서북쪽으로 이사하면 안 된다. 재수가 없고, 하는 일마다 꼬이고, 病苦 질병발생. 바람기 발동.

운세풀이

子띠:이동수,우왕좌왕, 弱, 다툼	卯띠: 점점 일이 꼬임, 관재구설	午띠:최고운상승세, 두마음	酉띠: 만남,결실,화합,문서
丑띠:매사불편, 방해자,배신	辰띠:귀인상봉, 금전이득, 현금	未띠: 의욕과다, 스트레스큼	戌띠:이동수,이별수,변동 움직임
寅띠:해결신,시험합격, 풀림	巳띠: 매사꼬임,과거고생, 질병	申띠: 시급한 일, 뜻대로 안됨	亥띠: 빈주머니,걱정근심,사기

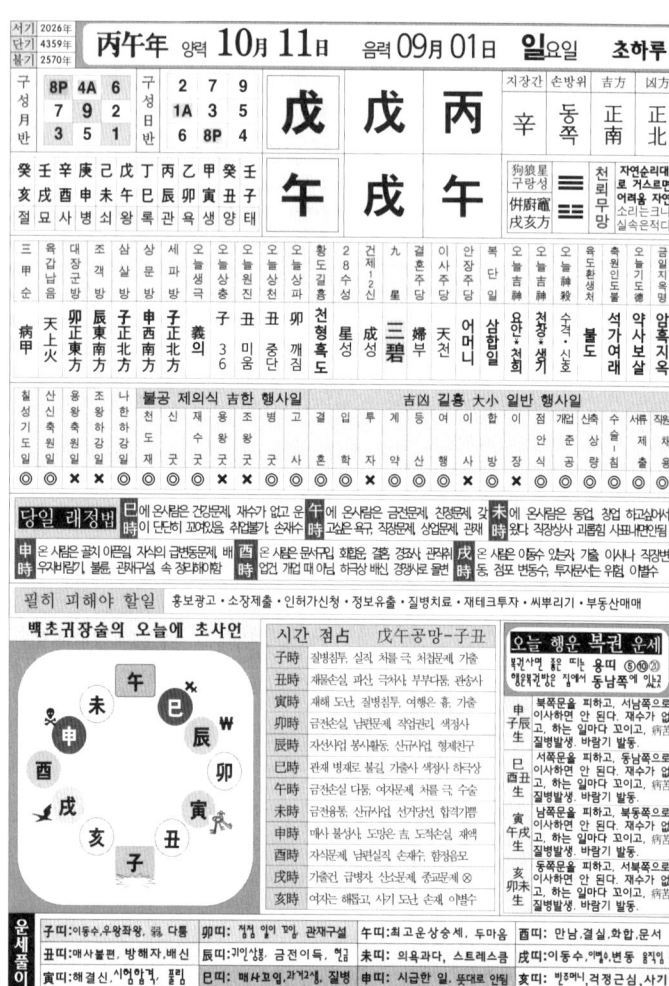

서기	2026年
단기	4359年
불기	2570年

丙午年 양력 10月 12日 음력 09月 02日 월요일

구성月반			구성日반		
8P	4A	6	1	6	8A
7	9	2	9	2	4
3	5	1	5P	7	3

乙	甲	癸	壬	辛	庚	己	戊	丁	丙	乙	甲
亥	戌	酉	申	未	午	巳	辰	卯	寅	丑	子
태	양	생	욕	관	록	왕	쇠	병	사	묘	절

己	戊	丙
未	戌	午

지장간	손방위	吉方	凶方
辛	동남	正東	正西

狗狼星 구랑성	井 물가	☰ ☷	천뢰무망	자연순리대로 거스르면 어려움 자연 소리는크나 실속은적다

三甲순	육갑납음	대장군방	조객방	삼살방	상문방	세파방	오늘생극	오늘상충	오늘원진	오늘상천	오늘상파	황도길흉	28수성	건제12신	九星	결혼주당	이사주당	안장주당	복단일	오늘吉神	오늘吉神	오늘神殺	육도환생처	축원인도불	오늘기도德	금일지옥명
病甲	天上火	卯正東方	辰東南方	子正北方	申西南方	子正北方	專전	丑 36	子 미움	子 중단	戌 깨짐	주작흑도	張장	收수	二黑	竈조	利이	여자	복단일	옥우*복덕	월형일	하괴·라강	불도	석가여래	대세지보살	암흑지옥

칠성기도일	산신축원일	용왕축원일	조왕하강일	나한하강일	천도재	신굿	재수굿	용왕굿	조왕굿	병굿	고사	결혼	입학	투자	계약	등산	여행	이사	합방	이장	점안식	개업준공	신축상량	수술-침	서류제출	직원채용
×	×	×	×	◎	◎	×	×	×	×	×	◎	×	×	×	×	×	×	×	×	×	×	×	×	×	×	×

(천도재 ~ 고사: 불공 제의식 吉한 행사일 / 결혼 ~ 직원채용: 吉凶 길흉 大小 일반 행사일)

당일 래정법

巳時 에 온사람은 금전차용문제, 사업문제, 자식문제, 관직취직사, 속전속결이 유리

午時 에 온사람 자식문제, 우환질병 운이 단단히 꼬여있음, 동업파탄 관재구설

未時 에 온사람은 사업 동업하려 급전차용문제, 문서도장조심, 기도요망

申時 온 사람은 가내우환, 뭐가 하고싶어서 왔다. 금전손실 취업문제, 친구형제간 배신수, 관재수

酉時 온 사람은 골치 아픈일, 형제동업자간 배신, 바람기, 불륜, 시비투쟁, 급속정리해야함, 청춘귀

戌時 온 사람은 자식문제, 문서구입, 회합운, 결혼, 재혼경조사, 애정사, 궁합, 개업, 하극상 배신, 원행불리

필히 피해야 할일

작명, 아호짓기 · 상호짓기 · 간판달기 · 항공주의 · 동물들이기 · 출행 · 창고개방 · 문서파기

백초귀장술의 오늘에 초사언

시간 점占 己未공망-子丑

子時	질병침투, 금전융통, 상업변동 색정사
丑時	질병침투, 적 침범사, 재물도난, 가출사
寅時	가출자, 실직문제, 사망자, 산소문제
卯時	질병위급, 관청문제, 동분서주 색정사
辰時	금전도난손재, 금전융통 안됨, 부인 흉사
巳時	사업흥성, 금전이득, 만사길조, 수상기쁨
午時	매사 불성사, 우환질병, 음란 색정사 자식
未時	금전사기유의, 여자문제, 우환질병 수술
申時	금전손재수, 자식문제, 극처사, 색정사
酉時	질병침투, 봉사활동, 자식문제, 가출도주
戌時	질병재앙, 부인문제, 관직변화변동
亥時	금전융통문제, 가출사, 질병침투, 삼각관계

오늘 행운 복권 운세

복권사면 좋은 띠는 **뱀띠** ⑦⑰27
행운복권방은 집에서 **남동쪽**에 있는곳

申子辰生	북쪽문을 피하고, 서남쪽으로 이사하면 안 된다. 재수가 없고, 하는 일마다 꼬이고, 病苦 질병발생. 바람기 발동.
巳酉丑生	서쪽문을 피하고, 동남쪽으로 이사하면 안 된다. 재수가 없고, 하는 일마다 꼬이고, 病苦 질병발생. 바람기 발동.
寅午戌生	남쪽문을 피하고, 북동쪽으로 이사하면 안 된다. 재수가 없고, 하는 일마다 꼬이고, 病苦 질병발생. 바람기 발동.
亥卯未生	동쪽문을 피하고, 서북쪽으로 이사하면 안 된다. 재수가 없고, 하는 일마다 꼬이고, 病苦 질병발생. 바람기 발동.

운세풀이

丑띠: 이동수, 우왕좌왕, 弱, 다툼	辰띠: 점점 일이 꼬임, 관재구설	未띠: 최고운상승세, 두마음	戌띠: 만남, 결실, 화합, 문서
寅띠: 매사불편, 방해자, 배신	巳띠: 귀인상봉, 금전이득, 현금	申띠: 의욕과다, 스트레스큼	亥띠: 이동수, 이별수, 변동 움직임
卯띠: 해결신, 시험합격, 풀림	午띠: 매사꼬임, 과거고생, 질병	酉띠: 시급한 일, 뜻대로 안됨	子띠: 빈주머니, 걱정근심, 사기

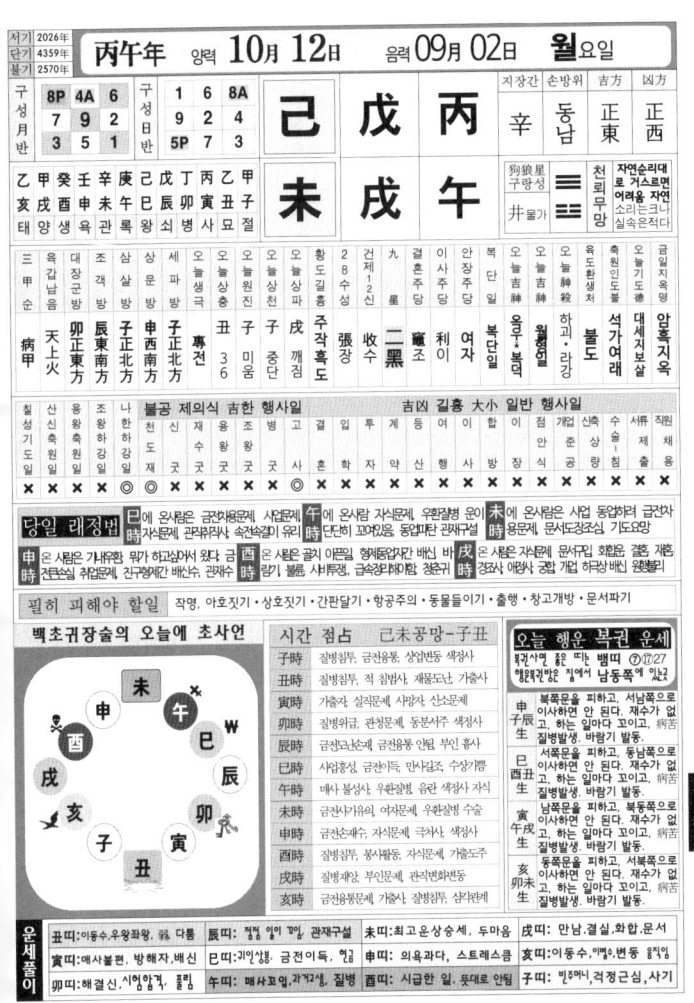

10월

서기	2026年
단기	4359年
불기	2570年

丙午年 양력 10月 13日 음력 09月 03日 화요일

구성월반				구성일반			
	8P	4A	6		9	5	7
	7	9	2		8	1	3
	3	5	1		4P	6A	2

時	日	月
庚	戊	丙
申	戌	午

지장간	손방위	吉方	凶方
辛	남쪽	正北	正南

狗狼星 구랑성	☰	천뢰무망	자연순리대로 거스르면 어려움 자연소리는크나 실속은적다
橋井門路 社廟	☷		

丁	丙	乙	甲	癸	壬	辛	庚	己	戊	丁	丙
亥	戌	酉	申	未	午	巳	辰	卯	寅	丑	子
병	쇠	왕	록	관	욕	생	양	태	절	묘	사

三甲순	육갑납음	대장군방	조객방	삼살방	상문방	세파방	오늘생극	오늘상충	오늘원진	오늘상천	오늘상파	황도길흉	28수성	건제12신	九星	결혼주당	이사주당	안장주당	복단일	오늘吉神	神殺	오늘神殺	육도환생처	축원인도불	오늘기도德	금일지옥명
病甲	石榴木	卯正東方	辰東南方	子正北方	申西南方	子正北方	專전	寅 36	卯 미움	亥 중단	巳 깨짐	금궤황도	翼익	開개	一白	第제	安안	死	금당*왕일	월은*역마	-	천적·염대	인도	석가여래	아미보살	암흑지옥

칠성기도일	산신축원일	용왕축원일	조왕하강일	나한하강일	천도재	신굿	재수굿	용왕굿	조왕굿	병굿	고사	결혼	입학	투자	계약	등산	여행	이사	합방	이장	점안식	개업준공	신축상량	수술-침	서류제출	직원채용
◎	◎	×	◎	◎	◎	◎	◎	◎	◎	◎	◎	◎	◎	×	×	◎	◎	×	×	×	◎	◎	◎	◎	◎	◎

(불공 제의식 吉한 행사일: 천도재 ~ 고사 / 吉凶 길흉 大小 일반 행사일: 결혼 ~ 직원채용)

당일 래정법

- **巳時**에 온사람은 배신으로 관송사, 금전구재건, 색정사로 다툼, 가정불화 손재수
- **午時**에 온사람은 금전문제, 자식문제, 빚갱이모함, 관직취직사, 속전속결이 유리
- **未時**에 온사람 건강문제, 자식문제로 최악상태, 직장퇴출위기, 손재수, 헛수고
- **申時** 온 사람은 금전차용여부, 관직취직문제, 창업문제, 후원사는 유리함, 망신수, 사고조심
- **酉時** 온 사람은 관송사, 색정사, 뭐가 하고싶어서 왔다. 직장취업문제, 친구형제간 배신, 건강 수술할일
- **戌時** 온 사람은 골치 아픈일 금전손실, 자식문제, 형제동업 바람기, 불륜, 시비투쟁, 급속장은하이함

필히 피해야 할일 이날은 흑도와 월파일에 패파, 수격 등 신살에 해당되어 매사 해롭고 불리한 날.

백초귀장술의 오늘에 초사언

시간 점占	庚申공망-子丑
子時	금전손실, 직업변동, 자식질병, 도난실직
丑時	사업문제, 금전손실, 사기도난, 가출건
寅時	직업이동, 금전융통, 육친이별, 터부정
卯時	금전융통, 처첩사, 우환질병, 가출문제
辰時	부동산사업, 종교문제, 봉사 시험합격
巳時	질병침투, 육친이별, 색정사, 도망 투쟁
午時	질병침투, 직업박탈, 가출, 재해 도난
未時	사업재난, 금전단절, 자손문제, 가출사
申時	취직, 직업승진명예문제, 당선, 금전융통
酉時	금전손실, 극처사, 남녀색정사, 수술주의
戌時	후원단절, 가출사, 적의 함정, 기도발원
亥時	자식문제, 질병발생, 손해, 가출, 함정

오늘 행운 복권 운세

복권사면 좋은 띠는 말띠 ⑤⑦22
행운복권방은 집에서 남쪽에 있는곳

申子辰生	북쪽문을 피하고, 서남쪽으로 이사하면 안 된다. 재수가 없고, 하는 일마다 꼬이고, 病苦 질병발생. 바람기 발동.
巳酉丑生	서쪽문을 피하고, 동남쪽으로 이사하면 안 된다. 재수가 없고, 하는 일마다 꼬이고, 病苦 질병발생. 바람기 발동.
寅午戌生	남쪽문을 피하고, 북동쪽으로 이사하면 안 된다. 재수가 없고, 하는 일마다 꼬이고, 病苦 질병발생. 바람기 발동.
亥卯未生	동쪽문을 피하고, 서북쪽으로 이사하면 안 된다. 재수가 없고, 하는 일마다 꼬이고, 病苦 질병발생. 바람기 발동.

운세풀이

寅띠:이동수,우왕좌왕, [illegible] 다툼	巳띠: 점점 일이 꼬임, 관재구설	申띠:최고운상승세, 두마음	亥띠: 만남,결실,화합,문서
卯띠:매사불편, 방해자,배신	午띠: 귀인상봉, 금전어득, 현금	酉띠: 의욕과다, 스트레스큼	子띠:이동수,이별수,변동 움직임
辰띠:해결신,시험합격, 풀림	未띠: 매사꼬임,과거고생, 질병	戌띠: 시급한 일, 뜻대로 안됨	丑띠: 빈주머니,걱정근심,사기

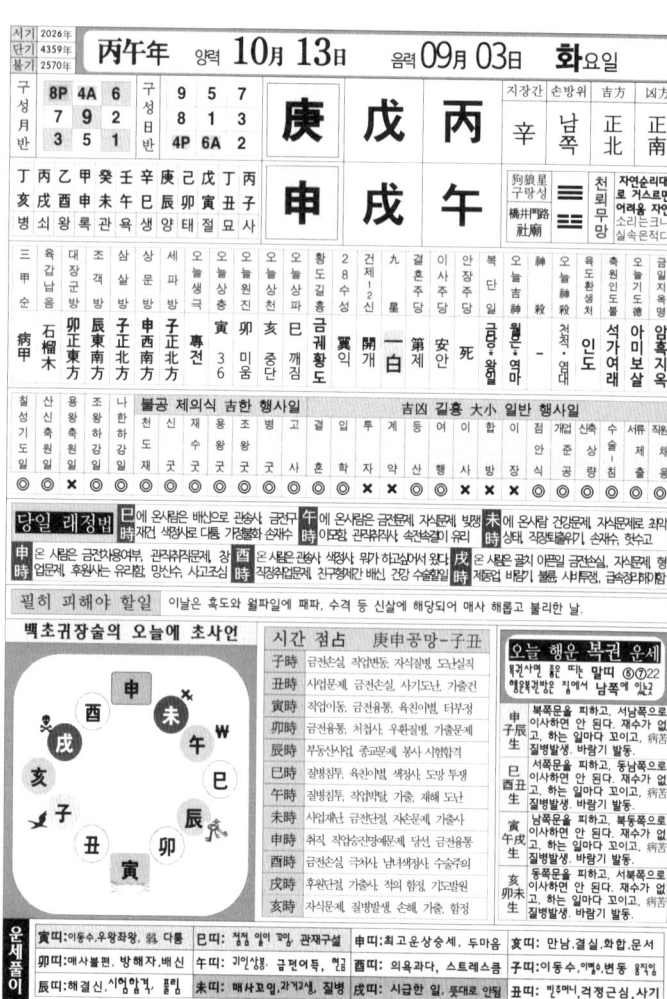

서기 2026年	단기 4359年	불기 2570年

丙午年 양력 10月 14日 음력 09月 04日 수요일

구성월반			구성일반		
8P	4A	6	8	4A	6
7	9	2	7P	9	2
3	5	1	3	5	1

時	日	月
辛	戊	丙
酉	戌	午

지장간	손방위	吉方	凶方
辛	남서	正西	正東

狗狼星 구랑성	午方

지화명이 — 어둠 암담 운둔기력없음 아주쇠퇴한운세위험 대비낭패수

己亥	戊戌	丁酉	丙申	乙未	甲午	癸巳	壬辰	辛卯	庚寅	己丑	戊子
욕	관	록	왕	쇠	병	사	묘	절	태	양	생

三甲순	육갑납음	대장군방	조객방	삼살방	상문방	세파방	오늘생극	오늘상충	오늘원진	오늘상천	오늘상파	황도길흉	28수성	건제12신	九星	결혼주당	이사주당	안장주당	복단일	神殺	神殺	오늘神殺	육도환생처	축원인도불	오늘기도德	금일지옥명
病甲	石榴木	卯正東方	辰東南方	子正北方	申西南方	子正北方	專전	卯 36	寅 미움	戌 중단	子 깨짐	대덕황도	軫진	閉폐	九紫	翁옹	災재	손자	천덕합	보광*관일	도화·혈지	월해·천리	귀도	석가여래	관음보살	암혹지옥

칠성기도일	산신축원일	용왕축원일	조왕하강일	나한하강일	천도재	신굿	재수굿	용왕굿	조왕굿	병굿	고사	결혼	입학	투자	계약	등산	여행	이사	합방	이장	점안식	개업준공	신축상량	수술-침	서류제출	직원채용
					불공 제의식 吉한 행사일					吉凶 길흉 大小 일반 행사일																
◎	×	◎	◎	◎	◎	◎	◎	◎	◎	×	×	×	×	×	×	◎	-	×	×	×	×	×	×	×	×	×

당일 래정법

- **巳時**에 온사람은 허가 해결할 문제, 합격여부, 동업투자여부, 돈차용문제, 재혼은 굳
- **午時**에 온사람은 금전문제, 형제문제, 색정사로 다툼, 여자로 큰 손실, 가까운배신
- **未時**에 온사람 금전문제, 사업문제, 딸자식문제, 관직취직사, 시비다툼 관송사
- **申時** 온 사람은 질병우환건강, 관재구설로 운이 단단히 꼬여있음, 취업 승진문제, 남자로 손재수
- **酉時** 온 사람은 두가지 문제 갈등사, 하극상 손윗사람 배신, 새로운 일시작 진행함이 좋다. 우환질병
- **戌時** 온 사람은 의욕과다, 뭔가 하고싶어서 왔다. 직장 취업문제, 친구 형제에게 손실 배신 당할 수.

필히 피해야 할일 새집들이 • 장담그기 • 항공주의 • 승선 • 낚시 • 어로작업 • 요트타기 • 위험놀이기구

백초귀장술의 오늘에 초사언

시간 점占 辛酉공망-子丑

子時	자선사업, 봉사활동, 자식사, 임신가능
丑時	자식시험문제, 손재수, 가출사건, 질병위급
寅時	사기도난, 파재, 손실사, 색정사, 가출
卯時	질병침투, 실직, 금전손실, 적 침범사
辰時	금전융통, 타인과 다툼, 배신, 음모, 불륜
巳時	직장승진, 명예입신, 응모당선, 취직가능
午時	매사 불성, 남녀색정사, 우환질병, 실직
未時	자선사업, 구재이득, 귀인상봉, 도망사건
申時	재물손실, 사업파산, 극처사, 재해, 도난
酉時	직장승진, 금전암손, 부인문제, 가출사건
戌時	금전손실, 사업확장 금지, 질병근심, 변심
亥時	가내재앙, 자손근심, 실직문제, 처를 극

오늘 행운 복권 운세

복권사면 좋은 띠는 양띠 ⑤⑩25
행운복권방은 집에서 남서쪽에 있는곳

申子辰生	북쪽문을 피하고, 서남쪽으로 이사하면 안 된다. 재수가 없고, 하는 일마다 꼬이고, 病苦 질병발생. 바람기 발동.
巳酉丑生	서쪽문을 피하고, 동남쪽으로 이사하면 안 된다. 재수가 없고, 하는 일마다 꼬이고, 病苦 질병발생. 바람기 발동.
寅午戌生	남쪽문을 피하고, 북동쪽으로 이사하면 안 된다. 재수가 없고, 하는 일마다 꼬이고, 病苦 질병발생. 바람기 발동.
亥卯未生	동쪽문을 피하고, 서북쪽으로 이사하면 안 된다. 재수가 없고, 하는 일마다 꼬이고, 病苦 질병발생. 바람기 발동.

10월

운세풀이

卯띠:이동수,우왕좌왕, 弱, 다툼	午띠: 점점 일이 꼬임, 관재구설	酉띠:최고운상승세, 두마음	子띠: 만남,결실,화합,문서
辰띠:매사불편, 방해자,배신	未띠: 귀인상봉, 금전이득, 현금	戌띠: 의욕과다, 스트레스큼	丑띠:이동수,이별수,변동 움직임
巳띠:해결신,시험합격, 풀림	申띠: 매사꼬임,과거고생, 질병	亥띠: 시급한 일, 뜻대로 안됨	寅띠: 빈주머니,걱정근심,사기

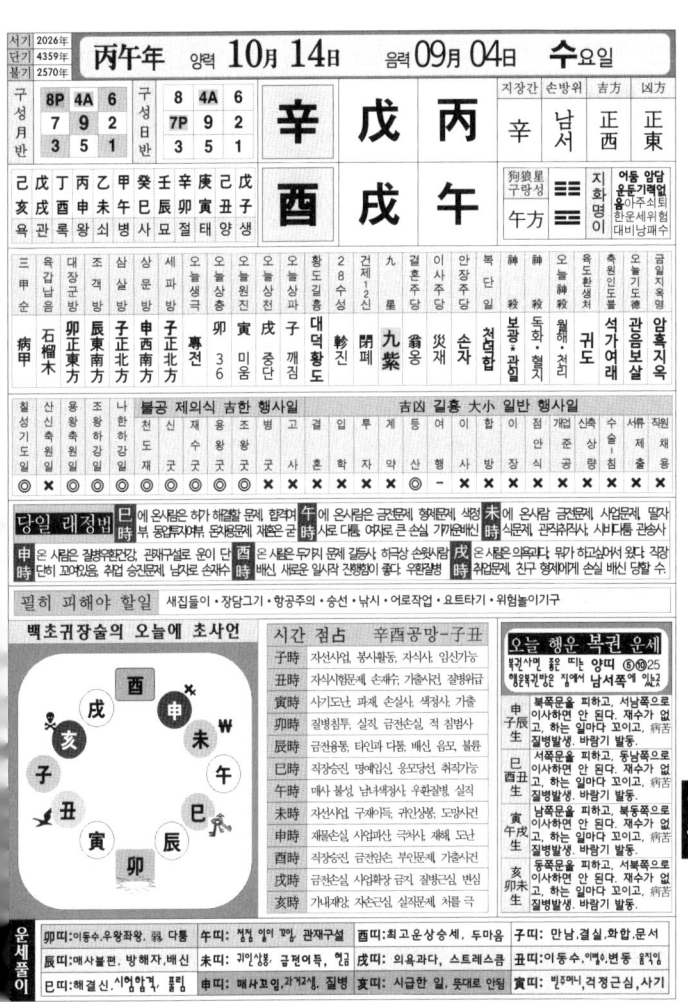

서기	2026年
단기	4359年
불기	2570年

丙午年 양력 10月 15日 음력 09月 05日 목요일

구성月반			
	8P	4A	6
	7	9	2
	3	5	1

구성日반			
	7P	3	5
	6	8	1
	2A	4	9

壬	戊	丙
戌	戌	午

지장간	손방위	吉方	凶方
辛	서쪽	正南	正北

辛	庚	己	戊	丁	丙	乙	甲	癸	壬	辛	庚
亥	戌	酉	申	未	午	巳	辰	卯	寅	丑	子
록	관	욕	생	양	태	절	묘	사	병	쇠	왕

狗狼星 구랑성 寺觀 절사관

지화명이 — 어둠 암담 운둔기력없음 아주쇠퇴 한운세위험 대비낭패수

三甲순	육갑납음	대장군방	조객방	삼살방	상문방	세파방	오늘생극	오늘상충	오늘원진	오늘상천	오늘상파	황도길흉	28수성	건제12신	九星	결혼주당	이사주당	안장주당	복단일	오늘吉神	神殺	오늘神殺	육도환생처	축원인도불	오늘기도德	금일지옥명
病甲	大海水	卯正東方	辰東南方	子正北方	申西南方	子正北方	伐벌	辰 36	巳 미움	酉 중단	未 깨짐	백호흑도	角각	建건	八白	堂당	師사	남자	월기일	모창*수일	-	천격·월건	축도	석가여래	미륵보살	암흑지옥

칠성기도일	산신축원일	용왕축원일	조왕하강일	나한하강일	불공 제의식 吉한 행사일							吉凶 길흉 大小 일반 행사일														
					천도재	신굿	재수굿	용왕굿	조왕굿	병굿	고사	결혼	입학	투자	계약	등산	여행	이사	합방	이장	점안식	개업준공	신축상량	수술-침	서류제출	직원채용
◎	×	×	×	◎	◎	◎	◎	◎	◎	◎	◎	×	◎	×	×	◎	◎	×	×	×	◎	◎	◎	◎	◎	◎

당일 래정법

巳時 에 온사람은 방해자, 배신사, 직장취업건, 매사 지체불리함 창업은 불리

午時 에 온사람은 가정불화 문제, 친정식구, 합격여부, 금전투자여부, 직장문제,동업

未時 에 온사람 금전구재건, 색정사로 인한 구설수 다툼, 억울한 일 매사불성 지체

申時 온 사람은 금전문제, 사업문제, 관직취직문제, 자식문제, 경조사화합사, 속전속결이 유리

酉時 온 사람은 건강문제, 관재구설로 운이 단단히 꼬여있음, 딸자녀문제, 남자문제, 손재수, 지체

戌時 온 사람은 갖고싶은 욕구 강함, 금전투자, 새로운 일시작 진행함이 좋다. 우환질병, 선산이장건

필히 피해야 할일 소장제출・항소・승선・낚시・어로작업・싱크대교체・애완동물들이기・지붕덮기・도축・방류

백초귀장술의 오늘에 초사언

시간 점占 壬戌공망-子丑

子時	금전 암손, 부인문제, 우환질병, 색정사
丑時	직업권리, 취업, 구재이득, 부부화합사
寅時	적의 침범사, 질병위급, 가출사, 도망사
卯時	질병침투, 남녀색정사, 금전융통, 호색
辰時	관재 병재로 불길, 적침사, 부하도주, 가출
巳時	금전융통 재물손실, 여자 망신살수 탄로
午時	금전융통, 처첩사, 금전다툼, 가출사
未時	직장문제, 원한발생, 삼각관계, 관刑
申時	신규사업, 가출건, 도난주의, 원행 이동배신
酉時	괴이사발생, 파산, 재물손실, 질병우환
戌時	금전암손, 질병침투, 여자관련, 부부배신
亥時	직장승진, 명예입신, 응모당선, 가출사건

오늘 행운 복권 운세

복권사면 좋은 띠는 **원숭띠** ⑨19, 29
행운복권방은 집에서 **서남쪽**에 있는곳

申子辰生	북쪽문을 피하고, 서남쪽으로 이사하면 안 된다. 재수가 없고, 하는 일마다 꼬이고, 病苦 질병발생. 바람기 발동.
巳酉丑生	서쪽문을 피하고, 동남쪽으로 이사하면 안 된다. 재수가 없고, 하는 일마다 꼬이고, 病苦 질병발생. 바람기 발동.
寅午戌生	남쪽문을 피하고, 북동쪽으로 이사하면 안 된다. 재수가 없고, 하는 일마다 꼬이고, 病苦 질병발생. 바람기 발동.
亥卯未生	동쪽문을 피하고, 서북쪽으로 이사하면 안 된다. 재수가 없고, 하는 일마다 꼬이고, 病苦 질병발생. 바람기 발동.

운세풀이

辰띠:이동수,우왕좌왕, 말썽, 다툼	未띠: 점점 일이 꼬임, 관재구설	戌띠:최고운상승세, 두마음	丑띠: 만남,결실,화합,문서
巳띠:매사불편, 방해자,배신	申띠: 귀인상봉, 금전이득, 현금	亥띠: 의욕과다, 스트레스큼	寅띠:이동수,이별수,변동 움직임
午띠:해결신,시험합격, 풀림	酉띠: 매사꼬임,과거고생, 질병	子띠: 시급한 일, 뜻대로 안됨	卯띠: 빈주머니,걱정근심,사기

서기	2026年
단기	4359年
불기	2570年

丙午年 양력 10月 16日 음력 09月 06日 금요일

구성월반				구성일반			
	8P	4A	6		6P	2	4
	7	9	2		5	7	9A
	3	5	1		1	3	8

癸	戊	丙
亥	戌	午

지장간	손방위	吉方	凶方
辛	서북	正東	正西

狗狼星 구랑성 / 船巳方 배남동간 / ☳☶ / 지화명이 / 어둠 암담 운둔기력없음 아주쇠퇴한운세위험 대비낭패수

癸亥	壬戌	辛酉	庚申	己未	戊午	丁巳	丙辰	乙卯	甲寅	癸丑	壬子
왕	쇠	병	사	묘	절	태	양	생	욕	관	록

三甲순	육갑납음	대장군방	조객방	삼살방	상문방	세파방	오늘생극	오늘상충	오늘원진	오늘상천	오늘상파	황도길흉	28수성	건제12신	九星	결혼주당	이사주당	안장주당	복단일	오늘吉神	오늘吉神	오늘神殺	육도환생처	축원인도불	오늘기도德	금일지옥명
病甲	大海水	卯正東方	辰東南方	子正北方	申西南方	子正北方	專전	巳 36	辰 미움	申 중단	寅 깨짐	옥당황도	亢항	除제	七赤	姑고	富부	아버지	-	오부길일	길기*상일	토부·오허	옥도	석가여래	여래보살	암흑지옥

칠성기도일	산신축원일	용왕축원일	조왕하강일	나한하강일	천도재	신굿	재수굿	용왕굿	조왕굿	병굿	고사	결혼	입학	투자	계약	등산	여행	이사	합방	이장	점안식	개업준공	신축상량	수술-침	서류제출	직원채용
					불공 제의식 吉한 행사일							吉凶 길흉 大小 일반 행사일														
×	×	×	◎	◎	◎	◎	◎	×	◎	◎	◎	◎	◎	×	×	◎	◎	×	×	×	◎	◎	×	◎	◎	◎

당일 래정법

巳時 에 온사람은 형제 자식문제, 직장변동수, 터부정 금전사기, 동업다툼 관재구설

午時 에 온사람은 집안우환질병, 망신살, 방해자, 배신사, 금전문제, 색정사건

未時 에 온사람 금전문제, 허가 해결할 문제, 주식투자여부, 직장문제, 문서매매건

申時 온 사람은 금전차용문제, 실직문제, 취업시험 불리, 색정사, 억울한 일, 파재, 매사불성사

酉時 온 사람은 금전문제, 사업계약문제, 관직취직사, 취업 시험 승진 조건맞으면 이득발생함

戌時 온 사람은 건강문제, 형제 친구 동료로 인한부정, 하극상 배신사, 동기간다툼, 손재수, 헛수고

필히 피해야 할일 소장제출 · 항소 · 질병치료 · 도로정비 · 문 만들기 · 산소행사 · 뗏장 입히기 · 흙 파는일

백초귀장술의 오늘에 초사언

시간 점占 癸亥공망-子丑

子時	남녀색정사, 직업권리, 취업, 금전손실
丑時	적의 침범사, 질병위급, 이별사, 수술재앙
寅時	자손사, 직업변동, 가출문제, 화류계 탄로
卯時	자식문제, 신규불길, 여행조심, 관재불길
辰時	관청일, 직업문제, 남편재해 도망, 가출
巳時	이동사, 적침사, 질병침투, 터부정 가출사
午時	금전융통, 사업문제, 여자문제, 부부배신
未時	부모효도, 금전다툼, 적침범, 가출사
申時	재물손실, 우환질병, 도난, 상해, 손모사
酉時	금전후원융통가능, 질병재앙, 가출 도주
戌時	관청권리박탈, 남편실탈, 질병고통, 관재
亥時	금전암신, 극처사, 파산 죽음, 자식 흉액

오늘 행운 복권 운세

복권사면 좋은 띠는 닭띠 ④⑨ 24, 행운복권방은 집에서 서쪽에 있는곳

申子辰生	북쪽문을 피하고, 서남쪽으로 이사하면 안 된다. 재수가 없고, 하는 일마다 꼬이고, 病苦 질병발생. 바람기 발동.
巳酉丑生	서쪽문을 피하고, 동남쪽으로 이사하면 안 된다. 재수가 없고, 하는 일마다 꼬이고, 病苦 질병발생. 바람기 발동.
寅午戌生	남쪽문을 피하고, 북동쪽으로 이사하면 안 된다. 재수가 없고, 하는 일마다 꼬이고, 病苦 질병발생. 바람기 발동.
亥卯未生	동쪽문을 피하고, 서북쪽으로 이사하면 안 된다. 재수가 없고, 하는 일마다 꼬이고, 病苦 질병발생. 바람기 발동.

운세풀이

巳띠:이동수,우왕좌왕, 弱, 다툼	申띠: 점점 일이 꼬임, 관재구설	亥띠:최고운상승세, 두마음	寅띠: 만남,결실,화합,문서
午띠:매사불편, 방해자,배신	酉띠: 귀인상봉, 금전이득, 현금	子띠: 의욕과다, 스트레스큼	卯띠:이동수,이별수,변동 움직임
未띠:해결신,시험합격, 풀림	戌띠: 매사꼬임,과거고생, 질병	丑띠: 시급한 일, 뜻대로 안됨	辰띠: 빈주머니,걱정근심,사기

10월

서기 2026年	단기 4359年	불기 2570年

丙午年 양력 10月 17日 음력 07月 07日 토요일 陰遁下元

구성月반			구성日반		
8P	4A	6	5	1P	3
7	9	2	4	6	8
3	5	1	9	2	7A

甲	戊	丙
子	戌	午

지장간	손방위	吉方	凶方
丁	북쪽	正北	正南

狗狼星 구랑성	☷	지화명이	어둡 암담 운둔기력없음 아주쇠퇴 한운세위험 대비낭패수
社廟 사당묘	☲		

乙	甲	癸	壬	辛	庚	己	戊	丁	丙	乙	甲
亥	戌	酉	申	未	午	巳	辰	卯	寅	丑	子
생	양	태	절	묘	사	병	쇠	왕	록	관	욕

三甲순	육갑납음	대장군방	조객방	삼살방	상문방	세파방	오늘생극	오늘상충	오늘원진	오늘상천	오늘상파	황도길흉	28수성	건제12신	九星	결혼주당	이사주당	안장주당	오늘吉神	천구하식	神殺	오늘神殺	육도환생처	축원인도불	오늘기도德	금일지옥명
生甲	海中金	卯正東方	辰東南方	子正北方	申西南方	子正北方	義의	午 36	未 미움	未 중단	酉 깨짐	천뇌흑도	氐저	滿만	六白	夫부	殺살	손님	-	시덕*밀일	천화·귀기	지격·패파	천도	아미타불	아미보살	검수지옥

칠성기도일	산신축원일	용왕축원일	조왕하강일	나한하강일	불공 제의식 吉한 행사일							吉凶 길흉 大小 일반 행사일														
					천도재	신굿	재수굿	용왕굿	조왕굿	병굿	고사	결혼	입학	투자	계약	등산	여행	이사	합방	이장	점안식	개업준공	신축상량	수술-침	서류제출	직원채용
◎	◎	×	◎	◎	◎	◎	◎	◎	◎	◎	◎	×	◎	×	×	◎	◎	×	×	×	◎	◎	◎	◎	◎	×

당일 래정법

巳時에 온사람은 자식문제, 실업자, 반주머니, 헛 공사, 보이스피싱사기 도난사

午時에 온사람은 남녀간 배신사, 이동변동수, 터부정, 관재구설, 차사고

未時에 온사람은 직장취업문제, 방해자, 배신사, 매사 지체불리함, 창업은 불리함.

申時 온 사람은 관송사 급처리문제, 처음엔 해결되는듯하나 후에 불리함. 시험은 합격되고 취업승진가능

酉時 온 사람은 딸자식문제, 억울한일 외정색정사, 불륜사 문제, 관재로 발전 금전문제 취직문제

戌時 온 사람은 금전문제, 사업문제, 주식투자문제, 부동산거래, 재물구재사, 여자화합건 돈은 들어오나 곧나감

필히 피해야 할일 신상출고 · 제품제작 · 창고개방 · 옷재단 · 입주 · 건축증개축 · 흙 다루고 땅 파는 일

백초귀장술의 오늘에 초사언

시간 점占	甲子공망-戌亥
子時	금전암손, 여자일, 부모나 윗사람 질병발생
丑時	금전융통, 사업계획, 질병유발, 도난
寅時	관직 직장실직, 금전고통, 원한 喪
卯時	관직 승진문제, 금전 부인문제, 수술주의
辰時	매사불성사, 가출사, 금전손실, 재해 이사
巳時	매사불성, 자식문제, 사기 도난 파재 실직
午時	적 침범사, 질병침투, 가출사, 실직사, 화재
未時	사업손실, 취업청탁, 방해자, 구재불가
申時	음란색정사, 질병침투 수술, 관재 이별
酉時	금전갈취 도주, 색정사, 처첩, 가출 함정
戌時	금전문제, 상업문제, 여자문제, 질병유발
亥時	재물손실, 질병침투, 가출, 탄로 음모 망신

오늘 행운 복권 운세

복권사면 좋은 띠는 **개띠** ⑩⑳ 30

행운복권방은 집에서 **서북쪽에** 있는곳

申子辰生	북쪽문을 피하고, 서남쪽으로 이사하면 안 된다. 재수가 없고, 하는 일마다 꼬이고, 病苦 질병발생. 바람기 발동.
巳酉丑生	서쪽문을 피하고, 동남쪽으로 이사하면 안 된다. 재수가 없고, 하는 일마다 꼬이고, 病苦 질병발생. 바람기 발동.
寅午戌生	남쪽문을 피하고, 북동쪽으로 이사하면 안 된다. 재수가 없고, 하는 일마다 꼬이고, 病苦 질병발생. 바람기 발동.
亥卯未生	동쪽문을 피하고, 서북쪽으로 이사하면 안 된다. 재수가 없고, 하는 일마다 꼬이고, 病苦 질병발생. 바람기 발동.

운세풀이

午띠:이동수,우왕좌왕, 弱, 다툼	酉띠: 점점 일이 꼬임, 관재구설	子띠:최고운상승세, 두마음	卯띠: 만남,결실,화합,문서
未띠:매사불편, 방해자,배신	戌띠:귀인상봉, 금전이득, 현금	丑띠: 의욕과다, 스트레스큼	辰띠:이동수,이별수,변동 움직임
申띠:해결신,시험합격, 풀림	亥띠: 매사꼬임,과거고생, 질병	寅띠: 시급한 일, 뜻대로 안됨	巳띠: 빈주머니,걱정근심,사기

서기	2026年
단기	4359年
불기	2570年

丙午年 양력 10月 18日 음력 09月 08日 일요일

구성월반			구성일반		
8P	4A	6	4	9	2P
7	9	2	3	5	7
3	5	1	8	1	6

乙	戊	丙
丑	戊	午

지장간	손방위	吉方	凶方
丁	북동	正西	正東

丁	丙	乙	甲	癸	壬	辛	庚	己	戊	丁	丙
亥	戌	酉	申	未	午	巳	辰	卯	寅	丑	子
사	묘	절	태	양	생	욕	관	록	왕	쇠	병

狗狼星 구랑성	☰	지화명이	어둠 암담 운둔기력없음 아주쇠퇴 한운세위험 대비낭패수
廚 주방	☷		

三甲순	육갑납음	대장군방	조객방	삼살방	상문방	세파방	오늘생극	오늘상충	오늘원진	오늘상천	오늘상파	황도길흉	28수성	건제12신	九星	결혼주당	이사주당	안장주당	오늘吉神	대공망일	오늘神殺	오늘神殺	육도환생처	축원인도불	오늘기도德	금일지옥명
生甲	海中金	卯正東方	辰東南方	子正北方	申西南方	子正北方	制제	未36	午미움	午중단	辰깨짐	현무흑도	房방	平평	五黃	廚주	害해	며느리	복생*음덕	대공망일	월형일	천강·홍사	천도	아미타불	보현보살	검수지옥

칠성기도일	산신축원일	용왕축원일	조왕하강일	나한하강일	천도재	신굿	재수굿	용왕굿	조왕굿	병굿	고사	결혼	입학	투자	계약	등산	여행	이사	합방	이장	점안식	개업준공	신축상량	수술-침	서류제출	직원채용
					불공 제의식 吉한 행사일						吉凶 길흉 大小 일반 행사일															
◎	◎	×	◎	◎	◎	×	×	×	×	×	×	×	×	×	×	◎	◎	×	×	×	×	×	×	◎	◎	×

당일 래정법

巳時 에 온사람은 이동수 있음 이사나 직장변동, 딸자식근심, 실직위험, 이별

午時 에 온사람은 자녀의질병, 부부불화, 빈주머니, 헛고생, 금전사기·모난사

未時 에 온사람은 매매 이동변동수, 터부정, 관재구설 모함, 혈연다툼, 교통사고주의

申時 온 사람은 관송사, 방해자, 배신사, 우환질병사, 남편 취업 승진문제, 차사고로 큰손재수

酉時 온 사람은 금전 급처리문제, 색정사, 해결되는 듯하나 지체 시험합격됨 허가건은 승인

戌時 온 사람은 하극상 배신사, 여자 외정색정사, 불륜사 문제,, 관재로 발전, 딸 문제, 취직문제

필히 피해야 할일 이날은 대공망일에 폐날로서 귀기와 혈지, 멸몰 등 신살에 해당되어 매사 해롭고 불리한 날.

백초귀장술의 오늘에 초사언

시간 점占 乙丑공망-戌亥

子時	가내우환, 관재구설, 가출사, 금전융통
丑時	사업사 손재수, 여자일 질병발생, 갈취도주
寅時	도난, 파재, 손모사, 극처사, 상해
卯時	실직, 질병침투, 적 침범사, 금전손실
辰時	재물사기도난, 처첩문제, 우환질병, 수술
巳時	직장변동, 실직문제, 자식사, 이사이동吉
午時	매사 불성, 실직사, 색정사, 불화합, 손재
未時	관재 병재로 불길, 가출사, 파재, 색정사
申時	취업청탁, 재해, 도난, 방해 탄로 폭로 망신
酉時	불륜색정사, 우환질병, 가출사, 관재구설
戌時	부인근심, 금전융통, 손모사, 관 刑급발
亥時	금전문제, 사업후원, 자식 질병 死문제

오늘 행운 복권 운세

복권사면 좋은 띠는 돼지띠 ⑪⑯31
행운복권방은 집에서 북서쪽에 있는곳

申子辰生	북쪽문을 피하고, 서남쪽으로 이사하면 안 된다. 재수가 없고, 하는 일마다 꼬이고, 病苦 질병발생. 바람기 발동.
巳酉丑生	서쪽문을 피하고, 동남쪽으로 이사하면 안 된다. 재수가 없고, 하는 일마다 꼬이고, 病苦 질병발생. 바람기 발동.
寅午戌生	남쪽문을 피하고, 북동쪽으로 이사하면 안 된다. 재수가 없고, 하는 일마다 꼬이고, 病苦 질병발생. 바람기 발동.
亥卯未生	동쪽문을 피하고, 서북쪽으로 이사하면 안 된다. 재수가 없고, 하는 일마다 꼬이고, 病苦 질병발생. 바람기 발동.

운세풀이

未띠:이동수,우왕좌왕, 弱, 다툼	戌띠: 점점 일이 꼬임 관재구설	丑띠:최고운상승세, 두마음	辰띠: 만남,결실,화합,문서
申띠:매사불편, 방해자,배신	亥띠:귀인상봉, 금전이득, 현금	寅띠: 의욕과다, 스트레스큼	巳띠:이동수,이별수,변동 움직임
酉띠:해결신,시험합격, 풀림	子띠: 매사꼬임,과거고생, 질병	卯띠: 시급한 일, 뜻대로 안됨	午띠: 빈주머니,걱정근심,사기

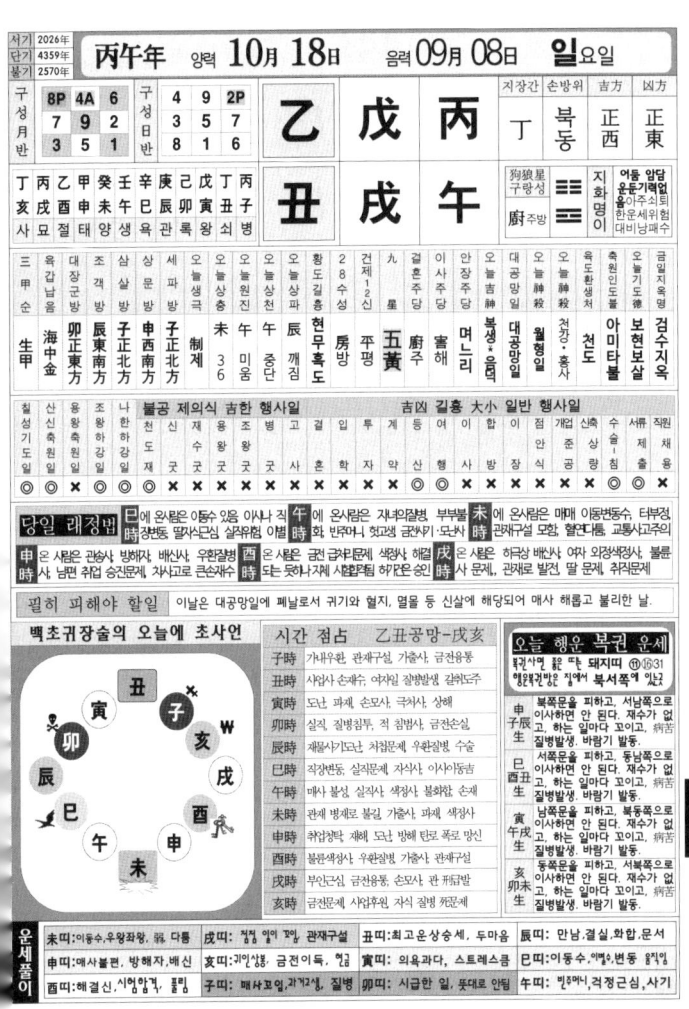

10월

서기	2026年	丙午年 양력 10月 19日 음력 09月 09日 월요일
단기	4359年	
불기	2570年	

구성월반			구성일반		
8P	4A	6	3A	8	1P
7	9	2	2	4	6
3	5	1	7	9	5

丙	戊	丙
寅	戌	午

지장간	손방위	吉方	凶方
丁	無	正南	正北

狗狼星 구랑성			
天	☷☲	지화명이	어둠 암담 운둔기력없음 아주쇠퇴 한운세위험 대비낭패수

己亥	戊戌	丁酉	丙申	乙未	甲午	癸巳	壬辰	辛卯	庚寅	己丑	戊子
절	묘	사	병	쇠	왕	록	관	욕	생	양	태

三甲순	육갑납음	대장군방	조객방	삼살방	상문방	세파방	오늘생극	오늘상충	오늘원진	오늘상천	오늘상파	황도길흉	28수성
生甲	爐中火	卯正東方	辰東南方	子正北方	申西南方	子正北方	義의	申 36	酉 미움	巳 중단	亥 깨짐	사명황도	心심

건제12신	九星	결혼주당	이사주당	안장주당	복단일	오늘吉神	神殺	오늘神殺	육도환생처	축원인도불	오늘기도德	금일지옥명
定정	四綠	婦부	天천	어머니	삼합일	천은*월덕	수사일	지화·고초	인도	아미타불	약사보살	검수지옥

칠성기도일	산신축원일	용왕축원일	조왕하강일	나한하강일	불공 제의식 吉한 행사일: 천도재	신굿	재수굿	용왕굿	조왕굿	병굿	고사
◎	◎	×	◎	◎	◎	◎	◎	◎	◎	◎	◎

吉凶 길흉 大小 일반 행사일: 결혼	입학	투자	계약	등산	여행	이사	합방	이장	점안식	개업준공	신축상량	수술-침	서류제출	직원채용
◎	◎	×	◎	◎	◎	◎	◎	×	◎	◎	◎	◎	◎	◎

당일 래정법

巳時에 온사람은 문서 회합운, 결혼, 재혼, 경조사, 관송사 급구속건, 금전부정의혹

午時에 온사람은 이동수 있는자, 직장변동, 사업체변동수, 해외여행, 이별수

未時에 온사람은 자식문제, 금전손재수, 직장해고, 빈주머니, 헛고생, 윗사람건, 매사불성

申時 온 사람은 허위문서, 매매 이동변동수, 여자상업사, 관재구설, 사비다툼주의, 차사고주의

酉時 온 사람은 방해자, 배신사, 남녀재혼, 취업 승진 매사지체불리함, 차사고로 손해

戌時 온 사람은 급처리문제, 묘지탈로 고마사발생, 처음엔 해결되는 듯하나 후 불리함, 시험 합격됨, 허가건 승인됨

필히 피해야 할일 회의개최 · 구인 · 항공주의 · 주방고치기 · 동토 · 씨뿌리기 · 우물파기 · 제방쌓기 · 흙 파는일.

백초귀장술의 오늘에 초사언

시간 점占	丙寅공망-戊亥
子時	금전문제, 상업문제, 후원도움, 남편문제
丑時	매사 막히고 퇴보, 직장실직, 남편 자식
寅時	금전 암손, 여자문제, 자식사, 도난주의
卯時	윗사람 후원문제, 가출문제, 남녀색정사
辰時	자식문제, 직장실직, 시험안됨, 금전손실
巳時	직위승진, 명예, 응모당선, 금전기쁨 우환
午時	금전손실 다툼, 부인문제, 질병침투, 가출
未時	잡안잡귀침투, 자식사, 색정사, 관직 실직
申時	질병재앙, 재물손실, 가출사, 도난, 도망
酉時	금전융통, 부인흉극, 파재, 관재 배신 음모
戌時	자식문제, 직장승진, 실직문제, 금전손실
亥時	윗사람 빌탁건, 다툼, 이별사, 자식 가출사

오늘 행운 복권 운세

복권사면 좋은 띠는 **쥐띠** ①⑥⑯

행운복권방은 집에서 **북쪽**에 있는곳

申子辰生	북쪽문을 피하고, 서남쪽으로 이사하면 안 된다. 재수가 없고, 하는 일마다 꼬이고, 病苦 질병발생. 바람기 발동.
巳酉丑生	서쪽문을 피하고, 동남쪽으로 이사하면 안 된다. 재수가 없고, 하는 일마다 꼬이고, 病苦 질병발생. 바람기 발동.
寅午戌生	남쪽문을 피하고, 북동쪽으로 이사하면 안 된다. 재수가 없고, 하는 일마다 꼬이고, 病苦 질병발생. 바람기 발동.
亥卯未生	동쪽문을 피하고, 서북쪽으로 이사하면 안 된다. 재수가 없고, 하는 일마다 꼬이고, 病苦 질병발생. 바람기 발동.

운세풀이

申띠:이동수,우왕좌왕, 弱, 다툼	亥띠: 점점 일이 꼬임, 관재구설	寅띠:최고운상승세, 두마음	巳띠: 만남,결실,화합,문서
酉띠:매사불편, 방해자,배신	子띠:귀인상봉, 금전이득, 현금	卯띠: 의욕과다, 스트레스큼	午띠:이동수,이별수,변동 움직임
戌띠:해결신,시험합격, 풀림	丑띠: 매사꼬임,과거고생, 질병	辰띠: 시급한 일. 뜻대로 안됨	未띠: 빈주머니,걱정근심,사기

서기	2026年
단기	4359年
불기	2570年

丙午年 양력 10月 20日 음력 09月 10日 화요일 토왕용사

구성월반				구성일반			
	8P	4A	6		2	7	9
	7	9	2		1A	3	5P
	3	5	1		6	8	4

時	日	月	年
丁	戊	丙	
卯	戌	午	

丁	戊	丙
卯	戌	午

지장간	손방위	吉方	凶方
戊	無	正東	正西

辛	庚	己	戊	丁	丙	乙	甲	癸	壬	辛	庚
亥	戌	酉	申	未	午	巳	辰	卯	寅	丑	子
태	양	생	욕	관	록	왕	쇠	병	사	묘	절

狗狼星 구랑성 / 神廟道觀 後門 寅艮方

택수곤

최악의 난국 신변액란 큰손재수 불성사주변방 해로곤경빠짐

三甲순	육갑납음	대장군방	조객방	삼살방	상문방	세파방	오늘생극	오늘상충	오늘원진	오늘상천	오늘상파	황도길흉	28수성	건제12신	九星	결혼주당	이사주당	안장주당	복단일	오늘吉神	오늘吉神	오늘神殺	육도환생처	축원인도불	오늘기도德	금일지옥명
生甲	爐中火	卯正東方	辰東南方	子正北方	申西南方	子正北方	義의	酉 36	申 미움	辰 중단	午 깨짐	구진흑도	尾미	執집	三碧	竈조	利이	여자	-	육합*지덕	천은*성심	사격·검봉	귀도	아미타불	문수보살	검수지옥

칠성기도일	산신축원일	용왕축원일	조왕하강일	나한하강일	천도재	신굿	재수굿	용왕굿	조왕굿	병굿	고사	결혼	입학	투자	계약	등산	여행	이사	합방	이장	점안식	개업준공	신축상량	수술-침	서류제출	직원채용
×	◎	×	◎	◎	◎	◎	◎	◎	◎	◎	◎	×	◎	×	◎	◎	◎	◎	×	×	◎	◎	×	◎	◎	◎

(천도재 ~ 고사: 불공 제의식 吉한 행사일 / 결혼 ~ 직원채용: 吉凶 길흉 大小 일반 행사일)

당일 래정법

巳時 에 온사람은 골치 아픈일, 가내환자, 죽음 바람기, 불륜, 시비투쟁, 정지

午時 에 온사람은 문서 화합운, 결혼, 재혼 경조사, 애정사, 궁합 만남 후원 개업

未時 에 온사람은 이동수 있는자 이사나 직장변동, 사업체 변동수, 여행, 이별수

申時 온 사람은 자식문제, 실업자, 문서는 허위문서, 빈주머니, 헛고생, 사기 모함 ·도난사

酉時 온 사람은 매매 이동변동수, 터부정, 관재구설, 사기, 허위문서, 시비 다툼주의, 차사고주의

戌時 온 사람은 방해자, 배신사, 직장모함, 취업 승진 매사 지체불리함, 차사고로 손재수, 암투

필히 피해야 할일 주식투자 • 사행성코인사입 • 교역 • 머리자르기 • 태아인공수정 • 새집들이 • 어로작업

백초귀장술의 오늘에 초사언

시간 점占 丁卯공망-戊亥

子時	우환질병, 음란색정사, 관재구설, 도난
丑時	자식문제, 직장실직, 금전손실, 이별사
寅時	윗사람 질병침투, 사업후원사, 불륜사 탄로
卯時	여자로부터 금전손실, 우환질병, 삼각관계
辰時	사업상 손실, 가산탕진, 직업실직, 관재수
巳時	매사 불성사, 가출건, 금전손실 다툼
午時	취업문제, 직위승진, 가정문제, 도난
未時	이동 이별수, 직업변동, 가출사, 삼각관계
申時	상해, 도난, 금전융통, 극처사, 가출사건
酉時	적의 침범사, 금전 병재로 불길, 색정사
戌時	자식문제, 실직사, 불륜색정사, 배신도망
亥時	금전문제, 자식문제, 가출사, 불륜관계

오늘 행운 복권 운세

복권사면 좋은 띠는 소띠 ②⑤⑩

행운복권방은 집에서 북동쪽에 있는곳

申子辰生	북쪽문을 피하고, 서남쪽으로 이사하면 안 된다. 재수가 없고, 하는 일마다 꼬이고, 病苦 질병발생. 바람기 발동.
巳酉丑生	서쪽문을 피하고, 동남쪽으로 이사하면 안 된다. 재수가 없고, 하는 일마다 꼬이고, 病苦 질병발생. 바람기 발동.
寅午戌生	남쪽문을 피하고, 북동쪽으로 이사하면 안 된다. 재수가 없고, 하는 일마다 꼬이고, 病苦 질병발생. 바람기 발동.
亥卯未生	동쪽문을 피하고, 서북쪽으로 이사하면 안 된다. 재수가 없고, 하는 일마다 꼬이고, 病苦 질병발생. 바람기 발동.

운세풀이

酉띠:이동수,우왕좌왕, 弱, 다툼	子띠: 점점 일이 꼬임, 관재구설	卯띠:최고운상승세, 두마음	午띠: 만남,결실,화합,문서
戌띠:매사불편, 방해자,배신	丑띠:귀인상봉, 금전이득, 현금	辰띠: 의욕과다, 스트레스큼	未띠:이동수,이별수,변동 움직임
亥띠:해결신,시험합격, 풀림	寅띠: 매사꼬임,과거고생, 질병	巳띠: 시급한 일, 뜻대로 안됨	申띠: 빈주머니,걱정근심,사기

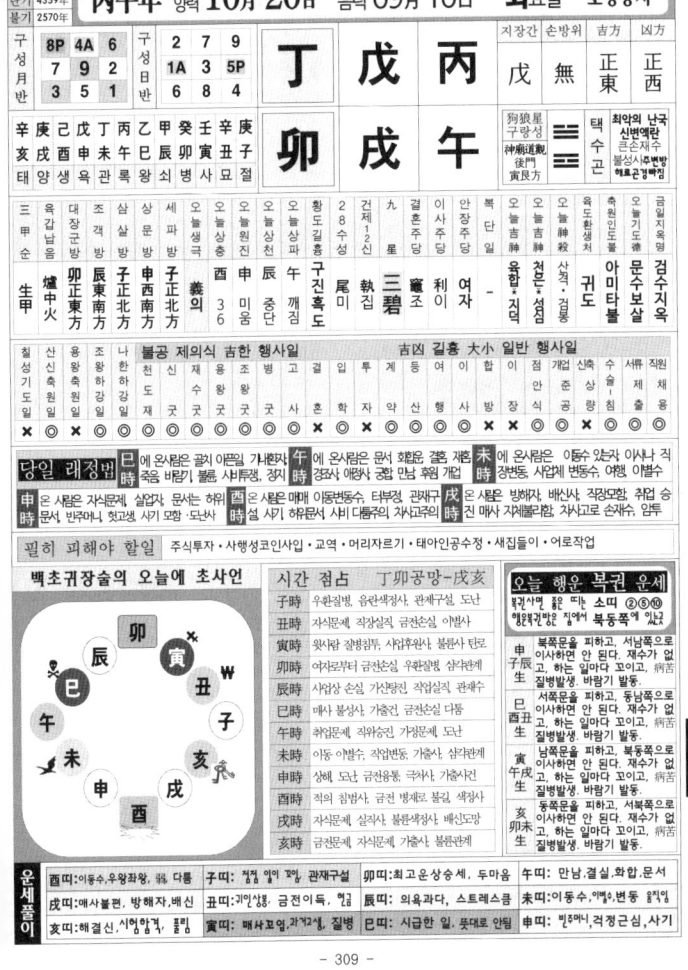

10월

서기 2026年	단기 4359年	불기 2570年

丙午年 양력 10月 21日 음력 09月 11日 수요일

구성월반			구성일반		
8P	4A	6	1	6	8A
7	9	2	9	2	4
3	5	1	5	7	3P

時	日	月	年
戊	戊	丙	
辰	戌	午	

지장간	손방위	吉方	凶方
戊	동쪽	正北	正南

狗狼星 구랑성 寅辰方 寺觀 · ☰☱ 택수곤 · 최악의 난국 신변액란 큰손재수 불성사주변방 해로곤경빠짐

癸	壬	辛	庚	己	戊	丁	丙	乙	甲	癸	壬
亥	戌	酉	申	未	午	巳	辰	卯	寅	丑	子
절	묘	사	병	쇠	왕	록	관	욕	생	양	태

三甲순	육갑납음	대장군방	조객방	삼살방	상문방	세파방	오늘생극	오늘상충	오늘원진	오늘상천	오늘상파	황도길흉	28수성	건제12신	九星	결혼주당	이사주당	안장주당	복단일	오늘吉神	오늘神殺	오늘神殺	육도환생처	축원인도불	오늘기도德	금일지옥명
生甲	大林木	卯正東方	辰東南方	子正北方	申西南方	子正北方	專전	戌 36	亥 미움	卯 중단	丑 깨짐	청룡황도	箕기	破파	二黑	第제	安안	死	복단일	모창*익후	월파일	구공·왕망	축도	아미타불	지장보살	검수지옥

칠성기도일	산신축원일	용왕축원일	조왕하강일	나한하강일	천도재	신굿	재수굿	용왕굿	조왕굿	병굿	고사	결혼	입학	투자	계약	등산	여행	이사	합방	이장	점안식	개업준공	신축상량	수술·침	서류제출	직원채용
×	◎	×	×	×	×	×	×	×	×	×	×	×	-	×	×	◎	×	×	×	×	×	×	×	◎	×	×

(천도재~고사: 불공 제의식 吉한 행사일 / 결혼~직원채용: 吉凶 길흉 大小 일반 행사일)

당일 래정법

- **巳時**에 온사람은 의욕과다. 뭐가 하고싶어서 왔다. 직장취업문제, 시험합격여부
- **午時**에 온사람은 골치 아픈일, 가내환자, 죽음, 바람기, 불륜, 시비투쟁, 정지
- **未時**에 온사람은 형제, 문서, 회합운, 결혼, 재혼, 경조사, 애정사, 궁합, 만남, 후원, 개업
- **申時** 온 사람은 이동수 있는자, 이사나 직장변동, 사업체 변동수, 여행, 이별수, 창업불리
- **酉時** 온 사람은 색정시문제, 금전손재수, 쉬고있는자, 빈주머니, 헛 공사, 사기모함 , 매사불성
- **戌時** 온 사람은 매매 이동변동수, 터부정, 관재구설, 사기, 허위문서, 동업자 시비 다툼주의, 차사고주의

필히 피해야 할일 주식투자・사행성코인사입・명품구입・신상출고・제품출품・화재조심・장담그기・승선・동토

백초귀장술의 오늘에 초사언

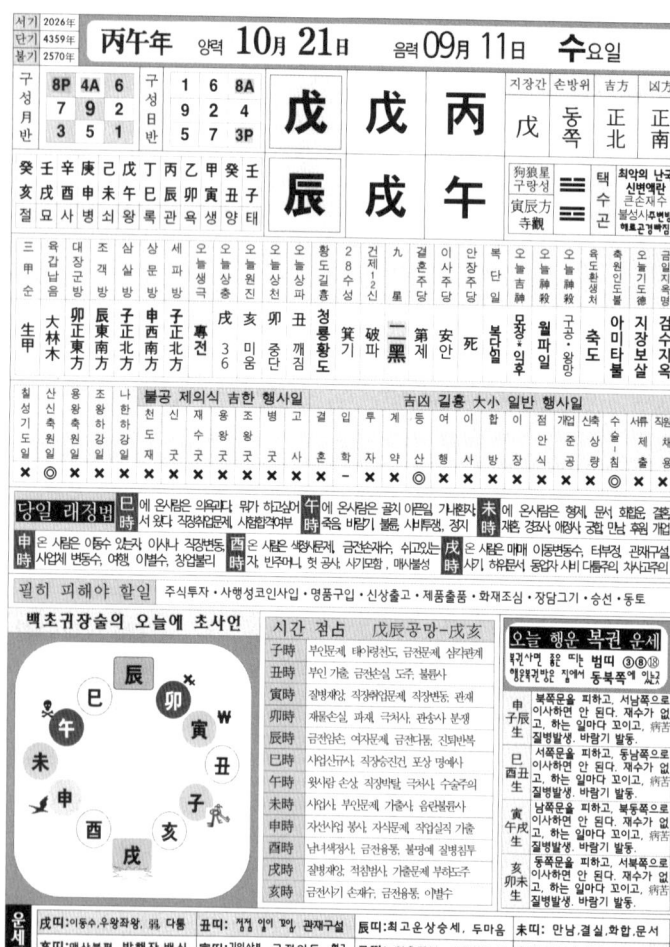

시간 점占 戊辰공망-戌亥

子時	부인문제, 태아령천도, 금전문제, 삼각관계
丑時	부인 가출, 금전손실, 도주, 불륜사
寅時	질병재앙, 직장취업문제, 직장변동, 관재
卯時	재물손실, 파재, 극처사, 관송사 분쟁
辰時	금전암손, 여자문제, 금전다툼, 진퇴반복
巳時	사업신규사, 직장승진건, 포상 명예사
午時	윗사람 손상, 직장박탈, 극처사, 수술주의
未時	사업사, 부인문제, 가출사, 음란불륜사
申時	자선사업 봉사, 자식문제, 직업실직 가출
酉時	남녀색정사, 금전융통, 불명예 질병침투
戌時	질병재앙, 적침범사, 가출문제 부하도주
亥時	금전사기 손재수, 금전융통, 이별수

오늘 행운 복권 운세

복권사면 좋은 띠는 **범띠** ③⑧⑱
행운복권방은 집에서 **동북쪽**에 있는곳

申子辰生	북쪽문을 피하고, 서남쪽으로 이사하면 안 된다. 재수가 없고, 하는 일마다 꼬이고, 病苦 질병발생. 바람기 발동.
巳酉丑生	서쪽문을 피하고, 동남쪽으로 이사하면 안 된다. 재수가 없고, 하는 일마다 꼬이고, 病苦 질병발생. 바람기 발동.
寅午戌生	남쪽문을 피하고, 북동쪽으로 이사하면 안 된다. 재수가 없고, 하는 일마다 꼬이고, 病苦 질병발생. 바람기 발동.
亥卯未生	동쪽문을 피하고, 서북쪽으로 이사하면 안 된다. 재수가 없고, 하는 일마다 꼬이고, 病苦 질병발생. 바람기 발동.

운세풀이

戌띠: 이동수,우왕좌왕, 다툼	丑띠: 점점 일이 꼬임, 관재구설	辰띠: 최고운상승세, 두마음	未띠: 만남,결실,화합,문서
亥띠: 매사불편, 방해자,배신	寅띠: 귀인상봉, 금전이득, 현금	巳띠: 의욕과다, 스트레스큼	申띠: 이동수,이별수,변동 움직임
子띠: 해결신,시험합격, 풀림	卯띠: 매사꼬임,과거고생, 질병	午띠: 시급한 일, 뜻대로 안됨	酉띠: 빈주머니,걱정근심,사기

서기	2026年
단기	4359年
불기	2570年

丙午年 양력 10月 22日 음력 09月 12日 목요일

구성月반			구성日반		
8P	4A	6	9	5	7
7	9	2	8	1	3
3	5	1	4	6A	2P

時	日	月	年
己	戊	丙	
巳	戌	午	

지장간	손방위	吉方	凶方
戊	동남	正西	正東

狗狼星 구랑성	申方 寺觀
택수곤	최악의 난국 신변액란 큰손재수 불성사주변방 해로곤경빠짐

乙	甲	癸	壬	辛	庚	己	戊	丁	丙	乙	甲
亥	戌	酉	申	未	午	巳	辰	卯	寅	丑	子
태	양	생	욕	관	록	왕	쇠	병	사	묘	절

三甲순	육갑납음	대장군방	조객방	삼살방	상문방	세파방	오늘생극	오늘상충	오늘원진	오늘상천	오늘상파	황도길흉	28수성	건제12신	九星	결혼주당	이사주당	안장주당	복단일	오늘吉神	神殺	오늘神殺	육도환생처	축원인도불	오늘기도德	금일지옥명
生甲	大林木	卯正東方	辰東南方	子正北方	申西南方	子正北方	義의	亥 36	戌 미움	寅 중단	申 깨짐	명당황도	斗두	危위	一白	翁옹	災재	손자	-	음덕*용덕	토금·유화	멸몰·혈기	옥도	아미타불	문수보살	검수지옥

칠성기도일	산신축원일	용왕축원일	조왕하강일	나한하강일	불공 제의식 吉한 행사일							吉凶 길흉 大小 일반 행사일														
					천도재	신굿	재수굿	용왕굿	조왕굿	병굿	고사	결혼	입학	투자	계약	등산	여행	이사	합방	이장	점안식	개업준공	신축상량	수술-침	서류제출	직원채용
×	◎	×	◎	×	×	◎	◎	×	◎	◎	◎	×	◎	×	×	-	◎	×	×	×	◎	◎	×	◎	-	×

당일 래정법

巳時 에 온사람은 의욕충만, 두가지문제로 갈등사, 갖고싶은 욕구, 직장문제, 사업문제

午時 에 온사람은 의욕과다, 뭐가 하고싶어서 왔다, 직장취업문제, 시험합격여부

未時 에 온사람은 골치 아픈일, 형제동업 죽음, 바람기, 불륜, 시비투쟁, 속정리

申時 온 사람은 형제, 문서, 화합운, 결혼, 재혼, 경조사, 애정사, 궁합, 만남, 개업, 하극상 배신, 구설수

酉時 온 사람은 이동수 있는자, 가출, 이사나 직장변동, 사업체 변동수, 여행, 이별수, 관재구설

戌時 온 사람은 색정사문제, 금전손재수, 쉬고있는자, 빈주머니, 헛 공사, 사기모함 , 매사불성

필히 피해야 할일 약혼식 · 입주 · 새집들이 · 친목회 · 금전수금 · 건축수리 · 기둥세우기 · 산나물채취 · 흙 파는일

백초귀장술의 오늘에 초사언

시간 점占 己巳공망-戌亥

子時	금전융통, 여자문제, 상업문제, 부부문제
丑時	육친이별, 자식가출, 여자도망, 삼각관계
寅時	관청문제, 가출사, 극처사, 색정사, 변동
卯時	질병침투, 관재구설, 남녀색정사, 가출
辰時	금전파산, 부인문제, 재해, 도난, 원귀침투
巳時	금전암손, 여자문제, 사업후원사, 기도요망
午時	남녀색정사, 직장취업 승진문제, 가출사
未時	금전융통 손재수, 형제친구, 가출방황 수술
申時	사업후원사 발탁, 화합사, 당선 賞福 有
酉時	급병자발생, 직장실직, 자식 가출도주
戌時	금전손실, 도망사,,이별사, 신병불리
亥時	적의 침범사, 질병침투, 가출사, 부부이별

오늘 행운 복권 운세

복권사면 좋은 띠는 토끼띠 ②⑧
행운복권방은 집에서 동쪽에 있는곳

申子辰生	북쪽문을 피하고, 서남쪽으로 이사하면 안 된다. 재수가 없고, 하는 일마다 꼬이고, 病苦 질병발생. 바람기 발동.
巳酉丑生	서쪽문을 피하고, 동남쪽으로 이사하면 안 된다. 재수가 없고, 하는 일마다 꼬이고, 病苦 질병발생. 바람기 발동.
寅午戌生	남쪽문을 피하고, 북동쪽으로 이사하면 안 된다. 재수가 없고, 하는 일마다 꼬이고, 病苦 질병발생. 바람기 발동.
亥卯未生	동쪽문을 피하고, 서북쪽으로 이사하면 안 된다. 재수가 없고, 하는 일마다 꼬이고, 病苦 질병발생. 바람기 발동.

운세풀이

亥띠:이동수,우왕좌왕, 弱 다툼	寅띠: 점점 일이 꼬임, 관재구설	巳띠:최고운상승세, 두마음	申띠: 만남,결실,화합,문서
子띠:매사불편, 방해자,배신	卯띠:귀인상봉, 금전이득, 현금	午띠: 의욕과다, 스트레스큼	酉띠:이동수,이별수,변동 움직임
丑띠:해결신,시험합격, 풀림	辰띠: 매사꼬임,과거고생, 질병	未띠: 시급한 일, 뜻대로 안됨	戌띠: 빈주머니,걱정근심,사기

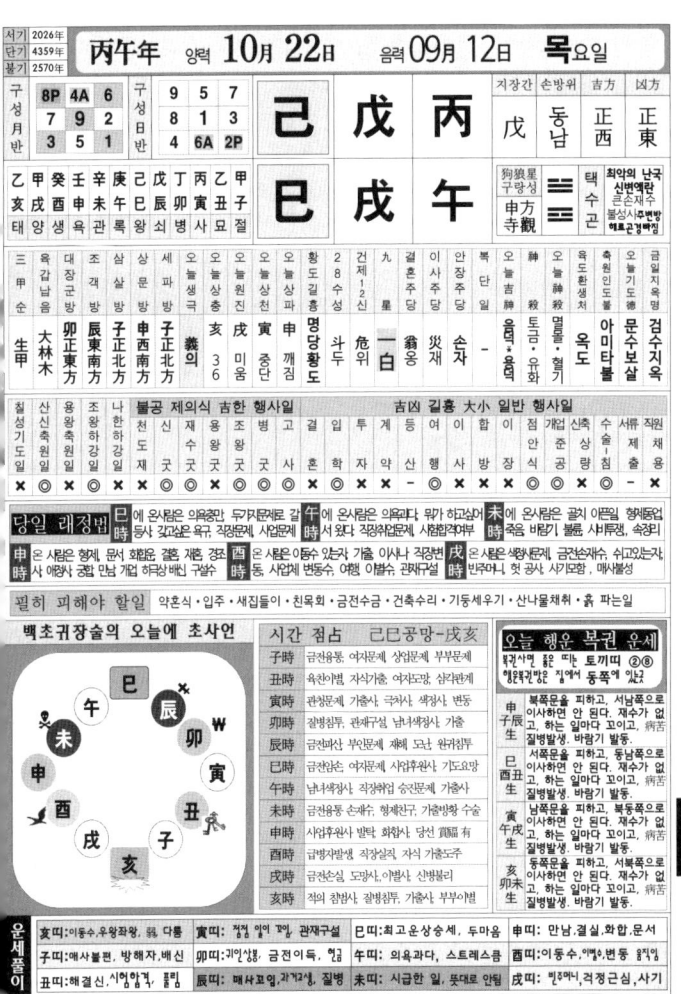

10월

서기 2026年	단기 4359年	불기 2570年

丙午年 양력 10月 23日 음력 09月 13日 금요일

상강 霜降 18 時 38分 入

구성월반			구성일반			年柱/月柱/日柱			지장간	손방위	吉方	凶方
8P	4A	6	8	4A	6	庚	戊	丙	戊	남쪽	正西	正東
7	9	2	7	9	2	午	戌	午				
3	5	1	3	5P	1							

丁	丙	乙	甲	癸	壬	辛	庚	己	戊	丁	丙
亥	戌	酉	申	未	午	巳	辰	卯	寅	丑	子
병	쇠	왕	록	관	욕	생	양	태	절	묘	사

狗狼星 구랑성	괘	택수곤	
天	☱☵	택수곤	최악의 난국 신변액란 큰손재수 불성사주변방 해로곤경빠짐

三甲순	육갑납음	대장군방	조객방	삼살방	상문방	세파방	오늘생극	오늘상충	오늘원진	오늘상천	오늘상파	황도길흉	28수성	건제12신	九星	결혼주당	이사주당	안장주당	복단일	대공망일	오늘吉神	오늘神殺	육도환생처	축원인도불	오늘기도德	금일지옥명
生甲	路傍土	卯正東方	辰東南方	子正北方	申西南方	子正北方	伐벌	子 36	丑 미움	丑 중단	卯 깨짐	천형흑도	牛우	成성	九紫	堂당	師사	남자	삼합일	천회*요안	천창*생기	수격·신호	불도	정광여래	약사보살	도산지옥

칠성기도일	산신축원일	용왕축원일	조왕하강일	나한하강일	천도재	신굿	재수굿	용왕굿	조왕굿	병굿	고사	결혼	입학	투자	계약	등산	여행	이사	합방	이장	점안식	개업준공	신축상량	수술-침	서류제출	직원채용
◎	×	◎	◎	◎	◎	◎	◎	◎	◎	◎	◎	◎	◎	×	×	◎	◎	×	-	×	◎	◎	◎	◎	◎	◎

(천도재~고사: 불공 제의식 吉한 행사일 / 결혼~직원채용: 吉凶 길흉 大小 일반 행사일)

당일 래정법

巳時에 온사람은 건강문제, 관재구설로 운이 단단히 꼬여있음, 동업파탄 손재수

午時에 온사람은 의욕충만, 두문제로 갈등사, 갖고싶은 욕구, 직장문제, 취업문제

未時에 온사람은 의욕과다, 뭐가 하고싶어서 왔다, 직장취업문제, 결혼문제

申時 온 사람은 골치 아픈일, 친구나 형제동업, 죽음, 배우자바람기, 불륜, 시비투쟁, 속 정리해야함

酉時 온 사람은 형제, 문서 화합운, 결혼, 경조사, 애정사, 궁합 만남 개업 하극상 배신 경쟁사로 불편

戌時 온 사람은 이동수 있는자, 가출, 이사나 직장변동, 사업체 변동수, 여행, 이별수, 관재구설

필히 피해야 할일

홍보광고・새작품제작・출품・새집들이・인수인계・씨뿌리기・질병치료・벌초・흙파기

백초귀장술의 오늘에 초사언

시간 점占 庚午공망-戌亥

子時	질병재앙, 자식 극, 관재근심, 도난 질책
丑時	사업손재, 육친이별, 질병침투 기도요망
寅時	사업손재, 금전융통, 불륜사, 가출, 이별
卯時	남녀색정사, 금전문제 여자도주 가출사
辰時	자선사업, 사업후원사, 질병재앙, 가출사
巳時	질병재앙, 관재구설, 재앙초래, 과이사발생
午時	금전손실, 직장문제, 남편문제, 재해 도난
未時	사업후원문제, 금전융통, 가출문제
申時	원행 이동건, 직장취업문제, 승진문제
酉時	관직 발탁사, 금전문제, 극처사, 수술유의
戌時	재물손실, 가출건, 사업파산, 윗사람문제
亥時	자식 질병재앙, 사기손재, 도난, 함정 음란

오늘 행운 복권 운세

복권사면 좋은 띠는 용띠 ⑤⑩⑳
행운복권방은 집에서 동남쪽에 있는곳

申子辰生	북쪽문을 피하고, 서남쪽으로 이사하면 안 된다. 재수가 없고, 하는 일마다 꼬이고, 病苦질병발생. 바람기 발동.
巳酉丑生	서쪽문을 피하고, 동남쪽으로 이사하면 안 된다. 재수가 없고, 하는 일마다 꼬이고, 病苦질병발생. 바람기 발동.
寅午戌生	남쪽문을 피하고, 북동쪽으로 이사하면 안 된다. 재수가 없고, 하는 일마다 꼬이고, 病苦질병발생. 바람기 발동.
亥卯未生	동쪽문을 피하고, 서북쪽으로 이사하면 안 된다. 재수가 없고, 하는 일마다 꼬이고, 病苦질병발생. 바람기 발동.

운세풀이

子띠:이동수,우왕좌왕, 言語 다툼	卯띠: 점점 일이 꼬임, 관재구설	午띠:최고운상승세, 두마음	酉띠: 만남,결실,화합,문서
丑띠:매사불편, 방해자,배신	辰띠:귀인상봉, 금전이득, 현금	未띠: 의욕과다, 스트레스큼	戌띠:이동수,이별수,변동 움직임
寅띠:해결신,시험합격, 풀림	巳띠: 매사꼬임,과거고생, 질병	申띠: 시급한 일, 뜻대로 안됨	亥띠: 빈주머니,걱정근심,사기

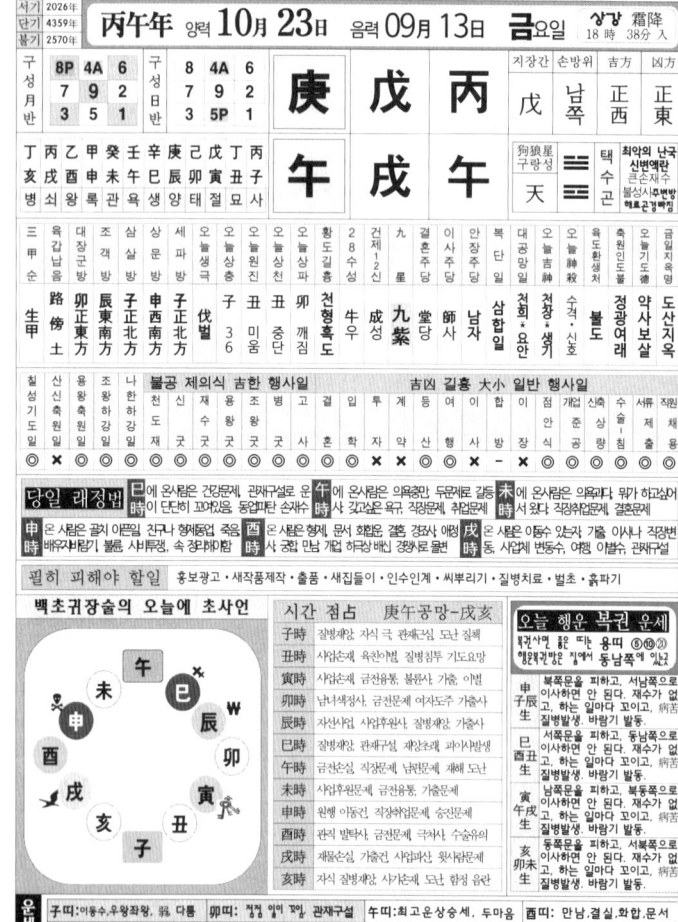

서기	2026年	
단기	4359年	
불기	2570年	

丙午年 양력 10月 24日 음력 09月 14日 토요일

구성月반

8P	4A	6
7	9	2
3	5	1

구성日반

7	3	5P
6	8	1
2A	4	9

辛	戊	丙
未	戊	午

지장간	손방위	吉方	凶方
戊	남서	正東	正西

己	戊	丁	丙	乙	甲	癸	壬	辛	庚	己	戊
亥	戌	酉	申	未	午	巳	辰	卯	寅	丑	子
욕	관	록	왕	쇠	병	사	묘	절	태	양	생

狗狼星 구랑성			
天	☱☵	택수곤	최악의 난국 신변액란 큰손재수 불성사주변방 해로곤경빠짐

三甲순	육갑납음	대장군방	조객방	삼살방	상문방	세파방	오늘생극	오늘상충	오늘원진	오늘상천	오늘상파	황도길흉	28수성	건제12신	九星	결혼주당	이사주당	안장주당	복단일	오늘吉神	오늘吉神	오늘神殺	육도환생처	축원인도불	오늘기도德	금일지옥명
生甲	路傍土	卯正東方	辰東南方	子正北方	申西南方	子正北方	義의	丑 36	子 미움	子 중단	戌 깨짐	주작흑도	女여	收수	八白	姑고	富부	아버지	월기일	천덕합	월형일	하괴·라강	불도	정광여래	대세지보살	도산지옥

칠성기도일	산신축원일	용왕축원일	조왕하강일	나한하강일	불공 제의식 吉한 행사일							吉凶 길흉 大小 일반 행사일														
					천도재	신굿	재수굿	용왕굿	조왕굿	병굿	고사	결혼	입학	투자	계약	등산	여행	이사	합방	이장	점안식	개업준공	신축상량	수술·침	서류제출	직원채용
×	×	◎	◎	×	◎	×	×	◎	◎	×	◎	×	◎	×	×	◎	◎	×	×	×	◎	◎	×	×	×	×

당일 래정법

巳時 에 온사람은 금전문제, 사업문제, 금전구재건, 관직취직사, 속전속결이 유리

午時 에 온사람 건강문제, 관재구설로 운이 단단히 꼬여있음, 동업파탄 손재수

未時 에 온사람 금전사기, 허위문서로 관재, 교합사는 불성사, 이동수도 있음

申時 온 사람은 의욕과다, 뭔가 하고싶어서 왔다. 직장취업문제, 친구형제간 배신과 암해, 관재수

酉時 온 사람은 골치 아픈일, 형제동업, 죽음, 바람기, 불륜, 시비투쟁, 급속정리해야함, 청춘구직해

戌時 온 사람은 형제, 문서, 화합운, 결혼, 재혼, 경조사, 애정사, 궁합, 만남, 개업, 하극상 배신, 구설수

필히 피해야 할일 홍보광고 • 새작품제작 • 출품 • 새집들이 • 인수인계 • 씨뿌리기 • 질병치료 • 동물들이기

백초귀장술의 오늘에 초사언

시간 점占 辛未공망-戌亥

子時	남녀색정사, 금전손해 실물수, 질병 관재
丑時	적의 침범사, 질병재앙, 자손상해, 가출
寅時	부인문제, 금전문제, 불륜 삼각관계
卯時	금전융통, 질병위급, 여자문제, 금전다툼
辰時	사업 후원문제, 육친이별, 다툼, 불륜배신
巳時	관직 발탁사, 금전문제, 남편명예사, 포상
午時	시작불리, 금전융통, 직장변동, 가출사
未時	금전의 암손, 여자문제, 질병침투, 도주
申時	파재, 상해, 도난, 극처사, 횡액주의
酉時	형제친구 도주사, 직장실직, 가출사
戌時	사업후원사, 질병 수술위급, 관청근심
亥時	직업권리 실직, 금전손재수, 가출사발생

오늘 행운 복권 운세

복권사면 좋은 띠는 **뱀띠** ⑦⑰27

행운복권방은 집에서 **남동쪽**에 있는곳

申子辰生	북쪽문을 피하고, 서남쪽으로 이사하면 안 된다. 재수가 없고, 하는 일마다 꼬이고, 病苦 질병발생. 바람기 발동.
巳酉丑生	서쪽문을 피하고, 동남쪽으로 이사하면 안 된다. 재수가 없고, 하는 일마다 꼬이고, 病苦 질병발생. 바람기 발동.
寅午戌生	남쪽문을 피하고, 북동쪽으로 이사하면 안 된다. 재수가 없고, 하는 일마다 꼬이고, 病苦 질병발생. 바람기 발동.
亥卯未生	동쪽문을 피하고, 서북쪽으로 이사하면 안 된다. 재수가 없고, 하는 일마다 꼬이고, 病苦 질병발생. 바람기 발동.

운세풀이

丑띠:이동수,우왕좌왕, 弱, 다툼	辰띠: 점점 일이 꼬임, 관재구설	未띠:최고운상승세, 두마음	戌띠: 만남,결실,화합,문서
寅띠:매사불편, 방해자,배신	巳띠:귀인상봉, 금전이득, 현금	申띠: 의욕과다, 스트레스큼	亥띠:이동수,이별수,변동 움직임
卯띠:해결신,시험합격, 풀림	午띠: 매사꼬임,과거고생, 질병	酉띠: 시급한 일, 뜻대로 안됨	子띠: 빈주머니,걱정근심,사기

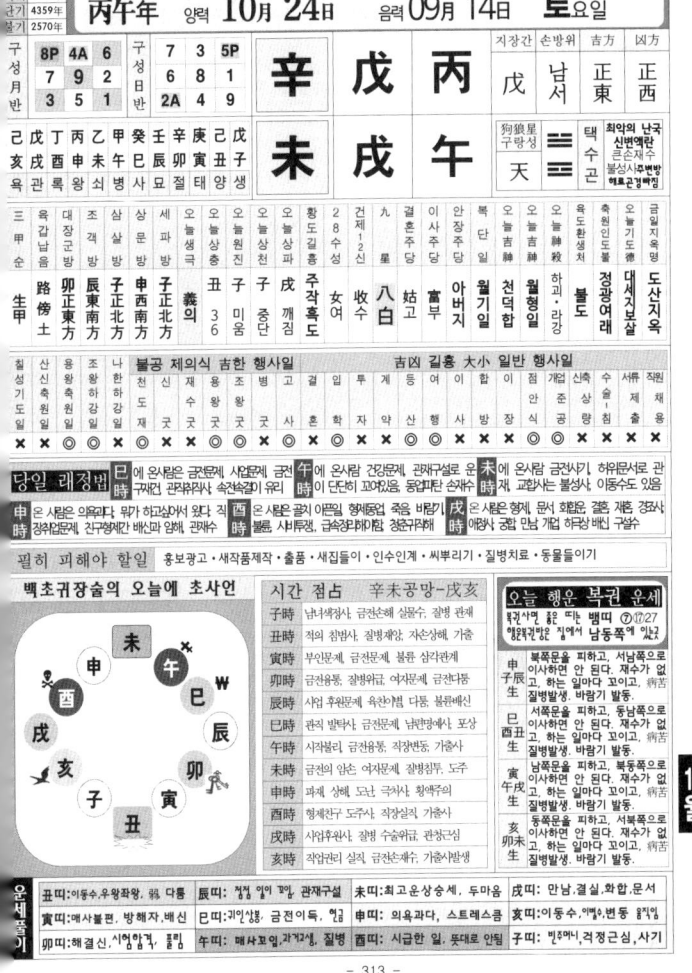

서기	2026年
단기	4359年
불기	2570年

丙午年 양력 10月 25日 음력 09月 15日 일요일

구성월반				구성일반			
	8P	4A	6		6	2	4
	7	9	2		5	7	9A
	3	5	1		1P	3	8

壬	戊	丙
申	戌	午

지장간	손방위	吉方	凶方
戊	서쪽	正北	正南

辛	庚	己	戊	丁	丙	乙	甲	癸	壬	辛	庚
亥	戌	酉	申	未	午	巳	辰	卯	寅	丑	子
록	관	욕	생	양	태	절	묘	사	병	쇠	왕

狗狼星 구랑성	☱	택수곤	최악의 난국 신변액란 큰손재수 불성사 주변방해로 곤경빠짐
正廳 정청관청	☵		

三甲순	육갑납음	대장군방	조객방	삼살방	상문방	세파방	오늘생극	오늘상충	오늘원진	오늘상천	오늘상파	황도길흉	28수성	건제12신	九星	결혼주당	이사주당	안장주당	오늘吉神	오늘吉神	神殺	오늘神殺	육도환생처	축원인도불	오늘기도德	금일지옥명
生甲	劍鋒金	卯正東方	辰東南方	子正北方	申西南方	子正北方	義의	寅 36	卯 미움	亥 중단	巳 깨짐	금궤황도	虛허	開개	七赤	夫부	殺살	손님	금당일	대명*왕일	천적일	천구·염대	인도	정광여래	아미보살	도산지옥

칠성기도일	산신축원일	용왕축원일	조왕하강일	나한하강일	불공 제의식 吉한 행사일									吉凶 길흉 大小 일반 행사일												
					천도재	신굿	재수굿	용왕굿	조왕굿	병굿	고사	결혼	입학	투자	계약	등산	여행	이사	합방	이장	점안식	개업준공	신축상량	수술-침	서류제출	직원채용
◎	◎	◎	◎	◎	◎	◎	◎	◎	◎	◎	◎	◎	◎	×	◎	◎	◎	×	×	×	◎	◎	◎	◎	◎	-

당일 래정법

巳時 에 온사람은 의욕없는자, 금전구재건, 색정사로 다툼, 억울한 일 매사불성사

午時 에 온사람은 금전문제, 사업문제, 빚쟁이모함, 관직취직사, 속전속결이 유리

未時 에 온사람 건강문제, 관재구설로 운이 단단히 꼬여있음, 남자는 불리, 손재수

申時 온 사람은 금전사기, 허위문서로 관재, 종교문제, 수술문제, 후원사는 유리함, 사고조심

酉時 온 사람은 의욕과다, 뭐가 하고싶어서 왔다. 직장취업문제, 친구형제간 배신, 시험합격여부

戌時 온 사람은 골치 아픈일, 형제동업, 죽음, 바람기, 불륜, 시비투쟁, 급속정리해야함, 청춘구직해

필히 피해야 할일 이날은 흑도와 월파일에 월기일, 패파, 대모 등 신살에 해당되어 매사 해롭고 불리한 날.

백초귀장술의 오늘에 초사언

시간 점占 壬申공망-戌亥

子時	금전손재수, 부인침해, 태아령 천도요망
丑時	사기도난, 파재, 실직사, 남편문제, 가출
寅時	파재, 관재, 적 침범사, 질병침투, 터부정
卯時	관록 당선에 방해자, 실수 탄로, 가출사
辰時	자손 시험합격, 불륜사, 질병재앙, 관재
巳時	금전융통, 여자문제, 불륜색정사, 가출사
午時	금전융통, 금전다툼, 극처사, 가출문제
未時	病환자, 직장실직, 남편문제, 불륜애정사
申時	금전암손, 부인문제, 형제친구사, 불륜사
酉時	윗사람 후원문제, 남녀색정사, 가출사건
戌時	색정사, 재물손실, 가출건, 질병침투, 관재
亥時	입상명예문제, 직장취업 승진문제, 가출

오늘 행운 복권 운세

복권사면 좋은 띠는 말띠 ⑤⑦22
행운복권방은 집에서 남쪽에 있는곳

申子辰生	북쪽문을 피하고, 서남쪽으로 이사하면 안 된다. 재수가 없고, 하는 일마다 꼬이고, 病苦질병발생. 바람기 발동.
巳酉丑生	서쪽문을 피하고, 동남쪽으로 이사하면 안 된다. 재수가 없고, 하는 일마다 꼬이고, 病苦질병발생. 바람기 발동.
寅午戌生	남쪽문을 피하고, 북동쪽으로 이사하면 안 된다. 재수가 없고, 하는 일마다 꼬이고, 病苦질병발생. 바람기 발동.
亥卯未生	동쪽문을 피하고, 서북쪽으로 이사하면 안 된다. 재수가 없고, 하는 일마다 꼬이고, 病苦질병발생. 바람기 발동.

운세풀이

寅띠:이동수,우왕좌왕, 형제 다툼	巳띠: 점점 일이 꼬임, 관재구설	申띠:최고운상승세, 두마음	亥띠: 만남,결실,화합,문서
卯띠:매사불편, 방해자,배신	午띠: 귀인상봉, 금전이득, 현금	酉띠: 의욕과다, 스트레스큼	子띠:이동수,이별수,변동 움직임
辰띠:해결신,시험합격, 풀림	未띠: 매사꼬임,과거고생, 질병	戌띠: 시급한 일. 뜻대로 안됨	丑띠: 빈주머니,걱정근심,사기

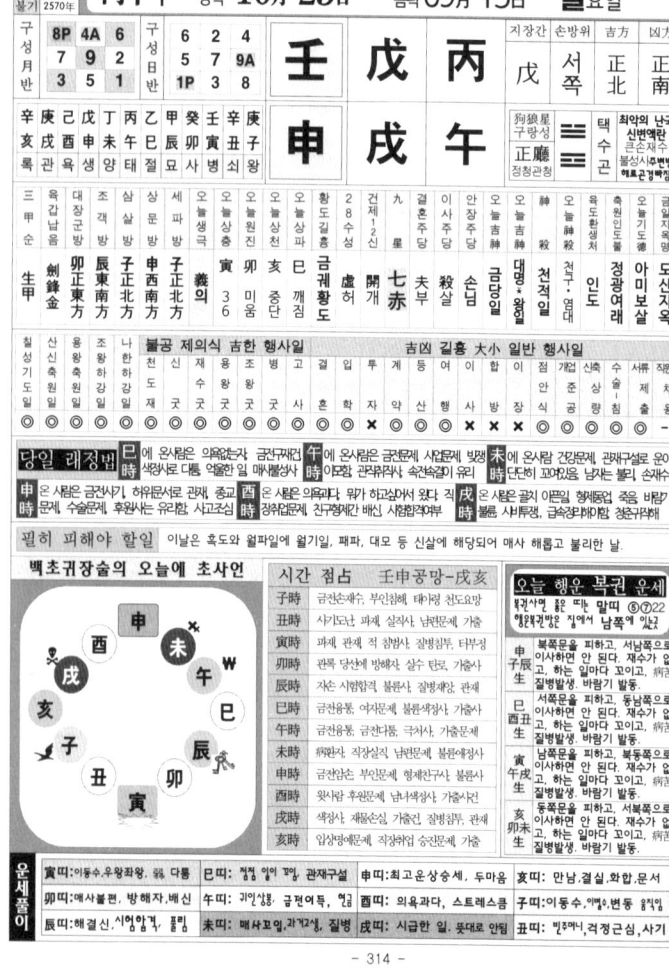

서기	2026年
단기	4359年
불기	2570年

丙午年 양력 10月 26日 음력 09月 16日 월요일

구성월반				구성일반			
	8P	4A	6		5	1	3
	7	9	2		4P	6	8
	3	5	1		9	2	7A

時	日	月	年
	癸	戊	丙
	酉	戌	午

지장간	손방위	吉方	凶方
戊	서북	正西	正東

狗狼星 구랑성	寅艮卯方 午方後門	☷☶	산지박	풍비박산 첩첩산중 온신자중할 때 신변다급 한위험닥침

癸	壬	辛	庚	己	戊	丁	丙	乙	甲	癸	壬
亥	戌	酉	申	未	午	巳	辰	卯	寅	丑	子
왕	쇠	병	사	묘	절	태	양	생	욕	관	록

三甲순	육갑납음	대장군방	조객방	삼살방	상문방	세파방	오늘생극	오늘상충	오늘원진	오늘상천	오늘상파	황도길흉	28수성	건제12신	九星	결혼주당	이사주당	안장주당	복단일	神殺	神殺	오늘神殺	육도환생처	축원인도불	오늘기도德	금일지옥명
生甲	劍鋒金	卯正東方	辰東南方	子正北方	申西南方	子正北方	義의	卯 36	寅 미움	戌 중단	子 깨짐	대덕황도	危위	閉폐	六白	廚주	害해	며느리	대명*관일	천의*보광	독화·혈지	월해·천리	귀도	정광여래	관음보살	도산지옥

칠성기도일	산신축원일	용왕축원일	조왕하강일	나한하강일	천도재	신굿	재수굿	용왕굿	조왕굿	병굿	고사	결혼	입학	투자	계약	등산	여행	이사	합방	이장	점안식	개업준공	신축상량	수술-침	서류제출	직원채용
					불공 제의식 吉한 행사일						吉凶 길흉 大小 일반 행사일															
◎	×	◎	◎	×	◎	×	×	×	×	×	×	×	×	×	×	×	×	×	×	×	×	×	×	×	×	×

당일 래정법

巳時에 온사람은 허가 해결할 문제, 합격여부, 금전투자여부, 직장문제, 재혼은 굳 午時에 온사람은 의욕없는자, 금전구재건, 색정사로 다툼, 억울한 일 매사불성사 未時에 온사람 금전문제, 사업문제, 자식문제, 관직취직사, 속전속결이 유리

申時 온 사람은 건강문제, 관재구설로 운이 단단히 꼬여있음, 취업 승진문제, 딸자식문제, 손재수 酉時 온 사람은 두가지 문제 갈등사, 갖고싶은 욕구강함, 새로운 일시작 진행함이 좋다. 우환질병 戌時 온 사람은 의욕과다, 뭐가 하고싶어서 왔다. 직장 취업문제, 친구형제간 배신, 시험합격여부

필히 피해야 할일 이날은 천적과 월파일에 천적, 오허, 검봉, 지화 등 신살에 해당되어 매사 해롭고 불리한 날.

백초귀장술의 오늘에 초사언

시간 점占	癸酉공망-戌亥
子時	직장근심, 사업손재수, 색정사, 도난도주
丑時	관재, 적 침범사, 질병침투, 불륜색정사
寅時	음란색정사, 불명예, 극처사, 재해 도난
卯時	질병침투, 색정사, 적 침범사, 가출사
辰時	직장실직, 금전융통, 남편문제, 화합사
巳時	재물과 부인문제, 질병재앙, 후원 발탁사
午時	금전융통, 남녀 색정사, 부부불화, 가출사
未時	육친이별문제, 구재이득, 우환질병, 관재
申時	어른 우환질병, 실직사, 도난, 가출사
酉時	금전 암손, 부인문제, 질병침투, 색정사
戌時	관직권리, 직장취업, 부부변심, 삼각관계
亥時	재앙불리, 음란색정사, 금전손실, 도난

오늘 행운 복권 운세

복권사면 좋은 띠는 양띠 ⑤⑩25
행운복권방은 집에서 남서쪽에 있는곳

申子辰生	북쪽문을 피하고, 서남쪽으로 이사하면 안 된다. 재수가 없고, 하는 일마다 꼬이고, 病苦 질병발생. 바람기 발동.
巳酉丑生	서쪽문을 피하고, 동남쪽으로 이사하면 안 된다. 재수가 없고, 하는 일마다 꼬이고, 病苦 질병발생. 바람기 발동.
寅午戌生	남쪽문을 피하고, 북동쪽으로 이사하면 안 된다. 재수가 없고, 하는 일마다 꼬이고, 病苦 질병발생. 바람기 발동.
亥卯未生	동쪽문을 피하고, 서북쪽으로 이사하면 안 된다. 재수가 없고, 하는 일마다 꼬이고, 病苦 질병발생. 바람기 발동.

10월

운세풀이

卯띠:이동수,우왕좌왕, 말로 다툼	午띠: 점점 일이 꼬임, 관재구설	酉띠:최고운상승세, 두마음	子띠: 만남,결실,화합,문서
辰띠:매사불편, 방해자,배신	未띠: 귀인상봉, 금전이득, 현금	戌띠: 의욕과다, 스트레스큼	丑띠:이동수,이별수,변동 움직임
巳띠:해결신,시험합격, 풀림	申띠: 매사꼬임,과거고생, 질병	亥띠: 시급한 일, 뜻대로 안됨	寅띠: 빈주머니,걱정근심,사기

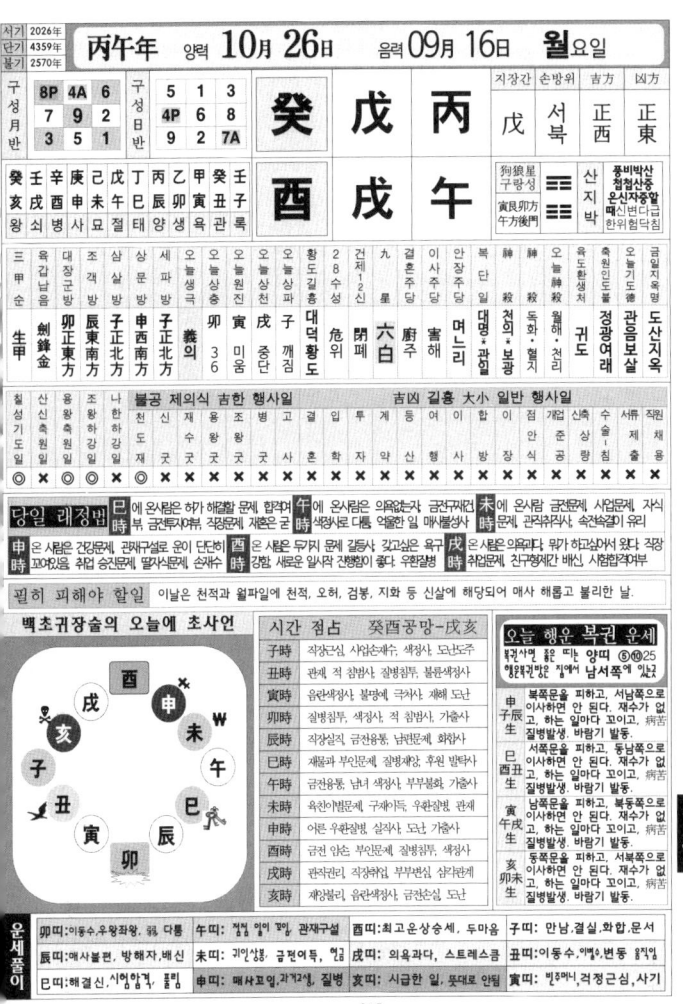

서기	2026年
단기	4359年
불기	2570年

丙午年 양력 10月 27日 음력 09月 17日 화요일

구성月반			구성日반		
8P	4A	6	4P	9	2
7	9	2	3	5	7
3	5	1	8	1	6

時	日	月	年
	甲	戊	丙
	戌	戌	午

지장간	손방위	吉方	凶方
戊	북쪽	正南	正北

乙亥	甲戌	癸酉	壬申	辛未	庚午	己巳	戊辰	丁卯	丙寅	乙丑	甲子
생	양	태	절	묘	사	병	쇠	왕	록	관	욕

狗狼星 구랑성	神廟 州縣

산지박 ☶☷

풍비박산 첩첩산중 온신자중함 때신변다급 한위험닥침

三甲순	육갑납음	대장군방	조객방	삼살방	상문방	세파방	오늘생극	오늘상충	오늘원진	오늘상천	오늘상파	황도길흉	28수성	건제12신	九星	결혼주당	이사주당	안장주당	복단일	대공망일	神殺일	오늘神殺	육도환생처	축원인도불	오늘기도德	금일지옥명
死甲	山頭火	卯正東方	辰東南方	子正北方	申西南方	子正北方	制제	辰 36	巳 미움	酉 중단	未 깨짐	백호흑도	室실	建건	五黃	婦부	天천	어머니	모창*수일	대공망일	-	월건·천격	축도	정광여래	미륵보살	도산지옥

칠성기도일	산신축원일	용왕축원일	조왕하강일	나한하강일	천도재	신굿	재수굿	용왕굿	조왕굿	병굿	고사	결혼	입학	투자	계약	등산	여행	이사	합방	이장	점안식	개업준공	신축상량	수술-침	서류제출	직원채용
◎	◎	◎	◎	◎	◎	◎	◎	◎	◎	◎	◎	◎	◎	×	-	◎	◎	×	×	×	◎	◎	◎	◎	◎	◎

(불공 제의식 吉한 행사일: 천도재 ~ 고사 / 吉凶 길흉 大小 일반 행사일: 결혼 ~ 직원채용)

당일 래정법

巳時 에 온사람은 방해자, 배신사, 의욕상실 매사 지체불리함, 창업은 불리함

午時 에 온사람은 허가 해결할 문제, 합격여부, 금전투자여부, 직장문제, 재혼

未時 에 온사람 의욕없는자, 금전구재건, 색정사로 다툼, 억울한 일, 매사불성사

申時 온 사람은 금전문제, 사업문제, 관직취직사, 관재로 얽히게 됨, 속전속결이 유리

酉時 온 사람은 건강문제, 관재구설로 운이 단단히 꼬여있음, 취업 승진문제, 남자문제, 손재수

戌時 온 사람은 두가지 문제 갈등사, 갖고싶은 욕구 강함, 새로운 일시작 진행함이 좋다. 우환질병

필히 피해야 할일

동물들이기 · 농기구 다루기 · 기계수리 · 수렵 · 승선 · 낚시 · 어로작업 · 요트타기 · 위험놀이기구

백초귀장술의 오늘에 초사언

시간 점占 甲戌공망-申酉

子時	어린자식 질병사, 사업불리, 태아령천도
丑時	귀인별탁, 직장사, 구재이득, 질병침투
寅時	직장취업, 직위변동, 가출사, 질병침투
卯時	재물손실, 융통불리, 남녀색정사, 질병
辰時	질병재앙, 적의 침범사, 재물손실, 도난
巳時	자식문제, 직장실직, 부부불화, 망신살수
午時	관재구설, 자식, 직업문제, 화재주의
未時	금전융통, 관청근심, 삼각관계, 가출문제
申時	금전문제, 가출자, 원행 이동수, 손재수
酉時	손해사발생, 직장실직, 부부변심, 질병위급
戌時	금전 암손, 사업문제, 여자문제, 가출사
亥時	금전무리투자, 도난, 자식질병, 태아령

오늘 행운 복권 운세

복권사면 좋은 띠는 **원숭띠** ⑧19, 29
행운복권방은 집에서 **서남쪽**에 있는곳

申子辰生	북쪽문을 피하고, 서남쪽으로 이사하면 안 된다. 재수가 없고, 하는 일마다 꼬이고, 病苦 질병발생. 바람기 발동.
巳酉丑生	서쪽문을 피하고, 동남쪽으로 이사하면 안 된다. 재수가 없고, 하는 일마다 꼬이고, 病苦 질병발생. 바람기 발동.
寅午戌生	남쪽문을 피하고, 북동쪽으로 이사하면 안 된다. 재수가 없고, 하는 일마다 꼬이고, 病苦 질병발생. 바람기 발동.
亥卯未生	동쪽문을 피하고, 서북쪽으로 이사하면 안 된다. 재수가 없고, 하는 일마다 꼬이고, 病苦 질병발생. 바람기 발동.

운세풀이

辰띠: 이동수, 우왕좌왕, 弱, 다툼	未띠: 점점 일이 꼬임, 관재구설	戌띠: 최고운상승세, 두마음	丑띠: 만남, 결실, 화합, 문서
巳띠: 매사불편, 방해자, 배신	申띠: 귀인상봉, 금전이득, 현금	亥띠: 의욕과다, 스트레스큼	寅띠: 이동수, 이별수, 변동 움직임
午띠: 해결신, 시험합격, 풀림	酉띠: 매사꼬임, 과거고생, 질병	子띠: 시급한 일, 뜻대로 안됨	卯띠: 빈주머니, 걱정근심, 사기

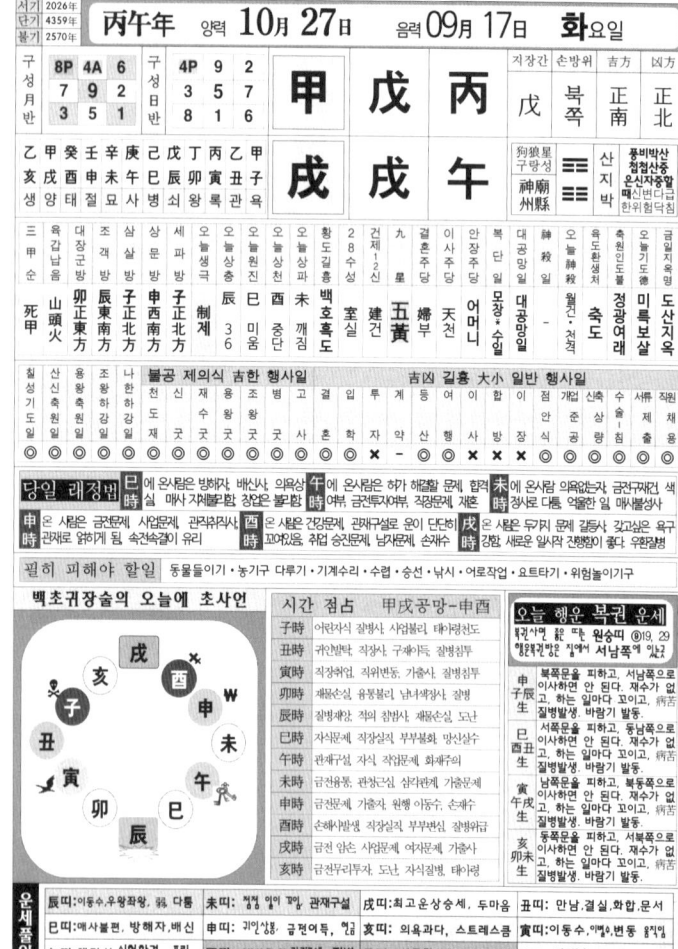

서기	2026年
단기	4359年
불기	2570年

丙午年 양력 10月 28日 음력 09月 18日 수요일

구성月반			구성日반		
8P	4A	6	3AP	8	1
7	9	2	2	4	6
3	5	1	7	9	5

乙	戊	丙
亥	戌	午

지장간	손방위	吉方	凶方
戊	북동	正東	正西

狗狼星 구랑성	☰☰	산지박	풍비박산 첩첩산중 온신자중할 때신변다급 한위험닥침
寺觀 절사관	☷☷		

丁	丙	乙	甲	癸	壬	辛	庚	己	戊	丁	丙
亥	戌	酉	申	未	午	巳	辰	卯	寅	丑	子
사	묘	절	태	양	생	욕	관	록	왕	쇠	병

三甲순	육갑납음	대장군방	조객방	삼살방	상문방	세파방	오늘생극	오늘상충	오늘원진	오늘상천	오늘상파	황도길흉	28수성	건제12신	九星	결혼주당	이사주당	안장주당	대공망일	오늘吉神	神殺	오늘神殺	육도환생처	축원인도불	오늘기도德	금일지옥명
死甲	山頭火	卯正東方	辰東南方	子正北方	申西南方	子正北方	義의	巳 36	辰 미움	申 중단	寅 깨짐	옥당황도	壁벽	除제	四綠	竈조	利이	여자	대공망일	복단일	-	토부·오허	옥도	정광여래	여래보살	도산지옥

칠성기도일	산신축원일	용왕축원일	조왕하강일	나한하강일	천도재	신굿	재수굿	용왕굿	조왕굿	병굿	고사	결혼	입학	투자	계약	등산	여행	이사	합방	이장	점안식	개업준공	신축상량	수술-침	서류제출	직원채용
◎	◎	×	◎	◎	◎	◎	◎	◎	◎	◎	◎	◎	◎	×	×	◎	◎	×	×	×	◎	◎	×	◎	◎	×

(천도재–고사: 불공 제의식 吉한 행사일 / 결혼–직원채용: 吉凶 길흉 大小 일반 행사일)

당일 래정법

巳時 에 온사람은 자식문제, 직장변동수, 터부정, 관재구설 시비 다툼주의 범칼주의

午時 에 온사람은 방해자, 배신사, 의욕상실 매사 지체불리함 금전 의혹문제

未時 에 온사람 허가 해결할 문제, 급성질환 불길 주식투자여부, 직장문제, 매매건

申時 온 사람은 의욕없는자, 직장실직문제, 취업시험불리, 색정사, 억울한 일, 매사불성사

酉時 온 사람은 금전문제, 사업문제, 관직취직사, 관재로 얽히게 됨, 속전속결 유리, 남편지출

戌時 온 사람은 건강문제, 관재구설로 운이 단단히 꼬여있음, 취업 승진문제, 자식문제, 손재수

필히 피해야 할일

소장제출 • 항소 • 손님초대 • 神物,佛象안치 • 씨뿌리기 • 건축수리 • 흙 다루고 땅 파는 일

백초귀장술의 오늘에 초사언

시간 점占 乙亥공망-申酉

子時	상부발탁사, 관직입사, 음란색정사, 도난
丑時	적의 침범사, 질병위급, 삼각관계, 도망
寅時	재물취득, 부인문제, 관직변동, 간사 情夫
卯時	직장취업, 이동사, 가출문제, 형제친구사
辰時	재물융통, 질병재발, 부부다툼, 극처사
巳時	이동사, 삼각 색정사, 직장실직, 터부정
午時	질병재앙, 자식문제, 직장실직, 재해 도난
未時	금전융통, 구재이득, 여자문제 자연해소
申時	재물손실, 우환질병, 불명예, 색정사, 가출
酉時	금전문제, 가출사, 삼각관계, 관재, 질병
戌時	자살귀 침범, 구재불가, 질병고통, 이별사
亥時	금전암손, 여자문제, 사업후원사, 질병침투

오늘 행운 복권 운세

복권사면 좋은 띠는 닭띠 ④⑨ 24, 행운복권방은 집에서 서쪽에 있는곳

申子辰生	북쪽문을 피하고, 서남쪽으로 이사하면 안 된다. 재수가 없고, 하는 일마다 꼬이고, 病苦 질병발생. 바람기 발동.
巳酉丑生	서쪽문을 피하고, 동남쪽으로 이사하면 안 된다. 재수가 없고, 하는 일마다 꼬이고, 病苦 질병발생. 바람기 발동.
寅午戌生	남쪽문을 피하고, 북동쪽으로 이사하면 안 된다. 재수가 없고, 하는 일마다 꼬이고, 病苦 질병발생. 바람기 발동.
亥卯未生	동쪽문을 피하고, 서북쪽으로 이사하면 안 된다. 재수가 없고, 하는 일마다 꼬이고, 病苦 질병발생. 바람기 발동.

운세풀이

巳띠:이동수,우왕좌왕, 弱弱 다툼	申띠: 점점 일이 꼬임, 관재구설	亥띠:최고운상승세, 두마음	寅띠: 만남,결실,화합,문서
午띠:매사불편, 방해자,배신	酉띠: 귀인상봉, 금전이득, 현금	子띠: 의욕과다, 스트레스큼	卯띠:이동수,이별수,변동 움직임
未띠:해결신,시험합격, 풀림	戌띠: 매사꼬임,과거고생, 질병	丑띠: 시급한 일, 뜻대로 안됨	辰띠: 빈주머니,걱정근심,사기

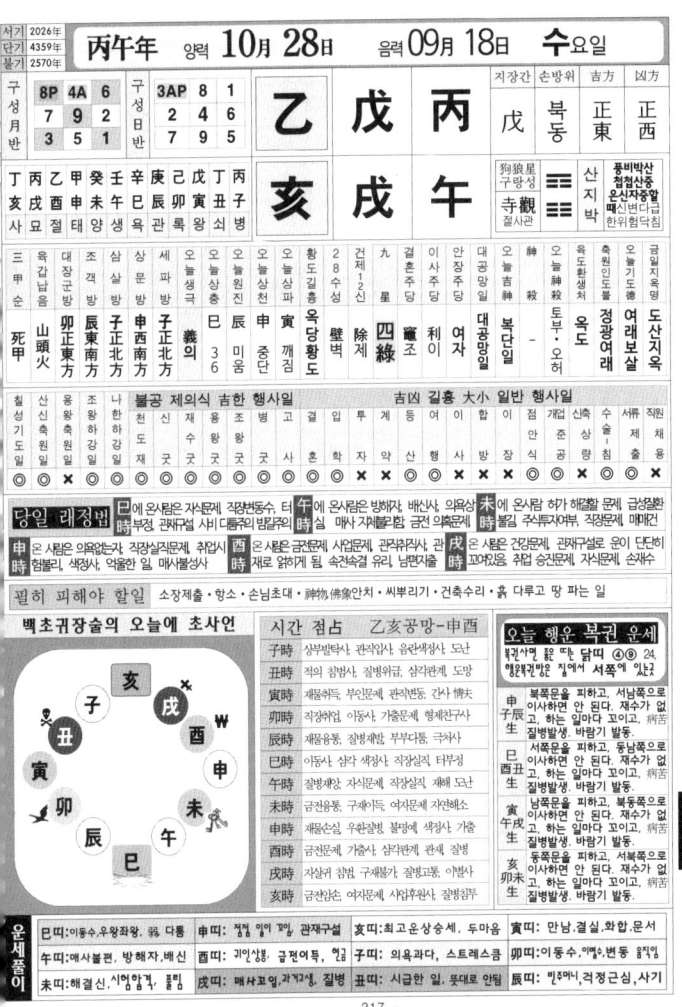

10월

서기	2026年
단기	4359年
불기	2570年

丙午年 양력 10月 29日 음력 09月 19日 목요일

구성月반			구성日반		
8P	4A	6	2	7P	9
7	9	2	1A	3	5
3	5	1	6	8	4

丙	戊	丙
子	戌	午

지장간	손방위	吉方	凶方
戊	無	正北	正南

狗狼星 구랑성 / 中庭 마당중앙	☶☷	산지박	풍비박산 첩첩산중 온신자중할 때신변다급 한위험닥침

己	戊	丁	丙	乙	甲	癸	壬	辛	庚	己	戊
亥	戌	酉	申	未	午	巳	辰	卯	寅	丑	子
절	묘	사	병	쇠	왕	록	관	욕	생	양	태

三甲순	육갑납음	대장군방	조객방	삼살방	상문방	세파방	오늘생극	오늘상충	오늘원진	오늘상천	오늘상파	황도길흉	28수성	건제12신	九星	결혼주당	이사주당	안장주당	오늘吉神	오늘吉神	神殺일	오늘神殺	육도환생처	축원인도불	오늘기도德	금일지옥명
死甲	澗下水	卯正東方	辰東南方	子正北方	申西南方	子正北方	伐벌	午 36	未 미움	未 중단	酉 깨짐	천뇌흑도	奎규	滿만	三碧	第제	安안	死	천덕*월덕	시덕*민일	귀기·지격	천화·패파	천도	지장보살	아미보살	발설지옥

칠성기도일	산신축원일	용왕축원일	조왕하강일	나한하강일	천도재	신굿	재수굿	용왕굿	조왕굿	병굿	고사	결혼	입학	투자	계약	등산	여행	이사	합방	이장	점안식	개업준공	신축상량	수술-침	서류제출	직원채용
					불공 제의식 吉한 행사일							吉凶 길흉 大小 일반 행사일														
◎	◎	×	◎	◎	◎	◎	◎	◎	◎	◎	◎	×	◎	×	×	-	×	◎	×	×	◎	◎	×	◎	◎	×

당일 래정법

巳時에 온사람은 직장실직건, 친구나 형제문제, 관송사, 실업자, 빈주머니

午時에 온사람은 이동변동수, 터부정, 하극상모함사건, 자식문제, 차사고

未時에 온사람은 방해자, 배신사, 가족간시비, 매사 지체불리함, 도전 창업은 불리

申時 온 사람은 관직 취직문제, 결혼 경조사, 한가지씩 해결됨, 시험은 합격됨, 허가건도 승인남, 귀인도움

酉時 온 사람은 외방색정사, 불륜사, 관재로 발전, 딸 문제발생, 여자로인해 돈모난, 창업불리

戌時 온 사람은 남자문제, 부동산매매, 금전문제, 주식투자문제, 재물구재사, 여자화합건, 건강질병과 빚때문 괴로움

필히 피해야 할일 신상출고 · 제품제작 · 친구초대 · 계약매매 · 문 만들기 · 벌초 · 씨뿌리기 · 나무심기 · 흙 파는일.

백초귀장술의 오늘에 초사언

시간 점占 丙子공망-申酉

子時	돈이나 처를 극, 자식病 흉, 태아령천도
丑時	금전융통, 새일시작, 우환질병, 가출문제
寅時	사업곤란, 병재 재난, 도난 원한 興服
卯時	사업후원사, 부부화합사, 여자 가출사
辰時	자식문제, 직장실직, 질병침투, 가출사
巳時	관직 명예사, 가정불안, 도난, 손재수
午時	남녀투쟁 다툼, 처를 극, 질병위급, 수술
未時	잡안잡귀침투, 자식문제, 직장실직, 질병
申時	선거자유리, 금전융통, 여자문제, 도망
酉時	금전융통, 관청근심, 삼각관계, 가출문제
戌時	자식문제, 직장실직, 질병침투, 가출사
亥時	파재, 극처사, 관송사 분쟁, 가출문제

오늘 행운 복권 운세

복권사면 좋은 띠는 **개띠** ⑩⑳ 30
행운복권방은 집에서 **서북쪽**에 있는곳

申子辰生	북쪽문을 피하고, 서남쪽으로 이사하면 안 된다. 재수가 없고, 하는 일마다 꼬이고, 病苦 질병발생. 바람기 발동.
巳酉丑生	서쪽문을 피하고, 동남쪽으로 이사하면 안 된다. 재수가 없고, 하는 일마다 꼬이고, 病苦 질병발생. 바람기 발동.
寅午戌生	남쪽문을 피하고, 북동쪽으로 이사하면 안 된다. 재수가 없고, 하는 일마다 꼬이고, 病苦 질병발생. 바람기 발동.
亥卯未生	동쪽문을 피하고, 서북쪽으로 이사하면 안 된다. 재수가 없고, 하는 일마다 꼬이고, 病苦 질병발생. 바람기 발동.

운세풀이

午띠:이동수,우왕좌왕, 弱, 다툼	酉띠: 점점 일이 꼬임, 관재구설	子띠:최고운상승세, 두마음	卯띠: 만남,결실,화합,문서
未띠:매사불편, 방해자,배신	戌띠:귀인상봉, 금전이득, 현금	丑띠: 의욕과다, 스트레스큼	辰띠:이동수,이별수,변동 움직임
申띠:해결신,시험합격, 풀림	亥띠: 매사꼬임,과거고생, 질병	寅띠: 시급한 일, 뜻대로 안됨	巳띠: 빈주머니,걱정근심,사기

서기 2026年	단기 4359年	불기 2570年

丙午年 양력 10月 30日 음력 09月 20日 금요일

구성월반

8P	4A	6
7	9	2
3	5	1

구성일반

1	6	8AP
9	2	4
5	7	3

丁	戊	丙
丑	戌	午

지장간	손방위	吉方	凶方
戊	無	正西	正東

辛	庚	己	戊	丁	丙	乙	甲	癸	壬	辛	庚
亥	戌	酉	申	未	午	巳	辰	卯	寅	丑	子
태	양	생	욕	관	록	왕	쇠	병	사	묘	절

狗狼星 구랑성: 寅方廚舍 부엌동북

산지박: 풍비박산 첩첩산중 은신자중할 때 신변다급 한위험닥침

三甲순	육갑납음	대장군방	조객방	삼살방	상문방	세파방	오늘생극	오늘상충	오늘원진	오늘상천	오늘상파	황도길흉	28수성	건제12신	九星	결혼주당	이사주당	안장주당	천구하식	복단일	神殺일	오늘神殺	육도환생처	축원인도불	오늘기도德	금일지옥명
死甲	澗下水	卯正東方	辰東南方	子正北方	申西南方	子正北方	寶보	未 36	午 미움	午 중단	辰 깨짐	현무흑도	婁루	平평	二黑	翁옹	災재	손자	-	대명*복생	월형일	천강·월살	천도	지장보살	보현보살	발설지옥

칠성기도일	산신축원일	용왕축원일	조왕하강일	나한하강일	불공 제의식 吉한 행사일: 천도재	신굿	재수굿	용왕굿	조왕굿	병굿	고사	吉凶 길흉 大小 일반 행사일: 결혼	입학	투자	계약	등산	여행	이사	합방	이장	점안식	개업준공	신축상량	수술-침	서류제출	직원채용
×	×	×	×	◎	◎	×	×	×	×	×	×	×	×	×	×	◎	×	–	×	×	◎	×	×	×	×	×

당일 래정법

巳時 에 온사람은 이동수 있는자, 이사 직장변동, 사업체 변동수, 창업불리

午時 에 온사람은 취업문제, 창업문제, 빈주머니 헛 공사, 부부불화 원망 이별

未時 에 온사람은 남녀간다툼 이동변동수, 터부정, 관재구설, 배신, 교통사고주의

申時 온 사람은 방해자, 배신사, 의욕상실, 취업 승진 매사지체불리함, 창업손실, 손해손재수

酉時 온 사람은 새 일 자식문제 급처리문제, 처음엔 해결되는 듯하나 후 불리함 시험합격됨

戌時 온 사람은 의욕없는 자, 하극상 배신사, 억울한일 외정색정사, 불륜사 문제,, 관재로 발전, 취직문제

필히 피해야 할일

출판출고 • 책만들기 • 지출 • 취임식 • 출항 • 어로작업 • 승선 • 바다낚시 • 머리자르기

백초귀장술의 오늘에 초사언

시간 점占 丁丑공망-申酉

子時	자식문제, 관재구설, 급질병, 도난 원수
丑時	금전 암손 사업문제, 여자문제, 가출사
寅時	사업시작, 후원사, 화합사, 불륜색정사
卯時	질병침투, 적 침범사, 여자 삼각관계
辰時	사업 후원사, 자식문제, 귀농유리, 취업
巳時	금전손실, 여자문제, 관송사, 가출사
午時	매사 불성, 골육이별, 가출사, 사기도난
未時	직장실직, 우환질병 가출사 자손사 하극상
申時	재물손실, 극처사, 가출사, 재해, 도난
酉時	금전융통, 여자문제, 색정사, 금전손실
戌時	관청근심, 불륜색정사, 가출, 도난 상해
亥時	금전문제, 입상 명예문제, 원행 이동수

오늘 행운 복권 운세

복권사면 좋은 띠는 **돼지띠** ⑪⑯31

행운복권방은 집에서 **북서쪽에** 있는곳

申子辰生	북쪽문을 피하고, 서남쪽으로 이사하면 안 된다. 재수가 없고, 하는 일마다 꼬이고, 病苦 질병발생. 바람기 발동.
巳酉丑生	서쪽문을 피하고, 동남쪽으로 이사하면 안 된다. 재수가 없고, 하는 일마다 꼬이고, 病苦 질병발생. 바람기 발동.
寅午戌生	남쪽문을 피하고, 북동쪽으로 이사하면 안 된다. 재수가 없고, 하는 일마다 꼬이고, 病苦 질병발생. 바람기 발동.
亥卯未生	동쪽문을 피하고, 서북쪽으로 이사하면 안 된다. 재수가 없고, 하는 일마다 꼬이고, 病苦 질병발생. 바람기 발동.

10월

운세풀이

未띠:이동수,우왕좌왕, 弱, 다툼	戌띠: 점점 일이 꼬임 관재구설	丑띠:최고운상승세, 두마음	辰띠: 만남,결실,화합,문서
申띠:매사불편, 방해자,배신	亥띠:귀인상봉, 금전이득, 현금	寅띠: 의욕과다, 스트레스큼	巳띠:이동수,이별수,변동 움직임
酉띠:해결신,시험합격, 풀림	子띠: 매사꼬임,과거고생, 질병	卯띠: 시급한 일, 뜻대로 안됨	午띠: 빈주머니,걱정근심,사기

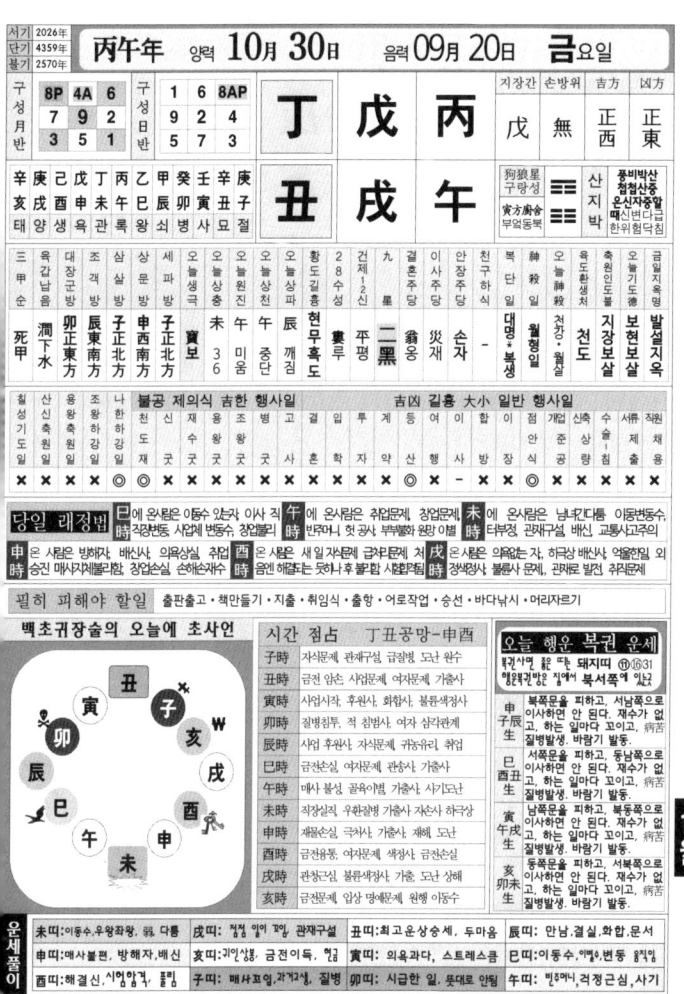

서기	2026年
단기	4359年
불기	2570年

丙午年 양력 10月 31日 음력 09月 21日 토요일

구성월반				구성일반			
	8P	4A	6		9	5	7P
	7	9	2		8	1	3
	3	5	1		4	6A	2

시	일	월	년
戊	戊	丙	
寅	戌	午	

지장간	손방위	吉方	凶方
戊	동쪽	正南	正北

狗狼星 구랑성	☰	산지박	풍비박산 첩첩산중 온신자중할 때신변다급 한위험닥침
東北方 동북방	☷		

癸	壬	辛	庚	己	戊	丁	丙	乙	甲	癸	壬
亥	戌	酉	申	未	午	巳	辰	卯	寅	丑	子
절	묘	사	병	쇠	왕	록	관	욕	생	양	태

三甲순	육갑납음	대장군방	조객방	삼살방	상문방	세파방	오늘생극	오늘상충	오늘원진	오늘상천	오늘상파	황도길흉	28수성	건제12신	九星	결혼주당	이사주당	안장주당	복단일	오늘吉神	神殺	오늘神殺	육도환생처	축원인도불	오늘기도德	금일지옥명
死甲	城頭土	卯正東方	辰東南方	子正北方	申西南方	子正北方	伐벌	申 36	酉 미움	巳 중단	亥 깨짐	사명황도	胃위	定정	一白	堂당	師사	남자	삼합일	양덕*익일	수사·지화	구공·고초	인도	지장보살	약사보살	발설지옥

칠성기도일	산신축원일	용왕축원일	조왕하강일	나한하강일	천도재	신굿	재수굿	용왕굿	조왕굿	병굿	고사	결혼	입학	투자	계약	등산	여행	이사	합방	이장	점안식	개업준공	신축상량	수술·침	서류제출	직원채용
◎	◎	×	◎	◎	◎	◎	◎	◎	◎	◎	◎	◎	◎	◎	◎	◎	◎	×	◎	×	◎	◎	◎	◎	◎	◎

(불공 제의식 吉한 행사일: 천도재 ~ 병굿 / 吉凶 길흉 大小 일반 행사일: 고사 ~ 직원채용)

당일 래정법

巳時 에 온사람은 문서구입 회합사 결혼 재혼 경조사 애정사 궁합 후원 개업

午時 에 온사람은 이동수 있는자 이사나 직장변동 친구나 형제 사업체변동수

未時 에 온사람은 금전사기 실업자 색정사 들통 빈주머니 헛수고 문서모난사 매사불성

申時 온 사람은 매매 이동변동수, 직장변동수, 터 부정, 사기 허위문서 다툼주의 차사고 주의

酉時 온 사람은 질병과 자식문제 방해자 배신사 관송사 취업 승진 매사 지체불리함

戌時 온 사람은 자식문제 하극상으로 배신사 해결되는 듯 하나 후 불리함 시험 합격됨 허가건 승인됨 관재

필히 피해야 할일 봉사활동 · 새집들이 · 출장 · 손님초대 · 시험관인공수정 · 성형수술 · 수혈 · 흙 다루고 땅파는 일

백초귀장술의 오늘에 초사언

시간 점占 戊寅공망-申酉

子時	금전융통, 부인문제 자식질병 관재구설
丑時	재물파산 권리박탈 부인문제 가출건
寅時	금전 암손, 여자문제 가출사 여행 凶
卯時	남편문제 직장취업 색정사 가출사
辰時	매사불성 금전손실 사업파산 속 중단
巳時	입상 명예사 직장승진 금전기쁨 관청
午時	금전손실 다툼 사업이동 가출 처를 극
未時	잡안잡귀침투 처첩 색정사 가출문제
申時	침범사 질병재앙 가출사 직장실직
酉時	금전손실 직장실직 가출사 배신음모
戌時	사업후원사 취업문제 육친문제 수술유의
亥時	금전손실 도난 상해 이별사 가출사

오늘 행운 복권 운세

복권사면 좋은 띠는 **쥐띠** ①⑥⑯
행운복권방은 집에서 **북쪽**에 있는곳

申子辰生	북쪽문을 피하고, 서남쪽으로 이사하면 안 된다. 재수가 없고, 하는 일마다 꼬이고, 病苦 질병발생. 바람기 발동.
巳酉丑生	서쪽문을 피하고, 동남쪽으로 이사하면 안 된다. 재수가 없고, 하는 일마다 꼬이고, 病苦 질병발생. 바람기 발동.
寅午戌生	남쪽문을 피하고, 북동쪽으로 이사하면 안 된다. 재수가 없고, 하는 일마다 꼬이고, 病苦 질병발생. 바람기 발동.
亥卯未生	동쪽문을 피하고, 서북쪽으로 이사하면 안 된다. 재수가 없고, 하는 일마다 꼬이고, 病苦 질병발생. 바람기 발동.

운세풀이

申띠:이동수,우왕좌왕, 弱, 다툼	亥띠: 점점 일이 꼬임 관재구설	寅띠:최고운상승세, 두마음	巳띠: 만남,결실,화합,문서
酉띠:매사불편, 방해자,배신	子띠:귀인상봉, 금전이득, 현금	卯띠: 의욕과다, 스트레스큼	午띠:이동수,이별수,변동 움직임
戌띠:해결신,시험합격, 풀림	丑띠: 매사꼬임,과거고생, 질병	辰띠: 시급한 일, 뜻대로 안됨	未띠: 빈주머니,걱정근심,사기

서기	2026年
단기	4359年
불기	2570年

丙午年 양력 11月 01日 음력 09月 22日 일요일

구성月반				구성日반			
	8P	4A	6		8	4A	6
	7	9	2		7	9	2P
	3	5	1		3	5	1

乙	甲	癸	壬	辛	庚	己	戊	丁	丙	乙	甲
亥	戌	酉	申	未	午	巳	辰	卯	寅	丑	子
태	양	생	욕	관	록	왕	쇠	병	사	묘	절

己	戊	丙
卯	戌	午

지장간	손방위	吉方	凶方
戊	동남	正東	正西

狗狼星 구랑성	간위산	첩첩산중 난관봉착요 지부동무겁게지조지키며진행하라
僧尼寺觀後門		

三甲순	육갑납음	대장군방	조객방	삼살방	상문방	세파방	오늘생극	오늘상충	오늘원진	오늘상천	오늘상파	황도길흉	28수성	건제12신	九星	결혼주당	이사주당	안장주당	복단일	오늘吉神	神殺	오늘神殺	육도환생처	축원인도불	오늘기도德	금일지옥명
死甲	城頭土	卯正東方	辰東南方	子正北方	申西南方	子正北方	伐벌	酉 36	申 미움	辰 중단	午 깨짐	구진흑도	昴묘	執집	九紫	姑고	富부	아버지	천은*대명	성심*지덕	사격·검봉	대시·오허	귀도	지장보살	문수보살	발설지옥

칠성기도일	산신축원일	용왕축원일	조왕하강일	나한하강일	불공 제의식 吉한 행사일							吉凶 길흉 大小 일반 행사일														
					천도재	신굿	재수굿	용왕굿	조왕굿	병굿	고사	결혼	입학	투자	계약	등산	여행	이사	합방	이장	점안식	개업준공	신축상량	수술-침	서류제출	직원채용
×	◎	×	◎	◎	◎	◎	◎	◎	◎	◎	◎	×	◎	×	×	◎	◎	×	×	×	◎	◎	×	◎	◎	×

당일 래정법

巳時에 온사람은 모함과 구설로 골치 아픔 가내환자, 바람기, 직장해고위험

午時에 온사람은 문서 화합운, 결혼, 재혼, 경조사, 궁합, 문서이동, 부모문제 진병

未時에 온사람은 이동수 있는자 이사나 직장변동, 자식문제 변동수, 여행, 이별

申時 온 사람은 허위문서, 실업자, 쉬고있는자, 빈주머니, 헛 공사, 사기모함·도난사, 매사불성

酉時 온 사람은 매매 이동변동수, 터부정, 관재구설, 사기, 허위문서, 우환질병, 차사고주의

戌時 온 사람은 색정사 배신문제 방해자, 배신사, 의욕상실, 관재구설, 취업 승진 매사 지체불리함

필히 피해야 할일 입주 • 새집들이 • 친목회 • 문서파기 • 창고수리 • 건축수리 • 기둥세우기 • 장담그기

백초귀장술의 오늘에 초사언

시간 점占 己卯공망-申酉

子時	재물근심, 음란색정사, 여자 삼각관계
丑時	유산상속건, 형제친구문제, 가출, 이별사
寅時	직장실직, 가출, 처를극, 불명예, 취업불가
卯時	여자로부터 금전손실, 질병재앙, 불륜사
辰時	만사상쟁, 신규사업 손실, 질병침투, 가출
巳時	매사 불성사, 사업금전손실 다툼, 색정사
午時	직장승진문제, 불륜색정사, 가출문제
未時	이동 이별수, 직업변동, 가출사, 수술불리
申時	자식문제, 극처사, 질병침투, 직업실직
酉時	적의 침범사, 질병재앙, 색정사, 가출사
戌時	놀랄 일발생, 금전융통, 배신 도망 가출
亥時	금전문제, 부인문제, 가출사, 도난, 惡意

오늘 행운 복권 운세

복권사면 좋은 띠는 소띠 ②⑤⑩
행운복권방은 집에서 북동쪽에 있는곳

申子辰生	북쪽문을 피하고, 서남쪽으로 이사하면 안 된다. 재수가 없고, 하는 일마다 꼬이고, 病苦질병발생. 바람기 발동.
巳酉丑生	서쪽문을 피하고, 동남쪽으로 이사하면 안 된다. 재수가 없고, 하는 일마다 꼬이고, 病苦질병발생. 바람기 발동.
寅午戌生	남쪽문을 피하고, 북동쪽으로 이사하면 안 된다. 재수가 없고, 하는 일마다 꼬이고, 病苦질병발생. 바람기 발동.
亥卯未生	동쪽문을 피하고, 서북쪽으로 이사하면 안 된다. 재수가 없고, 하는 일마다 꼬이고, 病苦질병발생. 바람기 발동.

10월

운세풀이

酉띠:이동수,우왕좌왕, 弱 다툼	子띠: 점점 일이 꼬임, 관재구설	卯띠:최고운상승세, 두마음	午띠: 만남,결실,화합,문서
戌띠:매사불편, 방해자,배신	丑띠:귀인상봉, 금전이득, 현금	辰띠: 의욕과다, 스트레스큼	未띠:이동수,이별수,변동 움직임
亥띠:해결신,시험합격, 풀림	寅띠: 매사꼬임,과거고생, 질병	巳띠: 시급한 일, 뜻대로 안됨	申띠: 빈주머니,걱정근심,사기

서기	2026年
단기	4359年
불기	2570年

丙午年 양력 11月 02日 음력 09月 23日 월요일

구성月반		
8P	4A	6
7	9	2
3	5	1

구성日반		
7	3	5
6	8	1
2A	4	9P

시	일	월	년
庚	戊	丙	
辰	戊	午	

지장간	손방위	吉方	凶方
戊	남쪽	正北	正南

丁	丙	乙	甲	癸	壬	辛	庚	己	戊	丁	丙
亥	戌	酉	申	未	午	巳	辰	卯	寅	丑	子
병	쇠	왕	록	관	욕	생	양	태	절	묘	사

狗狼星 구랑성 寺觀 절사관

간위산

첩첩산중 난관봉착요 지부동무겁 게지조지키 며진행하라

三甲순	육갑납음	대장군방	조객방	삼살방	상문방	세파방	오늘생극	오늘상충	오늘원진	오늘상천	오늘상파	황도길흉	28수성	건제12신	九星	결혼주당	이사주당	안장주당	복단일	오늘吉神	神殺	오늘神殺	육도환생처	축원인도불	오늘기도德	금일지옥명
死甲	白蠟金	卯正東方	辰東南方	子正北方	申西南方	子正北方	義의	戌 36	亥 미움	卯 중단	丑 깨짐	천룡황도	畢필	破파	八白	夫부	殺살	손님	월기일	천은*임후	월파일	왕망·구공	축도	지장보살	지장보살	발설지옥

칠성기도일	산신축원일	용왕축원일	조왕하강일	나한하강일	불공 제의식 吉한 행사일: 천도재	신굿	재수굿	용왕굿	조왕굿	병굿	고사	吉凶 길흉 大小 일반 행사일: 결혼	입학	투자	계약	등산	여행	이사	합방	이장	점안식	개업준공	신축상량	수술-침	서류제출	직원채용
×	×	×	×	×	×	×	×	×	×	×	×	×	–	×	×	◎	×	×	×	×	×	×	×	×	×	×

당일 래정법

巳時 에 온사람은 의욕과다. 뭐가 하고싶어서 왔다. 직장취업문제, 소송사건여부

午時 에 온사람은 부모형제와 골치 아픈일 암투, 가내환자. 바람기, 불륜

未時 에 온사람은 화합운, 결혼, 재혼, 경조사, 애정사, 궁합, 만남, 후원, 개업, 매매건

申時 온 사람은 이동수 있는자. 이사나 직장변동, 사업체 변동수, 여행, 이별수, 창업불리

酉時 온 사람은 색정사문제, 금전손재수, 쉬고있는자. 빈주머니, 헛 공사, 사기모함, 매사불성

戌時 온 사람은 매매 이동변동수, 터부정, 관재구설, 사기, 허위문서, 동업자 시비 다툼주의, 차사고주의

필히 피해야 할일 출품 · 새집들이 · 인수인계 · 해외여행 · 항공주의 · 코인투자 · 벌초 · 질병치료 · 흙파기.

백초귀장술의 오늘에 초사언

시간 점占 庚辰공망-申酉

子時	자식질병사, 사업후원사, 도난, 태아령천도
丑時	파산위태, 금전손실, 상속문제, 신소탈
寅時	질병재앙, 취업문제, 금전융통, 사업확장
卯時	파재, 극처사, 관송사 분쟁, 가출문제
辰時	금전암손, 여자문제, 사업문제, 금전다툼
巳時	신규사업, 구재, 도난, 상해, 관재, 손실
午時	관재구설, 직장박탈, 도적손실, 가출문제
未時	사업후원사, 선거당선사, 화합사, 가출사
申時	재물손실, 적의 침범사, 변동 이사, 가출
酉時	남녀색정사, 사기 도난, 도주, 상부상처
戌時	질병침투, 적의침범사, 가출문제, 부하도주
亥時	자식문제, 방해자, 금전손실, 우환질병

오늘 행운 복권 운세

복권사면 좋은 띠는 **범띠** ③⑧⑱
행운복권방은 집에서 **동북쪽**에 있는곳

申子辰生	북쪽문을 피하고, 서남쪽으로 이사하면 안 된다. 재수가 없고, 하는 일마다 꼬이고, 病苦 질병발생. 바람기 발동.
巳酉丑生	서쪽문을 피하고, 동남쪽으로 이사하면 안 된다. 재수가 없고, 하는 일마다 꼬이고, 病苦 질병발생. 바람기 발동.
寅午戌生	남쪽문을 피하고, 북동쪽으로 이사하면 안 된다. 재수가 없고, 하는 일마다 꼬이고, 病苦 질병발생. 바람기 발동.
亥卯未生	동쪽문을 피하고, 서북쪽으로 이사하면 안 된다. 재수가 없고, 하는 일마다 꼬이고, 病苦 질병발생. 바람기 발동.

운세풀이

戌띠:이동수,우왕좌왕, 갈등, 다툼	丑띠: 점점 일이 꼬임, 관재구설	辰띠:최고운상승세, 두마음	未띠: 만남,결실,화합,문서
亥띠:매사불편, 방해자,배신	寅띠:귀인상봉, 금전이득, 현금	巳띠: 의욕과다, 스트레스큼	申띠:이동수,이별수,변동 움직임
子띠:해결신,시험합격, 풀림	卯띠: 매사꼬임,과거고생, 질병	午띠: 시급한 일, 뜻대로 안됨	酉띠: 빈주머니,걱정근심,사기

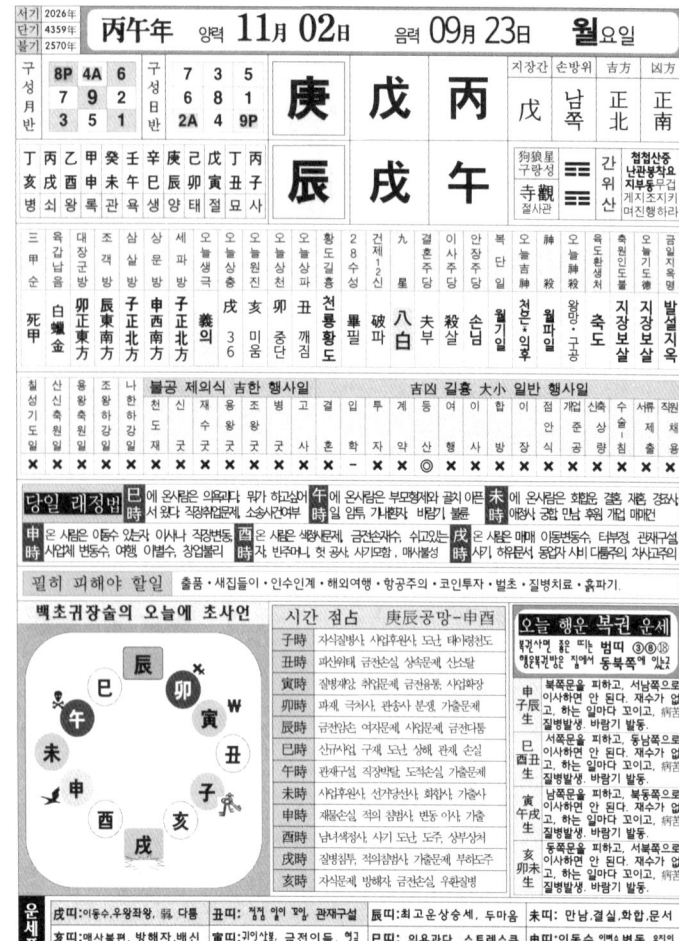

서기	2026年
단기	4359年
불기	2570年

丙午年 양력 11月 03日 음력 09月 24日 화요일

구성월반				구성일반			
	8P	4A	6		6	2	4
	7	9	2		5	7	9A
	3	5	1		1	3	8P

辛	戊	丙
巳	戌	午

지장간	손방위	吉方	凶方
戊	남서	正西	正東

狗狼星 구랑성	간위산	첩첩산중 난관봉착요 지부동무겁 게지조지키 며진행하라
天		

己	戊	丁	丙	乙	甲	癸	壬	辛	庚	己	戊
亥	戌	酉	申	未	午	巳	辰	卯	寅	丑	子
욕	관	록	왕	쇠	병	사	묘	절	태	양	생

三甲순	육갑납음	대장군방	조객방	삼살방	상문방	세파방	오늘생극	오늘상충	오늘원진	오늘상천	오늘상파	황도길흉	28수성	건제12신	九星	결혼주당	이사주당	안장주당	복단일	오늘吉神	神殺	오늘神殺	육도환생처	축원인도불	오늘기도德	금일지옥명
死甲	白蠟金	卯正東方	辰東南方	子正北方	申西南方	子正北方	伐벌	亥 36	戌 미움	寅 중단	申 깨짐	명당황도	觜자	危위	七赤	廚주	害해	며느리	천덕합	천귀*음덕	멸몰·유화	토금·혈기	옥도	지장보살	문수보살	발설지옥

칠성기도일	산신축원일	용왕축원일	조왕하강일	나한하강일	천도재	신굿	재수굿	용왕굿	조왕굿	병굿	고사	결혼	입학	투자	계약	등산	여행	이사	합방	이장	점안식	개업준공	신축상량	수술-침	서류제출	직원채용
×	×	×	×	×	×	×	×	×	×	×	×	-	-	×	×	◎	×	×	×	×	×	×	×	◎	◎	×

(불공 제의식 吉한 행사일: 천도재 ~ 고사 / 吉凶 길흉 大小 일반 행사일: 결혼 ~ 직원채용)

당일 래정법

巳時에 온사람은 의욕충만, 두가지문제로 갈등사, 갖고싶은 욕구, 자식문제, 사업문제

午時에 온사람은 의욕과다, 뭔가 하고싶어서 왔다. 금전문제, 여자문제, 시험합격

未時에 온사람은 골치 아픈일, 형제동업 죽음, 바람기, 불륜, 시비투쟁, 속정리

申時 온 사람은 형제, 문서, 화합운, 결혼, 재혼, 경조사, 애정사, 궁합, 만남, 개업, 하극상 배신, 구설수

酉時 온 사람은 이동수 있는자, 가출, 이사나 직장변동, 사업체 변동수, 여행, 이별수, 관재구설

戌時 온 사람은 색정사문제, 금전손재수, 쉬고있는자, 빈주머니, 헛 공사, 사기모함, 매사불성

필히 피해야 할일 홍보광고 • 소장제출 • 인허가신청 • 정보유출 • 질병치료 • 출항 • 조선 배 제조 • 승선 • 장담그기

백초귀장술의 오늘에 초사언

시간 점占 辛巳공망-申酉

子時	자식문제, 질병침투, 직장실직, 배신주의
丑時	자선사업 봉사, 후원사, 질병침투, 가출
寅時	금전융통, 부인문제, 색정사, 관재구설
卯時	금전문제, 사업관련, 형제도움, 가출사
辰時	질병재앙, 타인과 다툼, 가출사, 사업불리
巳時	금전암손, 여자문제, 취직 실직문제, 포상
午時	신규사업불리, 관재구설, 남녀색정사, 우환
未時	자선 봉사활동, 금전문제, 가출방황, 불리
申時	사업후원사 발탁, 직장취업, 당선입상
酉時	급병자발생, 금전손실, 도난 가출도주
戌時	봉사 자선사업, 질병재앙, 사업문제, 가출
亥時	적침범사, 질병침투, 부부이별, 원행 이사

오늘 행운 복권 운세

복권사면 좋은 띠는 **토끼띠** ②⑧
행운복권방은 집에서 **동쪽**에 있는곳

申子辰生	북쪽문을 피하고, 서남쪽으로 이사하면 안 된다. 재수가 없고, 하는 일마다 꼬이고, 病苦 질병발생. 바람기 발동.
巳酉丑生	서쪽문을 피하고, 동남쪽으로 이사하면 안 된다. 재수가 없고, 하는 일마다 꼬이고, 病苦 질병발생. 바람기 발동.
寅午戌生	남쪽문을 피하고, 북동쪽으로 이사하면 안 된다. 재수가 없고, 하는 일마다 꼬이고, 病苦 질병발생. 바람기 발동.
亥卯未生	동쪽문을 피하고, 서북쪽으로 이사하면 안 된다. 재수가 없고, 하는 일마다 꼬이고, 病苦 질병발생. 바람기 발동.

11월

운세풀이

亥띠:이동수,우왕좌왕, 불화 다툼	寅띠: 점점 일이 꼬임, 관재구설	巳띠:최고운상승세, 두마음	申띠: 만남,결실,화합,문서
子띠:매사불편, 방해자,배신	卯띠:귀인상봉, 금전이득, 현금	午띠: 의욕과다, 스트레스큼	酉띠:이동수,이별수,변동 움직임
丑띠:해결신,시험합격, 풀림	辰띠: 매사꼬임,과거고생, 질병	未띠: 시급한 일, 뜻대로 안됨	戌띠: 빈주머니,걱정근심,사기

서기	2026年
단기	4359年
불기	2570年

丙午年 양력 11月 04日 음력 09月 25日 수요일

구성月반			구성日반		
8P	4A	6	5	1	3
7	9	2	4	6	8
3	5	1	9	2P	7A

時	日	月	年
	壬	戊	丙
	午	戌	午

지장간	손방위	吉方	凶方
戊	서쪽	正南	正北

狗狼星 구랑성 / 神廟 신사묘

간위산 — 첩첩산중 난관봉착요 지부동무겁 게지조지키 며진행하라

辛	庚	己	戊	丁	丙	乙	甲	癸	壬	辛	庚
亥	戌	酉	申	未	午	巳	辰	卯	寅	丑	子
록	관	욕	생	양	태	절	묘	사	병	쇠	왕

三甲순	육갑납음	대장군방	조객방	삼살방	상문방	세파방	오늘생극	오늘상충	오늘원진	오늘상천	오늘상파	황도길흉	28수성	건제12신	九星	결혼주당	이사주당	안장주당	복단일	오늘吉神	神殺	오늘神殺	육도환생처	축원인도불	오늘기도德	금일지옥명
死甲	楊柳木	卯正東方	辰東南方	子正北方	申西南方	子正北方	制제	子 36	丑 미움	丑 중단	卯 깨짐	천형흑도	參삼	成성	六白	婦부	天천	어머니	양공기일	요안*생기	삼합일	수격·신호	불도	헌겁천불	약사보살	한빙지옥

칠성기도일	산신축원일	용왕축원일	조왕하강일	나한하강일	불공 제의식 吉한 행사일: 천도재	신굿	재수굿	용왕굿	조왕굿	병굿	고사	吉凶 길흉 大小 일반 행사일: 결혼	입학	투자	계약	등산	여행	이사	합방	이장	점안식	개업준공	신축상량	수술-침	서류제출	직원채용
×	×	×	×	×	◎	◎	◎	×	◎	×	◎	◎	◎	×	×	◎	◎	×	×	×	◎	◎	×	◎	◎	◎

당일 래정법

巳時 에 온사람은 건강문제, 관재, 금전고통으로 운이 단단히 꼬여있음, 동업파탄

午時 에 온사람은 금전구재, 화병, 갈등사, 갖고싶은 욕구, 자식문제, 취업문제

未時 에 온사람은 의욕과다, 뭐가 하고싶어서 왔다 직장취업문제, 결혼문제

申時 온 사람은 골치 아픈일, 친구나 형제동업, 죽음, 배우자바람기, 차사고 시비투쟁, 속 정리해야함

酉時 온 사람은 형제, 문서 화합운, 결혼, 관직취업 애정사, 궁합, 만남, 개업, 하극상 배신, 경쟁사로 몰변

戌時 온 사람은 이동수 있는자, 가출, 이사나 직장변동, 사업체 변동수, 여행, 이별수, 부동산매매

필히 피해야 할일 작품출품 · 납품 · 정보유출 · 교역 · 화재주의 · 출장 · 항공주의 · 흙파기 · 지붕 · 옥상보수

백초귀장술의 오늘에 초사언

시간 점占	壬午공망-申酉
子時	남녀쟁투 처를 극, 病, 이동 소송은 흉
丑時	질병은 흉, 이사 구직안됨, 순리대로
寅時	선거자유리, 불륜사, 急病者, 喪服 운
卯時	매사 선흉후길, 소송은 화해가 길,
辰時	관재 병재로 불길, 가출사 색정사 하극상
巳時	사업, 구재, 구설 이별, 여자삼각관계, ⊗
午時	금전손실 다툼, 이사 여행 투자 시험불리
未時	집안잡귀침투, 친족불화, 삼각관계, 불리
申時	매사 불성사, 도망은 吉, 도적손실, 재액
酉時	사업사, 후원사, 불륜사, 화합사, 무력함
戌時	가출건, 급병자, 관재구설, 하자발생 ⊗
亥時	남자는 해롭고, 임신은 안됨, 구직 안됨

오늘 행운 복권 운세

복권사면 좋은 띠는 용띠 ⑤⑩⑳
행운복권방은 집에서 동남쪽에 있는곳

申子辰生	북쪽문을 피하고, 서남쪽으로 이사하면 안 된다. 재수가 없고, 하는 일마다 꼬이고, 病苦 질병발생. 바람기 발동.
巳酉丑生	서쪽문을 피하고, 동남쪽으로 이사하면 안 된다. 재수가 없고, 하는 일마다 꼬이고, 病苦 질병발생. 바람기 발동.
寅午戌生	남쪽문을 피하고, 북동쪽으로 이사하면 안 된다. 재수가 없고, 하는 일마다 꼬이고, 病苦 질병발생. 바람기 발동.
亥卯未生	동쪽문을 피하고, 서북쪽으로 이사하면 안 된다. 재수가 없고, 하는 일마다 꼬이고, 病苦 질병발생. 바람기 발동.

운세풀이

子띠:이동수,우왕좌왕, 弱, 다툼	卯띠: 점점 일이 꼬임, 관재구설	午띠:최고운상승세, 두마음	酉띠: 만남,결실,화합,문서
丑띠:매사불편, 방해자,배신	辰띠:귀인상봉, 금전이득, 현금	未띠: 의욕과다, 스트레스큼	戌띠:이동수,이별수,변동 움직임
寅띠:해결신,시험합격, 풀림	巳띠: 매사꼬임,과거고생, 질병	申띠: 시급한 일, 뜻대로 안됨	亥띠: 빈주머니,걱정근심,사기

서기	2026年
단기	4359年
불기	2570年

丙午年 양력 11月 05日 음력 09月 26日 목요일

구성月반			구성日반		
8P	4A	6	4	9	2
7	9	2	3	5	7
3	5	1	8P	1	6

時	日	月	年
癸	戊	丙	
未	戌	午	

지장간	손방위	吉方	凶方
戊	서북	正東	正西

狗狼星 구랑성 / 水步井 — 간위산: 첩첩산중 난관봉착요 지부동무겁 게지조지키 여진행하라

癸	壬	辛	庚	己	戊	丁	丙	乙	甲	癸	壬
亥	戌	酉	申	未	午	巳	辰	卯	寅	丑	子
왕	쇠	병	사	묘	절	태	양	생	욕	관	록

三甲순	육갑납음	대장군방	조객방	삼살방	상문방	세파방	오늘생극	오늘상충	오늘원진	오늘상천	오늘상파	황도길흉	28수성	건제12신	九星	결혼주당	이사주당	안장주당	복단일	대공망일	오늘吉神	오늘神殺	육도환생처	축원인도불	오늘기도德	금일지옥명
死甲	楊柳木	卯正東方	辰東南方	子正北方	申西南方	子正北方	伐벌	丑 36	子 미움	子 중단	戌 깨짐	주작흑도	井정	收수	五黃	竈조	利이	여자	-	대공망일	월형일	하괴·라강	불도	헌겁천불	대세지보살	한빙지옥

칠성기도일	산신축원일	용왕축원일	조왕하강일	나한하강일	천도재	신굿	재수굿	용왕굿	조왕굿	병굿	고사	결혼	입학	투자	계약	등산	여행	이사	합방	이장	점안식	개업준공	신축상량	수술·침	서류제출	직원채용
×	×	×	×	◎	×	×	×	×	×	×	×	×	◎	×	×	◎	-	×	×	×	×	×	◎	×	◎	×

(천도재 ~ 결혼: 불공 제의식 吉한 행사일 / 입학 ~ 직원채용: 吉凶 길흉 大小 일반 행사일)

당일 래정법

巳時 에 온사람은 금전문제, 사업문제, 금전구재건, 관직취직사, 속전속결이 유리

午時 에 온사람 건강문제, 금전문제로 운이 단단히 꼬여있음, 동업파탄 손재수

未時 에 온사람 문서합의, 부모자식간 문제, 교합사는 불성사, 이동수도 있음

申時 온 사람은 의욕과다, 뭐가 하고싶어서 왔다. 직장취업문제, 친구형제간 배신과 암해, 관재수

酉時 온 사람은 골치 아픈일, 형제동업, 죽음, 바람기, 불륜, 시비투쟁, 급속정리해야함, 청춘귀작해

戌時 온 사람은 형제, 화합운, 결혼, 재혼, 경조사, 애정사, 궁합, 만남, 개업, 하극상 배신, 움직이면 재앙

필히 피해야 할일 이날은 흑도와 월파일에 대공망일, 구공, 대모 등 신살에 해당되어 매사 해롭고 불리한 날

백초귀장술의 오늘에 초사언

시간 점占 癸未공망-申酉

子時	관귀발동, 남녀색정사, 금전손해 실물수
丑時	적의 침범사, 불길하고 원수됨, 가출사
寅時	자손문제, 실직문제, 연애배신사, 모함
卯時	질병위급, 여행조심, 관직승진 결혼 吉
辰時	남편문제 가출사 색정사, 부부이별, 소송흉
巳時	사업, 구재이득, 귀인상봉, 수상기쁨
午時	화합 애정사불리, 금전손실, 매사 불성사
未時	유명무실, 가출건, 동료나 골육배반 구설
申時	사업사 손재수, 후원사무리, 여행은 불리
酉時	병자사망, 매사 불성사, 가출도주, 外情
戌時	직업문제, 남편문제, 집안불화, 불합격
亥時	금전배신, 처 가출사, 도망 분실, 이동 흉

오늘 행운 복권 운세

복권사면 좋은 띠는 **뱀띠** ⑦⑰27
행운복권방은 집에서 **남동쪽**에 있는곳

申子辰生	북쪽문을 피하고, 서남쪽으로 이사하면 안 된다. 재수가 없고, 하는 일마다 꼬이고, 病苦 질병발생. 바람기 발동.
巳酉丑生	서쪽문을 피하고, 동남쪽으로 이사하면 안 된다. 재수가 없고, 하는 일마다 꼬이고, 病苦 질병발생. 바람기 발동.
寅午戌生	남쪽문을 피하고, 북동쪽으로 이사하면 안 된다. 재수가 없고, 하는 일마다 꼬이고, 病苦 질병발생. 바람기 발동.
亥卯未生	동쪽문을 피하고, 서북쪽으로 이사하면 안 된다. 재수가 없고, 하는 일마다 꼬이고, 病苦 질병발생. 바람기 발동.

11월

운세풀이

丑띠:이동수,우왕좌왕, 골절 다툼	辰띠: 점점 일이 꼬임, 관재구설	未띠:최고운상승세, 두마음	戌띠: 만남,결실,화합,문서
寅띠:매사불편, 방해자,배신	巳띠:귀인상봉, 금전이득, 현금	申띠: 의욕과다, 스트레스큼	亥띠:이동수,이별수,변동 움직임
卯띠:해결신,시험합격, 풀림	午띠: 매사꼬임,과거고생, 질병	酉띠: 시급한 일, 뜻대로 안됨	子띠: 빈주머니,걱정근심,사기

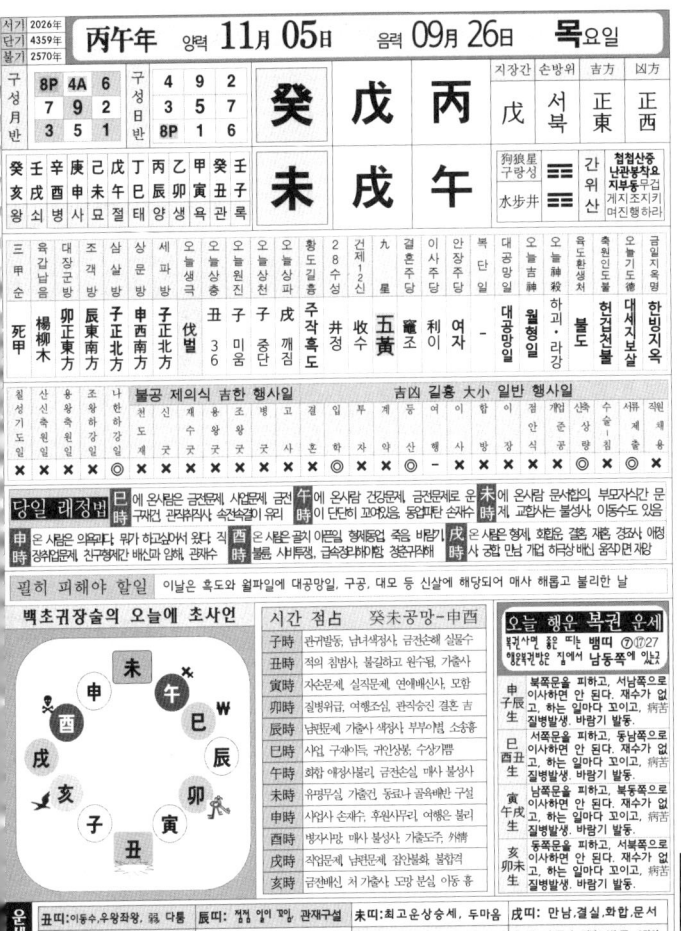

서기	2026年
단기	4359年
불기	2570年

丙午年 양력 11月 06日 음력 09月 27日 금요일

구성月반			구성日반		
8P	4A	6	3A	8	1
7	9	2	2	4	6
3	5	1	7P	9	5

甲	戊	丙
申	戌	午

지장간	손방위	吉方	凶方
戊	북쪽	正北	正南

狗狼星 구랑성 / 正廳中庭 정청	☶ ☶	간위산	첩첩산중 난관봉착요 지부동무겁 게지조지키 며진행하라

乙	甲	癸	壬	辛	庚	己	戊	丁	丙	乙	甲
亥	戌	酉	申	未	午	巳	辰	卯	寅	丑	子
생	양	태	절	묘	사	병	쇠	왕	록	관	욕

三甲순	육갑납음	대장군방	조객방	삼살방	상문방	세파방	오늘생극	오늘상충	오늘원진	오늘상천	오늘상파	황도길흉	28수성	건제12신	九星	결혼주당	이사주당	안장주당	대공망일	오늘吉神	오늘吉神	오늘神殺	육도환생처	축원인도불	오늘기도德	금일지옥명
病甲	泉中水	卯正東方	辰東南方	子正北方	申西南方	子正北方	伐벌	寅 36	卯 미움	亥 중단	巳 깨짐	금궤황도	鬼귀	開개	四綠	第제	安안	死	대공망일	복단일	금당*왕일	천적·염대	인도	헌겁천불	아미보살	한빙지옥

칠성기도일	산신축원일	용왕축원일	조왕하강일	나한하강일	천도재	신굿	재수굿	용왕굿	조왕굿	병굿	고사	결혼	입학	투자	계약	등산	여행	이사	합방	이장	점안식	개업준공	신축상량	수술·침	서류제출	직원채용
◎	◎	×	◎	◎	◎	◎	◎	◎	◎	◎	◎	◎	◎	×	×	◎	◎	×	×	×	◎	◎	◎	◎	◎	×

(천도재 ~ 고사: 불공 제의식 吉한 행사일 / 결혼 ~ 직원채용: 吉凶 길흉 大小 일반 행사일)

당일 래정법

巳時에 온사람은 의욕없는자, 금전구재건 색정사로 다툼, 억울한 일, 매사불성사

午時에 온사람은 금전문제, 자식문제, 친정식구도움, 관직취직사, 우환질병

未時에 온사람 건강문제, 남편문제로 운이 단단히 꼬여있음, 직장은 불리, 손재수

申時 온 사람은 새사업은 방해자로 인해 망신수, 관재수 발생, 후원사불리, 수술문제, 사고조심

酉時 온 사람은 의욕과다, 새로운 일 하고싶어서 왔다 직장취업문제, 친구형제간 배신, 색정사

戌時 온 사람은 골치 아픈일, 삼각관계, 죽음, 바람기, 불륜, 시비투쟁, 급속장리해야함, 청춘귀작해

필히 피해야 할일 질병치료 · 사냥 · 승선 · 낚시 · 어로작업 · 요트타기 · 위험놀이기구 · 벌목 · 수렵 · 침대 가구들이기

백초귀장술의 오늘에 초사언

시간 점占 甲申공망-午未

子時	사업사 후원문제, 가출사, 이동사, 질병
丑時	사기도난조짐, 가출건, 여행불리, 질병
寅時	이동사, 육친이별, 부동산다툼, 터부정
卯時	움직이면 혈광재앙, 병환자발생, 순리
辰時	사업건 금전융통 가능, 시험합격, 불륜사
巳時	도난, 파재, 상해, 관재, 자손문제, 女일
午時	관직 승진가능, 놀날일발생, 변화사 불리
未時	病환자, 관재, 금전손실, 여행 모두 불리
申時	관직승진기쁨, 사업성공, 취업 가능, 음란
酉時	남녀색정사 변심, 남편문제, 삼각관계
戌時	금전문제, 여자문제, 가출사, 집안 시체
亥時	임신가능, 결혼기쁨, 여행재앙, 망동주의

오늘 행운 복권 운세

복권사면 좋은 띠는 말띠 ⑤⑦22
행운복권방은 집에서 남쪽에 있는곳

申子辰生	북쪽문을 피하고, 서남쪽으로 이사하면 안 된다. 재수가 없고, 하는 일마다 꼬이고, 病苦 질병발생. 바람기 발동.
巳酉丑生	서쪽문을 피하고, 동남쪽으로 이사하면 안 된다. 재수가 없고, 하는 일마다 꼬이고, 病苦 질병발생. 바람기 발동.
寅午戌生	남쪽문을 피하고, 북동쪽으로 이사하면 안 된다. 재수가 없고, 하는 일마다 꼬이고, 病苦 질병발생. 바람기 발동.
亥卯未生	동쪽문을 피하고, 서북쪽으로 이사하면 안 된다. 재수가 없고, 하는 일마다 꼬이고, 病苦 질병발생. 바람기 발동.

운세풀이

寅띠:이동수,우왕좌왕, 訴訟 다툼	巳띠: 점점 일이 꼬임, 관재구설	申띠:최고운상승세, 두마음	亥띠: 만남,결실,화합,문서
卯띠:매사불편, 방해자,배신	午띠: 귀인상봉, 금전이득, 현금	酉띠: 의욕과다, 스트레스큼	子띠:이동수,이별수,변동 움직임
辰띠:해결신,시험합격, 풀림	未띠: 매사꼬임,과거고생, 질병	戌띠: 시급한 일, 뜻대로 안됨	丑띠: 빈주머니,걱정근심,사기

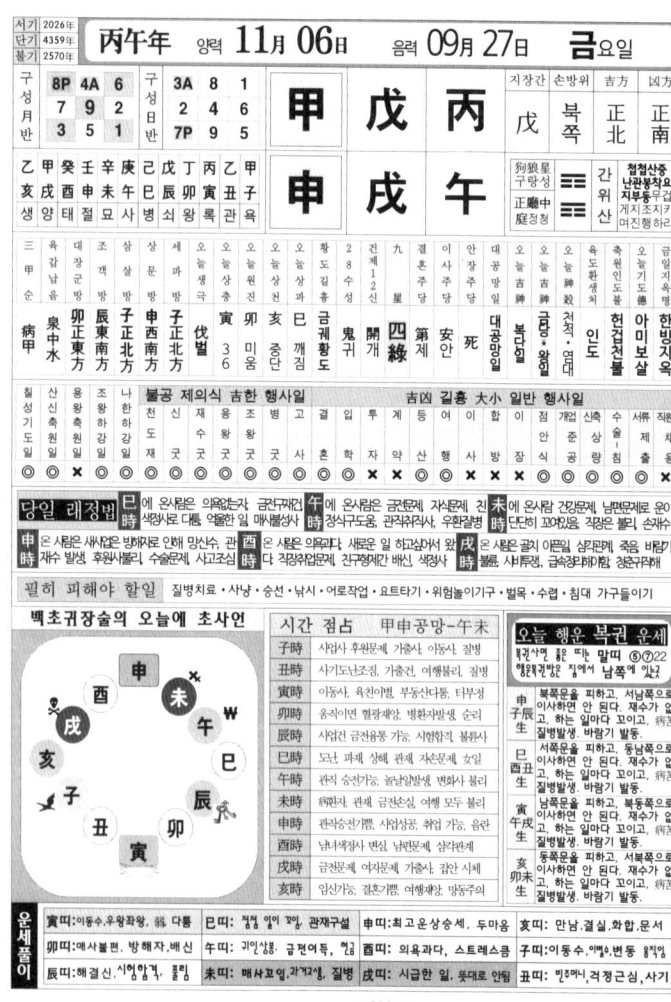

서기	2026年
단기	4359年
불기	2570年

丙午年 양력 11月 07日 음력 09月 28日 토요일

입동 立冬 18時 52分 入

구성월반				구성일반			
	7P	3	5		2	7	9
	6	8	1		1AP	3	5
	2A	4	9		6	8	4

乙	己	丙
酉	亥	午

지장간	손방위	吉方	凶方
戊	북동	正西	正東

狗狼星 구랑성	괘	간위산	
天	☶ ☶	간위산	첩첩산중 난관봉착요 지부동무겁 게지조지키 며진행하라

丁	丙	乙	甲	癸	壬	辛	庚	己	戊	丁	丙
亥	戌	酉	申	未	午	巳	辰	卯	寅	丑	子
사	묘	절	태	양	생	욕	관	록	왕	쇠	병

三甲순	육갑납음	대장군방	조객방	삼살방	상문방	세파방	오늘생극	오늘상충	오늘원진	오늘상천	오늘상파	황도길흉	28수성	건제12신	九星	결혼주당	이사주당	안장주당	복단일	대공망일	神殺	오늘神殺	육도환생처	축원인도불	오늘기도德	금일지옥명
病甲	泉中水	卯正東方	辰東南方	子正北方	申西南方	子正北方	伐벌	卯 36	寅 미움	戌 중단	子 깨짐	주작흑도	柳류	開개	三碧	翁옹	災재	손자	-	대공망일	천덕*성심	홍사·피마	귀도	헌겁천불	관음보살	한빙지옥

불공 제의식 吉한 행사일 / 吉凶 길흉 大小 일반 행사일

칠성기도일	산신축원일	용왕축원일	조왕하강일	나한하강일	천도재	신굿	재수굿	용왕굿	조왕굿	병굿	고사	결혼	입학	투자	계약	등산	여행	이사	합방	이장	점안식	개업준공	신축상량	수술·침	서류제출	직원채용
×	◎	×	◎	×	◎	×	◎	×	◎	×	◎	×	◎	×	×	◎	◎	×	×	×	×	×	×	◎	◎	×

당일 래정법

巳時 에 온사람은 허가 해결할 문제, 합격여부, 금전투자여부, 직장문제, 재혼은 굳

午時 에 온사람은 의욕없는자, 금전구재건, 색정사로 다툼, 억울한 일 매사불성사

未時 에 온사람 금전문제, 사업문제, 자식문제, 관직취직사, 속전속결이 유리

申時 온 사람은 건강문제, 관재구설로 운이 단단히 꼬여있음, 취업 승진문제, 딸자식문제, 손재수

酉時 온 사람은 두가지 문제 갈등사, 갖고싶은 욕구 강함, 새로운 일시작 진행함이 좋다. 우환질병

戌時 온 사람은 의욕과다, 뭐가 하고싶어서 왔다. 직장 취업문제, 친구형제간 배신, 시험합격여부

필히 피해야 할일 옷재단 • 새옷맞춤 • 태아옷구입 • 손님초대 • 소장제출 • 항소 • 손님초대 • 맞선 • 수렵 • 산행

백초귀장술의 오늘에 초사언

시간 점占	乙酉공망-午未
子時	개혁유리, 집안에 배신자, 기도요망
丑時	가출건, 사업사 손재수, 여자일, 질병발생
寅時	사기도난, 파재, 손모사, 극처사, 각방
卯時	실직, 파재, 파업, 적 침범사, 소송불리
辰時	내외근심, 남자불리, 발병이나 혈광재앙
巳時	자손문제, 실직문제, 불명예, 색정음란사,
午時	매사 불성, 자손합가불리, 놀랄 일 불안
未時	사업, 구재이득, 귀인상봉, 수상기쁨,
申時	관직건, 남편일, 불리, 실수 탄로 음모 발
酉時	부동산 귀농유리, 지출과다, 진퇴반복,
戌時	금전손실, 부인문제, 금전융통, 부부변심
亥時	만사 중용순응, 손님불길, 가내재앙불리

오늘 행운 복권 운세

복권사면 좋은 띠는 **양띠** ⑤⑩25
행운복권방은 집에서 **남서쪽**에 있는곳

申子辰生	북쪽문을 피하고, 서남쪽으로 이사하면 안 된다. 재수가 없고, 하는 일마다 꼬이고, 病苦 질병발생. 바람기 발동.
巳酉丑生	서쪽문을 피하고, 동남쪽으로 이사하면 안 된다. 재수가 없고, 하는 일마다 꼬이고, 病苦 질병발생. 바람기 발동.
寅午戌生	남쪽문을 피하고, 북동쪽으로 이사하면 안 된다. 재수가 없고, 하는 일마다 꼬이고, 病苦 질병발생. 바람기 발동.
亥卯未生	동쪽문을 피하고, 서북쪽으로 이사하면 안 된다. 재수가 없고, 하는 일마다 꼬이고, 病苦 질병발생. 바람기 발동.

11월

운세풀이

卯띠:이동수,우왕좌왕, 弱, 다툼	午띠: 점점 일이 꼬임, 관재구설	酉띠:최고운상승세, 두마음	子띠: 만남,결실,화합,문서
辰띠:매사불편, 방해자,배신	未띠: 귀인상봉, 금전어득, 현금	戌띠: 의욕과다, 스트레스큼	丑띠:이동수,이별수,변동 움직임
巳띠:해결신,시험합격, 풀림	申띠: 매사꼬임,과거고생, 질병	亥띠: 시급한 일, 뜻대로 안됨	寅띠: 빈주머니,걱정근심,사기

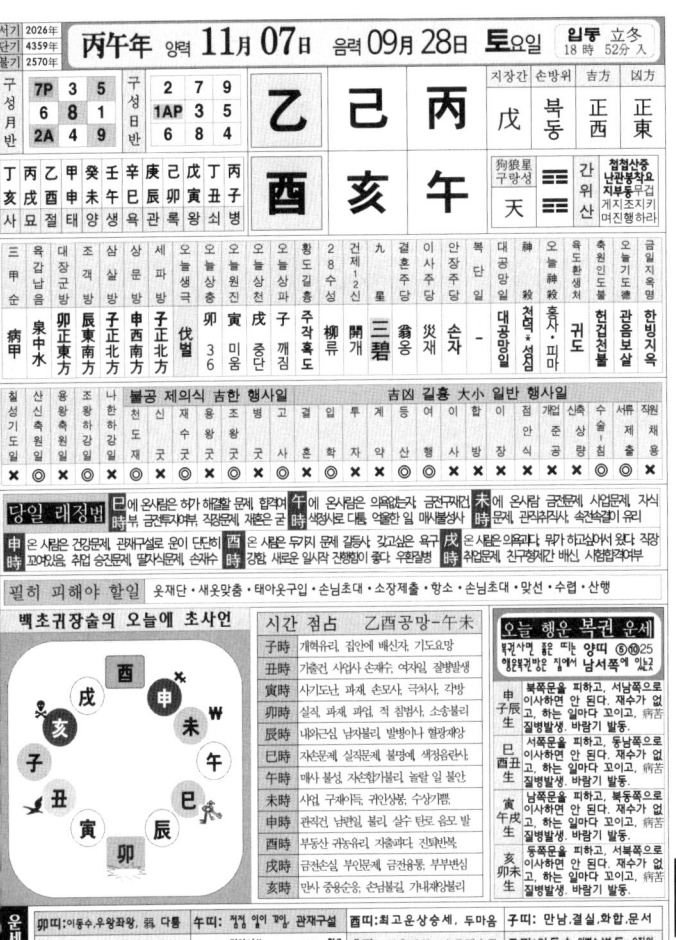

서기	2026年
단기	4359年
불기	2570年

丙午年 양력 11月 08日 음력 09月 29日 일요일

구성월반			구성일반		
7P	3	5	1P	6	8A
6	8	1	9	2	4
2A	4	9	5	7	3

丙	己	丙
戊	亥	午

지장간	손방위	吉方	凶方
戊	無	正南	正北

狗狼星 구랑성	수화기제	
천	☵☲	**최고운 일 끝나는공행상 정돈할때** 후환변화에 대비필요함

己	戊	丁	丙	乙	甲	癸	壬	辛	庚	己	戊
亥	戌	酉	申	未	午	巳	辰	卯	寅	丑	子
절	묘	사	병	쇠	왕	록	관	욕	생	양	태

三甲순	육갑납음	대장군방	조객방	삼살방	상문방	세파방	오늘생극	오늘상충	오늘원진	오늘상천	오늘상파	황도길흉	28수성	건제12신	九星	결혼주당	이사주당	안장주당	복단일	대공망일	神殺일	오늘神殺	육도환생처	축원인도불	오늘기도德	금일지옥명
病甲	屋上土	卯正東方	辰東南方	子正北方	申西南方	子正北方	寶보	辰 36	巳 미움	酉 중단	未 깨짐	금궤황도	星성	閉폐	二黑	堂당	師사	남자	-	천의*익후	월살일	혈지·지격	축도	헌겁천불	미륵보살	한빙지옥

칠성기도일	산신축원일	용왕축원일	조왕하강일	나한하강일	불공 제의식 吉한 행사일: 천도재	신굿	재수굿	용왕굿	조왕굿	병굿	고사	吉凶 길흉 大小 일반 행사일: 결혼	입학	투자	계약	등산	여행	이사	합방	이장	점안식	개업준공	신축상량	수술-침	서류제출	직원채용
×	×	×	×	×	×	×	×	×	×	×	×	×	-	×	×	◎	×	◎	×	×	×	×	×	◎	◎	×

당일 래정법

巳時에 온사람은 새사업에 방해자, 배신사, 의욕상실, 색정사, 창업은 불리함

午時에 온사람은 취직 해결할 문제, 합격여부, 금전투자여부, 직장문제, 재혼

未時에 온사람 의욕없는자, 금전구재건, 관재구설로 다툼, 억울한 일, 매사불성사

申時 온 사람은 금전문제, 사업문제, 관직취직사, 관재로 얽히게 됨, 자식으로 인해 큰 지출.

酉時 온 사람은 건강문제, 관재구설로 운이 단단히 꼬여있음, 취업 승진문제, 남자문제, 손재수

戌時 온 사람은 두가지 문제 갈등사, 갖고싶은 욕구 강함, 자식문제, 새로운 일시작 진행함이 좋다.

필히 피해야 할일 제품제작 • 친구초대 • 수혈 • 싱크대교체 • 주방고치기 • 애완동물들이기 • 흙 파는일

백초귀장술의 오늘에 초사언

시간 점占	丙戌공망-午未
子時	관청쟁투, 남편 극, 직업궁핍, 객 惡意
丑時	사업, 구재이득, 귀인상봉, 수상기쁨,
寅時	적의 침범사, 불길하고 원수됨, 가출사
卯時	골육 동업건, 남녀색정사, 방심면 도난
辰時	관재 병재로 불길, 가출사 자손사 하극상
巳時	직업 명예사, 여자삼각관계, 망신실수탄로
午時	금전손실 진퇴양난, 이사 여행 불리,
未時	잡안잡귀침투, 삼각관계, 낙선근심 질병
申時	선흉후길, 새출발 도망은 吉, 금전융통吉
酉時	가내 괴이사발생, 신부정, 물조심 하극상
戌時	가출건, 급병자, 매사 지체, 여자관련손해
亥時	과욕불성사, 이별사, 타인의 침해 다툼

오늘 행운 복권 운세

복권사면 좋은 띠는 **원숭띠** ⑨19, 29

행운복권방은 집에서 **서남쪽**에 있는곳

申子辰生	북쪽문을 피하고, 서남쪽으로 이사하면 안 된다. 재수가 없고, 하는 일마다 꼬이고, 病苦 질병발생. 바람기 발동.
巳酉丑生	서쪽문을 피하고, 동남쪽으로 이사하면 안 된다. 재수가 없고, 하는 일마다 꼬이고, 病苦 질병발생. 바람기 발동.
寅午戌生	남쪽문을 피하고, 북동쪽으로 이사하면 안 된다. 재수가 없고, 하는 일마다 꼬이고, 病苦 질병발생. 바람기 발동.
亥卯未生	동쪽문을 피하고, 서북쪽으로 이사하면 안 된다. 재수가 없고, 하는 일마다 꼬이고, 病苦 질병발생. 바람기 발동.

운세풀이

辰띠:이동수,우왕좌왕, 弱, 다툼	未띠: 점점 일이 꼬임, 관재구설	戌띠:최고운상승세, 두마음	丑띠: 만남,결실,화합,문서
巳띠:매사불편, 방해자,배신	申띠: 귀인상봉, 금전이득, 현금	亥띠: 의욕과다, 스트레스큼	寅띠:이동수,이별수,변동 움직임
午띠:해결신,시험합격, 풀림	酉띠: 매사꼬임,과거고생, 질병	子띠: 시급한 일, 뜻대로 안됨	卯띠: 빈주머니,걱정근심,사기

서기 2026年 / 단기 4359年 / 불기 2570年	丙午年 양력 11月 09日	음력 10月 01日	월요일	초하루

구성月반			구성日반		
7P	3	5	9P	5	7
6	8	1	8	1	3
2A	4	9	4	6A	2

時	日	月	年
丁	己	丙	
亥	亥	午	

지장간	손방위	吉方	凶方
戊	동쪽	正東	正西

辛	庚	己	戊	丁	丙	乙	甲	癸	壬	辛	庚
亥	戌	酉	申	未	午	巳	辰	卯	寅	丑	子
태	양	생	욕	관	록	왕	쇠	병	사	묘	절

狗狼星 구랑성 巳方 大門僧寺

수화기제 — 최고운 일 끝나는공행상 정돈할때 후환변화에 대비필요함

三甲순	육갑납음	대장군방	조객방	삼살방	상문방	세파방	오늘생극	오늘상충	오늘원진	오늘상천	오늘상파	황도길흉	28수성	건제12신	九星	결혼주당	이사주당	안장주당	복단일	오늘吉神	神殺	오늘神殺	육도환생처	축원인도불	오늘기도德	금일지옥명
病甲	屋上土	卯正東方	辰東南方	子正北方	申西南方	子正北方	伐벌	巳 36	辰 미움	申 중단	寅 깨짐	대덕황도	張장	建건	一白	夫부	安안	아버지	-	보광*왕일	월형일	혈기·고초	옥도	헌겁천불	여래보살	한빙지옥

칠성기도일	산신축원일	용왕축원일	조왕하강일	나한하강일	천도재	신굿	재수굿	용왕굿	조왕굿	병굿	고사	결혼	입학	투자	계약	등산	여행	이사	합방	이장	점안식	개업준공	신축상량	수술-침	서류제출	직원채용
✕	◎	✕	◎	◎	◎	◎	◎	◎	◎	◎	◎	◎	◎	✕	◎	◎	◎	✕	✕	✕	◎	◎	✕	◎	◎	✕

(천도재 ~ 고사: 불공 제의식 吉한 행사일 / 결혼 ~ 직원채용: 吉凶 길흉 大小 일반 행사일)

당일 래정법

巳時에 온사람은 금전사기, 허위문서 이동수, 터부정 관재구설 동업사비 다툼주의
午時에 온사람은 방해자, 배신사, 의욕상실 매사 지체불리함 금전구재 문제
未時에 온사람 허가 해결할 문제, 급전필요, 주식투자여부, 결혼, 직장문제, 매매건
申時 온 사람은 의욕없는자, 자식문제, 사업상문제, 색정사, 관송사, 시비투쟁, 매사불성사
酉時 온 사람은 금전구재 문제, 사업계약 문제는 이득, 여자문제, 관직취직사, 속전속결 유리
戌時 온 사람은 건강문제, 관재구설로 운이 단단히 꼬여있음, 취업 승진문제, 매사지체, 손재수

필히 피해야 할일 약혼식 • 인수인계 • 머리자르기 • 주방수리 • 장담그기 • 수의짓기 • 주방고치기 • 지붕 덮기

백초귀장술의 오늘에 초사언

시간 점占	丁亥공망-午未
子時	관재 병재로 불길, 기출사 색정사 도난주의
丑時	질병발생, 적의 침범사, 자손 이별사
寅時	선거자유리, 사업흥성, 화합사, 화류계
卯時	가출건, 매사 선흉후길, 관송사는 불리
辰時	자손사, 실직사, 도난 풍파 가출 색정사
巳時	육친이별, 파재구설 도난, 인연 끊김
午時	불명예로 원행, 이사 여행가능, 집 파손
未時	공직 직업 승전, 금전이득, 환자발생
申時	모사 성사, 순응유리, 친족불화, 토지분쟁
酉時	사업사, 후원 귀인상봉, 이사 여행- 재앙
戌時	자손사, 父 급병자, 관재구설, 색정사
亥時	금전손실, 남편직업, 여자가 불리, 괴이사

오늘 행운 복권 운세

복권사면 좋은 띠는 **닭띠** ④⑨ 24, 행운복권방은 집에서 **서쪽**에 있는곳

申子辰生	북쪽문을 피하고, 서남쪽으로 이사하면 안 된다. 재수가 없고, 하는 일마다 꼬이고, 病苦 질병발생. 바람기 발동.
巳酉丑生	서쪽문을 피하고, 동남쪽으로 이사하면 안 된다. 재수가 없고, 하는 일마다 꼬이고, 病苦 질병발생. 바람기 발동.
寅午戌生	남쪽문을 피하고, 북동쪽으로 이사하면 안 된다. 재수가 없고, 하는 일마다 꼬이고, 病苦 질병발생. 바람기 발동.
亥卯未生	동쪽문을 피하고, 서북쪽으로 이사하면 안 된다. 재수가 없고, 하는 일마다 꼬이고, 病苦 질병발생. 바람기 발동.

운세풀이

巳띠:이동수,우왕좌왕, 弱, 다툼	申띠: 점점 일이 꼬임, 관재구설	亥띠:최고운상승세, 두마음	寅띠: 만남,결실,화합,문서
午띠:매사불편, 방해자,배신	酉띠: 귀인상봉, 금전이득, 현금	子띠: 의욕과다, 스트레스큼	卯띠:이동수,이별수,변동 움직임
未띠:해결신,시험합격, 풀림	戌띠: 매사꼬임,과거고생, 질병	丑띠: 시급한 일, 뜻대로 안됨	辰띠: 빈주머니,걱정근심,사기

11월

서기	2026年
단기	4359年
불기	2570年

丙午年 양력 11月 10日 음력 10月 02日 화요일

구성月반				구성日반			
	7P	3	5		8	4AP	6
	6	8	1		7	9	2
	2A	4	9		3	5	1

時	日	月
戊	己	丙
子	亥	午

지장간	손방위	吉方	凶方
戊	동남	正北	正南

癸	壬	辛	庚	己	戊	丁	丙	乙	甲	癸	壬
亥	戌	酉	申	未	午	巳	辰	卯	寅	丑	子
절	묘	사	병	쇠	왕	록	관	욕	생	양	태

狗狼星 구랑성	廚竈 주방부엌	☵ ☲	수화기제	최고운 일 끝나는공행상 정돈할때 후환변화에 대비필요함

三甲순	육갑납음	대장군방	조객방	삼살방	상문방	세파방	오늘생극	오늘상충	오늘원진	오늘상천	오늘상파	황도길흉	28수성	건제12신	九星	결혼주당	이사주당	안장주당	오늘吉神	오늘吉神	神殺일	오늘神殺	육도환생처	축원인도불	오늘기도德	금일지옥명
病甲	霹靂火	卯正東方	辰東南方	子正北方	申西南方	子正北方	制제	午 36	未 미움	未 중단	酉 깨짐	백호흑도	翼익	除제	九紫	姑고	利이	남자	요안*천마	길기*관일	-	라강·대시	천도	약사여래	아미보살	화탕지옥

칠성기도일	산신축원일	용왕축원일	조왕하강일	나한하강일	천도재	신굿	재수굿	용왕굿	조왕굿	병굿	고사	결혼	입학	투자	계약	등산	여행	이사	합방	이장	점안식	개업준공	신축상량	수술·침	서류제출	직원채용
					불공 제의식 吉한 행사일							吉凶 길흉 大小 일반 행사일														
×	×	×	×	×	×	◎	◎	◎	◎	◎	◎	×	◎	×	×	◎	◎	×	×	×	×	◎	×	◎	◎	×

당일 래정법

巳時에 온사람은 실업자, 친정문제, 빈주머니, 헛 공사, 사기·도난사, 밤길조심

午時에 온사람은 이동변동수, 터부정, 관재구설, 배반 다툼주의, 차사고

未時에 온사람은 방해자, 배신사, 의욕상실, 매사 지체불리함, 형제간 시비불리함.

申時 온 사람은 자식문제, 결혼문제, 경조사, 속결처리는 해결됨, 시험은 합격됨, 허가건은 승인됨

酉時 온 사람은 의욕없는자, 자식으로인해 큰돈 손해 억울한일 외정색정사 불륜사 문제 관재로

戌時 온 사람은 금전문제, 사업문제, 주식투자문제, 부동산거래, 재물구재사, 여자화합건 돈은 들어오나 곧나감

필히 피해야 할일 흑도일에 폐閉神으로 수격과 토부와 혈기 등 강한 신살에 해당되어 매사 해롭고 불리한 날

백초귀장술의 오늘에 초사언

시간 점占 戊子공망-午未

子時	남녀쟁투 돈이나 처를 극, 자식病, 흉
丑時	결혼은 吉, 동료모략, 혐의누명 손님 옴
寅時	관재, 병재 출행,재난, 원한 喪服 운
卯時	매사 선흉후길, 자식근심, 情夫 작해
辰時	형제나 친구 침범사, 가출사 색정사 흉해
巳時	관직 승전문제, 가정불안 모사발생 후 破
午時	남녀투쟁 다툼, 처를 극하고 매사 막힘
未時	잡안잡귀침투, 부부불화, 삼각관계, 질병
申時	선거자유리, 사업흥성, 화합사, 색정사
酉時	자손사와 남편불리, 간사한 은닉건, 모략
戌時	작은돈 가능, 시험불합격, 삼각관계 불화
亥時	사업, 구재, 관재구설 여자문제, 혐의징조

오늘 행운 복권 운세

복권사면 좋은 띠는 개띠 ⑩⑳ 30
행운복권방은 집에서 서북쪽에 있는곳

申子辰生	북쪽문을 피하고, 서남쪽으로 이사하면 안 된다. 재수가 없고, 하는 일마다 꼬이고, 病苦 질병발생. 바람기 발동.
巳酉丑生	서쪽문을 피하고, 동남쪽으로 이사하면 안 된다. 재수가 없고, 하는 일마다 꼬이고, 病苦 질병발생. 바람기 발동.
寅午戌生	남쪽문을 피하고, 북동쪽으로 이사하면 안 된다. 재수가 없고, 하는 일마다 꼬이고, 病苦 질병발생. 바람기 발동.
亥卯未生	동쪽문을 피하고, 서북쪽으로 이사하면 안 된다. 재수가 없고, 하는 일마다 꼬이고, 病苦 질병발생. 바람기 발동.

운세풀이

午띠:이동수,우왕좌왕, 구설, 다툼	酉띠: 점점 일이 꼬임, 관재구설	子띠:최고운상승세, 두마음	卯띠: 만남,결실,화합,문서
未띠:매사불편, 방해자,배신	戌띠:귀인상봉, 금전이득, 현금	丑띠: 의욕과다, 스트레스큼	辰띠:이동수,이별수,변동 움직임
申띠:해결신,시험합격, 풀림	亥띠: 매사꼬임,과거고생, 질병	寅띠: 시급한 일, 뜻대로 안됨	巳띠: 빈주머니,걱정근심,사기

서기	2026年
단기	4359年
불기	2570年

丙午年 양력 11月 11日 음력 10月 03日 수요일

구성월반		
7P	3	5
6	8	1
2A	4	9

구성일반		
7	3	5P
6	8	1
2A	4	9

己	己	丙
丑	亥	午

지장간	손방위	吉方	凶方
戊	남쪽	正西	正東

狗狼星 구랑성	괘	수화기제	최고운 일 끝나는공행상 정돈할때 후환변화에 대비필요함
寅方 廚舍	☵☲		

乙	甲	癸	壬	辛	庚	己	戊	丁	丙	乙	甲
亥	戌	酉	申	未	午	巳	辰	卯	寅	丑	子
태	양	생	욕	관	록	왕	쇠	병	사	묘	절

三甲순	육갑납음	대장군방	조객방	삼살방	상문방	세파방	오늘생극	오늘상충	오늘원진	오늘상천	오늘상파	황도길흉	28수성	건제12신	九星	결혼주당	이사주당	안장주당	천구하식	복단일	神殺	오늘神殺	육도환생처	축원인도불	오늘기도德	금일지옥명
病甲	霹靂火	卯正東方	辰東南方	子正北方	申西南方	子正北方	專전	未 36	午 미움	午 중단	辰 깨짐	옥당황도	軫진	滿만	八白	堂당	天천	손자	월덕합	옥우*수일	사격·지화	귀기·구공	천도	약사여래	아미보살	화탕지옥

칠성기도일	산신축원일	용왕축원일	조왕하강일	나한하강일	불공 제의식 吉한 행사일							吉凶 길흉 大小 일반 행사일													
					천도재	신굿	재수굿	용왕굿	조왕굿	병굿	고사	결혼	입학	투자	계약	등산	여행	이사	합방	이장	점안식	개업준공	신축상량	수술-침	서류제출	직원채용
◎	×	×	◎	◎	◎	◎	◎	◎	◎	◎	◎	◎	◎	◎	◎	◎	◎	×	×	◎	◎	◎	×	◎	◎	×

당일 래정법

巳時 에 온사람은 이동수 있는자, 직장변동, 사업체변동수, 해외진출 유리, 이별

午時 에 온사람은 실업자, 지금은 소모전, 빈주머니, 헛 공사, 사기·모난사, 안됨

未時 에 온사람은 매매 이동변동수, 터부정, 웃사람과 시비 다툼주의, 교통사고주의

申時 온 사람은 방해자, 배신사, 금전과 여자문제 매사 지체불리함, 차사고로 손해손재수

酉時 온 사람은 급처리 문제, 투자는 속결 유리 시험합격됨, 허가건은 승인

戌時 온 사람은 의욕없는 자, 하극상배신 억울한일 외정색정사, 불륜사 문제, 관재로 발전 딸 문제 취직문제

필히 피해야 할일 회의개최·건축증개축·문서파기·항공주의·승선·동토·벌초·관정, 우물파기

백초귀장술의 오늘에 초사언

시간 점占 己丑공망-午未

子時	사업, 구재, 금전다툼, 구설 여자문제, ⊗
丑時	유명무실, 도난위험, 질병위태, 가출건
寅時	망신수, 매사 불성사, 탄로조심.
卯時	관재 병재로 불길, 적의 침범사, 喪服운
辰時	옛것을 정비하고 새것을 얻음, 선흉후길
巳時	산후질병 발병, 이별수, 이사는 가능
午時	구직하나 불성사, 골육이별, 색정사
未時	집안잡귀침투, 친족배신불화, 가출건
申時	자손 실직사, 망신 탄로조심, 금전손실
酉時	사업사, 후원사, 자손화합사 기쁨, 근신
戌時	금전손실, 가출건, 가선제압, 시험불길
亥時	선거자유리, 사업흥성, 친족불화, 喪服

오늘 행운 복권 운세

복권사면 좋은 띠는 **돼지띠** ⑪⑯31
행운복권방은 집에서 **북서쪽**에 있는곳

申子辰生	북쪽문을 피하고, 서남쪽으로 이사하면 안 된다. 재수가 없고, 하는 일마다 꼬이고, 病苦 질병발생. 바람기 발동.
巳酉丑生	서쪽문을 피하고, 동남쪽으로 이사하면 안 된다. 재수가 없고, 하는 일마다 꼬이고, 病苦 질병발생. 바람기 발동.
寅午戌生	남쪽문을 피하고, 북동쪽으로 이사하면 안 된다. 재수가 없고, 하는 일마다 꼬이고, 病苦 질병발생. 바람기 발동.
亥卯未生	동쪽문을 피하고, 서북쪽으로 이사하면 안 된다. 재수가 없고, 하는 일마다 꼬이고, 病苦 질병발생. 바람기 발동.

11월

운세풀이

未띠: 이동수, 우왕좌왕, 弱, 다툼	戌띠: 점점 일이 꼬임, 관재구설	丑띠: 최고운상승세, 두마음	辰띠: 만남, 결실, 화합, 문서
申띠: 매사불편, 방해자, 배신	亥띠: 귀인상봉, 금전이득, 현금	寅띠: 의욕과다, 스트레스큼	巳띠: 이동수, 이별수, 변동 움직임
酉띠: 해결신, 시험합격, 풀림	子띠: 매사꼬임, 과거고생, 질병	卯띠: 시급한 일, 뜻대로 안됨	午띠: 빈주머니, 걱정근심, 사기

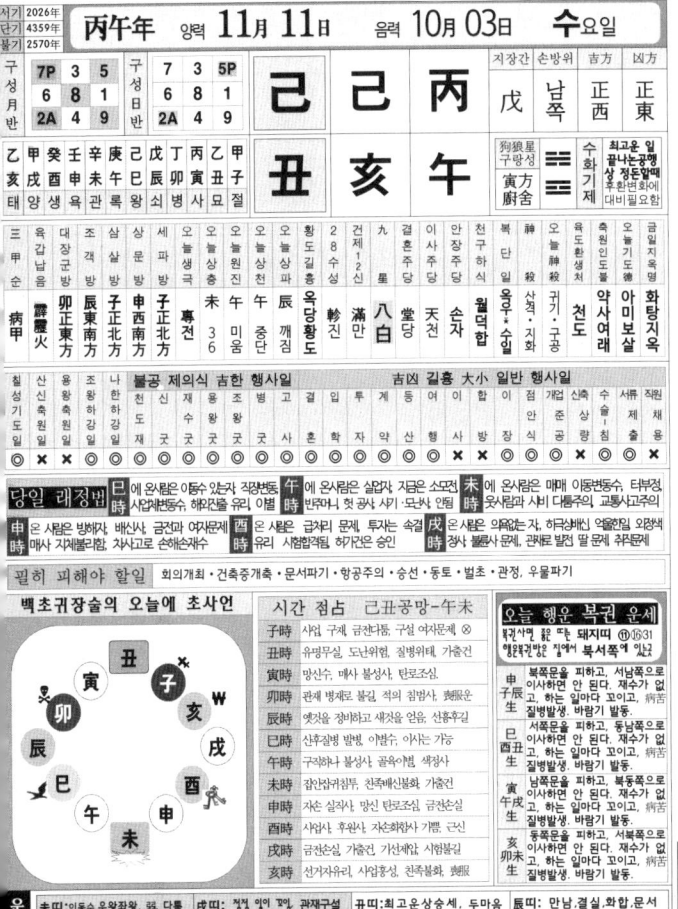

서기	2026年
단기	4359年
불기	2570年

丙午年 양력 11月 12日 음력 10月 04日 목요일

구성月반			구성日반			時	日	月	年	지장간	손방위	吉方	凶方
7P	3	5	6	2	4P	庚	己	丙		戊	남서	正南	正北
6	8	1	5	7	9A	寅	亥	午					
2A	4	9	1	3	8								

丁	丙	乙	甲	癸	壬	辛	庚	己	戊	丁	丙
亥	戌	酉	申	未	午	巳	辰	卯	寅	丑	子
병	쇠	왕	록	관	욕	생	양	태	절	묘	사

狗狼星 구랑성	午方 남쪽	수화기제	최고운 일 끝나는공행 상 정돈할때 후환변화에 대비필요함

三甲순	육갑납음	대장군방	조객방	삼살방	상문방	세파방	오늘생극	오늘상충	오늘원진	오늘상천	오늘상파	황도길흉	28수성	건제12신	九星	결혼주당	이사주당	안장주당	오늘吉神	오늘吉神	神殺	오늘神殺	육도환생처	축원인도불	오늘기도德	금일지옥명
病甲	松柏木	卯正東方	辰東南方	子正北方	申西南方	子正北方	制제	申 36	酉 미움	巳 중단	亥 깨짐	천뇌흑도	角각	平평	七赤	翁옹	害해	死	천덕합	금당*상일	하괴일	유화·패파	인도	약사여래	약사보살	화탕지옥

칠성기도일	산신축원일	용왕축원일	조왕하강일	나한하강일	불공 제의식 吉한 행사일: 천도재	신굿	재수굿	용왕굿	조왕굿	병굿	고사	吉凶 길흉 大小 일반 행사일: 결혼	입학	투자	계약	등산	여행	이사	합방	이장	점안식	개업준공	신축상량	수술-침	서류제출	직원채용
◎	×	×	×	×	×	◎	◎	◎	◎	◎	◎	×	◎	×	◎	◎	◎	×	×	◎	◎	◎	◎	◎	◎	◎

당일 래정법

巳時에 온사람은 문서 화합운, 결혼, 재혼, 경조사, 문서구입 좋다. 궁합, 후원 가업

午時에 온사람은 이동수 있음 이사나 직장변동 하는게 좋음, 여행 이별 질병

未時에 온사람은 금전사기, 허위문서, 실업자 모난사고, 빈주머니 헛공사 윗사람스트레스

申時 온 사람은 매매 이동변동수, 가정불화문제, 터부정, 관재구설, 직장변동수, 자사고주의

酉時 온 사람은 방해자, 친구동료 배신사, 취업승진 매사 지체불리함, 질병액, 손해수

戌時 온 사람은 급처리문제, 묘지탈로 고이사발생 우환질병, 색정사로 구설수, 시험 합격됨, 허가건 승인됨

필히 피해야 할일 주식투자 • 사행성코인사입 • 명품구입 • 질병치료 • 투석 • 물건구입 • 새집들이 • 건축증개축

백초귀장술의 오늘에 초사언

시간 점占 庚寅공망-午未

子時	만사길조, 운기발복, 이사가 吉, 신중
丑時	매사 막히고 퇴보, 사업 구재는 불길
寅時	타인이나 여자로부터 금전손실, 함정
卯時	금전문제, 부인문제, 색정사, 도난위험
辰時	매사미비, 병재로 불길, 가출사, 색정사
巳時	사업금전운 吉, 임신가능, 결혼기쁨, 화해
午時	금전손실 다툼, 가내불안, 가출, 시험불리
未時	잡안잡귀침투, 친족불화, 사업금전불리
申時	부부이심, 이사가 길, 시귀발동, 가출사
酉時	파산파재, 부인흉극, 배신음모로 함정
戌時	사업사, 후원사, 직장승진, 이사가 吉
亥時	금전손실, 도난, 자식문제, 화류계 관련

오늘 행운 복권 운세

복권사면 좋은 띠는 쥐띠 ①⑥⑯
행운복권방은 집에서 북쪽에 있는곳

申子辰生	북쪽문을 피하고, 서남쪽으로 이사하면 안 된다. 재수가 없고, 하는 일마다 꼬이고, 病苦 질병발생. 바람기 발동.
巳酉丑生	서쪽문을 피하고, 동남쪽으로 이사하면 안 된다. 재수가 없고, 하는 일마다 꼬이고, 病苦 질병발생. 바람기 발동.
寅午戌生	남쪽문을 피하고, 북동쪽으로 이사하면 안 된다. 재수가 없고, 하는 일마다 꼬이고, 病苦 질병발생. 바람기 발동.
亥卯未生	동쪽문을 피하고, 서북쪽으로 이사하면 안 된다. 재수가 없고, 하는 일마다 꼬이고, 病苦 질병발생. 바람기 발동.

운세풀이

申띠:이동수,우왕좌왕, 弱, 다툼	亥띠: 점점 일이 꼬임, 관재구설	寅띠:최고운상승세, 두마음	巳띠: 만남,결실,화합,문서
酉띠:매사불편, 방해자,배신	子띠:귀인상봉, 금전이득, 현금	卯띠: 의욕과다, 스트레스큼	午띠:이동수,이별수,변동 움직임
戌띠:해결신,시험합격, 풀림	丑띠: 매사꼬임,과거고생, 질병	辰띠: 시급한 일, 뜻대로 안됨	未띠: 빈주머니,걱정근심,사기

서기	2026年
단기	4359年
불기	2570年

丙午年 양력 11月 13日 음력 10月 05日 금요일

구성月반			
	7P	3	5
	6	8	1
	2A	4	9

구성日반			
	5	1	3
	4	6	8P
	9	2	7A

時	日	年
辛	己	丙
卯	亥	午

지장간	손방위	吉方	凶方
戊	서쪽	正東	正西

狗狼星 구랑성			
天		수화기제	최고운 일 끝나는공행상 정돈할때 후환변화에 대비필요함

己亥	戊戌	丁酉	丙申	乙未	甲午	癸巳	壬辰	辛卯	庚寅	己丑	戊子
욕	관	록	왕	쇠	병	사	묘	절	태	양	생

三甲순	육갑납음	대장군방	조객방	삼살방	상문방	세파방	오늘생극	오늘상충	오늘원진	오늘상천	오늘상파	황도길흉	28수성	건제12신	九星	결혼주당	이사주당	안장주당	복단일	오늘吉神	오늘神殺	오늘神殺	육도환생처	축원인도불	오늘기도德	금일지옥명
病甲	松柏木	卯正東方	辰東南方	子正北方	申西南方	子正北方	制 제	酉 36	申 미움	辰 중단	午 깨짐	현무흑도	亢 항	定 정	六白	第 제	殺 살	여자	월기일	음덕*민일	삼합일	천화·사기	귀도	약사여래	문수보살	화탕지옥

칠성기도일	산신축원일	용왕축원일	조왕하강일	나한하강일	불공 제의식 吉한 행사일: 천도재	신굿	재수굿	용왕굿	조왕굿	병굿	吉凶 길흉 大小 일반 행사일: 고사	결혼	입학	투자	계약	등산	여행	이사	합방	이장	점안식	개업준공	신축상량	수술-침	서류제출	직원채용
◎	◎	-	◎	◎	◎	◎	◎	◎	◎	◎	◎	◎	◎	×	◎	◎	◎	×	×	×	◎	◎	×	◎	◎	◎

당일 래정법

巳時 에 온사람은 자식문제, 가내환자, 죽음 바람기, 불륜, 시비투쟁, 이동수

午時 에 온사람은 문서, 화합운, 결혼, 재혼, 경조사, 애정사, 궁합, 부모문제, 개업

未時 에 온사람은 이동수 있는자, 이사나 직장변동, 해외진출, 부모자식문제, 여행,

申時 온 사람은 허위문서 문제, 실업자, 색정사, 빈주머니, 헛 공사, 사기모함 · 도난사, 일이 지체

酉時 온 사람은 매매 이동변동수, 터부정, 관재구설, 사기, 허위문서, 가내우환질병, 차사고주의

戌時 온 사람은 방해자, 배신사, 원망 암투, 취업 승진 매사 지체불리함, 차사고로 손재수, 암투

필히 피해야 할일 새집들이 · 친목회 · 금전수금 · 창고수리 · 건축수리 · 동토 · 우물파기 · 장담그기

백초귀장술의 오늘에 초사언

시간 점占 辛卯공망-午未

子時	직장근심, 처를 극, 질병위급, 神부정
丑時	사업사, 후원사, 직장변동, 자식질병 급
寅時	관재 병재로 불길, 가출사 색정사 하극상
卯時	가내우환 도적흉, 여자로부터 금전손실
辰時	매사 지체, 사업상 다툼, 불륜색정사
巳時	매사 불성사, 도망은 吉, 삼각관계, 재액
午時	관직 승전문제, 금전 작은이득, 화해 吉
未時	삼각관계, 직업변동, 친족불화, 여자질병
申時	만사불길, 육친이별, 이민유리, 질병재앙
酉時	적의 침범사, 관재 병재로 불길, 감옥行
戌時	놀랄 일발생, 불륜색정사, 공중분해
亥時	자식문제, 직장문제, 손님 惡意 불화초래

오늘 행운 복권 운세

복권사면 좋은 띠는 소띠 ②⑤⑩
행운복권방은 집에서 북동쪽에 있는곳

申子辰生	북쪽문을 피하고, 서남쪽으로 이사하면 안 된다. 재수가 없고, 하는 일마다 꼬이고, 病苦 질병발생. 바람기 발동.
巳酉丑生	서쪽문을 피하고, 동남쪽으로 이사하면 안 된다. 재수가 없고, 하는 일마다 꼬이고, 病苦 질병발생. 바람기 발동.
寅午戌生	남쪽문을 피하고, 북동쪽으로 이사하면 안 된다. 재수가 없고, 하는 일마다 꼬이고, 病苦 질병발생. 바람기 발동.
亥卯未生	동쪽문을 피하고, 서북쪽으로 이사하면 안 된다. 재수가 없고, 하는 일마다 꼬이고, 病苦 질병발생. 바람기 발동.

운세풀이

酉띠:이동수,우왕좌왕, 弱, 다툼	子띠: 점점 일이 꼬임, 관재구설	卯띠:최고운상승세; 두마음	午띠: 만남,결실,화합,문서
戌띠:매사불편, 방해자,배신	丑띠:귀인상봉, 금전이득, 현금	辰띠: 의욕과다, 스트레스큼	未띠:이동수,이별수,변동 움직임
亥띠:해결신,시험합격, 풀림	寅띠: 매사꼬임,과거고생, 질병	巳띠: 시급한 일, 뜻대로 안됨	申띠: 빈주머니,걱정근심,사기

11월

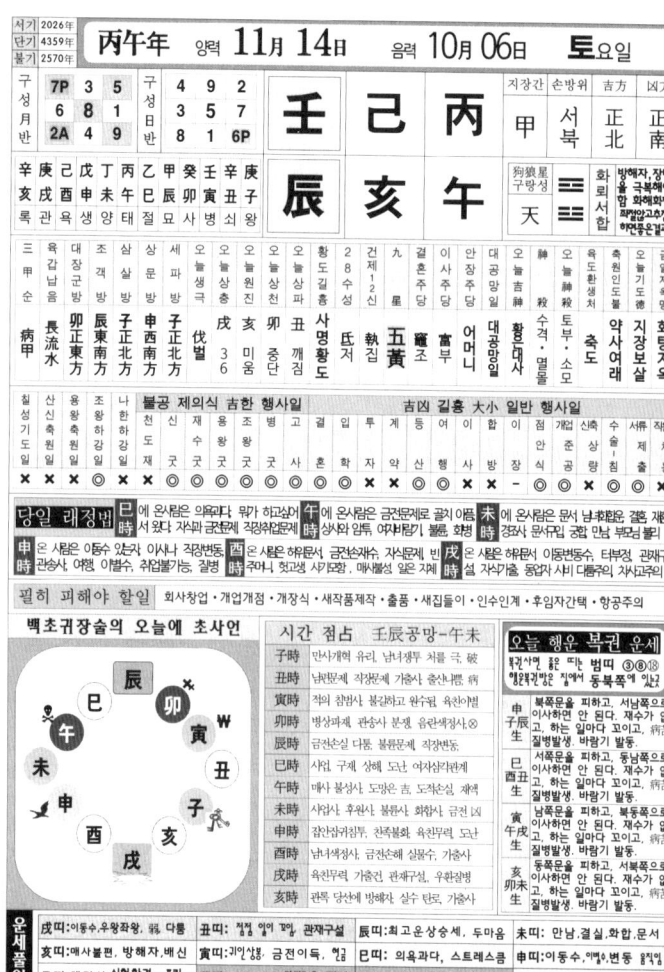

서기	2026年
단기	4359年
불기	2570年

丙午年 양력 11月 14日 음력 10月 06日 토요일

구성月반			
	7P	3	5
	6	8	1
	2A	4	9

구성日반			
	4	9	2
	3	5	7
	8	1	6P

壬	己	丙
辰	亥	午

지장간	손방위	吉方	凶方
甲	서북	正北	正南

狗狼星 구랑성	괘	화뢰서합	방해자, 장벽을 극복해야 함 화해화합 직접압고추진하면좋은결과
天	☲☳		

辛	庚	己	戊	丁	丙	乙	甲	癸	壬	辛	庚
亥	戌	酉	申	未	午	巳	辰	卯	寅	丑	子
록	관	욕	생	양	태	절	묘	사	병	쇠	왕

三甲순	육갑납음	대장군방	조객방	삼살방	상문방	세파방	오늘생극	오늘상충	오늘원진	오늘상천	오늘상파	황도길흉	28수성	건제12신	九星	결혼주당	이사주당	안장주당	대공망일	오늘吉神	神殺	오늘神殺	육도환생처	축원인도불	오늘기도德	금일지옥명
病甲	長流水	卯正東方	辰東南方	子正北方	申西南方	子正北方	伐벌	戌 36	亥 미움	卯 중단	丑 깨짐	사명황도	氐저	執집	五黃	竈조	富부	어머니	대공망일	황은대사	수격·멸몰	토부·소모	축도	약사여래	지장보살	화탕지옥

칠성기도일	산신축원일	용왕축원일	조왕하강일	나한하강일	천도재	신굿	재수굿	용왕굿	조왕굿	병굿	고사	결혼	입학	투자	계약	등산	여행	이사	합방	이장	점안식	개업준공	신축상량	수술-침	서류제출	직원채용
×	×	×	◎	×	×	◎	◎	◎	◎	◎	◎	◎	◎	×	×	◎	◎	×	×	-	◎	◎	×	◎	◎	×

(불공 제의식 吉한 행사일: 천도재 ~ 고사 / 吉凶 길흉 大小 일반 행사일: 결혼 ~ 직원채용)

당일 래정법

巳時에 온사람은 의욕과다. 뭔가 하고싶어서 왔다. 자식과 금전문제, 직장취업문제

午時에 온사람은 금전문제로 골치 아픔, 상사와 암투, 여자바람기, 불륜, 화병

未時에 온사람은 문서 남녀화합운, 결혼, 재혼 경조사, 문서구입, 궁합, 만남, 부모님 불리

申時 온 사람은 이동수 있는자, 이사나 직장변동, 관송사, 여행, 이별수, 취업불가능, 질병

酉時 온 사람은 허위문서, 금전손재수, 자식문제, 빈주머니, 헛고생 사기모함 , 매사불성 일은 지체

戌時 온 사람은 허위문서 이동변동수, 터부정, 관재구설, 자식가출, 동업자 시비 다툼주의, 차사고주의

필히 피해야 할일 회사창업 • 개업개점 • 개장식 • 새작품제작 • 출품 • 새집들이 • 인수인계 • 후임자간택 • 항공주의

백초귀장술의 오늘에 초사언

시간 점占	壬辰공망-午未
子時	만사개혁 유리, 남녀쟁투 처를 극, 破
丑時	남편문제, 직장문제 가출사, 출산나쁨, 病
寅時	적의 침범사, 불길하고 원수됨, 육친이별
卯時	병상파재, 관송사 분쟁, 음란색정사.⊗
辰時	금전손실 다툼, 불륜문제, 직장변동,
巳時	사업, 구재, 상해, 도난, 여자삼각관계
午時	매사 불성사, 도망은 吉, 도적손실, 재액
未時	사업사, 후원사, 불륜사, 화합사, 금전 凶
申時	집안잡귀침투, 친족불화, 육친무력, 도난
酉時	남녀색정사, 금전손해 실물수, 가출사
戌時	육친무력, 가출건, 관재구설, 우환질병
亥時	관록 당선에 방해자, 실수 탄로, 가출사

오늘 행운 복권 운세

복권사면 좋은 띠는 범띠 ③⑧⑱
행운복권방은 집에서 동북쪽에 있는곳

申子辰生	북쪽문을 피하고, 서남쪽으로 이사하면 안 된다. 재수가 없고, 하는 일마다 꼬이고, 病苦 질병발생. 바람기 발동.
巳酉丑生	서쪽문을 피하고, 동남쪽으로 이사하면 안 된다. 재수가 없고, 하는 일마다 꼬이고, 病苦 질병발생. 바람기 발동.
寅午戌生	남쪽문을 피하고, 북동쪽으로 이사하면 안 된다. 재수가 없고, 하는 일마다 꼬이고, 病苦 질병발생. 바람기 발동.
亥卯未生	동쪽문을 피하고, 서북쪽으로 이사하면 안 된다. 재수가 없고, 하는 일마다 꼬이고, 病苦 질병발생. 바람기 발동.

운세풀이

戌띠:이동수,우왕좌왕, 弱, 다툼	丑띠: 점점 일이 꼬임, 관재구설	辰띠:최고운상승세, 두마음	未띠: 만남,결실,화합,문서
亥띠:매사불편, 방해자,배신	寅띠:귀인상봉, 금전이득, 현금	巳띠: 의욕과다, 스트레스큼	申띠:이동수,이별수,변동 움직임
子띠:해결신,시험합격, 풀림	卯띠: 매사꼬임,과거고생, 질병	午띠: 시급한 일, 뜻대로 안됨	酉띠: 빈주머니,걱정근심,사기

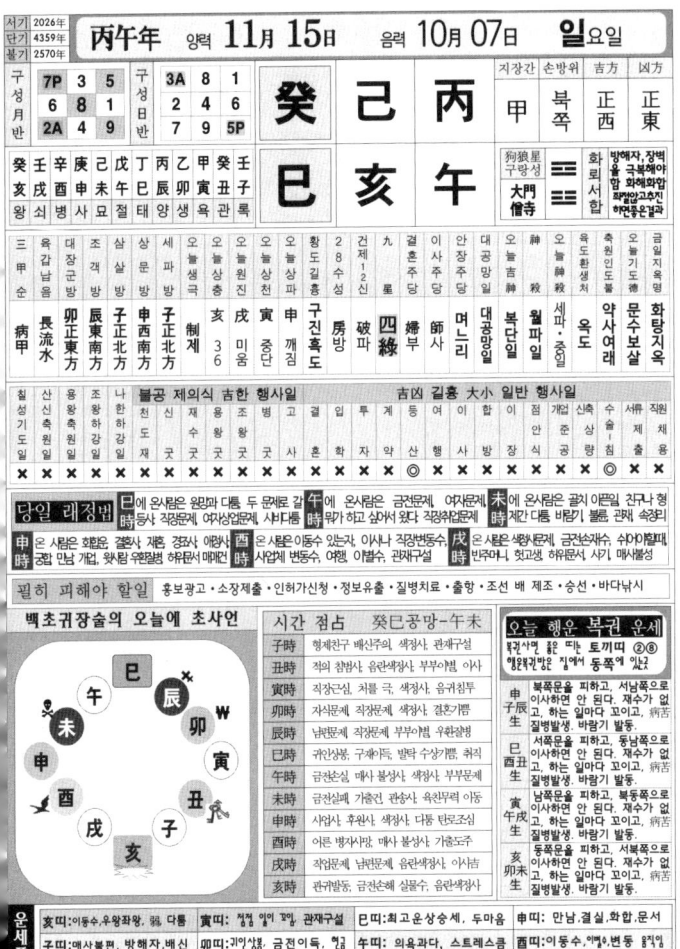

서기	2026年
단기	4359年
불기	2570年

丙午年 양력 11月 15日 음력 10月 07日 일요일

구성월반				구성일반			
	7P	3	5		3A	8	1
	6	8	1		2	4	6
	2A	4	9		7	9	5P

癸	己	丙
巳	亥	午

지장간	손방위	吉方	凶方
甲	북쪽	正西	正東

狗狼星 구랑성	大門 僧寺
화뢰서합	방해자, 장벽을 극복해야 함 화해화합 좌절않고추진하면좋은결과

癸	壬	辛	庚	己	戊	丁	丙	乙	甲	癸	壬
亥	戌	酉	申	未	午	巳	辰	卯	寅	丑	子
왕	쇠	병	사	묘	절	태	양	생	욕	관	록

三甲순	육갑납음	대장군방	조객방	삼살방	상문방	세파방	오늘생극	오늘상충	오늘원진	오늘상천	오늘상파	황도길흉	28수성	건제12신	九星	결혼주당	이사주당	안장주당	대공망일	오늘吉神	神殺	오늘神殺	육도환생처	축원인도불	오늘기도德	금일지옥명
病甲	長流水	卯正東方	辰東南方	子正北方	申西南方	子正北方	制제	亥 36	戌 미움	寅 중단	申 깨짐	구진흑도	房방	破파	四綠	婦부	師사	며느리	대공망일	복단일	월파일	세파·중일	옥도	약사여래	문수보살	화탕지옥

칠성기도일	산신축원일	용왕축원일	조왕하강일	나한하강일	천도재	신굿	재수굿	용왕굿	조왕굿	병굿	고사	결혼	입학	투자	계약	등산	여행	이사	합방	이장	점안식	개업준공	신축상량	수술·침	서류제출	직원채용
×	×	×	×	×	×	×	×	×	×	×	×	×	×	×	×	◎	×	×	×	×	×	×	×	◎	×	×

(천도재 ~ 고사: 불공 제의식 吉한 행사일 / 결혼 ~ 직원채용: 吉凶 길흉 大小 일반 행사일)

당일 래정법

- **巳時** 에 온사람은 원망과 다툼, 두 문제로 갈등사, 직장문제, 여자상업문제, 시비다툼
- **午時** 에 온사람은 금전문제, 여자문제, 뭐가 하고 싶어서 왔다 직장취업문제
- **未時** 에 온사람은 골치 아픈일, 친구나 형제간 다툼, 바람기, 불륜, 관재, 속장리
- **申時** 온 사람은 화합운, 결혼사, 재혼, 경조사, 애정사, 궁합 만남 개업, 윗사람 우환질병 허위문서 매매건
- **酉時** 온 사람은 이동수 있는자, 이사나 직장변동수, 사업체 변동수, 여행, 이별수, 관재구설
- **戌時** 온 사람은 색정사문제, 금전손재수, 쉬어야할때, 빈주머니, 헛고생, 허위문서, 사기, 매사불성

필히 피해야 할일 홍보광고 • 소장제출 • 인허가신청 • 정보유출 • 질병치료 • 출항 • 조선 배 제조 • 승선 • 바다낚시

백초귀장술의 오늘에 초사언

시간 점占 癸巳공망-午未

子時	형제친구 배신주의, 색정사, 관재구설
丑時	적의 침범사, 음란색정사, 부부이별, 이사
寅時	직장근심, 처를 극, 색정사, 음귀침투
卯時	자식문제, 직장문제, 색정사, 결혼기쁨
辰時	남편문제, 직장문제, 부부이별, 우환질병
巳時	귀인상봉, 구재이득, 발탁 수상기쁨, 취직
午時	금전손실, 매사 불성사, 색정사, 부부문제
未時	금전실패, 가출건, 관송사, 육친무력 이동
申時	시업사, 후원사, 색정사, 다툼 탄로조심
酉時	어른 병자사망, 매사 불성사, 가출도주
戌時	직업문제, 남편문제, 음란색정사, 이사吉
亥時	관귀발동, 금전손해 실물수, 음란색정사

오늘 행운 복권 운세

복권사면 좋은 띠는 토끼띠 ②⑧
행운복권방은 집에서 동쪽에 있는곳

申子辰生	북쪽문을 피하고, 서남쪽으로 이사하면 안 된다. 재수가 없고, 하는 일마다 꼬이고, 病苦 질병발생. 바람기 발동.
巳酉丑生	서쪽문을 피하고, 동남쪽으로 이사하면 안 된다. 재수가 없고, 하는 일마다 꼬이고, 病苦 질병발생. 바람기 발동.
寅午戌生	남쪽문을 피하고, 북동쪽으로 이사하면 안 된다. 재수가 없고, 하는 일마다 꼬이고, 病苦 질병발생. 바람기 발동.
亥卯未生	동쪽문을 피하고, 서북쪽으로 이사하면 안 된다. 재수가 없고, 하는 일마다 꼬이고, 病苦 질병발생. 바람기 발동.

운세풀이

亥띠: 이동수, 우왕좌왕, 弱, 다툼	寅띠: 점점 일이 꼬임, 관재구설	巳띠: 최고운상승세, 두마음	申띠: 만남, 결실, 화합, 문서
子띠: 매사불편, 방해자, 배신	卯띠: 귀인상봉, 금전이득, 현금	午띠: 의욕과다, 스트레스큼	酉띠: 이동수, 이별수, 변동 움직임
丑띠: 해결신, 시험합격, 풀림	辰띠: 매사꼬임, 과거고생, 질병	未띠: 시급한 일, 뜻대로 안됨	戌띠: 빈주머니, 걱정근심, 사기

11월

서기 2026年 단기 4359年 불기 2570年	丙午年	양력 11月 16日	음력 10月 08日	월요일

구성月반			구성日반		
7P	3	5	2	7	9
6	8	1	1A	3	5
2A	4	9	6	8P	4

時	日	月	年
甲	己	丙	
午	亥	午	

지장간	손방위	吉方	凶方
甲	북동	正南	正北

狗狼星 구랑성	戌亥方	☲ ☳	화뢰서합	방해자, 장벽을 극복해야 함 화해화합 좌절않고추진하면좋은결과

乙	甲	癸	壬	辛	庚	己	戊	丁	丙	乙	甲
亥	戌	酉	申	未	午	巳	辰	卯	寅	丑	子
생	양	태	절	묘	사	병	쇠	왕	록	관	욕

三甲순	육갑납음	대장군방	조객방	삼살방	상문방	세파방	오늘생극	오늘상충	오늘원진	오늘상천	오늘상파	황도길흉	28수성	건제12신	九星	결혼주당	이사주당	안장주당	대공망일	오늘吉神	神殺	오늘神殺	육도환생처	축원인도불	오늘기도德	금일지옥명
生甲	砂中金	卯正東方	辰東南方	子正北方	申西南方	子正北方	寶보	子 36	丑 미움	丑 중단	卯 깨짐	청룡황도	心심	危위	三碧	廚주	災재	손님	대공망일	월덕*시후	-	검봉·천리	불도	관세음보살	약사보살	좌마지옥

칠성기도일	산신축원일	용왕축원일	조왕하강일	나한하강일	천도재	신굿	재수굿	용왕굿	조왕굿	병굿	고사	결혼	입학	투자	계약	등산	여행	이사	합방	이장	점안식	개업준공	신축상량	수술·침	서류제출	직원채용
◎	◎	×	◎	◎	◎	◎	◎	◎	◎	◎	◎	-	◎	×	×	◎	◎	×	×	×	◎	◎	-	◎	-	×

(천도재 ~ 고사: 불공 제의식 吉한 행사일 / 결혼 ~ 직원채용: 吉凶 길흉 大小 일반 행사일)

당일 래정법

巳時에 온사람은 건강문제, 재수가 없고 운이 단단히 꼬여있음, 동업파탄 손재수

午時에 온사람은 의욕충만, 두문제로 갈등사, 갖고싶은 욕구, 직장문제, 상업문제

未時에 온사람은 의욕과다, 뭐가 하고싶어서 왔다, 직장상사괴롭힘 사표문제

申時 온 사람은 골치 아픈일, 친구나 형제동업, 죽음, 배우자바람기, 불륜, 관재구설 속 정리해야함

酉時 온 사람은 문서구입, 회합운, 결혼, 경조사, 관직취업건, 개업 때 아님, 하극상 배신, 경쟁사로 몰변

戌時 온 사람은 이동수 있는자, 가출, 이사나 직장변동, 점포 변동수, 투자문서는 위험, 이별수

필히 피해야 할일 작품출품 · 납품 · 정보유출 · 창고개방 · 새집들이 · 출장 · 항공주의 · 화재주의 · 지붕 · 옥상보수

백초귀장술의 오늘에 초사언

시간 점占	甲午공망-辰巳
子時	자식 질병재앙, 처를 극, 방심 도난,
丑時	처의 돈문제, 우환질병, 동료배신, 후퇴
寅時	선거자유리, 직장 명예사, 질병재앙
卯時	매사불길, 질병재앙, 수술, 처를 극, 가출
辰時	사업, 금전구재, 도난, 여자 색정삼각관계
巳時	잡안잡귀침투, 친족불화, 삼각관계, 불리
午時	관재 병재로 불길, 가출사 색정사 하극상
未時	화합사, 금전문제, 처 문제, 이동 여행⊠
申時	매사 불성사, 우환질병, 음란 색정사
酉時	관청권리문제, 남편문제, 우환질병피해
戌時	가출건, 급병자발생 색정사 발생 ⊗
亥時	파재, 상해, 도난, 사업문제, 질병재앙

오늘 행운 복권 운세

복권사면 좋은 띠는 용띠 ⑤⑩⑳
행운복권방은 집에서 동남쪽에 있는곳

申子辰生	북쪽문을 피하고, 서남쪽으로 이사하면 안 된다. 재수가 없고, 하는 일마다 꼬이고, 病苦 질병발생. 바람기 발동.
巳酉丑生	서쪽문을 피하고, 동남쪽으로 이사하면 안 된다. 재수가 없고, 하는 일마다 꼬이고, 病苦 질병발생. 바람기 발동.
寅午戌生	남쪽문을 피하고, 북동쪽으로 이사하면 안 된다. 재수가 없고, 하는 일마다 꼬이고, 病苦 질병발생. 바람기 발동.
亥卯未生	동쪽문을 피하고, 서북쪽으로 이사하면 안 된다. 재수가 없고, 하는 일마다 꼬이고, 病苦 질병발생. 바람기 발동.

운세풀이

子띠:이동수,우왕좌왕, 弱, 다툼	卯띠: 점점 일이 꼬임, 관재구설	午띠:최고운상승세, 두마음	酉띠: 만남,결실,화합,문서
丑띠:매사불편, 방해자,배신	辰띠:귀인상봉, 금전이득, 현금	未띠: 의욕과다, 스트레스큼	戌띠:이동수,이별수,변동 움직임
寅띠:해결신,시험합격, 풀림	巳띠: 매사꼬임,과거고생, 질병	申띠: 시급한 일, 뜻대로 안됨	亥띠: 빈주머니,걱정근심,사기

서기	2026年
단기	4359年
불기	2570年

丙午年 양력 11月 17日 음력 10月 09日 화요일

구성月반		
7P	3	5
6	8	1
2A	4	9

구성日반		
1	6	8A
9	2	4
5P	7	3

乙	己	丙
未	亥	午

지장간	손방위	吉方	凶方
甲	無	正東	正西

狗狼星 구랑성	☰	화뢰서합	방해자, 장벽을 극복해야 함 화해화합 좌절않고추진 하면좋은결과
水步井 亥方	☳		

丁	丙	乙	甲	癸	壬	辛	庚	己	戊	丁	丙
亥	戌	酉	申	未	午	巳	辰	卯	寅	丑	子
사	묘	절	태	양	생	욕	관	록	왕	쇠	병

三甲순	육갑납음	대장군방	조객방	삼살방	상문방	세파방	오늘생극	오늘상충	오늘원진	오늘상천	오늘상파	황도길흉	28수성	건제12신	九星	결혼주당	이사주당	안장주당	복단일	오늘吉神	神殺	오늘神殺	육도환생처	축원인도불	오늘기도德	금일지옥명
生甲	砂中金	卯正東方	辰東南方	子正北方	申西南方	子正北方	制제	丑 36	子 미움	子 중단	戌 깨짐	명당황도	尾미	成성	二黑	夫부	安안	아버지	월흔*복생	천덕합	삼합일	왕망·염대	불도	관세음보살	대세지보살	좌마지옥

칠성기도일	산신축원일	용왕축원일	조왕하강일	나한하강일	천도재	신굿	재수굿	용왕굿	조왕굿	병굿	고사	결혼	입학	투자	계약	등산	여행	이사	합방	이장	점안식	개업준공	신축상량	수술·침	서류제출	직원채용
					불공 제의식 吉한 행사일							吉凶 길흉 大小 일반 행사일														
×	◎	×	×	◎	◎	◎	◎	◎	◎	◎	◎	◎	◎	×	◎	◎	◎	◎	◎	×	◎	◎	◎	◎	◎	◎

당일 래정법

巳時 에 온사람은 금전문제, 사업문제, 금전구재건, 관직취직사, 속전속결이 유리

午時 에 온사람 건강문제, 관재구설로 운이 단단히 꼬여있음, 친정문제 손재수

未時 에 온사람 부모자식 합의건, 문서합의 건, 결혼성사, 사업자금, 이동수

申時 온 사람은 의욕과다, 뭔가 하고싶어서 왔다. 직장취업문제, 친구형제간 배신과 우환, 관재수

酉時 온 사람은 골치 아픈일, 형제동업, 죽음, 바람기, 불륜, 시비투쟁, 급속정리해야함, 청춘구직해

戌時 온 사람은 금전구재, 문서, 화합운, 결혼, 재혼, 경조사, 애정사, 궁합, 만남, 개업, 하극상 배신, 구설수

필히 피해야 할일

이날은 흑도와 월파일에 구공, 대모 등 신살에 해당되어 매사 해롭고 불리한 날

백초귀장술의 오늘에 초사언

시간 점占 乙未공망-辰巳

時	점占
子時	관귀발동, 친족불화, 색정삼각관계, 도난
丑時	적의 침범사, 여자불길 원수됨, 가출사
寅時	금전문제, 실직문제, 배신사, 모함 은익
卯時	질병위급, 관직승진, 동분서주 결혼 吉
辰時	매사 불성사, 금전손재, 금전융통 안됨
巳時	자식문제, 남편문제, 만사길조, 수상기쁨
午時	매사 불성사, 우환질병, 음란 색정사 자식
未時	금전사기유의, 여자문제, 우환질병 취직可
申時	직업문제, 남편명예문제, 불륜 색정사
酉時	병자사망, 매사 불성사, 가출도주, 外情
戌時	처의 돈문제, 우환질병, 관직변화변동
亥時	금전사업문제, 가출사, 도망분실, 삼각관계

오늘 행운 복권 운세

복권사면 좋은 띠는 뱀띠 ⑦⑰27
행운복권방은 집에서 남동쪽에 있는곳

申子辰生	북쪽문을 피하고, 서남쪽으로 이사하면 안 된다. 재수가 없고, 하는 일마다 꼬이고, 病苦 질병발생. 바람기 발동.
巳酉丑生	서쪽문을 피하고, 동남쪽으로 이사하면 안 된다. 재수가 없고, 하는 일마다 꼬이고, 病苦 질병발생. 바람기 발동.
寅午戌生	남쪽문을 피하고, 북동쪽으로 이사하면 안 된다. 재수가 없고, 하는 일마다 꼬이고, 病苦 질병발생. 바람기 발동.
亥卯未生	동쪽문을 피하고, 서북쪽으로 이사하면 안 된다. 재수가 없고, 하는 일마다 꼬이고, 病苦 질병발생. 바람기 발동.

11월

운세풀이

丑띠:이동수,우왕좌왕, 弱, 다툼	辰띠: 점점 일이 꼬임, 관재구설	未띠:최고운상승세, 두마음	戌띠: 만남,결실,화합,문서
寅띠:매사불편, 방해자,배신	巳띠:귀인상봉, 금전이득, 현금	申띠: 의욕과다, 스트레스큼	亥띠:이동수,이별수,변동 움직임
卯띠:해결신,시험합격, 풀림	午띠: 매사꼬임,과거고생, 질병	酉띠: 시급한 일, 뜻대로 안됨	子띠: 빈주머니,걱정근심,사기

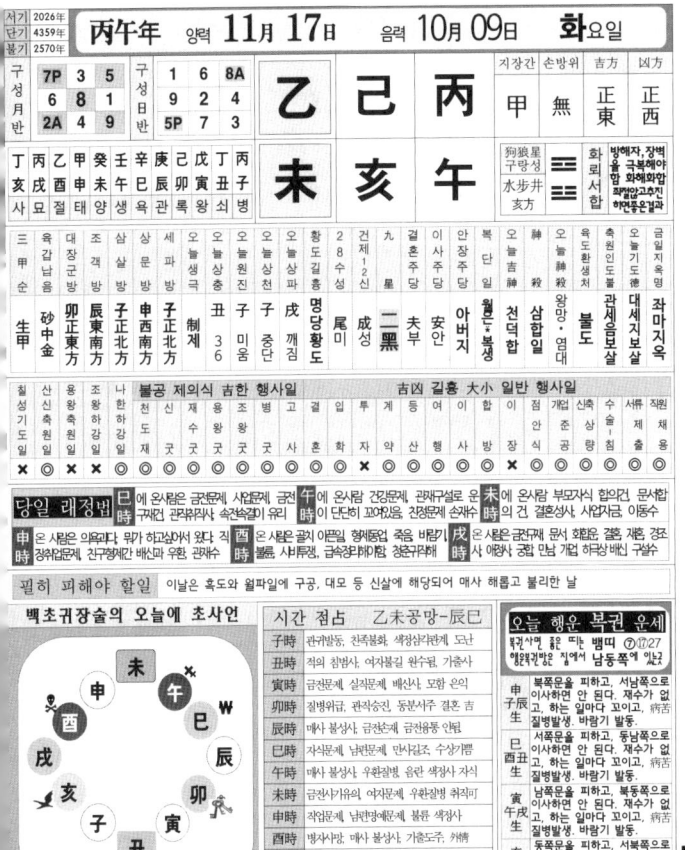

서기	2026年	丙午年 양력 11月 18日 음력 10月 10日 수요일
단기	4359年	
불기	2570年	

구성月반			구성日반			時	日	月	年	지장간	손방위	吉方	凶方
7P	3	5	9	5	7	丙	己	丙		甲	無	正北	正南
6	8	1	8	1	3	申	亥	午					
2A	4	9	4P	6A	2								

己	戊	丁	丙	乙	甲	癸	壬	辛	庚	己	戊
亥	戌	酉	申	未	午	巳	辰	卯	寅	丑	子
절	묘	사	병	쇠	왕	록	관	욕	생	양	태

狗狼星 구랑성	卦	화뢰서합	
天	☲☳		방해자, 장벽을 극복해야 함 화해화합 적절압고추진하면좋은결과

三甲순	육갑납음	대장군방	조객방	삼살방	상문방	세파방	오늘생극	오늘상충	오늘원진	오늘상천	오늘상파	황도길흉	28수성	건제12신	九星	결혼주당	이사주당	안장주당	복단일	대공망일	神殺	오늘神殺	육도환생처	축원인도불	오늘기도德	금일지옥명
生甲	山下火	卯正東方	辰東南方	子正北方	申西南方	子正北方	制제	寅 36	卯 미움	亥 중단	巳 깨짐	천형흑도	箕기	收수	一白	姑고	利이	남자	-	복덕*묘창	천강·수사	도화·토금	인도	관세음보살	아미보살	좌마지옥

칠성기도일	산신축원일	용왕축원일	조왕하강일	나한하강일	불공 제의식 吉한 행사일							吉凶 길흉 大小 일반 행사일														
					천도재	신굿	재수굿	용왕굿	조왕굿	병굿	고사	결혼	입학	투자	계약	등산	여행	이사	합방	이장	점안식	개업준공	신축상량	수술-침	서류제출	직원채용
×	×	×	◎	◎	◎	◎	◎	×	◎	◎	◎	×	◎	×	×	◎	◎	◎	×	×	◎	×	×	◎	×	×

당일 래정법

巳時에 온사람은 여자로 인해 손재수, 직장문제, 상업문제, 색정사, 관재구설

午時에 온사람은 금전문제, 사업문제, 친정부모문제, 관직취직사, 속전속결이 유리

未時에 온사람 남편문제, 직장문제, 헛수고로 완전힘듬, 지금은 불리, 손재수

申時 온 사람은 금전구재, 취직문제, 종교문제, 새로운일 계획무산, 친정식구 후원사, 망신수

酉時 온 사람은 의욕과다, 뭐가 하고싶어서 왔다. 직장취업문제, 친구형제간 배신, 금전차용가능여부

戌時 온 사람은 자식 골치 아픈일, 형제동업, 죽음, 바람기, 불륜, 시비투쟁, 급속정리해야함, 청춘귀

필히 피해야 할일 승선·낚시·어로작업·요트타기·벌목·사냥·수렵·수혈·주방고치기·흙 다루고 땅 파는 일.

백초귀장술의 오늘에 초사언

시간 점占	丙申공망-辰巳
子時	관송사 직업문제, 이동사, 자식질병
丑時	자식문제, 남편문제, 사기도난, 가출건
寅時	직업이동사, 색정사, 우환질병, 터부정
卯時	육친무력 이민, 병환자발생, 가출문제
辰時	사업건 직업변동, 자손 시험합격, 불륜사
巳時	관직 승진문제, 남편명예문제, 불륜색정사
午時	환질병, 금전문제, 인연단절, 수술유의
未時	病환자, 관재, 자손문제, 실직사, 배신사
申時	금전손실, 부인문제, 금전융통, 우환질병
酉時	금전문제, 구재이득, 발탁 수상기쁨, 함정
戌時	자식문제, 가출사, 산소문제, 기도발원
亥時	실직문제, 질병발생, 적 침범사, 서행

오늘 행운 복권 운세

복권사면 좋은 띠는 말띠 ⑤⑦22
행운복권방은 집에서 남쪽에 있는곳

申子辰生	북쪽문을 피하고, 서남쪽으로 이사하면 안 된다. 재수가 없고, 하는 일마다 꼬이고, 病苦 질병발생. 바람기 발동.
巳酉丑生	서쪽문을 피하고, 동남쪽으로 이사하면 안 된다. 재수가 없고, 하는 일마다 꼬이고, 病苦 질병발생. 바람기 발동.
寅午戌生	남쪽문을 피하고, 북동쪽으로 이사하면 안 된다. 재수가 없고, 하는 일마다 꼬이고, 病苦 질병발생. 바람기 발동.
亥卯未生	동쪽문을 피하고, 서북쪽으로 이사하면 안 된다. 재수가 없고, 하는 일마다 꼬이고, 病苦 질병발생. 바람기 발동.

운세풀이

寅띠: 이동수, 우왕좌왕, 弱, 다툼	巳띠: 점점 일이 꼬임, 관재구설	申띠: 최고운상승세, 두마음	亥띠: 만남, 결실, 화합, 문서
卯띠: 매사불편, 방해자, 배신	午띠: 귀인상봉, 금전이득, 현금	酉띠: 의욕과다, 스트레스큼	子띠: 이동수, 이별수, 변동 움직임
辰띠: 해결신, 시험합격, 풀림	未띠: 매사꼬임, 과거고생, 질병	戌띠: 시급한 일, 뜻대로 안됨	丑띠: 빈주머니, 걱정근심, 사기

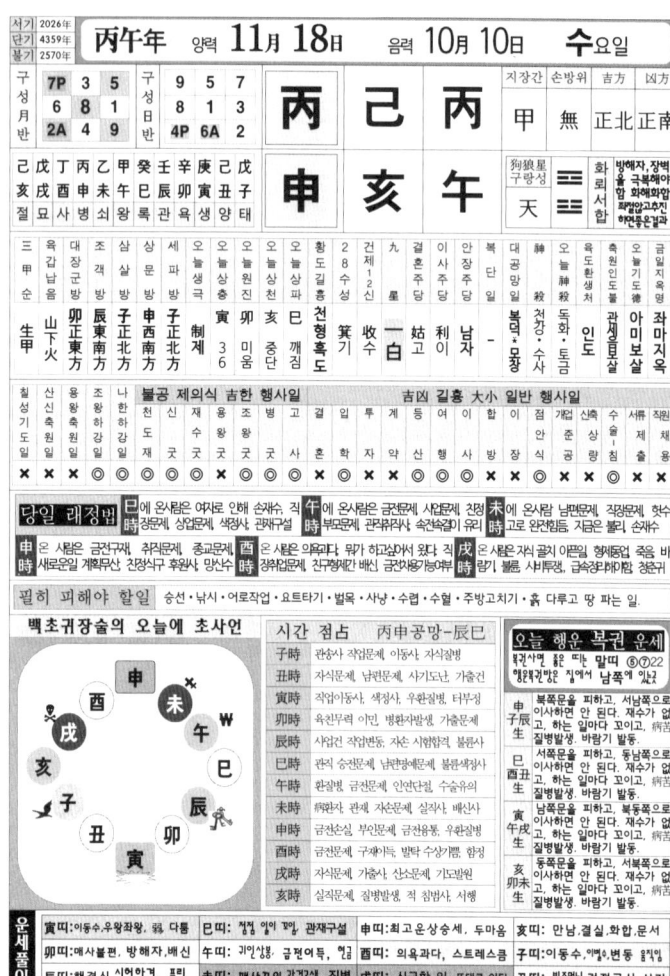

서기	2026年
단기	4359年
불기	2570年

丙午年 양력 11月 19日 음력 10月 11日 목요일

구성월반	7P	3	5
	6	8	1
	2A	4	9

구성일반	8	4A	6
	7P	9	2
	3	5	1

時	日	年
丁	己	丙
酉	亥	午

지장간	손방위	吉方	凶方
甲	동쪽	正西	正東

狗狼星 구랑성 / 寺觀 절사관	☳☷	화뢰서합	방해자, 장벽을 극복해야 함 화해화합 좌절않고추진 하면좋은결과

辛	庚	己	戊	丁	丙	乙	甲	癸	壬	辛	庚
亥	戌	酉	申	未	午	巳	辰	卯	寅	丑	子
태	양	생	욕	관	록	왕	쇠	병	사	묘	절

三甲순	生甲
육갑납음	山下火
대장군방	卯正東方
조객방	辰東南方
삼살방	子正北方
상문방	申西南方
세파방	子正北方
오늘생극	制 제
오늘상충	卯 36
오늘원진	寅 미움
오늘상천	戌 중단
오늘상파	子 깨짐
황도길흉	주작흑도
28수성	斗 두
건제12신	開 개
九星	九紫
결혼주당	堂 당
이사주당	天 천
안장주당	손자
복단일	-
오늘吉神	성심*모창
神殺	-
오늘神殺	홍사·피마
육도환생처	귀도
축원인도불	관세음보살
오늘기도德	관음보살
금일지옥명	좌마지옥

					불공 제의식 吉한 행사일							吉凶 길흉 大小 일반 행사일														
칠성기도일	산신축원일	용왕축원일	조왕하강일	나한하강일	천도재	신굿	재수굿	용왕굿	조왕굿	병굿	고사	결혼	입학	투자	계약	등산	여행	이사	합방	이장	점안식	개업준공	신축상량	수술·침	서류제출	직원채용
×	×	×	◎	◎	◎	◎	◎	◎	◎	◎	◎	×	◎	×	×	◎	◎	×	×	×	×	◎	×	◎	◎	×

당일 래정법

巳時 에 온사람은 하가 해결할 문제, 합격여부, 금전투자여부, 직장문제, 재혼은 굳

午時 에 온사람은 의욕없는자, 금전구재건 색정사로 다툼, 친정문제, 매사불성사

未時 에 온사람 금전문제, 사업문제, 자식문제, 관직취직사, 속전속결이 유리

申時 온 사람은 건강문제, 관재구설로 운이 단단히 꼬여있음, 취업 승진문제, 남자문제, 손재수

酉時 온 사람은 두가지 문제 갈등사, 갖고싶은 욕구, 자식으로인해 손상사 발생 합심 안됨 우환질병

戌時 온 사람은 의욕과다, 뭔가 하고싶어서 왔다, 직장 취업문제, 친구형제간 배신, 묘지이장문제

필히 피해야 할일

친목회 • 소장제출 • 항소 • 옷재단 • 새옷맞춤 • 태아옷구입 • 머리자르기 • 출산준비 • 수의제작

백초귀장술의 오늘에 초사언

시간 점占 丁酉공망-辰巳

子時	질병발생, 적 침범사, 개혁유리, 도난
丑時	자식 가출건, 손재수, 다툼, 괴이사 발생
寅時	사기도난, 파재, 손실사, 색정사, 각방
卯時	실직, 파재, 관재, 적 침범사, 간사은익
辰時	자손문제 남편 직장실직, 부부이별
巳時	자손문제, 가출사, 재물손실, 취직가능
午時	매사 불성, 남녀 색정사, 놀랄 일 불안
未時	자식문제, 구재이득, 귀인상봉, 수술유의
申時	재물손실, 부인일, 불리, 실수 탄로 음모
酉時	금전 암손, 부인문제, 우환질병, 색정사
戌時	자식문제, 남편 실직박탈, 도망유리
亥時	가내재앙불리, 명예상해, 이동여행 금물

오늘 행운 복권 운세

복권사면 좋은 띠는 **양띠** ⑤⑩25
행운복권방은 집에서 **남서쪽**에 있는곳

申子辰生	북쪽문을 피하고, 서남쪽으로 이사하면 안 된다. 재수가 없고, 하는 일마다 꼬이고, 病苦 질병발생. 바람기 발동.
巳酉丑生	서쪽문을 피하고, 동남쪽으로 이사하면 안 된다. 재수가 없고, 하는 일마다 꼬이고, 病苦 질병발생. 바람기 발동.
寅午戌生	남쪽문을 피하고, 북동쪽으로 이사하면 안 된다. 재수가 없고, 하는 일마다 꼬이고, 病苦 질병발생. 바람기 발동.
亥卯未生	동쪽문을 피하고, 서북쪽으로 이사하면 안 된다. 재수가 없고, 하는 일마다 꼬이고, 病苦 질병발생. 바람기 발동.

운세풀이

卯띠:이동수,우왕좌왕, 弱, 다툼	午띠: 점점 일이 꼬임, 관재구설	酉띠:최고운상승세, 두마음	子띠: 만남,결실,화합,문서
辰띠:매사불편, 방해자,배신	未띠: 귀인상봉, 금전어득, 현금	戌띠: 의욕과다, 스트레스큼	丑띠:이동수,이별수,변동 움직임
巳띠:해결신,시험합격, 풀림	申띠: 매사꼬임,과거고생, 질병	亥띠: 시급한 일, 뜻대로 안됨	寅띠: 빈주머니,걱정근심,사기

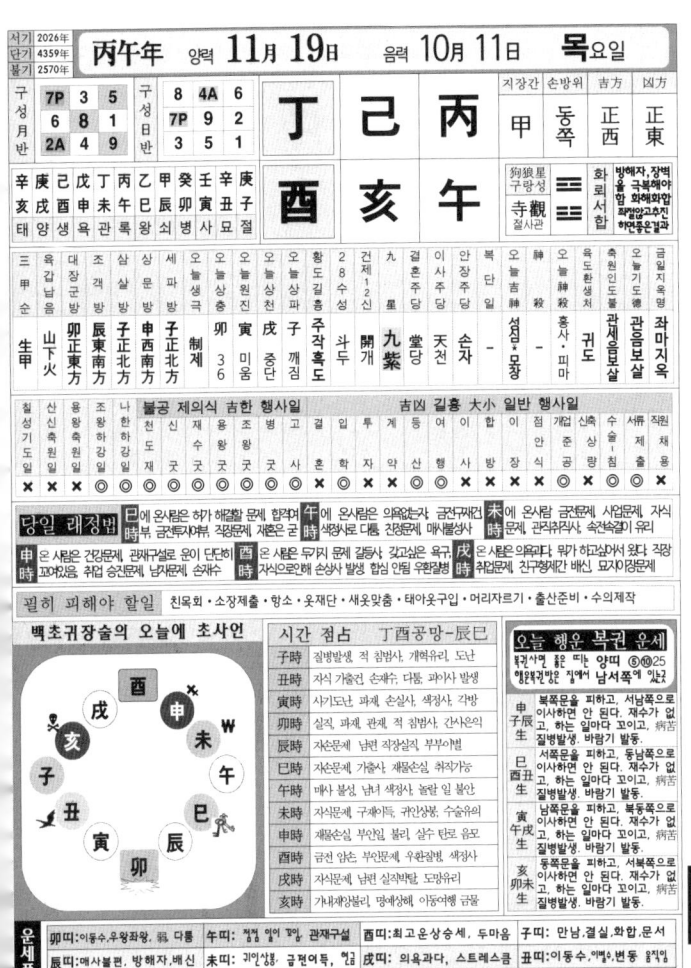

11월

서기 2026年	단기 4359年	불기 2570年

丙午年 양력 11月 20日 음력 10月 12日 금요일

구성月반			구성日반		
7P	3	5	7P	3	5
6	8	1	6	8	1
2A	4	9	2A	4	9

戊	己	丙
戌	亥	午

지장간	손방위	吉方	凶方
甲	동남	正南	正北

癸	壬	辛	庚	己	戊	丁	丙	乙	甲	癸	壬
亥	戌	酉	申	未	午	巳	辰	卯	寅	丑	子
절	묘	사	병	쇠	왕	록	관	욕	생	양	태

狗狼星 구랑성 州縣廳堂 城隍社廟 ☱☴ 택풍대과 — 역부족, 벅찬 상태 위기에 직면 뒤로 후퇴가 유리, 주위 도움요

三甲순	육갑납음	대장군방	조객방	삼살방	상문방	세파방	오늘생극	오늘상충	오늘원진	오늘상천	오늘상파	황도길흉	28수성	건제12신	九星	결혼주당	이사주당	안장주당	오늘吉神	神神	神殺	오늘神殺	육도환생처	축원인도불	오늘기도德	금일지옥명
生甲	平地木	卯正東方	辰東南方	子正北方	申西南方	子正北方	專전	辰 36	巳 미움	酉 중단	未 깨짐	금궤황도	牛우	閉폐	八白	翁옹	害해	死	-	천의*익후	월살·혈지	오허·지격	축도	관세음보살	미륵보살	좌마지옥

칠성기도일	산신축원일	용왕축원일	조왕하강일	나한하강일	천도재	신굿	재수굿	용왕굿	조왕굿	병굿	고사	결혼	입학	투자	계약	등산	여행	이사	합방	이장	점안식	개업준공	신축상량	수술-침	서류제출	직원채용
					불공 제의식 吉한 행사일							吉凶 길흉 大小 일반 행사일														
◎	×	×	◎	×	×	×	×	×	×	×	×	×	×	×	×	◎	◎	×	×	×	◎	×	×	×	◎	×

당일 래정법

巳時에 온사람은 직장취직건, 방해자, 배신사, 매사 지체불리함, 색정사 환란

午時에 온사람은 허가 해결할 문제, 합격여부, 금전투자여부, 직장문제, 재혼

未時에 온사람 관재구설로 손해, 금전구재건, 색정사, 억울한 일, 매사불성사

申時 온 사람은 금전문제, 사업문제, 관직취직사, 자식의 사업문제 지출, 자동차관련, 속전속결

酉時 온 사람은 건강우환문제, 관송사로 운이 단단히 꼬여있음, 취업 승진문제, 자식문제, 손재

戌時 온 사람은 재물구재 자식문제 두가지 문제 갈등사, 갖고싶은 욕구 강함, 새로운 일시작, 우환질병

필히 피해야 할일

제품제작 • 친구초대 • 부동산매매 • 승선 • 낚시 • 어로작업 • 애완동물들이기 • 주방고치기 • 지붕덮기

백초귀장술의 오늘에 초사언

시간 점占 戊戌공망-辰巳

子時	금전 암손, 부인문제, 우환질병, 객 惡意
丑時	사업, 구재이득, 부부화합사, 종업원음모
寅時	적의 침범사, 질병위급, 가출사, 색정사
卯時	직업변동건, 남녀색정사, 연애불화, 음모
辰時	관재 병재로 불길, 골육 친구배신사
巳時	직업 명예사, 재물손실, 망신실수탄로 病
午時	사업문제, 금전융통, 수술위험, 가출사
未時	가출문제, 잡귀침투, 삼각관계, 형옥살이
申時	자식문제, 가출건, 급병자, 원행 이동배신
酉時	과이사발생 신부정, 재물손실, 함정피해
戌時	여자관련손해, 부부배신, 육친이별
亥時	도난, 파재, 상해, 이별사, 처를 극함

오늘 행운 복권 운세

복권사면 좋은 띠는 **원숭띠** ⑨19, 29
행운복권방은 집에서 **서남쪽**에 있는곳

申子辰生	북쪽문을 피하고, 서남쪽으로 이사하면 안 된다. 재수가 없고, 하는 일마다 꼬이고, 病苦 질병발생. 바람기 발동.
巳酉丑生	서쪽문을 피하고, 동남쪽으로 이사하면 안 된다. 재수가 없고, 하는 일마다 꼬이고, 病苦 질병발생. 바람기 발동.
寅午戌生	남쪽문을 피하고, 북동쪽으로 이사하면 안 된다. 재수가 없고, 하는 일마다 꼬이고, 病苦 질병발생. 바람기 발동.
亥卯未生	동쪽문을 피하고, 서북쪽으로 이사하면 안 된다. 재수가 없고, 하는 일마다 꼬이고, 病苦 질병발생. 바람기 발동.

운세풀이

卯띠:이동수,우왕좌왕, 弱弱 다툼	午띠: 점점 일이 꼬임, 관재구설	酉띠:최고운상승세, 두마음	子띠: 만남,결실,화합,문서
辰띠:매사불편, 방해자,배신	未띠: 귀인상봉, 금전이득, 현금	戌띠: 의욕과다, 스트레스큼	丑띠:이동수,이별수,변동 움직임
巳띠:해결신,시험합격, 풀림	申띠: 매사꼬임,과거고생, 질병	亥띠: 시급한 일, 뜻대로 안됨	寅띠: 빈주머니,걱정근심,사기

서기	2026年
단기	4359年
불기	2570年

丙午年 양력 11月 21日 음력 10月 13日 토요일

구성月반				구성日반			
	7P	3	5		6P	2	4
	6	8	1		5	7	9A
	2A	4	9		1	3	8

己	己	丙
亥	亥	午

지장간	손방위	吉方	凶方
壬	남쪽	正東	正西

乙	甲	癸	壬	辛	庚	己	戊	丁	丙	乙	甲
亥	戌	酉	申	未	午	巳	辰	卯	寅	丑	子
태	양	생	욕	관	록	왕	쇠	병	사	묘	절

狗狼星 구랑성: 寺觀 절사관

택풍대과: **역부족, 벅찬 상태 위기에 직면**뒤로 후퇴가유리, 주위도움요

三甲순	육갑납음	대장군방	조객방	삼살방	상문방	세파방	오늘생극	오늘상충	오늘원진	오늘상천	오늘상파	황도길흉	28수성	건제12신	九星	결혼주당	이사주당	안장주당	복단일	오늘吉神	神殺	오늘神殺	육도환생처	축원인도불	오늘기도德	금일지옥명
生甲	平地木	卯正東方	辰東南方	子正北方	申西南方	子正北方	制제	巳 36	辰 미움	申 중단	寅 깨짐	대덕황도	女여	建건	七赤	第제	殺살	여자	천덕합	보광*왕일	월형일	고초·혈기	옥도	관세음보살	여래보살	좌마지옥

칠성기도일	산신축원일	용왕축원일	조왕하강일	나한하강일	천도재	신굿	재수굿	용왕굿	조왕굿	병굿	고사	결혼	입학	투자	계약	등산	여행	이사	합방	이장	점안식	개업준공	신축상량	수술·침	서류제출	직원채용
×	×	×	-	×	◎	◎	◎	◎	◎	◎	◎	◎	◎	×	×	◎	◎	×	×	×	◎	◎	◎	-	◎	-

(불공 제의식 吉한 행사일: 천도재 ~ 고사 / 吉凶 길흉 大小 일반 행사일: 결혼 ~ 직원채용)

당일 래정법

巳時 에 온사람은 금전사기문제, 허위문서, 동업배신문제, 터부정 관송사, 이동수

午時 에 온사람은 자식문제, 취업 승진문제 방해자, 배신사, 회합사, 재혼 문제

未時 에 온사람 허가 해결할 문제, 금전구재, 남녀결합문제, 주식투자여부, 매매건 속결

申時 온 사람은 자식문제, 상업금전문제, 직장실직 문제, 취업시험불리, 색정사, 매사불성사

酉時 온 사람은 금전문제, 사업문제, 여자문제, 계약성사는 이득발생, 속전속결 유리, 남편지출

戌時 온 사람은 건강문제, 관재구설로 운이 단단히 꼬여있음, 취업 승진문제, 자식문제, 침몰상태

필히 피해야 할일 신상출고 • 제품제작 • 친구초대 • 문서파기 • 벌초 • 씨뿌리기 • 건축증개축 • 장담그기 • 흙파기

백초귀장술의 오늘에 초사언

시간 점占 己亥공망-辰巳

子時	여자문제, 구재, 남녀색정사, 매사불성사
丑時	적의 침범사, 질병위급, 이별사, 다툼
寅時	직업변동 명예사, 가출문제, 자손문제
卯時	질병위급, 여행조심, 관재불길, 직장변동
辰時	재물손실, 남편문제, 재해 도난, 하극상
巳時	이동사, 색정사, 우환질병, 터부정 구설수
午時	가출문제, 직업문제, 사업문제, 금전융통
未時	질병재앙, 구재이득, 수술유의, 여행은凶
申時	재물손실, 우환질병, 가출사, 색정사, 불성
酉時	금전 암손, 남편문제, 임신가능, 가출사
戌時	금전손실문제, 극처사, 질병고통, 관재刑
亥時	금전배신, 처 가출사, 도망 분실, 이동 흉

오늘 행운 복권 운세

복권사면 좋은 띠는 **닭띠** ④⑨ 24, 행운복권방은 집에서 **서쪽**에 있는곳

申子辰生	북쪽문을 피하고, 서남쪽으로 이사하면 안 된다. 재수가 없고, 하는 일마다 꼬이고, 病苦 질병발생. 바람기 발동.
巳酉丑生	서쪽문을 피하고, 동남쪽으로 이사하면 안 된다. 재수가 없고, 하는 일마다 꼬이고, 病苦 질병발생. 바람기 발동.
寅午戌生	남쪽문을 피하고, 북동쪽으로 이사하면 안 된다. 재수가 없고, 하는 일마다 꼬이고, 病苦 질병발생. 바람기 발동.
亥卯未生	동쪽문을 피하고, 서북쪽으로 이사하면 안 된다. 재수가 없고, 하는 일마다 꼬이고, 病苦 질병발생. 바람기 발동.

운세풀이

巳띠: 이동수,우왕좌왕, 弱, 다툼	申띠: 점점 일이 꼬임, 관재구설	亥띠: 최고운상승세, 두마음	寅띠: 만남,결실,화합,문서
午띠: 매사불편, 방해자,배신	酉띠: 귀인상봉, 금전어득, 현금	子띠: 의욕과다, 스트레스큼	卯띠: 이동수,이별수,변동 움직임
未띠: 해결신,시험합격, 풀림	戌띠: 매사꼬임,과거고생, 질병	丑띠: 시급한 일, 뜻대로 안됨	辰띠: 빈주머니,걱정근심,사기

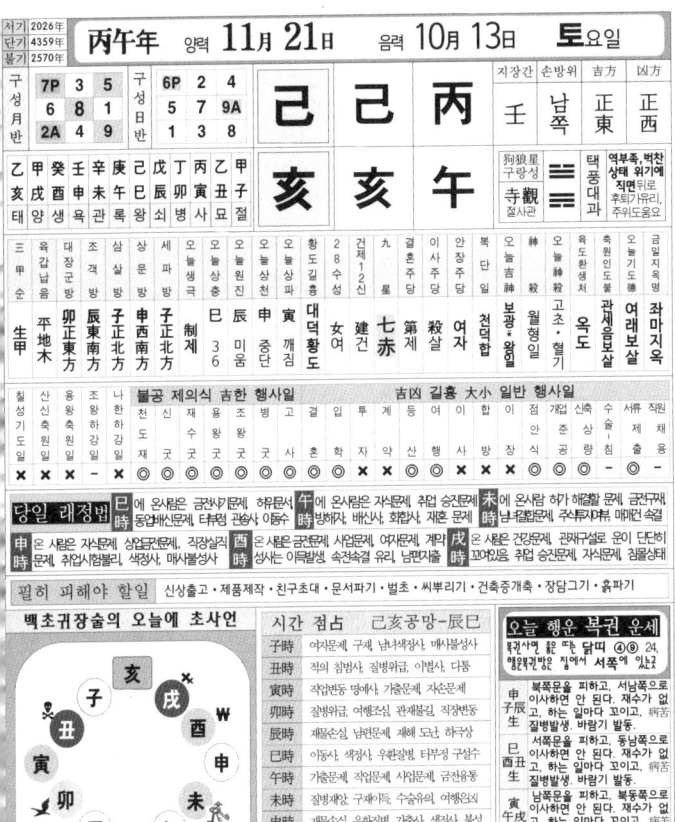

11월

서기	2026年
단기	4359年
불기	2570年

丙午年 양력 11月 22日 음력 10月 14日 일요일

소설 小雪 16時 23分 入

구성월반

7P	3	5
6	8	1
2A	4	9

구성일반

5	1P	3
4	6	8
9	2	7A

시	일	월
庚	己	丙
子	亥	午

지장간	손방위	吉方	凶方
壬	남서	正北	正南

狗狼星 구랑성 / 中庭廳 관청마당 — 택풍대과 — 역부족, 버찬 상태 위기에 직면뒤로 후퇴가유리, 주위도움요

丁	丙	乙	甲	癸	壬	辛	庚	己	戊	丁	丙
亥	戌	酉	申	未	午	巳	辰	卯	寅	丑	子
병	쇠	왕	록	관	욕	생	양	태	절	묘	사

三甲순	육갑납음	대장군방	조객방	삼살방	상문방	세파방	오늘생극	오늘상충	오늘원진	오늘상천	오늘상파	황도길흉	28수성	건제12신	九星	결혼주당	이사주당	안장주당	복단일	천구하식	오늘吉神	오늘神殺	육도환생처	축원인도불	오늘기도德	금일지옥명
生甲	壁上土	卯正東方	辰東南方	子正北方	申西南方	子正北方	寶보	午 36	未 미움	未 중단	酉 깨짐	백호흑도	虛허	除제	六白	竈조	富부	어머니	복단일	월기일	길기*관일	라강·대시	천도	대세지보살	아미보살	독사지옥

칠성기도일	산신축원일	용왕축원일	조왕하강일	나한하강일	천도재	신굿	재수굿	용왕굿	조왕굿	병굿	고사	결혼	입학	투자	계약	등산	여행	이사	합방	이장	점안식	개업준공	신축상량	수술-침	서류제출	직원채용
					불공 제의식 吉한 행사일							吉凶 길흉 大小 일반 행사일														
×	×	◎	◎	◎	◎	◎	◎	◎	◎	◎	◎	◎	◎	×	–	◎	◎	×	×	×	◎	◎	×	◎	◎	◎

당일 래정법

巳時에 온사람은 직장실직건, 친구나 형제문제, 관송사, 실업자, 빈주머니

午時에 온사람은 이동변동수, 터부정, 하극상모함사건, 자식문제, 차사고

未時에 온사람은 방해자, 배신사, 가족간시비, 매사 지체불리함, 도전 창업은 불리

申時 온 사람은 관직 취직문제, 결혼 경조사, 한가지씩 해결됨, 시험은 합격됨, 허가건도 승인남, 귀인도움

酉時 온 사람은 오명색정사, 불륜사, 관재로 발전, 딸 문제발생, 여자로인해 돈모난, 창업불리

戌時 온 사람은 남자문제, 부동산거래, 금전문제, 주식투자문제, 재물구재사, 여자회합건, 건강질병과 빚때문 괴로움

필히 피해야 할일 이날은 흑도일에 폐閉神으로 천형, 혈지 등 강한 신살에 해당되어 매사 해롭고 불리한 날

백초귀장술의 오늘에 초사언

시간 점占 庚子공망-辰巳

子時	자식문제, 여자일, 질병발생, 도난, 가출사
丑時	결혼은 吉, 금전융통, 사업계획 후퇴吉
寅時	여자일, 금전고통, 이동재난, 원한 喪
卯時	관직 승진문제, 만사대길, 금전 부인문제
辰時	매사 불성사, 가출사, 금전손실, 도망이吉
巳時	관송사발생 후 刑, 매사불성, 사기 도난
午時	적 침범사, 병재로 불길, 가출사, 남녀투쟁
未時	사업손실, 관재구설, 가출문제, 우환질병
申時	선거자유리, 직장승진 사업흥성, 화합
酉時	금전갈취 도주, 색정사, 가출 함정 은닉
戌時	금전문제, 상업문제, 가출문제, 도망 吉
亥時	남편문제, 자식문제, 직장실직, 음모 함정

오늘 행운 복권 운세

복권사면 좋은 띠는 **개띠** ⑩⑳ 30
행운복권방은 집에서 **서북쪽**에 있는곳

申子辰生	북쪽문을 피하고, 서남쪽으로 이사하면 안 된다. 재수가 없고, 하는 일마다 꼬이고, 病苦 질병발생. 바람기 발동.
巳酉丑生	서쪽문을 피하고, 동남쪽으로 이사하면 안 된다. 재수가 없고, 하는 일마다 꼬이고, 病苦 질병발생. 바람기 발동.
寅午戌生	남쪽문을 피하고, 북동쪽으로 이사하면 안 된다. 재수가 없고, 하는 일마다 꼬이고, 病苦 질병발생. 바람기 발동.
亥卯未生	동쪽문을 피하고, 서북쪽으로 이사하면 안 된다. 재수가 없고, 하는 일마다 꼬이고, 病苦 질병발생. 바람기 발동.

운세풀이

午띠: 이동수, 우왕좌왕, 弱, 다툼	酉띠: 점점 일이 꼬임, 관재구설	子띠: 최고운상승세, 두마음	卯띠: 만남, 결실, 화합, 문서
未띠: 매사불편, 방해자, 배신	戌띠: 귀인상봉, 금전이득, 혁금	丑띠: 의욕과다, 스트레스큼	辰띠: 이동수, 이별수, 변동 움직임
申띠: 해결신, 시험합격, 풀림	亥띠: 매사꼬임, 과거고생, 질병	寅띠: 시급한 일, 뜻대로 안됨	巳띠: 빈주머니, 걱정근심, 사기

서기	2026年
단기	4359年
불기	2570年

丙午年 양력 11月 23日 음력 10月 15日 월요일

구성월반				구성日반			
	7P	3	5		4	9	2P
	6	8	1		3	5	7
	2A	4	9		8	1	6

辛	己	丙
丑	亥	午

지장간	손방위	吉方	凶方
壬	서쪽	正西	正東

狗狼星 구랑성	괘		
天	☱☴	택풍대과	역부족, 벽찬 상태 위기에 직면뒤로 후퇴가유리, 주위도움요

己	戊	丁	丙	乙	甲	癸	壬	辛	庚	己	戊
亥	戌	酉	申	未	午	巳	辰	卯	寅	丑	子
욕	관	록	왕	쇠	병	사	묘	절	태	양	생

三甲순	육갑납음	대장군방	조객방	삼살방	상문방	세파방	오늘생극	오늘상충	오늘원진	오늘상천	오늘상파	황도길흉	28수성	건제12신	九星	결혼주당	이사주당	안장주당	복단일	오늘吉神	神殺	오늘神殺	육도환생처	축원인도불	오늘기도德	금일지옥명
生甲	壁上土	卯正東方	辰東南方	子正北方	申西南方	子正北方	義의	未 36	午 미움	午 중단	辰 깨짐	옥당황도	危위	滿만	五黃	婦부	師사	며느리	-	옥우*수일	천적·귀기	산격·구공	천도	대세지보살	보현보살	독사지옥

칠성기도일	산신축원일	용왕축원일	조왕하강일	나한하강일	불공 제의식 吉한 행사일							吉凶 길흉 大小 일반 행사일													
					천도재	신굿	재수굿	용왕굿	조왕굿	병굿	고사	결혼	입학	투자	계약	등산	여행	이사	합방	이장	점안식	개업준공	신축상량	수술-침	서류제출	직원채용
◎	◎	×	×	-	◎	◎	◎	◎	◎	◎	◎	×	◎	◎	◎	◎	◎	×	×	×	◎	◎	×	◎	-	-

당일 래정법

巳時 에 온사람은 이동수 있는자, 이사 직장변동, 사업체 변동수, 해외진출

午時 에 온사람은 취업, 창업 때 아님, 빈주머니, 헛수고, 부부불화 원망 이별

未時 에 온사람은 남녀간다툼 이동변동수, 터부정, 관재구설, 자식문제, 교통사고

申時 온 사람은 금전과 여자문제, 방해자, 배신사, 취업 승진 매사지체불리함, 창업 손해손재수

酉時 온 사람은 새 일 자식문제 급처리문제, 취업승진 해결됨 시험합격됨 은밀한 색정사

戌時 온 사람은 여자로인한 부정, 하극상 배신사, 억울한 일, 외정색정사, 불륜사, 관재로 발전, 산소탈

필히 피해야 할일 회의개최·건축증개축·구인·항공주의·새집들이·출장·장담그기·흙 다루고 땅 파는 일.

백초귀장술의 오늘에 초사언

시간 점占 辛丑공망-辰巳

子時	자식문제, 관재구설, 급질병, 기도요망
丑時	사업사 손재수, 여자일 질병발생, 친족불화
寅時	도난, 파재, 손모사, 극처사, 관직변동
卯時	질병침투, 적 침범사, 여자 금전손실
辰時	사업 후원사, 육친무력 이민, 목적달성
巳時	직장변동, 실직문제, 불명예, 이사이동吉
午時	매사 불성, 골육이별, 색정사, 우환질병
未時	관재 병재로 불길, 가출사 자손사 하극상
申時	금전손실, 극처사, 재해, 도난, 여행은 凶
酉時	작업 명예사, 형제 친구문제, 가출사, 색정
戌時	관청근심, 도난 상해 손모사, 수술질병
亥時	금전문제, 직장변동, 자손문제, 실직문제

오늘 행운 복권 운세

복권사면 좋은 띠는 **돼지띠** ⑪⑯31
행운복권방은 집에서 **북서쪽에** 있는곳

申子辰生	북쪽문을 피하고, 서남쪽으로 이사하면 안 된다. 재수가 없고, 하는 일마다 꼬이고, 病苦 질병발생. 바람기 발동.
巳酉丑生	서쪽문을 피하고, 동남쪽으로 이사하면 안 된다. 재수가 없고, 하는 일마다 꼬이고, 病苦 질병발생. 바람기 발동.
寅午戌生	남쪽문을 피하고, 북동쪽으로 이사하면 안 된다. 재수가 없고, 하는 일마다 꼬이고, 病苦 질병발생. 바람기 발동.
亥卯未生	동쪽문을 피하고, 서북쪽으로 이사하면 안 된다. 재수가 없고, 하는 일마다 꼬이고, 病苦 질병발생. 바람기 발동.

운세풀이

未띠:이동수,우왕좌왕, 몸져, 다툼	戌띠: 점점 일이 꼬임, 관재구설	丑띠:최고운상승세, 두마음	辰띠: 만남,결실,화합,문서
申띠:매사불편, 방해자,배신	亥띠:귀인상봉, 금전이득, 현금	寅띠: 의욕과다, 스트레스큼	巳띠:이동수,이별수,변동 움직임
酉띠:해결신,시험합격, 풀림	子띠: 매사꼬임,과거고생, 질병	卯띠: 시급한 일, 뜻대로 안됨	午띠: 빈주머니,걱정근심,사기

11월

서기	2026年
단기	4359年
불기	2570年

丙午年 양력 11月 24日 음력 10月 16日 화요일

구성月반				구성日반			
	7P	3	5		3A	8	1P
	6	8	1		2	4	6
	2A	4	9		7	9	5

壬	己	丙
寅	亥	午

지장간	손방위	吉方	凶方
壬	서북	正南	正北

狗狼星 구랑성	廚竈廁門 路丑午方	☱ ☲	택풍대과	역부족, 벅찬 상태 위기에 직면뒤로 후퇴가유리, 주위도움요

辛	庚	己	戊	丁	丙	乙	甲	癸	壬	辛	庚
亥	戌	酉	申	未	午	巳	辰	卯	寅	丑	子
록	관	욕	생	양	태	절	묘	사	병	쇠	왕

三甲순	육갑납음	대장군방	조객방	삼살방	상문방	세파방	오늘생극	오늘상충	오늘원진	오늘상천	오늘상파	황도길흉	28수성	건제12신	九星	결혼주당	이사주당	안장주당	복단일	대공망일	오늘吉神	오늘神殺	육도환생처	축원인도불	오늘기도德	금일지옥명
生甲	金箔金	卯正東方	辰東南方	子正北方	申西南方	子正北方	寶보	申 36	酉 미움	巳 중단	亥 깨짐	천뇌흑도	室실	平평	四綠	廚주	災재	손님	복단일	대공망일	금당*상일	유화·패파	인도	대세지보살	약사보살	독사지옥

칠성기도일	산신축원일	용왕축원일	조왕하강일	나한하강일	불공 제의식 吉한 행사일: 천도재	신굿	재수굿	용왕굿	조왕굿	병굿	고사	吉凶 길흉 大小 일반 행사일: 결혼	입학	투자	계약	등산	여행	이사	합방	이장	점안식	개업준공	신축상량	수술-침	서류제출	직원채용
◎	◎	×	×	×	×	×	×	×	×	×	×	×	◎	×	×	◎	◎	×	×	×	×	◎	◎	×	◎	×

당일 래정법

巳時에 온사람은 문서구입 회합사, 결혼, 재혼, 경조사, 애정사, 궁합, 후원, 개업

午時에 온사람은 이동수 있는자, 이사나 직장변동, 친구나 형제 사업체변동수

未時에 온사람은 금전사기, 실업자, 색정사 들통, 빈주머니, 헛수고, 문서문단사, 매사불성

申時 온 사람은 매매 이동변동수, 직장변동수, 터 부정, 사기, 허위문서, 다툼주의, 차사고 주의

酉時 온 사람은 질병과 자식문제 방해자, 배신사, 관송사, 취업 승진 매사 지체불리함

戌時 온 사람은 자식문제, 하극상으로 배신사, 해결되는 듯 하나 후 불리함, 시험 합격됨, 허가건 승인됨, 관재

필히 피해야 할일 신상출고 • 제품제작 • 친구초대 • 소장제출 • 항소 • 문 만들기 • 비석세우기 • 방류

백초귀장술의 오늘에 초사언

시간 점占 壬寅공망-辰巳

子時	금전문제, 상업문제, 처를 극, 수술문제
丑時	매사 막히고 퇴보, 권리박탈, 남편문제
寅時	금전 암손, 여자문제, 자식사, 우환질병,
卯時	자식문제, 직장실직, 색정사, 가출사
辰時	매사불성, 관재구설, 속 중단, 금전손실
巳時	사업금전운 吉, 임신가능, 금전기쁨, 결혼
午時	금전손실 다툼, 부인문제, 가출, 이동이吉
未時	잡안잡귀침투, 불화, 색정사 관직권리박탈
申時	침범사, 질병재앙, 가출사, 이동이 吉
酉時	파산파재, 부인흉극, 가출사, 배신음모
戌時	사업사, 후원사, 직장승진, 관재구설
亥時	금전손실, 직장문제, 자식문제, 가출사

오늘 행운 복권 운세

복권사면 좋은 띠는 **쥐띠** ①⑥⑯

행운복권방은 집에서 **북쪽**에 있는곳

申子辰生	북쪽문을 피하고, 서남쪽으로 이사하면 안 된다. 재수가 없고, 하는 일마다 꼬이고, 病苦 질병발생. 바람기 발동.
巳酉丑生	서쪽문을 피하고, 동남쪽으로 이사하면 안 된다. 재수가 없고, 하는 일마다 꼬이고, 病苦 질병발생. 바람기 발동.
寅午戌生	남쪽문을 피하고, 북동쪽으로 이사하면 안 된다. 재수가 없고, 하는 일마다 꼬이고, 病苦 질병발생. 바람기 발동.
亥卯未生	동쪽문을 피하고, 서북쪽으로 이사하면 안 된다. 재수가 없고, 하는 일마다 꼬이고, 病苦 질병발생. 바람기 발동.

운세풀이

申띠:이동수,우왕좌왕, 홧홧 다툼	亥띠: 점점 일이 꼬임, 관재구설	寅띠:최고운상승세, 두마음	巳띠: 만남,결실,화합,문서
酉띠:매사불편, 방해자,배신	子띠:귀인상봉, 금전이득, 현금	卯띠: 의욕과다, 스트레스큼	午띠:이동수,이별수,변동 움직임
戌띠:해결신,시험합격, 풀림	丑띠: 매사꼬임,과거고생, 질병	辰띠: 시급한 일, 뜻대로 안됨	未띠: 빈주머니,걱정근심,사기

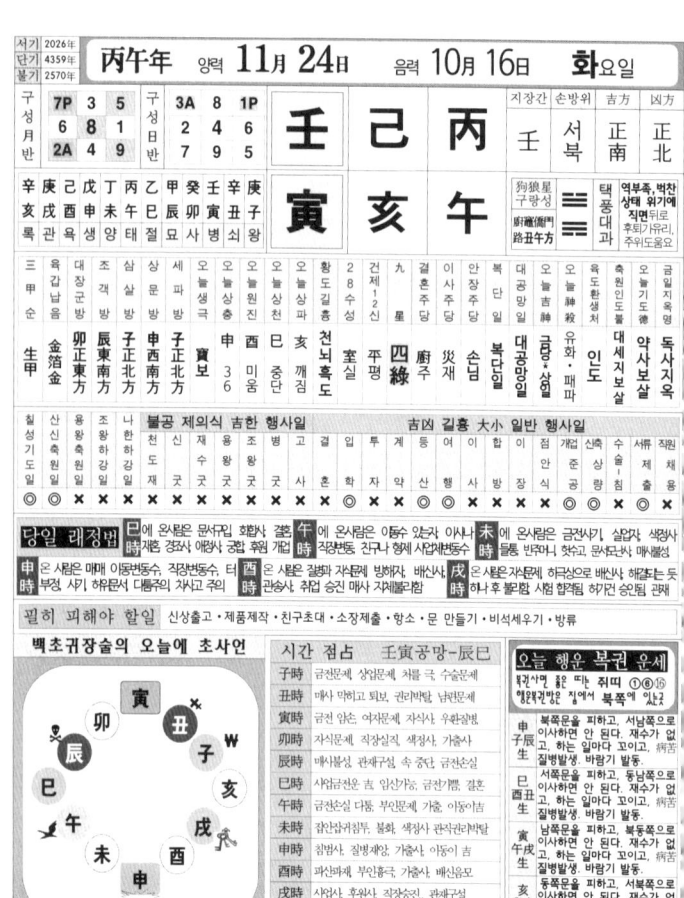

서기 2026年	단기 4359年	불기 2570年

丙午年 양력 11月 25日 음력 10月 17日 수요일

구성월반		
7P	3	5
6	8	1
2A	4	9

구성일반		
2	7	9
1A	3	5P
6	8	4

時	日	月
癸	己	丙
卯	亥	午

지장간	손방위	吉方	凶方
壬	북쪽	正東	正西

癸	壬	辛	庚	己	戊	丁	丙	乙	甲	癸	壬
亥	戌	酉	申	未	午	巳	辰	卯	寅	丑	子
왕	쇠	병	사	묘	절	태	양	생	욕	관	록

狗狼星 구랑성	괘	택풍대과	
天	☱☴	택풍대과	역부족, 벅찬 상태 위기에 직면뒤로 후퇴가유리, 주위도움요

三甲순	육갑납음	대장군방	조객방	삼살방	상문방	세파방	오늘생극	오늘상충	오늘원진	오늘상천	오늘상파	황도길흉	28수성	건제12신	九星	결혼주당	이사주당	안장주당	복단일	대공망일	오늘吉神	오늘神殺	육도환생처	축원인도불	오늘기도德	금일지옥명
生甲	金箔金	卯正東方	辰東南方	子正北方	申西南方	子正北方	寶보	酉 36	申 미움	辰 중단	午 깨짐	현무흑도	壁벽	定정	三碧	夫부	安안	아버지	삼합일	대공망일	천귀*민일	천화·사기	귀도	대세지보살	문수보살	독사지옥

불공 제의식 吉한 행사일 / 吉凶 길흉 大小 일반 행사일

칠성기도일	산신축원일	용왕축원일	조왕하강일	나한하강일	천도재	신굿	재수굿	용왕굿	조왕굿	병굿	고사	결혼	입학	투자	계약	등산	여행	이사	합방	이장	점안식	개업준공	신축상량	수술·침	서류제출	직원채용
◎	◎	×	◎	◎	◎	◎	◎	×	◎	◎	◎	◎	◎	×	◎	◎	◎	×	×	×	×	◎	×	◎	◎	◎

당일 래정법

巳時에 온사람은 모함과 구설로 골치 아픔 이동나쁨 바람기 직장해고위험

午時에 온사람은 문서 회합운 결혼 재혼 경조사 궁합 문서이동 부모문제 상업투자

未時에 온사람은 이동수 있는자 이사나 직장변동, 자식문제 변동수, 여행 이별 헛고생

申時 온 사람은 허위문서 실업자, 금전횡란, 빈주머니, 헛공사, 사기모함·도난사, 매사불성

酉時 온 사람은 매매 이동변동수, 터부정, 관재구설 사기 허위문서 우환질병 자식 가출건

戌時 온 사람은 색정사 배신문제 방해자, 배신사, 의욕상실, 관재구설, 취업 승진 매사 지체불리함

필히 피해야 할일 약혼식·주식투자·신상출고·명품구입·교역·재물출납·입주·욕실·수도수리·우물파기

백초귀장술의 오늘에 초사언

시간 점占 癸卯공망-辰巳

子時	직장근심, 음란색정사, 형제친구문제
丑時	사업후원사, 음란색정사, 질병 급발생
寅時	색정사, 자식문제, 직장실직, 처를 극
卯時	여자로부터 금전손실, 자식문제, 불륜사
辰時	사업상 다툼, 가산탕진, 직업변동, 남편일
巳時	매사 불성사, 금전손실 다툼, 부인문제
午時	사업문제, 불륜색정사, 여자문제, 화해
未時	이동 이별수, 직업변동, 가출사, 산소문제
申時	상해, 도난, 금전손해, 질병침투, 직업실직
酉時	적의 침범사, 관재 병재로 불길, 색정사
戌時	놀랄 일발생, 불륜색정사, 금전융통 근심
亥時	금전문제, 부인문제, 가출사, 손님 惡意

오늘 행운 복권 운세

복권사면 좋은 띠는 소띠 ②⑤⑩
행운복권방은 집에서 북동쪽에 있는곳

申子辰生	북쪽문을 피하고, 서남쪽으로 이사하면 안 된다. 재수가 없고, 하는 일마다 꼬이고, 病苦 질병발생. 바람기 발동.
巳酉丑生	서쪽문을 피하고, 동남쪽으로 이사하면 안 된다. 재수가 없고, 하는 일마다 꼬이고, 病苦 질병발생. 바람기 발동.
寅午戌生	남쪽문을 피하고, 북동쪽으로 이사하면 안 된다. 재수가 없고, 하는 일마다 꼬이고, 病苦 질병발생. 바람기 발동.
亥卯未生	동쪽문을 피하고, 서북쪽으로 이사하면 안 된다. 재수가 없고, 하는 일마다 꼬이고, 病苦 질병발생. 바람기 발동.

운세풀이

酉띠:이동수,우왕좌왕, 弱, 다툼	子띠: 점점 일이 꼬임, 관재구설	卯띠:최고운상승세, 두마음	午띠: 만남,결실,화합,문서
戌띠:매사불편, 방해자,배신	丑띠:귀인상봉, 금전이득, 현금	辰띠: 의욕과다, 스트레스큼	未띠:이동수,이별수,변동 움직임
亥띠:해결신,시험합격, 풀림	寅띠: 매사꼬임,과거고생, 질병	巳띠: 시급한 일, 뜻대로 안됨	申띠: 빈주머니,걱정근심,사기

11월

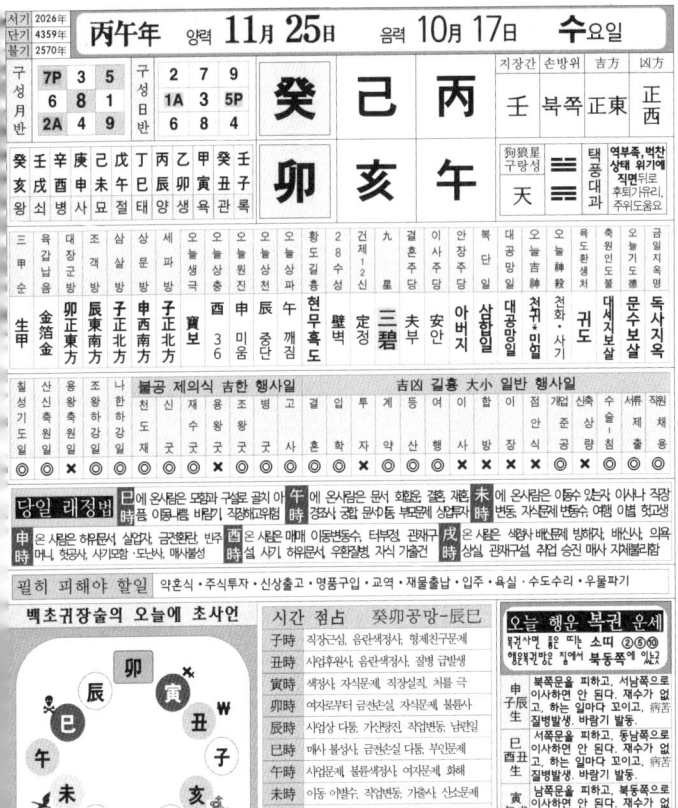

서기	2026年
단기	4359年
불기	2570年

丙午年 양력 11月 26日 음력 10月 18日 목요일

구성月반			구성日반		
7P	3	5	1	6	8A
6	8	1	9	2	4
2A	4	9	5	7	3P

甲	己	丙
辰	亥	午

지장간	손방위	吉方	凶方
壬	북동	正北	正南

狗狼星 구랑성	☷	곤위지	포용,순리대로 추진하면 만사형통, 귀인상봉, 순종차후에 형통
僧堂寺廟 승당사묘	☷		

乙	甲	癸	壬	辛	庚	己	戊	丁	丙	乙	甲
亥	戌	酉	申	未	午	巳	辰	卯	寅	丑	子
생	양	태	절	묘	사	병	쇠	왕	록	관	욕

三甲순	육갑납음	대장군방	조객방	삼살방	상문방	세파방	오늘생극	오늘상충	오늘원진	오늘상천	오늘상파	황도길흉	28수성	건제12신	九星	결혼주당	이사주당	안장주당	복단일	오늘吉神	神殺	오늘神殺	육도환생처	축원인도불	오늘기도德	금일지옥명
死甲	覆燈火	卯正東方	辰東南方	子正北方	申西南方	子正北方	制 제	戌 36	亥 미움	卯 중단	丑 깨짐	사명황도	奎 규	執 집	二黑	姑 고	利 이	남자	황은대사	월덕*지덕	수격·멸몰	토부·소모	축도	대세지보살	지장보살	독사지옥

					불공 제의식 吉한 행사일						吉凶 길흉 大小 일반 행사일															
칠성기도일	산신축원일	용왕축원일	조왕하강일	나한하강일	천도재	신굿	재수굿	용왕굿	조왕굿	병굿	고사	결혼	입학	투자	계약	등산	여행	이사	합방	이장	점안식	개업준공	신축상량	수술-침	서류제출	직원채용
◎	×	×	◎	◎	◎	×	×	×	◎	◎	◎	◎	◎	×	×	◎	◎	×	×	×	×	◎	◎	◎	◎	×

당일 래정법

巳時에 온사람은 뭔가 하고싶어서 왔다. 자식과 금전문제, 색정사문제, 우환질병문제

午時에 온사람은 금전문제로 골치 아픔, 가정불화, 여자바람기, 자식문제, 화병

未時에 온사람은 문서, 남녀화합운, 결혼, 재혼, 경조사, 문서구입, 궁합, 만남, 부모님 불리

申時 온 사람은 이동수 있는자, 이사나 직장변동, 관송사, 여행, 이별수, 취업불가능, 질병

酉時 온 사람은 허위문서, 금전손재수, 자식문제, 빈주머니, 헛고생, 사기모함, 매사불성, 관송사

戌時 온 사람은 허위문서, 이동변동수, 터부정, 관재구설, 보이스피싱주의, 자식가출, 다툼주의, 차사고

필히 피해야 할일 새집들이・친목회・금전수금・출판출고・건축증개축・집수리・승선・바다낚시・동토

백초귀장술의 오늘에 초사언

시간 점占 甲辰공망-寅卯

子時	어린자식 질병사, 사업후원사, 손님 惡意
丑時	부인질병문제, 금전손실, 관재, 도난, 방해
寅時	질병재앙, 직장승진문제, 직장변동, 말조심
卯時	파재, 극처사, 관송사 분쟁, 수술위급
辰時	금전암손, 여자문제, 사업문제, 금전다툼
巳時	사업, 구재, 상해, 도난, 자손문제, 관재
午時	관재구설, 직장박탈, 도적손실, 화재주의
未時	사업사, 후원사, 음란불륜사, 화합사
申時	음란잡귀침투, 적의 침범사, 우환질병
酉時	남녀색정사, 남편직장 권리사, 질병침투
戌時	질병침투, 색정사, 적의 침범사, 가출문제
亥時	사업후원에 방해자, 질병재앙, 소송 凶

오늘 행운 복권 운세

복권사면 좋은 띠는 **범띠** ③⑧⑱
행운복권방은 집에서 **동북쪽**에 있는곳

申子辰生	북쪽문을 피하고, 서남쪽으로 이사하면 안 된다. 재수가 없고, 하는 일마다 꼬이고, 病苦 질병발생. 바람기 발동.
巳酉丑生	서쪽문을 피하고, 동남쪽으로 이사하면 안 된다. 재수가 없고, 하는 일마다 꼬이고, 病苦 질병발생. 바람기 발동.
寅午戌生	남쪽문을 피하고, 북동쪽으로 이사하면 안 된다. 재수가 없고, 하는 일마다 꼬이고, 病苦 질병발생. 바람기 발동.
亥卯未生	동쪽문을 피하고, 서북쪽으로 이사하면 안 된다. 재수가 없고, 하는 일마다 꼬이고, 病苦 질병발생. 바람기 발동.

운세풀이

戌띠:이동수,우왕좌왕, 弱, 다툼	丑띠: 점점 일이 꼬임, 관재구설	辰띠:최고운상승세, 두마음	未띠: 만남,결실,화합,문서
亥띠:매사불편, 방해자,배신	寅띠:귀인상봉, 금전이득, 현금	巳띠: 의욕과다, 스트레스큼	申띠:이동수,이별수,변동 움직임
子띠:해결신,시험합격, 풀림	卯띠: 매사꼬임,과거고생, 질병	午띠: 시급한 일, 뜻대로 안됨	酉띠: 빈주머니,걱정근심,사기

서기	2026年
단기	4359年
불기	2570年

丙午年 양력 11月 27日 음력 10月 19日 금요일

구성월반				구성일반			
	7P	3	5		9	5	7
	6	8	1		8	1	3
	2A	4	9		4	6A	2P

乙	己	丙
巳	亥	午

지장간	손방위	吉方	凶方
壬	無	正西	正東

狗狼星 구랑성	괘	곤위지	
天	☷	곤위지	포용,순리대로 추진하면 만사형통,귀인상봉,순종 차후에 형통

丁	丙	乙	甲	癸	壬	辛	庚	己	戊	丁	丙
亥	戌	酉	申	未	午	巳	辰	卯	寅	丑	子
사	묘	절	태	양	생	욕	관	록	왕	쇠	병

三甲순	육갑납음	대장군방	조객방	삼살방	상문방	세파방	오늘생극	오늘상충	오늘원진	오늘상천	오늘상파	황도길흉	28수성	건제12신	九星	결혼주당	이사주당	안장주당	복단일	오늘吉神	神殺	오늘神殺	육도환생처	축원인도불	오늘기도德	금일지옥명
死甲	覆燈火	卯正東方	辰東南方	子正北方	申西南方	子正北方	寶보	亥 36	戌 미움	寅 중단	申 깨짐	구진흑도	婁루	破파	一白	堂당	天천	손자	-	천덕*역마	월파일	세파·대모	옥도	대세지보살	문수보살	독사지옥

칠성기도일	산신축원일	용왕축원일	조왕하강일	나한하강일	불공 제의식 吉한 행사일: 천도재	신굿	재수굿	용왕굿	조왕굿	병굿	고사	吉凶 길흉 大小 일반 행사일: 결혼	입학	투자	계약	등산	여행	이사	합방	이장	점안식	개업준공	신축상량	수술-침	서류제출	직원채용
×	×	×	×	×	×	×	×	×	×	×	×	×	-	×	×	◎	×	◎	×	×	×	×	×	×	×	×

당일 래정법

巳時 에 온사람은 금전구재, 두가지문제로 갈등사. 갖고싶은 욕구, 직장문제, 사업문제

午時 에 온사람은 의욕과다. 뭐가 하고싶어서 왔다. 직장취업문제, 금전문제, 친정문제

未時 에 온사람은 골치 아픈일, 형제동업 죽음, 바람기, 불륜, 시비투쟁, 속장리

申時 온 사람은 형제, 문서 화합운, 결혼, 재혼, 경조사, 애정사, 궁합 만남 개업 하극상 배신 우환질병

酉時 온 사람은 이동수 있는자, 가출, 이사나 직장변동, 사업체 변동수, 여행, 이별수, 관재구설

戌時 온 사람은 색정사문제, 금전손재수, 지금은 휴식기, 빈주머니, 헛 공사, 사기모함 , 매사불성

필히 피해야 할일

화재주의 • 시험관시술 • 질병치료 • 인수인계 • 씨뿌리기 • 나무심기 • 애완견들이기 • 건축수리

백초귀장술의 오늘에 초사언

시간 점占 乙巳공망-寅卯

子時	윗사람 질병, 배신주의, 발탁방해, 고생
丑時	금전문제, 사업파재, 여자 도망, 삼각관계
寅時	파재, 상해, 도난 극처사, 색정사, 변동
卯時	금전문제, 직장문제, 우환질병, 가출사
辰時	금전문제, 부인문제, 가출사, 수술유의
巳時	금전암손, 자식문제, 취직 실직문제,
午時	화재, 관재구설, 남녀색정사, 자식문제
未時	금전융통, 여자문제, 가출방황, 백사불리
申時	사업후원사 발탁, 직장사, 당선 貴福 有
酉時	급병자발생, 관재구설, 음란 가출도주
戌時	금전문제, 부인문제, 이별사, 타인과 다툼
亥時	적의 침범사, 음란색정사, 부부이별, 이사

오늘 행운 복권 운세

복권사면 좋은 띠는 토끼띠 ②⑧
행운복권방은 집에서 동쪽에 있는곳

申子辰生	북쪽문을 피하고, 서남쪽으로 이사하면 안 된다. 재수가 없고, 하는 일마다 꼬이고, 病苦 질병발생. 바람기 발동.
巳酉丑生	서쪽문을 피하고, 동남쪽으로 이사하면 안 된다. 재수가 없고, 하는 일마다 꼬이고, 病苦 질병발생. 바람기 발동.
寅午戌生	남쪽문을 피하고, 북동쪽으로 이사하면 안 된다. 재수가 없고, 하는 일마다 꼬이고, 病苦 질병발생. 바람기 발동.
亥卯未生	동쪽문을 피하고, 서북쪽으로 이사하면 안 된다. 재수가 없고, 하는 일마다 꼬이고, 病苦 질병발생. 바람기 발동.

운세풀이

亥띠:이동수,우왕좌왕, 弱, 다툼	寅띠: 점점 일이 꼬임, 관재구설	巳띠:최고운상승세, 두마음	申띠: 만남,결실,화합,문서
子띠:매사불편, 방해자,배신	卯띠:귀인상봉, 금전이득, 현금	午띠: 의욕과다, 스트레스큼	酉띠:이동수,이별수,변동 움직임
丑띠:해결신,시험합격, 풀림	辰띠: 매사꼬임,과거고생, 질병	未띠: 시급한 일, 뜻대로 안됨	戌띠: 빈주머니,걱정근심,사기

11월

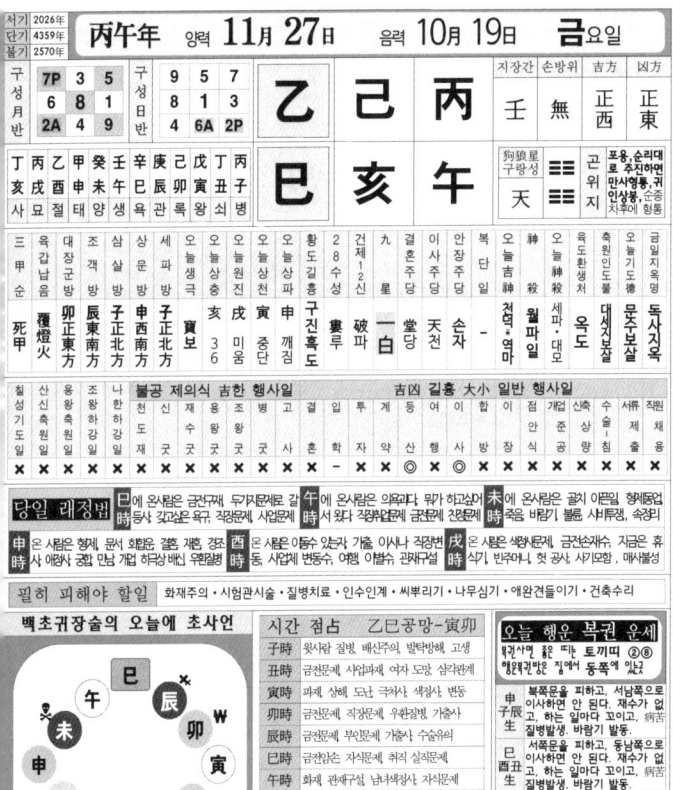

서기	2026年
단기	4359年
불기	2570年

丙午年 양력 11月 28日 음력 10月 20日 토요일

구성月반			구성日반		
7P	3	5	8	4A	6
6	8	1	7	9	2
2A	4	9	3	5P	1

	時	日	月
천간	丙	己	丙
지지	午	亥	午

지장간	손방위	吉方	凶方
壬	無	正南	正北

狗狼星 구랑성	天	☷ ☷	곤위지	포용,순리대로 추진하면 만사형통,귀인상봉,순종 차후에 형통

己	戊	丁	丙	乙	甲	癸	壬	辛	庚	己	戊
亥	戌	酉	申	未	午	巳	辰	卯	寅	丑	子
절	묘	사	병	쇠	왕	록	관	욕	생	양	태

三甲순	육갑납음	대장군방	조객방	삼살방	상문방	세파방	오늘생극	오늘상충	오늘원진	오늘상천	오늘상파	황도길흉	28수성	건제12신	九星	결혼주당	이사주당	안장주당	복단일	오늘吉神	오늘吉神	오늘神殺	육도환생처	축원인도불	오늘기도德	금일지옥명
死甲	天河水	卯正東方	辰東南方	子正北方	申西南方	子正北方	專전	子 36	丑 미움	丑 중단	卯 깨짐	청룡황도	胃위	危위	九紫	翁옹	害해	死	-	대명*보호	-	검봉·천리	불도	노사나불	약사보살	추해지옥

칠성기도일	산신축원일	용왕축원일	조왕하강일	나한하강일	천도재	신굿	재수굿	용왕굿	조왕굿	병굿	고사	결혼	입학	투자	계약	등산	여행	이사	합방	이장	점안식	개업준공	신축상량	수술·침	서류제출	직원채용
×	×	×	◎	◎	◎	◎	◎	×	◎	×	◎	◎	◎	×	×	◎	◎	◎	×	×	◎	◎	×	×	×	×

(불공 제의식 吉한 행사일: 천도재 ~ 병굿 / 吉凶 길흉 大小 일반 행사일: 고사 ~ 직원채용)

당일 래정법

巳時에 온사람은 취업문제, 재수가 없고 운이 단단히 꼬여있음, 우환질병 손재수

午時에 온사람은 금전문제 두문제로 갈등사 갖고싶은 욕구, 직장문제, 상업문제

未時에 온사람은 의욕과다 뭐가 하고싶어서 왔다 직장상사괴롭힘 사표문제

申時 온 사람은 골치 아픈일 친구나 형제동업 죽음, 배우자바람기, 불륜, 관재구설 속 정리해야함

酉時 온 사람은 문서구입 화합운 결혼 경조사 관직취업건, 개업 때 아님 하극상 배신 경쟁사로 몰변

戌時 온 사람은 이동수 있는자 가출 이사 직장변동, 점포 변동수, 여자문제 투자문서는 위험 이별수

필히 피해야 할일

홍보광고 · 소장제출 · 인허가신청 · 정보유출 · 건축증개축 · 기둥세우기 · 항공주의 · 씨뿌리기

백초귀장술의 오늘에 초사언

시간 점占 丙午공망-寅卯

子時	유아질병 위급, 처를 극, 남녀쟁투
丑時	자손문제, 실직문제, 연애배신사, 모함
寅時	사업손재, 후원사, 불륜사, 직장변동
卯時	남녀색정사, 사업금전문제, 가출사
辰時	자손문제, 실직문제, 남녀색정사, 가출사
巳時	질병재앙, 구재이득, 수술유의, 관이시발생
午時	금전손실 다툼, 여자문제, 극처사, 형송사
未時	자손문제, 금전융통, 죄 사면, 여행불길
申時	매사 불성사, 도망은 吉, 도적손실, 재액
酉時	관직 발탁사, 금전문제, 극처사, 함정주의
戌時	가출건, 급병자, 자식문제, 산소탈 ⊗
亥時	자초고생, 매사불길, 도난, 파재, 다툼

오늘 행운 복권 운세

복권사면 좋은 띠는 용띠 ⑤⑩⑳
행운복권방은 집에서 동남쪽에 있는곳

申子辰生	북쪽문을 피하고, 서남쪽으로 이사하면 안 된다. 재수가 없고, 하는 일마다 꼬이고, 病苦 질병발생. 바람기 발동.
巳酉丑生	서쪽문을 피하고, 동남쪽으로 이사하면 안 된다. 재수가 없고, 하는 일마다 꼬이고, 病苦 질병발생. 바람기 발동.
寅午戌生	남쪽문을 피하고, 북동쪽으로 이사하면 안 된다. 재수가 없고, 하는 일마다 꼬이고, 病苦 질병발생. 바람기 발동.
亥卯未生	동쪽문을 피하고, 서북쪽으로 이사하면 안 된다. 재수가 없고, 하는 일마다 꼬이고, 病苦 질병발생. 바람기 발동.

운세풀이

子띠:이동수,우왕좌왕, 弱, 다툼	卯띠: 점점 일이 꼬임, 관재구설	午띠:최고운상승세, 두마음	酉띠: 만남,결실,화합,문서
丑띠:매사불편, 방해자,배신	辰띠:귀인상봉, 금전이득, 현금	未띠: 의욕과다, 스트레스큼	戌띠:이동수,이별수,변동 움직임
寅띠:해결신,시험합격, 풀림	巳띠: 매사꼬임,과거고생, 질병	申띠: 시급한 일, 뜻대로 안됨	亥띠: 빈주머니,걱정근심,사기

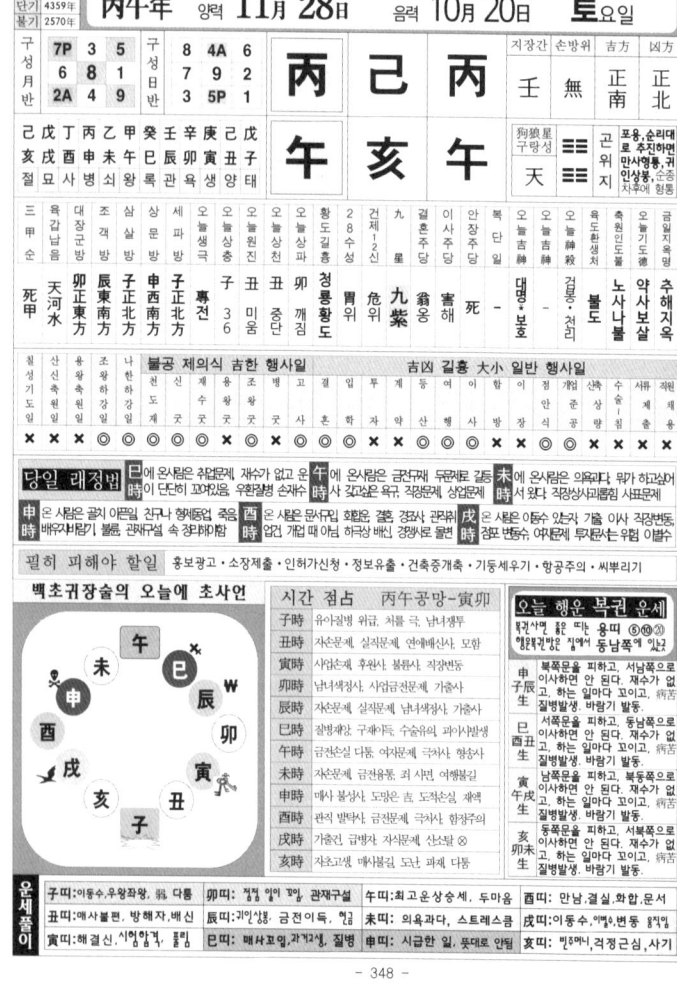

서기 2026年 단기 4359年 불기 2570年	丙午年 양력 11月 29日 음력 10月 21日 일요일

구성월반				구성일반				時	日	月	지장간	손방위	吉方	凶方
	7P	3	5		7	3	5	丁	己	丙	壬	동쪽	正東	正西
	6	8	1		6	8	1	未	亥	午	狗狼星 구랑성 / 僧堂 城隍社廟	☰☰	곤위지	포용,순리대로 추진하면 만사형통,귀인상봉,순종 차후에 형통
	2A	4	9		2AP	4	9							

辛	庚	己	戊	丁	丙	乙	甲	癸	壬	辛	庚
亥	戌	酉	申	未	午	巳	辰	卯	寅	丑	子
태	양	생	욕	관	록	왕	쇠	병	사	묘	절

三甲순	육갑납음	대장군방	조객방	삼살방	상문방	세파방	오늘생극	오늘상충	오늘원진	오늘상천	오늘상파	황도길흉	28수성	건제12신	九星	결혼주당	이사주당	안장주당	오늘吉神	오늘吉神	神殺	오늘神殺	육도환생처	축원인도불	오늘기도德	금일지옥명
死甲	天河水	卯正東方	辰東南方	子正北方	申西南方	子正北方	寶보	丑 36	子 미움	子 중단	戌 깨짐	명당황도	昴묘	成성	八白	第제	殺살	여자	삼합일	생기*복생	왕망·신호	음부·염대	불도	노사나불	대세지보살	추해지옥

칠성기도일	산신축원일	용왕축원일	조왕하강일	나한하강일	불공 제의식 吉한 행사일						吉凶 길흉 大小 일반 행사일															
					천도재	신굿	재수굿	용왕굿	조왕굿	병굿	고사	결혼	입학	투자	계약	등산	여행	이사	합방	이장	점안식	개업준공	신축상량	수술-침	서류제출	직원채용
◎	◎	◎	◎	◎	◎	◎	◎	◎	◎	◎	◎	◎	◎	×	◎	◎	◎	×	◎	◎	◎	◎	◎	◎	◎	◎

당일 래정법

巳時 에 온사람은 금전문제, 사업문제, 금전구재건, 관직취직사, 속전속결이 유리

午時 에 온사람 건강문제, 관재구설로 운이 단단히 꼬여있음, 친정문제 손재수

未時 에 온사람 금전구재, 결혼선택여부, 사업자금투자건, 직장변동, 이동수

申時 온 사람은 뭐가 하고싶어서 왔다. 직장취업문제, 친구형제간 배신과 암해, 관재 관송사, 남자문제

酉時 온 사람은 자식문제 골치 아픈일, 형제동업 바람기, 불륜, 시비투쟁, 급속장애해이함, 청춘귀

戌時 온 사람은 형제, 문서문제 자식 화합운, 결혼, 재혼 경조사, 애정사, 궁합 관직취업문제, 하극상배신

필히 피해야 할일 이날은 흑도와 월파일에 월염, 대모, 상문 등 신살에 해당되어 매사 해롭고 불리한 날.

백초귀장술의 오늘에 초사언

시간 점占	丁未공망-寅卯
子時	남녀색정사, 금전손해 실물수, 도난 간음
丑時	적의 침범사, 질병재앙, 자손상해, 가출
寅時	자손문제, 실직문제, 사업문제, 색정사
卯時	금전손실, 윗사람 질병위급, 색정음란사
辰時	자식문제, 직장문제, 손님 惡意, 불륜배신
巳時	가출사, 파재, 극처사, 관송사 분쟁
午時	화합애정불리, 금전융통, 직장변동, 도난
未時	금전의 암손, 여자문제, 우환질병, 가출
申時	파재, 상해, 도난, 극처사, 직장이동이 吉
酉時	매사불성사, 금전손실, 음 여인함정 관재
戌時	자식문제, 남편피해, 음란색정사, 도망
亥時	관청권리 상해, 재해도난사건, 괴이사발생

오늘 행운 복권 운세

복권사면 좋은 띠는 뱀띠 ⑦⑰27
행운복권방은 집에서 남동쪽에 있는곳

申子辰生	북쪽문을 피하고, 서남쪽으로 이사하면 안 된다. 재수가 없고, 하는 일마다 꼬이고, 病苦 질병발생. 바람기 발동.
巳酉丑生	서쪽문을 피하고, 동남쪽으로 이사하면 안 된다. 재수가 없고, 하는 일마다 꼬이고, 病苦 질병발생. 바람기 발동.
寅午戌生	남쪽문을 피하고, 북동쪽으로 이사하면 안 된다. 재수가 없고, 하는 일마다 꼬이고, 病苦 질병발생. 바람기 발동.
亥卯未生	동쪽문을 피하고, 서북쪽으로 이사하면 안 된다. 재수가 없고, 하는 일마다 꼬이고, 病苦 질병발생. 바람기 발동.

운세풀이

丑띠:이동수,우왕좌왕, 弱 다툼	辰띠: 점점 일이 꼬임, 관재구설	未띠:최고운상승세, 두마음	戌띠: 만남,결실,화합,문서
寅띠:매사불편, 방해자,배신	巳띠:귀인상봉, 금전이득, 현금	申띠: 의욕과다, 스트레스큼	亥띠:이동수,이별수,변동 움직임
卯띠:해결신,시험합격, 풀림	午띠: 매사꼬임,과거고생, 질병	酉띠: 시급한 일, 뜻대로 안됨	子띠: 빈주머니,걱정근심,사기

11월

서기	2026年
단기	4359年
불기	2570年

丙午年 양력 11月 30日 음력 10月 22日 월요일

구성月반				구성日반			
	7P	3	5		6	2	4
	6	8	1		5	7	9A
	2A	4	9		1P	3	8

戊	己	丙
申	亥	午

지장간	손방위	吉方	凶方
壬	동남	正北	正南

狗狼星 구랑성	☰	곤위지	포용,순리대로 추진하면 만사형통,귀인상봉,순종 차후에 형통
中庭廳 관청마당	☷		

癸	壬	辛	庚	己	戊	丁	丙	乙	甲	癸	壬
亥	戌	酉	申	未	午	巳	辰	卯	寅	丑	子
절	묘	사	병	쇠	왕	록	관	욕	생	양	태

三甲순	육갑납음	대장군방	조객방	삼살방	상문방	세파방	오늘생극	오늘상충	오늘원진	오늘상천	오늘상파	황도길흉	28수성	건제12신	九星	결혼주당	이사주당	안장주당	복단일	神殺	神殺	오늘神殺	육도환생처	축원인도불	오늘기도德	금일지옥명
死甲	大驛土	卯正東方	辰東南方	子正北方	申西南方	子正北方	寶보	寅 36	卯 미움	亥 중단	巳 깨짐	천형흑도	畢필	收수	七赤	竈조	富부	어머니	-	모창*복덕	수사·독화	천격·토금	인도	노사나불	아미보살	추해지옥

칠성기도일	산신축원일	용왕축원일	조왕하강일	나한하강일	불공 제의식 吉한 행사일: 천도재	신굿	재수굿	용왕굿	조왕굿	병굿	고사	吉凶 길흉 大小 일반 행사일: 결혼	입학	투자	계약	등산	여행	이사	합방	이장	점안식	개업준공	신축상량	수술-침	서류제출	직원채용
◎	×	×	×	×	◎	×	×	×	×	×	◎	×	◎	×	×	◎	◎	×	×	×	×	×	×	×	×	×

당일 래정법

巳時에 온사람은 관송사로 손재수 발생 금전구재건 색정사, 배신당함, 매사불성

午時에 온사람은 금전문제, 사업문제, 친정 부모문제, 관직취직사, 속전속결이 유리

未時에 온사람 남편문제, 직장문제, 운이 단단히 꼬여있음, 매사 지체불리, 손재수

申時 온 사람은 금전문제, 관직취직사, 자식의 사업문제, 망신수, 친정 후원사는 불리, 사고조심

酉時 온 사람은 의욕과다, 뭐가 하고싶어서 왔다. 새 사업 추진여부 문제, 친구형제간 시비, 자식문제

戌時 온 사람은 금전손실, 직장취업, 형제동업, 자식문제, 매사불리 지체됨, 바람기, 불륜, 고아사발생

필히 피해야 할일 성형수술·농기구 다루기·승선·낚시·어로작업·위험놀이기구·흙 다루고 땅 파는 일

백초귀장술의 오늘에 초사언

시간 점占 戊申공망-寅卯

子時	금전융통, 부인침해, 태아령 천도요망
丑時	사기도난, 파재, 손실사, 색정사, 각방
寅時	파재, 관재, 적 침범사, 부부이심, 터부정
卯時	재물손실, 부인일, 관재, 실수 탄로 음모
辰時	자손 시험합격, 불륜사, 형제 친구 배신
巳時	관청근심, 우환질병, 불륜색정사, 관재
午時	질병재앙, 적 침범사, 극처사, 가출문제
未時	病환자, 금전손실, 극처사, 친족불화
申時	금전암손, 부인문제, 자손문제, 우환질병
酉時	자식문제, 실직문제, 남녀색정사, 음인함정
戌時	매사 지체, 가능미비, 산소문제, 기도
亥時	사업사, 재물손실, 부인일, 질병재앙

오늘 행운 복권 운세

복권사면 좋은 띠는 **말띠** ⑤⑦22
행운복권방은 집에서 **남쪽에 있는곳**

申子辰生	북쪽문을 피하고, 서남쪽으로 이사하면 안 된다. 재수가 없고, 하는 일마다 꼬이고, 病苦 질병발생. 바람기 발동.
巳酉丑生	서쪽문을 피하고, 동남쪽으로 이사하면 안 된다. 재수가 없고, 하는 일마다 꼬이고, 病苦 질병발생. 바람기 발동.
寅午戌生	남쪽문을 피하고, 북동쪽으로 이사하면 안 된다. 재수가 없고, 하는 일마다 꼬이고, 病苦 질병발생. 바람기 발동.
亥卯未生	동쪽문을 피하고, 서북쪽으로 이사하면 안 된다. 재수가 없고, 하는 일마다 꼬이고, 病苦 질병발생. 바람기 발동.

운세풀이

寅띠:이동수,우왕좌왕, 불화 다툼	巳띠: 점점 일이 꼬임, 관재구설	申띠:최고운상승세, 두마음	亥띠: 만남,결실,화합,문서
卯띠:매사불편, 방해자,배신	午띠: 귀인상봉, 금전이득, 현금	酉띠: 의욕과다, 스트레스큼	子띠:이동수,이별수,변동 움직임
辰띠:해결신,시험합격, 풀림	未띠: 매사꼬임,과거고생, 질병	戌띠: 시급한 일, 뜻대로 안됨	丑띠: 빈주머니,걱정근심,사기

서기 2026年	단기 4359年	불기 2570年

丙午年 양력 12月 01日 음력 10月 23日 화요일

구성월반		
7P	3	5
6	8	1
2A	4	9

구성일반		
5	1	3
4P	6	8
9	2	7A

己	己	丙
酉	亥	午

지장간	손방위	吉方	凶方
壬	남쪽	正西	正東

乙	甲	癸	壬	辛	庚	己	戊	丁	丙	乙	甲
亥	戌	酉	申	未	午	巳	辰	卯	寅	丑	子
태	양	생	욕	관	록	왕	쇠	병	사	묘	절

狗狼星 구랑성	☰	괴위지	포용,순리대로 추진하면 만사형통,귀인상봉,순종차후에 형통
寺觀社廟 사관사묘	☰		

三甲순	육갑납음	대장군방	조객방	삼살방	상문방	세파방	오늘생극	오늘상충	오늘원진	오늘상천	오늘상파	황도길흉	28수성	건제12신	九星	결혼주당	이사주당	안장주당	복단일	오늘吉神	神殺	오늘神殺	육도환생처	축원인도불	오늘기도德	금일지옥명
死甲	大驛土	卯正東方	辰東南方	子正北方	申西南方	子正北方	寶보	卯 36	寅 미움	戌 중단	子 깨짐	주작흑도	觜자	開개	六白	婦부	師사	며느리	복단일	양공기일	천은*모창	홍사·피마	귀도	노사나불	관음보살	추해지옥

칠성기도일	산신축원일	용왕축원일	조왕하강일	나한하강일	불공 제의식 吉한 행사일: 천도재	신굿	재수굿	용왕굿	조왕굿	병굿	고사	吉凶 길흉 大小 일반 행사일: 결혼	입학	투자	계약	등산	여행	이사	합방	이장	점안식	개업준공	신축상량	수술·침	서류제출	직원채용
◎	◎	◎	◎	◎	◎	◎	◎	×	◎	◎	◎	×	◎	×	×	◎	◎	×	×	×	◎	×	×	◎	◎	×

당일 래정법

巳時에 온사람은 허가 해결할 문제, 합격여부, 동업투자여부, 형제문제, 재혼은 굳

午時에 온사람은 자식문제, 형제문제, 색정사로 다툼, 여자로 큰 손실, 매사불성사

未時에 온사람 금전문제, 사업문제, 딸자식문제, 관직취직사, 속전속결이 유리

申時 온 사람은 건강문제, 관재구설로 운이 단단히 꼬여있음, 취업 승진문제, 남자문제, 손재수

酉時 온 사람은 두가지 문제 갈등사, 하극상 손윗사람 배신, 새로운 일시작 진행함이 좋다. 우환질병

戌時 온 사람은 의욕과다, 뭐가 하고싶어서 왔다. 직장 취업문제, 친구 형제에게 손실 배신 당할 수.

필히 피해야 할일 농기구 다루기 · 출장 · 벌목 · 사냥 · 수렵 · 승선 · 낚시 · 어로작업 · 요트타기 · 위험놀이기구

백초귀장술의 오늘에 초사언

시간 점占 己酉공망-寅卯

子時	파재, 극처사, 시업흥성, 개혁유리, 가출
丑時	형제 친구이별, 가출건, 손재수, 다툼, 도난
寅時	사기도난, 파재, 손실사, 가출사, 남편일
卯時	실직, 파재, 관재, 적 침범사, 가출문제
辰時	금전융통, 형제자매건, 재해도난, 부부이별
巳時	질병재앙, 시업후원사, 금전손실, 색정사
午時	매사 불성, 남녀 색정사, 뜻대로 이동안됨
未時	형제친구문제, 구재이득, 수술유의, 원귀
申時	자손문제, 실직사, 처를 극, 실수 탄로
酉時	금전 암손, 부인문제, 우환질병, 색정사
戌時	재물손실, 우환질병, 부부변심, 삼각관계
亥時	가내재앙불리, 가출사, 이동여행 금물

오늘 행운 복권 운세

복권사면 좋은 띠는 양띠 ⑤⑩25
행운복권방은 집에서 남서쪽에 있는곳

申子辰生	북쪽문을 피하고, 서남쪽으로 이사하면 안 된다. 재수가 없고, 하는 일마다 꼬이고, 病苦 질병발생. 바람기 발동.
巳酉丑生	서쪽문을 피하고, 동남쪽으로 이사하면 안 된다. 재수가 없고, 하는 일마다 꼬이고, 病苦 질병발생. 바람기 발동.
寅午戌生	남쪽문을 피하고, 북동쪽으로 이사하면 안 된다. 재수가 없고, 하는 일마다 꼬이고, 病苦 질병발생. 바람기 발동.
亥卯未生	동쪽문을 피하고, 서북쪽으로 이사하면 안 된다. 재수가 없고, 하는 일마다 꼬이고, 病苦 질병발생. 바람기 발동.

11월

운세풀이

卯띠:이동수,우왕좌왕, 弱 다툼	午띠: 점점 일이 꼬임, 관재구설	酉띠:최고운상승세, 두마음	子띠: 만남,결실,화합,문서
辰띠:매사불편, 방해자,배신	未띠: 귀인상봉, 금전어득, 현금	戌띠: 의욕과다, 스트레스큼	丑띠:이동수,이별수,변동 움직임
巳띠:해결신,시험합격, 풀림	申띠: 매사꼬임,과거고생, 질병	亥띠: 시급한 일, 뜻대로 안됨	寅띠: 빈주머니,걱정근심,사기

서기	2026年
단기	4359年
불기	2570年

丙午年 양력 12月 02日 음력 10月 24日 수요일

구성월반				구성일반			
	7P	3	5		4P	9	2
	6	8	1		3	5	7
	2A	4	9		8	1	6

時	日	月	年
庚	己	丙	
戊	亥	午	

지장간	손방위	吉方	凶方
壬	남서	正南	正北

丁	丙	乙	甲	癸	壬	辛	庚	己	戊	丁	丙
亥	戌	酉	申	未	午	巳	辰	卯	寅	丑	子
병	쇠	왕	록	관	욕	생	양	태	절	묘	사

狗狼星 구랑성	社廟 사당묘	☵☲	화수미제	미결상태, 미완성, 고통상태 갈길이 멀음, 참으면 좋은결과옴

三甲순	육갑납음	대장군방	조객방	삼살방	상문방	세파방	오늘생극	오늘상충	오늘원진	오늘상천	오늘상파	황도길흉	28수성	건제12신	九星	결혼주당	이사주당	안장주당	오늘吉神	오늘吉神	神殺	오늘神殺	육도환생처	축원인도불	오늘기도德	금일지옥명
死甲	鏟釧金	卯正東方	辰東南方	子正北方	申西南方	子正北方	義의	辰 36	巳 미움	酉 중단	未 깨짐	금궤황도	參삼	閉폐	五黃	廚주	除제	손님	천덕합	천은*익후	월살일	지격·혈지	축도	노사나불	미륵보살	추해지옥

칠성기도일	산신축원일	용왕축원일	조왕하강일	나한하강일	천도재	신굿	재수굿	용왕굿	조왕굿	병굿	고사	결혼	입학	투자	계약	등산	여행	이사	합방	이장	점안식	개업준공	신축상량	수술-침	서류제출	직원채용
					불공 제의식 吉한 행사일							吉凶 길흉 大小 일반 행사일														
×	◎	×	×	×	×	×	×	×	×	×	×	×	-	×	×	◎	×	×	×	×	×	×	×	◎	◎	×

당일 래정법

巳時에 온사람은 새사업에 방해자, 배신사, 취업불리, 색정사, 창업은 훼방꾼 **午時**에 온사람은 취직 해결할 문제, 합격여부, 금전투자여부, 자식문제, 직장문제 **未時**에 온사람 형제와 친구가 훼방, 금전구재건, 관재구설로 다툼, 매사불성사

申時 온 사람은 금전문제, 사업문제, 관직취직사, 관재로 얽히게 됨, 자식으로 인해 큰 지출. **酉時** 온 사람은 관송사 색정사로 운이 단단히 꼬여있음, 취업 승진문제, 자식문제, 손재수 불리 **戌時** 온 사람은 두가지 문제 갈등사, 토지문서거래건 금전투자여부, 자식문제, 새로운 일시작 진행함

필히 피해야 할일 소장제출 · 항소 · 손님초대 · 神物, 佛象안치 · 싱크대교체 · 주방고치기 · 지붕덮기

백초귀장술의 오늘에 초사언

시간 점占	庚戌공망-寅卯
子時	금전 암손, 부인문제, 우환질병, 객 惡意
丑時	사업, 구재이득, 부부화합사, 당선 합격
寅時	재물손실, 금전융통, 가출사, 색정이별
卯時	재물손실, 극처사, 남녀색정사, 삼각관계
辰時	사업후원 도주, 적의 침범사, 재물손실
巳時	질병재앙, 관재구설, 도망, 망신실수탄로
午時	질병재앙, 관재구설, 남편 직업문제, 가출
未時	관청근심, 사업실패, 삼각관계, 가출문제
申時	입상명예문제, 금전문제, 가출자, 원행
酉時	손해사발생, 여자나 아이재앙, 함정피해
戌時	금전 암손, 파업문제, 가출문제, 색정사
亥時	금전무리투자, 도난, 파재, 처를 극함

오늘 행운 복권 운세

복권사면 좋은 때는 **원숭띠** ⑨19, 29
행운복권방은 집에서 **서남쪽**에 있는곳

申子辰生	북쪽문을 피하고, 서남쪽으로 이사하면 안 된다. 재수가 없고, 하는 일마다 꼬이고, 病苦 질병발생. 바람기 발동.
巳酉丑生	서쪽문을 피하고, 동남쪽으로 이사하면 안 된다. 재수가 없고, 하는 일마다 꼬이고, 病苦 질병발생. 바람기 발동.
寅午戌生	남쪽문을 피하고, 북동쪽으로 이사하면 안 된다. 재수가 없고, 하는 일마다 꼬이고, 病苦 질병발생. 바람기 발동.
亥卯未生	동쪽문을 피하고, 서북쪽으로 이사하면 안 된다. 재수가 없고, 하는 일마다 꼬이고, 病苦 질병발생. 바람기 발동.

운세풀이

辰띠: 이동수, 우왕좌왕, 弱 다툼	未띠: 점점 일이 꼬임, 관재구설	戌띠: 최고운상승세, 두마음	丑띠: 만남, 결실, 화합, 문서
巳띠: 매사불편, 방해자, 배신	申띠: 귀인상봉, 금전이득, 현금	亥띠: 의욕과다, 스트레스큼	寅띠: 이동수, 이별수, 변동 움직임
午띠: 해결신, 시험합격, 풀림	酉띠: 매사꼬임, 과거고생, 질병	子띠: 시급한 일, 뜻대로 안됨	卯띠: 빈주머니, 걱정근심, 사기

서기	2026年
단기	4359年
불기	2570年

丙午年 양력 12月 03日 음력 10月 25日 목요일

구성월반			구성일반		
7P	3	5	3AP	8	1
6	8	1	2	4	6
2A	4	9	7	9	5

辛	己	丙
亥	亥	午

지장간	손방위	吉方	凶方
壬	서쪽	正東	正西

狗狼星 구랑성 / 寺觀 절사관	☴ ☷	화수미제	미결상태, 미완성, 고통상태 갈길이 멀음, 참으면 좋은결과옴

己	戊	丁	丙	乙	甲	癸	壬	辛	庚	己	戊
亥	戌	酉	申	未	午	巳	辰	卯	寅	丑	子
욕	관	록	왕	쇠	병	사	묘	절	태	양	생

三甲순	육갑납음	대장군방	조객방	삼살방	상문방	세파방	오늘생극	오늘상충	오늘원진	오늘상천	오늘상파	황도길흉	28수성	건제12신	九星	결혼주당	이사주당	안장주당	복단일	오늘吉神	神殺	오늘神殺	육도환생처	축원인도불	오늘기도德	금일지옥명
死甲	鎈釧金	卯正東方	辰東南方	子正北方	申西南方	子正北方	寶보	巳 36	辰 미움	申 중단	寅 깨짐	대덕황도	井정	建건	四綠	夫부	安안	아버지	-	대명*왕일	월형·고초	귀곡·혈기	옥도	노사나불	여래보살	추해지옥

칠성기도일	산신축원일	용왕축원일	조왕하강일	나한하강일	천도재	신굿	재수굿	용왕굿	조왕굿	병굿	고사	결혼	입학	투자	계약	등산	여행	이사	합방	이장	점안식	개업준공	신축상량	수술-침	서류제출	직원채용
×	◎	◎	◎	◎	◎	◎	◎	◎	◎	◎	◎	◎	◎	×	◎	◎	◎	×	×	×	◎	◎	◎	◎	◎	◎

(불공 제의식 吉한 행사일: 천도재 ~ 고사 / 吉凶 길흉 大小 일반 행사일: 결혼 ~ 직원채용)

당일 래정법

- 巳時 에 온사람은 형제 자식문제, 직장변동수, 터부정 관재구설 동업다툼 방길주의
- 午時 에 온사람은 집안우환질병 망신살 방해자, 배신사, 매사 지체불리함. 모함
- 未時 에 온사람 금전문제, 허가 해결할 문제, 주식투자여부, 직장문제, 매매건
- 申時 온 사람은 자식문제, 직장실직문제, 취업시험불리, 색정사, 억울한 일, 파재, 매사불성사
- 酉時 온 사람은 금전문제, 사업문제, 관직취직사, 관재로 얽히게 됨, 속전속결 유리, 남편자출
- 戌時 온 사람은 건강문제, 친정문제, 도장잘못 찍어 관재구설로 꼬여있음 자식문제 손재수, 헛수고

필히 피해야 할일 장 담그기 · 신상출고 · 제품제작 · 친구초대 · 문 만들기 · 관정, 우물파기 · 어로작업

백초귀장술의 오늘에 초사언

시간 점占	辛亥공망-寅卯
子時	자식문제, 실직사, 음란색정사, 가출사
丑時	적의 침범사, 질병위급, 삼각관계
寅時	재물손실, 부인문제, 관직변동, 간사 情夫
卯時	금전융통문제, 손재수, 이동사, 낭비도난
辰時	재물손실, 질병재발, 여행금물, 다툼
巳時	이동사, 삼각 색정사, 우환질병, 터부정
午時	질병재앙, 관재구설, 도망, 망신살수탄로
未時	사업후원문제, 구재이득, 문제 자연해소
申時	재물손실, 우환질병, 극처사, 색정사, 가출
酉時	직장 취업 승진, 가출사, 질병, 삼각관계
戌時	자살귀 침범, 극처사, 질병고통, 수술유의
亥時	금전배신, 여자문제, 자식사, 매사 막힘

오늘 행운 복권 운세

복권사면 좋은 띠는 닭띠 ④⑨ 24, 행운복권방은 집에서 서쪽에 있는곳

申子辰生	북쪽문을 피하고, 서남쪽으로 이사하면 안 된다. 재수가 없고, 하는 일마다 꼬이고, 病苦 질병발생. 바람기 발동.
巳酉丑生	서쪽문을 피하고, 동남쪽으로 이사하면 안 된다. 재수가 없고, 하는 일마다 꼬이고, 病苦 질병발생. 바람기 발동.
寅午戌生	남쪽문을 피하고, 북동쪽으로 이사하면 안 된다. 재수가 없고, 하는 일마다 꼬이고, 病苦 질병발생. 바람기 발동.
亥卯未生	동쪽문을 피하고, 서북쪽으로 이사하면 안 된다. 재수가 없고, 하는 일마다 꼬이고, 病苦 질병발생. 바람기 발동.

운세풀이

巳띠:이동수,우왕좌왕, 弱, 다툼	申띠: 점점 일이 꼬임, 관재구설	亥띠:최고운상승세, 두마음	寅띠: 만남,결실,화합,문서
午띠:매사불편, 방해자,배신	酉띠: 귀인상봉, 금전이득, 현금	子띠: 의욕과다, 스트레스큼	卯띠:이동수,이별수,변동 움직임
未띠:해결신,시험합격, 풀림	戌띠: 매사꼬임,과거고생, 질병	丑띠: 시급한 일, 뜻대로 안됨	辰띠: 빈주머니,걱정근심,사기

12월

서기	2026年
단기	4359年
불기	2570年

丙午年 양력 12月 04日 음력 10月 26日 금요일

구성月반		
7P	3	5
6	8	1
2A	4	9

구성日반		
2	7P	9
1A	3	5
6	8	4

時	日	月	年
壬	己	丙	
子	亥	午	

지장간	손방위	吉方	凶方
壬	서북	正北	正南

辛	庚	己	戊	丁	丙	乙	甲	癸	壬	辛	庚
亥	戌	酉	申	未	午	巳	辰	卯	寅	丑	子
록	관	욕	생	양	태	절	묘	사	병	쇠	왕

狗狼星 구랑성	괘	화수미제	
天	☲☵	화수미제	**미결상태, 미완성, 고통상태**갈길이 멀음, 참으면 좋은결과옴

三甲순	육갑납음	대장군방	조객방	삼살방	상문방	세파방	오늘생극	오늘상충	오늘원진	오늘상천	오늘상파	황도길흉	28수성	건제12신	九星	결혼주당	이사주당	안장주당	천구하식	대공망일	神殺	오늘神殺	육도환생처	축원인도불	오늘기도德	금일지옥명
死甲	桑柘木	卯正東方	辰東南方	子正北方	申西南方	子正北方	專전	午 36	未 미움	未 중단	酉 깨짐	백호흑도	鬼 귀	除 제	三碧	姑 고	利 이	남자	-	대공망일	천마*관힐	라강·대시	천도	약왕보살	아미보살	철산지옥

칠성기도일	산신축원일	용왕축원일	조왕하강일	나한하강일	불공 제의식 吉한 행사일: 천도재	신굿	재수굿	용왕굿	조왕굿	병굿	고사	吉凶 길흉 大小 일반 행사일: 결혼	입학	투자	계약	등산	여행	이사	합방	이장	점안식	개업준공	신축상량	수술·침	서류제출	직원채용
×	×	×	×	◎	◎	◎	◎	◎	◎	◎	◎	×	◎	×	×	◎	×	×	×	×	×	◎	×	◎	◎	×

당일 래정법

巳時에 온사람은 자식문제, 금전손실 친구나 형제문제, 관송사, 빈주머니

午時에 온사람은 이동변동수, 터부정, 하극상모함사건, 자식문제, 차사고

未時에 온사람은 방해자, 배신사, 취업문제, 색정사, 관송사, 매사 지체 불리함

申時 온 사람은 관직 취직문제, 결혼 경조사, 한가지씩 해결됨 시험은 합격됨 허가건도 승인남 귀인도움

酉時 온 사람은 외정색정사 불륜사, 관재로 발전 딸 문제발생, 자식으로인해 큰돈 지출

戌時 온 사람은 남자문제 부동산거래 금전문제, 주식투자문제, 재물구재사, 여자회합건 건강질병과 빚때문 괴로움

필히 피해야 할일 인수인계 · 옷재단 · 주방수리 · 수의 짓기 · 새옷맞춤 · 태아옷구입 · 소장제출 · 방류 · 동토

백초귀장술의 오늘에 초사언

시간 점占 壬子공망-寅卯

시간	점
子時	돈이나 처를 극, 수술유의, 색정사
丑時	결혼문제, 금전융통, 남편관련, 관청일
寅時	자식문제, 금전손재, 신변위험, 喪服 운
卯時	귀인상봉, 자식화합, 관직변동 승전
辰時	질병침투, 적 침범사, 가출사 색정사
巳時	도난, 파재, 손모사, 극처사, 색정사
午時	질병침투, 적 침범사, 극처사, 불성사
未時	잡귀침투, 남편직장, 질병재앙, 색정사
申時	창업관련, 사업흥성, 색정사, 도망유리
酉時	사업 후원사, 가출문제, 남녀색정사, 파재
戌時	금전문제, 질병침투, 적 침범사, 귀농유리
亥時	가출문제, 직장문제, 남자가 피해, 색정사

오늘 행운 복권 운세

복권사면 좋은 띠는 개띠 ⑩⑳ 30

행운복권방은 집에서 서북쪽에 있다

申子辰生	북쪽문을 피하고, 서남쪽으로 이사하면 안 된다. 재수가 없고, 하는 일마다 꼬이고, 病苦 질병발생. 바람기 발동.
巳酉丑生	서쪽문을 피하고, 동남쪽으로 이사하면 안 된다. 재수가 없고, 하는 일마다 꼬이고, 病苦 질병발생. 바람기 발동.
寅午戌生	남쪽문을 피하고, 북동쪽으로 이사하면 안 된다. 재수가 없고, 하는 일마다 꼬이고, 病苦 질병발생. 바람기 발동.
亥卯未生	동쪽문을 피하고, 서북쪽으로 이사하면 안 된다. 재수가 없고, 하는 일마다 꼬이고, 病苦 질병발생. 바람기 발동.

운세풀이

午띠:이동수,우왕좌왕, 말썽 다툼	酉띠: 점점 일이 꼬임, 관재구설	子띠:최고운상승세, 두마음	卯띠: 만남,결실,화합,문서
未띠:매사불편, 방해자,배신	戌띠:귀인상봉, 금전이득, 현금	丑띠: 의욕과다, 스트레스큼	辰띠:이동수,이별수,변동 움직임
申띠:해결신,시험합격, 풀림	亥띠: 매사꼬임,과거고생, 질병	寅띠: 시급한 일, 뜻대로 안됨	巳띠: 빈주머니,걱정근심,사기

서기	2026年
단기	4359年
불기	2570年

丙午年 양력 12月 05日 음력 10月 27日 토요일

구성月반				구성日반			
	7P	3	5		1	6	8AP
	6	8	1		9	2	4
	2A	4	9		5	7	3

癸	己	丙
丑	亥	午

지장간	손방위	吉方	凶方
壬	북쪽	正西	正東

癸	壬	辛	庚	己	戊	丁	丙	乙	甲	癸	壬
亥	戌	酉	申	未	午	巳	辰	卯	寅	丑	子
왕	쇠	병	사	묘	절	태	양	생	욕	관	록

狗狼星 구랑성	僧堂 寺觀社廟

화수미제: **미결상태, 미완성, 고통상태**갈길이 멀음, 참으면 좋은결과옴

三甲순	육갑납음	대장군방	조객방	삼살방	상문방	세파방	오늘생극	오늘상충	오늘원진	오늘상천	오늘상파	황도길흉	28수성	건제12신	九星	결혼주당	이사주당	안장주당	복단일	오늘吉神	神殺	오늘神殺	육도환생처	축원인도불	오늘기도德	금일지옥명
死甲	桑柘木	卯正東方	辰東南方	子正北方	申西南方	子正北方	伐벌	未 36	午 미움	午 중단	辰 깨짐	옥당황도	柳류	滿만	二黑	堂당	天천	손자	옥우*수일	천귀*용덕	산격·지화	귀기·구공	천도	약왕보살	보현보살	철산지옥

불공 제의식 吉한 행사일 / **吉凶 길흉 大小 일반 행사일**

칠성기도일	산신축원일	용왕축원일	조왕하강일	나한하강일	천도재	신굿	재수굿	용왕굿	조왕굿	병굿	고사	결혼	입학	투자	계약	등산	여행	이사	합방	이장	점안식	개업준공	신축상량	수술-침	서류제출	직원채용
◎	×	×	×	×	×	◎	◎	◎	◎	◎	◎	◎	◎	◎	◎	◎	◎	×	×	◎	◎	◎	×	◎	◎	×

당일 래정법

巳時에 온사람은 이동수, 이별수, 이사 직장변동, 딸자식근심, 해외진출 도전
午時에 온사람은 헛고생, 소모전, 쉴때, 색정사, 빈주머니, 관재송사, 자중
未時에 온사람은 매매 이동변동수, 터부정, 관재구설 자식, 형제다툼, 교통사고주의
申時 온 사람은 금전과 여자문제, 방해자, 배신사, 색정사 불륜, 취업 승진 매사 지체불리함,
酉時 온 사람은 금전 차용문제, 시험 합격됨 허가 건은 승인, 취업 승진 성취됨
戌時 온 사람은 여자로 인한 부정, 하극상, 억울한일 색정사, 불륜사 문제, 관재로 발전, 딸 문제, 취직문제

필히 피해야 할일 성형수술·교제 끊기·파혼·아기 젖떼기와 낡은 건물 파할 때만 좋고, 다른 일은 매사 불리.

백초귀장술의 오늘에 초사언

시간 점占 癸丑공망-寅卯

子時	직위문제, 금전융통, 급질병, 색정사
丑時	사업사 암손, 여자문제 질병수술, 색정사
寅時	금전손실, 손모사, 극처사, 삼각관계
卯時	음란색정사, 질병, 적 침범사, 금전손실
辰時	관청입신, 직업권리, 남편문제, 목적달성
巳時	직장변동, 실직문제, 여자일, 이사이동吉
午時	사기도난, 손재수, 색정사, 우환질병
未時	관재 병재로 불길, 가출사 자손사 이별사
申時	사업문제, 재해, 가출, 도난, 여행은 凶
酉時	직업 명예사, 봉사활동, 창업관련, 색정사
戌時	불륜색정사, 관청근심, 도난 상해 손모사
亥時	금전문제, 이성도움, 부인문제, 색정사

오늘 행운 복권 운세

복권사면 좋은 띠는 **돼지띠** ⑪⑯31
행운복권방은 집에서 **북서쪽**에 있는곳

申子辰生	북쪽문을 피하고, 서남쪽으로 이사하면 안 된다. 재수가 없고, 하는 일마다 꼬이고, 病苦 질병발생. 바람기 발동.
巳酉丑生	서쪽문을 피하고, 동남쪽으로 이사하면 안 된다. 재수가 없고, 하는 일마다 꼬이고, 病苦 질병발생. 바람기 발동.
寅午戌生	남쪽문을 피하고, 북동쪽으로 이사하면 안 된다. 재수가 없고, 하는 일마다 꼬이고, 病苦 질병발생. 바람기 발동.
亥卯未生	동쪽문을 피하고, 서북쪽으로 이사하면 안 된다. 재수가 없고, 하는 일마다 꼬이고, 病苦 질병발생. 바람기 발동.

운세풀이

未띠:이동수,우왕좌왕, [illegible] 다툼	戌띠: 점점 일이 꼬임, 관재구설	丑띠:최고운상승세, 두마음	辰띠: 만남,결실,화합,문서
申띠:매사불편, 방해자,배신	亥띠:귀인상봉, 금전이득, 현금	寅띠: 의욕과다, 스트레스큼	巳띠:이동수,이별수,변동 움직임
酉띠:해결신,시험합격, 풀림	子띠: 매사꼬임,과거고생, 질병	卯띠: 시급한 일, 뜻대로 안됨	午띠: 빈주머니,걱정근심,사기

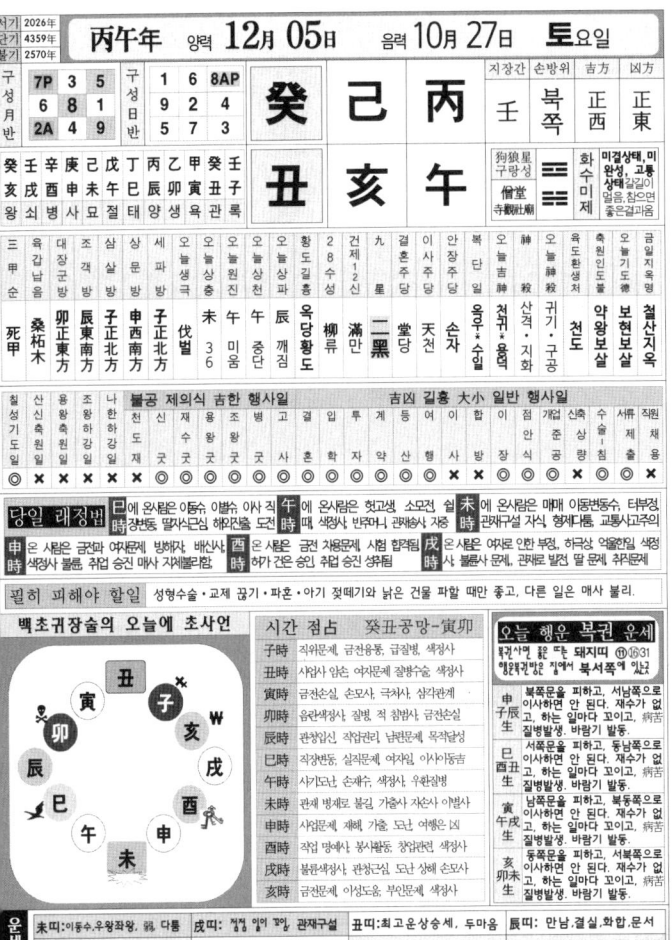

12월

서기 2026年	단기 4359年	불기 2570年

丙午年 양력 12月 06日 음력 10月 28日 일요일

구성월반				구성일반		
7P	3	5		9	5	7P
6	8	1		8	1	3
2A	4	9		4	6A	2

甲	己	丙
寅	亥	午

지장간	손방위	吉方	凶方
壬	북동	正南	正北

狗狼星 구랑성	丑方 북동쪽
☵ ☲	화수미제

미결상태, 미완성, 고통상태 갈길이 멀음, 참으면 좋은결과옴

乙	甲	癸	壬	辛	庚	己	戊	丁	丙	乙	甲
亥	戌	酉	申	未	午	巳	辰	卯	寅	丑	子
생	양	태	절	묘	사	병	쇠	왕	록	관	욕

三甲순	육갑납음	대장군방	조객방	삼살방	상문방	세파방	오늘생극	오늘상충	오늘원진	오늘상천	오늘상파	황도길흉	28수성	건제12신	九星	결혼주당	이사주당	안장주당	복단일	오늘吉神	神殺	오늘神殺	육도환생처	축원인도불	오늘기도德	금일지옥명
病甲	大溪水	卯正東方	辰東南方	子正北方	申西南方	子正北方	專전	申 36	酉 미움	巳 중단	亥 깨짐	천뇌흑도	星성	平평	一白	翁옹	害해	死	오부길일	금당*상일	하괴·유화	오허·패파	인도	약왕보살	약사보살	철산지옥

칠성기도일	산신축원일	용왕축원일	조왕하강일	나한하강일	불공 제의식 吉한 행사일							吉凶 길흉 大小 일반 행사일														
					천도재	신굿	재수굿	용왕굿	조왕굿	병굿	고사	결혼	입학	투자	계약	등산	여행	이사	합방	이장	점안식	개업준공	신축상량	수술-침	서류제출	직원채용
×	◎	×	×	×	◎	◎	◎	◎	◎	◎	◎	◎	◎	×	◎	◎	◎	×	×	×	×	×	◎	◎	◎	◎

당일 래정법

巳時에 온사람은 문서, 화합운, 결혼, 재혼, 애정사, 궁합, 금전후원건, 자식문제

午時에 온사람은 이동수 있는자, 이사 직장변동, 사업체변동수, 해외여행 이별

未時에 온사람은 자식문제, 실업자, 금전사기, 빈주머니, 헛공사, 허위문서, 도난사, 망신수

申時 온 사람은 매매 이동변동수, 터부정, 관재구설, 사기, 허위문서, 시비 다툼주의, 차사고주의

酉時 온 사람은 방해자, 배신사, 우환질병, 취업 승진은 매사 지체불리함, 상업은 손해수

戌時 온 사람은 관송사 허극상의 배신문제, 처음엔 해결되는 듯하나 후 불리함, 우환질병 시험 합격됨 허가건 승인됨

필히 피해야 할일 회의개최 • 건축증개축 • 구인 • 구직 • 해외여행 • 항공주의 • 애완동물들이기 • 낚시 • 손님초대

백초귀장술의 오늘에 초사언

시간 점占 甲寅공망-子丑

子時	사업후원사, 창업, 금전융통, 자식질병
丑時	매사불성, 금전융통 고통, 질병재앙
寅時	질병침투, 금전손실, 취직, 직장직위
卯時	금전문제, 부인문제, 색정사, 우환질병
辰時	매사미비, 금전융통불길, 가출사, 색정사
巳時	사업금전운 吉, 자식운, 결혼기쁨, 망신수
午時	금전손실 다툼, 봉사활동, 가출, 관재구설
未時	청탁불성사, 친족불화, 매사 불성사
申時	질병침투, 음란불륜사, 시귀발동, 가출사
酉時	관청권리문제, 남편흉극, 우환질병 발생
戌時	금전융통, 상업변동, 우환질병, 가출사
亥時	질병침투, 금전손실, 도난, 자식문제, 도망

오늘 행운 복권 운세

복권사면 좋은 띠는 **쥐띠** ①⑥⑯
행운복권방은 집에서 **북쪽**에 있는곳

申子辰生	북쪽문을 피하고, 서남쪽으로 이사하면 안 된다. 재수가 없고, 하는 일마다 꼬이고, 病苦 질병발생. 바람기 발동.
巳酉丑生	서쪽문을 피하고, 동남쪽으로 이사하면 안 된다. 재수가 없고, 하는 일마다 꼬이고, 病苦 질병발생. 바람기 발동.
寅午戌生	남쪽문을 피하고, 북동쪽으로 이사하면 안 된다. 재수가 없고, 하는 일마다 꼬이고, 病苦 질병발생. 바람기 발동.
亥卯未生	동쪽문을 피하고, 서북쪽으로 이사하면 안 된다. 재수가 없고, 하는 일마다 꼬이고, 病苦 질병발생. 바람기 발동.

운세풀이

申띠:이동수,우왕좌왕, 弱, 다툼	亥띠: 점점 일이 꼬임, 관재구설	寅띠:최고운상승세, 두마음	巳띠: 만남,결실,화합,문서
酉띠:매사불편, 방해자,배신	子띠:귀인상봉, 금전이득, 현금	卯띠: 의욕과다, 스트레스큼	午띠:이동수,이별수,변동 움직임
戌띠:해결신,시험합격, 풀림	丑띠: 매사꼬임,과거고생, 질병	辰띠: 시급한 일, 뜻대로 안됨	未띠: 빈주머니,걱정근심,사기

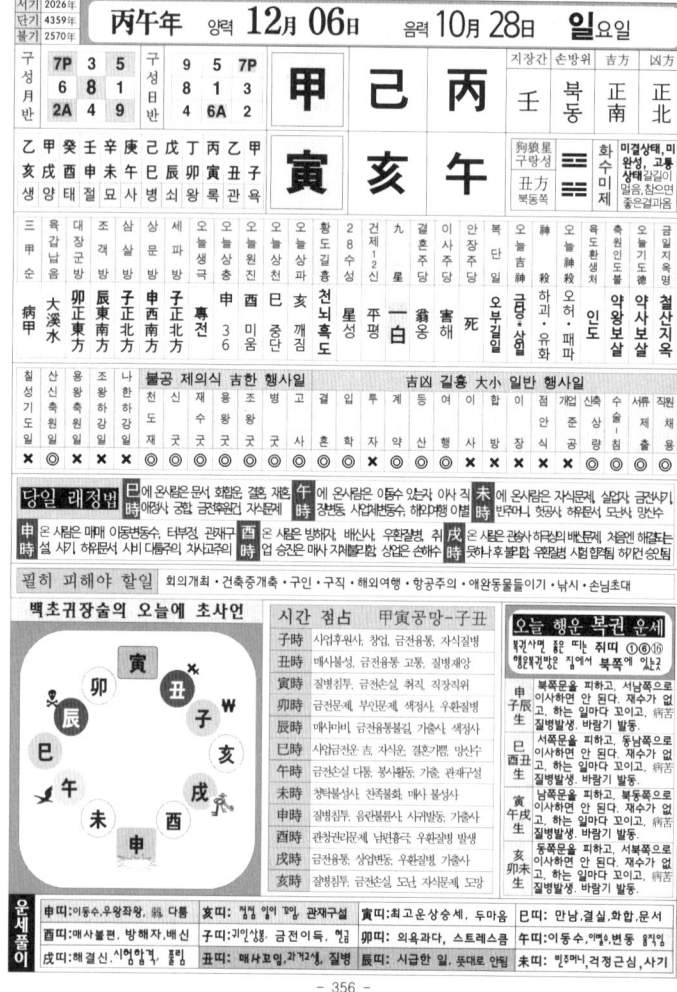

서기	2026年
단기	4359年
불기	2570年

丙午年 양력 12月 07日 음력 10月 29日 월요일

대설 大雪 11時 53分 入

구성월반			구성일반		
6	2P	4	8	4A	6
5	7	9A	7	9	2P
1	3	8	3	5	1

乙	庚	丙
卯	子	午

지장간	손방위	吉方	凶方
壬	無	正東	正西

狗狼星 구랑성	괘	화수미제	
天	☲☵	화수미제	미결상태, 미완성, 고통상태 갈길이 멀음, 참으면 좋은결과옴

丁亥	丙戌	乙酉	甲申	癸未	壬午	辛巳	庚辰	己卯	戊寅	丁丑	丙子
사	묘	절	태	양	생	욕	관	록	왕	쇠	병

三甲순	육갑납음	대장군방	조객방	삼살방	상문방	세파방	오늘생극	오늘상충	오늘원진	오늘상천	오늘상파	황도길흉	28수성	건제12신	九星	결혼주당	이사주당	안장주당	복단일	오늘吉神	神殺	오늘神殺	육도환생처	축원인도불	오늘기도德	금일지옥명
病甲	大溪水	卯正東方	辰東南方	子正北方	申西南方	子正北方	專전	酉 36	申 미움	辰 중단	午 깨짐	옥당황도	張장	平평	九紫	第제	殺살	여자	-	사상*민일	수사·멸몰	피마·천리	귀도	약왕보살	문수보살	철산지옥

칠성기도일	산신축원일	용왕축원일	조왕하강일	나한하강일	천도재	신굿	재수굿	용왕굿	조왕굿	병굿	고사	결혼	입학	투자	계약	등산	여행	이사	합방	이장	점안식	개업준공	신축상량	수술·침	서류제출	직원채용
					불공 제의식 吉한 행사일							吉凶 길흉 大小 일반 행사일														
×	◎	×	◎	◎	◎	×	◎	×	◎	◎	◎	-	◎	×	×	◎	◎	◎	×	×	◎	◎	×	◎	◎	×

당일 래정법

巳時 에 온사람은 모함과 구설로 골치 아픔 이동나쁨 바람기 직장해고위험

午時 에 온사람은 문서 화합운, 결혼 재혼 경조사 궁합 문서이동 부모문제 상업투자

未時 에 온사람은 이동수 있는자 이사나 직장변동, 자식문제 변동수, 여행 이별 헛고생

申時 온 사람은 허위문서, 실업자, 금전환란, 빈주머니, 헛공사, 사기모함·도난사, 매사불성

酉時 온 사람은 직장변동 이동변동수, 터부정, 관재구설, 사기, 허위문서, 우환질병, 자식 가출건

戌時 온 사람은 색정사 배신문제 방해자, 배신사, 형제간 암투, 관재구설, 취업 승진 매사지체불리함

필히 피해야 할일 문 만들기·간판달기·코인사입·물건구입·태아인공수정·새집들이·어로작업

백초귀장술의 오늘에 초사언

시간 점占 乙卯공망-子丑

子時	직장근심, 처를 극, 질병위급, 색정사
丑時	사업후원사, 금전융통, 부인질병, 가출
寅時	재물파산 불길, 가출사, 질병침투 하극상
卯時	금전융통흉, 여자문제, 직장직위 취업
辰時	사업상 금전손실, 부인문제, 우환질병
巳時	매사불성사, 자손실직사, 직위 삼각관계
午時	관직 승진문제, 금전 문제, 불륜 주색주의
未時	금전융통, 삼각관계, 직업변동, 여자질병
申時	만사불길, 직장 취업청탁 불리, 질병재앙
酉時	적 침범사, 가출,, 불륜색정사, 골육 흉
戌時	금전문제, 부인문제, 다툼, 이별사, 질병
亥時	사업문제, 투자확장, 우환질병 손님 惡意

오늘 행운 복권 운세

복권사면 좋은 띠는 소띠 ②⑤⑩
행운복권방은 집에서 북동쪽에 있는곳

申子辰生	북쪽문을 피하고, 서남쪽으로 이사하면 안 된다. 재수가 없고, 하는 일마다 꼬이고, 病苦 질병발생. 바람기 발동.
巳酉丑生	서쪽문을 피하고, 동남쪽으로 이사하면 안 된다. 재수가 없고, 하는 일마다 꼬이고, 病苦 질병발생. 바람기 발동.
寅午戌生	남쪽문을 피하고, 북동쪽으로 이사하면 안 된다. 재수가 없고, 하는 일마다 꼬이고, 病苦 질병발생. 바람기 발동.
亥卯未生	동쪽문을 피하고, 서북쪽으로 이사하면 안 된다. 재수가 없고, 하는 일마다 꼬이고, 病苦 질병발생. 바람기 발동.

운세풀이

酉띠: 이동수, 우왕좌왕, 弱, 다툼	子띠: 점점 일이 꼬임, 관재구설	卯띠: 최고운상승세, 두마음	午띠: 만남, 결실, 화합, 문서
戌띠: 매사불편, 방해자, 배신	丑띠: 귀인상봉, 금전이득, 현금	辰띠: 의욕과다, 스트레스큼	未띠: 이동수, 이별수, 변동 움직임
亥띠: 해결신, 시험합격, 풀림	寅띠: 매사꼬임, 과거고생, 질병	巳띠: 시급한 일, 뜻대로 안됨	申띠: 빈주머니, 걱정근심, 사기

12월

서기	2026年
단기	4359年
불기	2570年

丙午年 양력 12月 08日 음력 10月 30日 화요일

구성월반			구성일반		
6	2P	4	7	3	5
5	7	9A	6	8	1
1	3	8	2A	4	9P

時	日	年
丙	庚	丙
辰	子	午

지장간	손방위	吉方	凶方
壬	無	正北	正南

己	戊	丁	丙	乙	甲	癸	壬	辛	庚	己	戊
亥	戌	酉	申	未	午	巳	辰	卯	寅	丑	子
절	묘	사	병	쇠	왕	록	관	욕	생	양	태

狗狼星 구랑성 寅辰方 ☵☶ 수산건 — **절체절명, 움츠려듬, 난감** 시련어려움이연속됨, 중지하고 퇴진

三甲순	육갑납음	대장군방	조객방	삼살방	상문방	세파방	오늘생극	오늘상충	오늘원진	오늘상천	오늘상파	황도길흉	28수성	건제12신	九星	결혼주당	이사주당	안장주당	복단일	오늘吉神	神殺	오늘神殺	육도환생처	축원인도불	오늘기도德	금일지옥명
病甲	沙中土	卯正東方	辰東南方	子正北方	申西南方	子正北方	寶보	戌 36	亥 미움	卯 중단	丑 깨짐	천뇌흑도	翼익	定정	八白	竈조	富부	어머니	삼합일	월공*섬심	-	관부·패파	축도	약왕보살	지장보살	철산지옥

칠성기도일	산신축원일	용왕축원일	조왕하강일	나한하강일	불공 제의식 吉한 행사일: 천도재	신굿	재수굿	용왕굿	조왕굿	병굿	고사	吉凶 길흉 大小 일반 행사일: 결혼	입학	투자	계약	등산	여행	이사	합방	이장	점안식	개업준공	신축상량	수술-침	서류제출	직원채용
×	◎	×	×	◎	◎	◎	◎	◎	◎	◎	◎	◎	◎	◎	×	◎	◎	◎	◎	◎	◎	◎	◎	◎	◎	◎

당일 래정법

巳時에 온사람은 창업금전차용문제, 뭐가 하고싶어서 왔다. 직장취업, 승진문제
午時에 온사람은 친정문제, 자식문제, 골치 아픈일, 바람기, 불륜, 시비투쟁
未時에 온사람은 금전구재, 문서 화합운, 결혼 재혼, 경조사, 애정사, 궁합, 만남, 개업
申時 온 사람은 이동수 있는자, 이사나 직장변동, 사업체 변동수, 여행, 이별수, 창업불리
酉時 온 사람은 색정사문제, 금전손재수, 쉬어야할 때, 빈주머니, 헛공사, 보이스피싱, 매사불성
戌時 온 사람은 매매 이동변동수, 터부정, 관재구설, 사기, 허위문서, 동업자 사기 다툼주의, 차사고주의

필히 피해야 할일

출판출고 · 책만들기 · 입주 · 새집들이 · 진수식 · 건축수리 · 동토 · 산소행사 · 기둥세우기

백초귀장술의 오늘에 초사언

시간 점占 丙辰공망-子丑

子時	만사개혁유리, 자식질병문제, 직장관련
丑時	남편문제, 자식문제, 가출사, 우환질병
寅時	질병침투, 금전고통, 파이사발생, 임신 가
卯時	사업파산, 상업손실, 도난, 가출문제
辰時	금전손실 다툼, 사업부진, 자식 부인문제
巳時	취업, 직장승진문제, 입상공모, 명예사, 망신
午時	매사불성사, 금전파산, 극처사, 도망 吉,
未時	자식사, 직장문제, 화합사, 자연해소
申時	금전융통, 여자문제, 우환질병, 가출사
酉時	남녀색정사, 금전손해 이별수, 가출사
戌時	적 침범사, 가출사, 질병침투, 부하도주
亥時	청탁 당선에 방해자, 실수 탄로, 관재사

오늘 행운 복권 운세

복권사면 좋은 띠는 **범띠** ③⑧⑱
행운복권방은 집에서 **동북쪽**에 있는곳

申子辰生	북쪽문을 피하고, 서남쪽으로 이사하면 안 된다. 재수가 없고, 하는 일마다 꼬이고, 病苦 질병발생. 바람기 발동.
巳酉丑生	서쪽문을 피하고, 동남쪽으로 이사하면 안 된다. 재수가 없고, 하는 일마다 꼬이고, 病苦 질병발생. 바람기 발동.
寅午戌生	남쪽문을 피하고, 북동쪽으로 이사하면 안 된다. 재수가 없고, 하는 일마다 꼬이고, 病苦 질병발생. 바람기 발동.
亥卯未生	동쪽문을 피하고, 서북쪽으로 이사하면 안 된다. 재수가 없고, 하는 일마다 꼬이고, 病苦 질병발생. 바람기 발동.

운세풀이

戌띠:이동수,우왕좌왕, 弱, 다툼	丑띠: 점점 일이 꼬임, 관재구설	辰띠:최고운상승세, 두마음	未띠: 만남,결실,화합,문서
亥띠:매사불편, 방해자,배신	寅띠:귀인상봉, 금전이득, 현금	巳띠: 의욕과다, 스트레스큼	申띠:이동수,이별수,변동 움직임
子띠:해결신,시험합격, 풀림	卯띠: 매사꼬임,과거고생, 질병	午띠: 시급한 일, 뜻대로 안됨	酉띠: 빈주머니,걱정근심,사기

서기	2026年
단기	4359年
불기	2570年

丙午年 양력 12月 09日 음력 11月 01日 수요일 초하루

구성월반				구성일반				時	日	月	지장간	손방위	吉方	凶方
	6	2P	4		6	2	4	丁	庚	丙	壬	동쪽	正西	正東
	5	7	9A		5	7	9A							
	1	3	8		1	3	8P	巳	子	午				

辛	庚	己	戊	丁	丙	乙	甲	癸	壬	辛	庚
亥	戌	酉	申	未	午	巳	辰	卯	寅	丑	子
태	양	생	욕	관	록	왕	쇠	병	사	묘	절

狗狼星 구랑성		수산건	절체절명, 움츠려듦, 난감 시련어려움 이연속됨, 중지하고 퇴진
前門 현관문	☵☶		

三甲순	육갑납음	대장군방	조객방	삼살방	상문방	세파방	오늘생극	오늘상충	오늘원진	오늘상천	오늘상파	황도길흉	28수성	건제12신	九星	결혼주당	이사주당	안장주당	오늘吉神	오늘吉神	神殺	오늘神殺	육도환생처	축원인도불	오늘기도德	금일지옥명
病甲	沙中土	卯正東方	辰東南方	子正北方	申西南方	子正北方	專전	亥 36	戌 미움	寅 중단	申 깨짐	현무흑도	軫진	執집	七赤	夫부	安안	아버지	오부길일	월덕*익후	-	라강·홍사	옥도	약왕보살	문수보살	철산지옥

칠성기도일	산신축원일	용왕축원일	조왕하강일	나한하강일	불공 제의식 吉한 행사일							吉凶 길흉 大小 일반 행사일													
					천도재	신굿	재수굿	용왕굿	조왕굿	병굿	고사	결혼	입학	투자	계약	등산	여행	이사	합방	이장	점안식	개업준공	신축상량	수술-침	서류제출	직원채용
×	×	×	×	×	×	◎	◎	◎	◎	◎	◎	×	◎	×	×	◎	◎	×	×	×	×	×	×	◎	◎	×

당일 래정법

巳時 에 온사람은 금전구재, 관직취업문제 갈등사, 갖고싶은 욕구강함, 사업투자문제

午時 에 온사람은 금전차용여부, 뭔가 하고싶어서 왔다 직장취업문제, 친정후원사

未時 에 온사람은 친구형제동업, 골치 아픈일, 바람기, 불륜, 문서문제, 속정리

申時 온 사람은 형제, 문서 화합운, 결혼, 재혼, 애정사, 관송사로 발전 궁합, 개업 하극상 배신, 우환질병

酉時 온 사람은 이동수 있는자, 가출, 이사나 직장변동, 사업체 변동수, 여행, 이별수, 관재구설

戌時 온 사람은 색정사문제, 금전손재수, 지금은 휴식기, 빈주머니, 헛 공사, 사기모함, 매사불성

필히 피해야 할일

새 작품제작 • 출품 • 새집들이 • 인수인계 • 질병치료 • 시험관시술 • 경락 • 복약 • 문병 • 머리자르기

백초귀장술의 오늘에 초사언

시간 점占 丁巳공망-子丑

子時	매사불성사, 금전손실, 관재구설 색정사
丑時	다툼, 금전문제, 이별문제, 애정문제
寅時	금전손실, 질병침투, 색정사, 음귀침투
卯時	우환질병, 후원도움, 색정사, 관재구설
辰時	자식문제, 직장박탈, 부부이별, 재물손실
巳時	금전손실, 극처사, 사기, 불륜 가정풍파
午時	취직, 직장승진, 색정사, 금전손실, 도난
未時	자선사업, 자식문제, 취직문제, 가출, 질병
申時	결혼화합사, 가출문제, 금전융통, 도난주의
酉時	금전융통, 여자문제, 사업이동, 도주사건
戌時	작업문제, 자식문제, 음란색정사, 봉사활동
亥時	직장변동, 도난손해, 가출사, 음란색정사

오늘 행운 복권 운세

복권사면 좋은 띠는 **토끼띠** ②⑧
행운복권방은 집에서 **동쪽**에 있는곳

申子辰生	북쪽문을 피하고, 서남쪽으로 이사하면 안 된다. 재수가 없고, 하는 일마다 꼬이고, 病苦 질병발생. 바람기 발동.
巳酉丑生	서쪽문을 피하고, 동남쪽으로 이사하면 안 된다. 재수가 없고, 하는 일마다 꼬이고, 病苦 질병발생. 바람기 발동.
寅午戌生	남쪽문을 피하고, 북동쪽으로 이사하면 안 된다. 재수가 없고, 하는 일마다 꼬이고, 病苦 질병발생. 바람기 발동.
亥卯未生	동쪽문을 피하고, 서북쪽으로 이사하면 안 된다. 재수가 없고, 하는 일마다 꼬이고, 病苦 질병발생. 바람기 발동.

운세풀이

亥띠:이동수,우왕좌왕, 言語 다툼	寅띠: 점점 일이 꼬임, 관재구설	巳띠:최고운상승세, 두마음	申띠: 만남,결실,화합,문서
子띠:매사불편, 방해자,배신	卯띠:귀인상봉, 금전이득, 현금	午띠: 의욕과다, 스트레스큼	酉띠:이동수,이별수,변동 움직임
丑띠:해결신,시험합격, 풀림	辰띠: 매사꼬임,과거고생, 질병	未띠: 시급한 일, 뜻대로 안됨	戌띠: 빈주머니,걱정근심,사기

12월

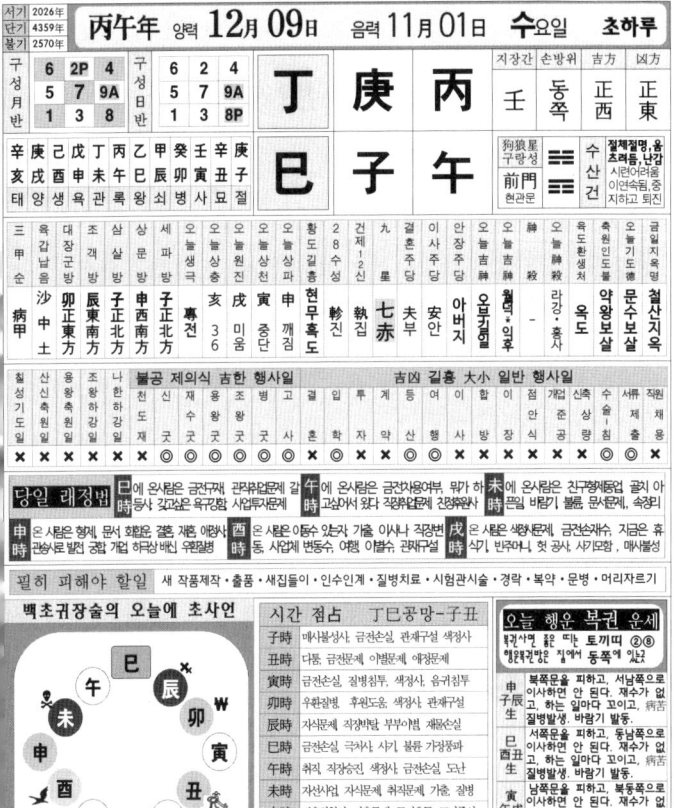

서기	2026年
단기	4359年
불기	2570年

丙午年 양력 12月 10日 음력 11月 02日 목요일

구성月반			구성日반		
6	2P	4	5	1	3
5	7	9A	4	6	8
1	3	8	9	2P	7A

時	日	月
戊	庚	丙
午	子	午

지장간	손방위	吉方	凶方
壬	동남	正南	正北

狗狼星 구랑성 併廚竈 戌亥方	☱ ☰	수산건	절체절명,움츠려듬,난감 시련어려움 이연속됨,중지하고 퇴진

癸	壬	辛	庚	己	戊	丁	丙	乙	甲	癸	壬
亥	戌	酉	申	未	午	巳	辰	卯	寅	丑	子
절	묘	사	병	쇠	왕	록	관	욕	생	양	태

三甲순	육갑납음	대장군방	조객방	삼살방	상문방	세파방	오늘생극	오늘상충	오늘원진	오늘상천	오늘상파	황도길흉	28수성	건제12신	九星	결혼주당	이사주당	안장주당	복단일	오늘吉神	오늘神殺	오늘神殺	육도환생처	축원인도불	오늘기도德	금일지옥명
病甲	天上火	卯正東方	辰東南方	子正北方	申西南方	子正北方	義의	子 36	丑 미움	丑 중단	卯 깨짐	사명황도	角각	破파	六白	姑고	利이	남자	양덕*해신	월파일	천화·혈기	천격·검봉	불도	석가여래	약사보살	암흑지옥

칠성기도일	산신축원일	용왕축원일	조왕하강일	나한하강일	불공 제의식 吉한 행사일							吉凶 길흉 大小 일반 행사일														
					천도재	신굿	재수굿	용왕굿	조왕굿	병굿	고사	결혼	입학	투자	계약	등산	여행	이사	합방	이장	점안식	개업준공	신축상량	수술-침	서류제출	직원채용
×	×	×	×	×	×	×	×	×	×	×	×	×	–	×	×	×	×	×	×	×	×	×	×	×	×	×

당일 래정법

巳時에 온사람은 건강문제, 재수가 없고 운이 단단히 꼬여있음, 취업불가, 손재수

午時에 온사람은 금전문제, 친정문제, 갖고싶은 욕구, 직장문제, 상업문제, 관재

未時에 온사람은 동업, 창업 하고싶어서 왔다. 직장상사 괴롭힘 사표내면안됨

申時 온 사람은 골치 아픈일, 자식의 급변동문제, 배우자바람기, 불륜, 관재구설 속 정리해야함

酉時 온 사람은 문서구입, 회합운, 결혼, 경조사, 관직취업건, 개업 때 아님, 하극상 배신, 경쟁사로 몰변

戌時 온 사람은 이동수 있는자, 가출 이사나 직장변동, 점포 변동수, 투자문서는 위험, 이별수

필히 피해야 할일

홍보광고 • 소장제출 • 인허가신청 • 정보유출 • 질병치료 • 재테크투자 • 씨뿌리기 • 부동산매매

백초귀장술의 오늘에 초사언

시간 점占 戊午공망-子丑

子時	질병침투, 실직, 처를 극, 처첩문제, 가출
丑時	재물손실, 파산, 극처사, 부부다툼, 관송사
寅時	재해 도난, 질병침투, 여행은 흉, 가출
卯時	금전손실, 남편문제, 직업권리, 색정사
辰時	자선사업 봉사활동, 신규사업, 형제친구
巳時	관재 병재로 불길, 가출사 색정사 하극상
午時	금전손실 다툼, 여자문제, 처를 극, 수술
未時	금전융통, 신규사업, 선거당선, 합격기쁨
申時	매사 불성사, 도망은 吉, 도적손실, 재액
酉時	자식문제, 남편실직, 손재수, 함정음모
戌時	가출건, 급병자, 산소문제, 종교문제 ⊗
亥時	여자는 해롭고, 사기 도난, 손재, 이별수

오늘 행운 복권 운세

복권사면 좋은 띠는 용띠 ⑤⑩⑳
행운복권방은 집에서 동남쪽에 있는곳

申子辰生	북쪽문을 피하고, 서남쪽으로 이사하면 안 된다. 재수가 없고, 하는 일마다 꼬이고, 病苦 질병발생. 바람기 발동.
巳酉丑生	서쪽문을 피하고, 동남쪽으로 이사하면 안 된다. 재수가 없고, 하는 일마다 꼬이고, 病苦 질병발생. 바람기 발동.
寅午戌生	남쪽문을 피하고, 북동쪽으로 이사하면 안 된다. 재수가 없고, 하는 일마다 꼬이고, 病苦 질병발생. 바람기 발동.
亥卯未生	동쪽문을 피하고, 서북쪽으로 이사하면 안 된다. 재수가 없고, 하는 일마다 꼬이고, 病苦 질병발생. 바람기 발동.

운세풀이

子띠:이동수,우왕좌왕, 弱점 다툼	卯띠: 점점 일이 꼬임, 관재구설	午띠:최고운상승세, 두마음	酉띠: 만남,결실,화합,문서
丑띠:매사불편, 방해자,배신	辰띠:귀인상봉, 금전이득, 현금	未띠: 의욕과다, 스트레스큼	戌띠:이동수,이별수,변동 움직임
寅띠:해결신,시험합격, 풀림	巳띠: 매사꼬임,과거고생, 질병	申띠: 시급한 일, 뜻대로 안됨	亥띠: 빈주머니,걱정근심,사기

서기 2026年 단기 4359年 불기 2570年	丙午年	양력 12月 11日		음력 11月 03日		금요일	

구성月반			구성日반		
6	2P	4	4	9	2
5	7	9A	3	5	7
1	3	8	8P	1	6

乙	甲	癸	壬	辛	庚	己	戊	丁	丙	乙	甲
亥	戌	酉	申	未	午	巳	辰	卯	寅	丑	子
태	양	생	욕	관	록	왕	쇠	병	사	묘	절

時	日	年
己	庚	丙
未	子	午

지장간	손방위	吉方	凶方
壬	남쪽	正東	正西

狗狼星 구랑성	☵	수산건	절체절명, 옴츠려듬, 난감 시련어려움 이연속됨, 중지하고 퇴진
井 물가	☶		

三甲순	육갑납음	대장군방	조객방	삼살방	상문방	세파방	오늘생극	오늘상충	오늘원진	오늘상천	오늘상파	황도길흉	28수성	건제12신	九星	결혼주당	이사주당	안장주당	복단일	오늘吉神	오늘吉神	오늘神殺	육도환생처	축원인도불	오늘기도德	금일지옥명
病甲	天上火	卯正東方	辰東南方	子正北方	申西南方	子正北方	專전	丑 36	子 미움	子 중단	戌 깨짐	구진흑도	亢항	危위	五黃	堂당	天천	손자	-	요안*용덕	월해일	도화·월살	불도	석가여래	대세지보살	암흑지옥

칠성기도일	산신축원일	용왕축원일	조왕하강일	나한하강일	불공 제의식 吉한 행사일							吉凶 길흉 大小 일반 행사일														
					천도재	신굿	재수굿	용왕굿	조왕굿	병굿	고사	결혼	입학	투자	계약	등산	여행	이사	합방	이장	점안식	개업준공	신축상량	수술·침	서류제출	직원채용
◎	×	×	×	×	×	◎	◎	◎	◎	◎	◎	×	×	×	×	◎	◎	×	×	×	◎	◎	×	×	◎	×

당일 래정법

巳時 에 온사람은 금전차용문제, 사업문제, 자식문제, 관직취직사, 속전속결이 유리

午時 에 온사람 자식문제, 우환질병 운이 단단히 꼬여있음, 동업파탄 관재구설

未時 에 온사람은 사업 동업하려 급전차용문제, 문서도장조심, 기도요망

申時 온 사람은 가내우환, 뭔가 하고싶어서 왔다. 금전손실 취업문제, 친구형제간 배신수, 관재수

酉時 온 사람은 골치 아픈일, 형제동업자간 배신, 바람기, 불륜, 시비투쟁, 급속정리해야함, 청춘귀

戌時 온 사람은 자식문제, 문서구입, 화합운, 결혼, 재혼, 경조사, 애정사, 궁합, 개업, 하극상 배신, 원행불리

필히 피해야 할일 작명, 아호짓기 • 상호짓기 • 간판달기 • 항공주의 • 동물들이기 • 출행 • 창고개방 • 문서파기

백초귀장술의 오늘에 초사언

시간 점占	己未공망-子丑
子時	질병침투, 금전융통, 상업변동 색정사
丑時	질병침투, 적 침범사, 재물도난, 가출사
寅時	가출자, 실직문제, 사망자, 산소문제
卯時	질병위급, 관청문제, 동분서주 색정사
辰時	금전도난손재, 금전융통 안됨, 부인 흉사
巳時	사업흥성, 금전이득, 만사길조, 수상기쁨
午時	매사 불성사, 우환질병, 음란 색정사 자식
未時	금전사기유의, 여자문제, 우환질병 수술
申時	금전손재수, 자식문제, 극처사, 색정사
酉時	질병침투, 봉사활동, 자식문제, 가출도주
戌時	질병재앙, 부인문제, 관직변화변동
亥時	금전융통문제, 가출사, 질병침투, 삼각관계

오늘 행운 복권 운세

복권사면 좋은 띠는 **뱀띠** ⑦⑰27

행운복권방은 집에서 **남동쪽**에 있는곳

申子辰生	북쪽문을 피하고, 서남쪽으로 이사하면 안 된다. 재수가 없고, 하는 일마다 꼬이고, 病苦질병발생. 바람기 발동.
巳酉丑生	서쪽문을 피하고, 동남쪽으로 이사하면 안 된다. 재수가 없고, 하는 일마다 꼬이고, 病苦질병발생. 바람기 발동.
寅午戌生	남쪽문을 피하고, 북동쪽으로 이사하면 안 된다. 재수가 없고, 하는 일마다 꼬이고, 病苦질병발생. 바람기 발동.
亥卯未生	동쪽문을 피하고, 서북쪽으로 이사하면 안 된다. 재수가 없고, 하는 일마다 꼬이고, 病苦질병발생. 바람기 발동.

운세풀이

丑띠:이동수,우왕좌왕, 弱弱 다툼	辰띠: 점점 일이 꼬임, 관재구설	未띠:최고운상승세, 두마음	戌띠: 만남,결실,화합,문서
寅띠:매사불편, 방해자,배신	巳띠:귀인상봉, 금전이득, 현금	申띠: 의욕과다, 스트레스큼	亥띠:이동수,이별수,변동 움직임
卯띠:해결신,시험합격, 풀림	午띠: 매사꼬임,과거고생, 질병	酉띠: 시급한 일, 뜻대로 안됨	子띠: 빈주머니,걱정근심,사기

12월

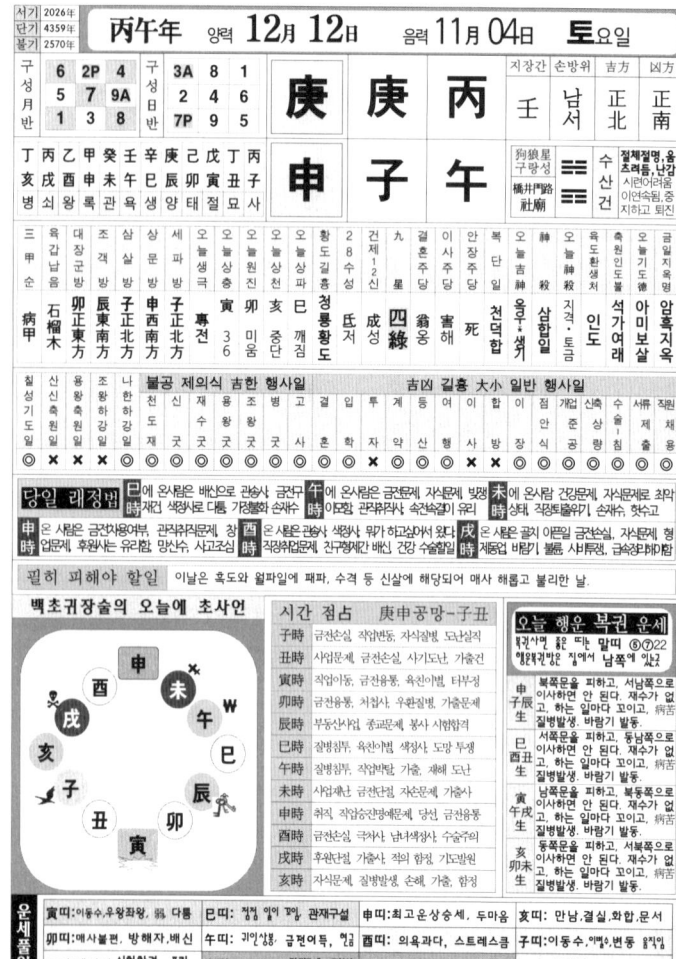

서기	2026年
단기	4359年
불기	2570年

丙午年 양력 12月 12日 음력 11月 04日 토요일

구성月반			구성日반		
6	2P	4	3A	8	1
5	7	9A	2	4	6
1	3	8	7P	9	5

時	日	月	年
庚	庚	庚	丙
申	申	子	午

지장간	손방위	吉方	凶方
壬	남서	正北	正南

狗狼星 구랑성	橋井門路 社廟

☵ ☶ 수산건 — **절체절명, 움츠려듬, 난감** 시련어려움이연속됨, 중지하고 퇴진

丁亥	丙戌	乙酉	甲申	癸未	壬午	辛巳	庚辰	己卯	戊寅	丁丑	丙子
병	쇠	왕	록	관	욕	생	양	태	절	묘	사

三甲순	육갑납음	대장군방	조객방	삼살방	상문방	세파방	오늘생극	오늘상충	오늘원진	오늘상천	오늘상파	황도길흉	28수성
病甲	石榴木	卯正東方	辰東南方	子正北方	申西南方	子正北方	專전	寅 36	卯 미움	亥 중단	巳 깨짐	청룡황도	氐저

건제12신	九星	결혼주당	이사주당	안장주당	복단일	오늘吉神	神殺	오늘神殺	육도환생처	축원인도불	오늘기도德	금일지옥명
成성	四綠	翁옹	害해	死	천덕합	옥우*생기	삼합일	지격·토금	인도	석가여래	아미보살	암흑지옥

칠성기도일	산신축원일	용왕축원일	조왕하강일	나한하강일	천도재	신굿	재수굿	용왕굿	조왕굿	병굿	고사	결혼	입학
◎	×	×	×	◎	◎	◎	◎	◎	◎	◎	◎	◎	◎

불공 제의식 吉한 행사일 (천도재 ~ 고사) / 吉凶 길흉 大小 일반 행사일 (결혼 ~ 직원채용)

투자	계약	등산	여행	이사	합방	이장	점안식	개업준공	신축상량	수술-침	서류제출	직원채용
×	◎	◎	◎	×	×	◎	◎	◎	◎	◎	◎	◎

당일 래정법

巳時에 온사람은 배신으로 관송사, 금전구재건, 색정사로 다툼, 가정불화 손재수

午時에 온사람은 금전문제, 자식문제, 빚쟁이모함, 관직취직사, 속전속결이 유리

未時에 온사람 건강문제, 자식문제로 최악상태, 직장퇴출위기, 손재수, 헛수고

申時 온 사람은 금전차용여부, 관직취직문제, 창업문제, 후원사는 유리함, 망신수, 사고조심

酉時 온 사람은 관송사, 색정사, 뭐가 하고싶어서 왔다, 직장취업문제, 친구형제간 배신, 건강 수술할일

戌時 온 사람은 골치 아픈일 금전손실, 자식문제, 형제동업, 바람기, 불륜, 시비투쟁, 급속정리해야함

필히 피해야 할일 이날은 흑도와 월파일에 패파, 수격 등 신살에 해당되어 매사 해롭고 불리한 날.

백초귀장술의 오늘에 초사언

시간 점占	庚申공망-子丑
子時	금전손실, 직업변동, 자식질병, 도난실직
丑時	사업문제, 금전손실, 사기도난, 가출건
寅時	직업이동, 금전융통, 육친이별, 터부정
卯時	금전융통, 처첩사, 우환질병, 가출문제
辰時	부동산사업, 종교문제, 봉사 시험합격
巳時	질병침투, 육친이별, 색정사, 도망 투쟁
午時	질병침투, 직업박탈, 가출, 재해 도난
未時	사업재난, 금전단절, 자손문제, 가출사
申時	취직, 직업승진명예문제, 당선, 금전융통
酉時	금전손실, 극처사, 남녀색정사, 수술주의
戌時	후원단절, 가출사, 적의 함정, 기도발원
亥時	자식문제, 질병발생, 손해, 가출, 함정

오늘 행운 복권 운세

복권사면 좋은 띠는 **말띠** ⑤⑦22
행운복권방은 집에서 **남쪽**에 있는곳

申子辰生	북쪽문을 피하고, 서남쪽으로 이사하면 안 된다. 재수가 없고, 하는 일마다 꼬이고, 病苦 질병발생. 바람기 발동.
巳酉丑生	서쪽문을 피하고, 동남쪽으로 이사하면 안 된다. 재수가 없고, 하는 일마다 꼬이고, 病苦 질병발생. 바람기 발동.
寅午戌生	남쪽문을 피하고, 북동쪽으로 이사하면 안 된다. 재수가 없고, 하는 일마다 꼬이고, 病苦 질병발생. 바람기 발동.
亥卯未生	동쪽문을 피하고, 서북쪽으로 이사하면 안 된다. 재수가 없고, 하는 일마다 꼬이고, 病苦 질병발생. 바람기 발동.

운세풀이

寅띠:이동수,우왕좌왕, 弱, 다툼	巳띠: 점점 일이 꼬임, 관재구설	申띠:최고운상승세, 두마음	亥띠: 만남,결실,화합,문서
卯띠:매사불편, 방해자,배신	午띠: 귀인상봉, 금전어득, 현금	酉띠: 의욕과다, 스트레스큼	子띠:이동수,이별수,변동 움직임
辰띠:해결신,시험합격, 풀림	未띠: 매사꼬임,과거고생, 질병	戌띠: 시급한 일, 뜻대로 안됨	丑띠: 빈주머니,걱정근심,사기

서기	2026年
단기	4359年
불기	2570年

丙午年 양력 12月 13日 음력 11月 05日 일요일

구성月반				구성日반			
	6	2P	4		2	7	9
	5	7	9A		1AP	3	5
	1	3	8		6	8	4

時	日	月	年
辛	庚	丙	
酉	子	午	

지장간	순방위	吉方	凶方
壬	서쪽	正西	正東

狗狼星 구랑성	수산건	절체절명, 움츠려듬, 난감 시련어려움 이연속됨, 중지하고 퇴진
午方 남쪽		

己	戊	丁	丙	乙	甲	癸	壬	辛	庚	己	戊
亥	戌	酉	申	未	午	巳	辰	卯	寅	丑	子
욕	관	록	왕	쇠	병	사	묘	절	태	양	생

三甲순	육갑납음	대장군방	조객방	삼살방	상문방	세파방	오늘생극	오늘상충	오늘원진	오늘상천	오늘상파	황도길흉	28수성	건제12신	九星	결혼주당	이사주당	안장주당	복단일	神殺	神殺	오늘神殺	육도환생처	축원인도불	오늘기도德	금일지옥명
病甲	石榴木	卯正東方	辰東南方	子正北方	申西南方	子正北方	專전	卯 36	寅 미움	戌 중단	子 깨짐	명당황도	房방	收수	三碧	第제	殺살	여자	월기일	금당*복덕	하괴·대시	지파·함지	귀도	석가여래	관음보살	암흑지옥

칠성기도일	산신축원일	용왕축원일	조왕하강일	나한하강일	불공 제의식 吉한 행사일							吉凶 길흉 大小 일반 행사일														
					천도재	신굿	재수굿	용왕굿	조왕굿	병굿	고사	결혼	입학	투자	계약	등산	여행	이사	합방	이장	점안식	개업준공	신축상량	수술-침	서류제출	직원채용
◎	◎	◎	◎	◎	◎	◎	◎	◎	◎	◎	◎	◎	◎	◎	◎	◎	◎	×	×	◎	◎	◎	◎	◎	◎	×

당일 래정법

巳時에 온사람은 하가 해결할 문제, 합격여부, 동업투자여부, 돈차용문제, 재혼은 굳

午時에 온사람은 금전문제, 형제문제, 색정사로 다툼, 여자로 큰 손실, 가까운배신

未時에 온사람 금전문제, 사업문제, 딸자식문제, 관직취직사, 시비다툼 관송사

申時 온 사람은 질병우환건강, 관재구설로 운이 단단히 꼬여있음, 취업 승진문제, 남자로 손재수

酉時 온 사람은 두가지 문제 갈등사, 하극상 손윗사람 배신, 새로운 일시작 진행함이 좋다. 우환질병

戌時 온 사람은 의욕과다, 뭐가 하고싶어서 왔다. 직장 취업문제, 친구 형제에게 손실 배신 당할 수.

필히 피해야 할일

새집들이 • 장담그기 • 항공주의 • 승선 • 낚시 • 어로작업 • 요트타기 • 위험놀이기구

백초귀장술의 오늘에 초사언

시간 점占 辛酉공망-子丑

子時	자선사업, 봉사활동, 자식사, 임신가능
丑時	자식시험문제, 손재수, 가출사건, 질병위급
寅時	사기도난, 파재, 손실사, 색정사, 가출
卯時	질병침투, 실직, 금전손실, 적 침범사
辰時	금전융통, 타인과 다툼, 배신, 음모, 불륜
巳時	직장승진, 명예입신, 응모당선, 취직가능
午時	매사 불성, 남녀색정사, 우환질병, 실직
未時	자선사업, 구재이득, 귀인상봉, 도망사건
申時	재물손실, 사업파산, 극처사, 재해, 도난
酉時	직장승진, 금전암손, 부인문제, 가출사건
戌時	금전손실, 사업확장 금지, 질병근심, 변심
亥時	가내재앙, 자손근심, 실직문제, 처를 극

오늘 행운 복권 운세

복권사면 좋은 띠는 **양띠** ⑤⑩25
행운복권방은 집에서 **남서쪽**에 있는곳

申子辰生	북쪽문을 피하고, 서남쪽으로 이사하면 안 된다. 재수가 없고, 하는 일마다 꼬이고, 病苦 질병발생. 바람기 발동.
巳酉丑生	서쪽문을 피하고, 동남쪽으로 이사하면 안 된다. 재수가 없고, 하는 일마다 꼬이고, 病苦 질병발생. 바람기 발동.
寅午戌生	남쪽문을 피하고, 북동쪽으로 이사하면 안 된다. 재수가 없고, 하는 일마다 꼬이고, 病苦 질병발생. 바람기 발동.
亥卯未生	동쪽문을 피하고, 서북쪽으로 이사하면 안 된다. 재수가 없고, 하는 일마다 꼬이고, 病苦 질병발생. 바람기 발동.

운세풀이

卯띠: 이동수, 우왕좌왕, 弱, 다툼	午띠: 점점 일이 꼬임, 관재구설	酉띠: 최고운상승세, 두마음	子띠: 만남, 결실, 화합, 문서
辰띠: 매사불편, 방해자, 배신	未띠: 귀인상봉, 금전이득, 현금	戌띠: 의욕과다, 스트레스큼	丑띠: 이동수, 이별수, 변동 움직임
巳띠: 해결신, 시험합격, 풀림	申띠: 매사꼬임, 과거고생, 질병	亥띠: 시급한 일, 뜻대로 안됨	寅띠: 빈주머니, 걱정근심, 사기

서기	2026年
단기	4359年
불기	2570年

丙午年 양력 12月 14日 음력 11月 06日 월요일

구성월반				구성일반			
	6	2P	4		1P	6	8A
	5	7	9A		9	2	4
	1	3	8		5	7	3

時	日	月
壬	庚	丙
戌	子	午

지장간	손방위	吉方	凶方
壬	서북	正南	正北

辛	庚	己	戊	丁	丙	乙	甲	癸	壬	辛	庚
亥	戌	酉	申	未	午	巳	辰	卯	寅	丑	子
록	관	욕	생	양	태	절	묘	사	병	쇠	왕

狗狼星 구랑성	괘	괘명	풀이
寺觀 절사관	☶ ☵	수산건	**절체절명, 움츠려듬, 난감** 시련어려움 이연속됨, 중지하고 퇴진

三甲순	육갑납음	대장군방	조객방	삼살방	상문방	세파방	오늘생극	오늘상충	오늘원진	오늘상천	오늘상파	황도길흉	28수성	건제12신	九星	결혼주당	이사주당	안장주당	복단일	오늘吉神	神殺	오늘神殺	육도환생처	축원인도불	오늘기도德	금일지옥명
病甲	大海水	卯正東方	辰東南方	子正北方	申西南方	子正北方	伐벌	辰 36	巳 미움	酉 중단	未 깨짐	천형흑도	心심	開개	二黑	竈조	富부	어머니	-	천귀*지창	-	왕망·구공	축도	석가여래	미륵보살	암흑지옥

칠성기도일	산신축원일	용왕축원일	조왕하강일	나한하강일	천도재	신굿	재수굿	용왕굿	조왕굿	병굿	고사	결혼	입학	투자	계약	등산	여행	이사	합방	이장	점안식	개업준공	신축상량	수술-침	서류제출	직원채용
×	×	×	◎	◎	◎	◎	◎	×	◎	◎	◎	×	×	×	×	◎	◎	×	×	×	×	×	×	◎	◎	×

(천도재~고사: 불공 제의식 吉한 행사일 / 결혼~직원채용: 吉凶 길흉 大小 일반 행사일)

당일 래정법

巳時에 온사람은 방해자, 배신사, 직장취업건, 매사 지체불리함 창업은 불리

午時에 온사람은 가정불화 문제, 친정식구, 합격여부, 금전투자여부, 직장문제,동업

未時에 온사람 금전구재건, 색정사로 인한 구설수 다툼, 억울한 일 매사불성 지체

申時 온 사람은 금전문제, 사업문제, 관직취직문제, 자식문제, 경조사화합사, 속전속결이 유리

酉時 온 사람은 건강문제, 관재구설로 운이 단단히 꼬여있음, 딸자녀문제, 남자문제, 손재수, 지체

戌時 온 사람은 갖고싶은 욕구 강함, 금전투자, 새로운 일시작 진행함이 좋다. 우환질병, 선산이장건

필히 피해야 할일

소장제출 • 항소 • 승선 • 낚시 • 어로작업 • 싱크대교체 • 애완동물들이기 • 지붕덮기 • 도축 • 방류

백초귀장술의 오늘에 초사언

시간 점占 壬戌공망-子丑

子時	금전 암손, 부인문제, 우환질병, 색정사
丑時	직업권리, 취업, 구재이득, 부부화합사
寅時	적의 침범사, 질병위급, 가출사, 도망사
卯時	질병침투, 남녀색정사, 금전융통, 호색
辰時	관재 병재로 불길, 적침사, 부하도주, 가출
巳時	금전융통 재물손실, 여자 망신실수 탄로
午時	금전융통, 처첩사, 금전다툼, 가출사
未時	직장문제, 원한발생, 삼각관계, 관刑
申時	신규사업, 가출건, 도난주의, 원행 이동배신
酉時	파이사발생, 파산, 재물손실, 질병우환
戌時	금전암손, 질병침투, 여자관련, 부부배신
亥時	직장승진, 명예입신, 응모당선, 가출사건

오늘 행운 복권 운세

복권사면 좋은 띠는 원숭띠 ⑨19, 29
행운복권방은 집에서 서남쪽에 있는곳

申子辰生	북쪽문을 피하고, 서남쪽으로 이사하면 안 된다. 재수가 없고, 하는 일마다 꼬이고, 病苦 질병발생. 바람기 발동.
巳酉丑生	서쪽문을 피하고, 동남쪽으로 이사하면 안 된다. 재수가 없고, 하는 일마다 꼬이고, 病苦 질병발생. 바람기 발동.
寅午戌生	남쪽문을 피하고, 북동쪽으로 이사하면 안 된다. 재수가 없고, 하는 일마다 꼬이고, 病苦 질병발생. 바람기 발동.
亥卯未生	동쪽문을 피하고, 서북쪽으로 이사하면 안 된다. 재수가 없고, 하는 일마다 꼬이고, 病苦 질병발생. 바람기 발동.

운세풀이

辰띠:이동수,우왕좌왕, 弱 다툼	未띠: 점점 일이 꼬임, 관재구설	戌띠:최고운상승세, 두마음	丑띠: 만남,결실,화합,문서
巳띠:매사불편, 방해자,배신	申띠: 귀인상봉, 금전이득, 현금	亥띠: 의욕과다, 스트레스큼	寅띠:이동수,이별수,변동 움직임
午띠:해결신,시험합격, 풀림	酉띠: 매사꼬임,과거고생, 질병	子띠: 시급한 일, 뜻대로 안됨	卯띠: 빈주머니,걱정근심,사기

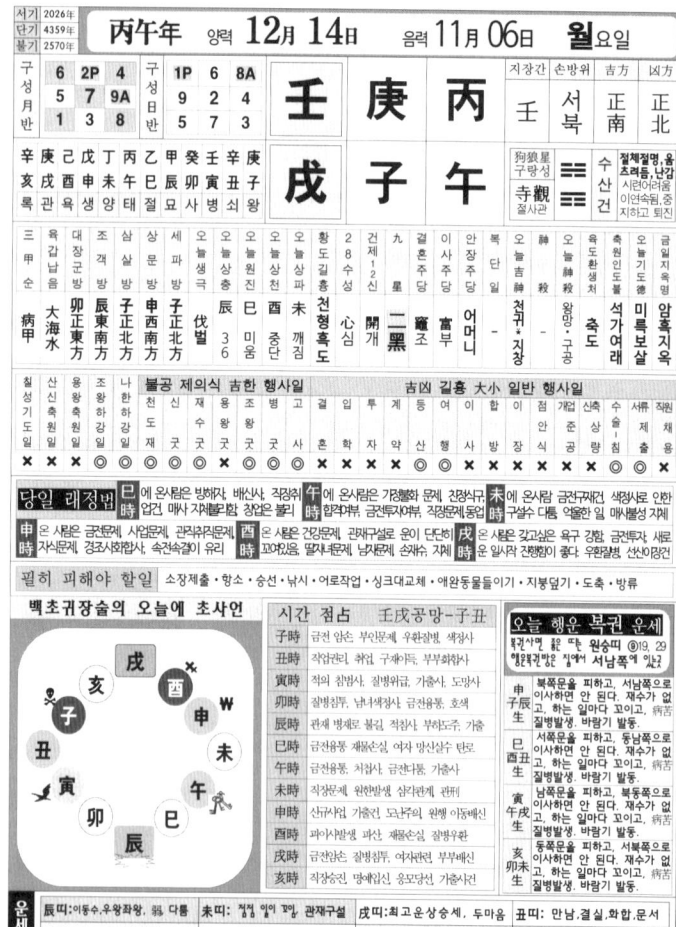

서기	2026年	
단기	4359年	
불기	2570年	

丙午年 양력 12月 15日 음력 11月 07日 화요일

구성月반				구성日반			
	6	2P	4		9P	5	7
	5	7	9A		8	1	3
	1	3	8		4	6A	2

癸	庚	丙
亥	子	午

지장간	손방위	吉方	凶方
壬	북쪽	正東	正西

癸	壬	辛	庚	己	戊	丁	丙	乙	甲	癸	壬
亥	戌	酉	申	未	午	巳	辰	卯	寅	丑	子
왕	쇠	병	사	묘	절	태	양	생	욕	관	록

狗狼星 구랑성 船巳方 배남동간 ☶ ☳ 산뢰이 분쟁구설발생 복잡한난관봉착 도움없이는 불가능, 수양, 실력보충할때

三甲순	육갑납음	대장군방	조객방	삼살방	상문방	세파방	오늘생극	오늘상충	오늘원진	오늘상천	오늘상파	황도길흉	28수성	건제12신	九星	결혼주당	이사주당	안장주당	복단일	오늘吉神	오늘吉神	오늘神殺	육도환생처	축원인도불	오늘기도德	금일지옥명
病甲	大海水	卯正東方	辰東南方	子正北方	申西南方	子正北方	專전	巳 36	辰 미움	申 중단	寅 깨짐	주작흑도	尾미	閉폐	一白	婦부	師사	며느리	천의대사	천귀*왕일	사격·유화	혈지·병부	옥도	석가여래	여래보살	암흑지옥

칠성기도일	산신축원일	용왕축원일	조왕하강일	나한하강일	불공 제의식 吉한 행사일: 천도재	신굿	재수굿	용왕굿	조왕굿	병굿	고사	吉凶 길흉 大小 일반 행사일: 결혼	입학	투자	계약	등산	여행	이사	합방	이장	점안식	개업준공	신축상량	수술-침	서류제출	직원채용
◎	×	×	◎	◎	◎	◎	×	×	◎	×	◎	×	×	×	×	◎	◎	×	×	×	×	×	×	◎	×	×

당일 래정법

巳時에 온사람은 형제 자식문제, 직장변동수, 터부정 금전사기 동업다툼 관재구설
午時에 온사람은 집안우환질병 망신살 방해자, 배신사, 금전문제, 색정사건
未時에 온사람 금전문제, 허가 해결할 문제, 주식투자여부, 직장문제, 문서매매건
申時온 사람은 금전차용문제, 실직문제, 취업시험 불리, 색정사, 억울한 일, 파재, 매사불성사
酉時온 사람은 금전문제, 사업계약문제, 관직취직사, 취업 시험 승진 조건맞으면 이득발생함
戌時온 사람은 건강문제, 형제 친구 동료로 인한부정, 하극상 배신사, 동기간암투, 손재수, 헛수고

필히 피해야 할일 소장제출 · 항소 · 질병치료 · 도로정비 · 문 만들기 · 산소행사 · 뗏장 입히기 · 흙 파는일

백초귀장술의 오늘에 초사언

시간 점占	癸亥공망-子丑
子時	남녀색정사, 직업권리, 취업, 금전손실
丑時	적의 침범사, 질병위급, 이별사, 수술재앙
寅時	자손사, 직업변동, 가출문제, 화류계 탄로
卯時	자식문제, 신규불길, 여행조심, 관재불길
辰時	관청일, 직업문제, 남편재해 도망, 가출
巳時	이동사, 적침사, 질병침투, 터부정 가출사
午時	금전융통, 사업문제, 여자문제, 부부배신
未時	부모효도, 금전다툼, 적침범, 가출사
申時	재물손실, 우환질병, 도난, 상해, 손모사
酉時	금전후원융통가능, 질병재앙, 가출 도주
戌時	관청권리박탈, 남편실탈, 질병고통, 관재
亥時	금전암신, 극처사, 파산, 죽음, 자식 흉액

오늘 행운 복권 운세

복권사면 좋은 띠는 닭띠 ④⑨ 24, 행운복권방은 집에서 서쪽에 있는곳

申子辰生	북쪽문을 피하고, 서남쪽으로 이사하면 안 된다. 재수가 없고, 하는 일마다 꼬이고, 病苦 질병발생. 바람기 발동.
巳酉丑生	서쪽문을 피하고, 동남쪽으로 이사하면 안 된다. 재수가 없고, 하는 일마다 꼬이고, 病苦 질병발생. 바람기 발동.
寅午戌生	남쪽문을 피하고, 북동쪽으로 이사하면 안 된다. 재수가 없고, 하는 일마다 꼬이고, 病苦 질병발생. 바람기 발동.
亥卯未生	동쪽문을 피하고, 서북쪽으로 이사하면 안 된다. 재수가 없고, 하는 일마다 꼬이고, 病苦 질병발생. 바람기 발동.

운세풀이

巳띠:이동수,우왕좌왕, 弱 다툼	申띠: 점점 일이 꼬임, 관재구설	亥띠:최고운상승세, 두마음	寅띠: 만남,결실,화합,문서
午띠:매사불편, 방해자,배신	酉띠: 귀인상봉, 금전이득, 현금	子띠: 의욕과다, 스트레스큼	卯띠:이동수,이별수,변동 움직임
未띠:해결신,시험합격, 풀림	戌띠: 매사꼬임,과거고생, 질병	丑띠: 시급한 일, 뜻대로 안됨	辰띠: 빈주머니,걱정근심,사기

12월

서기	2026年
단기	4359年
불기	2570年

丙午年 양력 12月 16日 음력 11月 08日 수요일 陽遁上元

구성월반			구성일반			時	日	月
6	2P	4	9	5P	7	甲	庚	丙
5	7	9A	8	1	3	子	子	午
1	3	8	4	6A	2			

지장간	손방위	吉方	凶方
壬	북동	正北	正南

乙	甲	癸	壬	辛	庚	己	戊	丁	丙	乙	甲
亥	戌	酉	申	未	午	巳	辰	卯	寅	丑	子
생	양	태	절	묘	사	병	쇠	왕	록	관	욕

狗狼星 구랑성	社廟 사당묘	산뢰이	분쟁구설발생 복잡한난관봉착 도움없이는 불가능, 수양, 실력보충할때

三甲순	육갑납음	대장군방	조객방	삼살방	상문방	세파방	오늘생극	오늘상충	오늘원진	오늘상천	오늘상파	황도길흉	28수성	건제12신	九星	결혼주당	이사주당	안장주당	오늘吉神	천구하식	神殺	오늘神殺	육도환생처	축원인도불	오늘기도德	금일지옥명
生甲	海中金	卯正東方	辰東南方	子正北方	申西南方	子正北方	義의	午 36	未 미움	未 중단	酉 깨짐	금궤황도	箕기	建건	一白	廚주	災재	손님	-	월은*관일	-	지화·월건	천도	아미타불	아미보살	검수지옥

칠성기도일	산신축원일	용왕축원일	조왕하강일	나한하강일	불공 제의식 吉한 행사일: 천도재	신굿	재수굿	용왕굿	조왕굿	병굿	고사	吉凶 길흉 大小 일반 행사일: 결혼	입학	투자	계약	등산	여행	이사	합방	이장	점안식	개업준공	신축상량	수술-침	서류제출	직원채용
◎	◎	×	◎	◎	◎	◎	◎	◎	◎	◎	◎	◎	◎	×	×	◎	◎	×	◎	×	◎	◎	◎	◎	◎	◎

당일 래정법

巳時에 온사람은 자식문제, 실업자, 빈주머니, 헛 공사, 보이스피싱사기가 모는사
午時에 온사람은 남녀간 배신사, 이동변동수, 터부정, 관재구설, 차사고
未時에 온사람은 직장취업문제, 방해자, 배신사, 매사 지체불리함, 창업은 불리함.
申時온 사람은 관송사 급처리문제, 처음엔 해결되는 듯하나 후에 불리함. 시험은 합격되고 취업승진가능
酉時온 사람은 딸자식문제, 억울한일 외정색정사, 불륜사 문제, 관재로 발전 금전문제 취직문제
戌時온 사람은 금전문제, 사업문제, 주식투자문제, 부동산거래, 재물구재사, 여자회합건, 돈은 들어오나 곧나감

필히 피해야 할일 신상출고 · 제품제작 · 창고개방 · 옷재단 · 입주 · 건축증개축 · 흙 다루고 땅 파는 일

백초귀장술의 오늘에 초사언

시간 점占 甲子공망-戌亥

子時	금전암손 여자일, 부모나 윗사람 질병발생
丑時	금전융통, 사업계획, 질병유발, 도난
寅時	관직 직장실직, 금전고통, 원한 喪
卯時	관직 승전문제, 금전 부인문제, 수술주의
辰時	매사불성사, 가출사, 금전손실, 재해 이사
巳時	매사불성, 자식문제, 사기 도난 파재 실직
午時	적 침범사, 질병침투, 가출사, 실직사, 화재
未時	사업손실, 취업청탁, 방해자, 구재불가
申時	음란색정사, 질병침투 수술, 관재 이별
酉時	금전갈취 도주, 색정사, 처첩, 가출 함정
戌時	금전문제, 상업문제, 여자문제, 질병유발
亥時	재물손실, 질병침투, 가출, 탄로 음모 망신

오늘 행운 복권 운세

복권사면 좋은 띠는 **개띠** ⑩⑳ 30
행운복권방은 집에서 **서북쪽**에 있는곳

申子辰生	북쪽문을 피하고, 서남쪽으로 이사하면 안 된다. 재수가 없고, 하는 일마다 꼬이고, 病苦 질병발생. 바람기 발동.
巳酉丑生	서쪽문을 피하고, 동남쪽으로 이사하면 안 된다. 재수가 없고, 하는 일마다 꼬이고, 病苦 질병발생. 바람기 발동.
寅午戌生	남쪽문을 피하고, 북동쪽으로 이사하면 안 된다. 재수가 없고, 하는 일마다 꼬이고, 病苦 질병발생. 바람기 발동.
亥卯未生	동쪽문을 피하고, 서북쪽으로 이사하면 안 된다. 재수가 없고, 하는 일마다 꼬이고, 病苦 질병발생. 바람기 발동.

운세풀이

午띠:이동수,우왕좌왕, 弱, 다툼	酉띠: 점점 일이 꼬임, 관재구설	子띠:최고운상승세, 두마음	卯띠: 만남,결실,화합,문서
未띠:매사불편, 방해자,배신	戌띠:귀인상봉, 금전이득, 현금	丑띠: 의욕과다, 스트레스큼	辰띠:이동수,이별수,변동 움직임
申띠:해결신,시험합격, 풀림	亥띠: 매사꼬임,과거고생, 질병	寅띠: 시급한 일, 뜻대로 안됨	巳띠: 빈주머니,걱정근심,사기

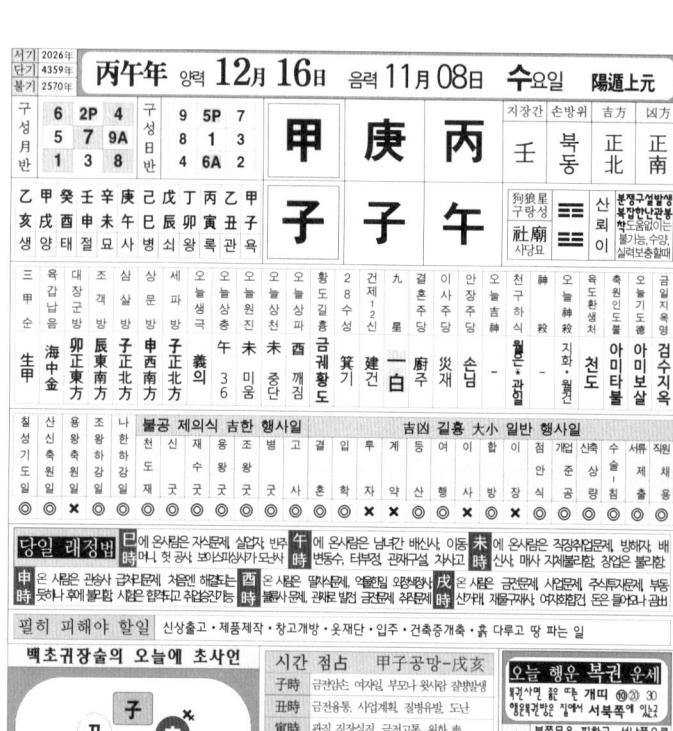

서기	2026年
단기	4359年
불기	2570年

丙午年 양력 12月 17日 음력 11月 09日 목요일

구성월반			
	6	2P	4
	5	7	9A
	1	3	8

구성일반			
	1	6	8AP
	9	2	4
	5	7	3

乙	庚	丙
丑	子	午

지장간	손방위	吉方	凶方
癸	無	正西	正東

丁	丙	乙	甲	癸	壬	辛	庚	己	戊	丁	丙
亥	戌	酉	申	未	午	巳	辰	卯	寅	丑	子
사	묘	절	태	양	생	욕	관	록	왕	쇠	병

狗狼星 구랑성	☰	산뢰이	분쟁구설발생 복잡한난관봉착도움없이는 불가능, 수양, 실력보충할때
廚 주방	☷		

三甲순	육갑납음	대장군방	조객방	삼살방	상문방	세파방	오늘생극	오늘상충	오늘원진	오늘상천	오늘상파	황도길흉	28수성	건제12신	九星	결혼주당	이사주당	안장주당	오늘吉神	대공망일	오늘神殺	오늘神殺	육도환생처	축원인도불	오늘기도德	금일지옥명
生甲	海中金	卯正東方	辰東南方	子正北方	申西南方	子正北方	制제	未 36	午 미움	午 중단	辰 깨짐	대덕황도	斗두	除제	二黑	夫부	安안	아버지	복단일	대공망일	천은*수일	오황·귀곡	천도	아미타불	보현보살	검수지옥

칠성기도일	산신축원일	용왕축원일	조왕하강일	나한하강일	불공 제의식 吉한 행사일							吉凶 길흉 大小 일반 행사일														
					천도재	신굿	재수굿	용왕굿	조왕굿	병굿	고사	결혼	입학	투자	계약	등산	여행	이사	합방	이장	점안식	개업준공	신축상량	수술-침	서류제출	직원채용
×	◎	×	◎	◎	◎	◎	◎	◎	◎	◎	◎	◎	◎	◎	◎	◎	◎	◎	◎	◎	◎	◎	◎	◎	◎	◎

당일 래정법

巳時에 온사람은 이동수 있음 이사나 직장변동, 딸자식근심, 실직위험, 이별 **午時**에 온사람은 자녀의질병, 부부불화, 빈주머니, 헛고생 금전사기·모사 **未時**에 온사람은 매매 이동변동수, 터부정, 관재구설 모함, 혈연다툼, 교통사고주의

申時온 사람은 관송사, 방해자, 배신사, 우환질병사, 남편 취업 승진문제, 차사고로 큰손재수 **酉時**온 사람은 금전 급처리문제, 색정사, 해결되는 듯하나 지체 시험합격됨 하기만은 승인 **戌時**온 사람은 하극상 배신사, 여자 외정색정사, 불륜사 문제,, 관재로 발전, 딸 문제, 취직문제

필히 피해야 할일 이날은 대공망일에 페날로서 귀기와 혈지, 멸몰 등 신살에 해당되어 매사 해롭고 불리한 날.

백초귀장술의 오늘에 초사언

시간 점占 乙丑공망-戌亥

子時	가내우환, 관재구설, 가출사, 금전융통
丑時	사업사 손재수, 여자일 질병발생, 갈취도주
寅時	도난, 파재, 손모사, 극처사, 상해
卯時	실직, 질병침투, 적 침범사, 금전손실
辰時	재물사기도난, 처첩문제, 우환질병, 수술
巳時	직장변동, 실직문제, 자식사, 이사이동吉
午時	매사 불성, 실직사, 색정사, 불화합, 손재
未時	관재 병재로 불길, 가출사, 파재, 색정사
申時	취업청탁, 재해, 도난, 방해 탄로 폭로 망신
酉時	불륜색정사, 우환질병, 가출사, 관재구설
戌時	부인근심, 금전융통, 손모사, 관 刑급발
亥時	금전문제, 사업후원, 자식 질병 死문제

오늘 행운 복권 운세

복권사면 좋은 띠는 **돼지띠** ⑪⑯31
행운복권방은 집에서 **북서쪽**에 있는곳

申子辰生	북쪽문을 피하고, 서남쪽으로 이사하면 안 된다. 재수가 없고, 하는 일마다 꼬이고, 病苦질병발생. 바람기 발동.
巳酉丑生	서쪽문을 피하고, 동남쪽으로 이사하면 안 된다. 재수가 없고, 하는 일마다 꼬이고, 病苦질병발생. 바람기 발동.
寅午戌生	남쪽문을 피하고, 북동쪽으로 이사하면 안 된다. 재수가 없고, 하는 일마다 꼬이고, 病苦질병발생. 바람기 발동.
亥卯未生	동쪽문을 피하고, 서북쪽으로 이사하면 안 된다. 재수가 없고, 하는 일마다 꼬이고, 病苦질병발생. 바람기 발동.

운세풀이

未띠:이동수,우왕좌왕, 弱 다툼	戌띠: 점점 일이 꼬임, 관재구설	丑띠:최고운상승세, 두마음	辰띠: 만남,결실,화합,문서
申띠:매사불편, 방해자,배신	亥띠:귀인상봉, 금전이득, 현금	寅띠: 의욕과다, 스트레스큼	巳띠:이동수,이별수,변동 움직임
酉띠:해결신,시험합격, 풀림	子띠: 매사꼬임,과거고생, 질병	卯띠: 시급한 일, 뜻대로 안됨	午띠: 빈주머니,걱정근심,사기

서기	2026年
단기	4359年
불기	2570年

丙午年 양력 12月 18日 음력 11月 10日 금요일

구성월반				구성일반			
	6	2P	4		2	7	9P
	5	7	9A		1A	3	5
	1	3	8		6	8	4

丙	庚	丙
寅	子	午

지장간	손방위	吉方	凶方
癸	無	正南	正北

己	戊	丁	丙	乙	甲	癸	壬	辛	庚	己	戊
亥	戌	酉	申	未	午	巳	辰	卯	寅	丑	子
절	묘	사	병	쇠	왕	록	관	욕	생	양	태

狗狼星 구랑성	괘	산뢰이	
天	☶☳	산뢰이	분쟁구설발생 복잡한난관봉착 도움없이는 불가능,수양,실력보충할때

三甲순	육갑납음	대장군방	조객방	삼살방	상문방	세파방	오늘생극	오늘상충	오늘원진	오늘상천	오늘상파	황도길흉	28수성	건제12신	九星	결혼주당	이사주당	안장주당	복단일	오늘吉神	神殺	오늘神殺	육도환생처	축원인도불	오늘기도德	금일지옥명
生甲	爐中火	卯正東方	辰東南方	子正北方	申西南方	子正北方	義의	申 36	酉 미움	巳 중단	亥 깨짐	백호흑도	牛우	滿만	三碧	姑고	利이	남자	회가제성	천은*상일	귀기·수격	오허·상문	인도	아미타불	약사보살	검수지옥

칠성기도일	산신축원일	용왕축원일	조왕하강일	나한하강일	천도재	신굿	재수굿	용왕굿	조왕굿	병굿	고사	결혼	입학	투자	계약	등산	여행	이사	합방	이장	점안식	개업준공	신축상량	수술-침	서류제출	직원채용
					불공 제의식 吉한 행사일							吉凶 길흉 大小 일반 행사일														
×	×	×	×	×	×	◎	◎	◎	◎	◎	◎	◎	◎	◎	◎	◎	◎	◎	×	◎	◎	◎	×	◎	◎	×

당일 래정법

巳時에 온사람은 문서 화합운, 결혼, 재혼 경조사, 관송사 급구속건, 금전부정의혹

午時에 온사람은 이동수 있는자, 직장변동, 사업체변동수, 해외여행, 이별수

未時에 온사람은 자식문제, 금전손재수, 직장해고, 빈주머니, 헛고생, 윗사람건, 매사불성

申時 온 사람은 하위문서, 매매 이동변동수, 여자상업사, 관재구설, 시비다툼주의, 차사고주의

酉時 온 사람은 방해자, 배신사, 남녀재혼, 취업 승진 매사지체불리함, 차사고로 손해

戌時 온 사람은 급처리문제, 묘지탈로 고미사발생 처음엔 해결되는 듯하나 후 불리함 시험 합격됨 허가건 승인됨

필히 피해야 할일 회의개최 • 구인 • 항공주의 • 주방고치기 • 동토 • 씨뿌리기 • 우물파기 • 제방쌓기 • 흙 파는일.

백초귀장술의 오늘에 초사언

시간 점占	丙寅공망-戌亥
子時	금전문제, 상업문제, 후원도움, 남편문제
丑時	매사 막히고 퇴보, 직장실직, 남편 자식
寅時	금전 암손, 여자문제, 자식사, 도난주의
卯時	윗사람 후원문제, 가출문제, 남녀색정사
辰時	자식문제, 직장실직, 시험안됨, 금전손실
巳時	직위승진, 명예, 응모당선, 금전기쁨 우환
午時	금전손실 다툼, 부인문제, 질병침투, 가출
未時	잡안잡귀침투, 자식사, 색정사, 관직 실직
申時	질병재앙, 재물손실, 가출사, 도난, 도망
酉時	금전융통, 부인흉극, 파재, 관재 배신 음모
戌時	자식문제, 직장승진, 실직문제, 금전손실
亥時	윗사람 발탁건, 다툼, 이별사, 자식 가출사

오늘 행운 복권 운세

복권사면 좋은 띠는 **쥐띠** ①⑥⑯
행운복권방은 집에서 **북쪽**에 있는곳

申子辰生	북쪽문을 피하고, 서남쪽으로 이사하면 안 된다. 재수가 없고, 하는 일마다 꼬이고, 病苦질병발생. 바람기 발동.
巳酉丑生	서쪽문을 피하고, 동남쪽으로 이사하면 안 된다. 재수가 없고, 하는 일마다 꼬이고, 病苦질병발생. 바람기 발동.
寅午戌生	남쪽문을 피하고, 북동쪽으로 이사하면 안 된다. 재수가 없고, 하는 일마다 꼬이고, 病苦질병발생. 바람기 발동.
亥卯未生	동쪽문을 피하고, 서북쪽으로 이사하면 안 된다. 재수가 없고, 하는 일마다 꼬이고, 病苦질병발생. 바람기 발동.

운세풀이

申띠:이동수,우왕좌왕, 불화, 다툼	亥띠: 점점 일이 꼬임, 관재구설	寅띠:최고운상승세, 두마음	巳띠: 만남,결실,화합,문서
酉띠:매사불편, 방해자,배신	子띠:귀인상봉, 금전이득, 현금	卯띠: 의욕과다, 스트레스큼	午띠:이동수,이별수,변동 움직임
戌띠:해결신,시험합격, 풀림	丑띠: 매사꼬임,과거고생, 질병	辰띠: 시급한 일, 뜻대로 안됨	未띠: 빈주머니,걱정근심,사기

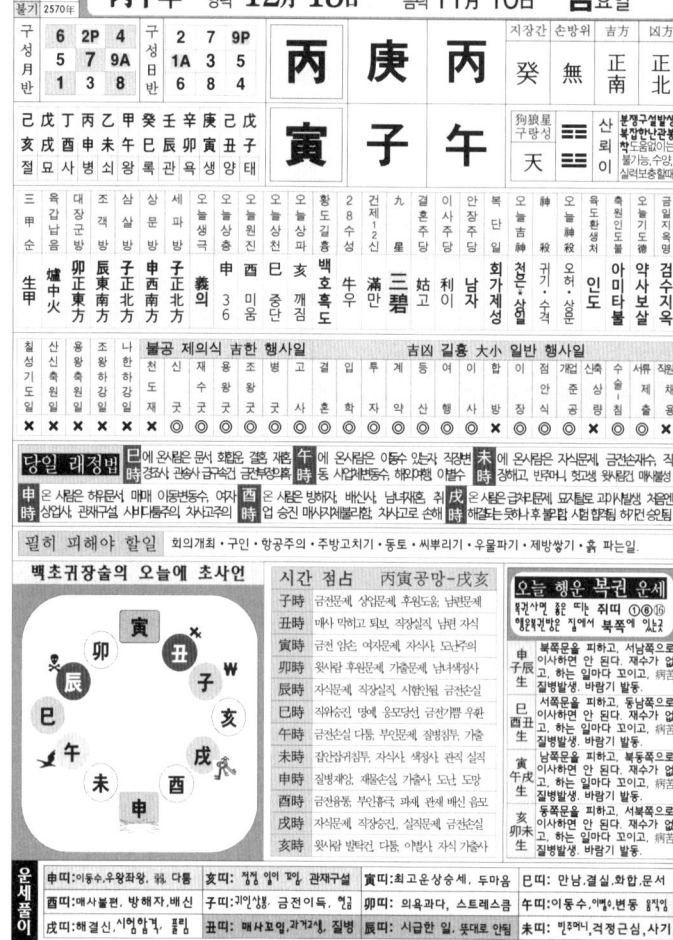

서기	2026年
단기	4359年
불기	2570年

丙午年 양력 12月 19日 음력 11月 11日 토요일

구성月반			구성日반		
6	2P	4	3A	8	1
5	7	9A	2	4	6P
1	3	8	7	9	5

時	日	月
丁	庚	丙
卯	子	午

지장간	손방위	吉方	凶方
癸	동쪽	正東	正西

辛	庚	己	戊	丁	丙	乙	甲	癸	壬	辛	庚
亥	戌	酉	申	未	午	巳	辰	卯	寅	丑	子
태	양	생	욕	관	록	왕	쇠	병	사	묘	절

狗狼星 구랑성 / 神廟道觀 後門 寅艮方

산뢰이 — 분쟁구설발생 복잡한난관봉착 도움없이는 불가능, 수양, 실력보충할때

三甲순	육갑납음	대장군방	조객방	삼살방	상문방	세파방	오늘생극	오늘상충	오늘원진	오늘상천	오늘상파	황도길흉	28수성	건제12신	九星	결혼주당	이사주당	안장주당	복단일	오늘吉神	오늘吉神	오늘神殺	육도환생처	축원인도불	오늘기도德	금일지옥명
生甲	爐中火	卯正東方	辰東南方	子正北方	申西南方	子正北方	義의	酉 36	申 미움	辰 중단	午 깨짐	옥당황도	女여	平평	四綠	堂당	天천	손자	복단일	천은*민일	월덕*탱음	수사·멸몰	귀도	아미타불	문수보살	검수지옥

칠성기도일	산신축원일	용왕축원일	조왕하강일	나한하강일	천도재	신굿	재수굿	용왕굿	조왕굿	병굿	고사	결혼	입학	투자	계약	동산	여행	이사	합방	이장	점안식	개업준공	신축상량	수술-침	서류제출	직원채용
					불공 제의식 吉한 행사일							吉凶 길흉 大小 일반 행사일														
×	◎	×	◎	◎	◎	◎	◎	◎	◎	◎	◎	◎	◎	×	×	◎	◎	×	×	×	◎	◎	×	◎	◎	×

당일 래정법

巳時 에 온사람은 골치 아픈일, 가내환자, 죽음 바람기, 불륜, 시비투쟁, 정지

午時 에 온사람은 문서 화합운, 결혼, 재혼, 경조사, 애정사, 궁합, 만남, 후원, 개업

未時 에 온사람은 이동수 있는자, 이사나 직장변동, 사업체 변동수, 여행, 이별수

申時 온 사람은 자식문제, 실업자, 문서는 허위문서, 빈주머니, 헛고생, 사기 모함 ·도난사

酉時 온 사람은 매매 이동변동수, 터부정, 관재구설, 사기, 허위문서, 시비 다툼주의, 차사고주의

戌時 온 사람은 방해자, 배신사, 직장모함, 취업 승진 매사 지체불리함, 차사고로 손재수, 암투

필히 피해야 할일 주식투자 • 사행성코인사입 • 교역 • 머리자르기 • 태아인공수정 • 새집들이 • 어로작업

백초귀장술의 오늘에 초사언

시간 점占 丁卯공망-戌亥

子時	우환질병, 음란색정사, 관재구설, 도난
丑時	자식문제, 직장실직, 금전손실, 이별사
寅時	윗사람 질병침투, 사업후원사, 불륜사 탄로
卯時	여자로부터 금전손실, 우환질병, 삼각관계
辰時	사업상 손실, 가산탕진, 직업실직, 관재수
巳時	매사 불성사, 가출건, 금전손실 다툼
午時	취업문제, 직위승진, 가정문제, 도난
未時	이동 이별수, 직업변동, 가출사, 삼각관계
申時	상해, 도난, 금전융통, 극처사, 가출사건
酉時	적의 침범사, 금전 병재로 불길, 색정사
戌時	자식문제, 실직사, 불륜색정사, 배신도망
亥時	금전문제, 자식문제, 가출사, 불륜관계

오늘 행운 복권 운세

복권사면 좋은 띠는 소띠 ②⑤⑩
행운복권방은 집에서 북동쪽에 있는곳

申子辰生	북쪽문을 피하고, 서남쪽으로 이사하면 안 된다. 재수가 없고, 하는 일마다 꼬이고, 病苦 질병발생. 바람기 발동.
巳酉丑生	서쪽문을 피하고, 동남쪽으로 이사하면 안 된다. 재수가 없고, 하는 일마다 꼬이고, 病苦 질병발생. 바람기 발동.
寅午戌生	남쪽문을 피하고, 북동쪽으로 이사하면 안 된다. 재수가 없고, 하는 일마다 꼬이고, 病苦 질병발생. 바람기 발동.
亥卯未生	동쪽문을 피하고, 서북쪽으로 이사하면 안 된다. 재수가 없고, 하는 일마다 꼬이고, 病苦 질병발생. 바람기 발동.

운세풀이

酉띠:이동수,우왕좌왕, 弱, 다툼	子띠: 점점 일이 꼬임, 관재구설	卯띠:최고운상승세, 두마음	午띠: 만남,결실,화합,문서
戌띠:매사불편, 방해자,배신	丑띠:귀인상봉, 금전이득, 현금	辰띠: 의욕과다, 스트레스큼	未띠:이동수,이별수,변동 움직임
亥띠:해결신,시험합격, 풀림	寅띠: 매사꼬임,과거고생, 질병	巳띠: 시급한 일, 뜻대로 안됨	申띠: 빈주머니,걱정근심,사기

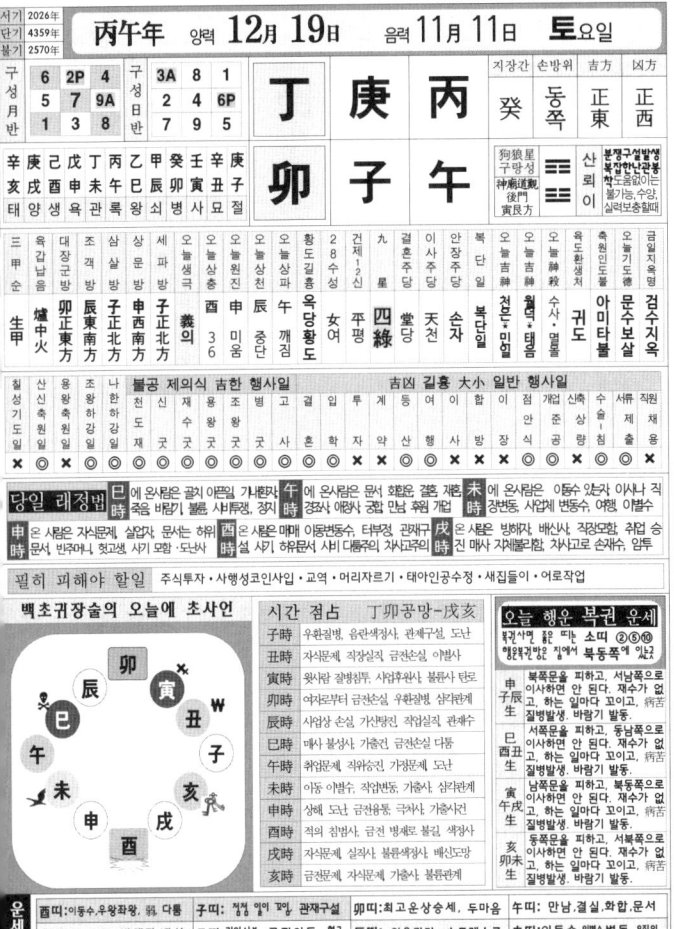

서기 2026年	丙午年	양력 12月 20日	음력 11月 12日 일요일
단기 4359年			
불기 2570年			

구성월반				구성일반			
	6	2P	4		4	9	2
	5	7	9A		3	5	7
	1	3	8		8	1	6P

戊	庚	丙
辰	子	午

지장간	손방위	吉方	凶方
癸	동남	正北	正南

狗狼星 구랑성	寅辰方 寺觀	䷀ ䷁	산뢰이	분쟁구설발생 복잡한난관봉착 도움없이는 불가능, 수양, 실력보충할때

癸亥	壬戌	辛酉	庚申	己未	戊午	丁巳	丙辰	乙卯	甲寅	癸丑	壬子
절	묘	사	병	쇠	왕	록	관	욕	생	양	태

三甲순	육갑납음	대장군방	조객방	삼살방	상문방	세파방	오늘생극	오늘상충	오늘원진	오늘상천	오늘상파	황도길흉	28수성	건제12신	九星	결혼주당	이사주당	안장주당	복단일	오늘吉神	오늘神殺	오늘神殺	육도환생처	축원인도불	오늘기도德	금일지옥명
生甲	大林木	卯正東方	辰東南方	子正北方	申西南方	子正北方	專전	戌 36	亥 미움	卯 중단	丑 깨짐	천뇌흑도	虛허	定정	五黃	翁옹	害해	死	천은*성심	삼합일	-	패파·관부	축도	아미타불	지장보살	검수지옥

칠성기도일	산신축원일	용왕축원일	조왕하강일	나한하강일	천도재	신굿	재수굿	용왕굿	조왕굿	병굿	고사	결혼	입학	투자	계약	등산	여행	이사	합방	이장	점안식	개업준공	신축상량	수술·침	서류제출	직원채용
×	◎	×	◎	◎	◎	◎	◎	×	◎	◎	◎	◎	◎	×	◎	◎	◎	×	◎	×	◎	◎	◎	◎	◎	◎

(천도재~조왕굿: 불공 제의식 吉한 행사일 / 병굿~직원채용: 吉凶 길흉 大小 일반 행사일)

당일 래정법

巳時에 온사람은 의욕과다. 뭔가 하고싶어서 왔다. 직장취업문제, 시험합격여부

午時에 온사람은 골치 아픈일, 가내환자, 죽음, 바람기, 불륜, 시비투쟁, 정지

未時에 온사람은 형제, 문서 회합운, 결혼, 재혼, 경조사, 애정사, 궁합, 만남, 후원, 개업

申時 온 사람은 이동수 있는자. 이사나 직장변동, 사업체 변동수, 여행, 이별수, 창업불리

酉時 온 사람은 색정사문제, 금전손재수, 쉬고있는자, 빈주머니, 헛 공사, 사기모함, 매사불성

戌時 온 사람은 매매 이동변동수, 터부정, 관재구설, 사기, 허위문서, 동업자 시비 다툼주의, 차사고주의

필히 피해야 할일 주식투자 · 사행성코인사입 · 명품구입 · 신상출고 · 제품출품 · 화재조심 · 장담그기 · 승선 · 동토

백초귀장술의 오늘에 초사언

시간 점占	戊辰공망-戊亥
子時	부인문제, 태아령천도, 금전문제, 삼각관계
丑時	부인 가출, 금전손실, 도주, 불륜사
寅時	질병재앙, 직장취업문제, 직장변동, 관재
卯時	재물손실, 파재, 극처사, 관송사 분쟁
辰時	금전암손, 여자문제, 금전다툼, 진퇴반복
巳時	사업신규사, 직장승진건, 포상 명예사
午時	윗사람 손상, 직장박탈, 극처사, 수술주의
未時	사업사, 부인문제, 가출사, 음란불륜사
申時	자선사업 봉사, 자식문제, 직업실직 가출
酉時	남녀색정사, 금전융통, 불명예 질병침투
戌時	질병재앙, 적침범사, 가출문제 부하도주
亥時	금전사기 손재수, 금전융통, 이별수

오늘 행운 복권 운세

복권사면 좋은 띠는 범띠 ③⑧⑱
행운복권방은 집에서 동북쪽에 있는곳

申子辰生	북쪽문을 피하고, 서남쪽으로 이사하면 안 된다. 재수가 없고, 하는 일마다 꼬이고, 病苦 질병발생. 바람기 발동.
巳酉丑生	서쪽문을 피하고, 동남쪽으로 이사하면 안 된다. 재수가 없고, 하는 일마다 꼬이고, 病苦 질병발생. 바람기 발동.
寅午戌生	남쪽문을 피하고, 북동쪽으로 이사하면 안 된다. 재수가 없고, 하는 일마다 꼬이고, 病苦 질병발생. 바람기 발동.
亥卯未生	동쪽문을 피하고, 서북쪽으로 이사하면 안 된다. 재수가 없고, 하는 일마다 꼬이고, 病苦 질병발생. 바람기 발동.

운세풀이

戌띠:이동수,우왕좌왕, 弱, 다툼	丑띠: 점점 일이 꼬임, 관재구설	辰띠:최고운상승세, 두마음	未띠: 만남,결실,화합,문서
亥띠:매사불편, 방해자,배신	寅띠:귀인상봉, 금전이득, 현금	巳띠: 의욕과다, 스트레스큼	申띠:이동수,이별수,변동 움직임
子띠:해결신,시험합격, 풀림	卯띠: 매사꼬임,과거고생, 질병	午띠: 시급한 일, 뜻대로 안됨	酉띠: 빈주머니,걱정근심,사기

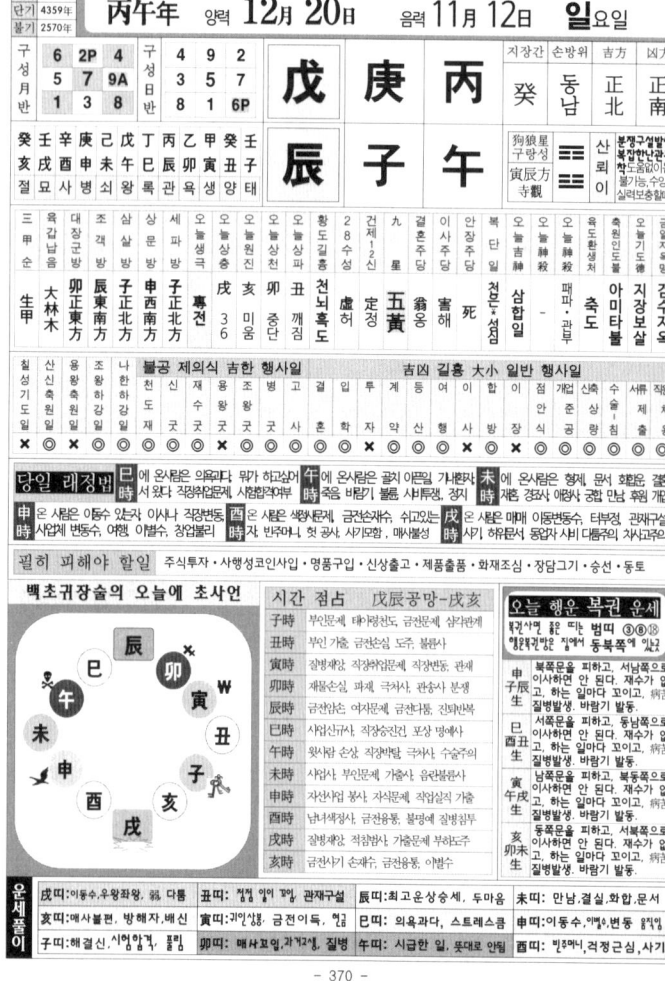

서기	2026年
단기	4359年
불기	2570年

丙午年 양력 12月 21日 음력 11月 13日 월요일

구성月반		
6	2P	4
5	7	9A
1	3	8

구성日반		
5	1	3
4	6	8
9	2	7AP

乙	甲	癸	壬	辛	庚	己	戊	丁	丙	乙	甲
亥	戌	酉	申	未	午	巳	辰	卯	寅	丑	子
태	양	생	욕	관	록	왕	쇠	병	사	묘	절

己	庚	丙
巳	子	午

지장간	손방위	吉方	凶方
癸	남쪽	正西	正東

狗狼星 구랑성	☷ ☳	지뢰복	원상복귀, 새로운시작, 재앙없이순탄 되돌아온발전 흥성의 기회
申方 寺觀			

三甲순	육갑납음	대장군방	조객방	삼살방	상문방	세파방	오늘생극	오늘상충	오늘원진	오늘상천	오늘상파	황도길흉	28수성	건제12신	九星	결혼주당	이사주당	안장주당	복단일	오늘吉神	神殺	오늘神殺	육도환생처	축원인도불	오늘기도德	금일지옥명
生甲	大林木	卯正東方	辰東南方	子正北方	申西南方	子正北方	義의	亥 36	戌 미움	寅 중단	申 깨짐	현무흑도	危위	執집	六白	第제	殺살	여자	오부길일	천덕*익후	라강·홍사	소모·중일	옥도	아미타불	문수보살	검수지옥

칠성기도일	산신축원일	용왕축원일	조왕하강일	나한하강일	불공 제의식 吉한 행사일							吉凶 길흉 大小 일반 행사일														
					천도재	신굿	재수굿	용왕굿	조왕굿	병굿	고사	결혼	입학	투자	계약	등산	여행	이사	합방	이장	점안식	개업준공	신축상량	수술-침	서류제출	직원채용
×	◎	×	×	×	×	◎	◎	×	×	×	◎	×	◎	×	×	◎	◎	×	×	×	◎	×	×	◎	–	×

당일 래정법

- **巳時** 에 온사람은 의욕충만, 두가지문제로 갈등사, 갖고싶은 욕구, 직장문제, 사업문제
- **午時** 에 온사람은 의욕과다, 뭐가 하고싶어서 왔다, 직장취업문제, 시험합격여부
- **未時** 에 온사람은 골치 아픈일, 형제동업, 죽음, 바람기, 불륜, 시비투쟁, 속정리
- **申時** 온 사람은 형제, 문서 화합운, 결혼, 재혼, 경조사, 애정사, 궁합, 만남, 개업, 하극상 배신, 구설수
- **酉時** 온 사람은 이동수 있는자, 가출, 이사나 직장변동, 사업체 변동수, 여행, 이별수, 관재구설
- **戌時** 온 사람은 색정사문제, 금전손재수, 쉬고있는자, 빈주머니, 헛 공사, 사기모함 , 매사불성

필히 피해야 할일 약혼식 • 입주 • 새집들이 • 친목회 • 금전수금 • 건축수리 • 기둥세우기 • 산나물채취 • 흙 파는일

백초귀장술의 오늘에 초사언

시간 점占 己巳공망-戌亥

시간	점占
子時	금전융통, 여자문제, 상업문제, 부부문제
丑時	육친이별, 자식가출, 여자도망, 삼각관계
寅時	관청문제, 가출사, 극처사, 색정사, 변동
卯時	질병침투, 관재구설, 남녀색정사, 가출
辰時	금전파산, 부인문제, 재해, 도난, 원귀침투
巳時	금전암손, 여자문제, 사업후원사, 기도요망
午時	남녀색정사, 직장취업 승진문제, 가출사
未時	금전융통 손재수, 형제친구, 가출방황 수술
申時	사업후원사 발탁, 화합사, 당선 賞福 有
酉時	급병자발생, 직장실직, 자식 가출도주
戌時	금전손실, 도망사,,이별사, 신병불리
亥時	적의 침범사, 질병침투, 가출사, 부부이별

오늘 행운 복권 운세

복권사면 좋은 띠는 토끼띠 ②⑧
행운복권방은 집에서 동쪽에 있는곳

申子辰生	북쪽문을 피하고, 서남쪽으로 이사하면 안 된다. 재수가 없고, 하는 일마다 꼬이고, 病苦 질병발생. 바람기 발동.
巳酉丑生	서쪽문을 피하고, 동남쪽으로 이사하면 안 된다. 재수가 없고, 하는 일마다 꼬이고, 病苦 질병발생. 바람기 발동.
寅午戌生	남쪽문을 피하고, 북동쪽으로 이사하면 안 된다. 재수가 없고, 하는 일마다 꼬이고, 病苦 질병발생. 바람기 발동.
亥卯未生	동쪽문을 피하고, 서북쪽으로 이사하면 안 된다. 재수가 없고, 하는 일마다 꼬이고, 病苦 질병발생. 바람기 발동.

운세풀이

亥띠:이동수,우왕좌왕, 弱, 다툼	寅띠: 점점 일이 꼬임, 관재구설	巳띠:최고운상승세, 두마음	申띠: 만남,결실,화합,문서
子띠:매사불편, 방해자,배신	卯띠:귀인상봉, 금전이득, 현금	午띠: 의욕과다, 스트레스큼	酉띠:이동수,이별수,변동 움직임
丑띠:해결신,시험합격, 풀림	辰띠: 매사꼬임,과거고생, 질병	未띠: 시급한 일, 뜻대로 안됨	戌띠: 빈주머니,걱정근심,사기

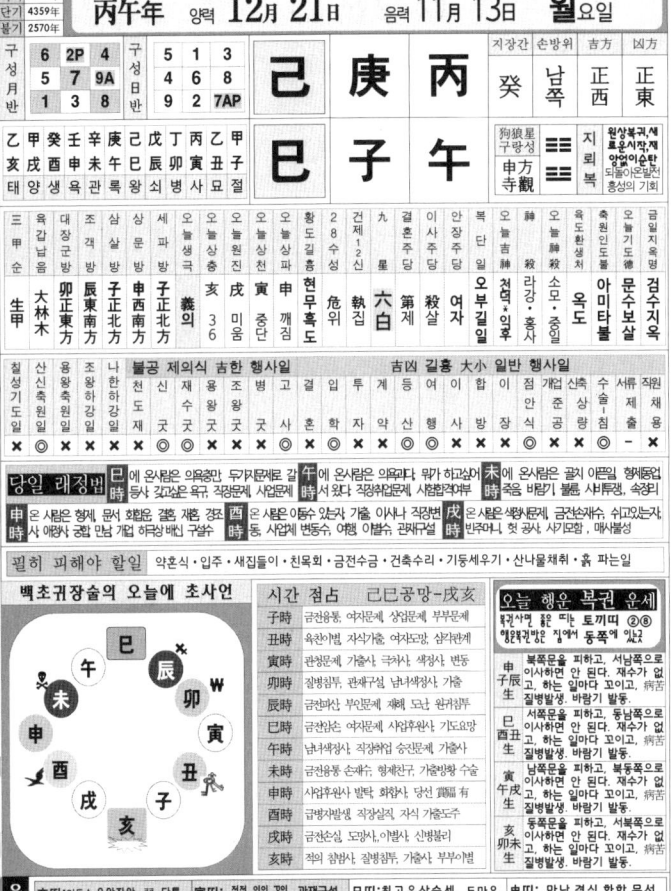

12월

서기	2026年
단기	4359年
불기	2570年

丙午年 양력 12月 22日 음력 11月 14日 화요일

동지 冬至 05時 50分 入

구성月반			구성日반		
6	2P	4	6	2	4
5	7	9A	5	7	9A
1	3	8	1	3P	8

時	日	月	年
庚	庚	丙	
午	子	午	

지장간	손방위	吉方	凶方
癸	남서	正西	正東

丁	丙	乙	甲	癸	壬	辛	庚	己	戊	丁	丙
亥	戌	酉	申	未	午	巳	辰	卯	寅	丑	子
병	쇠	왕	록	관	욕	생	양	태	절	묘	사

狗狼星 구랑성	괘		
天	☷☷	지뢰복	원상복귀,새로운시작,재앙없이순탄 되돌아온발전 흥성의 기회

三甲순	육갑납음	대장군방	조객방	삼살방	상문방	세파방	오늘생극	오늘상충	오늘원진	오늘상천	오늘상파	황도길흉	28수성	건제12신	九星	결혼주당	이사주당	안장주당	복단일	대공망일	오늘吉神	오늘神殺	육도환생처	축원인도불	오늘기도德	금일지옥명
生甲	路傍土	卯正東方	辰東南方	子正北方	申西南方	子正北方	伐벌	子 36	丑 미움	丑 중단	卯 깨짐	사명황도	室실	破파	七赤	竈조	富부	어머니	월파일	양덕*육의	천화·혈기	천격·검봉	불도	정광여래	약사보살	도산지옥

칠성기도일	산신축원일	용왕축원일	조왕하강일	나한하강일	천도재	신굿	재수굿	용왕굿	조왕굿	병굿	고사	결혼	입학	투자	계약	등산	여행	이사	합방	이장	점안식	개업준공	신축상량	수술-침	서류제출	직원채용
×	×	×	×	×	×	×	×	×	×	×	×	×	×	×	×	×	×	×	×	×	×	×	×	×	×	×

(천도재~고사: 불공 제의식 吉한 행사일 / 결혼~직원채용: 吉凶 길흉 大小 일반 행사일)

당일 래정법

巳時에 온사람은 건강문제, 관재구설로 운이 단단히 꼬여있음, 동업파탄 손재수

午時에 온사람은 의욕충만, 두문제로 갈등사. 갖고싶은 욕구, 직장문제, 취업문제

未時에 온사람은 의욕과다, 뭐가 하고싶어서 왔다. 직장취업문제, 결혼문제

申時 온 사람은 골치 아픈일, 친구나 형제동업, 죽음, 배우자바람기, 불륜, 시비투쟁, 속 정리해야함

酉時 온 사람은 형제, 문서 화합운, 결혼, 경조사, 애정사, 궁합 만남 개업 하극상 배신 경쟁사로 몰변

戌時 온 사람은 이동수 있는자, 가출 이사나 직장변동, 사업체 변동수, 여행, 이별수, 관재구설

필히 피해야 할일 홍보광고 · 새작품제작 · 출품 · 새집들이 · 인수인계 · 씨뿌리기 · 질병치료 · 벌초 · 흙파기

백초귀장술의 오늘에 초사언

시간 점占	庚午공망-戌亥
子時	질병재앙, 자식 극, 관재근심, 도난 질책
丑時	사업손재, 육친이별, 질병침투 기도요망
寅時	사업손재, 금전융통, 불륜사, 가출, 이별
卯時	남녀색정사, 금전문제 여자도주 가출사
辰時	자선사업, 사업후원사, 질병재앙, 가출사
巳時	질병재앙, 관재구설, 재앙초래, 괴이사발생
午時	금전손실, 직장문제, 남편문제, 재해 도난
未時	사업후원문제, 금전융통, 가출문제
申時	원행 이동건, 직장취업문제, 승진문제
酉時	관직 발탁사, 금전문제, 극처사, 수술유의
戌時	재물손실, 가출건, 사업파산, 윗사람문제
亥時	자식 질병재앙, 사기손재, 도난, 함정 음란

오늘 행운 복권 운세

복권사면 좋은 띠는 용띠 ⑤⑩⑳
행운복권방은 집에서 동남쪽에 있는곳

申子辰生	북쪽문을 피하고, 서남쪽으로 이사하면 안 된다. 재수가 없고, 하는 일마다 꼬이고, 病苦 질병발생. 바람기 발동.
巳酉丑生	서쪽문을 피하고, 동남쪽으로 이사하면 안 된다. 재수가 없고, 하는 일마다 꼬이고, 病苦 질병발생. 바람기 발동.
寅午戌生	남쪽문을 피하고, 북동쪽으로 이사하면 안 된다. 재수가 없고, 하는 일마다 꼬이고, 病苦 질병발생. 바람기 발동.
亥卯未生	동쪽문을 피하고, 서북쪽으로 이사하면 안 된다. 재수가 없고, 하는 일마다 꼬이고, 病苦 질병발생. 바람기 발동.

운세풀이

子띠:이동수,우왕좌왕, [illegible] 다툼	卯띠: 점점 일이 꼬임, 관재구설	午띠:최고운상승세, 두마음	酉띠: 만남,결실,화합,문서
丑띠:매사불편, 방해자,배신	辰띠:귀인상봉, 금전이득, 현금	未띠: 의욕과다, 스트레스큼	戌띠:이동수,이별수,변동 움직임
寅띠:해결신,시험합격, 풀림	巳띠: 매사꼬임,과거고생, 질병	申띠: 시급한 일, 뜻대로 안됨	亥띠: 빈주머니,걱정근심,사기

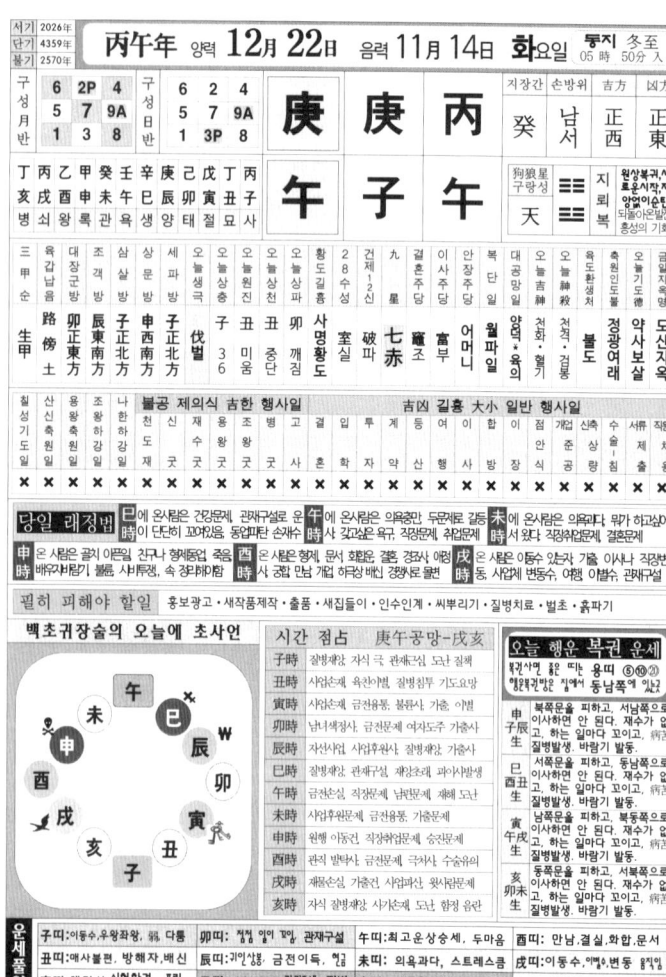

서기	2026年
단기	4359年
불기	2570年

丙午年 양력 12月 23日 음력 11月 15日 수요일

구성月반			구성日반		
6	2P	4	7	3	5
5	7	9A	6	8	1
1	3	8	2AP	4	9

시	일	월	년
辛	庚	丙	
未	子	午	

지장간	손방위	吉方	凶方
癸	서쪽	正東	正西

狗狼星 구랑성	괘	지뢰복	
天	☷☳	지뢰복	원상복귀,새로운시작,재앙없이순탄 되돌아온발전 흥성의 기회

己亥	戊戌	丁酉	丙申	乙未	甲午	癸巳	壬辰	辛卯	庚寅	己丑	戊子
욕	관	록	왕	쇠	병	사	묘	절	태	양	생

三甲순	육갑납음	대장군방	조객방	삼살방	상문방	세파방	오늘생극	오늘상충	오늘원진	오늘상천	오늘상파	황도길흉	28수성	건제12신	九星	결혼주당	이사주당	안장주당	복단일	오늘吉神	오늘吉神	오늘神殺	육도환생처	축원인도불	오늘기도德	금일지옥명
生甲	路傍土	卯正東方	辰東南方	子正北方	申西南方	子正北方	義 의	丑 36	子 미움	子 중단	戌 깨짐	구진흑도	壁 벽	危 위	八白	婦 부	師 사	며느리	-	요안*용덕	월해·독화	태허·멸망	불도	정광여래	대세지보살	도산지옥

					불공 제의식 吉한 행사일							吉凶 길흉 大小 일반 행사일														
칠성기도일	산신축원일	용왕축원일	조왕하강일	나한하강일	천도재	신굿	재수굿	용왕굿	조왕굿	병굿	고사	결혼	입학	투자	계약	등산	여행	이사	합방	이장	점안식	개업준공	신축상량	수술-침	서류제출	직원채용
◎	×	◎	×	◎	◎	◎	×	◎	×	×	◎	×	◎	×	×	◎	◎	×	×	×	◎	×	◎	×	◎	×

당일 래정법

巳時 에 온사람은 금전문제, 사업문제, 금전구재건, 관직취직사, 속전속결이 유리

午時 에 온사람 건강문제, 관재구설로 운이 단단히 꼬여있음, 동업파탄 손재수

未時 에 온사람 금전사기, 허위문서로 관재, 교합사는 불성사, 이동수도 있음

申時 온 사람은 의욕과다, 뭔가 하고싶어서 왔다. 직장취업문제, 친구형제간 배신과 임해, 관재수

酉時 온 사람은 골치 아픈일, 형제동업, 죽음, 바람기, 불륜, 시비투쟁, 급속장리해야함, 청춘귀작해

戌時 온 사람은 형제, 문서, 화합운, 결혼, 재혼, 경조사, 애정사, 궁합, 만남, 개업, 하극상 배신, 구설수

필히 피해야 할일 홍보광고 · 새작품제작 · 출품 · 새집들이 · 인수인계 · 씨뿌리기 · 질병치료 · 동물들이기

백초귀장술의 오늘에 초사언

시간 점占 辛未공망-戌亥

子時	남녀색정사, 금전손해 실물수, 질병 관재
丑時	적의 침범사, 질병재앙, 자손상해, 가출
寅時	부인문제, 금전문제, 불륜 삼각관계
卯時	금전융통, 질병위급, 여자문제, 금전다툼
辰時	사업 후원문제, 육친이별, 다툼, 불륜배신
巳時	관직 발탁사, 금전문제, 남편명예사, 포상
午時	시작불리, 금전융통, 직장변동, 가출사
未時	금전의 암손, 여자문제, 질병침투, 도주
申時	파재, 상해, 도난, 극처사, 횡액주의
酉時	형제친구 도주사, 직장실직, 가출사
戌時	사업후원사, 질병 수술위급, 관청근심
亥時	직업권리 실직, 금전손재수, 가출사발생

오늘 행운 복권 운세

복권사면 좋은 띠는 **뱀띠** ⑦⑰27

행운복권방은 집에서 **남동쪽**에 있다

申子辰生	북쪽문을 피하고, 서남쪽으로 이사하면 안 된다. 재수가 없고, 하는 일마다 꼬이고, 病苦 질병발생. 바람기 발동.
巳酉丑生	서쪽문을 피하고, 동남쪽으로 이사하면 안 된다. 재수가 없고, 하는 일마다 꼬이고, 病苦 질병발생. 바람기 발동.
寅午戌生	남쪽문을 피하고, 북동쪽으로 이사하면 안 된다. 재수가 없고, 하는 일마다 꼬이고, 病苦 질병발생. 바람기 발동.
亥卯未生	동쪽문을 피하고, 서북쪽으로 이사하면 안 된다. 재수가 없고, 하는 일마다 꼬이고, 病苦 질병발생. 바람기 발동.

운세풀이

丑띠: 이동수,우왕좌왕, 형제 다툼	辰띠: 점점 일이 꼬임, 관재구설	未띠: 최고운상승세, 두마음	戌띠: 만남,결실,화합,문서
寅띠: 매사불편, 방해자,배신	巳띠: 귀인상봉, 금전이득, 현금	申띠: 의욕과다, 스트레스큼	亥띠: 이동수,이별수,변동 움직임
卯띠: 해결신,시험합격, 풀림	午띠: 매사꼬임,과거고생, 질병	酉띠: 시급한 일, 뜻대로 안됨	子띠: 빈주머니,걱정근심,사기

12월

서기	2026年
단기	4359年
불기	2570年

丙午年 양력 12月 24日 음력 11月 16日 목요일

구성月반				구성日반			
	6	2P	4		8	4A	6
	5	7	9A		7	9	2
	1	3	8		3P	5	1

壬	庚	丙
申	子	午

지장간	손방위	吉方	凶方
癸	서북	正北	正南

辛	庚	己	戊	丁	丙	乙	甲	癸	壬	辛	庚
亥	戌	酉	申	未	午	巳	辰	卯	寅	丑	子
록	관	욕	생	양	태	절	묘	사	병	쇠	왕

狗狼星 구랑성 / 正廳 정청관청	☷ ☳	지뢰복	원상복귀,새로운시작,재앙없이순탄 되돌아온발전 흥성의 기회

三甲순	육갑납음	대장군방	조객방	삼살방	상문방	세파방	오늘생극	오늘상충	오늘원진	오늘상천	오늘상파	황도길흉	28수성	건제12신	九星	결혼주당	이사주당	안장주당	오늘吉神	오늘吉神	神殺	오늘神殺	육도환생처	축원인도불	오늘기도德	금일지옥명
生甲	劍鋒金	卯正東方	辰東南方	子正北方	申西南方	子正北方	義의	寅 36	卯 미움	亥 중단	巳 깨짐	청룡황도	奎규	成성	九紫	廚주	災재	손님	삼합일	천덕합	오우*생기	구감·고초	인도	정광여래	아미보살	도산지옥

칠성기도일	산신축원일	용왕축원일	조왕하강일	나한하강일	불공 제의식 吉한 행사일: 천도재	신굿	재수굿	용왕굿	조왕굿	병굿	고사	吉凶 길흉 大小 일반 행사일: 결혼	입학	투자	계약	등산	여행	이사	합방	이장	점안식	개업준공	신축상량	수술-침	서류제출	직원채용
◎	◎	◎	×	◎	◎	◎	◎	◎	◎	◎	◎	◎	◎	×	◎	◎	◎	×	◎	◎	◎	◎	◎	◎	◎	◎

당일 래정법

- 巳時에 온사람은 의욕없는자, 금전구재건 색정사로 다툼, 억울한 일 매사불성사
- 午時에 온사람은 금전문제, 사업문제, 빚갱이모함, 관직취직사, 속전속결이 유리
- 未時에 온사람 건강문제, 관재구설로 운이 단단히 꼬여있음, 남자는 불리, 손재수
- 申時 온 사람은 금전사기, 허위문서로 관재, 종교문제, 수술문제, 후원사는 유리함, 사고조심
- 酉時 온 사람은 의욕과다, 뭐가 하고싶어서 왔다. 직장취업문제, 친구형제간 배신, 시험합격여부
- 戌時 온 사람은 골치 아픈일, 형제동업, 죽음, 바람기, 불륜, 시비투쟁, 급속정리하야함, 청춘구직해

필히 피해야 할일 이날은 흑도와 월파일에 월기일, 패파, 대모 등 신살에 해당되어 매사 해롭고 불리한 날.

백초귀장술의 오늘에 초사언

시간 점占 壬申공망-戌亥

子時	금전손재수, 부인침해, 태아령 천도요망
丑時	사기도난, 파재, 실직사, 남편문제, 가출
寅時	파재, 관재, 적 침범사, 질병침투, 터부정
卯時	관록 당선에 방해자, 실수 탄로, 가출사
辰時	자손 시험합격, 불륜사, 질병재앙, 관재
巳時	금전융통, 여자문제, 불륜색정사, 가출사
午時	금전융통, 금전다툼, 극처사, 가출문제
未時	病환자, 직장실직, 남편문제, 불륜애정사
申時	금전암손, 부인문제, 형제친구사, 불륜사
酉時	윗사람 후원문제, 남녀색정사, 가출사건
戌時	색정사, 재물손실, 가출건, 질병침투, 관재
亥時	입상명예문제, 직장취업 승진문제, 가출

오늘 행운 복권 운세

복권사면 좋은 띠는 말띠 ⑤⑦22
행운복권방은 집에서 남쪽에 있는곳

申子辰生	북쪽문을 피하고, 서남쪽으로 이사하면 안 된다. 재수가 없고, 하는 일마다 꼬이고, 病苦 질병발생. 바람기 발동.
巳酉丑生	서쪽문을 피하고, 동남쪽으로 이사하면 안 된다. 재수가 없고, 하는 일마다 꼬이고, 病苦 질병발생. 바람기 발동.
寅午戌生	남쪽문을 피하고, 북동쪽으로 이사하면 안 된다. 재수가 없고, 하는 일마다 꼬이고, 病苦 질병발생. 바람기 발동.
亥卯未生	동쪽문을 피하고, 서북쪽으로 이사하면 안 된다. 재수가 없고, 하는 일마다 꼬이고, 病苦 질병발생. 바람기 발동.

운세풀이

寅띠:이동수,우왕좌왕, 의견 다툼	巳띠: 점점 일이 꼬임, 관재구설	申띠:최고운상승세, 두마음	亥띠: 만남,결실,화합,문서
卯띠:매사불편, 방해자,배신	午띠: 귀인상봉, 금전어득, 현금	酉띠: 의욕과다, 스트레스큼	子띠:이동수,이별수,변동 움직임
辰띠:해결신,시험합격, 풀림	未띠: 매사꼬임,과거고생, 질병	戌띠: 시급한 일, 뜻대로 안됨	丑띠: 빈주머니,걱정근심,사기

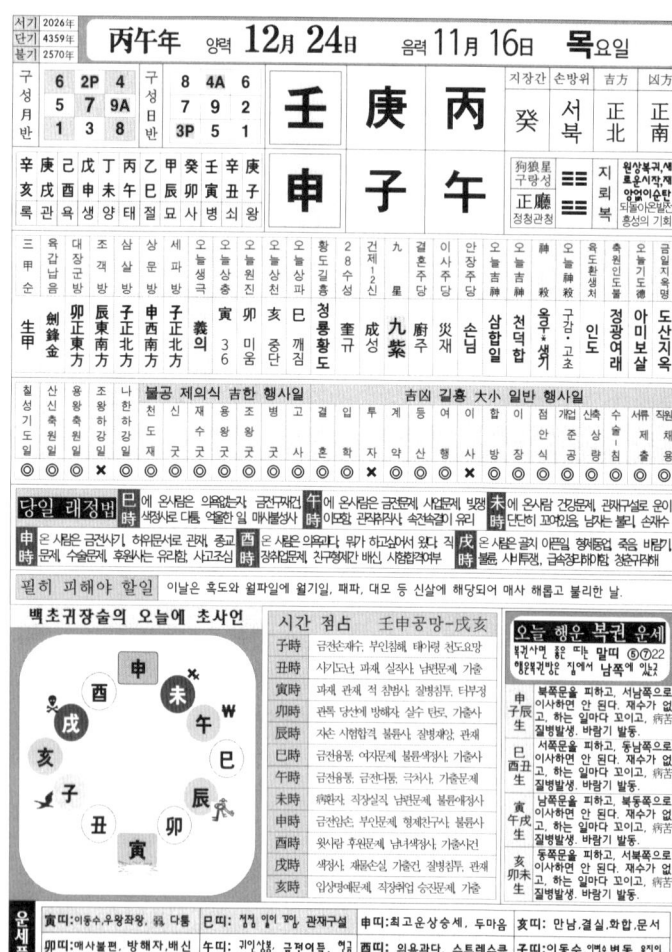

서기 2026年	단기 4359年	불기 2570年

丙午年 양력 12月 25日 음력 11月 17日 금요일

구성月반		
6	2P	4
5	7	9A
1	3	8

구성日반		
9	5	7
8P	1	3
4	6A	2

時	日	月
癸	庚	丙
酉	子	午

지장간	손방위	吉方	凶方
癸	북쪽	正西	正東

癸	壬	辛	庚	己	戊	丁	丙	乙	甲	癸	壬
亥	戌	酉	申	未	午	巳	辰	卯	寅	丑	子
왕	쇠	병	사	묘	절	태	양	생	욕	관	록

狗狼星 구랑성	[illegible]	지뢰복	원상복귀,새로운시작,재앙없이순탄
寅艮卯方 午方後門	[illegible]		되돌아온발전 흥성의 기회

三甲순	육갑납음	대장군방	조객방	삼살방	상문방	세파방	오늘생극	오늘상충	오늘원진	오늘상천	오늘상파	황도길흉	28수성	건제12신	九星	결혼주당	이사주당	안장주당	복단일	神殺	神殺	오늘神殺	육도환생처	축원인도불	오늘기도德	금일지옥명
生甲	劍鋒金	卯正東方	辰東南方	子正北方	申西南方	子正北方	義의	卯 36	寅 미움	戌 중단	子 깨짐	명당황도	婁루	收수	一白	夫부	安안	아버지	금당*모창	복덕*천귀	하괴·대시	지파·함지	귀도	정광여래	관음보살	도산지옥

칠성기도일	산신축원일	용왕축원일	조왕하강일	나한하강일	불공 제의식 吉한 행사일: 천도재	신굿	재수굿	용왕굿	조왕굿	병굿	고사	吉凶 길흉 大小 일반 행사일: 결혼	입학	투자	계약	등산	여행	이사	합방	이장	점안식	개업준공	신축상량	수술·침	서류제출	직원채용
◎	◎	◎	◎	◎	◎	◎	◎	◎	◎	◎	◎	◎	◎	×	×	◎	◎	×	×	×	◎	◎	◎	◎	◎	×

당일 래정법

巳時에 온사람은 허가 해결할 문제, 합격여부, 금전투자여부, 직장문제, 재혼은 굳

午時에 온사람은 의욕없는자, 금전구재건 색정사로 다툼, 억울한 일, 매사불성사

未時에 온사람 금전문제, 사업문제, 자식문제, 관직취직사, 속전속결이 유리

申時 온 사람은 건강문제, 관재구설로 운이 단단히 꼬여있음, 취업 승진문제, 딸자식문제, 손재수

酉時 온 사람은 두가지 문제 갈등사, 갖고싶은 욕구강함, 새로운 일시작 진행함이 좋다. 우환질병

戌時 온 사람은 의욕과다, 뭐가 하고싶어서 왔다. 직장취업문제, 친구형제간 배신, 시험합격여부

필히 피해야 할일

이날은 천적과 월파일에 천적, 오허, 검봉, 지화 등 신살에 해당되어 매사 해롭고 불리한 날.

백초귀장술의 오늘에 초사언

시간 점占 癸酉공망-戌亥

子時	직장근심, 사업손재수, 색정사, 도난도주
丑時	관재, 적 침범사, 질병침투, 불륜색정사
寅時	음란색정사, 불명예, 극처사, 재해 도난
卯時	질병침투, 색정사, 적 침범사, 가출사
辰時	직장실직, 금전융통, 남편문제, 화합사
巳時	재물과 부인문제, 질병재앙, 후원 발탁사
午時	금전융통, 남녀 색정사, 부부불화, 가출사
未時	육친이별문제, 구재이득, 우환질병, 관재
申時	어른 우환질병, 실직사, 도난, 가출사
酉時	금전 임손, 부인문제, 질병침투, 색정사
戌時	관직권리, 직장취업, 부부변심, 삼각관계
亥時	재앙불리, 음란색정사, 금전손실, 도난

오늘 행운 복권 운세

복권사면 좋은 띠는 양띠 ⑤⑩25
행운복권방은 집에서 남서쪽에 있는곳

申子辰生	북쪽문을 피하고, 서남쪽으로 이사하면 안 된다. 재수가 없고, 하는 일마다 꼬이고, 病苦 질병발생. 바람기 발동.
巳酉丑生	서쪽문을 피하고, 동남쪽으로 이사하면 안 된다. 재수가 없고, 하는 일마다 꼬이고, 病苦 질병발생. 바람기 발동.
寅午戌生	남쪽문을 피하고, 북동쪽으로 이사하면 안 된다. 재수가 없고, 하는 일마다 꼬이고, 病苦 질병발생. 바람기 발동.
亥卯未生	동쪽문을 피하고, 서북쪽으로 이사하면 안 된다. 재수가 없고, 하는 일마다 꼬이고, 病苦 질병발생. 바람기 발동.

12월

운세풀이

卯띠:이동수,우왕좌왕, 弱함 다툼	午띠: 점점 일이 꼬임, 관재구설	酉띠:최고운상승세, 두마음	子띠: 만남,결실,화합,문서
辰띠:매사불편, 방해자,배신	未띠: 귀인상봉, 금전이득, 현금	戌띠: 의욕과다, 스트레스큼	丑띠:이동수,이별수,변동 움직임
巳띠:해결신,시험합격, 풀림	申띠: 매사꼬임,과거고생, 질병	亥띠: 시급한 일, 뜻대로 안됨	寅띠: 빈주머니,걱정근심,사기

서기	2026年
단기	4359年
불기	2570年

丙午年 양력 12月 26日 음력 11月 18日 토요일

구성月반				구성日반			
	6	2P	4		1P	6	8A
	5	7	9A		9	2	4
	1	3	8		5	7	3

甲	庚	丙
戊	子	午

지장간	손방위	吉方	凶方
癸	북동	正南	正北

狗狼星 구랑성: 神廟 州縣 ☰ ☷ 지뢰복 — 원상복귀,새로운시작,재앙없이순탄 되돌아온발전 흥성의 기회

乙	甲	癸	壬	辛	庚	己	戊	丁	丙	乙	甲
亥	戌	酉	申	未	午	巳	辰	卯	寅	丑	子
생	양	태	절	묘	사	병	쇠	왕	록	관	욕

三甲순	육갑납음	대장군방	조객방	삼살방	상문방	세파방	오늘생극	오늘상충	오늘원진	오늘상천	오늘상파	황도길흉	28수성	건제12신	九星	결혼주당	이사주당	안장주당	복단일	대공망일	神殺일	오늘神殺	육도환생처	축원인도불	오늘기도德	금일지옥명
死甲	山頭火	卯正東方	辰東南方	子正北方	申西南方	子正北方	制제	辰 36	巳 미움	酉 중단	未 깨짐	천형흑도	胃위	開개	二黑	姑고	利이	남자	복단일	대공망일	월은*지창	왕망·구공	축도	정광여래	미륵보살	도산지옥

칠성기도일	산신축원일	용왕축원일	조왕하강일	나한하강일	불공 제의식 吉한 행사일: 천도재	신굿	재수굿	용왕굿	조왕굿	병굿	고사	吉凶 길흉 大小 일반 행사일: 결혼	입학	투자	계약	등산	여행	이사	합방	이장	점안식	개업준공	신축상량	수술-침	서류제출	직원채용
◎	◎	◎	◎	◎	◎	◎	◎	◎	◎	◎	◎	×	◎	×	×	◎	◎	×	×	×	◎	◎	◎	◎	×	×

당일 래정법

巳時에 온사람은 방해자, 배신사, 의욕상실 매사 지체불리함 창업은 불리함

午時에 온사람은 허가 해결할 문제, 합격여부, 금전투자여부, 직장문제, 재혼

未時에 온사람 의욕없는자, 금전구재건, 색정사로 다툼, 억울한 일 매사불성사

申時온 사람은 금전문제, 사업문제, 관직취직사, 관재로 얽히게 됨, 속전속결이 유리

酉時온 사람은 건강문제, 관재구설로 운이 단단히 꼬여있음, 취업 승진문제, 남자문제, 손재수

戌時온 사람은 두가지 문제 갈등사, 갖고싶은 욕구 강함, 새로운 일시작 진행함이 좋다. 우환질병

필히 피해야 할일 동물들이기 · 농기구 다루기 · 기계수리 · 수렵 · 승선 · 낚시 · 어로작업 · 요트타기 · 위험놀이기구

백초귀장술의 오늘에 초사언

시간 점占 甲戌공망-申酉

子時	어린자식 질병사, 사업불리, 태아령천도
丑時	귀인발탁, 직장사, 구재이득, 질병침투
寅時	직장취업, 직위변동, 가출사, 질병침투
卯時	재물손실, 융통불리, 남녀색정사, 질병
辰時	질병재앙, 적의 침범사, 재물손실, 도난
巳時	자식문제, 직장실직, 부부불화, 망신실수
午時	관재구설, 자식, 직업문제, 화재주의
未時	금전융통, 관청근심, 삼각관계, 가출문제
申時	금전문제, 가출자, 원행 이동수, 손재수
酉時	손해사발생, 직장실직, 부부변심, 질병위급
戌時	금전 암손, 사업문제, 여자문제, 가출사
亥時	금전무리투자, 도난, 자식질병, 태아령

오늘 행운 복권 운세

복권사면 좋은 띠는 **원숭띠** ⑨19, 29
행운복권방은 집에서 **서남쪽**에 있는곳

申子辰生	북쪽문을 피하고, 서남쪽으로 이사하면 안 된다. 재수가 없고, 하는 일마다 꼬이고, 病苦 질병발생. 바람기 발동.
巳酉丑生	서쪽문을 피하고, 동남쪽으로 이사하면 안 된다. 재수가 없고, 하는 일마다 꼬이고, 病苦 질병발생. 바람기 발동.
寅午戌生	남쪽문을 피하고, 북동쪽으로 이사하면 안 된다. 재수가 없고, 하는 일마다 꼬이고, 病苦 질병발생. 바람기 발동.
亥卯未生	동쪽문을 피하고, 서북쪽으로 이사하면 안 된다. 재수가 없고, 하는 일마다 꼬이고, 病苦 질병발생. 바람기 발동.

운세풀이

辰띠:이동수,우왕좌왕, 口舌 다툼	未띠: 첩첩 일이 꼬임, 관재구설	戌띠:최고운상승세, 두마음	丑띠: 만남,결실,화합,문서
巳띠:매사불편, 방해자,배신	申띠: 귀인상봉, 금전이득, 현금	亥띠: 의욕과다, 스트레스큼	寅띠:이동수,이별수,변동 움직임
午띠:해결신,시험합격, 풀림	酉띠: 매사꼬임,과거고생, 질병	子띠: 시급한 일, 뜻대로 안됨	卯띠: 빈주머니,걱정근심,사기

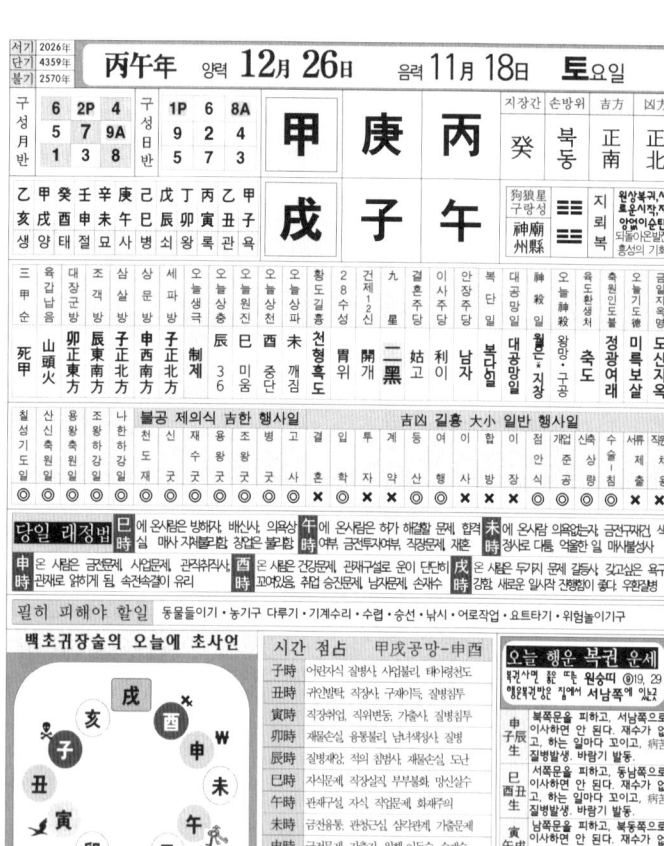

서기 2026年	단기 4359年	불기 2570年

丙午年 양력 12月 27日 음력 11月 19日 일요일

구성월반		
6	2P	4
5	7	9A
1	3	8

구성일반		
2P	7	9
1A	3	5
6	8	4

시	일	월
乙	庚	丙
亥	子	午

지장간	손방위	吉方	凶方
癸	無	正東	正西

丁	丙	乙	甲	癸	壬	辛	庚	己	戊	丁	丙
亥	戌	酉	申	未	午	巳	辰	卯	寅	丑	子
사	묘	절	태	양	생	욕	관	록	왕	쇠	병

狗狼星 구랑성 寺觀 절사관

풍택중부: 절대적믿음, 신뢰,성심,정면돌파 매사순조로움,승진기쁨, 계약성사

三甲순	육갑납음	대장군방	조객방	삼살방	상문방	세파방	오늘생극	오늘상충	오늘원진	오늘상천	오늘상파	황도길흉	28수성	건제12신	九星	결혼주당	이사주당	안장주당	대공망일	오늘吉神	神殺	오늘神殺	육도환생처	축원인도불	오늘기도德	금일지옥명
死甲	山頭火	卯正東方	辰東南方	子正北方	申西南方	子正北方	義의	巳 36	辰 미움	申 중단	寅 깨짐	주작흑도	昴묘	閉폐	三碧	堂당	天천	손자	대공망일	천의*왕일	산격·유화	혈지·병부	옥도	정광여래	여래보살	도산지옥

칠성기도일	산신축원일	용왕축원일	조왕하강일	나한하강일	천도재	신굿	재수굿	용왕굿	조왕굿	병굿	고사	결혼	입학	투자	계약	등산	여행	이사	합방	이장	점안식	개업준공	신축상량	수술-침	서류제출	직원채용
					불공 제의식 吉한 행사일							吉凶 길흉 大小 일반 행사일														
◎	◎	×	◎	◎	◎	◎	◎	×	◎	◎	◎	×	×	×	×	×	◎	◎	×	×	◎	×	×	◎	◎	×

당일 래정법

巳時에 온사람은 자식문제, 직장변동수, 터부정, 관재구설 시비 다툼주의 방길주의

午時에 온사람은 방해자, 배신사, 의욕상실, 매사 지체불리함, 금전 의혹문제

未時에 온사람 허가 해결할 문제, 급성질환 불길, 주식투자여부, 직장문제, 매매건

申時 온 사람은 의욕없는자, 직장실직문제, 취업시험불리, 색정사, 억울한 일, 매사불성사

酉時 온 사람은 금전문제, 사업문제, 관직취직사, 관재로 얽히게 됨, 속전속결 유리, 남편자출

戌時 온 사람은 건강문제, 관재구설로 운이 단단히 꼬여있음, 취업 승진문제, 자식문제, 손재수

필히 피해야 할일 소장제출·항소·손님초대·神物,佛象안치·씨뿌리기·건축수리·흙 다루고 땅 파는 일

백초귀장술의 오늘에 초사언

시간 점占 乙亥공망-申酉

子時	상부발탁사, 관직입사, 음란색정사, 도난
丑時	적의 침범사, 질병위급, 삼각관계, 도망
寅時	재물취득, 부인문제, 관직변동, 간사 情夫
卯時	직장취업, 이동사, 가출문제, 형제친구사
辰時	재물융통, 질병재발, 부부다툼, 극처사
巳時	이동사, 삼각 색정사, 직장실직, 터부정
午時	질병재앙, 자식문제, 직장실직, 재해 도난
未時	금전융통, 구재이득, 여자문제 자연해소
申時	재물손실, 우환질병, 불명예, 색정사, 가출
酉時	금전문제, 가출사, 삼각관계, 관재, 질병
戌時	자살귀 침범, 구재불가, 질병고통, 이별사
亥時	금전암손, 여자문제, 사업후원사, 질병침투

오늘 행운 복권 운세

복권사면 좋은 띠는 닭띠 ④⑨ 24, 행운복권방은 집에서 서쪽에 있는곳

申子辰生	북쪽문을 피하고, 서남쪽으로 이사하면 안 된다. 재수가 없고, 하는 일마다 꼬이고, 病苦질병발생. 바람기 발동.
巳酉丑生	서쪽문을 피하고, 동남쪽으로 이사하면 안 된다. 재수가 없고, 하는 일마다 꼬이고, 病苦질병발생. 바람기 발동.
寅午戌生	남쪽문을 피하고, 북동쪽으로 이사하면 안 된다. 재수가 없고, 하는 일마다 꼬이고, 病苦질병발생. 바람기 발동.
亥卯未生	동쪽문을 피하고, 서북쪽으로 이사하면 안 된다. 재수가 없고, 하는 일마다 꼬이고, 病苦질병발생. 바람기 발동.

운세풀이

巳띠:이동수,우왕좌왕, 弱 다툼	申띠: 점점 일이 꼬임, 관재구설	亥띠:최고운상승세, 두마음	寅띠: 만남,결실,화합,문서
午띠:매사불편, 방해자,배신	酉띠: 귀인상봉, 금전어득, 현금	子띠: 의욕과다, 스트레스큼	卯띠:이동수,이별수,변동 움직임
未띠:해결신,시험합격, 풀림	戌띠: 매사꼬임,과거고생, 질병	丑띠: 시급한 일, 뜻대로 안됨	辰띠: 빈주머니,걱정근심,사기

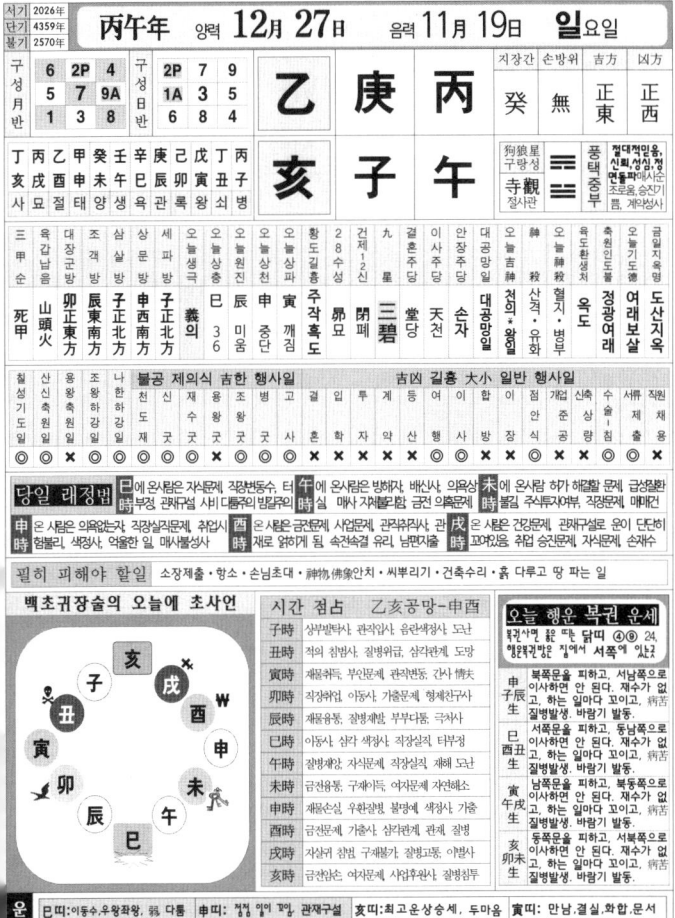

12월

서기 2026年 / 단기 4359年 / 불기 2570年	丙午年	양력 12月 28日	음력 11月 20日	월요일

구성월반			구성日반		
6	2P	4	3A	8P	1
5	7	9A	2	4	6
1	3	8	7	9	5

丙	庚	丙
子	子	午

지장간	손방위	吉方	凶方
癸	無	正北	正南

狗狼星 구랑성 / 中庭 마당중앙	☴☱	풍택중부	**절대적믿음, 신뢰,성심,정연돌파** 매사순조로움,승진기쁨, 계약성사

己	戊	丁	丙	乙	甲	癸	壬	辛	庚	己	戊
亥	戌	酉	申	未	午	巳	辰	卯	寅	丑	子
절	묘	사	병	쇠	왕	록	관	욕	생	양	태

三甲순	死甲
육갑납음	澗下水
대장군방	卯正東方
조객방	辰東南方
삼살방	子正北方
상문방	申西南方
세파방	子正北方
오늘생극	伐벌
오늘상충	午 36
오늘원진	未 미움
오늘상천	未 중단
오늘상파	酉 깨짐
황도길흉	금궤황도
28수성	畢필
건제12신	建건
九星	四綠
결혼주당	翁옹
이사주당	害해
안장주당	死
오늘吉神	월공*관일
오늘吉神	경안*승광
神殺일	월건·지화
오늘神殺	소시·백파
육도환생처	천도
축원인도불	지장보살
오늘기도德	아미보살
금일지옥명	발설지옥

구분	항목	길흉
	칠성기도일	◎
	산신축원일	◎
	용왕축원일	×
	조왕하강일	×
	나한하강일	◎
불공 제의식 吉한 행사일	천도재	◎
	신굿	◎
	재수굿	◎
	용왕굿	×
	조왕굿	×
	병굿	×
吉凶 길흉 大小 일반 행사일	고사	◎
	결혼	×
	입학	◎
	투자	×
	계약	◎
	등산	◎
	여행	◎
	이사	◎
	합방	◎
	이장	×
	점안식	◎
	개업준공	×
	신축상량	◎
	수술-침	×
	서류제출	◎
	직원채용	◎

당일 래정법

巳時에 온사람은 직장실직건, 친구나 형제문제, 관송사, 실업자, 빈주머니 **午時**에 온사람은 이동변동수, 터부정, 하극상모함사건, 자식문제, 차사고 **未時**에 온사람은 방해자, 배신사, 가족간시비, 매사 지체불리함, 도전 창업은 불리

申時온 사람은 관직 취직문제, 결혼 경조사, 한가지씩 해결됨, 시험은 합격됨 허가건도 승인남, 귀인도움 **酉時**온 사람은 외정색정사, 불륜사, 관재로 발전 딸 문제발생, 여자로인해 돈모난, 창업불리 **戌時**온 사람은 남자문제 부동산거래 금전문제, 주식투자문제, 재물구재사, 여자회합건, 건강질병과 빚때문 괴로움

필히 피해야 할일 신상출고 • 제품제작 • 친구초대 • 계약매매 • 문 만들기 • 벌초 • 씨뿌리기 • 나무심기 • 흙 파는일.

백초귀장술의 오늘에 초사언

시간 점占 丙子공망-申酉

子時	돈이나 처를 극, 자식病, 흉, 태아령천도
丑時	금전융통, 새일시작, 우환질병, 가출문제
寅時	사업곤란, 병재 재난, 도난 원한 喪服
卯時	사업후원사, 부부화합사, 여자 가출사
辰時	자식문제, 직장실직, 질병침투, 가출사
巳時	관직 명예사, 가정불안, 도난, 손재수
午時	남녀투쟁 다툼, 처를 극, 질병위급, 수술
未時	잡인잡귀침투, 자식문제, 직장실직, 질병
申時	선거자유리, 금전융통, 여자문제, 도망
酉時	금전융통, 관청근심, 삼각관계, 가출문제
戌時	자식문제, 직장실직, 질병침투, 가출사
亥時	파재, 극처사, 관송사 분쟁, 가출문제

오늘 행운 복권 운세

복권사면 좋은 띠는 **개띠** ⑩⑳ 30
행운복권방은 집에서 **서북쪽**에 있는곳

申子辰生	북쪽문을 피하고, 서남쪽으로 이사하면 안 된다. 재수가 없고, 하는 일마다 꼬이고, 病苦질병발생. 바람기 발동.
巳酉丑生	서쪽문을 피하고, 동남쪽으로 이사하면 안 된다. 재수가 없고, 하는 일마다 꼬이고, 病苦질병발생. 바람기 발동.
寅午戌生	남쪽문을 피하고, 북동쪽으로 이사하면 안 된다. 재수가 없고, 하는 일마다 꼬이고, 病苦질병발생. 바람기 발동.
亥卯未生	동쪽문을 피하고, 서북쪽으로 이사하면 안 된다. 재수가 없고, 하는 일마다 꼬이고, 病苦질병발생. 바람기 발동.

운세풀이

午띠:이동수,우왕좌왕, 言爭, 다툼	酉띠: 점점 일이 꼬임, 관재구설	子띠:최고운상승세, 두마음	卯띠: 만남,결실,화합,문서
未띠:매사불편, 방해자,배신	戌띠:귀인상봉, 금전이득, 현금	丑띠: 의욕과다, 스트레스큼	辰띠:이동수,이별수,변동 움직임
申띠:해결신,시험합격, 풀림	亥띠: 매사꼬임,과거고생, 질병	寅띠: 시급한 일, 뜻대로 안됨	巳띠: 빈주머니,걱정근심,사기

서기	2026年
단기	4359年
불기	2570年

丙午年 양력 12月 29日 음력 11月 21日 화요일

구성月반

6	2P	4
5	7	9A
1	3	8

구성日반

4	9	2P
3	5	7
8	1	6

丁	庚	丙
丑	子	午

지장간	손방위	吉方	凶方
癸	동쪽	正西	正東

狗狼星 구랑성: 寅方 廚井

☴☱ 풍택중부: **절대적믿음, 신뢰, 성심, 정면돌파** 매사순조로움, 승진기쁨, 계약성사

辛	庚	己	戊	丁	丙	乙	甲	癸	壬	辛	庚
亥	戌	酉	申	未	午	巳	辰	卯	寅	丑	子
태	양	생	욕	관	록	왕	쇠	병	사	묘	절

三甲순	육갑납음	대장군방	조객방	삼살방	상문방	세파방	오늘생극	오늘상충	오늘원진	오늘상천	오늘상파	황도길흉	28수성	건제12신	九星	결혼주당	이사주당	안장주당	천구하식	복단일	神殺일	오늘神殺	육도환생처	축원인도불	오늘기도德	금일지옥명
死甲	澗下水	卯正東方	辰東南方	子正北方	申西南方	子正北方	寶보	未 36	午 미움	午 중단	辰 깨짐	대덕황도	觜자	除제	五黃	第제	殺살	여자	양공기일	음덕*수일	-	오황·귀곡	천도	지장보살	보현보살	발설지옥

칠성기도일	산신축원일	용왕축원일	조왕하강일	나한하강일	불공 제의식 吉한 행사일							吉凶 길흉 大小 일반 행사일														
					천도재	신굿	재수굿	용왕굿	조왕굿	병굿	고사	결혼	입학	투자	계약	등산	여행	이사	합방	이장	점안식	개업준공	신축상량	수술-침	서류제출	직원채용
×	×	×	◎	◎	◎	×	×	×	◎	◎	◎	◎	◎	×	◎	◎	◎	×	◎	×	◎	◎	×	◎	◎	◎

당일 래정법

巳時에 온사람은 이동수 있는자, 이사 직장변동, 사업체 변동수, 창업불리

午時에 온사람은 취업문제, 창업문제, 빈주머니, 헛 공사, 부부불화 원망 이별

未時에 온사람은 남녀간다툼 이동변동수, 터부정, 관재구설, 배신, 교통사고주의

申時온 사람은 방해자, 배신사, 의욕상실, 취업승진 매사지체불리함, 창업손실, 손해손재수

酉時온 사람은 새 일 자식문제 급처리문제 처음엔 해결되는 듯하나 후 불리함 시험합격됨

戌時온 사람은 의욕없는 자, 하극상 배신사, 억울한일, 외정색정사, 불륜사 문제, 관재로 발전, 취직문제

필히 피해야 할일 출판출고 · 책만들기 · 지출 · 취임식 · 출항 · 어로작업 · 승선 · 바다낚시 · 머리자르기

백초귀장술의 오늘에 초사언

시간 점占 丁丑공망-申酉

子時	자식문제, 관재구설, 급질병, 도난 원수
丑時	금전 암손, 사업문제, 여자문제, 가출사
寅時	사업시작, 후원사, 화합사, 불륜색정사
卯時	질병침투, 적 침범사, 여자 삼각관계
辰時	사업 후원사, 자식문제, 귀농유리, 취업
巳時	금전손실, 여자문제, 관송사, 가출사
午時	매사 불성, 골육이별, 가출사, 사기도난
未時	직장실직, 우환질병 가출사 자손사 하극상
申時	재물손실, 극처사, 가출사, 재해, 도난
酉時	금전융통, 여자문제, 색정사, 금전손실
戌時	관청근심, 불륜색정사, 가출, 도난 상해
亥時	금전문제, 입상 명예문제, 원행 이동수

오늘 행운 복권 운세

복권사면 좋은 띠는 돼지띠 ⑪⑯31
행운복권방은 집에서 북서쪽에 있는곳

申子辰生	북쪽문을 피하고, 서남쪽으로 이사하면 안 된다. 재수가 없고, 하는 일마다 꼬이고, 病苦 질병발생. 바람기 발동.
巳酉丑生	서쪽문을 피하고, 동남쪽으로 이사하면 안 된다. 재수가 없고, 하는 일마다 꼬이고, 病苦 질병발생. 바람기 발동.
寅午戌生	남쪽문을 피하고, 북동쪽으로 이사하면 안 된다. 재수가 없고, 하는 일마다 꼬이고, 病苦 질병발생. 바람기 발동.
亥卯未生	동쪽문을 피하고, 서북쪽으로 이사하면 안 된다. 재수가 없고, 하는 일마다 꼬이고, 病苦 질병발생. 바람기 발동.

운세풀이

未띠:이동수,우왕좌왕, 弱, 다툼	戌띠: 점점 일이 꼬임, 관재구설	丑띠:최고운상승세, 두마음	辰띠: 만남,결실,화합,문서
申띠:매사불편, 방해자,배신	亥띠:귀인상봉, 금전이득, 현금	寅띠: 의욕과다, 스트레스큼	巳띠:이동수,이별수,변동 움직임
酉띠:해결신,시험합격, 풀림	子띠: 매사꼬임,과거고생, 질병	卯띠: 시급한 일, 뜻대로 안됨	午띠: 빈주머니,걱정근심,사기

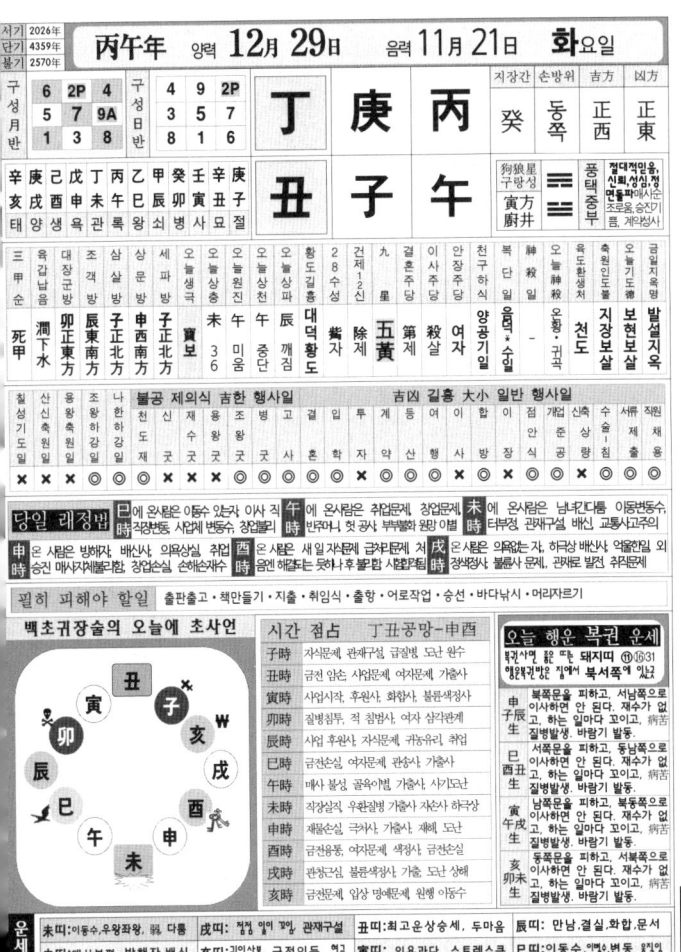

12월

서기	2026年
단기	4359年
불기	2570年

丙午年 양력 12月 30日 음력 11月 22日 수요일

구성월반				구성일반			
	6	2P	4		5	1	3P
	5	7	9A		4	6	8
	1	3	8		9	2	7A

時	日	月
戊	庚	丙
寅	子	午

지장간	손방위	吉方	凶方
癸	동남	正南	正北

狗狼星 구랑성	괘		
東北方	☴☱	풍택중부	절대적믿음, 신뢰,성심,정면돌파 매사순조로움,승진기쁨, 계약성사

癸	壬	辛	庚	己	戊	丁	丙	乙	甲	癸	壬
亥	戌	酉	申	未	午	巳	辰	卯	寅	丑	子
절	묘	사	병	쇠	왕	록	관	욕	생	양	태

三甲순	육갑납음	대장군방	조객방	삼살방	상문방	세파방	오늘생극	오늘상충	오늘원진	오늘상천	오늘상파	황도길흉	28수성	건제12신	九星	결혼주당	이사주당	안장주당	복단일	오늘吉神	神殺	오늘神殺	육도환생처	축원인도불	오늘기도德	금일지옥명
死甲	城頭土	卯正東方	辰東南方	子正北方	申西南方	子正北方	伐벌	申 36	酉 미움	巳 중단	亥 깨짐	백호흑도	參삼	滿만	六白	竈조	富부	어머니	복생*역마	천후*상일	회가제성	귀기·수격	인도	지장보살	약사보살	발설지옥

칠성기도일	산신축원일	용왕축원일	조왕하강일	나한하강일	불공 제의식 吉한 행사일							吉凶 길흉 大小 일반 행사일														
					천도재	신굿	재수굿	용왕굿	조왕굿	병굿	고사	결혼	입학	투자	계약	등산	여행	이사	합방	이장	점안식	개업준공	신축상량	수술-침	서류제출	직원채용
×	×	×	×	×	◎	◎	◎	◎	◎	◎	◎	×	×	×	×	◎	◎	×	×	×	×	◎	×	◎	×	×

당일 래정법

巳時에 온사람은 문서구입, 회합사, 결혼, 재혼, 경조사, 애정사, 궁합, 후원, 개업
午時에 온사람은 이동수 있는자, 이사나 직장변동, 친구나 형제 사업체변동수
未時에 온사람은 금전사기, 실업자, 색정사 들통, 빈주머니, 헛수고, 문서모난사, 매사불성
申時 온 사람은 매매 이동변동수, 직장변동수, 터 부정, 사기, 허위문서, 다툼주의, 차사고 주의
酉時 온 사람은 질병과 자식문제, 방해자, 배신사, 관송사, 취업 승진 매사 지체불리함
戌時 온 사람은 자식문제, 하극상으로 배신사, 해결되는 듯 하나 후 불리함, 시험 합격됨, 허가건 승인됨, 관재

필히 피해야 할일 봉사활동 · 새집들이 · 출장 · 손님초대 · 시험관인공수정 · 성형수술 · 수혈 · 흙 다루고 땅파는 일

백초귀장술의 오늘에 초사언

시간 점占 戊寅공망-申酉

子時	금전융통, 부인문제, 자식질병, 관재구설
丑時	재물파산, 권리박탈, 부인문제, 가출건
寅時	금전 암손, 여자문제, 가출사, 여행 凶
卯時	남편문제, 직장취업, 색정사, 가출사
辰時	매사불성, 금전손실, 사업파산, 속 중단
巳時	입상 명예사, 직장승진, 금전기쁨, 관청
午時	금전손실 다툼, 사업이동, 가출, 처를 극
未時	집안잡귀침투, 처첩, 색정사, 가출문제
申時	침범사, 질병재앙, 가출사, 직장실직
酉時	금전손실, 직장실직, 가출사, 배신음모
戌時	사업후원사, 취업문제, 육친문제, 수술유의
亥時	금전손실, 도난 상해, 이별사, 가출사

오늘 행운 복권 운세

복권사면 좋은 띠는 **쥐띠** ①⑥⑯
행운복권방은 집에서 **북쪽**에 있는곳

申子辰生	북쪽문을 피하고, 서남쪽으로 이사하면 안 된다. 재수가 없고, 하는 일마다 꼬이고, 病苦 질병발생. 바람기 발동.
巳酉丑生	서쪽문을 피하고, 동남쪽으로 이사하면 안 된다. 재수가 없고, 하는 일마다 꼬이고, 病苦 질병발생. 바람기 발동.
寅午戌生	남쪽문을 피하고, 북동쪽으로 이사하면 안 된다. 재수가 없고, 하는 일마다 꼬이고, 病苦 질병발생. 바람기 발동.
亥卯未生	동쪽문을 피하고, 서북쪽으로 이사하면 안 된다. 재수가 없고, 하는 일마다 꼬이고, 病苦 질병발생. 바람기 발동.

운세풀이

申띠:이동수,우왕좌왕, 弱, 다툼	亥띠: 점점 일이 꼬임, 관재구설	寅띠:최고운상승세, 두마음	巳띠: 만남,결실,화합,문서
酉띠:매사불편, 방해자,배신	子띠:귀인상봉, 금전이득, 현금	卯띠: 의욕과다, 스트레스큼	午띠:이동수,이별수,변동 움직임
戌띠:해결신,시험합격, 풀림	丑띠: 매사꼬임,과거고생, 질병	辰띠: 시급한 일, 뜻대로 안됨	未띠: 빈주머니,걱정근심,사기

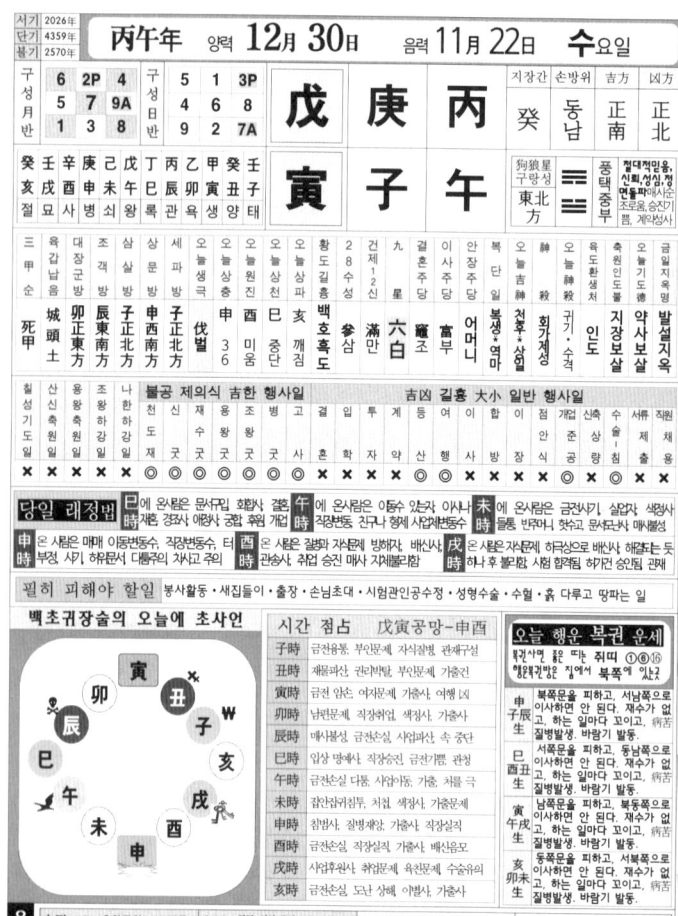

서기	2026年
단기	4359年
불기	2570年

丙午年 양력 12月 31日 음력 11月 23日 목요일

구성月반			구성日반		
6	2P	4	6	2	4
5	7	9A	5	7	9AP
1	3	8	1	3	8

己	庚	丙
卯	子	午

지장간	손방위	吉方	凶方
癸	남쪽	正東	正西

乙	甲	癸	壬	辛	庚	己	戊	丁	丙	乙	甲
亥	戌	酉	申	未	午	巳	辰	卯	寅	丑	子
태	양	생	욕	관	록	왕	쇠	병	사	묘	절

狗狼星 구랑성: 僧尼寺觀後門

풍택중부: **절대적믿음, 신뢰,성심,정면돌파**매사순조로움,승진기쁨, 계약성사

三甲순	육갑납음	대장군방	조객방	삼살방	상문방	세파방	오늘생극	오늘상충	오늘원진	오늘상천	오늘상파	황도길흉	28수성	건제12신	九星	결혼주당	이사주당	안장주당	복단일	오늘吉神	神殺	오늘神殺	육도환생처	축원인도불	오늘기도德	금일지옥명
死甲	城頭土	卯正東方	辰東南方	子正北方	申西南方	子正北方	伐벌	酉 36	申 미움	辰 중단	午 깨짐	옥당황도	井정	平평	七赤	婦부	師사	며느리	대명*지창	천은*미일	수사·천강	피마·천리	귀도	지장보살	문수보살	발설지옥

칠성기도일	산신축원일	용왕축원일	조왕하강일	나한하강일	불공 제의식 吉한 행사일: 천도재	신굿	재수굿	용왕굿	조왕굿	병굿	吉凶 길흉 大小 일반 행사일: 고사	결혼	입학	투자	계약	등산	여행	이사	합방	이장	점안식	개업준공	신축상량	수술-침	서류제출	직원채용
×	◎	×	◎	◎	◎	×	×	×	×	×	◎	×	◎	×	×	◎	◎	×	×	×	◎	×	◎	×	◎	×

당일 래정법

巳時 에 온사람은 모함과 구설로 골치 아픔 가내환자, 바람기, 직장해고위험

午時 에 온사람은 문서 화합운, 결혼, 재혼, 경조사, 궁합, 문서이동, 부모문제 질병

未時 에 온사람은 이동수 있는자, 이사나 직장변동, 자식문제 변동수, 여행, 이별

申時 온 사람은 허위문서, 실업자, 쉬고있는자, 빈주머니, 헛 공사, 사기모함 ·도난사, 매사불성

酉時 온 사람은 매매 이동변동수, 터부정, 관재구설, 사기, 허위문서, 우환질병, 차사고주의

戌時 온 사람은 색정사 배신문제 방해자, 배신사, 의욕상실, 관재구설, 취업 승진 매사 지체불리함

필히 피해야 할일 입주 • 새집들이 • 친목회 • 문서파기 • 창고수리 • 건축수리 • 기둥세우기 • 장담그기

백초귀장술의 오늘에 초사언

시간 점占 己卯공망-申酉

子時	재물근심, 음란색정사, 여자 삼각관계
丑時	유산상속건, 형제친구문제, 가출, 이별사
寅時	직장실직, 가출, 처를극, 불명예, 취업불가
卯時	여자로부터 금전손실, 질병재앙, 불륜사
辰時	만사상쟁, 신규사업 손실, 질병침투, 가출
巳時	매사 불성사, 사업금전손실 다툼, 색정사
午時	직장승진문제, 불륜색정사, 가출문제
未時	이동 이별수, 직업변동, 가출사, 수술불리
申時	자식문제, 극처사, 질병침투, 직업실직
酉時	적의 침범사, 질병재앙, 색정사, 가출사
戌時	놀랄 일발생, 금전융통, 배신 도망 가출
亥時	금전문제, 부인문제, 가출사, 도난, 惡意

오늘 행운 복권 운세

복권사면 좋은 띠는 **소띠** ②⑤⑩
행운복권방은 집에서 **북동쪽**에 있는곳

申子辰生	북쪽문을 피하고, 서남쪽으로 이사하면 안 된다. 재수가 없고, 하는 일마다 꼬이고, 病苦 질병발생. 바람기 발동.
巳酉丑生	서쪽문을 피하고, 동남쪽으로 이사하면 안 된다. 재수가 없고, 하는 일마다 꼬이고, 病苦 질병발생. 바람기 발동.
寅午戌生	남쪽문을 피하고, 북동쪽으로 이사하면 안 된다. 재수가 없고, 하는 일마다 꼬이고, 病苦 질병발생. 바람기 발동.
亥卯未生	동쪽문을 피하고, 서북쪽으로 이사하면 안 된다. 재수가 없고, 하는 일마다 꼬이고, 病苦 질병발생. 바람기 발동.

운세풀이

酉띠:이동수,우왕좌왕, 弱, 다툼	子띠: 점점 일이 꼬임, 관재구설	卯띠:최고운상승세, 두마음	午띠: 만남,결실,화합,문서
戌띠:매사불편, 방해자,배신	丑띠:귀인상봉, 금전이득, 현금	辰띠: 의욕과다, 스트레스큼	未띠:이동수,이별수,변동 움직임
亥띠:해결신,시험합격, 풀림	寅띠: 매사꼬임,과거고생, 질병	巳띠: 시급한 일, 뜻대로 안됨	申띠: 빈주머니,걱정근심,사기

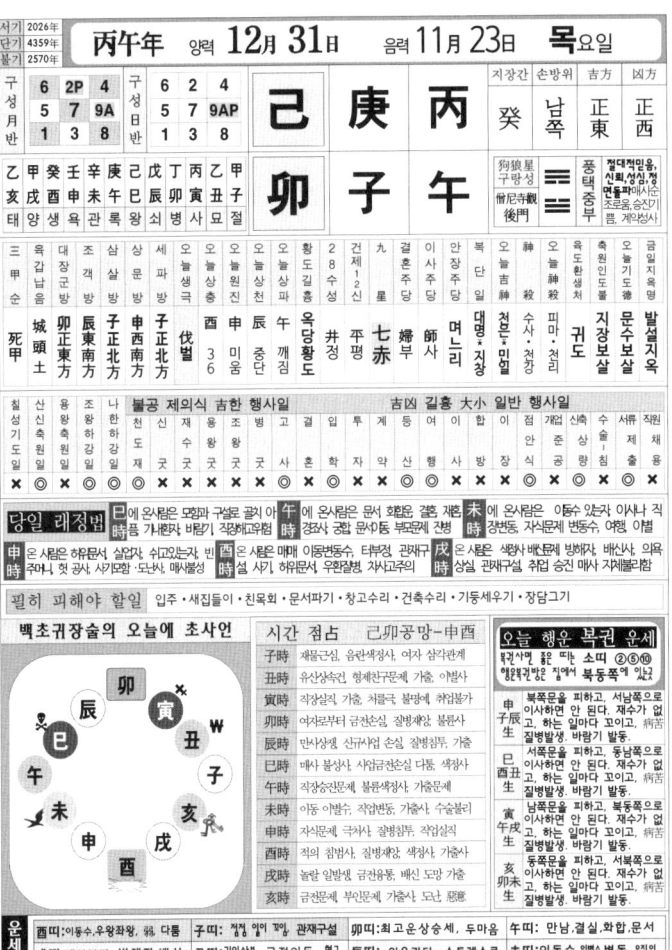

12월

서기	2027年
단기	4360年
불기	2571年

丁未年 양력 01月 01日 음력 11月 24日 금요일 신정

구성月반			
	6	2P	4
	5	7	9A
	1	3	8

구성日반			
	7	3	5
	6	8	1
	2A	4	9P

時	日	月	年
庚	庚	丙	
辰	子	午	

지장간	손방위	吉方	凶方
癸	남서	正北	正南

丁	丙	乙	甲	癸	壬	辛	庚	己	戊	丁	丙
亥	戌	酉	申	未	午	巳	辰	卯	寅	丑	子
병	쇠	왕	록	관	욕	생	양	태	절	묘	사

狗狼星 구랑성	☴☱	풍택중부	절대적믿음, 신뢰,성심,정 면돌파매사순 조로움,승진기 쁨, 계약성사
寺觀 절사관			

三甲순	육갑납음	대장군방	조객방	삼살방	상문방	세파방	오늘생극	오늘상충	오늘원진	오늘상천	오늘상파	황도길흉	28수성	건제12신	九星	결혼주당	이사주당	안장주당	복단일	오늘吉神	神殺	오늘神殺	육도환생처	축원인도불	오늘기도德	금일지옥명
死甲	白蠟金	卯正東方	辰東南方	子正北方	申西南方	子正北方	義의	戌 36	亥 미움	卯 중단	丑 깨짐	천뇌흑도	鬼귀	定정	八白	廚주	災재	손님	삼합일	천은*지창	-	사기·패파	축도	지장보살	지장보살	발설지옥

칠성기도일	산신축원일	용왕축원일	조왕하강일	나한하강일	천도재	신굿	재수굿	용왕굿	조왕굿	병굿	고사	결혼	입학	투자	계약	등산	여행	이사	합방	이장	점안식	개업준공	신축상량	수술·침	서류제출	직원채용
					불공 제의식 吉한 행사일							吉凶 길흉 大小 일반 행사일														
×	◎	×	◎	◎	◎	◎	◎	◎	◎	◎	◎	-	◎	×	◎	◎	-	×	◎	×	◎	◎	×	◎	◎	◎

당일 래정법

巳時에 온사람은 의욕과다, 뭐가 하고싶어서 왔다 직장취업문제, 소송사건여부

午時에 온사람은 부모형제와 골치 아픈일 암투, 가내환자, 바람기, 불륜

未時에 온사람은 화합운, 결혼, 재혼, 경조사, 애정사, 궁합, 만남, 후원, 개업 매매건

申時 온 사람은 이동수 있는자, 이사나 직장변동, 사업체 변동수, 여행, 이별수, 창업불리

酉時 온 사람은 색정사문제, 금전손재수, 쉬고있는자, 빈주머니, 헛 공사, 사기모함 , 매사불성

戌時 온 사람은 매매 이동변동수, 터부정, 관재구설, 사기, 허위문서, 동업자 시비 다툼주의, 차사고주의

필히 피해야 할일 출품 · 새집들이 · 인수인계 · 해외여행 · 항공주의 · 코인투자 · 벌초 · 질병치료 · 흙파기.

백초귀장술의 오늘에 초사언

시간 점占 庚辰공망-申酉

子時	자식질병사, 사업후원사, 도난, 태아령천도
丑時	파산위태, 금전손실, 상속문제, 산소탈
寅時	질병재앙, 취업문제, 금전융통, 사업확장
卯時	파재, 극처사, 관송사 분쟁, 가출문제
辰時	금전암손, 여자문제, 사업문제, 금전다툼
巳時	신규사업, 구재, 도난, 상해, 관재, 손실
午時	관재구설, 직장박탈, 도적손실, 가출문제
未時	사업후원사, 선거당선사, 화합사, 가출사
申時	재물손실, 적의 침범사, 변동 이사, 가출
酉時	남녀색정사, 사기 도난, 도주, 상부상처
戌時	질병침투, 적의침범사, 가출문제, 부하도주
亥時	자식문제, 방해자, 금전손실, 우환질병

오늘 행운 복권 운세

복권사면 좋은 띠는 범띠 ③⑧⑱
행운복권방은 집에서 동북쪽에 있는곳

申子辰生	북쪽문을 피하고, 서남쪽으로 이사하면 안 된다. 재수가 없고, 하는 일마다 꼬이고, 病苦 질병발생. 바람기 발동.
巳酉丑生	서쪽문을 피하고, 동남쪽으로 이사하면 안 된다. 재수가 없고, 하는 일마다 꼬이고, 病苦 질병발생. 바람기 발동.
寅午戌生	남쪽문을 피하고, 북동쪽으로 이사하면 안 된다. 재수가 없고, 하는 일마다 꼬이고, 病苦 질병발생. 바람기 발동.
亥卯未生	동쪽문을 피하고, 서북쪽으로 이사하면 안 된다. 재수가 없고, 하는 일마다 꼬이고, 病苦 질병발생. 바람기 발동.

운세풀이

戌띠:이동수,우왕좌왕, 弱, 다툼	丑띠: 점점 일이 꼬임, 관재구설	辰띠:최고운상승세, 두마음	未띠: 만남,결실,화합,문서
亥띠:매사불편, 방해자,배신	寅띠:귀인상봉, 금전이득, 현금	巳띠: 의욕과다, 스트레스큼	申띠:이동수,이별수,변동 움직임
子띠:해결신,시험합격, 풀림	卯띠: 매사꼬임,과거고생, 질병	午띠: 시급한 일, 뜻대로 안됨	酉띠: 빈주머니,걱정근심,사기

서기 2027年	단기 4360年	불기 2571年

丁未年 양력 01月 02日 음력 11月 25日 토요일

구성月반		
6	2P	4
5	7	9A
1	3	8

구성日반		
8	4A	6
7	9	2
3	5	1P

辛	庚	丙
巳	子	午

지장간	손방위	吉方	凶方
癸	서쪽	正西	正東

狗狼星 구랑성	☰	수뢰둔	난관 어려움 봉착 지금은 시기상조 위험수방비
水步井	☷		

己	戊	丁	丙	乙	甲	癸	壬	辛	庚	己	戊
亥	戌	酉	申	未	午	巳	辰	卯	寅	丑	子
욕	관	록	왕	쇠	병	사	묘	절	태	양	생

三甲순	육갑납음	대장군방	조객방	삼살방	상문방	세파방	오늘생극	오늘상충	오늘원진	오늘상천	오늘상파	황도길흉	28수성	건제12신	九星	결혼주당	이사주당	안장주당	복단일	오늘吉神	神殺	오늘神殺	육도환생처	축원인도불	오늘기도德	금일지옥명
死甲	白蠟金	卯正東方	辰東南方	子正北方	申西南方	子正北方	伐벌	亥 36	戌 미움	寅 중단	申 깨짐	현무흑도	柳류	執집	九紫	夫부	安안	아버지	오부길일	천은*익후	소모·중일	라강·홍사	옥도	지장보살	문수보살	발설지옥

불공 제의식 吉한 행사일 / 吉凶 길흉 大小 일반 행사일

칠성기도일	산신축원일	용왕축원일	조왕하강일	나한하강일	천도재	신굿	재수굿	용왕굿	조왕굿	병굿	고사	결혼	입학	투자	계약	등산	여행	이사	합방	이장	점안식	개업준공	신축상량	수술-침	서류제출	직원채용
×	×	×	×	×	×	◎	◎	×	◎	×	◎	×	×	×	×	◎	×	×	×	×	×	×	×	◎	◎	×

당일 래정법

巳時 에 온사람은 의욕충만, 두가지문제로 갈등사, 갖고싶은 욕구, 자식문제, 사업문제

午時 에 온사람은 의욕과다, 뭐가 하고싶어서 왔다, 금전문제, 여자문제, 시험합격

未時 에 온사람은 골치 아픈일, 형제동업 죽음, 바람기, 불륜, 시비투쟁, 속정리

申時 온 사람은 형제, 문서, 회합운, 결혼, 재혼, 경조사, 애정사, 궁합, 만남, 개업, 하극상 배신, 구설수

酉時 온 사람은 이동수 있는자, 가출, 이사나 직장변동, 사업체 변동수, 여행, 이별수, 관재구설

戌時 온 사람은 색정사문제, 금전손재수, 쉬고있는자, 빈주머니, 헛 공사, 사기모함, 매사불성

필히 피해야 할일

홍보광고 • 소장제출 • 인허가신청 • 정보유출 • 질병치료 • 출항 • 조선 배 제조 • 승선 • 장담그기

백초귀장술의 오늘에 초사언

시간 점占 辛巳공망-申酉

子時	자식문제, 질병침투, 직장실직, 배신주의
丑時	자선사업 봉사, 후원사, 질병침투, 가출
寅時	금전융통, 부인문제, 색정사, 관재구설
卯時	금전문제, 사업관련, 형제도움, 가출사
辰時	질병재앙, 타인과 다툼, 가출사, 사업불리
巳時	금전암손, 여자문제, 취직 실직문제, 포상
午時	신규사업불리, 관재구설, 남녀색정사, 우환
未時	자선 봉사활동, 금전문제, 가출방황, 불리
申時	사업후원사 발탁, 직장취업, 당선입상
酉時	급병자발생, 금전손실, 도난 가출도주
戌時	봉사 자선사업, 질병재앙, 사업문제, 가출
亥時	적침범사, 질병침투, 부부이별, 원행 이사

오늘 행운 복권 운세

복권사면 좋은 띠는 토끼띠 ②⑧
행운복권방은 집에서 동쪽에 있는곳

申子辰生	북쪽문을 피하고, 서남쪽으로 이사하면 안 된다. 재수가 없고, 하는 일마다 꼬이고, 病苦 질병발생. 바람기 발동.
巳酉丑生	서쪽문을 피하고, 동남쪽으로 이사하면 안 된다. 재수가 없고, 하는 일마다 꼬이고, 病苦 질병발생. 바람기 발동.
寅午戌生	남쪽문을 피하고, 북동쪽으로 이사하면 안 된다. 재수가 없고, 하는 일마다 꼬이고, 病苦 질병발생. 바람기 발동.
亥卯未生	동쪽문을 피하고, 서북쪽으로 이사하면 안 된다. 재수가 없고, 하는 일마다 꼬이고, 病苦 질병발생. 바람기 발동.

운세풀이

亥띠:이동수,우왕좌왕, 弱, 다툼	寅띠: 점점 일이 꼬임, 관재구설	巳띠:최고운상승세, 두마음	申띠: 만남,결실,화합,문서
子띠:매사불편, 방해자,배신	卯띠:귀인상봉, 금전이득, 현금	午띠: 의욕과다, 스트레스큼	酉띠:이동수,이별수,변동 움직임
丑띠:해결신,시험합격, 풀림	辰띠: 매사꼬임,과거고생, 질병	未띠: 시급한 일, 뜻대로 안됨	戌띠: 빈주머니,걱정근심,사기

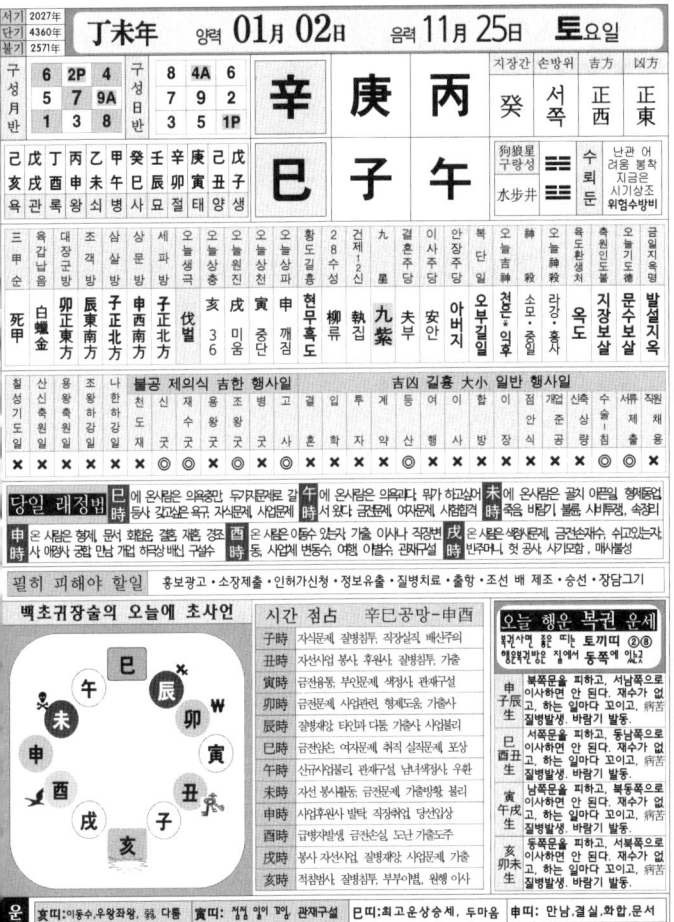

12월

서기	2027年
단기	4360年
불기	2571年

丁未年 양력 01月 03日 음력 11月 26日 일요일

구성월반				구성일반			
	6	2P	4		9	5	7
	5	7	9A		8	1	3
	1	3	8		4	6AP	2

壬	庚	丙
午	子	午

지장간	손방위	吉方	凶方
癸	서북	正南	正北

狗狼星 구랑성	괘	수뢰둔	난관 어려움 봉착 지금은 시기상조 위험수방비
神廟 신사묘			

辛亥	庚戌	己酉	戊申	丁未	丙午	乙巳	甲辰	癸卯	壬寅	辛丑	庚子
록	관	욕	생	양	태	절	묘	사	병	쇠	왕

三甲순	육갑납음	대장군방	조객방	삼살방	상문방	세파방	오늘생극	오늘상충	오늘원진	오늘상천	오늘상파	황도길흉	28수성	건제12신	九星	결혼주당	이사주당	안장주당	복단일	오늘吉神	神殺	오늘神殺	육도환생처	축원인도불	오늘기도德	금일지옥명
死甲	楊柳木	卯正東方	辰東南方	子正北方	申西南方	子正北方	制제	子 36	丑 미움	丑 중단	卯 깨짐	사명황도	星성	破파	一白	姑고	利이	남자	-	월덕*대명	월파일	천화·혈기	불도	헌겁천불	약사보살	한빙지옥

칠성기도일	산신축원일	용왕축원일	조왕하강일	나한하강일	불공 제의식 吉한 행사일: 천도재	신굿	재수굿	용왕굿	조왕굿	병굿	고사	吉凶 길흉 大小 일반 행사일: 결혼	입학	투자	계약	등산	여행	이사	합방	이장	점안식	개업준공	신축상량	수술-침	서류제출	직원채용
×	×	×	×	◎	◎	×	×	×	×	×	×	×	×	×	×	◎	◎	×	×	×	×	×	×	×	×	×

당일 래정법

巳時에 온사람은 건강문제, 관재, 금전고통으로 운이 단단히 꼬여있음, 동업파탄

午時에 온사람은 금전구재, 화병, 갈등사; 갖고싶은 욕구, 자식문제, 취업문제

未時에 온사람은 의욕과다; 뭔가 하고싶어서 왔다; 직장취업문제, 결혼문제

申時 온 사람은 골치 아픈일, 친구나 형제동업, 죽음, 배우자바람기, 차사고 시비투쟁, 속 정리해야함

酉時 온 사람은 형제, 문서, 화합운, 결혼, 관직취업 애정사, 궁합, 만남, 개업, 하극상 배신, 경쟁사로 몰변

戌時 온 사람은 이동수 있는자, 가출, 이사나 직장변동, 사업체 변동수, 여행, 이별수, 부동산매매

필히 피해야 할일

작품출품 · 납품 · 정보유출 · 교역 · 화재주의 · 출장 · 항공주의 · 흙파기 · 지붕 · 옥상보수

백초귀장술의 오늘에 초사언

시간 점占 壬午공망-申酉

子時	남녀쟁투 처를 극, 病, 이동 소송은 흉
丑時	질병은 흉, 이사 구직안됨, 순리대로
寅時	선거자유리, 불륜사, 急病者, 喪服 운
卯時	매사 선흉후길, 소송은 화해가 길,
辰時	관재 병재로 불길, 가출사 색정사 하극상
巳時	사업, 구재, 구설 이별, 여자삼각관계, ⊗
午時	금전손실 다툼, 이사 여행 투자 시험불리
未時	잡안잡귀침투, 친족불화, 삼각관계, 불리
申時	매사 불성사, 도망은 吉, 도적손실, 재액
酉時	사업사, 후원사, 불륜사, 화합사, 무력함
戌時	가출건, 급병자, 관재구설, 하자발생 ⊗
亥時	남자는 해롭고, 임신은 안됨, 구직 안됨

오늘 행운 복권 운세

복권사면 좋은 띠는 용띠 ⑤⑩⑳
행운복권방은 집에서 동남쪽에 있는곳

申子辰生	북쪽문을 피하고, 서남쪽으로 이사하면 안 된다. 재수가 없고, 하는 일마다 꼬이고, 病苦 질병발생. 바람기 발동.
巳酉丑生	서쪽문을 피하고, 동남쪽으로 이사하면 안 된다. 재수가 없고, 하는 일마다 꼬이고, 病苦 질병발생. 바람기 발동.
寅午戌生	남쪽문을 피하고, 북동쪽으로 이사하면 안 된다. 재수가 없고, 하는 일마다 꼬이고, 病苦 질병발생. 바람기 발동.
亥卯未生	동쪽문을 피하고, 서북쪽으로 이사하면 안 된다. 재수가 없고, 하는 일마다 꼬이고, 病苦 질병발생. 바람기 발동.

운세풀이

子띠:이동수,우왕좌왕, 弱, 다툼	卯띠: 점점 일이 꼬임 관재구설	午띠:최고운상승세, 두마음	酉띠: 만남,결실,화합,문서
丑띠:매사불편, 방해자,배신	辰띠:귀인상봉, 금전이득, 현금	未띠: 의욕과다, 스트레스큼	戌띠:이동수,이별수,변동 움직임
寅띠:해결신,시험합격, 풀림	巳띠: 매사꼬임,과거고생, 질병	申띠: 시급한 일, 뜻대로 안됨	亥띠: 빈주머니,걱정근심,사기

서기	2027年
단기	4360年
불기	2571年

丁未年 양력 01月 04日 음력 11月 27日 월요일

구성월반				구성일반			
	6	2P	4		1	6	8A
	5	7	9A		9	2	4
	1	3	8		5P	7	3

癸	庚	丙
未	子	午

지장간	손방위	吉方	凶方
癸	북쪽	正東	正西

狗狼星 구랑성	水步井
수뢰둔	난관 어려움 봉착 지금은 시기상조 위험수방비

癸	壬	辛	庚	己	戊	丁	丙	乙	甲	癸	壬
亥	戌	酉	申	未	午	巳	辰	卯	寅	丑	子
왕	쇠	병	사	묘	절	태	양	생	욕	관	록

三甲순	육갑납음	대장군방	조객방	삼살방	상문방	세파방	오늘생극	오늘상충	오늘원진	오늘상천	오늘상파	황도길흉	28수성	건제12신	九星	결혼주당	이사주당	안장주당	복단일	대공망일	오늘吉神	오늘神殺	육도환생처	축원인도불	오늘기도德	금일지옥명
死甲	楊柳木	卯正東方	辰東南方	子正北方	申西南方	子正北方	伐벌	丑 36	子 미움	子 중단	戌 깨짐	구진흑도	張장	危위	二黑	堂당	天천	손자	복단일	대공망일	월해·독화	멸망·태허	불도	헌겁천불	대세지보살	한빙지옥

					불공 제의식 吉한 행사일							吉凶 길흉 大小 일반 행사일														
칠성기도일	산신축원일	용왕축원일	조왕하강일	나한하강일	천도재	신굿	재수굿	용왕굿	조왕굿	병굿	고사	결혼	입학	투자	계약	등산	여행	이사	합방	이장	점안식	개업준공	신축상량	수술-침	서류제출	직원채용
×	×	×	×	◎	◎	×	×	×	×	×	×	×	◎	×	×	◎	×	×	×	×	×	×	×	×	–	×

당일 래정법

巳時 에 온사람은 금전문제, 사업문제, 금전구재건, 관직취직사, 속전속결이 유리

午時 에 온사람 건강문제, 금전문제로 운이 단단히 꼬여있음, 동업파탄 손재수

未時 에 온사람 문서합의, 부모자식간 문제, 교합사는 불성사, 이동수도 있음

申時 온 사람은 의욕과다, 뭐가 하고싶어서 왔다. 직장취업문제, 친구형제간 배신과 암해, 관재수

酉時 온 사람은 골치 아픈일, 형제동업, 죽음, 바람기, 불륜, 시비투쟁, 급속정리해야함, 청춘구직해

戌時 온 사람은 형제, 화합운, 결혼, 재혼, 경조사, 애정사, 궁합, 만남, 개업, 하극상 배신, 움직이면 재앙

필히 피해야 할일 이날은 흑도와 월파일에 대공망일, 구공, 대모 등 신살에 해당되어 매사 해롭고 불리한 날

백초귀장술의 오늘에 초사언

시간 점占 癸未공망-申酉

子時	관귀발동, 남녀색정사, 금전손해 실물수
丑時	적의 침범사, 불길하고 원수됨, 가출사
寅時	자손문제, 실직문제, 연애배신사, 모함
卯時	질병위급, 여행조심, 관직승진 결혼 吉
辰時	남편문제, 가출사 색정사, 부부이별, 소송흉
巳時	사업, 구재이득, 귀인상봉, 수상기쁨
午時	화합 애정사불리, 금전손실, 매사 불성사
未時	유명무실, 가출건, 동료나 골육배반 구설
申時	사업사 손재수, 후원사무리, 여행은 불리
酉時	병자사망, 매사 불성사, 가출도주, 外情
戌時	작업문제, 남편문제, 집안불화, 불합격
亥時	금전배신, 처 가출사, 도망 분실, 이동 흉

오늘 행운 복권 운세

복권사면 좋은 띠는 **뱀띠** ⑦⑰27
행운복권방은 집에서 **남동쪽**에 있는곳

申子辰生	북쪽문을 피하고, 서남쪽으로 이사하면 안 된다. 재수가 없고, 하는 일마다 꼬이고, 病苦 질병발생. 바람기 발동.
巳酉丑生	서쪽문을 피하고, 동남쪽으로 이사하면 안 된다. 재수가 없고, 하는 일마다 꼬이고, 病苦 질병발생. 바람기 발동.
寅午戌生	남쪽문을 피하고, 북동쪽으로 이사하면 안 된다. 재수가 없고, 하는 일마다 꼬이고, 病苦 질병발생. 바람기 발동.
亥卯未生	동쪽문을 피하고, 서북쪽으로 이사하면 안 된다. 재수가 없고, 하는 일마다 꼬이고, 病苦 질병발생. 바람기 발동.

운세풀이

丑띠: 이동수, 우왕좌왕, 弱, 다툼	辰띠: 점점 일이 꼬임, 관재구설	未띠: 최고운상승세, 두마음	戌띠: 만남, 결실, 화합, 문서
寅띠: 매사불편, 방해자, 배신	巳띠: 귀인상봉, 금전이득, 현금	申띠: 의욕과다, 스트레스큼	亥띠: 이동수, 이별수, 변동 움직임
卯띠: 해결신, 시험합격, 풀림	午띠: 매사꼬임, 과거고생, 질병	酉띠: 시급한 일, 뜻대로 안됨	子띠: 빈주머니, 걱정근심, 사기

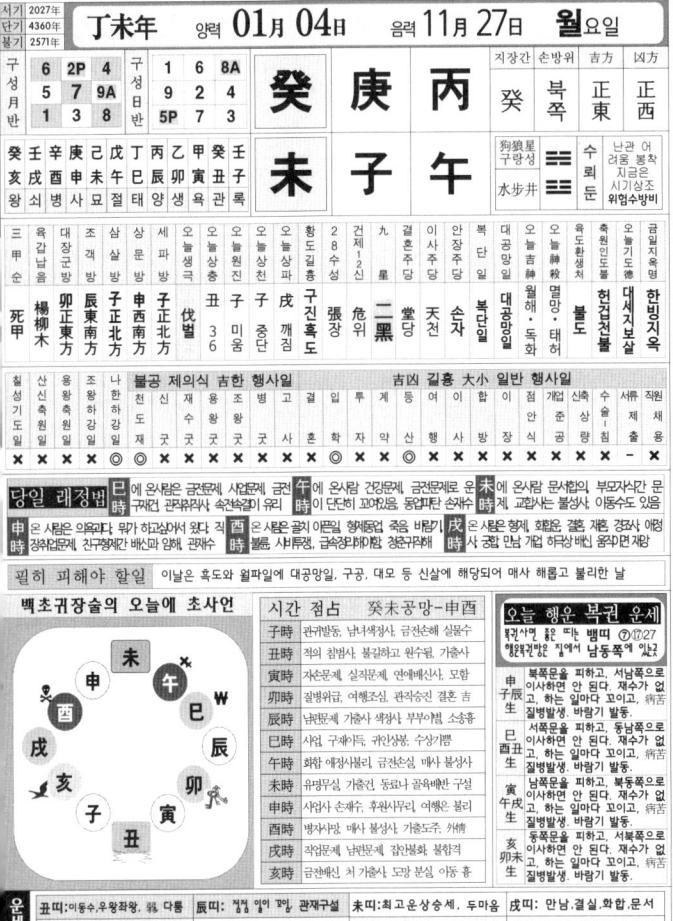

서기	2027年
단기	4360年
불기	2571年

丁未年 양력 01月 05日 음력 11月 28日 월요일

소한 小寒 23時 10分 入

구성월반				구성일반				일진			지장간	손방위	吉方	凶方
	5	1	3P		2	7	9	甲	辛	丙	癸	북동	正北	正南
	4	6	8		1A	3	5	申	丑	午				
	9	2	7A		6P	8	4							

乙	甲	癸	壬	辛	庚	己	戊	丁	丙	乙	甲
亥	戌	酉	申	未	午	巳	辰	卯	寅	丑	子
생	양	태	절	묘	사	병	쇠	왕	록	관	욕

狗狼星 구랑성	正廳中庭정청
수뢰둔	난관 어려움 봉착 지금은 시기상조 위험수방비

三甲순	육갑납음	대장군방	조객방	삼살방	상문방	세파방	오늘생극	오늘상충	오늘원진	오늘상천	오늘상파	황도길흉	28수성	건제12신	九星	결혼주당	이사주당	안장주당	대공망일	오늘吉神	오늘吉神	오늘神殺	육도환생처	축원인도불	오늘기도德	금일지옥명
病甲	泉中水	卯正東方	辰東南方	子正北方	申西南方	子正北方	伐벌	寅 36	卯 미움	亥 중단	巳 깨짐	사명황도	翼익	危위	三碧	翁옹	害해	死	대공망일	모창*양덕	월공*사상	유화·토금	인도	헌겁천불	아미보살	한빙지옥

칠성기도일	산신축원일	용왕축원일	조왕하강일	나한하강일	천도재	신굿	재수굿	용왕굿	조왕굿	병굿	고사	결혼	입학	투자	계약	등산	여행	이사	합방	이장	점안식	개업준공	신축상량	수술·침	서류제출	직원채용
					불공 제의식 吉한 행사일							吉凶 길흉 大小 일반 행사일														
×	◎	×	◎	◎	◎	◎	◎	◎	◎	◎	◎	×	◎	×	×	◎	◎	×	×	×	◎	◎	×	◎	◎	×

당일 래정법

巳時에 온사람은 의욕없는자, 금전구재건 색정사로 다툼, 억울한 일, 매사불성사

午時에 온사람은 금전문제, 자식문제, 친정식구도움, 관직취직사, 우환질병

未時에 온사람 건강문제, 남편문제로 운이 단단히 꼬여있음, 직장은 불리, 손재수

申時 온 사람은 새사업은 방해자로 인해 망신수, 관재수 발생, 후원사불리, 수술문제, 사고조심

酉時 온 사람은 의욕과다, 새로운 일 하고싶어서 왔다. 직장취업문제, 친구형제간 배신, 색정사

戌時 온 사람은 골치 아픈일, 삼각관계, 죽음, 바람기, 불륜, 시비투쟁, 급속정리해야함, 청춘귀작해

필히 피해야 할일

질병치료 · 사냥 · 승선 · 낚시 · 어로작업 · 요트타기 · 위험놀이기구 · 벌목 · 수렵 · 침대 가구들이기

백초귀장술의 오늘에 초사언

시간 점占 甲申공망-午未

子時	사업사 후원문제, 가출사, 이동사, 질병
丑時	사기도난조짐, 가출건, 여행불리, 질병
寅時	이동사, 육친이별, 부동산다툼, 터부정
卯時	움직이면 혈광재앙, 병환자발생, 순리
辰時	사업건 금전융통 가능, 시험합격, 불륜사
巳時	도난, 파재, 상해, 관재, 자손문제, 女일
午時	관직 승전가능, 놀날일발생, 변화사 불리
未時	病환자, 관재, 금전손실, 여행 모두 불리
申時	관직승전기쁨, 사업성공, 취업 가능, 음란
酉時	남녀색정사 변심, 남편문제, 삼각관계
戌時	금전문제, 여자문제, 가출사, 집안 시체
亥時	임신가능, 결혼기쁨, 여행재앙, 망동주의

오늘 행운 복권 운세

복권사면 좋은 띠는 말띠 ⑤⑦22
행운복권방은 집에서 남쪽에 있는곳

申子辰生	북쪽문을 피하고, 서남쪽으로 이사하면 안 된다. 재수가 없고, 하는 일마다 꼬이고, 病苦 질병발생. 바람기 발동.
巳酉丑生	서쪽문을 피하고, 동남쪽으로 이사하면 안 된다. 재수가 없고, 하는 일마다 꼬이고, 病苦 질병발생. 바람기 발동.
寅午戌生	남쪽문을 피하고, 북동쪽으로 이사하면 안 된다. 재수가 없고, 하는 일마다 꼬이고, 病苦 질병발생. 바람기 발동.
亥卯未生	동쪽문을 피하고, 서북쪽으로 이사하면 안 된다. 재수가 없고, 하는 일마다 꼬이고, 病苦 질병발생. 바람기 발동.

운세풀이

寅띠:이동수,우왕좌왕, [illegible] 다툼	巳띠: 점점 일이 꼬임, 관재구설	申띠:최고운상승세, 두마음	亥띠: 만남,결실,화합,문서
卯띠:매사불편, 방해자,배신	午띠: 귀인상봉, 금전어득, 현금	酉띠: 의욕과다, 스트레스큼	子띠:이동수,이별수,변동 움직임
辰띠:해결신,시험합격, 풀림	未띠: 매사꼬임,과거고생, 질병	戌띠: 시급한 일, 뜻대로 안됨	丑띠: 빈주머니,걱정근심,사기

서기 2027年	丁未年	양력 01月 06日	음력 11月 29日 수요일
단기 4360年			
불기 2571年			

구성월반			구성일반		
5	1	3P	3A	8	1
4	6	8	2P	4	6
9	2	7A	7	9	5

丁	丙	乙	甲	癸	壬	辛	庚	己	戊	丁	丙
亥	戌	酉	申	未	午	巳	辰	卯	寅	丑	子
사	묘	절	태	양	생	욕	관	록	왕	쇠	병

乙	辛	丙
酉	丑	午

지장간	손방위	吉方	凶方
癸	無	正西	正東

狗狼星 구랑성	괘	수뢰둔	
天	☵☳		난관 어려움 봉착 지금은 시기상조 위험수방비

三甲순	육갑납음	대장군방	조객방	삼살방	상문방	세파방	오늘생극	오늘상충	오늘원진	오늘상천	오늘상파	황도길흉	28수성	건제12신	九星	결혼주당	이사주당	안장주당	복단일	대공망일	神殺	오늘神殺	육도환생처	축원인도불	오늘기도德	금일지옥명
病甲	泉中水	卯正東方	辰東南方	子正北方	申西南方	子正北方	伐벌	卯 36	寅 미움	戌 중단	子 깨짐	구진흑도	軫진	成성	四綠	第제	殺살	여자	-	대공망일	삼합일	산격·천화	귀도	헌겁천불	관음보살	한빙지옥

칠성기도일	산신축원일	용왕축원일	조왕하강일	나한하강일	불공 제의식 吉한 행사일: 천도재	신굿	재수굿	용왕굿	조왕굿	병굿	고사	吉凶 길흉 大小 일반 행사일: 결혼	입학	투자	계약	등산	여행	이사	합방	이장	점안식	개업준공	신축상량	수술·침	서류제출	직원채용
◎	◎	×	◎	◎	◎	◎	◎	◎	◎	◎	◎	×	◎	×	◎	◎	◎	◎	◎	×	◎	◎	◎	◎	◎	◎

당일 래정법

巳時	에 온사람은 허가 해결할 문제, 합격여부, 금전투자여부, 직장문제, 재혼은 굳
午時	에 온사람은 의욕없는자, 금전구재건 색정사로 다툼, 억울한 일 매사불성사
未時	에 온사람 금전문제, 사업문제, 자식문제, 관직취직사, 속전속결이 유리
申時	온 사람은 건강문제, 관재구설로 운이 단단히 꼬여있음, 취업 승진문제, 딸자식문제, 손재수
酉時	온 사람은 두가지 문제 갈등사, 갖고싶은 욕구 강함, 새로운 일시작 진행함이 좋다. 우환질병
戌時	온 사람은 의욕과다, 뭔가 하고싶어서 왔다. 직장 취업문제, 친구형제간 배신, 시험합격여부

필히 피해야 할일 옷재단 • 새옷맞춤 • 태아옷구입 • 손님초대 • 소장제출 • 항소 • 손님초대 • 맞선 • 수렵 • 산행

백초귀장술의 오늘에 초사언

시간 점占 乙酉공망-午未

子時	개혁유리, 집안에 배신자, 기도요망
丑時	가출건, 사업사 손재수, 여자일, 질병발생
寅時	사기도난, 파재, 손모사, 극처사, 각방
卯時	실직, 파재, 파업, 적 침범사, 소송불리
辰時	내외근심, 남자불리, 발병이나 혈광재앙
巳時	자손문제, 실직문제, 불명예, 색정음란사,
午時	매사 불성, 자손합가불리, 놀랄 일 불안
未時	사업, 구재이득, 귀인상봉, 수상기쁨,
申時	관직건, 남편일, 불리, 실수 탄로 음모 발
酉時	부동산 귀농유리, 지출과다, 진퇴반복,
戌時	금전손실, 부인문제, 금전융통, 부부변심
亥時	만사 중용순응, 손님불길, 가내재앙불리

오늘 행운 복권 운세

복권사면 좋은 띠는 양띠 ⑤⑩25
행운복권방은 집에서 남서쪽에 있는곳

申子辰生	북쪽문을 피하고, 서남쪽으로 이사하면 안 된다. 재수가 없고, 하는 일마다 꼬이고, 病苦질병발생. 바람기 발동.
巳酉丑生	서쪽문을 피하고, 동남쪽으로 이사하면 안 된다. 재수가 없고, 하는 일마다 꼬이고, 病苦질병발생. 바람기 발동.
寅午戌生	남쪽문을 피하고, 북동쪽으로 이사하면 안 된다. 재수가 없고, 하는 일마다 꼬이고, 病苦질병발생. 바람기 발동.
亥卯未生	동쪽문을 피하고, 서북쪽으로 이사하면 안 된다. 재수가 없고, 하는 일마다 꼬이고, 病苦질병발생. 바람기 발동.

운세풀이

卯띠:이동수,우왕좌왕, 言語 다툼	午띠: 점점 일이 꼬임, 관재구설	酉띠:최고운상승세, 두마음	子띠: 만남,결실,화합,문서
辰띠:매사불편, 방해자,배신	未띠: 귀인상봉, 금전이득, 현금	戌띠: 의욕과다, 스트레스큼	丑띠:이동수,이별수,변동 움직임
巳띠:해결신,시험합격, 풀림	申띠: 매사꼬임,과거고생, 질병	亥띠: 시급한 일, 뜻대로 안됨	寅띠: 빈주머니,걱정근심,사기

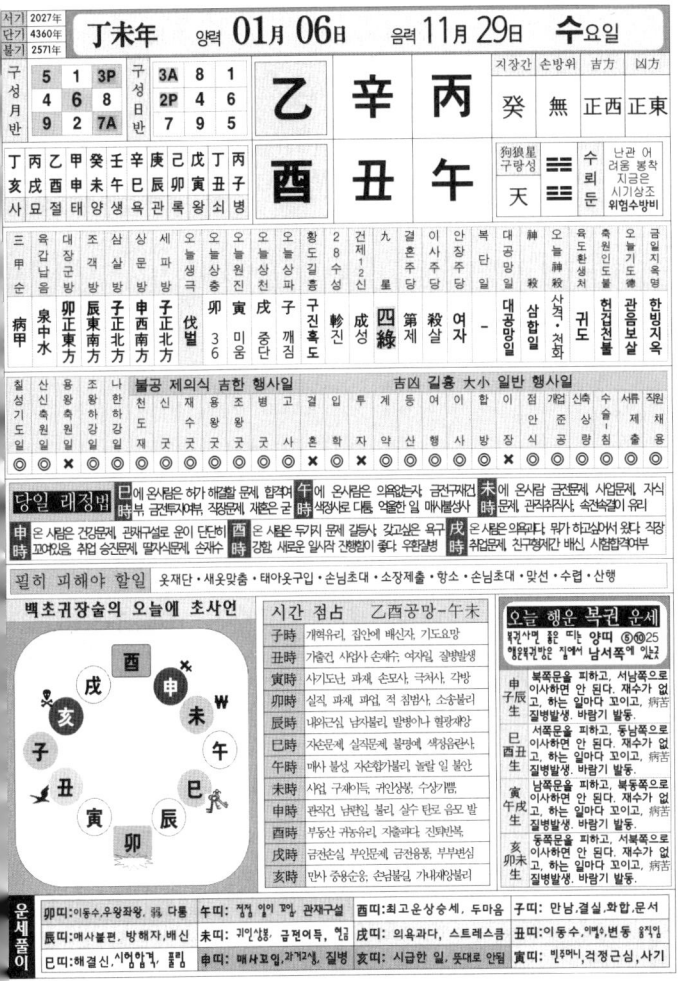

서기	2027年
단기	4360年
불기	2571年

丁未年 양력 01月 07日 음력 11月 30日 목요일

구성月반		
5	1	3P
4	6	8
9	2	7A

구성日반		
4P	9	2
3	5	7
8	1	6

丙	辛	丙
戌	丑	午

지장간	손방위	吉方	凶方
癸	無	正南	正北

狗狼星 구랑성	괘		
天	☷☶	지산겸	남에게 양보하고 매사 겸손 포용이 吉 복잡케얽힘

己	戊	丁	丙	乙	甲	癸	壬	辛	庚	己	戊
亥	戌	酉	申	未	午	巳	辰	卯	寅	丑	子
절	묘	사	병	쇠	왕	록	관	욕	생	양	태

三甲순	육갑납음	대장군방	조객방	삼살방	상문방	세파방	오늘생극	오늘상충	오늘원진	오늘상천	오늘상파	황도길흉	28수성
病甲	屋上土	卯正東方	辰東南方	子正北方	申西南方	子正北方	寶보	辰 36	巳 미움	酉 중단	未 깨짐	청룡황도	角각

건제12신	九星	결혼주당	이사주당	안장주당	복단일	대공망일	神殺일	오늘神殺	육도환생처	축원인도불	오늘기도德	금일지옥명
收수	五黃	竈조	富부	어머니	-	성심*복덕	월형일	천강·지파	축도	헌겁천불	미륵보살	한빙지옥

칠성기도일	산신축원일	용왕축원일	조왕하강일	나한하강일
×	◎	×	×	◎

불공 제의식 吉한 행사일

천도재	신굿	재수굿	용왕굿	조왕굿	병굿	고사
◎	◎	◎	◎	◎	◎	◎

吉凶 길흉 大小 일반 행사일

결혼	입학	투자	계약	등산	여행	이사	합방	이장	점안식	개업준공	신축상량	수술-침	서류제출	직원채용
×	◎	×	×	◎	◎	◎	×	×	◎	◎	×	×	◎	×

당일 래정법

巳時 에 온사람은 새사업에 방해자, 배신사, 의욕상실, 색정사, 창업은 불리함

午時 에 온사람은 취직 해결할 문제, 합격여부, 금전투자여부, 직장문제, 재혼

未時 에 온사람 의욕없는자, 금전구재건, 관재구설로 다툼, 억울한 일, 매사불성사

申時 온 사람은 금전문제, 사업문제, 관직취직사, 관재로 얽히게 됨, 자식으로 인해 큰 지출.

酉時 온 사람은 건강문제, 관재구설로 운이 단단히 꼬여있음, 취업 승진문제, 남자문제, 손재수

戌時 온 사람은 두가지 문제 갈등사, 갖고싶은 욕구 강함, 자식문제, 새로운 일시작 진행함이 좋다.

필히 피해야 할일 제품제작 • 친구초대 • 수혈 • 싱크대교체 • 주방고치기 • 애완동물들이기 • 흙 파는일

백초귀장술의 오늘에 초사언

시간 점占	丙戌공망-午未
子時	관청쟁투, 남편 극, 직업궁핍, 객 惡意
丑時	사업, 구재이득, 귀인상봉, 수상기쁨,
寅時	적의 침범사, 불길하고 원수됨, 가출사
卯時	골육 동업건, 남녀색정사, 방심면 도난
辰時	관재 병재로 불길, 가출사 자손사 하극상
巳時	직업 명예사, 여자삼각관계, 망신실수탄로
午時	금전손실 진퇴양난, 이사 여행 불리,
未時	집안잡귀침투, 삼각관계, 낙선근심 질병
申時	선흉후길, 새출발 도망은 吉, 금전융통吉
酉時	가내 괴이사발생, 신부정, 물조심 하극상
戌時	가출건, 급병자, 매사 지체, 여자관련손해
亥時	과욕불성사, 이별사, 타인의 침해 다툼

오늘 행운 복권 운세

복권사면 좋은 띠는 원숭띠 ⑨19, 29
행운복권방은 집에서 서남쪽에 있는곳

申子辰生	북쪽문을 피하고, 서남쪽으로 이사하면 안 된다. 재수가 없고, 하는 일마다 꼬이고, 病苦 질병발생. 바람기 발동.
巳酉丑生	서쪽문을 피하고, 동남쪽으로 이사하면 안 된다. 재수가 없고, 하는 일마다 꼬이고, 病苦 질병발생. 바람기 발동.
寅午戌生	남쪽문을 피하고, 북동쪽으로 이사하면 안 된다. 재수가 없고, 하는 일마다 꼬이고, 病苦 질병발생. 바람기 발동.
亥卯未生	동쪽문을 피하고, 서북쪽으로 이사하면 안 된다. 재수가 없고, 하는 일마다 꼬이고, 病苦 질병발생. 바람기 발동.

운세풀이

辰띠:이동수,우왕좌왕, 弱 다툼	未띠: 점점 일이 꼬임, 관재구설	戌띠:최고운상승세, 두마음	丑띠: 만남,결실,화합,문서
巳띠:매사불편, 방해자,배신	申띠: 귀인상봉, 금전이득, 현금	亥띠: 의욕과다, 스트레스큼	寅띠:이동수,이별수,변동 움직임
午띠:해결신,시험합격, 풀림	酉띠: 매사꼬임,과거고생, 질병	子띠: 시급한 일, 뜻대로 안됨	卯띠: 빈주머니,걱정근심,사기

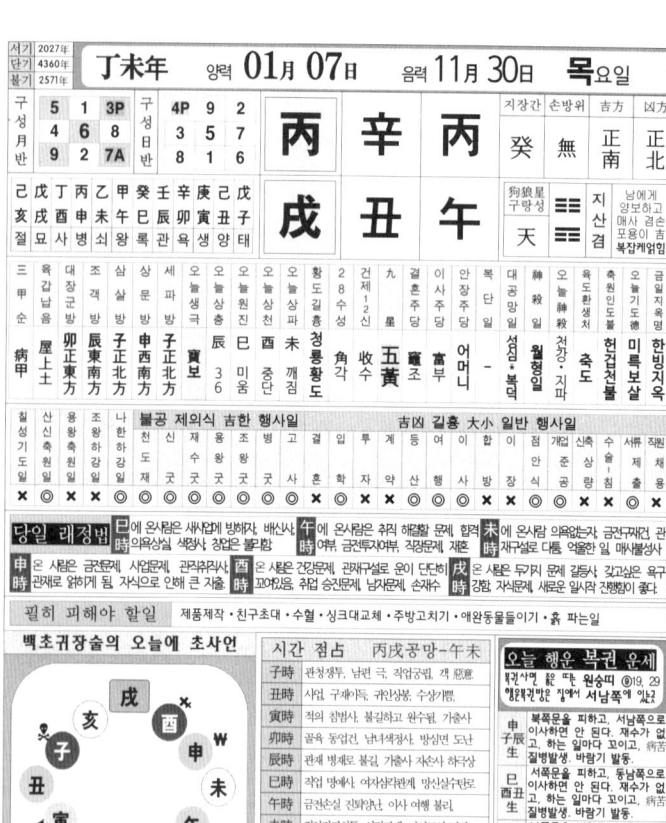

서기	2027年
단기	4360年
불기	2571年

丁未年 양력 01月 08日 음력 12月 01日 금요일 초하루

구성月반			구성日반		
5	1	3P	5P	1	3
4	6	8	4	6	8
9	2	7A	9	2	7A

丁	辛	丙
亥	丑	午

지장간	손방위	吉方	凶方
癸	동쪽	正東	正西

狗狼星 구랑성	巳方 大門僧寺

지산겸 — 남에게 양보하고 매사 겸손 포용이 좀 복잡케얽힘

辛	庚	己	戊	丁	丙	乙	甲	癸	壬	辛	庚
亥	戌	酉	申	未	午	巳	辰	卯	寅	丑	子
태	양	생	욕	관	록	왕	쇠	병	사	묘	절

三甲순	육갑납음	대장군방	조객방	삼살방	상문방	세파방	오늘생극	오늘상충	오늘원진	오늘상천	오늘상파	황도길흉	28수성	건제12신	九星	결혼주당	이사주당	안장주당	복단일	오늘吉神	神殺	오늘神殺	육도환생처	축원인도불	오늘기도德	금일지옥명
病甲	屋上土	卯正東方	辰東南方	子正北方	申西南方	子正北方	伐벌	巳 36	辰 미움	申 중단	寅 깨짐	명당황도	亢항	開개	六白	夫부	安안	아버지	-	음덕*왕일	익후*대명	지화·천적	옥도	헌겁천불	여래보살	한빙지옥

칠성기도일	산신축원일	용왕축원일	조왕하강일	나한하강일	불공 제의식 吉한 행사일: 천도재	신굿	재수굿	용왕굿	조왕굿	병굿	고사	吉凶 길흉 大小 일반 행사일: 결혼	입학	투자	계약	등산	여행	이사	합방	이장	점안식	개업준공	신축상량	수술-침	서류제출	직원채용
×	◎	×	◎	◎	◎	◎	◎	◎	◎	◎	◎	◎	◎	×	◎	◎	◎	×	×	×	◎	◎	×	◎	◎	×

당일 래정법

巳時 에 온사람은 금전사기, 허위문서 이동수, 터부정 관재구설 동업사비 다툼주의

午時 에 온사람은 방해자, 배신사, 의욕상실 매사 지체불리함 금전구재 문제

未時 에 온사람 허가 해결할 문제, 급전필요, 주식투자여부, 결혼, 직장문제, 매매건

申時 온 사람은 의욕없는자, 자식문제, 사업상문제, 색정사, 관송사, 시비투쟁, 매사불성사

酉時 온 사람은 금전구재 문제, 사업계약 문제는 이득, 여자문제, 관직취직사, 속전속결 유리

戌時 온 사람은 건강문제, 관재구설로 운이 단단히 꼬여있음, 취업 승진문제, 매사지체, 손재수

필히 피해야 할일

약혼식 • 인수인계 • 머리자르기 • 주방수리 • 장담그기 • 수의짓기 • 주방고치기 • 지붕 덮기

백초귀장술의 오늘에 초사언

시간 점占 丁亥공망-午未

子時	관재 병재로 불길, 가출사 색정사 도난주의
丑時	질병발생, 적의 침범사, 자손 이별사
寅時	선거자유리, 사업홍성, 화합사, 화류계
卯時	가출건, 매사 선흉후길, 관송사는 불리
辰時	자손사, 실직사, 도난 풍파 가출 색정사
巳時	육친이별, 파재구설 도난, 인연 끊김
午時	불명예로 원행, 이사 여행가능, 집 파손
未時	공직 직업 승전, 금전이득, 환자발생
申時	모사 성사, 순응유리, 친족불화, 토지분쟁
酉時	사업사, 후원 귀인상봉, 이사 여행- 재앙
戌時	자손사, 父 급병자, 관재구설, 색정사
亥時	금전손실, 남편직업, 여자가 불리, 과이사

오늘 행운 복권 운세

복권사면 좋은 띠는 **닭띠** ④⑨ 24, 행운복권방은 집에서 **서쪽**에 있는곳

申子辰生	북쪽문을 피하고, 서남쪽으로 이사하면 안 된다. 재수가 없고, 하는 일마다 꼬이고, 病苦 질병발생. 바람기 발동.
巳酉丑生	서쪽문을 피하고, 동남쪽으로 이사하면 안 된다. 재수가 없고, 하는 일마다 꼬이고, 病苦 질병발생. 바람기 발동.
寅午戌生	남쪽문을 피하고, 북동쪽으로 이사하면 안 된다. 재수가 없고, 하는 일마다 꼬이고, 病苦 질병발생. 바람기 발동.
亥卯未生	동쪽문을 피하고, 서북쪽으로 이사하면 안 된다. 재수가 없고, 하는 일마다 꼬이고, 病苦 질병발생. 바람기 발동.

운세풀이

巳띠: 이동수,우왕좌왕, 弱 다툼	申띠: 점점 일이 꼬임, 관재구설	亥띠: 최고운상승세, 두마음	寅띠: 만남,결실,화합,문서
午띠: 매사불편, 방해자,배신	酉띠: 귀인상봉, 금전이득, 현금	子띠: 의욕과다, 스트레스큼	卯띠: 이동수,이별수,변동 움직임
未띠: 해결신,시험합격, 풀림	戌띠: 매사꼬임,과거고생, 질병	丑띠: 시급한 일, 뜻대로 안됨	辰띠: 빈주머니,걱정근심,사기

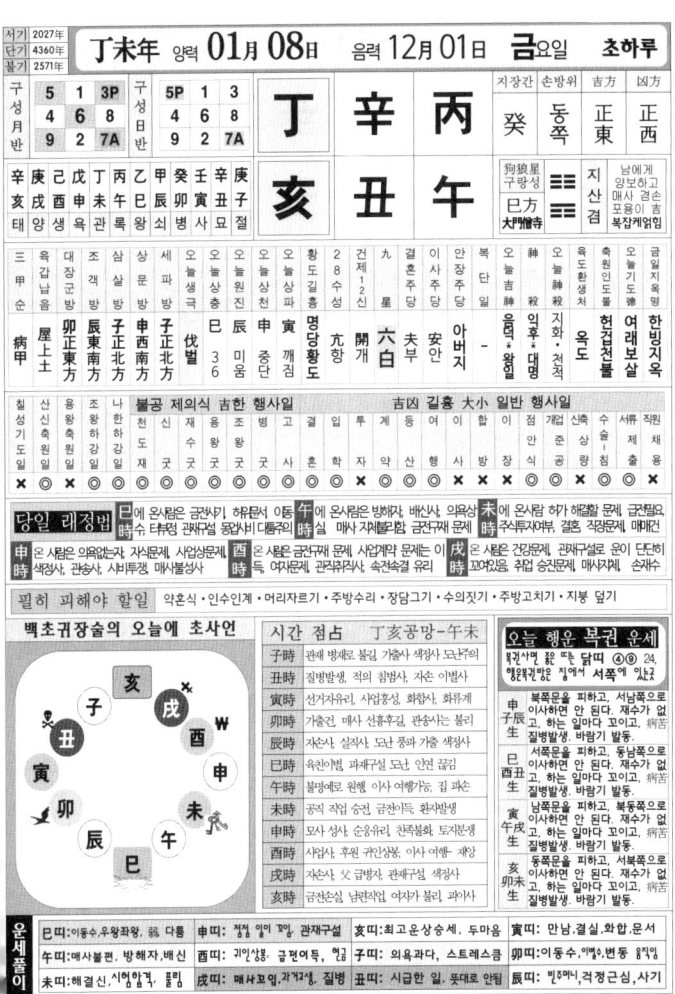

서기	2027年
단기	4360年
불기	2571年

丁未年 양력 01月 09日 음력 12月 02日 토요일

구성月반				구성日반			
	5	1	3P		6	2P	4
	4	6	8		5	7	9A
	9	2	7A		1	3	8

時	日	月	年
戊	辛	丙	
子	丑	午	

지장간	손방위	吉方	凶方
癸	동남	正北	正南

癸	壬	辛	庚	己	戊	丁	丙	乙	甲	癸	壬
亥	戌	酉	申	未	午	巳	辰	卯	寅	丑	子
절	묘	사	병	쇠	왕	록	관	욕	생	양	태

狗狼星 구랑성	廚竈 주방부엌
지산겸	남에게 양보하고 매사 겸손 포용이 吉 복잡케얽힘

三甲순	육갑납음	대장군방	조객방	삼살방	상문방	세파방	오늘생극	오늘상충	오늘원진	오늘상천	오늘상파	황도길흉	28수성	건제12신	九星	결혼주당	이사주당	안장주당	오늘吉神	오늘吉神	神殺일	오늘神殺	육도환생처	축원인도불	오늘기도德	금일지옥명
病甲	霹靂火	卯正東方	辰東南方	子正北方	申西南方	子正北方	制제	午 36	未 미움	未 중단	酉 깨짐	천형흑도	氐저	閉폐	七赤	姑고	利이	남자	천의대사	육합*관일	수격·혈기	토부·천리	천도	약사여래	아미보살	화탕지옥

칠성기도일	산신축원일	용왕축원일	조왕하강일	나한하강일	천도재	신굿	재수굿	용왕굿	조왕굿	병굿	고사	결혼	입학	투자	계약	등산	여행	이사	합방	이장	점안식	개업준공	신축상량	수술-침	서류제출	직원채용
					불공 제의식 吉한 행사일							吉凶 길흉 大小 일반 행사일														
×	×	×	×	×	×	×	×	×	×	×	×	×	◎	×	◎	◎	◎	×	×	×	×	×	◎	×	◎	×

당일 래정법

巳時에 온사람은 실업자, 친정문제, 빈주머니, 헛 공사, 사기·도난사, 뱀길조심

午時에 온사람은 이동변동수, 터부정, 관재구설, 배반 다툼주의, 차사고

未時에 온사람은 방해자, 배신사, 의욕상실, 매사 지체불리함, 형제간 시비불리함.

申時 온 사람은 자식문제, 결혼문제, 경조사, 속결처리는 해결됨, 시험은 합격됨, 허가건은 승인됨

酉時 온 사람은 의욕없는자, 자식으로인해 큰돈 손해 억울한일 외정색정사, 불륜사 문제 관재로

戌時 온 사람은 금전문제, 사업문제, 주식투자문제, 부동산거래, 재물구재사, 여자화합건, 돈은 들어오나 곧나감

필히 피해야 할일 흑도일에 폐閉神으로 수격과 토부와 혈기 등 강한 신살에 해당되어 매사 해롭고 불리한 날

백초귀장술의 오늘에 초사언

시간 점占 戊子공망-午未

子時	남녀쟁투 돈이나 처를 극, 자식病, 흉
丑時	결혼은 吉, 동료모략, 협의누명 손님 옴
寅時	관재, 병재 출행,재난, 원한 喪服 운
卯時	매사 선흉후길, 자식근심, 情夫 작해
辰時	형제나 친구 침범사, 가출사 색정사 흉해
巳時	관직 승전문제, 가정불안 모사발생 후 破
午時	남녀투쟁 다툼, 처를 극하고 매사 막힘
未時	집안잡귀침투, 부부불화, 삼각관계, 질병
申時	선거자유리, 사업흥성, 화합사, 색정사
酉時	자손사와 남편불리, 간사한 은닉건, 모략
戌時	작은돈 가능, 시험불합격, 삼각관계 불화
亥時	사업, 구재, 관재구설 여자문제, 협의징조

오늘 행운 복권 운세

복권사면 좋은 띠는 개띠 ⑩⑳ 30
행운복권방은 집에서 서북쪽에 있는곳

申子辰生	북쪽문을 피하고, 서남쪽으로 이사하면 안 된다. 재수가 없고, 하는 일마다 꼬이고, 病苦 질병발생. 바람기 발동.
巳酉丑生	서쪽문을 피하고, 동남쪽으로 이사하면 안 된다. 재수가 없고, 하는 일마다 꼬이고, 病苦 질병발생. 바람기 발동.
寅午戌生	남쪽문을 피하고, 북동쪽으로 이사하면 안 된다. 재수가 없고, 하는 일마다 꼬이고, 病苦 질병발생. 바람기 발동.
亥卯未生	동쪽문을 피하고, 서북쪽으로 이사하면 안 된다. 재수가 없고, 하는 일마다 꼬이고, 病苦 질병발생. 바람기 발동.

운세풀이

午띠:이동수,우왕좌왕, 弱, 다툼	酉띠: 점점 일이 꼬임, 관재구설	子띠:최고운상승세, 두마음	卯띠: 만남,결실,화합,문서
未띠:매사불편, 방해자,배신	戌띠:귀인상봉, 금전이득, 현금	丑띠: 의욕과다, 스트레스큼	辰띠:이동수,이별수,변동 움직임
申띠:해결신,시험합격, 풀림	亥띠: 매사꼬임,과거고생, 질병	寅띠: 시급한 일, 뜻대로 안됨	巳띠: 빈주머니,걱정근심,사기

서기 2027年	단기 4360年	불기 2571年

丁未年 양력 01月 10日 음력 12月 03日 일요일

구성月반		
5	1	3P
4	6	8
9	2	7A

구성日반		
7	3	5P
6	8	1
2A	4	9

乙	甲	癸	壬	辛	庚	己	戊	丁	丙	乙	甲
亥	戌	酉	申	未	午	巳	辰	卯	寅	丑	子
태	양	생	욕	관	록	왕	쇠	병	사	묘	절

己	辛	丙
丑	丑	午

지장간	손방위	吉方	凶方
癸	남쪽	正西	正東

狗狼星 구랑성	寅方 廚舍
지산겸	남에게 양보하고 매사 겸손 포용이 吉 복잡케얽힘

三甲순	육갑납음	대장군방	조객방	삼살방	상문방	세파방	오늘생극	오늘상충	오늘원진	오늘상천	오늘상파	황도길흉	28수성	건제12신	九星	결혼주당	이사주당	안장주당	천구하식	복단일	神殺	오늘神殺	육도환생처	축원인도불	오늘기도德	금일지옥명
病甲	霹靂火	卯正東方	辰東南方	子正北方	申西南方	子正北方	專전	未 36	午 미움	午 중단	辰 깨짐	주작흑도	房방	建건	八白	堂당	天천	손자	-	요안*수일	토부·월건	홍사·왕망	천도	약사여래	아미보살	화탕지옥

칠성기도일	산신축원일	용왕축원일	조왕하강일	나한하강일	불공 제의식 吉한 행사일							吉凶 길흉 大小 일반 행사일														
					천도재	신굿	재수굿	용왕굿	조왕굿	병굿	고사	결혼	입학	투자	계약	등산	여행	이사	합방	이장	점안식	개업준공	신축상량	수술-침	서류제출	직원채용
◎	◎	×	◎	◎	◎	◎	◎	◎	◎	◎	◎	◎	◎	-	×	◎	◎	×	×	×	◎	×	×	×	◎	×

당일 래정법

- **巳時** 에 온사람은 이동수 있는자, 직장변동, 사업체변동수, 해외진출 유리, 이별
- **午時** 에 온사람은 실업자, 지금은 소모전, 빈주머니, 헛 공사, 사기·모산사, 안됨
- **未時** 에 온사람은 매매 이동변동수, 터부정, 웃사람과 시비 다툼주의, 교통사고주의
- **申時** 온 사람은 방해자, 배신사, 금전과 여자문제 매사 지체불리함, 차사고로 손해손재수
- **酉時** 온 사람은 급처리 문제, 투자는 속결 유리 시험합격됨, 허가건은 승인
- **戌時** 온 사람은 의욕없는 자, 하극상배신, 억울한일 외정색정사, 불륜사 문제, 관재로 발전 딸 문제, 취직문제

필히 피해야 할일 회의개최·건축증개축·문서파기·항공주의·승선·동토·벌초·관정, 우물파기

백초귀장술의 오늘에 초사언

시간 점占 己丑공망-午未

子時	사업, 구재, 금전다툼, 구설 여자문제, ⊗
丑時	유명무실, 도난위험, 질병위태, 가출건
寅時	망신수, 매사 불성사, 탄로조심.
卯時	관재 병재로 불길, 적의 침범사, 喪服운
辰時	옛것을 정비하고 새것을 얻음, 선흉후길
巳時	산후질병 발병, 이별수, 이사는 가능
午時	구직하나 불성사, 골육이별, 색정사
未時	집안잡귀침투, 친족배신불화, 가출건
申時	자손 실직사, 망신 탄로조심, 금전손실
酉時	사업사, 후원사, 자손회합사 기쁨, 근신
戌時	금전손실, 가출건, 가선제압, 시험불길
亥時	선거자유리, 사업홍성, 친족불화, 喪服

오늘 행운 복권 운세

복권사면 좋은 띠는 **돼지띠** ⑪⑯31
행운복권방은 집에서 **북서쪽에** 있는곳

申子辰生	북쪽문을 피하고, 서남쪽으로 이사하면 안 된다. 재수가 없고, 하는 일마다 꼬이고, 病苦 질병발생. 바람기 발동.
巳酉丑生	서쪽문을 피하고, 동남쪽으로 이사하면 안 된다. 재수가 없고, 하는 일마다 꼬이고, 病苦 질병발생. 바람기 발동.
寅午戌生	남쪽문을 피하고, 북동쪽으로 이사하면 안 된다. 재수가 없고, 하는 일마다 꼬이고, 病苦 질병발생. 바람기 발동.
亥卯未生	동쪽문을 피하고, 서북쪽으로 이사하면 안 된다. 재수가 없고, 하는 일마다 꼬이고, 病苦 질병발생. 바람기 발동.

운세풀이

未띠:이동수,우왕좌왕, 弱, 다툼	戌띠: 점점 일이 꼬임, 관재구설	丑띠:최고운상승세, 두마음	辰띠: 만남,결실,화합,문서
申띠:매사불편, 방해자,배신	亥띠:귀인상봉, 금전이득, 현금	寅띠: 의욕과다, 스트레스큼	巳띠:이동수,이별수,변동 움직임
酉띠:해결신,시험합격, 풀림	子띠: 매사꼬임,과거고생, 질병	卯띠: 시급한 일, 뜻대로 안됨	午띠: 빈주머니,걱정근심,사기

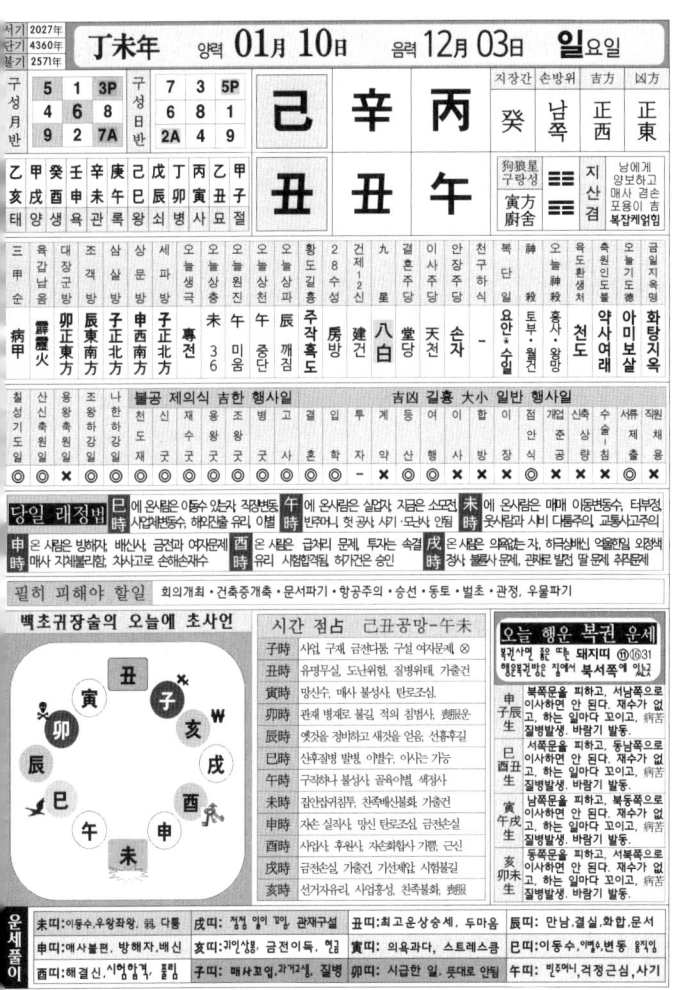

서기 2027年	丁未年	양력 01月 11日	음력 12月 04日	월요일
단기 4360年				
불기 2571年				

구성月반			구성日반		
5	1	3P	8	4A	6P
4	6	8	7	9	2
9	2	7A	3	5	1

庚	辛	丙
寅	丑	午

지장간	손방위	吉方	凶方
癸	남서	正南	正北

丁	丙	乙	甲	癸	壬	辛	庚	己	戊	丁	丙
亥	戌	酉	申	未	午	巳	辰	卯	寅	丑	子
병	쇠	왕	록	관	욕	생	양	태	절	묘	사

狗狼星 구랑성 午方 남쪽 ☷☶ 지산겸 — 남에게 양보하고 매사 겸손 포용이 吉 복잡케얽힘

三甲순	육갑납음	대장군방	조객방	삼살방	상문방	세파방	오늘생극	오늘상충	오늘원진	오늘상천	오늘상파	황도길흉	28수성	건제12신	九星	결혼주당	이사주당	안장주당	오늘吉神	오늘吉神	神殺	오늘神殺	육도환생처	축원인도불	오늘기도德	금일지옥명
病甲	松柏木	卯正東方	辰東南方	子正北方	申西南方	子正北方	制제	申 36	酉 미움	巳 중단	亥 깨짐	금궤황도	心심	除제	九紫	翁옹	害해	死	천덕*옥우	월덕*상일	길기*지창	멸몰·오허	인도	약사여래	약사보살	화탕지옥

칠성기도일	산신축원일	용왕축원일	조왕하강일	나한하강일	천도재	신굿	재수굿	용왕굿	조왕굿	병굿	고사	결혼	입학	투자	계약	등산	여행	이사	합방	이장	점안식	개업준공	신축상량	수술-침	서류제출	직원채용
×	×	×	×	×	◎	◎	◎	◎	◎	◎	◎	-	◎	◎	×	◎	◎	×	×	×	×	◎	×	◎	◎	×

(천도재~고사: 불공 제의식 吉한 행사일 / 결혼~직원채용: 吉凶 길흉 大小 일반 행사일)

당일 래정법

巳時 에 온사람은 문서 화합운, 결혼, 재혼, 경조사, 문서구입 좋다. 궁합, 후원, 개업

午時 에 온사람은 이동수 있음 이사나 직장변동 하는게 좋음, 여행, 이별, 질병

未時 에 온사람은 금전사기, 허위문서, 실업자, 모난사고, 빈주머니, 헛공사, 윗사람스트레스

申時 온 사람은 매매 이동변동수, 가정불화문제, 터부정, 관재구설, 직장변동수, 차사고주의

酉時 온 사람은 방해자, 친구동료 배신사, 취업승진 매사 지체불리함, 질병액, 손해수

戌時 온 사람은 급처리문제, 묘지탈로 고이사발생, 우환질병, 색정사로 구설수, 시험 합격됨, 허가건 승인됨

필히 피해야 할일 주식투자 • 사행성코인사업 • 명품구입 • 질병치료 • 투석 • 물건구입 • 새집들이 • 건축증개축

백초귀장술의 오늘에 초사언

시간 점占	庚寅공망-午未
子時	만사길조, 운기발복, 이사가 吉, 신중
丑時	매사 막히고 퇴보, 사업 구재는 불길
寅時	타인이나 여자로부터 금전손실, 함정
卯時	금전문제, 부인문제, 색정사, 도난위험
辰時	매사마비, 병재로 불길, 가출사, 색정사
巳時	사업금전운 吉, 임신가능, 결혼기쁨, 화해
午時	금전손실 다툼, 가내불안, 가출, 시험불리
未時	잡안잡귀침투, 친족불화, 사업금전불리
申時	부부이심, 이사가 길, 사귀발동, 가출사
酉時	파산파재, 부인흉극, 배신음모로 함정
戌時	사업사, 후원사, 직장승진, 이사가 吉
亥時	금전손실, 도난, 자식문제, 화류계 관련

오늘 행운 복권 운세

복권사면 좋은 띠는 쥐띠 ①⑥⑯
행운복권방은 집에서 북쪽에 있는곳

申子辰生	북쪽문을 피하고, 서남쪽으로 이사하면 안 된다. 재수가 없고, 하는 일마다 꼬이고, 病苦 질병발생. 바람기 발동.
巳酉丑生	서쪽문을 피하고, 동남쪽으로 이사하면 안 된다. 재수가 없고, 하는 일마다 꼬이고, 病苦 질병발생. 바람기 발동.
寅午戌生	남쪽문을 피하고, 북동쪽으로 이사하면 안 된다. 재수가 없고, 하는 일마다 꼬이고, 病苦 질병발생. 바람기 발동.
亥卯未生	동쪽문을 피하고, 서북쪽으로 이사하면 안 된다. 재수가 없고, 하는 일마다 꼬이고, 病苦 질병발생. 바람기 발동.

운세풀이

申띠:이동수,우왕좌왕, 弱, 다툼	亥띠: 점점 일이 꼬임, 관재구설	寅띠:최고운상승세, 두마음	巳띠: 만남,결실,화합,문서
酉띠:매사불편, 방해자,배신	子띠:귀인상봉, 금전이득, 현금	卯띠: 의욕과다, 스트레스큼	午띠:이동수,이별수,변동 움직임
戌띠:해결신,시험합격, 풀림	丑띠: 매사꼬임,과거고생, 질병	辰띠: 시급한 일, 뜻대로 안됨	未띠: 빈주머니,걱정근심,사기

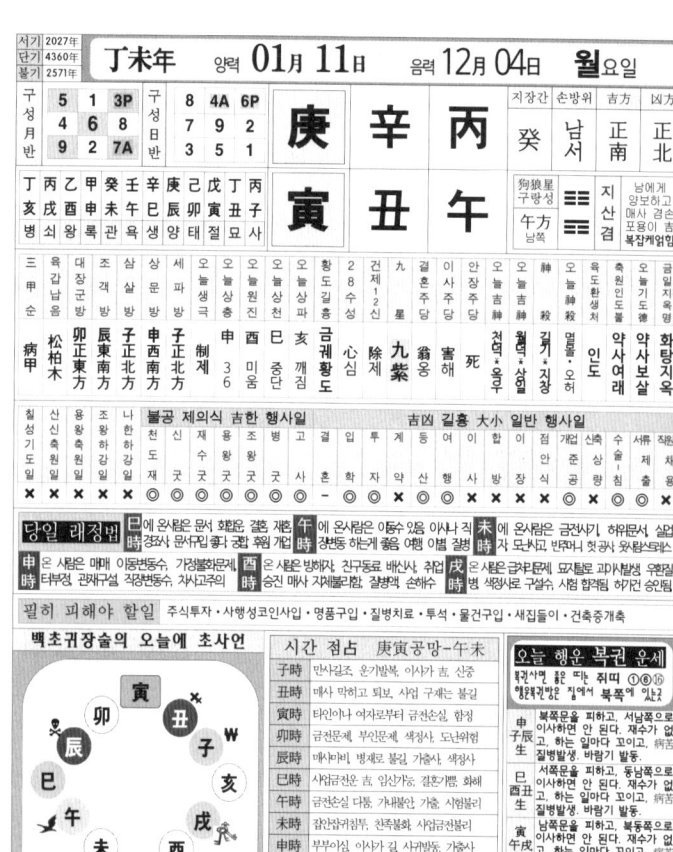

서기 2027年	단기 4360年	불기 2571年

丁未年 양력 01月 12日 음력 12月 05日 화요일

구성月반			구성日반		
5	1	3P	9	5	7
4	6	8	8	1	3P
9	2	7A	4	6A	2

時	日	月	年
辛	辛	丙	
卯	丑	午	

지장간	손방위	吉方	凶方
癸	서쪽	正東	正西

己	戊	丁	丙	乙	甲	癸	壬	辛	庚	己	戊
亥	戌	酉	申	未	午	巳	辰	卯	寅	丑	子
욕	관	록	왕	쇠	병	사	묘	절	태	양	생

狗狼星 구랑성	괘	지산겸	
天	☷☶	지산겸	남에게 양보하고 매사 겸손 포용이 吉 복잡케얽힘

三甲순	육갑납음	대장군방	조객방	삼살방	상문방	세파방	오늘생극	오늘상충	오늘원진	오늘상천	오늘상파	황도길흉	28수성	건제12신	九星	결혼주당	이사주당	안장주당	복단일	오늘吉神	오늘神殺	오늘神殺	육도환생처	축원인도불	오늘기도德	금일지옥명
病甲	松柏木	卯正東方	辰東南方	子正北方	申西南方	子正北方	制제	酉 36	申 미움	辰 중단	午 깨짐	대덕황도	尾미	滿만	一白	第제	殺살	여자	월기일	천창*미얼	천구·상문	온황·귀곡	귀도	약사여래	문수보살	화탕지옥

칠성기도일	산신축원일	용왕축원일	조왕하강일	나한하강일	천도재	신굿	재수굿	용왕굿	조왕굿	병굿	고사	결혼	입학	투자	계약	등산	여행	이사	합방	이장	점안식	개업준공	신축상량	수술-침	서류제출	직원채용
◎	◎	-	◎	◎	◎	◎	◎	◎	◎	◎	◎	◎	◎	×	×	◎	◎	×	×	×	×	◎	×	◎	◎	×

(불공 제의식 吉한 행사일: 천도재 ~ 고사 / 吉凶 길흉 大小 일반 행사일: 결혼 ~ 직원채용)

당일 래정법

巳時 에 온사람은 자식문제, 가내환자, 죽음 바람기, 불륜, 시비투쟁, 이동수

午時 에 온사람은 문서 회합운, 결혼, 재혼, 경조사, 애정사, 궁합, 부모문제, 개업

未時 에 온사람은 이동수 있는자, 이사나 직장변동, 해외진출, 부모자식문제, 여행,

申時 온 사람은 허위문서 문제, 실업자, 색정사, 빈주머니, 헛 공사, 사기모함·도난사, 일이 지체

酉時 온 사람은 매매 이동변동수, 터부정, 관재구설, 사기, 허위문서, 가내우환질병, 차사고주의

戌時 온 사람은 방해자, 배신사, 원망 암투, 취업 승진 매사 지체불리함, 차사고로 손재수, 암투

필히 피해야 할일 새집들이·친목회·금전수금·창고수리·건축수리·동토·우물파기·장담그기

백초귀장술의 오늘에 초사언

시간 점占 辛卯공망-午未

子時	직장근심, 처를 극, 질병위급, 神부정
丑時	사업사, 후원사, 직장변동, 자식질병 급
寅時	관재 병재로 불길, 가출사 색정사 하극상
卯時	가내우환 도적흉, 여자로부터 금전손실
辰時	매사 지체, 사업상 다툼, 불륜색정사
巳時	매사 불성사, 도망은 吉, 삼각관계, 재액
午時	관직 승진문제, 금전 작은이득, 화해 吉
未時	삼각관계, 직업변동, 친족불화, 여자질병
申時	만사불길, 육친이별, 이민유리, 질병재앙
酉時	적의 침범사, 관재 병재로 불길, 감옥行
戌時	놀랄 일발생, 불륜색정사, 공중분해
亥時	자식문제, 직장문제, 손님 惡意 불화초래

오늘 행운 복권 운세

복권사면 좋은 띠는 소띠 ②⑤⑩
행운복권방은 집에서 북동쪽에 있는곳

申子辰生	북쪽문을 피하고, 서남쪽으로 이사하면 안 된다. 재수가 없고, 하는 일마다 꼬이고, 病苦 질병발생. 바람기 발동.
巳酉丑生	서쪽문을 피하고, 동남쪽으로 이사하면 안 된다. 재수가 없고, 하는 일마다 꼬이고, 病苦 질병발생. 바람기 발동.
寅午戌生	남쪽문을 피하고, 북동쪽으로 이사하면 안 된다. 재수가 없고, 하는 일마다 꼬이고, 病苦 질병발생. 바람기 발동.
亥卯未生	동쪽문을 피하고, 서북쪽으로 이사하면 안 된다. 재수가 없고, 하는 일마다 꼬이고, 病苦 질병발생. 바람기 발동.

운세풀이

酉띠:이동수,우왕좌왕, 弱, 다툼	子띠: 점점 일이 꼬임, 관재구설	卯띠:최고운상승세, 두마음	午띠: 만남,결실,화합,문서
戌띠:매사불편, 방해자,배신	丑띠:귀인상봉, 금전이득, 현금	辰띠: 의욕과다, 스트레스큼	未띠:이동수,이별수,변동 움직임
亥띠:해결신,시험합격, 풀림	寅띠: 매사꼬임,과거고생, 질병	巳띠: 시급한 일, 뜻대로 안됨	申띠: 빈주머니,걱정근심,사기

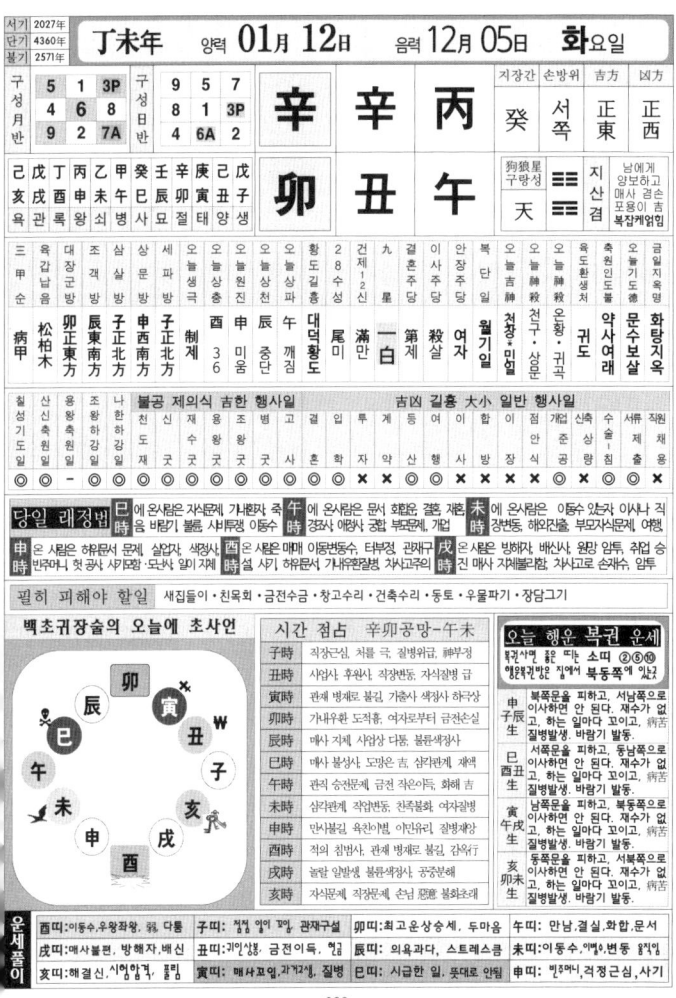

서기	2027年	丁未年	양력 01月 13日	음력 12月 06日	수요일
단기	4360年				
불기	2571年				

구성월반			구성일반		
5	1	3P	1	6	8A
4	6	8	9	2	4
9	2	7A	5	7	3P

시	일	월
壬	辛	丙
辰	丑	午

지장간	손방위	吉方	凶方
癸	서북	正北	正南

辛	庚	己	戊	丁	丙	乙	甲	癸	壬	辛	庚
亥	戌	酉	申	未	午	巳	辰	卯	寅	丑	子
록	관	욕	생	양	태	절	묘	사	병	쇠	왕

狗狼星 구랑성	괘	괘명	풀이
天	☷ ☶	지산겸	남에게 양보하고 매사 겸손 포용이 吉 복잡케얽힘

三甲순	육갑납음	대장군방	조객방	삼살방	상문방	세파방	오늘생극	오늘상충	오늘원진	오늘상천	오늘상파	황도길흉	28수성	건제12신	九星	결혼주당	이사주당	안장주당	대공망일	오늘吉神	神殺	오늘神殺	육도환생처	축원인도불	오늘기도德	금일지옥명
病甲	長流水	卯正東方	辰東南方	子正北方	申西南方	子正北方	伐벌	戌 36	亥 미움	卯 중단	丑 깨짐	백호흑도	箕기	平평	二黑	竈조	富부	어머니	대공망일	복단일	하괴일	천격·월살	축도	약사여래	지장보살	화탕지옥

칠성기도일	산신축원일	용왕축원일	조왕하강일	나한하강일	천도재	신굿	재수굿	용왕굿	조왕굿	병굿	고사	결혼	입학	투자	계약	등산	여행	이사	합방	이장	점안식	개업준공	신축상량	수술-침	서류제출	직원채용
×	×	×	×	×	×	×	×	×	×	×	×	×	×	×	×	◎	◎	×	×	×	×	×	×	◎	◎	×

(불공 제의식 吉한 행사일: 천도재 ~ 고사 / 吉凶 길흉 大小 일반 행사일: 결혼 ~ 직원채용)

당일 래정법

巳時에 온사람은 의욕과다. 뭐가 하고싶어서 왔다. 자식과 금전문제, 직장취업문제

午時에 온사람은 금전문제로 골치 아픔. 상사와 암투, 여자바람기, 불륜, 화병

未時에 온사람은 문서, 남녀화합운, 결혼, 재혼 경조사, 문서유입 궁합 만남, 부모님 불리

申時 온 사람은 이동수 있는자, 이사나 직장변동, 관송사, 여행, 이별수, 취업불가능, 질병

酉時 온 사람은 허위문서, 금전손재수, 자식문제, 빈주머니, 헛고생 사기모함, 매사불성, 일은 지체

戌時 온 사람은 허위문서 이동변동수, 터부정, 관재구설, 자식가출, 동업자 시비 다툼주의, 차사고주의

필히 피해야 할일 회사창업·개업개점·개장식·새작품제작·출품·새집들이·인수인계·후임자간택·항공주의

백초귀장술의 오늘에 초사언

시간 점占 壬辰공망-午未

子時	만사개혁 유리, 남녀쟁투 처를 극, 破
丑時	남편문제, 직장문제, 가출사, 출산나쁨, 病
寅時	적의 침범사, 불길하고 원수됨, 육친이별
卯時	병상파재, 관송사 분쟁, 음란색정사,⊗
辰時	금전손실 다툼, 불륜문제, 직장변동,
巳時	사업, 구재, 상해, 도난, 여자삼각관계
午時	매사 불성사, 도망은 吉, 도적손실, 재액
未時	사업사, 후원사, 불륜사, 화합사, 금전 凶
申時	잡안잡귀침투, 친족불화, 육친무력, 도난
酉時	남녀색정사, 금전손해 실물수, 가출사
戌時	육친무력, 가출건, 관재구설, 우환질병
亥時	관록 당선에 방해자, 실수 탄로, 가출사

오늘 행운 복권 운세

복권사면 좋은 띠는 범띠 ③⑧⑱
행운복권방은 집에서 동북쪽에 있는곳

申子辰生	북쪽문을 피하고, 서남쪽으로 이사하면 안 된다. 재수가 없고, 하는 일마다 꼬이고, 病苦 질병발생. 바람기 발동.
巳酉丑生	서쪽문을 피하고, 동남쪽으로 이사하면 안 된다. 재수가 없고, 하는 일마다 꼬이고, 病苦 질병발생. 바람기 발동.
寅午戌生	남쪽문을 피하고, 북동쪽으로 이사하면 안 된다. 재수가 없고, 하는 일마다 꼬이고, 病苦 질병발생. 바람기 발동.
亥卯未生	동쪽문을 피하고, 서북쪽으로 이사하면 안 된다. 재수가 없고, 하는 일마다 꼬이고, 病苦 질병발생. 바람기 발동.

운세풀이

戌띠:이동수,우왕좌왕, 弱, 다툼	丑띠: 점점 일이 꼬임, 관재구설	辰띠:최고운상승세, 두마음	未띠: 만남,결실,화합,문서
亥띠:매사불편, 방해자,배신	寅띠:귀인상봉, 금전이득, 현금	巳띠: 의욕과다, 스트레스큼	申띠:이동수,이별수,변동 움직임
子띠:해결신,시험합격, 풀림	卯띠: 매사꼬임,과거고생, 질병	午띠: 시급한 일, 뜻대로 안됨	酉띠: 빈주머니,걱정근심,사기

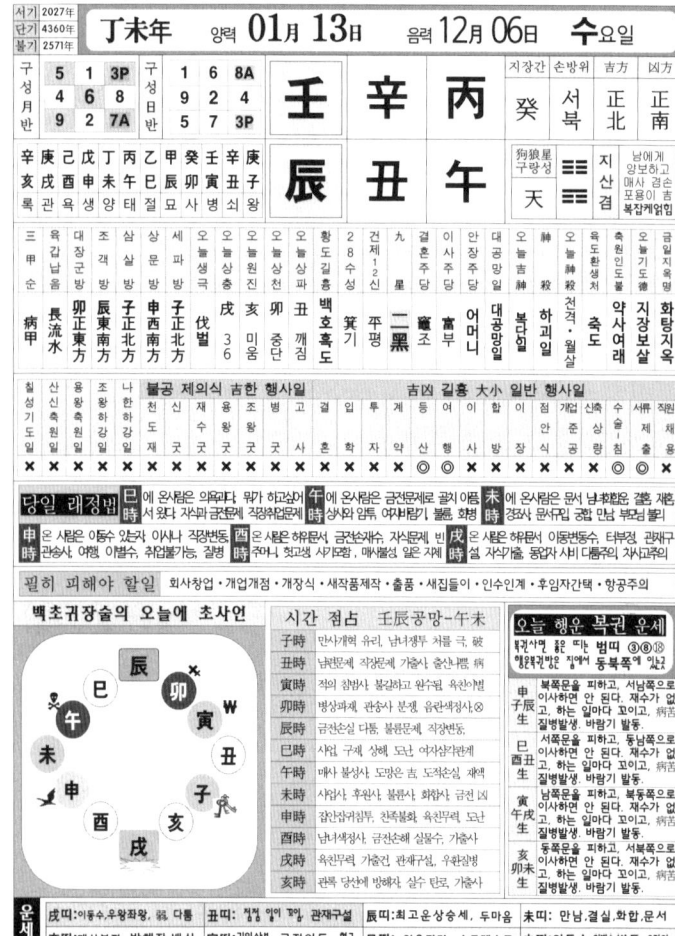

서기	2027年
단기	4360年
불기	2571年

丁未年 양력 01月 14日 음력 12月 07日 목요일

구성월반		
5	1	3P
4	6	8
9	2	7A

구성日반		
2	7	9
1A	3	5
6	8	4P

癸	辛	丙
巳	丑	午

지장간	손방위	吉方	凶方
辛	북쪽	正西	正東

狗狼星 구랑성		화택규	의견충돌 대립 불화 관재구설수 이별배신자 이득배분갈등
大門 僧寺	☲ ☱		

癸	壬	辛	庚	己	戊	丁	丙	乙	甲	癸	壬
亥	戌	酉	申	未	午	巳	辰	卯	寅	丑	子
왕	쇠	병	사	묘	절	태	양	생	욕	관	록

삼갑순	육갑납음	대장군방	조객방	삼살방	상문방	세파방	오늘생극	오늘상충	오늘원진	오늘상천	오늘상파	황도길흉	28수성	건제12신	九星	결혼주당	이사주당	안장주당	대공망일	오늘吉神	神殺	오늘神殺	육도환생처	축원인도불	오늘기도德	금일지옥명
病甲	長流水	卯正東方	辰東南方	子正北方	申西南方	子正北方	制제	亥 36	戌 미움	寅 중단	申 깨짐	옥당황도	斗두	定정	三碧	婦부	師사	며느리	대공망일	천귀*육의	삼합일	구감·고초	옥도	약사여래	문수보살	화탕지옥

칠성기도일	산신축원일	용왕축원일	조왕하강일	나한하강일	불공 제의식 吉한 행사일: 천도재	신굿	재수굿	용왕굿	조왕굿	병굿	고사	吉凶 길흉 大小 일반 행사일: 결혼	입학	투자	계약	등산	여행	이사	합방	이장	점안식	개업준공	신축상량	수술·침	서류제출	직원채용
×	×	×	×	×	◎	◎	◎	×	◎	◎	◎	◎	◎	×	◎	◎	◎	×	◎		◎	◎		◎	◎	◎

당일 래정법

巳時 에 온사람은 원망과 다툼, 두 문제로 갈등사, 직장문제, 여자상업문제, 시비다툼

午時 에 온사람은 금전문제, 여자문제, 뭐가 하고 싶어서 왔다. 직장취업문제

未時 에 온사람은 골치 아픈일, 친구나 형제간 다툼, 바람기, 불륜, 관재, 속정리

申時 온 사람은 화합운, 결혼사, 재혼, 경조사, 애정사, 궁합 만남 개업, 윗사람 우환질병, 허위문서 매매건

酉時 온 사람은 이동수 있는자, 이사나 직장변동수, 사업체 변동수, 여행, 이별수, 관재구설

戌時 온 사람은 색정사문제, 금전손재수, 쉬어야할때, 빈주머니, 헛고생, 허위문서, 사기, 매사불성

필히 피해야 할일

홍보광고 • 소장제출 • 인허가신청 • 정보유출 • 질병치료 • 출항 • 조선 배 제조 • 승선 • 바다낚시

백초귀장술의 오늘에 초사언

시간 점占 癸巳공망-午未

子時	형제친구 배신주의, 색정사, 관재구설
丑時	적의 침범사, 음란색정사, 부부이별, 이사
寅時	직장근심, 처를 극, 색정사, 음귀침투
卯時	자식문제, 직장문제, 색정사, 결혼기쁨
辰時	남편문제, 직장문제, 부부이별, 우환질병
巳時	귀인상봉, 구재이득, 발탁 수상기쁨, 취직
午時	금전손실, 매사 불성사, 색정사, 부부문제
未時	금전실패, 가출건, 관송사, 육친무력 이동
申時	사업사, 후원사, 색정사, 다툼 탄로조심
酉時	어른 병자사망, 매사 불성사, 가출도주
戌時	직업문제, 남편문제, 음란색정사, 이사吉
亥時	관귀발동, 금전손해 실물수, 음란색정사

오늘 행운 복권 운세

복권사면 좋은 띠는 토끼띠 ②⑧
행운복권방은 집에서 동쪽에 있는곳

申子辰生	북쪽문을 피하고, 서남쪽으로 이사하면 안 된다. 재수가 없고, 하는 일마다 꼬이고, 病苦 질병발생. 바람기 발동.
巳酉丑生	서쪽문을 피하고, 동남쪽으로 이사하면 안 된다. 재수가 없고, 하는 일마다 꼬이고, 病苦 질병발생. 바람기 발동.
寅午戌生	남쪽문을 피하고, 북동쪽으로 이사하면 안 된다. 재수가 없고, 하는 일마다 꼬이고, 病苦 질병발생. 바람기 발동.
亥卯未生	동쪽문을 피하고, 서북쪽으로 이사하면 안 된다. 재수가 없고, 하는 일마다 꼬이고, 病苦 질병발생. 바람기 발동.

운세풀이

亥띠:이동수,우왕좌왕, 弱, 다툼	寅띠: 점점 일이 꼬임, 관재구설	巳띠:최고운상승세, 두마음	申띠: 만남,결실,화합,문서
子띠:매사불편, 방해자,배신	卯띠:귀인상봉, 금전이득, 현금	午띠: 의욕과다, 스트레스큼	酉띠:이동수,이별수,변동 움직임
丑띠:해결신,시험합격, 풀림	辰띠: 매사꼬임,과거고생, 질병	未띠: 시급한 일, 뜻대로 안됨	戌띠: 빈주머니,걱정근심,사기

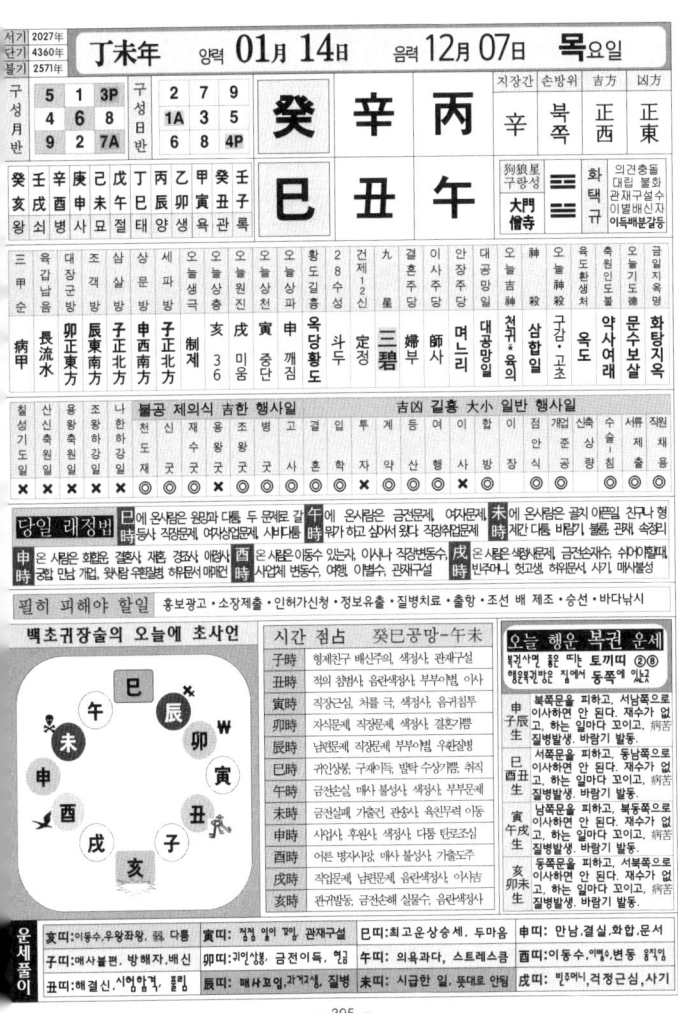

서기 2027年	단기 4360年	불기 2571年

丁未年 양력 01月 15日 음력 12月 08日 금요일

구성月반			구성日반		
5	1	3P	3A	8	1
4	6	8	2	4	6
9	2	7A	7	9P	5

甲	辛	丙
午	丑	午

지장간	손방위	吉方	凶方
辛	북동	正南	正北

狗狼星 구랑성	戊亥方

☱ ☳ 화택규: 의견충돌 대립 불화 관재구설수 이별배신자 이득배분갈등

乙	甲	癸	壬	辛	庚	己	戊	丁	丙	乙	甲
亥	戌	酉	申	未	午	巳	辰	卯	寅	丑	子
생	양	태	절	묘	사	병	쇠	왕	록	관	욕

三甲순	육갑납음	대장군방	조객방	삼살방	상문방	세파방	오늘생극	오늘상충	오늘원진	오늘상천	오늘상파	황도길흉	28수성	건제12신	九星	결혼주당	이사주당	안장주당	대공망일	오늘吉神	神殺	오늘神殺	육도환생처	축원인도불	오늘기도德	금일지옥명
生甲	砂中金	卯正東方	辰東南方	子正北方	申西南方	子正北方	寶보	子 36	丑 미움	丑 중단	卯 깨짐	천뇌흑도	牛우	執집	四綠	廚주	災재	손님	대공망일	경안*지덕	월해·패파	지격·독화	불도	관세음보살	약사보살	좌마지옥

칠성기도일	산신축원일	용왕축원일	조왕하강일	나한하강일	불공 제의식 吉한 행사일: 천도재	신굿	재수굿	용왕굿	조왕굿	병굿	고사	吉凶 길흉 大小 일반 행사일: 결혼	입학	투자	계약	등산	여행	이사	합방	이장	점안식	개업준공	신축상량	수술·침	서류제출	직원채용
◎	◎	×	◎	◎	◎	◎	◎	◎	◎	◎	◎	×	◎	×	×	◎	◎	×	×	×	◎	×	×	◎	×	×

당일 래정법

巳時에 온사람은 건강문제, 재수가 없고 운이 단단히 꼬여있음, 동업파탄 손재수

午時에 온사람은 의욕충만, 두문제로 갈등사, 갖고싶은 욕구, 직장문제, 상업문제

未時에 온사람은 의욕과다, 뭐가 하고싶어서 왔다, 직장상사괴롭힘 사표문제

申時 온 사람은 골치 아픈일, 친구나 형제동업, 죽음, 배우자바람기, 불륜, 관재구설 속 정리해야함

酉時 온 사람은 문서구입, 화합운, 결혼, 경조사, 관직취업건, 개업 때 아님, 하극상 배신, 경쟁사로 몰변

戌時 온 사람은 이동수 있는자, 가출, 이사나 직장변동, 점포 변동수, 투자문서는 위험, 이별수

필히 피해야 할일 작품출품·납품·정보유출·창고개방·새집들이·출장·항공주의·화재주의·지붕·옥상보수

백초귀장술의 오늘에 초사언

시간 점占 甲午공망-辰巳

子時	자식 질병재앙, 처를 극, 방심 도난
丑時	처의 돈문제, 우환질병, 동료배신, 후퇴
寅時	선거자유리, 직장 명예사, 질병재앙
卯時	매사불길, 질병재앙, 수술, 처를 극, 가출
辰時	사업, 금전구재, 도난, 여자 색정삼각관계
巳時	집안잡귀침투, 친족불화, 삼각관계, 불리
午時	관재 병재로 불길, 가출사 색정사 하극상
未時	화합사, 금전문제, 처 문제, 이동 여행지
申時	매사 불성사, 우환질병, 음란 색정사
酉時	관청권리문제, 남편문제, 우환질병피해
戌時	가출건, 급병자발생, 색정사 발생 ⊗
亥時	파재, 상해, 도난, 사업문제, 질병재앙

오늘 행운 복권 운세

복권사면 좋은 띠는 용띠 ⑤⑩⑳
행운복권방은 집에서 동남쪽에 있는곳

申子辰生	북쪽문을 피하고, 서남쪽으로 이사하면 안 된다. 재수가 없고, 하는 일마다 꼬이고, 病苦 질병발생. 바람기 발동.
巳酉丑生	서쪽문을 피하고, 동남쪽으로 이사하면 안 된다. 재수가 없고, 하는 일마다 꼬이고, 病苦 질병발생. 바람기 발동.
寅午戌生	남쪽문을 피하고, 북동쪽으로 이사하면 안 된다. 재수가 없고, 하는 일마다 꼬이고, 病苦 질병발생. 바람기 발동.
亥卯未生	동쪽문을 피하고, 서북쪽으로 이사하면 안 된다. 재수가 없고, 하는 일마다 꼬이고, 病苦 질병발생. 바람기 발동.

운세풀이

子띠:이동수,우왕좌왕, 弱, 다툼	卯띠: 점점 일이 꼬임, 관재구설	午띠:최고운상승세, 두마음	酉띠: 만남,결실,화합,문서
丑띠:매사불편, 방해자,배신	辰띠:귀인상봉, 금전이득, 현금	未띠: 의욕과다, 스트레스큼	戌띠:이동수,이별수,변동 움직임
寅띠:해결신,시험합격, 풀림	巳띠: 매사꼬임,과거고생, 질병	申띠: 시급한 일, 뜻대로 안됨	亥띠: 빈주머니,걱정근심,사기

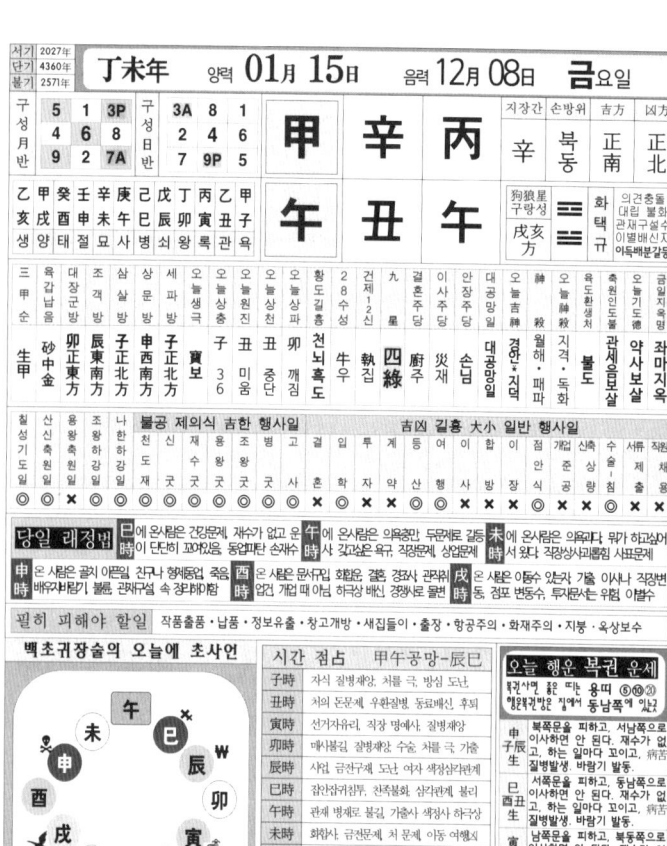

서기	2027年
단기	4360年
불기	2571年

丁未年 양력 01月 16日 음력 12月 09日 토요일

구성월반			구성일반		
5	1	3P	4	9	2
4	6	8	3	5	7
9	2	7A	8P	1	6

乙	辛	丙
未	丑	午

지장간	손방위	吉方	凶方
辛	無	正東	正西

狗狼星 구랑성	水步井 亥方	☳☳	화택규	의견충돌 대립 불화 관재구설수 이별배신자 이득배분갈등

丁亥	丙戌	乙酉	甲申	癸未	壬午	辛巳	庚辰	己卯	戊寅	丁丑	丙子
사	묘	절	태	양	생	욕	관	록	왕	쇠	병

三甲순	육갑납음	대장군방	조객방	삼살방	상문방	세파방	오늘생극	오늘상충	오늘원진	오늘상천	오늘상파	황도길흉	28수성	건제12신	九星	결혼주당	이사주당	안장주당	복단일	오늘吉神	神殺	오늘神殺	육도환생처	축원인도불	오늘기도德	금일지옥명
生甲	砂中金	卯正東方	辰東南方	子正北方	申西南方	子正北方	制 제	丑 36	子 미움	子 중단	戌 깨짐	현무흑도	女 여	破 파	五黃	夫 부	安 안	아버지	황은대사	천덕합	월파일	구공·대모	불도	관세음보살	대세지보살	좌마지옥

칠성기도일	산신축원일	용왕축원일	조왕하강일	나한하강일	불공 제의식 吉한 행사일							吉凶 길흉 大小 일반 행사일														
					천도재	신굿	재수굿	용왕굿	조왕굿	병굿	고사	결혼	입학	투자	계약	등산	여행	이사	합방	이장	점안식	개업준공	신축상량	수술-침	서류제출	직원채용
×	◎	×	×	×	×	×	×	×	×	×	×	×	×	×	×	×	×	×	×	×	×	×	×	×	×	×

당일 래정법

巳時에 온사람은 금전문제, 사업문제, 금전구재건, 관직취직사, 속전속결이 유리

午時에 온사람 건강문제, 관재구설로 운이 단단히 꼬여있음, 친정문제 손재수

未時에 온사람 부모자식 합의건, 문서합의 건, 결혼성사, 사업자금, 이동수

申時 온 사람은 의욕과다, 뭐가 하고싶어서 왔다. 직장취업문제, 친구형제간 배신과 우환, 관재수

酉時 온 사람은 골치 아픈일, 형제동업, 죽음, 바람기, 불륜, 시비투쟁, 급속정리해야함, 청춘구직해

戌時 온 사람은 금전구재, 문서, 화합운, 결혼, 재혼, 경조사, 애정사, 궁합, 만남, 개업, 하극상 배신, 구설수

필히 피해야 할일 이날은 흑도와 월파일에 구공, 대모 등 신살에 해당되어 매사 해롭고 불리한 날

백초귀장술의 오늘에 초사언

시간 점占 乙未공망-辰巳

子時	관귀발동, 친족불화, 색정삼각관계, 도난
丑時	적의 침범사, 여자불길 원수됨, 가출사
寅時	금전문제, 실직문제, 배신사, 모함 은익
卯時	질병위급, 관직승진, 동분서주 결혼 吉
辰時	매사 불성사, 금전손재, 금전융통 안됨
巳時	자식문제, 남편문제, 만사길조, 수상기쁨
午時	매사 불성사, 우환질병, 음란 색정사 자식
未時	금전사기유의, 여자문제, 우환질병 취직可
申時	직업문제, 남편명예문제, 불륜 색정사
酉時	병자사망, 매사 불성사, 가출도주, 外情
戌時	처의 돈문제, 우환질병, 관직변화변동
亥時	금전사업문제, 가출사, 도망분실, 삼각관계

오늘 행운 복권 운세

복권사면 좋은 띠는 **뱀띠** ⑦⑰27
행운복권방은 집에서 **남동쪽**에 있는곳

申子辰生	북쪽문을 피하고, 서남쪽으로 이사하면 안 된다. 재수가 없고, 하는 일마다 꼬이고, 病苦 질병발생. 바람기 발동.
巳酉丑生	서쪽문을 피하고, 동남쪽으로 이사하면 안 된다. 재수가 없고, 하는 일마다 꼬이고, 病苦 질병발생. 바람기 발동.
寅午戌生	남쪽문을 피하고, 북동쪽으로 이사하면 안 된다. 재수가 없고, 하는 일마다 꼬이고, 病苦 질병발생. 바람기 발동.
亥卯未生	동쪽문을 피하고, 서북쪽으로 이사하면 안 된다. 재수가 없고, 하는 일마다 꼬이고, 病苦 질병발생. 바람기 발동.

운세풀이

丑띠:이동수,우왕좌왕, 弱, 다툼	辰띠: 점점 일이 꼬임, 관재구설	未띠:최고운상승세, 두마음	戌띠: 만남,결실,화합,문서
寅띠:매사불편, 방해자,배신	巳띠:귀인상봉, 금전이득, 현금	申띠: 의욕과다, 스트레스큼	亥띠:이동수,이별수,변동 움직임
卯띠:해결신,시험합격, 풀림	午띠: 매사꼬임,과거고생, 질병	酉띠: 시급한 일, 뜻대로 안됨	子띠: 빈주머니,걱정근심,사기

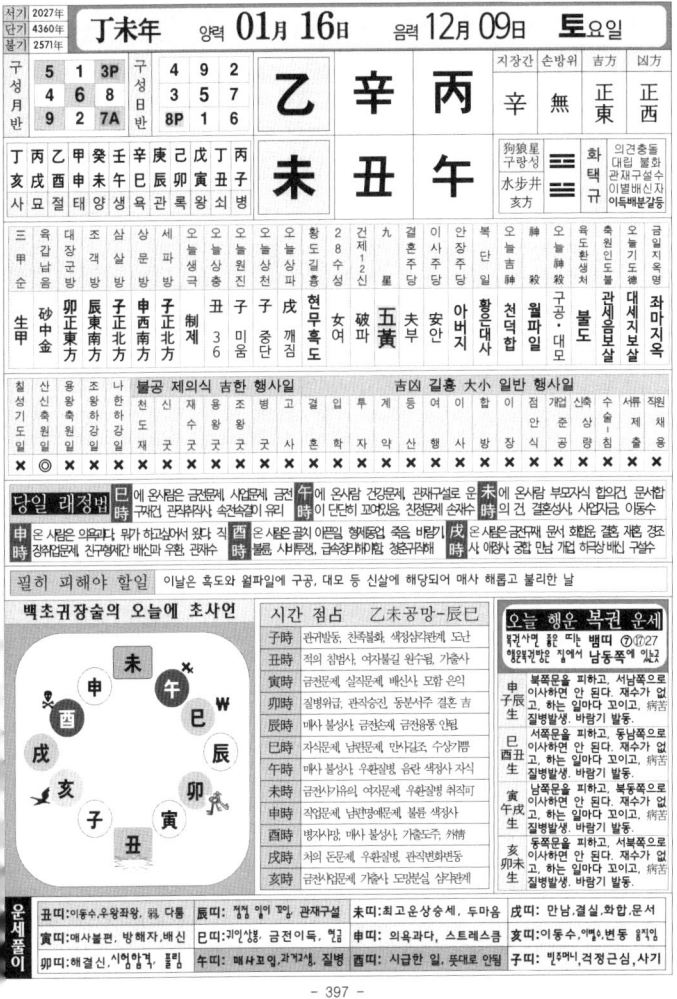

서기	2027年
단기	4360年
불기	2571年

丁未年 양력 01月 17日 음력 12月 10日 일요일 토왕용사

구성월반				구성일반			
	5	1	3P		5	1	3
	4	6	8		4	6	8
	9	2	7A		9P	2	7A

丙	辛	丙
申	丑	午

지장간	손방위	吉方	凶方
己	無	正北	正南

己	戊	丁	丙	乙	甲	癸	壬	辛	庚	己	戊
亥	戌	酉	申	未	午	巳	辰	卯	寅	丑	子
절	묘	사	병	쇠	왕	록	관	욕	생	양	태

狗狼星 구랑성	화택규	
天	☲☱	의견충돌 대립 불화 관재구설수 이별배신자 이득배분갈등

三甲순	육갑납음	대장군방	조객방	삼살방	상문방	세파방	오늘생극	오늘상충	오늘원진	오늘상천	오늘상파	황도길흉	28수성
生甲	山下火	卯正東方	辰東南方	子正北方	申西南方	子正北方	制 제	寅 36	卯 미움	亥 중단	巳 깨짐	사명황도	虛 허

건제12신	九星	결혼주당	이사주당	안장주당	복단일	대공망일	神殺	오늘神殺	육도환생처	축원인도불	오늘기도德	금일지옥명
危 위	六白	姑 고	利 이	남자	오부길일	양덕*복생	모창*지창	유화·토금	인도	관세음보살	아미보살	좌마지옥

칠성기도일	산신축원일	용왕축원일	조왕하강일	나한하강일	불공 제의식 吉한 행사일						
					천도재	신굿	재수굿	용왕굿	조왕굿	병굿	고사
×	×	×	×	×	◎	×	×	×	×	×	×

吉凶 길흉 大小 일반 행사일														
결혼	입학	투자	계약	등산	여행	이사	합방	이장	점안식	개업준공	신축상량	수술-침	서류제출	직원채용
◎	◎	×	◎	◎	◎	◎	×	×	◎	◎	◎	◎	◎	×

당일 래정법

巳時에 온사람은 여자로 인해 손재수, 직장문제, 상업문제, 색정사, 관재구설

午時에 온사람은 금전문제, 사업문제, 친정부모문제, 관직취직사, 속전속결이 유리

未時에 온사람 남편문제, 직장문제, 헛수고로 완전힘듬, 지금은 불리, 손재수

申時 온 사람은 금전구재, 취직문제, 종교문제, 새로운일 계획무산, 친정식구 후원사, 망신수

酉時 온 사람은 의욕과다, 뭐가 하고싶어서 왔다. 직장취업문제, 친구형제간 배신, 금전차용가능여부

戌時 온 사람은 자식 골치 아픈일, 형제동업, 죽음, 바람기, 불륜, 시비투쟁, 급속장리해야함, 청춘귀

필히 피해야 할일

승선・낚시・어로작업・요트타기・벌목・사냥・수렵・수혈・주방고치기・흙 다루고 땅 파는 일.

백초귀장술의 오늘에 초사언

시간 점占 丙申공망-辰巳

子時	관송사 직업문제, 이동사, 자식질병
丑時	자식문제, 남편문제, 사기도난, 가출건
寅時	직업이동사, 색정사, 우환질병, 터부정
卯時	육친무력 이민, 병환자발생, 가출문제
辰時	사업건 직업변동, 자손 시험합격, 불륜사
巳時	관직 승진문제, 남편명예문제, 불륜색정사
午時	환질병, 금전문제, 인연단절, 수술유의
未時	病환자, 관재, 자손문제, 실직사, 배신사
申時	금전손실, 부인문제, 금전융통, 우환질병
酉時	금전문제, 구재이득, 발탁 수상기쁨, 함정
戌時	자식문제, 가출사, 산소문제, 기도발원
亥時	실직문제, 질병발생, 적 침범사, 서행

오늘 행운 복권 운세

복권사면 좋은 띠는 말띠 ⑤⑦22
행운복권방은 집에서 남쪽에 있는곳

申子辰生	북쪽문을 피하고, 서남쪽으로 이사하면 안 된다. 재수가 없고, 하는 일마다 꼬이고, 病苦 질병발생. 바람기 발동.
巳酉丑生	서쪽문을 피하고, 동남쪽으로 이사하면 안 된다. 재수가 없고, 하는 일마다 꼬이고, 病苦 질병발생. 바람기 발동.
寅午戌生	남쪽문을 피하고, 북동쪽으로 이사하면 안 된다. 재수가 없고, 하는 일마다 꼬이고, 病苦 질병발생. 바람기 발동.
亥卯未生	동쪽문을 피하고, 서북쪽으로 이사하면 안 된다. 재수가 없고, 하는 일마다 꼬이고, 病苦 질병발생. 바람기 발동.

운세풀이

寅띠:이동수,우왕좌왕, 다툼	巳띠: 점점 일이 꼬임, 관재구설	申띠:최고운상승세, 두마음	亥띠: 만남,결실,화합,문서
卯띠:매사불편, 방해자,배신	午띠: 귀인상봉, 금전이득, 현금	酉띠: 의욕과다, 스트레스큼	子띠:이동수,이별수,변동 움직임
辰띠:해결신,시험합격, 풀림	未띠: 매사꼬임,과거고생, 질병	戌띠: 시급한 일, 뜻대로 안됨	丑띠: 빈주머니,걱정근심,사기

서기	2027年
단기	4360年
불기	2571年

丁未年 양력 01月 18日 음력 12月 11日 월요일

구성月반				구성日반			
	5	1	3P		6	2	4
	4	6	8		5P	7	9A
	9	2	7A		1	3	8

丁	辛	丙
酉	丑	午

지장간	손방위	吉方	凶方
己	동쪽	正西	正東

狗狼星 구랑성	괘	화택규	
寺觀 절사관	☲ ☱		의견충돌 대립 불화 관재구설수 이별배신자 이득배분갈등

辛	庚	己	戊	丁	丙	乙	甲	癸	壬	辛	庚
亥	戌	酉	申	未	午	巳	辰	卯	寅	丑	子
태	양	생	욕	관	록	왕	쇠	병	사	묘	절

三甲순	육갑납음	대장군방	조객방	삼살방	상문방	세파방	오늘생극	오늘상충	오늘원진	오늘상천	오늘상파	황도길흉	28수성	건제12신	九星	결혼주당	이사주당	안장주당	복단일	오늘吉神	神殺	오늘神殺	육도환생처	축원인도불	오늘기도德	금일지옥명
生甲	山下火	卯正東方	辰東南方	子正北方	申西南方	子正北方	制제	卯 36	寅 미움	戌 중단	子 깨짐	구진흑도	危위	成성	七赤	堂당	天천	손자	생기*일월	모창*천희	삼합일	수사·천화	귀도	관세음보살	관음보살	좌마지옥

칠성기도일	산신축원일	용왕축원일	조왕하강일	나한하강일	천도재	신굿	재수굿	용왕굿	조왕굿	병굿	고사	결혼	입학	투자	계약	등산	여행	이사	합방	이장	점안식	개업준공	신축상량	수술-침	서류제출	직원채용
					불공 제의식 吉한 행사일							吉凶 길흉 大小 일반 행사일														
×	×	×	◎	◎	◎	◎	◎	◎	◎	◎	◎	–	◎	×	◎	◎	◎	×	×	◎	◎	◎	×	◎	◎	◎

당일 래정법

巳時 에 온사람은 허가 해결할 문제, 합격여부, 금전투자여부, 직장문제, 재혼은 굳

午時 에 온사람은 의욕없는자, 금전구재건, 색정사로 다툼, 친정문제, 매사불성사

未時 에 온사람 금전문제, 사업문제, 자식문제, 관직취직사, 속전속결이 유리

申時 온 사람은 건강문제, 관재구설로 운이 단단히 꼬여있음, 취업 승진문제, 남자문제, 손재수

酉時 온 사람은 두가지 문제 갈등사, 갖고싶은 욕구, 자식으로인해 손상사 발생 합심 안됨 우환질병

戌時 온 사람은 의욕과다, 뭐가 하고싶어서 왔다 직장 취업문제, 친구형제간 배신, 묘지이장문제

필히 피해야 할일

친목회 • 소장제출 • 항소 • 옷재단 • 새옷맞춤 • 태아옷구입 • 머리자르기 • 출산준비 • 수의제작

백초귀장술의 오늘에 초사언

시간 점占 丁酉공망-辰巳

子時	질병발생, 적 침범사, 개혁유리, 도난
丑時	자식 가출건, 손재수, 다툼, 과이사 발생
寅時	사기도난, 파재, 손실사, 색정사, 각방
卯時	실직, 파재, 관재, 적 침범사, 간사은익
辰時	자손문제 남편 직장실직, 부부이별
巳時	자손문제, 가출사, 재물손실, 취직가능
午時	매사 불성, 남녀 색정사, 놀랄 일 불안
未時	자식문제, 구재이득, 귀인상봉, 수술유의
申時	재물손실, 부인일, 불리, 실수 탄로 음모
酉時	금전 암손, 부인문제, 우환질병, 색정사
戌時	자식문제, 남편 실직박탈, 도망유리
亥時	가내재앙불리, 명예상해, 이동여행 금물

오늘 행운 복권 운세

복권사면 좋은 띠는 양띠 ⑤⑩25
행운복권방은 집에서 남서쪽에 있는곳

申子辰生	북쪽문을 피하고, 서남쪽으로 이사하면 안 된다. 재수가 없고, 하는 일마다 꼬이고, 病苦 질병발생. 바람기 발동.
巳酉丑生	서쪽문을 피하고, 동남쪽으로 이사하면 안 된다. 재수가 없고, 하는 일마다 꼬이고, 病苦 질병발생. 바람기 발동.
寅午戌生	남쪽문을 피하고, 북동쪽으로 이사하면 안 된다. 재수가 없고, 하는 일마다 꼬이고, 病苦 질병발생. 바람기 발동.
亥卯未生	동쪽문을 피하고, 서북쪽으로 이사하면 안 된다. 재수가 없고, 하는 일마다 꼬이고, 病苦 질병발생. 바람기 발동.

운세풀이

卯띠:이동수,우왕좌왕, 弱 다툼	午띠: 점점 일이 꼬임, 관재구설	酉띠:최고운상승세, 두마음	子띠: 만남,결실,화합,문서
辰띠:매사불편, 방해자,배신	未띠: 귀인상봉, 금전이득, 현금	戌띠: 의욕과다, 스트레스큼	丑띠:이동수,이별수,변동 움직임
巳띠:해결신,시험합격, 풀림	申띠: 매사꼬임,과거고생, 질병	亥띠: 시급한 일, 뜻대로 안됨	寅띠: 빈주머니,걱정근심,사기

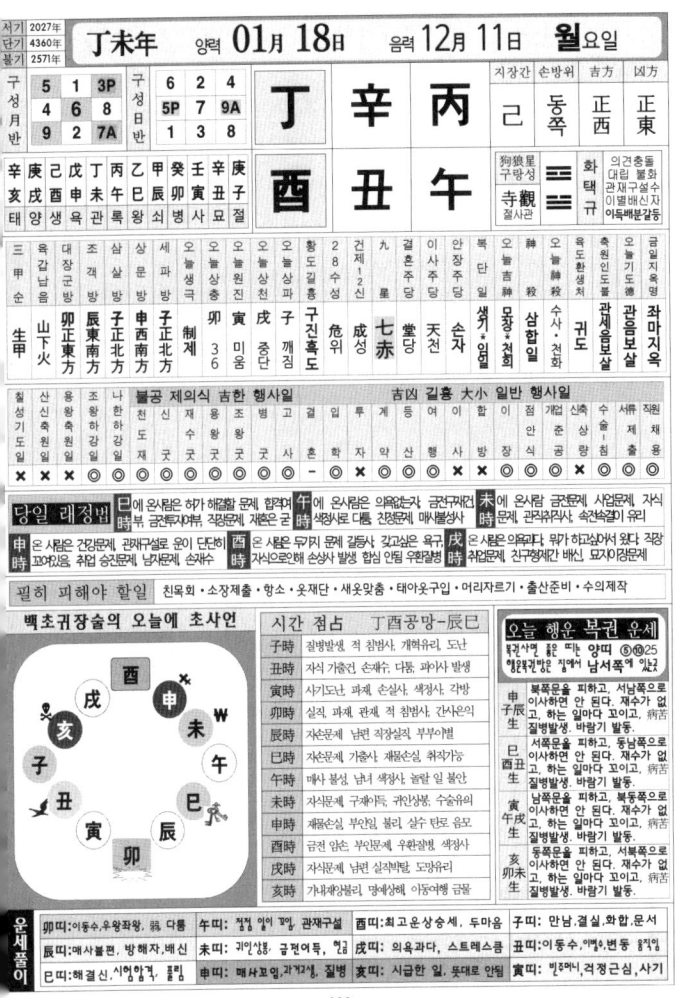

서기	2027年
단기	4360年
불기	2571年

丁未年 양력 01月 19日 음력 12月 12日 화요일

구성月반			구성日반		
5	1	3P	7P	3	5
4	6	8	6	8	1
9	2	7A	2A	4	9

戊	辛	丙
戊	丑	午

지장간	손방위	吉方	凶方
己	동남	正南	正北

狗狼星 구랑성	州縣廳堂 城隍社廟	화택규	의견충돌 대립 불화 관재구설수 이별배신자 이득배분갈등

癸	壬	辛	庚	己	戊	丁	丙	乙	甲	癸	壬
亥	戌	酉	申	未	午	巳	辰	卯	寅	丑	子
절	묘	사	병	쇠	왕	록	관	욕	생	양	태

三甲순	육갑납음	대장군방	조객방	삼살방	상문방	세파방	오늘생극	오늘상충	오늘원진	오늘상천	오늘상파	황도길흉	28수성	건제12신	九星	결혼주당	이사주당	안장주당	오늘吉神	神	神殺	오늘神殺	육도환생처	축원인도불	오늘기도德	금일지옥명
生甲	平地木	卯正東方	辰東南方	子正北方	申西南方	子正北方	專전	辰 36	巳 미움	酉 중단	未 깨짐	청룡황도	室실	收수	八白	翁옹	害해	死	성심*지공	-	월형·오허	천강·지파	축도	관세음보살	미륵보살	좌마지옥

칠성기도일	산신축원일	용왕축원일	조왕하강일	나한하강일	천도재	신굿	재수굿	용왕굿	조왕굿	병굿	고사	결혼	입학	투자	계약	등산	여행	이사	합방	이장	점안식	개업준공	신축상량	수술-침	서류제출	직원채용
◎	×	×	◎	×	×	×	×	×	×	×	×	×	◎	×	×	◎	◎	×	×	×	×	◎	×	×	◎	×

(불공 제의식 吉한 행사일: 천도재 ~ 고사 / 吉凶 길흉 大小 일반 행사일: 결혼 ~ 직원채용)

당일 래정법

- **巳時**에 온사람은 직장취직건, 방해자, 배신사, 매사 지체불리함, 색정사 혼란
- **午時**에 온사람은 허가 해결할 문제, 합격여부, 금전투자여부, 직장문제, 재혼
- **未時**에 온사람 관재구설로 손해, 금전구재건, 색정사, 억울한 일, 매사불성사
- **申時** 온 사람은 금전문제, 사업문제, 관직취직사, 자식의 사업문제 지출, 자동차관련, 속전속결
- **酉時** 온 사람은 건강우환문제, 관송사로 운이 단단히 꼬여있음, 취업 승진문제, 자식문제, 손재
- **戌時** 온 사람은 재물구재 자식문제 두가지 문제 갈등사, 갖고싶은 욕구 강함, 새로운 일시작, 우환질병

필히 피해야 할일

제품제작 • 친구초대 • 부동산매매 • 승선 • 낚시 • 어로작업 • 애완동물들이기 • 주방고치기 • 지붕덮기

백초귀장술의 오늘에 초사언

시간 점占 戊戌공망-辰巳

子時	금전 암손, 부인문제, 우환질병, 객 惡意
丑時	사업, 구재이득, 부부화합사, 종업원음모
寅時	적의 침범사, 질병위급, 가출사, 색정사
卯時	직업변동건, 남녀색정사, 연애불화, 음모
辰時	관재 병재로 불길, 골육 친구배신사
巳時	직업 명예사, 재물손실, 망신살수탄로 病
午時	사업문제, 금전융통, 수술위험, 가출사
未時	가출문제, 잡귀침투, 삼각관계, 형옥살이
申時	자식문제, 가출건, 급병자, 원행 이동배신
酉時	괴이사발생, 신부정, 재물손실, 함정피해
戌時	여자관련손해, 부부배신, 육친이별
亥時	도난, 파재, 상해, 이별사, 처를 극함

오늘 행운 복권 운세

복권사면 좋은 띠는 **원숭띠** ⑨19, 29
행운복권방은 집에서 **서남쪽**에 있는곳

申子辰生	북쪽문을 피하고, 서남쪽으로 이사하면 안 된다. 재수가 없고, 하는 일마다 꼬이고, 病苦질병발생. 바람기 발동.
巳酉丑生	서쪽문을 피하고, 동남쪽으로 이사하면 안 된다. 재수가 없고, 하는 일마다 꼬이고, 病苦질병발생. 바람기 발동.
寅午戌生	남쪽문을 피하고, 북동쪽으로 이사하면 안 된다. 재수가 없고, 하는 일마다 꼬이고, 病苦질병발생. 바람기 발동.
亥卯未生	동쪽문을 피하고, 서북쪽으로 이사하면 안 된다. 재수가 없고, 하는 일마다 꼬이고, 病苦질병발생. 바람기 발동.

운세풀이

卯띠:이동수,우왕좌왕, 弱 다툼	午띠: 점점 일이 꼬임, 관재구설	酉띠:최고운상승세, 두마음	子띠: 만남,결실,화합,문서
辰띠:매사불편, 방해자,배신	未띠: 귀인상봉, 금전어득, 현금	戌띠: 의욕과다, 스트레스큼	丑띠:이동수,이별수,변동 움직임
巳띠:해결신,시험합격, 풀림	申띠: 매사꼬임,과거고생, 질병	亥띠: 시급한 일, 뜻대로 안됨	寅띠: 빈주머니,걱정근심,사기

서기 2027年	단기 4360年	불기 2571年

丁未年 양력 01月 20日 음력 12月 13日 수요일

대한 大寒 16時 29分 入

구성月반		
5	1	3P
4	6	8
9	2	7A

구성日반		
8P	4A	6
7	9	2
3	5	1

己	辛	丙
亥	丑	午

지장간	손방위	吉方	凶方
己	남쪽	正東	正西

狗狼星 구랑성: 寺觀 절사관

지풍승 — 소원성취됨 幸運이 따름 귀인상봉 위로 상승운

乙	甲	癸	壬	辛	庚	己	戊	丁	丙	乙	甲
亥	戌	酉	申	未	午	巳	辰	卯	寅	丑	子
태	양	생	욕	관	록	왕	쇠	병	사	묘	절

三甲순	육갑납음	대장군방	조객방	삼살방	상문방	세파방	오늘생극	오늘상충	오늘원진	오늘상천	오늘상파	황도길흉	28수성	건제12신	九星	결혼주당	이사주당	안장주당	복단일	오늘吉神	神殺	오늘神殺	육도환생처	축원인도불	오늘기도德	금일지옥명
生甲	平地木	卯正東方	辰東南方	子正北方	申西南方	子正北方	制제	巳 36	辰 미움	申 중단	寅 깨짐	명당황도	壁벽	開개	九紫	第제	殺살	여자	복단일	익후*왕일	천적일	지화·조객	옥도	관세음보살	여래보살	좌마지옥

칠성기도일	산신축원일	용왕축원일	조왕하강일	나한하강일	천도재	신굿	재수굿	용왕굿	조왕굿	병굿	고사	결혼	입학	투자	계약	등산	여행	이사	합방	이장	점안식	개업준공	신축상량	수술-침	서류제출	직원채용
×	×	×	×	×	◎	◎	◎	◎	◎	◎	◎	◎	◎	×	×	◎	◎	×	×	×	×	◎	×	◎	◎	◎

(천도재~고사: 불공 제의식 吉한 행사일 / 결혼~직원채용: 吉凶 길흉 大小 일반 행사일)

당일 래정법

- 巳時에 온사람은 금전사기문제, 허위문서, 동업배신문제, 터부정 관송사, 이동수
- 午時에 온사람은 자식문제, 취업 승진문제 방해자, 배신사, 회합사, 재혼 문제
- 未時에 온사람 허가 해결할 문제, 금전구재, 남녀결합문제, 주식투자여부, 매매건 속결
- 申時 온 사람은 자식문제, 상업금전문제, 직장실직문제, 취업시험불리, 색정사, 매사불성사
- 酉時 온 사람은 금전문제, 사업문제, 여자문제, 계약성사는 이득발생, 속전속결 유리, 남편자출
- 戌時 온 사람은 건강문제, 관재구설로 운이 단단히 꼬여있음, 취업 승진문제, 자식문제, 침몰상태

필히 피해야 할일: 신상출고 • 제품제작 • 친구초대 • 문서파기 • 벌초 • 씨뿌리기 • 건축증개축 • 장담그기 • 흙파기

백초귀장술의 오늘에 초사언

시간 점占 己亥공망-辰巳

子時	여자문제, 구재, 남녀색정사, 매사불성사
丑時	적의 침범사, 질병위급, 이별사, 다툼
寅時	작업변동 명예사, 가출문제, 자손문제
卯時	질병위급, 여행조심, 관재불길, 직장변동
辰時	재물손실, 남편문제, 재해 도난, 하극상
巳時	이동사, 색정사, 우환질병, 터부정 구설수
午時	가출문제, 작업문제, 사업문제, 금전융통
未時	질병재앙, 구재이득, 수술유의, 여행은凶
申時	재물손실, 우환질병, 가출사, 색정사, 불성
酉時	금전 암손, 남편문제, 임신가능, 가출사
戌時	금전손실문제, 극처사, 질병고통, 관재刑
亥時	금전배신, 처 가출사, 도망 분실, 이동 흉

오늘 행운 복권 운세

복권사면 좋은 띠는 닭띠 ④⑨ 24, 행운복권방은 집에서 서쪽에 있는곳

申子辰生	북쪽문을 피하고, 서남쪽으로 이사하면 안 된다. 재수가 없고, 하는 일마다 꼬이고, 病苦질병발생. 바람기 발동.
巳酉丑生	서쪽문을 피하고, 동남쪽으로 이사하면 안 된다. 재수가 없고, 하는 일마다 꼬이고, 病苦질병발생. 바람기 발동.
寅午戌生	남쪽문을 피하고, 북동쪽으로 이사하면 안 된다. 재수가 없고, 하는 일마다 꼬이고, 病苦질병발생. 바람기 발동.
亥卯未生	동쪽문을 피하고, 서북쪽으로 이사하면 안 된다. 재수가 없고, 하는 일마다 꼬이고, 病苦질병발생. 바람기 발동.

운세풀이

巳띠:이동수,우왕좌왕, 弱, 다툼	申띠: 점점 일이 꼬임, 관재구설	亥띠:최고운상승세, 두마음	寅띠: 만남,결실,화합,문서
午띠:매사불편, 방해자,배신	酉띠: 귀인상봉, 금전이득, 현금	子띠: 의욕과다, 스트레스큼	卯띠:이동수,이별수,변동 움직임
未띠:해결신,시험합격, 풀림	戌띠: 매사꼬임,과거고생, 질병	丑띠: 시급한 일, 뜻대로 안됨	辰띠: 빈주머니,걱정근심,사기

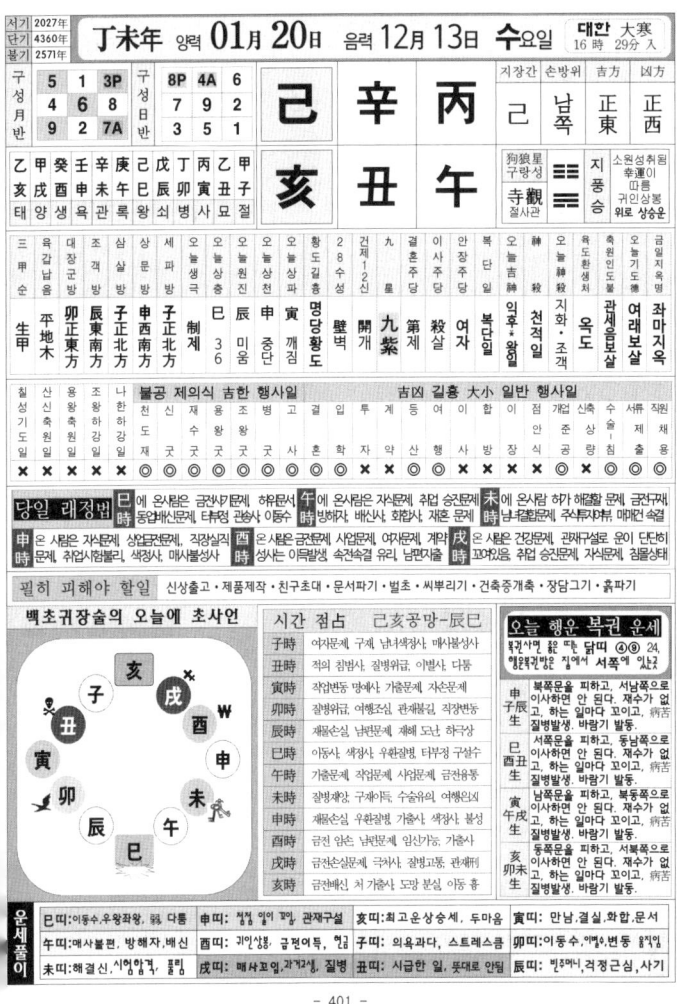

서기	2027年
단기	4360年
불기	2571年

丁未年 양력 01月 21日 음력 12月 14日 목요일

구성월반			구성일반		
5	1	3P	9	5P	7
4	6	8	8	1	3
9	2	7A	4	6A	2

庚	辛	丙
子	丑	午

지장간	손방위	吉方	凶方
己	남서	正北	正南

丁	丙	乙	甲	癸	壬	辛	庚	己	戊	丁	丙
亥	戌	酉	申	未	午	巳	辰	卯	寅	丑	子
병	쇠	왕	록	관	욕	생	양	태	절	묘	사

狗狼星 구랑성	☱	지택림	솔선수범 행동하라! 주인의식 가지고상부 상조하면吉
中庭廳 관청마당	☷		

三甲순	육갑납음	대장군방	조객방	삼살방	상문방	세파방	오늘생극	오늘상충	오늘원진	오늘상천	오늘상파	황도길흉	28수성	건제12신	九星	결혼주당	이사주당	안장주당	복단일	천구하식	오늘吉神	오늘神殺	육도환생처	축원인도불	오늘기도德	금일지옥명
生甲	壁上土	卯正東方	辰東南方	子正北方	申西南方	子正北方	寶보	午 36	未 미움	未 중단	酉 깨짐	천형흑도	奎규	閉폐	一白	竈조	富부	어머니	월기일	천덕*월덕	육합*관일	혈기·귀기	천도	대세지보살	아미보살	독사지옥

칠성기도일	산신축원일	용왕축원일	조왕하강일	나한하강일	불공 제의식 吉한 행사일							吉凶 길흉 大小 일반 행사일														
					천도재	신굿	재수굿	용왕굿	조왕굿	병굿	고사	결혼	입학	투자	계약	등산	여행	이사	합방	이장	점안식	개업준공	신축상량	수술-침	서류제출	직원채용
×	×	◎	×	×	×	×	×	×	×	×	×	×	×	×	×	×	×	×	×	×	×	×	×	×	×	×

당일 래정법

巳時에 온사람은 직장실직건, 친구나 형제문제, 관송사, 실업자, 빈주머니

午時에 온사람은 이동변동수, 터부정, 하극상모함사건, 자식문제, 차사고

未時에 온사람은 방해자, 배신사, 가족간시비, 매사 지체불리함, 도전 창업은 불리

申時 온 사람은 관직 취직문제, 결혼 경조사, 한가지씩 해결됨, 시험은 합격됨, 허가건도 승인남, 귀인도움

酉時 온 사람은 외정색정사, 불륜사, 관재로 발전, 딸 문제발생, 여자로인해 돈모난, 창업불리

戌時 온 사람은 남자문제, 부동산거래, 금전문제, 주식투자문제, 재물구재사, 여자화합건, 건강질병과 빚때문 괴로움

필히 피해야 할일 이날은 흑도일에 폐閉神으로 천형, 혈지 등 강한 신살에 해당되어 매사 해롭고 불리한 날

백초귀장술의 오늘에 초사언

시간 점占 庚子공망-辰巳

子時	자식문제, 여자일, 질병발생, 도난 가출사
丑時	결혼은 吉, 금전융통, 사업계획 후퇴吉
寅時	여자일, 금전고통, 이동재난, 원한 喪
卯時	관직 승진문제, 만사대길, 금전 부인문제
辰時	매사 불성사, 가출사, 금전손실, 도망이吉
巳時	관송사발생 후 刑, 매사불성, 사기 도난
午時	적 침범사, 병재로 불길, 가출사, 남녀투쟁
未時	사업손실, 관재구설, 가출문제, 우환질병
申時	선거자유리, 직장승진 사업흥성, 화합
酉時	금전갈취 도주, 색정사, 가출 함정 은닉
戌時	금전문제, 상업문제, 가출문제, 도망 吉
亥時	남편문제, 자식문제, 직장실직, 음모 함정

오늘 행운 복권 운세

복권사면 좋은 띠는 개띠 ⑩⑳ 30
행운복권방은 집에서 서북쪽에 있는곳

申子辰生	북쪽문을 피하고, 서남쪽으로 이사하면 안 된다. 재수가 없고, 하는 일마다 꼬이고, 病苦 질병발생. 바람기 발동.
巳酉丑生	서쪽문을 피하고, 동남쪽으로 이사하면 안 된다. 재수가 없고, 하는 일마다 꼬이고, 病苦 질병발생. 바람기 발동.
寅午戌生	남쪽문을 피하고, 북동쪽으로 이사하면 안 된다. 재수가 없고, 하는 일마다 꼬이고, 病苦 질병발생. 바람기 발동.
亥卯未生	동쪽문을 피하고, 서북쪽으로 이사하면 안 된다. 재수가 없고, 하는 일마다 꼬이고, 病苦 질병발생. 바람기 발동.

운세풀이

午띠:이동수,우왕좌왕, 弱 다툼	酉띠: 점점 일이 꼬임, 관재구설	子띠:최고운상승세, 두마음	卯띠: 만남,결실,화합,문서
未띠:매사불편, 방해자,배신	戌띠:귀인상봉, 금전이득, 현금	丑띠: 의욕과다, 스트레스큼	辰띠:이동수,이별수,변동 움직임
申띠:해결신,시험합격, 풀림	亥띠: 매사꼬임,과거고생, 질병	寅띠: 시급한 일, 뜻대로 안됨	巳띠: 빈주머니,걱정근심,사기

서기 2027年 단기 4360年 불기 2571年	丁未年	양력 01月 22日	음력 12月 15日	금요일

구성월반				구성일반			
	5	1	3P		1	6	8AP
	4	6	8		9	2	4
	9	2	7A		5	7	3

辛	辛	丙	
丑	丑	午	

지장간	손방위	吉方	凶方
己	서쪽	正西	正東

狗狼星 구랑성			
天	☷ ☴	지풍승	소원성취됨 幸運이 따름 귀인상봉 위로 상승운

己	戊	丁	丙	乙	甲	癸	壬	辛	庚	己	戊
亥	戌	酉	申	未	午	巳	辰	卯	寅	丑	子
욕	관	록	왕	쇠	병	사	묘	절	태	양	생

三甲순	육갑납음	대장군방	조객방	삼살방	상문방	세파방	오늘생극	오늘상충	오늘원진	오늘상천	오늘상파	황도길흉	28수성	건제12신	九星	결혼주당	이사주당	안장주당	복단일	오늘吉神	神殺	오늘神殺	육도환생처	축원인도불	오늘기도德	금일지옥명
生甲	壁上土	卯正東方	辰東南方	子正北方	申西南方	子正北方	義의	未 36	午 미움	午 중단	辰 깨짐	주작흑도	婁루	建건	二黑	婦부	師사	며느리	요안*용덕	월은*수일	토부·백파	왕망·홍사	천도	대세지보살	보현보살	독사지옥

칠성기도일	산신축원일	용왕축원일	조왕하강일	나한하강일	불공 제의식 吉한 행사일: 천도재	신굿	재수굿	용왕굿	조왕굿	병굿	고사	吉凶 길흉 大小 일반 행사일: 결혼	입학	투자	계약	등산	여행	이사	합방	이장	점안식	개업준공	신축상량	수술·침	서류제출	직원채용
×	×	×	×	–	◎	◎	◎	◎	◎	◎	◎	×	◎	×	×	◎	◎	×	×	×	×	×	×	◎	–	×

당일 래정법

巳時에 온사람은 이동수 있는자, 이사 직장변동, 사업체 변동수, 해외진출 午時에 온사람은 취업, 창업 때 아님, 빈주머니, 헛수고, 부부불화 원망 이별 未時에 온사람은 남녀간다툼 이동변동수, 터부정, 관재구설, 자식문제, 교통사고

申時 온 사람은 금전과 여자문제, 방해자, 배신사, 취업 승진 매사지체불리함, 창업 손해손재수 酉時 온 사람은 새 일 자식문제 급처리문제, 취업승진 해결됨 시험합격됨 은밀한 색정사 戌時 온 사람은 여자로인한 부정, 하극상 배신사, 억울한 일, 외정색정사, 불륜사, 관재로 발전, 산소탈

필히 피해야 할일 회의개최 · 건축증개축 · 구인 · 항공주의 · 새집들이 · 출장 · 장담그기 · 흙 다루고 땅 파는 일.

백초귀장술의 오늘에 초사언

시간 점占	辛丑공망-辰巳
子時	자식문제, 관재구설, 급질병, 기도요망
丑時	사업사 손재수, 여자일 질병발생, 친족불화
寅時	도난, 파재, 손모사, 극처사, 관직변동
卯時	질병침투, 적 침범사, 여자 금전손실,
辰時	사업 후원사, 육친무력 이민, 목적달성
巳時	직장변동, 실직문제, 불명예, 이사이동吉
午時	매사 불성, 골육이별, 색정사, 우환질병
未時	관재 병재로 불길, 가출사 자손사 하극상
申時	금전손실, 극처사, 재해, 도난, 여행은 凶
酉時	직업 명예사, 형제 친구문제, 가출사, 색정
戌時	관청근심, 도난 상해 손모사, 수술질병
亥時	금전문제, 직장변동, 자손문제, 실직문제

오늘 행운 복권 운세

복권사면 좋은 띠는 돼지띠 ⑪⑯31
행운복권방은 집에서 북서쪽에 있는곳

申子辰生	북쪽문을 피하고, 서남쪽으로 이사하면 안 된다. 재수가 없고, 하는 일마다 꼬이고, 病苦 질병발생. 바람기 발동.
巳酉丑生	서쪽문을 피하고, 동남쪽으로 이사하면 안 된다. 재수가 없고, 하는 일마다 꼬이고, 病苦 질병발생. 바람기 발동.
寅午戌生	남쪽문을 피하고, 북동쪽으로 이사하면 안 된다. 재수가 없고, 하는 일마다 꼬이고, 病苦 질병발생. 바람기 발동.
亥卯未生	동쪽문을 피하고, 서북쪽으로 이사하면 안 된다. 재수가 없고, 하는 일마다 꼬이고, 病苦 질병발생. 바람기 발동.

운세풀이

未띠:이동수,우왕좌왕, 弱, 다툼	戌띠: 점점 일이 꼬임, 관재구설	丑띠:최고운상승세, 두마음	辰띠: 만남,결실,화합,문서
申띠:매사불편, 방해자,배신	亥띠:귀인상봉, 금전이득, 현금	寅띠: 의욕과다, 스트레스큼	巳띠:이동수,이별수,변동 움직임
酉띠:해결신,시험합격, 풀림	子띠: 매사꼬임,과거고생, 질병	卯띠: 시급한 일, 뜻대로 안됨	午띠: 빈주머니,걱정근심,사기

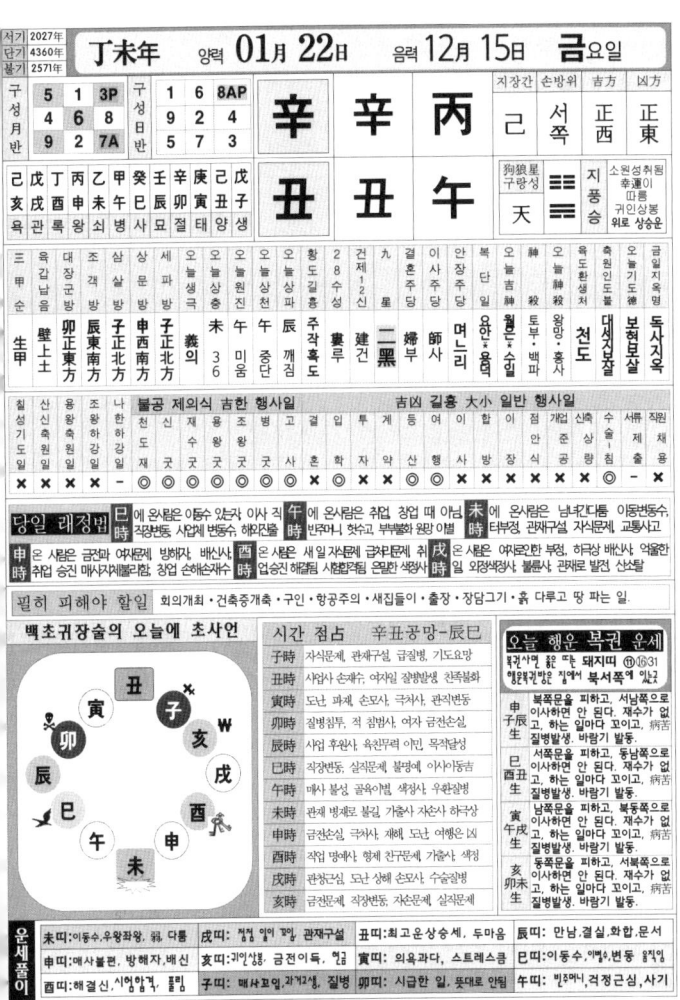

서기	2027年
단기	4360年
불기	2571年

丁未年 양력 01月 23日 음력 12月 16日 토요일

구성月반			구성日반			
5	1	3P		2	7	9P
4	6	8		1A	3	5
9	2	7A		6	8	4

壬	辛	丙
寅	丑	午

지장간	손방위	吉方	凶方
己	서북	正南	正北

狗狼星 구랑성	廚竈僊門路丑午方

괘	지풍승	소원성취됨 幸運이 따름 귀인상봉 위로 상승운
☷☴	지풍승	소원성취됨 幸運이 따름 귀인상봉 위로 상승운

辛	庚	己	戊	丁	丙	乙	甲	癸	壬	辛	庚
亥	戌	酉	申	未	午	巳	辰	卯	寅	丑	子
록	관	욕	생	양	태	절	묘	사	병	쇠	왕

三甲순	육갑납음	대장군방	조객방	삼살방	상문방	세파방	오늘생극	오늘상충	오늘원진	오늘상천	오늘상파	황도길흉	28수성	건제12신	九星	결혼주당	이사주당	안장주당	복단일	대공망일	오늘吉神	오늘神殺	육도환생처	축원인도불	오늘기도德	금일지옥명
生甲	金箔金	卯正東方	辰東南方	子正北方	申西南方	子正北方	寶보	申 36	酉 미움	巳 중단	亥 깨짐	금궤황도	胃위	除제	三碧	廚주	災재	손님	-	대공망일	옥우*상일	멸몰·오허	인도	대세지보살	약사보살	독사지옥

칠성기도일	산신축원일	용왕축원일	조왕하강일	나한하강일	불공 제의식 吉한 행사일: 천도재	신굿	재수굿	용왕굿	조왕굿	병굿	고사	결혼	입학	투자	계약	吉凶 길흉 大小 일반 행사일: 등산	여행	이사	합방	이장	점안식	개업준공	신축상량	수술-침	서류제출	직원채용
◎	◎	×	×	×	×	◎	◎	◎	◎	◎	◎	◎	◎	×	×	◎	◎	×	×	×	◎	◎	◎	◎	◎	×

당일 래정법

巳時 에 온사람은 문서구입 회합사 결혼 재혼 경조사 애정사 궁합 후원 개업

午時 에 온사람은 이동수 있는자 이사나 직장변동 친구나 형제 사업체변동수

未時 에 온사람은 금전사기 실업자 색정사 들통 빈주머니 헛수고 문서모난사 매사불성

申時 온 사람은 매매 이동변동수, 직장변동수, 터 부정, 사기, 허위문서 다툼주의 차사고 주의

酉時 온 사람은 질병과 자식문제 방해자, 배신사, 관송사, 취업 승진 매사 지체불리함

戌時 온 사람은 자식문제 하극상으로 배신사 해결되는 듯 하나 후 불리함 사험 합격됨 허가건 승인됨 관재

필히 피해야 할일 신상출고 • 제품제작 • 친구초대 • 소장제출 • 항소 • 문 만들기 • 비석세우기 • 방류

백초귀장술의 오늘에 초사언

시간 점占 壬寅공망-辰巳

시간	점占
子時	금전문제 상업문제 처를 극 수술문제
丑時	매사 막히고 퇴보 권리박탈 남편문제
寅時	금전 암손 여자문제 자식사 우환질병
卯時	자식문제 직장실직 색정사 가출사
辰時	매사불성 관재구설 속 중단 금전손실
巳時	사업금전운 吉 임신가능 금전기쁨 결혼
午時	금전손실 다툼 부인문제 가출 이동이吉
未時	집안잡귀침투 불화 색정사 관직권리박탈
申時	침범사 질병재앙 가출사 이동이 吉
酉時	파산파재 부인흉극 가출사 배신음모
戌時	사업사 후원사 직장승진 관재구설
亥時	금전손실 직장문제 자식문제 가출사

오늘 행운 복권 운세

복권사면 좋은 띠는 **쥐띠** ①⑥⑯
행운복권방은 집에서 **북쪽**에 있는곳

申子辰生	북쪽문을 피하고, 서남쪽으로 이사하면 안 된다. 재수가 없고, 하는 일마다 꼬이고, 病苦 질병발생. 바람기 발동.
巳酉丑生	서쪽문을 피하고, 동남쪽으로 이사하면 안 된다. 재수가 없고, 하는 일마다 꼬이고, 病苦 질병발생. 바람기 발동.
寅午戌生	남쪽문을 피하고, 북동쪽으로 이사하면 안 된다. 재수가 없고, 하는 일마다 꼬이고, 病苦 질병발생. 바람기 발동.
亥卯未生	동쪽문을 피하고, 서북쪽으로 이사하면 안 된다. 재수가 없고, 하는 일마다 꼬이고, 病苦 질병발생. 바람기 발동.

운세풀이

申띠:이동수,우왕좌왕, 弱弱, 다툼	亥띠: 점점 일이 꼬임, 관재구설	寅띠:최고운상승세, 두마음	巳띠: 만남,결실,화합,문서
酉띠:매사불편, 방해자,배신	子띠:귀인상봉, 금전이득, 현금	卯띠: 의욕과다, 스트레스큼	午띠:이동수,이별수,변동 움직임
戌띠:해결신,시험합격, 풀림	丑띠: 매사꼬임,과거고생, 질병	辰띠: 시급한 일, 뜻대로 안됨	未띠: 빈주머니,걱정근심,사기

서기	2027年	단기	4360年	불기	2571年

丁未年 양력 01月 24日 음력 12月 17日 일요일

구성월반			구성일반		
5	1	3P	3A	8	1
4	6	8	2	4	6P
9	2	7A	7	9	5

癸	辛	丙
卯	丑	午

지장간	손방위	吉方	凶方
己	북쪽	正東	正西

狗狼星 구랑성	괘	지풍승	소원성취됨
天	☴☷	지풍승	幸運이 따름 귀인상봉 위로 상승운

癸	壬	辛	庚	己	戊	丁	丙	乙	甲	癸	壬
亥	戌	酉	申	未	午	巳	辰	卯	寅	丑	子
왕	쇠	병	사	묘	절	태	양	생	욕	관	록

三甲순	육갑납음	대장군방	조객방	삼살방	상문방	세파방	오늘생극	오늘상충	오늘원진	오늘상천	오늘상파	황도길흉	28수성	건제12신	九星	결혼주당	이사주당	안장주당	복단일	대공망일	오늘吉神	오늘神殺	육도환생처	축원인도불	오늘기도德	금일지옥명
生甲	金箔金	卯正東方	辰東南方	子正北方	申西南方	子正北方	寶보	酉 36	申 미움	辰 중단	午 깨짐	대덕황도	昴묘	滿만	四綠	夫부	安안	아버지	금당*민일	대공망일	천장*보광	온황·귀곡	귀도	대세지보살	문수보살	독사지옥

칠성기도일	산신축원일	용왕축원일	조왕하강일	나한하강일	불공 제의식 吉한 행사일: 천도재	신굿	재수굿	용왕굿	조왕굿	병굿	고사	吉凶 길흉 大小 일반 행사일: 결혼	입학	투자	계약	등산	여행	이사	합방	이장	점안식	개업준공	신축상량	수술-침	서류제출	직원채용
◎	◎	◎	◎	◎	◎	◎	◎	◎	◎	◎	◎	◎	◎	×	◎	◎	◎	×	×	×	◎	◎	◎	◎	◎	×

당일 래정법

巳時 에 온사람은 모함과 구설로 골치 아픔 이몸-나쁨 바람기, 직장해고위험

午時 에 온사람은 문서 화합운, 결혼, 재혼 경조사, 궁합 문서이동 부모문제 상업투자

未時 에 온사람은 이동수 있는자, 이사나 직장변동, 자식문제 변동수, 여행 이별 헛고생

申時 온 사람은 허위문서, 실업자, 금전환란, 빈주머니, 헛공사, 사기모함 ·도난사, 매사불성

酉時 온 사람은 매매 이동변동수, 터부정, 관재구설 사기, 허위문서, 우환질병, 자식 가출건

戌時 온 사람은 색정사 배신문제 방해자, 배신사, 의욕상실, 관재구설, 취업 승진 매사 지체불리함

필히 피해야 할일 약혼식 · 주식투자 · 신상출고 · 명품구입 · 교역 · 재물출납 · 입주 · 욕실 · 수도수리 · 우물파기

백초귀장술의 오늘에 초사언

시간 점占 癸卯공망-辰巳

子時	직장근심, 음란색정사, 형제친구문제
丑時	사업후원사, 음란색정사, 질병 급발생
寅時	색정사, 자식문제, 직장실직, 처를 극
卯時	여자로부터 금전손실, 자식문제, 불륜사
辰時	사업상 다툼, 가산탕진, 직업변동, 남편일
巳時	매사 불성사, 금전손실 다툼, 부인문제
午時	사업문제, 불륜색정사, 여자문제, 화해
未時	이동 이별수, 직업변동, 가출사, 산소문제
申時	상해, 도난 금전손해, 질병침투, 직업실직
酉時	적의 침범사, 관재 병재로 불길, 색정사
戌時	놀랄 일발생, 불륜색정사, 금전융통 근심
亥時	금전문제, 부인문제, 가출사, 손님 惡意

오늘 행운 복권 운세

복권사면 좋은 띠는 소띠 ②⑤⑩
행운복권방은 집에서 북동쪽에 있는곳

申子辰生	북쪽문을 피하고, 서남쪽으로 이사하면 안 된다. 재수가 없고, 하는 일마다 꼬이고, 病苦 질병발생. 바람기 발동.
巳酉丑生	서쪽문을 피하고, 동남쪽으로 이사하면 안 된다. 재수가 없고, 하는 일마다 꼬이고, 病苦 질병발생. 바람기 발동.
寅午戌生	남쪽문을 피하고, 북동쪽으로 이사하면 안 된다. 재수가 없고, 하는 일마다 꼬이고, 病苦 질병발생. 바람기 발동.
亥卯未生	동쪽문을 피하고, 서북쪽으로 이사하면 안 된다. 재수가 없고, 하는 일마다 꼬이고, 病苦 질병발생. 바람기 발동.

운세풀이

酉띠:이동수,우왕좌왕, 弱, 다툼	子띠: 점점 일이 꼬임, 관재구설	卯띠:최고운상승세, 두마음	午띠: 만남,결실,화합,문서
戌띠:매사불편, 방해자,배신	丑띠:귀인상봉, 금전이득, 현금	辰띠: 의욕과다, 스트레스큼	未띠:이동수,이별수,변동 움직임
亥띠:해결신,시험합격, 풀림	寅띠: 매사꼬임,과거고생, 질병	巳띠: 시급한 일, 뜻대로 안됨	申띠: 빈주머니,걱정근심,사기

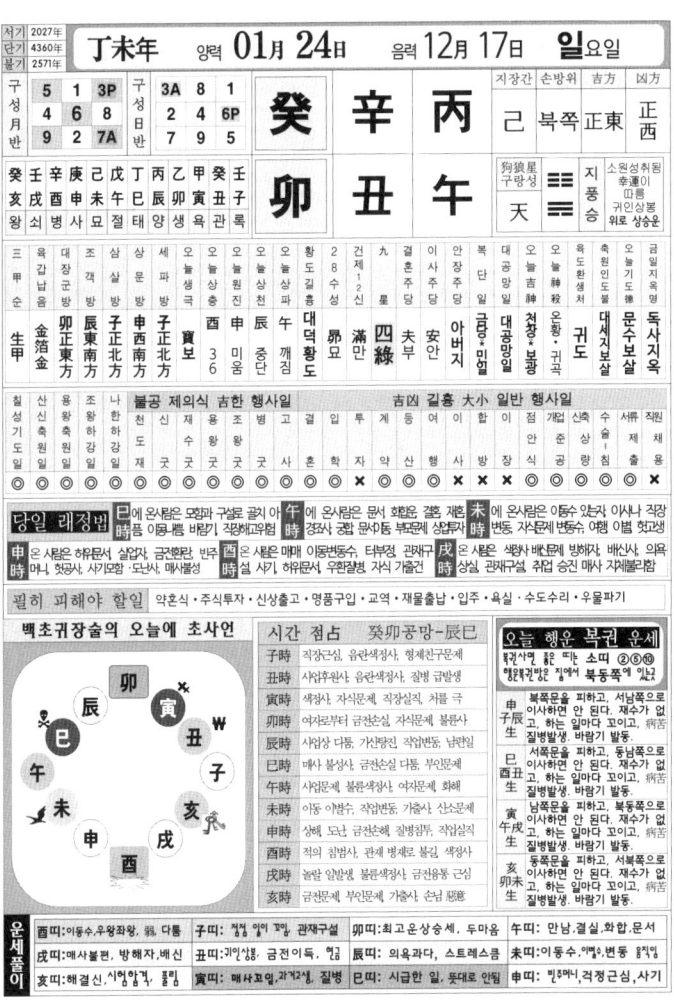

서기	2027年
단기	4360年
불기	2571年

丁未年 양력 01月 25日 음력 12月 18日 월요일

구성월반				구성일반		
	5	1	3P	4	9	2
	4	6	8	3	5	7
	9	2	7A	8	1	6P

甲	辛	丙
辰	丑	午

지장간	손방위	吉方	凶方
己	북동	正北	正南

狗狼星 구랑성 / 僧堂寺廟 승당사묘	☴ ☷	지풍승	소원성취됨 幸運이 따름 귀인상봉 위로 상승운

乙	甲	癸	壬	辛	庚	己	戊	丁	丙	乙	甲
亥	戌	酉	申	未	午	巳	辰	卯	寅	丑	子
생	양	태	절	묘	사	병	쇠	왕	록	관	욕

三甲순	육갑납음	대장군방	조객방	삼살방	상문방	세파방	오늘생극	오늘상충	오늘원진	오늘상천	오늘상파	황도길흉	28수성	건제12신	九星	결혼주당	이사주당	안장주당	복단일	오늘吉神	神殺	오늘神殺	육도환생처	축원인도불	오늘기도德	금일지옥명
死甲	覆燈火	卯正東方	辰東南方	子正北方	申西南方	子正北方	制 제	戌 36	亥 미움	卯 중단	丑 깨짐	백호흑도	畢 필	平 평	五黃	姑 고	利 이	남자	회가제성	월공*천마	하괴·월살	천격·월허	축도	대세지보살	지장보살	독사지옥

칠성기도일	산신축원일	용왕축원일	조왕하강일	나한하강일	불공 제의식 吉한 행사일							吉凶 길흉 大小 일반 행사일														
					천도재	신굿	재수굿	용왕굿	조왕굿	병굿	고사	결혼	입학	투자	계약	등산	여행	이사	합방	이장	점안식	개업준공	신축상량	수술-침	서류제출	직원채용
◎	×	×	◎	◎	◎	×	×	×	×	×	×	×	◎	×	×	◎	◎	×	×	×	×	×	◎	×	◎	×

당일 래정법

巳時에 온사람은 뭐가 하고싶어서 왔다. 자식과 금전문제, 색정사문제, 우환질병문제
午時에 온사람은 금전문제로 골치 아픔, 가정불화, 여자바람기, 자식문제, 화병
未時에 온사람은 문서, 남녀화합운, 결혼, 재혼, 경조사, 문서구입, 궁합, 만남, 부모님 불리
申時 온 사람은 이동수 있는자, 이사나 직장변동, 관송사, 여행, 이별수, 취업불가능, 질병
酉時 온 사람은 하위문서, 금전손재수, 자식문제, 빈주머니, 헛고생 사기모함 , 매사불성, 관송사
戌時 온 사람은 하위문서, 이동변동수, 터부정, 관재구설, 보이스피싱주의, 자식가출, 다툼주의, 차사고

필히 피해야 할일 새집들이 · 친목회 · 금전수금 · 출판출고 · 건축증개축 · 집수리 · 승선 · 바다낚시 · 동토

백초귀장술의 오늘에 초사언

시간 점占	甲辰공망-寅卯
子時	어린자식 질병사, 사업후원사, 손님 惡意
丑時	부인질병문제, 금전손실, 관재, 도난, 방해
寅時	질병재앙, 직장승진문제, 직장변동 말조심
卯時	파재, 극처사, 관송사 분쟁, 수술위급
辰時	금전암손, 여자문제, 사업문제, 금전다툼
巳時	사업, 구재, 상해, 도난, 자손문제, 관재
午時	관재구설, 직장박탈, 도적손실, 화재주의
未時	사업사, 후원사, 음란불륜사, 화합사
申時	음란잡귀침투, 적의 침범사, 우환질병
酉時	남녀색정사, 남편직장 권리사, 질병침투
戌時	질병침투, 색정사, 적의 침범사, 가출문제
亥時	사업후원에 방해자, 질병재앙, 소송 凶

오늘 행운 복권 운세

복권사면 좋은 띠는 범띠 ③⑧⑱
행운복권방은 집에서 동북쪽에 있는곳

申子辰生	북쪽문을 피하고, 서남쪽으로 이사하면 안 된다. 재수가 없고, 하는 일마다 꼬이고, 病苦 질병발생. 바람기 발동.
巳酉丑生	서쪽문을 피하고, 동남쪽으로 이사하면 안 된다. 재수가 없고, 하는 일마다 꼬이고, 病苦 질병발생. 바람기 발동.
寅午戌生	남쪽문을 피하고, 북동쪽으로 이사하면 안 된다. 재수가 없고, 하는 일마다 꼬이고, 病苦 질병발생. 바람기 발동.
亥卯未生	동쪽문을 피하고, 서북쪽으로 이사하면 안 된다. 재수가 없고, 하는 일마다 꼬이고, 病苦 질병발생. 바람기 발동.

운세풀이			
戌띠:이동수,우왕좌왕, [illegible] 다툼	丑띠: 점점 일이 꼬임, 관재구설	辰띠:최고운상승세, 두마음	未띠: 만남,결실,화합,문서
亥띠:매사불편, 방해자,배신	寅띠:귀인상봉, 금전이득, 현금	巳띠: 의욕과다, 스트레스큼	申띠:이동수,이별수,변동 움직임
子띠:해결신,시험합격, 풀림	卯띠: 매사꼬임,과거고생, 질병	午띠: 시급한 일, 뜻대로 안됨	酉띠: 빈주머니,걱정근심,사기

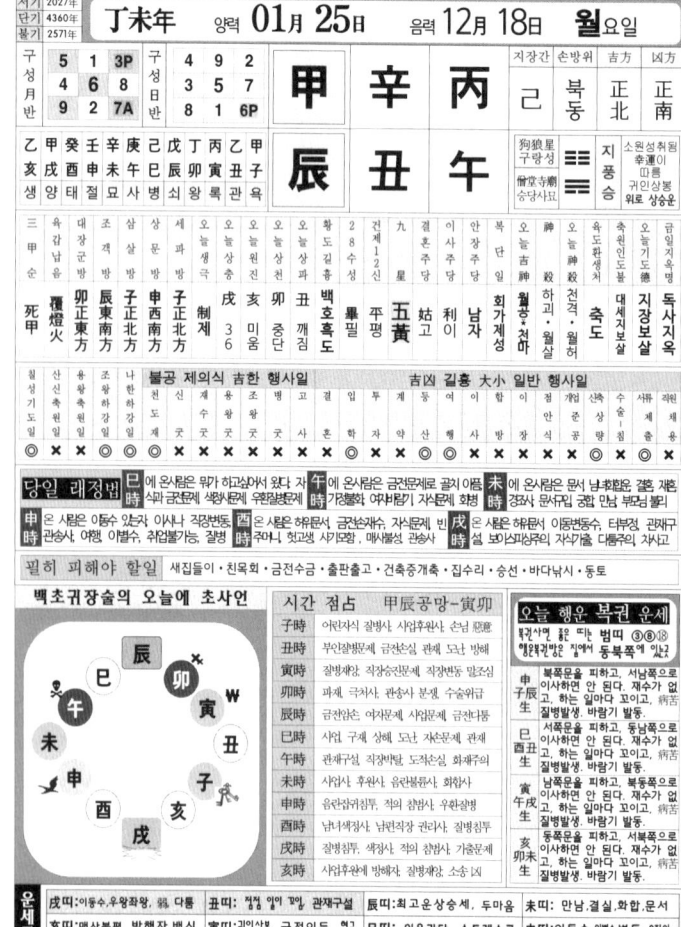

서기	2027年
단기	4360年
불기	2571年

丁未年 양력 01月 26日 음력 12月 19日 화요일

구성월반				구성일반			
	5	1	3P		5	1	3
	4	6	8		4	6	8
	9	2	7A		9	2	7AP

乙	辛	丙
巳	丑	午

지장간	손방위	吉方	凶方
己	無	正西	正東

狗狼星 구랑성	지택림	
天		솔선수범 행동하라! 주인의식 가지고상부 상조하면吉

丁	丙	乙	甲	癸	壬	辛	庚	己	戊	丁	丙
亥	戌	酉	申	未	午	巳	辰	卯	寅	丑	子
사	묘	절	태	양	생	욕	관	록	왕	쇠	병

三甲순	육갑납음	대장군방	조객방	삼살방	상문방	세파방	오늘생극	오늘상충	오늘원진	오늘상천	오늘상파	황도길흉	28수성	건제12신	九星	결혼주당	이사주당	안장주당	복단일	오늘吉神	神殺	오늘神殺	육도환생처	축원인도불	오늘기도德	금일지옥명
死甲	覆燈火	卯正東方	辰東南方	子正北方	申西南方	子正北方	寶보	亥 36	戌 미움	寅 중단	申 깨짐	옥당황도	觜자	定정	六白	堂당	天천	손자	양공기일	천덕합	삼합일	고초·구감	옥도	대세지보살	문수보살	독사지옥

칠성기도일	산신축원일	용왕축원일	조왕하강일	나한하강일	천도재	신굿	재수굿	용왕굿	조왕굿	병굿	고사	결혼	입학	투자	계약	동산	여행	이사	합방	이장	점안식	개업준공	신축상량	수술-침	서류제출	직원채용
◎	×	×	×	×	◎	◎	◎	◎	◎	◎	◎	◎	◎	◎	◎	◎	×	◎	◎	×	◎	◎	◎	◎	◎	◎

(불공 제의식 吉한 행사일: 천도재 ~ 고사 / 吉凶 길흉 大小 일반 행사일: 결혼 ~ 직원채용)

당일 래정법

巳時 에 온사람은 금전구재, 두가지문제로 갈등사, 갖고싶은 욕구, 직장문제, 사업문제

午時 에 온사람은 의욕과다, 뭐가 하고싶어서 왔다 직장취업문제 금전문제, 친정문제

未時 에 온사람은 골치 아픈일, 형제동업 죽음, 바람기, 불륜, 시비투쟁, 속정리

申時 온 사람은 형제, 문서 화합운, 결혼, 재혼, 경조사 애정사 궁합 만남 개업 하극상 배신 우환질병

酉時 온 사람은 이동수 있는자 가출, 이사나 직장변동, 사업체 변동수, 여행, 이별수, 관재구설

戌時 온 사람은 색정사문제, 금전손재수, 지금은 휴식기, 빈주머니, 헛 공사, 사기모함 , 매사불성

필히 피해야 할일

화재주의 • 시험관시술 • 질병치료 • 인수인계 • 씨뿌리기 • 나무심기 • 애완견들이기 • 건축수리

백초귀장술의 오늘에 초사언

시간 점占 乙巳공망-寅卯

子時	윗시람 질병, 배신주의, 발탁방해, 고생
丑時	금전문제, 사업파재, 여자 도망, 삼각관계
寅時	파재, 상해, 도난, 극처사, 색정사, 변동
卯時	금전문제, 직장문제, 우환질병, 가출사
辰時	금전문제, 부인문제, 가출사, 수술유의
巳時	금전암손, 자식문제, 취직 실직문제
午時	화재, 관재구설, 남녀색정사, 자식문제
未時	금전융통, 여자문제, 가출방황, 백사불리
申時	사업후원사 발탁, 직장사, 당선 賞福 有
酉時	급병자발생, 관재구설, 음란 가출도주
戌時	금전문제, 부인문제, 이별사, 타인과 다툼
亥時	적의 침범사, 음란색정사, 부부이별, 이사

오늘 행운 복권 운세

복권사면 좋은 띠는 **토끼띠** ②⑧
행운복권방은 집에서 **동쪽**에 있다

申子辰生	북쪽문을 피하고, 서남쪽으로 이사하면 안 된다. 재수가 없고, 하는 일마다 꼬이고, 病苦 질병발생. 바람기 발동.
巳酉丑生	서쪽문을 피하고, 동남쪽으로 이사하면 안 된다. 재수가 없고, 하는 일마다 꼬이고, 病苦 질병발생. 바람기 발동.
寅午戌生	남쪽문을 피하고, 북동쪽으로 이사하면 안 된다. 재수가 없고, 하는 일마다 꼬이고, 病苦 질병발생. 바람기 발동.
亥卯未生	동쪽문을 피하고, 서북쪽으로 이사하면 안 된다. 재수가 없고, 하는 일마다 꼬이고, 病苦 질병발생. 바람기 발동.

운세풀이

亥띠:이동수,우왕좌왕, 弱, 다툼	寅띠: 점점 일이 꼬임, 관재구설	巳띠:최고운상승세, 두마음	申띠: 만남,결실,화합,문서
子띠:매사불편, 방해자,배신	卯띠:귀인상봉, 금전이득, 현금	午띠: 의욕과다, 스트레스큼	酉띠:이동수,이별수,변동 움직임
丑띠:해결신,시험합격, 풀림	辰띠: 매사꼬임,과거고생, 질병	未띠: 시급한 일, 뜻대로 안됨	戌띠: 빈주머니,걱정근심,사기

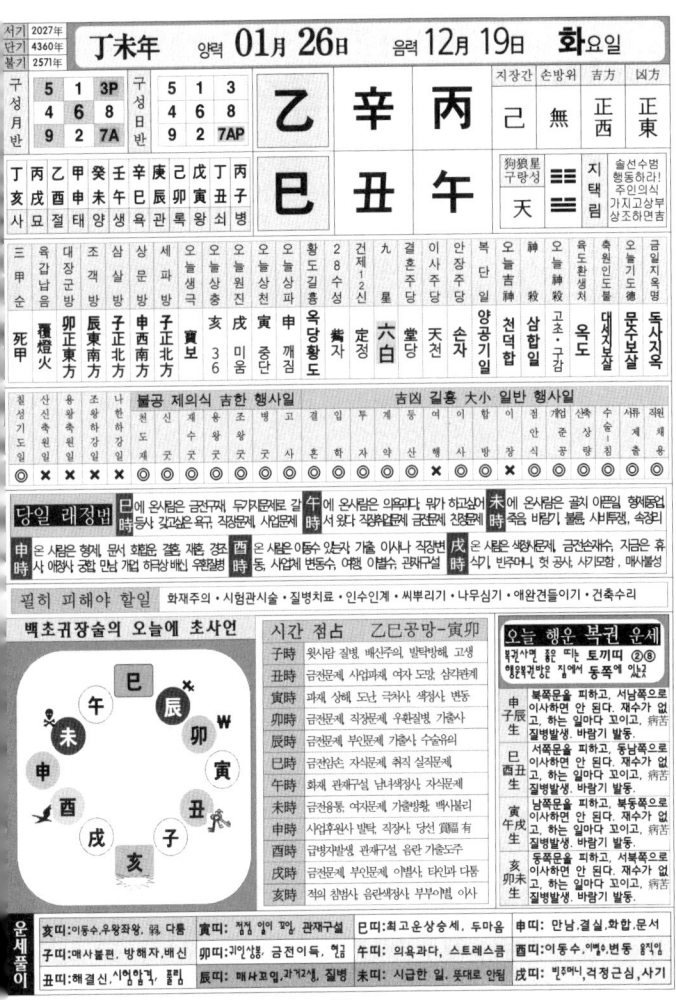

서기	2027年
단기	4360年
불기	2571年

丁未年 양력 01月 27日 음력 12月 20日 수요일

구성월반

5	1	3P
4	6	8
9	2	7A

구성일반

6	2	4
5	7	9A
1	3P	8

丙	辛	丙
午	丑	午

지장간	손방위	吉方	凶方
己	無	正南	正北

狗狼星 구랑성	지택림	솔선수범 행동하라! 주인의식 가지고상부 상조하면吉
天		

己	戊	丁	丙	乙	甲	癸	壬	辛	庚	己	戊
亥	戌	酉	申	未	午	巳	辰	卯	寅	丑	子
절	묘	사	병	쇠	왕	록	관	욕	생	양	태

三甲순	육갑납음	대장군방	조객방	삼살방	상문방	세파방	오늘생극	오늘상충	오늘원진	오늘상천	오늘상파	황도길흉	28수성	건제12신	九星	결혼주당	이사주당	안장주당	복단일	오늘吉神	오늘吉神	오늘神殺	육도환생처	축원인도불	오늘기도德	금일지옥명
死甲	天河水	卯正東方	辰東南方	子正北方	申西南方	子正北方	專전	子 36	丑 미움	丑 중단	卯 깨짐	천뇌흑도	參삼	執집	七赤	翁옹	害해	死	대명*지덕	경안*해신	월해·독화	겁봉·패파	불도	노사나불	약사보살	추해지옥

칠성기도일	산신축원일	용왕축원일	조왕하강일	나한하강일	불공 제의식 吉한 행사일: 천도재	신굿	재수굿	용왕굿	조왕굿	병굿	고사	吉凶 길흉 大小 일반 행사일: 결혼	입학	투자	계약	등산	여행	이사	합방	이장	점안식	개업준공	신축상량	수술-침	서류제출	직원채용
×	×	×	◎	◎	◎	×	×	×	◎	◎	◎	×	◎	×	×	◎	◎	◎	×	×	×	×	×	◎	×	×

당일 래정법

巳時에 온사람은 취업문제, 재수가 없고 운이 단단히 꼬여있음, 우환질병 손재수

午時에 온사람은 금전구재 두문제로 갈등사 갖고싶은 욕구, 직장문제, 상업문제

未時에 온사람은 의욕과다, 뭐가 하고싶어서 왔다. 직장상사괴롭힘 사표문제

申時 온 사람은 골치 아픈일 친구나 형제동업 죽음, 배우자바람기, 불륜, 관재구설 속 정리해야함

酉時 온 사람은 문서구입 화합운, 결혼, 경조사, 관직취업건, 개업 때 아님, 하극상 배신, 경쟁사로 몰변

戌時 온 사람은 이동수 있는자, 가출 이사 직장변동, 점포 변동수, 여자문제, 투자문서는 위험 이별수

필히 피해야 할일 홍보광고・소장제출・인허가신청・정보유출・건축증개축・기둥세우기・항공주의・씨뿌리기

백초귀장술의 오늘에 초사언

시간 점占 丙午공망-寅卯

子時	유아질병 위급, 처를 극, 남녀쟁투
丑時	자손문제, 실직문제, 연애배신사, 모함
寅時	사업손재, 후원사, 불륜사, 직장변동
卯時	남녀색정사, 사업금전문제, 가출사
辰時	자손문제, 실직문제, 남녀색정사, 가출사
巳時	질병재앙, 구재이득, 수술유의, 괴이사발생
午時	금전손실 다툼, 여자문제, 극처사, 형송사
未時	자손문제, 금전융통, 죄 사면, 여행불길
申時	매사 불성사, 도망은 吉, 도적손실, 재액
酉時	관직 발탁사, 금전문제, 극처사, 함정주의
戌時	가출건, 급병자, 자식문제, 신소탈 ⊗
亥時	자초고생, 매사불길, 도난, 파재, 다툼

오늘 행운 복권 운세

복권사면 좋은 띠는 용띠 ⑤⑩⑳
행운복권방은 집에서 동남쪽에 있는곳

申子辰生	북쪽문을 피하고, 서남쪽으로 이사하면 안 된다. 재수가 없고, 하는 일마다 꼬이고, 病苦질병발생. 바람기 발동.
巳酉丑生	서쪽문을 피하고, 동남쪽으로 이사하면 안 된다. 재수가 없고, 하는 일마다 꼬이고, 病苦질병발생. 바람기 발동.
寅午戌生	남쪽문을 피하고, 북동쪽으로 이사하면 안 된다. 재수가 없고, 하는 일마다 꼬이고, 病苦질병발생. 바람기 발동.
亥卯未生	동쪽문을 피하고, 서북쪽으로 이사하면 안 된다. 재수가 없고, 하는 일마다 꼬이고, 病苦질병발생. 바람기 발동.

운세풀이

子띠:이동수,우왕좌왕, 불화, 다툼	卯띠: 점점 일이 꼬임, 관재구설	午띠:최고운상승세, 두마음	酉띠: 만남,결실,화합,문서
丑띠:매사불편, 방해자,배신	辰띠:귀인상봉, 금전이득, 현금	未띠: 의욕과다, 스트레스큼	戌띠:이동수,이별수,변동 움직임
寅띠:해결신,시험합격, 풀림	巳띠: 매사꼬임,과거고생, 질병	申띠: 시급한 일, 뜻대로 안됨	亥띠: 빈주머니,걱정근심,사기

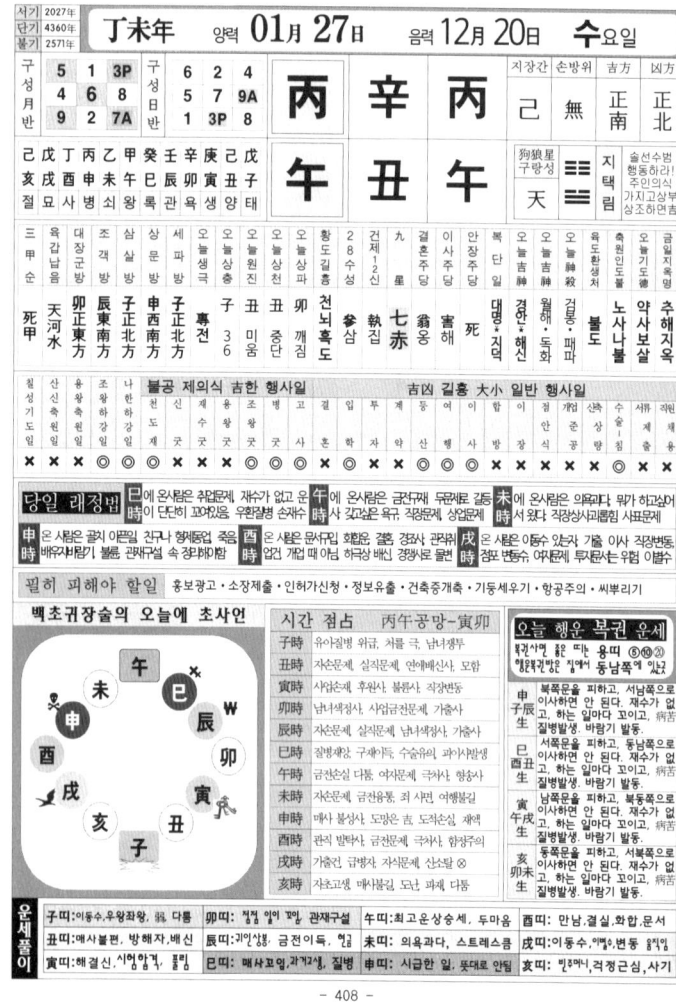

서기	2027年
단기	4360年
불기	2571年

丁未年 양력 **01月 28日** 음력 **12月 21日** **목요일**

구성월반			
	5	1	3P
	4	6	8
	9	2	7A

구성日반			
	7	3	5
	6	8	1
	2AP	4	9

丁	辛	丙
未	丑	午

지장간	손방위	吉方	凶方
己	동쪽	正東	正西

辛	庚	己	戊	丁	丙	乙	甲	癸	壬	辛	庚
亥	戌	酉	申	未	午	巳	辰	卯	寅	丑	子
태	양	생	욕	관	록	왕	쇠	병	사	묘	절

狗狼星 구랑성 ☰ 僧堂 城隍社廟 ☱ 지택림 솔선수범 행동하라! 주인의식 가지고상부 상조하면吉

三甲순	육갑납음	대장군방	조객방	삼살방	상문방	세파방	오늘생극	오늘상충	오늘원진	오늘상천	오늘상파	황도길흉	28수성	건제12신	九星	결혼주당	이사주당	안장주당	오늘吉神	오늘吉神	神殺	오늘神殺	육도환생처	축원인도불	오늘기도德	금일지옥명
死甲	天河水	卯正東方	辰東南方	子正北方	申西南方	子正北方	寶보	丑 36	子 미움	子 중단	戌 깨짐	현무흑도	井정	破파	八白	第제	殺살	여자	-	황은*보호	월파일	구공·대모	불도	노사나불	대세지보살	추해지옥

칠성기도일	산신축원일	용왕축원일	조왕하강일	나한하강일	불공 제의식 吉한 행사일: 천도재	신굿	재수굿	용왕굿	조왕굿	병굿	고사	吉凶 길흉 大小 일반 행사일: 결혼	입학	투자	계약	등산	여행	이사	합방	이장	점안식	개업준공	신축상량	수술-침	서류제출	직원채용
◎	◎	×	×	×	×	×	×	×	×	×	×	×	×	×	×	×	×	×	×	×	×	×	×	×	×	×

당일 래정법

巳時에 온사람은 금전문제, 사업문제, 금전구재건, 관직취직사, 속전속결이 유리

午時에 온사람 건강문제, 관재구설로 운이 단단히 꼬여있음, 친정문제 손재수

未時에 온사람 금전구재, 결혼선택여부, 사업자금투자건, 직장변동, 이동수

申時 온 사람은 뭔가 하고싶어서 왔다. 직장취업문제, 친구형제간 배신과 암해, 관재 관송사, 남자문제

酉時 온 사람은 자식문제 골치 아픈일, 형제동업, 바람기, 불륜, 시비투쟁, 급속정리해야함, 청춘귀

戌時 온 사람은 형제, 문서문제, 자식 화합운, 결혼, 재혼 경조사, 애정사, 궁합, 관직취업문제, 하극상배신

필히 피해야 할일 이날은 흑도와 월파일에 월염, 대모, 상문 등 신살에 해당되어 매사 해롭고 불리한 날.

백초귀장술의 오늘에 초사언

시간 점占 丁未공망-寅卯

子時	남녀색정사, 금전손해 실물수, 도난 간음
丑時	적의 침범사, 질병재앙, 자손상해, 가출
寅時	자손문제, 실직문제, 사업문제, 색정사
卯時	금전손실, 윗사람 질병위급, 색정음란사
辰時	자식문제, 직장문제, 손님 惡意, 불륜배신
巳時	가출사, 파재, 극처사, 관송사 분쟁
午時	회합애정불리, 금전융통, 직장변동, 도난
未時	금전의 암손, 여자문제, 우환질병, 가출
申時	파재, 상해, 도난, 극처사, 직장이동이 吉
酉時	매사불성사, 금전손실, 음 여인함정 관재
戌時	자식문제, 남편피해, 음란색정사, 도망
亥時	관청권리 상해, 재해도난사건, 괴이사발생

오늘 행운 복권 운세

복권사면 좋은 띠는 **뱀띠** ⑦⑰27
행운복권방은 집에서 **남동쪽에** 있는곳

申子辰生	북쪽문을 피하고, 서남쪽으로 이사하면 안 된다. 재수가 없고, 하는 일마다 꼬이고, 病苦질병발생. 바람기 발동.
巳酉丑生	서쪽문을 피하고, 동남쪽으로 이사하면 안 된다. 재수가 없고, 하는 일마다 꼬이고, 病苦질병발생. 바람기 발동.
寅午戌生	남쪽문을 피하고, 북동쪽으로 이사하면 안 된다. 재수가 없고, 하는 일마다 꼬이고, 病苦질병발생. 바람기 발동.
亥卯未生	동쪽문을 피하고, 서북쪽으로 이사하면 안 된다. 재수가 없고, 하는 일마다 꼬이고, 病苦질병발생. 바람기 발동.

운세풀이

丑띠:이동수,우왕좌왕, 弱, 다툼	辰띠: 점점 일이 꼬임, 관재구설	未띠:최고운상승세, 두마음	戌띠: 만남,결실,화합,문서
寅띠:매사불편, 방해자,배신	巳띠:귀인상봉, 금전이득, 현금	申띠: 의욕과다, 스트레스큼	亥띠:이동수,이별수,변동 움직임
卯띠:해결신,시험합격, 풀림	午띠: 매사꼬임,과거고생, 질병	酉띠: 시급한 일, 뜻대로 안됨	子띠: 빈주머니,걱정근심,사기

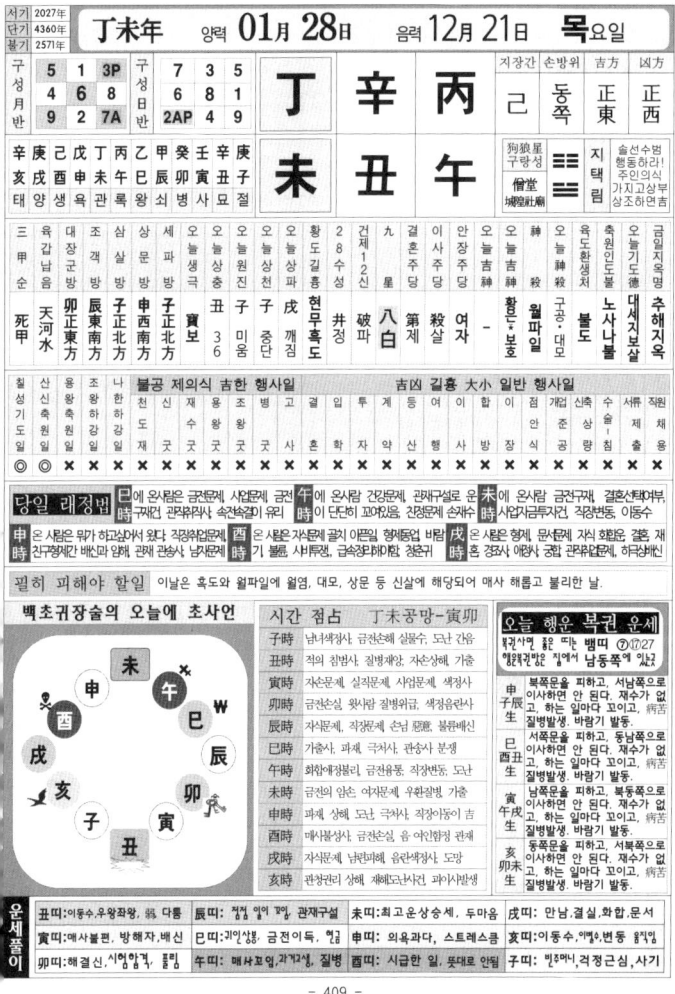

서기	2027年
단기	4360年
불기	2571年

丁未年 양력 01月 29日 음력 12月 22日 금요일

구성월반				구성일반			
	5	1	3P		8	4A	6
	4	6	8		7	9	2
	9	2	7A		3P	5	1

戊	辛	丙
申	丑	午

지장간	손방위	吉方	凶方
己	동남	正北	正南

癸	壬	辛	庚	己	戊	丁	丙	乙	甲	癸	壬
亥	戌	酉	申	未	午	巳	辰	卯	寅	丑	子
절	묘	사	병	쇠	왕	록	관	욕	생	양	태

狗狼星 구랑성	☱	지택림	솔선수범 행동하라! 주인의식 가지고상부 상조하면吉
中庭廳 관청마당	☷		

三甲순	육갑납음	대장군방	조객방	삼살방	상문방	세파방	오늘생극	오늘상충	오늘원진	오늘상천	오늘상파	황도길흉	28수성	건제12신	九星	결혼주당	이사주당	안장주당	복단일	神殺	神殺	오늘神殺	육도환생처	축원인도불	오늘기도德	금일지옥명
死甲	大驛土	卯正東方	辰東南方	子正北方	申西南方	子正北方	寶보	寅 36	卯 미움	亥 중단	巳 깨짐	사명황도	鬼귀	危위	九紫	竈조	富부	어머니	복단일	양덕*복생	오부길일	유화·토금	인도	노사나불	아미보살	추해지옥

칠성기도일	산신축원일	용왕축원일	조왕하강일	나한하강일	천도재	신굿	재수굿	용왕굿	조왕굿	병굿	고사	결혼	입학	투자	계약	등산	여행	이사	합방	이장	점안식	개업준공	신축상량	수술-침	서류제출	직원채용
◎	×	×	◎	◎	◎	◎	◎	×	◎	◎	◎	◎	◎	×	×	◎	◎	×	×	×	◎	◎	×	◎	◎	×

(불공 제의식 吉한 행사일: 천도재 ~ 고사 / 吉凶 길흉 大小 일반 행사일: 결혼 ~ 직원채용)

당일 래정법

- **巳時** 에 온사람은 관송사로 손재수 발생 금전구재건, 색정사, 배신당함, 매사불성
- **午時** 에 온사람은 금전문제, 사업문제, 친정 부모문제, 관직취직사, 속전속결이 유리
- **未時** 에 온사람 남편문제, 직장문제, 운이 단단히 꼬여있음, 매사 지체불리, 손재수
- **申時** 온 사람은 금전문제, 관직취직사, 자식의 사업문제, 망신수, 친정 후원사는 불리, 사고조심
- **酉時** 온 사람은 의욕과다, 뭐가 하고싶어서 왔다, 새 사업 추진여부 문제, 친구형제간 시비, 자식문제
- **戌時** 온 사람은 금전손실, 직장취업, 형제동업, 자식문제, 매사불리 지체됨, 바람기, 불륜, 고이사발생

필히 피해야 할일 성형수술 · 농기구 다루기 · 승선 · 낚시 · 어로작업 · 위험놀이기구 · 흙 다루고 땅 파는 일

백초귀장술의 오늘에 초사언

시간 점占	戊申공망-寅卯
子時	금전융통, 부인침해, 태아령 천도요망
丑時	사기도난, 파재, 손실사, 색정사, 각방
寅時	파재, 관재, 적 침범사, 부부이심, 터부정
卯時	재물손실, 부인일, 관재, 실수 탄로 음모
辰時	자손 시험합격, 불륜사, 형제 친구 배신
巳時	관청근심, 우환질병, 불륜색정사, 관재
午時	질병재앙, 적 침범사, 극처사, 가출문제
未時	病환자, 금전손실, 극처사, 친족불화
申時	금전암손, 부인문제, 자손문제, 우환질병
酉時	자식문제, 실직문제, 남녀색정사, 음인함정
戌時	매사 지체, 기능마비, 산소문제, 기도
亥時	사업사, 재물손실, 부인일, 질병재앙

오늘 행운 복권 운세

복권사면 좋은 띠는 **말띠** ⑤⑦22
행운복권방은 집에서 **남쪽**에 있는곳

申子辰生	북쪽문을 피하고, 서남쪽으로 이사하면 안 된다. 재수가 없고, 하는 일마다 꼬이고, 病苦 질병발생. 바람기 발동.
巳酉丑生	서쪽문을 피하고, 동남쪽으로 이사하면 안 된다. 재수가 없고, 하는 일마다 꼬이고, 病苦 질병발생. 바람기 발동.
寅午戌生	남쪽문을 피하고, 북동쪽으로 이사하면 안 된다. 재수가 없고, 하는 일마다 꼬이고, 病苦 질병발생. 바람기 발동.
亥卯未生	동쪽문을 피하고, 서북쪽으로 이사하면 안 된다. 재수가 없고, 하는 일마다 꼬이고, 病苦 질병발생. 바람기 발동.

운세풀이

寅띠:이동수,우왕좌왕, 弱, 다툼	巳띠: 점점 일이 꼬임, 관재구설	申띠:최고운상승세, 두마음	亥띠: 만남,결실,화합,문서
卯띠:매사불편, 방해자,배신	午띠: 귀인상봉, 금전이득, 현금	酉띠: 의욕과다, 스트레스큼	子띠:이동수,이별수,변동 움직임
辰띠:해결신,시험합격, 풀림	未띠: 매사꼬임,과거2생, 질병	戌띠: 시급한 일, 뜻대로 안됨	丑띠: 빈주머니,걱정근심,사기

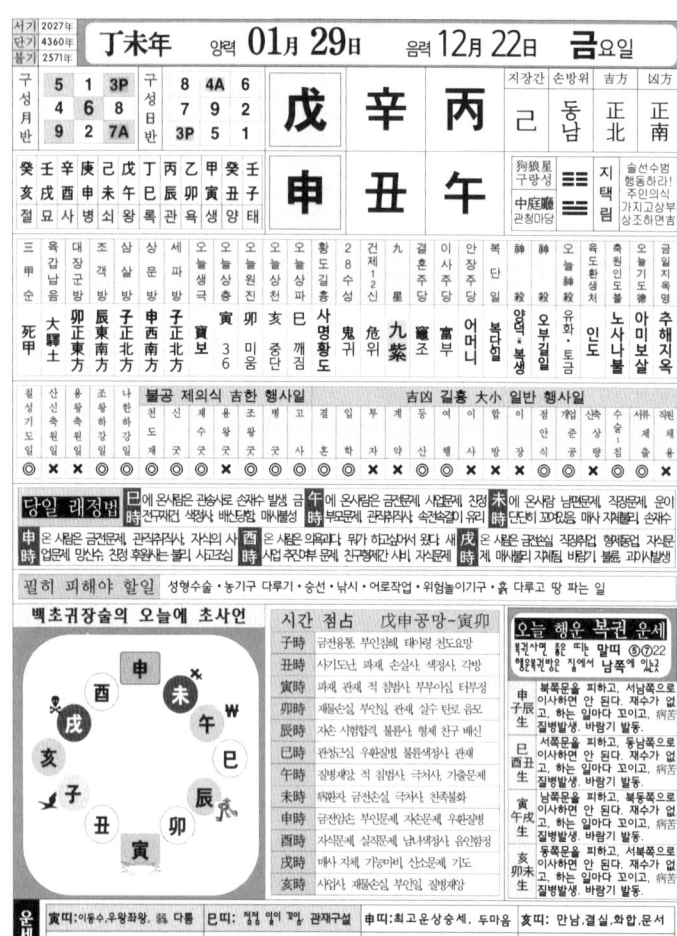

서기	2027年
단기	4360年
불기	2571年

丁未年 양력 01月 30日 음력 12月 23日 토요일

구성월반				구성일반			
	5	1	3P		9	5	7
	4	6	8		8P	1	3
	9	2	7A		4	6A	2

己	辛	丙
酉	丑	午

지장간	손방위	吉方	凶方
己	남쪽	正西	正東

狗狼星 구랑성	☰	지택림	솔선수범 행동하라! 주인의식 가지고상부 상조하면吉
寺觀社廟 사관사묘	☷		

乙	甲	癸	壬	辛	庚	己	戊	丁	丙	乙	甲
亥	戌	酉	申	未	午	巳	辰	卯	寅	丑	子
태	양	생	욕	관	록	왕	쇠	병	사	묘	절

三甲순	육갑납음	대장군방	조객방	삼살방	상문방	세파방	오늘생극	오늘상충	오늘원진	오늘상천	오늘상파	황도길흉	28수성	건제12신	九星	결혼주당	이사주당	안장주당	복단일	오늘吉神	神殺	오늘神殺	육도환생처	축원인도불	오늘기도德	금일지옥명
死甲	大驛土	卯正東方	辰東南方	子正北方	申西南方	子正北方	寶보	卯 36	寅 미움	戌 중단	子 깨짐	구진흑도	柳류	成성	一白	婦부	師사	며느리	월기일	천은*모창	수사·천화	산격·비렴	귀도	노사나불	관음보살	추해지옥

칠성기도일	산신축원일	용왕축원일	조왕하강일	나한하강일	천도재	신굿	재수굿	용왕굿	조왕굿	병굿	고사	결혼	입학	투자	계약	등산	여행	이사	합방	이장	점안식	개업준공	신축상량	수술·침	서류제출	직원채용
◎	◎	×	◎	◎	◎	◎	◎	◎	◎	◎	◎	◎	◎	×	◎	◎	◎	×	◎	×	◎	◎	◎	◎	◎	◎

(불공 제의식 吉한 행사일: 천도재 ~ 고사 / 吉凶 길흉 大小 일반 행사일: 결혼 ~ 직원채용)

당일 래정법

巳時 에 온사람은 허가 해결할 문제, 합격여부, 동업투자여부, 형제문제, 재혼은 굳

午時 에 온사람은 자식문제, 형제문제, 색정사로 다툼, 여자로 큰 손실, 매사불성사

未時 에 온사람 금전문제, 사업문제, 딸자식문제, 관직취직사, 속전속결이 유리

申時 온 사람은 건강문제, 관재구설로 운이 단단히 꼬여있음, 취업 승진문제, 남자문제, 손재수

酉時 온 사람은 두가지 문제 갈등사, 하극상 손윗사람 배신, 새로운 일시작 진행함이 좋다. 우환질병

戌時 온 사람은 의욕과다, 뭔가 하고싶어서 왔다. 직장 취업문제, 친구 형제에게 손실 배신 당할 수.

필히 피해야 할일

농기구 다루기・출장・벌목・사냥・수렵・승선・낚시・어로작업・요트타기・위험놀이기구

백초귀장술의 오늘에 초사언

시간 점占 己酉공망-寅卯

子時	파재, 극처사, 사업흥성, 개혁유리, 가출
丑時	형제 친구이별, 가출건, 손재수, 다툼, 도난
寅時	사기도난, 파재, 손실사, 가출사, 남편일
卯時	실직, 파재, 관재, 적 침범사, 가출문제
辰時	금전융통, 형제자매건, 재해도난, 부부이별
巳時	질병재앙, 사업후원사, 금전손실, 색정사
午時	매사 불성, 남녀 색정사, 뜻대로 이동안됨
未時	형제친구문제, 구재이득, 수술유의, 원귀
申時	자손문제, 실직사, 처를 극, 실수 탄로
酉時	금전 암손, 부인문제, 우환질병, 색정사
戌時	재물손실, 우환질병, 부부변심, 삼각관계
亥時	가내재앙불리, 가출사, 이동여행 금물

오늘 행운 복권 운세

복권사면 좋은 띠는 양띠 ⑤⑩25
행운복권방은 집에서 남서쪽에 있고

申子辰生	북쪽문을 피하고, 서남쪽으로 이사하면 안 된다. 재수가 없고, 하는 일마다 꼬이고, 病苦 질병발생. 바람기 발동.
巳酉丑生	서쪽문을 피하고, 동남쪽으로 이사하면 안 된다. 재수가 없고, 하는 일마다 꼬이고, 病苦 질병발생. 바람기 발동.
寅午戌生	남쪽문을 피하고, 북동쪽으로 이사하면 안 된다. 재수가 없고, 하는 일마다 꼬이고, 病苦 질병발생. 바람기 발동.
亥卯未生	동쪽문을 피하고, 서북쪽으로 이사하면 안 된다. 재수가 없고, 하는 일마다 꼬이고, 病苦 질병발생. 바람기 발동.

운세풀이

卯띠:이동수,우왕좌왕, 弱, 다툼	午띠: 점점 일이 꼬임, 관재구설	酉띠:최고운상승세, 두마음	子띠: 만남,결실,화합,문서
辰띠:매사불편, 방해자,배신	未띠: 귀인상봉, 금전어득, 현금	戌띠: 의욕과다, 스트레스큼	丑띠:이동수,이별수,변동 움직임
巳띠:해결신,시험합격, 풀림	申띠: 매사꼬임,과거고생, 질병	亥띠: 시급한 일, 뜻대로 안됨	寅띠: 빈주머니,걱정근심,사기

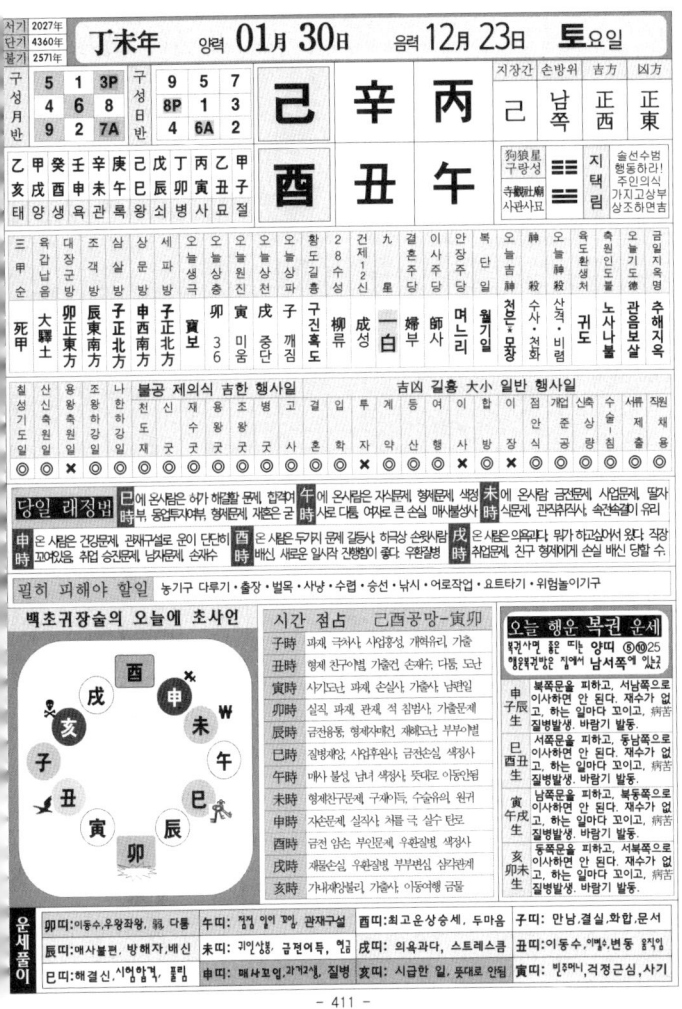

서기	2027年
단기	4360年
불기	2571年

丁未年 양력 01月 31日 음력 12月 24日 일요일

구성月반				구성日반			
	5	1	3P		1P	6	8A
	4	6	8		9	2	4
	9	2	7A		5	7	3

庚	辛	丙
戌	丑	午

지장간	손방위	吉方	凶方
己	남서	正南	正北

丁	丙	乙	甲	癸	壬	辛	庚	己	戊	丁	丙
亥	戌	酉	申	未	午	巳	辰	卯	寅	丑	子
병	쇠	왕	록	관	욕	생	양	태	절	묘	사

狗狼星 구랑성	☰	지택림	솔선수범 행동하라! 주인의식 가지고상부 상조하면吉
社廟 사당묘	☷		

三甲순	육갑납음	대장군방	조객방	삼살방	상문방	세파방	오늘생극	오늘상충	오늘원진	오늘상천	오늘상파	황도길흉	28수성	건제12신	九星	결혼주당	이사주당	안장주당	오늘吉神	오늘吉神	神殺	오늘神殺	육도환생처	축원인도불	오늘기도德	금일지옥명
死甲	鏟釧金	卯正東方	辰東南方	子正北方	申西南方	子正北方	義의	辰 36	巳 미움	酉 중단	未 깨짐	청룡황도	星성	收수	二黑	廚주	災재	손님	천덕*월덕	성심*복덕	월형일	천강·지파	축도	노사나불	미륵보살	추해지옥

칠성기도일	산신축원일	용왕축원일	조왕하강일	나한하강일	천도재	신굿	재수굿	용왕굿	조왕굿	병굿	고사	결혼	입학	투자	계약	등산	여행	이사	합방	이장	점안식	개업준공	신축상량	수술-침	서류제출	직원채용
◎	×	×	◎	◎	◎	×	×	×	×	×	×	-	◎	×	×	◎	◎	×	×	×	×	×	×	×	◎	×

(천도재 ~ 고사: 불공 제의식 吉한 행사일 / 결혼 ~ 직원채용: 吉凶 길흉 大小 일반 행사일)

당일 래정법

巳時에 온사람은 새사업에 방해자, 배신사, 취업불리, 색정사, 창업은 훼방꾼

午時에 온사람은 취직 해결할 문제, 합격여부, 금전투자여부, 자식문제, 직장문제

未時에 온사람 형제와 친구가 훼방, 금전구재건, 관재구설로 다툼, 매사불성사

申時온 사람은 금전문제, 사업문제, 관직취직사, 관재로 얽히게 됨, 자식으로 인해 큰 지출

酉時온 사람은 관송사 색정사로 운이 단단히 꼬여있음, 취업 승진문제, 자식문제, 손재수 불리

戌時온 사람은 두가지 문제 갈등사, 토지문서거래건 금전투자여부, 자식문제, 새로운 일시작 진행함

필히 피해야 할일 소장제출 · 항소 · 손님초대 · 神物,佛象안치 · 싱크대교체 · 주방고치기 · 지붕덮기

백초귀장술의 오늘에 초사언

시간 점占 庚戌공망-寅卯

子時	금전 암손, 부인문제, 우환질병, 객 惡意
丑時	사업, 구재이득, 부부화합사, 당선 합격
寅時	재물손실, 금전융통, 가출사, 색정이별
卯時	재물손실, 극처사, 남녀색정사, 삼각관계
辰時	사업후원 도주, 적의 침범사, 재물손실
巳時	질병재앙, 관재구설, 도망, 망신실수탄로
午時	질병재앙, 관재구설, 남편 직업문제, 가출
未時	관청근심, 사업실패, 삼각관계, 가출문제
申時	입상명예문제, 금전문제, 가출자, 원행
酉時	손해사발생, 여자나 아이재앙, 함정피해
戌時	금전 암손, 파업문제, 가출문제, 색정사
亥時	금전무리투자, 도난, 파재, 처를 극함

오늘 행운 복권 운세

복권사면 좋은 띠는 **원숭띠** ⑨19, 29
행운복권방은 집에서 **서남쪽에** 있는곳

申子辰生	북쪽문을 피하고, 서남쪽으로 이사하면 안 된다. 재수가 없고, 하는 일마다 꼬이고, 病苦 질병발생. 바람기 발동.
巳酉丑生	서쪽문을 피하고, 동남쪽으로 이사하면 안 된다. 재수가 없고, 하는 일마다 꼬이고, 病苦 질병발생. 바람기 발동.
寅午戌生	남쪽문을 피하고, 북동쪽으로 이사하면 안 된다. 재수가 없고, 하는 일마다 꼬이고, 病苦 질병발생. 바람기 발동.
亥卯未生	동쪽문을 피하고, 서북쪽으로 이사하면 안 된다. 재수가 없고, 하는 일마다 꼬이고, 病苦 질병발생. 바람기 발동.

운세풀이

辰띠:이동수,우왕좌왕, 형제 다툼	未띠: 점점 일이 꼬임, 관재구설	戌띠:최고운상승세, 두마음	丑띠: 만남,결실,화합,문서
巳띠:매사불편, 방해자,배신	申띠: 귀인상봉, 금전이득, 현금	亥띠: 의욕과다, 스트레스큼	寅띠:이동수,이별수,변동 움직임
午띠:해결신,시험합격, 풀림	酉띠: 매사꼬임,과거고생, 질병	子띠: 시급한 일, 뜻대로 안됨	卯띠: 빈주머니,걱정근심,사기

서기 2027年	단기 4360年	불기 2571年

丁未年 양력 02月 01日 음력 12月 25日 월요일

구성월반		
5	1	3P
4	6	8
9	2	7A

구성일반		
2P	7	9
1A	3	5
6	8	4

	時	日	月
천간	辛	辛	丙
지지	亥	丑	午

지장간	손방위	吉方	凶方
己	서쪽	正東	正西

己	戊	丁	丙	乙	甲	癸	壬	辛	庚	己	戊
亥	戌	酉	申	未	午	巳	辰	卯	寅	丑	子
욕	관	록	왕	쇠	병	사	묘	절	태	양	생

狗狼星 구랑성: 寺觀 절사관

☰☰ 뇌산소과

재앙 위험 이별 고난의 시기! 가까운이 반목생김

三甲순	육갑납음	대장군방	조객방	삼살방	상문방	세파방	오늘생극	오늘상충	오늘원진	오늘상천	오늘상파	황도길흉	28수성	건제12신	九星	결혼주당	이사주당	안장주당	복단일	오늘吉神	神殺	오늘神殺	육도환생처	축원인도불	오늘기도德	금일지옥명
死甲	鎈釧金	卯正東方	辰東南方	子正北方	申西南方	子正北方	寶보	巳 36	辰 미움	申 중단	寅 깨짐	명당황도	張장	開개	三碧	夫부	安안	아버지	천은*왕일	대명*익후	천적·지화	천구·조객	옥도	노사나불	여래보살	추해지옥

칠성기도일	산신축원일	용왕축원일	조왕하강일	나한하강일	불공 제의식 吉한 행사일: 천도재	신굿	재수굿	용왕굿	조왕굿	병굿	고사	吉凶 길흉 大小 일반 행사일: 결혼	입학	투자	계약	등산	여행	이사	합방	이장	점안식	개업준공	신축상량	수술·침	서류제출	직원채용
×	◎	×	◎	◎	◎	◎	◎	◎	◎	◎	◎	◎	◎	×	◎	◎	◎	×	◎	×	◎	◎	◎	◎	◎	-

당일 래정법

巳時 에 온사람은 형제 자식문제, 직장변동수, 터부정 관재구설 동업다툼 범길주의

午時 에 온사람은 집안우환질병 망신살 방해자, 배신사, 매사 지체불리함, 모함

未時 에 온사람 금전문제, 허가 해결할 문제, 주식투자여부, 직장문제, 매매건

申時 온 사람은 자식문제, 직장실직문제, 취업시험불리, 색정사, 억울한 일, 파재, 매사불성사

酉時 온 사람은 금전문제, 사업문제, 관직취직사, 관재로 얽히게 됨, 속전속결 유리, 남편지출

戌時 온 사람은 건강문제, 친정문제, 도장잘못 찍어 관재구설로 꼬여있음 자식문제 손재수, 헛수고

필히 피해야 할일 장 담그기 • 신상출고 • 제품제작 • 친구초대 • 문 만들기 • 관정, 우물파기 • 어로작업

백초귀장술의 오늘에 초사언

시간 점占 辛亥공망-寅卯

子時	자식문제, 실직사, 음란색정사, 가출사
丑時	적의 침범사, 질병위급, 삼각관계
寅時	재물손실, 부인문제, 관직변동, 간사 情夫
卯時	금전융통문제, 손재수, 이동사, 낭비도난
辰時	재물손실, 질병재발, 여행금물, 다툼
巳時	이동사, 삼각 색정사, 우환질병, 터부정
午時	질병재앙, 관재구설, 도망, 망신살수탄로
未時	사업후원문제, 구재이득, 문제 자연해소
申時	재물손실, 우환질병, 극처사, 색정사, 가출
酉時	직장 취업 승진, 가출사, 질병, 삼각관계
戌時	자살귀 침범, 극처사, 질병고통, 수술유의
亥時	금전배신, 여자문제, 자식사, 매사 막힘

오늘 행운 복권 운세

복권사면 좋은 띠는 닭띠 ④⑨ 24, 행운복권방은 집에서 서쪽에 있는곳

申子辰生	북쪽문을 피하고, 서남쪽으로 이사하면 안 된다. 재수가 없고, 하는 일마다 꼬이고, 病苦 질병발생. 바람기 발동.
巳酉丑生	서쪽문을 피하고, 동남쪽으로 이사하면 안 된다. 재수가 없고, 하는 일마다 꼬이고, 病苦 질병발생. 바람기 발동.
寅午戌生	남쪽문을 피하고, 북동쪽으로 이사하면 안 된다. 재수가 없고, 하는 일마다 꼬이고, 病苦 질병발생. 바람기 발동.
亥卯未生	동쪽문을 피하고, 서북쪽으로 이사하면 안 된다. 재수가 없고, 하는 일마다 꼬이고, 病苦 질병발생. 바람기 발동.

운세풀이

巳띠:이동수,우왕좌왕, 弱, 다툼	申띠: 점점 일이 꼬임, 관재구설	亥띠:최고운상승세, 두마음	寅띠: 만남,결실,화합,문서
午띠:매사불편, 방해자,배신	酉띠: 귀인상봉, 금전이득, 현금	子띠: 의욕과다, 스트레스큼	卯띠:이동수,이별수,변동 움직임
未띠:해결신,시험합격, 풀림	戌띠: 매사꼬임,과거2생, 질병	丑띠: 시급한 일, 뜻대로 안됨	辰띠: 빈주머니,걱정근심,사기

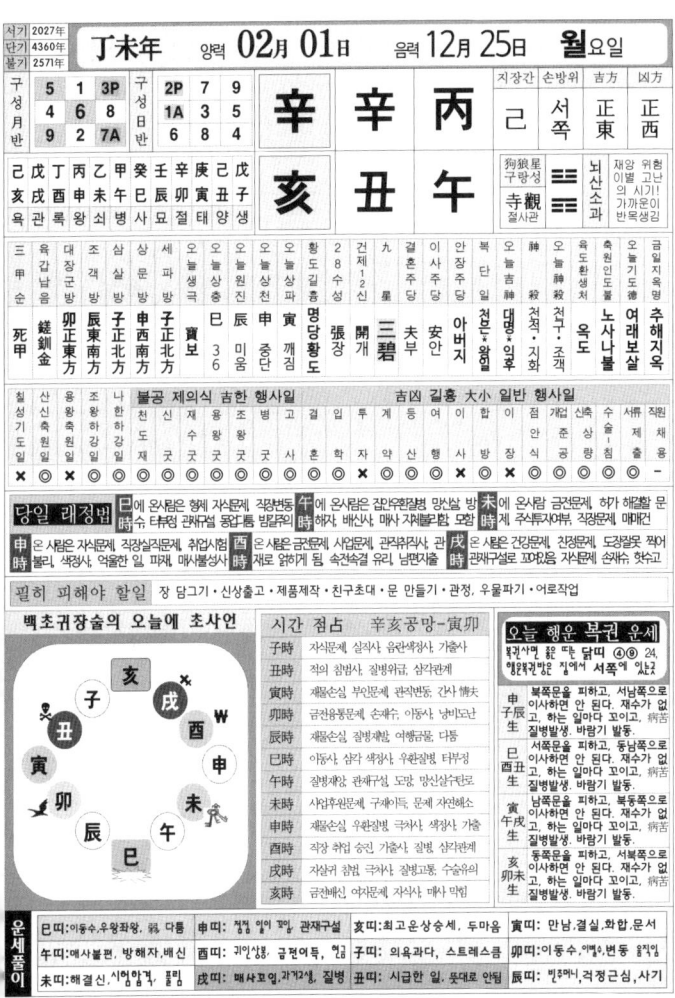

서기	2027年
단기	4360年
불기	2571年

丁未年 양력 02月 02日 음력 12月 26日 화요일

구성月반			구성日반		
5	1	3P	3A	8P	1
4	6	8	2	4	6
9	2	7A	7	9	5

壬	辛	丙
子	丑	午

지장간	손방위	吉方	凶方
己	서북	正北	正南

狗狼星 구랑성: 天

뇌산소과 — 재앙 위험 이별 고난의 시기! 가까운이 반목생김

辛	庚	己	戊	丁	丙	乙	甲	癸	壬	辛	庚
亥	戌	酉	申	未	午	巳	辰	卯	寅	丑	子
록	관	욕	생	양	태	절	묘	사	병	쇠	왕

三甲순	육갑납음	대장군방	조객방	삼살방	상문방	세파방	오늘생극	오늘상충	오늘원진	오늘상천	오늘상파	황도길흉	28수성	건제12신	九星	결혼주당	이사주당	안장주당	천구하식	대공망일	神殺	오늘神殺	육도환생처	축원인도불	오늘기도德	금일지옥명
死甲	桑柘木	卯正東方	辰東南方	子正北方	申西南方	子正北方	專전	午 36	未 미움	未 중단	酉 깨짐	천형흑도	翼익	閉폐	四綠	姑고	利이	남자	천은·관일	대공망일	귀기·혈기	수격·토부	천도	약왕보살	아미보살	철산지옥

칠성기도일	산신축원일	용왕축원일	조왕하강일	나한하강일	불공 제의식 吉한 행사일: 천도재	신굿	재수굿	용왕굿	조왕굿	병굿	고사	吉凶 길흉 大小 일반 행사일: 결혼	입학	투자	계약	등산	여행	이사	합방	이장	점안식	개업준공	신축상량	수술-침	서류제출	직원채용
◎	×	×	×	×	×	×	×	×	×	×	×	×	×	×	×	◎	-	×	×	×	×	×	×	×	×	×

당일 래정법

巳時에 온사람은 자식문제, 금점손실 친구나 형제문제, 관송사, 빈주머니

午時에 온사람은 이동변동수, 터부정, 하극상모함사건, 자식문제, 차사고

未時에 온사람은 방해자, 배신사, 취업문제, 색정사, 관송사, 매사 지체 불리함

申時 온 사람은 관직 취직문제, 결혼 경조사, 한가지씩 해결됨, 시험은 합격됨, 허가건도 승인남, 귀인도움

酉時 온 사람은 외정색정사, 불륜사, 관재로 발전 딸 문제발생, 자식으로인해 큰돈 지출

戌時 온 사람은 남자문제, 부동산매매, 금전문제, 주식투자문제, 재물구재사, 여자화합건, 건강질병과 빚때문 괴로움

필히 피해야 할일 인수인계 · 옷재단 · 주방수리 · 수의 짓기 · 새옷맞춤 · 태아옷구입 · 소장제출 · 방류 · 동토

백초귀장술의 오늘에 초사언

시간 점占 壬子공망-寅卯

子時	돈이나 처를 극, 수술유의, 색정사
丑時	결혼문제, 금전융통, 남편관련, 관청일
寅時	자식문제, 금전손재, 신변위험 喪服 운
卯時	귀인상봉, 자식화합, 관직변동 승전
辰時	질병침투, 적 침범사, 가출사 색정사
巳時	도난, 파재, 손모사, 극처사, 색정사
午時	질병침투, 적 침범사, 극처사, 불성사
未時	잡귀침투, 남편직장, 질병재앙, 색정사
申時	창업관련, 사업흥성, 색정사, 도망유리
酉時	사업 후원사, 가출문제, 남녀색정사, 파재
戌時	금전문제, 질병침투, 적 침범사, 귀농유리
亥時	가출문제, 직장문제, 남자가 피해, 색정사

오늘 행운 복권 운세

복권사면 좋은 띠는 개띠 ⑩⑳ 30
행운복권방은 집에서 서북쪽에 있는곳

申子辰生	북쪽문을 피하고, 서남쪽으로 이사하면 안 된다. 재수가 없고, 하는 일마다 꼬이고, 病苦 질병발생. 바람기 발동.
巳酉丑生	서쪽문을 피하고, 동남쪽으로 이사하면 안 된다. 재수가 없고, 하는 일마다 꼬이고, 病苦 질병발생. 바람기 발동.
寅午戌生	남쪽문을 피하고, 북동쪽으로 이사하면 안 된다. 재수가 없고, 하는 일마다 꼬이고, 病苦 질병발생. 바람기 발동.
亥卯未生	동쪽문을 피하고, 서북쪽으로 이사하면 안 된다. 재수가 없고, 하는 일마다 꼬이고, 病苦 질병발생. 바람기 발동.

운세풀이

午띠:이동수,우왕좌왕, 弱, 다툼	酉띠: 점점 일이 꼬임, 관재구설	子띠:최고운상승세, 두마음	卯띠: 만남,결실,화합,문서
未띠:매사불편, 방해자,배신	戌띠:귀인상봉, 금전이득, 현금	丑띠: 의욕과다, 스트레스큼	辰띠:이동수,이별수,변동 움직임
申띠:해결신,시험합격, 풀림	亥띠: 매사꼬임,과거고생, 질병	寅띠: 시급한 일, 뜻대로 안됨	巳띠: 빈주머니,걱정근심,사기

서기	2027年
단기	4360年
불기	2571年

丁未年 양력 02月 03日 음력 12月 27日 수요일

구성월반			
	5	1	3P
	4	6	8
	9	2	7A

구성일반			
	4	9	2P
	3	5	7
	8	1	6

癸	辛	丙	
丑	丑	午	

지장간	손방위	吉方	凶方
己	북쪽	正西	正東

狗狼星 구랑성	僧堂 寺觀社廟	괘	뇌산소과	재앙 위험 이별 고난의 시기! 가까운이 반목생김

癸	壬	辛	庚	己	戊	丁	丙	乙	甲	癸	壬
亥	戌	酉	申	未	午	巳	辰	卯	寅	丑	子
왕	쇠	병	사	묘	절	태	양	생	욕	관	록

三甲순	육갑납음	대장군방	조객방	삼살방	상문방	세파방	오늘생극	오늘상충	오늘원진	오늘상천	오늘상파	황도길흉	28수성	건제12신	九星	결혼주당	이사주당	안장주당	복단일	오늘吉神	神殺	오늘神殺	육도환생처	축원인도불	오늘기도德	금일지옥명
死甲	桑柘木	卯正東方	辰東南方	子正北方	申西南方	子正北方	伐벌	未 36	午 미움	午 중단	辰 깨짐	주작흑도	軫진	建건	五黃	堂당	天천	손자	요안*수일	천은*용덕	홍사·왕망	월건·소모	천도	약왕보살	보현보살	철산지옥

칠성기도일	산신축원일	용왕축원일	조왕하강일	나한하강일	불공 제의식 吉한 행사일: 천도재	신굿	재수굿	용왕굿	조왕굿	병굿	고사	吉凶 길흉 大小 일반 행사일: 결혼	입학	투자	계약	등산	여행	이사	합방	이장	점안식	개업준공	신축상량	수술·침	서류제출	직원채용
◎	×	×	×	×	×	×	×	×	×	×	×	×	◎	◎	◎	◎	◎	×	×	×	×	×	◎	◎	◎	×

당일 래정법

巳時에 온사람은 이동수, 이별수, 이사 직장변동, 딸자식근심, 해외진출, 도전

午時에 온사람은 헛고생, 소모전, 쉴때, 색정사, 빈주머니, 관재송사, 자중

未時에 온사람은 매매 이동변동수, 터부정, 관재구설 자식, 형제다툼, 교통사고주의

申時 온 사람은 금전과 여자문제, 방해자, 배신사, 색정사 불륜, 취업 승진 매사 지체불리함,

酉時 온 사람은 금전 차용문제, 시험 합격됨, 허가 건은 승인, 취업 승진 성취됨

戌時 온 사람은 여자로 인한 부정, 하극상, 억울한일, 색정사, 불륜사 문제, 관재로 발전, 딸 문제, 취직문제

필히 피해야 할일 성형수술 · 교제 끊기 · 파혼 · 아기 젖떼기와 낡은 건물 파할 때만 좋고, 다른 일은 매사 불리.

백초귀장술의 오늘에 초사언

시간 점占 癸丑공망-寅卯

子時	직위문제, 금전융통, 급질병, 색정사
丑時	사업사 암손, 여자문제 질병수술, 색정사
寅時	금전손실, 손모사, 극처사, 삼각관계
卯時	음란색정사, 질병, 적 침범사, 금전손실
辰時	관청입신, 직업권리, 남편문제, 목적달성
巳時	직장변동, 실직문제, 여자일, 이사이동吉
午時	사기도난, 손재수, 색정사, 우환질병
未時	관재 병재로 불길, 가출사 자손사 이별사
申時	사업문제, 재해, 가출, 도난, 여행은 凶
酉時	작업 명예사, 봉사활동, 창업관련, 색정사
戌時	불륜색정사, 관청근심, 도난 상해 손모사
亥時	금전문제, 이성도움, 부인문제, 색정사

오늘 행운 복권 운세

복권사면 좋은 띠는 **돼지띠** ⑪⑯31
행운복권방은 집에서 **북서쪽**에 있는곳

申子辰生	북쪽문을 피하고, 서남쪽으로 이사하면 안 된다. 재수가 없고, 하는 일마다 꼬이고, 病苦 질병발생. 바람기 발동.
巳酉丑生	서쪽문을 피하고, 동남쪽으로 이사하면 안 된다. 재수가 없고, 하는 일마다 꼬이고, 病苦 질병발생. 바람기 발동.
寅午戌生	남쪽문을 피하고, 북동쪽으로 이사하면 안 된다. 재수가 없고, 하는 일마다 꼬이고, 病苦 질병발생. 바람기 발동.
亥卯未生	동쪽문을 피하고, 서북쪽으로 이사하면 안 된다. 재수가 없고, 하는 일마다 꼬이고, 病苦 질병발생. 바람기 발동.

운세풀이

未띠:이동수,우왕좌왕, 형제 다툼	戌띠: 점점 일이 꼬임, 관재구설	丑띠:최고운상승세, 두마음	辰띠: 만남,결실,화합,문서
申띠:매사불편, 방해자,배신	亥띠:귀인상봉, 금전이득, 현금	寅띠: 의욕과다, 스트레스큼	巳띠:이동수,이별수,변동 움직임
酉띠:해결신,시험합격, 풀림	子띠: 매사꼬임,과거고생, 질병	卯띠: 시급한 일, 뜻대로 안됨	午띠: 빈주머니,걱정근심,사기

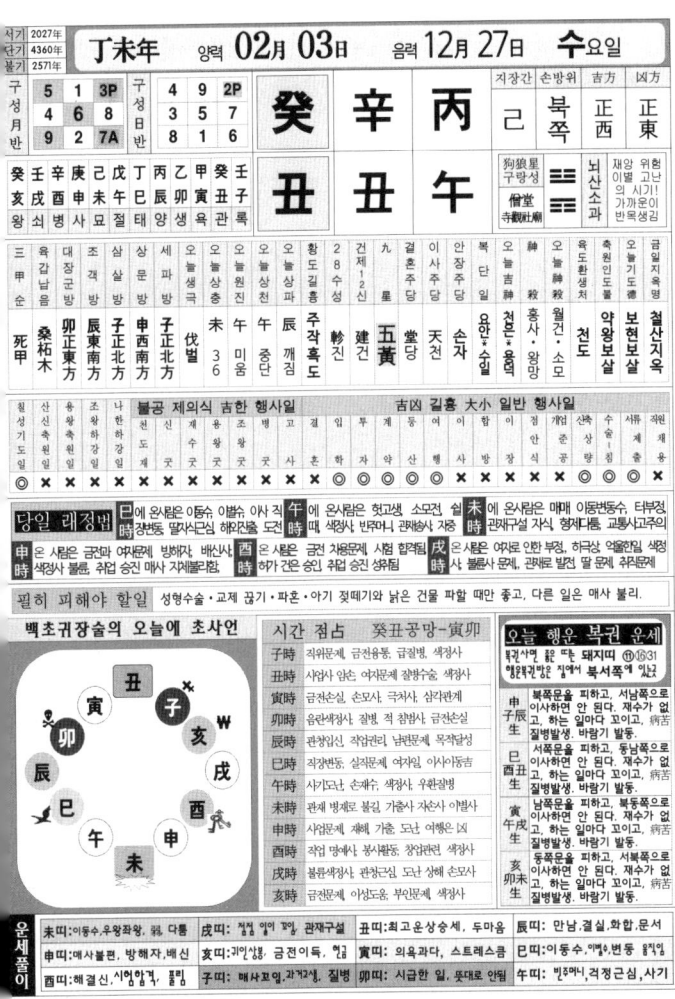

서기	2027年
단기	4360年
불기	2571年

丁未年 양력 02月 04日 음력12月 28日 목요일

입춘 立春 10 時 46分 入

구성月반		
4	9	2P
3	5	7
8	1	6

구성日반		
5	1	3P
4	6	8
9	2	7A

時	日	月
甲	壬	丁
寅	寅	未

지장간	손방위	吉方	凶方
戊	북동	正南	正北

狗狼星 구랑성	丑方 북동쪽	☰☷	뇌산소과	재앙 위험 이별 고난의 시기! 가까운이 반목생김

乙	甲	癸	壬	辛	庚	己	戊	丁	丙	乙	甲
亥	戌	酉	申	未	午	巳	辰	卯	寅	丑	子
생	양	태	절	묘	사	병	쇠	왕	록	관	욕

三甲순	육갑납음	대장군방	조객방	삼살방	상문방	세파방	오늘생극	오늘상충	오늘원진	오늘상천	오늘상파	황도길흉	28수성	건제12신	九星	결혼주당	이사주당	안장주당	복단일	오늘吉神	神殺	오늘神殺	육도환생처	축원인도불	오늘기도德	금일지옥명
病甲	大溪水	卯正東方	辰東南方	子正北方	申西南方	子正北方	專전	申 36	酉 미움	巳 중단	亥 깨짐	천형흑도	角각	建건	六白	翁옹	害해	死	천창*오합	요안*왕일	오귀·풍파	왕망·천격	인도	약왕보살	약사보살	철산지옥

칠성기도일	산신축원일	용왕축원일	조왕하강일	나한하강일	천도재	신굿	재수굿	용왕굿	조왕굿	병굿	고사	결혼	입학	투자	계약	등산	여행	이사	합방	이장	점안식	개업준공	신축상량	수술-침	서류제출	직원채용
×	◎	×	×	×	◎	◎	◎	×	×	×	◎	×	◎	×	◎	◎	◎	×	×	×	×	×	×	◎	◎	×

(천도재 ~ 고사: 불공 제의식 吉한 행사일 / 결혼 ~ 직원채용: 吉凶 길흉 大小 일반 행사일)

당일 래정법

巳時에 온사람은 문서, 회합운, 결혼, 재혼, 애정사, 궁합, 금전후원건, 자식문제

午時에 온사람은 이동수 있는자, 이사, 직장변동, 사업체변동수, 해외여행, 이별

未時에 온사람은 자식문제, 실업자, 금전사기, 빈주머니, 헛공사, 허위문서, 모난사, 망신수

申時 온 사람은 매매 이동변동수, 터부정, 관재구설, 사기, 허위문서, 시비 다툼주의, 차사고주의

酉時 온 사람은 방해자, 배신사, 우환질병, 취업 승진은 매사 지체불리함, 상업은 손해수

戌時 온 사람은 관송사 하극상의 배신문제, 처음엔 해결되는 듯하나 후 불리함, 우환질병, 시험 합격됨, 허가건 승인됨

필히 피해야 할일

회의개최 · 건축증개축 · 구인 · 구직 · 해외여행 · 항공주의 · 애완동물들이기 · 낚시 · 손님초대

백초귀장술의 오늘에 초사언

시간 점占 甲寅공망-子丑

子時	사업후원사, 창업, 금전융통, 자식질병
丑時	매사불성, 금전융통 고통, 질병재앙
寅時	질병침투, 금전손실, 취직, 직장직위
卯時	금전문제, 부인문제, 색정사, 우환질병
辰時	매사미비, 금전융통불길, 가출사, 색정사
巳時	사업금전운 吉, 자식운, 결혼기쁨, 망신수
午時	금전손실 다툼, 봉사활동, 가출, 관재구설
未時	청탁불성사, 친족불화, 매사 불성사
申時	질병침투, 음란불륜사, 사귀발동, 가출사
酉時	관청권리문제, 남편흉극, 우환질병 발생
戌時	금전융통, 상업변동, 우환질병, 가출사
亥時	질병침투, 금전손실, 도난, 자식문제, 도망

오늘 행운 복권 운세

복권사면 좋은 띠는 **쥐띠** ①⑥⑯
행운복권방은 집에서 **북쪽에** 있는곳

申子辰生	북쪽문을 피하고, 서남쪽으로 이사하면 안 된다. 재수가 없고, 하는 일마다 꼬이고, 病苦 질병발생. 바람기 발동.
巳酉丑生	서쪽문을 피하고, 동남쪽으로 이사하면 안 된다. 재수가 없고, 하는 일마다 꼬이고, 病苦 질병발생. 바람기 발동.
寅午戌生	남쪽문을 피하고, 북동쪽으로 이사하면 안 된다. 재수가 없고, 하는 일마다 꼬이고, 病苦 질병발생. 바람기 발동.
亥卯未生	동쪽문을 피하고, 서북쪽으로 이사하면 안 된다. 재수가 없고, 하는 일마다 꼬이고, 病苦 질병발생. 바람기 발동.

운세풀이

申띠:이동수,우왕좌왕, 弱, 다툼	亥띠: 점점 일이 꼬임, 관재구설	寅띠:최고운상승세, 두마음	巳띠: 만남,결실,화합,문서
酉띠:매사불편, 방해자,배신	子띠:귀인상봉, 금전이득, 현금	卯띠: 의욕과다, 스트레스큼	午띠:이동수,이별수,변동 움직임
戌띠:해결신,시험합격, 풀림	丑띠: 매사꼬임,과거고생, 질병	辰띠: 시급한 일, 뜻대로 안됨	未띠: 빈주머니,걱정근심,사기

부록차례

핵심래정택일지 활용하는법

핵심래정법을 보기위해서는 우선 역학의 기본원리가 되는 음양오행과 육십갑자와 육갑납음을 알아야 한다. 여기에서 많은 분들의 활용을 돕기 위하여 기초 편부터 확실하게 암기할 수 있도록 설명하고자 한다.

Ⅰ. 육갑[六甲]

天干천간은 열 가지로 구성되어있다.
地支지지는 열두 가지로 구성되어있다.

	陽	陰
天干천간	甲(갑),丙(병),戊(무),庚(경),壬(임)	乙(을),丁(정),己(기).辛(신),癸(계)
地支지지	子(자)寅(인)辰(진)午(오)申(신)戌(술)	丑(축)卯(묘)巳(사)未(미)酉(유)亥(해)

Ⅱ. 십천간과 12지지가 陽(양)은 양끼리, 陰(음)은 음끼리 서로 만나 육십갑자六十甲子를 만들어 냈다. 그 육십갑자에는 제각각 납음명納音名이 붙어있다.

	金	木	水	火	土
天干 陽	庚(경)	甲(갑)	壬(임)	丙(병)	戊(무)
天干 陰	辛(신)	乙(을)	癸(계)	丁(정)	己(기)
地支 陽	申(신)	寅(인)	亥(해)	巳(사)	辰(진)戌(술)
地支 陰	酉(유)	卯(묘)	子(자)	午(오)	丑(축)未(미)

Ⅲ. 육십갑자는 글자마다 음양오행으로 구분된다.

Ⅳ. 음양오행은 서로 상생도 하고 상극을 함으로 좋고 나쁨과 길흉이 발생한다.

相生(상생)	木生火(목생화)	火生土(화생토)	土生金(토생금)	金生水(금생수)	水生木(수생목)
相剋(상극)	金克木(금극목)	木克土(목극토)	土克水(토극수)	水克火(수극화)	火克金(화극금)

✳ 모든 干支(간지)는 干(간)과 支(지) 사이의 생극관계에 따라 다음과 같이 구분한다.

- 義日(의일): 甲子와 같이 위로 支生干을 한다. 〈 부하, 아랫사람과 일을 도모하기에 좋은 날이기도 하고, 상대에게 부탁, 호응을 얻기 위할 때 이로운 날이다.〉
- 伐日(벌일): 甲申과 같이 支克干을 한다. 〈상대에게 원했던 일은 무산되고, 오히려 공격을 되받게 된다. 아랫사람과의 상담이나 윗사람에게 청탁, 범인체포, 인원보충문제는 흉한 날이다. 특히 이런 날 운명상담을 하게 되면 상대가 나를 무시한다.〉
- 專日(전일): 甲寅과 같이 支同干이다. 〈상대가 나와 같은 마음이다. 사이가 막역하게 팽팽하다. 타협은 안된다. 윗사람 방문이나 친구나 지인모임, 계약서 작성은 좋은 날〉
- 寶日(보일): 甲午와 같이 干生支한다. 내가 상대에게 양보해야하고, 베풀어야 한다. 윗사람 방문이나 봉사활동, 문병 등 청탁 등에 좋은 날이다.
- 制日(제일): 甲辰과 같이 干克支를 한다. 〈내가 상대를 괴롭히거나 힘들게 한다. 상대를 제압하기에 유리한 날이다. 아랫사람에게 훈시하거나 도둑을 체포하거나 직원교육 등에 좋은 날이다.

서기	2026年
단기	4359年
불기	2570年

五行의 合刑沖破穿害元嗔의미표

Ⅰ. 십천간과 12지지는 서로 合(합)을 하는 속성이 있다.

天干 合	甲己 合土	乙庚 合金	丙辛 合水	丁壬 合木	戊癸 合火
地支 三合	申子辰 合水	巳酉丑 合金	寅午戌 合火	亥卯未 合木	-

Ⅱ. 육십갑자에는 제각각 숫자와 해당 방위, 색상을 의미하고 있다.

	甲己子午	乙庚丑未	丙辛寅申	丁壬卯酉	戊癸辰戌	巳亥
선천수	九 9	八 8	七 7	六 6	五 5	四 4
	水(수)	火(화)	木(목)	金(금)	土(토)	-
후천수	1, 6	2, 7	3, 8	4, 9	5, 0	-
방 위	北方(북방)	南方(남방)	東方(동방)	西方(서방)	중앙	-
색 상	검정	빨강	청색	백색	황색	-

Ⅲ. 육십갑자의 오행속성에 따라 서로 합형충파천해원진(合刑沖破穿害元嗔) 관계로 구성되어있다.

天干 沖	甲庚沖, 乙辛沖, 丙壬沖, 丁癸沖.
地支 六合	子丑合土, 寅亥合木, 卯戌合火, 辰酉合金, 巳申合水, 午未合不變
地支 六沖	子午沖, 丑未沖, 寅申沖, 卯酉沖, 辰戌沖, 巳亥沖.
地支 方合	亥子丑北方水局(해자축북방수국), 寅卯辰東方木局(인묘진동방목국) 巳午未南方火局(사오미남방화국), 申酉戌西方金局(신유술서방금국)
地支 相刑 지지 상형	寅巳申 三刑(인사신 상형) = 寅刑巳, 巳刑申, 申刑寅. 丑戌未 三刑(축술미 상형) = 丑刑戌, 戌刑未, 未刑丑. 자묘상형(子卯相刑)= 子刑卯, 卯刑子. 진오유해 자형(辰午酉亥 自刑)= 辰刑辰, 午刑午, 酉刑酉, 亥刑亥.
地支 六破	子破酉, 寅破亥, 辰破丑, 午破卯, 申破巳, 戌破未.
地支 六害	子害未, 丑害午, 寅害巳, 卯害辰, 申害亥, 酉害戌.
地支 相穿	子未상천, 丑午상천, 寅巳상천, 卯辰상천, 申亥상천, 酉戌상천.
地支 元嗔	子- 未, 丑- 午, 寅- 酉, 卯- 申, 辰- 亥, 巳- 戌.

Ⅳ. 각 띠별 三災法(삼재법)

태어난 해生年	申子辰 生	巳酉丑 生	寅午戌 生	亥卯未生
三災 해年	寅卯辰 되는해	亥子丑 되는해	申酉戌 되는해	巳午未 되는해

서기	2026年
단기	4359年
불기	2570年

五行의 인체속성조견표

五行	木	火	土	金	水
五臟(오장)	간 [해독]	심(심포) [순환]	비장 [소화]	폐 [호흡]	신장 [배설]
六腑(육부)	담	소장(삼초)	위	대장	방광
五體(오체)	근육	혈액(혈관)	육(살)	피(피부)	골(뼈)
五竅(오규)	눈(目)	혀(舌)	입(口)	코(鼻)	귀(耳)
五志(오지)	怒(성냄)	喜(기쁨)	思(생각)	憂(근심)	恐怖(불안)
五神(오신)	魂(넋)	神(정신)	靈 意(의지)	魄(형체)	精志(의향)
五音(오음)	각(角)	치(致)	관(宮)	상(商)	우(羽)
五聲(오성)	呼(부르짖음)	笑(웃음)	歌(노래)	곡哭(슬픔)	呻(신음)
五狀(오상)	風(바람)	熱(더위)	濕(습기)	燥(건조)	寒(찬기)
五榮(오영)	조爪(손톱)	面色(색깔)	입술	毛(솜털)	髮(머리털)
五役(오주)	色(빛깔)	臭(냄새)	味(맛)	聲(소리)	液(액체)
五令(오령)	선발	욱증	운우(云雨)	안개	엄정
五臭(오취)	조臊(노린내)	초焦(탄내)	香(향내)	성腥(비린내)	부腐(썩은내)
五動(오동)	근육경련 [힘줄]	근심 [맥박]	구토 [살]	기침 [피부털]	떨다 [혈]
五味(오미)	산酸(신맛)	고苦(쓴맛)	감甘(단맛)	辛(매운맛)	함鹹(짠맛)
五液(오액)	눈물	땀	침	콧물	침(타액, 가래)
五時(오시)	春(봄)	夏(여름)	長夏(긴여름)	秋(가을)	冬(겨울)
五方(오방)	東 [청룡]	南 [주작]	中央 [구진]	西 [백호]	北 [현무]
五氣(오기)	和(합)	현	幽(스며들다)	청	한
五形(오형)	直(곧음)	뾰족함	方(모가남)	博(평평함)	圓(둥글음)
오変(오변)	추나	담련	동주	숙살	응열
五常(오상)	仁(인) [자비]	禮(예) [명랑]	信(신) [중후]	義(의) [용단]	智(지) [지혜]
五政(오정)	산散(흩어짐)	명明(밝음)	밀密(고요함)	경勁(힘 강함)	정靜(맑다)
五象(오상)	榮(푸름싱싱)	창蒼(무성)	영盈(가득참)	렴斂(모으다)	숙肅(엄숙)
五色(오색)	青(청) [태호]	赤(적) [염제]	黃(황) [황제]	白(백) [소호]	黑(흑) [전욱]
五用(오용)	動(움직임)	조肇(공격)	化(만들다)	고固(단단함)	조操(조종)
五星(오성)	笹星(세성)	형광성	진성	태백성	진성
五現(오현)	生(태어남)	旺 莊(자라남)	둔鈍 化(변하다)	殺 收(거두다)	死 장臟(저장)
五性(오성)	훤暄(따스함)	서暑(더위)	情炎(정염)	冷(냉)	름凜(차다)
五畜(오축)	닭(鷄)	양(羊)	소(牛)	개(犬)	돼지(豚)
五穀(오곡)	麥(보리)	밀	직稷(기장)	벼	豆(콩류)
五菜(오채)	부추	염薤(염교)	葵(아욱)	파	藿(콩잎)
五果(오과)	자두(李)	살구(杏)	대추(棗)	복숭아(桃)	밤(栗)
五數(오수)	三, 八	二, 七	五, 十	四, 九	一, 六
五病(오병)	얼굴질환	혈압질환	당뇨질환	사지질환	생식질환

핵심 래정 점사적용 時間 산출표

시간	분	甲 己日	乙 庚日	丙 辛日	丁 壬日	戊 癸日
子	오후 11시부터 오전 1시까지	甲子	丙子	戊子	庚子	壬子
丑	오전 01시부터 오전 03시까지	乙丑	丁丑	己丑	辛丑	癸丑
寅	오전 03시부터 오전 05시까지	丙寅	戊寅	庚寅	壬寅	甲寅
卯	오전 05시부터 오전 07시까지	丁卯	己卯	辛卯	癸卯	乙卯
辰	오전 07시부터 오전 09시까지	戊辰	庚辰	壬辰	甲辰	丙辰
巳	오전 09시부터 오전 11시까지	己巳	辛巳	癸巳	乙巳	丁巳
午	오전 11시부터 오후 1시까지	庚午	壬午	甲午	丙午	戊午
未	오후 1시부터 오후 3시까지	辛未	癸未	乙未	丁未	己未
申	오후 3시부터 오후 5시까지	壬申	甲申	丙申	戊申	庚申
酉	오후 5시부터 오후 7시까지	癸酉	乙酉	丁酉	己酉	辛酉
戌	오후 7시부터 오후 9시까지	甲戌	丙戌	戊戌	庚戌	壬戌
亥	오후 9시부터 오후 11시까지	乙亥	丁亥	己亥	辛亥	癸亥

Ⅰ. 자연정시법

※ 일반적으로 점사에 쓰이는 시각을 산출할 때에는 동경 135도에서 시각을 한국 서울 127도를 기점으로 적용하여 30분씩 뒤로 미루어진 시각으로 사용하고 있다. 매 시간 마다 30분씩 늦춰진 이 시간 법은 태어난 시간을 산출할 때, 즉 사주원국 時支를 정확하게 뽑기 위한 것이다. 사주네기둥을 뽑을 때에는 이것으로 뽑고, 時間占시간점을 볼 때에는 자연 정각시로 뽑는다.

예를 들면 오늘 들어온 시간으로 래정점을 볼 때에는 정각시로 보는데:
오전 9시 25분에 들어왔다면 巳시로 본다. 오전 09시부터 오전 11시까지는 巳시에 해당하기 때문이다.

Ⅱ. 육갑공망표

甲子	甲戌	甲申	甲午	甲辰	甲寅
乙丑	乙亥	乙酉	乙未	乙巳	乙卯
丙寅	丙子	丙戌	丙申	丙午	丙辰
丁卯	丁丑	丁亥	丁酉	丁未	丁巳
戊辰	戊寅	戊子	戊戌	戊申	戊午
己巳	己卯	己丑	己亥	己酉	己未
庚午	庚辰	庚寅	庚子	庚戌	庚申
辛未	辛巳	辛卯	辛丑	辛亥	辛酉
壬申	壬午	壬辰	壬寅	壬子	壬戌
癸酉	癸未	癸巳	癸卯	癸丑	癸亥
戌亥	申酉	午未	辰巳	寅卯	子丑

서기	2026年
단기	4359年
불기	2570年

핵심래정 백초귀장술 時間占 보는 요령

상담자가 찾아온 시간으로 왜 왔는지?
내게 도움이 되는 사람인지를 알 수 있다.

구성月반				구성日반			
	6	2	4		1	6	8A
	5	7	9AP		9	2	4
	1	3	8		5P	7	3

乙	辛	丙
未	卯	午

丁亥	丙戌	乙酉	甲申	癸未	壬午	辛巳	庚辰	己卯	戊寅	丁丑	丙子
사	묘	절	태	양	생	욕	관	록	왕	쇠	병

Ⅰ. 핵심래정택일지 의 각 페이지에 제일 위 상단에 크게 쓰여 있는 연월일을 본다.

※ 문 열고 들어 온 시간에 시간을 본다. (전화로 물어 온 것도 같이 본다.)

가령 오후 5시 20분에 들어왔다고 하자, 酉時이다.

乙未 日이다. 乙에 酉時는 乙酉 時이다.

※ 日 天干의 乙이 나我 이다.

日 地支의 未가 너 상대이다.

時 天干의 乙이 찾아온 목적 문제발현사이다.

時 地支의 酉가 결말론으로 신답이다.

※ **해석을 해보자면**:

日天干 乙이 나인데 상대인 日地支 未土를 剋극하고 있다.
내가 유리하고 상대는 나의 말에 상처를 받겠다.
時天干 乙은 문제발현사인데 친구와 동업문제거나 두 가지 일이 동시에
발생하여 갈등하고 있는 것이다.
時地支의 **酉가 신답**인데, 酉가 日天干 **乙 나**를 극하고 있다. 이것은 내가
불리하게 된다는 암시이다. 찾아온 사람이 질문하는 것의 답도 불성사이고,
내가 그 사람에게 뭔가를(부적이나 천도재, 굿) 하라고 요구했을 때 이루어
지지 않는다. 하지만 그 사람은 상담해준 내 말에 대해서는 수긍하고 감사해 한다.
왜냐하면 日地支 未가 時地支의 酉를 生하기 때문이다.
時地支 酉가 時天干 乙을 剋하는 것은 상담하는 과정도 편치 않고, 애를 먹일 것이
고 그 사람이 묻는 문제점도 쉽게 풀리지 않는다는 것으로 풀이된다.

➢ 時間占 운용술법은 생극재관인生剋財官印을 대입하여서 풀이한다.

生이면 제일 좋은 답이다. 문서문제, 자식문제	剋이면 여자문제, 직장문제, 금전문제
財가 보이면 돈이 연관되어 있다. 실물손재,구재	官이면 불성사이다. 관재구설, 침해, 다툼

刑沖破害별 발현사 도표		
刑	寅巳	필 관송사 발생, 도망사, 교통사고, 옥살이
	巳申	아랫사람 배신사, 은혜를 원수로, 初難後中
	未戌	위아래가 화합불가로 도움이 안된다, 무능
	丑戌	하극상의 배신사, 시비투쟁의 관송사
	子卯, 辰辰, 午午, 酉酉, 亥亥≃상하가 불화합	
沖	子午	男女간 서로 다툼 투쟁사, 이별사, 관재사
	丑未	부모형제간 서로 뜻이 다르고, 다툼 깨짐
	寅申	혈광귀, 도로귀작해, 부부간 합심불능 변심
	卯酉	가정 가족의 이동수, 아랫사람 우환질병사
	辰戌	아랫사람이 윗사람에게 투쟁, 관송사구속사
	巳亥	선산조상묘의 탈, 조상제사불성실, 매사꼬임
破	子酉	변동, 이동수, 자녀의 여아 재해 발현사
	丑辰	묘탈, 묘이장 件발생, 가족의 의혹사건 불성
	寅亥	상대에게 굴욕당함, 패한 다음 다시 결합됨
	卯午	가족 간에 속임수, 가정파괴 발현사
	巳申	상대에게 배신당함, 패한 다음 다시 결합됨
	未戌	법적인 문제 발현사, 관송사, 형사사건발생
害	子未	관재구설, 암중재해, 양보 매사 불편, 지연
	丑午	부부불화사, 성취사불가, 손해사 발현
	寅巳	교통재해, 송사구설, 의혹사 발현, 출행주의
	卯辰	무기력, 공허감, 상쟁 저해 불완결처리
	酉戌	여자로 인한 가정손상사, 우환질병 발현사
	申亥	근신 자중하라! 추진하던 일 성취 안된다

질문한 내용	해당육친의 상황
귀신에 대한 것의 질문은?	편관의 생극을 봄
시험합격여부, 직장취업여부의 질문은?	정관의 생극을 봄
매매에 대한 질문은?	편재의 생극을 봄
금전, 구재, 주식에 대한 질문은?	정재의 생극상태
부친에 대한 질문은?	편재의 생극상태
모친에 대한 질문은?	정인의 생극상태
자녀에 대한 질문은?	男-관살, 女-식상
질병, 우환, 수술에 대한 질문은?	편관의 생극상태

핵심래정법 백초귀장술 보는 요령

I. 백초귀장술은 12신궁으로 구성되어있다.

백초 귀장술 12신궁 배치도

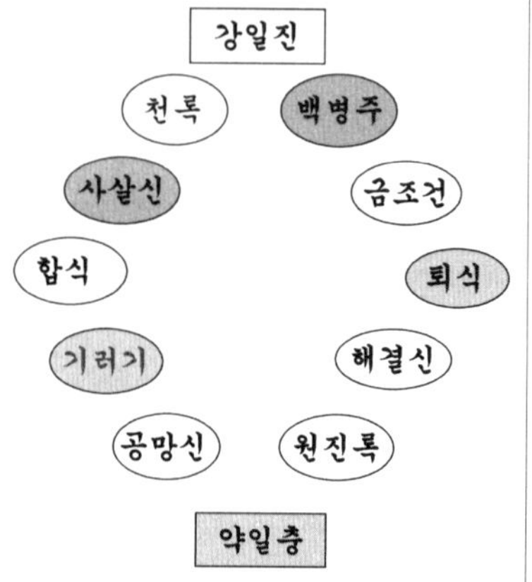

※ 12신궁의 각 자리마다 그 의미가 담겨있고, 그 자리에 그 시간과 日辰이나 띠를 대입 적용해서 보는 법이다.

※ 백초귀장술歸藏術은 사주를 뽑지 않고, 찾아 온 당 일진日辰과 시간時間만으로 보는법이다.

※ 백초귀장술로는 지금 찾아 온 사람이 왜 왔는지?
현재 무엇이 탈이 났는지?
지금 당면한 상황이 어떤 정황인지?
이후에 어떻게 풀릴 것인지?
어떤 귀신의 작해作害인지?
부적이나 제를 지내어 풀릴 일인지, 아니면 안 풀릴 것인지,
길흉吉凶이 앞으로 어떻게 될 것인지를 한눈에 명쾌하게 알 수 있는 점술법이다.

※ 여기에서는 지면관계로 세부적인 것까지 설명할 수는 없고, 그날의 운세와 찾아온 시간이나 상담자의 띠만 가지고 점사를 볼 수 있게 설명해 보겠다.

※ 참고로 말씀드리면, 백초귀장술만 정밀하게 분석해서 상대방의 마음을 읽을 수 있거나 단시로 래정을 볼 수 있게 나온 책이 출판되어 있다. 책 문의는 백초율력학당에서 관리하고 있다. (010 - 2002 - 6332)

Ⅰ. 보는 요령

- 문 열고 들어 온 시간으로 본다.
- 만약 丙午일 오후 7시 35분에 들어왔다 하자. 이 시간은 술시戌時 이다.
- 당일 일진 丙午를 제일 중앙상단 강일진 자리에 포진시킨다.
- 왼쪽으로부터 순행으로 未 申 酉 戌 亥 子 丑--- 순으로 이렇게 각 신궁에 포진한다.

본 택일지의 그날그날마다 해당자리가 포진되어 있음을 확인하여 본다.

Ⅱ. 이때 술시戌時를 보면 기러기자리에 해당한다.

이 사람은 이동수가 있어서 온 사람이다. 이동을 할 수 밖에 없다. 하고 싶지 않아도 하게 된다. 만약 戌生이라면 어쩔 수 없이 변동할 일이 있고, 매매하고 싶은 마음에서 온 것이다. 이때 언제 이동하면 좋겠냐고 묻는다면, 戌月에 해라가 신답이다.

Ⅲ. 다시 본다면: 이날 申時에 찾아 온 사람이 있다하자 :

이 사람은 현재 골치 아픈 일이 생겨 뭔가 정리할 일이 있어서 왔다.
運에 정황은 매사 일이 꼬이고 돈도 없고, 생활이 편치 않고, 되는 일이 없는 사람이다.
이 사람이 묻는 질문의 신답은 '하지마라'이다. 가능하지 않다. 해결되지 않는다.
만약에 원숭이띠가 왔다면 바람이 난 사람이다.

- 무조건 초사언을 자신 있게 던진다.
  98% 정확한 점괘이다.
- 주의 할 점은 꼭 당일 일진을 중심에 놓고 순행으로 돌아간다는 것이다.
- 그리고 찾아왔든, 전화로 물어왔든지, 그날 물어 본 사람에게 더 정확히 잘 맞는다.
- 그리고 본인의 일일운세도 아주 잘 맞는다. 신궁안의 地支글자가 시간으로도 보고 띠로도 본다. 申時의 상황과 申生의 상황이 결국 같다는 뜻이다.

Ⅳ. ★ 巳 申 이렇게 된 모양자리가 제일 나쁜자리이다. 만약 이 자리에 본인의 띠가 들어가는 날에는 모든 일에 조심하는 것이 좋다. 중요한 일을 이런 날 행한다면 일의 성사가 어렵고 꼬이게 된다. 신체 건강도 좋지 않고, 스트레스도 많이 받게 된다.

- ₩표가 붙어있는 날에 돈이 들어온다.
- 상담자가 어떤 문제의 가능성에 대해 물었다면: 사주원국 어디에든 해결신이 있다면 그 문제는 해결된다. 풀린다는 뜻이다.

✻ 因緣 백초귀장술 보는 실례:

[실례 1.]

❁ 庚子日날, 壬戌生 己丑月 甲辰日 乙丑時인 친구가 찾아왔다. 친구는 다음과 같은 문제의 길흉을 물었다.

Ⓐ 어머니 강요로 선을 보았다고 했다. 괜찮은 남자인지 모르겠다고 한다. 남자는 甲寅生이라고 했다.

[답] 寅生이기 때문에 사살신에 해당한다. 이 殺에 해당하면 최악의 조건인 남자이다. 현재 다른 여자와 사귀고 있는 중이기 쉽고, 경제적으로도 어려운 상태이고, 하는 일도 잘 안 되는 상태이다. 속히 정리하는 것이 좋다. 결혼은 절대 반대이다.

Ⓑ 직장을 그만두고 싶은데 어떻게 했으면 좋을지 모르겠다고 묻는다.

[답] 月支가 丑이다. 천록에 해당한다. 친구는 직장 내에 못살게 괴롭히는 상사가 있다. 그만두고 싶은 게 당연하다. 하지만 그만두면 곧 후회하게 된다. 회사자체는 좋은 회사이다. 이 사람은 지금 자기 점포를 운영하고 싶어 한다.

Ⓒ 꽃집을 운영하고 싶은데 돈이 부족하다고 한다. 무슨 좋은 방법이 없겠냐고 묻는다.

[답] 돈이 부족해도 꼭 할 사람이다. 時에 천록이 있기 때문이다. 그리고 하라고 권유해도 괜찮다. 부족한 돈은 원숭이 띠에게 돈을 부탁해보라고 말하면 된다. 이 날의 해결신는 申이니까!

Ⓓ 말띠 언니와 동업을 하면 어떠냐고 묻는다.

[답] 말띠언니는 이 날 日辰 沖 즉 약일충자리에 해당한다. 언니의 상황은 돈도 없고, 운이 막힌 사람이다. 동업하면 안 좋다. 하지마라.

[실례 2.]

❁ 癸未日날, 己巳生 庚午月 癸亥日 辛酉時인 상담자가 찾아왔다.

Ⓐ 아무 말도 없이 얼굴만 바라보며 앉아만 있다. (알아서 맞춰봐라? 식이다.)

[답] 가족과는 이별한 상태, 가정이 편치 않고, 사업, 현재하고 있는 영업이 잘 안 되는 중이군요? 하고 먼저 말해주었다.

Ⓑ 어머? 어떻게 아세요? 예- 3년 전에 이혼했어요. 그리구 작년에 호프집을 시작했는데 요즘 장사가 너무 안돼서요. 그만 둬야 할지, 계속해야할지 몰라서요?

[답] 時가 사살신에 드니 당연히 적자운영이다. 곧 집어치울 것이다. 더 이상 계속운영은 불가능하다. 호프집 그만 두시오.(하지 말라고 하긴 했으나 매매도 잘 안 될 것이다)

Ⓒ 당장 부동산에 내놓으면 작자가 나설까요? 언제쯤이나 나갈까요?

[답] 쉽게 나가지는 않겠다. 丑月 음력 11월에 나가겠다.(힘 빠지는 약일沖이 丑이니까)

Ⓓ 새로 만나는 남자가 있는데 재혼하자고 하거든요? 돼지띠예요. 어떤가요?

[답] 日支가 기러기에 든다. 절대 안 된다. 더군다나 돼지띠이면 더더욱 안 된다. 재혼하자마자 곧 깨질 뿐아니라 상처를 많이 주고 헤어진다. 아직은 때가 아니다.

Ⓔ 호프집이 팔리면 다시 업종을 바꿔서 내 장사를 해도 될까요?

[답] 時 사살신은 당분간 하면 안 된다,이다. 아르바이트나 월급쟁이가 적당하다. (年支가 금조건이니까 돈은 들어오겠다.)

* 일진법 三合으로 보는 법.

❁ **앞으로 오는 날은 좋은 것이고, 지나간 것은 나쁜 것으로 본다.**
바로 前 날과 바로 다음 날만 본다.

내 일	오 늘	어 제
丁亥[亥卯未]	丙戌[寅午戌]	乙酉[巳酉丑]
희망, 미래진취적, 의욕능력 있다. 장래총망, 좋은가문, 대졸학력, 잘생김, 유행민감, 신세대, 경제력 좋다.	오늘은 내일과 공존한다. 양쪽병행겸비. 처세술이 좋다. 표준, 보통	힘이 빠졌다. 밉다. 뒤쳐진 구세대, 보수적, 학력 약함, 유행에 뒤쳐짐, 못생김, 집안배경도 안 좋다, 경제력도 약弱함.

일진 沖 [申子辰]
오늘은 개의 힘으로 살아야 하는데 辰(용)으로 살고 있다. 상황판단 못하는 사람. 망한 사람, 우왕좌왕 망설인다, 돈無, 직장無, 무능력 힘빠진 상태.

[실례 3.]

❁ 丙戌日**에 띠만 알고, 만세력이 없을 때, 질문을 받았다.**
이럴 때 답변하는 방법:

Ⓐ 내 딸은 양띠이다. 친구 아들은 용띠라고 한다. 둘이 결혼하면 괜찮을까?
[답] 日,묻는 날이 중요하다. 딸의 띠는 관계없다.
그러나 친구 아들의 띠가 어디에 있는가? 일진沖에 있다. 아마도 무능력하고 직장도 변변치 못하고 돈도 없고 주제파악 안 되는 사람일 것이다.

Ⓑ 옆집 아저씨가 새로 사업을 시작했다한다. 아저씨는 말띠 이다. 잘 되겠냐고? 하고 물어온다면?
[답] 아저씨의 띠가 말띠- 寅午戌 오늘 일진에 있다. 좋다, 좋은 운이다. 나쁘지 않다.

Ⓒ 미스崔가 내일 고스톱을 치러 간다고 한다. 어떻게 하면 운이 좋겠냐고 묻는다.
[답] 내일은 亥日, 亥卯未는 동쪽을 말함, 亥日의 運氣는 동쪽에 몰려있다. 동쪽에 앉아라. 東쪽을 등지고 앉는다.

Ⓓ 새 옷을 사왔다. 시험 보는 날인데 어떤 색 옷을 입으면 좋을까?
[답] 亥卯未日 ⇨ 청색 옷, 푸른색 옷 　　寅午戌日 ⇨ 빨강색 옷, 붉은 옷
申子辰日 ⇨ 검정색 옷, 　　巳酉丑日 ⇨ 백색, 흰색 옷 이 좋다.

Ⓔ 동창회에서 내일 축구경기를 한다고 한다. 이길 수 있는 방법은?
[답] 내일은 亥日, 亥卯未는 동쪽에 運이 몰려있다, 선수 모두 청색 옷을 갖춰 입으면 이길 확률이 크다.

Ⓕ 庚辰日날. A 회사에서 중요한 회의가 있다. A는 이날 윗상사에게 좋은 점수를 따야만 승진을 할 수 있다. 잘 할 수 있는 방법은?
[답] 庚辰日은 申子辰日, 運은 북쪽에 모여 있고, 검정색이 吉色象이다. 옷은 필히 검정색 계통으로 입고, 회의장소에서 자리를 꼭 북쪽을 등지고 앉는다.
좋은 느낌으로 모든 사람의 집중을 받을 수 있다.
✚알파의 運이 작용해 필히 만족한 결과를 얻을 수 있다.

Ⓖ 癸酉日날, 시부모님이 오셨다. 돈이 없어서 찬도 그렇고, 용돈도 어려운 상황이다.
[답] 癸酉日은 서쪽에 運이 몰려있다. 시부모님을 서쪽방향에 있는 방으로 모셔라.
그러면 부족한 점이 있어도 이해를 해주시고 서운해 하지 않으신다.

✻ 구성학 보는 실례:

✡ 구성학으로 운세를 보려면 일단 자신의 본명성을 알아야하는데 아래 표와 같다. 이 본명성은 띠와 같이 한번 정해진 것은 평생 변하지 않는다.

구성	연					령				2026년의 나이 (예전 우리나라 나이)	
1 일백수	1	10	19	28	37	46	55	64	73	82	91
2 이흑토	2	11	20	29	38	47	56	65	74	83	92
3 삼벽목	3	12	21	30	39	48	57	66	75	84	93
4 사록목	4	13	22	31	40	49	58	67	76	85	94
5 오황토	5	14	23	32	41	50	59	68	77	86	95
6 육백금	6	15	24	33	42	51	60	69	78	87	96
7 칠적금	7	16	25	34	43	52	61	70	79	88	97
8 팔백토	8	17	26	35	44	53	62	71	80	89	98
9 구자화	9	18	27	36	45	54	63	72	81	90	99

✡ 일년운을 보는 법은 10페이지의 년반으로 보는데, 자신의 본명성 숫자가 구궁 중, 어느 궁에 있는지, 또 암暗이나 파破를 맞았는지를 본다. 암暗이나 파破를 맞으면 나쁘게 해석한다. 맞은 자리의 뜻, 즉 상의대로 나쁜 일이 발생한다는 뜻이고, 그 나쁜 일은 일년동안 작용하게 된다. 여기서 암은 A로 파는 P로 표기되어 있다. 다음으로 나쁜 것은 오황살로 5자가 들어간 궁이 자발적인 재난으로 불행이 발생한다는 의미로 당하는 사람은 본래 그 궁에 해당하는 본명성을 가진 사람들이다. 그 다음으로 한가운데 자리, 중궁에 들어간 숫자의 본명성이 좋지 않게 해석한다. 이유는 사면이 막혀 답답하고, 움직임이 없어 썩는 곳으로 사면초가, 고립, 스트레스로 해석한다.

9	5	7
8	1	3
4	6AP	2

✡ 이런 경우, 본명성이 6인 사람들이 일 년 동안 조심해야 한다는 의미이고, 또 1인 사람들이 사면초가라는 의미이다. 6인 사람은 암을 맞은 것이고, 겹쳐서 파破를 맞은 것이다. 暗은 말과 같이 암 같은 존재로, 보이지 않는 곳에서 어느 누군가에게 한 방 먹어 타격을 심하게 당하는 것이고, 파는 깨진다, 파괴된다고 보는데 그 본래 궁의 사람과 파를 당한 숫자의 사람 모두 나쁘다. 다음으로 오황살은 이궁 즉 본래 9의 자리니까 9 본명성인 사람도 재난을 당한다는 의미이다. 그럼 어떤 나쁜 일이 발생하는가 하면, 본래 그 궁의 본래자리에 일을 당하게 된다는 뜻이고, 그 각궁에 대한 설명은 다음 페이지와 같다.

본래궁

巽손宮 4	離이宮 9	坤곤宮 2
震진宮 3	中중宮 5	兌태宮 7
艮간宮 8	坎감宮 1	乾건宮 6

궁에 의미사람

巽宮 4	離宮 9	坤宮 2
장녀, 중년여자 가정주부, 중개인, 가출인	차녀, 학자, 지성인, 법조인, 역술가, 서구적인 미남, 미녀	어머니, 부인, 노파, 서민, 노동자, 동료, 애인, 지인
震宮 3	**中宮 5**	**兌宮 7**
장남, 새로 만난 사람, 젊은사람, 동양적미남,미녀, 사기꾼, 어풍쟁이	할아버지, 원로, 죽은사람, 귀신, 성격 나쁜 사람, 폭력배, 살인자	소녀, 배우, 변호사, 금융업자, 화류계
艮宮 8	**坎宮 1**	**乾宮 6**
가장 어린 아들, 소년, 형제, 상속인, 친척, 스님	차남, 부하직원, 자식, 중년남자, 임산부, 노숙자	아버지, 남편, 남자 윗사람, 총책임자, 권력자

궁의 상의유추

巽宮 4	離宮 9	坤宮 2
[방위] 동남 [상의] 바람 [계절] 늦봄, 초여름 [연상]바람→먼곳→여행 바람→순풍→신용→자격→교류 바람끼→방탕→이혼→가출	[방위] 남 [상의] 불 [계절] 여름 [연상]불→태양→화려함→밝다→ 폭로→밝혀지다→분별심→상벌→ 재판→관재구설, 불→태양→미인	[방위] 서남 [상의] 대지, 땅 [계절] 늦여름, 초가을 [연상]대지→어머니→근로자→ 보좌역, 양육작용→가정→가족문 제→생계→직장→노력→결실
震宮 3	**中宮 5**	**兌宮 7**
[방위] 동 [상의] 번개, 천둥 [계절] 봄 [연상] 천둥→음→음악→음악가 번개 →아이디어 →깜짝 놀랄 일→사고, 사기, 언쟁 →봄 →시작→희망적 구성	[방위] 중앙 [상의] 중앙 [계절] 환절기 [연상]중앙→지배→제왕→초고의 것, 에너지→욕심→폭력→절교→다툼 생사를 지배→부패→죽음→파괴	[방위] 서 [상의] 못, 입 [계절] 가을 [연상]입→말→회화(會話)→ 기쁨, 결실, 재물→보석 현금→금전거래→금융업 →취미생활→연애→색난발생,→구설
艮宮 8	**坎宮 1**	**乾宮 6**
[방위] 동북 [상의] 산 [계절] 늦겨울, 초봄 [연상]산, 움직이지 않는 →멈추는→저축→부동산 초봄→변화의시기→변화	[방위] 북 [상의] 물 [계절] 겨울 [연상]물→자궁→생식→섹스→ 비밀→은밀함→구멍→자궁 겨울→곤란→고생→질병	[방위] 서북 [상의] 하늘 [계절] 늦가을, 초겨울 [연상]하늘→큰→주인→권위,종교 →높은기관→가장→인사권자 배짱→승부근성→사업투자 사고

궁의 상의 뜻풀이

巽宮 4	離宮 9	坤宮 2
• 긴것, 끈, 길, 여행, 주거이동 • 자격, 신용, 완성, 성숙, 자격증 • 교제, 결혼, 로비, 거래 • 대인관계 원만함, 편안함 • 바람, 풍파, 신변정리, 중개인 • 사업, 장사, 무역, 외교 • 승패결정, 소식 • 신용불량자 • 방황, 비구니스님, 가출인	• 탄로, 비밀, 논리, 언어, 약속, 출산, 의사,약사, 공부스님, 사치, 명품 • 의사표시 성급함, 시비, 분쟁, 소멸, 부상, 죽음, 이별, 수술, 성적, 전문직, 신문, 광고, 인쇄, 문서,계약 • 학문, 명예, 출세, 지위, 총명,도장 • 상, 당선, 공부, 시험합격, 승진 • 한 많은 영혼, 불교, 경찰직	• 낮은 땅, 농촌, 논밭, 토지, 부동산 • 농산물(먹는 것, 위장)가축,질병 • 집, 집안문제, 가정, 희생, 자상함 • 서민, 농민, 대중, 빈곤자 • 동료, 친구, 경쟁자, 인내, 지체 • 직장, 업무, 일, 노동, 성실, 노력, • 선거운동원, 야당공천 • 묵은 것, 오래된 것, 잡신(영가)
震宮 3	**中宮 5**	**兌宮 7**
• 젊음, 패기충천, 빠르다, 신속 • 계획, 출발, 발전, 희망, 개업 • (낙하산)승진, 공천 방송 •(큰)소리,깜짝놀람,예민,신경과민 • 사기, 소리만 있고 형체가 없음 • 허풍, (큰)구설 사기꾼,허풍쟁이 • 천둥소리,지나간 비밀탄로,싸움 • 전기, 정보통신, 전화, 컴퓨터	• 대왕, 원로, 중앙, 기고만장 • 권위, 고집, 독불장군, 고립 • 욕심, 폭력, 부패, 오물, 모함 • 죽음, 시신, 산소, 상가집 • 실업자, 불량품, 파산, 파직 • 암, 중병, 심한 스트레스증후군 • 변화 변동을 금함 • 협조자 나타남 • 별거, 이혼	• 돈(지갑속의 돈) • 보석, 칼, 수술 • 소비, 낭비, 카드, 오락, 감언이설, • 먹는 것, 즐기는 것, 기쁨 • 유흥, 주색잡기, 이성관계 • 소녀, 연애, 애인생김 • 무속신앙 • 말, 입, 언쟁, 구설(소근소근) • 금융분야, 대출, 각종이자(빚) • 주식투자, 연예인, 호스티스
艮宮 8	**坎宮 1**	**乾宮 6**
• 변화, 개혁, 쌓아 올라감, 욕심 • 재산, 저축, 쌓인 돈, 큰 돈 • 代를 잇다, 상속, 친척, 고향, 조상 • 정지, 막힘, 진퇴양난, 죄수 • 교육(자), 수도승, (단계별)승진 • 숙박(업), 창고(업) • 조직, 出·入, 잠자리, 낙상 • 산소(죽음이나 귀신관련- 잡신)	• 차갑다, 죽음, 가난, 곤란, 도둑 • 어둠, 은밀함, 물밑작전, 비밀 • 밤, 수면, 예감능력, 기민연구 • 姓, 섹스, 정자 및 난자, 구멍 • 생식기, 신장, 방광, 임신, 유산 • 情, 관재수, 주변인의 냉대 • 유치장,교도소,사업부진,승려, 도학 • 철학자,도망자,부하,자식, 아랫사람,	• 남자웃어른, 위엄,권력,여당공천 • 승진, 합격, 일류대학, 사찰,귀인 • 국가, 정부, 법규,제도,지배계급 • 큰자본, 투자, 투기, 확장, 배짱 • 군대, 전쟁, 병원, 죽음, 자살 • 큰 쇳덩이, 각종 중장비, 자동차 • 큰직장(대기업), 큰회사, • 관재수, 이혼, 은퇴, 이별

✡ 택일지에 이 부분 보는 법	✡ 이런 경우, 月운은 곤궁이 오황살을 맞고, 본명성이 5인 사람이 파를 맞아서 2, 5가 나쁘고, 간궁과 본명성 2인 사람이 암을 맞아서 2, 8이 나쁘다는 의미인데 궁과 숫자가 모두 나쁘다는 뜻이다.

구성 月반

7	3	5P
6	8	1
2A	4	9

구성 日반

6	2	4
5	7	9A
1P	3	8

月반은 1달운이고 1달만 나쁘고,
日반은 하루운세로 하루만 나쁘다.

日운에서는 태궁과 본명성 9인 사람이 암을 맞은 것이라 7과 9가 암을 맞은 것이고, 간궁에서 1파라서 1과 8이 파를 맞은 것이다.

✡ 암이나 파나 오황살이나 중궁에 들어 나쁜 일이 발생하는 것은 궁의 상의에 해당하는 일이 나쁘게 작용한다고 본다.

매일 운에서 백초귀장술로 백병주나 사살신이면서 구성학으로 같이 나쁘면, 그날은 완전 조심해야 하는 날이다.

매일 운에서 암이나 파를 맞았을 때, 해당 방향과 시간도 유념해서 참고한다.

* 이 외에도 대충이나 본명살이나 본명적살 등이 있으니 좀 더 깊이 공부하시려면 시중에 나와 있는 구성학 관련 책으로 공부하시면 됩니다.

궁의 동적 상의

巽宮 4 辰 巳	離宮 9 午	坤宮 2 未 申
대인 거래를 한다, 해외여행을 한다 신용이 상승한다, 시험에 합격한다. 자격여부를 판단한다. 경쟁에서 승리, 승진한다. 무역에 종사한다, 이사한다. 바람이 난다. 이혼, 가출을 한다.	연구(공부)한다, 출세 한다. 예술계통 일 종사한다. 도장 찍은일 재판관련, 소송을 한다, 폭로 된다 계약한다, 문서상 문제가 생긴다, 이별한다, 원인을 알수없는 수술을 한다. 구설수가 생긴다.	여자의 일, 양육하는 일, 생계문제 노동을 한다, 취직한다, 귀가한다. 가정을 꾸민다, 집에 거주한다, 양손의 떡처럼 양자택일 문제로 갈등한다, 노력 안하면 결실 없다. 시기상조라 마무리가 어렵다.
震宮 3 卯	**中宮 5**	**兌宮 7 酉**
시작하고 발전의 시기, 아이디어 교통사고처럼 놀랄 일이 생긴다, 천둥처럼 말뿐이다, 사기를 당한다, 시끄럽다, 비밀이 폭로된다. 말조심 불의의 사고 발생한다.	움직이지 않으면서 제왕처럼 권위를 갖는다. 가만있으면 후원자 생김 사면초가에 처한다, 부패한다, 도난 당한다, 묘지에 묻힌 것처럼 답답하다, 움직이면 100%실패.	먹고 놀고 즐긴다, 환락, 연애한다, 은행관련, 금전거래, 현금유통문제 언쟁한다, 돈을 번다, 겁탈을 당 한다, 원인을 알 수 있는 수술 문제가 생긴다. 색난 이성관계복잡
艮宮 8 丑 寅	**坎宮 1 子**	**乾宮 6 戌 亥**
산처럼 물건이 쌓여있는 장소, 사업이나 직업 변화가 생긴다, 전직한다, 유산상속문제, 재산, 땅 형제간의 불화발생, 스님, 수행자 생사가 바뀐다, 산소문제, 조상문제 부동산문제가 생긴다. 이사를 한다.	완전히 어둠이 내리는 시기, 휴식하는 시기, 정착할 시기, 숨는곳 섹스한다, 생식기, 임신과 유산 역학관련, 숨는다, 부도사건 발생 질병이나 곤란한 일 발생, 잘못을 저질러 도피생활, 자식문제 고통이나 고민에 빠진다. 도둑주의	국가, 여당공천, 회사, 승진, 합격 상급기관 문제가 생김 권위, 실권, 통솔력 활동력 강화, 확장한다, 발탁 또는 퇴사한다, 외로운 삶, 경찰서 출입 법률적 문제 발생, 부부이별, 죽음관련 ,주변과 마찰이 생긴다, 교통사고

서기	2026年
단기	4359年
불기	2570年

十天干의 字意味 해설표

천간	동물	干支 해설
甲	여우	우두머리 기질, 논리적이고 남을 가르치는 재주가 있다. 공부에 관심이 많다. 자기주장이 强. 꾀가 많고 재주가 많다./ 따지기 좋아한다./ 종교에 깊이 빠지지 못한다. 甲 대운 初가 되면 남자는 직장의 우두머리, 모임의 회장, 반장 등 지위가 일취월장 한다. 여자의 경우 미혼녀는 직장에서 승진, 관리자가 되고, 결혼하면 맏며느리가 된다. 기혼녀는 남편이 죽거나 가정이 파탄이 나거나 좋지 않게 된다.
乙	담비	乙 대운이나 運始이면 말이 많다./ 화술이 좋다./ 말로 안 진다./ 노래도 잘 한다. / 대중들 앞에서 사회도 잘한다./ 甲 과 乙이 같이 있으면 강의를 잘한다. 乙 대운에는 여행을 잘 다니게 된다(단거리)/ 여행을 좋아한다./ 직장을 다니면 여기저기 돌아다니는 일을 하게 된다./ 乙 대운에 윗사람이 초상난다.(대운 말에 더욱 가능) 기혼녀는 乙木 대운에 친정과 더욱 가까이 왕래, 거래하며 지낸다.
丙	사슴	남성적 성격-관대하고 포용력, 이권다툼에서는 물불 못 가린다. / 뒤끝이 없다./ 비밀이 없다. 丙대운에 형편이 나아지고, 좋은 집으로 이사하게 됨 / 높은 집에 살게 된다. / 고층아파트 丙대운에 군식구를 데리고 살게 된다 / 학생이면 학구열이 높아져 공부를 열심히 한다. 여자가 丙대운이 오면 돈 벌러 나간다./ 할머니도 일하게 된다.(형편이-- 먹고 살기 위해)
丁	노루	사주원국이나 運始에 丁이 있으면 아래층, 낮은 곳에 살게 된다. /군식구를 데리고 살게 된다 丁, 己일간은 염력이 강하다. (예지력, 직감) 호적, 주민등록 옮길 일이 생긴다. 丁대운의 남자는 위상이 떨어진다. - 활기차지 못하다./ 여자처럼 산다. 丁대운의 여자는 발전적, 상승된다. - 심신이 편해진다.
戊	표범	사주원국이나 運始에 戊가 있으면 일생을 대립관계로 지낸다. - 싸움, 다툼 運독립 運파벌, 비밀 戊대운에 와 있는 사람이 이긴다./ 戊대운이면 중립을 지키는 것이 좋다. 원국日支나 運始에 戊가 있으면 먼저 시비를 걸지 않는다.-성질나면 죽인다. / 비사교적
己	원숭이	法- 정확성 요구(교육에서 이루어짐)/ 약속과 규칙, 법을 잘 지키는 사람 / 규칙, 교재원고 己대운이나 운시인 변호사나 경찰관은 잘 풀리고 있는 중. 己대운에 와 있으면 뭔가 배우고 싶어한다. / 나무에서 떨어진 원숭이[法적인 문제가 생김]
庚	까마귀	질서-無 / 의리가 있다./ 庚金日柱 : 군인, 경찰기질 천직 / 깡패기질도 있다. 庚金대운 :발전할 수 있는 시기 / 남의 일에 앞장서고, 시위 앞장/ 깡패일/ 의리 있음. 庚金대운의 부부싸움은 육박전이다. / 치고받으며 싸운다.
辛	꿩	辛金대운에 지출과다, 보증실수, 빚보증서면 100%뜯김 / 역학공부, 침공부를 하게 된다 은폐술이 강하다./ 깔끔, 청결, 결벽증 원국日支나 運始에 辛이 있으면 평생 남에게 퍼주고 산다. / 남이 와서 뜯어먹으려 한다.
壬	제비	역마살이다.[장거리] -적극적, 외향성, 야행성 기질 / 壬水는 지혜, 지식을 뜻함 -박식하다. 壬대운의 직장인은 출장을 잘 다님.→ 해외출장, 장거리 장기출장. 壬대운이면 돌아다니는 일, 해외여행을 하게 된다.→오파무역이나 차로 돌며 파는 장사.
癸	박쥐	만물을 소생시키는 물→ 癸水日柱는 교육자(장애인), 후학양생, 종교인(음지에서) 원국에, 대운에서 甲과 癸가 붙어 지나갔으면 정신적 고통을 많이 겪음(인격수양이 잘된 사람) 박쥐는 야행성 동물로 질투심, 욕심이 많다.→이기려 한다. (옆사람과 비교해서 이기려 욕심을 부림) 癸水대운이면 욕심부림. →질투심에 의한 부부싸움. 대운 초에 배경(빽)이 좋아짐. 癸水운시이면 질투심, 평생 의부증, 의처증 때문에 정신이 돈다. 癸水日柱가 丙대운이 오면 의심이 많아지고, 의부증, 의처증세가 심해진다.

서기	2026年
단기	4359年
불기	2570年

十二地支의 字의미해설표

子	비밀	子대운이나운시인 사람→子運 자체가 밤 11시→01시에 왕성하기 때문에 밤 시간에 일, 활동하게 된다. 비밀이 있다, 비밀이 생긴다 // 미혼자 -혼사문제, 기혼자 -자식문제, 外情문제 子대운에 소송고소 관재사건은 물증이 없어 불리하다 // 친인척과 같이 일하게 된다. / 학생은 밤공부 잘됨
丑	근면	運始가 丑인 사람은 평생 부지런하다.→밤 01시 →03시에 일하게 된다.(陰氣와 陽氣를 모두 받을수 있다) 丑대운이면 매여있는 사람이다.→체인점, 대리사장, 대리점점장 등 // 제2의 소질개발을 살릴 기회. 丑대운이면 부동산매매 안 된다. (밤에 누가 물건 사냐? 싼 가격에 내 놓아라.) // **해외이민 좋다.**
寅	연예인	寅대운이나운시인 사람→심장이 弱, 겁이 많다. // 佛敎 신앙심이 맹목적으로 좋아짐→寅대운지나면 심취 寅대운이나운시인 사람→사주원국에 寅이면 연예인기질이 있다, 무명이 유명해진다. 뭐든지 확실하게 한다. // 寅대운에는 생활이 다급하다.(마음의 여유가 없다) 寅대운에는 관재수로 본의아니게 오해로 인해 직장사표를 쓴다(寅대운 말에) 寅대운에는 항거의식 - 세상에 불평불만이 많다, //학생은 시험실수를 한다.
卯	女子王	運始가 卯인 사람은 성실근면, 부지런하다.→신경이 예민, 날씬하다. 卯대운이면 **실권이 여자에게, 중요한 일 결정권이 여자에게 있다.** // 부동산을 소유할 수 없다. 남녀 모두 일하는 시기 →직장생활 하러 나감→대운 말에 모사를 당해 직장을 옮길 일 생긴다. 집안 식구들이 흩어질 일(경사스런 일로) // 학생은 남보다 부족한 것 같아 학구열이 높아진다.
辰	성공자	辰대운이나운시인 사람→욕심이 많고, 남의 것을 모방해서 잘 만든다.→선의의 거짓말을 하게 된다. 辰대운이면 짝퉁제품을 만듬 →박리다매, 종합상품판매, 장사가 좋다. 짝사랑을 하게 됨.→男女 서로 딴생각하여 결혼하기 어렵다 →여자 애인이 있다면 외국인이나 교포. 사주원국에서 寅과 辰이 싸우면 혼란스럽고 시끄러운 일이 생긴다. 혼비백산, 정신이 빠진 상태.
巳	충효사상	운시가 巳이면 평생 버스종점에서 사는 것이 좋다. →뱀처럼 산다. →陽의 克에 달해있다. 巳대운이면 직장생활 성실이 충성한다. →巳대운 말에 직장에서 일이 터져 상사에게 찍힘.(그냥 버텨라) 巳대운에 와 있으면 (품앗이)→ 단체가입, 단체활동, 정찰제 장사를 하게 된다. 巳대운을 바라보고 있으면 효도한다. → 막내라도 모시고 싶다(巳대운 말에는 안 모시는 것이 좋다)
午	돈	午대운이면 실제 내 돈은 있는데 현금유통에 애로사항이 있다. →현금 확보를 해야 한다→학생도 용돈이 궁하다. 午대운에 사업은 잘 되었는데 현금이 돌지 않아 부도가 난다. →생활비도 현금이 없어 카드로 산다. **午대운 미혼자는 돈 벌어놓고 결혼하려한다. →돈이 더 중요하다 //** 빌딩, 집(부동산)이 많더라도 현금無 丁火나 午火는 신경쇠약이다. → 신경쇠약에 걸릴 수 있다. → 午대운이 지나면 신경쇠약에 걸린다.
未	요리사	未대운에 신규사업 시작하면 안 된다. →**새로운 일 시작하지마라.** // 요리사 적성자가 많다. 未대운에 와 있는 사람은 공동투자 했거나 어디에 묶여있어 매매 불가능 (부동산 매매가 어렵다) 未대운에 와 있는 사람이 재판소송이 있을 경우 →**사건이 해결되지 않고 계속 연기된다.** 未대운에 와 있는 남자는 처자식이 귀찮고, 가정에 소홀해짐// **여자는 친구가 그립다(필요하다)**
申	神	사주원국에 어디에든 申金이 있으면 구두쇠이고, 절약가이다. →돈 빌려주면 손해 안보고 이자까지 잘 챙긴다 申대운이 오면 절약생활을 잘한다.(짠지소리) // 직장생활은 감원대상이 된다 / 사업가는 수입감소 神→申대운이 지나면 전문분야의 달인의 경지에 오름. // 업소축소 해야 함 → 확장불가
酉	과다지출	운시가 酉이면 평생 스트레스 많이 받고 산다. →酉金대운에 육친으로 풀어서 官이면, 남편 ,돈 때문에. 酉대운이면 과다지출이다. // 남의 집에 세로 산다.(직장문제나 교육문제로) 酉金은 집을 살수가 없다 →만약 산다면 투기목적으로 산다.→닭은 원래 집이 없다(집에 잠자러만 들어옴)
戌	부수입	戌대운에는 남에게 속는 일 있다 // 교양이 없다는 소리 들음 // 개뼈다귀[**부수입이 생긴다**] 戌대운에 장사하는 것은 직영보다 체인점, 대리점사장이 좋다. 戌대운에는 어린이와 관계되는 일(유치원)하게 된다. // 丑이나 戌은 묶여있다 →주인이 있어야 한다 **경제적으로 여유가 생긴다 //** 기독교와 거래하게 됨 // 학생은 도서관에 가서 공부하는 것이 좋다
亥	빽배경	亥대운에는 빽, 배경이 생긴다. → 믿는 구석, 어려울 때 도와주는 사람이 있다. 亥대운에는 모든 여자가 다 이뻐 보인다. → 결혼하기 힘들다.(여기저기 끼웃거려서) 亥대운에 학생은 학구열이 높아진다 →공부가 재미있다! [화재조심]_→ 화재보험 들어라. **경제관리를 못한다 → 사업가이면 풍족해서 뜯기는 것도 모른다 → 돈 빌려주면 못 받는다.**

神　殺	神殺意味와 속성풀이
建祿 건록	건록이 사주에 있으면 일평생동안 신체가 건강하고, 항상 먹을 것이 넉넉하다. 관록도 좋고, 직장운도 귀인이 돕는다.
天乙貴人	천을귀인이 사주에 있으면 항상 인덕이 있으며 천지신명의 도움을 받는다. 지혜롭고 총명하다. 미모가 출중하고, 식록, 관록이 풍성해진다.
驛馬 역마	역마가 있으면 외향적이고 부지런하여 경영, 무역, 운수, 유통, 관광, 여행 등으로 활동량이 많은 업으로 성공할 수 있다.
劫殺 겁살	겁살이 사주에 있으면 남에게 당하는 일이 빈번하고, 하는 일마다 액귀 겁탈운이 붙어 흉한 대운에는 극심한 고생을 겪는다.
桃花 도화	함지살이라고도 한다. 이 살이 있으면 이성교제가 많게 되고, 이성으로 인하여 큰 낭패도 볼 수 있고, 깊은 상처를 받아 수렁에 빠질 수 있다.
고과살	고신살과 과숙살이 합쳐진 殺이다. 독수공방, 고독수가 드리워 한때라도 홀로 외롭게 지내게 된다는 殺이다.
三奇 삼기	三奇가 사주에 있으면 영웅수재이라, 목표, 포부가 원대하고 재능이 뛰어나며, 액운이 적게 온다. [甲戊庚全] [乙丙丁全] [壬癸辛全]- 세글자가 다 있어야함
六秀 육수	이 날짜에 태어난 사람은 약고 똑똑하며, 수리에 밝고 총명하여 야무진 성품으로 인물이 출중하다. [戊子日, 戊午日, 己丑日, 己未日, 丙午日, 丁未日 출생자]
六合 육합	月의 地支와 日의 地支가 合이 되는 날이다. 合의 결속되는 성분이다. [子丑, 寅亥, 卯戌, 辰酉, 巳申, 午未 두 가지가 만났을 때를 말한다.]
暗祿 암록	사주에 암록이 있으면 일생동안 영리하며, 숨은 귀인이 도와 재물이 풍족하고, 성품이 온화하며, 吉運이 오면 뜻밖의 행운과 횡재수, 복권당첨 등이 따른다.
귀문관살	사악하고 음습한 귀신 殺氣가 침투를 잘하는 身體質이다. [子酉全, 丑午全, 寅未全, 卯申全, 辰亥全, 巳戌全이 만나면 현상이 나타난다]
懸針殺 현침	의사, 약사, 간호사, 운명상담가, 포수 등 특수기능직에 두각을 나타내는 命. 배우자를 克하는 강한 殺氣가 작용한다.[甲午日, 甲申日, 辛卯日 출생자]
金剛殺 금강	대금강신치일이라고도 한다. 28숙 중, 角亢奎婁鬼牛星(각항규루귀우성) 7개의 별이 닿는 날로 七殺日이라고도 한다. [이 날에는 출군, 원행, 경영, 구직, 구재, 결혼, 이사 등을 꺼린다.]
魁罡 괴강	吉凶이 극단적으로 强하게 작용한다. 男子는 강인한 카리스마로 무방하나, 女子는 날카롭고 고집이 세어 고독한 팔자라 한다. [庚辰, 庚戌, 壬辰, 壬戌, 戊辰, 戊戌 - 日支에 있으면 작용력이 더 크다.]
白虎殺 백호	급작스레 흉한 혈광사를 겪을 수 있는 살이다. 불의의 사고, 교통흉사, 대수술, 관재구설, 천재지변의 위험이 항시 따른다는 殺이다. [甲辰, 乙未, 丙戌, 丁丑, 戊辰, 壬戌, 癸丑]
天赦 천사	천사일에는 흐렸던 날씨가 점점 맑아지듯이 난관에 봉착한 일도 술술 풀리고 문제도 해결이 되는 것을 말한다. 승진과 포상, 훈장의 행운도 생긴다. [春 - 戊寅日, 夏 - 甲午日, 秋 - 戊申日, 冬 - 甲子日]

서기	2026年
단기	4359年
불기	2570年

十日天干에 태어난 사람의 特性

천간	특성	日天干 字의 해설
甲	독재인간	자부심이 강하여 남에게 지기 싫어한다. 전진력이 강하여 앞장서기를 잘 하고, 고집이 세고 義가 굳으며 인지능력이 좋아 통제력이 뛰어나다. 즉흥 대처력이 뛰어나 관리자 감독관으로 잘 어울린다. 시작은 잘하고 끝맺음은 약하다. 강건한 성격인 반면에 침착하지 못해 손해를 입는다. 사회적으로 이름을 날일 수 있으며 재산을 모으기도 한다.
乙	현실인간	현실적이고 치밀하게 계산적이다. 자부심이 강한 반면에 소신 없는 행동에는 뒤따르질 않는다. 시기 질투심이 강하고 예민하고 까다롭다. 외부조건에 대해 민감하게 반응하는 자신의 약점은 최대한 감추려고 한다. 재산 모으는 것에 취미를 삼아 열심히 노력한 대가를 얻기도 한다.
丙	폭탄인간	사리사욕이 없고, 공명정대하며, 성격이 급하고 참을성이 약하다. 융통성도 없고 인정사정 볼 것 없이 원칙대로 준수하는 성정이다. 끈기가 없으며 모든 일에 겁을 많이 낸다. 목소리가 크고 언변이 좋고, 화통하며 포부가 크고 자존심이 강하다. 불의를 보면 못 참고, 예민하며 총명하고 일처리가 매끄럽다. 빛과 열의 직선이다.
丁	원칙인간	온화하면서 정직한 원칙주의자이다. 평상시엔 말수가 적으나 마음이 맞는 사람과는 숨김없이 대화하는 따뜻한 성격이다. 한번 틀어지면 분한 마음이 좀처럼 가라앉지가 않는다. 무슨 일이나 일 처리하는 능력이 탁월하여 윗사람에게 인정받는다. 靈的인 감각이 뛰어나 접신이 잘되기도 한다. 인내력은 부족하지만 양심이 있는 사람이라서 출세성공 할 수 있는 성정을 갖고 있다. 빛과 열의 곡선이다.
戊	고독인간	지구를 떠받치고 있는 중력을 연상하며 단단하고 무겁다. 만물의 생명을 관장하는 생명에너지와 역동성을 느낀다. 성실하고 부지런하고 활동적이고 사교적인 반면에 고독하고 신비스러움을 좋아하는 초현실주의자이다. 인내심과 의지력이 강하여 맡겨준 임무는 충실하게 처리한다. 일확천금, 횡재요행수를 바란다. 자신과 잘 맞는 사람에게 아낌없이 베푼다. 금전과 출세운이 따른다.
己	본래인간	땅과 같은 자애로운 모정과 한없는 포용력을 내포한 모성애로 봉사심 많은 사람이다. 재치가 있으며 머리가 영리하다. 사회적으로 이름 있는 사람과 연관되기를 바란다. 명예를 위해서는 가리지 않고 무엇이든 덤빈다. 자기 위주로 생각하며 그에 맞추어 처세를 한다. 의식주 걱정은 없으며 사업이 번창한다.
庚	투명인간	옹고집에 성격이 냉정하고 까다롭다. 강건함이 으뜸이라 남에게 지기 싫어하며 생활력이 강하여 의식주는 걱정 없겠으나 인내심이 부족하여 나의 약점이 될 수 있다. 남의 말에 잘 흔들리지 않는 독립적인 성분이다. 금전적으로는 조금 부족하나 무엇이든 하려는 적극적 의지력이 강하다.
辛	질투인간	경쟁심리가 아주 강하여 이기려하는 주체투지가 대단하다. 참을성이 적고 방황하는 일이 가끔 생기며 일확천금을 노리는 투기를 좋아한다. 본래는 내성적인 성격인데 목적을 이루기 위해서는 적극적으로 변한다. 요행을 바라며 한탕을 노린다. 좀처럼 정을 주지 않는 성격이다. 남을 즐겁게 해주는 연예인의 직업을 가지면 좋다. 의식주 걱정은 없다.
壬	연구인간	자존심이 강하고 성격이 까다롭고 급하다. 부드러워 보이지만 내심은 강하다. 서로 협력하는 마음이 부족하여 손해를 입는다. 마음 내키는 대로 행동하며 타인과 타협을 좀처럼 하지 않는 반면에 낭만적인 면이 있고, 생각하는 사려가 깊다. 그러므로 심리적 구조는 연구하는 성분으로 한번 궁리에 몰두하면 세상이 거꾸로 돌아가는 것도 모르고 빠져든다. 사업과 금전운은 보통이라 할 수 있다.
癸	요술인간	육감적으로 즐기는 사교성이 뛰어나 유희적인 일에 관심이 많다. 마음이 온순하고 성품이 어질어 남에게 존경을 받는다. 지식이 풍부하여 지혜로운 일을 자주 한다. 하지만 자기위주로만 생각하는 경향이 있다. 상냥하고 부드러운 마음이 주위를 압도한다. 재물이 많지만 관리하는 것이 소홀하여 뒤로 손실이 크다. 대부분 성욕이 강하다.

十二地支年에 태어난 사람의 特性

子	壬 癸	성품이 부드럽지 못하고 냉정하며 낭만적인 면도 있으나 까다롭기도 하다. 일생동안 성패의 기복이 심한즉 초년에 호강하면 중년부터 침체되어 말년에 고생하며, 초년에 고생하면 말년에 안락하게 된다. 자존심이 강하여 비즈니스에는 적합하지 못하며, 문학 · 예술 · 사무직 · 기술직 · 교육직 등의 직업에 종사함이 적합하다.
丑	癸 辛 己	정직하고 참을성이 있고 부지런하고 성실하다. 비록 소처럼 고되나 노력하는 보람이 있으며 유산이 있더라도 자수성가하게 된다. 부모궁이 원만하면 중년의 풍상을 면하기 어려우며 일생가운데 한번은 크게 고생하지만 말년에는 자녀들로 인하여 고생을 면하고 효도를 받는다.
寅	戊 丙 甲	활발하고 외향적이고 말을 마음속에 담아두지 못하고 솔직하고 자신의 모든 일에 패기가 넘친다. 운기가 왕성하면 사업이 활발하며 관운도 있으나 성품이 너무 급하다는 데에 문제점이 있어 실패하는 수도 있다. 남에게 아부하거나 굽히기를 싫어하여 오만함이 엿보여 남에게 미움을 받을 수도 있으나 자신의 어려움을 무릅쓰고 남을 도와주는 의협심이 강하여 존경도 받는다.
卯	甲 乙	마음이 유순하다. 계획을 너무 많이 세우다 보니 몸과 마음이 바쁘다. 인내력 부족, 권태로움을 빨리 느끼며 사치를 좋아한다. 운기의 성패가 심하지만 의식문제로 오랫동안 어려워 찌들지는 않는다. 다만 큰 부자는 되기 어려우며 행복한 생을 누리더라도 소모성이 강하여 오랫동안 유지되지 못한다. 좋을 때는 항상 나빠질 때를 대비하여 근검절약하며 겸손하여야 할 것이다.
辰	乙 癸 戊	용기와 배짱이 강하고 자부심과 승부심이 많아 남에게 지기 싫어한다. 궁지에 빠져도 좌절하지 않고 확고한 신념으로 일궈나가는 호걸다운 면모가 보인다. 재리에 밝은 면이 있어 의식주 걱정은 하지 않는다. 부자가 아니더라도 남보다 소모성이 강하여 따라다니는 아랫사람이 항상 있으며 사교성이 좋고 확고한 신념과 끈기도 겸비해 경우에 따라 갑부가 될 수 도 있다.
巳	戊 庚 丙	고상하고 단정하며 자유분방한 면이 있다. 부지런 하고 붙임성이 있어 타인에게 신임을 얻을 수 있다. 사리에 맞지 않는 일은 절대 하지 않는 편이며 까닭없이 남을 도와주는 선심은 부족. 고생 끝에 찾아오는 행복이라야 오래 유지할 수 있다. 고생하지 않았다면 지나가는 행복에 불과하다. 성실하고 사교성도 좋은 반면에 인덕이 약하여 실패를 볼 수 있다. 겉보기보다는 가난하고 걱정이 떠나질 않으며 부모궁에 문제가 있어야 말년이 편안할 수 있는 특성을 갖고 있다.
午	丙 己 丁	활달한 성격에 참을성이 적고 급하여 자기 마음속에 넣어두지 못하고 얘기한다. 변화를 좋아하며 사치와 돈이 헤프다. 남에게 지기 싫어 잘난 체를 하고 선심을 잘 쓴다. 반은 길한 만큼 반은 흉하여 중도의 실패가 잦다. 관재구설이 많이 닥쳐온다. 우환과 재앙이 별안간 찾아오기도 하지만 또 어느 순간 지나가 버리는 특성도 있다. 밝고 투명한 성품을 지향하는 가운데 조금은 자신을 감추어야 할 필요성이 있다.
未	丁 乙 己	나이에 비해 일찍 온갖 풍상을 많이 겪는다. 평소에 쓸데없는 걱정을 많이 하고 대수롭지 않은 일에 근심걱정을 한다. 쓸데없는 고집은 항상 삼가고 즉흥적인 결정은 하지 않아야 하며 베풀 때에는 인덕이 부족하니 항상 받을 것을 생각하지 말아야 한다. 이렇듯 주어지는 여건은 불리한 면이 있으나 가문의 뜻을 이어받아 나갈 수 있으며 원대한 뜻이 있다면 성취할 수 있다.
申	戊 壬 庚	성품이 활발하고 남과 교제하기를 좋아하며 성질이 급하여 생각이 깊지 않다. 부지런함이 몸에 배어 모든 일을 일사천리로 해결해 나가지만 끝맺음이 부족하다. 남에게 베푼 만큼 공덕이 돌아오지 않는다. 언제나 노력한 만큼의 보람을 얻는다고 생각하면 마음이 편하다. 그러므로 투기사업은 금물이다. 부모덕이 약하여 초년의 풍상을 겪을 수도 있으나 말년에는 남을 돕는 동정심이 강한 만큼 귀인의 도움이 있어 재물도 모은다.
酉	庚 辛	개방적인 성품을 갖고 있으며 명예를 중히 여기고 의리를 지키며 허황된 욕심을 부려 힘들여 모은 것을 사소한 욕심으로 흐트러뜨리는 경향이 있다. 활발한 성품과 재주와 사교술로 명예를 얻을 수도 있으니 성공하였을 때 실패의 기억을 염두에 두고 근면 성실하면 별 어려움이 없을 것이다. 일시에 몰락하는 운이 따르니 손재수, 구설수가 따르니 초심의 마음을 잃지 마라.
戌	辛 丁 戊	정직하고 거짓이 없으며 과격한 성격으로 내 주장만 일삼는다. 모든 일을 자기 위주로 생각하며 타인의 입장은 고려하지 않는 경향이 있다. 남을 용서하는 마음이 적고 이해관계가 없으면 무시한다. 부모로부터의 받은 재산이 있다면 모두 탕진한 뒤 결국은 자수성가하게 된다. 제멋대로의 성격으로 구설은 늘 따라다니지만 본인은 청렴 정직하므로 너그럽게 이해하면서 언제나 성실하게 대처하면 크게 성공할 수 있다.
亥	戊 甲 壬	의리와 인정이 많아 어려운 일이 있으면 의협심을 발휘하여 도와준다. 잔꾀를 부리지 않으며 겉과 속이 다르지 않으므로 주변사람들에게 존경과 신뢰를 얻는다. 관운이 있어 학문을 많이 하면 일찍 명예를 얻는다. 재물의 복록은 두터우나 곤궁한 시기를 넘기는 만큼 더 많은 운과 명예가 상향되는 특성이 있으니 타고난 장점을 믿고 포기하지 않아야 할 것이다. 평생 의식주 걱정을 하지 않는 운수 대통하는 운이다.

서기	2026年
단기	4359年
불기	2570年

十二神殺의 字의미해설표

劫殺	불신임	겁살방향으로 이사하면 지저분하고 허름한 집, 재개발지역. ⇨만약 이사했다면 땅보고 투자한 것 겁살 마누라는 받아먹는 것을 당연하게 생각한다. ⇨ 겁살 남편도 마찬가지이다. 부모가 겁살이면 아무리 잘 해드려도 고마운 것을 모른다. ⇨ 겁살 자식은 효도할 줄 모른다. 직장상사가 겁살이면 이것도 일이라고 했냐고 한다. ⇨ 종업원이 겁살이면 두고보자 앙심 품는다.
災殺	스트레스	재살대운에 와있는 사람은 정신적 노동일을 함. ⇨ 직장상사가 재살 띠이면 나를 괴롭힌다. 재살방향에 사는 사람은 나를 정신적으로 괴롭히고, 피곤하게 함. // 사상적 대치인 배우자나 자식이 재살이면 너무 똑똑해서 피곤하다. // 이간자
天殺	임금님	임금님, 대통령처럼 살아라! ⇨ 선산이 천살방향에 있어야 좋다 // 연로한 사람은 病병이 깊어진다. 천살대운에 사업하면 망한다. ⇨ 천살방향으로 이사하면 100%로 망한다. 천살방향을 바라보고 기도, 수련하면 잘 된다. // 천살방향에 못질 나쁨(인형, 액자, 달력, 거울) 神의 물건(불상, 달마, 마리아상)등을 놓으면 일이 잘 풀리지 않는다. // 학생공부 책상은 좋다.
地殺	출입문	지살방향으로 출입문을 내야 최고로 좋다. ⇨간판도 이방향이 최고. 작품걸기 지살대운에 와있는 사람은 나를 홍보할 일이 생기고, 그런 일을 하게 된다. 지살대운에는 나를 알릴 수 있는 증 같은 것을 내걸어라. // 지살자식은 집안을 홍보하는 名文. 지살방향으로 발령이 나면 스카웃, 승진이고, 長자리에 앉게 된다.
年殺	궁녀	年殺대운에 와 있는 사람은 공부를 해야 한다. // 궁녀처럼 예쁘게 꾸민다(궁녀는 한이 많다.) 年殺대운에는 임금님 눈에 띄어야 한다. // 대운 말에 띄게 된다. ⇨ 짭짭한 부수입이 생김 年살방향으로 출근하게 되면 예쁘게 화장하게 되고, 멋을 부려야하는 직업→ 비서직, 집안이 핀다 年살 띠의 배우자이면 이쁘다, 애교부부 // 자식이면 늙어도 이쁘다.→ 년살대운이 지나가면 밉다
月殺	은밀	돈이 조금 있다. // 보안등은 밤에만 필요, 월살방향이 좋다 // 월살방향으로 출근은 야간근무 月殺대운에 와 있는 사람은 밤에 일을 하게 됨.⇨은밀하게 집에서 일을 하게 됨. ⇨ 박애정신 배우자가 월살이면 德이 있고 잘 한다. // 월살 자식이면 효도하고 돈을 은밀히 준다. 선생님과 월살 관계이면 좋다. // 친구와 월살 관계이면 사업적으로 정신적 이득을 준다.
亡身殺	귀인	대운이면 돈이 생긴다.(유산상속을 받을 수 있다. 부동산 이득을 본다.) ⇨이 방향으로 고사지내라! 이사 가는 방향이 망신방향이면 매우 좋다. // 사업체 신설할 때 이 방향이면 횡재수가 있다. 배우자가 망신 띠이면 물주이다 →돈으로 밀어준다. ↳나를 돕는 귀인이 있다. 이 띠의 자식이면 집안이 번성하고 재산이 늘어난다. // 사업관계자라면 금전적으로 도움이 된다
將星殺	중심	대운이면 매사에 꼭 필요한 사람 (현재 중요한 일을 하고 있다) 삼합부부는 잘 싸운다. 장성살 자식이면 부모에게 훈계하는 자식이다. →중심이 잡힌 자식. // 직원이면 비서로 좋다. 일처리에서 중간 교통순경 노릇하게 된다. →정리 처리할 일이 많다. (어수선한 곳이다)
攀鞍殺	행운	망신살과 반안살은 돈이다. ⇨말을 움켜잡으면 돈이 들어온다. // 배우자가 반안 띠이면 순종부부 불상, 신당안치도 반안살 방향으로 놓고, 금고, 불전함, 장롱, 경리책상, 베개방향은 필히 이 방향에 놓는다. 나는 천살방향을 등지고 앉고, 손님을 반안살 방향에 앉혀라!
驛馬殺	정보	대운이면 먹고 살기위해 돌아다닌다.(여유가 없어 힘들다) ⇨유학 간다면, 공부가 아니라 돈 벌러감 정보입수가 잘됨 ⇨컴, 책상을 역마방향에 놓으면 게임만 하고 공부 안함.⇨이사방향으로 좋다 배우자가 역마 띠이면 아는 것이 많은 정보부부. // 자식이면 물질적 도움 주는 효도자식임. 대인관계이면 좋고, 확실하게 도움 된다(99.9%) → 부동산 중계 등 소개.
六害殺	하수구	육해살 방향으로 마지막 대문을 내고, 길이 나 있으면, 하수구도 나 있으면 금상첨화이다.(집안의 氣가 잘 돌아야 돈이 잘 돈다.)→ 집안에 우환이 들끓으면 하수구가 막힌 것이다. 대운이면 회사에서 중요한 일을 하게 됨.(요직자리) // 육해살 방향으로 이사하면 싸고 큰집. 특별한 치료할 때 육해방향에 있는 병원이면 치료완치에 吉. // 육해살 자식이 종신자식이다. 부부가 육해살 띠에 해당하면 전생 인연이다.
華蓋殺	반복	화개살 방향으로 이사하면 재기의 몸부림 → 곧 다시 이사하게 된다.(無害無德) 집안의 창고나 화장실은 화개살 방향에 있는 것이 좋다. // 자식이면 보고 또 봐도 이쁘다. 대인관계나 남녀관계이면 헤어져도 또 다시 만난다. 나를 알리고 싶은 것은 지살방향에 걸고, 늘 보는 예술품은 화개살 방향에 걸어놓는다.

육친意味와 속성표

❀ 육친 상생대조표

➢ 육친이란 원래 나와의 관계를 말함인데, 父, 母, 兄, 弟, 妻, 子, 友를 의미하는 것으로서, 자신의 사주원국의 日干을 중심위주로 보는 것을 원칙으로 한다.

육친	상생 상극 해설
비견	나와 같은 오행으로 음양이 같은 오행
겁재	나와 같은 오행으로 음양이 다른 오행
식신	내가 생하는 오행으로 음양이 같은 오행
상관	내가 생하는 오행으로 음양이 다른 오행
편재	내가 극하는 오행으로 음양이 같은 오행
정재	내가 극하는 오행으로 음양이 다른 오행
편관	나를 극하는 오행으로 음양이 같은 오행
정관	나를 극하는 오행으로 음양이 다른 오행
편인	나를 생해오는 오행으로 음양이 같은 오행
정인	나를 생해오는 오행으로 음양이 다른 오행

육친	인연 해당육친			
비견	男	형제자매, 사촌, 친구, 동업자	女	형제자매, 친구, 시아버지
겁재	男	형제자매, 이복형제, 경쟁자	女	형제자매, 남편의첩, 동서
식신	男	손자, 장모, 사위, 증조부, 조모	女	아들, 딸, 조카, 증조부, 손자
상관	男	조모, 외조부, 손녀, 장모, 사위	女	자식, 조모, 외조부, 손자
편재	男	아버지, 첩, 애인, 숙부, 고모	女	아버지, 시어머니, 외손자
정재	男	본처, 숙부, 고모, 형수, 제수	女	시어머니, 편시모, 시조부
편관	男	아들, 딸, 외조모, 시조부, 매부	女	재혼남편, 정부 형부, 시숙
정관	男	자식, 손부, 매부, 조카, 증조모	女	남편, 증조모, 형부, 시누이
편인	男	계모, 이모, 외숙, 조부, 외손자	女	계모, 이모, 숙모, 조부, 사위
정인	男	어머니, 장모, 이모, 조부, 외손	女	어머니, 외숙부, 숙모, 사위

➢ 백초귀장술로 운을 볼 때, 日天干을 중심으로 봐서 해당 육친이 나쁜 신궁에 해당하면 그 육친에게 문제가 생긴 것으로 본다. 財이면 금전문제인 것이다.

서기	2026年
단기	4359年
불기	2570年

納音五行의 意味해설표

납음	육십갑자	의미	의 미 해 설
海中金 해중금	甲子 乙丑	바다속의 금	깊은 바다 속 조개 속에 묻혀진 진주와 같다. 일단 세상 밖으로 나와서 갈고 닦으면 빛나는 보석으로서 숨은 재능을 살릴 수 있는 큰 역량이 잠재되어 있다.
爐中火 노중화	丙寅 丁卯	화로속의 불	비록 화로 속의 불이지만 품은 의미는 하늘과 땅이 합쳐진 큰 화로가 되어 음과 양의 조화로 온 우주를 밝게 감싸는 불이다. 특성은 확실함과 당당하고 솔직한 경향이 있어 본의 아니게 타인에게 피해를 줄 수 있다. 심성 수양이 요구 된다.
大林木 대림목	戊辰 己巳	큰 숲나무	넓은 산야를 뒤덮은 듯 거대한 숲속을 말함이며, 이 숲은 많은 종류의 나무들이 어우러져 그늘을 갖고 있는 형상이다. 특성은 어느 하나가 두드러지게 나타나려 하지 않고 평범하게 두루 많은 이를 감싸 쉬게 하고 포용한다. 자신의 주관이 조금 부족함.
路傍土 노방토	庚午 辛未	길가의 흙	길가의 흙이지만 작지 않고, 큰길가의 넓은 대지를 의미한다. 대지는 전답으로 초목이 무성하고 농사를 지울 수 있는 땅이며, 특성은 풍부한 애정과 봉사심이 매우 강하고 공과 사를 분별할 줄 안다. 일정한 규칙적인 것을 좋아하고 때론 격한 성정 보임..
劍鋒金 검봉금	壬申 癸酉	창끝의 금	예리하고 날카로운 칼끝을 뜻한다. 특성은 신경이 매우 예민하면서 반면 위태로운 칼날을 숨기고 있어 굳건한 의지력의 소유자다. 하지만 자신이 경거망동하지 않고 오만하지 않게 마음을 잘 다스려야 크게 성공할 수 있다.
山頭火 산두화	甲戌 乙亥	산머리 불	넓은 산야에 훨훨 타오르는 맹렬한 기세의 영향력을 가진 큰불을 의미한다. 그 내부는 어둡고 겉모습은 밝으니 본인의 속을 꼭꼭 숨기고 들어내지 않는 경향이 있다
澗下水 간하수	丙子 丁丑	계곡아래 물	산골짜기 계곡에서 흘러내리는 물로써 큰 바다 물까지 도달하기는 시간이 필요하다. 넓은 포용력과 관용이 부족한 단면이 있고, 늘 당면한 현실을 중요시 한다. 하지만 성공하려면 넉넉한 아량을 갖는 심성 수양을 꾸준히 해야 순순히 풀려간다.
城頭土 성두토	戊寅 己卯	성 꼭대기 흙	임금이 사는 성곽에 쌓여있는 흙으로써 많은 이를 지킴이다. 특성은 포용력과 의협심이 강하여 어려운 사람을 잘 도와주고, 솔직하면서 당당하고, 내심엔 웅장하고 거대한 포부를 품고 사는 경향이 있다.
白鑞金 백랍금	庚辰 辛巳	납같은 금	巳生金함은 금은 巳에서 생하고 辰에서 길러진다는 뜻으로 아직 완벽하게 단단해지지 않은 상태이다. 어떤 형태로든 미완성 金임으로 세우는 목표에 따라 만들어져 쓰임이 무궁무진하게 다양하다. 鑞字는 납과 주석과의 합금을 말한다.
楊柳木 양류목	壬午 癸未	버드나무	부드럽고 가느다란 잔가지가 많이 늘어진 버드나무로써 작은 바람에도 이리저리 흔들리는 성정의 소유자다. 특성은 마음의 변화가, 변덕이 심하고 세밀하면서 끈질긴 특성이 있다. 반면 아름답고 부드러움은 문앞에 드리워진 발과 흡사하다.
泉中水 천중수	甲申 乙酉	샘물속의 물	샘물 속의 맑은 물은 퍼내어 쓰고 써도 끝없이 계속 솟아 나온다. 특성은 끝없는 욕망이 계속 솟아올라 충동심이 강하다. 하지만 물속의 깊은 고요만큼 조용하고 心地가 깊어 생각과 사려가 많은 경향이 있다.
屋上土 옥상토	丙戌 丁亥	지붕위의 흙	집안의 더위와 추위를 막아주는 지붕 위의 흙을 의미하고 기왓장 흙을 뜻한다. 火가 성하여 生한 土이므로 흔히 사람이 밟고 다니는 흙이 아니고, 불에 굽는 과정을 거쳐야 완성품이 되는 특성이다. 의타심이 많아 남의 도움으로 많은 노력이 필요함
霹靂火 벽력화	戊子 己丑	천둥 속의 번갯불	일체 陰陽의 氣가 하나의 陽에 응결된 상태에서 水중에서 만나 발생한 火가 천둥벼락불이다. 천둥칠 때 순간에 번쩍이며 가로지르는 번갯불을 말하며, 천하를 호령하는 기개는 천둥을 동반함으로 크고 많은 변화를 몰고 다니는 성정이다.
松柏木 송백목	庚寅 辛卯	잣나무 소나무	통칭 소나무를 말함이다. 매서운 엄동설한의 강추위에도 푸르름을 잃지 않는 기개를 자랑하는 인내심과 끈기의 소유자이다. 그러므로 자신을 매우 혹독하고 엄하게 다스린다. 아무리 힘들어도 고난에 이겨 내는 절개로 남들에게 좋은 모범이 된다.

납음	육십갑자	의미	의 미 해 설
長流水 장류수	壬辰 癸巳	언제나 흐르는 강물	끝없이 깊은 물줄기의 근원으로 마르지 않고 길게 흐르는 강물이다. 흐른 후에 가느다란 물줄기가 서로 합쳐져서 큰 대양을 이루듯이 변화하는 세속에 잘 순응하고 받아들이는 성정이다. 남과 잘 화합하는 반면에 지나치게 따지는 경향이 있다.
砂中金 사중금	甲午 乙未	모래속의 금	모래 속에 섞여 있는 반짝거리는 금이다. 이 특성은 누군가가 채로 치고 걸러주어야만 금으로써 가치가 있고 금의 구실을 할 수 있듯이 이끌어주는 스승과 후원자의 힘이 절실히 필요하다. 이로 인해 모든 일에 용두사미로 끝낼 위험성이 있다.
山下火 산하화	丙申 丁酉	산 밑에 불	산 아래 불이란 산너머로 지는 석양의 빛을 뜻하고, 풀잎에 맺혀있는 작은 반딧불로 본다. 기울어가는 마지막 남은 약한 기운으로 소견이 좁고 이기심이 강한 편이다. 이미 화력이 약해져 정열적이지 못하고 먼 곳까지 비추지 못하고 한정적인 게 흠이다.
平地木 평지목	戊戌 己亥	평지의 나무	재목으로 쓰려는 평지목은 아직 다 자라지 못하고 모든 氣가 땅속의 뿌리에 몰려있는 형상이다. 이로 인해 숨은 재주를 쉽게 드러내 발휘하지 못한다. 사회의 일원으로 맡은 바 책임을 다하는 중요한 기둥이 될 소지가 내포되어 있다. 그러므로 보이지 않는 곳에서 일처리를 잘 하고, 어려운 난관도 지혜롭게 대처하는 힘이 있다
壁上土 벽상토	庚子 辛丑	담벽 위의 흙	벽상토란 건물 벽에 바르는 흙으로써 더위와 추위를 막아주는 큰 임무가 있다. 이 특성은 남을 보호하는 넉넉한 포용력과 자애심이 풍부하다. 보여지는 숨은 재능재주가 많으나 혼자 힘으로는 어렵고 好運호운이 와야 발휘할 수 있으니 기다려야 한다.
金箔金 금박금	壬寅 癸卯	금박에 박힌 금	水生木으로 이루어진 금으로서 매우 부드럽고 연약한 금이지만 적응력은 뛰어나다. 드러나는 성정으로는 자아정신, 주관이 약해 보이지만 내성은 매우 단단하여 성공하게 된다. 굳은 의지력과 세파 정황에 적응력이 좋고, 더불어 열심히 갈고 닦는 성실함까지 겸비해 어떠한 어려운 난관도 잘 헤쳐 나가는 힘도 있다.
覆燈火 복등화	甲辰 乙巳	남포 같은 불	한낮에 중천에 뜬 맑은 해로써 온 누리를 두루 비추는 강렬한 빛이기도 하고, 한밤중에는 어둡고 캄캄한 밤 세상을 밝히는 등불을 말한다. 특성은 평상시에는 미미한 활동으로 조용히 있다가 중요한 사건이 보이면 주저함 없이 기꺼이 헌신적 노력으로 핵심역할을 불사한다. 이때 노력의 대가로 세상의 주목을 받게 된다.
天河水 천하수	丙午 丁未	은하수의 강물	하늘에서 떨어지는 빗물이 천하수이다. 빗물은 온 세상 사람들에게는 없어서는 안될 생수로서 갈증을 풀어주는 것으로 받는 이가 감사의 마음을 갖게 한다. 이 특성은 자애로움과 사랑하는 애심이 커서 신뢰감이 가고 듬직한 구석이 있다.
大驛土 대역토	戊申 己酉	정거장의 다져진 흙	많은 사람들의 오고 감으로 두텁고 두텁게 잘 다져진 정거장의 흙을 의미한다. 정거장은 사방으로 어디로든 소통하고 있는 곳이기도 하다. 통하지 않은 곳이 없다. 따라서 이 특성은 속이 넓고, 대통하고 솔직하며 주저하지 않는다. 厚-두터울 후
釵釧金 채천금	庚戌 辛亥	비녀팔찌의 금	부녀자들이 미색에 사용하는 비녀와 팔찌를 장식하는 보석을 의미한다. 항시 착용하는 실용도로 소중하게 아끼고 사랑하는 장식품으로 한번 만들어진 모양은 변하지 않으려는 속성이 있다. 외형적 치장에 관심이 많고 사치, 허영심이 담겨 있다
桑柘木 상자목	壬子 癸丑	뽕나무	뽕나무 잎을 자꾸 먹여 굶주린 누에벌레를 살리는 형상이다. 아무것도 모르고 자란 누에고치에서 아름다운 비단을 만드는 실을 뽑는다. 단지 누에의 희생으로 묵묵히 자란 나무를 잘라도 아무 저항을 못하는 것처럼 누에고치도 자기 것을 모두 빼앗겨도 저항하지 않고 누군가에게 따뜻함을 전하는 도움의 손길이 되는 경향이 있다.
大溪水 대계수	甲寅 乙卯	큰 시냇물	동쪽으로 흐르는 계곡의 시냇물이 흐르고 흘러 천하의 물이 규합하여 큰 바다를 이루었다. 거스르지 않고 순종하는 성정이다. 항상 현실에 충실하고, 음침하지 않으며 심지가 차분히 속 깊다. 변화무쌍함을 좋아하지 않는다.
沙中土 사중토	丙辰 丁巳	모래속의 흙	사중토는 물에 밀리고 흘러내려 쌓여 이루어진 모래흙이다. 주위의 작은 변화에도 쉽게 현혹되고 외형이 바뀐다. 이 특성은 세속의 時流변화에 잘 흔들리기도 하지만 반면, 강한 내성으로 좋은 기회를 잘 포착하여 잘 살릴 수 있는 장점이다
天上火 천상화	戊午 己未	하늘위의 불	천상화는 신령스런 하늘의 장렬한 태양의 기운을 말함이다. 火의 성질은 위로 오르기를 좋아하고, 온 우주를 밝게 비추며 대지를 따뜻하게 보온해주는 특질을 내포하고 있다. 이런 태양은 강할 때는 매우 강하기도 하고, 때로는 춥고 외로운 이에게는 부드럽고 정감 어린 따스함을 나타내는 두 가지 성정을 겸비하고 있다.
石榴木 석류목	庚申 辛酉	석류나무	겉으로는 유리알 같이 고귀한 아름다움을 머금은 석류나무인데 속성은 매운 성질을 갖고 있는 나무이다. 생강같이 맵기도 하고, 불같이 붉으며 속내를 감춘 교활한 성정이다. 이런 석류나무는 아주 단단하기 때문에 주관이 뚜렷하고 고집이 세며 쉽게 변하지 않는다.
大海水 대해수	壬戌 癸亥	큰바다 물	온갖 물을 다 받아들인 넓은 바다의 물로써 계속적으로 들어오는 강물을 끊임없이 받아들인다. 넘치지도 않고 거부하지도 않으며 끝없이 받아들이는 포용력과 온 천하를 휩쓸어버릴 수 있는 힘찬 돌진력도 잠재되어 있다. 물의 속성은 깨끗한 물과 더러운 물이 함께 섞이듯이 좋고 나쁨과 선과 악의 양면성을 내포하고 있어서 성공할 때는 크게 성공하고, 남에게 베푸는 가운데에서도 수많은 고난과 재난이 병행 발생한다.

男女 띠별 궁합 해설표

➢ 오행납음五行納音으로 궁합宮合을 보는 법으로 男女의 띠로 보는 법이다.

男女生年納音의 生剋으로 길흉吉凶을 참작하는 법으로서 男女가 相生하면 길吉하고 相剋하면 불리함을 말하고 서로 같으면서도(비화) 土와 水의 비화는 상합相合을 이루어 길하고, 金木火의 비화는 불길로 본다.

그 중 특별한 예가 있다.

男女를 막론하고 상대방의 剋을 받는 것을 꺼리는 게 원칙이지만 극 받는 것을 더 기뻐하는 관계도 있다.

- ❀ 壬申 癸酉 甲午 乙未 生은 火를 만나야 인격이 완성되고,
- ❀ 戊子 己丑 丙申 丁酉 戊午 己未 生은 水를 만나야 복록이 창성하고,
- ❀ 戊戌 己亥 生은 金을 만나야 영화를 누리고,
- ❀ 丙午 丁未 壬戌 癸亥 生은 土를 만나야 자연히 형통하고,
- ❀ 庚午 辛未 戊申 己酉 丙辰 丁巳 生은 木을 만나야 일생이 행복하다.

➢ 宮合의 상생相生과 상극相剋의 중화묘법[官星制化妙法] .

五行에 있어서 꼭 相生만이 吉한 것이 아니고, 相剋의 힘을 받더라도 吉해질수 있는 것은 人間의 삶과 曆術의 妙味이다. 다음의 納音들은 이런 변칙이 내포되어 있다.

- ❀ 검봉금劍鋒金 · 사중금砂中金은 불火을 만나야 아름다운 형상이 된다.
- ❀ 평지일수목平地一秀木은 금金이 없으면 영화를 얻지 못한다.
- ❀ 천하수天河水 · 대해수大海水는 흙土을 만나야 자연히 형통한다.
- ❀ 벽력화霹靂火 · 천상화天上火는 물水을 얻어야 복록과 영화를 누린다.
- ❀ 大驛土大驛土 · 沙中土沙中土는 나무木가 없으면 평생을 그르친다.

➢ 宮合 가취멸문법嫁娶滅門法

女子生月	男子生月	흉사발생풀이	女子生月	男子生月	흉사발생풀이
정월	9월	남편이 부인 역할을 한다	7월	3월	남편을 무서워한다.
2월	8월	다툼이 끊이지 않는다.	8월	10월	서로 자신의 이익만 챙긴다.
3월	5월	건강이 좋지 못하다.	9월	4월	서로를 미워한다.
4월	6월	서로에게 등을 돌린다.	10월	11월	남편을 의심한다.
5월	정월	밖으로 나돌아 다닌다.	11월	2월	자손근심이 생기고 단명한다.
6월	12월	서로를 원망한다.	12월	7월	무자식이나 자식일로 속 태운다

男金女金	龍變化魚용변화어 용이 변해서 고기가 된 격	쇠와 쇠가 부딪쳐서 소리가 나는 격으로 남녀가 같은 쇠끼리 부딪치니 함께 살기 힘들고 서로 융화하지 못하고 불화로 다툼이 많다. 재물손실
男金女木	遊魚失水유어실수 물고기가 물을 잃은 격	목과 금이 상극이니 모든일에 구설이 따르고 관재나 재난을 당해 집안 이 쇠진한다. 여자를 업신여겨 부부가 화목치 못하고 불신, 불만, 이별
男金女水	駟馬得駄사마득태 네말 수레에 짐을 실었도다	천생연분이라 부귀복록이 많아 자손이 영리하고 부부간에 금슬이 좋고 가내가 화목하여 기쁨이 넘쳐나고 자손이 효도하고 음덕이 있다.
男金女火	瘦馬重駄사마중태 병든 말이 무거운 짐을 싣다	불이 쇠를 녹이니 윗사람에게 불손하고 잡념이 많고 인내심이 적어 사 회생활이 곤란하다. 부부간에 해로 어렵고 금전 재산이 흩어져 없어진다.
男金女土	山得土木산득토목 산에 흙과 나무를 얻은 격	금은보화로 지은 집 같이 넓고 좋은집에서 서로 금슬이 좋아 화목하고 자손이 번성하고 창고마다 금은보화가 가득차고 명예와 부귀가 무궁무진
男木女金	臥牛負草와우부초 누운소가 등에 풀을 지고 있다	부부가 해로하기 어렵고 빈곤함과 재앙이 그치지 않고 자손이 귀하다. 생활의 변화가 심하고 가내에 울음소리가 끊이지 않는다. 부부이별수.
男木女木	主失鷄犬주실계견 닭과 개를 잃은 격	부부의 화목에 고난과 어려움이 따르고 말년에 질병과 고통을 만난다. 처음엔 부귀영화라도 나중엔 가난하게 산다. 자손은 가을의 추풍낙엽.
男木女水	鳥變成鳳조변성봉 새가 변하여 봉황이 된 격	복이 창성하고 부부금슬이 좋고 자손의 효도가 지극하니 부귀영화를 오 래도록 누리며 장수하겠다. 가풍이 좋고 화목하며 금전재물이 쌓인다.
男木女火	三夏逢扇삼하봉선 여름에 부채를 얻은 격	일생 금의옥식하고 남의 부러움을 받으며 부부가 평생 함께 부귀영화를 누리며 장수, 자손도 번창하고 부유해지며 모든神이 도와 재앙이 물러간다.
男木女土	入冬裁衣입동재의 겨울에 옷을 만드는 격	부부가 동거하면 서로가 다친다. 부부가 해로하기 어렵고 난관이 겹쳐 병들어 고생을 하게 되나 서로 이해하면 차츰 좋아져 식록이 다가온다
男水女金	三客逢弟삼객봉제 삼객이 동생을 만나는 격	부부에 애정이 깊고 자손이 창성하고 재물이 넘쳐 부귀와 영화를 누리 며 일가친척이 화목하다. 품행이 바르고 창고에 금은보화가 넘치는 격
男水女木	鮫變爲龍교변위용 상어가 용으로 변한 격	부부애정이 넘쳐 금슬이 좋고 자손이 번창함에 일가가 화목하여 부귀가 따른다. 성공발전하여 재물이 넘쳐 풍족한 세월을 보내며 무병장수
男水女水	病馬逢針병마봉침 병든 말이 신침을 만난 격	재산이 풍족하고 영화와 명예를 얻고 자손이 번성하여 일생이 태평하 다. 기쁜일이 많아지고 지위가 높아지며 금전재물이 늘어나 풍족하다.
男水女火	花落逢署화락봉서 꽃이 떨어지고 더위를 만난 격	부부가 합방해서 동거하면 서로 화목치 못하며 자손이 불효하고 일가친 척이 화목치 않다. 부모덕이 없고 윗사람에게 구박 고통을 당한다.
男水女土	萬物逢霜만물봉상 만물이 서리를 만난 격	부부가 불화하고 자손이 불효하고 재난재액이 많다. 재물이 부족하여 집안이 어려워 날마다 싸우니 마침내 이별수. 금전재물이 흩어진다.
男火女金	龍失明珠용실명주 용이 여의주를 잃은 격	부부간 서로 다투며 불화하니 매사가 막혀 덕이 없고 재앙이 많다. 가내가 항시 시끄럽고 자손의 말썽으로 화목하지 못하고 화재와 재난이 따른다.
男火女木	鳥變成鶴조변성학 새가 변하여 학이 된 격	부부금슬이 좋고 성공과 발전이 뜻한 바대로 이루어진다. 자손이 번창 하여 효도하며 일가친척이 화목하고 명예와 지위가 향상되니 남의 부러움 산다
男火女水	老脚渡橋노각도교 노인이 다리를 건너는 격	모든일이 흉하고 불상사가 일어 화목치 못하고 상부상처할 운이다. 일가친척이 화목치 못하고 재물이 모이면 흩어지니 가산이 기울고 패가망신수.
男火女火	龍變爲魚용변위어 용이 변하여 물고기가 된 격	불길같은 성격으로 날마다 싸우니 시끄럽고 재난이 끊이지 않고 금은보 화가 자연히 소멸되거나 화재로 잃는다. 흉함이 많고 길함은 없다.
男火女土	人變成仙인변성선 사람이 신선으로 변한 격	부부애정이 좋고 집안이 화목하며 자손이 번창하고 부귀와 명예가 겸하 여 넉넉하고 관운도 있어 만사가 여유롭고 부부가 수명장수 해로한다.
男土女金	鳥變成鳳조변성봉 새가 변하여 봉황이 된 격	밤낮으로 기쁘고 자손도 복록이 따르고 사회적 지위가 올라 재물이 모 이고 부귀와 명예가 따라 일생 만사형통 근심이 없다. 인덕있고 부부해로 한다
男土女木	枯木逢秋고목봉추 고목나무가 가을을 만난 격	부부불화에 관재구설이 따르고 서로 불화하여 재난과 화액을 부르며 모 아둔 재물도 흩어지게 되며 걱정근심이 끊이지 않으며 사별이나 생이별 수.
男土女水	飮酒悲歌음주비가 술을 마시며 슬픈노래를 부름	자손이 흩어지고 부부간에 생이별하고 재물이 흩어지고 일가친척과 화 목치 못하고 가업이 쇠진, 관재구설이 끊이지 않고 자손이 외롭고 고생
男土女火	魚變成龍어변성룡 물고기가 변하여 용이 된 격	부부 금슬이 좋고 집안이 번창하며 자손이 잘 되고 효도하며 재물이 쌓 여 편안하다. 난관이 있어도 명예운 성공운 재수가 좋아 성공한다.
男土女土	開花滿枝개화만지 가지마다 꽃이 핀 격	자손이 번창하고 효도하며 부귀하고 창고에 곡식이 가득하여 풍류를 즐 길 수 있는 길운이다. 순조로운 삶으로 큰 어려움 없이 수명장수한다

서기	2026年
단기	4359年
불기	2570年

64괘 주역으로 본 72후 절기연상표

➢ 春夏秋冬춘하추동 사계절을 절기에 맞추어 64괘가 적용된다.【26年】
각 괘상에 맞게 陰陽五行 寒熱冷暑한열냉서 氣運기운이 변화하고 바뀌는 것을 알 수 있다. 해당 되는 괘상의 풀이대로 吉凶길흉이 造化조화 한다.

64괘	괘이름	기간 [음력]	절기	64괘 풀이	금전운	문서계약	건강병세	소송재판	시험운	가출인
	풍택중부	12월 02일 12월 05일	後	강건한 陽爻가 위아래 겹겹이 싸고 있는데 온유한 陰爻가 가운데 있으니 알을 따듯하게 부화하는 어미의 모습, 참으로 순탄하고 신령한 좋은 호운을 만난 격. 매사가 순조롭다. 오로지 정성이 요구된다.	기다려라	해도좋다	간 폐 조심	화해해라	합격한다	돌아온다
	수뢰둔	12월 06일 12월 09일	소한	아직은 陰 기운에 둘러싸여 있으므로 모든 생물에게 움직이는 것은 시기상조라! 함부로 경거망동하지 말라. 반드시 비를 머금은 구름이 몰려들고 있으니 참고 기다려라. 시비, 구설, 금전사고, 불화가 생긴다	힘들겠다	방해구설	비장 신장	자체타협	희망있다	동쪽에있다
	지산겸	12월 10일 12월 14일		아직은 크게 이루거나 거동할 만큼 주위상황이 부적절하니 겸손하라는 때이다. 이런 부족한 가운데서 각자 살아가는 방법들은 알고 있으니 섣불리 고개 들지 말라는 경고이다. 공손하게 양보하면 편안하다	적다 욕심	양보후에	식욕 성욕	백전백패	낮추어라	늦게온다
	화택규	12월 15일 12월 20일		정반대인 불과 물의 충돌이다. 서로 의견이 분분하고 미워하고 질투하면서도 큰 뜻을 위해서 화합함을 보인다. 아직은 때가 이르니 지금 나오면 지신이 발동하여 조상이 편치 않고, 의견충돌, 사고, 혼란 온다.	소문 번번	잡지마라	사고상해	절대불가	낮춰라	개사귀환
	지풍승	12월 21일 12월 26일	대한	한 점의 陽 기운으로 땅속에 새싹이 돋아나는 격. 땅 밑에서 추위와 고난을 극복하고 이제 생명의 역동이 피어나려는 순간이다. 오래지 않아 열매를 맺을 운이며 크게 이로운 귀인을 만날 운이다. 시험 승진 吉運	원하는 만큼	이득발생	좋아진다	타협없다	합격한다	동쪽에있다
	지택림	12월 27일 01월 03일		서서히 커가고 있는 陽 기운이 대지의 높은 곳에서 물이 가득한 연못을 보고 있다. 이 물은 생명수의 원천이다. 서로 순종하며 평화롭고 화합하는 상부 상조격이다. 만사형통이나 금전은 지금 오기 어렵다.	상황살핌	길어진다	종합검진	승소한다	합격한다	[illegible]
	뇌산소과	01월 04일 01월 08일	입춘	陽기운이 고르게 퍼지나 아직은 이르다. 열심히 노력해도 부족한 결과만 있다. 크게 뛰려다가는 하나도 이루지 못한다. 작은 일에 매달려 노력하면서 작은 소득에 만족하라는 교훈이다. 관재구설 배신 상해주의	욕심금물	소문좋다	그저그렇다	타협화해	힘들다	돌아온다
	산수몽	01월 09일 01월 14일		삼라만상이 어린 꽃봉오리를 맺고 싹을 틔우려 활발히 움직이지만 아직은 바람 끝이 매섭다. 뜻은 가상하나 아직은 역부족이고 시기상조이다. 실력을 키우고 지혜의 밝은 불을 밝혀라! 전문가에게 조언받기	미미	팔지마라	시간지체	진다 타협	합격한다	아직 멀었다
	풍뢰익	01월 15일 01월 20일		한번 타오른 양기운은 매서운 음기운에 결코 물러서지 않는다. 위에 것을 조절하여 아랫것을 보태주는 형상, 쉬지 않고 적극적으로 노력하는 사람은 목표를 향해 돌진하는 파도와 같이 무한한생명력과 힘이 있다	성사됨	뜻대로됨	교통사고	이긴다	합격한다	동쪽에있다
	풍산점	01월 21일 01월 25일	우수	양의 기운이 어느새 성큼 강해져 살을 에이 듯 한 추위는 수그러든다. 고난과 역경을 이겨내고, 묵묵히 자연이치에 순응한 뒤에는 새싹이 트기 시작한다. 급히 먹는 떡은 체한다. 노력하면 좋은 성과가 있다.	차츰성사	이득발생	차츰치유	손해없다	합격한다	늦게온다
	지천태	01월 26일 02월 01일		태는 크고 편안하고 자유롭다는 뜻이다. 음양의 기가 화합하니 화목하고 발전한다. 음기운이 간간이 아무리 강하게 억압한다고 해도 벌써 봄을 맞이한 만물들은 무서워하지 않는다. 최상 최고의 발전할 운이다	성사됨	큰계약성사	두뇌혈관	이긴승부	합격한다	곧온다
	수천수	02월 02일 02월 07일	경칩	대기의 표피에 머물러 있던 양기운은 음기운이 약해지는 틈사이로 순식간 천하에 확산되어 순환되니 구름이 잔뜩 모여 있을 뿐 비를 뿌리기에는 역부족이고 때가 아니다. 인내로써 기다리는 지혜를 필요하다	대길운	기다려라	폐 신장	천천히	재수하라	가까운곳
	택뢰수	02월 08일 02월 13일		강한 양기운이 약한 음기운인 택을 쫓는 형상이다. 천둥우뢰가 못 속에 잠겨있어 잠잠하니 안정되고 평화롭다. 힘이 있고 강한 다수가 유약한 소수를 따르니 순리적 미덕이다. 윤리에 어긋나지 않으면 필히 성공	된다	사기염려	호전된다	이긴다	노력하라	곧온다
	화지진	02월 14일 02월 20일		火괘가 위에 있고 땅을 뜻하는 地괘가 아래 있으니 대지 위에 온 천지가 붉은 태양이 떠올라 하늘로 점점 떠오르는 형상이다. 태양이 불쑥불쑥 솟아오르는 희망과 약진의 아침을 의미한다. 사필귀정이라!	큰재물	좋은매물	호전	소아약위태	합격한다	곧온다
	뇌수해	02월 21일 02월 26일	춘분	꽁꽁 얼어붙었던 마음이 봄눈 녹듯이 풀리는 해빙의 운이다. 새싹이 트고 얼었던 만물이 풀리게 되니 매사가 순조롭고 계획이 의도대로 풀린다. 난감했던 액운이 끝나고 나쁜 관재구설은 소멸된다. 시간이 걸린다	아직미약	성사됐다위破	호전	속히처리	적극대응	시일걸림
	뇌천대장	02월 27일 03월 03일		양기운이 안으로 모여 크게 상승하고 창성하던 양기운이 제멋대로 흩어지고 발산되지 않고 온유한 음기운에 들어가 자리 잡는 격. 적당한 강약의 조절 없어 너무 강해 소리만 요란하니 얻은 것은 없고 소문만 무성하다	융통어렵다	실속없다	요주의	타협하라	합격한다	아직안온다

뇌지예	03월 04일 03월 09일	청명	음기운이 꼭 필요한 한점만 남기고 물러나는 시기. 기쁨과 즐거움이 오는 상태이며 미리 준비하고 순리에 따르는 평탄하고 형통하며 발전하는 형상을 말함. 역행하지 않으면 일사천리 로 진행된다.	구해짐	투자	쾌차	진실승리	합격한다	오래한다
천수송	03월 10일 03월 15일		따뜻한 온기가 화창하니 만물이 시샘하듯 왕성하게 성장하니 빠른 성장에 놀란다. 얼핏 자연의 법칙에 순응하는 듯 보이지만 욕심이 일어나 다툼이 있음을 보이며, 토끼를 잡느라 정신없이 쫓다가 맹수를 만난 격이다.	노력하면된다	후에분쟁	시장방향악화	안좋다	합격한다	오래걸린다
산풍고	03월 16일 03월 21일		모든 만물이 쑥쑥 자라더니 각자의 형태를 갖자 그것을 시샘한 독벌레가 득시글 惡기운을 퍼트리며 파먹고 있는 형상. 신변에 액운, 사고나 우환, 가정파탄, 사업부도, 도난 상해가 겹침. 과감하게 결단하라	안된다	정지하라	[illegible]	절대하지마라	불합격	남쪽
택화혁	03월 22일 03월 27일	곡우	음기운에서 양기운으로 완전히 탈바꿈하는 혁명시기. 연못의 물과 불이 上下에서 서로 다툼을 벌이고 있으며, 의견이 맞지 않아 충돌하고 있는 격. 혁신과 개혁으로 부패를 처단하고 새것을 창조해야한다	대길하다	찬스개혁	완쾌	이긴다	합격한다	시일필요
택천쾌	3월 28일 4월 03일		제방을 무너트려 물을 끌어들인다는 뜻으로 완연하게 바뀐 그 모습은 풍요로운 내일을 보여주듯 흐뭇한 감동으로 기뻐한다는 모습. 하늘을 찌를 듯이 사기가 높아 어떤 일 이든 두려움 없이 결정하는 결단의 형세, 비장한 각오요구	큰재물	과감하게결정	호전	화해해라	괜찮다	소식온다
화산녀	4월 04일 4월 10일	입하	양기운이 위에 있고 산을 뜻하는 괘가 아래로 움직여 순환하므로 산위에서 불이난 형상이다. 불이 크게 번질만한 나무도 별로 없어서 꺼질듯 말듯 보잘것없는 세력으로 옮겨 다니는 처량한 신세. 불안한 상태로 정황이 고통스럽다	실망	어렵다	흉하다	기다려라	포기한다	돌아다닌다
지수사	4월 11일 4월 16일		땅밑에는 물이 잔뜩 고여 있는 형상이고 대지에는 양의 기운이 가득하여 화애로운 형상. 겨울의 열악했던 모습에서 몇 십배 번창하고 있는 장수의 기세. 최후의 승자가 되기 위해서는 뽑은 칼도 다시 넣을 줄 아는 참을성이 필요하다	큰재난	말을아끼라	수술위험	진다	합격한다	북쪽
수지비	4월 17일 4월 22일		모든 생물의 번창함은 대지와 물의 화친으로 물은 당을 적시고 땅은 물을 포용한다. 길을 모르면 물어서 가고 모르는 길은 선지자를 쫓아가면 틀림없다. 모방도 불사, 시간 낭비하지 말고 열심히 따라가라.	성사	합의처리	혈압주의	후원자도움	합격한다	곧온다
건위천	4월 23일 4월 29일	소만	양기운이 절정에 달한 태양이 중천에 떠오름을 상징하며 더 오를 곳이 없어 존귀하나 새로운 창조의 힘, 에너지, 태동을 의미한다. 너무 강하여 곧 쇠퇴할 운이니 교만하지 말고 최고조에 이르렀을 때 겸손하게 처신할 것	후에된다	성사 吉	두뇌	화해	합격한다	북동쪽
풍천소축	5월 01일 5월 06일		꽉 찬 양기운 사이로 한 가닥 음기운이 잉태되니 하늘위에 바람이 불고 있으니 당장에 비를 뿌릴 비는 아니지만 짙은 비구름이 모여드는 형국. 갈증이 심해 비를 바라나 마음만 조급하고 비는 오지 않는다.	헛수고	방해어렵다	간장질환	앞뒤막힘	면접낙방	못찾는다
화천대유	5월 07일 5월 12일	망종	이미 하늘에 붉게 떠있는 태양의 형상, 장차 쇠하여질 기운이 기승을 부리고 있고 모든 생물들도 성장이 최고조 이다. 이미 크게 소유하고 있어 대소사가 밝고 장애가 없으니 곡식이 풍요롭고 사업이 흥성하여 남에 부러움을 산다.	지출과다	성취된다	상태악화	지체된다	합격한다	경사있다
풍화가인	5월 13일 5월 18일		대지를 왕래하며 활발하던 양기운이 할 일을 다 하고 이제는 집으로 돌아가 휴식을 취하는 형국으로 모든 운이 집안으로 집중되었다. 집안의 평화, 화목을 우선으로 충실할 것. 집안과 집사람이 편해야 밖의 일이 잘 된다	소액가능	가정우선	잔병없	무소득	합격한다	남쪽
수풍정	5월 19일 5월 24일		클대로 다 성장한 만물은 서서히 숙살을 조절하며 결실을 정돈하는 때. 井정은 물이 가득한 우물을 뜻하며 우물은 생활의 원천이며 퍼내어 써도 계속 솟아나고 휘저으면 탁해지고, 두레박으로 퍼 올리는 수고가 없이는 물을 먹을수 없다	다음기회	그냥해라	초상집주의	진다	합격한다	동남쪽
택산함	5월 25일 6월 01일	하지	결실을 위한 숙살지기가 시작되는 교합지점이다. 일반적인 산밑에 있는 못이 아니라 산위에 있는 못의 형상이다. 山이 못을 보살펴주고 못 또한 산의 겸손하고 넓은 아량에 감동하여 따르고 받드는 모습이다	구해진다	귀인이다	지병조심	승소	쉽게된다	1년쯤뒤
천풍구	6월 02일 6월 08일		한점의 음기운이 살아나니 교합할 준비가 물러가고 음기운과 양기운은 서로를 기다리며 만나기를 원한다. 이제 쇠운으로 내려가며 재앙을 만나고 도난, 사기를 당하는 재수 없는 격. 하던 일을 즉시 중단하라!	어렵다	불길하다	초상집주의	하지마라	불길하다	올리있다
화풍정	6월 09일 6월 14일	소서	천하의 음양기운이 적절하게 조화가 잘 이루어지는 성숙의 시기이다. 청춘남녀는 좋은 배필을 만나 결혼에 이르고 좋은 인연은 임신하여 자식을 얻을 수이고 사업가는 귀인이 돕거나 동업자가 생겨 재물이 느는 형국	늦게얻어짐	좋다	쾌유	이긴다	합격한다	곧온다
뇌화풍	6월 15일 6월 20일		음양의 기운이 화친하여 서로 통하니 온 누리 만물은 풍족함에 기뻐하며 원숙 되어가는 과정임으로 근심걱정이 일순간에 사라지는 형국. 뭇 사람의 추앙과 존경을 한 몸에 받게 되니 더 바랄 것이 없도다.	구해진다	큰이익이다	호전	즉시하면승소	합격한다	곧온다
풍수환	6월 21일 6월 26일		음양의 기운이 서로 섞이어 흩어지는 형상, 바람 괘가 위에 있고 물괘가 밑에 있으니 바람이 불어 물보라를 일으켜 물보라가 사방에 흩어지는 모양이다. 일의 새로운 시작에 좋은 운이며 큰 발전이 있다.	과다지출	깨짐	악화	진다	헛수고	행방이묘연
천택리	6월 27일 윤6월 02일	대서	양기운이 강한 음기운에 밀려 쉽게 물러날 것 같으나 오히려 거세게 버티며 견주고 있는데 온유한 음기가 강건한 양기운을 받쳐서 서로 호응하고 도우므로 순탄하다. 이것이 자연의 법칙이고 순리에 따르는 모습이다.	안된다	포기하라	괜찮다	후회한다	합격한다	서쪽 [illegible]
천산둔	윤6월 03일 윤6월 08일		음기운은 살아나고 양기운은 점차 쇠퇴해가며 풍화가인의 거처로 숨어들 것이다. 일단 몸을 낮추고 숨어 지내며 피하는 것이 비굴한 것이 아니라 작전상 후퇴임을 암시. 천지사방이 적이고 사면초가 이다.	불길하다	묶인다	안좋다	방해자	남자만합격	오랜세월
뇌풍항	윤6월 09일 윤6월 14일	입추	음과 양의 기운이 떳떳하게 교합하니 만물이 풍성히 변함없다. 마음이 변함없고 행동이 변함없으며 도의에 어긋나지 않고 오랫동안 신의를 지키고 순응하는 형상이다. 중지하지 말고, 변화를 꾀하지 마라!	구해진다	처음대로	차도없다	길게간다	노력하라	소용없다
수택절	윤6월 15일 윤6월 21일		아직은 양의 기운이 음기운보다 왕성하니 음기운은 스스로 절제하며 알아서 기다리는 때, 마음에서 일어나는 감성적인 욕구와 욕심을 이성적으로 판단하여 절제함을 뜻함. 주변의 유혹이 많을 때, 금욕자중	적당선	후에하라	과로과식주의	하지마라	마음안정	서쪽

䷌	천화동인	윤6월 22일 윤6월 27일		양기운이 무르익는 가운데 음기운이 자라나니 둘은 온유함으로 화합하니 마침내 하나가 된다. 불이 피어오르면 하늘에 닿으니 서로 호응한다. 뜻이 같이하는 사람들이 모이니, 매사가 잘 풀린다. 귀인이 도움	욕심실패	서두르지마라	열병조심	타협화해	합격한다	이성과 같이
䷨	산택손	윤6월 28일 7월 04일	처서	삼라만상 모든 만물의 음양기운이 쇠하여 덜해져 가는 형상으로 이것은 자연의 이치이다. 모두에게 해당됨이라 어떤 목적을 위해서는 얼마간의 손해를 감소해야한다는 뜻이다. 적당한 손해는 후일에 많은 이득 본다.	조금나감	손해보고해라	중립	화해	후가합격	이성과 같이
䷋	천지비	7월 05일 7월 11일		하늘에는 해가 있으나 빛이 없고, 아래로는 땅이 있으나 순종하거나 포용하질 않으니 서로 상합하지 못하고 막혀있다. 각자의 뜻만을 고집하니 서로를 원망하며 세월만 보낸다. 망망대해에 외로운 배 한척 신세이다	약간된다	득이없다	호전	진다	안된다	기다리지마라
䷸	손위풍	7월 12일 7월 17일	백로	양기운은 서서히 엎드려 떠날준비를 하고있어 쓰르라미 소리도 허공에 퍼져 까마득히 그치고 바람이 일어나니 덩달아 떠도는 나약한 산들바람이다. 겸손하고 고집이 없는 소극적인 상태를 나타내고 결단성이 없는 방황하는 상태.	미약	괜찮다	회복	불리	합격한다	시간걸림
䷬	택지췌	7월 18일 7월 23일		드넓은 땅에 못이 있어 물이모여 가득한 상이다. 못에 물이 모이니 만물의 생명체가 촉촉이 평화와 축제를 벌이는 형상. 결실이 단단하게 여물어져 가는 때. 인간이 얻을 수 있는 괘 중에 최상의 운이다.	된다	성사된다	좋아진다	빨리타협	합격한다	오래한다
䷙	산천대축	7월 24일 7월 29일		하늘위로 치솟은 산의 크기를 말하며 가늠할 수 없을 정도로 재물이 쌓이는 것이므로 단단하게 숙성한 열매 안에 또 하나의 씨앗을 품는 형상을 뜻함. 지금 최상의 운에 도달한 상태. 大吉象. 순리에 따르면 반드시 성공할 찬스이다	최상	성사됨	대장조심	지체	합격한다	조금늦는다
䷕	산화비	7월 30일 8월 05일	추분	음기운이 상승하고 양이 쇠퇴하는 시기로 산 아래에 불이 붙은 모습으로 태양이 산 아래로 숨은 석양노을이 산하를 아름답게 물들인 음기운은 실제보다 아름답고 커 보이는 가상과 같고 허구, 감언이설을 뜻 한다	크게원하라	사기꾼	혈압심장병	끝내라	불합격	안온다
䷓	풍지관	8월 06일 8월 11일		입춘이 되었다고 진짜 봄이 온 것이 아니듯이, 땅속에서는 생명의 움틈이 있으나 아직 땅위에는 찬바람이 불고 있으니 농부는 밭갈 채비만 열심히 할 뿐이다. 세차고 모진 바람이 불어 生長을 막고 흩트리는 거친 바람인데 이 바람은 땅의 굴곡을 골고루 느끼며 관찰한다	소액이다	후에분쟁	괜찮다	상대설득	합격한다	집가까이
䷵	뇌택귀매	8월 12일 8월 17일	한로	양기운은 본래의 자리로 돌아가 휴식을 취할 것이다. 귀는 되돌아감을 말한다. 꽃은 피고 지는 시기가 정해져 있는 법이니 가을에 개나리와 진달래꽃이 만발함은 주변 여건이 썩 좋음이 아닌 것이다. 제자리로 돌아가라! 허망한 무언가 노림수가 있는 형상	어렵다	중지하라	안좋다	큰상패	불합격	끝이멀다
䷘	천뢰무망	8월 18일 8월 23일		무망은 헛된 것이요 뜻하지 않음을 말함이다. 자연의 순환이 어긋나지 않는 것이니 자연은 망념 됨이 없는 것으로 양 기운이 쇠하여 물러가면 당연히 만물은 시들어 떨어진다. 하늘의 조화이니 어찌 순리를 따르지 않을 것인가.	안된다	불안함	서서히	불리	합격한다	시간이걸린다
䷣	지화명이	8월 24일 8월 29일		해가 서산으로 넘어가듯 양 기운은 그 빛이 다하여 어둠 속으로 사라지는 형상이다. 어둠은 비 문명, 쇠퇴, 슬픔, 패배를 의미한다. 현재 혼란과 방황의 시기이고 직장 좌천, 경쟁패배, 색정사로 패가망신, 우군의 배신, 신체적 고통이 수반된다.	안된다	하지마라	불길	패배	힘들다	얽매여있다
䷮	택수곤	9월 01일 9월 06일	상강	양 기운이 극도로 쇠약해지고 있음이다. 물이 가득해야할 못에 물이 없다. 물이 못의 밑에 있으니 못은 무용지물이 된 상태이다. 못 속에 물고기가 물이 없어 펄떡거리고 몸부림을 치니 아주 곤궁하고 괴롭고 한스럽기가 끝이 없다.	안된다	속임수	신장방광불길	이득없다	빗나간화살	염치못온다
䷖	산지박	9월 07일 9월 12일		왕성한 음 기운이 냉랭하니 막바지 버티는 양기운을 벗기고 짓누르니 스스로도 벗겨지고 깨어지는 박탈의 형상이다. 자신도 모르는 사이에 호시탐탐 빈틈을 노리는 무리가 있음을 암시하고 세상이 등 돌리고 가족과 친구가 멀어지는 형상이다.	빼앗긴다	하지마라	고질적피부병	진다	불합격	못온다
䷳	간위산	9월 13일 9월 19일	입동	양의기운이 산마루에 걸쳐 서려있으나 힘이 미약하니 내려서 제자리로 돌아가 다가올 새봄을 맞을 준비할 때이고 냉엄한 바람만이 적막한 산천을 깨우며 가는 형상이다. 움직임이 정지되어 꿈쩍도 않고 멈추어 있는 첩첩산중이다. 산을 피하는 자는 성공할 수 없다. 산을 넘어야 한다.	아주조금	보류하라	불길	상고시까지	힘들다	시간오래걸림
䷾	수화기제	9월 20일 9월 25일		불을 지펴서 솥안의 물을 끓이니 잘 익어서 더 이상 불을 지필 일이 없는 형상이다. 더 이상의 욕심도 필요 없고 만족한 상태를 나타내니 새로움이 없는 고정되고 안정된 상태. 음양의 기운이 이미 이루어졌다	어렵다	곤경사	큰병악화	불길하다	합격한다	곧돌아온다
䷔	화뢰서합	9월 26일 10월 01일		잎도 없는 감나무에 눈 맞으며 떨고 있는 붉은 연시에도 양기운이 남아 경이로움을 나타내고 음양의 협력으로 장애를 제거하고 평화와 발전을 이룩하는 형상이다. 아주 성가신 장애물로 인해 본래의 임무를 수행하기가 어렵다	방해있다	방해하고있다	마음의병	화해하라	쉽지않다	갇혀있다
䷛	택풍대과	10월 02일 10월 07일	소설	나뭇가지에 매달린 낙엽은 바람 때문에 너무 힘에 겨워 어깨가 무겁고 균형을 잃고 있는 어지러운 상태인데 떨어지지 않으려 버둥거리다가 속절없이 떨어짐은 마지막 남은 최후의 양기운이다. 자신의 힘이 현재의 사태를 막기에는 역부족인 상태, 주위의 조언과 도움	안된다	후회한다	나아진다	진다	부족하다	잡혀있다
䷁	곤위지	10월 08일 10월 13일		이제 생장은 포기하고 대지의 품으로 돌아감이 자연의 순리를 따르는 자연법이다. 대지는 위대한 힘을 갖추고 있으며 모든 생명을 포용하고 만물을 길러낸다. 곤은 조용하고 유순하며 여성적이며 여간해서 화를 내지 않고 행동이 느리다.	미약하다	대리성사	소화기	타협이吉	합격한다	조금더기다림
䷿	화수미제	10월 14일 10월 19일	대설	미제는 아직 해결되지 않고 끝나지 않은 상태를 말한다. 양기운은 빠르게 회복하려 하지만 아직ㅇㄴ 미제이다. 비로소 때가 되어야 역할이 생겨남이다. 상호 음양 상응의 관계이므로 붙어있어도 등을 돌리고 있어 배척하는 듯하면서도 서로를 바라는 속내가 있는 것이다.	안된다	포기하라	서서히	이득없다	불합격	기약없다
䷦	수산건	10월 20일 10월 25일		모든 만물이 음기운의 강한 다스림을 받으니 양의 생장기운이 살아나기엔 역부족인 것을 말한다. 산위에서 물이 쏟아져 내려오는데 다리를 절고 있으니 피할 재간이 없다. 위험하고 절망적인 상태이다. 중상모략, 사기, 각종 사고	안된다	안된다	안좋다	불길하다	불합격	난관에봉착
䷚	산뢰이	10월 26일 11월 01일		매서운 강추위에 만물이 생하기 어려운 가운데에서 지극한 정성으로 양기운이 길러지니 곧 회복되어 온전하게 돌아 올 것이다. 이 頤卦는 윗니와 아랫니가 서로 맞물려 부딪치는 턱의 모습이다. 대립, 분쟁이 발생하고 구설수주의	생활비	손해본다	턱치통조심	속수무책	우여곡절	돌아올기미없다
䷗	지뢰복	11월 02일 11월 07일	동지	땅속에서 생명의 움직임과 생명의 울림이 있어 다시 회복할 수 없을 것 같은 상태에서 새로운 불씨가 일어나 또 한 개의 양이 생겨나 삭막하고 어려운 때를 푸근한 희망으로 넉넉하게 하니 참으로 귀하고 귀한 復을 의미한다. 새로운 재출발 시기.	미약	아직이르다	재발	시간걸림	추가합격	오기는온다

서기	2026年
단기	4359年
불기	2570年

좋은 이사택일 요령법

➢ **좋은 이사길일을 택일하는 법은 많은 방법이 있는데, 대개 손<태백살> 없는 날을 피하고, 이사하는 집 가장의 띠를 가지고 <생기복덕길흉표>에서 생기•복덕•천의일을 선택하고 거기에 황도일이 겹치면 吉 한 날이다.**

Ⅰ. '손'없는 날은 태백살을 피한 날로서, 지혜로운 옛 선조들은 이날을 선택하여 이사를 하면 집안의 나쁜 흉사를 피할 수 있다고 전하고 있다.

날 짜	방향	날 짜	방향	날 짜	방향
1, 11, 21	정동쪽 東	4, 14, 24	서남쪽 西南	7, 17, 27	정북쪽 北
2, 12, 22	동남쪽 東南	5, 15, 25	정서쪽 西	8, 18, 28	북동쪽 北東
3, 13, 23	정남쪽 南	6, 16, 26	서북쪽 西北	9 , 10	上天方

Ⅱ. 이사하는 집에 家長가장의 띠에 따라 피해야하는 방향이 있는데, 만약 이 방향으로 이사를 하면 가세가 기울고 재수가 없으며 재난을 당한다.

가장의 生年 띠	申 子 辰	巳 酉 丑	寅 午 戌	亥 卯 未
꼭 피해야 할 방향	未方 서남쪽	辰方 동남쪽	丑方 동북쪽	戌方 서북쪽

Ⅲ. 이사방향도 중요하지만 이사할 새 집의 출입문이 어느 쪽으로 나있는가도 필히 엄수해야한다. 만약 출입문이 나쁜 방향으로 나있는 집에 살게 되면 집안의 가장 윗사람의 운이 쇠약해지면서 악운과 재앙이 닥치고, 급기야 바람이 나기도한다.

가장의 生年 띠	申 子 辰	巳 酉 丑	寅 午 戌	亥 卯 未
나쁜 방향	子方 정북쪽	酉方 정서쪽	午方 정남쪽	卯方 정동쪽

Ⅳ. 이사하는 날이 三支方삼지방에 해당하는 것도 해로운 방향으로 본다. 삼지방이란 年은 年마다, 月은 달마다, 日은 날마다 나쁜 방향이 있다는 것이다.

년삼지 해당 年	申 子 辰 년	巳 酉 丑 년	寅 午 戌 년	亥 卯 未 년
해로운 방향	북쪽 亥子丑方	서쪽 申酉戌方	남쪽 巳午未方	동쪽 寅卯辰方

월삼지 달	정월	2월	3월	4월	5월	6월	7월	8월	9월	10월	11월	12월
해로운 방향	寅卯辰 東方	丑辰 中央	酉 西方	子 北方	卯 東方	戌 中央	申 西方	子 北方	卯 東方	午 南方	巳 南方	子 北方

日삼지 해당 날	申 子 辰 날	巳 酉 丑 날	寅 午 戌 날	亥 卯 未 날
해로운 방향	서북쪽 申子辰方	북쪽 亥子丑方	서쪽 申酉戌方	남쪽 巳午未方

Ⅴ. 新신가옥 이사, 입주길흉일

해 당 吉 日	甲子, 乙丑, 丙寅, 丁卯, 己巳, 庚午, 辛未, 甲戌, 乙亥, 丁丑, 癸未, 甲申, 庚寅 壬辰, 乙未, 庚子, 壬寅, 癸卯, 丙午, 丁未, 庚戌, 癸丑, 乙卯, 己未, 庚申, 辛酉 天德日, 月德日, 天恩日, 黃道日, 母倉上吉日, 天德合, 月德合, 滿, 成, 開日 역
불 길 不 吉 日	歸忌日, 복단일, 受死日, 天賊日, 正沖日, 建, 破, 平, 收日, 家主本命日

Ⅵ. 舊구가옥 이사, 입주길흉일 – 아주 오래된 옛날집이나 살던 집으로 다시 들어갈 때 :

春 봄 – 甲寅日	夏 여름 – 丙寅日	秋 가을 – 庚寅日	冬 겨울 – 壬寅日

서기	2026年
단기	4359年
불기	2570年

男女 입주•이사 吉凶表

천록	안손	식신	증파	오귀	합식	진귀	관인	퇴식		해당나이
◉	✖	◉	✖	△	◉	△	◉	✖		
東	南東	중앙	西北	西	北東	南	北	南西	남자나이	1 10 19 28 37 46 55 64 73 82 91
南西	東	南東	중앙	北西	西	北東	南	北	남자나이	2 11 20 29 38 47 56 65 74 83 92
北	南西	東	南東	중앙	北西	西	北東	南	남자나이	3 12 21 30 39 48 57 66 75 84 93
南	北	南西	東	南東	중앙	西北	西	北東	남자나이	4 13 22 31 40 49 58 67 76 85 94
東北	南	北	南西	東	南東	중앙	西北	西	남자나이	5 14 23 32 41 50 59 68 77 86 95
西	東北	南	北	西南	東	東南	중앙	西北	남자나이	6 15 24 33 42 51 60 69 78 87 96
西北	西	東北	南	北	西南	東	東南	중앙	남자나이	7 16 25 34 43 52 61 70 79 88 97
중앙	西北	西	東北	南	北	西南	東	東南	남자나이	8 17 26 35 44 53 62 71 80 89 98
南東	중앙	西北	西	東北	南	北	西南	東	남자나이	9 18 27 36 45 54 63 72 81 90 99
南東	중앙	西北	西	東北	南	北	西南	東	여자나이	1 10 19 28 37 46 55 64 73 82 91
東	南東	중앙	西北	西	東北	南	北	西南	여자나이	2 11 20 29 38 47 56 65 74 83 92
西南	東	南東	중앙	西北	西	東北	南	北	여자나이	3 12 21 30 39 48 57 66 75 84 93
北	西南	東	南東	중앙	西北	西	東北	南	여자나이	4 13 22 31 40 49 58 67 76 85 94
南	北	西南	東	南東	중앙	西北	西	東北	여자나이	5 14 23 32 41 50 59 68 77 86 95
東北	南	北	西南	東	南東	중앙	西北	西	여자나이	6 15 24 33 42 51 60 69 78 87 96
西	東北	南	北	西南	東	南東	중앙	西北	여자나이	7 16 25 34 43 52 61 70 79 88 97
西北	西	東北	南	北	西南	東	南東	중앙	여자나이	8 17 26 35 44 53 62 71 80 89 98
중앙	西北	西	東北	南	北	西南	東	南東	여자나이	9 18 27 36 45 54 63 72 81 90 99

남녀 입주 이사 길흉풀이

대길 ◉	천록天祿	귀인을 만나고 관록 식록이 더해지고 매사 재수있고 재물이 쌓이는 吉방향, 직장승진, 월급상승
대길 ◉	관인官印	관직이나 공직의 합격 승진 승전해 지위가 발전되어 자손창성과 태평성대의 方,직장 취업, 영예
대길 ◉	식신食神	가내번성 사업번창 재수가 좋고 소원성취 되며 금전과 재물이 쌓이고 의식주가 풍족해지는 方,
대길 ◉	합식合食	금은보화 식록이 쌓이고 만사형통이며 사업이 왕성해지고 귀인상봉으로 소원성취에 吉방향
보통 △	오귀五鬼	오방, 東西南北中央으로 요귀가 출입하여 집안에 우환질병 재앙과 풍파로 불안한 일이 생긴다.
보통 △	진귀進鬼	항상 殺귀신이 따라붙어 손재수 우환 교통사고 관재구설이 연이어 풍파가 심한 고달픈 삶이 됨.
대흉 ✖	안손眼損	실물 도둑 손재수로 가내가 평탄치 못하며, 자녀걱정 늘 불안하고 눈병 안질로 눈이 나빠진다.
대흉 ✖	증파甑破	가정풍파와 사업부진, 재산이 줄고 손재수 사기도둑수 우환 횡액수, 실패수가 이어고 궁핍해진다.
대흉 ✖	퇴식退食	가내가 풍지박산, 가족이 흩어지고,, 재산이 줄어들고 매사 꼬이고 퇴보하는 흉한 삶이된다.

서기	2026年
단기	4359年
불기	2570年

男女 생기•복덕 吉凶表

손하절	이허중	곤삼절
진하련	☯	태상절
간상련	감중련	건상련

男子 연령 본명	◉			△			×		女子 연령 본명
	생기	천의	복덕	절체	유혼	귀혼	화해	절명	
1 8 16 24 32 40 48 56 64 72 80 88 96	卯	酉	辰巳	子	未申	午	丑寅	戌亥	5 12 20 28 36 44 52 60 68 76 84 92 100
9 17 25 33 41 49 57 65 73 81 89 97	丑寅	辰巳	酉	戌亥	午	未申	卯	子	4 11 19 27 35 43 51 59 67 75 83 91 99
2 10 18 26 34 42 50 58 66 74 82 90 98	戌亥	午	未申	丑寅	辰巳	酉	子	卯	3 10 18 26 34 42 50 58 66 74 82 90 98
3 11 19 27 35 43 51 59 67 75 83 91 99	酉	卯	丑寅	未申	子	戌亥	辰巳	午	29 17 25 33 41 49 57 65 73 81 89 97
4 12 20 28 36 44 52 60 68 76 84 92	辰巳	丑寅	卯	午	戌亥	子	酉	未申	18 16 24 32 40 48 56 64 72 80 88 96
5 13 21 29 37 45 53 61 69 77 85 93	未申	子	戌亥	酉	卯	丑寅	午	辰巳	15 23 31 39 47 55 63 71 79 87 95
6 14 22 30 38 46 54 62 70 78 86 94	午	戌亥	子	辰巳	丑寅	卯	未申	酉	7 14 22 30 38 46 54 62 70 78 86 94
7 15 23 31 39 47 55 63 71 79 87 95	子	未申	午	卯	酉	辰巳	戌亥	丑寅	6 13 21 29 37 45 53 61 69 77 85 93

男女 生氣福德 吉凶풀이

대길 ◉	생기生氣	결혼 구직 서류제출 개업 약속 시험 계약 상담 청탁 투자 등 每事大吉 한날.
	천의天醫	수술 침 질병치료 상담 구재 수금 섭외거래 계약 매매 청탁 등 每事大吉 한날.
	복덕福德	약혼 창업 재수고사 교제 연회 거래계약 투자 청탁 여행 등 每事大吉 한날.
보통 △	절체絶體	吉하지도 凶하지도 않은 平날. 우환 사고, 과로 과음과식 분주 스트레스 피로 우리는 조심
	유혼遊魂	吉하지도 凶하지도 않은 平날. 허사 허송 헛수고 실수 방황 좌절 실물 등 조심한다.
	귀혼歸魂	吉하지도 凶하지도 않은 平날. 허위 실의 낭패 사기 주저 뒤틀림 방해 등 조심한다.
대흉 ⊗	화해禍害	크게 凶한 날. 서류제출 관재구설 송사 도난 실물 시비 사고 울화 등이 따르니 피할 것.
	절명絶命	크게 凶한 날. 교통사고 부상 수술 낙망사고 절망 우리 낭패 등이 따르니 피하는 것이 상책.

서기	2026年
단기	4359年
불기	2570年

吉凶 黃黑道 早見表

黃黑道 吉凶 / 택일할 年 月 日 時 대입	청룡황도	명당황도	천형흑도	주작흑도	금궤황도	대덕황도	백호흑도	옥당황도	천뇌흑도	현무흑도	사명황도	구진흑도
	天魔星	紫薇星	동토凶	동토凶	天寶天慶	天除明堂	동토凶	天王天成	동토凶	동토凶	천부천관	이장凶
1, 7 寅 申	子	丑	寅	卯	辰	巳	午	未	申	酉	戌	亥
2, 8 卯 酉	寅	卯	辰	巳	午	未	申	酉	戌	亥	子	丑
3, 9 辰 戌	辰	巳	午	未	申	酉	戌	亥	子	丑	寅	卯
4, 10 巳 亥	午	未	申	酉	戌	亥	子	丑	寅	卯	辰	巳
11, 5 子 午	申	酉	戌	亥	子	丑	寅	卯	辰	巳	午	未
12, 6 丑 未	戌	亥	子	丑	寅	卯	辰	巳	午	未	申	酉

➢ 고대 중국의 曆記學역기학은 수천년의 역사를 가지고 있고, 방대한 체계를 가지고 있다. 이는 역대의 많은 지략가들에게 신비감을 조성했지만 사실 그 근본을 분석해보면 曆記學역기학은 曆法역법과 술수가 결합되어 만들어진 것이다. 이것을 토대로 청나라 시절에 「협기변방서」라는 책이 나옴으로써 역기학에 대한 총정리가 이루어졌다. 이때부터 본격적으로 나라의 大小事에 吉凶日을 택일하여 활용하기 시작했는데 특히 집을 짓거나 옮기는 일 등 집안의 애경사에 쓰였다.

* 이 황도길흉일은 吉曜時法이니, 일이 급하면 다만 黃道日만을 택일하여 써도 큰 탈 없이 좋다. 특히, 결혼, 이사, 개업, 고사, 상량식, 기공식, 고사, 조장, 안장, 사초, 입비, 장례행사 등.

* 생기복덕으로 吉日이더라도 흑도가 되는 날은 흉한 날이므로 이사, 이장, 안장, 사초, 입비를 피한다.

* 黃道가 되는 날에 결혼, 이사, 개업, 고사, 상량식, 기공식, 천도재 등 행사하면 아주 좋다.

* 좋은 黃道日로 年을 정한 후에, 그 줄에서 月도 황도 月을 택일한 후, 다시 그 줄에서 황도일로 日을 정한다. 時도 마찬가지로 정한 黃道 日 그 줄에서 黃道時를 찾아 時로 정하면 된다.

[예를 들어보면,, 정유년 4월 달에 결혼 날짜를 잡으려 한다 : 酉유년 줄에서 巳글자는 주작흑도이다. 흑도일은 흉한 달이니 4월 달은 피해서 다른 달을 골라야 한다. 寅·卯·午·未·酉·子가 황도 월에 속한다. 그래서 午월을 택했다고 해보자.
다시 표에서 왼쪽 年月 대입 칸 午글자 줄에서 다시 황도일을 고른다. 子·丑·卯·午·申·酉 날 중에서 선택하면 된다.
巳는 뱀날이라 결혼일로는 좋지 않다.
子일을 선택했다면 다시 子글자 줄에서 같은 방법으로 황도 時間으로 정하면 된다.

서기	2026年
단기	4359年
불기	2570年

二十八星宿의 吉凶定局表

28수	방위	계절	별자리 구성	요일		吉 한 일	凶 한 일
각角	木 동방※청룡	봄	4성 동남12도	목	이무기	결혼, 청탁, 출행, 개업, 의류매장, 건축, 증개축	납골, 매장, 안장, 이장, 산소일은 불리 凶 금강살
항亢			4성 동남9도	금	용	씨뿌리기, 매매, 계약투자, 수익, 수입, 문서	제사, 그믐날-상문달-공망달-윤달의 혼인은 凶하다. 별이 어두우면 전염병이 돈다. 금강살
저氐			4성 동남16도	토	담비	성조, 결혼, 개업, 사업확장, 입사입문, 건축, 증축, 약혼, 질병을 일으키는 별. 자수성가	바느질, 분묘개수, 매장, 안장, 수리는 凶하다
방房			7성 동 6도	일	토끼	출행, 분가, 건축, 모든 일에 대길하다. 평온 안락	장례행사, 안장, 매장은 불리.
심心			3성 동 6도	월	박쥐	천도제, 제사, 고사에 길일. 부녀창성, 女權伸長	모든 일에 다 凶하다. 특히 조장, 방류, 문開
미尾			9성 동북19도	화	호랑이	결혼, 개업, 건축, 안장, 부탁의뢰, 매사대길. 문開	별이 빛나면 오곡이 풍성함하고, 바느질 凶 어두우면 홍수 수액난을 조심.
기箕			4성 동북11도	수	표범	결혼, 개업, 건축, 안장, 부탁의뢰, 방류, 매사대길	南箕 , 풍우와 오곡의 풍성함을 상징한다.
두斗	水 북방※현무	겨울	6성 북동24도	목	게	건축수리, 토굴, 분묘개수, 안장, 매사대길	北斗, 천하태평과 국부민안을 상징. 주색상납, 여 색정사 주의
우牛			7성 북동7도	금	소	천존기도	살신귀가 작용, 매사불리 (조심) 금강살
여女			4성 북동10도	토	여우	愛敬宿애경수라고 함. 재물을 주관, 이발, 목욕	건축, 수리, 개조, 조장, 안장, 개문, 방류불리.
허虛			2성 북 9도	일	쥐	결혼, 입학, 입사, 증개축, 매사대길	조작, 연담, 장례행사, 안장은 凶하다. 戰爭危機
위危			3성 북 16도	월	제비	양조, 주조, 소망달성.	결혼, 이전, 등산, 건축, 개문, 방류, 바느질, 못 박는 일, 이사, 고소, 장례, 안장은 불리.
실室			8성 북서17도	화	돼지	결혼, 건축, 개문, 개업, 축제, 복약, 삭발, 출행 매사대길	납골당, 장례행사, 안장은 凶하다.
벽壁			2성 북서9도	수	신선	결혼, 출행, 건축수리, 개문, 개조, 방류, 장사, 안장	작명, 상호, 택호, 아호 짓기는 凶흉하다. 남쪽 행보는 凶.
규奎	金 서방※백호	가을	17성 서북16도	목	이리	입산, 벌목, 제사, 개문, 가옥건축, 증축수리, 주방수리, 방류. 文이 번창을 의미.	이장, 안장, 개업, 개점, 개장은 凶하다. 금강살
루婁			3성 서북11도	금	개	결혼, 개업, 부탁청탁, 개문, 이장, 조장, 방류, 대길	그믐날이면 이장, 안장, 개문 등 대흉하다. 금강살
위胃			3성 서 14도	토	꿩	결혼, 개업, 관청일, 서류제출, 이장, 안장, 吉	위장병 조심, 과음과식 금물.
묘昴			7성 서 11도	일	닭	결혼, 장례행사, 방류, 안장, 개문은 吉	건축, 증개축, 수리, 신앙, 기원, 천도재, 고사는 凶
필畢			9성 서남17도	월	새	결혼, 제작, 섭외, 대화, 화해, 개토, 개문, 방수, 건축, 가옥수리, 매장, 안장, 매사대길	兵馬병마, 武力무력을 상징. 增財宿에 속함.
자觜			3성 서남半도	화	원숭이	매장, 이장, 안장, 입학시험에 吉	제사, 매사불리 凶. 빛을 잃으면 兵馬가 난동.
삼參			7성 서남半도	수	유인원	제조, 제품제작, 출행, 건축증개축, 조작에 吉	장례행사, 안장, 결혼, 개문, 방류에 凶흉하다.
정井	火 남방※주작	여름	7성 남서33도	목	큰사슴	가옥건축, 우물파기, 개문, 基調, 방류에 吉	장례행사, 안장.
귀鬼			4성 남서 2도	금	양	이장, 매장, 장례행사만 吉, 매사불리	건축, 결혼, 고사, 개문, 방류는 凶흉하다. 금강살
유柳			8성 남서14도	토	노루	파종, 화단정리, 캐고파내는 일, 절단하는 일	결혼, 창업, 건립, 개업, 개문, 방류, 장례행사, 매장, 조장은 불길하다.
성星			7성 남 7도	일	말	신방꾸미기에 대길, 결혼, 입원, 치료시작, 개보수에 吉	결혼, 바느질, 씨뿌리기, 매사불길 금강살
장張			6성 남 17도	월	사슴	결혼, 개업, 개점, 개문, 출행, 입학, 입사, 상관, 불공, 고사, 천도재, 섭외, 이장, 안장에 吉	이 별이 빛나는 경우에는 나라가 부강하고 국민이 풍요하다.
익翼			22성 남동19도	화	뱀	입학, 입사, 경작, 씨뿌리기, 일시작, 구직, 이장, 안장 매우 吉	결혼, 건축증개축, 제작, 고소, 시험은 凶. 개문, 방류에 凶흉하다.
진軫			6성 남동18도	수	지렁이	결혼, 매입, 건축, 출행, 섭외, 분가, 배 만들기, 官服만들기, 이장, 안장, 매장에 吉	제의불길(옷 만들기), 재봉질, 별이 빛나면 풍우가 조절되고 천하가 태평하다. 북쪽 행보는 凶.

서기	2026年
단기	4359年
불기	2570年

建除 12神의 吉凶定局表

	1월	2월	3월	4월	5월	6월	7월	8월	9월	10월	11월	12월
12神	입춘後	경칩後	청명後	입하後	망종後	소서後	입추後	백로後	한로後	입동後	대설後	소한後
建 건	寅	卯	辰	巳	午	未	申	酉	戌	亥	子	丑
除 제	卯	辰	巳	午	未	申	酉	戌	亥	子	丑	寅
滿 만	辰	巳	午	未	申	酉	戌	亥	子	丑	寅	卯
平 평	巳	午	未	申	酉	戌	亥	子	丑	寅	卯	辰
定 정	午	未	申	酉	戌	亥	子	丑	寅	卯	辰	巳
執 집	未	申	酉	戌	亥	子	丑	寅	卯	辰	巳	午
破 파	申	酉	戌	亥	子	丑	寅	卯	辰	巳	午	未
危 위	酉	戌	亥	子	丑	寅	卯	辰	巳	午	未	申
成 성	戌	亥	子	丑	寅	卯	辰	巳	午	未	申	酉
收 수	亥	子	丑	寅	卯	辰	巳	午	未	申	酉	戌
開 개	子	丑	寅	卯	辰	巳	午	未	申	酉	戌	亥
閉 폐	丑	寅	卯	辰	巳	午	未	申	酉	戌	亥	子

➢ 건제 12神이란 우주가 子會하면서 생겨난 광대한 신비로운 神力으로서 建, 際, 滿, 平, 定, 執, 破, 危, 成, 收, 開, 閉를 절기가 바뀔 때마다 順行的으로 바뀌면서 宇宙의 天, 地, 人 모든 萬物을 순리적으로 다스리고 통치해왔던 吉凶事를 택일하던 方法이다.

해설	吉 길한 일	凶 흉한 일
建 건	문서, 서류제출, 상장上章, 입학, 입주, 상량, 섭외, 면접, 구인, 관대冠帶, 해외여행, 출장, 출행, 청소, 귀한손님초대.	결혼, 동토, 건축수리, 파토, 승선, 수조, 벌초, 안장
除 제	안택고사, 제사, 기도, 상장, 면접, 소장제출, 원서제출, 계약, 여행, 질병치료, 파종, 접목.	출산, 명품구입, 재테크, 증권주식, 코인, 투자, 취임식, 구직, 이사, 물건구입, 매입
滿 만	제사, 청소, 여행, 입양, 직원채용, 접목, 옷 지어입기.	입주, 동토, 이사, 불공, 고사, 기둥세우기.
平 평	길 내기, 집터 닦기, 축담, 장 담그기, 제사, 결혼, 이사.	인수인계, 벌초, 파종, 재종, 파토, 개울치기.
定 정	제사, 불공, 안택고사. 결혼, 매장, 안장, 집들이, 입주, 입양, 동물들이기, 친목회, 회의개최.	출산준비, 질병치료, 침, 소송, 여행, 파종.
執 집	제사, 개업, 상장, 입권, 이력서제출, 정보수집, 소장제출, 건물증개축, 집수리, 사냥, 매장, 안장.	해외여행, 출행, 입주, 이사, 정보유출, 水防방류.
破 파	집 개조, 가옥파괴, 담장허물기, 성형수술, 건물철거, 인연 끊기.	결혼, 여행, 이사, 파토, 동토, 벌초, 안장, 개업, 공장건립, 외출, 주식상장, 오락게임, 코인투자
危 위	제사, 결혼, 상장, 서류제출, 소장제출, 입권, 집수리, 건물증개축	입산, 벌목, 사냥, 수렵, 승선, 낚시, 어로작업.
成 성	제사, 결혼, 불공, 안택고사, 소장제출, 원서제출, 구재, 이사, 환가, 집수리, 접화목, 상표등록, 매매,	소송이나 송사, 소장제출.
收 수	제사, 결혼, 納采납채, 입학, 직원채용, 불공, 안택고사, 수금회수, 수렵, 동물들이기, 파종, 식목. 등 거두어들이는 일에 吉.	개업준공, 개문, 벌초, 파토, 봉묘, 출행, 하관, 안장
開 개	제사, 결혼, 개업, 입원, 불공, 안택고사, 재종, 집수리, 입권, 출행, 건물증개축, 우물파기, 파종.	동토, 매장, 안장. 子午卯酉월에는 무방하다.
閉 폐	제사, 안장, 立券입권공증, 접목, 접화, 폐문, 물 막는 일, 길 막는 일, 화장실 짓기	이사, 납품, 출품, 출행, 해외여행, 먼 여행, 수조, 동토, 가내귀환, 건축수리.

서기	2026年
단기	4359年
불기	2570年

月日辰 吉神早見表

	1월	2월	3월	4월	5월	6월	7월	8월	9월	10월	11월	12월	당일 좋은 행사
옥제사일	丁巳	甲子	乙丑	丙寅	辛卯	壬辰	丁亥	甲午	乙未	丙申	辛酉	壬戌	옥제신의 죄 소멸, 용서를 해주시니 임의대로 행해도 좋다.
황은대사	丑	戌	寅	巳	寅	卯	子	午	亥	辰	申	未	업장소멸, 심중안정, 나쁜기운 감소됨.
만통사일	午	亥	申	丑	戌	卯	子	巳	寅	未	辰	酉	모든 일에 대길 함. 전화위복이 된다.
회가제성	午	子	寅	戌	子	寅	辰	子	寅	子	寅	辰	귀인상봉으로 대길. 만사형통이다.
천사신일	戌	丑	辰	未	戌	丑	辰	未	戌	丑	辰	未	몸의 죄 소멸, 모든 잘못 용서해 줌.
생기신일	戌	亥	子	丑	寅	卯	辰	巳	午	未	申	酉	결혼, 이사, 여행에 길
천의대사	丑	寅	卯	辰	巳	午	未	申	酉	戌	亥	子	수술, 입원, 침, 질병 치료에 吉.
오부길일	亥	寅	巳	申	亥	寅	巳	申	亥	寅	巳	申	건축, 기공식, 창고, 모든 일 시작
요안일	寅	申	卯	酉	辰	戌	巳	亥	午	子	未	丑	이사, 입주, 가족상속권, 투자, 福들어오는 날
해신일	申	申	戌	戌	子	子	寅	寅	辰	辰	午	午	일체 殺鬼 퇴치에 吉 한 날.
금당일	辰	戌	巳	亥	午	子	未	丑	申	寅	酉	卯	상량, 집터 닦는데 길일, 건물증개축
양덕일	戌	子	寅	辰	午	申	戌	子	寅	辰	午	申	결혼, 연회, 교역에 길
음덕일	酉	未	巳	卯	丑	亥	酉	未	巳	卯	丑	亥	귀인의 도움, 청탁 상장
경안일	未	丑	申	寅	酉	卯	戌	辰	亥	巳	子	午	윗사람 문안, 상관접견, 부모친견, 요양문병
육합일	亥	戌	酉	申	未	午	巳	辰	卯	寅	丑	子	약혼, 결혼, 연회, 입사
보호일	寅	申	酉	卯	戌	辰	亥	巳	子	午	丑	未	승선, 출항, 수술, 입원, 출행에 吉
복생일	酉	卯	戌	辰	亥	巳	子	午	丑	未	寅	申	집짓기, 구직, 기복, 고사, 불공에 길
병보일	卯	辰	巳	午	未	申	酉	戌	亥	子	丑	寅	입대, 군,경, 관 행사대길
왕(旺)일	寅	寅	寅	巳	巳	巳	申	申	申	亥	亥	亥	승패, 경기, 시합에 吉. 상량이나 하관
관(官)일	卯	卯	卯	午	午	午	酉	酉	酉	子	子	子	관청에 청탁, 입사서류 제출, 부임.
상(相)일	巳	巳	巳	申	申	申	亥	亥	亥	寅	寅	寅	상량, 섭외, 교역, 청탁에 대길.
민(民)일	午	午	午	酉	酉	酉	子	子	子	卯	卯	卯	민원신청, 서류왕래에 길. 고소나 송사
수(守)일	辰	辰	辰	未	未	未	戌	戌	戌	丑	丑	丑	모든 일에 길, 재산증식, 지키는 일, 투자
익후일	子	午	丑	未	寅	申	卯	酉	辰	戌	巳	亥	결혼, 문서, 후계자상속, 입양, 초대
속세일	丑	未	寅	申	卯	酉	辰	戌	巳	亥	午	子	결혼, 연회, 제사, 불공
육의일	辰	卯	寅	丑	子	亥	戌	酉	申	未	午	巳	귀인접대, 모든 행사의식거행에 吉.
청룡일	子	寅	辰	午	申	戌	子	寅	辰	午	申	戌	입사, 구직, 승진, 벼슬길, 여행, 외출에 吉
보광일	巳	未	酉	亥	丑	卯	巳	未	酉	亥	丑	卯	제사, 고사, 불공, 회합
정심일	亥	巳	子	午	丑	未	寅	申	卯	酉	辰	戌	정성, 베품, 봉사, 문병, 보시에 德
시덕일	午	午	午	辰	辰	辰	子	子	子	寅	寅	寅	결혼, 친목회, 연회 모든 일에 대길
옥우일	卯	酉	辰	戌	巳	亥	午	子	未	丑	申	寅	약혼, 제사, 고사, 불공, 회합, 친목회
역마일	申	巳	寅	亥	申	巳	寅	亥	申	巳	寅	亥	이사, 입주, 매매, 여행
월공月空	壬	庚	丙	甲	壬	庚	丙	甲	壬	庚	丙	甲	집수리, 문서, 상장, 서류왕래, 취토
월은月恩	丙	丁	庚	己	戊	辛	壬	癸	庚	乙	甲	申	건축, 장례행사, 매사대길. 하늘의 은혜
사상四相	丙丁	丙丁	丙丁	戊己	戊己	戊己	壬癸	壬癸	壬癸	甲乙	甲乙	甲乙	혼인, 모든 일에 大吉.
천귀天貴	甲乙	甲乙	甲乙	丙丁	丙丁	丙丁	庚辛	庚辛	庚辛	壬癸	壬癸	壬癸	제사, 구직, 취임, 벼슬, 취임, 입학 손님초대, 윗사람 접견에 吉.
천덕天德	丁	申	壬	辛	亥	甲	癸	寅	丙	乙	巳	庚	모든 일에 대길. 조장, 이장, 상관부임
월덕月德	丙	甲	壬	庚	丙	甲	壬	庚	丙	甲	壬	庚	모든 일에 대길. 이 방향이 吉 方向 福
天德合	壬	巳	丁	丙	寅	己	戊	亥	辛	庚	申	乙	모든 일에 대길. 조장, 이장, 상관부임
月德合	辛	己	丁	乙	辛	己	丁	乙	辛	己	丁	乙	모든 일에 대길. 이 방향이 吉 方向 福
수전일	子年/丙	丑年/丑	寅年/午	卯年/巳	辰年/甲	巳年/丁	午年/艮	未年/卯	申年/壬	酉年/卯	戌年/辰	亥年/巳	시험이나 면접, 고시 등에 길한 날.
박사일	子年/巽	丑年/巽	寅年/坤	卯年/坤	辰年/坤	巳年/乾	午年/乾	未年/乾	申年/艮	酉年/艮	戌年/艮	亥年/巽	지혜의 神이 활발히 활동하는 날.
주서일	子年/乾	丑年/丙	寅年/艮	卯年/艮	辰年/艮	巳年/巽	午年/巽	未年/巽	申年/坤	酉年/坤	戌年/坤	亥年/艮	문창귀인이 활발히 활동하여 문장에 길한 날.

서기	2026年
단기	4359年
불기	2570年

月日辰 吉神早見表

	子年	丑年	寅年	卯年	辰年	巳年	午年	未年	申年	酉年	戌年	亥年	당일 좋은 행사
태양성	丑	寅	卯	辰	巳	午	未	申	酉	戌	亥	子	광희신光喜神 결혼 친목회, 연회
연해성	戌	酉	申	未	午	巳	辰	卯	寅	丑	子	亥	화해신和解神 화해, 회합, 친목
옥토성	亥	戌	酉	申	未	午	巳	辰	卯	寅	丑	子	희신喜神 귀인접대, 모든 행사의식 吉
홍란성	卯	寅	丑	子	亥	戌	酉	申	未	午	巳	辰	길상신吉祥神 구직, 승진 벼슬길
세덕歲德	巽	庚	丁	坤	壬	辛	乾	甲	癸	艮	丙	乙	음양감통陰陽感通 후계자상속, 입양
세덕합	辛	乙	壬	巳	丁	丙	寅	己	戊	亥	申	庚	제복병지諸福幷至 제사, 고사
월덕합	丁	乙	辛	己	丁	乙	辛	己	丁	乙	辛	己	조장대길造葬大 장 담그기 길일
세월덕	壬	庚	丙	甲	壬	庚	丙	甲	壬	庚	丙	甲	조장대길造葬大吉 장 담그기 길일
세마歲馬	寅	亥	申	巳	寅	亥	申	巳	寅	亥	申	巳	조장, 만사에 길함, 장 담그기 길일
복덕福德	酉	戌	亥	子	丑	寅	卯	辰	巳	午	未	申	만복신 萬福神 상속, 입양, 초대
용덕龍德	未	申	酉	戌	亥	子	丑	寅	卯	辰	巳	午	부귀덕신富貴德神 집수리, 문서
지덕枝德	巳	午	未	申	酉	戌	亥	子	丑	寅	卯	辰	상품제작, 기계조작
신후神后	子	亥	戌	酉	申	未	午	巳	辰	卯	寅	丑	제사, 고사, 불공, 회합
공조功曹	寅	丑	子	亥	戌	酉	申	未	午	巳	辰	卯	관청에 청탁, 입사서류 제출
승광勝光	午	巳	辰	卯	寅	丑	子	亥	戌	酉	申	未	시험, 승패, 경기, 시합에 吉, 상량식
주서奏書	乾	乾	艮	艮	艮	巽	巽	巽	坤	坤	坤	乾	문장의 신, 민원신청, 서류왕래에 길
박사博士	巽	巽	坤	坤	坤	乾	乾	乾	艮	艮	艮	巽	지혜신, 시험, 등용, 승진, 벼슬길
역사力士	艮	艮	巽	巽	巽	坤	坤	坤	乾	乾	乾	艮	조력신 집터 닦는데 길일
월은일	丙	丁	庚	己	戊	辛	壬	癸	庚	乙	甲	申	건축, 장례행사, 매사대길, 하늘의 은혜
월공일	壬	庚	丙	甲	壬	庚	丙	甲	壬	庚	丙	甲	문서왕래, 매매, 서류제출
수천守天	申	辰	子	亥	辛	乙	坤	卯	丙	卯	辰	亥	재물구입, 입사, 구직, 승진
천창天倉	酉	戌	亥	子	丑	寅	卯	辰	巳	午	未	申	造倉修造倉 집수리, 신축증개축, 상량
지창地倉	辰	寅	子	巳	卯	寅	卯	丑	子	辰	卯	寅	조창수조창造倉修造倉
	戌	申	午	亥	酉	申	酉	未	午	戌	酉	申	집수리, 신축증개축, 상량식
수전守殿	丙	丑	午	巳	甲	丁	艮	卯	壬	卯	辰	巳	시험, 등용, 면접, 입사, 취임, 입학
	壬	未	子	亥	庚	癸	坤	酉	丙	酉	戌	亥	각종 고시에 길함
월재月財	9	3	4	2	7	6	9	3	4	2	7	6	재산증식, 지키는 일, 장 담그기 길일
시양時陽	子	丑	寅	卯	辰	巳	午	未	申	酉	戌	亥	인연 풍부, 교제은덕, 모든 일에 무난한 날.
임일	午	亥	申	丑	戌	卯	子	巳	寅	未	辰	酉	모든 일에 대길
길기吉期	卯	辰	巳	午	未	申	酉	戌	亥	子	寅	丑	약혼, 민원신청, 서류왕래에 길, 맞선, 소개
사상四相	丙丁	丙丁	丙丁	戊己	戊己	戊己	壬癸	壬癸	壬癸	甲乙	甲乙	甲乙	혼인, 모든 일에 大吉
천귀天貴	甲乙	甲乙	甲乙	丙丁	丙丁	丙丁	庚辛	庚辛	庚辛	壬癸	壬癸	壬癸	제사, 구직, 취임, 벼슬, 취임, 입학 손님초대, 윗사람 접견에 吉
천덕天德	丁	申	壬	辛	亥	甲	癸	寅	丙	乙	巳	庚	모든 일에 대길, 조장, 이장, 상관부임
월덕月德	丙	甲	壬	庚	丙	甲	壬	庚	丙	甲	壬	庚	모든 일에 대길 이 방향이 吉 方向福
天德合	壬	巳	丁	丙	寅	己	戊	亥	辛	庚	申	乙	모든 일에 대길, 조장, 이장, 상관부임
月德合	辛	己	丁	乙	辛	己	丁	乙	辛	己	丁	乙	모든 일에 대길 이 방향이 吉 方向福

서기	2026年
단기	4359年
불기	2570年

月日辰 凶神早見表

	1월	2월	3월	4월	5월	6월	7월	8월	9월	10월	11월	12월	당일 피해야할 행사
천적 天賊	辰	酉	寅	未	子	巳	戌	卯	申	丑	午	亥	모든 일에 大凶. 개점개업, 산제, 수렵, 원행, 출행, 투자
천강 天罡	巳	子	未	寅	酉	辰	亥	午	丑	申	卯	戌	모든 일에 凶, 황도 겹치면 무방하다.
왕망 旺亡	寅	巳	申	亥	卯	午	酉	子	辰	未	戌	丑	모든 일에 大凶. 원행, 이사, 입주, 상임, 취임식.
피마 彼麻	子	酉	卯	午	子	酉	卯	午	子	酉	卯	午	결혼, 입주, 이사에 凶.
하괴 河魁	亥	午	丑	申	卯	戌	巳	子	未	寅	酉	辰	모든 일에 凶. 황도 겹치면 무방하다.
라강 羅綱	子	申	巳	辰	戌	亥	丑	申	未	子	巳	申	결혼, 출행, 소송 등 凶
수사 受死	戌	辰	亥	巳	子	午	丑	未	寅	申	卯	酉	이사, 결혼, 백사 흉, // 수렵, 도살, 사냥, 낚시는 吉
멸몰 滅沒	丑	子	亥	戌	酉	申	未	午	巳	辰	卯	寅	혼인, 기조, 취임, 출산, 고사, 소송, 건축 凶
귀기 歸忌	丑	寅	子	丑	寅	子	丑	寅	子	丑	寅	子	이사, 혼인, 개업, 입택, 인원채용, 출행, 착공은 凶
홍사 紅死	酉	巳	丑	酉	巳	丑	酉	巳	丑	酉	巳	丑	약혼, 결혼식은 대흉.
천화 天火	子	卯	午	酉	子	卯	午	酉	子	卯	午	酉	옷 재단, 상량식, 지붕 덮기, 축조, 친목은 凶
유화 遊火	巳	寅	亥	申	巳	寅	亥	申	巳	寅	亥	申	제사, 수술, 침, 질병치료, 복약은 꺼린다.
지화 地火	戌	酉	申	未	午	巳	辰	卯	寅	丑	子	亥	주방과 지붕고치기는 일은 凶
독화 獨火	巳	辰	卯	寅	丑	子	亥	戌	酉	申	未	午	상량식, 제작, 지붕 덮는 일은 凶, 화재주의, 동토
온황 瘟肓	未	戌	辰	寅	午	子	酉	申	巳	亥	丑	卯	질병치료, 요병, 수조, 이사, 문병은 凶
토금 土禁	亥	亥	亥	寅	寅	寅	巳	巳	巳	申	申	申	흙 다루고, 땅 파는 일은 凶
토부 土府	丑	巳	酉	寅	午	戌	卯	未	亥	辰	申	子	흙 다루고, 땅 파는 일, 우물파기, 담쌓기는 凶
지파 地破	亥	子	丑	寅	卯	辰	巳	午	未	申	酉	戌	흙 다루고, 땅 파는 일, 우물파기 등은 凶
혈기 血忌	丑	未	寅	申	卯	酉	辰	戌	巳	亥	午	子	수술, 도살, 수혈, 채혈, 침, 살생은 금지
혈지 血支	丑	寅	卯	辰	巳	午	未	申	酉	戌	亥	子	수술, 도살, 수혈, 채혈, 침, 뜸, 살생은 금지
월파 月破	申	酉	戌	亥	子	丑	寅	卯	辰	巳	午	未	매사불리/ 성형수술, 단교, 파혼, 파하는 일은 吉
월형 月形	巳	子	辰	申	午	丑	寅	酉	未	亥	卯	戌	질병치료, 입사, 취임은 凶
월해 月害	巳	辰	卯	寅	丑	子	亥	戌	酉	申	未	午	매사 해롭고 불리
천격 天隔	寅	子	戌	申	午	辰	寅	子	戌	申	午	辰	구직, 구인, 해외여행, 항공주의, 여행은 凶
수격 水隔	戌	申	午	辰	寅	子	戌	申	午	辰	寅	子	어로작업, 낚시, 입수, 승선, 출항, 물놀이는 凶
지격 地隔	辰	寅	子	戌	申	午	辰	寅	子	戌	申	午	흙 파는 일凶, 이장, 안장大凶
산격 山隔	未	巳	卯	丑	亥	酉	未	巳	卯	丑	亥	酉	입산, 등산, 벌목, 사냥, 수렵은 凶
대시 大時	卯	子	酉	午	卯	子	酉	午	卯	子	酉	午	매사에 다소불리, 출군, 공격, 축건, 회친은 凶
반지 反支	5	5	4	4	3	3	2	2	1	1	6	6	결혼, 상장, 포상, 당선, 서류관, 제출 등은 凶
귀곡 鬼哭	未	戌	辰	寅	午	子	酉	申	巳	亥	丑	卯	점안식, 神物 佛象안치에 凶
신호 神毫	戌	亥	子	丑	寅	卯	辰	巳	午	未	申	酉	점안식, 神物 佛象안치에 凶
고초 枯焦	辰	丑	戌	未	卯	子	酉	午	寅	亥	申	巳	옷 재단, 고사, 제사, 불공, 기도는 凶
검봉 劍鋒	酉	酉	酉	子	子	子	卯	卯	卯	午	午	午	출장, 여행, 이장, 안장에 凶
패파 敗破	申	戌	子	寅	辰	午	申	戌	子	寅	辰	午	기계수리, 집수리, 약혼은 凶
월살 月殺	丑	戌	未	辰	丑	戌	未	辰	丑	戌	未	辰	상량식, 건축수리, 결혼식, 입주, 납재에 凶
비렴 脾炎	戌	巳	午	未	寅	卯	辰	亥	子	丑	申	酉	약혼, 축사 짓는 일은 凶, 육축을 금하면 손재
천리 天吏	酉	午	卯	子	酉	午	卯	子	酉	午	卯	子	원행, 해외여행, 취임, 입사 , 소송, 부임은 凶
염대 厭對	辰	卯	寅	丑	子	亥	戌	酉	申	未	午	巳	결혼, 약혼, 친목도모, 이사, 건축수리에 불리
구공 九空	辰	丑	戌	未	辰	丑	戌	未	辰	丑	戌	未	이사, 입주, 명품구입, 지출, 출고, 출판에 凶
구감 九坎	辰	丑	戌	未	卯	子	酉	午	寅	亥	申	巳	조선, 배 제조, 승선, 건축, 주물은 凶
중상 重喪	甲	乙	己	丙	丁	己	庚	申	己	壬	癸	己	장례행사, 납골, 산소행사는 凶
복일 復日	甲 庚	乙 辛	己 戊	丙 壬	丁 癸	己 戊	庚 甲	辛 乙	己 戊	壬 丙	癸 丁	戊 己	장례행사, 납골, 산소행사는 凶
정사폐 四廢	春月의 庚申, 辛酉/ 夏月의 壬子,癸亥/ 秋月의 甲寅, 乙卯/ 冬月의 丙午, 丁巳日												결혼,수조,산소,수목,문폐,오리알안치기,우물,축사,상량

서기	2026年
단기	4359年
불기	2570年

月日辰 凶神早見表

	子年	丑年	寅年	卯年	辰年	巳年	午年	未年	申年	酉年	戌年	亥年	당일 피해야 할 행사
구천주작	卯	戌	巳	子	未	寅	酉	辰	亥	午	丑	申	건축수리에 불리, 상량식, 기둥세우기
라천대퇴	4	7	1	1	1	1	6	6	2	2	9	9	묘비석 세우기, 이장, 안장大凶
황천구퇴	卯	子	酉	午	卯	子	酉	午	卯	子	酉	午	묘비석 세우기, 이장, 안장大凶
타겁해인	2	8	6	9	2	4	2	8	6	9	2	4	비석 세우기, 이장, 조장하면 동토 남.
좌산라후	6	8	3	9	7	2	6	8	3	9	7	2	조장개기造葬皆忌 장 담그기는 흉함
순산라후	乙	壬	艮	甲	巽	丙	丁	坤	辛	乾	癸	庚	조장개기造葬皆忌 장 담그기는 흉함
금신살	巳	酉	丑	巳	酉	丑	巳	酉	丑	巳	酉	丑	조장대길造葬大 장 담그기 길일
태음살	亥	子	丑	寅	卯	辰	巳	午	未	申	酉	戌	묘비석 세우기, 이장, 안장, 산소일大凶
태세방	子	丑	寅	卯	辰	巳	午	未	申	酉	戌	亥	비석 세우기, 이장, 조장하면 동토 남.
천관부	亥	申	巳	寅	亥	申	巳	寅	亥	申	巳	寅	이장, 안장, 산소일大凶
지관부	辰	巳	午	未	申	酉	戌	亥	子	丑	寅	卯	이장, 안장, 산소일大凶
대장군	酉	酉	子	子	子	卯	卯	卯	午	午	午	酉	비석 세우기, 이장, 조장하면 동토 남.
상문살	寅	卯	辰	巳	午	未	申	酉	戌	亥	子	丑	묘비석 세우기, 이장, 안장大凶
조객살	戌	亥	子	丑	寅	卯	辰	巳	午	未	申	酉	묘비석 세우기, 이장, 안장大凶
대모살	午	未	申	酉	戌	亥	子	丑	寅	卯	辰	巳	출재동토기出財動土忌
소모살	巳	午	未	申	酉	戌	亥	子	丑	寅	卯	辰	이사, 건축수리에 불리, 부동산매매
백호살	申	酉	戌	亥	子	丑	寅	卯	辰	巳	午	未	매사 해롭고 불리.
세파살	午	未	申	酉	戌	亥	子	丑	寅	卯	辰	巳	건축증개축, 집수리에 불리, 상량식
세형살	卯	戌	巳	子	辰	申	午	丑	巳	酉	未	亥	출장, 해외여행, 항공주의, 여행은 凶
세압살	子	亥	戌	酉	申	未	午	巳	辰	卯	寅	丑	출장, 해외여행, 항공주의, 여행은 凶
신격살	巳	卯	丑	亥	酉	未	巳	卯	丑	亥	酉	未	어로작업, 낚시, 입수, 승선, 출항, 물놀이
비염살	申	酉	戌	巳	午	未	寅	卯	辰	亥	丑	子	축사 짓는 일은 凶, 육축을 금하면 손재
오귀살	辰	卯	寅	丑	子	亥	戌	酉	申	未	午	巳	출장, 해외여행, 항공주의, 여행은 凶
대화	丁	乙	癸	辛	丁	乙	癸	辛	丁	乙	癸	辛	이사, 건축수리에 불리, 부동산매매
황번	辰	丑	戌	未	辰	丑	戌	未	辰	丑	戌	未	이사, 건축수리에 불리, 부동산매매
표미	戌	未	辰	丑	戌	未	辰	丑	戌	未	辰	丑	취임식, 해외여행, 항공주의, 출장
전송	申	未	午	巳	辰	卯	寅	丑	子	亥	戌	酉	취임식, 해외여행, 항공주의, 출장
잠관	未	未	戌	戌	戌	丑	丑	丑	辰	辰	辰	未	누에고치 사육거두기, 잠업시작하기
잠실	坤	坤	乾	乾	乾	艮	艮	艮	巽	巽	巽	坤	누에고치 사육거두기, 잠업시작하기
잠명	申	申	亥	亥	亥	寅	寅	寅	巳	巳	巳	申	누에고치 사육거두기, 잠업시작하기
풍파	丑	子	寅	卯	辰	巳	午	未	申	酉	戌	亥	어로작업, 낚시, 입수, 승선, 출항, 물놀이
천해	未	午	巳	辰	卯	寅	丑	子	亥	戌	酉	申	犯規犯罪 법규위반, 범죄유발, 성희롱
하백	亥	子	丑	寅	卯	辰	巳	午	未	申	酉	戌	어로작업, 낚시, 입수, 승선, 출항, 물놀이
복병	丙	甲	寅	庚	丙	甲	寅	庚	丙	甲	寅	庚	출장, 해외여행, 항공주의, 여행은 凶
병부	亥	子	丑	寅	卯	辰	巳	午	未	申	酉	戌	질병치료, 문병, 건강검진, 수혈, 수술
사부	巳	午	未	申	酉	戌	亥	子	丑	寅	卯	辰	질병치료, 문병, 건강검진, 수혈, 수술
빙소화해	巳	子	丑	申	卯	戌	亥	午	未	寅	酉	辰	재방쌓기, 담 쌓기, 담장수리은 흉

서기	2026年
단기	4359年
불기	2570年

각종 주당조견표

1. 결혼주당

大↦ 큰달은 순행 ↴

廚주 부엌	夫부 신랑	姑고 어머니
婦부 신부		當당 방안
竈조 조왕	第제 집안	翁옹 아버지

▸↓작은달

* 결혼주당은 시집장가 갈 때 보는 법이다.
  - 결혼식 달이 큰달(음30일)이면 夫(부)를 1일로 시작하여 순행으로 2일은 姑(고), 3일은 當(당) 순으로 세어간다.
  - 결혼식 달이 작은달(음29일)이면 婦(부)를 1일로 시작하여 竈(조)는 2일, 第(제)는 3일 순으로 세어 짚는다.
* 결혼주당이 없는 것은 當당, 第제, 竈조, 廚주를 택일하면 吉하다.
  [만약 翁옹 姑고에 해당하더라도 조부나 조모가 안계시면 괜찮다.]

2. 신행주당

當당 방안	床상 자리	死사 죽음
⇑ 큰달 竈조 조왕		睡수 잠듬
廚주 부엌	路로 길가	門문 문간

小↦ 작은달은 역행

* 신부가 신혼여행 후 시댁에 들어갈 때 보는 법이다.
  - 신행을 드는 달이 큰달이면 竈조를 1일로 시작하여 순행으로 2일은 當당, 3일은 床상 순으로 세어간다.
  - 신행을 드는 달이 작은달이면 廚주를 1일로 시작하여 路(로)는 2일, 門문을 3일 순으로 세어 짚는다.
* 신행주당이 없는 것은 死사, 睡수, 廚주, 竈조를 택일하면 吉하다.

3. 이사주당

大↦ 큰달은 순행 ↤小 작은달 역행

安안 평안	利이 이득	天천 하늘
災재 재앙		害해 해살
師사 스승	富부 부자	門문 殺

* 이사주당은 이사, 입주를 할 때에 보는 법이다.
  - 이사하는 달이 큰달이면 安안을 1일로 시작하여 순행으로 2일은 利이,3일은 天천 순으로 세어간다.
  - 이사를 하는 달이 작은달이면 天천을 1일로 시작하여 2일은 利이, 3일은 安안 순으로 세어 짚는다.
* 이사주당이 없는 것은 安안, 利이, 天천, 富부, 師사를 택일하면 吉하다.

4. 안장주당

大↦ 큰달은 순행

客객 손님	夫부 아버지	男남 남자
婦부 며느리		孫손 손자
母모 어머니	女여 여자	死사 죽음

小↦ ↦ 작은달은 역행

* 안장주당은 안장이나 이장할 때에 보는 법이다.
  - 안장하는 달이 큰달(음30일)이면 夫부를 1일로 시작하여 순행으로 2일은 男남을, 3일은 孫손 순으로 세어 짚는다.
  - 안장하는 달이 작은달(음29일)이면 母모를 1일로 시작하여 2일은 女여, 3일은 死사 순으로 세어 짚는다.
* 안장주당은 죽은 사람에 짚이면 大吉하고, 산사람에 짚이면 입관 하관할 때에 해당하는 사람만 잠시 피하면 괜찮다.

서기	2026年
단기	4359年
불기	2570年

日常生活 行事吉凶圖表

卍 1. 천도재 제사길일 卍

	甲 日	乙 日	丙 日	丁 日	戊 日	己 日	庚 日	辛 日	壬 日	癸 日	
천도제 제사길일	甲子 甲戌 甲申 甲午	乙丑 乙酉 乙未 乙巳 乙卯	丙戌 丙申 丙午 丙辰	丁卯 丁丑 丁亥 丁酉 丁未 丁巳	戊辰 戊申 戊午	己卯 己丑 己酉 己未	庚辰 庚戌	辛未 辛卯 辛酉	壬申 壬午	癸酉 癸亥	際 滿 平 執 收日

卍 2. 불공 정성제일 卍

	甲 日	乙 日	丙 日	丁 日	戊 日	己 日	庚 日	辛 日	凶한 날
불공 정성제일	甲寅 甲辰 甲午 甲戌	乙丑 乙酉	丙寅 丙申 丙辰	丁未	戊辰 戊午	己丑	庚午	辛卯 辛酉	乙卯-가축이 死 乙亥-손재, 도둑 丙午-주인이 死 丁卯-관재,감옥刑 壬辰-스승이 死

卍 3. 칠성천신기도일 卍

	甲 日	乙 日	丙 日	丁 日	戊 日	己 日	庚 日	辛 日	壬 日	癸 日	
칠성천신기도일	甲辰 甲戌	乙巳 乙亥	丙子	丁未	戊午 戊申 戊戌	己丑 己未 己酉	庚寅 庚申	辛卯 辛酉	壬寅 壬申	癸卯 癸酉	

	1월	2월	3월	4월	5월	6월	7월	8월	9월	10월	11월	12월
칠성천신기도일	3 7 15 22 25 26 27	3 7 8 15 22 26 27	3 7 8 15 22 26 27	3 7 8 15 22 26 27	3 7 8 15 22 26 27	3 7 8 15 22 26 27	3 7 15 22 26 27	3 7 8 15 22 27	3 7 8 15 22 27	3 7 8 15 22 27 28	3 7 8 15 26 27	3 7 15 26 27

	칠성 천신 예찬일
1월 10일	수명장수. 당일에 기도하면 검은색 본 머리카락이 다시 자라난다고 전한다.
2월 6일	일년중 흉한 재앙을 소멸하고 평안 복록이 쌓인다.
3월 8일	업장소멸이 되어 고통스런 지옥을 면하게 되고 흉액 난을 피하게 된다고 한다.
4월 7일	소원성취 기도가 이루어진다.
5월 2일	우환소멸. 건강하게 수명장수하게 된다.
6월 27일	구직. 구재. 구하고자하는 소원을 성취할 수 있다.
7월 5일	건강장수하며 부귀영화를 받게 된다.
8월 25일	우환질고. 근심걱정이 떠난다.
9월 9일	당일에 기도하면 소송 건이나 관재구설을 피할 수 있다.
10월 20일	금전재수와 금은보화가 다가온다.
11월 03일	식록 재록 재물이 풍부해 진다.
12월 22일	나쁜 액운은 물러가고, 오복이 들어와 가내가 평안해진다.

4. 萬神 祈福日 만신근복일

	甲 日	乙 日	丙 日	丁 日	戊 日	己 日	庚 日	辛 日	壬 日	癸 日	
萬神祈福日	甲午 甲辰	乙卯 乙未 乙亥	丙子 丙辰	丁丑 丁亥 丁酉	戊申 戊午	己丑	-	辛卯	壬申 壬午 壬辰 壬子 壬戌	癸未 癸亥	천덕, 월덕 천은, 천사 (생기복덕) 천의, 모창 定, 成, 開日
祈福凶日	寅日, 천적, 수사, 천구일, 建, 破, 平, 收日										

5. 산신제 기도일

	甲 日	乙 日	丙 日	丁 日	戊 日	己 日	庚 日	辛 日	壬 日	癸 日	금기 사항 : 기도 前 15일부터 비린고기, 누린고기, 간음을 삼간다.
산신제 기도일	甲子 甲申	乙亥 乙酉 乙卯	丙子 丙戌	-	-	-	庚戌	辛卯	壬申	-	
산신 하강일	甲子 甲戌 甲午 甲寅	乙丑 乙亥 乙未 乙卯		丁卯 丁亥 丁未	戊辰	己巳 己卯 己酉	庚辰 庚戌	辛卯 辛亥	壬寅	癸卯	

山鳴日			
	큰 月	2일, 8일, 21일, 23일, 26일	*이날은 산과 날질승이 우는 날. (산제행사, 벌목, 산토목공사는 피하는 것이 좋다).
	작은月	1일, 8일, 10일, 18일, 22일, 23일	

6. 용신제 기도일

	甲 日	乙 日	丙 日	丁 日	戊 日	己 日	庚 日	辛 日	壬 日	癸 日	금기 사항 : 기도 前 15일부터 비린고기, 누린고기, 간음을 삼간다.
용신제 기도일	甲戌	-	-	-	-	-	庚子 庚午	辛未 辛酉	壬申	癸酉	
수신제 길일	甲戌	-	-	-	際 滿 執日	成 開日	庚午 庚子	辛未 辛酉	壬申	癸酉	

水鳴日			
	큰 月	7일, 13일, 15일, 17일, 18일, 27일	* 이날은 강과 바다의 용왕이 우는 날. 용왕제행사, 방생, 낚시는 피하는 것이 좋다.
	작은月	7일, 10일, 17일, 21일, 22일, 27일	

7. 竈王神조왕신 기도일

竈王神下降日	甲子, 甲辰, 甲午, 乙丑, 乙卯, 乙酉, 乙亥, 丙申日	천상에서조왕신이 하강하는 날이니 조왕고사,조왕기도에 吉
竈王神祈禱日	甲辰, 甲申, 甲戌, 乙卯, 乙酉, 丙午, 丁卯, 丁酉, 丁亥, 己丑, 己卯, 己酉, 庚辰, 辛酉, 辛亥, 癸卯, 癸酉, 癸亥 매월 - 6일, 12일, 18일, 21일	
竈王神上天日	乙丑, 乙未, 乙酉, 己卯 (조왕신이 천상으로 올라가는 날, 주방개축 수리에 吉)	주방청소 길일
祈禱凶日	寅日, 천적, 수사, 천구일, 建, 破, 平, 收日, 竈王神上天日	정성기도 피할 것

8. 토지신 기도일

	1월	2월	3월	4월	5월	6월	7월	8월	9월	10월	11월	12월	일 진 풀 이
地神 하강일	吉日	매월 3일, 7일, 15일, 22일, 26일											＊ 이날은 땅의 신이 하강하는 날로 地神에게 정성 드리면 德이 많다.
	凶日	천적, 수사, 복단일, 建, 破, 平, 收, 寅日, 천구일, 지명일											
地德日	未	申	酉	戌	亥	子	丑	寅	卯	辰	巳	午	땅이나 흙 다루는 일이나 매장하기에 좋은 날
地隔日	辰	寅	子	戌	申	午	辰	寅	子	戌	申	午	농작물을 심거나 씨뿌리기 나무심기, 장례행사는 凶
地浪日	庚子 庚午	癸未 癸丑	甲子 甲寅	己卯 己丑	戊辰 戊午	癸未 癸巳	丙寅 丙申	丁卯 丁巳	戊辰 戊子	庚子 庚戌	辛未 辛酉	乙酉 乙未	흙 다루는 일, 담장 쌓기, 우물이나 연못 파는 일은 凶하다.
地破日	亥	子	丑	寅	卯	辰	巳	午	未	申	酉	戌	흙으로 집을 수리 보수하는 일 땅을 파는 일, 이장, 안장, 무덤 파는 일 등은 흉하다.
地火日	戌	酉	申	未	午	巳	辰	卯	寅	丑	子	亥	지붕을 덮거나 부엌을 고치거나 불을 다루는 일은 凶
地虎不食日	壬申, 癸酉, 壬午, 甲申, 乙酉, 壬辰, 丁酉, 丙午, 己酉, 丙辰, 己未, 庚申, 辛酉 日												땅을 다루거나 파는 일에 吉한 날이다. 이장, 안장, 매장 등 吉하다
地啞日	乙丑, 丁卯, 己卯, 辛巳, 乙未, 己亥, 辛丑, 癸丑, 辛酉 日												지신이 벙어리가 되는 날로 흙 다루는 모든 일에 吉
地鳴日	큰月	13일, 25일, 28일											＊ 이날은 땅이 우는 날. 산제행사, 건축공사, 흙 다루는 일은 피하는 것이 좋다.
	작은月	13일, 18일, 25일											

9. 十齋法會 불공기도일

	十재일	십대왕	해 당 출생자
1일	정광재일	진광대왕	庚午生, 辛未生, 壬申生, 癸酉生, 甲戌生, 乙亥生
8일	약사재일	초강대왕	戊子生, 己丑生, 庚寅生, 辛卯生, 壬辰生, 癸巳生
14일	현겁천재일	송제대왕	壬午生, 癸未生, 甲申生, 乙酉生, 병술생, 丁亥生
15일	미타재일	오관대왕	甲子生, 乙丑生, 丙寅生, 丁卯生, 戊辰生, 己巳生
18일	지장재일	염라대왕	庚子生, 辛丑生, 壬寅生, 癸卯生, 甲辰生, 乙巳生
23일	대세지재일	변성대왕	丙子生, 丁丑生, 戊寅生, 己卯生, 庚辰生, 辛巳生
24일	관음재일	태산대왕	甲午生, 乙未生, 丙申生, 丁酉生, 戊戌生, 己亥生
28일	노사나재일	평등대왕	丙午生, 丁未生, 戊申生, 己酉生, 庚戌生, 辛亥生
29일	약왕재일	도시대왕	壬子生, 癸丑生, 甲寅生, 乙卯生, 丙辰生, 丁巳生
30일	석가재일	오도전륜대왕	戊午生, 己未生, 庚申生, 辛酉生, 壬戌生, 癸亥生

地神祭日	길일	매달 3일, 7일, 15일, 22일, 26일	※ 山에 관계되는 사람과 山 행사에 제사(산제)를 올리면 효험이 큰 날이다.
	불길일	地隔日지격일, 地鳴日지오일	

10. 天神祭 吉凶日

	1월	2월	3월	4월	5월	6월	7월	8월	9월	10월	11월	12월	일 진 풀 이
天狗日	子	丑	寅	卯	辰	巳	午	未	申	酉	戌	亥	이 날에 고사나 제사를 지내면 천상의 개가 내려와 차려놓은 음식을 모두 먹어버려 정성 德이 없어짐.
天火日	子	卯	午	酉	子	卯	午	酉	子	卯	午	酉	이 날에 조왕, 주방을 개보수하거나 지붕을 덮거나 집수리를 하면 凶하다
天賊日	辰	酉	寅	未	子	巳	戌	卯	申	丑	午	亥	이 날은 흉신 중의 하나로 모든 일에 나쁜 凶한 날
天罡日	子年	丑年	寅年	卯年	辰年	巳年	午年	未年	申年	酉年	戌年	亥年	이 날은 殺鬼가 작용하므로 매사에 凶하다
	辰	卯	寅	丑	子	亥	戌	酉	申	未	午	巳	
天喜日	戌	亥	子	丑	寅	卯	辰	巳	午	未	申	酉	吉神日로 기쁜 행사 결혼, 약혼, 이사, 입주, 연회, 모임, 여행에 吉日
天官日	申子辰年 - 亥日 寅午戌年 - 巳日 巳酉丑年 - 申日 亥卯未年 - 寅日												凶神 中의 하나로 집 건축이나 집터잡기, 묘자리 잡을 때 이 좌향은 凶하다
天聾日	丙寅, 戊辰, 丙子, 丙申, 庚子, 壬子, 丙辰												모든 神이 귀먹은 날. 집짓거나 흙 다루는일 吉
天地皆空日	戊戌, 己亥, 庚子, 庚申												모든 神들이 공망인 날이라 아무 작용 없음, 모든 일에 吉日.

天井日		
	*이 날은 연못이나 우물을 파는 일과 수도관 연결할 때 길한 날과 방위	
	吉日	甲子, 乙丑, 癸酉, 丙子, 壬午, 癸未, 甲申, 乙酉, 丁亥, 戊子, 癸巳, 甲午, 乙未, 戊戌, 庚子, 辛丑, 壬寅, 乙巳, 己酉, 辛亥, 癸丑, 丁巳, 戊午, 己未, 庚申, 辛酉, 癸亥 黃道日, 天德日, 月德日, 천덕합, 월덕합, 生氣, 成, 開日
	凶日	黑道흑도일, 천적, 수사, 토온, 토기, 토부, 정사폐, 도침일, 천지전살, 천강일, 천폐일, 토왕용사후, 대모, 소모, 삼살방, 대장군방, 建, 破, 平, 收, 閉日.

11. 天恩上吉日

	甲 日	乙 日	丙 日	丁 日	戊 日	己 日	庚 日	辛 日	壬 日	癸 日
天恩上吉日	甲子	乙丑	丙寅	丁卯	戊辰	己卯 己酉	庚辰 庚戌	辛巳 辛亥	壬子 壬午	癸未 癸丑
	* 4대 길일에 하나, 결혼, 건축증개축, 취임, 입주, 이사, 여행, 서류제출, 소장제출, 문서체결 취업이력서, 논문작성, 원고출품 등 대길한 날.									

12. 조회神像開光吉日

吉日 길일		
	癸未日, 乙未日, 丁酉日, 甲辰日, 庚戌日, 辛亥日, 丙辰日, 戊午日	
	춘추2계(春秋2季) ⇨ 위危, 심心, 필畢, 장張,	동하2계(冬夏2季) ⇨ 방房, 허虛, 성星, 항亢

13. 天赦上吉日

	1월	2월	3월	4월	5월	6월	7월	8월	9월	10월	11월	12월
天赦上吉日	戊寅日			甲午日			戊申日			甲子日		
	* 4대 길일에 하나, 모든 풍파와 재앙 등 죄업이 용서되고 소멸된다.											

14. 天德 月德日

	1월	2월	3월	4월	5월	6월	7월	8월	9월	10월	11월	12월
天 德 日	丁	辛	壬	申	亥	甲	癸	寅	丙	乙	巳	庚
	* 모든 백사가 순통하고 만사가 대길한 날.											

	寅午戌 月	巳酉丑 月	申子辰 月	亥卯未 月
月 德 日	재경	재경	재임	재갑
	* 만사대길한 날로 福이 들어오는 날.			

15. 大明 母倉上吉日

	甲 日	乙 日	丙 日	丁 日	戊 日	己 日	庚 日	辛 日	壬 日	癸 日
大明 母倉 上吉日	甲辰 甲申	乙巳 乙未	丙午	丁丑 丁亥	-	己卯 己酉	庚戌	辛未 辛亥	壬寅 壬午 壬辰 壬申	癸酉
	4대 길일에 하나, 결혼, 입주, 이사, 여행, 집수리, 소장제출, 문서체결에 吉.									

16. 三合 六合 吉日

	1월	2월	3월	4월	5월	6월	7월	8월	9월	10월	11월	12월
三合日	午,戌	亥,未	申,子	酉,丑	寅,戌	亥,卯	子,辰	巳,丑	寅,午	卯,未	申,辰	巳,酉
六合日	亥	戌	酉	申	未	午	巳	辰	卯	寅	丑	子
해 설	* 月日이 만나 合이 되는 날로서 결혼, 약혼, 개업, 동업, 회사합자, 합의에 吉.											

17. 만사형통 吉日

	1월	2월	3월	4월	5월	6월	7월	8월	9월	10월	11월	12월
만사형통	午	亥	申	丑	戌	卯	子	巳	寅	未	辰	酉
	* 만사가 두루두루 평안한 날이다. 가내에서도 우환 없이 좋고, 家外집밖에서도 재물운 재수가 따른다.											

18. 四季 吉日

	1월	2월	3월	4월	5월	6월	7월	8월	9월	10월	11월	12월
四季 吉日	乙丑 丙子 丁丑 壬午 己丑 乙未 壬子 癸丑			乙丑 丁卯 己丑 丁卯 癸巳 乙未 癸卯 乙巳			辛卯 癸巳 乙丑 乙未 丙子 丁丑 壬午 壬子 癸丑 癸卯			丁卯 辛卯 癸巳 乙巳 乙卯 癸卯		
	* 결혼 약혼 연회행사 입주 이사 등에 길한 날.											

19. 출행出行, 행선 吉日

출행길일	甲子,乙丑,丙寅,丁卯,戊辰,庚午,辛未,甲戌,乙亥,丁丑,癸未,甲申,庚寅,壬辰,乙未,庚子,壬寅,癸卯,丙午,丁未,庚戌,癸丑,甲寅,乙卯,庚申,辛酉,壬戌,癸亥,역마,천마,사상, 建, 滿, 成, 開일 → 여행, 해외여행, 원행, 출장에 길한 날.
출행불길일	왕망일, 수사일, 귀기일, 천적일, 멸몰일, 巳日, 破일, 평일, 수일.
행선길일	乙丑, 丙寅, 丁卯, 戊辰, 丁丑, 戊寅, 壬午, 乙酉, 辛卯, 甲午, 乙未, 庚子, 辛丑 壬寅, 辛亥, 丙辰, 戊午, 己未, 辛酉, 천은, 천우, 보호, 복일, 滿, 成, 開日 → 진수식이나 선박이 출항이나 입수할 때 아주 좋은 날이다.
행선불길일	풍파일, 하백일, 백랑일, 천적일, 수사일, 월파일, 수격일, 팔풍일, 복단일, 귀기일, 왕망일, 建, 破, 危, 長, 箕, 宿日,

20. 이사 입주에 吉日

	甲 日	乙 日	丙 日	己 日	庚 日	辛 日	壬 日	癸 日
이사 입주에 좋은 날	甲子 甲寅 甲申 甲申	乙亥 乙丑 乙卯 乙未	丙子 丙寅 丙午	己巳 己卯 己亥	庚子 庚寅 庚午 庚申	辛未 辛卯 辛酉	壬午 壬子	癸未 癸卯

새집 입주에 吉	甲子 乙丑 戊辰 庚午 癸酉 庚寅 癸巳 庚子 癸丑			
헌집 입주에 吉	봄 3개월	여름 3개월	가을 3개월	겨울 3개월
	甲寅日	丙寅日	庚寅日	壬寅日

21. 매매 계약에 吉日

매매 계약 교환	길일	甲子, 辛未, 甲戌, 丙子, 丁丑, 庚辰, 辛巳, 壬午, 癸未, 甲申, 辛卯, 壬辰, 癸巳, 乙未, 庚子, 癸卯, 丁未, 戊申, 壬子, 甲寅, 乙卯, 己未, 辛酉, 천덕합, 월덕합, 삼합, 오합, 육합, 執日, 成日
	흉일	천적일, 공망일, 복단일, 平日, 收日

22. 영업 개업에 吉日

	甲 日	乙 日	丙 日	丁 日	戊 日	己 日	庚 日	辛 日	壬 日	癸 日
영업 개업 개업식 길일	甲子 甲寅 甲申 甲戌	乙丑 乙卯 乙未 乙亥	丙子 丙寅 丙午	-	-	己巳 己卯 己未 己亥	庚子 庚寅 庚申 庚戌	辛卯 辛未 辛酉	壬子 壬午	癸卯 癸未
개업식 凶일	대모(大耗) 소모(小耗) 태허일(太虛日) 허숙(虛宿) 천적일(天賊日)									

月財吉日 월재길일	寅月, 申月에는 9일	卯月, 酉月에는 3일	辰月, 戌月에는 4일
	巳月, 亥月에는 2일	五月, 子月에는 3일	未月, 丑月에는 6일

흉한 날	子	丑	寅	卯	辰	巳	午	未	申	酉	戌	亥
나이별 피해야할 개업일	午日	未日	申日	酉日	戌日	亥日	子日	丑日	寅日	卯日	辰日	巳日
	* 위의 띠에 사람은 해당하는 일진에 개업, 개업식을 하면 흉하다.											

* 개업일을 택일 할 때에는 위의 영업개업 길일과 월재길일에서 골라 사용하면 되고, 여기에 생기복덕길흉표에서 생기일이나 복덕일, 천의일과 겹친 날을 고르면 더욱 좋다.

23. 여행 원행에 吉日

	甲日	乙日	丙日	丁日	戊日	己日	庚日	辛日	壬日	癸日
여행 원행에 길일	甲子 甲寅 甲申 甲戌	乙丑 乙卯 乙未 乙亥	丙午 丙寅 丙戌	丁卯 丁丑 丁未	戊辰	己丑 己卯 己酉	庚子 庚寅 庚申 庚午	辛丑 辛卯 辛未 辛酉	壬子 壬寅 壬戌	癸丑 癸卯 癸亥
	* 역마, 천마, 사상, 建日, 際日, 成日, 開日									

24. 官 관공소의 事 吉日

	봄 3개월	여름 3개월	가을 3개월	겨울 3개월
官 관공소의 事 吉日	卯日	午日	酉日	子日

25. 분가 상속의 事 吉日

	1월	2월	3월	4월	5월	6월	7월	8월	9월	10월	11월	12월
분가 상속 事吉日	己卯 壬午 丙午 癸卯	辛未 癸未 己亥 乙未 己未 己酉	甲子 庚子 己卯 辛卯 癸卯	-	甲辰 戊辰 丙辰 辛未 己未	乙亥 己亥 己卯 癸卯	戊辰 庚辰 壬辰 丙辰	乙丑 甲戌 乙亥 己亥 乙巳 庚申	庚午 壬午 丙午 辛酉	甲子 丙子 戊子 庚子	乙丑 乙亥 丁丑 己丑 癸丑	壬申 庚申 辛卯 癸卯 乙卯
요안일	寅日	申日	卯日	酉日	辰日	戌日	巳日	亥日	午日	子日	未日	丑日

* 자손에게 재산이나 토지, 부동산 등을 상속하기 좋은 날이고,
  자녀와 같이 살다가 분가하기 좋은 날이다.

26. 청탁 부탁事 吉日

청탁	1월	2월	3월	4월	5월	6월	7월	8월	9월	10월	11월	12월
음덕일	酉	未	巳	卯	丑	亥	酉	未	巳	卯	丑	亥

27. 공관직 부임事 취임事 吉凶日

	甲日	乙日	丙日	丁日	戊日	己日	庚日	辛日	壬日	癸日
취임일 吉日	甲子 甲申	乙酉 乙亥	丙午 丙寅 丙子 丙戌	丁卯	戊子 戊辰 戊申	己巳 己卯	庚申 庚子 庚戌	辛酉 辛亥	壬子 壬午 壬寅	癸巳 癸丑
	天赦, 天恩, 月恩, 黃道, 天月德, 王日, 官民日, 相日, 守日, 本命祿馬日									
凶日	受死日, 복단日, 天敵日, 往亡日, 天獄日, 羅網日, 收日, 平日, 閉日, 破日									

편안하고 운과 재수가 좋아지는 頭枕두침 잠자리머리 방향법	申子辰 生	巳酉丑 生	寅午戌 生	亥卯未 生
	丑方 북동쪽 1시방향	戌方 서북쪽 10시방향	未方 남서쪽 7시방향	辰方 동남쪽 4시방향

28. 결혼 약혼 회갑 돌잔치에 吉日

	甲日	乙日	丙日	丁日	戊日	己日	庚日	辛日	壬日	癸日
선 보기 약혼에 길 일	甲辰 甲寅	乙丑 乙卯 乙未	丙午 丙寅 丙戌 丙辰	丁卯 丁巳 丁未	戊子 戊寅 戊午 戊戌	己丑 己卯 己酉	庚辰 庚戌	辛丑 辛未	壬子 壬辰 壬寅	癸巳 癸卯 癸丑
	황도일, 삼합일, 오합일, 육합일, 양덕일, 속세, 육의, 월은, 천희, 定, 成, 開日									

	1월	2월	3월	4월	5월	6월	7월	8월	9월	10월	11월	12월
성심일 사주단자 채 단 예 물 보내는 길 일	亥	巳	子	午	丑	酉	寅	申	卯	酉	辰	戌
	己卯, 庚寅, 辛卯, 壬辰, 癸巳, 己亥, 庚子, 辛丑, 乙巳, 丁巳, 庚申, 천의일											

	1월	2월	3월	4월	5월	6월	7월	8월	9월	10월	11월	12월
익후일	子	午	丑	未	寅	申	卯	酉	辰	戌	巳	亥
양덕일	戌	子	寅	辰	午	申	戌	子	寅	辰	午	申
逐月陰陽不將吉日	丙寅 丁卯 丁丑 丙子 戊寅 己卯 戊子 己丑 庚寅 辛卯 庚子 辛丑	乙丑 丙寅 丙子 丁丑 戊寅 丙戌 戊子 己丑 庚寅 戊戌 庚子 庚戌	甲子 乙丑 甲戌 丙子 丁丑 乙酉 丙戌 戊子 己丑 丁酉 戊戌 己酉	甲子 甲戌 丙子 甲申 乙酉 丙戌 戊子 丙申 丁酉 戊戌 己酉	甲戌 甲申 乙酉 癸酉 丙戌 丙申 乙未 癸未 戊戌 戊申	壬申 癸酉 甲戌 癸未 甲申 乙酉 甲午 乙未 壬午 壬戌	壬申 癸酉 壬午 癸未 甲申 乙酉 癸巳 甲午 乙未 乙巳	辛未 壬申 辛巳 壬午 癸未 甲申 壬辰 癸巳 甲午 甲辰	庚午 辛未 辛巳 壬午 癸未 辛卯 壬辰 癸巳 庚辰 癸卯	庚午 庚辰 辛巳 壬午 辛卯 庚寅 壬辰 癸巳 壬寅 癸卯	丁卯 己巳 丁丑 戊寅 庚辰 己卯 戊子 己丑 庚寅 辛卯 庚子	丁卯 丙寅 戊辰 丙子 丁丑 戊寅 庚辰 己卯 戊子 己丑 庚寅 辛卯 庚子 辛丑 丙辰
婚姻吉日	生氣, 福德, 天醫, 陰陽不將吉日, 五合, 十全日, 四大吉日, 四季吉日, 黃道日 生甲旬, 歲德, 天德, 月德, 天月德合日, 三合일, 六合日, 庚寅, 癸巳, 乙未, 壬午, 丙辰, 辛酉日											

29. 웃사람 초대事 귀한손님 초청 吉日

六儀日 육의일	1월	2월	3월	4월	5월	6월	7월	8월	9월	10월	11월	12월
	辰	卯	寅	丑	子	亥	戌	酉	申	未	丑	子

서기	2026年
단기	4359年
불기	2570年

일상 애경사 길흉 택일법

1. 대공망일 吉凶日

	甲日	乙日	丙日	丁日	戊日	己日	庚日	辛日	壬日	癸日
천상천하 대공망일	甲午 甲申 甲戌	乙丑 乙酉 乙亥	-	-	戊申	-	-	-	壬子 壬寅 壬辰	癸巳 癸卯 癸未
대공망일	壬子日, 乙丑, 壬寅, 癸卯, 壬辰, 癸巳, 甲午, 癸未, 甲申, 乙酉, 甲戌, 乙亥									

* 대공망일에는 모든 神들이 천상으로 조회를 하러 올라가는 날이다. 그러므로 길흉의 神이 아무도 없기 때문에 탈이 없는 날이다. (건축, 집수리, 파옥, 이장, 안장, 흙 다루는 일에 길한 날)
하지만 고사, 제사, 불공, 개업, 소장제출, 문서교환, 매매계약, 투자에는 불리한 날이다.

2. 천구하식일 凶日

	1월	2월	3월	4월	5월	6월	7월	8월	9월	10월	11월	12월
천구하식일	子	丑	寅	卯	辰	巳	午	未	申	酉	戌	亥

* 이 날에 고사나 제사, 정성을 드리려고 차려놓은 상의 음식을 天狗(하늘의개)가 먼저 내려와서 모두 먹어버리기 때문에 神께 드리는 정성 덕이 없다는 날이다.

3. 복 단 일 凶日

	子	丑	寅	卯	辰	巳	午	未	申	酉	戌	亥
복단일 伏斷日	虛	斗	室	女	箕	房	角	張	鬼	觜	胃	壁

* 복단일은 매사 끊어지고 잘리고 엎어진다는 날이다. 일지와 28수의 흉일이 잘못 만나서 더 흉해지는 날이다. 하지만 변소 증개축이나 아기 젖 떼어내는 시작일로는 좋다.

4. 양 공 기 일 凶日

	1월	2월	3월	4월	5월	6월	7월	8월	9월	10월	11월	12월
양공기일	13일	11일	9일	7일	5일	3일	1일	27일	25일	23일	21일	19일

* 매사를 삼가고 조심조심 주의하는 날로 음양택을 막론하고 흉한 날.
(양공이란 당나라국사 양균송을 뜻한다.)

월 기 일 月忌日은 결혼식, 손님초대, 집들이, 먼 여행, 성형수술, 파티 등을 행사하면 좋지 않은 흉한 날로써 삼가는 것이 좋다. 음력 매월 05일, 14일, 23일이 해당한다.

5. 수술 입원 침 병치료 吉凶日

吉日	己酉, 丙辰, 壬戌, 생기일, 천의일, 際日, 破日, 開日
凶日	受死日, 建日, 平日, 收日, 滿日, 上弦일, 下弦日, 초하루 望日.
복약日	을축, 임신, 계유, 을해, 병자, 정축, 임오, 갑신, 병술, 기축, 임진, 계사, 갑오, 병신, 정유, 무술, 기해, 경자, 신축, 무신, 기유일

6. 칠군하림七君下臨 吉凶日

음력	1월	2월	3월	4월	5월	6월	7월	8월	9월	10월	11월	12월
칠군 하림일	3, 7 15, 22 26, 27	3, 7 8, 15 22, 26 27	3, 7 8, 15 22, 26 27	3, 7 8, 15 22, 26 27	3, 7 8, 15 22, 26 27	3, 7 8, 15 22, 26 27	3, 7 8, 15 22, 27	3, 7 8, 11 15, 19 22, 27	3, 7 8, 15 19, 22 27	3, 7 8, 15 22, 27 28	3, 7 8, 15 25, 27	3, 7 8, 15 26, 27

7. 음양 동토 吉凶日

	甲日	乙日	丙日	丁日	戊日	己日	庚日	辛日	壬日	癸日
동토 吉日	甲子 甲午 甲申 甲辰	-	丙辰 丙申 丙戌 丙午	丁巳 丁未	戊寅 戊戌 戊午	己卯 己亥	庚子 庚午 庚辰	辛巳 辛未 辛酉	-	癸丑 癸酉
	황도일, 월공일, 천덕일, 월덕일, 천은일, 사상일, 생기일, 금당일, 옥우일, 익후일 際日, 定日, 執日, 危日, 成日, 開日									
동토 凶일	토황, 토온, 토부, 토기, 토금, 천적, 建日, 破日, 平日, 收日은 凶									
	* 개옥, 개축, 신축, 수리, 이사, 입주 등 에 길한 날만 사용한다.									

8. 納人口吉凶日

	甲日	乙日	丙日	丁日	戊日	己日	庚日	辛日	壬日	癸日
사원 종업원 기사채용 사람들이는 길일	甲子 甲申 甲午 甲寅	乙丑 乙未 乙卯 乙亥	丙寅 丙戌 丙午	丁卯 丁未	戊寅 戊辰	己卯 己未 己亥	庚子	辛酉 辛亥	壬子 壬申 壬辰	癸巳 癸卯
	명당일, 옥당황도, 천덕일, 월덕일, 五合日, 六合日, 收日, 滿日, 執日									
人動日	매월- 3일, 8일, 10일, 13일, 23일, 24일									
人隔日	1,7월-酉日, 2,8월-未日, 3,9월-巳日, 4,10월-卯日, 5,11월-丑日, 6,12-亥日									
納人口凶日	歸忌日 · 受死日 · 天賊日 · 天罡日 · 河魁 · 月破日 · 人動日 · 人隔日									
양자 자식들이는 吉凶日	익후일, 속세일, 들어오는 본인의 건록일, 역마일, 천을귀인일, 천덕일, 월덕일, 천은상길일, 월은상길일은 吉日									
	凶喜日	往亡日, 受死日, 致死日, 月害日, 人動日, 人隔日, 建日, 破日, 閉日, 平日								

9. 수 사 凶日

	1월	2월	3월	4월	5월	6월	7월	8월	9월	10월	11월	12월
受死日	戌	辰	亥	巳	子	午	丑	未	寅	申	卯	酉
	*만사에 불리한 날, 수렵 사냥을 하거나 살생, 낚시, 살충제뿌리기는 吉日											

10. 神號鬼哭 凶日

	1월	2월	3월	4월	5월	6월	7월	8월	9월	10월	11월	12월
神號日	戌	亥	子	丑	寅	卯	辰	巳	午	未	申	酉
鬼哭日	未	戌	辰	寅	午	子	酉	申	巳	亥	子	卯
해 설	* 귀신이 운다는 날, 점안식이나 신당모시기, 탱화, 神등불 안치에는 흉한 날.											

11. 水神祭 吉凶日

水神祭 吉 日	庚午日, 辛未日, 壬申日, 癸酉日, 甲戌日, 庚子日, 辛酉日, 除, 滿, 執, 成, 開
凶 日	天狗日, 水鳴日 ⇨ 배의 진수식에도 피해야하고, 용신제와 용왕신, 수신 기도할 때도 피할 것.

本♡ 12. 水神 물에 관한 吉凶日 ♡本

	1월	2월	3월	4월	5월	6월	7월	8월	9월	10월	11월	12월
풍파日	戌	亥	子	丑	寅	卯	辰	巳	午	未	申	酉
	* 바다, 강 위를 출항, 입수, 고기잡이 등 물에 들어가면 커다란 풍파가 일어남.											
보호일	申	寅	酉	卯	戌	辰	亥	巳	子	午	丑	未
	* 출항을 하거나 승선, 낚시 등에 흉하다.											
백파일 백랑일	寅	卯	辰	巳	午	未	申	酉	戌	亥	子	丑
	* 배를 타고 바다로 나가거나 수영을 하기, 물에 들어가는 일은 흉하다.											

本♡ 13. 往亡 凶日 ♡本

	1월	2월	3월	4월	5월	6월	7월	8월	9월	10월	11월	12월
왕 망 일	寅	巳	申	亥	寅	巳	申	亥	寅	巳	申	亥
	입춘후 7일	경칩후 14일	청명후 21일	입하후 8일	망종후 16일	소서후 24일	입추후 9일	백로후 18일	한로후 27일	입동후 10일	대설후20일	소한후30일
	* 여행, 원행, 해외출장, 이사, 교통행사, 자리이동 중에 액 재앙이 생긴다는 凶日.											

本♡ 14. 묘룡 산소 이장 안장 吉凶日 ♡本

	1월	2월	3월	4월	5월	6월	7월	8월	9월	10월	11월	12월
重喪 日	甲	乙	己	丙	丁	己	庚	辛	己	壬	癸	己
	* 장례행사, 이장, 안장의 事를 행하면 또 다른 喪門厄이 반복된다는 凶日.											

重服 日				
	1, 4, 5, 10 月	2, 5, 8, 11 月	3, 6, 9, 12월	-
	寅, 申, 巳, 亥	子, 午, 卯, 酉	辰, 戌, 丑, 未	-
	봄 3개월	여름 3개월	가을 3개월	겨울 3개월
	寅日	申日	巳日	亥日

	1월	2월	3월	4월	5월	6월	7월	8월	9월	10월	11월	12월
地破日	亥	子	丑	寅	卯	辰	巳	午	未	申	酉	戌
	*흙을 다루는 일, 집수리, 무덤 파는 일은 凶한 날이다.											

地虎不食日	壬申, 癸酉, 壬午, 甲申, 乙酉, 壬辰, 丁酉, 丙午, 己酉, 丙辰, 己未, 庚申, 辛酉 *땅을 파는 일에 길한 날, 명폐일과 겹친 날에 이장, 안장, 매장에 탈이 없다.
破土忌日	密日, 重日, 復日, 土符, 지랑일, 建日, 破日, 平日, 收日 *산소 보수나 이장, 안장, 무덤을 쓰기위해 땅을 파는 일은 凶하다.

地神祭吉日	매달 3일, 7일, 15일, 22일, 26일
凶 日	지격일, 지오일

	1월	2월	3월	4월	5월	6월	7월	8월	9월	10월	11월	12월
土符日	丑	巳	酉	寅	午	戌	卯	未	亥	未	申	子
	* 장례행사 등 음택양택 모든 흙 다루는 일은 凶하다.											

	1, 2, 3 月	4, 5, 6 月	7, 8, 9 月	10, 11, 12 月
土禁日	亥日	寅日	巳日	申日

묘룡 墓龍 日	
	* **산소 보수나 이장, 안장, 무덤을 쓰기위해 땅을 파는 일은 凶한 날이다,**
1월	장손이 죽거나 다치게 된다.
2월	땅을 팔 때 무덤의 서쪽 방에서부터 시작하면 흉하지 않다.
3월	이 달에 산소를 건드리는 행사를 하면 가난을 면치 못한다.
4월	땅을 팔 때 무덤의 북쪽 방에서부터 시작하면 흉하지 않다.
5월	장남자손에게 매우 흉하다.
6월	집안 식구 중에 사망사고가 생길 수 있다.
7월	무덤 근처에서 사람이 죽을 수 있다.
8월	땅을 팔 때 무덤의 동쪽 방에서부터 시작하면 흉하지 않다.
9월	산소가 보기 흉하게 변해간다.
10월	이장, 안장, 매장, 무덤 일에는 모두 吉하다.
11월	땅을 팔 때 무덤의 북쪽 방에서부터 시작하면 흉하지 않다.
12월	땅을 팔 때 무덤의 서쪽 방에서부터 시작하면 흉하지 않다.

安葬 안장 吉日	1월	2월	3월	4월	5월	6월	7월	8월	9월	10월	11월	12월
	丙寅	丙寅	壬申	乙丑	辛未	癸酉	壬申	壬申	丙寅	甲子	壬申	丙寅
	癸酉	壬申	癸酉	庚午	壬申	乙亥	癸酉	癸酉	庚午	庚午	甲申	壬申
	壬午	甲申	壬午	癸酉	甲戌	壬申	丙子	甲申	甲戌	辛未	庚寅	癸酉
	乙酉	庚寅	甲申	丁丑	庚辰	癸未	壬午	己巳	壬午	癸酉	壬辰	戊寅
	丁酉	丙申	乙酉	壬午	甲申	甲申	甲申	庚寅	庚寅	丙子	丙申	甲申
	丙午	壬寅	丙申	乙酉	庚寅	乙酉	乙酉	壬辰	壬寅	壬午	壬寅	乙酉
	己酉	己未	丁酉	己丑	丙申	庚寅	壬辰	丙申	丙午	壬辰	甲辰	庚寅
	辛酉	庚申	丙午	甲午	壬寅	辛卯	丙申	壬寅	辛亥	甲午	壬子	丙申
			庚申	丁酉	甲辰	丙申	丁酉	乙巳	戊午	乙未	甲寅	壬寅
			辛酉	己酉	甲寅	乙未	丙午	乙酉		甲辰	庚申	甲寅
			庚午	辛酉	庚申	壬寅	己酉	丙辰		丙午		庚申
						丙午	壬子	丁巳		丙辰		
						戊申	丙辰	庚申		庚子		
						甲寅		辛酉				
						庚申						
						辛酉						

* 이장, 안장, 무덤을 파는 일에 吉하다. 길신과 겹치면 더욱 좋다.
하지만 괴강일, 중상일, 중복일, 전살, 지랑일, 백호일, 음착일, 양착일, 빙소와해
建日, 破日, 平日, 收日, 開日 과 겹치면 凶하다.

正四廢 정사폐凶日	정사폐는 春月의 庚申, 辛酉日	夏月의 壬子, 癸亥日
	秋月의 甲寅, 乙卯日	冬月의 丙午, 丁巳日

* 四時凶神으로 매사 대흉하고, 결혼, 修造수조, 산소일, 수목, 출입문 막거나 없애기, 길을 막는 일, 집지을 터 닦기, 주춧돌 놓기, 기둥세우기, 상량식, 지붕 덮기, 우물파기, 수도설치, 축사 짓기, 달걀이나 오리알 안치기, 이사, 입주, 입학 등에 나쁘다

건축 신축 상량식 吉凶日

起造日

甲 日	乙 日	丙 日	丁 日	戊 日	己 日	庚 日	辛 日	壬 日	癸 日
甲子 甲寅 甲戌 甲申	乙丑 乙未 乙卯 乙亥	丙寅 丙子 丙戌 丙辰 丙午	丁丑 丁未 丁酉	-	己巳	庚子 庚寅 庚午	-	壬寅 壬辰	癸酉 癸卯 癸未

＊ 집을 짓고, 건물 증개축, 신축 등에 吉하다.

凶日 黑道, 死甲, 天賊日, 天罡日, 受死日, 河魁日, 大將軍, 官符, 正陰符, 灸退, 山家血刃, 羅候, 天官符, 地官符, 朱雀, 向殺, 三殺, 歲破, 太歲, 지랑, 지격 토신, 토금, 토기일

基地日

甲 日	乙 日	丙 日	丁 日	戊 日	己 日	庚 日	辛 日	壬 日	癸 日
甲子 甲寅 甲申	乙丑 乙未 乙卯	丙午	丁卯 丁未 丁酉	戊辰	己卯	庚申	辛酉 辛未	壬子	癸丑

＊ 건물을 세우거나 집을 짓기 위해 터를 고를 때, 평평하게 다지기 吉한 날

凶日 현무흑도, 天賊日, 受死日, 土瘟, 土禁, 土忌, 土符, 正四廢, 天地轟殺, 天轟地轅, 地破, 지랑일, 建日, 破日, 平日, 收日,

상량日

甲 日	乙 日	丙 日	丁 日	戊 日	己 日	庚 日	辛 日	壬 日	癸 日
甲子 甲申 甲午 甲戌	乙丑 乙卯 乙巳	丙子 丙戌 丙申	丁卯 丁未 丁酉 丁巳	戊子 戊寅 戊辰 戊戌	己巳 己未 己酉 己亥	庚子 庚寅 庚辰 庚午	辛丑 辛未 辛亥	壬寅 壬午 壬申	癸丑 癸卯 癸亥

凶日 天賊日, 受死日, 河魁日, 天罡日, 朱雀日, 빙소와해, 복단일, 天地轟殺, 正四廢, 月破日, 月建日, 火星日, 大小耗日

빙소와해

1월	2월	3월	4월	5월	6월	7월	8월	9월	10월	11월	12월
巳	子	丑	申	卯	戌	亥	午	未	寅	酉	辰

月三日

1, 5, 9 月	2, 6, 10 月	3, 7, 11 月	4, 8, 12 月
亥子丑日과 방향	申酉戌日과 방향	巳午未日과 방향	寅卯辰日과 방향

＊ 건물을 세우거나 집수리를 할 때 흉하고 초상날 수도 있는 일진과 방향이다.

旺日

1, 2, 3 月	4, 5, 6 月	7, 8, 9 月	10, 11, 12月
寅日	巳日	申日	亥日

＊ 흙 다루고 파는 일에 동토가 있어 안장, 이장, 매장에 불리하다.

定礎日

정초일 吉日 ＊ 집 짓기 위해 주춧돌이나 머릿돌을 놓을 때 좋은 날.

甲子, 乙丑, 丙寅, 戊辰, 己巳, 庚午, 辛未, 甲戌, 乙亥, 戊寅, 己未, 辛巳, 壬午, 癸未 , 甲申, 丁亥, 戊子, 己丑, 庚寅, 癸巳, 乙未, 丁酉, 戊戌, 己亥, 庚申, 辛酉, 황도일, 천덕, 월덕, 定日, 成日

凶日 正四廢日, 天賊日, 建日, 破日

造門日

吉日 ＊ 집에 대문이나 출입문, 방문 등 문을 달을 때 길한 날.

甲子, 乙丑, 辛未, 癸酉, 甲戌, 壬午, 甲申, 乙酉, 戊子, 己丑, 辛卯, 癸巳, 乙未, 己亥, 庚子, 壬寅 戊申, 壬子, 甲寅, 丙辰, 戊午, 황도일, 천덕, 월덕, 생기, 滿日, 成日, 開日

凶日 1, 2, 3 月-東향, 4, 5, 6 月-南향, 7, 8, 9 月-西향, 10, 11, 12月-北향

作廁日

＊ 화장실, 변소를 증개축 吉日 : 庚辰, 丙戌, 癸巳, 壬子, 己未, 복단일, 천롱일, 지아일

전길일 **全吉日**	※ 황제와 구천현녀의 택일에 대한 대화에서 언급한 좋은 날로 기조전길일이라고도 한다. 건축, 건물수리, 터닦기, 주춧돌 놓기, 입주, 상량을 하는데 사용하면 좋다. 生氣 福德日의 화해 · 절명일을 피하고, 三甲旬의 生甲日이 겹치면 더욱 길하다.	
	甲子, 乙丑, 丙寅, 己巳, 庚午, 辛未, 癸酉, 甲戌, 乙亥, 丙子, 丁丑, 癸未, 甲申, 丙戌 庚寅, 壬辰, 乙未, 丁酉, 庚子, 壬寅, 癸卯, 丙午, 丁未, 癸丑, 甲寅, 丙辰, 己未日	
십전대길일 **통용길일**	※ 축월음양부장길일 다음으로 吉길한 날이다. 음양부장길일에서 택일하기가 어려우면 이날에 맞추어 날을 정해서 사용한다. 황도일, 천은일, 모창일, 월덕합, 오합일 등 길신이 두세개이상 겹치면 대길한 날이다.	
	乙丑, 丁丑, 癸丑, 己丑, 丙子, 壬子, 丁卯, 辛卯, 癸卯, 乙巳日이다.	
백기일 **百 忌 日**	※ 백기일에 해당되는 날에는 무슨 일이든 행하면 불길하다고 하니 되도록 금하는 것이 좋다.	
	天干百忌日	갑불개창 甲不開倉 - 갑일엔 곡간 창고의 물건을 출고하거나 개문, 개업을 피하라.
		을불재식 乙不栽植 - 을일엔 씨뿌리기나 화초 • 나무 등을 심기를 피하라.
		병불수조 丙不修造 - 병일엔 부엌의 아궁이나 부뚜막 • 구들장을 만들거나 고치지마라
		정불삭발 丁不削髮 - 정일엔 머리를 깎거나 이발 • 삭발을 하지마라.
		무불수전 戊不受田 - 무일엔 토지 • 전답문서를 상속하거나 매매하지마라.
		기불파권 己不破券 - 기일엔 문서나 어음, 책등을 파기하거나 계약취소를 피한다.
		경불경락 庚不經絡 - 경일엔 질병치료나 수술 • 침 • 뜸을 피하라.
		신불합장 辛不合醬 - 신일엔 醬 된장 •간장 • 고추장 담그기를 피하라.
		임불결수 壬不決水 - 임일엔 방류를 피하고, 논에 물을 대거나 물을 빼지마라.
		계불송사 癸不訟事 - 계일엔 재판, 시비, 고소나 송사를 피하라.
	地支百忌日	자불문복 子不問卜 - 자일엔 점 占을 치는 것을 피하라.
		축불관대 丑不冠帶 - 축일엔 부임 • 취임식이나 약혼식 • 성인식 등을 피하라.
		인불제사 寅不祭祀 - 인일엔 고사 • 제사를 지내지 마라.
		묘불천정 卯不穿井 - 묘일엔 우물을 파거나 수도설치하거나 고치기를 피하라.
		진불곡읍 辰不哭泣 - 진일엔 억울하거나 서러운 일이 있어도 소리내어 울기 피하라.
		사불원행 巳不遠行 - 사일엔 해외여행이나 먼 여행을 피하며, 이사 • 입주도 피하라.
		오불점개 午不苫盖 - 오일엔 지붕을 덮거나 기와를 올리기를 피하라. 사냥도 금물.
		미불복약 未不服藥 - 미일엔 질병치료 약을 먹거나 입원하기를 피하라.
		신불안상 申不安牀 - 신일엔 편안하게 평상에 눕거나, 침대•가구 등을 사 들이지마라
		유불회객 酉不會客 - 유일엔 손님초대를 피하고, 연회접대도 피하라.
		술불걸구 戌不乞狗 - 술일엔 동물, 개를 집안에 들이기를 피하라.
		해불가취 亥不嫁娶 - 해일엔 결혼식, 혼인을 피하라.

오합일 五合日

※ 이 날은 무엇을 行해도 福이 있는 날이 다시 福 있는 날을 만난다는, 특별한 福을 원할 때 사용한다.

合의명칭	해석	해당날짜
일월합 日月合	해와 달이 만난 것처럼 기쁘다.	甲寅日 • 乙卯日
음양합 陰陽合	음과 양이 만나 태극을 이루듯이 좋다.	丙寅日 • 丁卯日
인민합 人民合	사람들이 모여 큰뜻을 이루듯이 이롭다.	戊寅日 • 己卯日
금석합 金石合	금과 돌이 서로 조화되듯 잘 어울린다.	庚寅日 • 辛卯日
강하합 江河合	강물이 모여 큰 바다를 이루듯이 원대하다	壬寅日 • 癸卯日

天地轉殺 凶日	春月의 묘 卯日	夏月의 오 午日
	秋月의 유 酉日	冬月의 자 子日

※ 天地轉殺 천지전살이란 동토가 나는 날로 터를 닦는 일, 기둥을 세우는 일, 상량일, 우물을 파거나 수도를 놓는 일에는 아주 불길하고 흉한 날이니 피한다. 산소 건드리는 일도 대흉이고, 종시월가로서 파종, 즉 투자, 씨뿌리기를 금한다.

결혼식 • 혼인택일법

♠1. 혼인택일의 요령 6단계

단 계	결 혼 식 날 선 택 요 령
1 단계	남녀 결혼나이 좋은 시기는 대개운◉의 나이로 결정한다.
2 단계	결혼 달은 결혼 대길한 대리월로 정한다.
3 단계	결혼 달이 결정되면 생갑순을 찾는다.
4 단계	생갑순 중에서 황도일을 찾은 다음 男女 생기복덕의 좋은 날로 택일하여야 한다.
5 단계	결혼주당을 피하고, 각종 결혼 凶흉살을 피한다.
6 단계	결혼식의 時間은 黃道 時로 정하면 大吉하며, 黃道 時가 적당치 않을 때는 천을귀인 時로 선택일하면 행운이 오고 순탄하다.

♠2. 약혼식 좋은 날.

	甲 日	乙 日	丙 日	丁 日	戊 日	己 日	庚 日	辛 日	壬 日	癸 日
납채 문명일	甲寅	乙丑 乙卯	丙寅 丙午 丙辰	丁卯 丁未 丁巳	戊寅 戊子 戊戌 戊午	己卯 己丑 己未	庚辰 庚戌	辛未 辛丑	壬辰 壬寅 壬子	癸卯 癸巳
대입법	* 약혼日과 약혼時를 택일하려면 3갑중 생갑순에서 黃道日을 택하여 신랑 신부의 생기법에 맞추어 택일하면 된다.									

♠3. 결혼나이 가리는 요령

합혼개폐법	대개운◉	반개운△̇	폐개운⊗
子午卯酉生	17, 20, 23, 26, 29, 32, 35	18, 21, 24, 27, 30, 33, 36	19, 22, 25, 28, 31, 34, 37
寅申巳亥生	16, 19, 27, 25, 28, 31, 34	17, 20, 23, 26, 29, 32, 35	18, 21, 24, 27, 30, 33, 36
辰戌丑未生	15, 18, 21, 24, 27, 30, 33	16, 19, 22, 25, 28, 31, 34	17, 20, 23, 26, 29, 32, 35
해설	대개운 나이에 결혼하면 대길하다.	반개운 나이에 결혼하면 평길하다.	폐개운 나이에 결혼하면 대흉하다

♠4. 혼인하면 凶한년도

남녀 띠	子	丑	寅	卯	辰	巳	午	未	申	酉	戌	亥
男子 凶한 年	未	申	酉	戌	亥	子	丑	寅	卯	辰	巳	午
女子 凶한 年	卯	寅	丑	子	亥	戌	酉	申	未	午	巳	辰
해설	* 子生 男子는 未年에 결혼하면 凶하므로 결혼을 피한다. * 子生 女子는 卯年에 결혼하면 凶하므로 결혼을 피한다.											

♠5. 殺夫大忌月살부대기월 凶한 달.⇨ 이 달에 결혼식을 올리면 남편이 일찍 죽는다는 속설이 전한다.

여자의 띠	쥐띠	소띠	호랑	토끼	용띠	뱀띠	말띠	양띠	원숭	닭띠	개띠	돼지
나쁜 달月	1월 2월	4월	7월	11월	4월	5월	8월 12월	6월 7월	6월 7월	8월	12월	無

♠6. 혼인 음양불장길일

月	결혼에 좋은 날
정월	丙寅, 丁卯, 丙子, 戊寅, 己卯, 戊子, 己丑, 庚寅, 辛卯, 庚子, 辛丑日
2월	乙丑, 丙寅, 丙子, 戊寅, 戊子, 己丑, 庚寅, 戊戌, 庚子, 庚戌日
3월	甲子, 乙丑, 甲戌, 丙子, 乙酉, 戊子, 己丑, 丁酉, 戊戌, 己酉日
4월	甲子, 甲戌, 丙子, 甲申, 乙酉, 戊子, 丙申, 丁酉, 戊戌, 戊申, 己酉日
5월	癸酉, 甲戌, 癸未, 甲申, 乙酉, 丙申, 戊戌, 戊申日
6월	壬申, 癸酉, 甲戌, 壬午, 癸未, 甲申, 乙酉, 甲午日
7월	壬申, 癸酉, 壬午, 癸未, 甲申, 乙酉, 癸巳, 甲午, 乙巳日
8월	辛未, 壬申, 辛巳, 壬午, 癸未, 甲申, 壬辰, 癸巳, 甲午日
9월	庚午, 辛未, 庚辰, 辛巳, 壬午, 癸未, 辛卯, 壬辰, 癸巳, 癸卯日
10월	庚午, 庚辰, 辛巳, 壬午, 庚寅, 辛卯, 壬辰, 癸巳, 壬寅, 癸卯日
11월	丁卯, 己巳, 己卯, 庚辰, 辛巳, 己丑, 庚寅, 辛卯, 壬辰, 辛丑, 壬寅, 丁巳日
12월	丙寅, 丁卯, 戊辰, 丙子, 戊寅, 己卯, 庚辰, 戊子, 己丑, 庚寅, 辛卯, 庚子, 辛丑, 丙辰, 丁巳, 己巳, 辛巳日

♠7. 결혼식 올리는 달 가리는 요령

女子生年	子午生	丑未生	寅申生	卯酉生	辰戌生	巳亥生
결혼 대길한 달 (大利月)	6, 12월	5, 11월	2, 8월	1, 7월	4, 10월	3, 9월
결혼 평길한 달 (방매모씨月)	1, 7월	4, 10월	3, 9월	6, 12월	5, 11월	2, 8월
시부모가 해로운 달 (방옹고月✖)	2, 8월	3, 9월	4, 10월	5, 11월	6, 12월	1, 7월
친정부모가 해로운 달 (방녀부모月✖)	3, 9월	2, 8월	5, 11월	4, 10월	1, 7월	6, 12월
신랑신부가 해로운 달 (방부주月, 방녀신月✖)	4, 10월 5, 11월	1, 7월 6, 12월	6, 12월 1, 7월	3, 9월 2, 8월	2, 8월 3, 9월	5, 11월 4, 10월
해 설	* 쥐띠여자가 6월과 12월에 결혼하면 매우 좋고, 1월과 7월에 결혼하면 보통으로 좋으며, 2월과 8월에는 시부모가 나쁘나 시부모가 없으면 무방하며, 3월과 9월에 결혼하면 친정부모가 나쁘나 친정부모가 없으면 무방한 날이며, 4월, 10월, 5월, 11월에는 당사자들이 나쁜 달이 된다.					

♠8. 結婚十全大吉日(결혼십전대길일)

음양불장길일 중에서 마땅한 날이 없을 때 십전대길일을 사용한다.	乙丑, 丁卯, 丙子, 丁丑, 辛卯, 乙巳, 壬子, 癸丑, 己丑

♠9. 結婚五合日(결혼오합일)

五 合 日	일월합	음양합	인민합	금석합	강하합
일 진	甲乙, 寅卯	丙寅, 丁卯	戊寅, 己卯	庚寅, 辛卯	壬寅, 癸卯
해 설	* 음양 불장 길일과 오합일이 合하면 더욱 大吉하다.				

♠10. 결혼에 좋은 사대길일

4대 길일	만사형통, 행운의 날	
천은상길일	甲子, 乙丑, 丙寅, 丁卯, 戊辰, 乙卯, 庚辰, 辛巳, 壬午, 癸未, 乙酉, 庚戌, 辛亥, 壬子, 癸丑日	
대명상길일	辛未, 壬申, 癸酉, 丁丑, 乙卯, 壬午, 甲申, 丁亥, 壬辰, 乙未, 壬寅, 甲辰, 乙巳, 丙午, 乙酉, 庚戌, 辛亥日	
천사상길일	立春 後 立夏 前 -- 戊寅日	立夏 後 立秋 前 -- 甲午日
	立秋 後 立冬 前 -- 戊辰日	立冬 後 立春 前 -- 甲子日
모창상길일	立春 後 立夏 前 -- 亥子日	立夏 後 立秋 前 -- 寅卯日
	立秋 後 立冬 前 --辰戌丑未日	立冬 後 立春 前 -- 辛酉日

♠11. 기린성봉황길일

년도	甲年	乙年	丙年	丁年	戊年	己年	庚年	辛年	壬年	癸年
봉 황 길 일	申日	戌日	乙日	辰日	壬日	癸日	丁日	未日	亥日	壬日

月	1월	2월	3월	4월	5월	6월	7월	8월	9월	10월	11월	12월
봉 황 길 일	戌日	子日	寅日	辰日	午日	申日	戌日	子日	寅日	辰日	午日	申日

사계절	봄	여름	가을	겨울
봉 황 28숙길 일	정위숙	미묘숙	오위숙	벽필숙

♠12. 三地不受法 (신행에 피하는 방위)

생년(띠)	피해야할 방위	해 설
申子辰 生	亥 子 丑 方 - 北쪽	＊ 피하는 방위를 안고 들어오면, 오는 사람과 신랑이 흉하다.
寅午戌 生	巳 午 未 方 - 南쪽	
巳酉丑 生	申 酉 戌 方 - 西쪽	＊ 등지고 들어오면, 시댁집안과 신부에게 흉하다.
亥卯未 生	寅 卯 辰 方 - 東쪽	

♠13. 婚姻 결혼식 거행할 때 좋은 時間 선택법

	甲日	乙日	丙日	丁日	戊日	己日	庚日	辛日	壬日	癸日
吉한 時間 좋은 시간	오전 1 ~3	오전 11 ~ 1	오전 9 ~ 11	오전11 ~ 오후1	오전 1 ~3	오후11 ~ 오전1	오전 1 ~3	오후11 ~ 오전1	오후11 ~ 오전1	오전 5 ~ 7
	오전 3 ~ 5	오전 5 ~ 7	오후 5 ~ 7	오후 3 ~ 5	오후 1 ~3	오후 1 ~3	오후 1 ~3	오후 3 ~ 5	오전 5 ~ 7	오전 9 ~ 11
	오후 1 ~ 3	오후 3 ~ 5	오후 9 ~ 11	오후 9 ~ 11	오후 7 ~ 9	오후 3 ~ 5	오후 3 ~ 5	오후 7 ~ 9	오전 9 ~ 11	오후 9 ~ 11

♠14. 婚姻忌日 (결혼하면 흉한 날)

명칭	결 혼 하 면 나 쁜 날
월 기 일	매월 5일, 14일, 23일
인 동 일	매월 - 3일, 8일, 10일, 13일, 23일, 24일
복 단 일	복단일은 매사 끊어지고 잘리고 엎어진다는 날. [흉일 3표 참조대입]
매 월 亥 日	돼지날로서 매월의 乙亥日, 丁亥日, 己亥日, 辛亥日, 癸亥日
가 취 大 凶 日	봄 3개월은 甲子日, 乙丑日, 여름 3개월은 丙子日, 丁丑日 가을 3개월은 庚子日, 辛丑日, 겨울 3개월은 壬子日, 癸丑日
24절후일과 단오초팔일	입춘, 경칩, 청명, 입하, 망종, 소서, 입추, 백로, 한로, 입동, 대설, 소한, 우수, 추분, 곡우, 소만, 하지, 대서, 처서, 추분, 상강, 소설, 동지, 대한, 단오, 구정, 유두, 칠석

고 진 살과 과 숙 살의 日 辰

生年 띠	남자 고진살 일진	여자 과숙살 일진
亥子丑生	寅日	戌日
寅卯辰生	巳日	丑日
巳午未生	申日	辰日
申酉戌生	亥日	未日

상부상처의 日 辰

殺 名	1, 2, 3 月	10, 11, 12 月
女子 상부살	-	임자일, 계해일
남자 상부살	병오일, 정미일	-

혼인주당일

부엌	신랑	시모
신부	☯	방안
조왕	집안	시부

* 혼인주당 보는 법은 ①음력 큰달에 결혼時에는 신랑에서 시어머니 방안 방향으로 순행하여 짚어 나가고, ②음력 작은 달에 결혼時에는 신부에서 조왕 집안 방향 순으로 역행하여 짚는 것으로, 집안, 방안, 부엌, 조왕이 닿는 날이 혼인 좋은 날이 되며, 신부와 신랑에 닿는 날에 절대로 안 되며, 시아버지와 시어머니가 닿는 날은 시부모가 안계시면 무방하고 살아계시면 혼인식 순간만 잠시 피하면 된다.
다만, 신랑이 신부 집에 가서 혼인 時에는 시부모를 친정 부모로 보면 된다.

십악대패일

년도	3월	4월	6월	7월	9월	10월	11월
甲己年	戊戌日	-	-	癸亥日	-	丙申日	丁亥日
乙庚年	-	壬申日	-	-	乙巳日	-	-
丙辛年	辛巳日	-	-	-	庚辰日	-	-
丁壬年	-	-	-	-	-	-	-
戊癸年	-	-	丑日	-	-	-	-

명칭	내용
화 해 절 명 일	* 남녀 생기복덕 길흉표를 참조한다.
男 女 本 命 日	*자기가 출생한 띠와 같은 날, 가령 甲午生이면 甲午日, 丁卯生이면 丁卯日
男女生年 띠가 沖하는 날	* 신랑 日辰과 신부 日辰이 결혼당일 일진지지와 沖하는 날은 피한다.
死甲日 病甲日	* 死甲日, 病甲日에는 결혼식하는 것을 피한다.
복 단 일	子日허숙, 丑日두숙, 寅日실숙, 卯日여숙, 巳日방숙, 午日각숙, 未日장숙, 申日귀숙, 酉日각숙, 戌日귀숙, 亥日辰에 벽숙이 만나면 복단일이 된다. 작측(作廁), 색혈(塞穴), 단봉(斷蜂), 작파단(作破壇)에는 吉하고 기조, 장매, 혼인, 상관, 부임, 출행, 여행, 불공, 기도, 고사, 교역, 동토에는 大凶.

♠15. 三甲旬 吉凶 早見表 (삼갑순 길흉조견표)

	生甲旬	病甲旬	死甲旬
子午卯酉年	甲子旬, 甲午旬	甲寅旬, 甲申旬	甲辰旬, 甲戌旬
辰戌丑未年	甲辰旬, 甲戌旬	甲子旬, 甲午旬	甲寅旬, 甲申旬
寅申巳亥年	甲寅旬, 甲申旬	甲辰旬, 甲戌旬	甲子旬, 甲午旬
* 결혼, 기조, 이사, 입택 등	만사대길	불 길	우환질병, 손재수, 사망, 身厄亂신액란
*장례행사, 이장, 안장 등 장매	불 길	평 길	만사대길
* 보 는 법	* 子午卯酉年도에는 생갑순인 갑자순 중이나 갑오순 중에서, 辰戌丑未年도에는 생갑순인 갑진순 중이나 갑술순 중에서, 寅申巳亥年도에는 생갑순인 갑인순 중이나 갑신순 중에서, 택일하여야 한다. * 가령 庚子年 음력 3월 중에 택일한다면 먼저 경자년의 생갑순을 조견표에서 찾아보면 갑자순과 갑오순이 된다. 음력 3월 中을 보면 3월29일부터 4월08일까지가 갑오순에 해당되므로 **이 날짜사이에서 택일하면 매우 좋다.** 경자년 3월 중에는 갑자순이 없기 때문에 해당이 안 되고, 갑자순 중에서 찾으려면 음력 2월이나 음력6월 중에서 찾아야 한다.		
* 해 설	* **六甲은 갑(甲)이 여섯 자가 있다**는 뜻이고, 육갑에 열흘순(旬)자를 붙여서 각 10일씩 갑자순, 갑술순, 갑오순, 갑진순, 갑인순이 생겨난다. **三甲이란 3갑순을 뜻하고,** 1갑은 10일씩이므로 3갑은 30일로 1개월이 되는 것이다. * 1개월인 30일을 3갑으로 분류하여 **생갑순 10일, 병갑순 10일, 사갑순 10일씩**으로 나누어 길흉을 살피게 하는 법이다. * 일반적인 택일은 **생갑순 중에서 택일하는 것이 아주 좋고,** 병갑순이나 사갑순을 택일하였다면 생기복덕으로 대길한 날일지라도 흉일로 보니 피하는 것이 좋다.		

♠16. 五合일과 음양불장길일이 合一이 되면 영원히 크게 길하다.

명 칭	날 짜	해 석
일월합 日月合	해와 달이 만난 것처럼 좋은 합이다.	甲寅일과 乙卯일의 만남
음양합 陰陽合	음과 양이 만나 태극을 이뤄진듯 좋다.	丙寅일과 丁卯일의 만남
인민합 人民合	사람들이 모여 큰 뜻을 이룬듯이 좋다.	戊寅일과 己卯일의 만남
금석합 金石合	금과 돌이 어울리듯 좋은 합이다.	庚寅일과 辛卯일의 만남
강하합 江河合	강물들이 모여 큰물을 이루듯 좋은 합이다	壬寅일과 癸卯일의 만남

♠17. 女子가 태어난 달과 男子가 태어난 달의 악연, 피해야하는 인연이다.

女子 생월	男子 생월	흉사 풀이
정월	9월	집안에 우환이 들끓고 남편이 부인 역할을 하고, 재산이 줄어든다.
2월	8월	부부간에 다툼이 끊이지 않아 이별하고 재혼하게 된다.
3월	5월	둘 중 한 사람이 건강이 좋지 못하여 별거하거나 이별하게 된다.
4월	6월	서로에게 등을 돌리고 지내다가 바람이 난다.
5월	정월	부인의 건강이 나빠지고 남편은 밖으로 나돌아 다닌다.
6월	12월	서로를 원망하고 미워하다가 이별하거나 별거하게 된다.
7월	3월	남편을 무서워하거나 서로 불만이 많아 부부간에 원수가 된다.
8월	10월	서로 자신의 이익만 챙기다가 별거하거나 남자가 일찍 사망한다.
9월	4월	서로를 미워하고, 재수가 없어 평생 가난하게 산다.
10월	11월	남편을 많이 의심하다가, 무자식이던가, 재산이 줄어든다.
11월	2월	자손의 근심이 생기고 단명 하게 된다.
12월	7월	무자식이나 자식일 때문에 평생 속 태운다.

♠18.궁합의 상극과 상생의 중화되는 묘한 이치 : 官星制化妙法관성제화묘법

명 칭
검봉금과 사중금은 불火을 만나야 제련이 되어 아름다운 모양을 형성하게 된다.
平地一秀木평지일수목은 금金이 없으면 화려하게 꽃피는 영화를 얻지 못한다.
천하수와 대해수는 흙을 만나야 자연히 만사가 형통하게 된다.
벽력화와 천상화는 물을 얻어야 복록과 영화를 누리게 된다.
대역토와 사중토는 나무가 없으면 평생을 그르치게 된다.

♠19. 예식시간을 정할 때, 당일의 일진에 맞추어 이 시간을 정하면 좋다.

예식 당일 일진	예식하면 좋은 시간
子일. 卯일. 午일. 酉일.	오전 11시~ 오후 1시, 오후 3시~ 오후 5시
丑일. 辰일. 未일. 戌일	오전 9시~ 오전 11시, 오후 3시~ 오후 5시
寅일. 巳일. 申일. 亥일.	오전 9시~ 오전 11시, 오후 1시~ 오후 3시

인연이 되는 姓氏성씨

* 인연因緣이 되는 성씨姓氏란,
사회생활이나 인간사 어떤 일에서도 인연되어 만나는 사람과 서로 잘 맞아 좋은 성씨를 의미한다. (궁합은 물론이고, 직장상사나 동료, 부하직원, 친구, 종업원 등)

木生火	火生土	土生金	金生水	水生木 의 관계로 길하다.
木克土	土克水	水克火	火克金	金克木 의 관계는 흉하다.

목木성씨	간(簡) 강(康) 고(高) 고(固) 공(孔) 기(奇) 동(董) 렴(廉) 박(朴) 연(延) 우(虞) 유(劉) 유(兪) 육(陸) 전(全) 정(鼎) 주(朱) 주(周) 조(曹) 조(趙) 차(車) 최(崔) 추(秋) 화(火) 홍(洪)
화火성씨	강(姜) 구(具) 길(吉) 단(段) 당(唐) 등(鄧) 라(羅) 변(邊) 석(石) 선(宣) 설(薛) 신(辛) 신(愼) 옥(玉) 윤(尹) 이(李) 전(田) 정(丁) 정(鄭) 지(池) 진(秦) 진(陳) 진(晋) 채(蔡) 탁(卓) 피(皮) 함(咸)
토土성씨	감(甘) 공(貢) 구(丘) 구(仇) 권(權) 도(都) 도(陶) 동(童) 명(明) 목(睦) 민(閔) 봉(奉) 손(孫) 송(宋) 심(沈) 엄(嚴) 염(苒) 우(牛) 음(陰) 임(林) 임(任) 현(玄)
금金성씨	강(康) 곽(郭) 김(金) 남(南) 노(盧) 두(杜) 류(柳) 문(文) 반(班) 방(方) 배(裵) 백(白) 서(徐) 성(成) 소(邵) 신(申) 안(安) 여(余) 양(楊) 양(梁) 왕(王) 원(元) 장(張) 장(蔣) 편(片) 하(河) 한(韓) 황(黃)
수水성씨	고(皐) 경(庚) 노(魯) 마(馬) 매(梅) 맹(孟) 모(毛) 모(牟) 변(卞) 상(尙) 소(蘇) 야(也) 어(魚) 여(呂) 오(吳) 용(龍) 우(禹) 천(千) 허(許) 남궁(南宮) 동방(東方) 서문(西門) 선우(鮮于) 을지(을지) 사마(司馬) 황보(皇甫)

장례택일법 [陰宅法]

♠1. 장례행사의 택일법

＊ 장례일은 대대 관습적으로 3일장, 5일장, 7일장 등으로 행하는데 2일장과 4일장도 할 수는 있다. 다만 일수와는 상관없이 중상일(重喪日), 복일(復日), 중일(重日)만을 피하여 택일하면 된다.

重喪日	1월	2월	3월	4월	5월	6월	7월	8월	9월	10월	11월	12월
	甲	乙	己	丙	丁	己	庚	辛	己	壬	癸	己
	＊ 장례행사, 이장, 안장의 事를 행하면 또 다른 喪門厄이 반복된다는 凶日.											
重復日	1, 4, 7, 10 月			2, 5, 8, 11 月			3, 6, 9, 12월			－		
	寅, 申, 巳, 亥			子, 午, 卯, 酉			辰, 戌, 丑, 未			－		
	봄 3개월			여름 3개월			가을 3개월			겨울 3개월		
	寅日			申日			巳日			亥日		
復日	1월	2월	3월	4월	5월	6월	7월	8월	9월	10월	11월	12월
	庚	辛	戊	壬	癸	戊	甲	乙	戊	丙	丁	戊
重日	巳亥	巳亥	巳亥	巳亥	巳亥	巳亥	巳亥	巳亥	巳亥	巳亥	巳亥	巳亥
해설	＊ 위의 일진에 장례를 치르면 줄초상이 거듭된다는 뜻이니 월별로 위의 일진만은 꼭 피하여 장례 일을 택일하여야 한다. ＊ 위의 조견표를 쉽게 보는 법											

1, 7월 － 甲庚 巳亥	2, 8월 － 乙辛 巳亥	3, 8월 － 戊己 巳亥
4,10월 － 丙壬 巳亥	5,11월 － 丁癸 巳亥	6,12월 － 戊己 巳亥

망자	장사 지내지 않는 날	망자	장사 지내지 않는 날
甲己망자	庚午日	丁壬망자	庚戌日
乙庚망자	庚辰日	戊癸망자	庚申日
丙申망자	庚寅日	망자	－

＊ 장사를 지내지 않는 날(入地空亡日)

♠2. 시신 入棺의 吉한 時間表

일진	갑술	을해	병자	정축	무인	기묘	경진	신사	임오	계미
입관시간	午申	巳酉	寅午	巳亥	卯亥	寅申	亥申	寅未	卯未	卯酉
일진	갑오	을미	병신	정유	무술	기해	경자	신축	임인	계묘
입관시간	卯酉	巳酉	巳午	寅未	申戌	未亥	辰申	卯未	卯巳	辰戌
일진	갑인	을묘	병진	정사	무오	기미	경신	신유	임술	계해
입관시간	酉亥	午戌	午酉	巳戌	巳亥	未亥	未申	辰酉	寅戌	卯酉
일진	갑진	을사	병오	정미	무신	기유	경술	신해	임자	계축
입관시간	卯戌	辰酉	巳酉	巳亥	寅亥	卯申	辰午	卯未	辰戌	卯酉
일진	갑자	을축	병인	정묘	무진	기사	경오	신미	임신	계유
입관시간	午戌	巳酉	巳未	寅午	寅巳	亥午	未亥	卯未	辰卯	巳戌
일진	갑신	을유	병술	정해	무자	기축	경인	신묘	임진	계사
입관시간	酉戌	午亥	寅辰	巳亥	寅申	未亥	未酉	辰申	辰未	卯申

♠3. 영좌(靈座)를 설치하지 않는 방위

삼살방	巳酉丑年日		申子辰年日			寅午戌年日			亥卯未年日	
	寅卯辰方(東쪽)		巳午未方(南쪽)			亥子丑方(北쪽)			申酉戌方(西쪽)	
양인방	甲年日	乙年日	丙年日	丁年日	戊年日	己年日	庚年日	辛年日	壬年日	癸年日
	卯方 (東쪽)	辰方 東南쪽	午方 (南쪽)	未方 西南쪽	午方 (南쪽)	未方 西南쪽	酉方 (西쪽)	戌方 西北쪽	子方 (北쪽)	丑方 東北쪽

♠4. 영구차대기와 棺을 안치 못하는 방위

※ 정상기방(停喪忌方)이라 함은 상여나 영구차를 대기시키는 것을 안방을 기준으로 꺼리는 방위가 된다.

巳酉丑年日 ⇨ 간(艮)方 (東北쪽)	寅午戌年日 ⇨ 건(乾)方 (西北쪽)
申子辰年日 ⇨ 손(巽)方 (東南쪽)	亥卯未年日 ⇨ 곤(坤)方 (西南쪽)

♠5. 시신의 下棺에 吉한 時間

※ 황도시에 귀인시를 겸하면 더욱 좋으나 황도시만 사용하여도 된다.

黃道 時		貴人 時	
	黃道時황도시	일진	貴人時귀인시
寅申(1,7)일	자 축 진 사 미 술 時	甲 戊 庚 日	축 미 時
卯酉(2,8)일	인 묘 오 미 유 자 時	乙 己 日	자 신 時
辰戌(3,9)일	진 사 신 유 해 인 時	丙 丁 日	해 유 時
巳亥(4,10)일	오 미 술 해 축 진 時	辛 日	인 오 時
子午(11,5)일	신 유 자 축 묘 오 時	壬 癸 日	사 묘 時
丑未(12,6)일	술 해 인 묘 사 인 時	–	–

♠6. 入棺입관과 下官하관 때 피해야 하는 사람

正沖 정충	♡ 장사일과 天干이 같고 地支와는 沖 되는 사람. 장례일이 丁丑日이면 丁未生 (丑未沖) 乙巳日이면 乙亥生 (巳亥沖) 庚子日이면 庚午生 (子午沖)이 해당 된다.
旬沖 순충	♡ 장사일과 동순 중에 해당하는 생년과 일지가 沖하는 사람. 즉 장일과 천간지지가 모두 沖하는 사람을 말한다. 장례일이 甲午日이면 庚子生 (甲庚沖, 子午沖) 丙戌日이면 壬辰生 (丙壬沖, 辰戌沖) 癸未日이면 丁丑生 (丁癸沖, 丑未沖)이 해당 된다.

♠7. 入棺 吉時길시法

일지	子	丑	寅	卯	辰	巳	午	未	申	酉	戌	亥
시간	甲 庚	乙 辛	乙 癸	丙 壬	丁 甲	乙 庚	丁 癸	乙 辛	甲 癸	丁 壬	庚 壬	乙 辛

♠8. 二十四坐運法 [萬年圖]

＊ 만년도는 새로히 쓰는 묘지나 이장하고자 하는 묘지의 좌(坐)를 정한 다음에 좌산(坐山)의 년운을 보는 법으로 24좌는 지리법에 의하여 결정되는 것이다.
다만 지리법에 의하여 묘지의 坐向이 결정되었더라도 年運이 맞아야하는 것이다.

＊ 보는 법

① 년도별 좌(坐)운이 대리운(大利運)이나 소리운(小利運)에 해당하면 대길한 運이 되며,
② 연극(年克)과 방음부(傍陰浮)에 해당하면 불리하나 이장의 묘에는 꺼리게 되나 초상(初喪)에는 무방하다.
③ 삼살(겁살, 재살, 세살)은 거의 쓰지 않으나 부득이한 경우에는 제살법을 적용하면 무난하게 된다.

＊ 甲辰年, 乙巳年, 丙午年, 丁未年의 萬年圖 <2024~2027년>

坐 ＼ 年	甲辰年	乙巳年	丙午年	丁未年
자좌 子坐	소리小利	년극年克 · 구퇴灸退	삼살三殺 · 세파歲破	년극年克
계좌 癸坐	향살向殺	부천浮天 · 년극年克	방음傍陰 · 좌살坐殺	년극年克
축좌 丑坐	소리小利	방음傍陰 · 년극年克	삼살三殺	세파歲破 · 년극年克
간좌 艮坐	음부陰符	소리小利	대리大利	대리大利
인좌 寅坐	대리大利	삼살三殺 · 년극年克	소리小利	천관天官 · 방음傍陰
갑좌 甲坐	대리大利	년극年克 · 좌살坐殺	대리大利	년극年克 · 향살向殺
묘좌 卯坐	구퇴灸退	삼살三殺	소리小利	소리小利
을좌 乙坐	대리大利	좌살坐殺	방음傍陰	향살向殺
진좌 辰坐	대리大利	삼살三殺 · 년극年克	방음傍陰	년극年克
손좌 巽坐	음부陰符	년극年克	대리大利	년극年克
사좌 巳座	삼살三殺	방음傍陰	천관天官	대리大利
병좌 丙坐	좌살坐殺· 방음	대리大利	향살向殺	대리大利
오좌 午坐	삼살三殺	대리大利	소리小利	구퇴灸退 · 음부陰符
정좌 丁坐	좌살坐殺· 년극	방음傍陰	향살向殺 · 년극年克	대리大利
미좌 未坐	삼살三殺	년극年克	대리大利	년극年克
곤좌 坤坐	대리大利	년극年克	음부陰符	년극年克
신좌 申坐	지관地官	천관天官 · 년극年克	방음傍陰	삼살三殺 · 년극年克
경좌 庚坐	대리大利	년극年克 · 향살向殺	소리小利	부천浮天 · 좌살坐殺
유좌 酉坐	년극年克	지관地官 · 음부陰符	년극年克 · 구퇴灸退	삼살三殺
신좌 辛坐	방음傍陰	향살向殺 · 년극年克	부천浮天공망	좌살坐殺 · 년극年克
술좌 戌坐	세파歲破	년극年克	지관地官	삼살三殺 · 년극年克
건좌 乾坐	년극年克	음부陰符	년극年克	소리小利
해좌 亥坐	년극年克 · 천관天官	세파歲破	삼살三殺 · 년극年克	지관地官
임좌 壬坐	부천浮天 · 향살向殺	소리小利	좌살坐殺	방음傍陰

♠9. 走馬六壬法주마육임법

★ 陽山양산에 陽양 年 月 日 時를 다 맞추어 적용하는 법 → 즉, 양산陽山 : 壬子 艮寅 乙辰 丙午 坤申 辛戌 年 月 日 時.
★ 陰山음산에 陰음 年 月 日 時를 다 맞추어 적용하는 법 → 즉, 음산陰山 : 癸丑 甲卯 巽巳 丁未 庚酉 乾亥 年 月 日 時.

♠10. 태세압본명법 (太歲壓本命法)에 해당하는 사람.

※ 일명 호충살(呼沖殺)이라고 한다.

장례하는 해의 태세(丙午年)을 중궁에 넣고 9궁을 순행으로 돌아 중궁에 해당하는 丙午, 乙卯, 甲子, 癸酉, 壬午, 辛卯, 庚子생은 丙午년 1년 동안 하관과 출빈(영정을 모셨던 빈소를 내보내는 것) 하는 것을 피하는 것이 좋다.

※ 장례행사 태세 丙午年의 9궁 변화도

① 甲寅, 癸亥 壬申, 辛巳, 庚寅, 己亥, 戊申	⑥ 庚戌, 己未, 戊辰, 丁丑, 丙戌, 乙未, 甲辰	⑧ 壬子, 辛酉, 庚午, 己卯, 戊子, 丁酉, 丙午
⑨ 癸丑, 壬戌, 辛未, 庚辰, 己丑, 戊戌, 丁未	② 丙午, 乙卯, 甲子 癸酉, 壬午, 辛卯, 庚子	④ 戊申, 丁巳, 丙寅, 乙亥, 甲申, 癸巳, 壬寅
⑤ 己酉, 戊午, 丁卯, 丙子, 乙酉, 甲午, 癸卯	⑦ 辛亥, 庚申, 己巳, 戊寅, 丁亥, 丙申, 乙巳	③ 丁未, 丙辰, 乙丑 甲戌, 癸未, 壬辰, 辛丑

※ 입관과 하관을 보면 안 되는 사람

★ 결혼, 약혼, 회갑, 칠순, 여행 등 좋은 일을 앞둔 사람.

★ 당년에 삼재가 든 사람. 丙申年에는 인오술생이 해당된다.

★ 임산부는 피하는 것이 좋다.

♠11. 制殺法(제살법)

1) 三殺(삼살)

★ 망자의 생년이나 상주 생년의 납음오행으로 제살을 하거나 연월일시의 납음오행으로 제살을 한다.

※ 삼살을 제살하는 조건표

삼살방위	亡子生年, 喪主生年, 年月日時 納音五行			제살법
東(木方)	갑자을축 (金) 임인계묘 (金)	인신계유 (金) 경진신사 (金)	갑오을미 (金) 경술신해 (金)	金 剋 木으로 제살한다.
西(金方)	병인정묘 (火) 갑진을사 (火)	병신정유 (火) 무자기축 (火)	갑술을해 (火) 무오기미 (火)	火 剋 金으로 제살한다.
南(火方)	병자정축 (水) 임진계사 (水)	병오정미 (水) 갑인을묘 (水)	갑신을유 (水) 임술계해 (水)	水 剋 火로 제살한다.
北(水方)	경오신미 (土) 무신기유 (土)	경자신축 (土) 병술정해 (土)	무인기묘 (土) 병진정사 (土)	土 剋 水로 제살한다.

2) 向殺(향살)

★ 天官符(천관부), 地官符(지관부), 炙退(구퇴)는 매장에는 무방하며 양택에만 꺼리는 것이다.

3) 年克(년극)

★ 태세의 납음이 山運 산운을 극하면 년극이 되는 것인데, 새로이 쓰는 묘의 坐좌가 년극이 되면 좋지 않다.

★ 이 때에 제살하는 방법은 망자나 상주 생년의 납음오행이 태세납음을 극하거나 행사 연월일시의 납음오행이 태세납음을 다시 극해주면 제살되어 무방하다.

좌坐 / 年	兌丁乾亥 태정건해 (금산 金山)	卯艮巳 묘간사 (목산 木山)	離壬丙乙 이임병을 (화산 火山)	甲寅辰巽戌坎辛申 갑인진손술감신신 (수산 水山)	癸丑坤庚未 계축곤경미 (토산 土山)
甲己年 (갑기년)	乙丑金運 (을축금운)	辛未土運 (신미토운)	甲戌火運 (갑술화운)	戊辰木運 (무진목운)	戊辰木運 (무진목운)
乙庚年 (을경년)	丁丑水運 (정축수운)	癸未木運 (계미수운)	丙戌土運 (병술토운)	庚辰金運 (경진금운)	庚辰金運 (경진금운)
丙辛年 (병신년)	己丑火運 (기축화운)	乙未金運 (을미금운)	戊戌木運 (무술목운)	壬辰水運 (임진수운)	壬辰水運 (임진수운)
丁壬年 (정임년)	辛丑土運 (신축토운)	丁未水運 (정미수운)	庚戌金運 (경술금운)	甲辰火運 (갑진화운)	甲辰火運 (갑진화운)
戊癸年 (무계년)	癸丑木運 (계축수운)	己未火運 (기미화운)	壬戌水運 (임술수운)	丙辰土運 (병진토운)	丙辰土運 (병진토운)

♠12. 홍범오행 산운법(洪範五行 山運法)

* 離壬丙乙 이임병을 4개의 좌는 홍범오행이 화산이 되는데 辛巳年인 경우 좌측의 丙申年도와 우측 이임병을과 교차되는 지점이, 辛巳年運의 무술목운이 되니 이때의 木運은 신사태세 백랍금의 剋극을 받으니 년극이 되는 것이다.
백랍금의 殺살을 제살하는 방법은 망자, 상주, 월일시의 납음오행이 병인정묘, 병신정유, , 갑술을해, 갑진을사, 무자기축, 무오기미의 火화오행에 해당하면
신사년 태세 백랍금을 火克金하여 金의 殺이 제살되니 무방하게 된다.

♠13. 傍陰符制殺法(방음부제살법)

★ 만년도에서 방음부에 해당되는 란은 년천간이 방음살이 된다.
그러므로 年天干이 辛巳年인 경우는 辛金이 방음살이므로 가을에는 금살이 생왕하여 불리하나 여름에는 화극금하여 년천간 金이 쇠약해지므로 제살되어 무방하다.

♠14. 動塚運(동총운)

★ 이장, 합장, 사초, 상돌, 입석에 吉한 년도를 말한다.

묘의 좌향	대리길운(吉)	소리길운(吉)	중상흉운(凶)
임자, 계축, 병오, 정미 坐向	辰戌丑未年	子午卯酉年	寅申巳亥年
을진, 손사, 신술, 건해 坐向	寅申巳亥年	辰戌丑未年	子午卯酉年
갑인, 갑묘, 곤신, 경유 坐向	子午卯酉年	寅申巳亥年	辰戌丑未年

★ 대리길운이나 소리길운에 닿는 해에는 이장, 사초(묘에 봉분을 하고 축대를 쌓고 잔디를 입히는 일) 상돌, 비석을 놓는 일을 할 수 있으나,
★ 중상운이 닿는 해에는 위와 같은 일을 피하여야 한다.
★ 중상운에는 먼저 쓴 묘에 新묘를 함께 쓰거나 먼저 쓴 묘를 옮겨 新묘로 이장 합지를 못하고 대리길운이나 소리길운에서 행하여야 한다.

♠15. 開塚忌日(개총기일)

★ 이장, 합장을 하려면 기존의 묘를 파헤쳐야 하는데 이를 꺼리는 일시를 말한다.

묘지의 坐向	개총기日	개총기 時
신 술 건 해 坐	甲 乙日	申, 酉時
곤 신 경 유 坐	丙 丁日	丑, 午, 申, 戌時
진 술 유 坐	戊 己日	辰, 戌, 酉時
을 진 손 사 坐	庚 辛日	丑, 辰, 巳時
간 인 갑 묘 坐	壬 癸日	丑, 未時
해 설	이장, 합장하는 묘가 신술건해좌일 때 갑을일이나 신유시에는 묘를 헐지 못하는 것으로 보면 된다.	

이장 합장할 때 필요한 풍수상식

♠1. 移葬이장하기 좋은 날 선택법

	좋은 날 택일 방법
첫째	삼합오행 ✚ 삼합오행 → 행사의 年, 月, 日과 망자의 생년이나 장남이나 차남, 손자 등의 띠를 연결해서 삼합이 되면 좋은 날이다.
둘째	大空亡日(대공망일)을 택한다. 중상일, 중일, 복일을 피한다.
셋째	책력 내의 이장, 안장 길일을 택한다.
넷째	황도일을 택한다. 흑도일은 필히 피한다.
다섯째	청명, 한식, 이장 및 수묘길일을 선택한다.

★ 위의 방법처럼 조건이 첫째에서 다섯째까지 모두 해당하는 길일을 맞추기는 어려운 얘기이다. 이 중에서 골라서 두 가지만 맞아도 택일하는 것에 손색이 없다.

★ 위와 같은 방법으로 날을 잡은 후에 황흑도 길흉표에서 月칸에서 日이 황도에 해당하는가를 짚어보고 난 뒤, 日이 정해지면 日을 다시 중심에 놓고 시간도 황도時를 선택한다.

♠2. 移葬이장 및 修墓(수묘) 吉日 ⇨ 무조건 좋은 날.

	해당 길일
이장 및 수묘 길일	庚午, 辛未, 壬申, 癸酉, 戊寅, 己卯, 壬午, 癸未, 甲申, 乙酉, 甲午, 乙未, 丙申, 丁酉, 壬寅, 癸卯, 丙午, 丁未, 戊申, 己酉, 庚申, 辛酉 日
한식일	모든 神이 조화하기 위하여 上天(상천)하기 때문에 지상에는 神의 작용이 없다.
청명일	모든 神이 조화하기 위하여 上天(상천)하기 때문에 지상에는 神의 작용이 없다.
大寒(대한)後 10일 立春 前 5일	舊年과 新年의 歲神들이 교체되는 기간이므로 모든 神들이 지상의 人間들 일에 관여할 겨를 이 없다. [당일이 吉, 전후일은 차선택]
大寒(대한)後 5일에서부터 立春 前 2일까지	舊年과 新年의 歲神들이 교체되는 기간이므로 모든 神들이 지상의 人間들 일에 관여할 겨를 이 없다.

♠3. 移葬이장운이 맞을 때 무조건 좋은 연월일시.

竹馬六壬	해당 길일
陽山양산일 때	壬子, 艮寅, 乙辰, 丙午, 坤申, 辛戌, 坐로써 戊子年에 장일을 택일하려면 戊子年은 양산에 속하므로 子, 寅, 辰, 午, 申, 戌, 年, 月, 日, 時 중에서 장일을 택일하면 吉한 날이다.
陰山음산일 때	癸丑, 甲卯, 巽巳, 丁未, 庚酉, 乾亥坐로써 己丑年에 장일을 택일할려면 己丑年은 음산에 속하므로 丑, 卯, 巳, 未, 酉, 亥, 年, 月, 日, 時 중에서 장일을 택일하면 吉한 날이다.
해 설	陽山 → 해운년의 간지가 陽양일 때 陽양산이 되며, 양년, 양월, 양일, 양시를 쓴다. 陰山 → 해운년의 간지가 陰음일 때 陰음산이 되며, 음년, 음월, 음일, 음시를 쓴다.

♠4. 이장 못하는 年이 있는데, 망인의 년지 즉, 띠로 보는 법인데 :

申, 子, 辰 生이면 申, 子, 辰年에는 이장을 못한다.
亥, 卯, 未 生이면 亥, 卯, 未年에는 이장을 못한다.
巳, 酉, 丑 生이면 巳, 酉, 丑年에는 이장을 못한다.
寅, 午, 戌 生이면 寅, 午, 戌年에는 이장을 못한다.

※ 만약 이장을 하면 장손이 사망하거나 落胎낙태를 하게 된다.

♠5. 이장 못하는 月이 있는데, 이장을 하면 3년 內에 자손이 망한다.

子, 午年 은 2월, 8월이 大凶이다.	丑, 未年 은 3월, 9월이 大凶이다.
寅, 申年 은 4월, 10월이 大凶이다.	卯, 酉年 은 1월, 7월이 大凶이다.
辰, 戌年 은 6월, 12월이 大凶이다.	巳, 亥年 은 5월, 11월이 大凶이다.

♠6. 이장 못하는 日날이 있는데, 이날을 지중백호일이라고 하는데 만약 이날에 이장을 하게 되면 자손이 피를 흘리게 되는 날이다.

1월에는 申日	2월에는 酉日	3월에는 戌日	4월에는 亥日
오월에는 子日	6월에는 丑日	7월에는 寅日	8월에는 卯日
9월에는 辰日	10월에는 巳日	11월에는 午日	12월에는 未日

♠7. 특히 이장을 피하는 날과 이유.

子, 午, 卯, 酉 年	에는 壬, 癸 日에 이장을 하면 장자長子가 망한다.
寅, 申, 巳, 亥 年	에는 丙,丁,戊,己,庚,辛 日에 이장을 하면 집안이 망한다.
辰, 戌, 丑, 未 年	에는 甲, 乙 日에 이장을 하면 男子나 妻가 망한다.
子, 午, 卯, 酉 生	이 辰, 戌, 丑, 未年에 이장을 하면 7년 內에 망한다.
寅, 申, 巳, 亥 生	인 장손이 子, 午, 卯, 酉年에 이장을 하면 5년 內에 장손이 망한다.
辰, 戌, 丑, 未 生	이 寅, 申, 巳, 亥년에 이장하면 9년 內에 자손이 망한다.

★ 혈(穴)을 정하는 순서는 山의 형세와 水口의 흐르는 위치와 청룡, 백호가 뚜렷하고 높지도 않고 낮지도 않은 조건의 맥을 살려서 정혈을 찾아낸 뒤, 방향을 정하고 깊이를 정한 後 땅을 파는 것이 순서임을 명심해서 행한다.

♠8. 天上天下 大空亡日 천상천하 대공망일

※ 舊墓구묘의 坐좌를 모르거나 시일이 급박할 때에는 巳, 亥日을 제외하고 다음 표의 대공망일을 사용하면 무방하다.

乙丑, 甲戌, 乙亥, 癸未, 甲申, 乙酉, 壬辰, 癸巳, 甲午, 壬寅, 癸卯, 壬子 日

♠9. 日干別로 꺼리는 坐向과 時間

天干日	불리한 坐向	불리한 時間
甲, 乙日	에 辛 戌 乾 亥 坐의 이장이 불리하다.	申酉 時도 불리하다.
丙, 丁日	에 坤 申 庚 酉 坐의 이장은 불리하다.	丑午申戌 時도 불리하다.
戊, 己日	에 辰, 戌, 酉 坐의 이장은 불리하다.	辰戌酉 時도 불리하다.
庚, 辛日	에 艮 寅 甲 卯 坐의 이장은 불리하다.	丑辰巳 時도 불리하다.
壬, 癸日	에 乙 辰 巽 巳 坐의 이장은 불리하다.	丑未 時도 불리하다.

서기	2026年
단기	4359年
불기	2570年

사업자나 공부하는 자가 앉으면 재수 좋은 책상 좌향표

연령	출생년도	간지	책상놓는 방향	의자앉는 방향	연령	출생년도	간지	책상놓는 방향	의자앉는 방향
7세	2020년	庚子	정서향	정동좌	39세	1988년	戊辰	정남향	정북좌
8세	2019년	己亥	정남향	정북좌	40세	1987년	丁卯	정동향	정서좌
9세	2018년	戊戌	정남향	정북좌	41세	1986년	丙寅	정동향	정서좌
10세	2017년	丁酉	정동향	정서좌	42세	1985년	乙丑	서북향	동남좌
11세	2016년	丙申	정동향	정서좌	43세	1984년	甲子	서북향	동남좌
12세	2015년	乙未	서북향	동남좌	44세	1983년	癸亥	동북향	서남좌
13세	2014년	甲午	서북향	동남좌	45세	1982년	壬戌	정북향	정남좌
14세	2013년	癸巳	정북향	정남좌	46세	1981년	辛酉	정서향	정동좌
15세	2012년	壬辰	정북향	정남좌	47세	1980년	庚申	정서향	정동좌
16세	2011년	辛卯	정서향	정동좌	48세	1979년	己未	정남향	정북좌
17세	2010년	庚寅	정서향	정동좌	49세	1978년	戊午	정남향	정북좌
18세	2009년	己丑	정남향	정북좌	50세	1977년	丁巳	정동향	정서좌
19세	2008년	戊子	정남향	정북좌	51세	1976년	丙辰	정동향	정서좌
20세	2007년	丁亥	정동향	정서좌	52세	1975년	乙卯	서북향	동남좌
21세	2006년	丙戌	정동향	정서좌	53세	1974년	甲寅	서북향	동남좌
22세	2005년	乙酉	서북향	동남좌	54세	1973년	癸丑	정북향	정남좌
23세	2004년	甲申	서북향	동남좌	55세	1972년	壬子	서북향	동남좌
24세	2003년	癸未	정북향	정남좌	56세	1971년	辛亥	정서향	정동좌
25세	2002년	壬午	정북향	정남좌	57세	1970년	庚戌	정서향	정동좌
26세	2001년	辛巳	정북향	정남좌	58세	1969년	己酉	정남향	정북좌
27세	2000년	庚辰	정서향	정동좌	59세	1968년	戊申	정남향	정북좌
28세	1999년	己卯	정남향	정북좌	60세	1967년	丁未	동남향	서북좌
29세	1998년	戊寅	정서향	정동좌	61세	1966년	丙午	정동향	정서좌
30세	1997년	丁丑	정남향	정북좌	62세	1965년	乙巳	서북향	동남좌
31세	1996년	丙子	정동향	정서좌	63세	1964년	甲辰	서북향	동남좌
32세	1995년	乙亥	서북향	동남좌	64세	1963년	癸卯	정북향	정남좌
33세	1994년	甲戌	서북향	동남좌	65세	1962년	壬寅	정북향	정남좌
34세	1993년	癸酉	정북향	정남좌	66세	1961년	辛丑	정서향	정동좌
35세	1992년	壬申	정북향	정남좌	67세	1960년	庚子	정서향	정동좌
36세	1991년	辛未	정북향	정남좌	68세	1959년	己亥	정남향	정북좌
37세	1990년	庚午	정서향	정동좌	69세	1958년	戊戌	정남향	정북좌
38세	1989년	己巳	정남향	정북좌	70세	1957년	丁酉	정동향	정서좌

똑똑하고 현명하고 건강한 자녀를 낳으려면!

♠1. 좋은 자녀를 낳기 위한 부모의 마음가짐

※ 우리나라는 남아선호사상으로 인하여 아들을 선호하는 예부터 조상들은 아들을 낳기 위해서라면 여러 가지 비과학적인 방법까지 사용해가며 애를 써왔다.
동의보감 기록에 의하면 임신을 원하는 부인이 모르게끔 신랑의 머리카락이나 손톱발톱을 임산부의 침대 밑에 숨겨 놓기도 하고 심지어 도끼를 숨겨놓거나 활줄 한 개를 임산부의 허리에 둘러차고 다니거나, 성옹왕· 선남초 같은 한약재를 몸에 지니고 다니면 아들을 낳는다고 믿고 행해왔다고 전한다.

※ 전해 내려오는 구전에 의하면 부부간의 나이를 합한 수에다가 당년 출산은 1을 더하고, 다음해의 출산은 2를 합하여 나온 숫자를 3으로 나누기를 해서 나머지가 0이나 짝수가 나오면 딸이고, 홀수가 나오면 아들이 된다고 하여 아이 낳을 시기를 선택하는 방법은 지금까지도 활용하는 사람이 있다.

※ 월경이 끝난 후에 음력으로 陽日양일 陽時양시를 선택하는데, 즉 甲 丙 戊 庚 壬의 일진에 子 寅 辰 午 申 戌時에 부부가 교합하면 아들이 되고, 陰日음일 陰時음시에 짝수 날 즉 乙, 丁, 己, 辛, 癸의 일진에 丑, 卯, 巳, 未, 酉, 亥時에 교합하면 딸을 낳는다는 음양설도 있다.

**※ 임신한 부인의 좌측 난소에서 배란이 되어 수정되면 아들이요, 우측 난소에서 배란이 되어 수정되면 딸이라는 男左女右남좌여우설도 전한다. 최근까지만 해도 여성의 질액을 알카리성으로 바꾸어주는 약을 복용하면 아들이 된다고 하여 약을 먹는 부인들이 많았다.
한의학에서는 임신한지 3개월 이내에 전남탕(아들 낳는 약)을 복용하면 아들을 낳는다고 하여 복용시켜오고 있다.**

※ 현대의학계의 세포학연구의 염색체설에서 논하기로는 난자와 정자의 수정시기에 바로 성별이 이미 결정된다고 말하고 있다. 인간은 남녀 똑같이 48개의 염색체를 가지고 있는데 그중에서 여자는 XX이고, 남자는 XY라는 성염색체로 이루어진다고 한다.
정자와 난자의 수정시기에 남자의 X염색체가 난자와 결합하면 딸이 되고, 남자의 Y염색체가 결합하면 아들이 된다는 것이 최근 의학계의 정설이 되어왔다.
그러나 최근 미국에서의 연구에 의하면 사람의 모든 태아는 초기 단계에서는 모두 여자로 시작되었다가 다만 남자가 될 아기만 임신 35일~40일 정도부터 남성으로의 생물학적 변화가 시작된다고 주장한다. 그것에 관여하는 것은, 남성의 성염색체(XY)내에 있는 SRY라는 유전자에 의하여 수정된 시기의 기존 여성적 염색체 부분이 제거되고
점차 남성으로의 탈바꿈이 시작된다고 하여 지금까지의 염색체 학설을 뒤엎어서 오는 것이 현재의 상황이다.

※ 그렇다면 생명공학의 눈부신 발전에도 불구하고 남녀의 성별이 어떻게 결정되어지는 가는 아직도 미지수이다. 아들이나 딸을 마음대로 가려서 낳고 싶은 것은 아득한 옛날부터 우리 인간들이 지니고 있는, 버릴수 없는 소망이지만 만물의 성별이 어떻게 마음대로 선택하고 조정할 수 있을까라는 문제는 큰 숙제이다. 하지만 그래도 열망하고 있다.

※ 불교의 부처님 법에 의하면 그것은 정자 난자로 단정 짓는, 눈에 보이는 물질세계의 문제가 아니라 인간의 육체에 깃든 영혼의 문제로 보면 이해하기 쉽다. 남자로 태어나는 것이나 여자로 태어나는 것이나 이 모두가 부모와 나 사이에 과거 현재 미래 삼세를 통하는 연결된 因緣課業인연과업의 이치가 아니겠는가?
그렇다면 현대적인 약물에 의존하기 보다는 부부의 올바른 행실이 우선이겠고, 나쁘다는 것도 피해야 하겠고, 하지 말라는 삼가법은 지키는 것이 옳을 듯하다.

♠2. 좋은 자녀를 낳기 위한 교합 상식법

※ 다음과 같은 날에 수정 잉태가 되면 부모에게 재앙과 재난이 생기고, 아이에게는 白痴백치아(어리석거나 미치광이)나 聾啞롱아(벙어리나 귀머거리)나 盲人맹인(눈먼소경) 또는 不具(뇌성마비)로 온전치 못한 아이가 태어난다고 하고, 단명하거나 불효자식이 된다는 흉한 날이니 피하는 것이 좋다.

피해야 좋은 흉한 日	**피해야 좋은 흉한 日**	**피해야 좋은 흉한 日**
丙, 丁日 (병 정일)	大風日 (대풍일)	暴雨日 (폭우일)
霧中日 (무중일)	猛寒日 (맹한일)	猛暑日(맹서일)
雷天日 (뢰천일)	日蝕日 (일식일)	月蝕日 (월식일)
紅日 (홍일 - 무지개)	**매월 초하루**(음력 01일)	**매월 보름날**(음력 15일)
매월 그믐날(음력 30일)	**월파일**(음력 월건과일진이 충)	**破日**(건제12신의 破파 일)
매월 음력 28일	立春, 立夏, 立秋, 立冬의 전후로 5일간씩	

봄의 (甲寅, 乙卯日)	**여름의** (丙午, 丁巳)	**가을의** (庚申, 辛酉)	**겨울의** (壬子, 癸亥)
음력 1월 11일	음력 2월 9일	음력 3월 7일	음력 4월 5일
음력 5월 3일	음력 6월 11일	음력 7월 25일	음력 8월 22일
음력 9월 20일	음력 10월 18일	음력 11월 15일	음력 12월 13일

- ✪ 해가 중천에 있는 정오에 교합하여 잉태되어 태어난 자식은 구토나 설사를 한다.
- ✪ 소란한 한밤중에 교합하여 잉태되어 태어난 자식은 맹인, 귀머거리, 벙어리가 된다.
- ✪ 천둥번개, 뇌성벽력일 때 교합하여 잉태되어 태어난 자식은 미치광이, 간질병자가 된다.
- ✪ 일식, 월식일 때 교합하여 잉태되어 태어난 자식은 흉한 운을 타고나고 병신이 된다.
- ✪ 하지나 동짓날에 교합하여 잉태되어 태어난 자식은 부모에게 애물단지이며 손해를 끼친다.
- ✪ 만월 음력15일이나 16일에 교합하여 잉태되어 태어난 자식은 사형수가 된다.
- ✪ 심한 피로나 심신이 초조할 때 교합하여 잉태되어 태어난 자식은 요통과 요절한다.
- ✪ 취중이나 과식 후에 교합하여 잉태되어 태어난 자식은 간질병이나 종기병으로 고생한다.
- ✪ 소변 직후에 교합하여 잉태되어 태어난 자식은 요절한다.
- ✪ 목욕 직후나 몸에 물기가 있을 때 교합하여 잉태되어 태어난 자식은 명이 약해 고생한다.
- ✪ 월경 중에 교합하여 잉태되어 태어난 자식은 불효하고 망나니가 된다.
- ✪ 초상 중 상복을 입고 있는 동안 교합하여 잉태되어 태어난 자식은 광인이나 동물에게 물린다.
- ✪ 달빛아래 우물, 변소, 굴뚝, 관 옆에서 교합하여 잉태되어 태어난 자식은 우환, 변고, 단명한다.
- ✪ 법당이나 신당에서 교합하여 잉태되어 태어난 자식은 신체에 부상입어 단명한다.
- ✪ 부모에게 종기병이 있을 때 교합하여 잉태되어 태어난 자식은 허약하고 병고를 달고 산다.
- ✪ 신경이 날카로울 때 교합하여 잉태되어 태어난 자식은 불의의 사고를 당하고 단명하다.
- ✪ 누군가와 심하게 싸우고 난 후에 교합하여 잉태되어 태어난 자식은 경기를 심하게 하고 단명하다
- ✪ 동물을 살생하고 나서 교합하여 잉태되어 태어난 자식은 미치광이가 되고 단명한다.

♠3. 올바르고 건강한 자녀를 낳기 위한 교합 상식법

✪ 다음과 같은 방법으로 교합 잉태하면 좋은 징조로 바꿀 수 있다.

- ✪ 한밤중에 한잠을 푹 자고나서 밤중을 지나 피로가 풀리고 완전히 생기를 찾았을 때 교합을 하면 총명하고 귀하게 될 자식을 얻게 되고, 남아이고 현명하고 장수한다.
- ✪ 자식을 갖고 싶다면 월경이 끝난 바로가 좋은데 1~2일 후에 잉태된 아기는 아들이고, 2~4일 후에 잉태된 아기는 딸이고, 5일 이 후에는 쾌락뿐이고 정력낭비이다.
- ✪ 월경이 끝난 3일 후, 밤중을 지나 첫닭이 우는 이른 새벽에 부부가 한마음이 되어 행복한 마음으로 즐겁게 교합하여 잉태된 자식은 밝고 건강하고 현명한 아이이다.
- ✪ 월경이 끝난 15일 후에 위와같은 방법으로 교합하여 얻은 자식은 총명하고 출세한다

♠4. 아무리 애를 써도 아기가 잉태되지 않는 여자는 이런 방법을 써보아라!

✪ 임신을 원하는 여자의 왼손에 팥을 24개 쥐고, 오른손으로는 남자의 귀두를 꼭 쥐고 있는 상태에서 교합을 하는데 이때 왼손의 팥알을 입안에 넣는 동시에 여자가 자기 스스로 남자의 남근을 옥문 속으로 쑥 밀어 넣는다. 팥을 입안에 물고 있다가 남근에서 정액이 사출되는 순간에, 입안에 있는 팥알을 꿀꺽 삼키면 된다.

이런 방법으로 아기를 낳은 효과를 본 사례가 많이 있다고 민간풍습에 전해오고 있다.

♠5. 아기가 생겼다면 임신 중에 꼭 지켜야 할 행실이 다음과 같다.

- ✪ 나쁜 빛을 보지도 말고 가까이 하지도 말아야 한다.
- ✪ 나쁜 말은 하지도 말고 듣지도 말아야 한다.
- ✪ 남을 욕하거나 미워하거나 시기, 질투하면 안 된다.
- ✪ 놀라거나 두려워하지 말 것이며, 화를 내도 안 된다.
- ✪ 고민하거나 슬퍼하거나 통곡하면 안 된다.
- ✪ 신경을 예민하게 쓰거나 피로하거나 함부로 약을 복용하면 안 된다.
- ✪ 음욕을 절제하고 좋은 것만 보고 행복한 마음만 갖는다.
- ✪ 높은 곳에 오르거나 깊은 곳에 내려가지 않는다.
- ✪ 몸을 항상 깨끗이 하고 악취를 피해야 한다.
- ✪ 매사 바르게 앉고, 힘들다고 누워서 몸을 함부로 하지 말 것이다.
- ✪ 과음과식을 피해야 하고, 모양이 예쁜 것만 먹고, 흉한 음식(꽃게, 보신탕)은 피한다.
- ✪ 담배나 술 또는 마약 등 마취성 약품이나 금기 물질들은 절대 가까이 하면 안 된다.
- ✪ 수레나 승마, 마차, 극심한 놀이기구는 절대 타면 안 된다.
- ✪ 도로를 지나다가 교통사고가 났을 때 흉직한 사고 장소가 있으면 보지말고 곧 피한다.
- ✪ 당연히 남의 물건을 탐하거나 손대서도 안 되고, 범죄를 저질러서도 안 된다.
- ✪ 항상 좋은 것만 보고, 좋은 소리만 듣고, 좋은 것만 입고, 좋은 것만 먹고, 좋은 것만 생각해야 하고, 올바르게 행동해야만 올바르고 똑똑하고 현명하고 건강하고 성공 출세하는 자식을 얻을 수있는 것이니 나쁘다는 것은 꼭 피하고 노력해야 한다.

♠1. 올바른 출산택일에 대하여!

✪ 건강하고 훌륭한 자녀를 얻고자하는 것은 모든 부모의 희망이니 이런 자녀를 얻기 위해 부모는 출산 택일도 좋은 날로 정하려고 선호하는 것이 당연하다. 잘 못 낳고 나서 서로가 불행하고 인생이 고난 속에서 허덕이게 된다면 이처럼 안타까운 일이 또 어디 있겠는가! 미리 대처하여 막을 수 있고 피할 만 있다면, 할 수 있는 데까지 해보는 것이 인간으로서 현명한 최선일 것이다.

☞ 택일에서 좋은 날과 좋은 時를 잡아서 출산하면 아이의 운명이 정말로 좋아지는가?

✪ 그렇다!

인간은 태어나면서 그 해年의 氣運기운과 그 달月의 기운과 그 날日의 기운과 그 時間의 기운을 모두 받게 되니 이것이 곧 한사람의 사주가 정해지고 운명이 달라진다. (여기에 물론 유전적인 요소나 주변 환경적 요소의 문제는 제외이다.)

☞ 택일하여 출산을 제왕절개를 하는 것이 옳은 일인가?

✪ 그렇지 않다!

단지 좋은 자녀를 낳겠다는 욕심으로 몸에 칼을 대고 개복하여 제왕절개를 하는 것은 하늘의 뜻을 거스르는 일이다. 하지만 아기의 사주가 나쁘려면 아무리 좋은 시간에 택일하려 해도 잡히지 않고 사정이 생긴다. 부득이 제왕절개를 하여야 할 상황이라면 출산택일하여 좋은 날을 받아 수술하는 것은 당연하니 비난할 일은 아니다.

☞ 택일한 日時일시에 맞춰서 출산을 할 수 있는가?

✪ 그렇지 않다!

아기의 부모나 주변사람들이 간곡하게 부탁하므로 日時를 선택하여 주었으나 대부분의 아기들이 그 시간에 딱 맞추어서 태어나는 확률은 30% 밖에 안 된다.

☞ 좋은 출산택일 일에 골라서 태어난다면 진정으로 좋은 사주명조인가?

✪ 그렇지 않다!

억지스레 하늘을 뜻을 거역하고 이 세상에 나왔다면 그 댓가가 분명히 치러질 것이다. 가령 여아의 명조를 뽑는다면 우주의 循環相生순환상생의 기운을 받아 명조를 이루는데, 食傷식상과 財官재관이 모두 있는 명조가 가장 좋을 것 같으나 그러한 명조는 하늘에서 내려오기 때문에 잘 잡기 어렵고 시간이 마땅하지 않다.

☞ 좋은 출산택일 일시日時를 택하기가 쉬운가?

✪ 그렇지 않다!

정해진 예정일에서 20여일 내에서 좋은 日時를 잡으려면 족히 260여개의 명조를 살피고 풀어보고 따져봐야 한다.

♠2. 올바른 출산택일을 한다는 것은 태어나는 아기사주의 貴賤귀천과 淸濁청탁을 알고, 格局격국과 用神용신에 대한 명확한 이해가 있어야 하고, 八字 間의 刑冲會合형충회합의 변화를 읽어야 하고, 暗藏암장의 변화를 바르게 알아야 하며, 또한 神殺신살과 운성의 흐름도 완벽하게 이해되어야 가능하다.

✪ 과연 위와 같이 모든 조건을 제대로 갖춘 명리학자가 몇 명이나 되겠는가!?
사정이 이러하니 좋은 일시로 택일하는 것이 결코 쉬운 일은 아니다.
한 사람의 인생운명이 담긴 출산택일은 함부로 쉽게 잡아서는 안 될 일이다.
어찌보면 죄악으로 연결된다. 유전적인 요인이나 불가항력적인 천재지변으로 아기에게 문제가 생기어도 차후에 모든 비난은 택일해준 명리학자가 원망을 받게 된다.
그러하니 출산택일을 정한다는 것은 매우 신중해야 할 일이고, 두려운 일이기도 하다.

★ 그렇다고 이렇게 어렵게 잡은 올바른 택일한 날에 제왕절개를 하려해도 묘한 것은 역시 인간의 出生출생은 여전히 하늘에서 다스리기 때문에 그 일시에 딱 맞추어서 출생하기란 매우 어려운 일이다.

♠3. 신생아 出産時출산시 가장 나쁜 날을 구분하는 법

1] 제왕절개가 피 보는 일이라고 일진이 백호살이 되는 날을 출산택일로 잡으면 절대 안 된다. 백호살이란 (甲辰, 戊辰, 丙戌, 壬戌, 丁丑, 癸丑, 乙未日)을 말하는데 이날에 아기가 태어나게 되면 태어나는 아기의 사주에 백호살이 끼기 때문에 그 아기의 몸에 흉하고 피 볼 일이 생기게 되므로 일평생이 풍파에 편안치 못하게 된다.

2] 백호살로 출산시간을 잡거나 보는 사람이 있는데 이것은 음력 正月과 二月에는 申時와 酉時, 三月과 四月에는 戌時와 亥時, 五月과 六月에는 丑時와 卯時, 八月과 十月에는 卯時에 출생하게 되면 어려서 잔병치레가 많고 질병으로 인해 수술 등으로 몸을 다치게 되니 필히 피해야 한다.

3] 괴강살이 일진이 되는 날(庚辰日, 庚戌日, 壬辰日, 戊戌日)을 출산택일하여 아기가 태어나면 그 아가가 아들이면 한평생 직장문제, 직업문제로 어려움을 겪게 되니 사는 동안 고난과 어려움을 겪게 되고, 그 아기가 딸이라면 성격도 거칠고 성장하여 결혼 후에 시집이 망하게 되는 풍파를 많이 겪게 되는 꼴이 된다.

4] 출산 日이나 時가 귀문관살이 되면 출생한 아기에게 고질병이나 정신병이 생길 수 있는 나쁜 殺鬼살귀가 씌우게 되니 피해야 한다. 神氣신기가 쎄던지, 神病신병을 앓게 되어 팔자가 세어지고 혹간 무속인이 되는 경우도 있다.

생년	子	丑	寅	卯	辰	巳	午	未	申	酉	戌	亥
월, 일 시	酉	午	未	申	亥	戌	丑	寅	卯	子	巳	辰

5] 출산 日이나 時가 과숙살이나 고신살에 해당하는 날과 時에 출생하게 되는 아기는 남자는 홀아비가 되고, 여자는 청상과부가 되어 외롭고 고독한 팔자가 된다.

생년	子	丑	寅	卯	辰	巳	午	未	申	酉	戌	亥
과숙살	戌	戌	丑	丑	丑	辰	辰	辰	未	未	未	戌
고신살	寅	寅	巳	巳	巳	申	申	申	亥	亥	亥	寅

✪ 보는 법은 남자아기는 고신살만 보고, 과숙살은 해당되지 않고, 여자아기는 과숙살만 본다. 日과 時가 모두 해당되면 더욱 나쁘니 한가지라도 피하는 것이 좋다.

6] 출산 日이나 時가 병신살이나 맹아살에 해당되면 출생한 아기가 몸이 불구가 된다는 살이 있는 날이니 이날 또한 피하는 것이 좋다.
이 외에도 각종 신살은 해설대로 영향력이 있으니 참고하고, 피할 수 있으면 피해야한다.

♠4. 십이지범살 (생년에 생월로 보는 법)

생월	子띠	丑띠	寅띠	卯띠	辰띠	巳띠	午띠	未띠	申띠	酉띠	戌띠	亥띠
중혼살	4	5	6	7	8	9	10	11	12	1	2	3
재혼살	5	6	7	8	9	10	11	12	1	2	3	4
대패살	4	7	10	10	4	4	10	1	7	7	1	1
팔패살	6	9	12	12	3	3	6	6	9	9	2	3
망신살	10	7	4	1	10	7	4	1	10	7	4	1
파쇠살	4	12	8	4	12	8	4	12	8	4	12	8
극해패살	4	8	10	4	4	10	6	8	8	2	2	10
대낭적살	5	8	11	11	5	5	11	2	8	8	2	2
홍격살	4	1	10	7	4	1	10	7	4	1	10	7
충돌살	8	9	10	11	12	1	2	3	4	5	6	7
산액살	2	3	4	5	6	7	2	3	4	5	6	7
인패살	5	6	7	8	9	10	11	12	1	2	3	4
각답살	4	5	6	7	8	9	10	11	12	1	2	3
함지살	8	5	2	11	8	5	2	11	8	5	2	11
철소추살	12	9	7	8	12	9	7	8	12	9	7	8
극패살	9	10	12	9	9	12	6	10	11	6	6	11
절방살	11	2	7	11	2	7	11	2	7	11	2	7
화개살	3	12	9	6	3	12	9	6	3	12	9	6
원진살	6	5	8	7	10	9	12	11	2	1	4	3
구신살	2	3	4	5	6	7	8	9	10	11	12	1
교신살	8	9	10	11	12	1	2	3	4	5	6	7
천액살	6	7	8	9	10	11	12	1	2	3	4	5
처가패살	3	3	10	5	12	1	8	9	4	10	6	7
시가패살	6	4	3	1	6	4	3	1	6	4	3	1

➢ 작명학에서 사용하는 소리오행에 대하여

◈."訓民正音解例本" 소리五行(正音五行) 區分表

五 行	木	火	土	金	水
發 聲	牙音	舌音	脣音	齒音	喉音
初 聲	ㄱ,ㄲ,ㅋ	ㄴ,ㄷ,ㄹ,ㅌ	ㅁ,ㅂ,ㅍ	ㅅ,ㅆ,ㅈ,ㅊ,ㅉ	ㅇ,ㅎ
四季節	봄	여름	四季節	가을	겨울
五 音	角	徵(음율이름 치)	宮	商	羽
五 方	東	南	中央	西	北

훈민정음 창제원리의 숨겨진 비밀 중, 1940년 안동 민가에서 해례본(解例本)이 발견되고 나서, 창제 동기와 철학적 배경, 구조원리 등을 파악하기까지 소리오행은 운해본의 논리인 후음(喉音-ㅇ ㅎ)을 토(土)로, 순음(脣音-ㅁ ㅂ ㅍ)을 수(水)로 잘못 인식하고 있었다.

이는 1750년 조선 영조 때에 신경준이라는 학자가 저술한 개인 연구 논술집인 '훈민정음운해(訓民正音韻解)'에서 후음과 순음을 뒤바뀌어 전했다는 내용으로 최세진(崔世珍 1473~
1542년)의 '사성통해' 책머리에 '홍무정운(洪武正韻)' 31자모지도(字母之圖)의 인용에서 원인을 찾고 있다.

증거로 다음과 같은 원리를 제시하고 있다.

궁상각치우(宮商角徵羽)의 오음(五音)에 부합하여 창제

즉, 목구멍 소리(喉音, 羽音), 잇소리(齒音, 商音), 어금니 소리(牙音, 角音), 혓소리(舌音, 徵音), 입술 소리(脣音, 宮音) 등

자음 중 초성의 경우 어금니 소리인 ㄱ ㅋ은 목(木)

혓소리인 ㄴ ㄷ ㅌ 은 화(火)

입술 소리인 ㅁ ㅂ ㅍ은 토(土)(▶수(水)가 아님)

잇소리인 ㅅ ㅈ ㅊ은 금(金)

목구멍 소리인 ㅇ ㅎ은 수(水)(▶토(土)가 아님)

원래 다섯 가지 기본음은 입과 혀의 모양만 본떠서 만들었다.

초성이 木-火-土-金-水 또는 水-金-土-火-木처럼 순환 상생(相生)하면 좋은 이름이고,

초성이 木-土, 土-水, 水-火, 火-金, 金-木처럼 서로 상극(相剋)하면 이치에 맞지 않는 이름이다.

➢ 12운성도표

	甲	乙	丙	丁	戊	己	庚	辛	壬	癸
묘	未	戌	戌	丑	戌	丑	丑	辰	辰	未
절	申	酉	亥	子	亥	子	寅	卯	巳	午
태	酉	申	子	亥	子	亥	卯	寅	午	巳
양	戌	未	丑	戌	丑	戌	辰	丑	未	辰
생	亥	午	寅	酉	寅	酉	巳	子	申	卯
욕	子	巳	卯	申	卯	申	午	亥	酉	寅
관	丑	辰	辰	未	辰	未	未	戌	戌	丑
록	寅	卯	巳	午	巳	午	申	酉	亥	子
왕	卯	寅	午	巳	午	巳	酉	申	子	亥
쇠	辰	丑	未	辰	未	辰	戌	未	丑	戌
병	巳	子	申	卯	申	卯	亥	午	寅	酉
사	午	亥	酉	寅	酉	寅	子	巳	卯	申

➢ 丙午年 구성연령표

구성	연령 2026년의 나이 (예전 우리나라 나이)										
1 일백수	1	10	19	28	37	46	55	64	73	82	91
2 이흑토	2	11	20	29	38	47	56	65	74	83	92
3 삼벽목	3	12	21	30	39	48	57	66	75	84	93
4 사록목	4	13	22	31	40	49	58	67	76	85	94
5 오황토	5	14	23	32	41	50	59	68	77	86	95
6 육백금	6	15	24	33	42	51	60	69	78	87	96
7 칠적금	7	16	25	34	43	52	61	70	79	88	97
8 팔백토	8	17	26	35	44	53	62	71	80	89	98
9 구자화	9	18	27	36	45	54	63	72	81	90	99

화제의 책
나쁜 운을
좋은 운으로 바꾸는
방편비책
크기 190×240 / 482쪽 / 32,000원
갑자기 닥친 불의의 사고, 뜻하지 않은 불상사 · 재난 · 질병 · 이별 · 죽음 등
불행한 악의 살성 기운으로 놀라고, 고통을 당할 때 어떤 방법으로든 벗어나야만 합니다.
귀신이나 살성을 퇴치퇴방하는 방법론을 처음으로 제시한 책!
구전으로만 내려오거나
남이 비법이라고만 하면서 잘 알려주지 않는 민간양법을 대공개 합니다.
집안에 숨어있는 금전복 행운을 찾아라 !!!
금전운 끌어당기는 법
ONE HUNDERD DOLLARS
좋아지게 하는 비법
내가 만들 수 있다!
재물운
사업운
부자운
만사형통 성공하는 사람들의 성공비결서
운세처방백과
징조와 주술과 방편법
운세처방백과
예전 처방이 아닌
현대적 도액처방
방편법 공개!
크기 190×240 / 398쪽 / 37,000원
나쁜 운을 좋은 운으로 바꾸고 싶다
운수가 사납거나 소원하는 것이 있어 운을 바꾸고 싶을 때 자신이 맨몸으로 할 수 있는 가장 좋은 방법은, 단식을 하면서 소원을 비는 것이다. 기도하고 싶은 날짜, 기간을 정해놓고 단식을 하면 좋고, 그럴 수 없다면 소식이나 육식, 술을 삼가고, 청결한 몸과 마음으로 밤 11시에서 12시경 기도하는 것이 가장 바람직하다.
금전운 재물복이 좋아지고 싶다
사용하지 않는 액세서리나 귀금속들을 처분하면 의외로 금전 운이 풀린다. 처분하는 시간은 오후 3시~5시가 좋다. 특히 헤어진 연인에게서 받은 반지 같은 거나 좋지 않은 인상을 남긴 사람의 물건은 빨리 없애는 것이 좋다. 바닷물에 던지는 것이 좋다.
로또나 복권 등에 당첨되고 싶다
모든 시험에 합격을 원할 때
대기업이나 외국기업에 취업하길 원한다
좋아하는 이성에게 관심을 받고 싶다
연예인이 되어 인기를 끌고 싶다

著者 大覺堂 白超백초스님

▣ 약력

- 한국불교선조계종본사 대각법왕사로 출가
- 입산수도 중 불법과 도교합일통신득도
- 정통티벳라마불교에 정진수행 중
- 동국대불교대학원 석사과정수료
- 원광대동양학대학원 석사과정수료
- 현 동양천기택력연구학회장
- 현 백초신명역학연구원회장
- 현 금강주술방편연구회장
- 현 백초율력학당원장
- 현 주역사주아카데미원장
- 전 화엄정사 주지역임
- 전 천황정사 주지역임
- 전 금강반야사 주지
- 전 정화선원 주지
- 현 청정암 주지

▣ 저서

- 무자년 핵심래정택일지~ 기해년 핵심래정택일지
- 경자년 핵심래정택일지~ 을사년 핵심래정택일지
- 핵심인연래정비법서
- 백초귀장술 上 · 下
- 백초귀장술특비판
- 신묘부주밀법총해
- 방토비방부적
- 방편비책
- 운세처방백과
- 개정판 백초귀장술 上 · 下
- 금전운 끌어들이는 법
- 전생의 비밀

丙午年 핵심래정택일지

· 초판인쇄 : 2025년 10월 28일
· 초판인쇄 : 2025년 10월 28일
· 저　　자 : 백초스님
· 편　　집 : 상상신화북스
· 발　　행 : 백초율력학당
· 발 행 처 : 상상신화북스
· 주　　소 : 충남 청양군 대치면 주전로 338-106
홈페 이지 : Naver cafe 백초율력학당
· 전　　화 : (041) 943-6882
· 핸 드 폰 : (010) 2002-6332
E- mail : begcho49@naver.com

• 여러분이 지불하신 책값은 좋은 책을 만드는데 쓰입니다.
• ISBN 978-89-6863-986-9 10150

값 20000 원
10150
9 788968 630057
ISBN 978-89-6863-005-7